DIREITO ADMINISTRATIVO

PARA OS CONCURSOS DE TÉCNICO E ANALISTA DE TRIBUNAIS E MPU

LEANDRO BORTOLETO

COLEÇÃO
TRIBUNAIS E MPU

COORDENADOR
HENRIQUE CORREIA

DIREITO ADMINISTRATIVO

PARA OS CONCURSOS DE TÉCNICO E ANALISTA DE TRIBUNAIS E MPU

10ª EDIÇÃO

revista, atualizada e ampliada

2024

EDITORA JusPODIVM
www.editorajuspodivm.com.br

EDITORA
*Jus*PODIVM
www.editorajuspodivm.com.br

Rua Canuto Saraiva, 131 – Mooca – CEP: 03113-010 – São Paulo – São Paulo
Tel: (11) 3582.5757
• Contato: https://www.editorajuspodivm.com.br/sac

Diagramação: PC Editorial Ltda. *(pceditorial@gmail.com)*

Capa: Ana Caquetti

B739t Bortoleto, Leandro.
Tribunais e MPU – Direito Administrativo – Para Analista / Leandro Bortoleto – 10 ed., rev., atual. e ampl. – São Paulo: Editora JusPodivm, 2024.

848 p.

Inclui Bibliografia
ISBN 978-85-442-4821-8

1. Direito Administrativo. 2. Administração Pública. 3. Terceiro setor. 4. Improbidade Administrativa. I. Bortoleto, Leandro. II. Título.

CDD 341.3

Bibliotecária responsável:
Ana Carolina Ribeiro Mois – CRB7 – RJ 007348/0

Para Dani, Felipe, Arthur e Aurora
Ela: o meu amor.
Eles: os meus anjinhos.
Os quatro: o meu porto seguro!

AGRADECIMENTOS

Não há como se iniciar os agradecimentos por qualquer feito da vida sem que os créditos sejam divididos com Deus, pois sem ele nada é possível e, assim, agradeço-lhe imensamente por tudo que tem me propiciado.

Minha família, sem dúvida, é o núcleo de minha vida e esta obra é, por isso, dedicada especialmente à Dani, ao Felipe e ao Arthur, sem os quais a vida não teria a menor graça. Agradeço, também, aos meus pais, Gumercindo e Dirce, por tudo o que fizeram, e ainda fazem, por mim, por meu filho e por minha esposa, sem medir esforços. Ao meu querido irmão, Fernando, por sempre me apoiar e me permitir a convivência com a linda criança que é meu sobrinho, Pedro, e com minha cunhada, Érika. Não poderia me esquecer de minha querida sogra, Rita, cujo apoio foi essencial para o meu rendimento, nem da Bruna, da Bianca, do Caíque, do Gabriel e da Beatriz, meus queridos afilhados. E a todos os demais, aos quais peço desculpa por não os nominar, mas sintam-se todos homenageados.

Meus amigos não poderiam faltar e aqui quero fazer um agradecimento especial ao grande amigo, afilhado e coordenador desta coleção, Henrique Correia, principalmente pela confiança em mim depositada e pelo imenso apoio que me deu para que enveredasse para a produção de livros jurídicos destinados a concursos públicos, contando com o apoio do Ricardo Didier por sua escolha, a quem também agradeço pela oportunidade. Celso Oliveira é outro grande amigo a quem não posso deixar de render minhas homenagens, sempre me dando suporte e, por vezes, ajudando a encontrar soluções aparentemente inexistentes. Agradeço, também, ao grande amigo Ricardo Bittar, sempre me incentivando e apoiando, e aos amigos Léia e Hamilton, Gisele Oliveira, Fausto Almeida, Márcia Callegari, Mayra Almeida, Ramon Lopes, Maria Rita Danielle, Carlos Eduardo (Du), Igor Raineri, Wagner da Silva, Alexandre e Perla Muller, Sérgio Assoni Filho, Fábio Calcini, Gustavo Assed, Yuri Mendonça, Caio Martinez, Mário Carboni, Angel Castroviejo e Dilson Santiago. Um abraço muito especial aos grandes amigos da Justiça Federal de Ribeirão Preto, aos quais peço licença para não individualizar por pura ausência de espaço.

Agradeço, da mesma forma, aos colegas de docência no curso de direito do Centro Universitário Uniseb (em especial, aos amigos Dirceu Chrysostomo e Sérgio Vieira pela confiança depositada), no curso de pós-graduação da Faap/Ribeirão Preto (em especial, aos amigos André Evangelista e João Gandini), no Curso Avançado para a Magistratura do Trabalho – Camat (em especial, aos amigos Élisson Miessa e José Antônio, e a este agradeço imensamente o apoio que me é dado). Também, ao grande amigo Luis Henrique Usai, à Duda Nogueira e ao amigo Luciano Rossato, excelentes docentes na preparação para concursos públicos. Por último, para voltar às origens, quero render especial agradecimento ao professor Pimentel, pois em seu curso iniciei a preparação de candidatos para os concursos públicos e me aprimorei muito.

Minha obra não se concretizaria sem o apoio dos que contribuíram diretamente para ela. Aqui, agradeço imensamente ao Paulo Donadeli e ao Orlins Guimarães Jr., pois, além de serem meus queridos amigos, abdicaram do tempo de descanso para ler parte dos originais e oferecer sugestões significativas. Também quero agradecer à Ana Claudia Frota pela leitura atenta e importantes comentários, bem como à Jacqueline Veloso, cuja assessoria é digna de elogio, pelo grande auxílio na seleção das questões e no oferecimento de sugestões para a melhora do trabalho. Ainda tenho que agradecer à Tárcia Garcia Leal, pelo excelente trabalho realizado na revisão gramatical e na padronização desta obra, sem o que a qualidade não seria a mesma.

Aos meus alunos e ex-alunos, esta obra é fruto de várias discussões que vocês me propiciaram e, assim, minha homenagem a todos vocês.

Enfim, cada um, à sua maneira, contribuiu para a realização deste trabalho. Por isso, muito obrigado e continuem a fazer parte de minha vida!

Leandro Bortoleto

Apresentação da Coleção

Olá, concurseiro(a)!

Meu nome é **Henrique Correia** e sou o Coordenador desta coleção.

Atuo como Procurador do Trabalho em Ribeirão Preto (SP). Leciono há mais de 20 anos. Comecei bem jovem, na cidade de Ibiraci (MG), onde dava aulas de inglês. Já estive em cursos de graduação e pós-graduação, bem como em vários cursos preparatórios para concursos públicos, sendo que meus preferidos são os voltados à preparação para Técnico e Analista do TRT. Além disso, sou autor de diversos livros jurídicos pela Editora Juspodivm e coordenador de algumas coleções, como Revisaço e Revisão Final.

Tenho muito orgulho de ter sido concurseiro e sei muito bem que não é fácil organizar os estudos e manter uma rotina de preparação. As dificuldades são muitas: falta de tempo, baixa autoestima, quantidade de matérias, tarefas domésticas, família, trabalho, pouca grana etc.

Materiais que não passavam segurança foram um dos meus maiores problemas durante minha preparação. As apostilas específicas para concursos de Analista e Técnico mostram-se, na maioria das vezes, insuficientes diante do alto grau de exigência das provas, o que ocorria também com as obras clássicas do Direito, por abordarem inúmeras matérias diferentes no concurso.

Foi então que surgiu, **há mais de 10 anos**, a ideia desta coleção, que contempla as principais matérias exigidas em concursos de Técnico e Analista do TRT, TRE, TRF e Tribunais Superiores, como português, raciocínio lógico ou matemática, informática, direito constitucional, direito administrativo, direito do trabalho e processo do trabalho.

Nosso objetivo é proporcionar uma **preparação direcionada** e **completa** para seu concurso. Em todos os livros, você encontrará **teoria específica prevista nos editais, questões recentes comentadas** e **questões de concurso com gabarito fundamentado**.

Além da **linguagem clara** utilizada, os **quadrinhos de resumo, esquemas** e **gráficos** estão presentes em todos os livros da coleção, possibilitando a memorização mais rápida da matéria.

Portanto, com os livros da coleção, você conseguirá uma preparação **direcionada** e **completa** para os concursos de Técnico e Analista do TRT, TRE, TRF e Tribunais Superiores.

Temos certeza de que esta coleção irá ajudá-lo a alcançar o tão sonhado cargo público.

HENRIQUE CORREIA

Site: www.henriquecorreia.com.br
Twitter: @profcorreia
Instagram: Prof_correia
Periscope: @henrique_correia

NOTA À 10ª EDIÇÃO

E a alegria é enorme ao ver a obrar seguir para mais uma edição. Mas, não é qualquer uma, é a 10ª, o que demonstra a sedimentação da obra no mercado.

Com isso, só posso agradecer a todos e a todas que confiam no meu trabalho, o que aumenta a responsabilidade em seguir aprimorando para oferecer um livro com conteúdo e didático para a sua aprovação.

Para esta edição, houve a atualização jurisprudencial, incorporando nos diversos assuntos, principalmente, as decisões com efeito vinculante do Supremo Tribunal Federal como, por exemplo, as referentes às alterações implementadas pela Lei nº 14.230/2021 na Lei de Improbidade Administrativa.

Também, foram incorporadas as inovações legislativas mais relevantes e, dentre elas, podem ser destacadas: a) EC 132/2023, que trata da Reforma Tributária, e alterou a Constituição Federal para dispor sobre a imunidade tributária da empresa pública prestadora de serviço postal; b) a Lei nº 14.770/2023, que modificou a Lei nº 14.133/2021, criando nova hipótese de adesão à ata de registro de preços e instituindo nova modalidade de garantia contratual, entre outras alterações; c) a Lei 14.628/2023 que, dentre outras disposições, também alterou a Lei nº 14.133/2021 para acrescentar duas novas hipóteses de dispensa de licitação no art. 75; d) a Lei nº 14.620/2023 que, entre outras alterações, modificou a disciplina da desapropriação de bens públicos, a competência para promover a desapropriação e outras alterações no Decreto-Lei nº 3.365/1941; e) a Lei nº 14.600/2023, que disciplina a organização básica da Presidência da República; e) a Lei nº 14.662/2023, que altera a Lei nº 8.987/1995, modificando a disciplina da alteração do contrato de consórcio; f) o Decreto nº 11.878/2024, que regulamenta o art. 79 da Lei nº 14.133/2021, para tratar sobre o procedimento do credenciamento na administração federal; g) o Decreto nº 11.461/2023, que regulamenta o art. 31 da Lei nº 14.133/2021 para dispor sobre os procedimentos operacionais do leilão na forma eletrônica; h) o Decreto nº 11.430/2023, que regulamenta o art. 25, § 9º, I, e o art. 60, III, da Lei nº 14.133/2021, para dispor sobre a exigência, em contratações públicas, de percentual mínimo de mão de obra constituída por mulheres vítimas de violência doméstica e sobre ações de equidade entre mulheres e homens no ambiente de trabalho como critério de desempate em licitações.

Em relação à estrutura da obra, houve a exclusão das partes nos capítulos IX e X que tratavam, respectivamente, sobre licitações e contratos administrativos com base no marco regulatório anterior, em face da revogação da Lei nº 8.666/1993, da Lei nº 10.520/2002 e dos artigos 1º a 47 da Lei nº 12.462/2011.

Enfim, esta é a 10ª edição!

Com ela, renovo meus agradecimentos aos meus queridos leitores e às minhas queridas leitoras pela acolhida dada à obra e pelas inúmeras mensagens que sempre são enviadas, o que é a força necessária para seguir com o projeto e tentar, cada vez mais, aprimorá-lo. Por isso, todas as sugestões continuam sendo muito bem-vindas.

Abril de 2024.

Leandro Bortoleto
@profbortoleto

SUMÁRIO

CAPÍTULO IX

EDITAL SISTEMATIZADO

O edital sistematizado foi elaborado tendo como referência os editais dos concursos mais recentes para Analista Judiciário – Área Judiciária (inclusive, Oficial de Justiça Avaliador Federal) e Analista Judiciário – Área Administrativa dos TRTs, TREs, TRFs e Tribunais Superiores.

ITENS DO EDITAL	TÓPICO DO LIVRO	PÁGINAS
1. Estado, governo e administração pública: conceitos, elementos, poderes, natureza, fins e princípios.	Cap. I, Itens 1.1, 1.2 e 1.3	29-32
2. Direito administrativo: conceito, fontes e princípios	Cap. I, Item 1.4	35-36
3. Administração pública: princípios básicos.	Cap. I, Item 2	40-65
4. Poderes administrativos: poder hierárquico; poder disciplinar; poder regulamentar; poder de polícia; uso e abuso do poder. Deveres dos administradores públicos	Cap. VI	363-390
5. Serviços Públicos: conceito e princípios; delegação: concessão, permissão e autorização. Classificação e competência: federais, estaduais, distritais e municipais.	Cap. XI	651-690
6. Ato administrativo: conceito, requisitos e atributos; classificação, atos administrativos em espécie; anulação, revogação e convalidação; discricionariedade e vinculação.	Cap. VII, Itens 1, 2, 4 a 8	391-396 404-420
7. Organização administrativa: administração direta e indireta; centralizada e descentralizada; autarquias, fundações, empresas públicas, sociedades de economia mista e consórcios públicos. 8. Órgãos públicos: conceito, natureza e classificação.	Cap. II, Item 1	75-129
9. Servidores públicos: cargo, emprego e função públicos. **Atenção**: Esse item também é cobrado da seguinte forma (aglutinando este e o item seguinte): Agentes administrativos. Investidura e exercício da função pública. Direitos e deveres dos funcionários públicos; regimes jurídicos. Processo administrativo: conceito, princípios, fases e modalidades. Lei nº 8.112/1990 e suas alterações.	Cap. III, Itens 1.3, 1.4 e 2.1	167-174

ITENS DO EDITAL	TÓPICO DO LIVRO	PÁGINAS
10. Lei nº 8.112/90 (regime jurídico dos servidores públicos civis da União) **Atenção**: esse item, em alguns concursos, é cobrado dentro do item Normas Aplicáveis aos Servidores Públicos Federais.	Cap. IV	267-348
11. Lei nº 11.416/2006 (Carreiras do Poder Judiciário da União).	Cap. V	349-361
12. Processo administrativo (Lei nº 9.784/99) **Atenção**: esse item, em alguns concursos, é cobrado dentro do item Normas Aplicáveis aos Servidores Públicos Federais.	Cap. VIII	391-433
13. Controle e responsabilização da administração: controle administrativo; controle judicial; controle legislativo; responsabilidade civil do Estado.	Cap. XIV e XV	743-770, 771-803
14. Lei nº 8.429, de 2/6/92 (Lei de Improbidade administrativa) **Atenção**: esse item, em alguns concursos, é cobrado dentro do item Normas Aplicáveis aos Servidores Públicos Federais.	Cap. XVI, Item 2	807-833
15. Licitações e Contratos administrativos. Lei nº 14.133/2021.	Cap. IX Cap. X	463-586 587-649
16. Intervenção do Estado na propriedade: modalidades.	Cap. XIII, Item 3	711-734
17. Bens públicos: regime jurídico.	Cap. XII, Item 3	695-699

CAPÍTULO I

INTRODUÇÃO AO DIREITO ADMINISTRATIVO E PRINCÍPIOS DA ADMINISTRAÇÃO PÚBLICA

1. INTRODUÇÃO AO DIREITO ADMINISTRATIVO

O direito administrativo é o ramo do direito que, em essência, pode ser compreendido como o **"conjunto de normas e princípios que regem a Administração Pública"**[1].

Restringe-se à Administração Pública e, em relação às atividades desta, à atividade administrativa. Mas, o que é a atividade administrativa? Ou, quem compõe a Administração Pública? Ou, ainda, Administração Pública e Estado são sinônimos?

As respostas a essas perguntas representam noções introdutórias que correspondem, na verdade, a pressupostos lógicos para a devida compreensão do direito administrativo, merecendo, pois, especial atenção.

1.1. O Estado e as funções estatais

O "Estado é uma associação humana (povo), radicada em base espacial (território), que vive sob o comando de uma autoridade (poder) não sujeita a qualquer outra

---

1. MEDAUAR, Odete. *Direito administrativo moderno*. 14. ed. São Paulo: Revista dos Tribunais, 2010. p. 36. Original sem destaque.

(soberana)"[2]. Dessa forma, há o Estado brasileiro, o Estado alemão, o Estado francês e assim por diante; cada um com seu povo, seu território e seu governo soberano.

Cada Estado é organizado e conduzido de acordo com a vontade de seu povo. A forma de Estado é uma boa maneira de se visualizar essa afirmação, pois aponta a existência ou não de uma divisão territorial do poder. Podem ser destacados dois tipos de Estado: o unitário e o federado.

No **Estado unitário**, o poder político está concentrado em **um só centro político** como, por exemplo, ocorre no Uruguai e na França. Por sua vez, no **Estado Federado** há a **divisão do poder político entre centros de poder** existentes no território de um mesmo Estado, como é o caso do Brasil.

Além da divisão territorial do poder, merece destaque abordar a repartição das atividades estatais entre os Poderes Executivo, Legislativo e Judiciário.

O Estado exerce o poder de maneira tripartida. Na verdade, é preciso ressaltar, como contido no parágrafo único do art. 1º da Constituição Federal, que todo o poder emana do povo, isto é, o poder estatal é oriundo do povo e é uno. Dessa forma, **não há poderes, mas sim funções**, que são **atribuídas a órgãos diferentes, os quais são independentes e harmônicos entre si**, nos termos do art. 2º da Constituição Federal.

Ao Poder Legislativo cabe a função legislativa. Assim, tem como missão legislar, bem como fiscalizar os demais poderes. Ao Poder Executivo, compete a função executiva ou administrativa, que é a concretização do determinado na norma produzida pelo Legislativo. E ao Poder Judiciário, é entregue a função jurisdicional, pela qual lhe cabe aplicar o direito ao caso concreto.

Essa separação de funções ou de "poderes" não é, entretanto, rígida, já que existe a preponderância e não a exclusividade em relação a cada uma das três funções. Cada Poder possui uma função preponderante, mas essa função não é exclusiva. Cada Poder possui uma função típica – que é a função para a qual a entidade foi especificamente constituída – e funções atípicas.

Assim, **legislar e fiscalizar são as funções típicas do Legislativo, administrar é a função típica do Executivo e julgar é a função típica do Judiciário**. Entretanto, a Constituição Federal estabelece hipóteses em que um Poder pode exercer uma função atribuída ao outro, sem violar o princípio da separação dos poderes (art. 2º). Nesse sentido, o Poder Executivo exerce a função legislativa quando o Presidente da República adota medida provisória (art. 62), ou quando dá início ao processo legislativo (art. 61, § 1º), o que também ocorre com o Poder Judiciário quando determinado tribunal elabora seu regimento interno ou quando o Supremo Tribunal Federal dá início ao processo legislativo. Por outro lado, o Poder Legislativo exerce a função de julgar, por exemplo, no caso de julgamento, pelo Senado Federal, do Presidente da

---

2. FERREIRA FILHO, Manoel Gonçalves. *Curso de direito constitucional*. 22. ed. São Paulo: Saraiva, 1995. p. 39.

República pela prática de crime de responsabilidade (processo de *impeachment*) nos termos do art. 52, I, da Constituição Federal.

Da mesma maneira, **a função administrativa não é exclusividade do Poder Executivo**, já que, de maneira **atípica, é exercida pelo Poder Legislativo e pelo Poder Judiciário**. Esses poderes têm como tarefa principal a execução de suas atividades típicas, próprias, e, dessa forma, o Poder Legislativo deve legislar e fiscalizar os demais poderes e, no mesmo sentido, o Poder Judiciário deve atuar na função jurisdicional. Porém, não há como exercerem suas atividades principais sem que se utilizem da atividade administrativa, pois necessitam de pessoal e de bens. Assim, precisam realizar concurso público para a contratação de seus servidores, bem como devem realizar licitação para a escolha de seus fornecedores e prestadores de serviço e, para tanto, necessitam praticar atos administrativos e celebrar contratos administrativos, por exemplo.

Tal constatação torna-se bastante relevante, pois submete os atos praticados pelo Poder Legislativo e pelo Poder Judiciário, no exercício da função administrativa, ao direito administrativo e, por outro lado, exclui a atuação desse ramo do direito quando se tratar das funções típicas de legislar e julgar.

A atividade administrativa é característica do Poder Executivo, pois a este cabe exercer a atividade administrativa com repercussão imediata na coletividade como, por exemplo, o calçamento de ruas, a coleta de lixo, a construção de estradas, a segurança pública e, por outro lado, as atividades administrativas desempenhadas pelo Poder Legislativo e pelo Poder Judiciário não refletem imediatamente na coletividade e são realizadas como atividades de apoio às suas funções principais[3].

De qualquer forma, deve ficar bem claro que a atividade administrativa é manifestada, principalmente, no Poder Executivo. Mas, sem nenhuma dúvida, também é executada, de maneira secundária, pelos demais poderes.

<table>
<tr><th>FUNÇÕES ESTATAIS</th><th>TÍPICA</th><th>ATÍPICA</th></tr>
<tr><td rowspan="2">LEGISLATIVA</td><td rowspan="2">Poder Legislativo
(ex.: lei, emenda à CF)</td><td>Poder Executivo
(ex.: medida provisória)</td></tr>
<tr><td>Poder Judiciário
(ex.: regimento interno)</td></tr>
<tr><td>JURISDICIONAL</td><td>Poder Judiciário
(ex.: sentença, acórdão)</td><td>Poder Legislativo
(ex.: impeachment)</td></tr>
<tr><td rowspan="2">ADMINISTRATIVA</td><td rowspan="2">Poder Executivo
(ex.: serviços públicos)</td><td>Poder Legislativo
(ex.: concurso público)</td></tr>
<tr><td>Poder Judiciário
(ex.: licitação)</td></tr>
</table>

3. MEDAUAR, Odete. *Direito administrativo moderno*. 14. ed. São Paulo, Revista dos Tribunais, 2010. p. 37 e 49.

1.2. Governo e Administração Pública

Além das três principais funções do Estado, é preciso, também, distinguir entre a função política ou de governo e a função administrativa, pois somente esta é objeto de estudo do direito administrativo.

A confusão é instalada, notadamente, pelo fato de que, no sistema presidencialista, o chefe do Poder Executivo exerce, ao mesmo tempo, a função de governo (política) e a função de administrar (administrativa). No entanto, são funções distintas.

Para esclarecer melhor, o **Governo é a atividade política, é a condução política dos negócios públicos, é a fixação de objetivos para o Estado**[4]. É o Governo que estabelece quais os objetivos a serem perseguidos pelo Estado, obviamente, limitado ao estabelecido na Constituição Federal e, em seguida, a Administração Pública concretiza o que fora estabelecido. Por exemplo, se o Governo decide incrementar as políticas públicas nas áreas de segurança pública, saúde ou educação, é necessário concretizar essa diretriz política e, para tanto, precisará contratar servidores, adquirir suprimentos, contratar prestadores de serviço, realizar obras públicas, e tais atividades ficarão a cargo da Administração Pública. Sintetizando, a **"Administração é o instrumental de que dispõe o Estado para pôr em prática as opções políticas do Governo"**[5].

1.3. Administração Pública

O ato de administrar na esfera pública é bem diferente do que é desempenhado na seara particular, já que na administração privada, normalmente, há a busca pelo lucro, e a gestão de cada organização é idealizada internamente, observando-se, apenas, as normas gerais estabelecidas na legislação. Ao contrário, a gestão da coisa pública é pautada pela busca do interesse público e, assim, os limites de atuação do administrador público são bem menos elásticos que no setor privado.

O gestor público deve ter em mente que ele "está" gestor e, assim, como é próprio do modelo republicano, vários outros o sucederão e o que, em verdade, importa é que, a cada alternância de sujeitos na gestão administrativa, deve o interesse público seguir imaculado, incólume. Em outras palavras, vão-se os administradores públicos e permanecem os interesses e bens públicos. Por isso, é dever do administrador a guarda, a conservação, a tutela dos bens públicos, não tendo autonomia para aliená-los e onerá-los, exceto quando houver autorização legal.

4. MEIRELLES, Hely Lopes. *Direito administrativo brasileiro*. 36. ed. São Paulo: Malheiros, 2010. p. 65.
5. MEIRELLES, Hely Lopes. *Direito administrativo brasileiro*. 36. ed. São Paulo: Malheiros, 2010. p. 64.

1.3.1. *Conceito*

Antes de uma definição, é importante compreender que a Administração Pública pode ser vista em vários sentidos, destacando-se em sentido amplo e estrito e em sentido subjetivo e objetivo[6]:

a) Administração Pública **em sentido amplo**: engloba a **atividade política e a atividade administrativa**. Inclui tanto os órgãos governamentais - que estabelecem os planos, as metas políticas - quanto os órgãos administrativos, destinados à execução dos planos de governo.

b) Administração Pública **em sentido estrito**: são postos de lado a atividade política e os órgãos governamentais e, assim, corresponde, **exclusivamente, à função administrativa** exercida pelos órgãos administrativos. É apenas nesse sentido que a expressão Administração Pública interessa ao direito administrativo.

A Administração Pública, em sentido estrito, pode ainda ser analisada no sentido objetivo, material ou funcional e no sentido subjetivo, formal ou orgânico:

a) **sentido subjetivo, formal ou orgânico**: diz respeito ao **conjunto de pessoas jurídicas, órgãos públicos e agentes públicos** que realizam a atividade administrativa. Aqui, o que é levado em conta é **quem** faz a atividade administrativa, quem integra a Administração Pública. Por isso, a ideia de forma, de composição orgânica, de sujeitos. É necessário enfatizar que a composição da Administração Pública não se restringe ao Poder Executivo e, como já dito, é desempenhada, também, pelos órgãos do Poder Legislativo e do Poder Judiciário. Portanto, no sentido orgânico, a Administração Pública **abrange os órgãos dos Poderes Executivo, Legislativo e Judiciário, nas esferas federal, estadual e municipal** (nesta, excluído o Poder Judiciário, que não existe). Exemplificando, fazem parte da Administração Direta: Supremo Tribunal Federal, Tribunal Superior do Trabalho, Superior Tribunal de Justiça, Tribunais Regionais Federais, Trabalhistas e Eleitorais, Tribunais de Justiça, Procuradoria-Geral da República, Procuradorias Regionais do Trabalho, Procuradorias-Gerais de Justiça, Tribunal de Contas da União, Tribunais de Contas dos Estados, Presidência da República, Ministérios, Secretarias de Estado, Secretarias de Governo dos Municípios, Câmara dos Deputados, Senado Federal, Assembleias Legislativas, Câmaras Municipais.

b) **sentido objetivo, material ou funcional**: refere-se à Administração Pública como **atividade destinada a satisfazer as necessidades coletivas; é a atividade administrativa**. A ênfase, nesse sentido, é para a atividade, para **o que é desempenhado**. O que importa aqui é a função, o conteúdo da atividade e não quem a executa.

6. DI PIETRO, Maria Sylvia Zanella. *Direito administrativo*. 23. ed. São Paulo: Atlas, 2010. p. 49-58.

O **conteúdo da atividade administrativa**, de acordo com Maria Sylvia Zanella Di Pietro, inclui o **serviço público**, a **polícia administrativa** e o **fomento**, mas há quem inclua, também, a **intervenção**[7].

O **serviço público** é a atividade que tem como objetivo **satisfazer as necessidades coletivas** e que a Administração Pública executa diretamente, ou transfere a execução para outras pessoas, por meio de concessão e permissão. São exemplos, a saúde pública, o transporte coletivo, o serviço postal, as telecomunicações, entre outros.

A **polícia administrativa** é a atividade da Administração Pública que **impõe restrições, condições, ao exercício de liberdades, de direitos e de bens, em razão da proteção ao interesse público**. As hipóteses de manifestação dos atos de polícia administrativa são fartos na sociedade como, por exemplo, a interdição de um restaurante por desatender às condições mínimas de higiene e a expedição de licença para construção somente se o projeto estiver de acordo com a legislação.

O **fomento** é atividade pela qual ocorre o **incentivo, o estímulo, à iniciativa do setor privado de utilidade pública**. Essas entidades privadas, em razão da atividade administrativa de fomento, podem ser beneficiadas, por exemplo, com a permissão de uso de um bem público, com benefícios fiscais.

A atividade de **intervenção** pode ser feita de duas maneiras. A **intervenção direta** ocorre quando o Estado **atua diretamente na área econômica**, por meio das empresas estatais (empresas públicas e sociedades de economia mistas). Por sua vez, a **intervenção indireta** se dá pela **fiscalização e regulamentação da atividade econômica privada**.

Ainda no sentido objetivo, cumpre salientar que **a atividade administrativa é concreta, direta e imediata, que tem como finalidade a satisfação dos fins do Estado, regida predominantemente pelo direito público**[8]. A atuação é concreta porque executa a vontade abstrata do Estado; é direta já que faz sem intermediações ou substituições; é imediata, atendendo os administrados, prestando os serviços públicos e satisfazendo as necessidades coletivas[9].

Unindo-se os dois sentidos, a Administração Pública é o "conjunto de órgãos e de pessoas jurídicas aos quais a lei atribui o exercício da função administrativa do Estado", que consiste na "atividade concreta e imediata que o Estado desenvolve, sob regime jurídico total ou parcialmente público, para a consecução dos interesses coletivos"[10].

Em síntese, é possível, também, afirmar que a **Administração Pública é o conjunto de pessoas jurídicas, órgãos públicos e agentes públicos que realizam a atividade administrativa, consistente em serviços públicos, fomento, polícia administrativa e intervenção.**

---

7. *Direito administrativo*. 23. ed. São Paulo: Atlas, 2010. p. 56.
8. DI PIETRO, Maria Sylvia Zanella. *Direito administrativo*. 23. ed. São Paulo: Atlas, 2010. p. 56.
9. CUNHA JÚNIOR, Dirley da. *Curso de direito administrativo*. 8. ed. Salvador: Juspodivm, 2009. p. 29.
10. DI PIETRO, Maria Sylvia Zanella. *Direito administrativo*. 23. ed. São Paulo: Atlas, 2010. p. 57.

ADMINISTRAÇÃO PÚBLICA (SENTIDO ESTRITO)	
Sentido subjetivo, formal ou orgânico	**Sentido objetivo, material ou funcional**
pessoas jurídicas, órgãos públicos e agentes públicos que realizam a atividade administrativa; QUEM FAZ	atividade administrativa: serviço público, fomento, polícia administrativa e intervenção; O QUE É FEITO

1.3.2. *Natureza e fim*

A **natureza** da Administração Pública, da atividade administrativa, é a de **"um *múnus público* para quem a exerce, isto é, a de um encargo de defesa, conservação e aprimoramento dos bens, serviços e interesses da coletividade"**[11]. O exercício da atividade administrativa não representa um favor para quem a exerce. O administrador, ao guardar, zelar, conservar e aprimorar os bens públicos, está desempenhando **um dever**, um encargo, uma obrigação, pois se trata da satisfação do interesse público e não de interesses particulares, afinal o **fim** da Administração Pública é o **bem comum da coletividade.**

Por isso, o administrador público que cumpre fielmente seu encargo no trato da coisa pública não faz mais que sua obrigação e, caso não atue a contento, desviando-se da finalidade legal ou omitindo-se quando devia ter atuado, deve ser responsabilizado.

1.4. Direito administrativo

1.4.1. *Origem*

Como ramo autônomo da ciência jurídica, englobando um conjunto sistematizado de princípios que regulam a atividade administrativa, o direito administrativo é relativamente recente, sendo, normalmente, apontada a **França** como seu local de origem, **no fim do século XVII e início do século XVIII,** à época dos movimentos revolucionários.

Isso porque, antes da Revolução Francesa, existia a monarquia absoluta, pela qual o monarca concentrava todos os poderes do Estado, quando não se falava em limitação, pelo direito, ao poder do governante, pois a lei não era aplicada a ele.

Os movimentos revolucionários romperam com a ordem vigente e surgiu o Estado de Direito, em que todos se submetem à ordem jurídica, inclusive os governantes e, com isso, o direito que existia até então era voltado às relações entre particulares e não estava apto a reger a relação entre o Poder Público e os administrados, com o que começaram a ser desenvolvidos princípios e concepções específicos para essa nova realidade[12]. Assim, **o direito administrativo "nasceu com o Estado de Direito"**[13].

11. MEIRELLES, Hely Lopes. *Direito administrativo brasileiro*. 36. ed.São Paulo: Malheiros, 2010. p. 86.
12. MELLO, Celso Antônio Bandeira de. *Curso de direito administrativo*. 27. ed. São Paulo: Malheiros, 2010. p. 39.
13. CUNHA JÚNIOR, Dirley da. *Curso de direito administrativo*. 8. ed. Salvador: Juspodivm, 2009. p. 21.

No Brasil, o direito administrativo foi incluído como disciplina nos cursos jurídicos das Faculdades de Direito de São Paulo e de Olinda pelo Decreto 608, de 16/8/1851, tendo havido o início efetivo no ano de 1855[14].

1.4.2. *Conceito*

Não há consenso entre os autores em relação ao conceito de direito administrativo, existindo diversos critérios. Entretanto, vale a pena destacar os expostos a seguir, de maneira breve[15].

Pelo **critério do serviço público**, o direito administrativo se restringiria à disciplina do serviço público, mas, como já foi visto, cuida de outras atividades. Pelo **critério do Poder Executivo**, o direito administrativo regula a atividade daquele Poder; também, já foi demonstrado que a atividade administrativa existe no Poder Legislativo e no Poder Executivo. Pelo **critério negativo ou residual**, o direito administrativo cuida de toda atividade do Estado que não seja a jurisdicional ou a legislativa; não é muito adotado, pois limita o estudo à atividade administrativa. O direito administrativo, pelo **critério da Administração Pública**, é o **conjunto de princípios que disciplinam a Administração Pública**.

Com base nesse último critério, Hely Lopes Meirelles define o direito administrativo como o "**conjunto harmônico de princípios jurídicos que regem os órgãos, os agentes e as atividades públicas tendentes a realizar concreta, direta e imediatamente os fins desejados pelo Estado**"[16].

Também, considerando o sentido subjetivo e sentido objetivo da Administração Pública, anteriormente expostos, o direito administrativo é:

> *o ramo do direito público que tem por objeto os órgãos, agentes e pessoas jurídicas administrativas que integram a Administração Pública, a atividade jurídica não contenciosa que exerce e os bens de que se utiliza para a consecução de seus fins, de natureza pública*[17].

1.4.3. *Fontes*

No senso comum, a palavra fonte representa a ideia de origem, de nascedouro. E, no direito, não é diferente, pois **são das fontes jurídicas que surgem, emanam as normas jurídicas**. São as "formas que o revelam"[18].

---

14. MELLO, Oswaldo Aranha Bandeira de. *Princípios gerais de direito administrativo*. 3. ed. São Paulo: Malheiros, 2007. v.1. p. 139-140.
15. Com base na sistematização elaborada por Maria Sylvia Zanella Di Pietro (*Direito administrativo*. 23. ed. São Paulo: Atlas, 2010. p. 43-47) e por Dirley da Cunha Júnior (*Curso de direito administrativo*. 8. ed. Salvador: Juspodivm, 2009. p. 22-23).
16. *Direito administrativo brasileiro*. 36. ed.São Paulo: Malheiros, 2010. p. 40. Original sem destaque. Essa definição é muito cobrada nas provas dos concursos para o cargo de Analista.
17. DI PIETRO, Maria Sylvia Zanella. *Direito administrativo*. 23. ed. São Paulo: Atlas, 2010. p. 47.
18. MELLO, Oswaldo Aranha Bandeira de. *Princípios gerais de direito administrativo*. 3. ed. São Paulo: Malheiros, 2007. v.1. p. 219.

Quais são as fontes do direito administrativo?

Sem dúvida, como é inerente a um Estado de Direito, a **principal fonte normativa é a lei**. Todavia, aqui, lei deve ser compreendida no **sentido amplo**, abrangendo **todos os atos legislativos e não somente lei em sentido estrito**. Assim, são atos legislativos a Constituição Federal, as Emendas à Constituição, as Constituições estaduais, a Lei Orgânica do Distrito Federal e as Leis Orgânicas dos Municípios, as leis complementares, ordinárias e delegadas, as medidas provisórias, os decretos legislativos e as resoluções legislativas. São as chamadas **fontes primárias**.

A lei, no sentido empregado, é a principal fonte do direito administrativo, pois nos atos legislativos é a que, ao menos formalmente, está presente o interesse público. Pelo menos em tese, os atos legislativos representam a vontade da população. De todos os atos legislativos, a principal fonte, a que se constitui no ancoradouro de todo o ordenamento jurídico, é a Constituição Federal. Nela, estão importantíssimos dispositivos aplicados ao direito administrativo como, por exemplo, os artigos 5º, 21, 23, 37, 71, entre outros.

Entretanto, há outras importantes fontes no direito administrativo, merecendo destaque a doutrina, a jurisprudência e os costumes.

A **doutrina** é o **estudo desenvolvido pelos juristas** e tem papel bastante importante no direito administrativo – especialmente pelo fato de que o direito administrativo não está em um código – e contribui bastante para a correta interpretação dos institutos administrativos.

A **jurisprudência** – que são as **decisões judiciais reiteradas sobre determinado assunto** –, da mesma maneira que a doutrina, colabora em muito para a evolução do direito administrativo. É importante frisar que a jurisprudência possui, **em regra, caráter orientador**, quer dizer, as decisões dos tribunais servem de parâmetro e orientação para os juízes das instâncias inferiores na hora do julgamento. Todavia, há **casos em que a jurisprudência tem força vinculante**, isto é, há casos em que a decisão deve ser obrigatoriamente seguida. São exemplos disso as **decisões** proferidas pelo **STF** na **ação direta de inconstitucionalidade, na ação declaratória de constitucionalidade** (CF, art. 102, § 2º) e a **súmula vinculante**.

De acordo com o art. 103-A da Constituição Federal, o STF – e nenhum outro tribunal – poderá aprovar súmula vinculante sobre determinado assunto (mediante decisão de dois terços dos seus membros), e todos os órgãos do Poder Judiciário, bem como a Administração Pública direta e indireta de todas as esferas, deverão seguir o que ficar nela estabelecido. Assim, revela-se extremamente importante o estudo das súmulas vinculantes e, em relação ao direito administrativo, podem ser destacadas as seguintes:

> **Súmula vinculante nº 3** – *Nos processos perante o Tribunal de Contas da União asseguram-se o contraditório e a ampla defesa quando da decisão puder resultar anulação ou revogação de ato administrativo que beneficie o interessado, excetuada a apreciação da legalidade do ato de concessão inicial de aposentadoria, reforma e pensão.*

Súmula vinculante nº 4 – *Salvo nos casos previstos na Constituição, o salário mínimo não pode ser usado como indexador de base de cálculo de vantagem de servidor público ou de empregado, nem ser substituído por decisão judicial.*

Súmula vinculante nº 5 – *A falta de defesa técnica por advogado no processo administrativo disciplinar não ofende a Constituição.*

Súmula vinculante nº 6 – *Não viola a constituição o estabelecimento de remuneração inferior ao salário mínimo para as praças prestadoras de serviço militar inicial.*

Súmula vinculante nº 13 – *A nomeação de cônjuge, companheiro ou parente em linha reta, colateral ou por afinidade, até o terceiro grau, inclusive, da autoridade nomeante ou de servidor da mesma pessoa jurídica investido em cargo de direção, chefia ou assessoramento, para o exercício de cargo em comissão ou de confiança ou, ainda, de função gratificada na administração pública direta e indireta em qualquer dos poderes da União, dos Estados, do Distrito Federal e dos Municípios, compreendido o ajuste mediante designações recíprocas, viola a Constituição Federal.*

Súmula vinculante nº 15 – *O cálculo de gratificações e outras vantagens do servidor público não incide sobre o abono utilizado para se atingir o salário mínimo.*

Súmula vinculante nº 16 – *Os artigos 7º, IV, e 39, § 3º (redação da EC 19/98), da constituição, referem-se ao total da remuneração percebida pelo servidor público.*

Súmula vinculante nº 21 – *É inconstitucional a exigência de depósito ou arrolamento prévios de dinheiro ou bens para admissibilidade de recurso administrativo.*

Súmula vinculante nº 33 – *Aplicam-se ao servidor público, no que couber, as regras do regime geral da previdência social sobre aposentadoria especial de que trata o artigo 40, § 4º, inciso III da Constituição Federal, até a edição de lei complementar específica.*

Súmula vinculante nº 37 – *Não cabe ao Poder Judiciário, que não tem função legislativa, aumentar vencimentos de servidores públicos sob o fundamento de isonomia.*

Súmula vinculante nº 42 – *É inconstitucional a vinculação do reajuste de vencimentos de servidores estaduais ou municipais a índices federais de correção monetária.*

Súmula vinculante nº 43 – *É inconstitucional toda modalidade de provimento que propicie ao servidor investir-se, sem prévia aprovação em concurso público destinado ao seu provimento, em cargo que não integra a carreira na qual anteriormente investido.*

Súmula vinculante nº 44 – *Só por lei se pode sujeitar a exame psicotécnico a habilitação de candidato a cargo público.*

Súmula vinculante nº 55 – *O direito ao auxílio-alimentação não se estende aos servidores inativos.*

O **costume** é a **prática reiterada, uniforme, de um comportamento que é considerado como uma obrigação legal**. Há séria divergência se é ou não fonte do direito administrativo. Não pode ser confundido com a praxe administrativa, pois, como adverte Diógenes Gasparini, a praxe administrativa é a simples rotina administrativa e não se confunde com o costume; este é fonte do direito administrativo, aquela, para a maioria dos doutrinadores, não é[19].

Em razão, especialmente, do princípio da legalidade, é forte a corrente que nega ao costume a condição de fonte do direito administrativo. Assim, de maneira objetiva para as provas de concurso, é necessário lembrar que o costume **para uma parte da doutrina é fonte e para outra parte não é** e, por outro lado, a praxe administrativa não é considerada fonte.

Lei: trata-se da principal fonte do Direito Administrativo. Deve ser concebida em sentido amplo, isto é, abrange todos os atos legislativos.
Doutrina: estudo realizado pelos juristas.
Jurisprudência: conjunto reiterado de decisões judiciais sobre o mesmo assunto; vem ganhando relevo, em razão do efeito vinculante de algumas decisões. Ex: súmulas vinculantes
Costume: apesar de divergências, entende-se ser o costume fonte do Direito Administrativo. Não pode ser contra a lei.

1.5. Sistemas administrativos

A **maneira pela qual é feito o controle dos atos administrativos**, levando-se em conta quem o desempenha, pode ser dividida em dois tipos:

a) **sistema do contencioso administrativo ou sistema francês**: o controle dos atos administrativos é **realizado, de maneira definitiva, por tribunais administrativos**. Existem duas jurisdições: a administrativa e a comum. Os litígios que envolvem a Administração Pública são julgados, definitivamente, por tribunais pertencentes à estrutura administrativa do Estado e não por tribunais integrantes do Poder Judiciário. Não é possível recorrer ao Judiciário para rever a decisão administrativa.

b) **sistema de jurisdição única ou sistema inglês**: há somente uma jurisdição e, assim, **o controle dos atos administrativos, de maneira definitiva, é feito pelo Poder Judiciário**. É o **adotado no Brasil**, já que o **art. 5º, XXXV** da Constituição Federal estabelece que nenhuma lesão ou ameaça a direito será excluída da apreciação do Poder Judiciário. Isso não significa que no Brasil não existam julgamentos na esfera administrativa, mas o que importa é que essas decisões não são definitivas. Dessa maneira, se um segurado tem o requerimento de concessão de aposentadoria negado na esfera administrativa, ele pode fazer o mesmo pedido junto ao Poder Judiciário e o que for decido na esfera judicial é o que será a decisão final.

19. Direito administrativo. 13. ed. São Paulo: Saraiva, 2008. p. 31

2. PRINCÍPIOS DA ADMINISTRAÇÃO PÚBLICA

Houve grande alteração na concepção dos princípios na esfera jurídica, especialmente, no caso dos princípios constitucionais. Hoje, os princípios são"[...] **o fundamento de regras jurídicas e têm uma idoneidade irradiante que lhes permite ‹ligar› ou cimentar objectivamente todo o sistema constitucional**"[20].

Não são mais vistos, apenas, como repositório de valores, mas, na verdade, **são normas** e, assim, **dizem o que deve ser**. Isso implica que a interpretação jurídica deve ser feita a partir dos princípios constitucionais para os demais atos normativos. Dessa maneira, deve haver o estudo de determinado princípio e, partindo dele, realizar a análise da compatibilidade de determinada lei.

Conforme a síntese de Paulo Bonavides, os princípios são a **"norma das normas", a "fonte das fontes" e o "penhor da constitucionalidade das regras de uma Constituição"**[21].

Qual a aplicação dessa normatividade dos princípios constitucionais no direito administrativo?

Se os princípios constitucionais são normas, a consequência direta é que a **Administração Pública direta e indireta deve obedecer a eles**. Quer dizer, **os princípios constitucionais vinculam a atuação administrativa**. Um exemplo dessa afirmação é a seguinte tese de repercussão geral fixada pelo STF no RE 579.951: "A vedação ao nepotismo não exige a edição de lei formal para coibir a prática, dado que essa proibição decorre diretamente dos princípios contidos no art. 37, *caput*, da Constituição Federal". Tanto é que não existe, até o momento, lei federal específica sobre o assunto e, independentemente disso, o nepotismo continua proibido em decorrência dos princípios constitucionais – em especial, os princípios da moralidade e da impessoalidade – e a Súmula Vinculante nº 13 consagra essa vedação.

2.1. Regime jurídico administrativo

O direito administrativo é movido por dois **opostos. De um lado,** tem como função a **tutela dos direitos fundamentais,** impondo restrições à atuação administrativa e, **de outro** lado, tem como missão a **concretização do interesse público** e, para tanto, possui autoridade para tornar essa tarefa possível.

A Administração Pública, portanto, tem força, **prerrogativas,** autoridade para satisfazer a necessidade coletiva, mas, também, é obrigada a respeitar os direitos fundamentais, tutelando-os, com o que sofre restrições, **sujeições** em suas atividades. São dois polos opostos, que se contrapõem e interagem, conferindo a sustentação ao direito administrativo. Por isso, o uso das expressões **bipolaridade** do direito administrativo[22]ou **binômio**[23] do direito administrativo.

---

20. CANOTILHO, José Joaquim Gomes. *Direito constitucional e teoria da constituição*. 3. ed. Coimbra: Almedina. 1999. p. 1089. Original sem destaque.
21. BONAVIDES. Paulo. *Curso de direito constitucional*. 24. ed. São Paulo: Malheiros, 2009. p. 294.
22. DI PIETRO, Maria Sylvia Zanella. *Direito administrativo*. 23. ed. São Paulo: Atlas, 2010. p. 61.
23. Fernando Garrido Fala apud Celso Antônio Bandeira de Mello (*Curso de direito administrativo*. 27. ed. São Paulo: Malheiros, 2010. p. 56).

Nesse sentido, o **regime jurídico administrativo é o conjunto de princípios que atribuem à Administração Pública, em um extremo, prerrogativas e, no outro, sujeições.**

Deve ser ressaltado que a Administração Pública só pode exercer a autoridade que possui na busca do interesse público e nada mais. Isto é, só pode usar suas prerrogativas em prol do interesse público e somente para isso, o que significa, também, que nunca é permitido se afastar de tal tarefa. Em razão dessa submissão ao interesse público, surgem as chamadas **pedras angulares** ou **pedras de toque**[24] do direito administrativo, quais sejam, o **princípio da supremacia do interesse público** - pelo qual, em caso de conflito, o interesse público deve se sobrepor ao interesse privado - e o **princípio da indisponibilidade do interesse público** - em razão dele, a atividade administrativa nunca deve se afastar do interesse público. Desses dois princípios decorrem todos os demais que integram o regime jurídico administrativo. São também chamados de **supraprincípios ou superprincípios do direito administrativo**[25].

Além desses princípios de maior relevo para o regime jurídico administrativo - supremacia e indisponibilidade -, existem outros princípios que determinam a moldura dentro da qual deve se dar a atuação administrativa.

Nem todos os princípios da Administração Pública estão expressos na Constituição ou, ainda, em outros textos legislativos. Quer dizer, há princípios que não estão expressos em nenhum ato legislativo (**princípios implícitos**) e, nem por isso, podem ser desrespeitados, dos quais são exemplos o princípio da supremacia do interesse público e o princípio da indisponibilidade do interesse público. Ao revés, estão expressamente consagrados no art. 37, *caput*, da Constituição Federal, os princípios da legalidade, da moralidade, da impessoalidade, da publicidade e da eficiência (**princípios explícitos**). Em relação à legislação infraconstitucional, pode ser apontada a Lei nº 9.784/99 (Lei do Processo Administrativo Federal), que, em seu art. 2º, de maneira expressa, determina a observância dos seguintes princípios: legalidade, finalidade, motivação, razoabilidade, proporcionalidade, moralidade, ampla defesa, contraditório, segurança jurídica, interesse público e eficiência.

2.1.1. *Princípio da supremacia do interesse público*

Destaca-se, de início, que esse princípio, em sentido amplo, orienta o legislador e o administrador, pois deve ser observado tanto "no momento da **elaboração da lei** como no momento de sua execução em concreto pela Administração Pública. Ele inspira o **legislador** e vincula a autoridade administrativa em toda a sua atuação"[26].

---

24. MELLO, Celso Antônio Bandeira de. *Curso de direito administrativo*. 27. ed. São Paulo: Malheiros, 2010. p. 55 e 57.
25. MAZZA, Alexandre. *Manual de direito administrativo*. São Paulo: Saraiva, 2011. p. 71.
26. DI PIETRO, Maria Sylvia Zanella. Direito administrativo. 27. ed. São Paulo: Atlas, 2014. p. 65.

Havendo conflito entre o interesse público e o interesse privado, aquele deverá prevalecer. É o princípio que **confere autoridade à Administração Pública.**

Um ponto de grande relevo é a divisão entre interesse público primário e interesse público secundário. O **interesse público primário** é o **interesse público propriamente dito**; é o interesse da coletividade; está **estabelecido na Constituição Federal.** O **interesse público secundário** é o **interesse do ente estatal** (União, Estados, etc.); é o interesse individual do Estado, como pessoa jurídica[27].

É o **interesse público primário** que **justifica a atuação da Administração Pública** restringindo um interesse particular e não o secundário, pois este só pode ser perseguido na atividade administrativa se for coincidente com o interesse primário. Nesse sentido, o STF (ADI 3583) firmou entendimento de que pode até ser interesse de um Estado da Federação exigir em licitação, para a aquisição de veículo, que a empresa licitante tenha sede em seu território, mas isso viola a Constituição Federal[28].

Outra situação ilustrativa pode ser vista em uma desapropriação em que o Município tenha interesse, em razão de contenção de despesas, de reduzir o valor da indenização ao proprietário. Nesse caso, não é possível a sustentação de que o Município está agindo em prol do interesse público, pois, por exemplo, irá construir um hospital no local, já que se trata de interesse público exclusivamente patrimonial do ente político e não o verdadeiro interesse público - o primário - que está estabelecido no texto constitucional, o qual, no caso, determina que o valor da indenização seja justo e não o mais barato possível.

São exemplos de manifestação do princípio da supremacia do interesse público: **intervenção na propriedade privada** (desapropriação, tombamento, requisição administrativa, etc.), **cláusulas exorbitantes** nos contratos administrativos, **atos de polícia administrativa** (interdição de estabelecimento, embargo de obra, apreensão de mercadoria, etc.).

---

27. MELLO, Celso Antonio Bandeira de. *Curso de direito administrativo*. 27. ed. São Paulo: Malheiros, 2010. p. 65-66.
28. Sobre o princípio da supremacia do interesse público, há corrente doutrinária, baseada em concepção neoliberal, que combate a existência desse princípio em face dos direitos fundamentais. Todavia, Gustavo Assed Ferreira, com propriedade, alia-se a Maria Sylvia Zanella Di Pietro na defesa desse princípio, e vai além, escorando-se em Amartya Sen, ao propor que, no caso brasileiro, o uso da supremacia do interesse público no caso concreto é legítimo se "cumprir os objetivos propostos no art. 3º da Constituição Federal de 1988, ou seja, construir uma sociedade livre, justa e solidária; garantir o desenvolvimento nacional; erradicar a pobreza e a marginalização e reduzir as desigualdades sociais e regionais; e promover o bem de todos, sem preconceito de origem, raça, sexo, cor, idade e quaisquer outras formas de discriminação" (FERREIRA, Gustavo Assed. A legitimidade do Estado e a supremacia do interesse público sobre o interesse particular. In: MARRARA, Thiago (org.). *Princípios de direito administrativo: legalidade, segurança jurídica, impessoalidade, publicidade, motivação, eficiência, moralidade, razoabilidade, interesse público*. São Paulo: Atlas, 2012. p. 445-450).

2.1.2. *Princípio da indisponibilidade do interesse público*

Este princípio é o que **impõe limites à atuação administrativa**. Estabelece as **sujeições** a que se submete o administrador público e **representa a proibição da renúncia ao interesse público**, a impossibilidade de se dispor do interesse público.

De fato, não é possível alguém renunciar ou dispor de algo que não lhe pertence. Isso é o que acontece na gestão pública, porque **o administrador tem o dever de administrar, observando com fidelidade o interesse público** e não seus interesses pessoais ou de terceiros.

Nesse sentido, é incompatível com esse princípio, por exemplo, a **renúncia a uma multa, sem a respectiva previsão legal** ou, ainda, a **alienação de imóvel público sem a observância da legislação** (art. 76 da Lei nº 14.133/2021 exige autorização legislativa e, em regra, licitação).

Na Lei nº 9.784/99, o art. 2º, parágrafo único, estabelece que um dos critérios que deve ser observado no processo administrativo é o "atendimento a fins de interesse geral, vedada a renúncia total ou parcial de poderes ou competências, salvo autorização em lei". Representa a aplicação do princípio da impessoalidade (aspecto da finalidade pública) na primeira parte e, na parte final, significa a devida obediência ao interesse público, que deve sempre prevalecer, sendo vedada, inclusive, sua renúncia, demonstrando a correlação com os princípios da supremacia do interesse público e da indisponibilidade do interesse público.

Questão referente à aplicação desse princípio diz respeito ao uso da **conciliação, da mediação e da arbitragem no âmbito da Administração Pública.**

Por bastante tempo vigorou como regra a impossibilidade do Poder Público transacionar em juízo, com fundamento no princípio da indisponibilidade do interesse público. Entretanto, a aplicação da consensualidade no Direito Administrativo vem ganhando muita força e podem ser citados como exemplos: o art. 10, parágrafo único, da Lei nº 10.259/01, que regula os Juizados Especiais Federais (JEF), autoriza os "representantes judiciais da União, autarquias, fundações e empresas públicas federais" a conciliar, transigir ou desistir nos processos de competência do JEF; a Lei nº 9.469/97 (com a redação dada pelas Leis nº 11.941/09 e 13.140/15), que concedeu poder ao Advogado-Geral da União e aos dirigentes máximos das empresas públicas federais para autorizarem a realização de acordos ou transações "para prevenir ou terminar litígios, inclusive os judiciais", ou, ainda, o não ajuizamento de ações, dependendo do valor a ser cobrado; a possibilidade de uso da arbitragem , nos termos da Lei nº 13.129/2015, pela qual Administração Pública poderá usar a arbitragem para solucionar conflitos relativos a direitos patrimoniais disponíveis, que a arbitragem pode ser de direito ou de equidade, mas que a Administração Pública somente poderá fazer uso da arbitragem de direito e que deve respeitar o princípio da publicidade (art. 1º, §§ 1º e 3º); o Código de Processo Civil (Lei nº 13.105/15), ao prever em seu art. 174 que "a União, os Estados, o Distrito Federal e os Municípios criarão câmaras de mediação e conciliação, com atribuições relacionadas à solução consensual de conflitos no âmbito administrativo, tais como: I - dirimir conflitos envolvendo órgãos e entidades da administração pública; II - avaliar a admissibilidade dos pedidos de resolução de conflitos, por meio de conciliação, no âmbito da administração pública; III - promover, quando couber, a celebração de termo de ajustamento de conduta"; a Lei 13.988/2020, que disciplina a transação tributária no âmbito da Administração Pública Federal; a Lei nº 8.429/1992 (Lei de Improbidade Administrativa), que vedava a transação, acordo ou conciliação nas ações de improbidade administrativa e, atualmente, prevê a possibilidade de celebração de acordo de não persecução civil, nos termos do que dispõe o art. 17-Bº da LIA, incluído pela Lei 14.230/2021; a Lei nº 14.133/2021, que prevê, expressamente, que nas contratações por ela regidas poderão ser utilizados meios alternativos de prevenção e resolução de controvérsias relacionadas a direitos patrimoniais disponíveis, como equilíbrio econômico-financeiro do contrato, inadimplemento das obrigações contratuais e cálculo de indenizações, que são, notadamente a (art. 151) a conciliação, a mediação, o comitê de resolução de disputas e a arbitragem.

Portanto, percebe-se a relativização do princípio da indisponibilidade do interesse público, com fundamento no princípio da eficiência e, também, na exigência da duração razoável do processo e, principalmente na atualidade, na consensualidade, permitindo-se o uso da mediação, da conciliação, da transação e da arbitragem na solução dos conflitos envolvendo a Administração Pública.

2.1.3. *Princípio da legalidade*

O princípio da legalidade não apresenta conteúdo idêntico para o particular e para a Administração Pública. Na esfera privada, o particular só é obrigado a fazer o que está previsto em lei e, assim, depreende-se que o que não está proibido está permitido; vigora a autonomia da vontade. Ao contrário, na seara pública, **a atuação administrativa deve se dar em conformidade com a lei, com o direito**. Ao administrador somente é permitido agir de acordo com a lei, não vigorando a autonomia da vontade. Soma-se a isso, também, que o administrador não pode contrariar a lei.

Esses são os dois principais aspectos do princípio da legalidade: seguir a lei e não contrariar a lei. Como bem ressalta Thiago Marrara, são as regras da "**reserva legal**" e da "**supremacia da lei**" e podem ser sintetizados, respectivamente, nas expressões "**nada sem lei**" e "**nada contra a lei**"[29].

É o princípio que, de maneira mais íntima, representa o Estado de Direito, revelando a supremacia da lei e, dessa maneira, ainda, constitui-se em importantíssima forma de tutela dos direitos fundamentais.

29. As fontes do direito administrativo e o princípio da legalidade. In: DI PIETRO, Maria Sylvia Zanella; RIBEIRO, Carlos Vinicius Alves (coord.). *Supremacia do interesse público e outros temas relevantes do direito administrativo*. São Paulo: Atlas, 2010. p. 232.

Está previsto, expressamente, na Constituição Federal e, também, pode ser encontrado na Lei nº 9.784/99, pois a atuação conforme a lei e o direito é um dos critérios a serem observados (art. 2º, parágrafo único).

Na opinião de Celso Antônio Bandeira de Mello[30], o princípio da legalidade é **mitigado** nos casos de estado de sítio, estado de defesa e medida provisória. Na verdade, em tais situações não se trata do exercício da função administrativa, pois o Presidente da República, quando edita medida provisória, está exercendo de forma atípica a função legislativa e, por outro lado, a atuação do Presidente da República em relação ao estado de defesa e ao estado de sítio corresponde mais à função política do que à função administrativa.

Por fim, com o advento da Lei nº 13.655/2018, houve a inserção de vários artigos à LINDB, dentre os quais, o art. 22, que determina que sejam considerados os obstáculos e dificuldades do gestor e as exigências das políticas públicas na interpretação das normas sobre gestão pública, sem prejuízo dos direitos dos administrados. Tal disposição, segundo Irene Patrícia Nohara[31], trata do primado da realidade, que não pode servir, todavia, para obstar a realização do direito, mas sim ser aplicado para que se considere a "circunstância contextual de exigência de cumprimento da determinação contida no texto normativo".

2.1.4. *Princípio da impessoalidade*

Esse princípio pode ser visto sob dois aspectos: **em relação aos administrados e em relação à própria Administração**[32].

Em relação aos administrados, significa que **a atuação administrativa deve ser conduzida sempre em busca da finalidade pública**. Caso contrário, se houver a intenção de satisfazer interesses privados, ocorrerá desvio de finalidade e o ato será nulo. Assim, por exemplo, é possível remover, de ofício, um servidor público federal, desde que haja interesse público e, realmente, esteja ocorrendo carência de pessoal no local de destino. Por outro lado, se essa remoção é feita, apenas, porque a autoridade administrativa é inimiga do servidor, ocorrerá violação ao princípio da impessoalidade.

É importante frisar que o princípio da impessoalidade, no aspecto em análise, é também chamado de **princípio da finalidade**[33]. O sentido é que a atuação administrativa não pode se dar de forma a privilegiar ou prejudicar ninguém em específico, pois, almejando a finalidade pública, na verdade, percebe-se uma maneira de efetivação, também, do princípio da isonomia, já que, nas mesmas condições, todos terão o mesmo tratamento.

30. *Curso de direito administrativo*. 27. ed. São Paulo: Malheiros, 2010. p. 105-106.
31. NOHARA, Irene Patrícia. *LINDB*: Lei de Introdução às Normas do Direito Brasileiro, hermenêutica e novos Parâmetros ao Direito Público. Curitiba: Juruá, 2018.
32. DI PIETRO, Maria Sylvia Zanella. *Direito administrativo*. 23. ed. São Paulo: Atlas, 2010. p. 67.
33. MEIRELLES, Hely Lopes. *Direito administrativo brasileiro*. 36. ed.São Paulo: Malheiros, 2010. p. 93.

A aplicação desse princípio, no sentido destacado, pode ser visualizada nos **concursos públicos,** nas **licitações,** na **proibição,** em relação aos precatórios, de **designação de pessoas ou casos nas dotações orçamentárias** (art. 100, *caput*, CF), bem como na **proibição de dar nome de pessoa viva a bem público federal** (art. 1º, Lei nº 6.454/77) ou, ainda, conforme decidido pelo STJ, no Resp 615432, viola o princípio da impessoalidade o relacionamento afetivo entre a sócia da empresa contratada e o Prefeito do Município licitante.

No outro sentido, a **Administração Pública deve ser impessoal em relação a ela mesma,** quer dizer, não basta haver impessoalidade em relação à sociedade. Assim, **quando um ato é praticado por um agente público, na verdade, quem o faz é a pessoa jurídica, à qual pertence o órgão em que o servidor está lotado.** Por exemplo, quando um fiscal do Município apreende mercadoria comercializada por vendedor ambulante irregular, não é o fiscal quem apreendeu e sim o Município.

Isso tem consequências significativas, como é a que se refere aos **atos praticados por funcionário de fato,** em razão da denominada teoria da imputação[34].

Outra anotação relevante relacionada à imputação dos atos praticados pelo servidor à pessoa jurídica é a **proibição** – existente no art. 37, § 1º, da Constituição Federal – de que ocorra **menção a nomes, símbolos ou imagens que caracterizem promoção pessoal.** Em razão desse dispositivo, viola a impessoalidade pintar os prédios públicos com as cores do partido do Prefeito, divulgar *outdoor* com a foto do administrador, identificando-o com uma excelente administração ou, também, identificar uma obra pública como sendo mais uma obra do "Governador X".

O administrador deixará o cargo, e a Administração Pública continuará. As obras são da Administração e não dele, que, aliás, não faz nenhum favor em realizá-las, pois, na verdade, é seu dever como administrador.

Na Lei nº 9.784/99, os artigos 18 a 20 podem ser apontados como exemplos de dispositivos legais destinados à tutela do princípio da impessoalidade, pois regulam as hipóteses de impedimento e suspeição no processo administrativo federal.

Em síntese, pelo **princípio da impessoalidade,** juntando-se as duas acepções, **a atuação da Administração Pública deve ser dirigida a todos,** sem discriminação, buscando a finalidade pública e, **quando atua, quem, na verdade, pratica o ato é a própria Administração Pública** e não o agente público como pessoa física, vedando-se, por isso, qualquer tipo de promoção pessoal em razão da atuação administrativa.

2.1.5. *Princípio da moralidade*

A atuação administrativa além de ser legal tem que ser moral. Tem que estar de acordo com a **boa-fé,** com a **moral,** com a **ética,** com a **honestidade,** com a **lealdade,** com a **probidade.**

34. Ver item 1.2.1 do Capítulo 3.

Mesmo que determinada situação seja respaldada pelo ordenamento jurídico, o ato pode ser considerado viciado por afrontar o princípio da moralidade.

De acordo com o art. 2º, parágrafo único, IV, da Lei nº 9.784/99, a atuação da Administração deve ocorrer segundo "padrões éticos de probidade, decoro e boa-fé". A moralidade representa o respeito aos padrões morais e éticos que predominam na sociedade.

O exemplo comumente apresentado como materialização do princípio da moralidade é a **vedação ao nepotismo**, pois não há lei específica vedando a contratação de parentes para cargos comissionados na Administração Pública. Entretanto, essa prática nociva viola a impessoalidade e, de maneira mais específica, a moralidade administrativa.

Nesse sentido, o STF aprovou a **Súmula Vinculante nº 13**[35] e, por ela, está proibida a nomeação para cargo em comissão do **cônjuge ou companheiro e dos parentes, em linha reta, colateral e por afinidade, até o 3º grau, inclusive, da autoridade nomeante ou de servidor que já é ocupante de cargo em comissão na mesma pessoa jurídica.**

Assim, **não podem ser nomeados o cônjuge/companheiro(a)** e os seguintes parentes: **a) em linha reta:** filho(a), neto(a), bisneto(a), pai/mãe, avô(ó), bisavô(ó); **b) em linha colateral:** irmão(ã), tio(a), sobrinho(a); **c) por afinidade:** sogro(a), genro/nora, padrasto/madrasta, enteado(a), cunhado(a), concunhado(a)[36]. Por outro lado, por exemplo, **podem ser nomeados:** primo(a), sobrinho(a)-neto(a).

De acordo com a súmula em análise, **as referências são a autoridade nomeante** – que é quem nomeia – **e, também, o servidor que já ocupa cargo em comissão ou função de confiança na mesma pessoa jurídica**, proibindo-se, ainda, as **designações recíprocas**. Por exemplo, não pode o Prefeito nomear para ser seu assessor o filho do Presidente da Câmara Municipal e este, por sua vez, é proibido de nomear o filho do Prefeito como seu assessor.

Por outro lado, deve ficar bem claro que a proibição apenas alcança os **ocupantes de cargo em comissão**, não atingindo o ingresso por concurso público, pois, no caso, há cargo efetivo e não comissionado. Por exemplo, o cônjuge, o filho ou o irmão de alguém que já ocupe cargo em comissão numa pessoa estatal, caso seja aprovado em concurso público, não terá nenhum impedimento para ser investido no cargo.

Ainda, cabe ressaltar que o STF delimitou os efeitos da Súmula Vinculante nº 13, na Rcl 6.650-MC-Agr/PR, fixando entendimento de que **a vedação não se estende aos agentes políticos**, sendo restrita a cargos administrativos. Portanto, por exemplo,

---

35. Ver o inteiro teor no item 1.4.3 acima.
36. Concunhado não é parente nos termos do art. 1595, §1º, do Código Civil. Todavia, em decisão monocrática, na Reclamação 26.448/RJ, o Min. Edson Fachin decidiu que, considerando precedentes por ele citados, "o parentesco por afinidade não é limitado apenas aos ascendentes, descendentes, irmãos, cônjuges ou companheiros. Para efeitos da Súmula Vinculante 13, os chamados "concunhados" estão abrangidos no conceito de parente de 3º grau em linha colateral." Dessa forma, apesar de ser manifestação monocrática, será levada em consideração para o estudo do tema.

o Presidente da República pode nomear sua esposa como Ministra, o Governador pode nomear seu filho como Secretário de Estado e o Prefeito pode nomear seu irmão como Secretário Municipal. Entretanto, é importante registrar que o próprio STF, posteriormente a essa decisão, vem se posicionando no sentido de que tal exceção não é absoluta, ou seja, o entendimento de que a Súmula Vinculante nº 13 não é aplicável quando se tratar de nomeação para cargo em comissão de natureza política **não se aplica no caso de nomeação de parente para o cargo em comissão com a manifesta intenção de fraudar a lei** como ocorre, por exemplo, nas hipóteses de nomeação decorrente de "comprovada troca de favores ou de evidente inaptidão do nomeado para seu exercício", conforme decidido no RE 825.862[37].

Destaque-se decisão do STF (Rcl 29033 AgR/RJ) no ano de 2019, que afastou a aplicação da Súmula Vinculante nº 13 para cargo de natureza política, tendo em vista não se tratar de caso de inequívoca falta de razoabilidade, por manifesta ausência de qualificação técnica ou idoneidade moral. Em tal decisão, o Tribunal deixou consignado que, "as hipóteses de nepotismo cruzado, fraude à lei ou inequívoca falta de razoabilidade da indicação, por manifesta ausência de qualificação técnica ou idoneidade moral do nomeado, vem sendo ressalvadas da aplicação dessa jurisprudência do Supremo Tribunal Federal", o que não era, contudo, o caso dos autos analisados[38].

Também, cabe apontar posição da 2ª Turma do STF quanto à aplicação da vedação à nomeação para cargo em comissão de parente de servidor que já ocupa cargo em comissão na mesma pessoa jurídica. Na Rcl 19529 AgR/RS, a situação fática envolvia a nomeação de uma pessoa para cargo em comissão de assessora de Desembargador do TJ, cuja irmã já era, também, assessora de Desembargador no mesmo TJ. A 2ª Turma do STF entendeu que não se caracterizava o nepotismo no caso, porque não havia como presumir ascendência hierárquica da servidora de referência (a que já ocupava cargo em comissão) na escolha de sua irmã, feita por outro desembargador e, conforme o voto do Min. Toffoli, vedar o acesso de qualquer cidadão a cargo público tão somente em razão da existência de relação de parentesco com servidor público que não tenha competência para o selecionar ou o nomear para o cargo de chefia, direção ou assessoramento pleiteado, ou que não exerça ascendência hierárquica sobre aquele que possua essa competência é, em alguma medida, negar um dos princípios constitucionais a que se pretendeu conferir efetividade com a edição da Súmula Vinculante nº 13, qual seja, o princípio da impessoalidade".

Ainda nesse julgado, o Min. Toffoli, aponta que, ao ser editada a Súmula Vinculante nº 13, foram erigidos **critérios objetivos para a configuração do nepotismo**, quais sejam:

37. Nesse julgado, inclusive, são apontados outros processos em que as decisões foram proferidas no mesmo sentido, quais sejam, Rcl 7.590 e Rcl 18.644.

38 Disponível em: ‹http://redir.stf.jus.br/paginadorpub/paginador.jsp?docTP=TP&docID=751915279›. Acesso em 22 jun. 2020.

"a) ajuste mediante designações recíprocas, quando inexistente a relação de parentesco entre a autoridade nomeante e o ocupante do cargo de provimento em comissão ou função comissionada;

b) relação de parentesco entre a pessoa nomeada e a autoridade nomeante;

c) relação de parentesco entre a pessoa nomeada e o ocupante de cargo de direção, chefia ou assessoramento a quem estiver subordinada;

d) relação de parentesco entre a pessoa nomeada e a autoridade que exerce ascendência hierárquica ou funcional sobre a autoridade nomeante".

SÚMULA VINCULANTE Nº 13		
• o(a) nomeado(a) não pode ser	• cônjuge/companheiro(a) ou • parente em linha reta, colateral ou por afinidade, até o 3º grau, inclusive	• da autoridade nomeante ou • de ocupante de cargo em comissão ou função de confiança, na mesma pessoa jurídica
• Vedação de designações recíprocas • Cargos de natureza política: súmula não se aplica (regra)		

Ademais, numa concepção mais ampla de moralidade, é necessário mencionar que esse princípio pode ser violado com a prática dos chamados atos de improbidade[39].

2.1.6. *Princípio da publicidade*

Por esse princípio, a **atuação administrativa** não pode ser secreta. Ao contrário, deve ser **transparente** para que, assim, o titular do poder - que é o povo - possa verificar se, realmente, a conduta do administrador estava pautada no interesse público.

O princípio da publicidade é materializado pela **publicação dos atos administrativos**. A regra, portanto, é que todo ato administrativo deve ser publicado, exceto quando, nos termos do art. 5º, XXXIII, da Constituição Federal, o "sigilo seja imprescindível à segurança da sociedade e do Estado".

Nos Municípios onde não houver imprensa oficial, vale como publicação oficial a afixação dos atos administrativos na sede da Prefeitura ou da Câmara de Vereadores, em conformidade com a Lei Orgânica do Município[40].

Em relação a esse princípio, surgiu a discussão se poderia haver a divulgação da remuneração dos servidores de forma nominal ou se isso seria vedado, tendo a questão sido analisada pelo STF e, no ARE 652777, foi fixada a seguinte tese de repercussão geral: **"É legítima a publicação, inclusive em sítio eletrônico mantido pela Administração Pública, dos nomes dos seus servidores e do valor dos correspondentes vencimentos e vantagens pecuniárias".**

39. A respeito, ver capítulo 16.
40. MEIRELLES, Hely Lopes. *Direito administrativo brasileiro*. 36. ed.São Paulo: Malheiros, 2010. p. 97.

2.1.6.1. *Lei de Acesso à Informação (Lei nº 12.527/2011)*

O princípio da publicidade ganhou maior robustez no ordenamento jurídico brasileiro, em razão do início da vigência da Lei nº 12.527/11, conhecida como Lei de Acesso à Informação. Trata-se de Lei Nacional, aplicável às Administrações Diretas e Indiretas dos Governos Federal, Estaduais, Distrital e Municipais (art. 1º).

A Lei de Acesso à Informação vem para regulamentar o art. 5º, XXXIII, o art. 37, § 3º, II e o art. 216, § 2º, todos da Constituição Federal. Esses dispositivos apontam que a Lei tem como foco uma tríplice dimensão: direito fundamental, direito do usuário da Administração e patrimônio cultural brasileiro[41].

Visando assegurar o direito fundamental de acesso à informação, os procedimentos previstos na Lei deverão ser executados conforme os princípios básicos de administração pública, observando as seguintes diretrizes (art. 3º): I - observância da publicidade como preceito geral e do sigilo como exceção; II - divulgação de informações de interesse público, independentemente de solicitações (é a chamada transparência ativa); III - utilização de meios de comunicação viabilizados pela tecnologia da informação; IV - fomento ao desenvolvimento da cultura de transparência na administração pública; V - desenvolvimento do controle social da administração pública. Na forma da Lei, qualquer interessado poderá apresentar pedido de acesso à informação aos órgãos ou entidades, por qualquer meio legítimo, devendo conter a identificação do requerente e a especificação da informação requerida (art. 10).

Não obstante o direito à informação e o dever de publicidade, a Constituição Federal ressalva os casos cujo sigilo seja imprescindível à segurança da sociedade e do Estado (art. 5º, XXXIII) e, regulamentando o dispositivo, a Lei de Acesso à Informação (art. 23) elenca um rol de informações que podem comprometer a segurança da sociedade ou do Estado, possibilitando sua classificação em graus e prazos de sigilo (art. 24):

a) **Informações ultrassecretas:** prazo máximo de restrição ao acesso de 25 anos, contados da data de sua produção;

b) **Informações secretas:** prazo máximo de restrição ao acesso de 15 anos, contados da data de sua produção;

c) **Informações reservadas:** prazo máximo de restrição ao acesso de 5 anos, contados da data de sua produção.

2.1.6.2. *Lei Geral de Proteção de Dados - LGPD (Lei nº 13.709/2018): tratamento de dados pessoais pelo Poder Público*

A Lei Geral de Proteção de Dados tem por objetivo proteger os direitos fundamentais de liberdade, de privacidade e o livre desenvolvimento da personalidade da pessoa natural, nos termos do seu art. 1º e aplica-se à União, aos Estados, ao Distrito Federal e aos Municípios.

41 NOHARA, Irene Patrícia. Direito administrativo. 2. ed. São Paulo: Atlas, 2012, p. 84.

Aliás, em relação ao âmbito de incidência de legislação sobre o tema, existia discussão sobre a possibilidade de existência de leis nas demais esferas da federação dispondo sobre o assunto, o que, entretanto, foi superado em razão da promulgação da Emenda Constitucional nº 115/2022 porque incluiu o inciso XXX ao art. 22 da Constituição Federal para estabelecer a competência privativa da União para legislar sobre proteção e tratamento de dados pessoais, o inciso XXVI para prever a competência material da União para organizar e fiscalizar a proteção e o tratamento de dados pessoais, nos termos da lei.

A LGPD tem como fundamentos (art. 2º): I) o respeito à privacidade; II) a autodeterminação informativa; III) a liberdade de expressão, de informação, de comunicação e de opinião; IV) a inviolabilidade da intimidade, da honra e da imagem; V) o desenvolvimento econômico e tecnológico e a inovação; VI) a livre iniciativa, a livre concorrência e a defesa do consumidor; e VII) os direitos humanos, o livre desenvolvimento da personalidade, a dignidade e o exercício da cidadania pelas pessoas naturais.

É aplicável a qualquer operação de tratamento realizada por pessoa natural ou jurídica de direito público ou privado, independentemente do meio, do país de sua sede ou do país onde estejam localizados os dados, desde que (art. 3º): I) a operação de tratamento seja realizada no território nacional; II) a atividade de tratamento tenha por objetivo a oferta ou o fornecimento de dados ou serviços ou o tratamento de dados de indivíduos localizados no território nacional; ou III) os dados pessoais objeto do tratamento tenham sido coletados no território nacional.

Aliás, consideram-se coletados no território nacional os dados pessoais cujo titular nele se encontre no momento da coleta (§1º, art. 3º).

Nos termos da LGPD, tratamento de dados é toda operação realizada com dados pessoais, como as que se referem a coleta, produção, recepção, classificação, utilização, acesso, reprodução, transmissão, distribuição, processamento, arquivamento, armazenamento, eliminação, avaliação ou controle da informação, modificação, comunicação, transferência, difusão ou extração (art. 5º, X).

Conforme a LGPD, o tratamento de dados pessoais, como regra, exige consentimento pelo titular. Não pode haver coleta de dados sem prévio consentimento do titular. No entanto, o tratamento e uso compartilhado realizado pela Administração Pública, necessários à execução de políticas públicas previstas em leis e regulamentos ou respaldadas em contratos, convênios ou congêneres (art. 7º, III) pode ser realizado sem consentimento específico, devendo o titular ser informado sobre o tratamento de seus dados.

Por sua vez, o tratamento de dados pessoais de acesso público deve considerar a finalidade, a boa-fé e o interesse público que justificaram sua disponibilização (art. 7º, §3º), sendo dispensado também o consentimento quando o próprio titular tornar os dados manifestamente públicos, resguardados, no entanto, seus direitos e os princípios previstos na LGPD (art. 7º, §4º).

O tratamento de dados pessoais pelas pessoas jurídicas de direito público referidas no parágrafo único do art. 1º da Lei de Acesso à Informação deverá ser realizado para o atendimento de sua finalidade pública, devendo observar dois requisitos (art. 23): I) sejam informadas as hipóteses em que, no exercício de suas competências, realizam o tratamento de dados pessoais, fornecendo informações claras e atualizadas sobre a previsão legal, a finalidade, os procedimentos e as práticas utilizadas para a execução dessas atividades, em veículos de fácil acesso, preferencialmente em seus sítios eletrônicos; e II) seja indicado um encarregado quando realizarem operações de tratamento de dados pessoais, nos termos do art. 39 da LGPD.

Aliás, poderá o Poder Público realizar compartilhamento interno, dentro da própria Administração Pública, objetivando a execução de políticas públicas, à prestação de serviços públicos, à descentralização da atividade pública e à disseminação e ao acesso das informações pelo público em geral (art. 25).

Entretanto, é vedado o compartilhamento externo de dados, isto é, veda-se ao Poder Público transferir às entidades privadas os dados pessoais que constem de bases a que tenha acesso, exceto (art. 26, §1º): I) em casos de execução descentralizada da atividade pública que exija a transferência exclusivamente para esse fim específico e determinado, observando a Lei de Acesso à Informação; II) nos casos em que os dados forem acessíveis publicamente; III) quando houver previsão em lei ou a transferência for respaldada por contratos, convênios ou instrumentos congêneres; ou IV) na hipótese de a transferência objetivar exclusivamente a prevenção de fraudes e irregularidades, ou proteger e resguardar a segurança e a integridade do titular dos dados, desde que vedado o tratamento para outras finalidades. Inclusive, as empresas públicas e sociedades de economia mista que atuam no mercado em regime de concorrência terão o mesmo tratamento dado às pessoas jurídicas de direito privado particulares. Por sua vez, se tais entidades estiverem operacionalizando políticas públicas e no âmbito da execução delas, terão o mesmo tratamento dispensado aos órgãos e às entidades do Poder Público (art. 24).

2.1.7. *Princípio da eficiência*

Apenas em 1998, por meio da **Emenda Constitucional nº 19**, o princípio da eficiência foi **expressamente incluído no art. 37** do texto constitucional. Não que antes não se pudesse exigir eficiência na atuação administrativa, pois essa **exigência estava implícita na Constituição.** No entanto, de maneira explícita, somente com a mencionada emenda.

Pelo princípio da eficiência, **a Administração Pública deve atuar de maneira a buscar resultados e não simplesmente agir**. Isto é, a atuação administrativa deve buscar a **melhor relação custo-benefício**, deve ser feita a otimização dos recursos, o devido planejamento e estabelecimento de metas e a fiscalização do efetivo cumprimento do que fora planejado.

Administração eficiente é aquela que **atua com presteza, perfeição e rendimento funcional**[42]. É uma exigência constitucional que se manifesta, especialmente, em relação aos serviços públicos, pois esses devem ser cada vez mais executados da melhor maneira possível e devem alcançar todos os administrados e, mais, de maneira eficiente. Ser eficiente significa uma boa administração. O núcleo desse princípio é a busca de produtividade e economicidade e, "o que é mais importante, a exigência de reduzir os desperdícios de dinheiro público"[43].

O princípio da eficiência pode ser visto sob **dois aspectos**[44]:

a) **em relação à atuação do agente público:** o agente público deve executar suas tarefas com o melhor desempenho possível para alcançar os melhores resultados;

b) **em relação à organização da Administração Pública:** a estrutura administrativa deve ser organizada da melhor forma para que a finalidade pública seja atingida da maneira mais efetiva possível.

Para ilustrar a aplicação desse princípio, vale lembrar o **art. 41 da Constituição Federal**. No § 4º, existe a determinação constitucional de que a estabilidade somente será adquirida após os três anos de efetivo exercício, desde que ocorra "avaliação especial de desempenho por comissão instituída para essa finalidade". E mais, no § 1º, III, existe a previsão de que o servidor, mesmo sendo estável, poderá perder o cargo se não for aprovado em procedimento de avaliação periódica de desempenho, nos termos de lei complementar. Ante a inércia do legislador, entretanto, esse dispositivo não pode ser aplicado, pois a mencionada lei complementar ainda não existe. Todavia, quando entrar em vigor, será possível alguém perder o cargo público efetivo, mesmo sendo estável, sem ter cometido uma infração funcional. O motivo será o desrespeito ao princípio da eficiência, já que terá sido avaliado como ineficiente.

Outra situação visualizadora da eficiência na esfera administrativa foi inserida no texto constitucional, também, por meio da Emenda Constitucional nº 19/98 – veiculadora da chamada reforma administrativa – e está contida no **art. 37, § 8º**. Nesse dispositivo constitucional, há a previsão de ocorrer o aumento da autonomia orçamentária, financeira e gerencial dos órgãos e entidades da administração indireta, mediante a celebração de contrato de gestão, no qual serão fixadas, dentre outras cláusulas, metas de desempenho a serem alcançadas.

Por fim, importante destacar que no ano de 2018, houve a publicação da Lei nº 13.726, que racionaliza atos e procedimentos administrativos dos Poderes da União, dos Estados, do Distrito Federal e dos Municípios, mediante a supressão ou a simplificação de formalidades ou exigências desnecessárias ou superpostas, cujo custo social e econômico seja superior ao eventual risco de fraude. Referida lei, ainda, institui o Selo de Desburocratização e Simplificação, que se destina a reconhecer e estimular projetos, programas e práticas que simplifiquem o funcionamento da administração pública e melhorem o atendimento aos usuários dos serviços públicos.

---

42. MARINELA, Fernanda. *Direito administrativo*. 5. ed. Niterói: Impetus, 2011. p. 43.
43. CARVALHO FILHO, José dos Santos. *Manual de direito administrativo*. 19. ed. Rio de Janeiro: Lumen Juris, 2008. p. 24.
44. DI PIETRO, Maria Sylvia Zanella. *Direito administrativo*. 23. ed. São Paulo: Atlas, 2010. p. 83.

Ainda em relação ao Selo de Desburocratização e Simplificação, nos termos do art. 7º, há vários critérios para a sua concessão e, dentre eles, pode ser destacada a "redução no tempo de espera no atendimento dos serviços públicos " (inciso IV)

2.1.7.1. *Lei nº 14.129/2021 (Lei do Governo Digital): princípios, regras e instrumentos para o aumento da eficiência pública*

A Lei nº 14.129/2021 "Dispõe sobre princípios, regras e instrumentos para o Governo Digital e para o aumento da eficiência pública", entre outras alterações legislativas que implementou. É conhecida como Lei do Governo Digital.

A lei aplica-se à administração direta federal, incluindo os três poderes, o Ministério Público da União e o Tribunal de Contas da União, bem como às autarquias federais, às fundações públicas federais. No caso das empresas públicas e sociedades de economia mista federais suas subsidiárias e controladas somente terá aplicação caso sejam prestadoras de serviço público.

O âmbito de aplicação da lei nos Estados, Distrito Federal e Municípios é o mesmo, porém não é automática e, conforme o §2º do art. 2º, desde que adotem os comandos da Lei nº 14.129/2021 por meio de atos normativos próprios.

Nos termos do art. 1º, o **objetivo** da nova lei é o **aumento da eficiência da Administração Pública** pelos seguintes **meios: a) desburocratização; b) inovação; c) transformação digital; d) participação do cidadão**. Para tanto, ela traz quais são os princípios, as regras e os instrumentos necessários.

Conforme o art. 3º, são **princípios e diretrizes do Governo Digital e da eficiência pública** (art. 3º):

> *"I - a desburocratização, a modernização, o fortalecimento e a simplificação da relação do poder público com a sociedade, mediante serviços digitais, acessíveis inclusive por dispositivos móveis;*
>
> *II - a disponibilização em plataforma única do acesso às informações e aos serviços públicos, observadas as restrições legalmente previstas e sem prejuízo, quando indispensável, da prestação de caráter presencial;*
>
> *III - a possibilidade aos cidadãos, às pessoas jurídicas e aos outros entes públicos de demandar e de acessar serviços públicos por meio digital, sem necessidade de solicitação presencial;*
>
> *IV - a transparência na execução dos serviços públicos e o monitoramento da qualidade desses serviços;*
>
> *V - o incentivo à participação social no controle e na fiscalização da administração pública;*
>
> *VI - o dever do gestor público de prestar contas diretamente à população sobre a gestão dos recursos públicos;*
>
> *VII - o uso de linguagem clara e compreensível a qualquer cidadão;*

VIII – o uso da tecnologia para otimizar processos de trabalho da administração pública;

IX – a atuação integrada entre os órgãos e as entidades envolvidos na prestação e no controle dos serviços públicos, com o compartilhamento de dados pessoais em ambiente seguro quando for indispensável para a prestação do serviço, nos termos da Lei nº 13.709, de 14 de agosto de 2018 (Lei Geral de Proteção de Dados Pessoais), e, quando couber, com a transferência de sigilo, nos termos do art. 198 da Lei nº 5.172, de 25 de outubro de 1966 (Código Tributário Nacional), e da Lei Complementar nº 105, de 10 de janeiro de 2001;

X – a simplificação dos procedimentos de solicitação, oferta e acompanhamento dos serviços públicos, com foco na universalização do acesso e no autosserviço;

XI – a eliminação de formalidades e de exigências cujo custo econômico ou social seja superior ao risco envolvido;

XII – a imposição imediata e de uma única vez ao interessado das exigências necessárias à prestação dos serviços públicos, justificada exigência posterior apenas em caso de dúvida superveniente;

XIII – a vedação de exigência de prova de fato já comprovado pela apresentação de documento ou de informação válida;

XIV – a interoperabilidade de sistemas e a promoção de dados abertos;

XV – a presunção de boa-fé do usuário dos serviços públicos;

XVI – a permanência da possibilidade de atendimento presencial, de acordo com as características, a relevância e o público-alvo do serviço;

XVII – a proteção de dados pessoais, nos termos da Lei nº 13.709, de 14 de agosto de 2018 (Lei Geral de Proteção de Dados Pessoais);

XVIII – o cumprimento de compromissos e de padrões de qualidade divulgados na Carta de Serviços ao Usuário;

XIX – a acessibilidade da pessoa com deficiência ou com mobilidade reduzida, nos termos da Lei nº 13.146, de 6 de julho de 2015 (Estatuto da Pessoa com Deficiência);

XX – o estímulo a ações educativas para qualificação dos servidores públicos para o uso das tecnologias digitais e para a inclusão digital da população;

XXI – o apoio técnico aos entes federados para implantação e adoção de estratégias que visem à transformação digital da administração pública;

XXII – o estímulo ao uso das assinaturas eletrônicas nas interações e nas comunicações entre órgãos públicos e entre estes e os cidadãos;

XXIII – a implantação do governo como plataforma e a promoção do uso de dados, preferencialmente anonimizados, por pessoas físicas e jurídicas de diferentes setores da sociedade, resguardado o disposto nos arts. 7º e 11 da Lei nº 13.709, de 14 de agosto de 2018 (Lei Geral de Proteção de Dados Pessoais), com vistas, especialmente, à formulação

> *de políticas públicas, de pesquisas científicas, de geração de negócios e de controle social;*
>
> *XXIV - o tratamento adequado as pessoas idosas, nos termos da Lei nº 10.741, de 1º de outubro de 2003 (Estatuto da Pessoa Idosa);*
>
> *XXV - a adoção preferencial, no uso da internet e de suas aplicações, de tecnologias, de padrões e de formatos abertos e livres, conforme disposto no inciso V do caput do art. 24 e no art. 25 da Lei nº 12.965, de 23 de abril de 2014 (Marco Civil da Internet); e*
>
> *XXVI - a promoção do desenvolvimento tecnológico e da inovação no setor público."*

2.1.8. Princípio da continuidade do serviço público

A atividade administrativa referente à prestação dos serviços públicos deve ser ininterrupta. O serviço público não pode parar.

Todavia, há situações em que existe previsão legal para que o serviço seja interrompido. A Lei nº 8.987/95, no art. 6º, § 1, estabelece que pode ocorrer a interrupção do serviço público em caso de emergência ou, após prévio aviso, por motivo de ordem técnica ou de segurança das instalações e por motivo de inadimplência do usuário. A interrupção do serviço em caso de inadimplemento do usuário, entretanto, não poderá se iniciar na sexta-feira, sábado ou domingo, nem em feriado ou dia anterior a feriado, nos termos do §4º do art. 6º da Lei nº 8.987/95.

Com fundamento no princípio da continuidade de serviço público, pode haver **restrição ao exercício do direito de greve do servidor público,** garantido no art. 37, VII, da Constituição Federal. Para que não ocorra a interrupção do serviço público, não é possível que se permita a greve de todo o efetivo dos servidores públicos civis. Deve ocorrer a **compatibilização do direito de greve com o princípio da continuidade do serviço público**[45].

Também, para evitar a paralisação do serviço público, o Poder Público pode intervir na concessão de serviços públicos para que o serviço público possa ser prestado de maneira adequada e, caso não solucionado o problema, pode, inclusive, extinguir a concessão e realizar a ocupação das instalações necessárias à prestação do serviço público, nos termos da Lei nº 8.987/95.

Ainda, outro exemplo de materialização desse princípio é a existência em diversos estatutos dos servidores públicos - como, por exemplo, a Lei nº 8.112/90, em seu art. 38 - do instituto da **substituição**, de maneira a permitir que, mesmo na ausência do titular de um cargo público, haja alguém para substituí-lo e, assim, não ocorra a interrupção do serviço público. Seguindo o mesmo raciocínio, é por isso que, por exemplo, no Código de Processo Civil (art. 455, § 4º, III), no Código de Processo Penal (art. 221, § 3º) e na Consolidação das Leis do Trabalho (art. 823), há a exigência de comunicação ao superior do servidor público ou empregado público que se ausentará do serviço para comparecer à audiência.

45. Apenas para registrar, convém lembrar que o **militar é proibido de realizar greve**, nos termos do art. 142, IV, da Constituição Federal.

2.1.9. *Princípio da autotutela*

É dever da Administração Pública o controle de seus próprios atos, quanto à legalidade e quanto ao mérito.

A autotutela significa a Administração **cuidar de si própria.** E, assim, com fundamento nesse princípio, ela anula seus atos, quando possuírem vícios de legalidade, ou os revoga, quando se tornarem inconvenientes ou inoportunos em face do interesse público.

Há, inclusive, duas súmulas do STF a respeito da autotutela:

> **Súmula 346:** *"A Administração Pública pode declarar a nulidade dos seus próprios atos".*
>
> **Súmula 473:** *"A Administração pode anular seus próprios atos quando eivados de vícios que os tornem ilegais, porque deles não se originam direitos; ou revogá-los, por motivo de conveniência ou oportunidade, respeitados os direitos adquiridos, e ressalvada, em todos os casos, a apreciação judicial".*

2.1.10. *Princípio da tutela ou do controle*

Por esse princípio, **a administração direta controla, fiscaliza as atividades das entidades da administração indireta** (autarquia, fundação pública, sociedade de economia mista, empresa pública).

Não deve ser confundido com o princípio da autotutela, pois por este ocorre a anulação ou a revogação dos atos administrativos praticados pela própria pessoa jurídica. Já pelo princípio da tutela, ocorre o controle de finalidade das entidades da administração indireta, quer dizer, há um controle para se verificar se essas entidades estão cumprindo as finalidades para as quais foram criadas.

2.1.11. *Princípio da especialidade*

Pelo princípio da especialidade, que decorre dos princípios da legalidade e da indisponibilidade do interesse público[46], sempre que possível, é **melhor que seja criada uma entidade específica para desempenhar uma atividade determinada**[47]. Em geral, a atividade será desenvolvida com maior eficiência quando a pessoa jurídica for especializada nela. Esse princípio **fundamenta a descentralização administrativa** e incentiva a criação das entidades da administração indireta (autarquias, fundações públicas, etc.), as quais terão suas atividades fiscalizadas pela administração direta, com base no princípio da tutela. Também, por esse princípio, **as entidades criadas deverão desempenhar somente as atividades para as quais foram criadas.**

2.1.12. *Princípio da presunção de legitimidade*

Esse princípio é **intimamente relacionado com o princípio da legalidade,** pois, se a atuação administrativa deve se dar de acordo com a lei e com o direito,

46. DI PIETRO, Maria Sylvia Zanella. *Direito administrativo.* 23. ed. São Paulo: Atlas, 2010. p. 68.
47. MAZZA, Alexandre. *Manual de direito administrativo.* São Paulo: Saraiva, 2011. p. 111.

presume-se que todo ato administrativo praticado seja legal. Entretanto, trata-se de **presunção relativa**, pois admite prova em contrário.

A consequência direta desse princípio é a **realização imediata do ato administrativo**, não necessitando consultar nenhum órgão sobre se certo ato é legal ou não, pois se presume que, se feito pela Administração, está de acordo com a legalidade.

Outra decorrência da presunção de legitimidade é que o **ato administrativo produzirá efeito até que seja retirado da esfera jurídica.** Não basta o interessado alegar que o ato tem vício para ele parar de produzir efeitos. Para que isso ocorra, deve haver o efetivo reconhecimento da ilegalidade pela própria Administração ou pelo Poder Judiciário. Imagine, por exemplo, que em uma fiscalização ocorra a interdição de um estabelecimento comercial e o proprietário alegue que isso somente ocorreu porque se recusou a pagar propina solicitada pelo servidor, tendo, inclusive, gravado tal solicitação. Nesse caso, o dono do local não poderá desfazer a interdição por suas próprias mãos, já que o ato continua produzindo efeitos. O ato praticado somente será desfeito, interrompendo a irradiação de seus efeitos, se, efetivamente, a Administração reconhecer o vício e o anular ou se houver decisão judicial determinando a anulação.

2.1.13. *Princípio do controle judicial dos atos administrativos*

Esse princípio representa a adoção do sistema de jurisdição única ou sistema inglês para o controle dos atos administrativos. Significa que **os atos administrativos são controláveis judicialmente e que apenas o Poder Judiciário, na função jurisdicional, pode decidir de maneira definitiva** a respeito. Está consagrado no art. 5º, XXXV, da Constituição Federal[48].

ATENÇÃO! O princípio do controle judicial dos atos administrativos e o princípio da autotutela administrativa possuem como ponto comum o controle dos atos administrativos, mas não pode haver confusão. Quando um ato tem vício e é anulado pela própria Administração, ela age com fundamento no princípio da autotutela. Porém, se esse mesmo ato for anulado por decisão judicial, o fundamento será o princípio do controle judicial dos atos administrativos. Aliás, esses dois princípios podem ser considerados vertentes ou acepções do princípio da **sindicabilidade**, pois por esse princípio, os atos administrativos são sindicáveis, submissos a alguma espécie de controle, seja ele realizado pela própria Administração ou, ainda, pelo Poder Judiciário. Na definição de Diogo de Figueiredo Moreira Neto, o princípio da sindicabilidade é a "possibilidade jurídica de submeter-se efetivamente *qualquer lesão de direito* e, por extensão, *as ameaças de lesão de direito* a algum tipo de controle"[49].

2.1.14. *Princípio da segurança jurídica e princípio da proteção à confiança*

A garantia das situações juridicamente consolidadas tem foro constitucional, assegurando o art. 5º, XXXVI, que "a lei não prejudicará o direito adquirido, o ato

48. Para maiores detalhes, ver item 1.5 acima.

49. MOREIRA, NETO, Diogo de Figueiredo. *Curso de direito administrativo: parte introdutória, parte geral e parte especial*. Rio de Janeiro: Forense, 2009. p. 93.

jurídico perfeito e a coisa julgada". Se a lei não pode, com maior razão, ao ato administrativo, também, não é permitido fazê-lo.

Daí a importância do estudo do tema no âmbito do Direito Administrativo, onde se usa a expressão **segurança jurídica** para referir-se a essa tutela da estabilização das relações jurídicas existentes entre o administrado e a Administração Pública, tendo ocorrido, inclusive, a sua positivação no art. 2º da Lei nº 9.784/99.

Maria Sylvia Zanella Di Pietro afirma, na condição de participante da Comissão de juristas que cuidou da elaboração do anteprojeto que deu origem a essa lei, que o objetivo da inclusão da segurança jurídica como um dos princípios a serem obedecidos pela Administração Pública (art. 2º, *caput*) foi proibir que uma nova interpretação dada na esfera administrativa a uma lei pudesse ser aplicada retroativamente, apontando a autora, ainda, que essa pretensão foi inserida expressamente no inciso XIII do parágrafo único desse artigo, que estabelece como um dos critérios a serem obedecidos na atividade administrativa: a "interpretação da norma administrativa da forma que melhor garanta o atendimento do fim público a que se dirige, veda aplicação retroativa de nova interpretação"[50].

Assim, por exemplo, se num processo administrativo de concessão de benefício previdenciário a autoridade administrativa alterar a interpretação de uma instrução normativa, não poderá aplicá-la às situações passadas e, apenas, poderá usar esse novo posicionamento hermenêutico daquele momento em diante.

Ainda nesse diploma normativo, há outro dispositivo que pode ser associado à segurança jurídica, que é o art. 54, ao prever que **a Administração Pública decairá, após cinco anos, do direito de anular** os atos administrativos, quando seus **efeitos forem benéficos** ao destinatário e **não tenha ocorrido má-fé**.

Portanto, deve ocorrer a **tentativa de preservação dos atos administrativos praticados**. Para não causar insegurança jurídica, não pode ser regra desfazer os atos já realizados, sob pena de se causar grave insegurança jurídica. Nesse sentido, conforme se verá em capítulo próprio, **deve-se preferir convalidar um ato administrativo a anulá-lo.**

Esse direito do administrado à manutenção das relações jurídicas existentes com a Administração Pública, considerado em seu aspecto objetivo, é o que vem sendo denominado de **princípio da segurança jurídica**. Significa que, de maneira objetiva, existe uma garantia à inafastabilidade da estabilização jurídica. É o **aspecto objetivo da segurança jurídica**[51].

O conceito de segurança jurídica, todavia, é mais amplo e possui uma acepção subjetiva, na qual é levada em conta a percepção, o sentimento do administrado em relação aos atos praticados pela Administração Pública.

Esse **aspecto subjetivo da segurança jurídica** é denominado de **princípio da proteção à confiança**, pelo qual o administrado deposita sua confiança nos atos administrativos praticados, especialmente por, presumidamente, terem sido praticados em obediência ao princípio da legalidade e, dessa forma, cria a expectativa de

50. DI PIETRO, Maria Sylvia Zanella. Direito administrativo. 27. ed. São Paulo: Atlas, 2014. p. 85-86.
51. CARVALHO FILHO, José dos Santos. *Manual de direito administrativo*. 27. ed. São Paulo: Atlas, 2014. p. 38

que serão respeitados pela própria Administração Pública[52]. Ou seja, pelo princípio da proteção à confiança, **a Administração Pública deve proteger a confiança depositada pelos administrados por conta de expectativa criada pela própria Administração, em razão de ato por ela praticado.**

José dos Santos Carvalho Filho aponta que ambos os aspectos da segurança jurídica – o objetivo (princípio da segurança jurídica) e o subjetivo (princípio da proteção à confiança) – constam do art. 54 da Lei nº 9.784/99, pois conjuga os elementos tempo e boa-fé, prosseguindo o autor para afirmar que o STF (RE 466.546), invocando essa lei, convalidou ato de transposição de carreira fundamentado em lei inconstitucional, em razão da situação jurídica já estar consolidada, homenageando-se o princípio da segurança jurídica[53].

Ainda no STF, pode ser apontado o RE 598.099 como exemplo de aplicação da segurança jurídica, no seu aspecto do princípio da proteção à confiança. Trata-se de julgado paradigmático no sentido de fixar o entendimento de que os candidatos aprovados dentro do número de vagas previstas no edital de concurso público têm direito subjetivo à nomeação. Nesse sentido, o Ministro Gilmar Mendes, relator, afirma no acórdão:

> *Quando a Administração Pública torna público um edital de concurso, convocando todos os cidadãos a participarem de seleção para o preenchimento de determinadas vagas no serviço público, ela impreterivelmente gera uma expectativa quanto ao seu comportamento segundo as regras previstas nesse edital. Aqueles cidadãos que decidem se inscrever e participar do certame público depositam sua confiança no Estado administrador, que deve atuar de forma responsável quanto às normas do edital e observar o princípio da segurança jurídica como guia de comportamento. Isso quer dizer, em outros termos, que o comportamento da Administração Pública no decorrer do concurso público deve-se pautar pela boa-fé, tanto no sentido objetivo quanto no aspecto subjetivo de respeito à confiança nela depositada por todos os cidadãos.*

Pode-se afirmar, ainda, que as alterações promovidas pela Lei nº 13.655/2018 à LINDB pretenderam conferir maior segurança jurídica aos administrados ao dispor, por exemplo:

a) sobre a previsão de regime de transição quando a decisão administrativa, controladora ou judicial estabelecer nova interpretação ou orientação sobre norma de conteúdo indeterminado (art. 23, LINDB).

b) que a revisão nas esferas administrativa, controladora ou judicial quanto à validade do ato, contrato, ajuste, processo ou norma administrativa cuja produção já houver completado, levará em conta as orientações gerais da época, sendo vedada a declaração de invalidade de situações plenamente constituídas, com base em mudança de orientação geral posterior (art. 24, LINDB).

---

52. DI PIETRO, Maria Sylvia Zanella. Direito administrativo. 27. ed. São Paulo: Atlas, 2014. p. 87-88. Destaca-se que a autora se vale das lições de Almiro do Couto e Silva (Revista Brasileira de Direito Público – RDPB, v.2, nº 6, p. 7-59).
53. *Manual de direito administrativo*. 27. ed. São Paulo: Atlas, 2014. p. 38-39.

c) sobre a possibilidade de celebrar compromisso com os interessados, observada a legislação aplicável, para eliminar irregularidade, incerteza jurídica ou situação contenciosa na aplicação do direito público (art. 26, LINDB).

d) a atuação das autoridades públicas para aumentar a segurança jurídica na aplicação das normas, por regulamentos, súmulas administrativas e respostas a consultas, de caráter vinculante (art. 30, LINDB).

2.1.15. *Princípio da motivação*

Motivar significa **demonstrar, por escrito, os motivos, os pressupostos de fato e de direito, que levaram o administrador a praticar o ato administrativo.** Nesse sentido, é o art. 2º, parágrafo único, VII, da Lei nº 9.784/99, ao estabelecer como critério, no processo administrativo federal, a "indicação dos pressupostos de fato e de direito que determinarem a decisão". O administrador deve justificar, fundamentar, a prática do ato. Por isso, esse princípio, também, é denominado **princípio da fundamentação.**

Não obstante exista divergência na doutrina acerca da obrigatoriedade de motivação de qualquer ato administrativo, a posição que está predominando e que, com frequência, é cobrada nas provas de concurso, é que, em regra, **todo ato administrativo deve ser motivado.**

A argumentação a favor da motivação, na esteira de Celso Antônio Bandeira de Mello[54], é que há fundamento constitucional para tanto. A exigência decorre do art. 1º, II, que estabelece a cidadania como fundamento da República Federativa do Brasil; do parágrafo único, do art. 1º, que enuncia que o poder emana do povo; e, ainda, do art. 5º, XXXV, que garante a inafastabilidade da jurisdição.

Ainda, deve ser enfatizado o art. 93, X, da Constituição Federal, pois estabelece que "as decisões administrativas dos tribunais serão motivadas e em sessão pública, sendo as disciplinares tomadas pelo voto da maioria absoluta de seus membros", bem como o art. 129, § 4º, que determina a aplicação ao Ministério Público do disposto no art. 93.

Não obstante exista argumentação de que, expressamente, a Constituição Federal obrigou, apenas, a motivação das decisões administrativas do Poder Judiciário e do Ministério Público, é digna de registro a posição de Lúcia Valle Figueiredo, pois sustenta que "se quando o Judiciário exerce função atípica - a administrativa - deve motivar, como conceber esteja o administrador desobrigado da mesma conduta?"[55].

Nesse sentido, o art. 20 da LINDB, inserido pela Lei nº 13.655/2018, prevê que nas esferas administrativa, controladora e judicial não se decidirá com base em valores jurídicos abstratos, devendo ser consideradas as consequências da decisão. A motivação, nesse sentido, deverá demonstrar a necessidade e adequação da medida imposta ou da invalidação do ato, contrato, ajuste, processo ou norma administrativa, indicando se a alternativa encontrada é superior às demais alternativas[56].

---

54. *Curso de direito administrativo*. 27. ed. São Paulo: Malheiros, 2010. p. 112-113.
55. *Curso de direito administrativo*. 9. ed. São Paulo: Malheiros, 2008. p. 53.
56. NOHARA, Irene Patrícia. *LINDB*: Lei de Introdução às Normas do Direito Brasileiro, hermenêutica e novos Parâmetros ao Direito Público. Curitiba: Juruá, 2018.

Dessa maneira, a **regra** é que os **atos administrativos sejam motivados.** Todavia, **não se trata de regra absoluta** e, assim, **admite exceção.** Por exemplo, no próprio texto constitucional pode ser apontado o art. 37, I, já que, por ele, é possível a **livre exoneração do ocupante de cargo em comissão.** É a chamada **exoneração *ad nutum*.** Quer dizer, o legislador constituinte autorizou o administrador, nessa situação, a analisar se é conveniente ou se é oportuno exonerar quem ocupa cargo em comissão, não necessitando demonstrar, por escrito, os motivos que o levaram à prática do ato. Afinal, o cargo em comissão é de livre nomeação e exoneração.

Ainda em relação à motivação, é possível a **motivação *aliunde* ou *per relationem*,** isto é, a motivação realizada externamente ao ato, consistindo em declaração de concordância com os fundamentos de um parecer anterior, de uma decisão já proferida e que passam a fazer parte integrante do ato, conforme estabelece o art. 50, § 1º, da Lei nº 9.784/99.

2.1.16. *Princípio da razoabilidade*

Esse princípio também é chamado de **princípio da proibição de excessos ou da proporcionalidade ampla** e **não está expresso** na Constituição Federal. Mas, de acordo com a jurisprudência do STF, é **decorrência direta do princípio do devido processo legal.** Ademais, está expressamente **positivado na Lei nº 9.784/99**, em seu art. 2º, *caput*.

Razoável significa ser comedido, moderado, aceitável, sensato, ponderado e, como envolve certo subjetivismo, a razoabilidade deve ser aferida no caso concreto[57].

Os meios devem ser adequados aos fins do ato administrativo. A razoabilidade possui como **requisitos: utilidade ou adequação, exigibilidade ou necessidade, proporcionalidade em sentido estrito.** Assim, para que a atividade administrativa seja razoável, devem ser adotados" ***meios* que, para a realização de seus *fins*, revelem-se *adequados, necessários* e *proporcionais*"**[58].

O requisito **utilidade ou adequação** estará presente **quando a medida adotada for útil ou adequada,** quer dizer, se serviu para a busca do interesse público. A **exigibilidade ou necessidade** significa verificar se o **ato realizado era realmente necessário,** se não havia ato menos gravoso que pudesse ter sido praticado. E a **proporcionalidade** servirá para se analisar **se a** medida adotada levou em conta a gravidade da situação, se a **maneira pela qual o ato foi praticado foi proporcional ao dano causado ao interesse público.** A medida adotada deve abranger apenas o necessário e indispensável para a proteção do interesse público.

Para ilustrar, imagine um processo administrativo disciplinar, referente a servidor público federal, em que fique comprovado que ele praticou infração administrativa e que a pena prevista, para o caso, é a suspensão. Nessa hipótese, a autoridade administrativa poderá, no máximo, aplicar noventa dias de suspensão, nos termos do art.

57. ARAÚJO, Edmir Neto de. Curso de direito administrativo. 5. ed. São Paulo: Saraiva, 2010. p. 81.
58. CUNHA JÚNIOR, Dirley da. *Curso de direito administrativo*. 8. ed. Salvador: Juspodivm, 2009. p. 50.

130, *caput da Lei nº 8.112/1990*. Entretanto, o art. 128 da Lei nº 8.112/1990 determina que devam ser consideradas a gravidade e a natureza da infração. Dessa forma, se a infração não causou prejuízo significativo, não será razoável aplicar a pena máxima.

Esse princípio deve ser observado tanto na **elaboração legislativa**, quanto na **prática do ato administrativo** e, assim, pode o ato administrativo, ou mesmo uma lei, ser considerado como violador da razoabilidade. Aliás, vem se fazendo presente em várias decisões judiciais, já que o princípio da razoabilidade pode ser aplicado para **limitar** a discricionariedade da Administração ou como critério de **interpretação** de outros princípios[59].

Nesse sentido, podemos citar o exemplo da Súmula Vinculante nº 13. Via de regra, o STF afasta sua aplicação no caso de nomeação a cargos de natureza política, salvo no caso de **inequívoca falta de razoabilidade**, manifesta ausência de qualificação técnica ou idoneidade moral (Rcl 28.024)[60].

A **limitação** à atuação administrativa discricionária ocorre, principalmente, quanto aos atos que **imponham restrições ou limitações ao exercício de direitos** e quanto àqueles que **aplicam penalidades**, como no exemplo dado anteriormente.

Já em relação ao uso na **interpretação de outros princípios**, pode ser feita a ilustração com a **aplicação do princípio da isonomia nos editais de concursos públicos**. Ilustrando, haveria violação ao princípio da isonomia se em determinado edital para concurso de analista judiciário constasse a exigência de que o candidato deveria ter, no máximo, 45 anos, porque tal exigência não seria razoável, isto é, não haveria compatibilidade entre a exigência e as atribuições do cargo. Por outro lado, seria aceitável se o edital limitasse a disputa às candidatas mulheres, se o concurso fosse para agente penitenciário de unidade prisional feminina.

No MS 5869/DF, o STJ decidiu pela anulação da decisão de comissão de licitação que havia desclassificado proposta de licitante porque as assinaturas e as rubricas foram feitas fora do lugar devido. E, no RE 205.535, o STF se posicionou no sentido de que viola a razoabilidade emprestar ao tempo de serviço público pontuação superior a títulos referentes à pós-graduação. Ambas as decisões demonstram a aplicação do princípio da razoabilidade.

De forma expressa, a Lei nº 9.784/99, no art. 2º, parágrafo único, VI, impõe como critério a ser seguido, no processo administrativo federal, a adequação entre meios e fins do ato administrativo, "vedada a imposição de obrigações, restrições e sanções em medida superior àquelas estritamente necessárias ao atendimento do interesse público".

---

59. ALEXANDRINO, Marcelo; PAULO, Vicente. *Direito administrativo descomplicado*. 18. ed. São Paulo: Método, 2010. p. 209-210.

60 Rcl 28.024 AgR, rel. min. Roberto Barroso, 1ª T, j. 29-5-2018, DJE 125 de 25-6-2018.

O art. 21 da LINDB, inserido pela Lei nº 13.655/2018, ademais, trata da aplicação da razoabilidade nos impactos da decisão administrativa[61] ao estabelecer que a decisão que invalidar ato, contrato, ajuste, processo ou norma administrativa, deverá indicar suas consequências jurídicas e administrativas, de modo expresso. Esta decisão deverá indicar as condições para que a regularização ocorra de forma **proporcional e equânime,** não se podendo impor ônus ou perdas anormais ou excessivos.

Por fim, é importante consignar que o requisito **proporcionalidade** é para alguns o **princípio autônomo** da proporcionalidade, mas, na verdade, é um dos **requisitos** da razoabilidade[62]. De toda forma, é importante destacar que a Lei nº 9.784/99, em seu art. 2º, *caput*, enumera como princípios a serem observados no processo administrativo federal a razoabilidade e a proporcionalidade.

2.1.17. *Princípio da hierarquia*

A **Administração Pública,** pelo princípio da hierarquia, **organiza-se, estrutura-se, criando uma relação de coordenação e subordinação entre os diversos órgãos criados.** Com isso, distribui funções a cada um deles, mas o faz de maneira escalonada. É com base na hierarquia que podem ocorrer a delegação e a avocação.

É muito importante ressaltar que somente existe **hierarquia ou subordinação dentro da mesma pessoa jurídica,** entre seus diversos órgãos. A hierarquia não existe entre pessoas jurídicas diferentes. Assim, entre uma autarquia e o respectivo ministério há uma relação de vinculação e não subordinação.

PRINCÍPIOS DA ADMINISTRAÇÃO PÚBLICA	
Supremacia do interesse público	• prerrogativa • interesse público prevalece sobre privado • interesse público primário
Indisponibilidade do interesse público	• sujeição • interesse público é indisponível
Legalidade	• atuação de acordo com a lei e o direito • esfera pública: não vigora autonomia da vontade
Impessoalidade	• busca da finalidade pública • atos imputados à Administração: imputação • proibição de promoção pessoal
Moralidade	• honestidade, boa-fé, lealdade, padrões morais e éticos
Publicidade	• transparência; publicação dos atos administrativos
Eficiência	• rendimento; atuação eficiente; organização eficiente

61. NOHARA, Irene Patrícia. *LINDB*: Lei de Introdução às Normas do Direito Brasileiro, hermenêutica e novos Parâmetros ao Direito Público. Curitiba: Juruá, 2018.
62. DI PIETRO, Maria Sylvia. *Direito administrativo*. 23. ed. São Paulo: Atlas, 2010. p. 80.

Continuidade do serviço público	• serviço público não pode parar Atenção! A interrupção do serviço em caso de inadimplemento do usuário não poderá se iniciar na sexta-feira, sábado ou domingo, nem em feriado ou dia anterior a feriado, nos termos do §4º do art. 6º da Lei nº 8.987/95.
Autotutela	• administração anula e revoga seus próprios atos
Tutela ou controle	• administração direta controla finalidade da administração indireta
Especialidade	• criação de pessoa específica para atuação específica
Presunção de legitimidade	• regra: ato administrativo é legal • produz efeitos até ser extinto
Controle judicial dos atos administrativos	• sistema de jurisdição única
Segurança jurídica	• aspecto objetivo: princípio da segurança jurídica. Tentativa de preservação do ato. Nova interpretação não retroage • aspecto subjetivo: princípio da proteção à confiança. Expectativa do administrado de que Administração respeitará os atos por ela praticados. • Os arts. 23, 24, 26 e 30 da LINDB (inseridos pela Lei nº 13.655/2018) reforçam a necessidade de se buscar a segurança jurídica no âmbito da Administração Pública.
Motivação ou fundamentação	• indicação dos pressupostos de fato e direito • A motivação deverá demonstrar a necessidade e adequação da medida imposta ou da invalidação do ato, contrato, ajuste, processo ou norma administrativa, indicando se a alternativa encontrada é superior às demais alternativas (art. 20, LINDB).
Razoabilidade	• meios devem ser adequados aos fins do ato • utilidade, necessidade, proporcionalidade • O art. 21 da LINDB, inserido pela Lei nº 13.655/2018, trata da aplicação da razoabilidade nos impactos da decisão administrativa[63] ao estabelecer que a decisão que invalidar ato, contrato, ajuste, processo ou norma administrativa, deverá indicar suas consequências jurídicas e administrativas, de modo expresso.
Hierarquia	• coordenação, organização, delegação, avocação

62 NOHARA, Irene Patrícia. LINDB: Lei de Introdução às Normas do Direito Brasileiro, hermenêutica e novos Parâmetros ao Direito Público. Curitiba: Juruá, 2018.

3. QUESTÕES

3.1. Questões comentadas

01. (FUMARC - Analista Judiciário Área Judiciária - TRT 3/2022) Os princípios constitucionais da Administração Pública se impõem

(A) à função administrativa do Estado, exercida em qualquer dos três poderes e órgãos autônomos.

(B) apenas à Administração Pública exercida pelo Poder Executivo.

(C) de modo que a impessoalidade não alcança decisões discricionárias.

(D) para determinar a transparência apenas para a Administração do Poder Executivo.

(E) sem a obrigatoriedade do concurso público, norma de status legal.

COMENTÁRIO

Alternativa correta: letra "a" (responde também as alternativas "b" e "d"). Os princípios da Administração Pública regulam a atividade administrativa tanto em seu exercício de forma típica, que se dá pelo Poder Executivo, quanto na sua execução de maneira atípica, que ocorre nos Poderes Legislativo e Judiciário e nos órgãos constitucionalmente autônomos como, por exemplo, o Ministério Público e os Tribunais de Contas.

Alternativa "c". O princípio da impessoalidade, assim como os demais princípios da Administração Pública alcançam a atividade administrativa como um todo, englobando atos vinculados e discricionários.

Alternativa "e". A exigência, como regra, de concurso público representa a materialização do princípio da impessoalidade e, inclusive, trata-se de norma constitucional, prevista no art. 37, II, da Constituição Federal.

02. (IBFC - Técnico Judiciário - Área Administrativa - TRE - PA/2020) O regime jurídico administrativo pode ser conceituado como o "conjunto de princípios que definem a lógica da atuação do ente público, a qual se baseia na existência de limitações e prerrogativas em face do interesse público". Sobre o tema, assinale a alternativa incorreta.

a) Havendo conflito entre os interesses da sociedade e as necessidades específicas de indivíduos, os primeiros deverão prevalecer, em virtude da posição privilegiada assegurada à Administração Pública quando se relaciona com particulares, fundamentada no Princípio da Supremacia do Interesse Público sobre o Privado

b) A publicidade dos atos, programas, obras, serviços e campanhas dos órgãos públicos deverá ter caráter educativo, informativo ou de orientação social, dela não podendo constar nomes, símbolos ou imagens que caracterizem promoção pessoal de autoridades ou servidores públicos. Essa norma configura corolário do Princípio da Impessoalidade, expressamente previsto no artigo 37 da Constituição Federal de 1988

c) O Princípio da Moralidade, embora goze de conceito jurídico indeterminado, visa estabelecer a obrigatoriedade de observância dos padrões éticos de conduta, para que se assegure o exercício da função pública de forma a atender as necessidades coletivas

d) A Administração Pública detém o poder de controlar os seus atos de ofício, mediante a anulação de atos praticados em suas atividades essenciais, quando ilegais, ou a revogação de atos importunos ou inconvenientes, sem que seja necessária a interferência do Poder Judiciário, com fundamento no Princípio da Intranscendência.

COMENTÁRIO

Alternativa correta: letra "d". Pelo princípio da autotutela, é dever da Administração Pública o controle de seus próprios atos, quanto à legalidade e quanto ao mérito. A autotutela significa, assim, que a Administração tem de cuidar de si própria e, com fundamento nesse princípio, ela anula seus atos, quando eivados de vícios de legalidade, ou os revoga, quando se tornarem inconvenientes ou inoportunos em face do interesse público.

Alternativa "a". Pelo princípio da supremacia do interesse público, havendo conflito entre o interesse público e o privado, aquele deverá prevalecer, desde que se trate de interesse público primário. É o princípio que confere autoridade à atuação administrativa. Trata-se de uma das pedras angulares do Direito Administrativo.

Alternativa "b". O princípio da impessoalidade pode ser analisado quanto aos administrados e quanto à Administração. No primeiro sentido, representa a obrigatoriedade da atuação administrativa ser conduzida sempre em busca da finalidade pública e, por isso, o princípio da impessoalidade, nesse sentido, também é conhecido como princípio da finalidade, conforme Hely Lopes Meirelles[64]. No outro aspecto, a Administração Pública deve ser impessoal em relação a ela mesma. Assim, por exemplo, quando um ato é praticado por um agente público, na verdade, quem o faz é a pessoa jurídica, à qual pertence o órgão em que o servidor está lotado. Ainda nesse sentido, há a proibição, constante do art. 37, § 1º, da Constituição Federal, de que ocorra menção a nomes, símbolos ou imagens que caracterizem promoção pessoal.

Alternativa "c". Pela aplicação do princípio da moralidade, a atuação administrativa, além de ser legal, tem que ser moral, tem que estar de acordo com a boa-fé, com a moral, com a ética, com a honestidade, com a lealdade, com a probidade ".

03. (FCC – Analista Judiciário – Área Administrativa – TRT 15/2018) Os princípios da legalidade, moralidade, eficiência, dentre outros, informam a atuação da Administração pública, servindo também de parâmetro para o controle de seus atos. O Tribunal de Contas, no exercício desse controle, fiscaliza os atos da Administração pública sob o prisma da

(A) legalidade, exclusivamente, considerando que não lhe é dado analisar as razões de mérito dos atos e contratos celebrados.

(B) supremacia do interesse público, pois a atuação da Administração pública, quando diante dos interesses privados, sempre se sobrepõe, o que lhe permite a adoção de medidas e realização de atos não expressamente previstos em lei ou contrato.

(C) moralidade e legalidade, não lhe sendo permitido, contudo, nenhuma atuação para suspender atos praticados pela Administração pública.

(D) economicidade dos atos e negócios praticados pela Administração pública, o que envolve análise de mérito, ainda que devam ser respeitados os parâmetros do que constitui essencialmente o juízo discricionário legítimo.

(E) discricionariedade, diante da existência de vícios de legalidade, o que possibilita a sustação de atos praticados pela Administração pública, independentemente dos resultados obtidos.

COMENTÁRIO

Alternativa correta: letra "d" (responde as demais alternativas). Nos termos do art. 70 da Constituição Federal, a "fiscalização contábil, financeira, orçamentária, operacional e patrimonial da União e das entidades da administração direta e indireta, quanto à legalidade, legitimidade, economicidade, aplicação das subvenções e renúncia de receitas, será exercida pelo Congresso Nacional, mediante controle externo, e pelo sistema de controle interno de cada Poder". É o denominado controle financeiro, o qual, de acordo com o dispositivo constitucional, é de competência, na esfera federal, do Congresso Nacional. Entretanto, haverá o auxílio do Tribunal de Contas da União, que é um órgão independente, ou seja, não está subordinado ao Congresso Nacional e, assim, suas decisões não passíveis de recurso para o Congresso Nacional e, por outro lado, enfatiza-se que o TCU não integra o Poder Judiciário. Notadamente, pela **economicidade**, verifica-se se foi obtida a melhor proposta para a efetuação da denominada despesa pública, ou seja, se a pessoa administrativa/órgão público procedeu da maneira mais econômica possível na aplicação dos recursos públicos, atendendo à adequada relação de custo-benefício. Assim, compete ao Poder Legislativo – com o auxílio do correspondente Tribunal de Contas – realizar o exame da observância do princípio da economicidade pelos entes estatais.

04. (FCC – Analista Judiciário – Área Administrativa – TRT 24/2017) Em importante jul-

64. *Direito administrativo brasileiro*. 36. ed. São Paulo: Malheiros, 2010. p. 93.

gamento proferido pelo Supremo Tribunal Federal, foi considerada inconstitucional lei que destinava verbas públicas para o custeio de evento cultural tipicamente privado, sem amparo jurídico-administrativo. Assim, entendeu a Corte Suprema tratar-se de favorecimento a seguimento social determinado, incompatível com o interesse público e com princípios que norteiam a atuação administrativa, especificamente, o princípio da

a) presunção de legitimidade restrita.
b) motivação.
c) impessoalidade.
d) continuidade dos serviços públicos.
e) publicidade.

COMENTÁRIOS

Alternativa correta: letra "c". O **princípio da impessoalidade** deve ser visto sob dois aspectos: em **relação ao administrado, em que** a impessoalidade se faz presente na **busca pela finalidade pública** e em **relação à própria Administração**, que se refere à prática do ato pelo órgão em que o servidor está lotado.

Alternativa "a". Pelo **princípio da legalidade a atuação administrativa deve se dar em conformidade com a lei, com o direito**. Assim, ao administrador somente é permitido agir de acordo com a lei.

Alternativa "b". Pelo princípio da **moralidade a atuação administrativa além de ser legal tem que ser moral.** Tem que estar de acordo com a **boa-fé,** com a **moral,** com a **ética,** com a **honestidade,** com a **lealdade,** com a **probidade.**

Alternativa "e". Pelo **princípio da publicidade,** a **atuação administrativa não pode ser secreta,** mas sim transparente, para que o titular do poder – que é o povo – possa verificar se, realmente, a conduta do administrador estava pautada no interesse público. A **regra**, portanto, é que todo ato administrativo deve ser publicado, exceto quando, nos termos do art. 5º, XXXIII, da Constituição Federal, o "sigilo seja imprescindível à segurança da sociedade e do Estado".

Alternativa "d". Pelo princípio da eficiência, **a Administração Pública deve atuar de maneira a buscar resultados e não simplesmente agir**. É uma exigência constitucional que se manifesta, especialmente, em relação aos serviços públicos, pois esses devem ser executados da melhor maneira e devem alcançar todos os administrados, de maneira eficiente.

05. **(Cespe – Analista Judiciário – Área Administrativa – TRF 1/2017)** A autotutela é entendida como a possibilidade de a administração pública revogar atos ilegais e anular atos inconvenientes e inoportunos sem a necessidade de intervenção do Poder Judiciário.

COMENTÁRIO

"Errado. Pelo princípio da **autotutela, é dever da Administração Pública o controle de seus próprios atos, quanto à legalidade e quanto ao mérito**. A autotutela significa, assim, que a Administração tem de **cuidar de si própria** e, com fundamento nesse princípio, ela anula seus atos, quando eivados de vícios de legalidade, ou os revoga, quando se tornarem inconvenientes ou inoportunos em face do interesse público.

06. **(FCC – Técnico Judiciário – Área Administrativa – TRT 24/2017)** Em importante julgamento proferido pelo Superior Tribunal de Justiça, reconheceu a Corte Superior a impossibilidade de acumulação de cargos públicos de profissionais da área da saúde quando a jornada de trabalho superar sessenta horas semanais. Assim, foi considerada a legalidade da limitação da jornada de trabalho do profissional de saúde para sessenta horas semanais, na medida em que o profissional da área da saúde precisa estar em boas condições físicas e mentais para bem exercer as suas atribuições, o que certamente depende de adequado descanso no intervalo entre o final de uma jornada de trabalho e o início da outra, o que é impossível em condições de sobrecarga de trabalho. Tal entendimento está em consonância com um dos princípios básicos que regem a atuação administrativa, qual seja, o princípio da

a) publicidade.
b) motivação.
c) eficiência.
d) moralidade.
e) impessoalidade

COMENTÁRIO

Alternativa correta: letra "c" (responde as demais alternativas). A questão, à época, ainda não estava sedimentada no STF. Assim, o gabarito apontado correspondia à letra "c", que tratava do princípio da eficiência. Entretanto, atualmente, o STF adota o entendimento no sentido de que o art. 37, XVI veda a acumulação remunerada de cargos, salvo no caso de compatibilidade de horários e observância do teto remuneratório, a dois cargos de professor, a um de professor e outro técnico ou científico e a de dois cargos ou empregos privativos de profissionais da saúde com profissão regulamentada. Assim, fixou a seguinte tese de repercussão geral no ARE nº 1.246.685 (Tema nº 1081) "As hipóteses excepcionais autorizadoras de acumulação de cargos públicos previstas na Constituição Federal sujeitam-se, unicamente, a existência de compatibilidade de horários, verificada no caso concreto, ainda que haja norma infraconstitucional que limite a jornada semanal".

07. **(Cespe - Analista Judiciário - Área Administrativa - TRT 8/2016)** A respeito dos princípios da administração pública, assinale a opção correta.

a) Decorre do princípio da hierarquia uma série de prerrogativas para a administração, aplicando-se esse princípio, inclusive, às funções legislativa e judicial.

b) Decorre do princípio da continuidade do serviço público a possibilidade de preencher, mediante institutos como a delegação e a substituição, as funções públicas temporariamente vagas.

c) O princípio do controle ou tutela autoriza a administração a realizar controle dos seus atos, podendo anular os ilegais e revogar os inconvenientes ou inoportunos, independentemente de decisão do Poder Judiciário.

d) Dado o princípio da autotutela, a administração exerce controle sobre pessoa jurídica por ela instituída, com o objetivo de garantir a observância de suas finalidades institucionais.

e) Em decorrência do princípio da publicidade, a administração pública deve indicar os fundamentos de fato e de direito de suas decisões.

COMENTÁRIO

Alternativa correta: letra "b". Pelo princípio da **continuidade do serviço público**, o serviço público não pode parar. Não é possível a interrupção do serviço público e tal princípio serve, inclusive, para que se faça a ponderação entre ele e o direito à greve dos servidores públicos. Ainda, excepcionalmente, nos termos da Lei nº 8.987/95, art. 6º, § 1º, pode haver a interrupção do serviço público em caso de emergência ou, após prévio aviso, por motivo de ordem técnica ou de segurança das instalações e por motivo de inadimplência do usuário. Também, nessa lei há a previsão de que a Administração Pública, para evitar a interrupção do serviço público, pode intervir na concessão de serviços públicos e, caso não solucionado o problema, pode extinguir a concessão e realizar a ocupação das instalações necessárias à prestação do serviço público. **É justamente com fundamento no princípio da continuidade dos serviços públicos que a Administração Pública pode preencher as funções públicas temporariamente vagas por meio, por exemplo, da substituição.**

Alternativa "a". O **princípio da hierarquia** impõe que Administração Pública tem de se organizar para buscar o interesse público e, para isso, desconcentra competências, isto é, distribui internamente competência entre seus diversos órgãos, escalonando-os, hierarquizando-os. Com isso, cria-se uma **relação de hierarquia** entre os órgãos, pelo que os subordinados têm o dever de obediência aos superiores. Assim, dessa organização administrativa decorrem vários poderes, dentre os quais: o de editar atos normativos, o de dar ordens aos subordinados, o de controlar, coordenar e corrigir a atividade dos órgãos inferiores, o de avocar atribuições (desde que não sejam de competência exclusiva do órgão subordinado), o de delegar atribuições (que não lhes sejam privativas).

Alternativa "c" (responde a alternativa "d"). Pelo **princípio da tutela ou controle**, a administração direta controla, fiscaliza as atividades das entidades da administração indireta e **não deve ser confundido com o princípio da autotutela**, pois por este a Administração se autocontrola, analisando os atos praticados, anulando-os, se ilegais, ou revogando-os, se inoportunos ou inconvenientes.

Alternativa "e". Pelo **princípio da publicidade**, a **atuação administrativa não pode ser secreta**. Ao contrário, deve ser transparente para que, assim, o titular do poder – que é o povo – possa verificar se, realmente, a conduta do administrador estava pautada no interesse público. A **regra**, portanto, é que todo ato administrativo deve ser publicado, exceto quando, nos termos do art. 5º, XXXIII, da Constituição Federal, o "sigilo seja imprescindível à segurança da sociedade e do Estado". A alternativa faz menção ao **princípio da motivação**.

08. **(FCC – Técnico Judiciário – Área Administrativa – TRT 23/2016)** O Supremo Tribunal Federal, em importante julgamento, considerou legítima a publicação, inclusive em sítio eletrônico mantido pela Administração pública, dos nomes dos seus servidores e do valor dos correspondentes vencimentos e vantagens pecuniárias, não havendo qualquer ofensa à Constituição Federal, bem como à privacidade, intimidade e segurança dos servidores. Pelo contrário, trata-se de observância a um dos princípios básicos que regem a atuação administrativa, qual seja, o princípio específico da

a) proporcionalidade.
b) eficiência.
c) presunção de legitimidade.
d) discricionariedade.
e) publicidade.

COMENTÁRIOS

Alternativa correta: letra "e". No julgamento da Suspensão de Liminar nº 623, em processo relatado pelo Ministro Carlos Ayres Britto, o Supremo Tribunal Federal permitiu a divulgação dos salários dos servidores públicos na *internet*. Nesse sentido, o STF fixou, no ARE 652777, a tese de repercussão geral: "É legítima a publicação, inclusive em sítio eletrônico mantido pela Administração Pública, dos nomes dos seus servidores e do valor dos correspondentes vencimentos e vantagens pecuniárias". Trata-se da aplicação do princípio da **publicidade**, pelo qual a **atuação administrativa** deve ser transparente, para que assim, o titular do poder – que é o povo – possa verificar se, realmente, a conduta do administrador estava pautada no interesse público. José dos Santos Carvalho Filho[65] aponta três instrumentos básicos pelos quais pode ser reclamado o princípio da publicidade: o direito de petição, as certidões e divulgação de ofício pela Administração de informações de interesse público. De fato, o art. 5º, XXXIV, garante a todos, independentemente do pagamento de taxas, o direito de petição aos Poderes Públicos em defesa de direitos ou contra ilegalidade ou abuso de poder e a obtenção de certidões em repartições públicas, para defesa de direitos e esclarecimento de situações de interesse pessoal.

Alternativa "a". O princípio da **proporcionalidade ampla** ou **razoabilidade** não está expresso na Constituição Federal, mas, de acordo com o STF, é **decorrência do princípio do devido processo legal, além de estar positivado na Lei nº 9.784/1999.** Razoável significa ser comedido, moderado, aceitável, sensato, ponderado; assim, decorre do princípio da razoabilidade ou da **proporcionalidade em sentido amplo** o imperativo de que **devem ser adequados os meios utilizados pela Administração Pública para consecução de seus fins.**

Alternativa "b". Pelo princípio da eficiência, **a Administração Pública deve atuar de maneira a buscar resultados e não simplesmente agir**.

Alternativa "c". A **presunção de legitimidade** não é princípio da Administração Pública, mas **atributo dos atos administrativos.**

Alternativa "d". A **discricionariedade** não é, de igual modo, princípio da Administração Pública, mas sim um dos **poderes administrativos.** A **discricionariedade** consiste na possibilidade de, diante da ocorrência de um fato, **o administrador escolher *qual comportamento adotar,*** *mediante análise da conveniência e oportunidade.*

09. **(FCC – Analista Judiciário – Área Administrativa – TRT 23/2016)** Manoela foi irregularmente investida no cargo público de Analista do Tribunal Regional do Trabalho da 23ª Região, tendo, nessa qualidade, praticado inúmeros atos administrativos. O Tribunal, ao constatar o ocorrido, reconheceu a validade dos atos praticados, sob o fundamento de que os atos perten-

65. *Manual de direito administrativo*. 26. ed. São Paulo: Atlas, 2013. p. 26.

cem ao órgão e não ao agente público. Trata- se de aplicação específica do princípio da

a) impessoalidade.
b) eficiência.
c) motivação.
d) publicidade.
e) presunção de veracidade.

COMENTÁRIOS

Alternativa correta: letra "a". O **princípio da impessoalidade** deve ser visto sob dois aspectos: em **relação ao administrado, em que** a impessoalidade se faz presente na **busca pela finalidade pública** e em **relação à própria Administração**, que se refere à prática do ato pelo órgão em que o servidor está lotado. É exemplo de aplicação do princípio da impessoalidade, na primeira acepção acima, a exigência constitucional de concurso público.

Alternativa "b". Pelo princípio da eficiência, **a Administração Pública deve atuar de maneira a buscar resultados e não simplesmente agir**. É uma exigência constitucional que se manifesta, especialmente, em relação aos serviços públicos, pois esses devem ser cada vez mais executados da melhor maneira possível e devem alcançar todos os administrados e, mais, de maneira eficiente.

Alternativa "c". Pelo princípio da motivação ou da fundamentação, todo ato administrativo deve ser motivado.

Alternativa "d". Pelo **princípio da publicidade**, a **atuação administrativa** não pode ser secreta. Ao contrário, deve ser transparente, para que assim, o titular do poder – que é o povo – possa verificar se, realmente, a conduta do administrador estava pautada no interesse público.

Alternativa "e". A **presunção de veracidade** não é princípio da Administração Pública, mas, para parte da doutrina, é um dos **atributos dos atos administrativos.**

3.2. Questões de concursos

01. (FGV - Analista Judiciário Oficial de Justiça Avaliador Federal - TRT 13/2022) Entre os princípios da administração pública aplicáveis aos Oficiais de Justiça está aquele acrescentado pela Emenda Constitucional nº 19/98, que consolida o movimento por uma Administração Pública menos sujeita aos efeitos colaterais da burocracia, inaugurando, assim, o que se convencionou denominar Administração Pública Gerencial. Tal princípio exige que a atividade administrativa seja exercida com presteza e rendimento funcional, buscando a prestação do serviço com qualidade alta e baixo custo. Assim, o exercício da função administrativa pelo Estado deve ter como tripé: quantidade, qualidade e economicidade. Nesse contexto, foram introduzidos vários instrumentos no Direito Administrativo, como avaliação de desempenho, parcerias público-privadas, agências reguladoras etc.

O princípio da administração pública expresso descrito é o da

(A) legalidade.
(B) impessoalidade.
(C) produtividade.
(D) eficiência.
(E) publicidade.

02. (FCC - Analista Judiciário Oficial de Justiça Avaliador Federal - TRT 14/2022) Considere as afirmativas a seguir:

I. Na interpretação de normas sobre gestão pública, serão considerados os obstáculos e as dificuldades reais do gestor e as exigências das políticas públicas a seu cargo, sem prejuízo dos direitos dos administrados.

II. As sanções aplicadas ao agente serão levadas em conta na dosimetria das demais sanções de mesma natureza e relativas ao mesmo fato.

III. A decisão administrativa que estabelecer interpretação ou orientação nova sobre norma de conteúdo indeterminado, impondo novo dever ou novo condicionamento de direito, deverá prever regime de transição quando indispensável para que o novo dever ou condicionamento de direito seja cumprido de modo proporcional, equânime e eficiente e sem prejuízo aos interesses gerais.

IV. A revisão, na esfera administrativa, quanto à validade de ato, contrato, ajuste, processo ou norma administrativa cuja produção já se houver completado levará em conta as orientações gerais da época, sendo permitido que, com base em mudança posterior de orientação geral, se declarem inválidas situações plenamente constituídas.

Nos termos do Decreto-lei nº 4.657/1942 (Lei de Introdução às Normas do Direito Brasileiro), está correto o que se afirma APENAS em:

(A) I e IV.
(B) II e III.
(C) III e IV.
(D) I, II e III.
(E) I, II e IV.

03. (AOCP – Técnico Judiciário – Área Administrativa – TRT 1/2018) Assinale a alternativa INCORRETA no tocante aos princípios que regem a Administração Pública.

(A) A divulgação dos vencimentos brutos mensais dos servidores, como medida de transparência administrativa, harmoniza-se com o princípio da publicidade, vedada a divulgação de outros dados pessoais, como CPF, RG e endereço residencial.
(B) A nomeação de parente colateral, até o terceiro grau da autoridade nomeante, para o exercício de cargo em comissão na Administração, é considerada ofensa à Constituição Federal, salvo para assunção de cargos de natureza política e desde que o nomeado tenha condições técnicas de exercer o múnus público a ele transferido.
(C) Deriva do princípio da impessoalidade a vedação constitucional de que constem nomes, símbolos ou imagens que caracterizem promoção pessoal de autoridades em publicidade de atos dos órgãos públicos.
(D) O modo de atuação do agente público, do qual se espera o melhor desempenho possível de suas atribuições a fim de se obterem os melhores resultados, é a única vertente apresentada pelo princípio da eficiência.
(E) O princípio da eficiência deve ser interpretado em conjunto com os demais princípios impostos à Administração, não podendo sobrepor-se a nenhum deles, sob pena de afronta à segurança jurídica e ao próprio Estado de Direito.

04. (Cespe – Analista Judiciário – Área Administrativa – TRE – TO/2017) O direito administrativo consiste em um conjunto de regramentos e princípios que regem a atuação da administração pública, sendo esse ramo do direito constituído pelo seguinte conjunto de fontes:

a) lei em sentido amplo e estrito, doutrina, jurisprudência e costumes.
b) lei em sentido amplo e estrito, jurisprudência e normas.
c) costumes, jurisprudência e doutrina.
d) lei em sentido amplo, doutrina e costumes.
e) lei em sentido estrito, jurisprudência e doutrina.

05. (Cespe – Analista Judiciário – Área Administrativa – TRE – BA/2017) A respeito da administração pública, julgue os itens a seguir.

I. São princípios que regem a administração pública expressos na Constituição Federal de 1988: legalidade, indivisibilidade, moralidade, publicidade e eficiência.
II. A avaliação de desempenho como condição para a aquisição de estabilidade do servidor público é um exemplo de aplicação do princípio da eficiência.
III. A afronta a qualquer um dos princípios explícitos da administração pública pode configurar ato de improbidade administrativa.
IV. A moralidade administrativa é definida com base na concepção pessoal do agente público acerca da conduta administrativa considerada ética.

Estão certos apenas os itens

A) I e II.
B) I e III.
C) II e III.

D) II e IV.
E) III e IV.

06. (FCC – Técnico Judiciário – Área Administrativa – TRE – SP/2017) Considere a lição de Maria Sylvia Zanella Di Pietro: A Administração não pode atuar com vistas a prejudicar ou beneficiar pessoas determinadas, uma vez que é sempre o interesse público que tem que nortear o seu comportamento. *(Direito Administrativo, São Paulo: Atlas, 29ª edição, p. 99).*

Essa lição expressa o conteúdo do princípio da

a) impessoalidade, expressamente previsto na Constituição Federal, que norteia a atuação da Administração pública de forma a evitar favorecimentos e viabilizar o atingimento do interesse público, finalidade da função executiva.
b) legalidade, que determina à Administração sempre atuar de acordo com o que estiver expressamente previsto na lei, em sentido estrito, admitindo-se mitigação do cumprimento em prol do princípio da eficiência.
c) eficiência, que orienta a atuação e o controle da Administração pública pelo resultado, de forma que os demais princípios e regras podem ser relativizados.
d) supremacia do interesse público, que se coloca com primazia sobre os demais princípios e interesses, uma vez que atinente à finalidade da função executiva.
e) publicidade, tendo em vista que todos os atos da Administração pública devem ser de conhecimento dos administrados, para que possam exercer o devido controle.

07. (FCC – Analista Judiciário – Área Administrativa – TRT 23/2016) Manoela foi irregularmente investida no cargo público de Analista do Tribunal Regional do Trabalho da 23ª Região, tendo, nessa qualidade, praticado inúmeros atos administrativos. O Tribunal, ao constatar o ocorrido, reconheceu a validade dos atos praticados, sob o fundamento de que os atos pertencem ao órgão e não ao agente público. Trata-se de aplicação específica do princípio da

a) impessoalidade.
b) eficiência.
c) motivação.
d) publicidade.
e) presunção de veracidade.

Questão	Resposta	Fundamentação
1	D	Doutrina: item 2.1.7
2	D	LINDB: item I: art.22, caput; item II: art. 22, §3º; item III: art. 23; item IV: art. 24, caput.
3	D	Doutrina: item 2.1.7
4	A	Doutrina: 1.4.3
5	C	Doutrina: item 2.1
6	A	Doutrina: item 2.1.4
7	A	Doutrina: item 2.1.4

4. JURISPRUDÊNCIA APLICÁVEL AO CAPÍTULO

SÚMULAS

PRINCÍPIO DA AUTOTUTELA

STF 346: "A Administração Pública pode declarar a nulidade dos seus próprios atos".

STF 473: "A Administração pode anular seus próprios atos quando eivados de vícios que os tornem ilegais, porque deles não se originam direitos; ou revogá-los, por motivo de conveniência ou oportunidade, respeitados os direitos adquiridos, e ressalvada, em todos os casos, a apreciação judicial".

CAPÍTULO II

ADMINISTRAÇÃO PÚBLICA E TERCEIRO SETOR

1. ADMINISTRAÇÃO PÚBLICA

1.1. Noções gerais

De acordo com o art. 18 da Constituição Federal, **a organização político-administrativa** da República Federativa do Brasil abrange a **União**, os **Estados**, o **Distrito Federal** e os **Municípios**, sendo todos autônomos.

O **Estado brasileiro é um Estado federado** e, assim, não há, apenas, um centro político. Os entes integrantes da federação brasileira não são, apenas, uma divisão, uma descentralização administrativa. Não são subordinados à União. Ao contrário, a forma de organização política e administrativa adotada no texto constitucional vigente foi atribuir autonomia política e administrativa aos entes da federação. Frise-se bem, **autonomia e não soberania**, já que esta é restrita ao Estado brasileiro.

Nesse sentido, cada um desses entes – União, Estados, Distrito Federal e Municípios – são pessoas jurídicas autônomas, não subordinadas uns aos outros, já que são autônomos. Dessa maneira, **se autogovernam, se auto-organizam, exercem a função administrativa e, ainda, elaboram suas leis e demais atos legislativos**. Essa última característica é bastante importante, pois, em razão dela, somente esses entes podem ser chamados de **pessoas jurídicas políticas**. Apenas eles possuem capacidade política no Estado brasileiro.

Como salientado no capítulo anterior, as principais funções estatais são: administrativa, legislativa e jurisdicional. O Estado brasileiro é um só. Entretanto, a opção política constante da Constituição Federal é a divisão dessas tarefas entre os entes da federação.

Assim, a União, por meio da Câmara dos Deputados e do Senado Federal, produz leis federais; os Estados, valendo-se das assembleias legislativas, elaboram leis estaduais; o Distrito Federal produz, por meio da Câmara Legislativa, leis distritais; e nos

Municípios há as Câmaras Municipais, surgindo as leis municipais. No mesmo sentido, a função jurisdicional é desempenhada pela União, por intermédio dos órgãos integrantes do Poder Judiciário da União (STF, STJ, TST, TSE, STM, TRTs, TRFs, TREs, etc.); como também é realizada nos Estados, por seus Tribunais de Justiça[1].

Da mesma forma, existe divisão no exercício da função administrativa, sendo esta, principalmente, desempenhada pelo Poder Executivo, chefiado pelo Presidente da República, na União, pelos Governadores, nos Estados e no Distrito Federal, e pelos Prefeitos, nos Municípios. É realizada, em regra, de forma típica, pelo Poder Executivo, mas, de maneira atípica, também é desempenhada pelo Poder Legislativo e pelo Poder Judiciário.

Não pode restar dúvida, pelo exposto, de que a **República Federativa do Brasil** é composta pela **União**, pelos **Estados**, pelo **Distrito Federal** e pelos **Municípios**, os quais são **pessoas jurídicas políticas**, dividindo-se, entre eles, as **funções legislativa e administrativa e, ainda, repartindo-se a função jurisdicional entre a União, os Estados e o Distrito Federal.**

Só existe uma pessoa política em cada ente. Assim, na esfera federal, somente a União é pessoa política. Na esfera estadual, em cada Estado, há, apenas, uma pessoa política (Estado de São Paulo, Estado de Minas Gerais, Estado de Pernambuco, etc.). No âmbito municipal, no mesmo sentido, só existe uma pessoa política em cada Município (Município de Porto Alegre, Município de Manaus, etc.).

Cumpre lembrar que a Constituição Federal assegura que o legislativo, o judiciário e o executivo são poderes harmônicos e independentes entre si. Isso implica que essas **funções devem ser atribuídas a órgãos independentes**, repartidos, pois, em três grandes grupos: **os órgãos do Poder Executivo, os órgãos do Poder Legislativo e os órgãos do Poder Judiciário.**

De toda forma, **independentemente da divisão das funções entre esses órgãos, todos estão dentro de uma pessoa jurídica política só.** Assim, na pessoa jurídica União estão os órgãos do Poder Executivo (Presidência da República, Ministérios, etc.), os órgãos do Poder Legislativo (Senado Federal, Câmara dos Deputados) e os órgãos do Poder Judiciário (STF, STJ, TRFs, TRTs, etc.). São autônomos, independentes, mas, formalmente, a pessoa jurídica - e, portanto, quem tem capacidade de adquirir direitos e obrigações - é uma só: a União. Isso se repete nos Estados e nos Municípios (exceto, nestes, o Poder Judiciário).

A pessoa política é a pessoa "mãe", matriz, originária, primária; aquela cujas competências decorrem diretamente do texto constitucional. Cabe a ela - e somente a ela - o desempenho das **funções legislativa e jurisdicional**. Por outro lado, **a função**

1. Os Municípios não possuem Poder Judiciário. Em relação ao Distrito Federal, cabe à União manter o Poder Judiciário, pelo que o Tribunal de Justiça do Distrito Federal é, na verdade, órgão integrante do Poder Judiciário da União.

administrativa pode ser desempenhada de maneiras variadas e, inclusive, **pode ser atribuída a outras pessoas jurídicas**, que podem fazer parte da Administração Pública (pessoas jurídicas administrativas) como, por exemplo, uma autarquia ou uma fundação pública, bem como podem ser do setor privado, como é o caso das concessionárias de serviço público.

1.2. Concentração e desconcentração. Centralização e descentralização

Essa possibilidade de a atuação administrativa ser realizada de diferentes maneiras está relacionada com a centralização, a descentralização, a concentração e a desconcentração.

Pela **concentração**, a **pessoa política desempenha a função administrativa por meio de um só órgão**, sem divisão, isto é, realiza a atividade administrativa de forma concentrada.

Ao revés, a **desconcentração** representa o exercício da função administrativa de maneira desconcentrada, quer dizer, não há a concentração em um só órgão, mas, sim, **a pessoa jurídica política se divide em vários órgãos**. Ocorre a **distribuição interna de competência**. Dá-se a distinção entre os níveis de direção e de execução no interior da pessoa jurídica. A **desconcentração** pode ocorrer[2]:

a) **em razão da matéria**: Ministério da Saúde, Ministério da Educação, por exemplo;

b) **em razão do grau de hierarquia**: por exemplo, Presidência da República, Ministérios, Secretarias;

c) **em razão do território:** Superintendência da Receita Federal no Estado da Bahia, Superintendência da Receita Federal no Estado do Rio de Janeiro, por exemplo.

Assim, para se verificar se a atividade administrativa está sendo realizada de forma concentrada ou desconcentrada, é só analisar se em determinada pessoa estatal existe um órgão só ou se há vários. No primeiro caso, há concentração e, no segundo, existe desconcentração.

Na **centralização, a pessoa política desempenha a atividade administrativa por seus próprios órgãos**. Não transfere para outra pessoa jurídica. Já, na **descentralização**, a pessoa política se **utiliza de outras pessoas jurídicas para realizar a função administrativa**. Na **centralização,** há **uma pessoa jurídica só: a política**. Na **descentralização** há a **pessoa jurídica política e a pessoa jurídica que recebeu a atribuição para o desempenho de atividade administrativa**. Assim, para se saber se a função administrativa é feita de maneira centralizada ou descentralizada, é só verificar se a pessoa política – União, Estados, Distrito Federal, Municípios – realiza a atividade

2. MELLO, Celso Antonio Bandeira. *Curso de direito administrativo*. 27. ed. São Paulo: Malheiros, 2010. p. 150.

por meio de seus próprios órgãos ou se transferiu para outra pessoa jurídica fazê-lo. Na primeira hipótese, há centralização e, na segunda, existe descentralização.

Para visualizar, imagine que no Município "X" exista apenas uma pessoa jurídica - a política - que está dividida em diversos órgãos e, entre eles, exista o "Departamento de Água e Esgoto". Como se trata de órgão, esse departamento está integrado na estrutura da pessoa política. Nesse caso, optou-se pela centralização. Por outro lado, se, por lei, é criada a autarquia "Serviço Autônomo de Água e Esgoto" e, para ela, é transferida a atividade que antes competia ao departamento, ocorre a descentralização.

A semelhança entre a **desconcentração e a descentralização** é que ambas promovem a distribuição de competências. Entretanto, a diferença entre elas é que **na descentralização a distribuição é externa**, de uma pessoa jurídica para outra e, por sua vez, **na desconcentração a distribuição é interna**, dentro da mesma pessoa jurídica.

Nesse sentido, com a criação de um Ministério ocorre a desconcentração, pois houve a distribuição interna de competência para um novo órgão. De outra forma, com a criação de uma autarquia se verifica a descentralização, já que a competência foi distribuída externamente, da pessoa política para a pessoa administrativa.

Portanto, o **órgão público é resultado da desconcentração, e a autarquia, a fundação pública, a empresa pública, a sociedade de economia mista e os consórcios públicos decorrem da descentralização.** Ainda, como a desconcentração se dá no interior da mesma pessoa, existe hierarquia e, ao contrário, como a descentralização é de uma pessoa jurídica para outra, há vinculação. Ademais, é necessário salientar que o meio próprio para se promover a desconcentração e a descentralização é a lei, quer dizer, só por lei é possível a criação de um órgão público (desconcentração; art. 48, XI, CF) ou a criação de uma pessoa administrativa (descentralização; autarquia, fundação pública, sociedade de economia mista, empresa pública e consórcio público; CF, art. 37, XIX).

FORMAS DE DESEMPENHO DA ATIVIDADE ADMINISTRATIVA	
Concentrada (concentração)	• atividade é realizada por um único órgão • pessoa jurídica sem divisão interna
Desconcentrada (desconcentração)	• atividade é realizada por vários órgãos • pessoa jurídica com divisão interna • distribuição interna de competência
Centralizada (centralização)	• atividade é realizada diretamente pela pessoa política, por meio de seus órgãos
Descentralizada (descentralização)	• atividade é realizada por outra pessoa jurídica • distribuição externa de competência

No que tange à descentralização, não há unanimidade na classificação das suas espécies, mas a mais usual é a descrita por Maria Sylvia Zanella Di Pietro[3]:

a) **descentralização política**: realizada diretamente pela Constituição Federal e cada ente federado possui **capacidade política**, com fonte direta no texto constitucional. Também é chamada de **descentralização vertical.**

b) **descentralização administrativa**: as **atribuições** da pessoa jurídica não surgem diretamente da Constituição, mas **são distribuídas pelo ente federado**, quer dizer, a União, os Estados, o Distrito Federal e os Municípios, com base na competência política que receberam, distribuem competências para outras pessoas jurídicas. A descentralização administrativa pode ser **subdividida** em:

- **territorial ou geográfica**: é **criada uma pessoa jurídica de direito público, com área geográfica delimitada e com capacidade administrativa genérica**; são exemplos, no Brasil, os territórios federais[4];
- **por serviços, funcional ou técnica**: a pessoa política **cria outra pessoa jurídica, de direito público ou de direito privado, para exercer determinada atividade**. São exemplos as autarquias, as fundações públicas, as empresas públicas, as sociedades de economia mista e os consórcios públicos. É essa descentralização que **dá origem à administração indireta**;
- **por colaboração**: a **pessoa política transfere a execução de um serviço público para uma pessoa jurídica de direito privado já existente, que, em razão disso, torna-se concessionária de serviço público ou permissionária de serviço público. Elas não passam a integrar a Administração Pública** indireta do ente político titular do serviço público.

DESCENTRALIZAÇÃO
- Política
- Administrativa
  - territorial
  - por colaboração
  - por serviço ou funcional

3. *Direito administrativo*. 23. ed. São Paulo: Atlas, 2010. p. 56.
4. Atualmente, não há territórios federais no país, mas podem ser criados, conforme o art. 18 da Constituição Federal. No passado, eram territórios: Fernando de Noronha, Amapá, Rondônia e Roraima.

1.3. Administração Direta

A Administração Direta é o **conjunto dos órgãos públicos que integram as pessoas jurídicas políticas.**

Aqui, verifica-se a centralização, pois a atividade administrativa é exercida pelos diversos órgãos da pessoa estatal, de forma centralizada. Por isso, também é conhecida como **Administração Centralizada.**

De acordo com o art. 4º, I, do Decreto-Lei 200/67, a Administração Direta "se constitui dos serviços integrados na estrutura administrativa da Presidência da República e dos Ministérios". Esse é o modelo que, também, deve ser seguido nas esferas estadual e municipal.

Uma advertência deve ser feita. Apesar de, no dispositivo legal mencionado, ter sido considerada, apenas, a estrutura do Poder Executivo, numa acepção restrita de administração direta, a função administrativa não é privativa dos órgãos desse poder e, ao contrário, também é desempenhada pelos órgãos do Poder Judiciário e do Poder Legislativo, só que de forma atípica.

ATENÇÃO! Em diversas provas, há a afirmação de que a administração direta federal se constitui dos serviços integrados à Presidência da República e dos Ministérios, sem mencionar os órgãos do Poder Legislativo ou do Poder Judiciário, e tal assertiva é considerada correta pelas bancas. Isso ocorre porque, na verdade, na maioria das vezes, a cobrança é feita com base no texto literal do mencionado decreto, que considera a administração direta em sentido estrito. Entretanto, isso não significa que os órgãos dos demais poderes não façam parte da administração direta, considerada em sentido amplo, englobando o executivo (na função típica) e os demais (na função atípica).

Nesse sentido, a **administração direta federal** refere-se a **uma pessoa jurídica só: a União.** E, **no interior desta,** existem os **órgãos do Poder Executivo** (Presidência, Ministérios, etc.), **do Poder Legislativo** (Câmara dos Deputados, Senado Federal) e os **do Poder Judiciário** (STF, STJ, TSE, TST, TRFs, TRTs, etc.). Não podem ser esquecidos, também, os **Tribunais de Contas** - auxiliam o Poder Legislativo na função de fiscalização, mas não são subordinados às casas legislativas -, o **Ministério Público e a Defensoria Pública**[5].

5. Por força das Emendas Constitucionais 45/04, 74/13 e 80/14, a Defensoria Pública ocupa, na estrutura organizacional, posição semelhante a do Ministério Público e, assim, é órgão integrante da administração direta, mas não tem mais relação de subordinação com qualquer outro órgão. É uma "instituição permanente", nos termos do art. 134, *caput*, do texto constitucional.

<table>
<tr><th colspan="2">ADMINISTRAÇÃO DIRETA FEDERAL (SENTIDO AMPLO)</th></tr>
<tr><th colspan="2">PODER EXECUTIVO[6]</th></tr>
<tr><th colspan="2">Presidência da República</th></tr>
<tr><td>

ÓRGÃOS

- Casa Civil (titular é ministro)
- Secretaria-Geral (titular é ministro)
- Secretaria de Relações Institucionais (titular é ministro)
- Secretaria de Comunicação Social (titular é ministro)
- Gabinete Pessoal do Presidente da República (titular é ministro)
- Gabinete de Segurança Institucional (titular é ministro)

ÓRGÃO DE ASSESSORAMENTO

- Conselho de Governo;
- Conselho de Desenvolvimento Econômico Social Sustentável;
- Conselho Nacional de Política Energética;
- Conselho do Programa de Parcerias de Investimentos;
- Conselho Nacional de Segurança Alimentar e Nutricional;
- Advogado-Geral da União; e
- Assessoria Especial do Presidente da República.

ÓRGÃOS DE CONSULTA

- Conselho da República
- Conselho de Defesa Nacional

ÓRGÃO VINCULADO

- Comissão de Ética Pública

</td><td>

MINISTÉRIOS

- Ministério da Agricultura e Pecuária
- Ministério das Cidades
- Ministério da Cultura
- Ministério da Ciência, Tecnologia e Inovação
- Ministério das Comunicações
- Ministério da Defesa
- Ministério do Desenvolvimento Agrário e Agricultura Familiar
- Ministério da Integração e do Desenvolvimento Regional
- Ministério do Desenvolvimento e Assistência Social, Família e Combate à Fome
- Ministério dos Direitos Humanos e da Cidadania
- Ministério da Fazenda
- Ministério da Educação
- Ministério do Empreendedorismo, da Microempresa e da Empresa de Pequeno Porte;
- Ministério do Esporte
- Ministério da Gestão e da Inovação em Serviços Públicos
- Ministério da Igualdade Racial
- Ministério do Desenvolvimento, Indústria, Comércio e Serviços
- Ministério da Justiça e Segurança Pública
- Ministério do Meio Ambiente e Mudança do Clima
- Ministério de Minas e Energia
- Ministério das Mulheres
- Ministério da Pesca e Aquicultura
- Ministério do Planejamento e Orçamento
- Ministério de Portos e Aeroportos
- Ministério dos Povos Indígenas
- Ministério da Previdência Social
- Ministério das Relações Exteriores
- Ministério da Saúde
- Ministério do Trabalho e Emprego
- Ministério dos Transportes
- Ministério do Turismo
- Controladoria-Geral da União

</td></tr>
</table>

6. Conforme Lei nº 14.600/2023, que estabelece a organização básica dos órgãos da Presidência da República.

<table>
<tr><th colspan="6">ADMINISTRAÇÃO DIRETA FEDERAL (SENTIDO AMPLO)</th></tr>
<tr><th colspan="6">PODER LEGISLATIVO</th></tr>
<tr><td colspan="3">• Senado Federal</td><td colspan="3">• Câmara dos Deputados</td></tr>
<tr><th colspan="6">PODER JUDICIÁRIO</th></tr>
<tr><td colspan="2">• Supremo Tribunal Federal (STF)
• Conselho Nacional de Justiça (CNJ)
• Superior Tribunal de Justiça (STJ)
• Tribunal Superior do Trabalho (TST)</td><td colspan="2">• Superior Tribunal Militar (STM)
• Tribunal Superior Eleitoral (TSE)
• Tribunais Regionais Federais (TRFs)</td><td colspan="2">• Tribunais Regionais do Trabalho (TRTs)
• Tribunais Regionais Eleitorais (TREs)
• Tribunal de Justiça do Distrito Federal e Territórios (TJDFT)</td></tr>
<tr><th colspan="6">MINISTÉRIO PÚBLICO</th></tr>
<tr><th colspan="3">Ministério Público da União</th><th colspan="3">Conselho Nacional do Ministério Público (CNMP)</th></tr>
<tr><td colspan="3">• Ministério Público Federal (MPF)
• Ministério Público do Trabalho (MPT)
• Ministério Público Militar (MPM)
• Ministério Público do Distrito
• Federal e Territórios (MPDFT)</td><td colspan="3">–</td></tr>
<tr><th colspan="6">DEFENSORIA PÚBLICA DA UNIÃO</th></tr>
<tr><th colspan="6">TRIBUNAL DE CONTAS DA UNIÃO</th></tr>
</table>

De maneira simétrica, a administração direta estadual é uma pessoa jurídica só: o Estado (de São Paulo, de Minas Gerais, etc.). Nela, incluem-se a Governadoria (em alguns Estados, recebe o nome de Gabinete do Governador) e as secretarias, a Assembleia Legislativa, o Tribunal de Justiça, o Ministério Público, o Tribunal de Contas e a Defensoria Pública. E, na mesma esteira, a administração direta municipal engloba a Prefeitura (em alguns Municípios, chama-se Gabinete do Prefeito) e suas secretarias, a Câmara Municipal e, nos Municípios de São Paulo e do Rio de Janeiro, o Tribunal de Contas.

O que se verifica em todas as esferas é que em cada ente estatal só existe uma pessoa política e, dentro desta, estão os órgãos públicos apontados. Assim, se um servidor da Câmara Municipal, no exercício da sua função, causar um prejuízo a um administrado, a obrigação de indenizar caberá ao Município, pois este é a pessoa jurídica, e não ao órgão. Da mesma forma, se o servidor for de um Tribunal Regional Federal, a responsabilidade será da União.

1.3.1. *Órgãos públicos*

Ficou demonstrado, pois, que a administração direta é o conjunto de órgãos públicos que fazem parte das pessoas jurídicas políticas. Mas, **o que é um órgão público?**

São "**centros de competência instituídos para o desempenho de funções estatais, através de seus agentes, cuja atuação é imputada à pessoa jurídica a que pertencem**"[7].

O órgão público é um centro de competência e sua atuação é imputada à pessoa jurídica. Ou seja, no órgão há cargos, funções e agentes públicos. Em cada órgão, existe um núcleo de atribuições a serem desenvolvidas e isso é materializado por meio da ação humana dos agentes públicos. **O órgão faz parte da pessoa jurídica, "pertence ao ser, exactamente como acontece com os órgãos da pessoa humana"**[8].

Nesse sentido, **o órgão não tem vida própria, não tem personalidade jurídica. É despersonalizado.** O órgão, por si só, não é capaz de adquirir direitos e obrigações e, formalmente, quem o faz é a pessoa jurídica de que ele faz parte. É a pessoa jurídica que é a proprietária dos bens, que indeniza em caso de prejuízo.

O agente público está lotado no órgão, que, por sua vez, faz parte de uma pessoa jurídica. Assim, quando o agente pratica o ato é a própria pessoa jurídica quem está atuando. Isso decorre da **teoria do órgão,** formulada por Otto Gierke[9]. O **órgão é o elemento de conexão entre o agente público e a pessoa jurídica. A atuação do agente é imputada, é atribuída, à pessoa jurídica.**

Dessa maneira, quando um agente da fiscalização municipal embarga uma obra irregular, a execução do ato não lhe é atribuída, mas é considerada própria do órgão em que está lotado e, assim, é imputada ao Município, isto é, juridicamente, foi este quem embargou a construção.

Isso ocorre porque há "uma relação jurídica externa, entre a pessoa jurídica e outras pessoas, e uma relação interna, que vincula o órgão à pessoa jurídica a que pertence"[10].

Essa teoria é a adotada na doutrina brasileira e é bastante importante, pois **justifica a validade dos atos praticados por funcionário de fato**[11].

Apenas para registrar, podem ser apontadas duas outras teorias acerca da relação do Estado com o agente público: a teoria do mandato e a teoria da representação. Pela primeira, o agente público receberia um mandato do Estado, mas não foi bem recebida porque não se compreende como o Estado, que não tem vontade própria, outorgaria o mandato. Pela segunda teoria, o agente público seria

---

7. MEIRELLES, Hely Lopes. *Direito administrativo brasileiro*. 36. ed.São Paulo: Malheiros, 2010. p. 68.
8. CAETANO, Marcello. *Manual de direito administrativo*. 10. ed. Coimbra: Almedina, 2007. v.1, p. 204.
9. MEIRELLES, Hely Lopes. *Direito administrativo brasileiro*. 36. ed.São Paulo: Malheiros, 2010. p. 68.
10. CARVALHO FILHO, José dos Santos. *Manual de direito administrativo*. 19. ed. Rio de Janeiro: Lumen Juris, 2008. p. 11
11. Ver item 2.1.4 no capítulo 1.

o representante legal do Estado; algo como um curador ou tutor da pessoa política, diferenciando-se, entretanto, pelo fato de que o próprio Estado escolhe seu representante; também, não teve boa acolhida já que equipara o Estado a um incapaz. Ainda, cabe anotar que, por essas duas teorias, o Estado não responderia pelos atos que excedessem os poderes do agente[12].

1.3.1.1. *Classificação dos órgãos públicos*

Os órgãos públicos podem ser classificados quanto à posição estatal, à estrutura e à atuação funcional[13]; à esfera de atuação[14] e às funções que exercem[15].

- **Quanto à posição estatal ou hierarquia**, podem ser:

  a) **independentes**: são os que **representam as funções principais do Estado**, isto é, a legislativa, a jurisdicional e a administrativa. São órgãos que estão no topo da estrutura estatal e **não estão subordinados a nenhum outro** e, também, são chamados de **órgãos primários**. São exemplos: Câmara dos Deputados, Senado Federal, Presidência da República, Supremo Tribunal Federal, Conselho Nacional de Justiça, Superior Tribunal de Justiça, demais tribunais, Juízos de 1º grau, Ministério Público, Conselho Nacional do Ministério Público, Tribunais de Contas;

  b) **autônomos**: estão **situados abaixo dos órgãos independentes**, aos quais estão subordinados, mas ainda possuem autonomia administrativa, financeira e técnica. São exemplos: Ministérios, Secretarias de Estado, Secretarias de Município, Advocacia-Geral da União;

  c) **superiores**: são órgãos **subordinados aos autônomos e independentes, possuem poder de direção, mas não têm autonomia administrativa nem financeira**. São exemplos: procuradorias jurídicas, gabinetes, coordenadorias, departamentos, divisões;

  d) **subalternos**: são aqueles órgãos que **possuem pequeno poder de decisão** e suas atividades são, principalmente, de execução, de cumprimento das decisões dos órgãos a que estão subordinados. São exemplos: seção de expediente, seção de pessoal, portaria.

- **Quanto à estrutura**, podem ser:

  a) **simples**: são aqueles órgãos que **não se subdividem em outros**;

  b) **compostos**: **subdividem-se em outros órgãos** como, por exemplo, o Ministério da Fazenda está dividido em diversos órgãos, entre eles está

12. DI PIETRO, Maria Sylvia Zanella. *Direito administrativo*. 23. ed. São Paulo: Atlas, 2010. p. 505.
13. MEIRELLES, Hely Lopes. *Direito administrativo brasileiro*. 36. ed.São Paulo: Malheiros, 2010. p. 71-75.
14. DI PIETRO, Maria Sylvia Zanella. *Direito administrativo*. 23. ed. São Paulo: Atlas, 2010. p. 508-509.
15. MELLO, Celso Antônio Bandeira de. *Curso de direito administrativo*. 27. ed. São Paulo: Malheiros, 2010. p. 141.

a Secretaria da Receita Federal do Brasil, que, também, é composta por outros vários órgãos como se vê nas Superintendências Regionais, nas quais há as Delegacias Regionais de Julgamento e as Delegacias da Receita Federal do Brasil, e estas se subdividem em outros órgãos, até se chegar a um órgão que não mais se divide (órgão unitário ou simples).

- **Quanto à atuação funcional ou composição,** podem ser:
  a) **singulares ou unipessoais**: a **atuação do órgão é realizada de acordo com a decisão de um único agente**. Até existem outros agentes no órgão, mas exercem funções auxiliares. São exemplos: a Presidência da República, as Governadorias dos Estados, as Prefeituras Municipais;
  b) **coletivos ou pluripessoais**: a **atuação do órgão é decidida por vários agentes**. Não ocorre a prevalência da vontade do presidente do órgão, mas impera a vontade da maioria dos seus membros. São exemplos os Tribunais de Justiça, a Câmara dos Deputados, o Senado Federal, o Tribunal de Impostos e Taxas, o Conselho Nacional de Contribuintes.
- **Quanto à esfera de atuação,** podem ser:
  a) **centrais**: atuam em **toda a área territorial da pessoa**;
  b) **locais**: atuam **apenas em parte do território da pessoa que integram**. Por exemplo, o Ministério da Fazenda é um órgão da União e pode atuar em todo o território nacional, o que o leva a ser classificado como órgão central. Da mesma forma, a Secretaria de Educação do Estado de São Paulo é órgão central, pois atua em toda a área estadual. Por outro lado, a Superintendência da Receita Federal da 9ª Região atua apenas no Estado de São Paulo e é um órgão federal, o que quer dizer que é um órgão local, já que não atua em todo o país. Assim, também ocorre com a Diretoria de Ensino da Região de Ribeirão Preto, pois é um órgão integrante do Estado de São Paulo, mas só atua em parte dele.

1.3.1.2. Características dos órgãos públicos

Com a distribuição interna de competência (desconcentração), cria-se, por lei, um órgão público e, com isso, ele passa a integrar, a fazer parte de uma pessoa estatal ou administrativa. É parte e não todo e, assim, não possui personalidade jurídica; **é despersonalizado**. Esta é a **principal característica do órgão público.**

Também, o órgão público **não possui patrimônio próprio**, já que os bens pertencem à pessoa jurídica de que ele faz parte. Da mesma forma, **não tem capacidade processual** e, assim, não pode ser autor ou réu em ação judicial. Nesse sentido, se o Departamento de Polícia Federal cancela, indevidamente, o registro de funcionamento de uma empresa de vigilância privada, não poderá o órgão ser acionado judicialmente para reparar o dano, pois é parte da pessoa jurídica União e, assim, esta deverá ser acionada.

Ainda, é preciso lembrar que a extinção do órgão também ocorre por meio de lei.

Algumas situações devem ser ressaltadas, porque não são condizentes com a condição do órgão público de ser parte de uma pessoa jurídica, de não ter vida própria, de ser despersonalizado. São aquelas em que, **de maneira excepcional**, o órgão não se mantém fiel às características apontadas.

Nesse sentido, pode ser salientada a **possibilidade da celebração, por órgão, de contrato de desempenho** (Lei nº 13.934/2019), nos termos do art. 37, § 8º, da Constituição Federal[16]. Na mesma esteira, é a **defesa judicial, pelo próprio órgão, de suas prerrogativas ou atribuições**, situação em que o órgão é parte no processo como, por exemplo, ocorre se o Prefeito recusar-se a fazer o repasse orçamentário para a Câmara Municipal, hipótese que autoriza o órgão Câmara a ajuizar mandado de segurança com o fim de exigir o direito ao repasse.

Por fim, é necessário destacar que, mesmo não sendo pessoa jurídica, nos termos do inciso II do Anexo I da Instrução Normativa RFB nº 2119/2022, da Receita Federal do Brasil, os "órgãos públicos de qualquer dos poderes da União, dos estados, do Distrito Federal e dos municípios" devem ser inscritos no **Cadastro Nacional de Pessoas Jurídicas (CNPJ)**.

ÓRGÃOS PÚBLICOS		
Classificação	**Quanto à hierarquia ou posição estatal**	• independente • autônomo • superior • subalterno
	Quanto à estrutura	• simples • composto
	Quanto à atuação funcional ou composição	• singular ou unipessoal • coletivo ou pluripessoal
	Quanto à esfera de atuação	• central • local

16. "§ 8º A autonomia gerencial, orçamentária e financeira dos órgãos e entidades da administração direta e indireta poderá ser ampliada mediante contrato, a ser firmado entre seus administradores e o poder público, que tenha por objeto a fixação de metas de desempenho para o órgão ou entidade, cabendo à lei dispor sobre: (Incluído pela Emenda Constitucional nº 19, de 1998) I – o prazo de duração do contrato; II – os controles e critérios de avaliação de desempenho, direitos, obrigações e responsabilidade dos dirigentes; III – a remuneração do pessoal."

ÓRGÃOS PÚBLICOS	
Características	• Criação e extinção por lei • Resultado da desconcentração • Despersonalizados • Não possuem patrimônio próprio • Não possuem capacidade processual • Alguns órgãos podem ser parte em processo para defesa de prerrogativa • Podem celebrar contrato de desempenho • Devem ser inscritos no CNPJ

1.4. Administração Indireta

A União, os Estados, o Distrito Federal e os Municípios, na condição de entes políticos, recebem suas atribuições diretamente do texto constitucional e, dependendo da atividade, podem optar por exercê-la de maneira descentralizada. Para tanto, criam outras pessoas jurídicas e estas passam a atuar de maneira específica e especializada em determinada atividade administrativa.

As pessoas jurídicas criadas são chamadas de **pessoas administrativas** e ficam vinculadas à pessoa política da qual se originaram. Formam a administração indireta. Assim, quando a União – pessoa política – cria, por lei, uma autarquia, esta passa a fazer parte da administração indireta federal.

Com a opção pela criação de uma entidade da administração indireta, **determinada atividade não será mais exercida por um órgão e passará a ser desempenhada por uma pessoa jurídica**. Isso significa maior autonomia, alto nível de especialização, pois existirá uma pessoa jurídica, com seus diversos órgãos, exclusivamente para a realização de certa atividade administrativa.

De acordo com o art. 4º, II, do Decreto-Lei 200/67, a administração indireta compreende as autarquias, as fundações públicas, as empresas públicas e as sociedades de economia mista. Atualmente, deve haver o acréscimo dos consórcios públicos, em decorrência da Lei nº 11.107/05.

Nos termos do art. 4º, parágrafo único, do Decreto-Lei 200/67, essas entidades vinculam-se ao Ministério relacionado com a área de atividade da pessoa administrativa. É a supervisão ministerial. Por exemplo, de acordo com o Decreto nº 11.907/2024, são entidades vinculadas ao Ministério da Fazenda: a) autarquias: Comissão de Valores Mobiliários – CVM e Superintendência de Seguros Privados-Susep (art. 2º, IV, "a" do Anexo I) b) empresas públicas: Casa da Moeda do Brasil – CMB, Serviço Federal de Processamento de Dados – Serpro, Caixa Econômica Federal – CEF, Empresa Gestora de Ativos – Emgea e Agência Brasileira Gestora de Fundos Garantidores e Garantias S.A. – ABGF (art. 2º, IV, "b" do Anexo I); c) sociedades de economia mista: Banco do Brasil S.A., Banco da Amazônia S.A. e Banco do Nordeste do Brasil S.A. (art. 2º IV, "c" do Anexo I).

Na descentralização cria-se outra pessoa jurídica, com personalidade jurídica distinta da pessoa política. Por isso, **não é possível se falar em hierarquia**, já que não há relação hierárquica entre um órgão da administração direta e uma entidade da administração indireta. Entretanto, quando uma pessoa política cria uma pessoa jurídica para que ela passe a desempenhar certa atividade administrativa, a intenção é que ocorra a melhora no desempenho dessa tarefa. Dessa forma, **a entidade criadora tem por dever fiscalizar a entidade criada** para verificar se o objetivo da criação está sendo atendido. Mas, não se trata de controle hierárquico, pois o que existe é um **controle de finalidade**, um **controle finalístico**. É a **tutela administrativa. Existe vinculação e não subordinação.** É a aplicação do **princípio da tutela.**

Assim, as **pessoas administrativas possuem autonomia administrativa, mas não têm autonomia política**, pois esta é privativa das pessoas políticas, e não são independentes, pois se submetem ao controle de finalidade da pessoa criadora.

Esse **modelo de controle administrativo**, que na **esfera federal** é conhecido por **supervisão ministerial**, deve ser adotado em todas as esferas. Dessa maneira, quando um Município cria uma fundação pública, esta integrará a administração indireta daquele ente e estará vinculada a algum órgão da pessoa política.

Ademais, além do controle administrativo, existe o **controle político** sobre as entidades administrativas, pois, em regra, seus dirigentes são de livre nomeação e exoneração por parte do Presidente da República, dos Governadores e dos Prefeitos. Entretanto, é possível a **mitigação** desse controle político, quando se confere **maior autonomia à pessoa administrativa** como, por exemplo, ocorre com as **agências reguladoras**, em que, normalmente, seu dirigente possui mandato e não pode ser livremente exonerado[17]. Nesse sentido, o art. 3º da Lei nº 13.848/2019 prevê que a natureza especial da agência é caracterizada, entre outras, pela investidura a termo de seus dirigentes, que são detentores de estabilidade durante o mandato.

De qualquer maneira, como são pessoas jurídicas, os **entes administrativos possuem patrimônio próprio e capacidade processual**. Por exemplo, o Instituto Nacional do Seguro Social (INSS) é uma autarquia federal e, se um de seus agentes, no exercício de suas funções, causar prejuízo ao administrado, este poderá acionar judicialmente a autarquia, pois esta possui personalidade jurídica.

Portanto, a **administração indireta é o conjunto das pessoas administrativas, com personalidade de direito público ou de direito privado, patrimônio próprio e autonomia administrativa, vinculadas à administração direta, criadas para o desempenho de determinada atividade administrativa.**

A **Administração Pública brasileira é fracionada**. Na esfera federal, existe a **Administração Pública federal**, que é formada pela **administração direta federal** – conjunto de órgãos que fazem parte da pessoa política União – e pela **administração indireta federal** – conjunto de pessoas administrativas criadas pela União, quais

17. As agências reguladoras estão sendo criadas como autarquias. Assim, serão estudadas adiante, quando houver a abordagem das pessoas administrativas em espécie.

sejam, autarquias federais, fundações públicas federais, empresas públicas federais e sociedades de economia mista federais.

Em cada um dos **Estados**, há a **Administração Pública estadual**, que é formada pela **administração direta estadual** – conjunto de órgãos que compõem a pessoa política (Estado do Paraná, Estado do Rio Grande do Sul, etc.) – e pela **administração indireta estadual** – que é o conjunto de pessoas administrativas criadas pelo Estado (autarquias estaduais, fundações públicas estaduais, etc.). Em igual forma, há a Administração Pública distrital, no Distrito Federal, formada pela administração direta distrital e pela administração indireta distrital.

No mesmo sentido, em cada um dos **Municípios** brasileiros, há a **Administração Pública municipal**, subdividindo-se em **direta e indireta**. Todavia, muitos Municípios optaram por não criar pessoas administrativas e, assim, desempenham a atividade administrativa de maneira centralizada, hipótese em que a administração municipal se resumirá à administração direta.

Uma importante ressalva é que, não necessariamente, a pessoa administrativa está vinculada a órgão do Poder Executivo, pois é possível a existência de pessoas administrativas vinculadas a órgãos do Poder Judiciário, do Poder Legislativo, do Ministério Público ou do Tribunal de Contas, pois o art. 37 da Constituição Federal se refere à administração indireta de qualquer dos poderes[18].

Em relação ao tema administração indireta, outro tópico indispensável é a criação das pessoas administrativas. Como são criadas?

O art. 37, XIX, da Constituição Federal estabelece que "somente por lei específica poderá ser criada autarquia e autorizada a instituição de empresa pública, de sociedade de economia mista e de fundação [...]"

Disso decorre que as entidades da administração indireta **ou são criadas diretamente pela lei ou esta autoriza sua criação.** Isso também se dá na sua extinção. De qualquer forma, **sem lei não há criação e nem extinção de pessoa administrativa (princípio da simetria ou paralelismo das formas).**

No caso específico das **fundações públicas**, aquele dispositivo constitucional ainda exige **lei complementar para definir suas áreas de atuação.**

Quando a **criação** se dá **pela lei**, de maneira direta, **não há necessidade de registro em nenhum órgão. A pessoa jurídica nasce com a lei.** De acordo com o art. 37, XIX, a **autarquia** é criada por lei. Todavia, a doutrina, de maneira majoritária, acrescenta a **fundação pública de direito público**[19].

Por outro lado, quando a **lei** específica apenas **autoriza a criação,** além da lei **é necessário o registro nos órgãos competentes** (Junta Comercial ou Registro Civil das Pessoas Jurídicas). **Somente após ter ocorrido o registro é que se dá a aquisição da personalidade.**

18. CARVALHO FILHO, José dos Santos. *Manual de direito administrativo*. 19. ed. Rio de Janeiro: Lumen Juris, 2008. p. 413.

19. Ver item 1.4.2.

É dessa maneira que se efetiva a criação de **fundação pública de direito privado (fundação governamental), de empresa pública e de sociedade de economia mista.**

As **empresas públicas e sociedades de economia mista podem criar empresas subsidiárias,** que são empresas controladas e geridas pela empresa pública ou sociedade de economia mista. Por exemplo, a Petrobras S/A é uma sociedade de economia mista federal e são suas subsidiárias a Transpetro Petrobras Transportes S/A, a Petrobras Distribuidora e a Gaspetro, entre outras.

Aliás, somente é possível a criação de empresa subsidiária de empresa pública ou de sociedade de economia mista, se houver **autorização legal**, nos termos do art. 37, XX. No mesmo sentido, a Lei nº 13.303/16 estabelece, no art. 2º, § 2º, que depende "de autorização legislativa a criação de subsidiárias de empresa pública e de sociedade de economia mista, assim como a participação de qualquer delas em empresa privada, cujo objeto social deve estar relacionado ao da investidora, nos termos do inciso XX do art. 37 da Constituição Federal". No entanto, essa **autorização não precisa ser específica** para cada subsidiária, desde que "haja previsão para esse fim, na própria lei que instituiu a empresa de economia mista matriz, tendo em vista que a lei criadora é a própria medida autorizadora", conforme decidido pelo **Supremo Tribunal Federal,** na **ADI 1.649,** em que se reconheceu que a Petrobras pode criar suas subsidiárias sem que haja lei específica, porque na lei que a criou há autorização para fazê-lo[20].

Importante advertir, também, que de acordo com o art. 37, XIX, da Constituição Federal, para que seja criada uma sociedade de economia mista é necessária a autorização legal e, assim, se esse requisito não for observado, o que existe é uma sociedade sob controle acionário do Estado. **O fato do Poder Público passar, por qualquer fato jurídico** (como, por exemplo, a desapropriação de ações prevista no art. 236 da Lei 6.404/76) **a deter a maioria do capital da empresa, não a transforma em sociedade de economia mista**, pois, para tanto, é necessária a autorização legal[21] .

Verifica-se do que fora exposto até aqui, que as **pessoas administrativas criadas podem ter personalidade jurídica de direito público ou de direito privado.**

O **regime jurídico de direito público é próprio das pessoas políticas.** A elas é aplicável o **regime jurídico administrativo,** isto é, o conjunto de princípios que atribuem à Administração Pública, em um extremo, prerrogativas e, no outro, sujeições. Deve haver, portanto, obediência aos princípios da supremacia do interesse público, da indisponibilidade do interesse público, da legalidade, da impessoalidade, da moralidade, da publicidade, da eficiência, da continuidade do serviço público, da autotutela, da tutela, da especialidade, da presunção de legitimidade, do controle judicial dos atos administrativos, da segurança jurídica, da motivação, da razoabilidade, da hierarquia.

---

20 Deve-se destacar que, nos termos do decidido na ADI nº 5624, a exigência de autorização legislativa não se aplica à venda do controle das subsidiárias e controladas de empresas públicas e sociedades de economia mista.

21. Nesse sentido: ARAÚJO, Edmir Neto de. *Curso de direito administrativo*. 5. ed. São Paulo: Saraiva, 2010. p. 232-233; CARVALHO FILHO, José dos Santos. *Manual de direito administrativo*. 26. ed. São Paulo: Atlas, 2013. p. 498.

E mais, no **regime de direito público** podem ser apontadas as seguintes **características**:

a) em regra, a contratação de pessoal deve ser precedida da realização de **concurso público**, conforme o art. 37, II, da Constituição Federal;

b) em regra, **não pode haver acumulação de cargo**, emprego e função pública, bem como há submissão ao **teto remuneratório**, consoante o art. 37, XI e XVI, do texto constitucional;

c) as contratações públicas devem ser antecedidas por **licitação**, salvo os casos previstos em lei, nos termos do art. 37, XXI, da Constituição;

d) celebração de **contratos administrativos**, nos quais existem cláusulas exorbitantes, conforme o art. 104 da Lei nº 14.133/2021;

e) prática de **atos administrativos**;

f) os **bens públicos são impenhoráveis** (não podem ser penhorados; existe o regime de precatórios, conforme o art. 100 da Constituição), **imprescritíveis** (não podem ser objeto de usucapião, de acordo com o art. 183, § 3º e o art. 191, parágrafo único, ambos da Constituição);

g) existe **imunidade tributária recíproca**, pois o art. 150, VI, "a", determina que é vedado à União, aos Estados, ao Distrito Federal e aos Municípios instituir impostos sobre o patrimônio, a renda ou os serviços, uns dos outros;

h) **prescrição quinquenal** das dívidas, em conformidade com o art. 1º do Decreto 20.910/1932;

i) cobrança dos débitos por meio de **execução fiscal**, nos termos da Lei nº 6.830/1980;

j) **responsabilidade objetiva** pelos danos causados, bem como direito de regresso contra o servidor que causou o prejuízo, em razão do disposto no art. 37, § 6º, da Constituição;

k) **privilégios processuais** como, por exemplo, o art. 183 do Código de Processo Civil de 2015, ao estabelecer que a União, os Estados, os Municípios, as autarquias e as fundações públicas de direito público terão prazo em dobro para todas as suas manifestações processuais, salvo quando a lei estabelecer, expressamente, prazo próprio para o ente público;

l) **controle pelo Tribunal de Contas**, nos termos do art. 71 da Constituição;

m) **obediência às normas orçamentárias**, sendo, inclusive, vedado o início de programa ou a realização de despesa sem previsão no orçamento, conforme determinação constitucional, contida no art. 167.

São **pessoas jurídicas de direito público** a **União, os Estados, o Distrito Federal, os Municípios, as autarquias, as fundações públicas com regime de direito público e os consórcios públicos com personalidade de direito público (associações públicas).**

De outro lado, é possível a criação de **pessoas administrativas com personalidade jurídica de direito privado**. São **as empresas públicas, as sociedades de economia mista, as fundações públicas com regime de direito privado (fundações governamentais) e os consórcios públicos com personalidade de direito privado**.

O **regime de direito privado** é aquele em que são observadas as disposições estabelecidas no Código Civil, no Código Comercial, na CLT, ou seja, é **o que rege as empresas do setor privado**. Esse regime também existe na Administração Pública. Entretanto, não de maneira idêntica, porque as **normas de direito privado são derrogadas pelas normas de direito público**.

ATENÇÃO! Com o advento da Lei nº 13.822/2019, passou-se a prever que "o consórcio público, com personalidade jurídica de direito público ou privado, observará as normas de direito público no que concerne à realização de licitação, à celebração de contratos, à prestação de contas e à admissão de pessoal, que será regido pela **Consolidação das Leis do Trabalho**".

Isso significa que uma pessoa administrativa, com personalidade de direito privado, não é regida inteiramente pelas normas do setor privado, pois deve obediência aos princípios constitucionais e sua instituição só ocorreu para a busca do interesse público. Ao ser adotada a personalidade de direito privado, não há uma migração para o setor privado, pois a pessoa administrativa é integrante da administração indireta e, assim, continua fazendo parte da Administração Pública.

Dessa forma, o **regime de direito privado na esfera pública, na verdade, é um regime híbrido, misto, porque há normas de direito privado e normas de direito público.** Uma sociedade de economia mista adota o mesmo regime de emprego usado no setor privado, qual seja, o celetista e, também, nos contratos celebrados no desempenho de sua atividade, de maneira semelhante aos seus concorrentes. Entretanto, seus empregados, em regra, não podem acumular dois empregos públicos e ingressam por meio de concurso público, bem como há necessidade de licitação para as contratações.

1.4.1. *Autarquia*

O Decreto-Lei nº 200/67, no art. 5º, I, define autarquia como o "serviço autônomo, criado por lei, com personalidade jurídica, patrimônio e receita próprios, para executar atividades típicas da Administração Pública, que requeiram, para seu melhor funcionamento, gestão administrativa e financeira descentralizada".

A autarquia, como qualquer outra pessoa administrativa da administração indireta é uma pessoa jurídica e não um simples órgão e, dessa forma, possui personalidade jurídica, patrimônio próprio, autonomia administrativa. Assim, essa descrição não é suficiente para individualizar de qual tipo de pessoa administrativa se está tratando. É preciso acrescentar a forma pela qual o ente administrativo é criado – se a lei cria ou autoriza a criação –, se a personalidade jurídica é de direito privado ou de direito público e, também, qual atividade ela desempenha.

Dessa forma, a **autarquia é uma pessoa jurídica de direito público, criada por lei específica, com patrimônio próprio e autonomia administrativa, para executar atividade típica da Administração Pública.**

A autarquia **é criada e extinta por lei**. Possui **autonomia administrativa**, mas não política. É criada para desempenhar **atividade própria, típica da Administração** como, por exemplo, serviço público ou polícia administrativa e não pode realizar atividade de cunho econômico. Está sujeita ao **controle de finalidade** por parte da administração direta.

Também, é **fiscalizada pelo Tribunal de Contas**. Possui **patrimônio próprio**. **Responde pelos danos causados** por seus agentes, em regra, **de maneira objetiva** e tem o direito de regresso se o servidor agiu com dolo ou culpa.

Possui **personalidade de direito público** e, assim, submete-se ao **regime de direito público**. Dessa forma, realiza concurso para a contratação de pessoal. Seus servidores, em regra, são estatutários, não podem acumular cargo público e submetem-se ao teto remuneratório. Deve licitar, antes das contratações. Celebra contrato administrativo e seus agentes praticam atos administrativos. Seus bens são impenhoráveis e imprescritíveis, sujeitando-se ao regime de precatórios. Possui imunidade tributária quanto a impostos sobre o patrimônio, à renda e aos serviços, vinculados às suas finalidades essenciais ou às delas decorrentes, conforme art. 150, § 2º, da Constituição. Suas dívidas prescrevem em cinco anos. Cobra seus créditos por meio de execução fiscal. Possui privilégios processuais.

Em se tratando de autarquia federal, o **foro competente** é a justiça federal. O foro das autarquias estaduais e municipais é a justiça estadual. Em qualquer caso, fica ressalvada a competência da justiça do trabalho, caso exista algum empregado celetista.

São exemplos de autarquias federais: INSS (Instituto Nacional do Seguro Social), o Ibama (Instituto Brasileiro do Meio Ambiente e dos Recursos Naturais Renováveis), o Incra (Instituto Nacional de Colonização e Reforma Agrária), o Bacen (Banco Central do Brasil), o Cade (Conselho Administrativo de Defesa Econômica), os conselhos de fiscalização de profissões (chamadas de autarquias corporativas; ex.: CREA, CRM, CRO, etc.).

Aliás, quanto aos conselhos profissionais, tradicionalmente são reconhecidos como autarquias porque a sua criação depende de lei e possuem como finalidade o exercício de atividade típica do Estado, consistente na atividade de polícia administrativa, e que não pode ser delegada aos particulares. Entretanto, reconhece o STF (ADC 36) que se trata de **"espécie sui generis de pessoa jurídica de direito público não estatal"** e, dessa maneira, o regime jurídico aplicável a essas entidades não segue integralmente o regime válido para as autarquias em geral e possui algumas particularidades.

Uma delas, por exemplo, diz respeito a **não submissão ao regime de precatório**. Nesse sentido, afirma a Min. Carmen Lúcia, no RE 938877, que o principal motivo de o STF ter decidido que os conselhos profissionais possuem natureza de autarquia, "foi a circunstância de essas entidades desempenharem funções que não podem ser delegadas aos particulares, como o exercício do poder de polícia. A jurisprudência deste Supremo Tribunal não reconhece a elas todos os consectários decorrentes da natureza jurídica autárquica". O STF, nessa linha, inclusive, fixou a seguinte tese de repercussão geral (RE 938877): "Os pagamentos devidos, em razão de pronunciamento judicial, pelos Conselhos de Fiscalização não se submetem ao regime de precatórios". Outra particularidade que pode ser apontada é que **não se aplica a eles a obrigatoriedade do regime jurídico único, permitindo a contratação de seu pessoal sob o regime celetista** (STF, ADC 36).

Por outro lado, tratamento diferente é conferido a OAB (Ordem dos Advogados do Brasil) porque não se inclui na administração indireta federal, conforme decisão proferida no STF, na ADI 3026/DF, em que restou assentado que ela não é entidade da administração indireta como os outros conselhos, pois não atua exclusivamente na defesa de interesses corporativos, mas, também, possui função constitucional, institucional e, assim, é autônoma e independente, constituindo, na verdade, um "serviço público independente", uma "entidade *sui generis*" e, dessa forma, não integra a administração federal, não está sujeita a controle administrativo e, por exemplo, é incabível a exigência de concurso público. Inclusive, nesse sentido, no RE 1.182.189, o STF fixou a seguinte tese de repercussão geral (Tema 1054): "O Conselho Federal e os Conselhos Seccionais da Ordem dos Advogados do Brasil não estão obrigados a prestar contas ao Tribunal de Contas da União nem a qualquer outra entidade externa."

Nas administrações estaduais há diversas autarquias. No Estado de São Paulo, há a USP (Universidade de São Paulo), a Unesp (Universidade Estadual Paulista), a Unicamp (Universidade Estadual de Campinas), o HC USP (Hospital das Clínicas da Faculdade de Medicina da Universidade de São Paulo), entre outras. No Estado de Minas Gerais, por exemplo, há a UEMG (Universidade do Estado de Minas Gerais), o IPSEMG (Instituto de Previdência dos Servidores do Estado de Minas Gerais), o IMA (Instituto Mineiro de Agropecuária). No Estado da Bahia, podem ser apontadas, para exemplificar, o Ibametro (Instituto Baiano de Metrologia e Qualidade), o IMA (Instituto do Meio Ambiente).

Na esfera municipal, para ilustração, podem ser mencionadas as seguintes autarquias: o Iprem (Instituto de Previdência Municipal de São Paulo), o Instituto de Planejamento Urbano de Florianópolis, o Iasc (Instituto de Assistência Social e Cidadania) de Recife, dentre outras.

Como já enfatizado, as autarquias, da mesma forma que qualquer outra entidade da administração indireta, possuem autonomia administrativa. No entanto, existem algumas **autarquias com autonomia ainda maior**. São as chamadas **autarquias em regime especial**. Nessa espécie de autarquia, podem ser incluídas a USP, o Bacen, a Comissão de Energia Nuclear e a Comissão de Valores Mobiliários (CVM). O que caracteriza uma autarquia como de regime especial é o maior grau de autonomia que possui, em relação às demais autarquias. Por exemplo, a CVM, de acordo com a Lei nº 6.385/76, é uma autarquia federal em regime especial e seus dirigentes são nomeados pelo Presidente da República, após aprovação pelo Senado, e possuem mandato fixo e estabilidade. Esse foi o modelo adotado na criação das agências reguladoras, todas criadas como autarquias em regime especial.

1.4.1.1. *Agência reguladora*

Agência reguladora é uma **entidade administrativa da Administração Pública indireta, com personalidade de direito público, criada para exercer a regulação, o controle administrativo, a fiscalização, a disciplina sobre a prestação de um determinado serviço público ou a realização de alguma atividade econômica.**

As agências reguladoras estão sendo criadas como **autarquias em regime especial** e não são consideradas, pela maioria da doutrina, como espécie autônoma de entidade administrativa. Não deixam de ser autarquias.

Em razão da reforma administrativa iniciada na década de 1990, optou-se pela transferência da regulação, normatização e fiscalização das atividades econômicas e de diversos serviços públicos da administração direta para a indireta. A atividade regulatória desempenhada pelas agências reguladoras não é novidade, pois sempre foi realizada, especialmente, pelos órgãos da administração direta. No mesmo sentido, a atividade regulatória feita por entidade da administração indireta, também, não é fato novo. Nessa esteira, Maria Sylvia Zanella Di Pietro lembra artigo de Manoel Gonçalves Filho mencionando autarquias que já faziam atividade de regulação como, por exemplo, o Instituto do Açúcar e Álcool (1933), o Instituto de Defesa Permanente do Café (1923)[22].

De toda forma, como foram criadas em grande quantidade e receberam forma de organização peculiar, especialmente em razão da autonomia administrativa que lhes é própria e de tratamento normativo específico, as agências reguladoras merecem ser analisadas de forma apartada das demais autarquias.

No que se refere à criação das agências reguladoras, porém, não há diferença em relação às demais autarquias porque isso se dará por meio de lei específica. Assim, por exemplo, a Lei nº 9.472/97, com fundamento no art. 21, XI, da Constituição Federal, criou a Anatel (Agência Nacional de Telecomunicações) e a Lei nº 9.478/97, com suporte no art. 177, § 2º, III, criou a ANP (Agência Nacional de Petróleo). Aliás, essas duas agências são as únicas que possuem fundamento direto no texto constitucional, que fala em "órgão regulador".

Além das duas mencionadas, há leis que criaram outras **agências reguladoras federais**: ANEEL (Agência Nacional de Energia Elétrica, criada pela Lei nº 9.427/96), ANA (Agência Nacional de Águas, criada pela Lei nº 9.433/97), ANS (Agência Nacional de Saúde Suplementar, criada pela Lei nº 9.961/00), Anvisa (Agência Nacional de Vigilância Sanitária, criada pela Lei nº 9.782/99), ANTT (Agência Nacional de Transportes Terrestres, criada pela Lei nº 10.233/01), Antaq (Agência Nacional de Transportes Aquaviários, criada pela Lei nº 10.233/01), Anac (Agência Nacional de Aviação Civil, criada pela Lei nº 11.182/05).

---

22. *Direito administrativo*. 23. ed. São Paulo: Atlas, 2010. p. 467.

Existem, também, **agências reguladoras estaduais** como, por exemplo, a AGR (Agência Goiana de Regulação, Controle e Fiscalização de Serviços Públicos, criada pela Lei Estadual nº 13.550/99), a Artesp (Agência Reguladora de Serviços Públicos Delegados de Transporte do Estado de São Paulo, criada pela Lei Complementar Estadual nº 914/02), a Agerba (Agência Estadual de Regulação de Serviços Públicos de Energia, Transporte e Comunicações da Bahia, criada pela Lei Estadual nº 7.314/98). Ainda, cabe anotar que existem, da mesma forma, **agências reguladoras municipais**, criadas por leis municipais, como a Agereg (Agência de Regulação dos Serviços Públicos Delegados de Campo Grande), em Campo Grande e a Arsban (Agência Reguladora de Serviços de Saneamento Básico do Município de Natal), em Natal.

Uma ressalva importante é que o nome agência não necessariamente indica que se cuida de uma agência reguladora, como bem adverte Alexandre Mazza[23], porque, por exemplo, a Abin (Agência Brasileira de Inteligência) é um órgão e não uma pessoa jurídica, a AEB (Agência Espacial Brasileira) é uma autarquia comum – não é de regime especial – e a ABDI (Associação Brasileira de Desenvolvimento Industrial) é um serviço social autônomo.

Voltando à questão da exigência de lei específica para a criação das agências reguladoras, o que se dá por determinação constitucional, cabe destacar que a especificidade é importante porque individualiza as atividades da agência no que se refere ao setor regulado. Não obstante essa inegável necessidade de adequar a atividade de regulação a cada setor, por outro lado, um padrão normativo para as agências reguladoras, disciplinando essas entidades de maneira geral é bastante salutar, permitindo melhores práticas de controle das atividades por elas desempenhadas, privilegiando a segurança jurídica, reforçando a necessidade de uma atuação eficiente, mantendo a necessária autonomia administrativa para se evitar a ingerência política, entre outros fatores.

Nesse sentido, a **Lei nº 13.848/19** dispõe "sobre a gestão, a organização, o processo decisório e o controle social das agências reguladoras" e, entre outras, modificou a **Lei nº 9.986/00**, que regula a gestão de recursos humanos dessas pessoas jurídicas, configurando-se, assim, o **marco regulatório das agências reguladoras federais**.

Em relação a esse diploma normativo destaca-se que se **aplica às agências reguladoras existentes no âmbito federal** quando de sua publicação, que estão elencadas nos incisos do art. 2º e, também, ressalvando-se o "que dispuser a legislação específica, tem aplicação "às autarquias especiais caracterizadas, nos termos desta Lei, como agências reguladoras e **criadas a partir de sua vigência**" (art. 2º, parágrafo único).

Apesar da Lei nº 13.848/2019 direcionar-se à esfera federal, é de extrema importância para a atividade das agências reguladoras e, por detalhar temas como autonomia administrativa, processos de tomada de decisão, prestação de contas, controle social e da previsão de atuação dessas entidades de forma integrada com outros

23. MAZZA, Alexandre. *Manual de direito administrativo*. São Paulo: Saraiva, 2011. p. 137.

órgãos, tem grande potencial para servir de inspiração para a regulação da matéria nos âmbitos dos Estados e dos Municípios. Aliás, em relação aos demais entes federados, cabe destacar que o Capítulo VI da lei disciplina a **interação operacional entre as agências reguladoras federais e as agências reguladoras ou os órgãos de regulação estaduais, distritais e municipais,** e prevê no art. 34 a articulação de suas atividades com as de agências reguladoras, ou órgãos de regulação, estaduais, distritais e municipais, desde que nas respectivas áreas de competência e prevê, inclusive, a possibilidade da **descentralização, a critério das agências reguladoras federais e mediante acordo de cooperação, de suas atividades fiscalizatórias, sancionatórias e arbitrais, salvo as pertinentes ao Sistema Único de Saúde (SUS),** não se permitindo, todavia, a delegação de competências normativas (§1º) e permanecendo a agência reguladora federal delegante como como instância superior e recursal das decisões tomadas no exercício da competência delegada (§4º).

O art. 3º da lei é de grande relevância porque traz contornos legais para os temas do regime especial e da autonomia administrativa das agências reguladoras, amplamente abordados pela doutrina.

De acordo com esse dispositivo, a **"natureza especial conferida à agência reguladora é caracterizada pela ausência de tutela ou de subordinação hierárquica, pela autonomia funcional, decisória, administrativa e financeira e pela investidura a termo de seus dirigentes e estabilidade durante os mandatos, bem como pelas demais disposições constantes desta Lei ou de leis específicas voltadas à sua implementação".**

Para fixar:

Principais características legais da natureza especial das agências reguladoras Art. 3º da Lei º 13.848/19
- Ausência de tutela ou de subordinação hierárquica
- Autonomia funcional
- Autonomia decisória
- Autonomia administrativa
- Autonomia financeira
- Investidura a termo de seus dirigentes e estabilidade durante os mandatos

Ainda, no mesmo artigo, em seu § 2º, há o detalhamento da **autonomia administrativa** das agências reguladoras federais, elencando-se suas **características**:

a) Solicitar diretamente ao Ministério da Economia:

- autorização para a realização de concursos públicos;
- o provimento dos cargos autorizados em lei para seu quadro de pessoal, observada a disponibilidade orçamentária;
- as alterações no respectivo quadro de pessoal, fundamentadas em estudos de dimensionamento, bem como alterações nos planos de carreira de seus servidores;

b) conceder diárias e passagens em deslocamentos nacionais e internacionais e autorizar afastamentos do País a servidores da agência;

c) celebrar contratos administrativos e prorrogar contratos em vigor relativos a atividades de custeio, independentemente do valor.

Quanto à gestão das agências reguladoras, a Lei nº 13.848/19 promoveu alterações na Lei nº 9.986/00, estabelecendo disposições sobre a estrutura organizacional das entidades, padronizando o órgão máximo de gestão e, inclusive, disciplinando sobre sua composição, requisitos e vedações de seus membros.

Nesse sentido, nos termos do art. 4º da Lei nº 9.986/00, na nova redação, o **órgão máximo de cada agência reguladora será o Conselho Diretor ou a Diretoria Colegiada**, composto de 4 Conselheiros ou Diretores e 1 Presidente ou Diretor-Presidente ou Diretor-Geral.

De acordo com o art. 5º, são **requisitos** exigidos do **Presidente ou Diretor-Presidente ou Diretor-Geral e dos demais membros do Conselho Diretor ou da Diretoria Colegiada**:

a) devem ser **brasileiros, nomeados pelo Presidente** da República, após **aprovação pelo Senado** Federal;

b) devem ser cidadãos de **reputação ilibada** e de **notório conhecimento** no campo de sua especialidade;

c) devem ter **experiência profissional** de, no **mínimo**:

   – **10 anos**, no setor público ou privado, no campo de atividade da agência reguladora ou em área a ela conexa, em função de direção superior; **ou**

   – **4 anos** ocupando pelo menos **um dos** seguintes **cargos**:

      • cargo de direção ou de chefia superior em empresa no campo de atividade da agência reguladora (entende-se como cargo de chefia superior aquele situado nos 2 níveis hierárquicos não estatutários mais altos da empresa);

      • cargo em comissão ou função de confiança equivalente a DAS-4 ou superior, no setor público;

      • cargo de docente ou de pesquisador no campo de atividade da agência reguladora ou em área conexa;

   – **10 anos** de experiência como profissional liberal no campo de atividade da agência reguladora ou em área conexa;

d) devem ter **formação acadêmica compatível** com o cargo para o qual foi indicado (obs.: esse requisito deve ser cumulado com um dos exigidos no item anterior); e

e) **não podem se enquadrar** das seguintes hipóteses de **inelegibilidade** (art. 1º, I, LC 64/90):

- os inalistáveis e os analfabetos;
- os membros do Congresso Nacional, das Assembleias Legislativas, da Câmara Legislativa e das Câmaras Municipais, que hajam perdido os respectivos mandatos por infringência do disposto nos incisos I e II do art. 55 da Constituição Federal, dos dispositivos equivalentes sobre perda de mandato das Constituições Estaduais e Leis Orgânicas dos Municípios e do Distrito Federal, para as eleições que se realizarem durante o período remanescente do mandato para o qual foram eleitos e nos oito anos subsequentes ao término da legislatura;
- o Governador e o Vice-Governador de Estado e do Distrito Federal e o Prefeito e o Vice-Prefeito que perderem seus cargos eletivos por infringência a dispositivo da Constituição Estadual, da Lei Orgânica do Distrito Federal ou da Lei Orgânica do Município, para as eleições que se realizarem durante o período remanescente e nos 8 anos subsequentes ao término do mandato para o qual tenham sido eleitos;
- os que tenham contra sua pessoa representação julgada procedente pela Justiça Eleitoral, em decisão transitada em julgado ou proferida por órgão colegiado, em processo de apuração de abuso do poder econômico ou político, para a eleição na qual concorrem ou tenham sido diplomados, bem como para as que se realizarem nos 8 anos seguintes;
- os que forem condenados, em decisão transitada em julgado ou proferida por órgão judicial colegiado, desde a condenação até o transcurso do prazo de 8 anos após o cumprimento da pena, pelos crimes:
  1. contra a economia popular, a fé pública, a administração pública e o patrimônio público;
  2. contra o patrimônio privado, o sistema financeiro, o mercado de capitais e os previstos na lei que regula a falência;
  3. contra o meio ambiente e a saúde pública;
  4. eleitorais, para os quais a lei comine pena privativa de liberdade;
  5. de abuso de autoridade, nos casos em que houver condenação à perda do cargo ou à inabilitação para o exercício de função pública;
  6. de lavagem ou ocultação de bens, direitos e valores;
  7. de tráfico de entorpecentes e drogas afins, racismo, tortura, terrorismo e hediondos;
  8. de redução à condição análoga à de escravo;
  9. contra a vida e a dignidade sexual; e
  10. praticados por organização criminosa, quadrilha ou bando;
- os que forem declarados indignos do oficialato, ou com ele incompatíveis, pelo prazo de 8 (oito) anos;
- os que tiverem suas contas relativas ao exercício de cargos ou funções públicas rejeitadas por irregularidade insanável que configure ato doloso

de improbidade administrativa, e por decisão irrecorrível do órgão competente, salvo se esta houver sido suspensa ou anulada pelo Poder Judiciário, para as eleições que se realizarem nos 8 anos seguintes, contados a partir da data da decisão, aplicando-se o disposto no inciso II do art. 71 da Constituição Federal, a todos os ordenadores de despesa, sem exclusão de mandatários que houverem agido nessa condição. **ATENÇÃO:** essa inelegibilidade "não se aplica aos responsáveis que tenham tido suas contas julgadas irregulares sem imputação de débito e sancionados exclusivamente com o pagamento de multa" (art. 1º, 4º-A).

- os detentores de cargo na administração pública direta, indireta ou fundacional, que beneficiarem a si ou a terceiros, pelo abuso do poder econômico ou político, que forem condenados em decisão transitada em julgado ou proferida por órgão judicial colegiado, para a eleição na qual concorrem ou tenham sido diplomados, bem como para as que se realizarem nos 8 anos seguintes;
- os que, em estabelecimentos de crédito, financiamento ou seguro, tenham sido ou estejam sendo objeto de processo de liquidação judicial ou extrajudicial, hajam exercido, nos 12 meses anteriores à respectiva decretação, cargo ou função de direção, administração ou representação, enquanto não forem exonerados de qualquer responsabilidade;
- os que forem condenados, em decisão transitada em julgado ou proferida por órgão colegiado da Justiça Eleitoral, por corrupção eleitoral, por captação ilícita de sufrágio, por doação, captação ou gastos ilícitos de recursos de campanha ou por conduta vedada aos agentes públicos em campanhas eleitorais que impliquem cassação do registro ou do diploma, pelo prazo de 8 anos a contar da eleição;
- o Presidente da República, o Governador de Estado e do Distrito Federal, o Prefeito, os membros do Congresso Nacional, das Assembleias Legislativas, da Câmara Legislativa, das Câmaras Municipais, que renunciarem a seus mandatos desde o oferecimento de representação ou petição capaz de autorizar a abertura de processo por infringência a dispositivo da Constituição Federal, da Constituição Estadual, da Lei Orgânica do Distrito Federal ou da Lei Orgânica do Município, para as eleições que se realizarem durante o período remanescente do mandato para o qual foram eleitos e nos 8 anos subsequentes ao término da legislatura;
- os que forem condenados à suspensão dos direitos políticos, em decisão transitada em julgado ou proferida por órgão judicial colegiado, por ato doloso de improbidade administrativa que importe lesão ao patrimônio público e enriquecimento ilícito, desde a condenação ou o trânsito em julgado até o transcurso do prazo de 8 anos após o cumprimento da pena;
- os que forem excluídos do exercício da profissão, por decisão sancionatória do órgão profissional competente, em decorrência de infração ético-profissional, pelo prazo de 8 anos, salvo se o ato houver sido anulado ou suspenso pelo Poder Judiciário;

- os que forem condenados, em decisão transitada em julgado ou proferida por órgão judicial colegiado, em razão de terem desfeito ou simulado desfazer vínculo conjugal ou de união estável para evitar caracterização de inelegibilidade, pelo prazo de 8 anos após a decisão que reconhecer a fraude;
- os que forem demitidos do serviço público em decorrência de processo administrativo ou judicial, pelo prazo de 8 anos, contado da decisão, salvo se o ato houver sido suspenso ou anulado pelo Poder Judiciário;
- a pessoa física e os dirigentes de pessoas jurídicas responsáveis por doações eleitorais tidas por ilegais por decisão transitada em julgado ou proferida por órgão colegiado da Justiça Eleitoral, pelo prazo de 8 anos após a decisão, observando-se o procedimento previsto no art. 22;
- os magistrados e os membros do Ministério Público que forem aposentados compulsoriamente por decisão sancionatória, que tenham perdido o cargo por sentença ou que tenham pedido exoneração ou aposentadoria voluntária na pendência de processo administrativo disciplinar, pelo prazo de 8 anos;

Além dos requisitos, conforme o art. 8º-A da Lei nº 9.986/00, incluído pela Lei nº 13.848/19, é **vedada a indicação para o Conselho Diretor ou para a Diretoria Colegiada**:

a) de Ministro de Estado, Secretário de Estado, Secretário Municipal, dirigente estatutário de partido político e titular de mandato no Poder Legislativo de qualquer ente da federação, ainda que licenciados dos cargos; essa vedação se estende aos parentes consanguíneos ou afins até o terceiro grau das pessoas mencionadas

b) de pessoa que tenha atuado, nos últimos 36 meses, como participante de estrutura decisória de partido político ou em trabalho vinculado a organização, estruturação e realização de campanha eleitoral;

c) de pessoa que exerça cargo em organização sindical;

d) de pessoa que tenha participação, direta ou indireta, em empresa ou entidade que atue no setor sujeito à regulação exercida pela agência reguladora em que atuaria, ou que tenha matéria ou ato submetido à apreciação dessa agência reguladora;

e) de pessoa que se enquadre nas hipóteses de inelegibilidade previstas no inciso I do caput do art. 1º da Lei Complementar nº 64, de 18 de maio de 1990.

Ainda quanto aos **membros do Conselho Diretor ou Diretoria Colegiada**, importante lembrar que são nomeados pelo Presidente da República, após aprovação pelo Senado Federal, e seus **mandatos terão duração de 5 anos** (art. 6º da Lei nº 9.986/2000). Em **regra**, é **vedada a recondução**, mas existe **exceção** na hipótese do cargo ter ficado vago no curso do mandato e o prazo remanescente exercido pelo sucessor indicado for igual ou inferior a dois anos, situação em que o sucessor poderá ser reconduzido (art. 5º, §7º da Lei nº 9.986/2000).

Nos termos do art. 9º da Lei nº 9.986/2000, o membro do Conselho Diretor ou da Diretoria Colegiada **somente perderá o mandato**:

a) em caso de **renúncia**;

b) em caso de **condenação judicial transitada em julgado** ou de **condenação em processo administrativo disciplinar**;

c) por **infringência** de quaisquer das seguintes **vedações** (previstas no art. 8º-B):

- receber, a qualquer título e sob qualquer pretexto, honorários, percentagens ou custas;
- exercer qualquer outra atividade profissional, ressalvado o exercício do magistério, havendo compatibilidade de horários;
- participar de sociedade simples ou empresária ou de empresa de qualquer espécie, na forma de controlador, diretor, administrador, gerente, membro de conselho de administração ou conselho fiscal, preposto ou mandatário;
- emitir parecer sobre matéria de sua especialização, ainda que em tese, ou atuar como consultor de qualquer tipo de empresa;
- exercer atividade sindical;
- exercer atividade político-partidária;
- estar em situação de conflito de interesse, nos termos da Lei nº 12.813, de 16 de maio de 2013.

De acordo com o art. 22 da Lei 13.848/19, haverá, em cada agência reguladora, um **ouvidor**, que atuará sem subordinação hierárquica, sendo vedada a acumulação com outras funções. Será escolhido pelo Presidente da República e por ele nomeado, após prévia aprovação do Senado Federal, para mandato de três anos. São **requisitos** para ser ouvidor ter notório conhecimento em administração pública ou em regulação de setores econômicos, ou no campo específico de atuação da agência reguladora e não se enquadrar em nenhuma das hipóteses de inelegibilidade previstas no art. 1º, caput, I, da LC 64/90. São suas **atribuições**: zelar pela qualidade e pela tempestividade dos serviços prestados pela agência; acompanhar o processo interno de apuração de denúncias e reclamações dos interessados contra a atuação da agência; elaborar relatório anual de ouvidoria sobre as atividades da agência.

No novo marco regulatório das agências reguladoras, há um capítulo dedicado ao processo decisório, composto por nove artigos (4º ao 13) e o art. 4º estabelece que as **decisões** dessas entidades **devem se dar com observância entre os meios e fins**, sendo **vedada a imposição de obrigações restrições e sanções superiores às necessárias**, ou seja, sua atuação deverá ser **proporcional**, bem como suas **decisões devem ser motivadas**, pois determina o art. 5º que a agência deverá "indicar os pressupostos de fato e de direito que determinarem suas decisões, inclusive a respeito da edição ou não de atos normativos".

Na esteira da necessidade de se fazer a análise consequencial da decisão estabelecida no *caput* art. 20 da LINDB ("Nas esferas administrativa, controladora e judicial, não se decidirá com base em valores jurídicos abstratos sem que sejam consideradas as consequências práticas da decisão"), determina o art. 6º da Lei 13.848/19 que a "**adoção e as propostas de alteração de atos normativos** de interesse geral dos agentes econômicos, consumidores ou usuários dos serviços prestados **serão**, nos termos de regulamento, **precedidas da realização de Análise de Impacto Regulatório (AIR)**, que conterá informações e dados sobre os possíveis efeitos do ato normativo" (grifos nossos).

Quanto à **tomada de decisões**, cabe lembrar que a LINDB determina em seu art. 26 que a edição de atos normativos poderá ser precedida de consulta pública. No marco regulatório das agências reguladoras também há previsão semelhante, mas a principal diferença é que não se trata de faculdade e sim de obrigatoriedade, quer dizer, nos termos do art. 9º da Lei 13.848/19, as **minutas e as propostas de alteração de atos normativos** de interesse geral dos agentes econômicos, consumidores ou usuários dos serviços prestados **serão objeto de consulta pública**, que ocorrerá **previamente à tomada de decisão** pelo conselho diretor ou pela diretoria colegiada. Por ela, a sociedade é consultada por meio do envio de críticas, sugestões e contribuições por quaisquer interessados sobre proposta de norma regulatória aplicável ao setor de atuação da agência.

Ainda, prevê o art. 10 da Lei 13.848/19, que a agência reguladora, por decisão colegiada, **poderá convocar audiência pública** para formação do juízo e tomada de decisão sobre **matéria considerada relevante**, trazendo o §1º desse artigo a definição de audiência pública: "instrumento de apoio à tomada de decisão por meio do qual é facultada a manifestação oral por quaisquer interessados em sessão pública previamente destinada a debater matéria relevante".

Portanto, quando se tratar de ato normativo de interesse geral dos agentes econômicos, consumidores ou usuários dos serviços prestados, as minutas e propostas de alteração de atos normativos, **obrigatoriamente, serão objeto de consulta pública** antes da tomada de decisão. Por outro lado, mesmo quando for hipótese de matéria considerada relevante, para permitir a participação da sociedade, **poderá ser convocada audiência pública** para formação de juízo e tomada de decisão.

Sem prejuízo dessas duas situações, o art. 11 prevê a possibilidade do regimento interno da agência reguladora estabelecer outros meios de participação de interessados em suas decisões, diretamente ou por meio de organizações e associações legalmente reconhecidas.

Importante destacar, ainda, que o "processo de decisão da agência, no tocante à regulação, terá caráter colegiado" (art. 7º).

Em relação **ao controle das atividades das agências reguladoras,** o art. 14 da Lei nº 13.848/19 estabelece que caberá **ao Congresso Nacional, auxiliado pelo TCU, o controle externo das agências reguladoras federais, na esteira do contido no art. 70 da Constituição Federal.** Para tanto, deverá a agência elaborar relatório anual circunstanciado de suas atividades, nos termos do art. 15 da mesma lei.

Por fim, cabe apontar que, em razão da função desempenhada pelas agências reguladoras, a sua autonomia diferenciada em relação à administração direta é essencial para que a atividade de regulação possa ser exercida de forma técnica, não deixando o interesse político prevalecer e, por outro lado, não pode sucumbir aos interesses privados. Ela não pode deixar ser capturada nem pelas forças políticas nem pelas forças econômicas.

Nesse contexto, há a chamada **teoria da captura**, pela qual, como afirma José dos Santos Carvalho Filho, "se busca impedir uma vinculação promíscua entre a agência, de um lado, e o governo instituidor ou os entes regulados, de outro, com flagrante comprometimento da independência da pessoa controladora"[24].

Por isso, é de grande relevância o controle sobre a composição da agência reguladora e observância das vedações legais à investidura em cargos nessa espécie de autarquia, bem como a estrita obediência aos princípios da Administração Pública em sua atividade, especialmente a impessoalidade, para que ocorra a materialização do interesse público por meio de atuação impessoal e técnica.

1.4.2. *Fundação Pública*

Fundação é a **corporificação, a personificação de um patrimônio. É uma reunião de bens, com um propósito específico de interesse público como saúde, assistência social**. Não se visa a lucro. Existe tanto na esfera privada, quanto na esfera pública. As fundações do setor privado são instituídas e mantidas por pessoas, físicas ou jurídicas, privadas e são regidas pelo Código Civil e fiscalizadas pelo Ministério Público.

Aqui o interesse recai, somente, nas **fundações instituídas e mantidas pelo poder público**. Nessa espécie, o **ente político destaca uma parcela do patrimônio público e o afeta a um conjunto de atividades objetivando o interesse público**. A fundação pública realiza **atividades de caráter social** como, por exemplo, saúde, educação, meio ambiente, cultura. No que se refere à atividade das fundações públicas, a Constituição Federal, no art. 37, XXI, determina que lei complementar disponha sobre as áreas de atuação das fundações públicas, o que ainda não ocorreu.

Pode ser instituída tanto com personalidade de direito público quanto com personalidade de direito privado. Assim, pode existir **fundação pública com regime de direito público** – também chamada de **fundação pública de direito público** – e **fundação pública com regime de direito privado** – conhecida como **fundação pública de direito privado** – e, ambas, são instituídas e mantidas pelo poder público. Quer dizer, ambas integram a administração indireta. Dessa forma, não pode haver confusão: **fundação privada é do setor privado e fundação pública é do setor público, podendo ser de direito público ou de direito privado.**

Fundação pública, portanto, **é a pessoa jurídica de direito público ou de direito privado, com autonomia administrativa e que tem como substrato o patrimônio – próprio – , que é criada por lei específica ou cuja criação é por ela autorizada, com área de atuação de interesse público, não exclusiva da Administração Pública, definida em lei complementar.**

Entretanto, a discussão sobre a natureza jurídica da fundação pública é grande, e a posição externada não é unânime na doutrina. Há posicionamento no sentido de que a fundação pública tem personalidade exclusivamente de direito privado, bem como há quem sustente que tem personalidade exclusivamente de direito público e, ainda, existe a posição acima apontada, qual seja, que pode ser dos dois tipos.

---

24. *Manual de direito administrativo*. 37. ed. Barueri: Atlas, 2023, p. 392.

Admitindo-se a possibilidade de existência das duas espécies de fundação pública, a lei instituidora é que definirá qual o regime adotado. No caso da fundação pública de direito público, a lei cria e, por outro lado, quando se tratar de fundação pública de direito privado, a lei autoriza sua criação. Essa é a posição predominante na jurisprudência e, também, nas provas de concurso. Nesse sentido, o entendimento adotado pelo STF no **RE nº 716.378** (**tema nº 545** com repercussão geral): "**1. A qualificação de uma fundação instituída pelo Estado como sujeita ao regime público ou privado depende (i) do estatuto de sua criação ou autorização e (ii) das atividades por ela prestadas. As atividades de conteúdo econômico e as passíveis de delegação, quando definidas como objetos de dada fundação, ainda que essa seja instituída ou mantida pelo Poder público, podem-se submeter ao regime jurídico de direito privado. 2. A estabilidade especial do art. 19 do ADCT não se estende aos empregados das fundações públicas de direito privado, aplicando-se tão somente aos servidores das pessoas jurídicas de direito público**".

A **fundação pública de direito privado**, por ter personalidade jurídica de direito privado, segue as normas de direito privado. No entanto, como já dito, o regime de direito privado na esfera pública não é igual ao do setor privado. Há uma mistura de normas públicas e privadas. Assim, esse tipo de fundação pública tem sua **criação autorizada por lei** e, após, deve haver a **prática de ato criando** e, por fim, tem que ocorrer o **registro do ato instituidor no Registro Civil de Pessoas Jurídicas**, com o que passa a ter personalidade jurídica. Submete-se à **fiscalização do Tribunal de Contas**, como também está vinculada à administração direta, e esta exerce controle de finalidade sobre os atos da fundação. Como é de direito privado, seus empregados são **empregados públicos**, pois regidos pela CLT e, entretanto, estão sujeitos ao **teto remuneratório**, à **vedação de acumulação de cargos públicos** e ao ingresso por **concurso público**. Deve realizar **licitação** para fazer suas contratações. A posição que predomina é que, por se tratar de pessoa de direito privado, em regra, **não se submete ao regime de precatórios**, estabelecido no art. 100 da Constituição Federal, e, assim, seus bens podem ser **penhorados, com exceção daqueles que estiverem vinculados à prestação de serviço público**[25]. **Não tem privilégios processuais. Possui imunidade tributária** quanto aos impostos relativos ao patrimônio, à renda, e aos serviços vinculados às suas finalidades essenciais ou às delas decorrentes, já que o art. 150, § 2º, do texto constitucional não faz diferença entre os dois tipos de fundação pública. São exemplos de fundação pública com personalidade de direito privado, na esfera federal, a FHE (Fundação Habitacional do Exército) e, em âmbito estadual, a Fundação Padre Anchieta (mantém a TV Cultura), no estado de São Paulo.

A **fundação pública de direito público** é considerada, para a maioria da doutrina, como **espécie de autarquia**. É conhecida, também, como **autarquia fundacional**. Nesse sentido, seu regime jurídico é idêntico ao da autarquia. No entanto, apresentam diferenças, quais sejam, a **autarquia desempenha atividade típica da Administração**

25. MARINELA, Fernanda. *Direito administrativo*. 5. ed. Niterói: Impetus, 2011. p. 140.

Pública e a fundação pública realiza atividade de cunho social, não exclusiva do Estado e, também, o **substrato da fundação pública é o patrimônio e da autarquia não.** Para exemplificar, são fundações públicas com personalidade de direito público, na esfera federal, a Ufscar (Universidade Federal de São Carlos) e, no estado de São Paulo, o Procon-SP (Fundação de Proteção e Defesa do Consumidor - Procon).

São exemplos de fundações públicas federais, a Funai (Fundação Nacional do Índio), a FBN (Fundação Biblioteca Nacional), a Capes (Coordenação de Aperfeiçoamento de Pessoal de Nível Superior), a Funasa (Fundação Nacional de Saúde), a Fiocruz (Fundação Osvaldo Cruz), a UNB (Fundação Universidade de Brasília), a Enap Fundação Escola Nacional de Administração Pública), o IBGE (Fundação Instituto Brasileiro de Geografia e Estatística).

Nos Estados e Distrito Federal, podem ser destacadas as seguintes fundações: a Fundação Hemocentro de Brasília, no Distrito Federal; a FCEE (Fundação Catarinense de Educação Especial), em Santa Catarina; a Universidade do Estado do Amazonas; o Memorial da América Latina, a Fundação Procon, a Fapesp (Fundação de Amparo à Pesquisa do Estado de São Paulo), a Fundação Itesp (Instituto de Terras do Estado de São Paulo), a Furp (Fundação para o Remédio Popular), em São Paulo.

Nos Municípios, por exemplo, tem-se: a FASC (Fundação de Assistência Social e Cidadania), em Porto Alegre; a Fundação Instituto do Livro e a Fundação Dom Pedro II, em Ribeirão Preto.

FUNDAÇÃO PÚBLICA	
Pessoa jurídica de direito público ou de direito privado, com autonomia administrativa e que tem como substrato o patrimônio - próprio -, que é criada por lei específica ou cuja autorização é por ela autorizada, com área de atuação de interesse público, não exclusiva da Administração Pública, definida em lei complementar	
Fundação Pública de Direito Público	• lei cria • doutrina e jurisprudência: espécie de autarquia (autarquia fundacional) • regime idêntico ao da autarquia (servidores estatutários, bens impenhoráveis, imunidade tributária recíproca, privilégios processuais, etc.)
Fundação Pública de Direito Privado	• lei autoriza a criação (deve haver ato do Poder Executivo criando e deve ser registrada no registro civil) • regime híbrido (direito público e direito privado) • concurso público, vedação de acumulação de cargos públicos, teto remuneratório, imunidade tributária recíproca, licitação, controle pelo Tribunal de Contas, supervisão ministerial) • empregados públicos (celetistas), bens penhoráveis (exceto os vinculados à prestação de serviço público), não possui privilégios processuais

1.4.3. *Agência Executiva*

Agência executiva **não é uma nova pessoa jurídica que surge**. Não é uma nova espécie de entidade da administração indireta. É, apenas, **um título, um *status*, uma qualificação atribuída a uma autarquia ou a uma fundação pública**.

Essa **qualificação** está prevista no art. 51 da Lei nº 9.649/98. De acordo com esse dispositivo, são **requisitos**:

a) **plano estratégico** de reestruturação e de desenvolvimento institucional em andamento;

b) celebração de **contrato de desempenho (gestão)** com o ministério supervisor.

É por **ato do Presidente da República que ocorre a qualificação** da autarquia ou fundação pública como agência executiva.

Dentre os requisitos necessários para a qualificação como agência executiva, vale destacar o instrumento de avença que, nos termos do art. 51 da Lei nº 9.649/1998, é chamado de contrato de gestão porque o seu fundamento é o §8º do art. 37 da Constituição Federal, que ainda não havia sido regulamentado.

Isso gerava discussão porque não se considerava o nome adequado e, também, porque gerava confusão já que a **mesma nomenclatura consta de duas leis diferentes, dispondo sobre instrumentos diversos: a) Lei nº 9.649/1998: contrato de gestão entre administração direta e autarquia ou fundação, tendo como resultado a qualificação como agência executiva; b) Lei nº 9.637/1998: contrato de gestão celebrado entre a Administração Pública e entidade da sociedade civil sem fins lucrativos, resultando na qualificação como organização social.**

Em boa hora, no âmbito federal, ocorreu a regulamentação do dispositivo constitucional por meio da Lei nº 13.934/2019, que disciplina o contrato de desempenho "no âmbito da administração pública federal direta de qualquer dos Poderes da União e das autarquias e fundações públicas federais" (art. 1º). **Com isso, o "contrato" constante do §8º da Constituição Federal denomina-se, agora, contrato de desempenho.** Dessa maneira, a expressão contrato de gestão tem seu uso restrito à qualificação de entidade da sociedade civil sem fins lucrativos como organização social.

Mas, e a redação do **art. 51 da Lei nº 9.649/1998**, que não foi alterada e nela ainda consta contrato de gestão? Deve ser feita sua **releitura** porque a nova lei está regulamentando o dispositivo constitucional que autoriza esse tipo de acordo e optou por denominá-lo contrato de desempenho. Assim, naquele dispositivo, **onde consta "contrato de gestão" leia-se "contrato de desempenho"**. Por outro lado, deve ser destacado que a Lei nº 13.934/2019, no que se refere à qualificação como agência executiva, não revogou aquele artigo, quer dizer, os requisitos para a qualificação de autarquia e fundação pública federais como agência executiva estão elencados no mencionado dispositivo da Lei nº 9.649/1998 e um deles é o contrato que, agora, denomina-se contrato de desempenho, mas a titulação somente poderá ocorrer se todos os requisitos forem preenchidos. Portanto, a **celebração do contrato de**

desempenho, nos moldes da nova lei, por uma autarquia ou fundação pública federal não poderá desaguar em sua qualificação como agência executiva porque, para tanto, deve haver a observância do art. 51 da Lei nº 9.649/1998 e do decreto que o regulamenta (Decreto nº 2.487/1998), ou seja, além do contrato, deve haver o plano de reestruturação e o decreto presidencial outorgando a qualificação. Isso ganha relevância porque a Lei nº 14.133/2021 concede benefícios às **autarquias e às fundações públicas qualificadas como agências executivas.**

ATENÇÃO! Nas provas de concurso, principalmente nas questões objetivas, deve haver atenção porque as questões sobre o assunto, em regra, são elaboradas com base na literalidade do art. 51 da Lei nº 9.649/1998 e, assim, estará correta afirmação que usar a expressão contrato de gestão como um dos requisitos para a titulação como agência executiva. Portanto, em razão da finalidade desta obra, serão usadas ambas as expressões.

O contrato gestão (ou desempenho) **é necessário para a qualificação como agência executiva. E, ao receber esse título, a autarquia ou fundação pública terá sua autonomia ampliada.** É aplicação do **princípio da eficiência**, pois, no contrato de desempenho, a entidade administrativa se compromete a melhorar sua forma de gestão, estabelecendo metas, planos de atuação, quais os meios necessários e quais os prazos para tanto e, por outro lado, pode ser beneficiada com ações diferenciadas por parte da administração direta como, por exemplo, os recursos necessários para implementar as metas propostas. Ainda, merece destaque o fato de que uma autarquia ou fundação pública qualificada como agência executiva tem uma maior liberdade nas suas contratações, pois terá limite mais elástico para a dispensa de licitação em razão do valor. Por exemplo, conforme o § 2º do art. 75 da Lei nº 14.133/2021, a licitação será dispensável para uma autarquia sem a qualificação realizar compra até o valor até R$ 59.906,02[26] e, por outro lado, esse limite é de até R$ 119.812,02 se for qualificada como agência executiva.

Nos termos do art. 52, § 1º, o contrato terá periodicidade mínima de um ano.

Para fixar:

AGÊNCIA EXECUTIVA		
Autarquia ou Fundação Pública	Plano estratégico de reestruturação e de desenvolvimento institucional em andamento + Contrato de gestão (ou desempenho) com o ministério supervisor + Ato do Presidente da República (decreto)	**Agência Executiva (qualificação)**

26. Nos termos da atualização promovida pelo Decreto nº 11.871/2023.

- Aplicação do princípio da eficiência
- Ampliação da autonomia: mais recursos; limite mais elástico para dispensa de licitação (art. 75, §2º da Lei nº 14.133/2021): os valores inferiores a R$ 119.812,02 para dispensa no caso de serviços de engenharia ou de serviços de manutenção de veículos automotores e R$ 59.906,02 no caso de outros serviços e compras, serão duplicados, na forma da Lei.
- Prazo mínimo do contrato: um ano.

1.4.3.1. Contrato de Desempenho

O **contrato de desempenho está previsto na Lei nº 13.934/2019, que o define como:** "o acordo celebrado entre o órgão ou entidade supervisora e o órgão ou entidade supervisionada, por meio de seus administradores, para o estabelecimento de metas de desempenho do supervisionado, com os respectivos prazos de execução e indicadores de qualidade, tendo como contrapartida a concessão de flexibilidades ou autonomias especiais".

Trata-se, segundo Carvalho Filho, de contrato de gerenciamento, "constituindo objeto do ajuste o exercício de funções diretivas por técnicos especializados[27]", podendo gerar uma administração mais eficiente e menos dispendiosa.

A Lei nº 13.934/2019 detalha os termos supracitados "meta de desempenho", "indicador de qualidade" e "flexibilidades e autonomias especiais". Confira:

Meta de desempenho	Nível desejado de atividade ou resultado, estipulada de forma mensurável e objetiva para determinado período
Indicador de qualidade	Referencial utilizado para avaliar o desempenho do supervisionado.
Flexibilidades e as autonomias especiais	Podem compreender a ampliação da autonomia gerencial, orçamentária e financeira do supervisionado.

Quanto às flexibilidades e autonomias especiais, o contrato de desempenho pode conferir ao supervisionado, sem prejuízo de outras previstas em lei ou decreto (art. 6º):

> *I - definição de estrutura regimental, sem aumento de despesas, conforme os limites e as condições estabelecidos em regulamento;*
>
> *II - ampliação de autonomia administrativa quanto a limites e delegações relativos a:*
>
> *a) celebração de contratos;*
>
> *b) estabelecimento de limites específicos para despesas de pequeno vulto;*
>
> *c) autorização para formação de banco de horas.*

27 CARVALHO FILHO, José dos Santos. *Manual de Direito Administrativo*. 31. ed. São Paulo, Atlas. p. 483-484.

O contrato de desempenho busca promover a melhoria do desempenho do supervisionado, visando, especialmente (art. 5º):

a) **aperfeiçoar o acompanhamento e controle de resultados** da gestão pública, mediante instrumento caracterizado por consensualidade, objetividade, responsabilidade e transparência;

b) **compatibilizar as atividades do supervisionado com as políticas públicas e os programas governamentais;**

c) **facilitar o controle social** sobre a atividade administrativa;

d) **estabelecer indicadores objetivos** para o controle de resultados e o aperfeiçoamento das relações de cooperação e supervisão;

e) **fixar a responsabilidade** de dirigentes quanto aos resultados;

f) **promover o desenvolvimento e a implantação de modelos de gestão flexíveis**, vinculados ao desempenho e propiciadores de envolvimento efetivo dos agentes e dos dirigentes na obtenção de melhorias contínuas da qualidade dos serviços prestados à comunidade.

Por sua vez, o art. 7º prevê as cláusulas mínimas que deverão estar presentes no contrato. São elas:

> *I – metas de desempenho, prazos de consecução e respectivos indicadores de avaliação;*
>
> *II – estimativa dos recursos orçamentários e cronograma de desembolso dos recursos financeiros necessários à execução das ações pactuadas, referentes a toda a vigência do contrato;*
>
> *III – obrigações e responsabilidades do supervisionado e do supervisor em relação às metas definidas;*
>
> *IV – flexibilidades e autonomias especiais conferidas ao supervisionado;*
>
> *V – sistemática de acompanhamento e controle, contendo critérios, parâmetros e indicadores a serem considerados na avaliação do desempenho;*
>
> *VI – penalidades aplicáveis aos responsáveis, em caso de falta pessoal que provoque descumprimento injustificado do contrato;*
>
> *VII – condições para revisão, prorrogação, renovação, suspensão e rescisão do contrato;*
>
> *VIII – prazo de vigência, não superior a 5 (cinco) anos nem inferior a 1 (um) ano.*

Após firmado, o supervisionado deverá publicar o extrato do contrato em órgão oficial, como condição para sua eficácia, além de promover ampla e integral divulgação por meio eletrônico (art. 7º, parágrafo único).

Os administradores do supervisionado e do supervisor possuem obrigações contidas, respectivamente, nos arts. 8º e 9º da Lei. São elas:

Obrigações dos administradores do supervisionado	Obrigações dos administradores do supervisor
Promover a revisão dos processos internos para sua adequação ao regime especial de flexibilidades e autonomias, com definição de mecanismos de controle interno	Estruturar procedimentos internos de gerenciamento do contrato de desempenho e acompanhar e avaliar os resultados, de acordo com os prazos, os indicadores e as metas de desempenho pactuados;
Alcançar as metas e cumprir as obrigações estabelecidas, nos respectivos prazos.	Dar orientação técnica ao supervisionado nos processos de prestação de contas.

No caso de não atingimento de metas intermediárias, mediante ato motivado, haverá suspensão do contrato e fruição das flexibilidades e autonomias especiais, enquanto não houver recuperação do desempenho ou repactuação das metas (art. 10).

O **prazo mínimo do contrato de desempenho é de um ano** sendo, no máximo de cinco anos, nos termos do art. 7º, VIII da Lei nº 13.934/2019.

Por fim, o contrato poderá ser rescindido por acordo entre as partes ou por ato do supervisor nos seguintes casos (art. 11):

a) **insuficiência do desempenho** do supervisionado ou

b) **descumprimento reiterado** das cláusulas contratuais.

1.4.4. *Empresa pública e sociedade de economia mista*

A empresa pública e a sociedade de economia mista são espécies das **empresas estatais.**

No que se refere à disciplina legal das empresas estatais, o diploma que se destacava era o Decreto-Lei nº 200/1967. Entretanto, foi superado pela entrada em vigor da Lei nº 13.303/2016, conhecida como Estatuto das Estatais, com incidência nacional, que incorporou algumas das posições predominantes na doutrina e na jurisprudência, mas que, por outro lado, criou algumas controvérsias, conforme será apontado oportunamente.

Como são espécies do mesmo gênero, há diversas semelhanças entre as empresas públicas e as sociedades de economia mista.

Nesse sentido, é possível apontar como **características comuns às empresas estatais**: a) **integram a administração indireta; b) possuem personalidade de direito privado; c) possuem patrimônio próprio; d) possuem autonomia administrativa**; e) **a criação é autorizada por lei específica**, enquanto a extinção se dá apenas por lei (sem precisar de ser específica); **f) a atuação** delas é a **exploração de atividade econômica ou a prestação de serviço público** (independentemente de qual seja a atuação, a sociedade de economia mista e a empresa pública nunca perdem a condição de **pessoa jurídica de direito privado**).

Nunca é demais enfatizar que, apesar de terem personalidade jurídica de direito privado, este não é aplicado na sua integralidade, pois, na verdade, há um regime híbrido, devendo haver a aplicação, também, de normas de direito público. Assim, seus funcionários são **empregados públicos** e, dessa forma, estão submetidos ao regime celetista; entretanto, o ingresso, em regra, ocorre por meio de **concurso público** e **não podem acumular** outro cargo ou emprego público, salvo as exceções constitucionais. Ademais, por serem organizações públicas pela sua finalidade, submetem-se à Lei nº 12.527/2011 (Lei de Acesso à Informação), não sendo possível o estabelecimento de outras restrições de acesso à informação não previstas na lei, por normas de caráter infralegal (Enunciado nº 13 da I Jornada de Direito Administrativo da CJF).

Outra norma de direito público é a existência de **teto remuneratório**, cuja aplicação em relação às empresas estatais não se dará sempre. De fato, o teto remuneratório **somente é aplicável às empresas públicas e às sociedades de economia mista que receberem recursos da pessoa política a que estão vinculadas para o pagamento das despesas de pessoal ou para custeio em geral**, conforme estabelece o art. 37, § 9º, da Constituição Federal, isto é, somente incidirá o teto quando se tratar de **empresa estatal dependente**, nos termos do art. 2º, III, da Lei Complementar nº 101/2000 (Lei de Responsabilidade Fiscal). De acordo com esse dispositivo, considera-se empresa estatal dependente a "empresa controlada que receba do ente controlador recursos financeiros para pagamento de despesas com pessoal ou de custeio em geral ou de capital, excluídos, no último caso, aqueles provenientes de aumento de participação acionária".

Ademais, quanto à **criação e extinção da estatal**, houve a propositura de ADIs contra o disposto no art. 29, XVIII da Lei nº 13.303/2016, com base no qual foi editado o Decreto nº 9.188/2017, que instituiu o regime especial de desinvestimento das estatais. Assim, na ADI nº 5424/DF, o STF, dispôs que: **"I. A alienação do controle acionário de empresas públicas e sociedades de economia mista exige autorização legislativa e licitação pública. II. A transferência do controle de subsidiárias e controladas não exige a anuência do Poder Legislativo e poderá ser operacionalizada sem processo de licitação pública, desde que garantida a competitividade entre os potenciais interessados e observados os princípios da administração pública constantes do art. 37 da Constituição da República".**

Ainda, na ADI 6241, o STF decidiu que "2. **Para a desestatização de empresa estatal é suficiente a autorização prevista em lei que veicule programa de desestatização. Precedentes.** 4. Autorização legislativa genérica é pautada em princípios e objetivos que devem ser observados nas diversas fases deliberativas do processo de desestatização. A atuação do Chefe do Poder Executivo vincula-se aos limites e condicionantes legais previstos."

Apesar de possuírem muitas semelhanças, são entidades distintas e, dessa forma, apresentam **diferenças**, especialmente em relação ao capital, à forma de organização e ao foro (este, só na área federal).

No que tange ao **capital**, a diferença está na composição do capital, pois a **empresa pública possui capital integralmente público** e, ao revés, a **sociedade de economia mista** - como o próprio nome sugere - **tem capital misto**: público e privado. Todavia, apesar de óbvio, deve ficar claro que, para ser sociedade de economia mista, a maioria do capital - inclusive, com direito a voto - deve pertencer ao poder público e, nesse caso, não precisa ser oriundo, necessariamente, da pessoa política, pois a parte pública do capital pode pertencer a pessoa da administração indireta.

Nesse sentido, são as definições legais constantes da Lei nº 13.303/16:

> *Art. 3º Empresa pública é a entidade dotada de personalidade jurídica de direito privado, com criação autorizada por lei e com patrimônio próprio, cujo capital social é integralmente detido pela União, pelos Estados, pelo Distrito Federal ou pelos Municípios.*
>
> *Art. 4º Sociedade de economia mista é a entidade dotada de personalidade jurídica de direito privado, com criação autorizada por lei, sob a forma de sociedade anônima, cujas ações com direito a voto pertençam em sua maioria à União, aos Estados, ao Distrito Federal, aos Municípios ou a entidade da administração indireta.*

Em relação ao capital da empresa pública, um ponto merece destaque. Como foi dito anteriormente, deve ser totalmente público, não se admitindo a participação de empresa da iniciativa privada. Nesse sentido, há o art. 5º, II, do Decreto-Lei nº 200/67, ao estabelecer que seu capital, no caso de empresa pública federal, é "exclusivo da União". Todavia, esse dispositivo deve ser analisado em conjunto com o art. 5º, do Decreto-Lei nº 900/69, pois nele está disposto que, desde que a maioria do capital votante seja de propriedade da União, é admitida a participação, no capital de empresa pública federal, de outras pessoas de direito público ou, inclusive, de pessoas administrativas de qualquer esfera. Então, por exemplo, uma empresa pública federal pode ter seu capital composto de capital da União - a maioria - e capital de um Município, de um Estado, de outra empresa pública e até de uma sociedade de economia mista.

Essa previsão normativa, antes constante apenas do diploma de incidência na esfera federal, foi repetida pela Lei nº 13.303/16, ao estabelecer que, "desde que a maioria do capital votante permaneça em propriedade da União, do Estado, do Distrito Federal ou do Município, será admitida, no capital da empresa pública, a participação de outras pessoas jurídicas de direito público interno, bem como de entidades da administração indireta da União, dos Estados, do Distrito Federal e dos Municípios".

No que se refere à **forma de organização**, a **empresa pública pode assumir qualquer forma empresarial** existente, podendo até ser unipessoal. Inclusive, se for empresa pública federal - em razão de que é competência privativa da União legislar sobre direito comercial, nos termos do art. 22, I - poderá ser criada forma de organização específica. Por outro lado, a **sociedade de economia mista adotará, sempre, a forma de sociedade anônima**, conforme enunciam o art. 5º, III, do Decreto-Lei nº 200/67, o art. 235 da Lei nº 6.404/76 e, agora, o art. 5º da Lei nº 13.303/16.

Cabe destacar que a Lei nº 13.303/16 foi regulamentada na esfera federal pelo Decreto nº 8.945/16, que em seu art. 11 prevê que as **empresas públicas federais** adotarão, **preferencialmente**, a forma de **sociedade na anônima**, o que será obrigatório para suas subsidiárias.

Por sua vez, em relação ao **foro competente, somente há diferença na esfera federal**. Nos termos do art. 109, I, da Constituição Federal, as ações em que a empresa federal for autora, ré, assistente ou oponente serão julgadas na justiça federal, o que não ocorre com a sociedade de economia mista federal, que tem como foro a justiça estadual[28]. Em ambos os casos fica **ressalvada a competência da Justiça do Trabalho**, já que seus empregados são celetistas. Dessa forma, **empresa pública municipal e empresa pública estadual** terão seus processos julgados na **Justiça Estadual** e, de maneira diferente, as ações **da empresa pública federal correrão na Justiça Federal. No caso da sociedade de economia mista, seja municipal, estadual ou federal, terá como foro a Justiça Estadual**, exceto no caso em que houver interesse da União, caso em que a competência será deslocada para a esfera federal, em razão da presença da pessoa política[29].

Quanto à **atividade desempenhada** pelas empresas públicas ou pelas sociedades de economia mista, a doutrina e a jurisprudência, de forma majoritária, admitem a possibilidade de serem criadas para atuarem em uma das duas frentes mencionadas e, assim, serem exploradoras de atividade econômica ou prestadoras de serviço público.

E, por isso, a depender da atividade que desempenha, o tratamento a ser dado à empresa estatal será diferente. Isso se dá, justamente, em razão do tratamento constitucional dado ao tema.

Pois bem, é importante compreender, primeiro, a abordagem consolidada para, depois, contextualizar o tratamento dispensado pela Lei nº 13.303/16.

Nesse sentido, quando **exploradoras de atividade econômica**, essas empresas submetem-se ao regime estabelecido no **art. 173 da Constituição Federal** e, de acordo com esse dispositivo constitucional, o **Estado somente poderá explorar, diretamente, atividade econômica quando necessária à segurança nacional ou a relevante interesse coletivo.** A demonstração da existência de relevante interesse coletivo ou imperativo à segurança nacional deverá ocorrer mediante o envio de estudos e documentos ao órgão legislativo competente, contendo dados objetivos que justifiquem a criação da estatal, cujo objeto é a exploração da atividade econômica (Enunciado nº 14 da I Jornada de Direito Administrativo do CJF).

As empresas estatais, quando atuarem nesse tipo de atividade, deverão obedecer às regras previstas para as empresas do setor privado. Assim, **não é possível que a elas sejam estendidos privilégios fiscais não extensivos às pessoas**

28. **Súmula 556 do STF**: "É competente a justiça comum para julgar as causas em que é parte sociedade de economia mista".
29. **Súmula 517 do STF**: "As sociedades de economia mista só têm foro na Justiça Federal, quando a União intervém como assistente ou opoente".

da iniciativa privada. Deverão se submeter ao regime privado quanto às obrigações civis, comerciais, trabalhistas e tributárias.

Entretanto, as regras previstas para o setor privado não podem ser aplicadas na totalidade, pois são entidades da administração indireta. É o **regime híbrido,** pelo qual há uma mistura das normas de direito público com as normas de direito privado. E, **no caso da empresa estatal exploradora de atividade econômica, nota-se uma presença bem maior do direito privado.** Mas, de toda forma, o direito público também se faz presente.

Desse modo, por exemplo, numa sociedade de economia mista exploradora de atividade econômica, seu **pessoal é regido pela CLT**; seus **bens são penhoráveis, não se submetendo, portanto, ao regime de precatórios**; **não há imunidade tributária recíproca** e, assim, sobre ela incidirão os mesmos tributos previstos para a empresa privada; os **contratos relativos a sua atividade devem obedecer ao regime privado**[30]; **não possuem privilégios processuais.** Entretanto, ao mesmo tempo, está submetida a várias normas de direito público e, nessa esteira, terá que realizar **concurso público** para contratar seus empregados e estes, em regra, **não poderão acumular** outro cargo ou emprego público e, ainda, devem realizar **licitação.**

Por outro lado, a doutrina advoga que é um pouco diferente o regime quando se tratar de **prestadora de serviço público.** Nesse caso, a empresa pública ou a sociedade de economia mista serão concessionárias de serviço público.

São **concessionárias de serviço público integrantes da administração indireta,** quer dizer, há uma sociedade de economia mista ou uma empresa pública criada para a prestação de serviço público. Essas duas entidades possuem **personalidade jurídica de direito privado,** o que não é alterado em razão de sua atuação. E mais, como integram a administração indireta, o **regime jurídico** a que se submetem é **híbrido,** ou seja, estão submetidas ao regime de direito privado com aplicação das normas de direito público. Entretanto, por executarem serviço público, há uma incidência menor de normas de direito privado do que ocorre quando exploram atividade econômica, **prevalecendo as normas de direito público.**

Nesse sentido, além das normas de direito público que são aplicadas às exploradoras de atividade econômica – por exemplo, concurso público, vedação à acumulação de cargos, licitação – possuem imunidade tributária recíproca e os bens necessários à prestação do serviço público são considerados impenhoráveis, em face do princípio da continuidade do serviço público, conforme posição predominante no STF[31]. Também quanto aos bens integrantes do patrimônio da sociedade de economia mista sujeita a destinação pública, o STJ entendeu por equipará-los aos

30. Por exemplo, no caso de uma empresa pública exploradora de atividade econômica, atuante na área bancária, seus contratos com seus correntistas obedecem às mesmas regras previstas para os contratos celebrados pelos bancos privados.
31. RE 398.630/SP; ACO-Agr 765/RJ, RE 407.099/RS; ACO 2.730 AgR, rel. min. Edson Fachin, P, j. 24-3-2017, *DJE* 66 de 3-4-2017.

bens públicos, de forma que sejam insuscetíveis de aquisição por usucapião (AgInt no REsp 1719589/SP).

A depender da espécie e da forma de prestação do serviço público a impenhorabilidade pode ser absoluta, submetendo-se a estatal prestadora de serviço público ao regime de precatórios. Isso ocorrerá quando se tratar de serviço público típico, de atuação própria do Estado, e de natureza não concorrencial, conforme entendimento do STF (RE 852.302 e ADPF 387). Ao contrário, quando explorar atividade econômica em regime concorrencial (RE 599.628) ou prestar serviço público atípico do Estado Rcl 29.637) não haverá submissão à dinâmica dos precatórios.

Nesse sentido, o STF, em junho de 2020, entendeu não ser aplicável o regime de precatórios à Companhia Metropolitana do DF. Segundo o voto do Min. Roberto Barroso, o regime de precatórios só seria válido para pessoas jurídicas de direito público, não cabendo sua aplicação às sociedades de economia mista e empresas públicas vinculadas à Administração Indireta sob o regime do direito privado, como é o caso do Metrô que, embora preste serviço de utilidade pública não presta serviço público em sentido típico e caráter monopolístico (Rcl 29637).

Em relação a essa discussão, é imprescindível conhecer a situação da empresa pública federal **ECT (Empresa Brasileira de Correios e Telégrafos)**. O **STF** reconheceu que **se trata de empresa pública que, para fins tributários, é equiparada à Fazenda Pública**, nos termos decididos no RE 407.099/RS. Nesse julgado, restou assentado que isso ocorre porque a ECT é prestadora de serviço público - o serviço postal - e, ainda, que tal serviço é de prestação obrigatória e exclusiva do Estado e, dessa forma, **é merecedora da imunidade tributária recíproca, bem como se submete ao regime de precatório.**

Inclusive, em razão da Reforma Tributária, consta expressamente no art. 150, VI, "a", que a **imunidade tributária** destinada à União, aos Estados e ao Distrito Federal é **extensiva à empresa pública prestadora de serviço postal**, no que se refere ao patrimônio, à renda e aos serviços vinculados a suas finalidades essenciais ou às delas decorrentes, conforme o §2º do art. 150, na redação dada pela EC 132/2023.

Ainda, considerando a relevância do tema, as discussões que suscita e a existência de posições bastante casuísticas, é indispensável conhecer as principais decisões do STF a respeito e, assim, segue compilação:

> **RE 601392 (tese de repercussão geral): "Os serviços prestados pela Empresa Brasileira de Correios e Telégrafos - ECT, inclusive aqueles em que a empresa não age em regime de monopólio, estão abrangidos pela imunidade tributária recíproca (CF, art. 150, VI,a e §§ 2º e 3º)".**
>
> **RE 599628: (tese de repercussão geral) "Sociedades de economia mista que desenvolvem atividade econômica em regime concorrencial não se beneficiam do regime de precatórios, previsto no art. 100 da Constituição da República."**
>
> ***RE 852302: "As sociedades de economia mista prestadoras de serviço público de atuação própria do Estado e de natureza não***

> ***concorrencial submetem-se ao regime de precatório."***
>
> **ADPF 387: "É aplicável o regime dos precatórios às sociedades de economia mista prestadoras de serviço público próprio do Estado e de natureza não concorrencial".**
>
> **ADPF 588/PB: "Os recursos públicos vinculados ao orçamento de estatais prestadoras de serviço público essencial, em regime não concorrencial e sem intuito lucrativo primário não podem ser bloqueados ou sequestrados por decisão judicial para pagamento de verbas trabalhistas, em virtude do disposto no art. 100 da CF/1988, e dos princípios da legalidade orçamentária (art. 167, VI, da CF), da separação dos poderes (arts. 2º, 60, § 4º, III, da CF) e da eficiência da administração pública (art. 37, 'caput', da CF)".**
>
> **RE 627051 (tese de repercussão geral): "Não incide o ICMS sobre o serviço de transporte de encomendas realizado pela Empresa Brasileira de Correios e Telégrafos – ECT, tendo em vista a imunidade recíproca prevista no art. 150, VI, a, da Constituição Federal."**
>
> **RE 638315 (tese de repercussão geral): "A Empresa Brasileira de Infraestrutura Aeroportuária – INFRAERO, empresa pública prestadora de serviço público, faz jus à imunidade recíproca prevista no art. 150, VI, a, da Constituição Federal."**
>
> **RE 773992 (tese de repercussão geral): "A imunidade tributária recíproca reconhecida à Empresa Brasileira de Correios e Telégrafos — ECT alcança o IPTU incidente sobre imóveis de sua propriedade e por ela utilizados, não se podendo estabelecer, a priori, nenhuma distinção entre os imóveis afetados ao serviço postal e aqueles afetados à atividade econômica."**
>
> **RE 594015 (tese de repercussão geral): "A imunidade recíproca, prevista no art. 150, VI, a, da Constituição não se estende a empresa privada arrendatária de imóvel público, quando seja ela exploradora de atividade econômica com fins lucrativos. Nessa hipótese é constitucional a cobrança do IPTU pelo Município".**

Aliás, ainda sobre o regime jurídico das estatais, é importante notar que o art. 173, § 1º, prevê que será estabelecido o **estatuto jurídico da empresa pública e da sociedade de economia mista que explorem atividade econômica**, devendo a lei dispor sobre:

a) sua função social e formas de fiscalização pelo Estado e pela sociedade;

b) a sujeição ao regime jurídico próprio das empresas privadas, inclusive quanto aos direitos e obrigações civis, comerciais, trabalhistas e tributários;

c) licitação e contratação de obras, serviços, compras e alienações, observados os princípios da Administração Pública;

d) a constituição e o funcionamento dos conselhos de administração e fiscal, com a participação de acionistas minoritários;

e) os mandatos, a avaliação de desempenho e a responsabilidade dos administradores.

É necessário enfatizar que esse artigo não prevê que a empresa estatal exploradora de atividade econômica pode contratar diretamente, sem licitação. Na verdade, o texto constitucional apenas **permite que exista uma forma diferente de se licitar, permitindo sua flexibilização, mas, nunca, que não será mais obrigatória**. Portanto, **mesmo se explorarem atividade econômica, a empresa pública ou a sociedade de economia mista são obrigadas a licitar, salvo os casos de dispensa e inexigibilidade**.

Inclusive, em relação à licitação, importante registrar que há corrente doutrinária, seguida pelo Tribunal de Contas da União, no sentido de que não há necessidade de se fazer licitação quanto às **atividades-fim** dessas pessoas (são aquelas relacionadas com o próprio objetivo da empresa estatal, isto é, são as atividades de natureza econômica para as quais a empresa foi criada) e, por outro lado, devem fazer licitação quanto as **atividades-meio** (são as que não se encaixam como atividade-fim).

Pois bem, a tão aguardada lei para dispor sobre o estatuto das estatais exploradoras de atividade econômica surgiu. É a **Lei nº 13.303/16**. Todavia, ignorando a disciplina constitucional sobre o tema, o art. 1º dessa lei determina que "dispõe sobre o estatuto jurídico da empresa pública, da sociedade de economia mista e de suas subsidiárias, abrangendo toda e qualquer empresa pública e sociedade de economia mista da União, dos Estados, do Distrito Federal e dos Municípios que explore atividade econômica de produção ou comercialização de bens ou de prestação de serviços, ainda que a atividade econômica esteja sujeita ao regime de monopólio da União, ou seja, de prestação de serviços públicos".

A nova lei trouxe várias contribuições positivas como, por exemplo, sobre os requisitos para escolha dos dirigentes das estatais, sobre os mecanismos de controle, entre outros pontos. Mas, sem dúvida, o ponto mais relevante refere-se à disciplina específica das licitações para as empresas estatais, que será abordado no capítulo respectivo, com o que, em regra, deixou ser a elas aplicável a Lei nº 8.666/93 enquanto estava durante o seu período de vigência, destacando-se que, atualmente, a Lei nº 14.133/2021 expressamente exclui as empresas públicas e as sociedades de economia de seu âmbito de incidência. Ainda, a Lei 13.303/2016 prevê que não terá lugar a alteração unilateral do contrato administrativo, podendo ocorrer, apenas, por acordo.

A Lei nº 13.303/16, de forma louvável, estabeleceu **requisitos** e **vedações** para a nomeação dos **dirigentes** das estatais (art. 17).

São **requisitos** exigidos dos membros do Conselho de Administração e dos diretores, inclusive presidente, diretor-geral e diretor-presidente:

a) devem ser cidadãos de **reputação ilibada** e de **notório conhecimento**;

b) devem ter **experiência profissional** de, no **mínimo**:

- **10 anos**, no setor público ou privado, na área de atuação da empresa pública ou da sociedade de economia mista ou em área conexa àquela para a qual forem indicados em função de direção superior; ou
- **4 anos** ocupando pelo menos um dos seguintes cargos:
  - cargo de direção ou de chefia superior em empresa de porte ou objeto social semelhante ao da empresa pública ou da sociedade de economia mista (entende-se como cargo de chefia superior aquele situado nos 2 níveis hierárquicos não estatutários mais altos da empresa);
  - cargo em comissão ou função de confiança equivalente a DAS-4 ou superior, no setor público;
  - cargo de docente ou de pesquisador em áreas de atuação da empresa pública ou da sociedade de economia mista;
- **4 anos** de experiência como profissional liberal em atividade direta ou indiretamente vinculada à área de atuação da empresa pública ou sociedade de economia mista;

c) devem ter **formação acadêmica compatível** com o cargo para o qual foi indicado; e

d) **não podem se enquadrar** nas seguintes hipóteses de **inelegibilidade** (art. 1º, I, LC 64/90):

- os inalistáveis e os analfabetos;
- os membros do Congresso Nacional, das Assembleias Legislativas, da Câmara Legislativa e das Câmaras Municipais, que hajam perdido os respectivos mandatos por infringência do disposto nos incisos I e II do art. 55 da Constituição Federal, dos dispositivos equivalentes sobre perda de mandato das Constituições Estaduais e Leis Orgânicas dos Municípios e do Distrito Federal, para as eleições que se realizarem durante o período remanescente do mandato para o qual foram eleitos e nos oito anos subsequentes ao término da legislatura;
- o Governador e o Vice-Governador de Estado e do Distrito Federal e o Prefeito e o Vice-Prefeito que perderem seus cargos eletivos por infringência a dispositivo da Constituição Estadual, da Lei Orgânica do Distrito Federal ou da Lei Orgânica do Município, para as eleições que se realizarem durante o período remanescente e nos 8 anos subsequentes ao término do mandato para o qual tenham sido eleitos;
- os que tenham contra sua pessoa representação julgada procedente pela Justiça Eleitoral, em decisão transitada em julgado ou proferida por órgão colegiado, em processo de apuração de abuso do poder econômico ou político, para a eleição na qual concorrem ou tenham sido diplomados, bem como para as que se realizarem nos 8 anos seguintes;
- os que forem condenados, em decisão transitada em julgado ou proferida por órgão judicial colegiado, desde a condenação até o transcurso do prazo de 8 anos após o cumprimento da pena, pelos crimes:

1. contra a economia popular, a fé pública, a administração pública e o patrimônio público;
2. contra o patrimônio privado, o sistema financeiro, o mercado de capitais e os previstos na lei que regula a falência;
3. contra o meio ambiente e a saúde pública;
4. eleitorais, para os quais a lei comine pena privativa de liberdade;
5. de abuso de autoridade, nos casos em que houver condenação à perda do cargo ou à inabilitação para o exercício de função pública;
6. de lavagem ou ocultação de bens, direitos e valores;
7. de tráfico de entorpecentes e drogas afins, racismo, tortura, terrorismo e hediondos;
8. de redução à condição análoga à de escravo;
9. contra a vida e a dignidade sexual; e
10. praticados por organização criminosa, quadrilha ou bando;

– os que forem declarados indignos do oficialato, ou com ele incompatíveis, pelo prazo de 8 (oito) anos;

– os que tiverem suas contas relativas ao exercício de cargos ou funções públicas rejeitadas por irregularidade insanável que configure ato doloso de improbidade administrativa, e por decisão irrecorrível do órgão competente, salvo se esta houver sido suspensa ou anulada pelo Poder Judiciário, para as eleições que se realizarem nos 8 anos seguintes, contados a partir da data da decisão, aplicando-se o disposto no inciso II do art. 71 da Constituição Federal, a todos os ordenadores de despesa, sem exclusão de mandatários que houverem agido nessa condição. **ATENÇÃO:** essa inelegibilidade não se aplica aos responsáveis que tenham tido suas contas julgadas irregulares sem imputação de débito e sancionados exclusivamente com o pagamento de multa (art. 1º, 4º-A)

– os detentores de cargo na administração pública direta, indireta ou fundacional, que beneficiarem a si ou a terceiros, pelo abuso do poder econômico ou político, que forem condenados em decisão transitada em julgado ou proferida por órgão judicial colegiado, para a eleição na qual concorrem ou tenham sido diplomados, bem como para as que se realizarem nos 8 anos seguintes;

– os que, em estabelecimentos de crédito, financiamento ou seguro, que tenham sido ou estejam sendo objeto de processo de liquidação judicial ou extrajudicial, hajam exercido, nos 12 meses anteriores à respectiva decretação, cargo ou função de direção, administração ou representação, enquanto não forem exonerados de qualquer responsabilidade;

– os que forem condenados, em decisão transitada em julgado ou proferida por órgão colegiado da Justiça Eleitoral, por corrupção eleitoral, por captação ilícita de sufrágio, por doação, captação ou gastos ilícitos de recursos de campanha ou por conduta vedada aos agentes públicos em campanhas eleitorais que impliquem cassação do registro ou do diploma, pelo prazo de 8 anos a contar da eleição;

- o Presidente da República, o Governador de Estado e do Distrito Federal, o Prefeito, os membros do Congresso Nacional, das Assembleias Legislativas, da Câmara Legislativa, das Câmaras Municipais, que renunciarem a seus mandatos desde o oferecimento de representação ou petição capaz de autorizar a abertura de processo por infringência a dispositivo da Constituição Federal, da Constituição Estadual, da Lei Orgânica do Distrito Federal ou da Lei Orgânica do Município, para as eleições que se realizarem durante o período remanescente do mandato para o qual foram eleitos e nos 8 anos subsequentes ao término da legislatura;
- os que forem condenados à suspensão dos direitos políticos, em decisão transitada em julgado ou proferida por órgão judicial colegiado, por ato doloso de improbidade administrativa que importe lesão ao patrimônio público e enriquecimento ilícito, desde a condenação ou o trânsito em julgado até o transcurso do prazo de 8 anos após o cumprimento da pena;
- os que forem excluídos do exercício da profissão, por decisão sancionatória do órgão profissional competente, em decorrência de infração ético-profissional, pelo prazo de 8 anos, salvo se o ato houver sido anulado ou suspenso pelo Poder Judiciário;
- os que forem condenados, em decisão transitada em julgado ou proferida por órgão judicial colegiado, em razão de terem desfeito ou simulado desfazer vínculo conjugal ou de união estável para evitar caracterização de inelegibilidade, pelo prazo de 8 anos após a decisão que reconhecer a fraude
- os que forem demitidos do serviço público em decorrência de processo administrativo ou judicial, pelo prazo de 8 anos, contado da decisão, salvo se o ato houver sido suspenso ou anulado pelo Poder Judiciário;
- a pessoa física e os dirigentes de pessoas jurídicas responsáveis por doações eleitorais tidas por ilegais por decisão transitada em julgado ou proferida por órgão colegiado da Justiça Eleitoral, pelo prazo de 8 anos após a decisão, observando-se o procedimento previsto no art. 22;
- os magistrados e os membros do Ministério Público que forem aposentados compulsoriamente por decisão sancionatória, que tenham perdido o cargo por sentença ou que tenham pedido exoneração ou aposentadoria voluntária na pendência de processo administrativo disciplinar, pelo prazo de 8 anos;

Esses **requisitos**, entretanto, **podem ser dispensados** no caso de indicação de empregado da empresa pública ou da sociedade de economia mista para **cargo de administrador ou como membro de comitê**, desde que atendidos os seguintes quesitos mínimos (art. 17, §5º): a) o empregado tenha ingressado na empresa pública ou na sociedade de economia mista por meio de concurso público de provas ou de provas e títulos; b) o empregado tenha mais de 10 (dez) anos de trabalho efetivo na empresa pública ou na sociedade de economia mista; c) o empregado tenha ocupado cargo na gestão superior da empresa pública ou da sociedade de economia mista, comprovando sua capacidade para assumir as responsabilidades dos cargos indicados no caput do art. 17 (membros do Conselho de Administração e cargos de diretor, inclusive presidente, diretor-geral e diretor-presidente).

Por outro lado, nos termos do §2º do art. 17 estabelece que é **vedada a indicação para o Conselho de Administração e para a diretoria**:

a) de representante do órgão regulador ao qual a empresa pública ou a sociedade de economia mista está sujeita, de Ministro de Estado, de Secretário de Estado, de Secretário Municipal, de titular de cargo, sem vínculo permanente com o serviço público, de natureza especial ou de direção e assessoramento superior na administração pública, de dirigente estatutário de partido político e de titular de mandato no Poder Legislativo de qualquer ente da federação, ainda que licenciados do cargo. Essa vedação atinge também os parentes consanguíneos ou afins até o terceiro grau das pessoas mencionadas.

b) de pessoa que atuou, nos últimos 36 meses, como participante de estrutura decisória de partido político ou em trabalho vinculado a organização, estruturação e realização de campanha eleitoral;

c) de pessoa que exerça cargo em organização sindical;

d) de pessoa que tenha firmado contrato ou parceria, como fornecedor ou comprador, demandante ou ofertante, de bens ou serviços de qualquer natureza, com a pessoa político-administrativa controladora da empresa pública ou da sociedade de economia mista ou com a própria empresa ou sociedade em período inferior a 3 anos antes da data de nomeação;

e) de pessoa que tenha ou possa ter qualquer forma de conflito de interesse com a pessoa político-administrativa controladora da empresa pública ou da sociedade de economia mista ou com a própria empresa ou sociedade.

Em relação ao controle a Lei nº 13.303/16 trata do tema no capítulo III, denominado "Da Fiscalização pelo Estado e pela Sociedade", contendo os artigos 85 a 90.

Nos termos do art. 85, os "órgãos de controle externo e interno das 3 (três) esferas de governo fiscalizarão as empresas públicas e as sociedades de economia mista a elas relacionadas, inclusive aquelas domiciliadas no exterior, quanto à legitimidade, à economicidade e à eficácia da aplicação de seus recursos, sob o ponto de vista contábil, financeiro, operacional e patrimonial". Para tanto, eles terão acesso irrestrito aos documentos e informações necessários para o exercício de sua atividade, inclusive os classificados como sigilosos conforme a Lei de Acesso à Informação, tornando-se o órgão de controle, nessa hipótese, corresponsável pela manutenção do sigilo.

As empresas estatais devem, mensalmente, disponibilizar para conhecimento público, por meio eletrônico, informação completa sobre a execução de seu contrato e de seu orçamento, admitindo-se atraso de até 2 meses na divulgação das informações (art. 88). Mas, no caso das informações contratuais que se refiram a operações de perfil estratégico ou que tenham por objeto segredo indústria, a disponibilização receberá proteção mínima necessária para garantir a confidencialidade, o que não se aplica aos órgãos de controle interno e do tribunal de contas.

Por fim, é importante apontar exemplos de empresa pública e de sociedade de economia mista para tornar o tema mais palpável.

São exemplos de empresa pública, a CEF (Caixa Econômica Federal), a ECT (Empresa Brasileira de Correios e Telégrafos), a Casa da Moeda do Brasil, o Serpro (Serviço Federal de Processamento de Dados), a Embrapa (Empresa Brasileira de Pesquisa Agropecuária), na esfera federal; a Emater (Empresa de Assistência Técnica e Extensão Rural do Rio de Janeiro), o BDMG (Banco de Desenvolvimento de Minas Gerais S/A), a Epamig (Empresa de Pesquisa Agropecuária de Minas Gerais), a Amazonastur (Empresa Estadual de Turismo do Estado do Amazonas), na esfera estadual; a EPTC (Empresa Pública de Transporte e Circulação), no Município de Porto Alegre e a São Paulo Urbanismo, na esfera municipal.

São exemplos de sociedade de economia mista, a Petrobras S.A., o Banco do Brasil, o Banco da Amazônia, a Eletrobras (Centrais Elétricas Brasileiras), na esfera federal; a CDHU (Companhia de Desenvolvimento Habitacional e Urbano do Estado de São Paulo), o Metrô (Companhia do Metropolitano de São Paulo), a Sabesp (Companhia de Saneamento Básico do Estado de São Paulo), o Banrisul (Banco do Estado do Rio Grande do Sul), na esfera estadual; a CET (Companhia de Engenharia de Tráfego), no Município de São Paulo, a Trensurb (Empresa de Trens Urbanos de Porto Alegre S.A.), na esfera municipal.

<table>
<tr><td rowspan="2">EMPRESA PÚBLICA E SOCIEDADE DE ECONOMIA MISTA

Pessoas jurídicas de direito privado, cuja criação é autorizada por lei, com autonomia administrativa e patrimônio próprio, que prestam serviço público ou exploram atividade econômica.</td><td>Prestadora de Serviço Público</td><td>• regime híbrido (prevalência de normas de direito público)
• concurso público, vedada a acumulação, teto remuneratório (se receber recurso da administração direta para despesa de pessoal ou custeio em geral), licitação, imunidade tributária recíproca, impenhorabilidade dos bens usados na prestação do serviço</td></tr>
<tr><td>Exploradora de Atividade Econômica</td><td>• regime híbrido (prevalência de normas de direito privado)
• concurso público, vedada a acumulação, teto remuneratório (se receber recurso da administração direta para despesa de pessoal ou custeio em geral), licitação, não possui imunidade tributária, bens são penhoráveis; mesmas regras do direito privado</td></tr>
</table>

Veja a seguir, as principais diferenças entre empresas públicas e sociedades de economia mista:

Diferenças	Empresa pública	Sociedade de economia mista
Capital	Capital integralmente público	Capital misto: público e privado
Forma de organização	Qualquer forma empresarial	Sociedade anônima
Foro competente	As ações em que a empresa federal for autora, ré, assistente ou oponente serão julgadas na justiça federal	Justiça Estadual

1.4.4.1. *Empresas estatais de menor porte*

A Lei nº 13.303/16, no art. 1º, §1º, prevê tratamento diferenciado para as empresas públicas e sociedades de economia mista que, em conjunto com suas subsidiárias, no exercício anterior, tenha receita operacional bruta inferior a R$ 90.000.000.00 (noventa milhões de reais).

Nos termos desse dispositivo, somente alguns dispositivos do Título I da lei que trata das disposições aplicáveis às empresas públicas e às sociedades de economia mista. Assim, aplicam-se, apenas, os artigos 2º, 3º, 4º, 5º, 6º, 7º, 8º, 11, 12 e 27. Os demais não são aplicáveis.

Assim, por exemplo, não se aplicam as disposições que estabelecem a composição dos órgãos internos e de seus membros.

Na esfera federal, esse dispositivo foi regulamentado pelos artigos 51 a 57 do Decreto nº 8.945/16, no qual as entidades que se enquadrem nesse valor de receita são chamadas de **empresas estatais de menor porte**.

Para configuração da empresa estatal federal de menor porte, o art. 51, §2º, estabelece que a receita bruta das subsidiárias será levada em conta para o enquadramento da controladora e, por outro lado, a receita bruta da controladora e das demais subsidiárias não será levado em conta para o enquadramento de cada uma das subsidiárias.

Percebe-se nesse tratamento diferenciado constante do decreto federal que há uma simplificação da estrutura interna de administração exigida da estatal, bem como dos requisitos exigidos para seus administradores.

Nesse sentido, por exemplo, exige-se dos administradores metade do tempo de experiência que é obrigatório para os **administradores** das estatais que não se enquadram como de menor porte, indicado no art. 28 do decreto. Assim, é necessária uma das seguintes **experiências**: a) **cinco anos** (e não dez), no setor público ou privado, na área de atuação da empresa estatal ou em área conexa àquela para a qual forem indicados em função de direção superior; b) **dois anos** (e não quatro) em cargo de Diretor, de Conselheiro de Administração, de membro de comitê de auditoria ou de chefia superior em empresa de porte ou objeto social semelhante ao da empresa estatal, entendendo-se como cargo de chefia superior aquele situado nos dois níveis hierárquicos não estatutários mais altos da empresa; c) **dois anos** (e não quatro) em cargo em comissão ou função de confiança equivalente a nível 4, ou superior, do Grupo-Direção e Assessoramento Superiores – DAS, em pessoa jurídica de direito público interno; d) **dois anos** (e não quatro) em cargo de docente ou de pesquisador, de nível superior na área de atuação da empresa estatal; ou e) **dois anos** (e não quatro) como profissional liberal em atividade vinculada à área de atuação da empresa estatal.

Caso fique apurado que a empresa estatal obteve receita bruta igual ou superior a R$ 90.000.000,00 (noventa milhões), o tratamento diferenciado será cancelado e ela terá o prazo de um ano, contado do primeiro dia útil do ano imediatamente posterior ao do exercício social em que houver excedido aquele limite, para promover os ajustes necessários.

1.4.5. *Consórcio Público*

Os consórcios são uma nova espécie de pessoa jurídica administrativa introduzida pela **Lei nº 11.107/05**, ao regulamentar o art. 241 da Constituição Federal. O dispositivo constitucional estabelece que a União, os Estados, o Distrito Federal e os Municípios, por meio de lei, disciplinarão os consórcios públicos e os convênios de cooperação entre os entes federados, inclusive autorizando a gestão associada de serviços públicos, bem como a transferência total ou parcial de encargos, serviços, pessoal e bens essenciais à continuidade dos serviços transferidos.

Nesse sentido, a Lei nº 11.107/05 estabeleceu as normas gerais sobre os consórcios públicos. Por sua vez, a lei foi regulamentada pelo **Decreto nº 6.017/07**.

Os consórcios públicos são **celebrados entre entes federados**, isto é, **entre as pessoas políticas, sejam da mesma esfera ou não**. Assim, pode haver consórcio entre dois Estados, entre dois Municípios, entre um Estado e um Município que esteja na sua área, entre a União e um Estado. Todavia, a União só pode celebrar contrato com Município, se o Estado onde se situe o Município participar também, bem como é, da mesma forma, vedado o consórcio entre um Estado e Município de outro Estado. O importante é notar que o consórcio só é celebrado por pessoa política, já que não é permitida sua celebração por pessoa administrativa (autarquia, fundação, etc.).

O consórcio não é um simples ajuste entre seus membros, mas, na verdade, **há a criação de outra pessoa jurídica**. Essa nova pessoa possui personalidade jurídica própria e, assim, pode responder por seus atos, assumir direitos e obrigações, possui patrimônio e demais características próprias de uma pessoa jurídica.

Já foi visto que a União, os Estados, o Distrito Federal e os Municípios receberam diretamente da Constituição federal suas competências e podem criar pessoas administrativas para o desempenho de atividades administrativas. Assim, cada um, valendo-se da lei, pode criar suas autarquias, suas fundações públicas e assim por diante. Todavia, com a figura do consórcio público, passou a ser permitido que eles possam se reunir e criar, em conjunto, uma pessoa administrativa, que passa a fazer parte da administração indireta de todos os entes da federação que se consorciarem.

A **área de atuação** do consórcio, mesmo que a União seja consorciada, será a **soma dos territórios dos Municípios**, no caso de consórcio entre Municípios, bem como no caso de consórcio entre Município e Estado (art. 4º, § 1º).

Os **objetivos** da criação de um consórcio público **serão definidos pelos seus membros** (art. 2º), que são chamados de entes consorciados. Mas **como é que se dá a criação do consórcio?**

Para criá-lo, primeiro, deve haver a **formalização do protocolo de intenções**, que é uma espécie de **ajuste preliminar entre as pessoas políticas**, no qual há a definição do objeto do consórcio, quais são seus participantes, qual sua duração, qual a forma de eleição do representante legal - que deverá ser, necessariamente, chefe do Poder Executivo de um dos entes consorciados - entre outras cláusulas previstas no art. 4º. Após a assinatura do protocolo de intenções, este deve ser **publicado na imprensa oficial** e, na sequência, ele deve ser **ratificado por lei em cada um dos entes consorciados.** Com a ratificação, **ocorre a celebração do contrato de consórcio. Se tiver personalidade jurídica de direito privado, deverá ocorrer o registro no órgão competente.**

De fato, está sendo criada uma nova pessoa jurídica que fará parte da administração indireta e, nos termos do art. 37, XIX, da Constituição federal, a criação depende de lei. No caso do consórcio, como cada um dos entes consorciados é, na verdade, uma pessoa política, não basta lei oriunda somente de um deles, pois **deve haver a elaboração de lei em cada ente consorciado.** De acordo com o art. 5º, § 4º, da Lei nº 11.107/05, o ente federado não precisa ratificar o protocolo de intenções se, antes de a ele aderir, já tiver disciplinado por lei sua participação no consórcio.

Inclusive, é importante registrar que há paralelismo quanto à **extinção do consórcio.** Nesse sentido, inicialmente, a assembleia geral deve aprovar o instrumento de extinção e, na sequência, deve haver a **ratificação por lei de todos os consorciados,** nos termos do art. 12. Por sua vez, conforme o art. 12-A, incluído pela Lei nº 14.662/2023, deve haver atenção porque a **alteração do contrato de consórcio** dependerá da **ratificação por lei da maioria dos entes consorciados** do instrumento aprovado pela assembleia geral. Assim, tanto para alterar como para extinguir o consórcio a assembleia geral deve aprovar e, posteriormente, deve ser feita a ratificação por lei; mas, a diferença é que no caso da extinção, deve haver lei de todos os entes consorciados ratificando o instrumento e, por outro lado, na hipótese de alteração, não se exige a totalidade e a ratificação pode ser por lei da maioria dos membros.

Conforme o art. 1º, § 1º, **o consórcio público poderá ser uma associação pública ou uma pessoa jurídica de direito privado.** Quer dizer, o consórcio **pode ser instituído com personalidade de direito público - quando terá natureza de autarquia[32] - ou com personalidade de direito privado.** No caso da personalidade de direito público, também é conhecido por **autarquia interfederativa ou autarquia**

32. Nesse sentido, José dos Santos Carvalho Filho (*Manual de direito administrativo*. 19. ed. Rio de Janeiro: Lumen Juris, 2008. p. 208). É preciso lembrar, também, que o inciso IV, do art. 41 do Código Civil foi alterado pela Lei nº 11.107/05, para constar que são pessoas jurídicas de direito público interno a União, os Estados, o Distrito Federal e os Territórios, os Municípios, as autarquias, inclusive as associações públicas e as demais entidades de caráter público criadas por lei.

multifederada. Já, nos termos do art. 6º, § 1º, quando tiver personalidade de direito público, **o consórcio passará a fazer parte da administração indireta de todos os entes consorciados** e, no entanto, não menciona quando possuir personalidade de direito privado. Todavia, não pode haver outra interpretação senão a de que, tenha personalidade de direito público ou de direito privado, o consórcio deve integrar a administração indireta de todos os consorciados[33].

Assim, considere a criação de um consórcio por três Municípios. Em cada um deles, além da administração direta, haverá na administração indireta, juntamente com suas autarquias, fundações públicas, sociedades de economia mista, mais uma entidade, o consórcio público. A diferença é que o consórcio é uma entidade da administração indireta que está vinculada a mais de uma administração direta. Em tese, **todos os entes consorciados podem exercer a tutela administrativa sobre a atuação do consórcio.**

Ademais, há, também, o **controle exercido pelo Tribunal de Contas competente para apreciar as contas do chefe do Poder Executivo que foi eleito representante legal do consórcio** (art. 9º, parágrafo único).

Em relação ao regime jurídico dos consórcios públicos, se for de direito público, segue o mesmo regime previsto para as autarquias e, se for de direito privado, adotará o regime híbrido, em que há uma mistura das normas de direito público com as normas de direito privado, semelhante ao regime adotado pelas fundações públicas de direito privado, já que os consórcios públicos não podem ter fins econômicos (art. 4º, IV).

Dessa maneira, o consórcio público tanto de direito público como de direito privado deve, por exemplo, realizar concurso público, licitação e prestar contas, conforme expresso no art. 6º, §2º. Aliás, quanto às licitações, o consórcio se beneficia da mesma vantagem existente em favor da autarquia e da fundação qualificadas como agência executiva, qual seja, a duplicação dos valores de dispensa de licitação

Por sua vez, conforme redação dada pela Lei nº 13.822/2019 ao §2º do art. 6º da Lei nº 11.107/2005, o regime de pessoal dos consórcios públicos com personalidade de direito público ou de direito privado será o previsto pela CLT.

Nos termos do art. 2º, para alcançar seus objetivos, o consórcio poderá **"firmar convênios, contratos, acordos de qualquer natureza, receber auxílios, contribuições e subvenções sociais ou econômicas de outras entidades e órgãos do governo"** (§ 1º, I), bem como **"promover desapropriações e instituir servidões nos termos de declaração de utilidade ou necessidade pública, ou interesse social, realizada pelo Poder Público"**(§ 1º, II).

Inclusive, em relação à celebração de convênios pela União com os consórcios públicos, estabelece o art. 14, parágrafo único, de acordo com a redação dada pela Lei nº 13.821/2019, que **"as exigências legais de regularidade aplicar-se-ão ao próprio consórcio público envolvido, e não aos entes federativos nele consorciados".**

Deve-se ficar atento para o fato de que na Lei nº 11.107/05 há a menção há três tipos de contrato: contrato de consórcio, contrato de rateio e contrato de programa.

---

33. DI PIETRO, Maria Sylvia Zanella. *Direito administrativo*. 23. ed. São Paulo: Atlas, 2010. p. 476.

O **contrato de consórcio** é aquele que **formaliza a constituição do consórcio.**

Por sua vez, o **contrato de rateio** é o que **formaliza a entrega de recursos dos entes consorciados para o consórcio**; essa entrega não pode ocorrer sem o contrato de rateio (art. 8º). Este será formalizado em cada exercício financeiro, e seu prazo de vigência não será superior ao das dotações que o suportam, com exceção dos contratos que tenham por objeto exclusivamente projetos consistentes em programas e ações contemplados em plano plurianual, nos termos do §1º do art. 8º, inserido pela Lei nº 14.026/2020.

Já, o **contrato de programa**, celebrado dentro de um consórcio público, é o **instrumento usado** para constituir e regular as obrigações entre dois entes federados, inclusive por meio de entidade da administração indireta, ou entre ente federado e o consórcio público, no âmbito de gestão associada em que haja a prestação de serviços públicos ou a transferência total ou parcial de encargos, serviços, pessoal ou de bens necessários à continuidade dos serviços transferidos, ou, conforme definição constante do art. 2º, XVI, do Decreto 6.017/07, é o "instrumento pelo qual devem ser constituídas e reguladas as obrigações que um ente da Federação, inclusive sua administração indireta, tenha para com outro ente da Federação, ou para com consórcio público, no âmbito da prestação de serviços públicos por meio de cooperação federativa".

São exemplos de consórcios públicos o Consórcio Público de Saneamento Básico da Bacia Hidrográfica do Rio dos Sinos - Pró-Sinos (formado por 28 Municípios gaúchos), o Consórcio Nordeste (formado pelos Estados de Alagoas, Bahia, Ceará, Maranhão, Paraíba, Pernambuco, Piauí, Rio Grande do Norte e Sergipe), o Codap (Consórcio Público para o Desenvolvimento do Alto Paraopeba)

CONSÓRCIO PÚBLICO
• **Pessoa jurídica de direito público** (associação pública; autarquia interfederativa ou multifederada); ou • **Pessoa jurídica de direito privado.**
• Somente pode ser celebrado por pessoa política • Integra a administração indireta de todos os entes consorciados • Representante legal: Chefe do Poder Executivo de um dos entes consorciados
CRIAÇÃO • Protocolo de intenções • Publicação, na imprensa oficial, do protocolo • Ratificação do protocolo, por lei de cada um dos entes consorciados • Contrato de consórcio • Registro no RCPJ (Registro Civil de Pessoa Jurídica), somente quando tiver personalidade de direito privado
EXTINÇÃO • Aprovação do instrumento de extinção pela assembleia geral • Ratificação do instrumento por lei de todos os entes consorciados

ALTERAÇÃO
• Aprovação do instrumento de alteração pela assembleia geral • Ratificação do instrumento por lei da maioria dos entes consorciados
• **Contrato de consórcio:** formaliza a constituição do consórcio • **Contrato de rateio:** formaliza a entrega de recursos dos entes consorciados para o consórcio • **Contrato de programa:** instrumento pelo qual devem ser constituídas e reguladas as obrigações que um ente da Federação, inclusive sua administração indireta, tenha para com outro ente da Federação, ou para com consórcio público, no âmbito da prestação de serviços públicos por meio de cooperação federativa (Decreto 6017/07, art. 2º, XVI)

2. TERCEIRO SETOR: ENTIDADES PARAESTATAIS OU ENTES DE COOPERAÇÃO

Tradicionalmente, é feita a divisão entre primeiro, segundo e terceiro setores da economia. O **primeiro setor** é composto pelo **Estado,** e o **segundo setor** é o **mercado.** No mercado, a atividade, em regra, é privada, mas, conforme a Constituição Federal, o Estado pode intervir diretamente – quando for necessário para a segurança nacional (art. 173) –, indiretamente – quando exerce a função de fiscalização e planejamento (art. 174) – e quando exerce uma atividade em regime de monopólio (art. 177).

O **terceiro setor** abrange as **entidades do setor privado sem fins lucrativos, que desenvolvem atividade de interesse público.** Atuam, por exemplo, no apoio e assistência às crianças carentes, às pessoas com deficiência, às pessoas idosas, na proteção ao meio ambiente, no combate à pobreza, na educação, entre outras atividades. **Atuam de maneira paralela ao Estado e com ele colaboram, cooperam** e, por isso, são chamadas de **entidades paraestatais**[34] **ou entes de cooperação.**

Muito se noticia sobre o desempenho dessas atividades por ONGs. Mas **o que é uma ONG?**

Essa expressão é usada para identificar uma organização não governamental, legalmente constituída, não integrante da estrutura estatal, que não visa a lucro e que realiza atividade de interesse público. **Sua natureza jurídica, na verdade, é de associação ou fundação privada.**

Uma **associação ou fundação privada, sem fins lucrativos,** pode ter seus **próprios recursos** para o exercício de suas atividades **ou,** também, pode depender de doações e, ainda, pode ter **auxílio do poder público,** em razão da atividade administrativa de **fomento.**

34. Deve-se tomar cuidado com a expressão **paraestatal** em provas, pois há quem use o termo para nele incluir, além dos entes de cooperação, as sociedades de economia mista e as empresas públicas. Todavia, na maioria das provas, a expressão é usada no sentido do texto. De qualquer forma, pelo contexto do enunciado dá para perceber qual o sentido em que está sendo usada.

Para tanto, essas entidades relacionam-se com o Estado. E, **para regulamentar o setor, a Administração Pública concede títulos a essas pessoas jurídicas, desde que preencham determinados requisitos.** Esses títulos ou qualificações existem em todas as esferas e muitos deles podem ser cumulados. Assim, uma entidade pode receber os títulos de **Utilidade Pública Municipal (UPM), Utilidade Pública Estadual (UPE) e Utilidade Pública Federal (UPF), Oscip (Organização da Sociedade Civil de Interesse Público), Cebas (Certificado de Entidade Beneficente de Assistência Social), Organização Social (OS).**

O CEBAS é pré-requisito para a isenção da entidade quanto à quota patronal da contribuição previdenciária e, para obtê-lo, é necessária a qualificação como UPF. Não é possível a Oscip acumular outros títulos federais.

Para o estudo no direito administrativo, no entanto, interessam, especialmente, a OS e a Oscip, quer dizer, como uma associação ou fundação pública consegue ser qualificada com tais títulos e quais as consequências. Também, é necessária a abordagem dos serviços sociais autônomos e das entidades de apoio.

De qualquer maneira, deve ficar bem claro que todas as entidades que serão estudadas são pertencentes ao setor privado e, independentemente da relação que possuam com o poder público, não são integrantes da administração indireta.

Importante registrar que em 01/08/14 foi publicada a **Lei nº 13.019/14**, com vigência prevista para noventa dias após a data da publicação. Entretanto, o art. 88 foi alterado três vezes prorrogando-se o início da entrada em vigor da lei e, nos termos das alterações promovidas pela **Lei nº 13.204/15, o início da vigência da Lei nº 13.019/14 ocorreu em 23/01/2016 para a União e para os Estados e o Distrito Federal.** Para os **Municípios, entrou em vigor em de 01/01/2017**, podendo o disposto nessa lei ser implantado nos Municípios por ato administrativo local.

Esse diploma normativo, nos termos do seu art. 1º, institui "normas gerais para as parcerias entre a administração pública e organizações da sociedade civil, em regime de mútua cooperação, para a consecução de finalidades de interesse público e recíproco, mediante a execução de atividades ou de projetos previamente estabelecidos em planos de trabalho inseridos em termos de colaboração, em termos de fomento ou em acordos de cooperação".

A lei é conhecida como o **marco regulatório do Terceiro Setor** e estabelece diversas disposições a respeito, com aplicação nas esferas federal, estadual e municipal[35].

Agora, em regra, as parcerias entre as instituições do setor privado, sem fins lucrativos, e o Poder Público deverão ser formalizadas, **quando houver transferência de recursos financeiros**, por **termo de colaboração** (para a realização de atividades de interesse público propostas pela Administração Pública, nos termos do art. 16) e por **termo de fomento** (para a realização de atividades de interesse público propostas pela organização da sociedade civil, conforme o art. 17), exigindo-se, em

35. A detida análise do novel ato normativo escapa à finalidade aqui pretendida.

ambos os casos, que a entidade do Terceiro Setor tenha sido escolhida por meio de um processo seletivo denominado **Chamamento Público**, salvo as exceções previstas na lei.

Por sua vez, **quando não houver transferência de recursos financeiros**, a parceria será formalizada por meio de **acordo de cooperação** e nesse caso não se requer a realização de chamamento público.

As **disposições da nova lei não se aplicam**, nos termos do art. 3º: **a)** às **transferências** de recursos **homologadas pelo Congresso Nacional ou autorizadas pelo Senado Federal** naquilo em que as disposições específicas dos **tratados, acordos e convenções internacionais conflitarem** com esta Lei; **b)** aos **contratos de gestão celebrados com organizações sociais**, desde que **cumpridos os requisitos** previstos na Lei nº 9.637/98; **c)** aos **convênios** e **contratos** celebrados com entidades **filantrópicas** e sem fins lucrativos nos termos do **§ 1º do art. 199 da Constituição Federal**; **d)** aos termos de **compromisso cultural** referidos no **§ 1º do art. 9º da Lei nº 13.018/14**; **e)** aos **termos de parceria** celebrados com **organizações da sociedade civil de interesse público**, desde que cumpridos os requisitos previstos na **Lei nº 9.790/99**; **f)** às **transferências** referidas no art. 2º da **Lei nº 10.845/04**, e nos arts. 5º e 22 da **Lei nº 11.947/09**; **g)** aos **pagamentos** realizados a título de **anuidades, contribuições** ou **taxas associativas** em favor de **organismos internacionais** ou **entidades** que sejam **obrigatoriamente constituídas** por: – membros de Poder ou do Ministério Público; – dirigentes de órgão ou de entidade da administração pública; – pessoas jurídicas de direito público interno; – pessoas jurídicas integrantes da administração pública; **h)** às **parcerias** entre a **administração** pública e os **serviços sociais autônomos**.

Em relação ao **regime jurídico** instituído pela Lei nº 13.019/14, seu art. 5º determina que sejam observados os "princípios da legalidade, da legitimidade, da impessoalidade, da moralidade, da publicidade, da economicidade, da eficiência e da eficácia", bem como ao seguinte: a) o reconhecimento da participação social como direito do cidadão; b) a solidariedade, a cooperação e o respeito à diversidade para a construção de valores de cidadania e de inclusão social e produtiva; c) a promoção do desenvolvimento local, regional e nacional, inclusivo e sustentável; d) o direito à informação, à transparência e ao controle social das ações públicas; e) a integração e a transversalidade dos procedimentos, mecanismos e instâncias de participação social; f) a valorização da diversidade cultural e da educação para a cidadania ativa; g) a promoção e a defesa dos direitos humanos; h) a preservação, a conservação e a proteção dos recursos hídricos e do meio ambiente; i) a valorização dos direitos dos povos indígenas e das comunidades tradicionais; j) a preservação e a valorização do patrimônio cultural brasileiro, em suas dimensões material e imaterial.

Efetivando-se o **princípio da publicidade**, há a exigência de que a **Administração Pública deverá manter** em seu portal na internet a **relação de todas as parcerias** celebradas e dos respectivos planos de trabalho, pelo prazo de **até cento e**

oitenta dias após o respectivo encerramento (art. 10), devendo, ainda, o ente público **divulgar na internet os meios de representação** sobre aplicação irregular dos recursos envolvidos na parceria (art. 12). No mesmo sentido, as **organizações da sociedade civil são obrigadas a divulgar**, na internet e em locais visíveis de suas sedes sociais e dos estabelecimentos em que exerçam suas ações, **todas as parcerias celebradas com o Poder Público** (art. 11).

Um dos principais pontos da nova lei é a **observância do princípio da impessoalidade**, pois, como regra, as entidades a serem selecionadas para firmarem as parcerias que envolvam repasse de recursos financeiros deverão ser escolhidas por meio de um procedimento administrativo denominado **chamamento público**. É uma forma de seleção inspirada no processo licitatório, mas que possui regramento específico.

O **chamamento público** desenvolve-se nas seguintes fases (artigos 27 e 28):

> a) **divulgação do edital**: *divulga-se o edital na página da Administração Pública na internet, com antecedência mínima de trinta dias;*
>
> b) **julgamento e classificação**: *comissão de seleção julga as propostas (é critério obrigatório de julgamento o grau de adequação da proposta aos objetivos específicos do programa ou da ação em que se insere o objeto da parceria e, quando for o caso, ao valor de referência constante do chamamento) e as classifica conforme o julgamento.*
>
> c) **habilitação**: *após as propostas terem sido julgadas e classificadas, haverá a verificação se a organização da sociedade civil preenche os requisitos exigidos. Caso não atenda a Administração poderá convidar a entidade que estiver mais bem classificada na sequência e, se ela aceitar, será feita a análise acerca dos requisitos.*
>
> d) **homologação e divulgação**: *a Administração homologará e divulgará o resultado na página da internet. Mas, conforme art. 27, §6º, a homologação não gera direito para a organização da sociedade civil à celebração da parceria.*

Ainda em relação ao procedimento, o §5º do art. 27 prevê que será obrigatoriamente **justificada** a **seleção** de **proposta que não for a mais adequada ao valor de referência** constante do chamamento público.

Não se realiza o chamamento público quando se tratar de **acordo de cooperação** - exceto quando o objeto envolver a celebração de comodato, doação de bens ou outra forma de compartilhamento de recurso patrimonial - ou quando o termo de colaboração ou o termo de fomento **envolverem recursos decorrentes de emendas parlamentares** às leis orçamentárias anuais.

Não ocorrerá, também, a realização do **chamamento** público nos casos de **dispensa** e de **inexigibilidade**.

A **dispensa** está prevista no art. 30 e poderá ocorrer: a) no caso de **urgência decorrente de paralisação ou iminência de paralisação** de atividades de relevante interesse público, pelo prazo de até cento e oitenta dias; b) nos casos de **guerra, grave perturbação da ordem pública ou ameaça à paz social**; c) quando se tratar da realização de **programa de proteção a pessoas ameaçadas ou em situação** que possa comprometer a sua **segurança**; d) no caso de **atividades** voltadas ou vinculadas a serviços de **educação, saúde e assistência social**, desde que executadas por organizações da sociedade civil previamente credenciadas pelo órgão gestor da respectiva política.

A **inexigibilidade**, por sua vez, ocorrerá, nos termos do art. 31, "na hipótese de inviabilidade de competição entre as organizações da sociedade civil, em razão da natureza singular do objeto da parceria ou se as metas somente puderem ser atingidas por uma entidade específica", especialmente: a) quando o objeto da parceria constituir incumbência prevista em acordo, ato ou compromisso internacional, no qual sejam indicadas as instituições que utilizarão os recursos; b) quando a parceria decorrer de transferência para organização da sociedade civil que esteja autorizada em lei na qual seja identificada expressamente a entidade beneficiária, inclusive quando se tratar da subvenção prevista no inciso I do §3º do art. 12 da Lei nº 4.320/64, observado o disposto no art. 26 da Lei Complementar nº 101/2000.

O edital de chamamento preverá os **requisitos** para que as entidades possam **participar da disputa**, estabelecidos no art. 24, §1º. Veda-se nos atos de convocação a admissão, a inclusão, a previsão ou a tolerância a "cláusulas ou condições que comprometam, restrinjam ou frustrem o seu caráter competitivo em decorrência de qualquer circunstância impertinente ou irrelevante para o específico objeto da parceria" (art. 24, §2º). Todavia, são admitidos, nos termos dos incisos I e II do §2º do art. 24, a) a seleção de propostas apresentadas exclusivamente por concorrentes sediados ou com representação atuante e reconhecida na unidade da Federação onde será executado o objeto da parceria; b) o estabelecimento de cláusula que delimite o território ou a abrangência da prestação de atividades ou da execução de projetos, conforme estabelecido nas políticas setoriais.

Os requisitos para celebração do **termo de colaboração** e do **termo de fomento** estão descritos nos artigos 33 a 38, sendo que tais instrumentos, bem como o **acordo de cooperação**, somente produzirão efeitos jurídicos após a publicação dos extratos no meio oficial de divulgação da Administração Pública (art. 38).

A Lei nº 13.019/14 **veda,** no art. 39, a **celebração de parceria com organização da sociedade civil que**: **a)** não esteja regularmente constituída ou, se estrangeira, não esteja autorizada a funcionar no território nacional; **b)** esteja omissa no dever de prestar contas de parceria anteriormente celebrada; **c)** tenha como dirigente membro de Poder ou do Ministério Público, ou dirigente de órgão ou entidade da administração pública da mesma esfera governamental na qual será celebrado o termo de colaboração ou de fomento, estendendo-se a vedação aos respectivos cônjuges ou companheiros, bem como parentes em linha reta, colateral ou por afinidade, até o segundo grau (essa vedação não se aplica à celebração de parcerias com entidades que, pela sua própria natureza, sejam constituídas pelas autoridades referidas, sendo vedado que a mesma pessoa figure no termo de colaboração, no termo de fomento ou no acordo de cooperação simultaneamente como dirigente e administrador público, nos termos do §5º do art. 39; não são considerados membros de Poder os integrantes de conselhos de direitos e de políticas públicas, conforme §6º); **d)** tenha tido as contas rejeitadas pela administração pública nos últimos cinco anos, exceto se: - for sanada a irregularidade que motivou a rejeição e quitados os débitos eventualmente imputados; - for reconsiderada ou revista a decisão pela rejeição; - a apreciação das contas estiver pendente de decisão sobre recurso com efeito suspensivo; **e)** tenha sido punida com uma das seguintes sanções, pelo período que durar a penalidade: - suspensão de participação em licitação ou em chamamento público e impedimento de contratar com a administração ou de com ela celebrar termo de fomento ou termo de colaboração; declaração de inidoneidade para licitar ou participar de chamamento público ou contratar ou celebrar termos de fomento ou de colaboração com a Administração Pública; **f)** tenha tido contas de parceria julgadas irregulares ou rejeitadas por Tribunal ou Conselho de Contas de qualquer esfera da Federação, em decisão irrecorrível, nos últimos oito anos; **g)** tenha entre seus dirigentes pessoa: - cujas contas relativas a parcerias tenham sido julgadas irregulares ou rejeitadas por Tribunal ou Conselho de Contas de qualquer esfera da Federação, em decisão irrecorrível, nos últimos oito anos; - julgada responsável por falta grave e inabilitada para o exercício de cargo em comissão ou função de confiança, enquanto durar a inabilitação; - considerada responsável por ato de improbidade, enquanto durarem os prazos estabelecidos nos incisos I, II e III do art. 12 da Lei no 8.429, de 2 de junho de 1992.

Há **vedação**, também, conforme art. 40, à realização de **parceria que tenha objeto que envolva ou inclua**, direta ou indiretamente a delegação das funções de regulação, de fiscalização, do exercício do poder de polícia ou de outras atividades exclusivas do Estado.

O art. 73 do **marco regulatório do terceiro setor** prevê as **sanções** a serem aplicadas quando do descumprimento das normas que regem a parceria. São as seguintes **penas**:

> *a)* **advertência**;
>
> *b)* **suspensão temporária** *da participação em chamamento público e impedimento de celebrar parceria ou contrato com órgãos e entidades da esfera de governo da administração pública sancionadora,* **por prazo não superior a dois anos**;
>
> *c)* **declaração de inidoneidade** *para participar em chamamento público ou celebrar parceria ou contrato com órgãos e entidades de todas as esferas de governo,* **enquanto perdurarem os motivos** *determinantes da punição* **ou até que seja promovida a reabilitação** *perante a própria autoridade que aplicou a penalidade, que será concedida sempre que a organização da sociedade civil ressarcir*

a Administração Pública pelos prejuízos resultantes, e após decorrido o prazo de dois anos.

Nos termos do art. 73, §§ 2º e 3º, **prescreve em cinco anos**, contados a partir da data da apresentação da prestação de contas, a aplicação de penalidade decorrente de infração relacionada à execução da parceria, havendo a interrupção desse prazo com a edição de ato administrativo voltado à apuração da infração.

Merece registro, ainda, que, nos termos do art. 83, as **parcerias existentes no momento da entrada em vigor** da Lei nº 13.019/14 permanecerão **regidas pela legislação vigente ao tempo de sua celebração**, sem prejuízo da **aplicação subsidiária da nova lei**, naquilo em que for cabível, desde que em benefício do alcance do objeto da parceria. Se as parcerias estavam em **vigor por prazo determinado**, esse **poderá ser prorrogado de ofício no caso de atraso na liberação de recursos por parte da administração pública, por período equivalente ao atraso**. Já, se as parcerias estavam em **vigor por prazo indeterminado ou por prazo determinado prorrogável por período superior ao inicialmente estabelecido**, deverão – no **prazo de um ano após a entrada em vigor** da Lei nº 13.019/14 – ser **substituídas por termos de colaboração ou de fomento ou deverão ser rescindidas** unilateralmente pela Administração Pública.

2.1. Organizações gestoras de fundos patrimoniais (Lei nº 13.800/2019)

Em 7 de janeiro de 2019, foi publicada a Lei nº 13.800, que autoriza parceria entre administração pública e organizações gestoras de fundos patrimoniais.

Os fundos patrimoniais – também conhecidos como *endowments* – têm como função garantir a sustentabilidade das associações e fundações que recebem doações e que financiam causas de interesse público[36], relacionadas, por exemplo, à educação, ciência, tecnologia, pesquisa e inovação, cultura, saúde, meio ambiente, assistência social, desporto, segurança pública, direitos humanos (art. 1º).

Segundo a lei, referidos fundos serão geridos e administrados por organização gestora de fundos patrimoniais, instituição privada sem fins lucrativos, "instituída na forma de associação ou de fundação privada com o intuito de atuar exclusivamente para um fundo na captação e na gestão das doações oriundas de pessoas físicas e jurídicas e do patrimônio constituído" (art. 2º, II).

A organização gestora de fundo patrimonial é composta pelo Conselho de Administração, Conselho de Investimentos e Conselho Fiscal, que objetivam conferir maior transparência para os fundos. O Conselho de Administração será composto por, no máximo, 7 membros remunerados, possibilitando-se a admissão de outros membros não remunerados. Ao Conselho competirá, dentre outras atribuições, deliberar sobre demonstrações financeiras e prestação de contas da organização gestora, aprová-las e publicizá-las (art. 9º).

36. Disponível em: ‹https://www.idis.org.br/a-aprovacao-da-lei-dos-fundos-filantropicos-e-sua-repercussao/›. Acesso em 14 fev. 2019.

O Comitê de Investimentos, por sua vez, é composto por 3 a 5 membros indicados pelo Conselho de Administração, tratando-se de órgão facultativo nos fundos patrimoniais com patrimônio inferior a R$ 5.000.000,00. A ele compete, dentre outras, elaborar relatório anual sobre regras dos investimentos financeiros, resgate e uso dos recursos e gestão dos recursos do fundo patrimonial (art. 10). Já o Conselho Fiscal será composto por 3 membros, também indicados pelo Conselho de Administração, cabendo a ele a emissão de pareceres sobre fiscalização da atuação dos responsáveis pela gestão do fundo patrimonial e avaliação anual das contas da organização gestora de fundo patrimonial (art. 11).

Deve ser registrado que a Lei nº 13.800/2019 teve sua origem na MP 851/2018, editada logo após o incêndio que atingiu o Museu Nacional, no Rio de Janeiro, mas não se trata de norma restrita à Administração Pública. Na verdade, tem como finalidade conferir maior transparência e segurança jurídica à gestão dos fundos de *endowment*[37], à semelhança do que já ocorre em países como Estados Unidos, por exemplo. Todavia, passa a ter relevância para o estudo no âmbito do Direito Administrativo a maneira pela qual se dá a relação entre a organização gestora e a organização executora de fundo patrimonial e o Poder Público.

Nesse sentido, o art. 2º da mencionada lei traz conceitos que são relevantes para a melhor compreensão do tema e que são os seguintes:

"I – instituição apoiada: instituição pública ou privada sem fins lucrativos e os órgãos a ela vinculados dedicados à consecução de finalidades de interesse público e beneficiários de programas, projetos ou atividades financiados com recursos de fundo patrimonial;

II – organização gestora de fundo patrimonial: instituição privada sem fins lucrativos instituída na forma de associação ou de fundação privada com o intuito de atuar exclusivamente para um fundo na captação e na gestão das doações oriundas de pessoas físicas e jurídicas e do patrimônio constituído;

III – organização executora: instituição sem fins lucrativos ou organização internacional reconhecida e representada no País, que atua em parceria com instituições apoiadas e que é responsável pela execução dos programas, dos projetos e de demais finalidades de interesse público;

IV – fundo patrimonial: conjunto de ativos de natureza privada instituído, gerido e administrado pela organização gestora de fundo patrimonial com o intuito de constituir fonte de recursos de longo prazo, a partir da preservação do principal e da aplicação de seus rendimentos;

V – principal: somatório da dotação inicial do fundo e das doações supervenientes à sua criação;

---

37. Disponível em: ‹http://revistapesquisa.fapesp.br/2019/02/12/um-marco-regulatorio-para-os-endowments/›. Acesso em 14 fev. 2019.

VI - rendimentos: o resultado auferido do investimento dos ativos do fundo patrimonial;

VII - instrumento de parceria: acordo firmado entre a organização gestora de fundo patrimonial e a instituição apoiada, que estabelece o vínculo de cooperação entre as partes e que determina a finalidade de interesse público a ser apoiada, nos termos desta Lei;

VIII - termo de execução de programas, projetos e demais finalidades de interesse público: acordo firmado entre a organização gestora de fundo patrimonial, a instituição apoiada e, quando necessário, a organização executora, que define como serão despendidos os recursos destinados a programas, projetos ou atividades de interesse público";

Assim, a organização gestora não é entidade integrante da Administração Pública. Trata-se de pessoa jurídica que faz parte do setor privado e não possui finalidade de lucro; integra o Terceiro Setor. Pode apoiar outra instituição privada sem finalidade de lucro, mas, também, pode apoiar instituição pública e isso deverá ser devidamente formalizado.

Em se tratando de instituição pública apoiada, a formalização se dará por meio de instrumento de parceria e de termos de execução de programas, projetos e demais finalidades de interesse público.

O **instrumento de parceria** é o **acordo** firmado entre a **organização gestora de fundo patrimonial** e a **instituição apoiada.** É ele que constitui o vínculo de cooperação e delimita qual a finalidade de interesse público que será apoiada. Porém, esse vínculo não gera, imediatamente, obrigações de dispêndio de recursos porque isso somente decorrerá de cada um dos **termos de execução de programas, projetos e demais finalidades de interesse público**, pois são esses termos que definirão como serão usados os recursos destinados a programas, projetos ou atividades de interesse público. Prevê a lei que o **instrumento de parceria** pode ser firmado com **cláusula de exclusividade** com determinada organização gestora de fundo patrimonial, mas, se a instituição apoiada for **pessoa jurídica de direito público** isso só será possível se estiver acompanhado da **anuência prévia do dirigente máximo da entidade pública** (art. 3º).

Nos termos do art. 17, é vedada a transferência de recursos da administração pública direta, autárquica, fundacional e de empresa estatal dependente, incluída a instituição apoiada, para fundos patrimoniais, bem como estes não contarão com garantias por parte da administração pública direta ou indireta.

2.2. Serviço Social Autônomo

Os serviços sociais autônomos são **pessoas jurídicas de direito privado, sem finalidade de lucro, que atuam na realização de atividade de interesse público, de atividade não exclusiva do Estado.** Prestam assistência, ensino a determinadas categorias profissionais. **Não fazem parte da administração indireta, mas, para serem criados, dependem de lei.** Entretanto, não é a lei que os cria, pois a **lei autoriza a instituição,** mas quem concretiza sua criação são as suas Confederações Nacionais, conforme o setor produtivo (indústria, comércio, agricultura, transportes e cooperativas).

Essas pessoas formam o conhecido **Sistema S**: Senai (Serviço Nacional de Aprendizagem Industrial), Sesi (Serviço Social da Indústria), Senac (Serviço Nacional de Aprendizagem Comercial), Sesc (Serviço Social do Comércio), Senar (Serviço Nacional de Aprendizagem Rural), Senat (Serviço Nacional de Aprendizagem em Transportes), SEST (Serviço Social de Transportes), Sebrae (Serviço Brasileiro de Apoio às Pequenas e Médias Empresas), Sescoop (Serviço Nacional de Aprendizagem do Cooperativismo).

Por exemplo, o Decreto-Lei nº 9.403/46 determinou, em seu art. 1º, que fica "atribuído à Confederação Nacional da Indústria o encargo de criar o Serviço Social da Indústria (SESI) [...]". Com base nisso, a CNI (Confederação Nacional da Indústria) criou o Sesi.

Assim, **dependem de lei para sua criação. São mantidos por dotações orçamentárias e por contribuições parafiscais**[38]. Seus empregados são **celetistas**, não são empregados públicos e são selecionados por meio de processo seletivo. Não há a realização de concurso público porque se trata de entidade do setor privado, conforme tese de repercussão geral fixada pelo STF no RE 789.874: "Os serviços sociais autônomos integrantes do denominado Sistema "S" não estão submetidos à exigência de concurso público para contratação de pessoal, nos moldes do art. 37, II, da Constituição Federal". Da mesma forma, conforme decidido pelo STF na ADI 1864, os serviços sociais autônomos não se submetem à Lei nº 8.666/93 porque não se lhes aplica o art. 37, XXI, da Constituição Federal.

2.3. Organização Social (OS)

De acordo com o art. 1º da **Lei nº 9.637/98**[39], as **pessoas jurídicas de direito privado, sem fins lucrativos, que realizem atividades dirigidas ao ensino, à pesquisa científica, ao desenvolvimento tecnológico, à proteção e preservação do meio ambiente, à cultura e à saúde, podem ser qualificadas como organizações sociais.**

É preciso ressaltar, não obstante o uso corriqueiro da expressão organização social, que se trata de uma qualificação, quer dizer, na verdade, que se está falando de uma **associação ou de uma fundação privada que recebeu a titulação. Ela "está" organização social.** Ao se referir à determinada entidade como "OS" é necessário, pois, compreender que a referência está sendo feita a uma entidade do setor privado que, por ter atendido aos requisitos legais, foi qualificada como organização social, e que, por outro lado, se passar a descumpri-los, pode ser desqualificada. E, mesmo enquanto qualificada, nunca fará parte da estrutura da Administração Pública. **Organização social não é entidade da administração indireta.**

38. "As contribuições parafiscais são espécies de contribuições sociais (art. 149 CF), assim denominadas porque são destinadas a entidades paralelas do Estado" (Dirley da Cunha Júnior. *Curso de direito administrativo*. 8. ed. Salvador: Juspodivm, 2009. p. 218). A arrecadação é feita pela Receita Federal do Brasil e, depois, é repassada para a entidade.

39. Essa lei regula a qualificação como organização social na esfera federal, mas, também, é possível essa titulação nos Estados, Distrito Federal e Municípios, desde que aprovem leis regulando o assunto. As perguntas sobre organização social costumam ser cópias literais do texto dessa lei, o que exige uma leitura atenta por parte do candidato.

Para ser qualificada, conforme o art. 2º, deve comprovar que houve o **registro de seu ato constitutivo** (neste deve constar, entre outras disposições, a natureza social de seus objetivos, a finalidade não lucrativa, a previsão de possuir um conselho de administração e que neste haja a participação de representantes do poder público e da comunidade) e que houve a **aprovação de sua qualificação** pelo Ministro ou titular do órgão da área de atuação e do Ministro de Estado da Administração Federal e Reforma do Estado[40].

Recebendo o **título de organização social, a entidade será declarada como de interesse social e utilidade pública** (art. 11) e **pode**, nos termos do art. 5º, **celebrar contrato de gestão com o poder público** com "vistas à formação de parceria entre as partes para fomento e execução de atividades [...]" nas áreas de ensino, pesquisa científica, desenvolvimento tecnológico, proteção e preservação do meio ambiente, cultura e saúde. **O contrato de gestão é o instrumento de formalização da parceria.**

Para o cumprimento do que for estabelecido no contrato de gestão, **podem ser destinados recursos orçamentários, bens públicos e servidores públicos à organização social** (artigos 12 e 14).

Se a organização social estiver **descumprindo as cláusulas do contrato de gestão,** é possível a sua **desqualificação**, desde que tenha processo administrativo, no qual seja assegurada ampla defesa. Nesse caso, ocorrerá a reversão dos bens e valores entregues à organização social (art. 16).

Vê-se, dos requisitos para sua qualificação, que não há necessidade de que esta exista anteriormente. Pode ser criada e, logo em seguida, pleitear sua qualificação e, assim, celebrar contrato de gestão e receber verba pública, bens públicos e servidores públicos. Nesse sentido, Maria Sylvia Zanella Di Pietro afirma que são "entidades fantasmas, porque não possuem patrimônio próprio, sede própria, vida própria. Elas viverão exclusivamente por conta do contrato de gestão com o poder público"[41].

É importante ressaltar que a **escolha da entidade a ser qualificada como organização social é discricionária**, nos termos do art. 1º. Não há licitação para a escolha da entidade e, no mesmo sentido, uma vez qualificada, conforme previsão do art. 24, XXIV, da revogada Lei nº 8.666/1993, a organização social poderia ser contratada, com dispensa de licitação, para prestação de serviços, desde que esteja qualificada na respectiva esfera de governo e o serviço esteja previsto no contrato de gestão. Não há previsão no mesmo sentido na Lei nº 14.133/2021, porém Felipe Dalenogare Alves[42] defende que a contratação ainda pode ser objeto de dispensa, usando-se para tanto o inciso XV do art. 75 da mencionada lei.

Há bastante crítica na doutrina sobre isso, no sentido de que essa transferência de atividade do poder público para o setor privado deveria ocorrer por meio de

40. Esse ministério já foi extinto e, atualmente, as atividades são desempenhadas pelo Ministério do Planejamento, Orçamento e Gestão.
41. *Direito administrativo*. 23. ed. São Paulo: Atlas, 2010. p. 498.
42. *Manual de Direito Administrativo*. 1. ed. São Paulo: Saraiva, 2024, p. 43.

licitação. Nesse sentido, inclusive, a Lei nº 9.637/98 foi contestada por meio da ADI 1.923, na qual o STF decidiu, por maioria, julgar procedente:

> *apenas para conferir interpretação conforme à Constituição à Lei nº 9.637/98 e ao art. 24, XXIV da Lei nº 8.666/93, incluído pela Lei nº 9.648/98, para que: (i) o procedimento de qualificação seja conduzido de forma pública, objetiva e impessoal, com observância dos princípios do caput do art. 37 da Constituição Federal, e de acordo com parâmetros fixados em abstrato segundo o que prega o art. 20 da Lei nº 9.637/98; (ii) a celebração do contrato de gestão seja conduzida de forma pública, objetiva e impessoal, com observância dos princípios do caput do art. 37 da Constituição Federal; (iii) as hipóteses de dispensa de licitação para contratações (Lei nº 8.666/93, art. 24, XXIV) e outorga de permissão de uso de bem público (Lei nº 9.637/98, art. 12, § 3º) sejam conduzidas de forma pública, objetiva e impessoal, com observância dos princípios do caput do art. 37 da Constituição Federal; (iv) os contratos a serem celebrados pela Organização Social com terceiros, com recursos públicos, sejam conduzidos de forma pública, objetiva e impessoal, com observância dos princípios do caput do art. 37 da Constituição Federal, e nos termos do regulamento próprio a ser editado por cada entidade; (v) a seleção de pessoal pelas Organizações Sociais seja conduzida de forma pública, objetiva e impessoal, com observância dos princípios do caput do art. 37 da CF, e nos termos do regulamento próprio a ser editado por cada entidade; e (vi) para afastar qualquer interpretação que restrinja o controle, pelo Ministério Público e pelo Tribunal de Contas da União, da aplicação de verbas públicas [...].*

Quanto aos seus funcionários, eles são regidos pela CLT e não necessitam ingressar por concurso público.

São exemplos de entidades qualificadas como organizações sociais, na esfera federal, a ABTLuz (Associação Brasileira de Tecnologia de Luz Síncrotron), o IDSM (Instituto de Desenvolvimento Sustentável Mamirauá), o Impa (Instituto Nacional de Matemática Pura e Aplicada).

2.4. Organização da Sociedade Civil de Interesse Público (Oscip)

A **Lei nº 9.790/99** regula a qualificação de pessoa jurídica de direito privado, sem fins lucrativos, como organização da sociedade civil de interesse público (Oscip)[43].

À semelhança da organização social, **Oscip é uma qualificação. Uma associação ou fundação privada recebe a qualificação.** Ela "está" organização da sociedade civil de interesse público. **E com a outorga do título, não passa a integrar a administração indireta.**

Para ser qualificada como Oscip, a entidade deve preencher diversos **requisitos** previstos na lei, os quais apontam que, ao contrário do necessário para a

43. Da mesma maneira que a lei reguladora da organização social, a lei que regulamenta a qualificação de Oscip deve ser lida com bastante atenção para a realização das provas.

qualificação como organização social, a entidade precisa existir previamente, precisa apresentar balanço patrimonial, declaração de isenção do Imposto de Renda. Nos termos do art. 1º da Lei nº 9.790/99, com redação dada pela Lei nº 13.019/14, exige-se que a entidade esteja em regular funcionamento há três anos.

As áreas em que as entidades podem atuar para receber a titulação são, nos termos do art. 3º:

a) promoção da **assistência social**;

b) promoção da **cultura**, defesa e conservação do **patrimônio histórico e artístico**;

c) promoção gratuita da **educação**, de maneira complementar;

d) promoção gratuita da **saúde**, de maneira complementar;

e) promoção da **segurança alimentar e nutricional**;

f) defesa, preservação e conservação do **meio ambiente** e promoção do **desenvolvimento sustentável**;

g) promoção do **voluntariado**;

h) promoção do **desenvolvimento econômico e social** e **combate à pobreza**;

i) experimentação, não lucrativa, de **novos modelos sócio-produtivos** e de **sistemas alternativos de produção, comércio, emprego e crédito**;

j) **promoção de direitos** estabelecidos, **construção de novos direitos** e **assessoria jurídica** gratuita de interesse suplementar;

k) **promoção** da **ética**, da **paz**, da cidadania, dos **direitos humanos**, da **democracia e de outros valores** universais;

l) **estudos e pesquisas, desenvolvimento de tecnologias alternativas, produção e divulgação de informações e conhecimentos técnicos e científicos que digam respeito às atividades** anteriormente indicadas.

m) estudos e pesquisas para o desenvolvimento, a disponibilização e a implementação de tecnologias voltadas à mobilidade de pessoas, por qualquer meio de transporte.

A lei estabelece (art. 2º), também, as pessoas que **não podem ser qualificadas como Oscip**:

a) **sociedades comerciais**;

b) **sindicatos, associações** de classe ou de representação de categoria profissional;

c) **instituições religiosas** ou voltadas para a disseminação de credos, cultos, práticas e visões devocionais e confessionais;

d) **organizações partidárias** e assemelhadas, inclusive suas fundações;

e) **entidades de benefício mútuo** destinadas a proporcionar bens ou serviços a um círculo restrito de associados ou sócios;

f) **entidades e empresas que comercializam planos de saúde** e assemelhados;

g) **instituições hospitalares privadas não gratuitas** e suas mantenedoras;

h) **escolas privadas dedicadas ao ensino formal não gratuito** e suas mantenedoras;

i) **organizações sociais**;

j) **cooperativas**;

k) **fundações públicas**;

l) **fundações, sociedades civis** ou **associações** de direito privado **criadas por órgão público ou por fundações públicas**;

m) **organizações creditícias** que tenham qualquer tipo de vinculação com o sistema financeiro nacional a que se refere o art. 192 da Constituição Federal.

Nos termos do parágrafo único do art. 2º da Lei nº 9.790/1999, ademais, "não constituem impedimento à qualificação como Organização da Sociedade Civil de Interesse Público as operações destinadas a microcrédito realizadas com instituições financeiras na forma de recebimento de repasses, venda de operações realizadas ou atuação como mandatárias".

Não se enquadrando na lista de pessoas que não podem requerer, bem como preenchendo os requisitos legais, a entidade privada sem fins lucrativos requererá sua qualificação junto ao Ministério da Justiça. Aliás, no art. 1º, § 2º, determina a lei que **a outorga do título é ato vinculado**. Assim, preenchidos os requisitos, a qualificação deverá ser deferida.

Após ser qualificada, a Oscip pode celebrar termo de parceria com o poder público. Estabelece-se um vínculo de cooperação entre ambos. **O termo de parceria é o instrumento de formalização da parceria.**

Se o termo de parceria estiver sendo descumprido, **é possível a desqualificação**. Nesse caso, os bens adquiridos com dinheiro público serão entregues a outra Oscip, de preferência, da mesma área de atuação.

Assim, a organização da sociedade civil de interesse público é uma qualificação da mesma maneira que a organização social. Ambas as titulações só podem ser conferidas a entidades da sociedade civil, sem fins lucrativos. Entretanto, são qualificações distintas e, assim, são **diferenças entre OS e Oscip**:

a) a OS opera a absorção de determinada atividade que o Estado esteja fazendo e, com frequência, leva à extinção do órgão público que realizava a mesma atividade e, por outro lado, a Oscip representa verdadeira parceria e não há extinção de órgãos;

b) a outorga da qualificação é ato discricionário na OS e ato vinculado na Oscip;

c) o vínculo na OS é contrato de gestão e na Oscip é termo de parceria;

d) na OS, há exigência de que tenha a presença de representantes do poder público no órgão de administração, o que não ocorre com a Oscip

e) no caso de desqualificação, os bens adquiridos com recursos públicos serão revertidos ao Poder Público, no caso da OS e, se for Oscip, será transferida à outra Oscip, de preferência, na mesma área de atuação.

A Oscip segue o mesmo tratamento dado à organização social, em relação à aquisição de bens com recursos oriundos da União[44]. Seus funcionários são celetistas e não precisam ingressar por meio de concurso público.

São exemplos de entidades qualificadas como organização da sociedade civil de interesse público, na esfera federal, a Ação Fome Zero, o Centro de Defesa e Promoção dos Direitos Humanos de Brasília, o Instituto Brasileiro para o Desenvolvimento Econômico, Social e Humano - Instituto Terra Brasil, o Hospital de Especialidades Ortopédicas de Ribeirão Preto, o Instituto de Pesquisas e Projetos para o Desenvolvimento Socioeconômico da Amazônia.

2.5. Entidade de Apoio

Entidades de apoio são **pessoas jurídicas do setor privado, sem finalidade lucrativa, que desenvolvem serviços sociais e, normalmente, se relacionam com a Administração Pública, por convênio, para atuarem junto a universidades públicas e hospitais públicos.**

Elas são **instituídas por servidores públicos** de certa entidade estatal, com recursos próprios; assumem a forma de **fundação, associação ou cooperativa, sem fins lucrativos; não realizam serviço público,** mas executam a mesma atividade desempenhada pela Administração Pública, só que na iniciativa privada, o que lhe permite celebrar contratos regidos pelo direito privado, contratar sem licitação e contratar funcionários sem concurso[45].

Assim, a atividade que desempenham é realizada por servidores públicos, "na própria sede da entidade pública, com equipamentos pertencentes ao patrimônio desta última; só que quem arrecada toda a receita e a administra é a entidade de apoio"[46], só que o faz sob a regulação do direito privado.

44. Nesse sentido, ver item anterior.
45. DI PIETRO, Maria Sylvia. *Direito administrativo*. 23. ed. São Paulo: Atlas, 2010. p. 494.
46. DI PIETRO, Maria Sylvia. *Direito administrativo*. 23. ed. São Paulo: Atlas, 2010. p. 495.

Não há lei regulamentando as entidades de apoio, com exceção daquelas que atuam junto às instituições federais de ensino superior e de pesquisa científica e tecnológica, em razão da Lei nº 8.958/94.

Essa lei prevê, no art. 2º, que as entidades estejam constituídas como fundações de direito privado, sem fins lucrativos. Elas poderão celebrar, conforme o art. 1º, convênios e contratos com as instituições federais de ensino superior e de pesquisa científica e tecnológica, com a finalidade de dar-lhes apoio em suas atividades. Para tanto, as instituições de ensino e pesquisa poderão, inclusive, autorizar a participação de servidores nas fundações de apoio, sem prejuízo de suas atribuições funcionais, e, também, permitir a utilização de seus bens, mediante ressarcimento, conforme os artigos 4º e 6º.

As instituições federais de ensino e pesquisa poderão contratar as fundações de apoio com dispensa de licitação, nos termos do art. 75, XV, da Lei nº 14.133/2021 (art. 1º, *caput*, da Lei nº 8.958/94)[47]. Isso, também, é possível pela Finep (Financiadora de Estudos e Projetos), pelo CNPQ (Conselho Nacional de Desenvolvimento Científico e Tecnológico) e pelas Agências Financeiras Oficiais de Fomento, desde que haja anuência da instituição apoiada (art. 1º-A).

São exemplos de fundações de apoio a instituições federais de ensino e pesquisa, a Fahub (Fundação de Apoio ao Desenvolvimento Científico e Tecnológico do Hospital da Universidade de Brasília), a FFDB (Fundação Faculdade de Direito da Bahia, vinculada à Universidade Federal da Bahia), a Fundep (Fundação de Desenvolvimento da Pesquisa, vinculada à Universidade Federal de Minas Gerais), a Fapeu (Fundação de Amparo à Pesquisa e Extensão Universitária, vinculada à Universidade Federal de Santa Catarina). No Estado de São Paulo, também há fundações de apoio como, por exemplo, a Fundunesp (Fundação para o Desenvolvimento da Unesp), a Fusp (Fundação de Apoio à Universidade de São Paulo), a Funcamp (Fundação de Desenvolvimento da Unicamp), a Faepa (Fundação de Apoio ao Ensino, Pesquisa e Assistência do Hospital das Clínicas da Faculdade de Medicina de Ribeirão Preto da Universidade de São Paulo).

47. Esse artigo da Lei nº 8.958/1994 faz referência ao art. 24, XIII, da revogada Lei nº 8.666/93. Todavia, a situação objeto da dispensa encontra fundamento, atualmente, no inciso XV do art. 75 da Lei nº 14.133/21, bem como do seu art. 189.

ADMINISTRAÇÃO PÚBLICA		TERCEIRO SETOR
Administração indireta	**Administração direta**	
Conjunto das pessoas administrativas, com personalidade de direito público ou de direito privado, patrimônio próprio e autonomia administrativa, vinculadas à administração direta, criadas para o desempenho de determinada atividade administrativa	Conjunto dos órgãos públicos que integram as pessoas jurídicas políticas	Pessoas jurídicas de direito privado, sem fins lucrativos, pertencentes ao setor privado, que desenvolvem atividade de interesse público Marco regulatório (Lei nº 13.019/14): parcerias firmadas por: a) termo de fomento ou por termo de colaboração, quando envolverem transferência de recursos financeiros; entidades são escolhidas por meio de chamamento público, exceto os casos de dispensa e inexigibilidade; b) acordo de cooperação, quando não envolver transferência de recursos financeiros.
Autarquia: direito público **Agência reguladora:** autarquia em regime especial **Agência Executiva:** autarquia que recebeu a qualificação (contrato de desempenho)	Pessoas jurídicas de direito público	Serviço social autônomo

ADMINISTRAÇÃO PÚBLICA		TERCEIRO SETOR
Administração indireta	**Administração direta**	
Fundação Pública: direito público ou direito privado **Agência Executiva:** fundação pública que recebeu a qualificação (contrato de desempenho)	União, Estados, Distrito Federal e Municípios	Entidade de apoio
Empresa Pública: direito privado; prestadora de serviço público ou exploradora de atividade econômica		**Organização Social (OS)** Vínculo jurídico com a administração direta: contrato de gestão
Sociedade de Economia Mista: direito privado; prestadora de serviço público ou exploradora de atividade econômica		**Organização da Sociedade Civil de Interesse Público (Oscip)** Vínculo jurídico com a administração direta: termo de parceria
Consórcio Público: direito público (associação pública) ou direito privado		

3. QUESTÕES

3.1. Questões objetivas comentadas

01. **(AOCP - Analista Judiciário - Área Administrativa - TRT 19/2022)** Em relação à organização administrativa, é correto afirmar que prevalece, na jurisprudência do Supremo Tribunal Federal, o entendimento de que os Conselhos Profissionais ostentam natureza jurídica de

(A) órgão público.
(B) entidade do terceiro setor.
(C) autarquia.
(D) fundação pública.
(E) empresa estatal.

COMENTÁRIO

Alternativa correta: letra "c". Tradicionalmente, os conselhos profissionais são considerados autarquias e, de acordo com o STF, isso ocorre em razão da atividade que exercem. Por outro lado, de acordo com a Suprema Corte, eles não se submetem na íntegra ao regime de direito público próprio das autarquias e, nesse sentido, decidiu-se que não se aplica a eles a obrigatoriedade do regime jurídico único, permitindo a contratação de seu pessoal sob o regime celetista (STF, ADC 36), bem como foi fixada a seguinte tese (RE 938877): "Os pagamentos devidos, em razão de pronunciamento judicial, pelos Conselhos de Fiscalização não se submetem ao regime de precatórios".

02. **(IBFC - Analista Judiciário - Área Judiciária - TRE - PA/2020)** A criação de Agências Reguladoras se deu com o Programa Nacional de Desestatização. Sendo assim, analise as afirmativas abaixo:

I. A natureza especial conferida à agência reguladora é caracterizada pela ausência de tutela ou de subordinação hierárquica, pela autonomia funcional, decisória, administrativa e financeira e pela investidura a termo de seus dirigentes e estabilidade durante os mandatos.
II. Os membros do Conselho Diretor ou da Diretoria Colegiada ficam impedidos de exercer atividade ou de prestar qualquer serviço no setor regulado pela respectiva agência, por período de 4 (quatro) meses, contados da exoneração ou do término de seu mandato, assegurada a remuneração compensatória.
III. É vedada a indicação para o Conselho Diretor ou a Diretoria Colegiada de pessoa que tenha atuado, nos últimos 30 (trinta) meses, como participante de estrutura decisória de partido político ou em trabalho vinculado a organização, estruturação e realização de campanha eleitoral.
IV. O Conselho Administrativo de Defesa Econômica notificará a agência reguladora do teor da decisão sobre condutas potencialmente anticompetitivas cometidas no exercício das atividades reguladas, bem como das decisões relativas a atos de concentração julgados por aquele órgão, no prazo máximo de 24 (vinte e quatro) horas após a publicação do respectivo acórdão.

Assinale a alternativa correta.

a) Apenas as afirmativas I, III e IV estão corretas
b) Apenas as afirmativas I e II estão corretas
c) Apenas a afirmativas III e IV estão corretas
d) Apenas a afirmativa I está correta

COMENTÁRIO

Alternativa correta: letra "d". Apenas a afirmativa I está correta.

Item I. Correto. As agências reguladoras têm sido criadas como **autarquias em regime especial**, por possuírem maior autonomia do que as autarquias em geral e, nos termos do art. 3º da Lei nº 13.848/2019, a "natureza especial conferida à agência reguladora é caracterizada pela ausência de tutela ou de subordinação hierárquica, pela autonomia funcional, decisória, administrativa e financeira e pela investidura a termo de seus dirigentes e estabilidade durante os mandatos, bem como pelas demais disposições constantes desta Lei ou de leis específicas voltadas à sua implementação".

Item II. Errado. Realmente, há a vedação de atuação em período posterior ao desligamento da agência, mas conforme o art. 8º da Lei nº 9.986/2000, o prazo de vedação é de **seis** meses, contados da exoneração ou do término

QUESTÕES DE CONCURSOS

do seu mandato. Durante esse período, o ex-dirigente não pode exercer nenhuma atividade ou prestar qualquer serviço no setor regulado pela respectiva agência, pois a esta fica vinculado e faz jus a remuneração compensatória equivalente à do cargo de direção que exerceu e aos benefícios a ele inerentes. A inobservância dessa vedação constitui crime de advocacia administrativa, sem prejuízo das demais sanções cabíveis, administrativas e civis.

Item III. Errado. É vedada a indicação para o Conselho Diretor ou a Diretoria Colegiada de pessoa que tenha atuado, nos últimos **36 (trinta e seis) meses**, como participante de estrutura decisória de partido político ou em trabalho vinculado a organização, estruturação e realização de campanha eleitoral. Eis a redação do art. 8º-A, II, da Lei nº 9.986/2000.

Item IV. Errado. Nos termos do art. 28, da Lei nº 13.848/2019, "(...) o o Conselho Administrativo de Defesa Econômica (Cade) notificará a agência reguladora do teor da decisão sobre condutas potencialmente anticompetitivas cometidas no exercício das atividades reguladas, bem como das decisões relativas a atos de concentração julgados por aquele órgão, no prazo máximo de **48 (quarenta e oito) horas** após a publicação do respectivo acórdão, para que sejam adotadas as providências legais".

03. **(FCC - Analista Judiciário - Área Judiciária - TRF 3/2019)** Nos termos da Constituição Federal de 1988 e da legislação aplicável, o regime jurídico das sociedades de economia mista confere a essas entidades

(A) a dispensa de realizar licitações quando se tratar da comercialização, prestação ou execução, de forma direta, de produtos, serviços ou obras especificamente relacionados com seus respectivos objetos sociais.

(B) o privilégio processual de prazo em dobro para todas as suas manifestações processuais, cuja contagem terá início a partir da intimação pessoal.

(C) a prerrogativa de pleitear ao presidente do tribunal ao qual couber o conhecimento do respectivo recurso a suspensão da execução da liminar ou de sentença, de modo a evitar grave lesão à ordem, à saúde, à segurança e à economia públicas.

(D) a obrigação de sempre observar o teto remuneratório constitucional na remuneração de seus agentes.

(E) a sujeição ao regime de pagamento de suas dívidas por precatório, nos termos do art. 100 da Constituição Federal, independentemente da natureza de suas atividades.

COMENTÁRIO

Alternativa correta: letra "a". O art. 28, §3º, I, da Lei nº 13.303/2016, expressamente dispensa a realização de licitações às empresas estatais no que se refere à "comercialização, prestação ou execução, de forma direta, pelas empresas mencionadas no *caput*, de produtos, serviços ou obras especificamente relacionados com seus respectivos objetos sociais".

Alternativa "b". Na forma do Código de Processo Civil, art. 183, a "União, os Estados, o Distrito Federal, os Municípios e suas respectivas autarquias e fundações de direito público gozarão de prazo em dobro para todas as suas manifestações processuais, cuja contagem terá início a partir da intimação pessoal". O dispositivo não se aplica às sociedades de economia mista.

Alternativa "c". Não há essa prerrogativa na Constituição Federal nem na Lei nº 13.303/2016.

Alternativa "d". As sociedades de economia mista, as empresas públicas e suas subsidiárias receberam tratamento peculiar, pois, nos termos do art. 37, § 9º, só devem se submeter ao teto constitucional quando "receberem recursos da União, dos Estados, do Distrito Federal ou dos Municípios para pagamento de despesas de pessoal ou de custeio em geral".

Alternativa "e". O Supremo Tribunal Federal, no julgamento do RE 407.099/RS e do RE 601392/PR, já consolidou precedente da possibilidade de sujeitar empresa estatal ao regime de precatório em se tratando de **prestadora de serviço público em regime não concorrencial**. Nesse sentido: RE 599628: (tese de repercussão geral) "Sociedades de economia mista que desenvolvem atividade econômica em regime concorrencial não se beneficiam do regi-me de precatórios, previsto no art. 100 da Constituição da República." RE 852302: "As sociedades de economia mista prestadoras de serviço público de atuação própria do Estado e de natureza não concorrencial submetem-se ao regime de precatório." ADPF 387: "É aplicável o regime dos precatórios às sociedades de economia mista prestadoras de serviço público próprio do Estado e de natureza não concorrencial".

04. (AOCP - Analista Judiciário - Área Judiciária - TRT 1/2018) Sobre os órgãos públicos, analise as assertivas e assinale a alternativa que aponta as corretas.

I. Quanto à estrutura, os órgãos podem ser classificados em singulares e coletivos.

II. Órgão é a unidade de atuação integrante da estrutura da Administração direta e da estrutura da Administração indireta.

III. Os Ministérios e as Secretarias de Estado e de Municípios podem ser classificados, quanto à posição estatal, como órgãos autônomos.

IV. Segundo a teoria eclética, o órgão é formado por dois elementos, quais sejam, o agente e o complexo de atribuições.

(A) Apenas I e IV.
(B) Apenas II e III.
(C) Apenas I, II e III.
(D) Apenas I, III e IV.
(E) Apenas II, III e IV.

COMENTÁRIO

Alternativa correta: letra "e". Estão corretos os itens II, III e IV.

Item I. Errado. Quanto à estrutura, os órgãos públicos podem ser definidos como **simples, unitários ou compostos.** Por sua vez, quanto à composição, os órgãos podem ser **singulares ou coletivos.**

Item II. Correto. Órgãos públicos são centros especializados de atribuições que existem no interior de uma pessoa jurídica política ou administrativa. O art. 1º, §2º, I da Lei 9784/99 define órgão como "a unidade de atuação integrante da estrutura da Administração direta e da estrutura da Administração indireta".

Item III. Correto. Órgãos **autônomos** estão situados abaixo dos órgãos independentes, aos quais estão subordinados, mas possuem autonomia administrativa, financeira e técnica. Ex: Ministérios, Secretarias de Estado.

Item IV. Correto. De acordo com a **teoria eclética** – evolução das teorias subjetiva e objetiva – os órgãos públicos **são formados por dois elementos distintos**, com o surgimento da figura do agente e da figura do complexo de atribuições. A crítica que é feita a essa teoria está no fato de que, sendo exigidos dois elementos para a existência do órgão, desaparecendo um deles, por exemplo o agente, extingue-se o órgão, de igual modo.

05. (AOCP - Analista Judiciário - Oficial de Just. Avaliador Federal - TRT 1/2018) De acordo com a classificação dos órgãos públicos, analise o trecho a seguir e assinale a alternativa que aponta a classificação correspondente.

"São os originários da Constituição e representativos dos três Poderes do Estado, sem qualquer subordinação hierárquica ou funcional, e sujeitos apenas aos controles constitucionais de um sobre o outro; suas atribuições são exercidas por agentes políticos."(Di Pietro, Maria Sylvia Zanella. Direito administrativo. 30.ed. Rev., atual. E ampl. - Rio de Janeiro: Forense, 2017.)

(A) Órgãos autônomos.
(B) Órgãos independentes.
(C) Órgãos superiores.
(D) Órgãos centrais.
(E) Órgãos subalternos.

COMENTÁRIO

Alternativa correta: letra "b". Os **órgãos independentes** são os que **representam as funções principais do Estado**, isto é, a legislativa, a jurisdicional e a administrativa. São órgãos que estão no topo da estrutura estatal e **não estão subordinados a nenhum outro** e, também, são chamados de **órgãos primários**. São exemplos: Câmara dos Deputados, Senado Federal, Presidência da República, Supremo Tribunal Federal.

Alternativa "a". Órgãos **autônomos** estão **situados abaixo dos órgãos independentes**, aos quais estão subordinados, mas ainda possuem autonomia administrativa, financeira e técnica. São exemplos: Ministérios, Secretarias de Estado, Secretarias de Município, Advocacia-Geral da União.

Alternativa "c". Órgãos superiores são órgãos **subordinados aos autônomos e independentes, possuem poder de direção, mas não têm autonomia administrativa nem financeira.** São exemplos: procuradorias jurídicas, gabinetes, coordenadorias, departamentos.

Alternativa "d". Os órgãos **centrais** são os que atuam em toda a área territorial da pessoa jurídica a que pertencem como, por exemplo, o Ministério da Justiça, que é um órgão federal e atua em todo o país.

Alternativa "e". Os **órgãos subalternos** são aqueles que possuem pequeno poder de decisão e suas atividades são, principalmente, de execução, de cumprimento das decisões dos órgãos a que estão subordinados. São exemplos: seção de expediente, seção de pessoal.

06. (Cespe - Técnico Judiciário - Área Administrativa - TRE - BA/2017) Em razão da grande demanda constitucional por sua atuação, o Estado, além de realizar suas atividades administrativas de maneira direta, pode desenvolvê-las de modo indireto por meio de órgãos, agentes e pessoas jurídicas. Nesse cenário da organização administrativa, podem ocorrer os processos de desconcentração e descentralização do poder. Acerca desses processos, assinale a opção correta.

a) O processo de distribuição interna de competências decisórias, agrupadas em unidades do conjunto orgânico que compõe o Estado, é chamado de desconcentração.

b) A desconcentração administrativa pressupõe pessoas jurídicas diversas daquelas que originalmente teriam titulação sobre a atividade.

c) O Estado pode exercer diretamente as atividades administrativas ou desenvolvê-las por meio de outros agentes públicos, o que caracteriza a desconcentração.

d) A atividade administrativa exercida pelo próprio Estado ou pelo conjunto orgânico que o compõe é chamada descentralizada.

e) Na centralização, o Estado atua indiretamente por meio dos seus órgãos, isto é, do conjunto orgânico que o compõe, e dele não se distingue.

COMENTÁRIOS

Alternativa correta: letra "a". A **desconcentração** representa o exercício da função administrativa de maneira desconcentrada, quer dizer, não há a concentração em um só órgão, mas, sim, **a pessoa jurídica política se divide em vários órgãos**. Ocorre a **distribuição interna de competência**. Dá-se a distinção entre os níveis de direção e de execução no interior da pessoa jurídica.

Alternativa "b". Na **descentralização**, a distribuição de competência é externa, ou seja, de uma pessoa jurídica para outra pessoa jurídica.

Alternativa "c". A **desconcentração** não está relacionada com o desempenho da função administrativa por **agentes públicos**, mas, sim, por órgãos públicos. Assim, a presença de agentes públicas não é determinante para definir se a atividade é exercida de modo concentrado ou desconcentrado. Para se verificar se a atividade administrativa está sendo realizada de forma concentrada ou desconcentrada, é só analisar se em determinada pessoa estatal existe um órgão só ou se há vários. No primeiro caso, há concentração e, no segundo, existe desconcentração.

Alternativa "d" (responde à alternativa "e"). Na **centralização, a pessoa política desempenha a atividade administrativa por seus próprios órgãos**. Não transfere para outra pessoa jurídica. Já, na **descentralização**, a pessoa política se **utiliza de outras pessoas jurídicas para realizar a função administrativa**. Na **centralização**, há **uma pessoa jurídica só: a política**. Na **descentralização** há a **pessoa jurídica política e a pessoa jurídica que recebeu a atribuição para o desempenho de atividade administrativa**. Assim, para se saber se a função administrativa é feita de maneira centralizada ou descentralizada, é só verificar se a pessoa política – União, Estados, Distrito Federal, Municípios – realiza a atividade por meio de seus próprios órgãos ou se transferiu para outra pessoa jurídica fazê-lo. Na primeira hipótese, há centralização e, na segunda, existe descentralização.

07. (Cespe – Técnico Judiciário – Área Administrativa – TRF 1/2017) Órgão público é ente despersonalizado, razão por que lhe é defeso, em qualquer hipótese, ser parte em processo judicial, ainda que a sua atuação seja indispensável à defesa de suas prerrogativas institucionais.

COMENTÁRIOS

"Errado". O órgão público não é dotado de **personalidade jurídica**. De igual modo, **não possui**

patrimônio próprio, já que os bens pertencem à pessoa jurídica de que ele faz parte e **não tem capacidade processual**, ou seja, não pode ser autor ou réu em eventual ação judicial. Algumas situações, contudo, devem ser ressaltadas, pois, **de maneira excepcional**, o órgão público não se mantém fiel às características apontadas, quais sejam: a) possibilidade de celebração de contrato de desempenho, como previsto no art. 37, §8º, da Constituição Federal; b) **possibilidade de defesa judicial de suas prerrogativas ou atribuições**, nas situações em que o órgão é parte no processo; c) possibilidade de inscrição de alguns órgãos junto ao CNPJ, nos termos do art. 4, I, da Instrução Normativa nº 1863/2018 da Receita Federal do Brasil. O STJ, inclusive, tem entendimento sumulado nesse sentido (Súmula 525); "A Câmara de Vereadores não possui personalidade jurídica, apenas personalidade judiciária, somente podendo demandar em juízo para defender os seus direitos institucionais."

08. (Cespe – Técnico Judiciário – Área Administrativa – TRF 1/2017) O Tribunal Regional Federal da 1.a Região, um órgão classificado como autarquia em regime especial, integra a administração indireta da União.

COMENTÁRIOS

"Errado". O Tribunal Regional Federal da 1ª Região é um órgão público, **integrando a administração pública direta**.

09. (FCC – Analista Judiciário – Área Judiciária – TRF 5/2017) A União, por meio do Ministério da Educação, formalizou termo de colaboração, regido pela Lei no 13.019 de 2014, com organização da sociedade civil, firmado após seleção por meio de chamamento público, com vista à implementação de projeto voltado à formação e qualificação de multiplicadores de conhecimento na área de prevenção de doenças sexualmente transmissíveis em adolescentes. Estabeleceu-se que a remuneração da equipe encarregada da execução do plano de trabalho, durante a vigência da parceria, seria paga com recursos públicos vinculados à parceria. O Tribunal de Contas da União solicitou esclarecimentos ao Poder Público sob a alegação de que os recursos públicos não poderiam ser empregados na remuneração de pessoal próprio da Organização da Sociedade Civil parceira. O apontamento do TCU.

(A) procede, porquanto os recursos públicos repassados à entidade parceira somente podem remunerar equipe de trabalho contratada, jamais própria, cujo custo deve ser suportado pela entidade privada a título de contrapartida.

(B) improcede, pois a Lei nº 13.019 de 2014 permite expressamente que a remuneração da equipe de trabalho, tanto contratada como própria da entidade parceria, possa ser feita com recursos públicos vinculados à parceria.

(C) procede, pois a Lei nº 13.019 de 2014 veda expressamente o pagamento da equipe encarregada da execução do plano de trabalho, seja pessoal próprio da organização, seja contratado para execução da parceria.

(D) improcede, porque a lei não dispõe quanto à natureza das despesas que podem ou não ser custeadas com recursos vinculados à parceria, cabendo aos instrumentos jurídicos disciplinar a questão livremente, em razão do controle de resultados introduzido pelo novo marco regulatório.

(E) procede, pois a lei veda expressamente o pagamento com recursos da parceria da equipe de trabalho e de todos os custos indiretos necessários à execução do objeto, qualquer que seja sua proporção em relação à parceria.

COMENTÁRIO

Alternativa correta: letra "b" (responde a alternativa "d"). Na forma do art. 11, parágrafo único, VI, da Lei nº 13.019/2014, dentre as informações que devem ser divulgadas pelas organizações da sociedade civil na internet e em locais visíveis de suas sedes estão, por exemplo, **o valor total da remuneração da equipe de trabalho**, as funções que seus integrantes desempenham e a remuneração prevista para o respectivo exercício, **quando vinculados à execução do objeto e pagos com recursos da parceria.**

QUESTÕES DE CONCURSOS

Alternativa "a" (responde as alternativas "c" e "e"). Estabelece o art. 46, I, da Lei nº 13.019/2014, que poderão ser pagas, dentre outras despesas, com recursos vinculados à parceria "remuneração da equipe encarregada da execução do plano de trabalho, inclusive de pessoal próprio da organização da sociedade civil, durante a vigência da parceria, compreendendo as despesas com pagamentos de impostos, contribuições sociais, Fundo de Garantia do Tempo de Serviço – FGTS, férias, décimo terceiro salário, salários proporcionais, verbas rescisórias e demais encargos sociais e trabalhistas".

10. **(Cespe – Analista Judiciário – Área Administrativa – TRE – PE/2017)** As entidades autônomas integrantes da administração indireta que atuam em setores estratégicos da atividade econômica, zelando pelo desempenho das pessoas jurídicas e por sua consonância com os fins almejados pelo interesse público e pelo governo são denominadas

a) agências autárquicas executivas.
b) serviços sociais autônomos.
c) agências autárquicas reguladoras.
d) empresas públicas.
e) sociedades de economia mista.

COMENTÁRIOS

Alternativa correta: letra "c". Agência reguladora é uma **entidade administrativa da Administração Pública indireta, com personalidade de direito público, criada para exercer a regulação, o controle administrativo, a fiscalização, a disciplina sobre a prestação de um determinado serviço público ou a realização de alguma atividade econômica.** As agências reguladoras estão sendo criadas como **autarquias em regime especial** e não são consideradas, pela maioria da doutrina, como espécie autônoma de entidade administrativa. Não deixam de ser autarquias.

Alternativa "a". Agência executiva **não é uma nova pessoa jurídica que surge**. Não é uma nova espécie de entidade da administração indireta. É, apenas, **um título, um *status*, uma qualificação atribuída a uma autarquia ou a uma fundação pública**. Essa **qualificação** está prevista no art. 51 da Lei nº 9.649/98. De acordo com esse dispositivo, são **requisitos**: **a) plano estratégico** de reestruturação e de desenvolvimento institucional em andamento; **b)** celebração de **contrato de desempenho** com o ministério supervisor.

Alternativa "b". Os serviços sociais autônomos são **pessoas jurídicas de direito privado, sem finalidade de lucro, que atuam na realização de atividade de interesse público, de atividade não exclusiva do Estado.** Prestam assistência, ensino a determinadas categorias profissionais. **Não fazem parte da administração indireta, mas, para serem criados, dependem de lei.** Entretanto, não é a lei que os cria, pois a **lei autoriza a instituição**, mas quem concretiza sua criação são as suas Confederações Nacionais, conforme o setor produtivo (indústria, comércio, agricultura, transportes e cooperativas). São exemplos o Senai (Serviço Nacional de Aprendizagem Industrial) e Sesi (Serviço Social da Indústria).

Alternativa "d" (responde a alternativa "e"). As empresas públicas e as sociedades de economia mista são espécies das chamadas **empresas estatais.** Há várias semelhanças entre elas: **integram a administração indireta, possuem personalidade de direito privado, possuem patrimônio próprio e autonomia administrativa** e a criação delas é **autorizada por lei específica.** Uma das principais diferenças entre as empresas públicas e as sociedades de economia mista diz respeito à forma societária que podem assumir. Enquanto as sociedades de economia mista, necessariamente, devem assumir a forma de sociedades anônimas, as **empresas públicas podem assumir qualquer forma empresarial existente**, podendo até ser unipessoal.

11. **(Consulplan – Analista Judiciário – Área Judiciária – TRF 2/2017)** "O Governador do Estado X pretende criar uma Agência Reguladora, entidade administrativa integrante da administração indireta, para fiscalizar a prestação de serviço de transporte público de passageiros." A referida Agência Reguladora deve possuir algumas prerrogativas, dentre as quais:

I. Apreciação de lei de diretrizes orçamentárias.
II. Competência tributária.
III. Iniciativa legislativa.

Assinale se:

A) Nenhuma alternativa estiver correta.
B) Estiverem corretas as alternativas I e II.

C) Somente a alternativa I estiver correta.
D) Somente a alternativa III estiver correta.

COMENTÁRIO

Alternativa correta: letra "a" (responde as demais alternativas). A agência reguladora é uma entidade administrativa da Administração Pública indireta, com personalidade de direito público, criada para exercer a regulação, o controle administrativo, a fiscalização, a disciplina sobre a prestação de um determinado serviço público ou a realização de alguma atividade econômica. Sua criação é fruto da transferência da regulação, normatização e fiscalização das atividades econômicas e de diversos serviços públicos da administração direta para a indireta. Estão sendo criadas como **autarquias em regime especial**, por possuírem maior autonomia do que as autarquias em geral e, por exemplo, na esfera federal, seus dirigentes são nomeados pelo Presidente da República, após aprovação do nome pelo Senado, têm mandato fixo e somente perderão o cargo a) em caso de renúncia; b) em caso de condenação judicial transitada em julgado ou de condenação em processo administrativo disciplinar; c) por infringência de quaisquer das vedações previstas no art. 8º-B da Lei nº 13.848/2019, reduzindo-se, dessa forma, o controle político. Todavia, como qualquer outra pessoa da administração indireta, a agência reguladora **não é independente e não tem autonomia política**, pois possui, apenas, autonomia administrativa um pouco maior que a regra. A entidade criada (agência reguladora) submete-se a controle de finalidade por quem a criou (administração direta), o que, na esfera, é chamado de **supervisão ministerial**, pois, nos termos do art. 4º, parágrafo único, do Decreto-Lei 200/67, as pessoas da administração indireta vinculam-se ao Ministério relacionado com a área de atividade da pessoa administrativa. As agências reguladoras recebem a função de regular por meio da deslegalização de parte da matéria. **Deslegalização** ou **delegificação** é o modo pelo qual as "casas legislativas abrem um espaço normativo, quase sempre de natureza técnica, em que elas se demitem da função de criar certas normas legais para que outros entes, públicos ou privados, o façam, sob os limites e controles por ela estabelecidos, no exercício da competência implícita no caput do art. 48 da Constituição" [48], ou seja, a lei delega a função de criar norma a respeito de assuntos técnicos a órgãos e pessoas administrativas. É o que se conhece, também, por discricionariedade técnica, porque a lei estabelece parâmetros, diretrizes para que, em nível administrativo, seja feita a complementação da lei, com conteúdo técnico. Entretanto, apesar da maior autonomia das agências reguladoras, não possuem a prerrogativa de **aprovação de lei de diretrizes orçamentárias**, de **iniciativa legislativa**, nem, tampouco, **competência tributária**. Deve-se destacar, por fim, a publicação da Lei nº 13.848/2019, que passa a regulamentar as agências reguladoras em âmbito federal.

12. **(FGV – Analista Judiciário – Área Judiciária – TRT 12/2017)** Em relação ao regime jurídico das empresas estatais, de acordo com o ordenamento jurídico e a doutrina de Direito Administrativo, as empresas públicas e as sociedades de economia mista:

(A) integram a Administração Indireta, ostentando personalidade jurídica de direito público, e são criadas com a finalidade de prestar serviços públicos ou exploração de determinadas atividades econômicas de interesse da sociedade;
(B) têm seus empregados regidos pela Consolidação das Leis do Trabalho, com vínculo empregatício por meio de relação contratual de emprego, mas se submetem a algumas restrições aplicáveis aos servidores públicos em geral;
(C) remuneram seus empregados com vencimentos, proventos, pensões ou outra espécie remuneratória, incluídas as vantagens pessoais ou de qualquer outra natureza, que não podem exceder, em qualquer caso, o subsídio mensal, em espécie, dos Ministros do Supremo Tribunal Federal;
(D) têm seu pessoal contratado mediante prévio concurso público de provas ou de provas e títulos, mas não se aplica a vedação constitucional de acumulação de cargos e empregos públicos a seus agentes;
(E) concedem a estabilidade constitucional a seus empregados aprovados mediante concurso público após três anos de efetivo exercício, que somente poderão

48. MOREIRA NETO, Diogo de Figueiredo. *Curso de direito administrativo: parte introdutória, parte geral e parte especial*. 15. ed. Rio de Janeiro: Forense, 2009. p. 34.

perder o emprego em virtude de sentença judicial transitada em julgado ou processo administrativo em que lhe seja assegurada ampla defesa.

COMENTÁRIO

Nota do Autor: Alternativa correta: letra "b" (responde a alternativa "d"). A empresa pública e a sociedade de economia mista são espécies das **empresas estatais**. Como características comuns, destacam-se o fato de **integrarem a administração indireta, possuírem personalidade de direito privado, patrimônio próprio e autonomia administrativa.** Além disso, a criação delas é **autorizada por lei específica** e a sua atuação, necessariamente, volta-se ou à **exploração de atividade econômica** ou à **prestação de serviço público** e, em ambos os casos, são pessoas jurídicas de direito privado, isto é, o regime jurídico é o previsto no direito privado, todavia, com as derrogações feitas pelo direito público. Ou seja, trata-se, na verdade, de regime híbrido, com normas de direito privado e normas de direito público e a harmonização entre essas normas é diferente conforme se trate de exploradora de atividade econômica ou de prestadora de serviço público, pois naquela a maior incidência é de normas de direito privado e nesta predominam as normas de direito público. Neste sentido, por exemplo, os funcionários das empresas públicas e das sociedades de economia mista são **empregados públicos**, espécie do gênero agente administrativo (no qual se incluem os estatutários), quer dizer, possuem vínculo funcional com a Administração Pública. Todavia, o vínculo não é estatutário e, sim, contratual. O ingresso deve ser feito por concurso público e, em regra, é proibida a acumulação do emprego público com outro cargo, emprego ou função pública, mas devem ingressar, em regra, por concurso público.

Alternativa "a". As empresas estatais são **pessoas jurídicas de direito privado.**

Alternativa "c". As empresas estatais remuneram seus empregados por meio de salário e, quanto à aplicação do teto remuneratório, receberam tratamento peculiar, pois, nos termos do art. 37, § 9º, só devem se submeter ao teto constitucional quando "receberem recursos da União, dos Estados, do Distrito Federal ou dos Municípios para pagamento de despesas de pessoal ou de custeio em geral"; são as chamadas empresas estatais dependentes.

Alternativa "e". A estabilidade é uma garantia constitucional destinada aos servidores ocupantes de cargo efetivo que tenham três anos de efetivo exercício e após avaliação especial de desempenho por comissão instituída para essa finalidade, nos moldes do art. 41. De acordo com o posicionamento manifestado nas decisões do STF, a estabilidade só se estende aos empregados celetistas da administração direta, autarquias e fundações públicas que ingressaram no serviço público antes da Emenda 19/98. Assim, os **empregados de empresa pública ou sociedade de economia mista não possuem direito à estabilidade, nem antes nem depois da Emenda nº 19/98.**

3.2. Questões objetivas de concursos

01. (FCC – Analista Judiciário – Área Administrativa – TRT 18/2023) À parceria firmada entre a Administração Pública e uma organização da sociedade civil, para desempenho de atividades de interesse público, em mútua cooperação, não caracterizando delegação de serviço público, dá-se o nome de

(A) Acordo de colaboração, quando não houver previsão de transferência de recursos públicos para a organização da sociedade civil.

(B) Termo de fomento, quando não houver previsão de transferência de recursos públicos para a organização da sociedade civil.

(C) Termo de acordo de cooperação, quando a parceria envolver mais de um órgão ou entidade pública, independentemente da transferência de recursos públicos.

(D) Termo de colaboração, quando a iniciativa partir da Administração Pública e houver previsão de transferência de recursos financeiros à organização da sociedade civil.

(E) Termo de fomento, quando a iniciativa partir da Administração Pública e houver previsão de transferência de recursos financeiros à organização da sociedade civil.

02. (IBFC – Técnico Judiciário – Área Administrativa – TRE – PA/2020) O Estatuto Jurídico da empresa pública, da sociedade de economia mista e de suas subsidiárias, no âmbito da União, dos Estados, do

Distrito Federal e dos Municípios encontra- se regulamentado na Lei nº 13.303 de 2016. Sobre o tema, assinale a alternativa correta:

a) Desde que a maioria das ações com direito a voto pertençam em sua maioria à União, aos Estados, ao Distrito Federal ou aos Municípios, será admitida, no capital da empresa pública, a participação de outras pessoas jurídicas de direito público interno, bem como de entidades da administração indireta dos entes federados
b) Sociedade de economia mista é a entidade dotada de personalidade jurídica de direito privado, com criação autorizada por lei, sob a forma de sociedade anônima, cuja maioria do capital votante pertença em sua maioria à União, aos Estados, ao Distrito Federal, aos Municípios ou a entidade da administração indireta
c) Há expressa vedação legal em face das sociedades de economia mista para o lançamento de debêntures ou outros títulos ou valores mobiliários, conversíveis em ações, bem como para emissão de partes beneficiárias
d) O prazo de gestão dos membros do Conselho Fiscal, tanto para empresas públicas, como para sociedades de economia mista, não poderá ser superior a dois anos, permitidas duas reconduções consecutivas

03. **(IBFC - Técnico Judiciário - Área Administrativa - TRE - PA/2020)** Para José dos Santos Carvalho Filho, "a função administrativa é dentre todas a mais ampla, uma vez que é através dela que o Estado cuida da gestão de todos os seus interesses e os da coletividade". Considerando o sentido material (ou objetivo) e o sentido subjetivo (ou orgânico) da Administração Pública, analise atentamente as afirmativas abaixo e dê valores Verdadeiro (V) ou Falso (F).

( ) O exercício das atividades administrativas pode se dar tanto de forma centralizada, prestada pela Administração Direta, composta pelos entes políticos e seus respectivos órgãos, quanto de forma descentralizada, em que há a transferência da prestação de serviços do ente para outra pessoa jurídica fora de sua estrutura.
( ) A desconcentração configura o deslocamento interno de competências dentro de uma mesma pessoa jurídica, com a possibilidade de criação de órgãos públicos especializados e subordinados, os quais se submetem a uma espécie de controle hierárquico.
( ) As empresas públicas e as sociedades de economia mista poderão gozar de privilégios fiscais não extensivos às do setor privado.
( ) São características comuns às entidades da Administração Pública Indireta, sejam de direito público ou privado: a existência de personalidade jurídica própria, a necessidade de lei específica (para sua criação ou autorização, a depender do caso), a criação para uma finalidade específica de interesse público definida em lei, a ausência de fins lucrativos e a submissão ao controle finalístico exercido pelo ente da Administração Direta.

Assinale a alternativa que apresenta a sequência correta de cima para baixo.

a) V, F, F, V
b) F, V, F, V
c) V, V, F, V
d) V, V, V, F

04. **(FCC - Analista Judiciário - Oficial de Just. Avaliador Federal - TRT 2/2018)** A criação de uma sociedade de economia mista por um ente político, para prestação de serviço público de sua titularidade, expressa

(A) organização administrativa sob a forma de desconcentração, tendo em vista que outra pessoa jurídica, ainda que com personalidade jurídica de direito público, desempenhará as atividades típicas da Administração pública.
(B) a possibilidade de incidência do regime jurídico de direito público para as pes-

soas jurídicas de direito privado integrantes da Administração pública, com exceção da incidência de normas e princípios aplicáveis à Administração central, como a obrigatoriedade de submissão a concurso público para contratação de servidores, porque não serão submetidos a regime estatutário.

(C) a transferência de competências para pessoas jurídicas com personalidade jurídica própria, autônomas e desprovidas de relação hierárquica ou de tutela com o ente que as instituiu.

(D) organização administrativa do ente público estruturada de forma desconcentrada, abrangendo delegação de competências para órgãos administrativos e pessoas jurídicas com personalidade jurídica própria.

(E) forma descentralizada de organização administrativa, na qual pessoas jurídicas são instituídas para integrar a Administração indireta do ente federado e desempenhar as atribuições especificadas nos atos institutivos, originalmente de atribuição da Administração central.

05. (FCC – Analista Judiciário – Área Judiciária – TRT 2/2018) O diretor executivo de uma sociedade de economia mista exploradora de atividade econômica

(A) emite ato administrativo sempre que determina ou autoriza uma contratação, precedida ou não de licitação.

(B) tem sua atuação sujeita a controle externo exercido pelo Tribunal de Contas, que não detém poderes para sustar os contratos administrativos que aquele subscrever em nome da empresa.

(C) submete-se a concurso público para provimento do cargo efetivo que ocupa, que exige vínculo estatutário.

(D) sujeita-se aos princípios que regem a Administração pública, mas não se enquadra no conceito de agente público para fins de configuração de ato de improbidade administrativa.

(E) está sujeito a controle externo e interno, em razão das funções que exerce em pessoa jurídica de direito público, mas não incide em responsabilização por infração disciplinar ou por ato de improbidade.

06. (FCC – Analista Judiciário – Área Judiciária – TRT 6/2018) De acordo com a Lei nº 13.019/2014,

(A) qualquer organização da sociedade civil pode celebrar parceria com a Administração pública, podendo se materializar mediante convênio ou contrato.

(B) as entidades da sociedade civil devem ser qualificadas como organizações sociais para celebrarem parcerias regidas por esse diploma legal com os entes públicos quando envolverem o repasse de recursos financeiros.

(C) as parcerias firmadas entre poder público e entidades da sociedade civil regidas por esse diploma legal dependem da previsão de repasse de recursos financeiros para realização das atividades.

(D) os instrumentos de parceria previstos nesse diploma legal se destinam a disciplinar a realização de atividades de interesse público e recíproco, nem todos envolvendo o repasse de recursos financeiros em favor da organização da sociedade civil.

(E) a celebração de acordos ou termos de cooperação com entidades da sociedade civil configura hipótese expressa de dispensa de licitação, diferentemente do termo de fomento, que exige a realização de um chamamento para escolha da organização que melhor desempenhará as atividades de interesse público.

Questão	Resposta	Fundamentação
1	D	Lei 13.019/2014, art. 2º, VII
2	D	Lei 13.303/2016, art. 13, VII
3	C	Itens I e II: Doutrina, item 1.2. Item, III: CF, art. 173, §2º; Item IV: item 1.4
4	E	Doutrina: item 1.2
5	B	Lei 13.303/2016, art. 87
6	D	Lei 13.019/2014, art. 2º, VIII-A

3.3. Questões dissertativas/Estudos de caso

▸ ESTUDO DE CASO:

Em razão da falta de água que assola diversas partes do Brasil, os prefeitos de dez municípios integrantes da bacia do Rio Gelado reuniram-se para tentar buscar soluções conjuntas para a situação. Todos os municípios estão situados no mesmo estado da federação. Uma das propostas oferecidas na reunião foi a criação do Consórcio Público Torneira Cheia para a gestão associada dos recursos hídricos na região.

Mas, alguns prefeitos fizeram os seguintes questionamentos: o que é um consórcio público, quem dele pode fazer parte e qual o procedimento para a sua criação? Qual a personalidade jurídica a ser atribuída ao Consórcio Público Torneira Cheia? Existe algum benefício legal para a criação do consórcio público? Considerando a legislação vigente, elabore um texto tratando sobre o tema e ofereça resposta aos questionamentos apontados.

RESPOSTA SUGERIDA PELO AUTOR

A União, os Estados, o Distrito Federal e os Municípios receberam diretamente da Constituição federal suas competências administrativas e podem criar pessoas administrativas para o desempenho de atividades determinadas, valendo-se da técnica da descentralização administrativa. Essa criação depende sempre de lei, seja para autorizar a criação seja para criar diretamente a nova pessoa jurídica, conforme mandamento constitucional inserido no art. 37, XIX. Assim, cada um dos entes da federação pode criar suas autarquias, suas fundações públicas, suas empresas públicas e sociedades de economia mista e assim por diante.

Por outro lado, estabelece o art. 241 do texto constitucional que a União, os Estados, o Distrito Federal e os Municípios, por meio de lei, disciplinarão os consórcios públicos e os convênios de cooperação entre os entes federados, inclusive autorizando a gestão associada de serviços públicos, bem como a transferência total ou parcial de encargos, serviços, pessoal e bens essenciais à continuidade dos serviços transferidos. Com suporte nesse dispositivo, foi promulgada a Lei nº 11.107/05, que estabelece as normas gerais sobre consórcios públicos.

O consórcio público não é um simples ajuste entre seus membros, mas, na verdade, há a criação de outra pessoa jurídica. Essa nova pessoa possui personalidade jurídica própria e, assim, pode responder por seus atos, assumir direitos e obrigações, possui patrimônio e demais características próprias de uma pessoa jurídica. Trata-se de uma nova espécie de pessoa jurídica administrativa, mas com a peculiaridade de que sua criação é feita por mais de um ente da federação. Assim, pode haver consórcio entre dois Estados, entre dois Municípios, entre um Estado e um Município que esteja na sua área, entre a União e um Estado. Todavia, a União só pode celebrar contrato com Município, se o Estado onde se situe o Município participar também, em razão de previsão expressa no art. 1º, §2º, da Lei nº 11.107/05. Nesse sentido, no caso em tela, o Consórcio Público Torneira Cheia poderá ser constituído pelos municípios integrantes da bacia hidrográfica do Rio Gelado, bem como é possível a participação do Estado em que se situam e, caso isso se efetive, ainda a União teria a possibilidade de integrá-lo.

Para a criação do consórcio público, deve haver a formalização do protocolo de intenções, que é uma espécie de ajuste preliminar entre as pessoas políticas, no qual há a definição do objeto do consórcio, quais são seus participantes, qual sua duração, qual a forma de eleição do representante legal – que deverá ser, necessariamente, chefe do Poder Executivo de um dos entes consorciados – entre outras cláusulas previstas no art. 4º. Após a assinatura do protocolo de intenções, este deve ser publicado na imprensa oficial e, na sequência, deve ser ratificado por lei em cada um dos entes consorciados. Com a ratificação, ocorre a celebração do contrato de consórcio.

Conforme o art. 1º, § 1º, o consórcio público poderá ser uma associação pública ou uma pessoa jurídica de direito privado. Quer dizer, o consórcio pode ser instituído com personalidade de direito público – quando terá natureza de autarquia – ou com personalidade de direito privado. No caso da personalidade de direito público, também é conhecido por autarquia interfederativa ou autarquia multifederada e, nos termos do art. 6º, § 1º, passará a fazer parte da administração indireta de todos os entes consorciados. Caso tenha personalidade jurídica de direito privado, ressalta-se em relação a sua criação, que deverá ocorrer o registro no órgão competente.

A possibilidade de criação dos consórcios públicos como associação pública ou como pessoa jurídica de direito privado repercutirá no seu regime jurídico, pois se for de direito público, seguirá o mesmo regime previsto para as autarquias e, se for de direito privado, adotará o regime híbrido, em que há uma mistura das normas de direito público com as normas de direito privado, semelhante ao regime adotado pelas fundações públicas de direito privado, já que os consórcios públicos não podem ter fins econômicos (art.4º, IV).

Por isso, em obediência ao regime de direito público e por ser uma pessoa jurídica, o consórcio público deve, por exemplo, realizar concurso público e licitação. Inclusive, no procedimento licitatório podem ser apontados exem-

plos de benefícios legais para os consórcios públicos como, por exemplo, o limite maior para dispensa de licitação em razão do valor, conforme previsão específica no §2º do art. 75 da Lei nº 14.133/2021. Nesse sentido, a licitação é dispensável para o consórcio público para compras, por exemplo, até R$ 119.812,04 (dobro do valor previsto no inciso II; atualizado conforme Decreto 11.871/2023).

LEGISLAÇÃO

4. JURISPRUDÊNCIA APLICÁVEL AO CAPÍTULO

ADMINISTRAÇÃO PÚBLICA E TERCEIRO SETOR

SÚMULAS

ADMINISTRAÇÃO PÚBLICA

STF 556: "É competente a justiça comum para julgar as causas em que é parte sociedade de economia mista".

STF 517: "As sociedades de economia mista só têm foro na Justiça Federal, quando a União intervém como assistente ou opoente"

STJ 615: "Não pode ocorrer ou permanecer a inscrição do município em cadastros restritivos fundada em irregularidades na gestão anterior quando, na gestão sucessora, são tomadas as providências cabíveis à reparação dos danos eventualmente cometidos".

STJ 525: "A Câmara de Vereadores não possui personalidade jurídica, apenas personalidade judiciária, somente podendo demandar em juízo para defender os seus direitos institucionais".

STJ 324: "Compete à Justiça Federal processar e julgar ações de que participa a Fundação Habitacional do Exército, equiparada à entidade autárquica federal, supervisionada pelo Ministério do Exército."

STJ 150: "Compete a justiça federal decidir sobre a existência de interesse jurídico que justifique a presença, no processo, da união, suas autarquias ou empresas públicas".

INFORMATIVOS E DECISÕES

ADMINISTRAÇÃO INDIRETA

Sociedade de economia mista

Os bens integrantes do acervo patrimonial de sociedades de economia mista sujeitos a uma destinação pública equiparam-se a bens públicos, sendo, portanto, insuscetíveis de serem adquiridos por meio de usucapião. **(AgInt no REsp 1719589/SP, Rel. Ministro LUIS FELIPE SALOMÃO, QUARTA TURMA, julgado em 06/11/2018, DJe 12/11/2018; REsp 242073/SC, Rel. Ministro LUIS FELIPE SALOMÃO, Rel. p/ Acórdão Ministro CARLOS FERNANDO MATHIAS (JUIZ FEDERAL CONVOCADO DO TRF 1ª REGIÃO), QUARTA TURMA, julgado em 05/03/2009, REPDJe 29/06/2009; AREsp 1300393/SP (decisão monocrática), Rel. Ministro MARCO BUZZI, , julgado em 26/03/2019, publicado em 28/03/2019; REsp 1556319/SP (decisão monocrática), Rel. Ministro PAULO DE TARSO SANSEVERINO, TERCEIRA TURMA, julgado em 03/12/2018, publicado em 11/12/2018; REsp 1684008/SP (decisão monocrática), Rel. Ministro RICARDO VILLAS BÔAS CUEVA, TERCEIRA TURMA, julgado em 10/04/2018, publicado em 02/05/2018.)**

STF – Sociedade de economia mista e regime de precatório

As sociedades de economia mista prestadoras de serviço público de atuação própria do Estado e de natureza não concorrencial submetem-se ao regime de precatório. Com base nessa orientação, a Segunda Turma negou provimento a agravo regimental em que se pleiteava a aplicação do regime jurídico de execução das empresas privadas às sociedade de economia mista. A Turma afirmou que sociedade de economia mista prestadora de serviços de abastecimento de água e saneamento que prestasse serviço público primário e em regime de exclusividade – o qual corresponderia à própria atuação do Estado, sem obtenção de lucro e de capital social majoritariamente estatal – teria direito ao processamento da execução por meio de precatório. RE 852302 AgR/AL, rel. Min. Dias Toffoli, 15.12.2015. (RE-852302)

Conselhos profissionais

"Os pagamentos devidos, em razão de pronunciamento judicial, pelos Conselhos de Fiscalização não se submetem ao regime de precatórios" (RE 938877).

OAB

"O Conselho Federal e os Conselhos Seccionais da Ordem dos Advogados do Brasil não estão obrigados a prestar contas ao Tribunal de Contas da União nem a qualquer outra entidade externa." (RE 1.182.189, Tema 1054).

Precatórios e sociedade de economia mista

Estatais e atos de constrição patrimonial – 1

"Os recursos públicos vinculados ao orçamento de estatais prestadoras de serviço público essencial, em regime não concorrencial e sem intuito lucrativo primário não podem ser bloqueados ou sequestrados por decisão judicial para pagamento de verbas trabalhistas, em virtude do disposto no art. 100 da CF/1988, e dos princípios da legalidade orçamentária (art. 167, VI, da CF), da separação dos poderes (arts. 2º, 60, § 4º, III, da CF) e da eficiência da administração pública (art. 37, 'caput', da CF)". ADPF 588/PB, relator Min. Roberto Barroso, julgamento virtual finalizado em 26.4.2021 (segunda-feira), às 23:59 (Info nº 1014 do STF)

Estatais e bloqueio de verba pública – 2

É inconstitucional o bloqueio ou sequestro de verba pública, por decisões judiciais, de empresa estatal prestadora de serviço público em regime não concorrencial e sem intuito lucrativo primário.

A jurisprudência da Corte tem reconhecido a inconstitucionalidade de bloqueios e sequestros de verbas públicas de estatais por decisões judiciais por estender o regime constitucional de precatórios às estatais prestadoras de serviço público em regime não concorrencial e sem intuito lucrativo primário (1). Ademais: (a) a Constituição veda a transposição, o remanejamento ou transferência de recursos de programação para outra ou de um órgão para outro, sem prévia autorização legislativa (2); (b) a ordem constitucional rechaça a interferência do Judiciário na organização orçamentária dos projetos da Administração Pública, salvo, excepcionalmente, como fiscalizador; e (c) os atos jurisdicionais constritivos, ao bloquearem verbas orçamentárias para o pagamento de dívidas, atentam contra o princípio da eficiência da administração pública e subvertem o planejamento e a ordem de prioridades na execução de obras de infraestrutura do Poder Executivo. Com base nesse entendimento, o Plenário, por maioria, julgou parcialmente procedente arguição de descumprimento de preceito fundamental. Vencido o ministro Marco Aurélio. ADPF 616/BA, relator Min. Roberto Barroso, julgamento virtual finalizado em 21.5.2021 (sexta-feira), às 23:59

Estatais e atos de constrição patrimonial – 3

"Os recursos públicos vinculados ao orçamento de estatais prestadoras de serviço público essencial, em regime não concorrencial e sem intuito lucrativo primário, não podem ser bloqueados ou sequestrados por decisão judicial para pagamento de suas dívidas, em virtude do disposto no art. 100 da CF/1988, e dos princípios da legalidade orçamentária (art. 167, VI, da CF/1988), da separação dos poderes (arts. 2º, 60, § 4º, III, da CF/1988) e da eficiência da administração pública (art. 37, caput, da CF/1988)." ADPF 789/MA (Info nº 1026)

LEGISLAÇÃO

Estatal e programa de desestatização

É desnecessária, em regra, lei específica para inclusão de sociedade de economia mista ou de empresa pública em programa de desestatização.

Para a desestatização é suficiente a autorização genérica prevista em lei que veicule programa de desestatização. A autorização legislativa genérica não corresponde a delegação discricionária e arbitrária ao Chefe do Poder Executivo. Essa autorização é pautada em objetivos e princípios que devem ser observados nas diversas fases deliberativas do processo de desestatização. A atuação do chefe do Poder Executivo vincula-se aos limites e condicionantes legais previstos. A retirada do Poder Público do controle acionário de uma empresa estatal, ou a extinção dessa empresa pelo fim da sua personalidade jurídica, é consequência de política pública autorizada pelo Congresso Nacional, em previsão legal pela qual se cria o Programa de Desestatização, objetivando a redução da presença do Estado na economia e fixando-se, objetivamente, os parâmetros a serem seguidos para a efetivação de eventual desestatização pelo Poder Executivo. No entanto, com relação às empresas estatais cuja lei instituidora tenha previsto, expressamente, a necessidade de lei específica para sua extinção ou privatização, é necessário que o administrador público observe a norma legal. Com base nesse entendimento, o Plenário, por maioria, julgou improcedente o pedido formulado em ação direta para declarar a constitucionalidade dos arts. 2º, **caput**, e 6º, I, § 1º, da Lei 9.491/1997 (1). Vencidos os ministros Edson Fachin e Ricardo Lewandowski. ADI 6241/DF, relatora Min. Cármen Lúcia, julgamento virtual finalizado em 6.2.2021

Autorização legislativa e alienação de controle acionário de subsidiárias

No julgamento da ADI 5624 MC-Ref/DF, prevaleceu o entendimento de que a lei que autoriza a criação da empresa estatal matriz é suficiente para viabilizar a criação de empresas controladas e subsidiárias, não havendo se falar em necessidade de autorização legal específica para essa finalidade. Assim, se é compatível com a CF a possibilidade de criação de subsidiárias quando houver previsão na lei que cria a respectiva empresa estatal, por paralelismo, não há como obstar, por suposta falta de autorização legislativa, a alienação de ações da empresa subsidiária, ainda que tal medida envolva a perda do controle acionário do Estado. Com base nesse entendimento, o Plenário, por unanimidade, conheceu em parte da arguição de descumprimento de preceito fundamental e, na parte conhecida, julgou improcedente o pedido formulado contra o Edital de Leilão 1/2020 da Companhia Energética de Brasília (CEB), que se destina a alienação de cem por cento do controle acionário da CEB-Distribuição S.A. ADPF 794/DF, relator Min. Gilmar Mendes, julgamento virtual finalizado em 21.5.2021 (Info 1018)

FUNDAÇÃO

O Tribunal, por maioria, apreciando o tema 545 da repercussão geral, deu provimento ao recurso extraordinário, nos termos do voto do Relator, Ministro Dias Toffoli (Presidente), vencidos os Ministros Rosa Weber, Edson Fachin, Cármen Lúcia, Ricardo Lewandowski e Marco Aurélio. Em seguida, por maioria, fixou-se a seguinte tese: "1. A qualificação de uma fundação instituída pelo Estado como sujeita ao regime público ou privado depende (i) do estatuto de sua criação ou autorização e (ii) das atividades por ela prestadas. As atividades de conteúdo econômico e as passíveis de delegação, quando definidas como objetos de dada fundação, ainda que essa seja instituída ou mantida pelo Poder público, podem-se submeter ao regime jurídico de direito privado. 2. A estabilidade especial do art. 19 do ADCT não se estende aos empregados das fundações públicas de direito privado, aplicando-se tão somente aos servidores das pessoas jurídicas de direito público", vencidos, parcialmente, o Ministro Ricardo Lewandowski e, na integralidade, o Ministro Marco Aurélio.

Ausente, justificadamente, o Ministro Celso de Mello. Plenário, 07.08.2019. RE nº 716378.

Teses STJ

1) **Aplica-se a prescrição quinquenal do Decreto n. 20.910/32 às empresas públicas e às sociedades de economia mista responsáveis pela prestação de serviços públicos próprios do Estado e que não exploram atividade econômica.**

(Acórdãos AgRg nos EDcl no REsp 1300567/PR, AgRg no REsp 1400238/RN, AgRg no REsp 1289200/SE, REsp 929758/DF, REsp 1196158/SE, AgRg no AgRg no REsp 1075264/RJ)

2) **Inexiste direito à incorporação de vantagens decorrentes do exercício de cargo em comissão ou função de confiança na administração pública indireta.**

Acórdãos EDcl no REsp 818763/DF, RMS 031061/DF, RMS 019299/PB, RMS 019435/PB, RMS 015224/PB)

(Decisões Monocráticas AREsp 428311/DF)

3) **As autarquias possuem autonomia administrativa, financeira e personalidade jurídica própria, distinta da entidade política à qual estão vinculadas, razão pela qual seus dirigentes têm legitimidade passiva para figurar como autoridades coatoras em Mandados de Segurança.**

(Acórdãos REsp 1132423/SP, AgRg no Ag 800695/DF, REsp 226189/SC, REsp 575671/SC) (Decisões Monocráticas REsp 1522122/RS, REsp 1262621/CE)

4) **As empresas públicas e as sociedades de economia mista prestadoras de serviços públicos possuem legitimidade ativa *ad causam* para a propositura de pedido de suspensão, quando na defesa de interesse público primário.**

(Acórdãos AgInt no AREsp 916084/BA, AgRg na SLS 002123/BA, AgRg no AREsp 784604/MG, AgRg no AREsp 050887/AM, AgRg no AgRg na SLS 001955/DF, AgRg na SLS 001874/SC)

5) **A universidade federal, organizada sob o regime autárquico, não possui legitimidade para figurar no polo passivo de demanda que visa à repetição de indébito de valores relativos à contribuição previdenciária por ela recolhidos e repassados à União.**

(Acórdãos AgInt no REsp 1608984/SP, REsp 1518772/PE, AgRg no REsp 982560/RS, AgRg no REsp 1418353/PE, AgRg no AREsp 247598/PE, AgRg no AREsp 182463/RS)

6) **Os Conselhos de Fiscalização Profissionais possuem natureza jurídica de autarquia, sujeitando-se, portanto, ao regime jurídico de direito público.**

(Acórdãos AgInt no REsp 1574059/RS, AgRg no AREsp 456259/RJ, REsp 1363163/SP, REsp 1330473/SP, AgRg no AREsp 248000/RJ, REsp 1145265/RJ)

7) **O benefício da isenção do preparo, conferido aos entes públicos previstos no art. 4º, caput, da Lei n. 9.289/1996, é inaplicável aos Conselhos de Fiscalização Profissional. (Tese julgada sob rito do art. 543-C do CPC/73 – TEMA 625)**

(Acórdãos AgInt no REsp 1411768/AL, AgRg no AREsp 626036/DF, AgRg nos EDcl no MS 020880/PR, AgRg no AREsp 458322/RJ, AgRg no AREsp 324370/RJ, REsp 1338247/RS)

10) **As agências reguladoras podem editar normas e regulamentos no seu âmbito de atuação quando autorizadas por lei.**

(Acórdãos REsp 1635889/RS, REsp 1494081/RS, AgRg no REsp 1371426/SC, AgRg no REsp 1541592/RS, REsp 1386994/SC, REsp 1101040/PR)

11) **Não é possível a aplicação de sanções pecuniárias por sociedade de economia mista, facultado o exercício do poder de polícia fiscalizatório.**

(Acórdãos AgInt no AREsp 541532/MG, AgRg no AREsp 539558/MG, EDcl no REsp 817534/MG)

(Decisões Monocráticas AREsp 689441/MG)

12) **Compete à justiça federal decidir sobre a existência de interesse jurídico que justifique a presença, no processo, da União, suas autarquias ou empresas públicas. (Súmula n. 150/STJ)**

(Acórdãos AgInt no REsp 1605372/SC, AgInt no REsp 1598335/SC, AgInt no CC 147313/PB, REsp 1563151/ES, AgInt no CC 148180/PR, CC 149906/SC)

LEGISLAÇÃO

13) Compete à justiça comum estadual processar e julgar as causas cíveis em que é parte sociedade de economia mista e os crimes praticados em seu detrimento. (Súmula n. 42/STJ)

(Acórdãos CC 136915/SP, AgRg no AREsp 472350/SP, CC 133187/DF, REsp 996306/MA, CC 119090/MG, CC 112787/RJ)

14) Compete à Justiça ordinária estadual o processo e o julgamento, em ambas as instâncias, das causas de acidente do trabalho, ainda que promovidas contra a União, suas autarquias, empresas públicas ou sociedades de economia mista. (Súmula n. 501/STF)

(Acórdãos AgRg no CC 141868/SP, AgRg no CC 134819/SP, AgRg no CC 135327/ES, CC 121352/SP, AgRg no CC 117486/RJ, AgRg no CC 112208/RS)

CAPÍTULO III

AGENTES PÚBLICOS

1. NOÇÕES GERAIS

1.1. Conceito

O primeiro ponto a ser discutido quando se trata do pessoal da Administração Pública é a terminologia adotada. Assim, expressões como agente público, agente político, servidor público e empregado público não devem ser confundidas, pois não possuem o mesmo significado e, assim, cada uma deve ser compreendida de forma a não ficar dúvida em relação ao uso delas.

Agente público é a expressão usada para se referir a **qualquer pessoa física que exerça uma função pública**. O que é relevante para a caracterização de alguém como agente público é a verificação do exercício de função pública. Assim, não importa se o agente foi eleito, se foi aprovado em concurso público, se é estatutário ou celetista, se a função é temporária, se tem remuneração ou não. É simples: **se exerce função pública, é agente público**.

São agentes públicos **"todas as pessoas físicas incumbidas, definitiva ou transitoriamente, do exercício de alguma função estatal"**[1].

Verifica-se, dessa forma, que a expressão agente público é bem ampla e abrange diversas pessoas como, por exemplo, o Presidente da República, um Deputado federal, um Delegado de Polícia, um servidor de um Município, um empregado público de uma sociedade de economia mista, um ocupante de cargo em comissão,

1. MEIRELLES, Hely Lopes. *Direito administrativo brasileiro*. 36. ed. São Paulo: Malheiros, 2010. p. 75. Original sem destaque.

um magistrado, um servidor temporário, um mesário, um jurado, um oficial de registro de imóveis, um concessionário de serviço público. Para detalhar as categorias que se inserem nessa expressão, é necessário apontar quais são as espécies de agentes públicos existentes.

1.2. Classificação

Na clássica lição de Hely Lopes Meirelles[2], os agentes públicos subdividem-se em agentes políticos, agentes administrativos, agentes honoríficos, agentes delegados e agentes credenciados:

a) **agentes políticos**: são aqueles que **representam as funções típicas estatais de legislar, julgar e administrar**; exercem **atribuições previstas na Constituição Federal**. Aliás, o próprio texto constitucional disciplina os principais direitos e deveres dos agentes políticos, que é complementado por normas específicas, pois não se sujeitam ao regime jurídico previsto para os servidores públicos em geral. Possuem liberdade funcional. São exemplos: Senador, Deputado federal, Deputado estadual, Vereador, Presidente da República, Governador, Prefeito, Ministro, secretário de Estado, secretário municipal, membros da magistratura (Juiz, Desembargador, Ministro... não se aplica aos servidores do Poder Judiciário), membros do Ministério Público (Promotor de Justiça, Procurador de Justiça, Procurador da República, Procurador do Trabalho... não se aplica aos servidores do Ministério Público), membros dos Tribunais de Contas (Conselheiros e Ministros)[3], representantes diplomáticos.

b) **agentes administrativos**: são as **pessoas que possuem uma relação funcional com a Administração Pública**. São aquelas que, de maneira geral, possuem uma relação empregatícia na esfera pública, sujeitos à hierarquia funcional. Exercem função de apoio aos agentes políticos. Nessa categoria estão:

2. *Direito administrativo brasileiro*. 36. ed. São Paulo: Malheiros, 2010. p. 76.
3. Há divergência na doutrina sobre a inclusão dos magistrados, membros do Ministério Público e dos Tribunais de Contas na categoria de agentes políticos. Incluindo-os nessa categoria, há Hely Lopes Meirelles (*Direito administrativo brasileiro*. 36. ed. São Paulo: Malheiros, 2010. p. 79) e, por outro lado, excluindo-os está Celso Antônio Bandeira de Mello (*Curso de direito administrativo*. 27. ed. São Paulo: Malheiros, 2010. p. 247-248) e José dos Santos Carvalho Filho (*Manual de direito administrativo*. 19. ed. Rio de Janeiro: Lumen Juris, 2008. p. 532), por exemplo. Todavia, no RE 228977/SP, **o STF** decidiu que "os magistrados enquadram-se na espécie agente político, investidos para o exercício de atribuições constitucionais, sendo dotados de plena liberdade funcional de suas funções, com prerrogativas próprias e legislação específica" já fez referência aos magistrados na condição de agentes políticos (RE 228977/SP), e esse entendimento não há porque não ser extensivo aos membros do Ministério Público. Por outro lado, a Côrte considerou, na Rcl 6702 MC-Agr, o cargo de Conselheiro do Tribunal de Contas do Paraná, "à primeira vista, de natureza administrativa".

- os **servidores públicos propriamente ditos: ocupantes de cargo efetivo ou de cargo em comissão**; são regidos por leis específicas, denominadas estatutos e, por isso, são chamados de **estatutários**;
- os **empregados públicos**: são aqueles regidos pela Consolidação das Leis Trabalhistas **(CLT)** e, assim, chamados de **celetistas**;
- os **servidores temporários**: são aqueles que **exercem função temporária na Administração Pública**, submetidos a legislação específica e que são contratados para atender à necessidade temporária de excepcional interesse público.

c) **agentes honoríficos**: são as **pessoas convocadas para prestar determinado serviço para a Administração Pública**, de maneira temporária e, normalmente, sem remuneração, em razão de sua honorabilidade, de sua **idoneidade**. São exemplos o mesário e o jurado.

d) **agentes delegados**: são **particulares que possuem atribuição de executar, por sua conta e risco, um serviço público ou uma atividade de interesse público**, sob fiscalização estatal e de acordo com as normas estabelecidas pelo Estado. São os concessionários e permissionários de serviço público, os registradores de imóveis, os tabeliães, os notários, os tradutores públicos, os leiloeiros.

e) **agentes credenciados**: são as pessoas que **recebem a atribuição de representar a Administração Pública em determinado evento ou de praticar certa atividade**. Por exemplo, um pesquisador ou um empresário representando o Brasil em algum evento internacional.

Além da tradicional classificação anteriormente exposta, cumpre registrar a difundida por Maria Sylvia Zanella Di Pietro[4], pela qual os agentes públicos subdividem-se em **agentes políticos, servidores públicos, militares e particulares em colaboração com o Poder Público**.

Em comparação com a classificação anterior, coincidem os agentes políticos e os servidores públicos (naquela, são chamados de agentes administrativos), e os agentes honoríficos, delegados e credenciados são incluídos na categoria particulares em colaboração com o Poder Público. Ainda, acrescenta os militares.

Quanto aos **militares**, a autora justifica a colocação dos militares em categoria separada, em razão da EC 18/98, que alterou o nome da Seção III (art. 42) do capítulo VII (Administração Pública). Aliás, é importante frisar que, independentemente da classificação adotada, a expressão **militar** engloba os **militares das Forças Armadas** e os **militares dos Estados** (policiais militares e bombeiros militares) e que esse grupo de agentes públicos **possui regime jurídico próprio**. Assim, por exemplo, um militar do Exército não se submete ao regime estabelecido pela Lei nº 8.112/90 (Estatuto dos Servidores Públicos Civis da União) e sim ao regime definido na Lei nº 6.880/80.

4. *Direito administrativo*. 23. ed. São Paulo: Atlas, 2010. p. 511.

Na categoria "**particulares em colaboração com o Poder Público**", há as **pessoas físicas que prestam, sem vínculo empregatício, serviços ao Estado, por delegação do Poder Público** (leiloeiros, tradutores, serviços notariais, os que trabalham em empresas permissionárias e concessionárias de serviço público), **por requisição, nomeação ou designação** (jurados, convocados para o serviço militar ou para o serviço eleitoral), **como gestores de negócios** (assumem função pública em situação de emergência como epidemias, enchentes, incêndios)[5].

1.2.1. *Agente de fato*

Agente de fato ou **funcionário de fato** é a pessoa que está irregularmente investida no exercício de função pública. Todavia, não se confunde com o usurpador de função porque há **aparência de legalidade**.

São exemplos dessa situação: "falta de requisito legal para investidura, como certificado de sanidade vencido; inexistência de formação universitária para função que a exige, idade inferior ao mínimo legal; o mesmo ocorre quando o servidor está suspenso do cargo, ou exerce funções depois de vencido o prazo de sua contratação, ou continua em exercício após a idade-limite para a aposentadoria compulsória"[6].

Podem ser divididos em duas categorias: agentes necessários e agentes putativos.

O **agente necessário** é o que executa a atividade administrativa em situações excepcionais como, por exemplo, as de emergência, colaborando com o Poder Público[7]. Por sua vez, quando o agente "embora investido em funções públicas, o foi com violação de normas legais, desempenhando-as, entretanto, reputadamente como agente de direito, tem-se a figura do **agente putativo** [...]"[8].

Destaca-se que o vício contido na investidura do agente não gera, por si só, a nulidade do ato praticado pelo servidor de fato, como adverte Celso Antônio Bandeira de Mello[9]. Deve ser feita uma análise em cada situação concreta. Entretanto, em regra, os atos praticados pelos agentes necessários são confirmados pela Administração Pública porque a "excepcionalidade da situação e o interesse público a que se dirigiu o agente têm idoneidade para suprir os requisitos de direito"[10]. Por sua vez, quanto ao agente putativo, a situação é mais complexa porque, internamente, os atos apresentam vício no elemento competência e somente produzirão efeitos quando houver a convalidação, mas, externamente, o ato produzirá todos os seus efeitos, em homenagem à tutela da boa-fé dos administrados[11].

---

5. DI PIETRO, Maria Sylvia Zanella. *Direito administrativo*. 23. ed. São Paulo: Atlas, 2010. p. 518.
6. DI PIETRO, Maria Sylvia Zanella. Direito administrativo. 27. ed. São Paulo: Atlas, 2014. p. 252.
7. CARVALHO FILHO, José dos Santos. Direito administrativo. 27. ed. São Paulo: Atlas, 2014. p.597.
8. MOREIRA NETO, Diogo de Figueiredo. Curso de direito administrativo. 15. ed. Rio de Janeiro: Forense, 2009. p.323
9. Curso de direito administrativo. 27. ed. São Paulo: Malheiros, 2010. p. 245.
10. CARVALHO FILHO, José dos Santos. Direito administrativo. 27. ed. São Paulo: Atlas, 2014. p.598.
11. MOREIRA NETO, Diogo de Figueiredo. Curso de direito administrativo. 15. ed. Rio de Janeiro: Forense, 2009. p.323.

Assim, em homenagem à boa-fé dos terceiros, à teoria da aparência, à teoria da imputação (atos são imputados à pessoa jurídica e não à pessoa física), ao princípio da segurança jurídica, esses atos devem produzir efeitos normalmente.

Aliás, vale a pena mencionar o registro que Oswaldo Aranha Bandeira de Mello, valendo-se das lições de Fernando Henrique Mendes, faz para ressaltar a antiguidade do posicionamento quanto à validade dos atos do agente de fato ao relatar que "Barbário Filipe, escravo fugitivo – situação esta que obviamente não deu a conhecer – pediu e obteve a função de pretor em Roma. Vindo, depois, a ser descoberto, seus atos dantes praticados como pretor foram considerados válidos no Direito dos Imperadores"[12].

Por fim, o agente que estava irregularmente investido tem direito à remuneração, sob pena de caracterizar enriquecimento sem causa do ente federado.

1.3. Cargo público, emprego público e função pública

A Constituição delimitou a competência administrativa entre os entes da federação. Estabeleceu o que é exclusivo da União, o que é dos Municípios, o que é comum a todos e deixou as atividades remanescentes para os Estados. Os entes políticos, em razão das competências a eles constitucionalmente atribuídas, organizam suas estruturas administrativas, de maneira a desempenhar a atividade administrativa de forma centralizada ou descentralizada. Para tanto, criam órgãos e pessoas jurídicas[13].

Todavia, para ocorrer a manifestação de vontade da pessoa política ou da pessoa administrativa, é necessária a intervenção do ser humano, da pessoa física, que é o agente público. Cada agente público deve desenvolver as atribuições inerentes ao cargo ou emprego público que ocupa ou à função pública que desempenha.

Assim, o agente público ocupa um cargo público, que está inserido em um órgão público, o qual, por sua vez, integra uma pessoa jurídica. Desse modo, **cargos públicos**:

> *são as mais simples e indivisíveis unidades de competência a serem expressadas por um agente, previstas em número certo, com denominação própria, retribuídas por pessoas jurídicas de Direito Público e criadas por lei, salvo quando concernentes aos serviços auxiliares do Legislativo, caso em que se criam por resolução, da Câmara ou do Senado, conforme se trate de serviços de uma ou de outra destas Casas*[14].

12. BANDEIRA DE MELLO, Celso Antônio. Curso de direito administrativo. 27. ed. São Paulo: Malheiros, 2010. p. 245-246. Nota de rodapé.
13. Para maiores detalhes sobre descentralização administrativa, órgãos públicos, administração direta e indireta, ver capítulo 2.
14. MELLO, Celso Antônio Bandeira de. *Curso de direito administrativo*. 27. ed. São Paulo: Malheiros, 2010. p. 254.

A propósito, **a competência legislativa é própria de cada ente político.** Assim, lei federal cria cargos federais, lei estadual cria cargos estaduais, lei distrital cria cargos distritais e lei municipal cria cargos municipais. Em relação à **extinção**, esta, também, **se dá por meio de lei, salvo, na esfera federal, se for cargo vago**, caso em que a extinção poderá ser feita pelo Presidente da República, por meio de **decreto autônomo**, nos termos do art. 84, VI, da Constituição Federal.

O acesso ao cargo público não necessariamente, será via concurso público, pois isso dependerá de o cargo ser efetivo ou em comissão[15]. De qualquer forma, **o cargo é próprio das pessoas de direito público, é inerente ao regime estatutário, não sendo compatível com as pessoas jurídicas de direito privado** da Administração Pública, isto é, não existe cargo público nas empresas públicas e nas sociedades de economia mista.

O local ocupado pelo agente público contratado para desempenhar suas atribuições sob o regime celetista é o emprego público. Assim, **empregos públicos** são "núcleos de encargos de trabalho permanentes a serem preenchidos por agentes contratados para desempenhá-los, sob regime trabalhista"[16].

De acordo com o art. 61, §1º, II, a **criação de empregos públicos** na **administração direta e autárquica ocorre por meio de lei**. Todavia, **não há essa exigência** quando se tratar de emprego em **empresas públicas, sociedades de economia mista** e demais **entidades sob controle** direto ou indireto estatal (ADI 4.844)

Além do cargo e do emprego, que possuem individualidade própria, há atribuições desempenhadas por agentes públicos sem que possuam um cargo ou emprego, isto é, um **conjunto de atribuições desvinculadas de cargo ou emprego, ao qual se dá o nome de função,** que pode ser de duas espécies: a função exercida por **servidores temporários** e a função de **direção, chefia e assessoramento** (função de confiança), atribuída a servidores titulares de cargo efetivo[17].

Assim, a função pode existir sem cargo público ou emprego público, mas o inverso não é verdadeiro, quer dizer, todo cargo público e todo emprego público possui atribuições que devem ser desempenhadas por seus ocupantes.

1.4. Regimes Jurídicos Funcionais e o Regime Jurídico Único

Na classificação anteriormente descrita, viu-se que os agentes administrativos são aqueles que possuem uma relação funcional com a Administração Pública. Nessa categoria, estão os servidores públicos, os empregados públicos e os temporários.

15. Ver, neste capítulo, item 2.1.
16. MELLO, Celso Antônio Bandeira de. *Curso de direito administrativo*. 27. ed. São Paulo: Malheiros, 2010. p. 256.
17. DI PIETRO, Maria Sylvia Zanella. *Direito administrativo*. 23. ed. São Paulo: Atlas, 2010. p. 519-520. Sobre contratação temporária e função de confiança, ver item 2.1.2.

Por certo, o regime jurídico de cada uma dessas espécies de agentes administrativos não é idêntico. Nesse sentido, é necessário analisar um pouco melhor quais os delineamentos de cada um deles.

O **regime estatutário ou legal** é aquele em que o **conjunto de regras reguladoras do servidor com a Administração está inserido em lei específica, conhecidas como estatuto.** O **vínculo** estabelecido não é contratual e sim **legal.**

O regime estatutário é aplicável a quem?

Esse regime **é próprio das pessoas jurídicas de direito público**, assim, é admitido na administração direta, nas autarquias e nas fundações com regime de direito público. Não é possível sua adoção nas pessoas jurídicas de direito privado (empresas públicas, sociedades de economia mista e fundações públicas com regime de direito privado). Nas pessoas de direito público, o regime estatutário **é restrito aos ocupantes de cargo público**, não servindo aos empregados públicos.

Como dito, o estatuto é uma lei específica. Mas lei de qual ente?

Não há uma lei só. Pelo contrário, há diversas leis e, portanto, vários estatutos, pois cabe a cada ente político legislar a respeito, ou seja, cada Município e cada Estado podem ter os seus. Por exemplo, o estatuto dos servidores públicos civis federais está previsto na Lei nº 8.112/90 e, de outro lado, o estatuto dos servidores públicos civis do Estado de São Paulo está inserido na Lei Estadual nº 10.261/68 e o estatuto dos servidores do Município do Rio de Janeiro, na Lei Municipal nº 94/79.

Não obstante todos os **entes políticos** possuam competência legislativa para dispor sobre o estatuto, o conjunto de normas referente aos seus servidores deve, obrigatoriamente, observar as **disposições constitucionais** a respeito, como, por exemplo, sobre a forma de ingresso, a acumulação de cargos, a aposentadoria e o teto remuneratório.

O **regime trabalhista ou celetista ou contratual** é aquele **aplicável aos empregados públicos**, que são aqueles contratados para trabalhar na Administração Pública sob o **regime trabalhista, celetista.** Ao contrário do estatutário, no regime celetista **a relação de emprego é regulada pela Consolidação das Leis Trabalhistas (CLT)** e, dessa forma, os Municípios, os Estados e o Distrito Federal não possuem **competência para legislar sobre direito do trabalho**, pois é competência **privativa da União (art. 22, I, CF).** Significa que o regime trabalhista é o mesmo em todos os níveis.

O regime trabalhista pode ser aplicável tanto para as pessoas jurídicas de direito público quanto para as pessoas jurídicas de direito privado. Em ambos os casos, a CLT é o diploma normativo regulador da relação de emprego. A diferença, basicamente, entre ser celetista na administração direta, autarquia ou fundação pública com personalidade de direito público e em empresa pública ou sociedade de economia mista diz respeito, em verdade, à condição do empregador e não à do empregado. Isto é, **o regime jurídico é o mesmo: o celetista.**

Assim, por exemplo, dois empregados em um mesmo Município – um em empresa pública municipal e o outro na administração direta municipal – possuem os mesmos direitos e deveres face à CLT, todavia, se ambos necessitarem ingressar com reclamações trabalhistas, o desfecho pode ser diferente, pois os bens da empresa pública podem ser penhorados (pessoa jurídica de direito privado) e os do Município, por sua vez, não (pessoa jurídica de direito público).

No caso específico da **União**, há a **Lei nº 9.962/00**, que dispõe sobre o **regime de emprego público do "pessoal da Administração federal direta, autárquica e fundacional"**, há um tratamento levemente diferenciado para os empregados públicos das pessoas jurídicas federais de direito público. Determina a aplicação da CLT, no art. 1º e, por outro lado, impõe restrições à resilição unilateral do contrato de trabalho, nos termos do art. 3º.

De toda forma, o mais relevante é compreender que **o regime trabalhista existe na Administração Pública, seja direta seja indireta,** e **é regulado pelas disposições celetistas.** Entretanto, como o empregador é a Administração Pública, deve haver submissão dos empregados públicos às disposições constitucionais pertinentes como, por exemplo, o ingresso por concurso público e a vedação de acumulação de cargos e empregos públicos.

Possíveis **controvérsias relacionadas à fase pré-contratual de seleção e admissão de pessoal celetista, assim como discussões envolvendo a nulidade do certame em face da Administração direta e indireta, serão dirimidas pela Justiça Comum**, nos termos do que decidiu o STF no RE nº 960.429/RN (Informativo 968). Isso porque, nessa fase, ainda não existiria um elemento essencial inerente ao contrato de trabalho, de índole privada, de modo a prevalecer o caráter público, qual seja, o interesse da sociedade na observância do processo administrativo que efetiva o concurso público.

Também, no **RE 1.288.440,** o STF decidiu que a demanda entre empregados do Hospital das Clínicas da Faculdade de Medicina da USP que, embora submetidos ao regime celetista, pleiteavam o recálculo do adicional por tempo de serviço (quinquênio), com fundamento na Lei Estadual nº 10.261/1968 (estatuto dos servidores paulistas) e na Constituição Estadual, deveria ser julgada pela justiça estadual paulista porque "embora o vínculo com o Poder Público seja de natureza celetista, a causa de pedir e o pedido da ação não se fundamentam na legislação trabalhista, mas em norma estatutária, cuja apreciação - consoante já decidido por esta Corte ao interpretar o art. 114, I, da Constituição - não compõe a esfera de competência da Justiça do Trabalho" e foi fixada a seguinte tese de repercussão geral **(Tema 1143): "A Justiça Comum é competente para julgar ação ajuizada por servidor celetista contra o Poder Público, em que se pleiteia parcela de natureza administrativa"**.

Há, ainda, o **regime especial**, que é aquele **aplicável aos servidores temporários.** É um regime específico, de natureza administrativa, estabelecido em lei específica[18].

18. Para maiores detalhes sobre os servidores temporários, ver item 2.1.2 adiante.

Para finalizar, destaca-se que o foro competente para solucionar os litígios envolvendo os agentes administrativos varia conforme o regime jurídico adotado. Assim, se for celetista, seja na administração direta seja na indireta, será competente a Justiça do Trabalho. Em outro sentido, se for estatutário ou temporário, a competência será da justiça comum, federal ou estadual, conforme o caso.

1.4.1. *Regime Jurídico Único*

Antes da Constituição de 1988, admitia-se a coexistência de regimes diferentes na Administração Pública e, para pôr fim a essa situação, foi instituída a obrigatoriedade de existência de regime jurídico único.

Nesse sentido, o **art. 39, *caput*, em sua redação original:**

Art. 39. A União, os Estados, o Distrito Federal e os Municípios **instituirão**, *no âmbito de sua competência,* **regime jurídico único** *e planos de carreira para os servidores da administração pública direta, das autarquias e das fundações públicas.*

Pois bem, qual regime devia ser eleito como único?

O constituinte foi omisso a respeito, suscitando **divergência doutrinária**, uns entendendo que deveria ser o **regime estatutário (Hely Lopes Meirelles)**, outros sustentando que **o ente político poderia optar entre o regime estatutário e o celetista para ser aplicado na administração direta, nas autarquias e nas fundações** (Maria Sylvia Zanella **Di Pietro**, Celso Antônio **Bandeira de Mello** e José dos Santos **Carvalho Filho**) e, ainda, existindo a defesa de que **cada ente poderia escolher um regime para sua administração direta e outro para suas autarquias e fundações**[19].

Desse modo, muitos Estados escolheram o regime estatutário e, para tanto, elaboraram suas próprias leis, e grande parte dos Municípios optou pelo regime celetista[20].

Na **esfera federal**, na administração direta, autarquias e fundações públicas, havia estatutários, regidos pelo estatuto então vigente (Lei nº 1.711/52), bem como celetistas. Para cumprir a exigência do regime jurídico único, **houve a opção, na União, pelo regime estatutário e, assim, entrou em vigor, em 1990, a Lei nº 8.112/90,** estabelecendo esse regime como sendo o **regime jurídico único da administração direta federal, de suas autarquias e fundações públicas.** Inclusive, no art. 243, § 1º, do estatuto, **houve a transformação dos empregos públicos em cargos públicos, isto é, os celetistas tornaram-se estatutários**[21].

Todavia, a obrigatoriedade de só um regime não durou muito, pois a **Emenda Constitucional nº 19/98** alterou a redação daquele dispositivo:

---

19. Conforme síntese elaborada por José dos Santos Carvalho Filho (*Manual de direito administrativo*. 19. ed. Rio de Janeiro: Lumen Juris, 2008. p. 548).
20. MORGADO, Almir. *Manual de direito administrativo*. Niterói: Impetus, 2008. p. 117.
21. Ver, neste capítulo, no item 2.2.3, nota referente à transposição de regime e à irredutibilidade da remuneração.

> *Art. 39. A União, os Estados, o Distrito Federal e os Municípios instituirão conselho de política de administração e remuneração de pessoal, integrado por servidores designados pelos respectivos Poderes (redação dada pela EC 19/98).*

Com isso, **foi extinta a exigência do regime jurídico único.**

Com fundamento na nova redação do *caput* do art. 39, na esfera federal, a **Lei nº 9.962/00** trouxe de volta a possibilidade de existir **emprego público na administração direta federal** e em suas **autarquias e fundações públicas, juntamente com o regime estatutário.**

Entretanto, em 2007, o Supremo Tribunal Federal, na ADI 2135, concedeu medida liminar para **suspender a eficácia do art. 39, *caput*,** da Constituição, por vício formal na aprovação da Emenda nº 19/98, com efeitos *ex nunc*, "subsistindo a legislação editada nos termos da emenda declarada suspensa". Com isso, volta a valer a redação original daquele dispositivo constitucional.

A exigência do regime jurídico único está de volta. Com ele, resurge, na doutrina, a discussão sobre qual deve ser o regime jurídico único. Mas, não obstante a celeuma doutrinária, é possível notar na decisão da suprema corte uma inclinação para a escolha do regime estatutário, pois, após haver menção à falta de *quorum* qualificado para a aprovação da alteração pretendida no art. 39, *caput*, destaca-se que se manteve, **"assim, o então vigente *caput* do art. 39, que tratava do regime jurídico único, incompatível com a figura do emprego público".**

Deve ser ressaltado que, naquela decisão, manteve-se a legislação editada após a EC 19/98 e anterior ao julgamento da ADI. Assim, na esfera federal, a **Lei nº 9.962/00 continua em vigor** e as contratações realizadas com fundamento nela permanecem intactas. Todavia, após a decisão do STF, **não podem ocorrer novas contratações** valendo-se daquela lei.

Em síntese:

a) em **05/10/1988**, o art. 39, *caput*, da Constituição Federal **criou o regime jurídico único** para a administração direta, autarquias e fundações públicas e, com base nisso, na esfera federal, em 12/12/1990, foi editada a Lei nº 8.112/90 estabelecendo o regime estatutário como o único admitido na administração direta federal e em suas autarquias e fundações públicas;

b) em **04/06/1998**, a EC 19/98 **extinguiu o regime jurídico único** e, com isso, na área federal, em 23/02/2000, entrou em vigor a Lei nº 9.962/00, permitindo o emprego público na administração direta federal e em suas autarquias e fundações públicas;

c) em **02/08/2007**, o STF suspendeu a eficácia do art. 39, *caput*, com a redação dada pela EC 19/98, mantendo sua redação original e, desse modo, **voltou a existir o regime jurídico único** e, com ele, na esfera federal, não são permitidas novas contratações usando a Lei nº 9.962/00.

Dessa maneira, considerando os efeitos da decisão provisória do STF na ADI 2135, a exigência de regime jurídico único está em vigor, porém o art. 39 da Constituição Federal não é autoaplicável e depende de atuação do legislador, isto é, cada ente federado deve, por meio de lei, estabelecer qual o regime jurídico dos seus servidores, conforme decidido pelo STF na ADI 5615, podendo, inclusive, escolher entre o regime estatutário e o regime celetista.

Ainda em referência à ADI 5615, cabe destacar que tinha como objeto a análise de inconstitucionalidade de leis complementares de âmbito estadual, que criaram milhares de empregos públicos na Universidade de São Paulo e restou decidido que a Lei Estadual 10.261/1968 não instituiu o regime jurídico único para os servidores estaduais paulista porque fora foi editada durante a Constituição de 1967, quando ainda não existia essa exigência. Também, essa lei restringiu seu alcance ao estabelecer que suas normas não se aplicam a empregados de autarquias, entidades paraestatais e serviços públicos de natureza industrial.

Com isso, entendeu a Suprema Corte Assim, em razão da mora legislativa e tendo em vista o texto constitucional ser harmônico, não impondo, no art. 39 CF, o regime estatutário a servidores da Administração direta, autárquica e fundacional, já que possibilita a escolha entre o regime estatutário ou celetista, não haveria inconstitucionalidade das leis complementares 1.074/2008 e 1.202/2013.

Segue trecho da ementa para melhor compreensão:

"1. Compete a cada Ente federativo estipular, por meio de lei em sentido estrito, o regime jurídico de seus servidores, escolhendo entre o regime estatutário ou o regime celetista, sendo que a Constituição Federal não excluiu a possibilidade de ser adotado o regime de emprego público (celetista) para as autarquias. 2. Para que haja produção completa dos efeitos do art. 39 da CF, é indispensável que o Ente federativo edite norma específica instituindo o regime jurídico de seus servidores da Administração Direta, das autarquias e das fundações públicas. 3. No caso do Estado de São Paulo, não foi editada norma específica instituindo o regime jurídico dos servidores estaduais. A Lei paulista 10.261/1968, a qual dispõe sobre o estatuto dos funcionários públicos civis do Estado, não pode ser considerada para esse fim, pois foi editada sob a Constituição de 1967, que não continha essa exigência, e ela própria trata de restringir o seu alcance, quando estabelece, em seu art. 2º, que aquelas normas "não se aplicam aos empregados das autarquias, entidades paraestatais e serviços públicos de natureza industrial". 4. A ausência da lei instituidora de um único regime de servidores na Administração Direta, autárquica e fundacional, apesar de se mostrar como uma situação constitucionalmente indesejável, não possui o condão de censurar as normas que estipularem um ou outro regime enquanto perdurar essa situação de mora legislativa.

Portanto, para sistematizar o tema: a) o regime jurídico único é uma exigência, por força de decisão provisória do STF, mas depende de lei de cada ente federado para estabelecer qual o regime jurídico do seu pessoal e pode optar entre o regime estatutário e o celetista; b) na área federal, essa lei é a Lei nº 8.112/1990, que estabeleceu o regime estatutário para a administração direta federal, autarquias e fundações públicas federais.

Outrossim, a questão do regime jurídico único restringe-se à administração direta, às autarquias e às fundações públicas, não se aplicando às **empresas públicas e às sociedades de economia mista**, pois para estas é **obrigatório o regime celetista** (art. 173, § 1º, II, CF).

2. DISPOSIÇÕES CONSTITUCIONAIS

2.1. Ingresso

Quem pode ingressar no serviço público e ter acesso a um cargo público, um emprego público ou a uma função pública?

Qualquer brasileiro, desde que preencha os **requisitos** estabelecidos em lei e, também, o **estrangeiro, na forma da lei**, conforme o art. 37, I, da Constituição Federal.

Em relação ao brasileiro, é necessário ressaltar que **não há diferença entre brasileiro nato e naturalizado** para acesso aos cargos públicos. Ambos podem, até porque os dois são brasileiros e, inclusive, nos termos do art. 12, § 1º, da Constituição Federal, a lei não pode estabelecer distinção entre eles, **exceto os casos previstos no próprio texto constitucional**. Nesse sentido, o **§ 3º do art. 12** estabelece que são **privativos de brasileiro nato** os seguintes cargos: Presidente e Vice-Presidente da República; Presidente da Câmara dos Deputados; Presidente do Senado Federal; Ministro do Supremo Tribunal Federal; carreira diplomática; oficial das Forças Armadas; Ministro de Estado da Defesa. Assim, o brasileiro naturalizado pode ser Juiz Federal, Procurador da República, Delegado de Polícia, Deputado Federal (não pode ser o Presidente da Câmara)[22].

Cabe à **lei estabelecer os requisitos** necessários para a investidura no cargo público e, dessa maneira, não é possível fazê-lo por ato administrativo. Nessa esteira, há a **Súmula Vinculante nº 44**, prevendo que "só por lei se pode sujeitar a exame psicotécnico a habilitação de candidato a cargo público", destacando-se que, além disso, o exame deve observar **critérios objetivos** e deve ser **passível de reexame**. Ainda, pode ser apontada a **Súmula 14, do STF**: "Não é admissível, por ato administrativo, restringir, em razão da idade, inscrição em concurso para cargo público".

E mais, os **requisitos** não podem ser estabelecidos de maneira aleatória, já que **devem ser razoáveis**. Isto é, deve haver a análise do requisito e da natureza do cargo, para se verificar a obediência ao **princípio da razoabilidade**. Dessa maneira, é possível que exista requisito para determinado cargo como, por exemplo, sexo, idade, altura, desde que haja compatibilidade com a natureza do cargo a ser exercido. Por exemplo, não haveria vício se fosse exigido o sexo feminino para o exercício do cargo de agente penitenciário em unidade prisional feminina. Da mesma forma, o **estabelecimento de idade máxima para certo cargo só poderá ser feito se for**

22. Para exemplificar, o Ministro Felix Fischer, do Superior Tribunal de Justiça, nasceu na Alemanha e é brasileiro naturalizado. No entanto, não pode ser nomeado para o Supremo Tribunal Federal.

compatível com as atividades desempenhadas no cargo como, inclusive, sedimentado pelo STF, na **Súmula 683**[23].

Ainda em relação à conformidade com a razoabilidade dos requisitos para a investidura em cargo público, de grande relevância é a decisão do STF no RE 898.450, pois enfrentou a questão do acesso ao cargo público de soldado da Polícia Militar por candidato com tatuagem.

O Min. Luiz Fux, relator do RE 898.450, consignou em seu voto que o fato de "uma pessoa possuir tatuagens, visíveis ou não, não pode ser tratado pelo Estado como parâmetro discriminatório quando do deferimento de participação em concursos de provas e títulos para ingresso em uma carreira pública, bem como que não existe qualquer relação de pertinência entre "a proibição de possuir tatuagem e as características e peculiaridades inerentes à função pública a ser desempenhada pelo candidato. Um policial não é melhor ou pior nos seus afazeres públicos por ser tatuado." Prossegue afirmando que a tatuagem somente será sinal de inaptidão profissional quando exteriorizar valores excessivamente ofensivos à dignidade dos seres humanos, ao desempenho da função pública pretendida (como na hipótese, *verbi gratia*, de um candidato ao cargo policial que possua uma tatuagem simbolizando uma facção criminosa ou o desejo de assassinato de policiais), incitação à violência iminente, ameaças reais ou representar obscenidades".

Por fim, o tribunal, nesse processo, fixou a seguinte tese de repercussão geral: **"Editais de concurso público não podem estabelecer restrição a pessoas com tatuagem, salvo situações excepcionais, em razão de conteúdo que viole valores constitucionais".**

Outro tema decidido pelo STF, no RE 560900/DF, diz respeito à possibilidade de restrição para participação em concurso público pelo simples fato de o candidato responder a inquérito ou a ação penal. Em tal caso, ressaltou-se a existência de princípios conflitantes: de um lado, o princípio da presunção de inocência e a liberdade profissional e, de outro, o princípio da moralidade administrativa. Também se apontou a relação entre a natureza do crime e as atribuições do cargo, de modo que, por exemplo, seria possível a exigência de qualificações mais restritas a candidatos do Ministério Público, Advocacia Pública, Magistratura e segurança pública, por exemplo. Fixou-se, nesse sentido, a seguinte tese de repercussão geral: **"Sem previsão constitucionalmente adequada e instituída por lei, não é legítima a cláusula de edital de concurso público que restrinja a participação de candidato pelo simples fato de responder a inquérito ou ação penal"**.

Na mesma senda, é comum a realização de investigação social dos candidatos a concursos públicos, a fim de verificar sua vida pregressa. Como se sabe, a análise em questão não se restringe a condenações criminais, podendo envolver outros aspectos relacionados à conduta moral do candidato. Tal análise deverá ser razoável e proporcional, de modo que já se decidiu que candidato que se autodeclara

23. "O limite de idade para a inscrição em concurso público só se legitima em face do art.7º, XXX, da Constituição, quando possa ser justificado pela natureza das atribuições do cargo a ser preenchido."

ex-usuário de drogas, não poderá ser impedido de prosseguir no certame para ingresso na Polícia Militar, sob pena de implicar sanção de caráter perpétuo (AREsp 1.806.617-DF).

Ainda, vale destacar que o STF, no RE 1.282.553, decidiu que condenados aprovados em concursos públicos podem ser nomeados e empossados, desde que não haja incompatibilidade entre o cargo a ser exercido e o crime cometido nem conflito de horários entre a jornada de trabalho e o regime de cumprimento da pena, tendo fixado a seguinte tese de repercussão geral: **"A suspensão dos direitos políticos prevista no artigo 15 inciso III da Constituição Federal - condenação criminal transitada em julgado enquanto durarem seus efeitos - não impede a nomeação e posse de candidato aprovado em concurso público, desde que não incompatível com a infração penal praticada, em respeito aos princípios da dignidade da pessoa humana e do valor social do trabalho (Constituição Federal, artigo 1º, incisos III e IV) e do dever do Estado em proporcionar as condições necessárias para harmônica integração social do condenado, objetivo principal da execução penal, nos termos do artigo 1º da Lei de Execuções Penais (Lei 7.210/84). O início do efetivo exercício do cargo ficará condicionado ao regime da pena ou à decisão judicial do Juízo de Execuções, que analisará a compatibilidade de horários".**

No que se refere ao **estrangeiro**, pode ter acesso aos cargos e empregos, **na forma da lei**, sendo necessário salientar que a jurisprudência do Supremo Tribunal Federal é no sentido de que o art. 37, I, da Constituição é de **eficácia limitada** e, assim, não é autoaplicável, conforme RE 544.655-AgR

Já, no caso das **universidades**, o **art. 207, § 1º**, prevê que é facultado às universidades admitir **professores, técnicos e cientistas estrangeiros, na forma da lei**, o que, na esfera federal, foi regulamentado pela Lei nº 9.515/97, que alterou a Lei nº 8.112/90 para nele incluir o **art. 5º, § 3º**, e, de acordo com esse dispositivo, as universidades e instituições de pesquisa científica e tecnológica federais poderão prover seus cargos com professores, técnicos e cientistas estrangeiros.

Inclusive, cabe destacar que em uma situação de fato em que havia edital de concurso público para professor de instituto federal com vaga para brasileiro e para português, desde que esteja amparado pelo estatuto da igualdade entre brasileiros e portugueses (art. 12, §1º, CF), o candidato aprovado em primeiro lugar era iraniano e, nesse caso, o STF deu provimento ao recurso para a sua nomeação, sob o entendimento de que o "ato de exclusão de estrangeiro de concurso público, fundado apenas em motivo de nacionalidade, conflita com o princípio da isonomia disposto no art. 5º, caput, da Carta Federal e com o art. 207, § 1º, da Constituição, redação dada pela Lei 9.515/1997" e fixou a seguinte tese de repercussão geral **(RE 1.177.699, Tema 1032): "o candidato estrangeiro tem direito líquido e certo à nomeação em concurso público para provimento de cargos de professor, técnico e cientista em universidades e instituições de pesquisa científica e tecnológica federais, nos termos do art. 207, § 1º, da Constituição Federal, salvo se a restrição da nacionalidade estiver expressa no edital do certame com o exclusivo objetivo de preservar o interesse público e desde que, sem prejuízo de controle judicial".**

2.1.1. *Concurso Público*

A forma de acesso ao cargo público dependerá da espécie de cargo de que se trata. Nos termos do art. 37, II, da Constituição Federal, a **regra** é que a **investidura em cargo ou emprego público depende de aprovação prévia em concurso público,** ressalvadas as nomeações para cargo em comissão, declarado em lei de livre nomeação e exoneração.

Dessa forma, o cargo efetivo é provido mediante concurso e o cargo em comissão, de maneira excepcional, não necessita desse procedimento. O acesso a cargo público, assim, não se dá somente por concurso público, mas o acesso a cargo efetivo só é possível após a devida aprovação no certame. A **regra**, portanto, **é a realização de concurso e a exceção é dispensá-lo.**

Também **não se faz concurso público,** quando se tratar de **contratação temporária** (art. 37, IX, CF) e da **contratação de agentes comunitários de saúde e agentes de combate às endemias** (art. 198, § 4º, CF).

O **concurso** é a **forma de profissionalizar-se o serviço público** e dar efetividade, especialmente, aos **princípios da impessoalidade e da moralidade** e, dessa maneira, não pode ser dispensado indevidamente. Nesse sentido, há a **Súmula Vinculante nº 43** estabelecendo que "é inconstitucional toda modalidade de provimento que propicie ao servidor investir-se, sem prévia aprovação em concurso público destinado ao seu provimento, em cargo que não integra a carreira na qual anteriormente investido", bem como a **Súmula 684 do STF**: "É inconstitucional o veto não motivado à participação de candidato a concurso público".

O concurso pode ser de provas, ou de provas e títulos, dependendo da natureza e da complexidade do cargo ou emprego.

No ano de 2019, foi publicada a Lei nº 13.872/2019, segundo a qual "Fica assegurado à mãe o direito de amamentar seus filhos de até 6 (seis) meses de idade durante a realização de provas ou de etapas avaliatórias em concursos públicos na administração pública direta e indireta dos Poderes da União, mediante prévia solicitação à instituição organizadora". Referida disposição é aplicável apenas a concursos públicos federais.

A Constituição Federal, no art. 37, III e IV, estabelece que o **prazo de validade do concurso é de até dois anos, prorrogável por igual período** e que, **durante o prazo improrrogável, o aprovado tem preferência sobre os novos concursados.**

Divulgado o resultado do concurso, a autoridade administrativa competente analisará toda a disputa realizada e, caso esteja em conformidade, homologará o concurso, devendo a homologação ser publicada na imprensa oficial. Com a publicação da homologação, começa a correr o chamado prazo de validade do concurso, que representa o prazo no qual a Administração pode nomear os candidatos aprovados no certame. Esse prazo é estipulado no edital e não é de dois anos, mas de **até** dois anos, podendo, portanto, ter prazo inferior, mas nunca superior. É possível sua prorrogação por igual período, quer dizer, se o prazo era de um ano, somente poderá ser prorrogado por mais um ano.

A prorrogação não pode ser feita após o término do prazo inicial, conforme decidido pelo STF (AI 452.641-AgR). **A prorrogação ou não do prazo de validade deve ser vista sob o prisma da razoabilidade.** Não é possível se impor que sempre o prazo de validade seja prorrogado, mas, por outro lado, se ainda houver candidatos aprovados, não ocorrer a prorrogação e, em seguida, for aberto novo concurso público, haverá desvio de poder (STF, RE 192.568).

O candidato aprovado no concurso, durante o prazo improrrogável, terá prioridade sobre novos concursados. Quer dizer que, caso exista um concurso cujo prazo de validade ainda não expirou e seja iniciado novo concurso, os aprovados no segundo concurso não poderão ser nomeados até que os aprovados no concurso anterior, ainda em validade, tenham sido nomeados.

Entretanto, é preciso destacar que, conforme decidido pelo STF (AI 711.504-AgR), **a preferência é destinada ao candidato aprovado e classificado**, já que o candidato que foi aprovado, mas não foi classificado em determinado concurso, "não tem preferência de nomeação em relação a aprovado em concurso posterior, mesmo que este tenha sido realizado no prazo de validade do certame anterior".

O candidato aprovado em concurso possui direito subjetivo à nomeação ou apenas expectativa de direito?

A **posição tradicional** notada na jurisprudência brasileira era a de que o candidato possuía **mera expectativa de direito**, que se concretizava quando, dentro do prazo de validade, não tivesse sido observada a ordem de classificação, conforme enuncia a **Súmula 15**, do STF (aprovada em 1963): "Dentro do prazo de validade do concurso, o candidato aprovado tem direito à nomeação, quando o cargo for preenchido sem observância da classificação".

Entretanto, verifica-se a **evolução desse posicionamento**, na jurisprudência do **STF**, no sentido da nomeação do candidato como, por exemplo, o RE 227.480, em que se decidiu que se **"o Estado anuncia em edital de concurso público a existência de vagas, ele se obriga ao seu provimento, se houver candidato aprovado"**. Todavia, no caso analisado nesse julgado, a Administração deixou transcorrer o prazo de validade sem fazer a nomeação do candidato, mesmo havendo necessidade e, passados quinze dias do encerramento do prazo, foi aberto concurso interno para provimento da vaga.

No **STJ**, o **posicionamento** já tinha caráter **mais incisivo**, pois, por exemplo, no RMS 25957, restou assentado que a **"aprovação do candidato no limite do número de vagas definido no Edital do concurso gera em seu favor o direito subjetivo à nomeação para o cargo"** e, por outro lado, se for aprovado, mas não estiver classificado dentro do número de vagas, há, apenas, expectativa de direito. No entanto, caso ocorra o não preenchimento de todas as vagas previstas no edital, em razão da eliminação de algum candidato inicialmente nomeado, o candidato que esteja na posição imediatamente subsequente, mesmo que aprovado além do número de vagas, passa a ter direito à nomeação (RE 227.480).

No início, a posição nos tribunais era de que o **candidato aprovado só tinha direito a ser chamado, se a ordem fosse alterada. Depois**, passaram a surgir **decisões**

conferindo tal direito quando se demonstra a necessidade da contratação como, por exemplo, se existe candidato aprovado e a Administração contrata terceirizado.

Entretanto, em agosto de 2011, o **STF**, no **RE 598.099**, **alterou** substancialmente seu **posicionamento**. Nesse julgado, decidiu-se que deve haver o respeito à **segurança jurídica**, sob a forma do **princípio de proteção à confiança** e que o **dever de boa-fé** da Administração Pública exige **respeito incondicional às regras do edital, inclusive quanto à previsão das vagas do concurso público**.

Assim, de acordo com **a posição do STF**:

a) o candidato **aprovado dentro do número de vagas** divulgado no edital **tem direito subjetivo à nomeação**;

b) a Administração **tem o dever de nomear** os candidatos aprovados dentro do número de vagas, mas **pode escolher o momento** desde que seja **dentro do prazo de validade** do concurso;

c) são **requisitos para surgir o direito à nomeação**:
   - previsão do **número exato de vagas** no edital;
   - realização do concurso de acordo com as **regras do edital**;
   - **homologação** do concurso com a **divulgação** formal dos **aprovados dentro do número de vagas**;

d) o candidato **aprovado fora do número de vagas não tem direito à nomeação**, mesmo se surgirem novas vagas em razão de lei ou de vacância.

e) **excepcionalmente**, a Administração pode **não nomear**, desde que:
   - haja **decisão motivada**;
   - exista **situação superveniente à publicação do edital**;
   - ocorra **imprevisibilidade** da situação
   - haja **expressiva gravidade** da situação
   - exista **necessidade da não nomeação**, por não haver medida menos gravosa a ser adotada.

Destaca-se que, conforme anteriormente apontado, entendeu o STF, no RE 598.099, que o candidato aprovado fora do número de vagas não tem direito à nomeação, mesmo se surgirem novas vagas. Entretanto, as duas turmas da corte suprema estavam proferindo decisões diferentes quanto ao tema e, por isso, houve o reconhecimento de repercussão geral no RE 837.311 e, em 14/10/2015 (Informativo 803).

O STF julgou esse processo e decidiu que:

"1. O postulado do concurso público traduz-se na necessidade essencial de o Estado conferir efetividade a diversos princípios constitucionais, corolários do *merit system*, dentre eles o de que todos são iguais perante a lei, sem distinção de qualquer natureza (CRFB/88, art. 5º, caput). 2. O edital do concurso com número específico de vagas, uma vez publicado, faz exsurgir um dever de nomeação para a própria Administração e um direito à nomeação titularizado pelo candidato aprovado dentro desse número de vagas. Precedente do Plenário: RE 598.099 - RG, Relator Min. Gilmar Mendes, Tribunal Pleno, DJe 03-10- 2011. 3. O Estado Democrático de Direito republicano impõe à Administração Pública que exerça sua discricionariedade entrincheirada não, apenas, pela sua avaliação unilateral a respeito da conveniência e oportunidade de um ato, mas, sobretudo, pelos direitos fundamentais e demais normas constitucionais em um ambiente de perene diálogo com a sociedade. 4. O Poder Judiciário não deve atuar como "Administrador Positivo", de modo a aniquilar o espaço decisório de titularidade do administrador para decidir sobre o que é melhor para a Administração: se a convocação dos últimos colocados de concurso público na validade ou a dos primeiros aprovados em um novo concurso. Essa escolha é legítima e, ressalvadas as hipóteses de abuso, não encontra obstáculo em qualquer preceito constitucional. 5. Consectariamente, é cediço que a Administração Pública possui discricionariedade para, observadas as normas constitucionais, prover as vagas da maneira que melhor convier para o interesse da coletividade, como verbi gratia, ocorre quando, em função de razões orçamentárias, os cargos vagos só possam ser providos em um futuro distante, ou, até mesmo, que sejam extintos, na hipótese de restar caracterizado que não mais serão necessários. 6. A publicação de novo edital de concurso público ou o surgimento de novas vagas durante a validade de outro anteriormente realizado não caracteriza, por si só, a necessidade de provimento imediato dos cargos. É que, a despeito da vacância dos cargos e da publicação do novo edital durante a validade do concurso, podem surgir circunstâncias e legítimas razões de interesse público que justifiquem a inocorrência da nomeação no curto prazo, de modo a obstaculizar eventual pretensão de reconhecimento do direito subjetivo à nomeação dos aprovados em colocação além do número de vagas. Nesse contexto, a Administração Pública detém a prerrogativa de realizar a escolha entre a prorrogação de um concurso público que esteja na validade ou a realização de novo certame. 7. A tese objetiva assentada em sede desta repercussão geral é a de que o surgimento de novas vagas ou a abertura de novo concurso para o mesmo cargo, durante o prazo de validade do certame anterior, não gera automaticamente o direito à nomeação dos candidatos aprovados fora das vagas previstas no edital, ressalvadas as hipóteses de preterição arbitrária e imotivada por parte da administração, caracterizadas por comportamento tácito ou expresso do Poder Público capaz de revelar a inequívoca necessidade de nomeação do aprovado durante o período de validade do certame, a ser demonstrada de forma cabal pelo candidato. Assim, a discricionariedade da Administração quanto à convocação de aprovados em concurso público fica reduzida ao patamar zero (Ermessensreduzierung auf Null), fazendo exsurgir o direito subjetivo à nomeação, verbi gratia, nas seguintes hipóteses excepcionais: i) Quando a aprovação ocorrer dentro do número de vagas dentro do edital

(RE 598.099); ii) Quando houver preterição na nomeação por não observância da ordem de classificação (Súmula 15 do STF); iii) Quando surgirem novas vagas, ou for aberto novo concurso durante a validade do certame anterior, e ocorrer a preterição de candidatos aprovados fora das vagas de forma arbitrária e imotivada por parte da administração nos termos acima." (grifos nossos).

Nesse processo restou pendente a definição da tese de repercussão geral e, em 09/12/2015, o Tribunal fixou, por maioria: **"O surgimento de novas vagas ou a abertura de novo concurso para o mesmo cargo, durante o prazo de validade do certame anterior, não gera automaticamente o direito à nomeação dos candidatos aprovados fora das vagas previstas no edital, ressalvadas as hipóteses de preterição arbitrária e imotivada por parte da administração, caracterizada por comportamento tácito ou expresso do Poder Público capaz de revelar a inequívoca necessidade de nomeação do aprovado durante o período de validade do certame, a ser demonstrada de forma cabal pelo candidato. Assim, o direito subjetivo à nomeação do candidato aprovado em concurso público exsurge nas seguintes hipóteses:**

1. **Quando a aprovação ocorrer dentro do número de vagas dentro do edital;**
2. **Quando houver preterição na nomeação por não observância da ordem de classificação;**
3. **Quando surgirem novas vagas, ou for aberto novo concurso durante a validade do certame anterior, e ocorrer a preterição de candidatos de forma arbitrária e imotivada por parte da administração nos termos acima".**

Vale destacar que, talvez, a principal discussão fática seja a caracterização do que se considera "preterição de candidato" e, nesse sentido, o STJ, no MS 21014/DF (1ª Seção), decidiu que **"a figura da pretensão de candidato concursado e aprovado pode assumir diversas faces por apresentar-se por meio de diversos estratagemas. A única forma de preterição não é a convocação à nomeação de quem fora classificado em posição inferior à do impetrante, embora esta seja a sua forma mais comum. Também é preterição, por exemplo, a requisição de servidores de outros órgãos para preencher as vagas licitadas, a contratação temporária de pessoas, a atribuição das funções dos cargos submetidos a concurso a outrem, como estagiários, terceirizados, etc.** A preservação do direito subjetivo dos concursados é tarefa que cabe ao Poder Judiciário cumprir, de modo que se combatam as muitas formas de magoar o direito subjetivo das partes".

Além disso, deve-se mencionar decisão do STJ, no RMS nº 65.757/RJ, sobre caso de contratação temporária em decorrência da pandemia do covid-19, determinada por decisão judicial, que não configuraria preterição ilegal e arbitrária, assim como não enseja direito ao provimento em cargo público em favor de candidato aprovado em cadastro reserva.

Delimitada a questão do direito à nomeação dos candidatos em concursos públicos, dois outros temas merecem atenção, quais sejam, a **impossibilidade do**

candidato de realizar a prova física na data agendada e a pretensão de fazê-la em novo dia e a existência de cláusula de barreira em uma ou mais fases do certame.

Em relação à **prova física**, somente pode ser admitida quando compatível com as atribuições do cargo a ser exercido, pois deve haver respeito ao princípio da razoabilidade e, nesse sentido, por exemplo, o STF, no AI-AgR 851.587, decidiu que não "se tem como constitucional a exigência de prova física desproporcional à habilitação ao cargo de auxiliar médico-legista, porquanto a atuação deste, embora física, não se faz no campo da força bruta, mas a partir de técnica específica". Por outro lado, perfeitamente admitida essa etapa nos concursos para cargos policiais.

Compreendida essa noção preliminar, nos casos em que admitida a exigência de prova física, teria o candidato direito a realizar essa etapa em data distinta dos demais candidatos por motivo temporário de saúde?

Sobre o tema, como bem sintetizado pelo Min. Teori Zavascki, no RE 630.733, a jurisprudência do STF, em regra, não autorizava a realização de novo exame quando ocorrida a lesão ou a incapacidade durante a realização da prova física e, por outro lado, autorizava a realização de novo exame quando a incapacidade fosse decorrente de evento anterior ao dia da prova e que, por se tratar de etapa eliminatória, não haveria afronta ao princípio da isonomia. Todavia, nesse mesmo julgado, relatado pelo Min. Gilmar Mendes, o STF alterou sua jurisprudência com fundamento nos princípios da impessoalidade e da supremacia do interesse público. Mas, em razão da ruptura de posicionamento, o plenário decidiu pela não retroatividade da nova orientação. Assim, foi fixada a seguinte tese de repercussão geral (RE 630.733): "**Inexiste direito dos candidatos em concurso público à prova de segunda chamada nos testes de aptidão física, salvo contrária disposição editalícia, em razão de circunstâncias pessoais, ainda que de caráter fisiológico ou de força maior, mantida a validade das provas de segunda chamada realizadas até 15/5/2013, em nome da segurança jurídica**".

Essa tese, no entanto, não se aplica para o caso de **gestante**. O STF, no RE 1058333/PR, julgado em 21/11/2018, fixou a seguinte tese com repercussão geral: "**É constitucional a remarcação do teste de aptidão física de candidata que esteja grávida à época de sua realização, independentemente da previsão expressa em edital do concurso público.**"

Além do motivo de saúde, **poderia a prova ser remarcada quando o candidato invoca escusa de consciência?**

Decidiu o STF sobre o tema no RE 611.874 e fixou a seguinte tese: "**Nos termos do artigo 5º, VIII, da Constituição Federal é possível a realização de etapas de concurso público em datas e horários distintos dos previstos em edital, por candidato que invoca escusa de consciência por motivo de crença religiosa, desde que presentes a razoabilidade da alteração, a preservação da igualdade entre todos os candidatos e que não acarrete ônus desproporcional à Administração Pública, que deverá decidir de maneira fundamentada**".

Quanto à **cláusula de barreira**, primeiro deve haver a devida compreensão de seu conteúdo. Como bem apontado pelo Min. Gilmar Mendes, em seu voto no RE 635.739, os editais de concurso, em razão do crescente número de candidatos, estão prevendo **regras restritivas**, que são aquelas que **impedem o candidato de prosseguir**

no certame, dividindo-se em eliminatórias e em cláusulas de barreira. As **eliminatórias** excluem o candidato da disputa como é o caso de não acertarem o percentual mínimo das questões ou de prova física. Já, as cláusulas de barreira determinam a quantidade de candidatos que participarão da fase seguinte; "não produzem a eliminação por insuficiência de desempenho nas provas do certame, mas apenas estipulam um corte deliberado no número de candidatos que poderão participar de fase posterior, comumente as fases dos exames psicotécnicos ou dos cursos de formação". Prossegue Gilmar Mendes, em seu voto, e define cláusula de barreira como espécie de regra editalícia restritiva que, embora não elimine o candidato pelo desempenho inferior ao exigido (v.g.: mínimo de acertos, tempo mínimo de prova), obstaculiza sua participação na etapa seguinte do concurso em razão de não se encontrar entre os melhores classificados, de acordo com previsão numérica preestabelecida no edital".

Nesse mesmo julgado, o STF apreciou a questão da constitucionalidade desse tipo de regra restritiva presente em vários editais de concurso público e fixou a seguinte **tese de repercussão geral** (RE 635.739): **"É constitucional a regra inserida no edital de concurso público, denominada cláusula de barreira, com o intuito de selecionar apenas os candidatos mais bem classificados para prosseguir no certame"**.

Aliás, por falar em judicialização de temas afetos aos concursos públicos é importante registrar que é possível que o candidato consiga prosseguir na disputa ou mesmo tomar posse por força de decisão judicial provisória (liminar, por exemplo) e, posteriormente, seja proferida decisão definitiva em seu desfavor. Pode o candidato alegar que, sob o fundamento de fato consumado, como já está no cargo há certo tempo deve nele permanecer? O STF decidiu a respeito e, no RE 608482, fixou a seguinte **tese de repercussão geral: "Não é compatível com o regime constitucional de acesso aos cargos públicos a manutenção no cargo, sob fundamento de fato consumado, de candidato não aprovado que nele tomou posse em decorrência de execução provisória de medida liminar ou outro provimento judicial de natureza precária, supervenientemente revogado ou modificado."**

De outro modo, pode ser que o candidato consiga decisão judicial definitiva para sua investidura no cargo público bastante tempo após o momento da propositura da ação. Nessa situação, ele terá direito a ser indenizado em razão da **posse tardia**? Sobre o tema, o STF, no RE 427.347, fixou a seguinte **tese de repercussão geral: "Na hipótese de posse em cargo público determinada por decisão judicial, o servidor não faz jus a indenização, sob fundamento de que deveria ter sido investido em momento anterior, salvo situação de arbitrariedade flagrante"**. A mesma linha de raciocínio foi adotada pelo STF em relação à promoção retroativa e, no RE 629.392, fixou a seguinte tese de repercussão geral: **"A nomeação tardia de candidatos aprovados em concurso público, por meio de ato judicial, à qual atribuída eficácia retroativa, não gera direito às promoções ou progressões funcionais que alcançariam houvesse ocorrido, a tempo e modo, a nomeação."**

Deve-se apontar, todavia, decisão adotada pelo STJ no AREsp 883.574-MS (Informativo nº 666) em que se aplicou a teoria do fato consumado, mediante o uso do *distinguishing* no caso concreto. Na hipótese, houve solidificação de situações fáticas em razão do excessivo decurso do tempo entre a liminar deferida no ano de 1999 e os dias atuais, de forma que a reversão do quadro geraria danos irreparáveis ao recorrido. Com isso, o tribunal entendeu pela possibilidade de contagem do tempo de serviço prestado por força de liminar, em necessária flexibilização da regra.

2.1.1.1. *Concurso público e reserva de vagas*

Ainda em relação ao concurso público, a Constituição Federal determina, no art. 37, VIII, que "a lei reservará **percentual dos cargos e empregos públicos para as pessoas portadoras de deficiência** e definirá os critérios de sua admissão". No caso dos concursos para os cargos regidos pela **Lei nº 8.112/90**, esse percentual é, no **máximo, de 20%.** Em geral, os editais adotam o percentual de **5%**, previsto no **Decreto nº 9.508/2018** – que regulamenta a Lei nº 13.146/2015 – como **mínimo** a ser adotado.

Destaca-se, também, quanto à reserva de vagas para pessoa com deficiência, baseado no art. 3º, III, Decreto 9.508/2018, os editais de concursos deverão prever a adaptação de provas escritas e práticas, inclusive durante o curso de formação, se houver, e do estágio probatório. A perícia multidisciplinar realizada durante a realização do concurso deve se limitar a atestar se o candidato inscrito como deficiente, de fato, enquadra-se em tal condição.

Conforme o art. 2º da Lei 13.146/2015, considera-se "pessoa com deficiência aquela que tem impedimento de longo prazo de natureza física, mental, intelectual ou sensorial, o qual, em interação com uma ou mais barreiras, pode obstruir sua participação plena e efetiva na sociedade em igualdade de condições com as demais pessoas".

Sobre o tema, no art. 4º do Decreto nº 3.298/99, há a um rol de categorias em que deve haver o enquadramento para que a pessoa seja considerada com deficiência. Entretanto, deve ser destacado que não se trata de rol taxativo, especialmente em razão da evolução do conceito de pessoa com deficiência e de outros textos normativos dispondo sobre o tema, mas nele é importante destacar que duas categorias – a deficiência visual e a deficiência auditiva – deram origem à edição de súmulas no STJ. Isso ocorre porque, da maneira como estão definidas no decreto, o candidato portador de visão monocular é enquadrado como pessoa com deficiência e, assim, pode concorrer às vagas reservadas em concurso e, por outro lado, aquele que tem surdez unilateral não se enquadraria no conceito de pessoa com deficiência.

Em razão disso, o STJ editou as súmulas 377 e 552

> **Súmula 377** *O portador de visão monocular tem direito de concorrer, em concurso público, às vagas reservadas aos deficientes.*
>
> **Súmula 552** *O portador de surdez unilateral não se qualifica como pessoa com deficiência para o fim de disputar as vagas reservadas em concursos públicos (superada, conforme adiante explicitado).*

No mesmo sentido da Súmula 377, agora, existe a **Lei nº 14.126/2021** que, no seu art. 1º, define que "**fica a visão monocular classificada como deficiência sensorial, do tipo visual, para todos os efeitos legais**".

Em relação à surdez unilateral, a situação foi alterada em face da publicação da **Lei nº 14.768/2023** e, de acordo com o seu art. 1º, considera-se "**deficiência auditiva a limitação de longo prazo da audição, unilateral total ou bilateral parcial ou total**, a qual, em interação com uma ou mais barreiras, obstrui a participação plena e efetiva da pessoa na sociedade, em igualdade de condições com as demais pessoas."

Portanto, atualmente, por força das leis mencionadas, **tanto a visão monocular quanto a deficiência auditiva unilateral são consideradas deficiências** e, assim, garantem às pessoas com essas deficiências a reserva de vaga nos concursos públicos e, assim, está superada a Súmula 552 do STJ.

Além da **reserva de vagas** para as pessoas com deficiência, a Lei nº 12.990/14 determina que **20%** das vagas "oferecidas nos concursos públicos para provimento de cargos efetivos e empregos públicos no âmbito da **administração pública federal**, das autarquias, das fundações públicas, das empresas públicas e das sociedades de economia mista controladas pela União" serão reservadas aos **negros**, sempre que o número de vagas for superior a 3 (art. 1º), podendo concorrer a essas vagas aqueles que se autodeclararem pretos ou pardos no ato da inscrição no concurso público, conforme o quesito cor ou raça utilizado pelo IBGE (art. 2º). A medida implementada por essa lei tem natureza de ação afirmativa, restringe-se à esfera federal e tem duração determinada: 10 anos (art. 6º).

Sobre o tema, em 2016 a OAB ajuizou ação declaratória de Constitucionalidade, pedindo que o STF declarasse a Lei 12.990/14 compatível com a Constituição Federal, tendo o STF, no julgamento da ADC 41/DF, datado de 08/06/2017, fixado a seguinte tese com repercussão geral: "É constitucional a reserva de 20% das vagas oferecidas nos concursos públicos para provimento de cargos efetivos e empregos públicos no âmbito da administração pública direta e indireta".

O sistema de cotas poderá ser analisado pela comissão do concurso, a fim de que se apure a veracidade da autodeclaração de ser preto ou pardo. Dessa análise, deverá ser assegurado o contraditório e a ampla defesa ao candidato, caso se entenda pela exclusão do candidato. Nesse sentido, o entendimento adotado pelo STJ: "A exclusão do candidato, que concorre à vaga reservada em concurso público, pelo critério da heteroidentificação, seja pela constatação de fraude, seja pela aferição do fenótipo ou por qualquer outro fundamento, exige o franqueamento do contraditório e da ampla defesa" (RMS nº 62. 040-MG. Informativo nº 666).

RESERVA DE VAGAS	
Deficientes	**Negros**
Art. 37, VIII, CF: determina que lei reservará o percentual de vagas Esfera federal: art. 5º, § 2º, da Lei nº 8.112/90	Esfera federal: Lei 12.990/14
Máximo de 20% das vagas Mínimo de 5% (Decreto 9.508/18)	20% das vagas
Duração indeterminada	Pelo período de 10 anos

2.1.2. Exceções à regra do concurso público

Como já apontado, não é necessária a realização de concurso público para o provimento de cargo em comissão, para a contratação temporária e para a contratação de agentes de saúde e de combate a endemias.

Nos termos do art. 37, V, o **cargo em comissão** é aquele **declarado em lei de livre nomeação e exoneração** e destina-se às atribuições de **direção, chefia e assessoramento**. Dessa forma, não pode haver cargo em comissão sem lei e, também, cumpre ressaltar que a lei não pode criar cargos em comissão indiscriminadamente, pois sua criação somente pode ocorrer quando se tratar de atribuição de direção, de chefia e de assessoramento.

Nesse sentido, no **RE 1.041.210**, o STF fixou a seguinte **tese de repercussão geral**:

"I - A criação de cargos em comissão somente se justifica para o exercício de funções de direção, chefia e assessoramento, não se prestando ao desempenho de atividades burocráticas, técnicas ou operacionais;

II - Tal criação deve pressupor a necessária relação de confiança entre a autoridade nomeante e o servidor nomeado;

III - O número de cargos comissionados criados deve guardar proporcionalidade com a necessidade que eles visam suprir e com o número de servidores ocupantes de cargos efetivos no ente federativo que os criar;

IV - As atribuições dos cargos em comissão devem estar descritas, de forma clara e objetiva, na própria lei que os instituir".

Quanto ao provimento do cargo em comissão não é necessária a realização de concurso. A autoridade nomeante escolherá alguém de sua confiança e fará a nomeação. No entanto, **existe certa limitação na escolha, pois existe a vedação ao nepotismo, conforme a Súmula Vinculante nº 13**, pela qual está proibida a nomeação para cargo em comissão do cônjuge ou companheiro e dos parentes, em linha reta, colateral e por afinidade, até o 3º grau, inclusive, da autoridade nomeante ou de servidor que já é ocupante de cargo em comissão na mesma pessoa jurídica[24]. O dispositivo constitucional determina que **cabe à lei definir os casos, condições e percentuais em que os cargos em comissão deverão ser, necessariamente, ocupados por servidor de carreira.** Nesse sentido, por exemplo, a Lei nº 11.416/06, no art. 5º, § 7º, estabelece que, pelo menos 50% (cinquenta por cento) dos cargos em comissão, no âmbito de cada órgão do Poder Judiciário da União, serão destinados a servidores efetivos integrantes de seu quadro de pessoal, na forma prevista em regulamento. Dessa maneira, na Justiça Federal, na Justiça do Trabalho, na Justiça Eleitoral e na Justiça Militar, metade dos cargos em comissão, em cada uma delas, será ocupado, obrigatoriamente, por analistas e técnicos e a outra metade pode ser ocupada por pessoas estranhas ao quadro de servidores, respeitada, em qualquer caso, a Súmula Vinculante nº 13.

Deve-se atentar para a **diferença entre cargo em comissão e função de confiança**, pois **somente no cargo em comissão pode haver a nomeação de pessoa que não é**

24. Para maiores detalhes sobre o assunto, ver item 2.1.5 do capítulo 1.

servidor de carreira, desde que dentro do limite estabelecido em lei, pois, apenas **quem já é titular de cargo efetivo pode ser designado para exercer função de confiança.** Para ficar claro, o cargo em comissão de Diretor de Secretaria, em uma vara da Justiça Federal, poderá ser ocupado por quem é servidor de carreira e por quem não é, respeitado o limite de 50% do total de cargos e, de maneira diferente, para o exercício da função de confiança de Supervisor de Mandado de Segurança, apenas será designado quem já é titular de cargo efetivo. Quanto ao cargo em comissão, portanto, existe o ocupante exclusivamente de cargo em comissão, que é aquele que não possui outro vínculo com o Poder Público, e há aquele servidor que é servidor de carreira e é nomeado para um cargo em comissão. Na primeira hipótese, não é aplicável ao servidor a regra da aposentadoria compulsória e, assim, inexiste limite de idade para nomeação para cargo em comissão. No segundo caso, ou seja, de um servidor de carreira que está ocupando um cargo em comissão, por exemplo, se ele atingir a idade limite e ocorrer a aposentadoria compulsória em relação a seu cargo efetivo, poderá permanecer no cargo em comissão.

Nesse sentido, o STF fixou a seguinte tese de repercussão geral (RE 786.540):

> *1. Os servidores ocupantes de cargo exclusivamente em comissão não se submetem à regra da aposentadoria compulsória prevista no art. 40, § 1º, II, da Constituição Federal, a qual atinge apenas os ocupantes de cargo de provimento efetivo, inexistindo, também, qualquer idade limite para fins de nomeação a cargo em comissão;*
>
> *2. Ressalvados impedimentos de ordem infraconstitucional, não há óbice constitucional a que o servidor efetivo aposentado compulsoriamente permaneça no cargo comissionado que já desempenhava ou a que seja nomeado para cargo de livre nomeação e exoneração, uma vez que não se trata de continuidade ou criação de vínculo efetivo com a Administração.*

Outra hipótese em que não se realiza concurso público é a **contratação temporária.** Essa modalidade de contratação está prevista no art. 37, IX, ao prever que "a lei estabelecerá os casos de contratação por tempo determinado para atender à necessidade temporária de excepcional interesse público".

Assim, **cabe à lei de cada ente federativo regulamentar a contratação temporária.** Na **esfera federal**, há a **Lei nº 8.745/93** e, por exemplo, no Estado de São Paulo existe a Lei Complementar Estadual nº 1.093/09. Entretanto, o legislador ordinário não recebeu plenos poderes para dispor sobre o assunto, pois somente poderá haver essa modalidade de contratação se houver uma "necessidade temporária de excepcional interesse público".

Saliente-se, ainda, que o STF, na ADI 3.068, decidiu que **é a necessidade que precisa ser temporária e não a atividade**, pelo que é possível a contratação temporária, sem concurso público, "quer para o desempenho das atividades de caráter eventual, temporário ou excepcional, quer para o desempenho das atividades de caráter regular e permanente".

Posteriormente, em 26/03/2014, no julgamento da ADI 3.247, o STF decidiu que:

> *[...]*

> 1. **A natureza permanente de algumas atividades públicas** – *como as desenvolvidas nas áreas da saúde, educação e segurança pública* – **não afasta, de plano, a autorização constitucional para contratar servidores destinados a suprir demanda eventual ou passageira.** *Necessidade circunstancial agregada ao excepcional interesse público na prestação do serviço para o qual a contratação se afigura premente autoriza a contratação nos moldes do art. 37, inc. IX, da Constituição da República.*
>
> 2. **A contratação destinada a atividade essencial e permanente do Estado não conduz, por si, ao reconhecimento da alegada inconstitucionalidade.** *Necessidade de exame sobre a transitoriedade da contratação e a excepcionalidade do interesse público que a justifica.*
>
> *[...]*

Todavia, no julgamento do RE 658.026, em 09/04/2014, o STF fixou a seguinte **tese de repercussão geral**:

> *Nos termos do art. 37, IX, da Constituição Federal, para que se considere válida a contratação temporária de servidores públicos, é preciso que: a) os casos excepcionais estejam previstos em lei; b) o prazo de contratação seja predeterminado; c) a necessidade seja temporária; d) o interesse público seja excepcional; e) a contratação seja indispensável, sendo vedada para os serviços ordinários permanentes do Estado que estejam sob o espectro das contingências normais da Administração.*

Exemplo disso é a contratação temporária em decorrência do COVID-19. Nesse caso, o ente federado poderá admitir servidores temporários, desde que tenham editado lei prevendo tal hipótese como de excepcional interesse público, não havendo necessidade de criação de vagas nem de realização de prévio processo seletivo simplificado[25].

Mas, é importante registrar que o RE 658.026 tratou de lei municipal que previa de forma genérica o uso da contratação temporária para "suprir as necessidades de pessoal na área do magistério" e, nesse sentido, afirmou o relator, Min Dias Tóffoli:

> *O fato é que o texto normativo municipal regulou a contratação temporária de profissionais da área da educação, atividade essencial e permanente, sem descrever situações excepcionais e transitórias (como seria o caso de calamidade pública, surtos endêmicos que tenham atingido os profissionais da educação, demissões ou exonerações em massa, situações de greve dos profissionais da educação que perdurem por tempo irrazoável ou de greve que tenha sido considerada ilegal pelo Poder Judiciário etc.), o que não se coaduna com as exigências constitucionais.*

O dispositivo legal objeto da ADI 3.247 não era tão genérico quanto o constante do RE 658.026, pois naquele a previsão legal era da possibilidade de admissão de

25 Tribunal de Contas do Estado do Mato Grosso do Sul. Contratações emergenciais: perguntas e respostas. Disponível em: ‹http://www.tce.ms.gov.br/portal-services/files/arquivo/nome/13857/84399b52b4c8eb861c112c3616052752.pdf›. Acesso em 16 jul. 2020.

professores para os ensinos fundamental, médio e especial e de instrutores para oficinas pedagógicas e profissionalizantes, "desde que não existam candidatos aprovados em concurso público e devidamente habilitados".

Assim, penso que as decisões nos dois processos podem ser vistas de forma complementar e não excludentes, não se admitindo, nas condições normais e ordinárias da Administração Pública a utilização da contratação temporária para as atividades permanentes e essenciais, mas isso pode ser possível se houver real necessidade temporária que caracterize excepcional interesse público. De toda forma, para fins de questões objetivas de concurso público é importante conhecer as ementas dos dois julgados.

No caso do temporário, o vínculo que se efetua é um **vínculo especial de direito administrativo**[26] estabelecido pela lei do ente federado que esteja promovendo a contratação. Enfatize-se que não há a realização de concurso público, devendo haver, apenas, processo seletivo; quer dizer, deve existir alguma forma de seleção dos candidatos interessados como a análise de currículo ou entrevista.

Trata-se de vínculo com características particulares e, desse modo, estabeleceu o STF, no RE 981727, em tese de repercussão geral, que "**servidores temporários não fazem jus a décimo terceiro salário e férias remuneradas acrescidas do terço constitucional, salvo (I) expressa previsão legal e/ou contratual em sentido contrário, ou (II) comprovado desvirtuamento da contratação temporária pela Administração Pública, em razão de sucessivas e reiteradas renovações e/ou prorrogações**".

De qualquer forma, a contratação temporária não pode ser usada indevidamente, sob pena de afronta à regra do concurso público. A Administração só pode se valer dela em situações que, realmente, sejam transitórias e emergenciais como, por exemplo, quando ocorre a vacância de cargos de professores antes do fim do ano letivo, sem que tenha concurso com prazo de validade vigente e com candidatos aprovados.

Caso ocorra a contratação indevida, o STF fixou **tese de repercussão geral**, no RE 765.320, no sentido de que se houver a contratação por tempo determinado para atender necessidade temporária de excepcional interesse público em desconformidade com determinado no art. 37, IX, da Constituição Federal, isso "não gera quaisquer efeitos jurídicos válidos em relação aos servidores contratados, com exceção do direito à percepção dos salários referentes ao período trabalhado e, nos termos do art. 19-A da Lei 8.036/1990, ao levantamento dos depósitos efetuados no Fundo de Garantia do Tempo de Serviço – FGTS."

Ainda sobre temporários, o STF, no julgamento do RE 635.648, fixou a seguinte tese de repercussão geral: "É compatível com a Constituição Federal a previsão legal que exija o transcurso de 24 (vinte e quatro) meses, contados do término do contrato, antes de nova admissão de professor temporário anteriormente contratado".

Por fim, também não se realiza concurso público para a contratação de **agentes públicos de saúde e agentes de combate a endemias**. Nos termos do art. 198, § 4º, a escolha é feita por **processo seletivo**.

26. CUNHA JÚNIOR, Dirley da. *Curso de direito administrativo*. 8. ed. Salvador: Juspodivm, 2009. p. 267.

Estabelece o art. 198, em seu §4º, que os "gestores locais do sistema único de saúde poderão admitir agentes comunitários de saúde e agentes de combate às endemias por meio de processo seletivo público, de acordo com a natureza e complexidade de suas atribuições e requisitos específicos para sua atuação" e o §5º do mesmo artigo determina que lei "federal disporá sobre o regime jurídico, o piso salarial profissional nacional, as diretrizes para os Planos de Carreira e a regulamentação das atividades de agente comunitário de saúde e agente de combate às endemias, competindo à União, nos termos da lei, prestar assistência financeira complementar aos Estados, ao Distrito Federal e aos Municípios, para o cumprimento do referido piso salarial."

Regulamentando esse dispositivo há a Lei nº 11.350/06 e, em seu art. 8º que os agentes admitidos pelos gestores locais do SUS e da FUNASA submetem-se ao regime celetista, salvo se, no caso dos Estados, DF e Municípios lei local dispuser de forma diversa.

Portanto, de acordo com o texto constitucional, a é feita por **processo seletivo** e não por concurso público.

Nesse sentido, na ADI 5.554/DF, o STF decidiu que é constitucional a Lei 13.026/2014, na parte em que cria o Quadro em Extinção de Combate às Endemias e autoriza a transformação dos empregos públicos criados pelo art. 15 da Lei 11.350/2006 no cargo de Agente de Combate às Endemias, a ser regido pela Lei 8.112/1990 (regime estatutário), constando, ainda, da decisão que a EC 51/06, além de criar exceção à regra do concurso, delegou ao legislador a escolha do regime funcional e, assim, a incidência da regra excepcional aplica-se independentemente de qual seja o regime adotado.

No mencionado julgado, a Corte Suprema fixou a seguinte tese: **"A EC nº 51/2006, ao prever a admissão de agentes de combate às endemias por processo seletivo público, estabeleceu exceção constitucional à regra do concurso público, cabendo ao legislador ordinário definir o regime jurídico aplicável aos profissionais."**

CONCURSO PÚBLICO	
Regra:	realização para provimento de cargo efetivo
Exceção: não realização	**Contratação temporária**: necessidade temporária e excepcional interesse público (esfera federal: Lei nº 8745/93)
	Cargo em comissão: existência de lei declarando de livre nomeação e exoneração; atribuições de direção, de chefia e de assessoramento Pode ser ocupado por ocupante de cargo efetivo (lei definirá casos, condições e percentuais) e por não ocupante. Função de confiança: só ocupante de cargo efetivo
	Agentes públicos de saúde e agentes de combate a endemias
Prazo de validade:	até 2 anos, prorrogável, uma vez, por igual período
Pode ser de provas ou de provas e títulos:	natureza e complexidade do cargo
Reserva de vagas para deficientes:	lei definirá percentual (Lei nº 8.112/90: até 20%; Decreto nº 3.298/99, regulamentando Lei nº 7.853/89: 5%)

2.2. Sistema remuneratório

A Constituição Federal dedicou vários dispositivos para delimitar a remuneração, em sentido amplo, dos agentes públicos e, também, dos servidores públicos.

Existem formas diferentes de se remunerar o agente público. O **subsídio** é o **pagamento de uma única parcela**, sem subdivisões. É a forma mais transparente para se fiscalizar e, por isso, a Constituição Federal determina, no art. 39, § 4º, que é a forma **obrigatoriamente** adotada para se remunerar os **agentes políticos** e, conforme outros dispositivos constitucionais[27], **algumas carreiras de servidores** como os Advogados da União, os Procuradores da Fazenda Nacional, os Defensores Públicos, os Procuradores do Estado, os policiais. Também **pode ser adotado por outros** servidores organizados em carreira, **desde que haja previsão em lei**; mas, neste caso, é facultativo (art. 39, 8º).

O tema traz discussões acerca da possibilidade de serem pagas outras verbas, além dos subsídios. Segundo o decidido pelo STF na ADI nº 4.941, o art. 39, §4º da Constituição Federal não traria uma vedação absoluta ao pagamento de outras verbas, além do subsídio. Tanto que são garantidos inúmeros direitos sociais aos servidores, nos termos do art. 39, §3º. Dessa forma, o STF entendeu que não haveria óbice ao recebimento de honorários advocatícios sucumbenciais pelos advogados públicos, desde que respeitado o teto do funcionalismo, previsto no art. 37, XI da CF (ADI nº 6.053). Na ADI 5404, em relação à carreira de Policial Rodiviário Federal, o STF reiterou que o regime de subsídios não impede o pagamento dos direitos trabalhistas aplicáveis aos servidores públicos por força do art. 39, § 3º, da Constituição e que, por outro lado, devem ser afastados apenas os adicionais que remunerem as atividades inerentes ao cargo, ou seja, aquelas relativas ao trabalho mensal ordinário do servidor e fixou a seguinte tese: "O regime de subsídio não é compatível com a percepção de outras parcelas inerentes ao exercício do cargo, mas não afasta o direito à retribuição pelas horas extras realizadas que ultrapassem a quantidade remunerada pela parcela única".

Outro tema diz respeito aos subsídios dos Vereadores, sobre o qual o STF já entendeu que não há incompatibilidade com o art. 39, §4º da Constituição Federal, o pagamento de um terço de férias e décimo terceiro salário, tratando-se de uma opção do legislador infraconstitucional sobre eles dispor. Assim, na falta de lei municipal, os valores não serão devidos[28].

Por sua vez, a **remuneração** é o **vencimento básico somado às gratificações permanentes previstas em lei**. Aqui, não há um valor único e sim uma soma de valores. É a forma adotada para os servidores do Poder Judiciário da União, em que há o vencimento básico de cada cargo e, também, há a Gratificação Judiciária (GAJ), no percentual de 50% e, ainda, para os Oficiais de Justiça Avaliadores Federais existe a gratificação de atividades externas (GAE), no percentual de 35%. Dessa forma, para se saber qual é a remuneração de um analista, é necessário saber em que nível da

27. Art. 135 (Defensores públicos; Advogados da União; Procuradores da Fazenda Nacional; Procuradores do Estado); art. 144, § 9º (policiais).
28. 1ª Turma. Rcl 32483 AgR/SP, Rel. Min. Roberto Barroso, julgado em 3/9/2019 – Info 950.

carreira ele está para se descobrir qual seu vencimento básico e, depois, deve ser feita a conta de cada gratificação, encontrando-se seu valor e, após, soma-se tudo e tem-se a remuneração[29].

Em relação ao tema, importante anotar que alguns estatutos funcionais previam a possibilidade de incorporação de vantagens decorrentes do exercício de função de confiança ou de cargo em comissão e, assim, por exemplo, um servidor que ocupava um cargo efetivo e era nomeado para um cargo em comissão, iria receber a remuneração própria do cargo de confiança, que iria se incorporando à sua remuneração com o decorrer do tempo, normalmente, na fração de 10% ao ano. Todavia, com a entrada em vigor da EC 103/2019 isso não é mais permitido porque, nos termos do § 9º do art. 39 da Constituição Federal, por ela incluído, é "vedada a incorporação de vantagens de caráter temporário ou vinculadas ao exercício de função de confiança ou de cargo em comissão à remuneração do cargo efetivo."

FORMAS REMUNERATÓRIAS	
Remuneração	vencimento básico somado às gratificações permanentes previstas em lei
Subsídio	pagamento de uma única parcela, sem subdivisões
	FACULTATIVO: servidores organizados em carreira, desde que haja lei adotando o subsídio
	OBRIGATÓRIO: • Presidente da República • Vice-Presidente da República • Ministros de Estado • Governadores • Vice-Governadores • Secretários Estaduais • Prefeitos • Vice-Prefeitos • Secretários Municipais • Deputados Federais • Deputados Estaduais • Deputados Distritais • Vereadores • Senadores • Magistrados membros do Ministério Público • Membros dos Tribunais de Contas • Membros da Advocacia Geral da União (Advogados da União, Procuradores da Fazenda Nacional e Procuradores Federais) • Procuradores dos Estados

29. Para anotar, no caso dos empregados públicos não se fala em remuneração ou subsídio, mas sim em salário.

FORMAS REMUNERATÓRIAS	
Subsídio	• Membros da Defensoria Pública da União e dos Estados • Policiais (federais, ferroviários federais, rodoviários federais, civis e militares)

2.2.1. *Fixação, alteração e revisão do subsídio e da remuneração*

A **fixação** do subsídio e da remuneração deve ocorrer por **lei específica, de cada ente federado.** É por lei e não por ato administrativo. Uma vez fixada a remuneração, o art. 37, X, assegura que, **anualmente,** haverá **revisão** dos subsídios e remuneração de maneira **geral,** na **mesma data** e com o **mesmo índice, feita por lei.**

A iniciativa da lei depende do Poder ao qual está vinculado o agente público. Assim, dependendo do caso, deve ser atinente ao Poder Executivo, ao Poder Judiciário, ao Poder Legislativo e, ainda, pode ser do Ministério Público e dos Tribunais de Contas.

Como dito, a **regra é a fixação por lei.** Todavia, há **exceções,** pois é de competência exclusiva do Congresso Nacional fixar, por decreto legislativo, o subsídio dos **Deputados Federais, Senadores, Presidente da República, Vice-Presidente da República e Ministros de Estado,** conforme o art. 49, VII e VIII, da Constituição Federal. No mesmo sentido, cabe à Câmara de Vereadores, nos termos do art. 29, VI, do texto constitucional, fixar o subsídio dos Vereadores, para a legislatura subsequente (em relação aos Vereadores, vigora o princípio da anterioridade).

Nos termos da **Súmula 679,** do Supremo Tribunal Federal, a "fixação de vencimentos dos servidores públicos **não pode ser objeto de convenção coletiva".** Deve ser destacada, também, a **Súmula Vinculante nº 37:** Não cabe ao poder judiciário, que não tem função legislativa, aumentar vencimentos de servidores públicos sob o fundamento de isonomia. Deve-se apontar que esta Súmula Vinculante deverá ser aplicada ainda que se trate de verba de natureza indenizatória, nos termos da tese de repercussão geral fixada pelo STF no RE 710293: "Não cabe ao Poder Judiciário, que não tem função legislativa, aumentar qualquer verba de servidores públicos de carreiras distintas sob o fundamento de isonomia, tenham elas caráter remuneratório ou indenizatório".

Da mesma forma que se dá para a fixação da remuneração ou do subsídio de determinada carreira, a sua **alteração também deve se dar por lei específica.** Portanto, se houver necessidade de se alterar os valores que estejam sendo pagos, deve haver nova lei alterando a anterior e estabelecendo os novos valores para aquela categoria de servidores.

A alteração da remuneração ocorre, normalmente, por meio dos chamados planos de cargos e salários e depende da discricionariedade da autoridade com iniciativa para deflagrar o processo legislativo. Todavia, além da alteração, existe a **revisão** da remuneração e do subsídio.

No inciso X, do art. 37 da Constituição Federal, está assegurada a **revisão geral anual, sempre na mesma data e sem distinção de índices, da remuneração e do subsídio.** A revisão tem como objetivo manter o poder aquisitivo da remuneração recebida e, de acordo com o comando constitucional, deve ser feita anualmente, por lei específica de cada ente federativo, atingindo todos os servidores daquela esfera. Por exemplo, na esfera federal, essa revisão deve atingir, da mesma maneira, na mesma data, com o mesmo índice, os servidores dos três Poderes.

O não encaminhamento do projeto de lei de revisão anual, todavia, não gera direito subjetivo à indenização. Nesse sentido, o STF já decidiu que: "O não encaminhamento de projeto de lei de revisão anual dos vencimentos dos servidores públicos, previsto no inciso X do art. 37 da CF/1988, não gera direito subjetivo a indenização. Deve o Poder Executivo, no entanto, se pronunciar, de forma fundamentada, acerca das razões pelas quais não propôs a revisão".

Ainda, com base no art. 37, X da CF/88, o Tribunal de Justiça de São Paulo reconheceu a mora legislativa do Município de Leme para conceder revisão anual aos servidores, determinando que o Prefeito Municipal enviasse, em 30 dias, projeto de lei nesse sentido. Contra tal decisão, o Município interpôs Recurso Extraordinário, sustentando que o TJSP estaria substituindo o Poder Executivo, afrontando, ademais, o princípio da revisão orçamentária. O STF, em voto de lavra do Min. Luiz Fux, seguido pela maioria dos Ministros da Corte, deu provimento ao recurso do Município, de modo a fixar a seguinte tese de repercussão geral (RE 843.112): "O Poder Judiciário não possui competência para determinar ao Poder Executivo a apresentação de projeto de lei que vise a promover a revisão geral anual da remuneração dos servidores públicos, nem tampouco para fixar o respectivo índice de correção".

Ainda quanto à omissão no cumprimento desse dispositivo constitucional, o STF fixou a seguinte tese de repercussão geral (RE 843.112): "O Poder Judiciário não possui competência para determinar ao Poder Executivo a apresentação de projeto de lei que vise a promover a revisão geral anual da remuneração dos servidores públicos, nem tampouco para fixar o respectivo índice de correção".

2.2.2. *Limites remuneratórios*

O inciso XI, do art. 37, impõe limites ao valor máximo que um agente público pode receber.

De acordo com o dispositivo mencionado, o **teto**, o limite máximo aplicável a qualquer agente público é o **subsídio de Ministro do Supremo Tribunal Federal**, que é fixado por **lei de iniciativa do próprio tribunal**. O teto é aplicável na esfera federal, estadual, distrital e municipal e abrange todas as espécies remuneratórias (remuneração, subsídio, proventos de aposentadoria), incluindo, até as vantagens pessoais como, por exemplo, quinquênios e incorporações. A **exceção**, estabelecida no texto constitucional, é o **recebimento de verba indenizatória prevista em lei** (art. 37, § 11).

São excluídas do teto as verbas decorrentes dos direitos sociais, previstos no art. 39, § 3º, da Constituição Federal, como décimo terceiro salário, terço constitucional de férias, trabalho extraordinário; no mesmo sentido, não incide sobre o abono de permanência nem sobre remuneração decorrente do exercício do magistério ou de benefícios de assistência médico-social[30]. Nessa esteira, são as Resoluções nº 09/06 e

30. MARINELA, Fernanda. *Direito administrativo*. 5. ed. Niterói: Impetus, 2011. p. 709.

10/06 do Conselho Nacional do Ministério Público e as Resoluções nº 13/06 e 14/06 do Conselho Nacional da Magistratura.

Quanto à abrangência do teto, o STF proferiu importante decisão no RE 606.358, com repercussão geral reconhecida, no qual foi fixada a tese: "Computam-se para efeito de observância do teto remuneratório do artigo 37, XI, da Constituição da República, também os valores percebidos anteriormente à vigência da EC 41/2003 a título de vantagens pessoais pelo servidor público, dispensada a restituição de valores eventualmente recebidos em excesso e de boa-fé até o dia 18/11/2015". Isso significa que, por exemplo, incidirá o teto sobre vantagens pessoais que o servidor já recebia quando da promulgação da EC 41/03, que alterou a redação do inciso XI do art. 40, dispondo sobre o teto remuneratório.

Outro ponto a ser destacado é que a base remuneratória para aplicação do teto é a bruta. Quer dizer que se algum servidor tiver remuneração bruta fixada acima do teto, o valor será reduzido até atingir o valor do teto e sobre esse valor é que incidem imposto de renda e contribuição previdenciária. Nesse sentido, decidiu o STF no RE 675.978, com repercussão geral reconhecida, no qual foi fixada a seguinte tese: **"Subtraído o montante que exceder o teto e subteto previsto no artigo 37, inciso XI, da Constituição Federal, tem-se o valor que vale como base para o Imposto de Renda e para a contribuição previdenciária"**. Nesse mesmo sentido, o decidido pelo STF no tema nº 163: "Não incide contribuição previdenciária sobre verba não incorporável aos proventos de aposentadoria do servidor público, tais como terço de férias, serviços extraordinários, adicional noturno e adicional de insalubridade" (RE 593.068/SC).

Mais adiante será visto que há hipóteses, no texto constitucional, permissivas de acumulação pelo agente público de sua remuneração ou subsídio com a remuneração ou subsídio de outro cargo, emprego ou função pública, ou, ainda, de acumulação dos proventos decorrentes da aposentadoria do agente público no regime próprio de previdência social com a remuneração ou subsídio de cargo em comissão, cargo eletivo e cargo em comissão.

Ainda quanto ao teto, havia relativa discussão se, no caso de acumulação de cargos públicos, se a incidência do teto deveria se dar sobre a soma dos cargos ou sobre cada um, individualmente. Todavia, o STF, no julgamento do RE 612.975 e RE 602.043, fixou a seguinte tese de repercussão geral: **"Nos casos autorizados constitucionalmente de acumulação de cargos, empregos e funções, a incidência do art. 37, inciso XI, da Constituição Federal pressupõe consideração de cada um dos vínculos formalizados, afastada a observância do teto remuneratório quanto ao somatório dos ganhos do agente público"**.

Por outro lado, no RE nº 602.584 (Tema de repercussão geral nº 359) entendeu o STF, por maioria, que a soma da pensão por morte com a remuneração ou os proventos de aposentadoria não podem superar o teto constitucional. No caso, a União sustentava a incidência do teto constitucional e a servidora alegava que isso não deveria ocorrer porque a remuneração decorre do serviço prestado e, por outro lado, a pensão previdenciária é decorrente de contribuição de terceiro, mediante imposição legal e desconto em contracheque. Fixou-se, assim, a seguinte tese: "Ocorrida a morte do instituidor da pensão em momento posterior ao da Emenda Constitucional 19/1998, o teto constitucional previsto no inciso XI do artigo 37 da Constituição Federal incide sobre o somatório de remuneração ou provento e a pensão recebida por servidor".

Feitas as anotações quanto às espécies remuneratórias incluídas no teto constitucional, é necessário enfatizar que **a limitação remuneratória aplica-se a todas as esferas da federação, englobando os Poderes Executivo, Legislativo e Judiciário.** Assim, aplica-se à administração direta federal, estadual, distrital e municipal. O limite **também é aplicado à administração indireta** em todas as esferas, mas há uma **diferença** em relação às **sociedades de economia mista, às empresas públicas e suas subsidiárias**, uma vez que, nos termos do art. 37, § 9º, **só devem se submeter ao teto constitucional quando "receberem recursos da União, dos Estados, do Distrito Federal ou dos Municípios para pagamento de despesas de pessoal ou de custeio em geral"**. A *contrario sensu*, já decidiu o STF na ADI nº 6.584/DF que o teto constitucional remuneratório não incide sobre os salários pagos por empresas públicas e sociedades de economia mista, assim como suas subsidiárias, quando não receberem recursos da Fazenda Pública. Dessa forma, por exemplo, em uma sociedade de economia mista que, em razão da exploração de atividade econômica, consiga se manter e pagar seus empregados, não necessitando de repasse orçamentário da administração direta, não haverá a limitação constitucional e quem lá trabalha poderá receber mais que o subsídio dos Ministros do Supremo Tribunal Federal[31].

Além do teto mencionado, o inciso XI do art. 37 estabeleceu a existência de **subtetos** nos Estados, no Distrito Federal e nos Municípios.

Nos **Estados e no Distrito Federal**, poderá se optar pela instituição tanto de um regime remuneratório único, tendo como parâmetro remuneratório máximo o subsídio mensal dos desembargadores do respectivo Tribunal de Justiça – limitado a 90,25% do subsídio mensal dos ministros do STF – como o sistema de subtetos aplicáveis a cada um dos Poderes, nos termos abaixo:

a) **no Poder Executivo**, o limite é o **subsídio do Governador** (fixado por lei de iniciativa da Assembleia Legislativa, nos Estados, e da Câmara Legislativa, no Distrito Federal, e pode ser igual ao subsídio de Ministro do Supremo Tribunal Federal);

b) **no Poder Legislativo**, é o **subsídio dos deputados estaduais ou distritais** (fixado por lei de iniciativa da Assembleia Legislativa ou Câmara Legislativa e pode atingir, no máximo, 75% do subsídio dos deputados federais);

c) **no Poder Judiciário**, é o **subsídio dos Desembargadores do Tribunal de Justiça** (fixado por lei de iniciativa do Tribunal de Justiça e pode alcançar, no máximo, 90,25% do subsídio dos Ministros do Supremo Tribunal Federal). Aplica-se o

31. Na esfera federal, o **Serpro** (Serviço Federal de Processamento de Dados), empresa pública, recebe repasse e, assim, seus **empregados submetem-se ao teto** remuneratório. Ao contrário, **não há teto para os empregados da Caixa Econômica Federal** (empresa pública federal) e do **Banco do Brasil** (sociedade de economia mista federal), porque não há repasse orçamentário (FURTADO, Lucas Rocha. *Curso de direito administrativo*. 2. ed. Belo Horizonte: Fórum, 2010. p. 952).

subteto do Poder Judiciário aos membros do **Ministério Público, aos Procuradores e aos Defensores Públicos.** Esse ponto requer atenção, pois a aplicação não se dá em relação aos servidores e, assim, por exemplo, um servidor da Procuradoria Geral do Estado de São Paulo terá sua remuneração limitada ao subsídio do Governador do Estado e, por outro lado, um Procurador do Estado de Estado de São Paulo terá como limite o subsídio dos Desembargadores. O Supremo Tribunal Federal, na ADI 3.854, deu interpretação conforme ao art. 37, XI, e § 12, firmando entendimento de que **o subteto estabelecido para o Poder Judiciário não se aplica aos magistrados estaduais,** pois **devem se submeter** ao mesmo limite remuneratório válido para os magistrados federais, qual seja, **o subsídio dos Ministros do Supremo Tribunal Federal.** Frisa-se que o posicionamento do STF se refere, apenas, aos magistrados e não aos servidores.

No § 12 do art. 37, a Constituição **faculta a instituição de subteto único nos Estados e no Distrito Federal.** Para tanto, deve ser feita emenda à Constituição estadual ou à lei orgânica instituindo-se **o subsídio dos Desembargadores do Tribunal de Justiça** como subteto único (limitado a 90,25% do subsídio dos Ministros do STF). Destaque-se que a escolha do Estado ou do Distrito Federal é simples: ou mantêm os três subtetos (um para cada poder) ou adotam o subteto único, que deve ser, necessariamente, o do Judiciário. Entretanto, caso ocorra essa alteração, o subteto único não se aplicará aos subsídios dos deputados estaduais e distritais.

Nesse sentido, não é compatível com a Constituição Federal, emenda à Constituição Estadual que institua, como limite remuneratório único o subsídio dos Ministros do Supremo Tribunal Federal (ADI nº 6746/RO).

Ainda no que tange ao âmbito estadual, todavia, deve-se apontar a medida cautelar deferida pelo Ministro Dias Toffoli, na ADI 6257, para "dar interpretação conforme ao inciso XI do art. 37, da Constituição Federal, no tópico em que a norma estabelece subteto, para suspender qualquer interpretação e aplicação do subteto aos professores e pesquisadores das universidades estaduais, prevalecendo, assim, como teto único das universidades no país, os subsídios dos Ministros do Supremo Tribunal Federal". Ou seja, segundo o Ministro, o teto aplicado aos professores e pesquisadores de universidades estaduais equivaleria ao teto dos Ministros do STF, visando, com isso, a valorização do ensino superior.

Na **esfera municipal,** o subteto é o **subsídio do Prefeito** (fixado em lei de iniciativa da Câmara de Vereadores e deve obedecer ao limite do subsídio dos Ministros do STF). Desse modo, os servidores municipais, não importando se trabalham no Executivo ou no Legislativo, possuem como teto remuneratório o subsídio do Prefeito. Entretanto, isso **não se aplica ao subsídio dos Vereadores,** já que este é fixado diretamente pela Câmara de Vereadores e deve respeitar os percentuais estabelecidos no art. 29, VI, da Constituição Federal[32]. Também não se aplica aos Procuradores Municipais, segundo o decidido pelo STF, no RE nº 663696 com repercussão geral, decidiu que o

32. São seis limites que variam conforme o número de habitantes e têm como referência o subsídio dos Deputados estaduais: a) até 10.000 habitantes, no máximo de 20%; b) de 10.001 até 50.000 habitantes, no máximo de 30%; c) de 50.001 até 100.000 habitantes, no máximo de 40%; d) de 100.001 até 300.000

teto remuneratório dos procuradores municipais é o subsídio do desembargador do TJ. Fixou-se, portanto, a seguinte tese: **"A expressão "Procuradores", contida na parte final do inciso XI do art. 37 da Constituição da República, compreende os Procuradores Municipais, uma vez que estes se inserem nas funções essenciais à Justiça, estando, portanto, submetidos ao teto de noventa inteiros e vinte e cinco centésimos por cento do subsídio mensal, em espécie, dos Ministros do Supremo Tribunal Federal"**. Ou seja, o teto dos Procuradores Municipais corresponderá ao subsídio dos desembargadores do Tribunal de Justiça.

Além do limite máximo (teto), há, também, um **limite mínimo** para a remuneração e o subsídio que é o **salário mínimo**, conforme estabelecido no art. 39, § 3º, que determina a aplicação aos servidores públicos do contido no art. 7º, IV. No caso de subsídio não há problema, pois há uma parcela única, mas no caso da remuneração – que é o vencimento básico somado às gratificações permanentes previstas em lei – é de se perguntar: o limite mínimo incide sobre o vencimento ou sobre a remuneração total?

De acordo com a **Súmula Vinculante nº 16**, os "arts. 7º, IV, e 39, § 3º (redação da EC 19/1998), da Constituição, referem-se ao total da remuneração percebida pelo servidor público". Assim, nos termos da jurisprudência do Supremo Tribunal Federal, **o vencimento do servidor público pode ser menor do que o salário mínimo, mas a remuneração não.**

<table>
<tr><th colspan="3">LIMITES REMUNERATÓRIOS</th></tr>
<tr><td>Teto</td><td colspan="2">subsídio dos Ministros do Supremo Tribunal Federal</td></tr>
<tr><td rowspan="4">Subtetos</td><td rowspan="3">Estados e Distrito Federal</td><td>Poder Executivo subsídio do Governador</td></tr>
<tr><td>Poder Legislativo subsídio dos Deputados Estaduais e Distritais (máximo de 75% do subsídio do Deputado Federal)</td></tr>
<tr><td>Poder Judiciário subsídio dos Desembargadores do Tribunal de Justiça (90,25% do STF)
• aplicável aos membros do Ministério Público, Procuradores e Defensores Públicos
• não se aplica aos magistrados estaduais, de acordo com o STF
• Estados e DF podem adotar como subteto único este previsto para o Poder Judiciário, desde que haja alteração da Constituição Estadual ou da Lei Orgânica</td></tr>
<tr><td>Municípios</td><td>Subsídio do Prefeito
• Vereadores: regra própria (art. 29, VI, CF)
• Procuradores Municipais: teto é o subsídio do desembargador do TJ</td></tr>
</table>

2.2.3. Outras disposições remuneratórias

Ainda quanto ao sistema remuneratório, devem ser destacados os incisos XII a XV do art. 37.

---

habitantes, no máximo de 50%; e) de 300.001 até 500.000 habitantes, no máximo de 60%; f) mais de 500.000 habitantes, no máximo de 75% do subsídio dos Deputados estaduais.

O inciso XII estabelece que "os vencimentos dos cargos do Poder Legislativo e do Poder Judiciário não poderão ser superiores aos pagos pelo Poder Executivo". No julgamento do ADI 603, o Min. Célio Borja, na decisão que indeferiu a concessão de liminar, em 1991, registrou que esse inciso cria um limite e não uma relação de igualdade. Entretanto, com a atual redação do inciso XI do art. 37, dada pela Emenda Constitucional nº 41/03, perdeu efetividade esse dispositivo, não possuindo qualquer aplicação efetiva, como ressalta José dos Santos Carvalho Filho[33].

Nos termos do inciso XIII, "é **vedada a vinculação ou equiparação** de quaisquer espécies remuneratórias para o efeito de remuneração de pessoal do serviço público". Salvo os casos que o próprio legislador constituinte quis fazer ligação entre cargos diferentes como, por exemplo, entre o Vereador e o Deputado Estadual, ou entre este e o Deputado Federal, ou, ainda, entre os Desembargadores e os Ministros do STF, não é possível a lei fazê-lo. Dessa maneira, não pode ficar estabelecido que o Técnico Judiciário faça jus à remuneração de 70% da remuneração do analista, bem como não pode ser determinado que o Advogado da União tenha subsídio igual ao do Procurador da República.

O que é proibido pelo texto constitucional é a vinculação ou equiparação em abstrato, genérica, entre a remuneração ou o subsídio de cargos públicos e, dessa forma, caso seja interesse público que determinada categoria tenha remuneração semelhante ou idêntica a alguma outra, a solução é a aprovação de lei fixando a remuneração em valor nominal igual ao do outro cargo.

Ainda, de acordo com a **Súmula Vinculante nº 42**, é "inconstitucional a vinculação do reajuste de vencimentos de servidores estaduais ou municipais a índices federais de correção monetária". Também, não é possível vincular-se a remuneração dos servidores ao salário mínimo, consoante **Súmula Vinculante nº 4:** "Salvo nos casos previstos na Constituição, o salário mínimo não pode ser usado como indexador de base de cálculo de vantagem de servidor público ou de empregado, nem ser substituído por decisão judicial"

Nos moldes do inciso XIV, "os acréscimos pecuniários percebidos por servidor público não serão computados nem acumulados para fins de concessão de acréscimos ulteriores". Isto é, **a incidência de acréscimos deve se dar sobre o vencimento básico e não sobre a remuneração.** Nesse sentido, suponha que determinado servidor tenha vencimento básico de R$ 1.000,00 e gratificação de atividade de 50%, que corresponde a R$ 500,00, totalizando sua remuneração R$ 1.500,00. Caso, por exemplo, complete cinco anos de exercício e passe a ter direito a adicional de tempo de serviço de 5%, esse adicional terá o valor de R$ 50,00, pois deve incidir sobre o vencimento básico e não sobre a remuneração. Nesse sentido, é a **Súmula Vinculante nº 15**: "O cálculo de gratificações e outras vantagens do servidor público não incide sobre o abono utilizado para se atingir o salário mínimo".

Já, no inciso XV, está assegurada a **irredutibilidade da remuneração e dos subsídios**. Essa garantia, todavia, não impede a aplicação do teto constitucional nem a incidência de tributos como, por exemplo, o Imposto de Renda. E mais, o que está

33. Manual de direito administrativo. 27. ed. São Paulo: Atlas, 2014.p. 764

assegurado é que não ocorra redução da remuneração e não que o regime jurídico estatutário não possa ser alterado, pois o servidor não tem direito adquirido a regime jurídico, mas possui direito a não ter sua remuneração diminuída. Não importa se é alterado o nome ou a forma de cálculo dos itens que compõem a remuneração, o que interessa é que o valor nominal seja mantido. Nessa esteira, é a jurisprudência do Supremo Tribunal Federal que já assentou que não existe direito adquirido a regime jurídico e que é possível a transposição do regime celetista para o estatutário e, em razão, pode ocorrer "diminuição ou supressão de gratificações e vantagens, desde que não acarrete redução nominal dos vencimentos"[34].

2.3. Acumulação de cargos, empregos e funções públicas

Para que não haja confusão, é necessário separar as hipóteses de acumulação admitidas na Constituição Federal, pois há a possibilidade de:

a) acumulação de cargos, empregos e funções na atividade;

b) acumulação de cargos, empregos e funções com proventos;

c) acumulação de proventos.

2.3.1. *Cargo, função ou emprego público x Cargo, função ou emprego público*

Essa hipótese cuida da **possibilidade de o agente público, em atividade, ocupar dois cargos, empregos ou funções públicas.**

A **regra** é a **proibição da acumulação remunerada** de cargos, empregos e funções públicas, consoante o art. 37, XVI e XVII. A permissão é **exceção** e somente, pode ocorrer se houver **compatibilidade de horários** e quando se tratar de:

a) dois cargos de professor;

b) um cargo de professor com outro técnico ou científico;

c) dois cargos ou empregos privativos de profissionais de saúde, com profissões regulamentadas[35].

Quanto à **compatibilidade de horários**, o Supremo Tribunal Federal considera **ilegal a "acumulação de cargos quando ambos estão submetidos ao regime de 40 horas semanais e um deles exige dedicação exclusiva"** (MS 26.085, Rel. Min. Carmem Lúcia). Por sua vez, o STJ vem entendendo que "ausência de fixação da carga horária máxima para a cumulação de cargo não significa que o acúmulo de cargo esteja desvinculado de qualquer carga horária, não legitimando, portanto, o acúmulo de

34. RE 599.618-ED. Na **transposição de regime celetista para o estatutário** ocorre a extinção do contrato de trabalho e a mudança de regime jurídico, não podendo coexistir vantagens de regimes diferentes, mas, por outro lado, não pode haver redução do valor nominal da remuneração. Isto é, **o, agora, servidor estatutário não tem mais direito às gratificações e vantagens que possuía como empregado público, mas continuará recebendo o mesmo valor nominal.**

35. Sobre o assunto, a 1ª Turma do STJ entendeu no REsp 1.460.331-CE, que o Auditor Fiscal do Trabalho, com especialidade em medicina do trabalho, não pode cumular o exercício do seu cargo com outro da área da saúde. (Informativo nº 625 do STJ)

jornadas de trabalhos ilimitadas, ainda que haja compatibilidade de horários, uma vez que não se deve perder de vista os limites constitucionais relativos à dignidade humana e aos valores sociais do trabalho, previstos no art. 1º, III e IV, da CF [...] O legislador infraconstitucional fixou para o Servidor Público a jornada de trabalho de, no máximo, 40 horas semanais, com a possibilidade de 2 horas de trabalho extras por jornada. Tomando-se como base esse preceito legal, impõe-se reconhecer que o Acórdão TCU 2.133/2005 e o Parecer GQ 145/98, ao fixarem o limite de 60 horas semanais para que o Servidor se submeta a dois ou mais regimes de trabalho deve ser prestigiado, uma vez que atende ao princípio da razoabilidade e proporcionalidade" (MS 19.525). Esse julgado teve como objeto a acumulação de cargos da área de saúde, mas deve ser destacado que a fundamentação se estende às demais hipóteses de acúmulo permitidas, como adverte o Min. Herman Benjamin, no EDcl no REsp 1565429: Apesar de o voto condutor ter se utilizado de precedentes que impedem a acumulação de cargos de profissionais de saúde quando a jornada ultrapassar 60 horas semanais, o acórdão deve ser mantido, pois o mesmo entendimento se aplica nos demais casos previstos no art. 37, XVI, da Constituição Federal de 1988, porquanto se exige a compatibilidade de horários: "é vedada a acumulação remunerada de cargos públicos, exceto, quando houver compatibilidade de horários, observado em qualquer caso o disposto no inciso XI: a) a de dois cargos de professor; b) a de um cargo de professor com outro técnico ou científico; c) a de dois cargos ou empregos privativos de profissionais de saúde, com profissões regulamentadas".

Entretanto, em 2018, tanto o STJ (REsp 1.746.784 PE), quanto o STF (RE 1.094.802 AgR e RMS 34257) julgaram no sentido de que **a acumulação de cargos públicos de profissionais da área da saúde não se sujeita ao limite de 60 horas semanais**, pois inexiste tal requisito na Constituição Federal. Assim, **basta que haja a compatibilidade de horários para que seja possível a acumulação de cargos públicos de profissionais da área da saúde.**

E, em março de 2020, o STF estendeu esse entendimento às demais hipóteses de acumulação e colocou fim à discussão ao fixar a seguinte tese no ARE nº 1246685 RG/RJ (Tema nº 1081): "As hipóteses excepcionais autorizadoras de acumulação de cargos públicos previstas na Constituição Federal sujeitam-se, unicamente, a existência de compatibilidade de horários, verificada no caso concreto, ainda que haja norma infraconstitucional que limite a jornada semanal." Destaca-se, inclusive, que na situação fática objeto desse recurso a acumulação de dois cargos/empregos na área de saúde somava 70 horas semanais, sendo um de 40h e outro de 30h.

A **acumulação dos cargos de professor pode se dar em qualquer nível de ensino**. Portanto, pode ser acumulado o cargo de professor de ensino fundamental de escola municipal com o de professor de ensino médio de escola estadual, ou de professor de escola técnica federal com o de professor em universidade federal.

No caso do **cargo técnico, não basta a existência da palavra "técnico" no nome do cargo. É necessário que seja um cargo que necessite de conhecimentos específicos para seu desempenho**. No RMS 7.570/PB, no STJ, o Min. Gilson Dipp definiu que cargo técnico "requer familiaridade com a metodologia empregada no exercício do mister, a fim de demonstrar conhecimento específico em uma área artística ou do saber" e como científico aquele que "denota aprofundamento dos conhecimentos científicos de forma sistematizada, a fim de enriquecer o conhecimento humano" e, nesse sentido, entendeu indevida a acumulação de cargo por escrevente de comarca, afirmando que só era exigido o nível médio e que as tarefas desempenhadas eram burocráticas e repetitivas. No mesmo sentido, o STJ decidiu, no RMS 14.456/AM, que era indevida a acumulação de cargo de professor com o de Técnico Judiciário.

Por outro lado, não quer dizer que somente por ser de nível médio que determinado cargo não possa ser considerado técnico. Dessa forma, será técnico ou científico se exigir habilitação específica de grau universitário ou profissionalizante de 2º grau ou conhecimento especializado na área, conforme assentado no RMS 23.131/BA, no qual, inclusive, foi considerada indevida a acumulação do cargo de agente policial com o de professor. Assim, por exemplo, é possível a acumulação do cargo de Analista Judiciário na Justiça Federal com o de Professor em universidade federal.

Em relação à área da saúde, antes a possibilidade de acumulação era restrita aos médicos, mas, após a Emenda Constitucional nº 34/01, estendeu-se a todos **profissionais de saúde com profissões regulamentadas** como, por exemplo, dentistas, médicos, fisioterapeutas, fonoaudiólogos, terapeutas ocupacionais, enfermeiros e assistentes sociais (RE 553.670-AgR). Nada impede, também, que um médico, por exemplo, em vez de valer-se desse permissivo constitucional, opte por acumular seu cargo público com outro cargo público de professor em universidade estadual, já que seu cargo é considerado cargo científico.

Ainda, é necessário anotar que **a proibição existe em relação a cargos públicos, empregos públicos e funções públicas, nos três poderes, na administração direta e indireta de todas as esferas.** Assim, em regra, é proibido acumular dois cargos públicos federais, ou, um cargo público federal e um emprego público federal, ou, um emprego público estadual e um cargo público municipal e assim por diante. De toda forma, é necessário ressaltar que a possibilidade de acumulação é restrita a dois cargos ou empregos públicos, isto é, **não é possível a acumulação de três cargos públicos, mesmo que exercidos em pequenas cargas horárias. Nesse sentido, inclusive, o STF fixou a seguinte tese de repercussão geral no ARE 848.993: "É vedada a cumulação tríplice de vencimentos e/ou proventos, ainda que a investidura nos cargos públicos tenha ocorrido anteriormente à EC 20/1998".**

Além das disposições constantes do art. 37, a Constituição, também, cuidou da acumulação de cargos em relação aos magistrados, membros do Ministério Público e militares.

Quanto aos **magistrados** (art. 95, I) e **membros do Ministério Público** (art. 128, § 5º, II, "d") **somente é permitido exercer** outra atividade, privada ou pública, desde que seja **o magistério.**

No que se refere aos **militares** das Forças Armadas, nos termos do art. 142, § 3º, II e III, **a regra é que a acumulação não é possível**, pois, ao **aceitar cargo público civil permanente**, irá para a **reserva** e, se **aceitar cargo, emprego, ou função temporária**, na administração direta ou indireta, será **agregado. Entretanto, não há a proibição**

de acumulação na hipótese do art. 37, XVI, "c", ou seja, no caso de dois cargos ou empregos privativos de profissionais de saúde, com profissões regulamentadas.

Ademais, deve-se apontar a EC nº 101/2019, que passou a prever a possibilidade de cumulação de cargos dos militares do Estado e DF:

> **Art. 42, §3º da Constituição Federal/1988:** *Aplica-se aos militares dos Estados, do Distrito Federal e dos Territórios o disposto no art. 37, inciso XVI, com prevalência da atividade militar.*

Assim, pode o militar acumular a função com:

a) um cargo de professor;

b) um cargo da saúde com profissão regulamentada;

c) com outro cargo técnico e científico.

2.3.1.1. *Cargo, função ou emprego público x Mandato eletivo*

A situação do **servidor ocupante de cargo ou emprego ou função pública**, na administração direta, autarquia e fundação pública, **que é eleito para exercer mandato eletivo** foi disciplinada no art. 38 da Constituição Federal e depende do mandato a ser exercido.

Se eleito para mandato de **Vereador, poderá acumular a** remuneração ou subsídio de seu cargo, emprego ou função com o subsídio de vereador, desde que haja **compatibilidade de horários. Se os horários forem conflitantes,** será afastado de seu cargo público, mas **poderá optar pela remuneração.** Destaca-se que essa possibilidade acumulação não se aplica a cargo em comissão porque há vedação expressa no art. 54, I, b, da Constituição Federal, aplicável aos deputados e senadores e, em razão do previsto no art. 29, IX, do texto constitucional, também deve se aplicar aos vereadores (STF: RE 810.203 e RE 667.980), devendo-se, todavia, mencionar que há julgado no STF no sentido de que essa vedação se restringe à administração municipal na qual detém o mandato (RE 639.772 AgR).

Já, caso eleito para mandato de **Prefeito ou de Vice-Prefeito**[36], será **afastado de seu cargo, mas poderá optar pela remuneração.**

Por outro lado, se for eleito para **mandato eletivo federal, estadual e distrital,** será **afastado de seu cargo e não poderá escolher** a remuneração, devendo receber o subsídio referente ao mandato eletivo.

Em todos os casos, o servidor não perde seu cargo, mas é apenas afastado e, no período de afastamento para o exercício de mandato eletivo, seu tempo de serviço será contado para todos os efeitos legais, exceto para promoção por merecimento (art. 38, IV) e, se for segurado de regime próprio de previdência social, permanecerá filiado a esse regime, no ente federativo de origem (inciso V do art. 38, incluído pela EC 103/2019).

---

36. STF, RE 140.269/RJ.

2.3.2. Proventos x Cargo, função ou emprego público

Aqui, por sua vez, trata-se da **possibilidade de o agente público acumular os proventos de aposentadoria com a remuneração de um cargo público**. Isto é, está em atividade em um deles e em inatividade no outro.

O agente público, **em regra, não pode receber, ao mesmo tempo, a remuneração ou o subsídio de um cargo público e os proventos** decorrentes da aposentadoria pelo regime próprio dos servidores (art. 40) ou pelo regime próprio dos militares (art. 142), **salvo se os cargos forem acumuláveis na atividade, se for cargo em comissão ou se for cargo eletivo, conforme o art. 37, § 10.**

Percebe-se, pois, que a proibição não existe quando a aposentadoria for decorrente do regime geral de previdência. Portanto, quem trabalhou no setor privado e já se aposentou pode exercer um cargo público e acumular a remuneração deste com seu benefício previdenciário.

Todavia, vale registrar que existe uma situação que pode gerar confusão, qual seja, a do empregado público.

O empregado público é regido pelo regime celetista e, conforme se verá mais adiante, submete-se ao regime geral de previdência e não ao regime próprio, quer dizer, aposenta-se pelo INSS e, assim, após aposentado, não encontra óbice em acumular sua aposentadoria com a remuneração decorrente do exercício de um cargo público ou de um emprego público. Dessa maneira, quando **em atividade, o empregado público não pode exercer outro cargo ou emprego público, exceto nas hipóteses previstas na Constituição** (art. 37, XVI). Mas, por outro lado, **quando já aposentado, está livre para exercer um novo cargo ou emprego público**. Nesse sentido, para exemplificar, um empregado público que trabalhava na Caixa Econômica Federal, após se aposentar, poderá prestar concurso e trabalhar como Analista Judiciário no Tribunal Regional do Trabalho.

Quanto ao tema, importante destacar que, segundo o STF (AREs 1234192 e 1250903), servidor público municipal aposentado pelo RGPS não pode ser reintegrado ao cargo, com a acumulação de proventos de aposentadoria e remuneração. Para o relator do processo, Ministro Alexandre de Moraes, o servidor aposentado pode ter acesso a outro cargo, em comissão ou mediante a realização de outro concurso, mas não poderá acumular duas remunerações que derivam do mesmo cargo.

Por fim, devemos apontar que, com a EC nº 103/2019, passou-se a estabelecer que a aposentadoria concedida com a utilização do tempo de contribuição decorrente de cargo, emprego ou função pública, inclusive do RGPS, acarretará o rompimento do vínculo que gerou referido tempo de contribuição (art. 37, §14 da CF). Nesse sentido, aliás, entendeu o STF no RE nº 655283/DF (Tema nº 606 da repercussão geral) que, caso a aposentadoria tenha se dado em período anterior à referida EC, é possível a manutenção do vínculo trabalhista. Veja o conteúdo da tese fixada: "A natureza do ato de demissão de empregado público é constitucional-administrativa e não trabalhista, o que atrai a competência da Justiça comum para julgar a questão. A concessão de aposentadoria aos empregados públicos inviabiliza a permanência no emprego, nos termos do art. 37, § 14, da Constituição Federal (CF), salvo para as aposentadorias concedidas pelo Regime Geral de Previdência Social

(RGPS) até a data de entrada em vigor da Emenda Constitucional (EC) 103/09, nos termos do que dispõe seu art. 6º".

Caso o servidor tenha se aposentado pelo regime próprio dos servidores públicos ou pelo regime próprio dos militares, não poderá acumular seus proventos com a remuneração ou o subsídio de um novo cargo, exceto se for acumulável, for cargo em comissão ou for cargo eletivo. Portanto, é possível a acumulação de provento decorrente de aposentadoria de Auditor-Fiscal da Receita Federal com a remuneração de cargo de Professor da Universidade Federal do Rio de Janeiro (cargos acumuláveis), ou a acumulação de provento decorrente da aposentadoria de Delegado de Polícia Federal com o subsídio de cargo de Secretário de Estado de Segurança Pública do Estado de São Paulo (cargo em comissão), ou, ainda, a acumulação de provento decorrente de aposentadoria de Procurador do Estado de Minas Gerais com o subsídio de Deputado Federal (cargo eletivo).

Como essa vedação foi instituída em 1998, por meio da Emenda Constitucional nº 20, estabeleceu-se uma **regra de transição** e, por ela, é admitida a **acumulação dos proventos de aposentadoria com a remuneração ou o subsídio de outro cargo,** desde que o agente público tenha ingressado novamente no serviço público até a data da publicação da emenda (publicada em 16/12/1998). Todavia, **não será permitida a acumulação dos proventos de aposentadoria decorrentes do regime próprio** (art. 11, EC 20/98). Assim, um Promotor de Justiça aposentado que prestou novo concurso e tomou posse no cargo de Juiz Federal, antes da promulgação da emenda constitucional, poderá acumular os proventos com o subsídio, mas não poderá acumular os proventos dos dois cargos.

Nas situações anteriormente elencadas, também, deve haver obediência ao teto remuneratório.

2.3.3. Proventos x Proventos

Nessa hipótese, a Constituição Federal, no art. 40, § 6º, disciplinou a situação do **agente público que já se aposentou em um cargo público e se aposenta novamente, em outro cargo público.**

O dispositivo constitucional **veda a acumulação de mais de uma aposentadoria pelo regime próprio de previdência, ressalvadas as decorrentes de cargos acumuláveis.** Desse modo, é possível, por exemplo, a acumulação de provento decorrente de aposentadoria de médico do Município de Santos com provento decorrente de aposentadoria de médico do Estado de São Paulo.

Importa destacar que o STF, no julgamento do RE nº 612.975, fixou a seguinte tese com repercussão geral: "Nos casos autorizados constitucionalmente de acumulação de cargos, empregos e funções, a incidência do art. 37, inciso XI, da Constituição Federal pressupõe consideração de cada um dos vínculos formalizados, afastada a observância do teto remuneratório quanto ao somatório dos ganhos do agente público[37]".

37. A mesma tese foi fixada para o Tema 384.

<table>
<tr><th></th><th colspan="2">ACUMULAÇÃO DE CARGOS, EMPREGOS E FUNÇÕES PÚBLICAS</th></tr>
<tr><th></th><th>Regra</th><th>Exceções</th></tr>
<tr><td>Cargo, função ou emprego público x Cargo, função ou emprego público</td><td>Proibição de acumulação remunerada</td><td>Compatibilidade de horários
+
Dois cargos de professor
ou
Um cargo de professor com outro técnico ou científico
ou
Dois cargos ou empregos privativos de profissionais de saúde, com profissões regulamentadas
Obs: deve-se ressaltar que, com a EC nº 101/2019 estabeleceu-se que o militar do Estado e DF também poderá acumular seu cargo com:
a) um cargo de professor;
b) cargo da saúde com profissão regulamentada;
c) com outro cargo técnico ou científico.
Atenção! Para os militares das Forças Armadas, só é possível a cumulação com outro cargo da área da saúde (art. 142, §3º, VIII da CF/88).</td></tr>
<tr><td rowspan="4">Cargo, função ou emprego público x Mandato eletivo</td><td rowspan="2">• Vereador</td><td>Horários compatíveis: Acumulação</td></tr>
<tr><td>Horários não compatíveis: Afastamento e escolha da remuneração</td></tr>
<tr><td>• Prefeito e Vice-Prefeito</td><td>Afastamento e escolha da remuneração</td></tr>
<tr><td>• Presidente da República e Vice
• Governador e Vice
• Deputados federais, estaduais e distritais e Senadores</td><td>Afastamento, sem escolha da remuneração</td></tr>
<tr><td>Proventos x Cargo, função ou emprego público</td><td>• Proibição</td><td>• Cargo em comissão
• Cargo eletivo
• Cargos acumuláveis</td></tr>
<tr><td>Proventos x Proventos</td><td>• Proibição</td><td>• Proventos decorrentes de cargos acumuláveis</td></tr>
</table>

2.4. Direitos sociais do servidor público

As diferenças entre o regime estatutário e o regime celetista não desnaturam a condição de trabalhador do servidor público e, como tal, os direitos sociais lhe são assegurados da mesma forma, salvo algumas exceções.

Os direitos dos trabalhadores da iniciativa privada estão previstos no art. 7º da Constituição Federal e, por sua vez, os do setor público estão consagrados no art. 37 e no art. 39, § 3º. Este último dispositivo estende alguns dos direitos previstos no art. 7º aos servidores públicos. Assim, **são direitos sociais do servidor público:**

a) salário mínimo;

b) garantia de salário nunca inferior ao mínimo, para os que percebem remuneração variável;

c) décimo terceiro;

d) remuneração do trabalho noturno superior à do diurno;

e) salário-família;

f) duração do trabalho normal não superior a oito horas diárias e quarenta e quatro semanais;

g) repouso semanal remunerado;

h) remuneração do serviço extraordinário superior, no mínimo, em 50% à do normal;

i) férias anuais remuneradas com, pelo menos, um terço a mais do que o salário normal;

j) licença à gestante (120 dias);

k) licença-paternidade;

l) proteção do mercado de trabalho da mulher;

m) redução dos riscos inerentes ao trabalho, por meio de normas de saúde, higiene e segurança;

n) proibição de diferença de salários, de exercício de funções e de critério de admissão por motivo de sexo, idade, cor ou estado civil.

Entretanto, é necessário destacar que nem todos os direitos contidos no rol do art. 7º podem ser estendidos ao servidor público, por conta das peculiaridades de cada regime. Ambos os regimes tutelam a manutenção do emprego, só que de maneiras diferentes. No regime trabalhista, a garantia do emprego é notada, por exemplo, pela existência de indenização compensatória para o caso de despedida arbitrária ou sem justa causa, bem como a previsão de seguro-desemprego, em caso de desemprego involuntário e, ainda, o fundo de garantia do tempo de serviço. Por outro lado, no regime estatutário, o servidor público possui a garantia da estabilidade e, por isso, não possui direito às garantias previstas para o trabalhador do setor privado. Dessa forma, o **servidor público não tem direito:**

a) à **indenização compensatória** para o caso de despedida arbitrária ou sem justa causa;

b) à previsão de **seguro-desemprego**, em caso de desemprego involuntário;

c) ao **fundo de garantia** do tempo de serviço.

Além desses direitos, ao servidor, também, é garantida a **revisão anual da remuneração e do subsídio**, já abordados anteriormente e, ainda, tem direito à **livre associação sindical**, bem como **direito de greve**, nos termos definidos em lei específica, conforme previsto no art. 37, VI e VII, respectivamente.

Por outro lado, em relação aos direitos que são extensivos aos servidores públicos, merecem tratamento destacado, em face de decisões proferidas pelo Supremo Tribunal Federal, a licença-maternidade e a licença-paternidade.

Quanto à **licença-maternidade**, o STF decidiu que não pode haver distinção em relação à licença-adotante, ou seja, a proteção à maternidade é indiferente se a mãe gerou a criança ou se a adotou e, nesse sentido, no RE 778.889, fixou a seguinte tese de repercussão geral: **"Os prazos da licença-adotante não podem ser inferiores aos prazos da licença-gestante, o mesmo valendo para as respectivas prorrogações. Em relação à licença-adotante, não é possível fixar prazos diversos em função da idade da criança adotada."**

Também, na ADI 6.327, o STF conferiu interpretação conforme "ao artigo 392, §1º, da CLT, assim como ao artigo 71 da Lei n.º 8.213/91 e, por arrastamento, ao artigo 93 do seu Regulamento (Decreto n.º 3.048/99), de modo a se considerar como **termo inicial da licença-maternidade e do respectivo salário-maternidade a alta hospitalar do recém-nascido e/ou de sua mãe, o que ocorrer por último**, prorrogando-se em todo o período os benefícios, quando o período de internação exceder as duas semanas previstas no art. 392, §2º, da CLT, e no art. 93, §3º, do Decreto n.º 3.048/99". Apesar do julgado referir-se às empregadas celetistas, em face da extensão prevista no art. 39, §3º, da Constituição Federal, bem como o fundamento da decisão adotada, não há motivo para esse entendimento não ser aplicado às servidoras estatutárias e, assim, caso ocorra a internação do recém-nascido, deve ser contado como termo inicial da licença a alta da mãe ou da criança, o que ocorrer primeiro e não a literalidade da previsão contida no §2º do art. 207 da Lei nº 8.112/1990.

Ainda sobre a licença maternidade, havia quem questionava se esse direito, no âmbito do Poder Público, ficaria restrito às servidoras ocupantes de cargo efetivo, mas o STF, no RE 842.844, fixou a seguinte tese de repercussão geral: **"A trabalhadora gestante tem direito ao gozo de licença maternidade e à estabilidade provisória, independentemente do regime jurídico aplicado, se contratual ou administrativo, ainda que ocupe cargo em comissão ou seja contratada por tempo determinado".**

Quanto à **licença-paternidade**, a Constituição Federal estabelece que é garantida, nos termos fixados em lei e, até que a regulamentação ocorra determina o art. 10, §1º, do ADCT, fixou o prazo em 5 dias. Todavia, como até o momento não houve a regulamentação do dispositivo constitucional, na **ADO 20** o STF fixou a seguinte tese: **"1. Existe omissão inconstitucional relativamente à edição da lei regulamentadora**

da licença-paternidade, prevista no art. 7º, XIX, da Constituição. 2. Fica estabelecido o prazo de 18 meses para o Congresso Nacional sanar a omissão apontada, contados da publicação da ata de julgamento. 3. Não sobrevindo a lei regulamentadora no prazo acima estabelecido, caberá a este Tribunal fixar o período da licença paternidade".

Também, no RE 1.348.854, o STF fixou a tese de repercussão geral: **"À luz do art. 227 da CF, que confere proteção integral da criança com absoluta prioridade e do princípio da paternidade responsável, a licença maternidade, prevista no art. 7º, XVIII, da CF/88 e regulamentada pelo art. 207 da Lei 8.112/1990, estende-se ao pai genitor monoparental".**

2.4.1. *Direito de greve*

A **greve é a paralisação coletiva e temporária do trabalho, visando à defesa de interesses definidos pelos próprios trabalhadores.**

É um **direito fundamental** garantido pela Constituição Federal. Todavia, o legislador constituinte não dispôs da mesma maneira em relação ao direito de greve dos trabalhadores em geral e dos servidores públicos.

No art. 9º do texto constitucional, está assegurado o direito de greve aos trabalhadores, cabendo a estes a decisão sobre quando e o que defender por meio dela. Estabelece, também, que cabe ao legislador infraconstitucional definir quais são os serviços ou atividades essenciais e dispor sobre o atendimento das necessidades inadiáveis da comunidade. Esse dispositivo foi regulamentado pela Lei nº 7.783/89.

O **direito de greve dos servidores públicos**, no entanto, recebeu tratamento diferente. O legislador constituinte originário estatuiu, no art. 37, VII, que **o direito de greve será exercido nos termos e nos limites definidos em lei complementar.** De acordo com o posicionamento majoritário, tal norma era considerada como de eficácia limitada, isto é, não estava apta a produzir imediatamente seus efeitos, pois dependia de lei futura.

Todavia, o legislador não cumpriu a determinação constitucional e a lei exigida não foi produzida e, em 1998, foi promulgada a Emenda Constitucional nº 19, que alterou a redação do inciso VII, modificando a exigência de lei complementar, pelo que, **na atual redação, a norma necessária para regulamentar o direito de greve no serviço público é uma lei ordinária e não mais complementar**. Não obstante a diminuição do *quorum* para a aprovação, o legislador continua em mora, pois ainda não houve regulamentação desse direito.

De qualquer maneira, a **posição ainda majoritária é no sentido de que se trata de norma de eficácia limitada** e, assim, para ser possível o exercício do direito de greve, é necessária a lei regulamentadora[38]. Diante disso, objetivando suprir

38. Assim, muita atenção em provas objetivas. O servidor público possui direito à greve? Sim, nos termos e limites definidos em lei específica.

a omissão legislativa impeditiva do exercício de um direito fundamental, vários mandados de injunção foram impetrados no Supremo Tribunal Federal.

Na corte constitucional, nota-se uma evolução da jurisprudência, pois, de início, as decisões caminhavam no sentido de que, enquanto não editada a lei, não era possível a realização da greve. Assim, nos Mandados de Injunção n°s 20, 485 e 585 houve, apenas, o reconhecimento da mora. Um sinal de mudança já havia sido notado no voto divergente do Min. Carlos Velloso, em 2002, no MI 631, pois determinou a aplicação da lei de greve prevista para a iniciativa privada. Mas, o marco na mudança de posição foi o ano de 2007, quando foram julgados os Mandados de Injunção n°s 670, 708 e 712 reconhecendo a mora e autorizando a realização de greve, com base na Lei nº 7.783/89, no que couber. Interessante registrar que, no julgamento desses três processos, o Supremo Tribunal Federal acolheu a tese concretista geral, pois implementou o exercício do direito com efeito *erga omnes*, tendo ficado vencidos os Ministros Lewandowski, Joaquim Barbosa e Marco Aurélio, somente quanto aos efeitos, já que restringiam os efeitos aos representados pelos sindicatos (tese concretista individual)[39].

Dessa maneira, na posição atualmente adotada pela Suprema Corte, **o direito de greve dos servidores depende de lei para ser exercido, mas, considerando a mora do legislador em fazê-lo, até que a lei venha a existir, fica autorizado o exercício do direito de greve pelos servidores públicos, usando, para tanto, a lei da iniciativa privada, no que couber**.

No MI nº 708, determinou-se, também, a aplicação da Lei nº 7.701/88 e foi fixada, provisoriamente, a competência para a apreciação dos dissídios de greve dos servidores públicos. Restou assentado que cabe:

a) ao Superior Tribunal de Justiça, quando a paralisação abranger mais de um Estado ou área maior que de uma região da Justiça Federal ou for de âmbito nacional;

b) aos Tribunais Regionais Federais, quando abranger uma única região da Justiça Federal;

c) aos Tribunais de Justiça, quando a greve for de servidores municipais e estaduais em âmbito local ou estiver adstrita a uma unidade da federação.

Ainda em relação à competência, importante consignar que, no julgamento do RE 846.854, o STF fixou a seguinte tese de repercussão geral: "A justiça comum, federal ou estadual, é competente para julgar a abusividade de greve de servidores públicos celetistas da Administração pública direta, autarquias e fundações públicas".

Deve-se apontar que o **princípio da continuidade dos serviços públicos** não pode ser deixado de lado e, nesse sentido, inclusive, o Min. Gilmar Mendes, no MI 708, enfatizou que pode ser imposto regime de greve mais severo quando se tratar de serviços

39. Sobre os efeitos da decisão no mandado de injunção, ver item 5.1.4 do capítulo 15.

ou atividades essenciais, nos moldes dos artigos 9º a 11 da Lei nº 7.783/89[40], ressaltando, também, que o rol de atividades essenciais daquela lei é apenas exemplificativo[41], pois, em razão da complexidade e variedade dos serviços públicos e atividades estratégicas típicas do Estado é necessária a análise do caso concreto.

Aliás, é oportuno consignar que, na Rcl 6568/SP, que tinha como objeto preservar a competência do Tribunal de Justiça do Estado de São Paulo para dirimir o dissídio referente à greve dos policiais civis, o Min. Eros Grau sustentou a relativização do direito de greve, por não ser absoluto e que "servidores que exercem atividades relacionadas à manutenção da ordem pública e à segurança pública, à administração da Justiça – aí os integrados nas chamadas carreiras de Estado, que exercem atividades indelegáveis, inclusive as de exação tributária – e à saúde pública" sejam privados do direito de greve. Inclusive, no caso dos policiais civis, foi suscitada a questão de ser um movimento armado e não pacífico. Reitere-se que a questão não era objeto do processo e, por isso, alguns Ministros não quiseram se posicionar, mas, expressamente, manifestaram-se acompanhando o relator, o Min. Cezar Peluso e o Min. Gilmar Mendes.

Ainda, em relação à **greve de policiais civis**, posteriormente, o Supremo Tribunal Federal enfrentou o tema. Foi no julgamento do ARE 654432, em 05/04/2017, quando, por maioria de votos, o **STF decidiu pela inconstitucionalidade do direito de greve dos policiais civis e demais servidores públicos que atuem diretamente na área de segurança pública.**

O Relator foi o Min. Edson Fachin e seu voto foi pelo desprovimento do recurso, afirmando que "a proibição por completo do exercício do direito de greve por parte dos policiais civis acaba por inviabilizar o gozo de um direito fundamental. O direito ao exercício de greve, que se estende inclusive aos servidores públicos, tem assento constitucional e deriva, entre outros, do direito de liberdade de expressão, de reunião e de associação, frisou o relator. O direito de greve não é um direito absoluto, mas também não pode ser inviabilizado por completo, até porque não há, na Constituição, norma que preveja essa vedação" e que, no caso deveria o direito de greve ser submetido "a apreciação prévia do Poder Judiciário, observadas as restrições fixadas pelo STF no julgamento do Mandado de Injunção 670, bem como a vedação do porte de

---

40. Nesse sentido, Henrique Correia sustenta que "os grevistas deverão respeitar o princípio da continuidade dos serviços públicos e a notificação prévia da Administração com antecedência de 72 horas sobre o início da greve" (*Direito do Trabalho: para os concursos de analista do TRT e do MPU*. 1. ed. Salvador: Juspodivm, 2010. p. 394).
41. De acordo com a Lei nº 7.783/89, art. 10, são atividades essenciais:
"I – tratamento e abastecimento de água; produção e distribuição de energia elétrica, gás e combustíveis; II – assistência médica e hospitalar;
III – distribuição e comercialização de medicamentos e alimentos;
IV – funerários; V – transporte coletivo;
VI – captação e tratamento de esgoto e lixo;
VII – telecomunicações;
VIII – guarda, uso e controle de substâncias radioativas, equipamentos e materiais nucleares;
IX – processamento de dados ligados a serviços essenciais;
X – controle de tráfego aéreo; XI – compensação bancária".

armas, do uso de uniformes, títulos e emblemas da corporação durante o exercício de greve". Os Ministros Marco Aurélio e Rosa Weber votaram no mesmo sentido.

Todavia, a tese vencedora foi a do Min. Alexandre de Moraes no sentido de que "existem dispositivos constitucionais que vedam a possibilidade do exercício do direito de greve por parte de todas as carreiras policiais, mesmo sem usar a alegada analogia com a Polícia Militar. Segundo o ministro, a interpretação conjunta dos artigos 9º (parágrafo 1º), 37 (inciso VII) e 144, da Constituição Federal possibilita por si só a vedação absoluta ao direito de greve pelas carreiras policiais, tidas como carreiras diferenciadas...", bem como que "tendo como função a garantia da ordem pública, a carreira policial é o braço armado do Estado para a garantia da segurança pública, assim como as Forças Armadas são o braço armado do Estado para garantia da segurança nacional" que se trata de atividade sem paralelo no setor privado e que "não há como se compatibilizar que o braço armado investigativo do Estado possa exercer o direito de greve, sem colocar em risco a função precípua do Estado, exercida por esse órgão, juntamente com outros, para garantia da segurança, da ordem pública e da paz social". Concluiu o Min. Alexandre de Moraes, afirmando que no confronto entre o direito de greve e o direito à ordem pública e da paz social deve prevalecer o interesse público e social em relação ao interesse individual de determinada categoria e que "essa prevalência do interesse público e social sobre o direito individual de uma categoria de servidores públicos exclui a possibilidade do exercício do direito de greve, que é plenamente incompatível com a interpretação do texto constitucional".

Foi fixada a seguinte tese de repercussão geral:

"(1) o exercício do direito de greve, sob qualquer forma ou modalidade, **é vedado aos policiais civis e a todos os servidores públicos que atuem diretamente na área de segurança pública**.

(2) É obrigatória a participação do Poder Público em mediação instaurada pelos órgãos classistas das carreiras de segurança pública, nos termos do artigo 165 do Código de Processo Civil, para vocalização dos interesses da categoria".

A meu ver, a decisão, na prática, extinguiu o direito de greve em relação à determinada categoria de forma diretamente contrária à sistemática constitucional. O voto do relator está muito mais alinhado ao respeito ao direito de greve, especialmente por se tratar de direito fundamental. Penso que a melhor opção seria pela compatibilização do direito de greve dos agentes de segurança com a supremacia do interesse público e da continuidade do serviço público e não pela inexistência do direito. Seria razoável exigir algum mecanismo diferenciado para a deflagração da greve e a proibição, durante o movimento paredista, do uso de armas, brasões, emblemas e uniformes da corporação ou outra medida nesse sentido. De qualquer forma, para fins de realização de provas de concursos, foi fixada tese de repercussão geral e deve ser conhecida.

Ainda, é importante registrar que o Supremo Tribunal Federal julgou que não é possível "considerar o exercício do direito de greve como falta grave ou fato desabonador da conduta, em termos de avaliação de estágio probatório, que enseja imediata exoneração do servidor público não estável" (ADI 3235) e que o fato de o servidor público ainda estar no período de estágio probatório não justifica a sua demissão com o fundamento de ter participado de greve, por período superior a trinta dias, já que a "ausência de regulamentação do direito de greve não transforma os dias de paralisação em movimento grevista em faltas injustificadas" (RE 226.966).

Outro ponto importante referente ao direito de greve diz respeito ao **desconto da remuneração**, pois o STF, no RE 693.456, fixou a seguinte tese de repercussão geral: **"A administração pública deve proceder ao desconto dos dias de paralisação decorrentes do exercício do direito de greve pelos servidores públicos, em virtude da suspensão do vínculo funcional que dela decorre, permitida a compensação em caso de acordo. O desconto será, contudo, incabível se ficar demonstrado que a greve foi provocada por conduta ilícita do Poder Público".**

2.5. Estabilidade

A **estabilidade é a garantia constitucional destinada aos servidores nomeados para cargo de provimento efetivo em virtude de concurso público, após três anos de efetivo exercício e avaliação especial de desempenho por comissão instituída para essa finalidade, pela qual o servidor somente perderá o cargo nas hipóteses estabelecidas no texto constitucional.**

Nos termos do art. 41 da Constituição Federal, são **requisitos** para a aquisição da estabilidade:

a) cargo de provimento **efetivo** e

b) **três anos** de efetivo exercício e

c) **avaliação** de desempenho por comissão.

Nesses termos, segundo o Enunciado nº 37 da I Jornada de Direito Administrativo do CJF, a estabilidade do servidor titular de cargo **efetivo** depende da reunião de 2 requisitos cumulativos: i) efetivo desempenho das atribuições do cargo pelo período 3 anos; ii) confirmação do servidor no serviço mediante aprovação pela comissão de avaliação responsável (art. 41, caput e § 4º, da CF c/c arts. 20 a 22 da Lei n. 8.112/1990). Dessa forma, segundo o Enunciado, em conformidade com o texto constitucional, não há estabilização automática em razão do decurso do tempo, sendo a avaliação indispensável para a aquisição da estabilidade.

Quais as consequências decorrentes do servidor tornar-se estável?

De acordo com o dispositivo constitucional mencionado, **somente perderá o cargo:**

a) em virtude de **sentença judicial transitada em julgado**;

b) mediante **processo administrativo**, assegurada a ampla defesa;

c) mediante **procedimento de avaliação de desempenho**, nos termos de lei complementar, assegurada a ampla defesa.

d) conforme o art. 169, § 4º, em razão de **excesso de despesa**.

Por meio de decisão judicial com trânsito em julgado, o servidor pode perder o cargo, por exemplo, se condenado por ato de improbidade administrativa (art. 37, § 4º, da CF e art. 12 da Lei nº 8.429/92) ou, ainda, por ter sido condenado por crime.

No caso da **condenação criminal**, a perda não é automática e deve **constar expressamente da sentença condenatória** e pode ser aplicada quando o servidor for condenado:

a) a **pena privativa de liberdade maior ou igual a um ano**, por ter praticado crime com abuso de poder ou violação de dever para com a **Administração Pública** (peculato, corrupção passiva, concussão, por exemplo);

b) a **pena privativa de liberdade maior do que quatro anos** nos **demais crimes** (homicídio, estelionato, roubo, etc.).

Como visto, não é só em processo judicial que o servidor estável pode perder o cargo, mas isso também pode ocorrer na esfera administrativa, em três hipóteses.

A primeira delas está prevista no art. 41, II, e se dá quando o servidor pratica infração administrativa devidamente prevista em lei e, após o regular **processo administrativo**, no qual tenham sido assegurados o contraditório e a ampla defesa, seja aplicada a pena de demissão[42]. Aliás, é importante deixar registrado que, apesar de essa garantia ser destinada ao servidor estável, a jurisprudência do **Supremo Tribunal Federal** é firme no sentido de que, **mesmo que o servidor ainda não seja estável tem direito à ampla defesa e ao contraditório, não podendo ser sumariamente desligado do serviço público**[43].

A segunda está descrita no art. 41, III, e prevê a perda do cargo, na via administrativa, no caso de o servidor estável ser considerado ineficiente em processo de **avaliação de desempenho**. O legislador constituinte delegou ao legislador ordinário sua regulamentação, pois estabelece o dispositivo constitucional que **caberá à lei complementar regulamentar essa hipótese**, o que, todavia, ainda não ocorreu, pelo que não pode, por enquanto, ser aplicada.

A terceira situação em que o servidor estável pode perder o cargo na esfera administrativa é a estatuída no art. 169, § 4º, da Constituição Federal. Essa hipótese está relacionada com o **excesso de despesa com pessoal** pela Administração Pública. De acordo com o determinado no art. 169, § 3º, se forem extrapolados os limites previstos em lei complementar para gastos com pessoal[44], a Administração reduzirá,

---

42. No caso dos servidores públicos civis federais, as hipóteses de demissão estão previstas no art. 132 da Lei nº 8.112/90.

43. Nesse sentido: "Servidor estadual em estágio probatório: exoneração não precedida de procedimento específico, com observância do direito à ampla defesa e ao contraditório, como impõe a Súmula 21-STF: nulidade" (RE 222.532). Súmula 21: "Funcionário em estágio probatório não pode ser exonerado nem demitido sem inquérito ou sem as formalidades legais de apuração de sua capacidade". Sobre estágio probatório, conferir o item 1.3.1.3 do capítulo 4.

44. O art. 19 da LC 101/00 estabelece que o limite é de 50% para a União e de 60% para os Estados e Municípios, da receita corrente líquida.

no mínimo, em 20% as despesas **com cargos em comissão e função de confiança e exonerará os servidores não estáveis. Se essas medidas não forem suficientes, os servidores estáveis poderão perder seus cargos.**

Entretanto, caso tais medidas sejam adotadas, os **cargos serão considerados extintos** e, no prazo de quatro anos, não poderão ser criados novos com atribuições idênticas **ou** semelhantes. No caso do servidor estável, haverá o pagamento de indenização no valor de uma remuneração mensal para cada ano de serviço[45].

Nos termos do art. 247, também incluído pela Emenda Constitucional nº 19/98, deverão ser estabelecidas **garantias especiais para o servidor que desenvolva atividades exclusivas do Estado**, quando da edição das leis previstas no inciso III do § 1º do art. 41 e no § 7º do art. 169[46]. No entanto, não há, ainda, diploma legal definindo o que é atividade exclusiva do Estado, mas Maria Sylvia Zanella Di Pietro[47] afirma que, certamente, serão consideradas carreiras de Estado a magistratura, o Ministério Público, a advocacia pública, a defensoria pública, a polícia, a diplomacia, a atividade de controle e fiscalização[48].

Ainda, é importante destacar que a estabilidade refere-se ao serviço público e não ao cargo. Por isso, **estabilidade e estágio probatório não são sinônimos e referem-se a situações distintas. Aquela é pertinente ao serviço público e este se relaciona com o cargo.** Assim, o servidor estável que presta novo concurso não adquirirá estabilidade novamente, mas terá que cumprir novo estágio probatório, pois este é a avaliação da aptidão do servidor para o cargo.

A Constituição Federal estabeleceu, no próprio art. 41, garantias para o caso de o servidor estável perder, injustificadamente, seu cargo.

No § 2º, há a previsão da **reintegração**, que é *a* **volta do demitido**, e da **recondução**, que é a **volta ao cargo anterior**. Estabelece o dispositivo que se o servidor estável for demitido e, após, a demissão for anulada por decisão judicial, ele terá direito a retornar ao seu cargo. Quando de seu retorno, se houver outro ocupante, este, se estável, será

---

45. O § 4º do art. 169 foi regulamentado pela Lei nº 9.801/99, que estabelece as normas gerais para a exoneração do servidor estável por excesso de despesa. Nela está definido que o **critério impessoal** para a identificação dos servidores que perderão o cargo deverá ser escolhido entre **menor tempo de serviço público, maior remuneração e menor idade**, podendo, ainda, haver combinação com o critério complementar de **menor número de dependentes**. A propósito, Celso Antônio Bandeira de Mello (*Curso de direito administrativo*. 27. ed. São Paulo: Malheiros, 2010. p. 291) sustenta que essa perda de cargo instituída pela EC 19/98 é inconstitucional e, em consequência, também o é sua lei regulamentadora.
46. Em relação a este último, a Lei nº 9.801/99, no art. 3º, assegurou que o servidor estável que desenvolva atividade exclusiva do Estado somente perderá o cargo, após terem sido exonerados 30% dos demais cargos, bem como em cada ato somente poderão ser exonerados 30% do total de servidores que exerçam atividade exclusiva do Estado.
47. *Direito administrativo*. 23. ed. São Paulo: Atlas, 2010. p. 596.
48. Ressalta-se, todavia, que a exoneração por excesso de despesa **não se aplica aos magistrados e membros do Ministério Público**, porque não possuem a garantia da estabilidade e sim da **vitaliciedade** que é adquirida no 1º grau, após dois anos de efetivo exercício e, em razão disso, somente podem perder o cargo por decisão judicial transitada em julgado (artigos 95, I e 128, I, "a", da Constituição).

reconduzido ao "cargo de origem, sem direito a indenização, aproveitado em outro cargo ou posto em disponibilidade com remuneração proporcional ao tempo de serviço".

No § 3º, há a garantia para o servidor estável de que, se ocorrer a extinção de seu cargo ou for declarada sua desnecessidade, "ficará em disponibilidade, com remuneração proporcional ao tempo de serviço, até seu adequado aproveitamento em outro cargo"[49].

2.5.1. *Estabilidade excepcional*

O artigo 19 do Ato das Disposições Constitucionais Transitórias conferiu uma estabilidade diferente, conhecida como **estabilidade excepcional**. De acordo com a norma constitucional, os **servidores públicos** da administração direta, das autarquias e fundações públicas, da União, dos Estados, do Distrito Federal e dos Municípios **que não foram admitidos por concurso público e estavam em exercício há cinco anos, quando da promulgação da Constituição, foram considerados estáveis.** Tal benefício não se estende a quem ocupava cargo em comissão e nem aos empregados de empresa pública e de sociedade de economia mista. Quanto ao tema, importante destacar posicionamento adotado pelo STF, no tema nº 545 de repercussão geral (RE nº 716378): "2. A estabilidade especial do art. 19 do ADCT não se estende aos empregados das fundações públicas de direito privado, aplicando-se tão somente aos servidores das pessoas jurídicas de direito público".

Assim, além dos servidores estáveis, nos termos do art. 41, também adquiriram a estabilidade aqueles que, em 05/10/1988, possuíam cinco anos, ininterruptos, de exercício na administração direta, autarquias e fundações públicas, em qualquer das esferas da Federação, com exceção dos ocupantes de cargos em comissão.

Há diferença entre estabilidade e efetividade?

Sim. De acordo com o Ministro Maurício Corrêa (Recurso Extraordinário nº 167.635), a **efetividade é atributo do cargo, e a estabilidade é integração no serviço público.** No caso da **estabilidade excepcional, o servidor é estável no cargo que ocupa, mas não é efetivo.** "Não é titular do cargo que ocupa, não integra a carreira e goza apenas de uma estabilidade especial no serviço público, que não se confunde com aquela estabilidade regular disciplinada pelo art. 41 da Constituição Federal. Não tem direito a efetivação, a não ser que se submeta a concurso público, quando, aprovado e nomeado, fará jus à contagem do tempo de serviço prestado no período de estabilidade excepcional, como título."

Aliás, no ARE 1.069.876 AgR, julgado em 27/10/2017 o STF entendeu que os "Os servidores abrangidos pela estabilidade excepcional prevista no art. 19 do ADCT não se equiparam aos servidores efetivos, os quais foram aprovados em concurso público. Aqueles possuem somente o direito de permanecer no serviço público nos cargos em que foram admitidos, não tendo direito aos benefícios privativos dos servidores

---

49. Para abordagem mais detalhada sobre a reintegração, a disponibilidade, o aproveitamento e a recondução, ver capítulo 4.

efetivos. Conforme consta do art. 40 da CF, com a redação dada pela EC 42/2003, pertencem ao regime próprio de previdência social tão somente os servidores titulares de cargos efetivos da União, dos Estados, do Distrito Federal e dos Municípios, incluídas suas autarquias e fundações." Nesse julgado, entendeu-se que o servidor estabilizado não poderia ser incluído no regime próprio de previdência social.

No mesmo sentido da distinção, o STF fixou a seguinte tese de repercussão geral no ARE 1306505: "É vedado o reenquadramento, em novo Plano de Cargos, Carreiras e Remuneração, de servidor admitido sem concurso público antes da promulgação da Constituição Federal de 1988, mesmo que beneficiado pela estabilidade excepcional do artigo 19 do ADCT, haja vista que esta regra transitória não prevê o direito à efetividade, nos termos do artigo 37, II, da Constituição Federal e decisão proferida na ADI 3609 (Rel. Min. DIAS TOFFOLI, Tribunal Pleno, DJe. 30/10/2014)".

2.5.2. *Empregado público e a estabilidade do art. 41 da Constituição*

O art. 41 da Constituição Federal, na sua redação original, estabelecia que, após dois anos de efetivo exercício, os servidores nomeados em virtude de concurso público adquiririam a estabilidade.

Existia bastante **divergência** em relação à abrangência do dispositivo, no sentido de que se aplicava somente aos titulares de cargo efetivo ou se estendia, também, aos empregados públicos. Entretanto, com a mudança da redação, por força de Emenda Constitucional 19/98, passou a constar expressamente que a **garantia se dirige aos que são nomeados para cargo de provimento efetivo**. Nesse sentido, é a **posição do Supremo Tribunal Federal**[50].

De acordo com o posicionamento manifestado nas decisões da Corte Constitucional, **a estabilidade do art. 41 só se estende aos empregados celetistas da administração direta, autarquias e fundações públicas que ingressaram no serviço público antes da promulgação da Emenda 19/98, que se deu em 5/6/1998**. Após essa data, só se aplica aos servidores titulares de cargo efetivo. Por sua vez, **os empregados de empresa pública ou sociedade de economia mista não possuem direito à estabilidade do art. 41, nem antes nem depois da Emenda 19/98**[51].

Dessa maneira, a existência da Súmula nº 390 do TST somente se justifica se for considerado que está se referindo ao período anterior à Emenda 19/98[52].

---

50. Por exemplo: AI 465.780, AI 387.498, RE 242.069, RE 289.108, AI 323.246-4-Agr.
51. Nesse sentido, no AI 634.719, julgado em 26/4/2011, assentou o Min. Dias Tofolli que a "jurisprudência da Corte é firme no sentido de se **estender ao empregado público celetista, admitido em período anterior ao advento da Emenda Constitucional nº 19/98, o direito à estabilidade** prevista no artigo 41 da Constituição Federal". No mesmo sentido: AI 476.685, AI 628.888, AI 480.432-AgR, AI 472.685-5-AgR. Inclusive, no TST podem ser conferidos o RR – 3007/2003-015-02-00 e o RR-208800-50.2003.5.02.0033, ambos relatados pela Min. Maria Cristina Irigoyen Peduzzi, sendo o último de 8/7/2011.
52. **"SÚMULA Nº 390 DO TST**: I – O servidor público celetista da administração direta, autárquica ou fundacional é beneficiário da estabilidade prevista no art. 41 da CF/1988. II – Ao empregado de empresa pública ou de sociedade de economia mista, ainda que admitido mediante aprovação em concurso público, não é garantida a estabilidade prevista no art. 41 da CF/1988."

<table>
<tr><th colspan="3">ESTABILIDADE</th></tr>
<tr><td>Regra geral – Art. 41 (redação EC 19/98)</td><td colspan="2">Aprovação em concurso público
+
Cargo efetivo (cargo em comissão, não)
+
3 anos de efetivo exercício
+
Avaliação de desempenho por comissão</td></tr>
<tr><td>Servidor estável – perda do cargo</td><td colspan="2">• Sentença judicial transitada em julgado
• Processo administrativo, assegurada ampla defesa
• Procedimento de avaliação de desempenho, nos termos de lei complementar
• Excesso de despesa: 20% cargos em comissão; se não resolver: não estáveis; se não resolver: estáveis</td></tr>
<tr><td>Estabilidade excepcional – art. 19 ADCT</td><td colspan="2">Servidor da administração direta, autarquia ou fundação pública (três esferas)
+
5 anos de exercício, ininterruptos, em 05/10/88</td></tr>
<tr><td rowspan="3">Empregado público e estabilidade do art. 41</td><td rowspan="2">Empregado público da administração direta, autarquia e fundação</td><td>Até a EC 19/98: sim</td></tr>
<tr><td>Após a EC 19/98: não</td></tr>
<tr><td>Empregado público de empresa pública ou de sociedade de economia mista</td><td>não</td></tr>
</table>

Entretanto, apesar de os empregados das empresas estatais não terem direito à estabilidade do art. 41, questão que se coloca é se deve ou não haver motivação **do ato de dispensa.**

No âmbito trabalhista, há a OJ nº 247 na qual o TST firmou posicionamento no sentido de que a "despedida de empregados de empresa pública e de sociedade de economia mista, mesmo admitidos por concurso público, independe de ato motivado para sua validade" (item I), mas que a "validade do ato de despedida do empregado da Empresa Brasileira de Correios e Telégrafos (ECT) está condicionada à motivação, por gozar a empresa do mesmo tratamento destinado à Fazenda Pública em relação à imunidade tributária e à execução por precatório, além das prerrogativas de foro, prazos e custas processuais" (item II).

A questão foi apreciada pelo STF, com repercussão geral reconhecida, no RE 589.998, cuja ementa é a seguinte:

> *EMPRESA BRASILEIRA DE CORREIOS E TELÉGRAFOS – ECT. DEMISSÃO IMOTIVADA DE SEUS EMPREGADOS. IMPOSSIBILIDADE. NECESSIDADE DE MOTIVAÇÃO DA DISPENSA. RE PARCIALMENTE PROVIDO.*
>
> *I – Os empregados públicos não fazem jus à estabilidade prevista no art. 41 da CF, salvo aqueles admitidos em período anterior ao advento da EC nº 19/1998. Precedentes.*

> *II – Em atenção, no entanto, aos princípios da impessoalidade e isonomia, que regem a admissão por concurso público, a dispensa do empregado de empresas públicas e sociedades de economia mista que prestam serviços públicos deve ser motivada, assegurando-se, assim, que tais princípios, observados no momento daquela admissão, sejam também respeitados por ocasião da dispensa.*
>
> *III – A motivação do ato de dispensa, assim, visa a resguardar o empregado de uma possível quebra do postulado da impessoalidade por parte do agente estatal investido do poder de demitir.*
>
> *IV – Recurso extraordinário parcialmente provido para afastar a aplicação, ao caso, do art. 41 da CF, exigindo-se, entretanto, a motivação para legitimar a rescisão unilateral do contrato de trabalho.*

Assim, o STF reiterou a aplicação dos princípios constitucionais às entidades da administração indireta, o que não poderia ser diferente em face do comando expresso contido no caput do art. 37 do texto constitucional, e decidiu pelo paralelismo do regramento jurídico entre o ato de nomeação e o ato de demissão. Em outras palavras, se o acesso ao emprego público se dá por concurso público, em razão dos princípios da impessoalidade e da isonomia, quando da prática do ato demissório tais princípios devem se fazer presentes da mesma forma. Não se tolhe o empregador de seu poder de dispensar, mas por ser entidade da Administração Pública impõe-se que o faça de modo impessoal.

Outro ponto que se afigura relevante nessa decisão é que na sua ementa consta a restrição de que a exigência de motivação deve se dar quando se tratar de "empresas públicas e sociedades de economia mista que prestam serviços públicos", o que, todavia, não aparenta retratar o fiel resultado do julgamento. Inclusive, nesse sentido, houve a interposição de embargos de declaração e, posteriormente, a ECT propôs a Ação Cautelar nº 3669, objetivando a concessão de efeito suspensivo aos embargos aclaratórios propostos, distribuída ao Min. Luis Barroso que, em 29/04/2015, deferiu liminar concedendo efeito suspensivo aos embargos de declaração opostos no RE 589.998.

O Min. Barroso, na sua decisão, retrata bem as dúvidas surgidas em face da ementa do RE 589.998:

> *[...] A ementa do acórdão proferido pelo STF consignou, em seu item I, que "os empregados públicos não fazem jus à estabilidade prevista no art. 41 da CF, salvo aqueles admitidos em período anterior ao advento da EC nº 19/1998". Acontece que essa ressalva final não parece ter sido discutida por todos os Ministros. Mais até, o voto de alguns deles parece colidir com tal entendimento.*
>
> *[...]*
>
> *Quem tem de obrigação de motivar os atos de dispensa de pessoal? Apenas a ECT; todas as empresas públicas e sociedades de economia mista que prestem serviço público; ou, ainda mais amplamente, todas as estatais, inclusive as que exercem atividade econômica?*

> *36. Cinco ministros parecem ter se manifestado favoravelmente à extensão do precedente a todas as estatais: Min. Joaquim Barbosa[7], Min. Cármen Lúcia[8], Min. Cezar Peluso[9], Min. Gilmar Mendes[10] e Min. Dias Toffoli[11].*
>
> *Por outro lado, dois ministros procuraram, ao menos de início, restringir a abrangência do julgado à ECT: Min. Ricardo Lewandowski[12] e Min. Ayres Britto[13]. O Min. Relator, todavia, consignou, ao final, na ementa do julgado, a extensão da exigência de motivação às "empresas públicas e sociedades de economia mista que prestem serviço público", em linha com o entendimento exarado pelo Min. Eros Grau[14]. O Min. Marco Aurélio, embora tenha divergido do Relator, pareceu também considerar que a questão apreciada pelo Supremo valeria para as estatais que exercem atividade econômica[15]. E, por fim, a opinião dos últimos dois ministros a se pronunciarem na ação não ficou clara quanto a esse ponto: Min. Teori Zavaski, e Min. Celso de Mello[16].*
>
> *37. O exame de algumas decisões do TST determinando a retomada dos casos sobrestados leva a crer que aquele Tribunal interpretou o julgado proferido no RE nº 589998 como extensível a todas as empresas públicas e sociedades de economia mista.*
>
> *[...]*
>
> *Apesar disso, ao menos por enquanto, a OJ nº 247 daquela Corte não foi alterada.* **Mantém-se, assim, redação que exime todas as estatais, salvo a ECT, da obrigatoriedade de motivação dos atos de dispensa de pessoal.** *Nesse cenário, há (i) ato de consolidação da jurisprudência do TST em um sentido – exigência de motivação somente pela ECT, (ii) manifestações reiteradas da Vice-Presidência daquele Tribunal em outro – exigência de motivação por todas estatais, e (iii) ementa de acórdão do STF em um terceiro – exigência de motivação pelas estatais prestadoras de serviço público. Analisando a íntegra do acórdão prolatado no RE nº 58998 encontramos manifestações de Ministros em todos esses sentidos.*
>
> *[...]"*

Não há porque de se fazer distinção entre as empresas estatais em razão da atividade que exercem para se analisar se é devida ou não a motivação do ato de demissão do empregado público. A aplicação dos princípios da Administração Pública alcança, necessariamente e por força do art. 37, caput, da Constituição Federal, todas as entidades da administração indireta e, assim, deve haver a motivação do ato de despedida do empregado público de empresa pública e de sociedade de economia mista, independentemente se sua atividade é a prestação de serviço público ou a exploração de atividade econômica. Essa exigência não desnatura a natureza do regime celetista, pois o empregador continua com seu poder de demissão, mas, apenas, exige-se que o faça de forma fundamentada e que isso seja divulgado, assegurando-se, assim, a concretização, especialmente, dos princípios da impessoalidade, da razoabilidade, da motivação dos atos administrativos e da publicidade, com o que se permite posterior controle do ato praticado.

No julgamento dos embargos no RE nº 589.998/PI, no ano de 2018, todavia, foi fixada a seguinte tese: "A Empresa Brasileira de Correios e Telégrafos - ECT tem o dever jurídico de motivar, em ato formal, a demissão de seus empregados[53]". Nesse sentido, **o STF restringiu a motivação da demissão dos empregados da ECT, permanecendo a dúvida no sentido da necessidade de motivação do ato da dispensa do empregado público das demais empresas estatais.**

2.6. Regime Próprio de Previdência Social (RPPS)

O Regime Próprio de Previdência Social (RPPS), também conhecido como Regime Especial de Previdência, está previsto no art. 40 da Constituição Federal. Além dele, há previsão no texto constitucional, no art. 201, do Regime Geral de Previdência Social (RGPS)[54]. Este é destinado aos trabalhadores do setor privado e aquele aos titulares de cargo efetivo.

Entretanto, nem todas as pessoas que trabalham na Administração Pública submetem-se ao regime próprio. De fato, ele **é destinado aos servidores titulares de cargos efetivos** na administração direta da União, Estados, Distrito Federal e Municípios e em suas autarquias e fundações públicas (art. 40, *caput*). **Não se aplica aos ocupantes, exclusivamente, de cargo em comissão declarado em lei de livre nomeação e exoneração, de cargo temporário, inclusive mandato eletivo, ou de emprego público (art. 40, § 13 - redação dada pela EC nº 103, de 2019).**

Desse modo, esses agentes públicos possuem vínculo funcional com a Administração Pública, mas não podem se valer do regime próprio. Assim, o servidor temporário como, por exemplo, um recenseador do IBGE estará vinculado ao regime geral, da mesma forma que um empregado da Petrobras ou do Banco do Brasil.

Em relação ao ocupante de cargo em comissão, é necessário esclarecer que a Constituição usa a expressão ocupante exclusivamente de cargo em comissão porque, como visto, o cargo em comissão pode ser ocupado por quem já possui um cargo efetivo e por quem não tem nenhum vínculo com a Administração e, dessa forma, a submissão ao regime geral não se dá para todos os servidores comissionados, mas, apenas, para os que não têm cargo efetivo.

Dessa forma, um Analista Judiciário que foi nomeado para exercer o cargo em comissão de Diretor de Secretaria estará vinculado ao regime próprio e não ao regime geral, pois não é ocupante exclusivamente de cargo em comissão, já que é titular de cargo efetivo. De outro modo, se para o mesmo cargo em comissão de Diretor de Secretaria fosse nomeada pessoa estranha aos quadros da Administração Pública, o regime de previdência aplicado é o geral, pois não é titular de cargo efetivo. Ainda, ressalte-se que, nos exemplos dados, ambos os ocupantes do cargo de Diretor de Secretaria seriam estatutários, pois suas relações funcionais estariam

53. Informativo nº 919 do STF.
54. O Regime Geral de Previdência Social (RGPS) é objeto de estudo do direito previdenciário, razão pela qual não será abordado nesta obra.

submetidas às disposições da Lei nº 8.112/90, mas estariam vinculados a regimes de previdência distintos. Portanto, ser estatutário não é garantia de filiação ao regime próprio de previdência.

Importante registrar que a EC 103/2019 introduziu o §14 ao art. 37 da Constituição Federal estabelecendo que a "aposentadoria concedida com a utilização de tempo de contribuição decorrente de cargo, emprego ou função pública, inclusive do Regime Geral de Previdência Social, acarretará o rompimento do vínculo que gerou o referido tempo de contribuição". Portanto, tanto no caso de empregado público quanto na hipótese de servidor público, haverá a extinção do vínculo funcional com o advento da aposentadoria por tempo de contribuição decorrente do exercício do emprego ou cargo ou função.

O regime próprio deve ser instituído por lei de cada ente político, mas deve obedecer às normas gerais estabelecidas no texto constitucional. Dessa forma, para que um determinado Município institua seu regime próprio, deverá fazê-lo por lei municipal, mas não poderá estabelecer, por exemplo, critérios diferentes daqueles determinados pelo legislador constituinte para a obtenção da aposentadoria.

O regime próprio de previdência observará, além do disposto no art. 40 da CF/88, os requisitos e critérios fixados para o regime geral de previdência social, no que couber (art. 40, § 12).

REGIMES DE PREVIDÊNCIA	
Regime Geral de Previdência Social	**Regime Próprio de Previdência Social**
• Iniciativa privada • Empregados públicos • Ocupantes exclusivamente de cargo em comissão • Temporários	• Titulares de cargo efetivo

2.6.1. *Características*

O regime próprio tem como **características**:

a) contributivo;

b) solidário;

c) unicidade de regime;

d) unidade gestora;

e) vedação de acumulação de proventos;

f) unicidade de critérios para aposentadoria.

É **contributivo** porque é exigido que o servidor tenha **tempo de contribuição** e não somente de serviço, quer dizer, só é admitido, para contagem, o tempo no qual houve a respectiva contribuição. Inclusive, nos termos do § 10, é vedada qualquer forma de contagem de tempo fictício. Essa característica foi introduzida com a Emenda nº 20/98 e, por isso, em seu art. 4º está assegurado que o tempo de serviço anterior a 1998 será considerado como tempo de contribuição, até que lei venha a dispor sobre o assunto.

> Art. 25, § 3º da EC nº 103/2019: *Considera-se nula a aposentadoria que tenha sido concedida ou que venha a ser concedida por regime próprio de previdência social com contagem recíproca do Regime Geral de Previdência Social mediante o cômputo de tempo de serviço sem o recolhimento da respectiva contribuição ou da correspondente indenização pelo segurado obrigatório responsável, à época do exercício da atividade, pelo recolhimento de suas próprias contribuições previdenciárias.*

O regime próprio é, também, **solidário,** o que significa que a contribuição previdenciária não tem como finalidade, apenas, garantir a fruição do benefício pelo segurado ou por sua família, mas possui um caráter social, pelo qual se exige que aqueles que já foram contemplados pelo regime de previdência sejam obrigados a continuarem pagando a contribuição previdenciária, "agora não mais para o exercício de direito próprio, mas sim em favor do sistema do qual são integrantes, ainda que já tenham conquistado seu direito pessoal".[55]

Nesse sentido, a contribuição é **paga pelo servidor ativo, pelo inativo, pelo pensionista e pelo próprio ente público**, nos termos do art. 40 da CF/88, com redação alterada pela EC nº 103/2019:

> Art. 40 da CF/88. *O regime próprio de previdência social dos servidores titulares de cargos efetivos terá caráter* **contributivo e solidário,** *mediante contribuição do respectivo ente federativo, de* **servidores ativos, de aposentados e de pensionistas,** *observados critérios que preservem o equilíbrio financeiro e atuarial.*

A **unicidade de regime próprio e de unidade gestora** está prevista no § 20 do art. 40 e significa que **não pode existir mais de um regime próprio no mesmo ente federativo, abrangidos todos os poderes, órgãos e entidades autárquicas e fundacionais.** Não pode existir um regime próprio para cada categoria de servidores. Desse modo, inclusive, o regime próprio estabelecido no art. 40 é aplicável aos magistrados (art. 93, § 6º), aos membros do Ministério Público (art. 129, § 4º) e aos membros dos Tribunais de Contas (art. 73, § 4º). Ainda, não pode haver uma descentralização na administração desse regime, devendo possuir, apenas, uma unidade de gestão. Aos militares, no entanto, não se aplica o regime próprio, pois o regime de inatividade deles, nos termos do art. 142, § 3º, X, é objeto de lei específica.

A **vedação de acumulação de proventos** está determinada no § 6º e a única exceção é a percepção de proventos decorrentes da aposentadoria em cargos

55. CARVALHO FILHO, José dos Santos. Manual de direito administrativo. 31 ed. São Paulo: Atlas, 2017, p. 739.

acumuláveis na atividade[56]. Aplicam-se, ademais, outras vedações, regras e condições para acumulação de benefícios previdenciários estabelecidos no RGPS (art. 40, §6º, com redação dada pela EC nº 103, de 2019).

Outra característica do regime próprio é a **unicidade de critérios para aposentadoria. É proibida a existência de critérios diferentes para a concessão de aposentadoria**, nos termos do art. 40, §4º, exceto nos casos trazidos pelos §§4º-A, 4º-B, 4º-C e §5º, quais sejam: servidores com deficiência, servidores ocupantes do cargo de agente penitenciário, socioeducativo ou policial e servidores expostos a agentes químicos, físicos e biológicos prejudiciais à saúde, assim como no caso de professores. Vejamos cada um deles.

a) **servidores com deficiência:**

Em relação aos servidores com deficiência, previamente submetidos a avaliação biopsicossocial realizada por equipe multiprofissional e interdisciplinar, poderão ser estabelecidos, por lei complementar do respectivo ente federativo, idade e tempo de contribuição diferenciados (art. 40, §4º-A).

No caso de **servidores federais com deficiência**, nos termos do art. 22, *caput*, da EC 103/2019, até que lei discipline a matéria, a aposentadoria será devida desde que cumpridos o tempo mínimo de **10 anos de efetivo exercício no serviço público** e de **5 anos no cargo** efetivo em que for concedida a aposentadoria, cuja concessão se dará na forma da Lei Complementar nº 142, de 8 de maio de 2013, inclusive quanto aos critérios de cálculo dos benefícios.

Já, **no caso de servidores estaduais, distritais e municipais com deficiência**, conforme o parágrafo único do mesmo dispositivo da mencionada emenda constitucional, aplicam-se as normas constitucionais e infraconstitucionais anteriores à data de entrada em vigor da EC 103/2019, enquanto não promovidas alterações na legislação interna relacionada ao respectivo regime próprio de previdência social.

b) **servidores ocupantes do cargo de agente penitenciário, de agente socioeducativo ou de policial**

Nos termos do art. 40, §4º-B da Constituição Federal, por meio de lei complementar do respectivo ente federado, poderão ser estabelecidos requisitos diferenciados quanto à idade e ao tempo de contribuição aos servidores que ocupam os cargos de agente penitenciário, socioeducativo e de policial nos órgãos indicados no art. 51, *caput*, IV, art. 52, *caput*, XIII, e no art. 144, I a IV, todos do texto constitucional.

Consoante o disposto no art. 10, §2º, I, da EC 103/2019, **até que entre em vigor lei federal** que discipline os benefícios do regime próprio de previdência social dos servidores da União, **poderão se aposentar** aos **55 anos de idade, 30 anos de contribuição** e **25 anos de efetivo exercício na carreira**, para **ambos os sexos:**

---

56. Para maiores detalhes, ver item 2.1.3 deste capítulo.

- policiais civis do Distrito Federal (conforme art. 21, IV, da CF, compete à União organizar e manter a polícia civil do Distrito Federal),
- policiais da Câmara dos Deputados (art. 51, IV, CF)
- policiais do Senado Federal (art. 52, XIII, CF)
- policiais federais (art. 144, I, CF)
- policiais rodoviários federais (art. 144, II)
- policiais ferroviários federais (art. 144, III)
- agentes federais penitenciários ou socioeducativos (conforme redação dada ao inciso VI do art. 144 da CF pela EC 104/2019, esses profissionais agora integram a chamada polícia penal e, da mesma maneira que a polícia civil, a polícia penal do Distrito Federal é organizada e mantida pela União, nos termos do art. 21, IV do texto constitucional, aplicando-se aos agentes penitenciários distritais os requisitos diferenciados).

Por sua vez, em relação aos **policiais civis e aos agentes penitenciários estaduais** (polícia penal, conforme art. 144, VI, CF), aplicam-se as normas constitucionais e infraconstitucionais anteriores à data de entrada em vigor da EC 103/2019, enquanto não promovidas alterações na legislação interna relacionada ao respectivo regime próprio de previdência social (art. 10, §7º, EC 103/2019).

c) **servidores cujas atividades sejam exercidas com efetiva exposição a agentes químicos, físicos e biológicos prejudiciais à saúde**

Por meio de lei complementar de cada ente federado, poderão ser estabelecidos requisitos diferenciados, no que se refere à idade e ao tempo de contribuição, para a aposentadoria dos servidores que trabalhem expostos, de forma efetiva, a agentes químicos, físicos e biológicos prejudiciais à saúde, ou associação desses agentes, vedada a caracterização por categoria profissional ou ocupação.

Em relação aos **servidores federais** expostos a tais agentes, até que entre em vigor lei federal que discipline os benefícios do regime próprio de previdência social dos servidores da União, a aposentadoria será devida aos **60 anos de idade**, com **25 anos de efetiva exposição e contribuição, 10 anos de efetivo exercício de serviço público** e **5 anos no cargo** efetivo em que for concedida a aposentadoria (art. 10, §2º, II da EC nº 103/2019).

Cumpre destacar que referida aposentadoria observará, adicionalmente, as condições e os requisitos estabelecidos para o RGPS, no que não conflitarem com as regras específicas aplicáveis ao RPPS da União, vedada a conversão de tempo especial em tempo comum (art. 10, §3º da EC nº 103/2019).

Nesse sentido, já eram as decisões proferidas pelo STF, nos mandados de injunção propostos por entidades representantes de diversas categorias profissionais, determinando, enquanto não existirem as leis complementares, a aplicação, no que couber, do art. 57 da Lei nº 8.213/91, que estabelece os critérios para a aposentadoria especial no Regime Geral de Previdência Social[57].

O STF, inclusive, aprovou a **Súmula Vinculante nº 33, aplicável aos servidores cujas atividades sejam exercidas sob condições especiais que prejudiquem a saúde ou a integridade física**: "Aplicam-se ao servidor público, no que couber, as regras do regime geral da previdência social sobre aposentadoria especial de que trata o artigo 40, § 4º, inciso III da Constituição Federal, até a edição de lei complementar específica".

Quanto aos **servidores estaduais, distritais e municipais**, aplicam-se as normas constitucionais e infraconstitucionais anteriores à data de entrada em vigor da EC nº 103/2019, enquanto não promovidas alterações na legislação interna relacionada ao respectivo regime próprio de previdência social (art. 10, §7º).

d) professores

A aposentadoria especial dos professores está prevista no §5º do art. 40 e, de acordo com esse dispositivo, esses profissionais terão direito à aposentadoria com idade mínima reduzida em 5 anos em relação à regra geral, desde que comprovem tempo de efetivo exercício das funções de magistério na educação infantil e no ensino fundamental e médio fixado em lei complementar do respectivo ente federativo.

Quanto ao tempo de contribuição, ressalta-se que não pode ser feita a soma do tempo de magistério com o tempo de outras atividades, pois, caso isso ocorra, serão aplicadas as regras comuns da aposentadoria voluntária. Quer dizer, para se valer da aposentadoria especial de professor o tempo deve ser exclusivo no magistério na educação infantil e no ensino fundamental e médio.

Essa previsão de exclusividade gerou discussões e o tema foi analisado pelo Supremo Tribunal Federal, inclusive tendo havido alteração no seu entendimento. De início, em 2003, o STF aprovou a Súmula 726, que tem o seguinte teor: "Para efeito de aposentadoria especial de professor não se computa o tempo de serviço prestado fora da sala de aula". Entretanto, em razão de decisões posteriores, essa súmula já está superada. Nesse sentido, aponta-se o julgamento da ADI 3.772, em 29/10/2008[58], (no qual o STF, por maioria, julgou o pedido parcialmente procedente e decidiu que a função de magistério abrange, além do trabalho em sala de aula, a preparação de aulas, o atendimento aos pais e alunos, a correção de provas, a coordenação, o assessoramento pedagógico e a direção de unidade escolar). Assim, o entendimento do STF, de acordo com essa decisão, é **que a atividade de magistério não é restrita ao trabalho em sala de aula** e que dela fazem parte as funções de direção, coordenação e assessoramento pedagógico, desde que exercidas, em estabelecimentos de ensino básico, por professores de carreira, excluídos os especialistas em

57. Por exemplo, MI 721, 758 e 795.
58. A ação foi proposta visando à declaração de inconstitucionalidade do art. 1º da Lei nº 11.301/06, que incluiu o §2º ao art. 67 da Lei nº 9.394/96 (Lei de Diretrizes e Bases da Educação - LDB).

educação. No mesmo sentido, foi fixada **tese de repercussão geral**, no julgamento do **RE 1.039.644**, em 13/10/2017: **"Para a concessão da aposentadoria especial de que trata o art. 40, parágrafo 5º, da Constituição, conta-se o tempo de efetivo exercício, pelo professor, da docência e das atividades de direção de unidade escolar e de coordenação e assessoramento pedagógico, desde que em estabelecimentos de ensino infantil ou de ensino fundamental e médio"**.

Para análise mais detida dos requisitos necessários para a aposentadoria especial, necessário se faz distinguir os servidores federais dos vinculados aos demais entes federados.

No caso dos servidores públicos federais, como regra, a idade mínima exigida, nos termos do art. 40, §1º, III, da Constituição Federal, é de 65 anos para o homem e de 62 anos para a mulher e, dessa forma, em se tratando de **professores e professoras federais**, até que entre em vigor lei federal que discipline os benefícios do regime próprio de previdência social dos servidores da União, e nela seja definido o tempo de contribuição a ser exigido desses profissionais, a **aposentadoria** terá como requisitos (art. 10, §2º, III da EC nº 103/2019):

- **quanto à idade: 60 anos, se homem, e 57 anos, se mulher**;
- **quanto ao tempo de contribuição:** para ambos os sexos, **25 anos de contribuição exclusivamente em efetivo exercício** das funções de magistério na **educação infantil e no ensino fundamental e médio, 10 anos de efetivo exercício de serviço público e 5 anos no cargo efetivo** em que for concedida a aposentadoria.

De outra maneira, em relação **aos professores estaduais, distritais e municipais**, nos termos do §7º do art. 10 da EC 103/99, aplicam-se às suas aposentadorias as normas constitucionais e infraconstitucionais anteriores à data de entrada em vigor da mencionada emenda constitucional, enquanto não promovidas alterações na legislação interna relacionada ao respectivo regime próprio de previdência social. Antes da EC nº 103/2019, de acordo com o texto da Constituição Federal, a aposentadoria especial dos professores se daria, **se homem**, aos 55 anos de idade e 30 anos de contribuição e, **se mulher**, aos 50 anos de idade e 25 anos de contribuição, exigindo-se, para ambos os sexos, 10 anos de serviço público e 5 anos no cargo. Assim, até que a respectiva lei do ente federado venha a dispor sobre o tema, esses são os requisitos exigidos para a aposentadoria dos professores e professoras que ocupem cargos nos Estados, Distrito Federal e Municípios.

2.6.2. Pensão por morte

Com o falecimento do servidor – em atividade ou já aposentado – seus dependentes passarão a receber uma pensão, para que não fiquem desamparados. São os pensionistas.

Esse benefício não é disciplinado inteiramente na Constituição Federal e seu regramento, por exemplo, quanto ao rol de dependentes, ao valor, à duração, entre outros, poderá sofrer variação entre os entes federados, porque cada um deles tem competência para legislar a respeito.

O **valor da pensão**, normalmente, correspondia ao mesmo valor da remuneração ou dos proventos do servidor, conforme o que constava no texto constitucional, desde a sua promulgação.

Todavia, com a Emenda Constitucional nº 41/03, isso foi alterado e, com a redação dada por essa emenda ao § 7º do art. 40, para se saber o valor da pensão, era necessário tomar emprestado do regime geral (art. 201) o valor do limite máximo dos benefícios previdenciários. Assim, até o valor do limite do regime geral, a pensão seria integral, isto é, corresponderia à totalidade do valor da remuneração ou dos proventos do servidor falecido. Por outro lado, se a remuneração ou os proventos do servidor eram superiores ao limite mencionado, a pensão não teria valor integral, pois corresponderia, na verdade, ao valor total até o limite, mais 70% do valor que excedesse o limite. Nesse ponto não pode haver confusão porque não era 70% do todo, mas apenas sobre o valor que excedesse o teto. Por exemplo, se o servidor falecido recebia remuneração no valor de R$ 10.786,02, o valor da pensão seria a soma de R$ 7.786,02 (valor do limite do RGPS[59]) com R$ 2.100,00 (70% de R$ 3.000,00, que é o valor que extrapola o limite), totalizando, pois, R$ 9.886,02.

Mais uma vez, a disciplina do tema sofreu alteração com a nova reforma da previdência, implementada pela EC 103/2019. Entretanto, como se verá adiante, importante conhecer como era a disciplina até essa mudança porque as regras que estavam vigentes ainda podem ser aplicadas aos Estados, Distrito Federal e Municípios.

Com a atual redação do §7º do art. 40, dada pela mencionada emenda, **assegura-se, desde que seja a única renda formal auferida pelo dependente, o valor mínimo ao benefício equivalente ao salário mínimo** (art. 201, §2º) e estabelece que a concessão da pensão por morte se dará em conformidade com a lei do respectivo ente federativo. Determina, ainda, o dispositivo constitucional que seja dado tratamento diferente no caso de morte dos servidores ocupantes dos cargos de agente penitenciário ou socioeducativo ou de policial decorrente de agressão sofrida no exercício ou em razão da função.

Nesse ponto, é importante fazer a distinção entre servidores federais e estaduais, distritais e municipais quanto ao **valor da pensão**:

a) **servidor público federal**: o valor da pensão por morte será:

- **regra geral (art. 23 da EC 103/2019):** equivalente a uma cota familiar de 50% do valor da aposentadoria recebida pelo segurado ou servidor ou daquela a que teria direito se fosse aposentado por incapacidade permanente na data do óbito, acrescida de cotas de 10% por dependente, até o máximo de 100%. Para ilustrar, imagine um servidor **casado**

59. Conforme Portaria Interministerial MPS/MF Nº 2, de 11/01/2024.

e com **um filho de 10 anos** que estava aposentado e recebia proventos de aposentadoria no valor de R$ 10.000,00. Nessa situação, o valor da pensão por morte será de R$ 6.000,00[60]. Ainda, importante salientar que as cotas por dependente cessarão com a perda dessa qualidade e não serão reversíveis aos demais dependentes, mas quando o número de dependentes for igual ou superior a 5 será preservado o valor de 100% da pensão por morte (art. 23, §1º).

- **dependente inválido ou com deficiência intelectual, mental ou grave (art. 23, §2º, da EC 103/2019):** se houver dependente nessa condição, o valor da pensão por morte será de 100% da aposentadoria recebida pelo segurado ou servidor ou daquela a que teria direito se fosse aposentado por incapacidade permanente na data do óbito, até o limite máximo do RGPS, e de uma cota familiar de 50% acrescida de cotas de 10% por dependente, até o máximo de 100%, para o valor que supere o limite máximo de benefícios do RGPS. Assim, exemplificando com uma servidora casada, já aposentada, e com um filho deficiente que recebia provento de aposentadoria no valor de R$ 12.786,02: nessa situação, o valor da pensão por morte será a soma de R$ 7.786,02 (valor equivalente ao teto do RGPS) com R$ 3.500,00 (1 cota familiar de 50% do que excede o teto do RGPS, acrescida de 2 cotas de 10% do valor que extrapola o limite do RGPS, em razão dos dependentes)[61], totalizando o valor de R$ 11.286,02. Deve ser salientado que, no caso de deficiente inválido ou com deficiência intelectual, mental ou grave, essa condição pode ser reconhecida previamente ao óbito do segurado, por meio de avaliação biopsicossocial realizada por equipe multiprofissional e interdisciplinar, observada revisão periódica na forma da legislação(art. 23, §5º), bem como que, não havendo mais dependente nessa condição, o valor da pensão será recalculado na forma do item anterior (regra geral), conforme o contido no § 3º do art. 23 da EC 103/2019. Ainda, deve haver atenção para a **Súmula 663 do STJ**: "A pensão por morte de servidor público federal pode ser concedida ao filho inválido de qualquer idade, desde que a invalidez seja anterior ao óbito".
- **dependente de policial civil do Distrito Federal, policial da Câmara dos Deputados, policial do Senado Federal, policial federal, policial rodoviário federal, policial ferroviário federal e agente federal penitenciário ou socioeducativo, cuja morte seja decorrente de agressão**

60. R$ 5.000,00 (50% do valor da aposentadoria que estava recebendo) + R$ 500,00 (cota de 10% para o cônjuge) + R$ 500,00 (cota de 10% para o filho) = R$ 6.000,00.
61. R$ 2.500,00 (cota familiar de 50% de R$ 5.000,00, que é o valor que excede o limite do RGPS) + R$ 500,00 (cota de 10%, referente ao cônjuge, de R$ 5.000,00, que é o valor que excede o limite do RGPS) + 500,00 (cota de 10%, referente à filha, de R$ 5.000,00, que é o valor que excede o limite do RGPS) = R$ 3.500,00.

sofrida no exercício ou em razão da função (art. 10, §6º, da EC 103/2019): a pensão será vitalícia para o cônjuge ou companheiro e seu valor será equivalente à remuneração do cargo.

b) **servidor público estadual, distrital e municipal**: conforme estabelece o §8º do art. 23, aplicam-se "às pensões concedidas aos dependentes de servidores dos Estados, do Distrito Federal e dos Municípios as normas constitucionais e infraconstitucionais anteriores à data de entrada em vigor desta Emenda Constitucional, **enquanto não promovidas alterações na legislação** interna relacionada ao respectivo regime próprio de previdência social". Assim, o valor da pensão será calculado nos termos da redação que tinha sido dada ao §7º do art. 40 pela EC 41/2003, abordada anteriormente, até o momento em que o ente federado legisle sobre o tema.

Em relação aos demais aspectos da pensão por morte, como tempo de duração, rol de dependentes, qualificação e condições necessárias para enquadramento, cada ente federado deverá legislar a respeito e, no caso dos Estados, Distrito Federal e Municípios, até o advento dessa legislação, aplicam-se as normas constitucionais e infraconstitucionais anteriores à data de entrada em vigor da EC 103/2019.

Por outro lado, em relação aos servidores públicos federais, o §4º do art. 23 determina que o "tempo de duração da pensão por morte e das cotas individuais por dependente até a perda dessa qualidade, o rol de dependentes e sua qualificação e as condições necessárias para enquadramento serão aqueles estabelecidos na Lei nº 8.213, de 24 de julho de 1991".

Ainda quanto aos servidores federais, cumpre apontar que as regras sobre pensão previstas no art. 23 da EC 103/2019 e na legislação vigente na data de entrada em vigor da mencionada emenda poderão ser alteradas na forma da lei para o regime geral e para o regime próprio de previdência social da União (§7º, art. 23).

Ponto importante sobre a pensão, tratada agora no plano constitucional, é a questão da acumulação de benefícios, nos termos do art. 24 da EC 103/2019. De acordo com esse dispositivo:

a) **Acumulação de pensões por morte do mesmo regime de previdência** (art. 24, caput): **não pode acumular mais de uma pensão por morte no mesmo regime de previdência social, salvo** as do mesmo instituidor que sejam decorrentes do exercício de **cargos acumuláveis** na forma do art. 37, XV, da Constituição Federal. Assim, por exemplo, a viúva de um servidor que ocupava dois cargos públicos de professor em universidades federais poderá acumular o recebimento de duas pensões por morte porque os cargos são acumuláveis na atividade;

b) **Acumulação de pensões por morte de diferentes regimes de previdência** (art. 24, §1º, I): **admite-se a acumulação de pensão por morte** deixada por cônjuge ou companheiro **de um regime de previdência social com**

pensão por morte concedida por outro regime de previdência social **ou com pensões decorrentes das atividades militares** de que tratam os arts. 42 e 142 da Constituição Federal. Aqui, por exemplo seria o caso de viúvo acumular o recebimento de pensão do regime próprio federal, em razão de cargo público federal que era ocupado por sua esposa, com pensão do regime geral de previdência social, decorrente de atividade privada que ela também exercia. Outra situação exemplificativa, seria a hipótese de dentista militar que, além dessa atividade, também atuava em consultório particular porque, nessa situação, o cônjuge, por exemplo, poderia acumular o recebimento da pensão decorrente da atividade militar com pensão derivada do regime geral;

c) **Acumulação de pensão por morte de um regime de previdência com aposentadoria** (art. 24, §1º, II): permite-se a acumulação de pensão por morte deixada por cônjuge ou companheiro de um regime de previdência social com aposentadoria derivada do regime geral ou com proventos de aposentadoria decorrentes de regime próprio ou com proventos de inatividade de atividades militares. Uma das situações previstas seria o caso de viúvo acumular a pensão por morte decorrente do regime geral, em razão da atividade privada que sua esposa exercia, com os proventos de aposentadoria decorrente de regime próprio por conta de cargo público que ele exerceu.

d) **Acumulação de pensão decorrente de atividade militar com aposentadoria pelo regime geral ou regime próprio** (art. 24, §1º, III): de acordo com esse permissivo, admite-se o acúmulo de pensões decorrentes das atividades militares de que tratam os arts. 42 e 142 da Constituição Federal com aposentadoria concedida no âmbito do Regime Geral de Previdência Social ou de regime próprio de previdência social. Por exemplo, seria o caso de viúva de militar das Forças Armadas, que recebe a pensão decorrente dessa atividade que o marido exercia, acumular esse recebimento com a aposentadoria dela, pelo regime geral de previdência, decorrente de atividade privada que ela executava.

Em relação às hipóteses de acumulação descritas no §1º do art. 24 (itens "b", "c" e "d" anteriores), assegura-se a percepção do valor integral do benefício mais vantajoso e de uma parte de cada um dos demais benefícios, apurada cumulativamente de acordo com as seguintes faixas:

> *"I - 60% (sessenta por cento) do valor que exceder 1 (um) salário-mínimo, até o limite de 2 (dois) salários-mínimos;*
>
> *II - 40% (quarenta por cento) do valor que exceder 2 (dois) salários-mínimos, até o limite de 3 (três) salários-mínimos;*
>
> *III - 20% (vinte por cento) do valor que exceder 3 (três) salários-mínimos, até o limite de 4 (quatro) salários-mínimos; e*

IV - 10% (dez por cento) do valor que exceder 4 (quatro) salários--mínimos".

Essas restrições, no entanto, não serão aplicadas se o direito aos benefícios houver sido adquirido antes da data de entrada em vigor da EC 103/2019.

2.6.3. *Contribuição dos inativos*

Para o custeio do regime próprio de previdência social, nos termos do art. 149, §1º, da Constituição Federal, na redação dada pela EC 41/2003, os "Estados, o Distrito Federal e os Municípios instituirão contribuição, cobrada de seus servidores, para o custeio, em benefício destes, do regime previdenciário de que trata o art. 40, cuja alíquota não será inferior à da contribuição dos servidores titulares de cargos efetivos da União".

Regulamentando a EC 41/2003, há a Lei nº 10.887/2004 que, em seu art. 4º, fixava a alíquota de 11% para a contribuição previdenciária dos servidores federais ao regime próprio de previdência.

Todavia, a EC 103/2019 implementou mudanças sobre o tema e, em conformidade com a nova redação do § 1º do art. 149 da Constituição Federal, a "União, os Estados, o Distrito Federal e os Municípios instituirão, por meio de lei, contribuições para custeio de regime próprio de previdência social, cobradas dos servidores ativos, dos aposentados e dos pensionistas, que poderão ter alíquotas progressivas de acordo com o valor da base de contribuição ou dos proventos de aposentadoria e de pensões".

Com essa modificação, passou a ser permitida a fixação, por lei, de contribuição previdenciária com alíquotas progressivas.

Aqui é necessário cindir a abordagem dessa alteração em relação à União e aos demais entes federados porque a **vigência** da nova redação do §1º do art. 149, nos termos do art. 36, II, da EC 103/2019, quanto aos regimes próprios de previdência social dos **Estados, do Distrito Federal e dos Municípios, somente terá início na data de publicação de lei de iniciativa privativa do respectivo Poder Executivo** que referende, integralmente, o novo dispositivo constitucional. Assim, para a União, o mencionado dispositivo já está vigente e para Estados, Distrito Federal e Municípios fica condicionada a existência da lei apontada.

Como indicado anteriormente, a alíquota vigente para a contribuição previdenciária dos servidores públicos federais, até o início da vigência da EC 103/2019, era de 11% e está fixada na Lei 10.887/2004. Faz-se necessária nova lei para modificar essa alíquota, mas, até que isso ocorra, o art. 11 da EC 103/2019 determina que seja fixado o percentual de 14% e, ainda, em consonância com a progressividade agora prevista no §1º do art. 149, estabelece que essa alíquota será reduzida ou majorada considerando-se o valor da base de contribuição ou do benefício recebido, de acordo com os seguintes parâmetros:

Valor[62]	Alíquota
até 1.412,00	7,5%
de 1.412,01 até 2.666,68	9%
de 2.666,69 até 4.000,03	12%
de 4.000,04 até 7.786,02	14%
de 7.786,03 até 13.333,48	14,5%
de 13.333,49 até 26.666,94	16,5%
de 26.666,95 até 52.000,54	19%
acima de 52.000,54	22%

Portanto, antes dessa mudança, a alíquota era fixa em relação à contribuição previdenciária dos servidores públicos federais, não importando o valor que era a remuneração do servidor. Agora, a alíquota padrão é 14%, mas ela sofrerá redução até o mínimo de 7,5% e incremento até o máximo de 22%, conforme apontado na tabela.

No entanto, essa modificação não tem vigência automática em relação à contribuição previdenciária dos servidores estaduais, distritais e municipais porque isso somente ocorrerá quando cada ente federado referendar, por meio de lei, o dispositivo constitucional.

A alíquota da contribuição previdenciária dos Estados, Distrito Federal e Municípios não pode ser inferior à dos servidores públicos federais, salvo se demonstrado que o respectivo regime próprio de previdência social não possui déficit atuarial a ser equacionado, hipótese em que a alíquota não poderá ser inferior às alíquotas aplicáveis ao Regime Geral de Previdência Social (art. 9º, §4º da EC nº 103/2019).

Ainda em relação à contribuição previdenciária, ela não existe somente para os servidores públicos da ativa, mas, também, aos aposentados e pensionistas. Nesse sentido, de acordo com o § 18 do art. 40, **os aposentados e os pensionistas também contribuem para o regime próprio de previdência e na mesma alíquota dos servidores da ativa, mas apenas sobre o valor** que supere o limite máximo estabelecido para os benefícios do regime geral de previdência social. Essa foi uma das medidas mais contestadas, quando de sua inserção pelo art. 4º da Emenda

62. Os valores previstos na tabela, nos termos do art. 11, §3 da EC nº 109/2019, "serão reajustados, a partir da data de entrada em vigor desta Emenda Constitucional, na mesma data e com o mesmo índice em que se der o reajuste dos benefícios do Regime Geral de Previdência Social, ressalvados aqueles vinculados ao salário-mínimo, aos quais se aplica a legislação específica". Assim, deve-se destacar que o teto do RGPS passou a ser de R$ 7.786,02, conforme Portaria Interministerial MPS/MF Nº 2, de 11/01/2024.

Constitucional nº 41/03, tendo, inclusive, sido proposta a Ação Direta de Inconstitucionalidade nº 3.105, na qual, porém, o Supremo Tribunal Federal julgou que não houve ofensa à Constituição.

Sobre isso, o § 21 do art. 40 da Constituição Federal, revogado pelo art. 35, I, a, da EC 103/2019, estabelecia que o valor a ser levado em conta como base de cálculo no caso de aposentado ou pensionista portador de doença incapacitante seria o valor que excedesse o dobro do limite aplicável aos benefícios do regime geral. No entanto, a revogação desse dispositivo somente entrará em vigor para os Estados, Distrito Federal e Municípios quando for publicada a lei do ente federado referendando a mudança (art. 36, II).

Todavia, deve ser ressaltado que esse dispositivo já se encontra revogado para a União e, nos termos do §4º do art. 11, será devida contribuição previdenciária pelos aposentados e pensionistas de qualquer dos Poderes da União, incluídas suas autarquias e fundações, no mesmo percentual de quem está na ativa, ou seja, aplicando-se a alíquota padrão de 14%, com as reduções ou aumentos progressivos, nos termos da nova redação do §1º do art. 149. Porém, deve haver atenção porque o aposentado ou pensionista irá contribuir, apenas, sobre o valor que exceder o limite máximo estabelecido para os benefícios do Regime Geral de Previdência Social e, também, porque a definição de qual alíquota será aplicada levará em conta a totalidade do valor do benefício.

Sobre essa temática, cumpre registrar que, consoante os §§ 1º-A, 1º-B e 1º-C, incluídos no art. 149 pela EC 103/2019, quando houver déficit atuarial, a contribuição dos aposentados e pensionistas poderá incidir sobre o valor que exceder o salário-mínimo. Portanto, importante compreender que, nessa situação excepcional, a referência não será o valor que exceder o limite do RGPS e, sim, o valor que exceder um salário-mínimo. Tal previsão, todavia, somente entrará em vigor quanto aos Estados, Distrito Federal e Municípios quando for publicada a lei que referenda o assunto. Ainda, destaca-se que, se essa medida não for suficiente para resolver o déficit atuarial, fica facultada a instituição, no âmbito da União, de contribuição extraordinária.

Como maneira de estimular a permanência do servidor que possui os requisitos para a aposentadoria, foi instituído, no § 19 do art. 40, por meio da EC 41/2003, o **abono de permanência** no valor da contribuição previdenciária do servidor até que ele alcance a idade para a aposentadoria compulsória. Inclusive, sobre o tema o STF, no ARE 954.408, fixou a seguinte tese de repercussão geral: "É legítimo o pagamento do abono de permanência previsto no art. 40, § 19, da CF ao servidor público que opte por permanecer em atividade, embora tenha preenchido os requisitos para a concessão da aposentadoria voluntária especial (CF, art. 40, § 4º)".

Mas, esse dispositivo não pode ser visto equivocadamente, já que **o servidor não deixa de contribuir**. Ele continua contribuindo com a alíquota incidente sobre o valor de sua remuneração, porém, **como incentivo, recebe um abono no mesmo valor**.

Com a nova reforma da previdência, instituída pela EC 103/2019, esse instituto foi mantido, mas sofreu alterações. Na redação atual do art. 40, §19, ele **poderá** ser concedido, **de acordo com os critérios** a serem estabelecidos em **lei de cada ente federativo** e seu **valor** será, **no máximo**, o valor de sua contribuição previdenciária.

Portanto, após a mudança, **a concessão do abono e, também, seu valor dependerão de como o tema será regulamentado no ente federado.** Na esfera federal, até que essa lei entre em vigor, tem direito ao abono de permanência, no valor de sua contribuição previdenciária, o servidor federal que (artigos 3º, §3º, 8º, e 10, §5º da EC 103/2019):

- já tinha completado os requisitos para a aposentadoria voluntária de acordo com a legislação vigente até o início da vigência da EC 103/2019;
- que cumprir as exigências para a aposentadoria voluntária previstas pela EC 103/2019.

2.6.4. *Valor dos proventos*

A regra em relação aos proventos, conforme a redação originária do texto constitucional, era que correspondiam à totalidade da remuneração que o servidor estava recebendo na ativa e, ainda, a eles seriam estendidos quaisquer benefícios ou vantagens que fossem concedidos aos servidores da ativa, ou seja, tinham as características da integralidade e da paridade.

Todavia, isso foi alterado no ano de 2003 e, para quem ingressou após o início da vigência da EC 41/2003, que se deu em 31/12/2003, o valor dos proventos passou a ser calculado por média aritmética das contribuições e foi extinta a paridade em relação aos servidores da ativa. Além disso, deve ser lembrado que já vigorava, desde 1998, por força da EC 20, a previsão no texto constitucional da possibilidade de instituição pelos entes federados de regime de previdência complementar e, em razão disso, a unidade da federação que instituir esse regime pode usar como teto para os proventos de seus servidores o limite máximo utilizado para os benefícios do regime geral. Entretanto, esse limite somente será aplicável ao servidor que ingressou no serviço público após a instituição desse regime de previdência complementar ou que optou, mesmo tendo ingressado antes, pela adesão a ele.

Portanto, em todo o país, deixou de existir a integralidade, entendida no sentido de o valor dos proventos ser equivalente ao valor da remuneração enquanto na ativa, e a paridade, compreendida como a extensão dos benefícios e vantagens concedidos aos servidores da ativa também aos aposentados, para todos que ingressaram no serviço público após 31/12/2003. Assim, os proventos já passaram a ser calculados por média e uma vez obtido o valor, ele será reajustado conforme a lei, desvinculando-se da remuneração dos servidores ativos. Apenas, excepcionalmente, ainda será possível a obtenção de proventos com integralidade e paridade para os servidores que ingressaram antes da promulgação da Emenda Constitucional nº 41/03, desde que preencham os requisitos estabelecidos nas regras de transição, as quais, todavia, não serão aqui abordadas por fugirem ao objetivo desta obra.

Assim, como visto, para quem ingressou no serviço público após 31/12/2003, o cálculo dos proventos será alcançado por média. Entretanto, o valor obtido não necessariamente seria o valor dos proventos, porque não poderia ser superior ao valor da remuneração do respectivo servidor, no cargo efetivo em que se deu a aposentadoria ou que serviu de referência para a concessão da pensão. Quer dizer, o valor obtido não poderia ser maior do que o valor pago para o servidor quando na ativa e, também, tal valor não poderia extrapolar o teto remuneratório aplicável aos agentes públicos.

Dessa forma, até então, existiam as seguintes possibilidades quanto ao valor dos proventos:

a) para os servidores que ingressaram no serviço público até 31/12/2003: equivalente à totalidade da remuneração enquanto na ativa e com direito à paridade com os servidores da ativa, desde que cumpridos os requisitos estabelecidos nas regras de transição;

b) para os servidores que ingressaram no serviço público após 31/12/2003: equivalente a 100% da média das remunerações que serviram de base de cálculo para a contribuição previdenciária, mas limitado à remuneração do respectivo servidor quando na ativa;

c) para os servidores que ingressaram no serviço público após a instituição de regime de previdência complementar no respectivo ente federado ou para aqueles que ingressaram antes e expressamente optaram pela adesão a ele: equivalente à média dos valores usados como base de cálculo da contribuição previdenciária, porém limitado ao valor máximo estabelecido para os benefícios do regime geral de previdência (mesmo que o servidor ganhe mais do que o limite estabelecido no RGPS, este será a maior base de cálculo para a contribuição previdenciária[63]).

Entretanto, outra mudança foi implementada pela nova reforma da previdência.

A principal alteração quanto aos proventos é que, atualmente, no regime próprio, nos termos da redação dada pela EC 103/2019 ao §3º do art. 40 da Constituição Federal, as regras para **cálculo de proventos** de aposentadoria **serão disciplinadas em lei do ente federativo.**

Por outro lado, independentemente da forma de cálculo a ser adotada pelo ente federado, os valores usados como base de cálculo, quando da concessão da aposentadoria, deverão ser atualizados, na forma da lei (art. 40, § 17 da CF 88).

Outro ponto importante trazido pela EC 103/2019 foi a alteração da redação do § 14 do art. 40 e a instituição do regime de previdência complementar - que tem como consequência a limitação do valor dos proventos ao limite utilizado no regime geral

63. Ver o item seguinte para maiores detalhes sobre o uso do limite do RGPS no cálculo dos proventos do RPPS.

de previdência – passou a ser obrigatória e, ainda, estabeleceu prazo para tanto, que é de 2 anos, no máximo, da data da entrada em vigor da mencionada emenda.

Portanto, observa-se que, independentemente da forma de cálculo dos proventos que os entes federados adotarão por meio da respectiva lei, **no futuro, não haverá provento com valor superior ao que é adotado para os benefícios do regime geral** porque isso, hoje, somente é possível aos servidores que ingressaram antes de 31/12/2003 e para os que ingressaram após essa data e o respectivo ente federado não instituiu regime de previdência complementar. Nesse caso, a instituição do regime de previdência complementar deverá ser feita no prazo de 2 anos da publicação da EC 103/2019.

Nesse sentido, o §2º do art. 40 da Constituição Federal, com a nova redação dada pela EC 103/2019, estabelece que o valor dos proventos de aposentadoria não poderá ser inferior ao salário-mínimo (art. 201, §2º) e nem superior "ao limite máximo estabelecido para o Regime Geral de Previdência Social, observado o disposto nos §§ 14 a 16".

No **âmbito federal**, nos termos do art. 26 da EC nº 103/2019, **até que lei discipline o cálculo dos benefícios** do RPPS da União e do RGPS, será utilizada a média aritmética simples dos salários de contribuição e das remunerações adotadas como base para contribuições a regime próprio de previdência social e ao Regime Geral de Previdência Social, ou como base para contribuições decorrentes das atividades militares de que tratam os arts. 42 e 142 da Constituição Federal, atualizados monetariamente, correspondentes a 100% (cem por cento) do período contributivo desde a competência julho de 1994 ou desde o início da contribuição, se posterior àquela competência.

O valor do benefício de aposentadoria corresponderá a 60% da média aritmética referente às contribuições do servidor federal, com acréscimo de 2 (dois) pontos percentuais para cada ano de contribuição que exceder o tempo de 20 anos de contribuição.

A média em questão será limitada ao valor máximo do salário de contribuição do RGPS para o servidor que ingressou no serviço público em cargo efetivo após a implantação do regime de previdência complementar ou que tenha exercido a opção correspondente, nos termos do art. 40, §§ 14 a 16 da CF/88.

Assim, essa é a regra geral para o cálculo dos proventos dos servidores públicos federais, mas, ainda, existem formas específicas de cálculo previstas para as regras de transição como, por exemplo, a possibilidade de quem ingressou no serviço público até 31/12/2003 de se aposentar com proventos equivalentes à totalidade da remuneração do cargo efetivo em que se der a aposentadoria (art. 4º, §6º, I, art. 20, §2º, I).

No caso dos servidores estaduais, distritais e municipais, a forma de cálculo dos proventos deverá ser estabelecida por lei do respectivo ente. Mas, até que isso ocorra, aplicam-se às aposentadorias dos servidores dos Estados, do Distrito Federal e dos Municípios as normas constitucionais e infraconstitucionais anteriores à data de entrada em vigor desta Emenda Constitucional, enquanto não promovidas alterações na legislação interna relacionada ao respectivo regime próprio de previdência social. Dessa forma, por exemplo, permanece válido o disposto na Lei nº 10.887/04, no art. 1º, caput, ao regulamentar a realização do cálculo para a obtenção da média, que estabeleceu que será considerada a média aritmética simples das maiores remunerações, correspondentes a 80% de todo o período contributivo desde julho de 1994 ou desde o início da contribuição, se posterior[64].

64. Nos termos do § 4º, do art. 1º, a Lei nº 10.887/04 determina, também, que as remunerações consideradas no cálculo da média não podem ser inferiores a um salário mínimo nem superiores ao limite do salário de contribuição. O art. 4º, ainda, prevê que:§ 1º Entende-se como base de contribuição o vencimento do cargo efetivo, acrescido das vantagens pecuniárias permanentes estabelecidas em lei, os adicionais de caráter individual ou quaisquer outras vantagens, excluídas: I – as diárias para viagens; II – a ajuda de custo em razão de mudança de sede; III – a indenização de transporte; IV – o salário-família; V – o auxílio-alimentação; VI – o auxílio-creche; VII – as parcelas remuneratórias pagas em decorrência de local de trabalho; VIII – a parcela percebida em decorrência do exercício de cargo em comissão ou de função comissionada ou gratificada (Redação dada pela Lei nº 12.688, de 2012); IX – o abono de permanência de que tratam o § 19 do art. 40 da Constituição Federal, o § 5º do art. 2º e o § 1º do art. 3º da Emenda Constitucional nº 41, de 19 de dezembro de 2003 (Redação dada pela Lei nº 12.688, de 2012); X – o adicional de férias (Incluído pela Lei nº 12.688, de 2012); XI – o adicional noturno (Incluído pela Lei nº 12.688, de 2012); XII – o adicional por serviço extraordinário (Incluído pela Lei nº 12.688, de 2012); XIII – a parcela paga a título de assistência à saúde suplementar (Incluído pela Lei nº 12.688, de 2012); XIV – a parcela paga a título de assistência pré-escolar (Incluído pela Lei nº 12.688, de 2012); XV – a parcela paga a servidor público indicado para integrar conselho ou órgão deliberativo, na condição de representante do governo, de órgão ou de entidade da administração pública do qual é servidor (Incluído pela Lei nº 12.688, de 2012); XVI – o auxílio-moradia (Incluído pela Lei nº 12.688, de 2012); XVII – a Gratificação por Encargo de Curso ou Concurso, de que trata o art. 76-A da Lei no 8.112, de 11 de dezembro de 1990; (Incluído pela Lei nº 12.688, de 2012); XVIII – a Gratificação Temporária das Unidades dos Sistemas Estruturadores da Administração Pública Federal (GSISTE), instituída pela Lei no 11.356, de 19 de outubro de 2006 (Incluído pela Lei nº 12.688, de 2012); XIX – a Gratificação Temporária do Sistema de Administração dos Recursos de Informação e Informática (GSISP), instituída pela Lei no 11.907, de 2 de fevereiro de 2009 (Redação dada pela Lei nº 13.328, de 2016); XX – a Gratificação Temporária de Atividade em Escola de Governo (GAEG), instituída pela Lei nº 11.907, de 2 de fevereiro de 2009 (Incluído pela Lei nº 13.328, de 2016); XXI – a Gratificação Específica de Produção de Radioisótopos e Radiofármacos (GEPR), instituída pela Lei nº 11.907, de 2 de fevereiro de 2009; (Incluído pela Lei nº 13.328, de 2016); XXII – a Gratificação de Raio X (Redação dada pela Lei nº 13.464, de 2017); XXIII – a parcela relativa ao Bônus de Eficiência e Produtividade na Atividade Tributária e Aduaneira, recebida pelos servidores da carreira Tributária e Aduaneira da Receita Federal do Brasil (Incluído pela Lei nº 13.464, de 2017); XXIV – a parcela relativa ao Bônus de Eficiência e Produtividade na Atividade de Auditoria-Fiscal do Trabalho, recebida pelos servidores da carreira de Auditoria-Fiscal do Trabalho. (Incluído pela Lei nº 13.464, de 2017); XXV – (Incluído Medida Provisória nº 805, de 2017) (Vigência encerrada); XXVI – o Bônus de Desempenho Institucional por Perícia Médica em Benefícios por Incapacidade (BPMBI); (Redação dada pela Medida Provisória nº 1.203, de 2023); XXVII – o Bônus de Desempenho Institucional por Análise de Benefícios com Indícios de Irregularidade do Monitoramento Operacional de Benefícios (BMOB); e (Redação dada pela Medida Provisória nº 1.203, de 2023); XXVIII – a Gratificação Temporária de Proteção e Defesa Civil. (Incluído pela Medida Provisória nº 1.203, de 2023); § 2º O servidor ocupante de cargo efetivo poderá optar pela inclusão na base de cálculo da contribuição, para efeito de cálculo do benefício a ser concedido com fundamento no art. 40 da Constituição e no art. 2º da Emenda Constitucional nº 41, de 2003, respeitada a limitação estabelecida no § 2º do art. 40 da Constituição, e no art. 26 da Emenda Constitucional nº 103, de 12 de novembro de 2019, das seguintes parcelas: (Redação dada pela Medida Provisória nº 1.203, de 2023); I – das percebidas em decorrência de local de trabalho e do exercício de cargo em comissão ou de função comissionada ou gratificada; (Incluído

2.6.5. *Limite do regime geral de previdência no regime próprio*

Com a promulgação da EC 20/1998, houve a inclusão dos §§ 14 a 16 no art. 40 da Constituição Federal, prevendo a instituição de regime de previdência complementar pelos entes federados e, em consequência, a fixação do valor máximo dos benefícios do regime geral de previdência como limite ao valor dos proventos de seus servidores.

Aqui é preciso enfatizar que a possibilidade de limitação do valor dos proventos já está assegurada na Constituição Federal, mas **para ser colocada em prática,** depende de cada ente federativo, pois o legislador constituinte derivado determinou que a União, os Estados, o Distrito Federal e os Municípios instituirão, por lei de iniciativa do respectivo Poder Executivo, regime de previdência complementar para servidores públicos ocupantes de cargo efetivo, observado o limite máximo dos benefícios do Regime Geral de Previdência Social para o valor das aposentadorias e das pensões em regime próprio de previdência social, ressalvado o disposto no § 16.

Como a utilização desse limite dependerá da instituição do regime de previdência pública complementar, **somente será obrigatório para o servidor que ingressar no serviço público após a data de publicação do ato instituidor desse regime. Para os que ingressaram antes, é opcional (art. 40, § 16).** Dessa maneira, uma vez criado o regime complementar, quem ingressar depois disso não poderá ter proventos maiores do que aqueles pagos no regime geral.

Cabe, ainda, apontar que, por força da EC 103/2019, houve a inserção do §15 ao art. 37 e, com isso, passou a ser "vedada a complementação de aposentadorias de servidores públicos e de pensões por morte a seus dependentes que não seja decorrente do disposto nos §§ 14 a 16 do art. 40 ou que não seja prevista em lei que extinga regime próprio de previdência social."

2.6.6. *Aposentadoria*

No regime próprio, a **aposentadoria pode ser por incapacidade permanente, compulsória e voluntária (art. 40, §1º, incisos I a III).** Com a EC nº 103/2019, não mais se fala em aposentadoria voluntária proporcional.

A **aposentadoria por incapacidade** somente se dará se for **permanente, quando insuscetível de readaptação,** hipótese em que será obrigatória a realização de avaliações periódicas para verificação da continuidade das condições que ensejaram a concessão da aposentadoria, **na forma de lei do respectivo ente federativo.**

---

pela Medida Provisória nº 1.203, de 2023); II - GSISTE; (Incluído pela Medida Provisória nº 1.203, de 2023); III - da GSISP; (Incluído pela Medida Provisória nº 1.203, de 2023); IV - da GAEG; (Incluído pela Medida Provisória nº 1.203, de 2023); V - da GEPR; (Incluído pela Medida Provisória nº 1.203, de 2023); VI - da Gratificação de Raio X; (Incluído pela Medida Provisória nº 1.203, de 2023); VII - daquelas recebidas a título de adicional noturno ou de adicional por serviço extraordinário; e (Incluído pela Medida Provisória nº 1.203, de 2023); VIII - da Gratificação Temporária de Proteção e Defesa Civil. (Incluído pela Medida Provisória nº 1.203, de 2023). No mesmo sentido da lei, há a **Súmula Vinculante nº 55**: "O direito ao auxílio-alimentação não se estende aos servidores inativos".

Dessa forma, lei do ente federativo disporá acerca do tema, inclusive sobre a forma de cálculo dos proventos.

Essa modalidade de aposentadoria somente pode ocorrer se não for possível a readaptação, que, agora, tem previsão constitucional. Nesse sentido, estabelece o art. §13, incluído pela EC 103/2019, que o "servidor público titular de cargo efetivo poderá ser readaptado para exercício de cargo cujas atribuições e responsabilidades sejam compatíveis com a limitação que tenha sofrido em sua capacidade física ou mental, enquanto permanecer nesta condição, desde que possua a habilitação e o nível de escolaridade exigidos para o cargo de destino, mantida a remuneração do cargo de origem".

No caso dos servidores federais, até que a lei seja feita, a forma de cálculo dos proventos segue a regra geral aplicável à aposentadoria voluntária (60% da média aritmética, com acréscimo de 2% para cada ano de contribuição que exceder o tempo de 20 anos de contribuição), exceto quando a incapacidade for decorrente de acidente de trabalho, doença profissional e doença do trabalho, situações em que o valor do provento corresponderá a 100% da média aritmética.

Em relação aos demais entes da federação, aplicam-se "às aposentadorias dos servidores dos Estados, do Distrito Federal e dos Municípios as normas constitucionais e infraconstitucionais anteriores à data de entrada em vigor desta Emenda Constitucional, enquanto não promovidas alterações na legislação interna relacionada ao respectivo regime próprio de previdência social" (art. 10, §7º, EC 103/2019).

Ainda sobre a aposentadoria por incapacidade permanente, importante registrar que a EC 70/2012 incluiu o art. 6º-A à EC 41/2003 para dispor que ao servidor que ingressou no serviço público até a data de publicação da EC 41/03 (31/12/2003) e "que tenha se aposentado ou venha a se aposentar por invalidez permanente, com fundamento no inciso I do § 1º do art. 40 da Constituição Federal, tem direito a proventos de aposentadoria calculados com base na remuneração do cargo efetivo em que se der a aposentadoria, na forma da lei, não sendo aplicáveis as disposições constantes dos §§ 3º, 8º e 17 do art. 40 da Constituição Federal". Entretanto, esse dispositivo foi revogado pelo art. 35, III, da EC 103/2019, com vigência imediata para a União e, por outro lado, o dispositivo revocatório somente entrará em vigor para os Estados, Distrito Federal e Municípios na data de publicação de lei de iniciativa privativa do respectivo Poder Executivo que as referende integralmente (art. 36, II, EC 103/2019).

A **aposentadoria compulsória** é a inatividade obrigatória para o servidor, em razão da idade. Na redação original do art. 40, § 1º, II, da Constituição Federal, a idade que constava era 70 anos, mas a Emenda Constitucional nº 88/2015 alterou esse dispositivo para prever que a aposentadoria compulsória ocorrerá aos 70 ou 75 anos de idade, na forma de lei complementar. Em complemento, a mesma Emenda incluiu o art. 100 no ADCT para estabelecer que enquanto não entrasse em vigor a mencionada lei complementar, os Ministros do Supremo Tribunal Federal, dos Tribunais Superiores e do Tribunal de Contas da União seriam aposentados, compulsoriamente, aos 75 anos de idade. Todavia, houve a regulamentação do dispositivo pela Lei Complementar nº 152/2015[65], cujo art. 2º determina que serão aposentados compulsoriamente, com proventos proporcionais ao tempo de contribuição, aos 75 anos de idade: a) os servidores titulares de cargos efetivos da União, dos Estados, do Distrito Federal e dos Municípios, incluídas suas autarquias e fundações; b) os membros do Poder Judiciário; c) os membros do Ministério Público; d) os membros das Defensorias Públicas; e) os membros dos Tribunais e dos Conselhos de Contas. Os **proventos são proporcionais** ao tempo de contribuição.

Importante registrar que **aposentadoria compulsória** somente se aplica ao ocupante de cargo efetivo e, assim, conforme a jurisprudência do STF, **não se aplica aos notários e registradores** (ADI 2.602) e **nem aos ocupantes exclusivamente de cargo em comissão** (RE 786.540).

Deve-se destacar que a aposentadoria compulsória, com o advento da EC 103/2019, será aplicável aos empregados de consórcios públicos, das empresas públicas, das sociedades de economia mista e de suas subsidiárias, observado o tempo mínimo de contribuição, ao atingir a idade máxima de 70, ou 75 anos de idade, na forma de lei complementar (art. 201, §16 da CF/88).

Quanto à maneira de calcular a proporcionalidade dos proventos no caso de aposentadoria compulsória, cada ente federado deverá legislar a respeito e, na área federal, enquanto isso não ocorrer, aplica-se o art. 26, §4º, da EC 103/2019. Por sua vez, nos Estados, DF e Municípios, conforme previsão do § 7º do art. 10 EC 103/2019, aplicam-se "as normas constitucionais e infraconstitucionais anteriores à data de entrada em vigor desta Emenda Constitucional, enquanto não promovidas alterações na legislação interna relacionada ao respectivo regime próprio de previdência social".

No que se refere à **aposentadoria voluntária,** nos termos do art. 40, §1º, III, com redação dada pela EC 103/2019, **no caso da União**, exige-se a idade mínima de 62 anos, para a mulher, e de 65 anos, para o homem e o tempo de contribuição e demais requisitos devem ser fixados em lei complementar. E, **até que entre em vigor a lei complementar federal que discipline os benefícios do RPPS dos servidores da União (art. 10, §1º da EC nº 103/2019), a aposentadoria voluntária pode ser requerida quando cumpridos os seguintes requisitos:**

- **25 anos de contribuição**
- **10 anos de efetivo exercício no serviço público**
- **5 anos no cargo efetivo em que for concedida a aposentadoria**
- **62 anos de idade, se mulher**
- **65 anos de idade, se homem**

O valor inicial dos proventos será de 60% da média aritmética correspondente a 100% do período contributivo desde a competência de julho de 1994 ou desde o

65. A Lei Complementar 152/15 está sendo contestada no STF por meio da ADI 5430.

início da contribuição, se posterior àquela competência, com acréscimo de 2% a cada ano de contribuição que exceder o tempo de 20 anos de contribuição.

No caso dos servidores no âmbito estadual, distrital ou municipal, a idade mínima será estabelecida mediante emenda às respectivas Constituições e Leis Orgânicas, observados o tempo de contribuição e os demais requisitos estabelecidos em lei complementar do respectivo ente federativo (art. 40, §3º).

Todavia, enquanto não promovidas alterações na legislação interna relacionada ao respectivo regime próprio de previdência social, aplicam-se às aposentadorias dos servidores dos Estados, do Distrito Federal e dos Municípios as normas constitucionais e infraconstitucionais anteriores à data de entrada em vigor antes da EC nº 103/2019 e, assim, são requisitos:

a) **10** anos de efetivo exercício no serviço público; e

b) **5** anos no cargo; e

c) **60** anos de idade, se **homem** e **55** anos de idade, se **mulher**; e

d) **35** anos de contribuição, se **homem** e **30** anos de contribuição, se **mulher**.

Não pode pairar dúvida: os **requisitos são cumulativos**. Faltando um deles, não pode ser concedida a aposentadoria voluntária.

Como se vê, para que o servidor público se aposente pelo regime próprio de previdência, não é necessário que tenha trabalhado sempre na esfera pública (art. 40, § 3º). A exigência é que tenha 10 anos de serviço público. Assim, por exemplo, uma mulher que trabalhou na iniciativa privada por 15 anos e, depois, tomou posse no cargo de Analista Judiciária do Tribunal Regional Eleitoral, no qual trabalhou por 10 anos e saiu para assumir o cargo de Juíza Federal Substituta, tendo trabalhado por 5 anos, se tiver 55 anos de idade, poderá se aposentar. Todavia, nesse exemplo, nada impede que continue trabalhando para melhorar sua média para o cálculo dos proventos, mas tem direito ao abono de permanência e pode permanecer na ativa, no máximo, até os 75 anos, quando será aposentada compulsoriamente.

Há, ainda, outro tipo de inatividade voluntária, que é a **aposentadoria voluntária proporcional**. A diferença para a voluntária comum é que **não exige tempo mínimo de contribuição** e as idades requeridas são diferentes. São **requisitos**:

a) **10** anos de serviço público; e

b) **5** anos no cargo; e

c) **65** anos de idade, se **homem**; e

d) **60** anos de idade, se **mulher**.

Nesse caso, após a obtenção do valor dos proventos pelo cálculo da média, **será aplicado o redutor de maneira proporcional ao tempo de contribuição faltante**.

APOSENTADORIA PELO REGIME PRÓPRIO	
Por incapacidade permanente para o trabalho	• no cargo em que estiver investido, quando insuscetível de readaptação, hipótese em que será obrigatória a realização de avaliações periódicas para verificação da continuidade das condições que ensejaram a concessão da aposentadoria, na forma de lei do respectivo ente federativo (art. 40, §1º, I da CF/88). Valor do benefício: a) **servidor federal**: até que lei discipline o cálculo dos benefícios do regime próprio de previdência social da União, o valor corresponderá a 60% da média aritmética de 100% das contribuições, com acréscimo de 2% para cada ano de contribuição que exceder o tempo de 20 anos de contribuição; o valor do benefício será de **100% da média**, quando decorrer de **acidente de trabalho, de doença profissional e de doença do trabalho**
Compulsória	• proventos proporcionais • 70 ou 75 anos, nos termos de lei complementar. Lei Complementar nº 152/15: **75 anos** para I – os servidores titulares de cargos efetivos da União, dos Estados, do Distrito Federal e dos Municípios, incluídas suas autarquias e fundações; II – os membros do Poder Judiciário; III – os membros do Ministério Público; IV – os membros das Defensorias Públicas; V – os membros dos Tribunais e dos Conselhos de Contas.
Voluntária	• **União**: a) 62 anos, se mulher; b) 65 anos, se homem. Até que entre em vigor lei federal, os servidores federais serão aposentados após 25 anos de contribuição, desde que cumpridos: a) 10 anos de efetivo exercício no serviço público; b) 5 anos no cargo efetivo em que for concedida a aposentadoria. **Estados e Municípios**: – idade mínima estabelecida mediante emenda às respectivas Constituições e Leis Orgânicas, observados o tempo de contribuição e os demais requisitos estabelecidos em lei complementar do respectivo ente federativo. – enquanto não promovidas alterações na legislação interna relacionada ao respectivo regime próprio de previdência social, aplicam-se às aposentadorias dos servidores dos Estados, do Distrito Federal e dos Municípios as normas constitucionais e infraconstitucionais anteriores à data de entrada em vigor antes da EC nº 103/2019. – Antes da EC nº 103/2019, CF 88 estabelecia:

<table>
<tr><th colspan="2">APOSENTADORIA PELO REGIME PRÓPRIO</th></tr>
<tr><td>Voluntária</td><td>Voluntária Integral:
Homem
10 anos de serviço público, e
5 anos no cargo, e
35 anos de contribuição, e
60 anos de idade
Mulher
10 anos de serviço público, e
5 anos no cargo, e
30 anos de contribuição, e
55 anos de idade

Voluntária proporcional:
Homem
10 anos de serviço público, e
5 anos no cargo, e
65 anos de idade
Mulher
10 anos de serviço público, e
5 anos no cargo, e
60 anos de idade</td></tr>
<tr><td>Aposentadoria especial</td><td>• Regra: vedada a adoção de requisitos ou critérios diferenciados para concessão de benefícios em RPPS.
• Exceção: art. 40, §§4º-A, 4º-B, 4º-C e 5º da CF/88:
a) servidores com deficiência, previamente submetidos à avaliação biopsicossocial realizada por equipe multiprofissional e interdisciplinar; a eles, poderão ser estabelecidos, por lei complementar do respectivo ente federativo, idade e tempo de contribuição diferenciados. Servidores federais: desde que cumpridos, no caso do servidor, o tempo mínimo de 10 (dez) anos de efetivo exercício no serviço público e de 5 (cinco) anos no cargo efetivo em que for concedida a aposentadoria, será concedida na forma da Lei Complementar nº 142, de 8 de maio de 2013, inclusive quanto aos critérios de cálculo dos benefícios (art. 22 da EC nº 103/2019).</td></tr>
</table>

APOSENTADORIA PELO REGIME PRÓPRIO	
Aposentadoria especial	b) ocupantes do cargo de agente penitenciário, de agente socioeducativo ou de policial dos órgãos de que tratam o inciso IV do caput do art. 51, o inciso XIII do caput do art. 52 e os incisos I a IV do caput do art. 144; a eles, poderão ser estabelecidos, por lei complementar do respectivo ente federativo, idade e tempo de contribuição diferenciados. **Servidores federais**: até que entre em vigor lei federal que discipline os benefícios do regime próprio de previdência social dos servidores da União, policiais civis do Distrito Federal, policiais da Câmara dos Deputados e do Senado Federal, policiais federais, policiais rodoviários federais, policiais ferroviários federais, agentes federais penitenciários ou socioeducativos aposentar-se-ão aos 55 (cinquenta e cinco) anos de idade, com 30 (trinta) anos de contribuição e 25 (vinte e cinco) anos de efetivo exercício em cargo dessas carreiras, para ambos os sexos (art. 10, §2º, I da EC nº 103/2019). c) servidores cujas atividades sejam exercidas com efetiva exposição a agentes químicos, físicos e biológicos prejudiciais à saúde, ou associação desses agentes, vedada a caracterização por categoria profissional ou ocupação; a eles, poderão ser estabelecidos, por lei complementar do respectivo ente federativo, idade e tempo de contribuição diferenciados. **Servidores federais**: até que entre em vigor lei federal que discipline os benefícios do regime próprio de previdência social dos servidores da União: aos 60 (sessenta) anos de idade, com 25 (vinte e cinco) anos de efetiva exposição e contribuição, 10 (dez) anos de efetivo exercício de serviço público e 5 (cinco) anos no cargo efetivo em que for concedida a aposentadoria (art. 10, §2º, II da EC nº 103/2019). **Servidores estaduais, distritais e municipais**: Aplicam-se às aposentadorias dos servidores dos Estados, do Distrito Federal e dos Municípios as normas constitucionais e infraconstitucionais anteriores à data de entrada em vigor da EC nº 103/2019, enquanto não promovidas alterações na legislação interna relacionada ao respectivo regime próprio de previdência social (art. 10, §7º e art. 22) d) **Professores**: terão as idades exigidas reduzidas em 5 anos, ou seja, 57 anos, se mulher e 60 anos, se homem, desde que comprovem tempo de efetivo exercício das funções de magistério na educação infantil e no ensino fundamental e médio fixado em lei complementar do respectivo ente federativo (art. 40, §5º da CF/88 – com redação dada pela EC nº 103/2019).

<table>
<tr><th colspan="2">APOSENTADORIA PELO REGIME PRÓPRIO</th></tr>
<tr><td>Aposentadoria especial</td><td>Servidores federais: até que entre em vigor lei federal que discipline os benefícios do regime próprio de previdência social dos servidores da União: aos 60 (sessenta) anos de idade, se homem, aos 57 (cinquenta e sete) anos, se mulher, com 25 (vinte e cinco) anos de contribuição exclusivamente em efetivo exercício das funções de magistério na educação infantil e no ensino fundamental e médio, 10 (dez) anos de efetivo exercício de serviço público e 5 (cinco) anos no cargo efetivo em que for concedida a aposentadoria, para ambos os sexos (art. 10, §2º, III da EC nº 103/2019).
Servidores estaduais, distritais e municipais: aplicam-se às aposentadorias dos servidores dos Estados, do Distrito Federal e dos Municípios as normas constitucionais e infraconstitucionais anteriores à data de entrada em vigor desta Emenda Constitucional, enquanto não promovidas alterações na legislação interna relacionada ao respectivo regime próprio de previdência social. Antes da EC nº 103/2019, a CF 88 estabelecia:
• requisitos estabelecidos na Constituição
• tempo exclusivo no magistério: infantil, fundamental e médio
Homem
10 anos de serviço público, e
5 anos no cargo, e
30 anos de contribuição, e
55 anos de idade
Mulher
10 anos de serviço público, e
5 anos no cargo, e
25 anos de contribuição, e
50 anos de idade</td></tr>
</table>

3. QUESTÕES

3.1. Questões objetivas comentadas

01. **(FCC – Analista Judiciário – Área Administrativa – TRT 17/2022)** De acordo com a jurisprudência dos Tribunais Superiores acerca do direito de greve do servidor público,

(A) a justiça trabalhista é competente para julgar a abusividade de greve de servidores públicos celetistas da Administração pública direta, autarquias e fundações públicas.

(B) é vedado o parcelamento dos valores referentes aos dias parados e não compensados da remuneração do servidor grevista.

(C) o exercício do direito de greve é permitido aos policiais civis e a aos servidores públicos que atuem diretamente na área de segurança pública, desde que não tenha cunho político.

(D) o desconto dos dias parados da remuneração do servidor grevista será cabível ainda que se demonstre que a greve foi provocada por conduta ilícita do Poder Público.

(E) em regra, a Administração Pública deve proceder ao desconto dos dias de paralisação decorrentes do exercício do direito de greve pelos servidores públicos, em virtude da suspensão do vínculo funcional que dela decorre.

COMENTÁRIO

Alternativa correta: letra "e". O STF fixou as seguintes teses de repercussão geral: a) RE 693.456: "A administração pública deve proceder ao desconto dos dias de paralisação decorrentes do exercício do direito de greve pelos servidores públicos, em virtude da suspensão do vínculo funcional que dela decorre, permitida a compensação em caso de acordo. O desconto será, contudo, incabível se ficar demonstrado que a greve foi provocada por conduta ilícita do Poder Público"; b) ARE 654432: "(1) o exercício do direito de greve, sob qualquer forma ou modalidade, é vedado aos policiais civis e a todos os servidores públicos que atuem diretamente na área de segurança pública. (...)"; c) RE 846854: "A justiça comum, federal ou estadual, é competente para julgar a abusividade de greve de servidores públicos celetistas da Administração pública direta, autarquias e fundações públicas.

02. **(Cespe – Analista Judiciário – Direito – TJ – PA/2020)** A administração indireta inclui as sociedades de economia mista, cujos agentes são

A) empregados públicos regidos pela CLT e sujeitos às normas constitucionais relativas a concurso público e à vedação de acumulação remunerada de cargos públicos.

B) empregados públicos regidos pela CLT que não se submetem às normas constitucionais relativas a concurso público nem à vedação de acumulação remunerada de cargos públicos.

C) empregados públicos regidos pela CLT e sujeitos às normas constitucionais relativas a concurso público, mas não à vedação de acumulação remunerada de cargos públicos.

D) servidores públicos estatutários sujeitos às normas constitucionais relativas a concurso público e à vedação de acumulação remunerada de cargos públicos.

E) servidores públicos estatutários sujeitos às normas constitucionais relativas a concurso público, mas não à vedação de acumulação remunerada de cargos públicos.

COMENTÁRIO

Alternativa correta: letra "a" (responde as demais alternativas). Os agentes das sociedades de economia mista são **empregados públicos** e, neste sentido, regidos pela **Consolidação das Leis Trabalhistas.** Todavia, a eles não se aplica integralmente o regime jurídico privado estando estes sujeitos, por exemplo, às normas constitucionais relativas a concurso público, à vedação de acumulação remunerada de cargos públicos e, eventualmente, ao teto remuneratório. Trata-se do chamado **regime híbrido**, aplicável às pessoas jurídicas de Direito Privado que integram a Administração Pública, pelo qual há uma mistura das normas de direito público com as normas de direito privado, válidas, por exemplo, às empresas estatais (sociedades de economia mista e empresas públicas). Dentre estas, destacam-se a **necessidade de realização de concurso público para contratação de pessoal** e, ainda, à **sujeição às normas referentes ao procedimento licitatório**.

03. **(FCC – Analista Judiciário – Área Administrativa – TRT 6/2018)** Cargos e empregos públicos recebem da Constituição Federal de 1998 o tratamento de unidades autônomas de atribuições, para o desempenho das quais

(A) é exigida a aprovação em concurso público de provas ou de provas e títulos, regra de caráter absoluto, não sujeita a exceções.

(B) é exigida a aprovação em concurso público de provas ou de provas e títulos, ressalvadas as nomeações para cargo em comissão declarado em lei de livre nomeação e exoneração e as contratações por tempo determinado, previstas em lei, para atender à necessidade temporária de excepcional interesse público.

(C) é exigida a aprovação em concurso público de provas ou de provas e títulos, inclusive para as contratações por tempo determinado e para as nomeações para cargo em comissão.

(D) não é exigida a aprovação em concurso público de provas ou de provas e títulos, mas em processo seletivo simplificado, em razão da constitucionalização dos princípios da razoabilidade e eficiência na gestão da coisa pública.

(E) é exigida a aprovação em concurso público de provas ou de provas e títulos para a primeira investidura, não o sendo para as demais, em que o acesso se dá por concurso interno.

COMENTÁRIO

Alternativa correta: letra "b" (responde as demais alternativas). A forma de acesso ao cargo público dependerá da espécie de cargo de que se trata. Na forma do art. 37, II, da Constituição Federal, a regra é que a investidura em cargo ou emprego público depende de aprovação prévia em concurso público, ressalvadas as nomeações para cargo em comissão, declarado em lei de livre nomeação e exoneração. O concurso pode ser de provas, ou de provas e títulos, e nunca somente de títulos, a depender da natureza e complexidade do cargo ou emprego. A contratação temporária, por sua vez, está prevista no art. 37, IX, da Constituição Federal, o qual determina que "a lei estabelecerá os casos de contratação por tempo determinado para atender à necessidade temporária de excepcional interesse público". Assim, cabe à lei de cada ente federativo regulamentar a contratação temporária e, na esfera federal, essa lei é a Lei nº 8.745/93. Não há a realização de concurso público, devendo haver, apenas, processo seletivo; quer dizer, deve existir alguma forma de seleção dos candidatos interessados como a análise de currículo ou entrevista.

04. **(FCC – Técnico Judiciário – Área Administrativa – TRT 6/2018)** Aprovado em concurso público para provimento de cargo junto à Autarquia federal W, João não chegou a ser investido, pois não apresentou o diploma universitário exigido, nos termos da Lei e do edital, para comprovar, no momento da posse, o nível de escolaridade mínimo necessário para o exercício do referido cargo. Inconformado, recorreu ao judiciário. A ação deve ser julgada

(A) procedente, pois a aprovação em concurso público gera direito adquirido à nomeação e dispensa a comprovação de outros requisitos para investidura.

(B) procedente, pois a comprovação do nível de escolaridade exigido para o cargo deve ser feita no momento da inscrição no concurso, sob pena de preclusão consumativa.

(C) improcedente, pois João não preencheu requisito básico para investidura no cargo, a despeito de sua aprovação em concurso público.

(D) improcedente apenas se João tiver sido aprovado fora do número de vagas disponibilizadas no edital, hipótese em que não há direto subjetivo à nomeação.

(E) improcedente, pois João não tem habilitação legal para o exercício do cargo para o qual foi aprovado em concurso público, mas a Administração poderá nomeá-lo para exercer cargo diverso, com requisito menor de escolaridade, em razão do princípio da eficiência.

COMENTÁRIO

Alternativa correta letra "c" (responde as demais alternativas). Ato de se prover o cargo público é chamado de provimento. Por meio dele, o cargo deixa de ser vago e passa a ser provido. Ocorre tanto nos cargos efetivos quanto nos cargos em comissão e, assim, há o **provimento efetivo** (deve haver prévia aprovação em concurso público) e o **provimento em comissão** (livre nomeação e exoneração, vedado o nepotismo).

Em relação ao provimento, ainda, há o **provimento originário** e o **provimento derivado.** Naquele (originário), a investidura no cargo integrante de determinada carreira é feita pela primeira vez, de modo inaugural e, ao contrário, no provimento derivado, a investidura é decorrente, ou seja, só é possível ocorrer uma das formas de provimento derivado se o servidor já for ocupante de cargo. Só há provimento derivado se antes houve o provimento originário, a exemplo do que ocorre com a promoção, reintegração, aproveitamento, reversão.

Conforme a Súmula 266 do STJ, o "diploma ou habilitação legal para o exercício do cargo deve ser exigido na posse e não na inscrição para o concurso público". Desse modo, não reunindo o candidato os requisitos básicos para investidura no cargo, **ainda que aprovado em concurso público**, não tem direito à posse e, consequentemente, ao exercício do cargo público em questão.

05. (FGV – Analista Judiciário – Oficial de Just. Avaliador – TRT 12/2017) O serviço público está submetido ao regime jurídico de direito público, razão pela qual é regido por alguns princípios, dentre eles o da continuidade, que traduz a ideia da prestação ininterrupta da atividade administrativa e dos serviços prestados à coletividade.

Para harmonizar tal princípio da continuidade com o direito à greve, de acordo com o Supremo Tribunal Federal:

(A) os servidores públicos civis e militares não têm direito de greve nem de sindicalização, para evitar prejuízos aos particulares que dependem das atividades e serviços públicos prestados pelo poder públicos ou seus delegados;

(B) o direito de greve do servidor público civil está previsto na Constituição da República em norma de eficácia limitada e, até que seja editada lei específica regulamentando a matéria, aplica-se a lei geral de greve (Lei nº 7.783/89);

(C) os servidores públicos civis e militares não podem exercer o direito de greve enquanto não for editada lei complementar que regulamente a matéria, eis que o texto constitucional dispõe sobre a questão em norma de eficácia contida;

(D) a Administração Pública, em qualquer caso relacionado ao direito de greve de servidores públicos, não pode proceder ao desconto dos dias de paralisação para não esvaziar tal direito previsto na Constituição;

(E) os servidores públicos civis grevistas devem ter suas remunerações descontadas nos dias de paralisação, diante da ilicitude de toda atividade grevista, vedados os pagamentos posteriores decorrentes de acordos de compensação.

COMENTÁRIO

Nota do Autor: Recomenda-se a leitura dos Mandados de Injunção nºs 670, 708 e 712, pois são julgados paradigmáticos do STF a respeito do direito de greve do servidor público.

Alternativa correta: letra "b" (responde, também, a alternativa "c"). O **direito de greve** é um **direito fundamental garantido pela Constituição Federal.** Em relação aos servidores públicos civis, o direito de greve está assegurado no art. 37, VII, da Constituição Federal, ao estabelecer que "o direito de greve será exercido nos termos e nos limites definidos em lei específica". Trata-se, dessa forma, de norma de eficácia limitada, sendo necessária lei ordinária regulamentadora para que possa ser concretizado. Entretanto, a mencionada lei ainda não surgiu e, na posição atualmente adotada pela Suprema Corte, **o direito de greve dos servidores depende de lei para ser exercido, mas, considerando a mora do legislador em fazê-lo, até que a lei venha**

a existir, fica autorizado o exercício do direito de greve pelos servidores públicos, usando, para tanto, a lei da iniciativa privada, no que couber.

Alternativa "a". Além do direito de greve, "é garantido ao servidor público civil o direito à livre associação sindical" (art. 37, VI, CF).

Alternativa "d" (responde, também, a alternativa "e"). Quanto ao desconto da remuneração no caso do exercício do direito de greve, o STF, no RE 693.456, fixou a seguinte tese de repercussão geral: "A administração pública deve proceder ao desconto dos dias de paralisação decorrentes do exercício do direito de greve pelos servidores públicos, em virtude da suspensão do vínculo funcional que dela decorre, permitida a compensação em caso de acordo. O desconto será, contudo, incabível se ficar demonstrado que a greve foi provocada por conduta ilícita do Poder Público".

06. **(Cespe – Analista Judiciário – Área Administrativa – TRF 1/2017)** Servidor público estável poderá perder o seu cargo em virtude de sentença judicial transitada em julgado ou de processo administrativo disciplinar no qual lhe seja assegurada ampla defesa.

COMENTÁRIO

"Certo". Ao adquirir a estabilidade, o servidor somente perderá o cargo: a) em virtude de sentença judicial transitada em julgado; b) mediante processo administrativo, assegurada a ampla defesa; c) mediante procedimento de avaliação de desempenho, nos termos de lei complementar, assegurada a ampla defesa. Além dessas hipóteses, é necessário salientar que, no texto constitucional, no art. 169, § 4º, há a possibilidade de o servidor estável perder o cargo em decorrência de excesso de despesa.

07. **(FGV – Analista Judiciário – Oficial de Just. Avaliador – TRT 12/2017)** O serviço público está submetido ao regime jurídico de direito público, razão pela qual é regido por alguns princípios, dentre eles o da continuidade, que traduz a ideia da prestação ininterrupta da atividade administrativa e dos serviços prestados à coletividade.

Para harmonizar tal princípio da continuidade com o direito à greve, de acordo com o Supremo Tribunal Federal:

A) os servidores públicos civis e militares não têm direito de greve nem de sindicalização, para evitar prejuízos aos particulares que dependem das atividades e serviços públicos prestados pelo poder público ou seus delegados;
B) o direito de greve do servidor público civil está previsto na Constituição da República em norma de eficácia limitada e, até que seja editada lei específica regulamentando a matéria, aplica-se a lei geral de greve (Lei nº 7.783/89);
C) os servidores públicos civis e militares não podem exercer o direito de greve enquanto não for editada lei complementar que regulamente a matéria, eis que o texto constitucional dispõe sobre a questão em norma de eficácia contida;
D) a Administração Pública, em qualquer caso relacionado ao direito de greve de servidores públicos, não pode proceder ao desconto dos dias de paralisação para não esvaziar tal direito previsto na Constituição;
E) os servidores públicos civis grevistas devem ter suas remunerações descontadas nos dias de paralisação, diante da ilicitude de toda atividade grevista, vedados os pagamentos posteriores decorrentes de acordos de compensação.

COMENTÁRIOS

Alternativa correta: letra "b" (responde, também, a alternativa "c"). O **direito de greve** é um **direito fundamental garantido pela Constituição Federal**. Em relação aos servidores públicos civis, o direito de greve está assegurado no art. 37, VII, da Constituição Federal, ao estabelecer que "o direito de greve será exercido nos termos e nos limites definidos em lei específica". Trata-se, dessa forma, de norma de eficácia limitada, sendo necessária lei ordinária regulamentadora para que possa ser concretizado. Entretanto, a mencionada lei ainda não surgiu e, na posição atualmente adotada pela Suprema Corte, **o direito de greve dos servidores depende de lei para ser exercido, mas, considerando a mora**

do legislador em fazê-lo, até que a lei venha a existir, fica autorizado o exercício do direito de greve pelos servidores públicos, usando, para tanto, a lei da iniciativa privada, no que couber.

Alternativa "a". Além do direito de greve, "é garantido ao servidor público civil o direito à livre associação sindical" (art. 37, VI, CF).

Alternativa "d" (responde, também, a alternativa "e"). Quanto ao desconto da remuneração no caso do exercício do direito de greve, o STF, no RE 693.456, fixou a seguinte tese de repercussão geral: "A administração pública deve proceder ao desconto dos dias de paralisação decorrentes do exercício do direito de greve pelos servidores públicos, em virtude da suspensão do vínculo funcional que dela decorre, permitida a compensação em caso de acordo. O desconto será, contudo, incabível se ficar demonstrado que a greve foi provocada por conduta ilícita do Poder Público".

08. (Cespe – Técnico Judiciário – Área Administrativa – TRF 1/2017) Para que pessoas físicas que colaboram com o poder público sejam consideradas agentes públicos é necessário que elas, obrigatoriamente, tenham vínculo empregatício com a administração pública e sejam por esta remuneradas, como ocorre, por exemplo, com os leiloeiros, tradutores e intérpretes públicos.

COMENTÁRIOS

"Errado". O enunciado não está alinhado com a clássica definição de agentes públicos, os quais são "todas as pessoas físicas incumbidas, definitiva ou transitoriamente, do exercício de alguma função estatal". Assim, a expressão é ampla e há espécies de agentes públicos. De maneira específica, os serviços notariais e de registro são exercidos, de forma privada, por pessoas físicas, em razão de delegação do Poder Público, devendo o ingresso se dar por concurso público de provas e títulos, nos termos do art. 236 da Constituição Federal. Não são servidores públicos, mas são agentes públicos delegados (ou particulares em colaboração por delegação) e não ocupam cargo público e somente exercem atividade pública por delegação, não se submetendo à determinação da aposentadoria compulsória (STF, ADI 2.602).

09. (Cespe – Analista Judiciário – Área Judiciária – TRE – PI/2016) A cidade de Parintins, no Amazonas, detém a maior proporção do Brasil de funcionários públicos em relação ao total de trabalhadores formais — lá são 3.971 servidores públicos, que correspondem a 62,71% desse total, considerados apenas os estatutários.

Internet: ‹http://exame.abril.com.br› (com adaptações).

Tendo o texto acima como referência inicial e supondo que a notícia apresentada tenha sido confirmada por diversos organismos renomados pelo elevado grau assertivo em suas pesquisas e que a realidade apresentada permaneça até o presente, assinale a opção correta acerca de aspectos diversos do direito administrativo.

a) As contratações de agentes públicos para o exercício de cargo efetivo e permanente no referido município devem ocorrer mediante concurso, cuja validade inicial pode ser de até dois anos, prorrogável, uma vez, por igual período.

b) A existência do elevado número de servidores públicos é suficiente para concluir que o chefe do Poder Executivo municipal, por utilizar a técnica administrativa da concentração, agiu contrariamente ao princípio da eficiência, estando, pois, sujeito à ação de improbidade, cuja prescrição ocorre no prazo de cinco anos, a contar da abertura do respectivo processo administrativo disciplinar.

c) O mesário convocado para servir no dia das eleições é considerado servidor público estatutário.

d) A administração pública, em sentido objetivo, compreende as pessoas jurídicas de direito público e seus agentes.

e) Com base no entendimento do STF, é correto afirmar que o prefeito de Parintins pode nomear sobrinha para ocupar cargo de confiança em órgão da administração, uma vez que a vedação à nomeação de parentes alcança apenas aqueles em linha reta ou por afinidade.

COMENTÁRIO

Alternativa correta: letra "a". Na forma do art. 37, II, da Constituição Federal, a regra é que a investidura em cargo ou emprego público depende de aprovação prévia em concurso público, ressalvadas as nomeações para cargo em comissão, declarado em lei de livre nomeação e exoneração. O concurso pode ser de provas, ou de provas e títulos, e nunca somente de títulos, a depender da natureza e complexidade do cargo ou emprego. O prazo de validade do concurso é de **até dois anos, prorrogável por igual período**, na forma do art. 37, III, da CF.

Alternativa "b". A mera existência de um grande número de servidores públicos não pode, por si só, ser considerada como conduta violadora do princípio da eficiência, permitindo a responsabilização por ato de improbidade. Também, a grande quantidade de servidores ocupantes de cargos efetivos não significa que houve a concentração, pois é possível que os servidores estejam lotados em diversos órgãos distintos, cuja criação é fruto da desconcentração.

Alternativa "c". Os agentes honoríficos são pessoas convocadas a executar determinada função pública em razão de sua idoneidade como, por exemplo, o jurado e o mesário. Todavia, não são servidores públicos. São considerados agentes públicos porque executam uma função pública, mas somente enquanto o fizerem.

Alternativa "d". A Administração Pública em sentido objetivo representa a atividade administrativa que é desempenhada. Em sentido subjetivo, por sua vez, significa o conjunto de órgãos públicos, de pessoas jurídicas (de direito público e de direito privado) e de agentes públicos.

Alternativa "e". Para provimento em cargo em comissão, não é necessário concurso. A autoridade nomeante escolherá alguém de sua confiança e fará a nomeação. No entanto, **existe certa limitação na escolha, pois existe vedação ao nepotismo, conforme a súmula vinculante nº 13,** pela qual está proibida a nomeação para cargo em comissão do cônjuge ou companheiro e dos parentes, em linha reta, colateral e por afinidade, até o 3º grau, inclusive, da autoridade nomeante ou de servidor que já é ocupante de cargo em comissão na mesma pessoa jurídica.

3.2. Questões objetivas de concurso

01. (FCC – Analista Judiciário – Área Administrativa – TRT 17/2022) De acordo com o que estabelece a Constituição Federal, bem como do entendimento dos Tribunais Superiores acerca dos servidores públicos,

(A) aos estados da federação é vedado o estabelecimento, por qualquer meio, de diferenças de idade e tempo de contribuição para aposentadoria de servidores cujas atividades sejam exercidas com efetiva exposição a agentes químicos, físicos e biológicos prejudiciais à saúde, ou associação desses agentes.

(B) os pagamentos indevidos aos servidores públicos decorrentes de erro administrativo (operacional ou de cálculo), não embasado em interpretação errônea ou equivocada da lei pela Administração, estão sempre sujeitos à devolução

(C) mesmo nas hipóteses de cargos acumuláveis previstos na Constituição Federal, aos servidores que forem titulares de cargos efetivos é vedada a percepção simultânea de proventos de aposentadoria com a remuneração de cargo, emprego ou função pública.

(D) lei da União, dos Estados, do Distrito Federal e dos Municípios disciplinará a aplicação de recursos orçamentários provenientes da economia com despesas correntes em cada órgão, autarquia e fundação, para aplicação no desenvolvimento de programas de qualidade e produtividade, treinamento e desenvolvimento, modernização, reaparelhamento e racionalização do serviço público, inclusive sob a forma de adicional ou prêmio de produtividade.

(E) a proibição de acumulação remunerada de cargos públicos não se estende aos empregos e funções em autarquias, fundações, empresas públicas, sociedades de economia mista e suas subsidiárias.

02. (FCC – Analista Judiciário – Área Administrativa – TRT 17/2022) De acordo com o que estabelece a Constituição Federal, ao servidor público da administração direta, autárquica e fundacional, no exercício de mandato eletivo,

(A) em qualquer caso que exija o afastamento para o exercício de mandato eletivo, não haverá contagem de seu tempo de serviço para qualquer efeito legal.

(B) investido no mandato de Prefeito, havendo compatibilidade de horários, não será afastado do cargo, emprego ou função e continuará percebendo as suas vantagens, sem prejuízo da remuneração do cargo eletivo.

(C) investido no mandato de Vereador, será afastado do cargo, emprego ou função, haja ou não compatibilidade de horários, sendo-lhe vedada sua remuneração.

(D) tratando-se de mandato eletivo federal, estadual ou distrital, ficará afastado de seu cargo, emprego ou função.

(E) na hipótese de ser segurado de regime próprio de previdência social, haverá a sua desfiliação desse regime no ente federativo de origem.

03. **(FCC – Analista Judiciário – Área Administrativa – TRT 6/2018)** Integram o universo de agentes alcançados pelo teto remuneratório constitucional, previsto no artigo 37, XI, da Constituição Federal, os servidores públicos ocupantes de cargos,

(A) funções e empregos públicos na Administração direta, autárquica e fundacional, excluídos os membros de Poderes e os detentores de mandato eletivo, assim como os empregados de empresas públicas e sociedades de economia mista dependentes.

(B) funções e empregos públicos na Administração direta e na Administração indireta, excluídos os empregados de empresas públicas e sociedades de economia mista.

(C) funções e empregos públicos na Administração direta, excluídos, para essa finalidade, os servidores (sentido lato) da Administração indireta.

(D) funções e empregos públicos na Administração direta, autárquica e fundacional, os membros de quaisquer dos Poderes da União, dos Estados, do Distrito federal e dos Municípios, os detentores de mandato eletivo e os demais agentes políticos, assim como os empregados de empresas públicas e sociedades de economia mista e subsidiárias dependentes.

(E) na Administração direta e na Administração indireta, excluídos os detentores de funções e empregos públicos, da Administração direta ou indireta.

04. **(Cespe – Analista Judiciário – Área Administrativa – TRF 1/2017)** Em casos excepcionais, o reajuste da remuneração de servidores públicos poderá ser fixado por meio de decreto do presidente da República.

☐ Certo ☐ Errado

05. **(Cespe – Analista Judiciário – Área Administrativa – TRF 1/2017)** A administração pública poderá determinar o desconto na remuneração do servidor correspondente aos dias não trabalhados no caso de greve deflagrada em razão de atraso no pagamento de salários.

☐ Certo ☐ Errado

06. **(FCC – Técnico Judiciário – Área Administrativa – TRE – SP/2017)** O vínculo funcional a que se submetem os servidores públicos pode variar de acordo com a estruturação da Administração pública e a natureza jurídica do ente a que estão subordinados, por exemplo,

a) quando vinculados à Administração direta devem, obrigatoriamente, se submeter a prévio concurso de provas e títulos para provimento de cargos, empregos e funções públicas.

b) os empregados de empresas públicas ou de sociedades de economia mista que explorem atividades econômicas necessariamente devem seguir o mesmo regime de obrigações trabalhistas das empresas privadas.

c) os ocupantes de empregos públicos e funções públicas devem se submeter a prévio concurso público somente quando o vínculo funcional pretendido se der com entes integrantes da Administração indireta que tenham natureza jurídica de direito público.
d) os entes que integram a Administração indireta podem preencher cargos em comissão, de livre provimento, que prescindem de concurso público, para suprir as necessidades do quadro funcional até que seja possível o provimento dos respectivos empregos públicos.
e) os entes que integram a Administração indireta possuem natureza jurídica de direito privado e, como tal, seus servidores somente podem ocupar emprego público.

07. (Cespe – Técnico Judiciário – Área Administrativa – TRF 1/2017) Servidor público que, embora exerça atribuições semelhantes às de outro servidor, receba subsídio inferior poderá requerer a equiparação da remuneração.

☐ Certo ☐ Errado

08. (Cespe – Técnico Judiciário – Área Administrativa – TRT 8/2016) No que diz respeito aos agentes públicos, assinale a opção correta.

a) Permite-se que os gestores locais do Sistema Único de Saúde admitam agentes comunitários de saúde e agentes de combate às endemias por meio de contratação direta.
b) Não se permite o acesso de estrangeiros não naturalizados a cargos, empregos e funções públicas.
c) O prazo de validade de qualquer concurso público é de dois anos, prorrogável por igual período.
d) As funções de confiança somente podem ser exercidas pelos servidores ocupantes de cargo efetivo.
e) Como os cargos em comissão destinam-se à atribuição de confiança, não há previsão de percentual mínimo de preenchimento desses cargos por servidores efetivos.

Questão	Resposta	Fundamentação
1	D	Art. 39, §7º, da CF.
2	D	Art. 38 da CF.
3	D	CF, art. 37, XI.
4	E	CF, art. 37, X, e art. 84, VI, b.
5	E	Doutrina: item 2.4.1 RE 693.456.
6	B	Art. 173, §1º, II da CF.
7	E	Art. 37, inc. XIII, da CF.
8	D	Art. 37, V da CF.

3.3. Questões dissertativas/estudos de caso

(TRF 2 2017 – AJAJ CONSULPLAN) "O Presidente de determinada autarquia federal editou a Instrução Normativa XW-20, na qual foi instituída gratificação de produtividade, devida aos servidores públicos cuja frequência ao trabalho superasse o quantitativo mínimo de horas estabelecido em lei e que tivessem produtividade superior a 30% da média dos servidores do respectivo setor. Poucos meses após a edição da Instrução Normativa XW-20, o presidente da autarquia foi sucedido por outro, que resolveu revogar o referido ato normativo. Isidro, servidor da autarquia, preencheu os requisitos exigidos antes da revogação, mas somente requereu o pagamento da gratificação em momento posterior. O requerimento, no entanto, foi indeferido pelo atual presidente da autarquia."

À luz das informações fornecidas, analise todos os aspectos jurídicos relevantes e responda se Isidro tem direito subjetivo à gratificação requerida.

RESPOSTA SUGERIDA PELO AUTOR

A Constituição Federal dedicou vários dispositivos para delimitar a remuneração, em sentido amplo, dos agentes públicos e, também, dos servidores públicos.

A remuneração é o vencimento básico somado às gratificações permanentes, e deve ser fixada por lei específica de cada ente. Não pode ato administrativo fixar a remuneração. A Instrução Normativa XW-20, do Presidente da autarquia federal, violou frontalmente a Constituição Federal ao instituir gratificação de produtividade, uma vez que o artigo 37, X dispõe que a remuneração dos servidores públicos somente poderão ser fixados ou alterados por lei específica, e o artigo 61, §1, II, "a", ao Chefe do Poder Executivo, no caso, o Presidente da República, atribui privativamente à iniciativa de lei que disponha sobre o aumento da remuneração da Administração Direta e Indireta (autárquica).

Portanto, a Instrução Normativa XW-20 é inconstitucional, e dela não se originaram direitos e, embora Isidro tenha preenchido os requisitos antes da revogação do ato, não se aplica ao caso a garantia do direito adquirido (art. 5º, XXXVI, CF), não tendo ele direito subjetivo à gratificação requerida.

(IBFC – Analista Judiciário – Área Judiciária – TRE – AM/2013) Quais as disposições constitucionais aplicáveis ao servidor público que venha a ocupar mandato eletivo?

RESPOSTA SUGERIDA PELO AUTOR

A situação do servidor ocupante de cargo ou empregou ou função pública que é eleito para exercer mandato eletivo foi disciplinada no art. 38 da Constituição Federal e depende do mandato a ser exercido.

Em se tratando de mandato eletivo federal, estadual e distrital, o servidor eleito será afastado de seu cargo e não poderá escolher a remuneração, devendo receber o subsídio referente ao mandato eletivo.

Se eleito para mandato de Prefeito, será afastado de seu cargo, mas poderá optar pela remuneração.

Eleito para mandato de vereador, poderá acumular a remuneração ou subsídio de seu cargo, emprego ou função com o subsídio de vereador, desde que haja compatibilidade de horários. Se os horários forem conflitantes, será afastado de seu cargo público, mas poderá optar pela remuneração.

Enfim, em qualquer dos casos, o servidor não perde seu cargo, mas é apenas afastado e, no período de afastamento para o exercício de mandato eletivo, seu tempo de serviço será contado para todos os efeitos legais, exceto para promoção por merecimento.

LEGISLAÇÃO

4. JURISPRUDÊNCIA APLICÁVEL AO CAPÍTULO

AGENTES PÚBLICOS

SÚMULAS

STF 21 - Funcionário em estágio probatório não pode ser exonerado nem demitido sem inquérito ou sem as formalidades legais de apuração de sua capacidade.

STF 20 - É necessário processo administrativo, com ampla defesa, para demissão de funcionário admitido por concurso.

STF 19 - É inadmissível segunda punição de servidor público, baseada no mesmo processo em que se fundou a primeira.

STF 18 - Pela falta residual, não compreendida na absolvição pelo juízo criminal, é admissível a punição administrativa do servidor público.

STJ 378 - Reconhecido o desvio de função, o servidor faz jus às diferenças salariais decorrentes.

STJ 218 - Compete à justiça dos estados processar e julgar ação de servidor estadual decorrente de direitos e vantagens estatutárias no exercício de cargo em comissão.

STJ 173 - Compete à justiça federal processar e julgar o pedido de reintegração em cargo público federal, ainda que o servidor tenha sido dispensado antes da instituição do Regime Jurídico Único.

STJ 170 - Compete ao juízo onde primeiro for intentada a ação envolvendo acumulação de pedidos, trabalhista e estatutário, decidi-la nos limites da sua jurisdição, sem prejuízo do ajuizamento de nova causa, com o pedido remanescente, no juízo próprio.

STJ 137 - Compete à justiça comum estadual processar e julgar ação de servidor público municipal, pleiteando direitos relativos ao vínculo estatutário.

STJ 97 - Compete à justiça do trabalho processar e julgar reclamação de servidor público relativamente a vantagens trabalhistas anteriores à instituição do Regime Jurídico Único.

CONCURSO PÚBLICO

Súmula vinculante nº 44: "Só por lei se pode sujeitar a exame psicotécnico a habilitação de candidato a cargo público".

Súmula vinculante nº 43: "É inconstitucional toda modalidade de provimento que propicie ao servidor investir-se, sem prévia aprovação em concurso público destinado ao seu provimento, em cargo que não integra a carreira na qual anteriormente investido".

STF 684 - É inconstitucional o veto não motivado à participação de candidato a concurso público.

STF 683 - O limite de idade para a inscrição em concurso público só se legitima em face do art. 7º, XXX, da Constituição, quando possa ser justificado pela natureza das atribuições do cargo a ser preenchido.

STF 17 - A nomeação de funcionário sem concurso pode ser desfeita antes da posse.

STF 16 - Funcionário nomeado por concurso tem direito a posse.

STF 15 - Dentro do prazo de validade do concurso, o candidato aprovado tem o direito a nomeação, quando o cargo for preenchido sem observância da classificação.

STJ 377 - O portador de visão monocular tem direito de concorrer, em concurso público, às vagas reservadas aos deficientes.

STJ 266 – O diploma ou habilitação legal para o exercício do cargo deve ser exigido na posse e não na inscrição para o concurso público.

DISPONIBILIDADE

STF 39 – À falta de lei, funcionário em disponibilidade não pode exigir, judicialmente, o seu aproveitamento, que fica subordinado ao critério de conveniência da Administração.

STF 22 – O estágio probatório não protege o funcionário contra a extinção do cargo.

REMUNERAÇÃO

Súmula Vinculante 55: "O direito ao auxílio-alimentação não se estende aos servidores inativos".

Súmula Vinculante 42: "É inconstitucional a vinculação do reajuste de vencimentos de servidores estaduais ou municipais a índices federais de correção monetária".

Súmula Vinculante 37: "Não cabe ao Poder Judiciário, que não tem função legislativa, aumentar vencimentos de servidores públicos sob o fundamento de isonomia".

Súmula Vinculante 20 – A Gratificação de Desempenho de Atividade Técnico-Administrativa – GDATA, instituída pela Lei nº 10.404/2002, deve ser deferida aos inativos nos valores correspondentes a 37,5 (trinta e sete vírgula cinco) pontos no período de fevereiro a maio de 2002 e, nos termos do art. 5º, parágrafo único, da Lei nº 10.404/2002, no período de junho de 2002 até a conclusão dos efeitos do último ciclo de avaliação a que se refere o art. 1º da Medida Provisória nº 198/2004, a partir da qual passa a ser de 60 (sessenta) pontos.

Súmula Vinculante 16 – Os artigos 7º, IV, e 39, § 3º (redação da EC 19/98), da Constituição, referem-se ao total da remuneração percebida pelo servidor público.

Súmula Vinculante 15 – O cálculo de gratificações e outras vantagens do servidor público não incide sobre o abono utilizado para se atingir o salário mínimo.

Súmula vinculante 6 – Não viola a constituição o estabelecimento de remuneração inferior ao salário mínimo para as praças prestadoras de serviço militar inicial.

Súmula Vinculante 4 – Salvo os casos previstos na Constituição Federal, o salário mínimo não pode ser usado como indexador de base de cálculo de vantagem de servidor público ou de empregado, nem ser substituído por decisão judicial.

STF 682 – Não ofende a Constituição a correção monetária no pagamento com atraso dos vencimentos de servidores públicos.

STF 681 – É inconstitucional a vinculação do reajuste de vencimentos de servidores estaduais ou municipais a índices federais de correção monetária.

STF 672 – O reajuste de 28,86%, concedido aos servidores militares pelas leis 8.622/93 e 8.627/93, estende-se aos servidores civis do Poder Executivo, observadas as eventuais compensações decorrentes dos reajustes diferenciados concedidos pelos mesmos diplomas legais.

STF 671 – Os servidores públicos e os trabalhadores em geral têm direito, no que concerne à URP de abril/maio de 1988, apenas ao valor correspondente a 7/30 de 16,19% sobre os vencimentos e salários pertinentes aos meses de abril e maio de 1988, não cumulativamente, devidamente corrigido até o efetivo pagamento.

STF 359 – Ressalvada a revisão prevista em lei, os proventos da inatividade regulam-se pela lei vigente ao tempo em que o militar, ou o servidor civil, reuniu os requisitos necessários.

STF 339 – Não cabe ao Poder Judiciário, que não tem função legislativa, aumentar vencimentos de servidores públicos sob fundamento de isonomia.

APOSENTADORIA

Súmula vinculante nº 33: "Aplicam-se ao servidor público, no que couber, as regras do Regime Geral de Previdência Social sobre aposentadoria especial de que trata o artigo 40, parágrafo 4º, inciso III, da Constituição Federal, até edição de lei complementar específica".

STF 726 – Para efeito de aposentadoria especial de professores, não se computa o tempo de serviço prestado fora da sala de aula.

ATENÇÃO: em 29/10/2008, o STF, por maioria, no julgamento da ADI 3.772, decidiu que a atividade de magistério não é restrita ao trabalho em sala de aula e que dela fazem parte as funções de direção, coordenação e assessoramento pedagógico, desde que exercidas, em estabelecimentos de ensino básico, por professores de carreira, excluídos os especialistas em educação.

STF 567 - A Constituição, ao assegurar, no § 3º, do art. 102, a contagem integral do tempo de serviço público federal, estadual ou municipal para os efeitos de aposentadoria e disponibilidade não proíbe à União, aos Estados e aos Municípios mandarem contar, mediante lei, para efeito diverso, tempo de serviço prestado a outra pessoa de direito público interno.

LEGISLAÇÃO

VEDAÇÃO AO NEPOTISMO

Súmula Vinculante 13 - A nomeação de cônjuge, companheiro ou parente em linha reta, colateral ou por afinidade, até o terceiro grau, inclusive, da autoridade nomeante ou de servidor da mesma pessoa jurídica, investido em cargo de direção, chefia ou assessoramento, para o exercício de cargo em comissão ou de confiança, ou, ainda, de função gratificada na Administração Pública direta e indireta, em qualquer dos Poderes da União, dos Estados, do Distrito Federal e dos municípios, compreendido o ajuste mediante designações recíprocas, viola a Constituição Federal.

TESES DE REPERCUSSÃO GERAL - STF

Tema 19 - RE 565089

O não encaminhamento de projeto de lei de revisão anual dos vencimentos dos servidores públicos, previsto no inciso X do art. 37 da CF/1988, não gera direito subjetivo a indenização. Deve o Poder Executivo, no entanto, se pronunciar, de forma fundamentada, acerca das razões pelas quais não propôs a revisão.

Tema 22 - RE 560900

Sem previsão constitucionalmente adequada e instituída por lei, não é legítima a cláusula de edital de concurso público que restrinja a participação de candidato pelo simples fato de responder a inquérito ou ação penal.

Tema 24 - RE 563708

I - O art. 37, XIV, da Constituição Federal, na redação dada pela Emenda Constitucional 19/98, é autoaplicável;

II - Não há direito adquirido a regime jurídico, notadamente à forma de composição da remuneração de servidores públicos, observada a garantia da irredutibilidade de vencimentos.

Tema 66 - RE 579951

A vedação ao nepotismo não exige a edição de lei formal para coibir a prática, dado que essa proibição decorre diretamente dos princípios contidos no art. 37, caput, da Constituição Federal.

Tema 131 - RE 58-9998

Os empregados públicos das empresas públicas e sociedades de economia mista não fazem jus à estabilidade prevista no art. 41 da Constituição Federal, mas sua dispensa deve ser motivada.

Tema 139 - RE 590260

Os servidores que ingressaram no serviço público antes da EC 41/2003, mas que se aposentaram após a referida emenda, possuem direito à paridade remuneratória e à integralidade no cálculo de seus proventos, desde que observadas as regras de transição especificadas nos arts. 2º e 3º da EC 47/2005.

Tema 141 - RE 572921

O cálculo de gratificações e outras vantagens do servidor público não incide sobre o abono utilizado para se atingir o salário mínimo.

Tema 142 - RE 582019

Os artigos 7º, IV, e 39, § 3º (redação da EC 19/1998), da Constituição referem-se ao total da remuneração percebida pelo servidor público.

Tema 156 - RE 596962

I - As vantagens remuneratórias legítimas e de caráter geral conferidas a determinada categoria, carreira ou, indistintamente, a servidores públicos, por serem vantagens genéricas, são extensíveis aos servidores inativos e pensionistas;

II - Nesses casos, a extensão alcança os servidores que tenham ingressado no serviço público antes da publicação das Emendas Constitucionais 20/1998 e 41/2003 e se aposentado ou adquirido o direito à aposentadoria antes da EC 41/2003;

III - Com relação àqueles servidores que se aposentaram após a EC 41/2003, deverão ser observados os requisitos estabelecidos na regra de transição contida no seu art. 7º, em virtude da extinção da paridade integral entre ativos e inativos contida no art. 40, § 8º, da CF para os servidores que ingressaram no serviço público após a publicação da referida emenda;

IV - Por fim, com relação aos servidores que ingressaram no serviço público antes da EC 41/2003 e se aposentaram ou adquiriram o direito à aposentadoria após a sua edição, é necessário observar a incidência das regras de transição fixadas pela EC 47/2005, a qual estabeleceu efeitos retroativos à data de vigência da EC 41/2003, conforme decidido nos autos do RE 590.260/SP, Plenário, Rel. MIN. RICARDO LEWANDOWSKI, julgado em 24/6/2009.

Tema 161 - RE 598099

O candidato aprovado em concurso público dentro do número de vagas previsto no edital possui direito subjetivo à nomeação.

Tema 163 - RE 593068

Não incide contribuição previdenciária sobre verba não incorporável aos proventos de aposentadoria do servidor público, tais como terço de férias, serviços extraordinários, adicional noturno e adicional de insalubridade.

Tema 257 - RE 606358

Computam-se, para efeito de observância do teto remuneratório do art. 37, XI, da Constituição da República, também os valores percebidos anteriormente à vigência da Emenda Constitucional 41/2003 a título de vantagens pessoais pelo servidor público, dispensada a restituição dos valores recebidos em excesso e de boa-fé até o dia 18 de novembro de 2015.

Tema 308 - RE 705140

A Constituição de 1988 comina de nulidade as contratações de pessoal pela Administração Pública sem a observância das normas referentes à indispensabilidade da prévia aprovação em concurso público (CF, art. 37, § 2º), não gerando, essas contratações, quaisquer efeitos jurídicos válidos em relação aos empregados contratados, a não ser o direito à percepção dos salários referentes ao período trabalhado e, nos termos do art. 19-A da Lei 8.036/90, ao levantamento dos depósitos efetuados no Fundo de Garantia por Tempo de Serviço - FGTS.

Tema 315 - RE 592317

Não cabe, ao Poder Judiciário, que não tem a função legislativa, aumentar vencimentos de servidores públicos sob o fundamento de isonomia.

Tema 335 - RE 630733

Inexiste direito dos candidatos em concurso público à prova de segunda chamada nos testes de aptidão física, salvo contrária disposição editalícia, em razão de circunstâncias pessoais, ainda que de caráter fisiológico ou de força maior, mantida a validade das provas de segunda chamada realizadas até 15/5/2013, em nome da segurança jurídica.

Tema 338 - AI 758533

A exigência do exame psicotécnico em concurso depende de previsão em lei e no edital, e deve seguir critérios objetivos.

Tema 359 - RE 602.584

Ocorrida a morte do instituidor da pensão em momento posterior ao da Emenda Constitucional 19/1998, o teto constitucional previsto no inciso XI do artigo 37 da Constituição Federal incide sobre o somatório de remuneração ou provento e a pensão recebida por servidor.

Tema 376 - RE 635739

É constitucional a regra inserida no edital de concurso público, denominada cláusula de barreira, com o intuito de selecionar apenas os candidatos mais bem classificados para prosseguir no certame.

Tema 384 - RE 602043

Nos casos autorizados constitucionalmente de acumulação de cargos, empregos e funções, a incidência do art. 37, inciso XI, da Constituição Federal pressupõe consideração de cada um dos vínculos formalizados, afastada a observância do teto remuneratório quanto ao somatório dos ganhos do agente público. (A mesma tese foi fixada para o Tema 377)

Tema 386 - RE 611.874

Nos termos do artigo 5º, VIII, da Constituição Federal é possível a realização de etapas de concurso público em datas e horários distintos dos previstos em edital, por candidato que invoca escusa de consciência por motivo de crença religiosa, desde que presentes a razoabilidade da alteração, a preservação da igualdade entre todos os candidatos e que não acarrete ônus desproporcional à Administração Pública, que deverá decidir de maneira fundamentada

Tema 403 - RE 635648

É compatível com a Constituição Federal a previsão legal que exija o transcurso de 24 (vinte e quatro) meses, contados do término do contrato, antes de nova admissão de professor temporário anteriormente contratado.

Tema 439 - RE 606199

Desde que mantida a irredutibilidade, não tem o servidor inativo, embora aposentado na última classe da carreira anterior, o direito de perceber proventos correspondentes aos da última classe da nova carreira, reestruturada por lei superveniente.

Tema 454 - RE 629392

A nomeação tardia de candidatos aprovados em concurso público, por meio de ato judicial, à qual atribuída eficácia retroativa, não gera direito às promoções ou progressões funcionais que alcançariam houvesse ocorrido, a tempo e modo, a nomeação.

Tema 476 - RE 608482

Não é compatível com o regime constitucional de acesso aos cargos públicos a manutenção no cargo, sob fundamento de fato consumado, de candidato não aprovado que nele tomou posse em decorrência de execução provisória de medida liminar ou outro provimento judicial de natureza precária, supervenientemente revogado ou modificado.

Tema 480 - RE 609381

O teto de retribuição estabelecido pela Emenda Constitucional 41/03 possui eficácia imediata, submetendo às referências de valor máximo nele discriminadas todas as verbas de natureza remuneratória percebidas pelos servidores públicos da União, Estados, Distrito Federal e Municípios, ainda que adquiridas de acordo com regime legal anterior. Os valores que ultrapassam os limites estabelecidos para cada nível federativo na Constituição Federal constituem excesso cujo pagamento não pode ser reclamado com amparo na garantia da irredutibilidade de vencimentos.

Tema 485 - RE 632853

Não compete ao Poder Judiciário substituir a banca examinadora para reexaminar o conteúdo das questões e os critérios de correção utilizados, salvo ocorrência de ilegalidade ou de inconstitucionalidade.

Tema 510 - RE 663696

A expressão "Procuradores", contida na parte final do inciso XI do art. 37 da Constituição da República, compreende os Procuradores Municipais, uma vez que estes se inserem nas funções essenciais à Justiça, estando, portanto, submetidos ao teto de noventa inteiros e vinte e cinco centésimos por cento do subsídio mensal, em espécie, dos Ministros do Supremo Tribunal Federal.

Tema 524 - RE 656860

A concessão de aposentadoria de servidor público por invalidez com proventos integrais exige que a doença incapacitante esteja prevista em rol taxativo da legislação de regência.

Tema 531 - RE 693456

A administração pública deve proceder ao desconto dos dias de paralisação decorrentes do exercício do direito de greve pelos servidores públicos, em virtude da suspensão do vínculo funcional que dela decorre, permitida a compensação em caso de acordo. O desconto será, contudo, incabível se ficar demonstrado que a greve foi provocada por conduta ilícita do Poder Público.

Tema 541 – ARE 654432

1 – O exercício do direito de greve, sob qualquer forma ou modalidade, é vedado aos policiais civis e a todos os servidores públicos que atuem diretamente na área de segurança pública. 2 – É obrigatória a participação do Poder Público em mediação instaurada pelos órgãos classistas das carreiras de segurança pública, nos termos do art. 165 do CPC, para vocalização dos interesses da categoria.

Tema 544 – RE 846854

A justiça comum, federal ou estadual, é competente para julgar a abusividade de greve de servidores públicos celetistas da Administração pública direta, autarquias e fundações públicas.

Tema 545 – RE 716378

1. A qualificação de uma fundação instituída pelo Estado como sujeita ao regime público ou privado depende (i) do estatuto de sua criação ou autorização e (ii) das atividades por ela prestadas. As atividades de conteúdo econômico e as passíveis de delegação, quando definidas como objetos de dada fundação, ainda que essa seja instituída ou mantida pelo Poder público, podem-se submeter ao regime jurídico de direito privado. 2. A estabilidade especial do art. 19 do ADCT não se estende aos empregados das fundações públicas de direito privado, aplicando-se tão somente aos servidores das pessoas jurídicas de direito público.

Tema 571 – RE 647827

Não se aplica a aposentadoria compulsória prevista no artigo 40, parágrafo 1º, inciso II, da Constituição Federal aos titulares de serventias judiciais não estatizadas, desde que não sejam ocupantes de cargo público efetivo e não recebam remuneração proveniente dos cofres públicos.

Tema 612 – RE 658026

Nos termos do art. 37, IX, da Constituição Federal, para que se considere válida a contratação temporária de servidores públicos, é preciso que: a) os casos excepcionais estejam previstos em lei; b) o prazo de contratação seja predeterminado; c) a necessidade seja temporária; d) o interesse público seja excepcional; e) a contratação seja indispensável, sendo vedada para os serviços ordinários permanentes do Estado que estejam sob o espectro das contingências normais da Administração.

Tema 639 – RE 675978

Subtraído o montante que exceder o teto e o subteto previsto no art. 37, inciso XI, da Constituição, tem-se o valor para base de cálculo para a incidência do imposto de renda e da contribuição previdenciária.

Tema 646 – ARE 678112

O estabelecimento de limite de idade para inscrição em concurso público apenas é legítimo quando justificado pela natureza das atribuições do cargo a ser preenchido.

Tema 671 – RE 427347

Na hipótese de posse em cargo público determinada por decisão judicial, o servidor não faz jus a indenização, sob fundamento de que deveria ter sido investido em momento anterior, salvo situação de arbitrariedade flagrante.

Tema 686 – RE 745811

I – Há reserva de iniciativa do Chefe do Poder Executivo para edição de normas que alterem o padrão remuneratório dos servidores públicos (art. 61, § 1º, II, a, da CF);

II – São formalmente inconstitucionais emendas parlamentares que impliquem aumento de despesa em projeto de lei de iniciativa reservada do Chefe do Poder Executivo (art. 63, I, da CF).

Tema 737 – RE 759518

É inconstitucional norma que vincula pensões e proventos de aposentadoria de servidores públicos efetivos a subsídios de agentes políticos.

Tema 763 – RE 786540

1. Os servidores ocupantes de cargo exclusivamente em comissão não se submetem à regra da aposentadoria compulsória prevista

LEGISLAÇÃO

no art. 40, § 1º, II, da Constituição Federal, a qual atinge apenas os ocupantes de cargo de provimento efetivo, inexistindo, também, qualquer idade limite para fins de nomeação a cargo em comissão;

2. Ressalvados impedimentos de ordem infraconstitucional, não há óbice constitucional a que o servidor efetivo aposentado compulsoriamente permaneça no cargo comissionado que já desempenhava ou a que seja nomeado para cargo de livre nomeação e exoneração, uma vez que não se trata de continuidade ou criação de vínculo efetivo com a Administração.

Tema 784 - RE 837311

O surgimento de novas vagas ou a abertura de novo concurso para o mesmo cargo, durante o prazo de validade do certame anterior, não gera automaticamente o direito à nomeação dos candidatos aprovados fora das vagas previstas no edital, ressalvadas as hipóteses de preterição arbitrária e imotivada por parte da administração, caracterizada por comportamento tácito ou expresso do Poder Público capaz de revelar a inequívoca necessidade de nomeação do aprovado durante o período de validade do certame, a ser demonstrada de forma cabal pelo candidato. Assim, o direito subjetivo à nomeação do candidato aprovado em concurso público exsurge nas seguintes hipóteses:

I - Quando a aprovação ocorrer dentro do número de vagas dentro do edital;

II - Quando houver preterição na nomeação por não observância da ordem de classificação;

III - Quando surgirem novas vagas, ou for aberto novo concurso durante a validade do certame anterior, e ocorrer a preterição de candidatos de forma arbitrária e imotivada por parte da administração nos termos acima.

Tema 838 - RE 898450

Editais de concurso público não podem estabelecer restrição a pessoas com tatuagem, salvo situações excepcionais em razão de conteúdo que viole valores constitucionais.

Tema 888 - ARE 954408

É legítimo o pagamento do abono de permanência previsto no art. 40, § 19, da CF ao servidor público que opte por permanecer em atividade, embora tenha preenchido os requisitos para a concessão da aposentadoria voluntária especial (CF, art. 40, § 4º).

Tema 916 - RE 765320

A contratação por tempo determinado para atendimento de necessidade temporária de excepcional interesse público realizada em desconformidade com os preceitos do art. 37, IX, da Constituição Federal não gera quaisquer efeitos jurídicos válidos em relação aos servidores contratados, com exceção do direito à percepção dos salários referentes ao período trabalhado e, nos termos do art. 19-A da Lei 8.036/1990, ao levantamento dos depósitos efetuados no Fundo de Garantia do Tempo de Serviço - FGTS.

Tema 921 - ARE 848993

É vedada a cumulação tríplice de vencimentos e/ou proventos, ainda que a investidura nos cargos públicos tenha ocorrido anteriormente à EC 20/1998.

Tema 965 - RE 1039644

Para a concessão da aposentadoria especial de que trata o art. 40, § 5º, da Constituição, conta-se o tempo de efetivo exercício, pelo professor, da docência e das atividades de direção de unidade escolar e de coordenação e assessoramento pedagógico, desde que em estabelecimentos de educação infantil ou de ensino fundamental e médio.

Tema 1010 - RE 1041210

a) A criação de cargos em comissão somente se justifica para o exercício de funções de direção, chefia e assessoramento, não se prestando ao desempenho de atividades burocráticas, técnicas ou operacionais;

b) tal criação deve pressupor a necessária relação de confiança entre a autoridade nomeante e o servidor nomeado;

c) o número de cargos comissionados criados deve guardar proporcionalidade com a necessidade que eles visam suprir e com o número de servidores ocupantes de cargos efetivos no ente federativo que os criar; e

d) as atribuições dos cargos em comissão devem estar descritas, de forma clara e objetiva, na própria lei que os instituir.

Tema 1032 - RE 1.177.699,

O candidato estrangeiro tem direito líquido e certo à nomeação em concurso público para provimento de cargos de professor, técnico e cientista em universidades e instituições de pesquisa científica e tecnológica federais, nos termos do art. 207, § 1º, da Constituição Federal, salvo se a restrição da nacionalidade estiver expressa no edital do certame com o exclusivo objetivo de preservar o interesse público e desde que, sem prejuízo de controle judicial.

Tema 1081 – ARE 1246685

As hipóteses excepcionais autorizadoras de acumulação de cargos públicos previstas na Constituição Federal sujeitam-se, unicamente, a existência de compatibilidade de horários, verificada no caso concreto, ainda que haja norma infraconstitucional que limite a jornada semanal.

Tema 1157 – ARE 1306505

É vedado o reenquadramento, em novo Plano de Cargos, Carreiras e Remuneração, de servidor admitido sem concurso público antes da promulgação da Constituição Federal de 1988, mesmo que beneficiado pela estabilidade excepcional do artigo 19 do ADCT, haja vista que esta regra transitória não prevê o direito à efetividade, nos termos do artigo 37, II, da Constituição Federal e decisão proferida na ADI 3609 (Rel. Min. DIAS TOFFOLI, Tribunal Pleno, DJe. 30/10/2014).

Tema 1190 – RE 1282553

"A suspensão dos direitos políticos prevista no artigo 15 inciso III da Constituição Federal - condenação criminal transitada em julgado enquanto durarem seus efeitos - não impede a nomeação e posse de candidato aprovado em concurso público, desde que não incompatível com a infração penal praticada, em respeito aos princípios da dignidade da pessoa humana e do valor social do trabalho (Constituição Federal, artigo 1º, incisos III e IV) e do dever do Estado em proporcionar as condições necessárias para harmônica integração social do condenado, objetivo principal da execução penal, nos termos do artigo 1º da Lei de Execuções Penais (Lei 7.210/84). O início do efetivo exercício do cargo ficará condicionado ao regime da pena ou à decisão judicial do Juízo de Execuções, que analisará a compatibilidade de horários".

INFORMATIVOS STJ

STJ. Concurso público e nível superior

O candidato aprovado em concurso público pode assumir cargo que, segundo o edital, exige título de Ensino Médio profissionalizante ou completo com curso técnico em área específica, caso não seja portador desse título mas detenha diploma de nível superior na mesma área profissional. REsp 1.888.049-CE, Rel. Min. Og Fernandes, Primeira Seção, por unanimidade, julgado em 22/09/2021. (Tema 1094) (Info 710)

STJ. Concurso para provimento do cargo de Policial Rodoviário Federal. Decurso de mais de 20 anos desde a posse concedida por decisão liminar. Contagem do tempo para estabilidade. Fato Consumado. Juízo de retratação. Tema 476/STF. Situação excepcional. Distinguishing. Possibilidade.

Em situações excepcionais, é possível, para efeito de estabilidade, a contagem do tempo de serviço prestado por força de decisão liminar.

Concurso para provimento do cargo de Policial Rodoviário Federal. Decurso de mais de 20 anos desde a posse concedida por decisão liminar. Contagem do tempo para estabilidade. Fato Consumado. Juízo de retratação. Tema 476/STF. Situação excepcional. *Distinguishing.* Possibilidade.

A Primeira Turma, seguindo a orientação firmada pelo Supremo Tribunal Federal em repercussão geral (Tema 476/STF, RE 608.482/RN, Rel. Min. Teori Zavascki, DJe de

30.10.2014), entendia inaplicável a Teoria do Fato Consumado aos concursos públicos, não sendo possível o aproveitamento do tempo de serviço prestado por força de decisão judicial pelo militar temporário, para efeito de estabilidade.

Contudo, no caso, há a solidificação de situações fáticas ocasionada em razão do excessivo decurso de tempo entre a liminar concedida e os dias atuais, de maneira que, a reversão desse quadro implicaria inexoravelmente em danos desnecessários e irreparáveis ao recorrido. Veja-se que a liminar que deu posse ao recorrente no cargo de Policial Rodoviário Federal foi deferida em 1999 e desde então está no cargo, ou seja, há 20 anos.

Desse modo, este Colegiado passou a entender que existem situações excepcionais, como a dos autos, nas quais a solução padronizada ocasionaria mais danos sociais do que a manutenção da situação consolidada, impondo-se o *distinguishing*, e possibilitando a contagem do tempo de serviço prestado por força de decisão liminar, em necessária flexibilização da regra. AREsp 883.574-MS, Rel. Min. Napoleão Nunes Maia Filho, Primeira Turma, por unanimidade, julgado em 20/02/2020, DJe 05/03/2020 (Informativo nº 666)

STJ. Concurso público. Vagas reservadas. Exclusão do candidato. Critério de heteroidentificação. Possibilidade. Decisão administrativa. Observância dos princípios do contraditório e da ampla defesa. Imprescindibilidade.

A exclusão do candidato, que concorre à vaga reservada em concurso público, pelo critério da heteroidentificação, seja pela constatação de fraude, seja pela aferição do fenótipo ou por qualquer outro fundamento, exige o franqueamento do contraditório e da ampla defesa.

Teses do STJ - Edição nº 115

1) A Justiça do Trabalho não tem competência para decidir os feitos em que se discutem critérios utilizados pela administração para a seleção e a admissão de pessoal em seus quadros, uma vez que envolve fase anterior à investidura no emprego público.

(Acórdãos CC 154087/MG, AgRg nos EDcl no REsp 1026027/ES, AgRg no REsp 1411987/ES, AgRg no CC 92698/RJ, AgRg no CC 98613/RS, AgRg no CC 81784/SP)

2) Compete à Justiça do Trabalho processar e julgar demandas visando a obtenção de prestações trabalhistas, nas hipóteses em que o trabalhador foi admitido na administração pública pelo regime celetista, antes da Constituição Federal de 1988 e sem concurso público.

(Acórdãos CC 151685/RJ, AgInt no CC 151034/MT)

(Decisões Monocráticas CC 160379/BA)

3) As contratações temporárias celebradas pela administração pública, na vigência da Constituição Federal de 1988, ostentam caráter precário e submetem-se à regra do art. 37, inciso IX, não sendo passíveis de transmutação de sua natureza eventual pelo decurso do tempo.

(Acórdãos AgInt no RMS 49924/PA, AgInt no RMS 43658/PA, AgRg no RMS 34663/PA, AgRg no RMS 42801/PB, RMS 29462/PA, RMS 26408/SE)

4) Não ocorre a decadência administrativa prevista no art. 54 da Lei n. 9.784/1999 em situações de evidente inconstitucionalidade, como é o caso de admissão de servidores sem concurso público.

(Acórdãos RMS 56774/PA, AgInt no AREsp 1108774/GO, AgInt no REsp 1444111/RN, RMS 53274/MG, AgInt no AgRg no RMS 28902/PB, RMS 48848/PR)

5) Não é possível estender a estabilidade excepcional do art. 19 do Ato das Disposições Constitucionais Transitórias - ADCT aos servidores contratados sem concurso público após a promulgação da Constituição Federal de 1988.

(Acórdãos AgInt no RMS 44213/PA, RMS 50000/PA, EDcl no RMS 33143/PA)

6) A contratação de servidores temporários ou o emprego de servidores comissionados, terceirizados ou estagiários, por si sós, não

caracterizam preterição na convocação e na nomeação de candidatos advindos de concurso público, tampouco autorizam a conclusão de que tenham automaticamente surgido vagas correlatas no quadro efetivo, a ensejar o chamamento de candidatos aprovados em cadastro de reserva ou fora do número de vagas previstas no edital.

(Acórdãos AgInt no RMS 49084/RJ, RMS 57089/MG, RMS 54527/MT, RMS 52667/MS, AgInt no RMS 52353/MS)

7) **Ocorrida a vacância na titularidade da serventia extrajudicial na vigência da atual Constituição Federal, o provimento de novo titular deve ser realizado por meio de concurso público, nos termos do art. 236, § 3º, da CF/1988.**

(Acórdãos RMS 21245/MS, AgInt no REsp 1316981/RJ, AgRg no RMS 44635/PR, AgRg nos EDcl no RMS 42126/MG, RMS 44323/SC, AgRg no RMS 37851/RJ)

8) O direito à liberdade de crença, assegurado pela Constituição, não pode criar situações que importem tratamento diferenciado - seja de favoritismo, seja de perseguição - em relação a outros candidatos de concurso público que não professam a mesma crença religiosa.

(Acórdãos RMS 54042/CE, AgInt no RMS 42828/CE, RMS 37070/SP)

(Decisões Monocráticas RMS 048804/TO)

9) **É ilegítima a previsão de edital de concurso público que exige o prévio registro na Delegacia Regional do Trabalho como condição para que os graduados em Letras ou em Secretariado Bilíngue exerçam a atividade de Secretário-Executivo.**

(Acórdãos AR 5340/DF, REsp 1683608/MG, AgRg no REsp 1419286/MG, AgRg no REsp 1449876/RS)

10) **A investigação social em concursos públicos, além de servir à apuração de infrações criminais, presta-se a avaliar idoneidade moral e lisura daqueles que desejam ingressar nos quadros da administração pública.**

(Acórdãos RMS 57329/TO, AgInt no RMS 54882/DF, AgInt no RMS 53486/MT, RMS 45139/AC, AgInt no RMS 39643/MT, RMS 45229/RO)

11) **Em concursos públicos, a inaptidão na avaliação psicológica ou no exame médico exige a devida fundamentação.**

(Acórdãos RMS 53857/BA, AgRg no AREsp 320150/MS, REsp 1530256/SP, REsp 1444840/DF, RMS 28105/RO)

12) **É indevida a acumulação de proventos de duas aposentadorias, de cargos públicos não acumuláveis na atividade, ainda que uma delas seja proveniente do reingresso no serviço público mediante aprovação em concurso, antes da Emenda Constitucional n. 20/98.**

(Acórdãos AgInt no RMS 43639/ES, AgRg no RMS 27434/ES, AgRg no RE no RMS 42729/DF, RMS 42729/DF, RMS 32756/PE)

(Decisões Monocráticas AREsp 888736/RJ)

LEGISLAÇÃO

CAPÍTULO IV

REGIME JURÍDICO DOS SERVIDORES PÚBLICOS CIVIS FEDERAIS (LEI Nº 8.112/90)

1. INTRODUÇÃO

Com o deferimento de liminar pelo Supremo Tribunal Federal na ADI 2135, houve a suspensão de eficácia do art. 39, *caput*, da Constituição, com a redação dada pela Emenda nº 19/98. Em razão disso, restabeleceu-se a redação original daquele artigo e, com isso, a existência de **regime jurídico único** é novamente uma **exigência constitucional.**

Todavia, aquela decisão foi proferida com efeitos *ex nunc* e os atos praticados com suporte em leis que entraram em vigor até o dia do julgamento (2/8/2007), continuam produzindo efeitos até o julgamento definitivo da ação e, assim, continuam imaculadas as contratações realizadas pela União, autarquias federais e fundações públicas federais, anteriormente à decisão, sob o regime de emprego público (com fundamento na Lei nº 9.962/00)[1].

Isso significa que, na esfera federal, entre os anos de 2000 e 2007, foi possível a contratação de empregados públicos para as pessoas jurídicas de direito público. No entanto, após a decisão do STF, tal prática está vedada. Em resumo, se for pessoa jurídica de **direito privado integrante da administração indireta federal** (empresa pública, sociedade de economia mista e fundação pública com personalidade de

---

1. Para maiores detalhes sobre o regime jurídico único, ver capítulo 3, item 1.4.1.

direito privado), a contratação será sob o **regime celetista** (empregados públicos) e, por outro lado, se for pessoa jurídica de **direito público** (União, autarquia federal, fundação pública federal com personalidade de direito público),o regime jurídico deverá ser o **estatutário**, isto é, será o estabelecido pela **Lei nº 8.112/90, salvo se for contratação temporária**, quando será aplicada a Lei nº 8.745/93.

Ressalta-se que o dispositivo constitucional não é autoaplicável e, assim, depende de intervenção do legislador infraconstitucional e, no caso da União, isso ocorreu por meio da Lei nº 8.112/1990, que elegeu o regime estatutário como sendo o regime jurídico único aplicável à União e às suas autarquias e fundações públicas.

Entretanto, em relação aos demais entes federados, deve ser consultada a legislação local porque, nos termos da ADI 5615, "compete a cada Ente federativo estipular, por meio de lei em sentido estrito, o regime jurídico de seus servidores, escolhendo entre o regime estatutário ou o regime celetista, sendo que a Constituição Federal não excluiu a possibilidade de ser adotado o regime de emprego público (celetista) para as autarquias. 2. Para que haja produção completa dos efeitos do art. 39 da CF, é indispensável que o Ente federativo edite norma específica instituindo o regime jurídico de seus servidores da Administração Direta, das autarquias e das fundações públicas (...)".

2. DISPOSIÇÕES PRELIMINARES

Na definição adotada pela Lei nº 8.112/90, **cargo público** é **"o conjunto de atribuições e responsabilidades previstas na estrutura organizacional que devem ser cometidas a um servidor"** e podem ser providos em **caráter efetivo ou em comissão**, conforme o art. 3º.

A lei, ainda, estabelece que é **vedada a prestação de serviços gratuitos**, com exceção das hipóteses previstas em lei como, por exemplo, o caso dos jurados, dos mesários e demais serviços "ocasionalmente necessários à União, cuja natureza excepcional ou ocasional não justifica a criação de cargos"[2].

3. PROVIMENTO, VACÂNCIA, REMOÇÃO, REDISTRIBUIÇÃO E SUBSTITUIÇÃO

3.1. Provimento

Para que seja possível a investidura de alguém em um cargo público federal, a lei estabelece **requisitos básicos** (art. 5º, *caput*):

a) ser **brasileiro**;

b) estar no gozo dos **direitos políticos**;

c) estar adimplente com as **obrigações militares e eleitorais**;

d) ter o nível de **escolaridade** exigido para o exercício do cargo;

---

2. RIGOLIN, Ivan Barbosa. *Comentários ao regime jurídico único dos servidores públicos civis*. 5. ed. São Paulo: Saraiva, 2007. p. 26.

e) ter a idade mínima de **dezoito anos;**

f) estar em aptas **condições física e mental**.

Quanto à **nacionalidade**, é necessário recordar que a **Constituição Federal** admite o **acesso de estrangeiros aos cargos públicos, na forma da lei**, a qual, todavia, ainda não existe e, por isso, a regra é que os cargos federais sejam ocupados apenas por brasileiros. Entretanto, no caso das universidades, o **art. 207, § 1º**, permite a contratação de professores, técnicos e cientistas estrangeiros, na forma da lei, pelo que, o **art. 5º, § 3º, da Lei nº 8.112/90 admite que as universidades e instituições federais de pesquisa científica e tecnológica possam admitir profissionais estrangeiros.**

Outra ressalva relevante deve ser feita em relação ao nível de escolaridade, porque, conforme a **Súmula 266 do Superior Tribunal de Justiça**, o "diploma ou habilitação legal para o exercício do cargo deve ser exigido **na posse e não na inscrição** para o concurso público".

Além dos requisitos básicos anteriormente indicados, é **possível que outros sejam estabelecidos, conforme as atribuições do cargo** (art. 5º, § 1º). Entretanto, esses outros requisitos não podem ser estabelecidos aleatoriamente, pois não "é admissível, por ato administrativo, restringir, em razão da idade, inscrição em concurso para cargo público" **(Súmula 14, STF)** e, assim, "só por lei se pode sujeitar a exame psicotécnico a habilitação de candidato a cargo público" **(Súmula Vinculante nº 44)**. Mesmo previsto em lei, o "limite de idade para a inscrição em concurso público só se legitima em face do art. 7º, XXX, da Constituição, quando possa ser justificado pela natureza das atribuições do cargo a ser preenchido" **(Súmula 683, STF).**

O **ato de se prover o cargo público é chamado de provimento**. Por meio dele, o cargo deixa de ser vago e passa a ser provido. Ocorre tanto nos cargos efetivos quanto nos cargos em comissão e, assim, há o provimento efetivo e o provimento em comissão.

Em relação ao provimento, ainda, há o **provimento originário** e o **provimento derivado. Naquele, a investidura** no cargo integrante de determinada carreira é feita pela **primeira vez**, de modo inaugural e, ao contrário, **no provimento derivado, a investidura é decorrente**, ou seja, só é possível ocorrer uma das formas de provimento derivado se o servidor já for ocupante de cargo. Só há provimento derivado se antes houve o provimento originário.

Na Lei nº 8.112/90, as **formas de provimento** são (art. 8º):

a) nomeação;

b) promoção;

c) readaptação;

d) reversão;

e) aproveitamento;

f) recondução;

g) reintegração.

Dessas, a **nomeação é a única forma de provimento originário e as demais são derivadas.**

Por exemplo, há provimento originário quando há a posse, após aprovação em concurso público, no cargo de Analista Judiciário de determinado Tribunal Regional Eleitoral e, por outro lado, ao ser promovido nessa carreira (por exemplo, de Analista Judiciário, Classe A, Padrão 5, para Analista Judiciário, Classe B, Padrão 6), há provimento derivado.

ATENÇÃO! **Ascensão e transferência não são formas de provimento; são inconstitucionais.** No art. 8º, nos incisos III e IV, havia a previsão da ascensão e da transferência, mas ambos foram revogados pela Lei nº 9.527/97. Mesmo antes da revogação, o Supremo Tribunal Federal já as considerava inconstitucionais porque, com a adoção no texto constitucional do acesso aos cargos públicos via concurso público, somente as hipóteses constantes da própria Constituição legitimam a dispensa do certame como, por exemplo, a nomeação para cargo em comissão e, assim, na **ADI 231/RJ**, restou decidido que "**banidas das formas de investidura admitidas pela Constituição a ascensão e a transferência,** que são formas de ingresso em carreira diversa daquela para a qual o servidor público ingressou por concurso, e que não são, por isso mesmo, ínsitas ao sistema de provimento em carreira, ao contrário do que sucede com a promoção, sem a qual obviamente não haverá carreira, mas, sim, uma sucessão ascendente de cargos isolados". Desse modo, por exemplo, quem ocupa o cargo de Técnico Judiciário e quer ingressar no de Analista Judiciário deve prestar concurso público.

3.1.1. *Nomeação*

A nomeação pode ocorrer tanto para um **cargo de provimento efetivo** quanto para um **cargo de provimento em comissão** (art. 9º).

O **cargo em comissão**, nos termos do art. 37, V, da Constituição Federal, é aquele declarado em lei de livre nomeação e exoneração e destina-se às atribuições de direção, chefia e assessoramento[3]. No caso do cargo em comissão, conforme o art. 9º da Lei nº 8.112/90, a **nomeação pode ocorrer, inclusive, na condição de interino,** quando houver cargo em comissão vago e, também, prevê que quem já é ocupante de cargo em comissão possa ser nomeado, interinamente, para outro cargo em comissão, sem prejuízo do que já ocupa, devendo optar pela remuneração de um deles.

No caso do **cargo de provimento efetivo** é providência prévia e inarredável a **aprovação em concurso público**, isto é, só pode ser nomeado para cargo efetivo quem foi aprovado em concurso público. A **nomeação pode ser feita tanto para um cargo isolado quanto para um cargo integrante de uma carreira.**

3. Para maiores detalhes, ver item 2.1.2 do capítulo 3.

A Lei nº 8.112/90, em conformidade com o art. 37, III, da Constituição Federal[4], estabelece que o **concurso público será de provas ou de provas e títulos**, que terá **validade de até dois anos, prorrogável por igual período**, conforme os **artigos 11 e 12**. Acrescenta a lei, ainda de acordo com aqueles dispositivos, que poderá ser realizado em duas etapas, que o edital será publicado no Diário Oficial da União e em jornal diário de grande circulação e que **não se** abrirá novo concurso enquanto houver candidato aprovado em concurso anterior com prazo de validade não expirado.

ATENÇÃO! A **Constituição Federal**, no art. 37, IV, estabelece que "durante o prazo improrrogável previsto no edital de convocação, aquele aprovado em concurso público de provas ou de provas e títulos será convocado com prioridade sobre novos concursados para assumir cargo ou emprego, na carreira", e a Lei nº 8.112/90, no art. 12, § 2º, determina que não se abrirá novo concurso enquanto houver candidato aprovado em concurso ainda dentro do prazo de validade. Assim, **como regra geral, responder de acordo com a CF, isto é, que o candidato tem prioridade na nomeação, mas se for questão cujo enunciado, por exemplo, mencione "de acordo com a Lei nº 8.112/90", opte pela literalidade da lei e assinale que não poderá ser aberto novo concurso.**

3.1.2. *Posse e exercício*

É com a posse que se materializa a investidura do servidor no cargo; é o momento em que se forma o vínculo com a Administração. A posse "dar-se-á pela **assinatura do respectivo termo**, no qual deverão constar as atribuições, os deveres, as responsabilidades e os direitos inerentes ao cargo ocupado, que não poderão ser alterados unilateralmente, por qualquer das partes, ressalvados os atos de ofício previstos em lei", conforme o art. 13, *caput*.

A posse pode ocorrer **mediante procuração específica** (art. 13, § 3º), depende de **prévia inspeção médica oficial** (art. 14; é necessária a aptidão física e mental para a posse) e, no ato, deve ser apresentada **declaração de bens e valores** que formam seu patrimônio e a declaração de exercício ou não de outro cargo, emprego ou função pública (art. 13, § 5º).

O **prazo** para a posse é de **trinta dias**, contados da publicação do ato de provimento (art. 13, § 1º). Se o nomeado já era servidor e, quando nomeado, estava em **gozo de algumas licenças e afastamentos**, o **prazo somente será iniciado após o seu encerramento**; são as seguintes hipóteses:

a) licença por motivo de **doença em pessoa da família**;

b) licença para o **serviço militar**;

c) licença para **capacitação**;

d) **férias**;

4. Recomenda-se a leitura do item 2.1.1 do capítulo 3.

e) participação em **programa de treinamento** regularmente instituído ou em programa de **pós-graduação *stricto sensu*** no País;

f) **júri** e outros **serviços obrigatórios** por lei;

g) licença à **gestante**, à **adotante** e à **paternidade**;

h) licença para **tratamento da própria saúde**;

i) licença por motivo de **acidente em serviço ou doença profissional**;

j) **deslocamento** para a nova sede (período de trânsito para o servidor que deva ter exercício em outro Município por ter sido removido, redistribuído, requisitado, cedido ou posto em exercício provisório);

k) participação em **competição desportiva nacional** ou convocação para integrar **representação desportiva nacional** no País ou no exterior.

Escoado o prazo sem ter ocorrido a posse, o ato de provimento será tornado sem efeito, pois ainda não era servidor para ser exonerado.

Ocorrendo a posse, o nomeado passa a ser servidor público e, assim, deve **iniciar as atividades do cargo, ou seja, deve efetivamente iniciar o desempenho das atribuições do cargo público**. É o chamado **exercício.**

O **prazo** para que o servidor nomeado entre em exercício é de **quinze dias,** contados da data da posse e, **se o servidor não entrar em exercício será exonerado de ofício**, conforme o art. 15, § § 1º e 2º, porque com a posse já formalizou o vínculo com a Administração Pública e, assim, já era servidor. De outro modo, se o servidor for designado para exercer função de confiança, o início do exercício coincidirá com a data da publicação do ato de designação, exceto se estiver afastado por algum motivo legal, quando deverá iniciar no primeiro dia útil seguinte ao fim do impedimento (não pode exceder trinta dias da publicação do ato de designação) e, se não entrar em exercício, o ato de designação será tornado sem efeito, consoante o art. 15, § § 2º e 4º.

Dessa forma, **só há posse quando houver nomeação**, seja para cargo em comissão, seja para cargo efetivo. No caso de **função de confiança, há designação** e não nomeação e, por isso, não há posse, e o exercício, em regra, é simultâneo com a publicação do ato de designação e não há o prazo de quinze dias, como ocorre no cargo.

Além do exercício inicial, a Lei nº 8.112/90, no art. 18, cuida da hipótese de o **servidor passar a ter exercício em outro Município**, em razão de ter sido removido, redistribuído, requisitado, cedido ou posto em exercício provisório. Nessa situação, o servidor terá o prazo de **dez a trinta dias** para retomar o exercício na nova localidade (**trânsito**), salvo se estiver legalmente afastado, quando o prazo se iniciará após o fim do impedimento. Caso queira, o servidor pode renunciar ao prazo de trânsito.

Ainda quanto ao exercício, é importante registrar que o art. 19 estabelece que a **jornada de trabalho** dos servidores públicos civis federais é de, **no máximo, quarenta horas semanais**, sendo, **por dia, no mínimo de seis e no máximo de oito,** salvo as hipóteses previstas em leis específicas. No entanto, o ocupante de cargo em comissão ou função de confiança submete-se a regime de dedicação integral ao serviço e pode ser convocado sempre que houver interesse da Administração.

3.1.3. Estágio probatório

O **estágio probatório** é o **período de prova** no qual há **avaliação** para aferir se o servidor possui **aptidão e capacidade para o desempenho das atribuições de determinado cargo**. Não se confunde com a **estabilidade**, pois esta é a **garantia constitucional** destinada aos servidores nomeados para cargo de provimento **efetivo em virtude de concurso público, após três anos de efetivo exercício e avaliação especial de desempenho** por comissão instituída para essa finalidade, pela qual o servidor somente perderá o cargo nas hipóteses estabelecidas no texto constitucional[5].

A estabilidade é pertinente ao serviço público e o estágio probatório se relaciona com o cargo. Assim, o servidor estável que presta novo concurso não adquirirá estabilidade novamente, mas terá que cumprir novo estágio probatório, pois este é a avaliação da aptidão do servidor para certo cargo.

O **art. 20** da Lei nº 8.112/90 disciplina o estágio probatório e, nos termos do *caput*, estabelece que sua **duração** é de **vinte e quatro meses**. Em razão disso, havia **divergência** se tal prazo teria ou não sido alterado por força da Emenda Constitucional nº 19/98, que alterou o prazo da estabilidade de dois para três anos. Todavia, a **jurisprudência atual do Supremo Tribunal Federal**[6] é no sentido de que o **prazo** do estágio probatório dos servidores públicos civis federais é de **três anos**, já que são institutos vinculados, não se aplicando o prazo de vinte e quatro meses previsto na Lei nº 8.112/90.

Caso o **servidor não seja aprovado no estágio probatório**, se for **estável**, será **reconduzido** ao cargo anteriormente ocupado (recondução) e, por outro lado, se **não for estável**, será **exonerado**, conforme art. 20, § 2º.

Durante o estágio probatório, nos termos do art. 20, § 3º, o servidor pode exercer qualquer cargo em comissão ou função de confiança no órgão em que estiver lotado, pode ser cedido para outro órgão desde que seja para exercer cargo de natureza especial ou cargo em comissão do Grupo Direção e Assessoramento Superiores (DAS) de níveis 4, 5 e 6 ou equivalentes. Para não confundir: **no órgão de lotação**, o servidor em estágio probatório pode ser nomeado para **qualquer cargo em comissão ou designado para exercer qualquer função de confiança**, mas, se a nomeação for para cargo em comissão **em outro órgão, só poderá ser cedido se for cargo de nível elevado**.

Quanto às licenças e afastamentos previstos na Lei nº 8.112/90, há algumas de que o servidor em estágio probatório pode usufruir, outras que lhe são vedadas e, dentre as que lhe são permitidas, existem algumas que suspendem o prazo do estágio probatório (prazo é suspenso e, após o impedimento volta a correr do ponto em que parou), tudo consoante o art. 20, §§ 4º e 5º.

---

5. Para aprofundamento sobre a estabilidade, ver o item 2.5 do capítulo 3.
6. STA 269, STA 290 e AI 754.802-DF. Também, no Superior Tribunal de Justiça: MS 12.523/DF.

SERVIDOR EM ESTÁGIO PROBATÓRIO - LICENÇAS E AFASTAMENTOS	
Permitido	• para o serviço militar (não suspende) • para exercício de mandato eletivo (não suspende) • para estudo ou missão no exterior (não suspende) • para servir a outro órgão ou entidade (só cargo de nível elevado; não suspende) • por motivo de doença em pessoa da família (suspende) • por motivo de afastamento do cônjuge ou companheiro (suspende) • para atividade política (suspende) • para servir em organismo internacional de que o Brasil participe ou com o qual coopere (suspende) • participação em curso de formação (suspende)
Proibido	• para capacitação • para tratar de interesses particulares • para desempenho de mandato classista • para participação em programa de pós-graduação *stricto sensu* no País

3.1.4. *Formas de provimento derivado*

3.1.4.1. Promoção

A promoção é "a **forma de provimento** pela qual o servidor passa para **cargo de maior grau de responsabilidade e maior complexidade de atribuições, dentro da carreira a que pertence**"[7].

A Lei nº 8.112/90, no art. 17, determina que a promoção **não interrompe o tempo de exercício**, o qual é "contado no novo posicionamento na carreira, a partir da data da publicação do ato que promover o servidor". Desse modo, ao ser promovido, o tempo de exercício do servidor não é interrompido e continua a ser contado, agora em outro patamar da carreira e neste a contagem se inicia com a publicação do ato que promover o servidor. Assim, por exemplo, um servidor que tinha dez anos de exercício, quando é promovido, tal tempo continua sendo contado e, assim, após trabalhar um ano no novo cargo terá onze anos (os dez anteriores à promoção e um após ter sido promovido).

O importante é compreender que a promoção **é forma de provimento derivado**, isto é, só é possível ser promovido quem já ocupa cargo integrante de determinada carreira e, também, que a promoção não permite a passagem de uma carreira para outra, mas, apenas, o crescimento vertical dentro da mesma carreira.

Assim, para exemplificar, um Analista Judiciário será promovido quando migrar da Classe A, Padrão 5, para a Classe B, Padrão 6, nos termos da Lei nº 11.416/06.

7. DI PIETRO, Maria Sylvia Zanella. *Direito administrativo*. 23. ed. São Paulo: Atlas, 2010. p. 605. Original sem destaque.

Quer dizer, no caso dos servidores do Poder Judiciário da União, só há a promoção quando a classe é alterada[8].

O Estatuto dos Servidores Públicos Civis Federais não delineou os requisitos para a promoção e isso acabou sendo definido por leis específicas de cada carreira. Todavia, a **Constituição Federal**, no art. 39, § 2º, determina que **um dos critérios para a promoção é a participação nos cursos das escolas de governo ou de entes conveniados.**

3.1.4.2. *Readaptação*

A Readaptação, por força da EC 103/2019, tem previsão no texto constitucional e, nos termos do art. 37, §13, o "servidor público titular de cargo efetivo poderá ser readaptado para exercício de cargo cujas atribuições e responsabilidades sejam compatíveis com a limitação que tenha sofrido em sua capacidade física ou mental, enquanto permanecer nesta condição, desde que possua a habilitação e o nível de escolaridade exigidos para o cargo de destino, mantida a remuneração do cargo de origem".

Por sua vez, estabelece o art. 24 da Lei nº 8.112/90 que a readaptação "é a investidura do servidor em cargo de atribuições e responsabilidades compatíveis com a limitação que tenha sofrido em sua capacidade física ou mental verificada em inspeção médica" e que "será efetivada em cargo de atribuições afins, respeitada a habilitação exigida, nível de escolaridade e equivalência de vencimentos e, na hipótese de inexistência de cargo vago, o servidor exercerá suas atribuições como excedente, até a ocorrência de vaga".

Nos termos do art. 40, I, da Constituição Federal, o servidor será aposentado por incapacidade permanente no cargo em que ocupa, dentre as demais exigências daquele dispositivo, "quando insuscetível de readaptação".

Portanto, a readaptação representa a tentativa de manter o servidor em atividade, pois somente na sua impossibilidade é que poderá ter lugar a aposentadoria por incapacidade permanente. Trata-se de instituto destinada ao **servidor que passou a sofrer de limitação em sua capacidade física ou mental** e, em razão disso, **não é capaz de desempenhar as atribuições inerentes ao cargo que ocupa e, nesse caso, ele será investido em outro cargo, desde que: a) seja enquanto permanecer nessa condição; b) tenha habilitação exigida para o novo cargo; c) tenha o nível de escolaridade exigido para o novo cargo; d) mantida a remuneração do cargo de origem.**

De acordo com a previsão do art. 24 da Lei nº 8.112/90, deve haver inspeção médica para constatar a situação e avaliar se é possível ou não a readaptação. Se for possível e exista cargo vago, será readaptado, observando-se as exigências legais e constitucionais. Se for possível e, no entanto, não existir cargo vago, o servidor exercerá suas atribuições como excedente, até a ocorrência de vaga.

8. Ver Capítulo 5 sobre a Lei nº 11.416/06.

Por outro lado, constatando-se que a readaptação não é possível, aí terá lugar a aposentadoria por incapacidade permanente.

3.1.4.3. Reversão

A reversão é o **retorno do aposentado à ativa** e pode ocorrer quando o servidor tenha se aposentado por invalidez ou voluntariamente[9]. Desse modo, de acordo com o art. 25 da Lei nº 8.112/90, a reversão pode se dar **de ofício** (aposentadoria por invalidez) ou **a pedido** (no interesse da Administração; aposentadoria voluntária).

No caso de o servidor ter se **aposentado por invalidez**, se a junta médica oficial, no futuro, declarar que os motivos que ensejaram a aposentadoria não existem mais, ou seja, que o servidor não está mais acometido da limitação física ou mental que tinha, deverá, obrigatoriamente, voltar a exercer as atribuições de seu cargo. Deixa de ser aposentado e volta a ser ativo.

O aposentado **voltará para o mesmo cargo ou para cargo resultante de sua transformação**. Todavia, **se não houver cargo vago, o servidor exercerá suas atribuições como excedente.** Assim, imagine-se um órgão público no qual haja vinte cargos e todos estejam ocupados; ocorrendo a reversão do servidor que estava aposentado por invalidez, ele será o vigésimo primeiro servidor, isto é, haverá vinte cargos e vinte e um servidores, até que ocorra o surgimento de vaga (servidor se aposenta, exonera, falece, é demitido ou lei cria novos cargos), consoante determina o art. 25. § 3º.

De maneira diferente, a **reversão no interesse da Administração** é aquela em que ocorre **a pedido** do servidor que se aposentou voluntariamente e tem esse nome porque se trata de competência discricionária. O art. 25, II, estabelece como requisitos:

a) servidor era estável quando em atividade;

b) aposentou-se voluntariamente;

c) aposentadoria ocorreu nos últimos cinco anos;

d) haja cargo vago;

e) requereu a reversão.

Em ambas as espécies de reversão, por óbvio, não pode ser revertido o aposentado quando já tiver 70 anos de idade (art. 27). Tal previsão, certamente, foi inserida no texto legal em razão da aposentadoria compulsória. Todavia, hoje, sabe-se que a idade foi alterada para 75 anos, por força da Lei Complementar nº 152/15 (para: os servidores titulares de cargos efetivos da União, dos Estados, do Distrito Federal e dos Municípios, incluídas suas autarquias e fundações; os membros do

---

9. Importante registrar que Maria Sylvia Zanella Di Pietro, com acerto, afirma que, com a Constituição Federal de 1988 e a exigência de concurso público, **a reversão a pedido** (servidor aposentado voluntariamente) **deixou de existir** (*Direito administrativo*. 23. ed. São Paulo: Atlas, 2010. p. 604). Entretanto, essa situação ainda está prevista no art. 25, II, da Lei nº 8.112/90 e pode ser cobrada nos concursos públicos, eis que sua inconstitucionalidade não foi declarada até o momento.

Poder Judiciário; os membros do Ministério Público; os membros das Defensorias Públicas; os membros dos Tribunais e dos Conselhos de Contas). Mas, deve haver atenção nesse ponto: caso se trate de prova objetiva e nela conste a idade máxima para reversão, é melhor seguir a literalidade do texto da lei nº 8.112/90, ou seja, 70 anos, apesar da alteração implementada no instituto da aposentadoria compulsória.

<table>
<tr><th colspan="2">REVERSÃO</th></tr>
<tr><td colspan="2">• É o retorno do aposentado à ativa
• Não pode ocorrer quando o aposentado já tiver 70 anos</td></tr>
<tr><th>De ofício (aposentadoria por invalidez)</th><th>A pedido (aposentadoria voluntária)</th></tr>
<tr><td>• Não existem mais os motivos que ensejaram a aposentadoria
• Ocorrerá no mesmo cargo ou no cargo resultante de sua transformação
• Não precisa existir cargo vago; se não houver cargo, trabalhará como excedente</td><td>Pedido do aposentado
+
Aposentadoria foi voluntária
+
Servidor era estável quando em atividade
+
Aposentadoria ocorreu nos últimos cinco anos
+
Haja cargo vago</td></tr>
</table>

3.1.4.4. *Reintegração*

A **reintegração é o retorno do servidor demitido cuja demissão foi anulada judicial ou administrativamente.** Está prevista no texto constitucional no art. 41, § 2º e no art. 28 da Lei nº 8.112/90.

Por esse instituto, o servidor estável foi demitido e, posteriormente, consegue a anulação do ato de demissão, seja na esfera judicial, seja na via administrativa e, com isso, **tem direito a retornar ao seu cargo**, de onde foi retirado injustamente, fazendo jus, ainda, ao **ressarcimento de todas as vantagens que deixou de receber**[10].

Com a demissão do servidor, o cargo que ocupava ficou vago e é possível que tenha sido provido e, assim, quando da determinação da reintegração, o cargo pode estar ocupado por outro servidor. Nessa hipótese, **o cargo voltará a ser ocupado pelo demitido**, para que a ilegalidade da demissão seja corrigida, e o **atual ocupante,** caso seja estável**, será reconduzido** ao cargo de origem, sem direito à indenização, ou **aproveitado em outro cargo**, ou, ainda, **posto em disponibilidade.** No entanto, se o **ocupante** não for estável, **será exonerado**[11].

---

10. Apesar de tanto a Constituição Federal quanto a Lei nº 8.112/90 restringirem a reintegração ao servidor estável, é fato que o servidor não estável demitido, cuja demissão foi anulada judicial ou administrativamente, deverá voltar a ocupar seu cargo. Entretanto, deve-se atentar em que, **para fins de concurso, é requisito, para que ocorra a reintegração, que o servidor seja estável.**
11. Essa é a conclusão que deflui da disciplina constitucional a respeito, mas, na rotina administrativa o comum é o aproveitamento em outro cargo, pois sempre há cargo vago. Entretanto, para concurso,

Outra situação que pode ocorrer com o decurso do tempo é a **extinção do cargo** que o servidor ocupava ou a **declaração de sua desnecessidade**, isto é, o servidor consegue o direito de ser reintegrado e o cargo que ocupava não existe mais. Para essa hipótese, tanto o Estatuto (art. 28, § 1º) quanto a Constituição Federal (art. 41, § 3º) estabelecem que **o servidor ficará em disponibilidade até que ocorra seu aproveitamento.**

3.1.4.5. *Aproveitamento*

A **disponibilidade é a inatividade remunerada** garantida ao servidor estável quando seu **cargo é extinto** ou é **declarado desnecessário** ou quando ocorre a **reintegração do anterior ocupante do cargo** e não é possível a recondução ou o aproveitamento em outro cargo, conforme o art. 41, § § 2º e 3º da Constituição Federal. Ainda, prevê o art. 37, § 3º, da Lei nº 8.112/90 que, se houver a reorganização ou a extinção de órgão ou entidade e, em razão disso, o cargo for extinto ou declarado desnecessário no órgão ou entidade, se o servidor não for redistribuído, deverá ser posto em disponibilidade.

Enquanto estiver em disponibilidade, o servidor não trabalha, mas está à disposição da Administração e **faz jus à remuneração proporcional ao tempo de serviço e, surgindo a vaga, a Administração convocará o servidor** em disponibilidade para voltar ao trabalho. Caso convocado para ser aproveitado, e o servidor não se apresentar no prazo legal, salvo doença comprovada por junta médica, o ato de aproveitamento será tornado sem efeito e a disponibilidade será cassada (art. 32 da Lei nº 8.112/90).

Esse retorno do servidor em disponibilidade à atividade é o aproveitamento, e o cargo em que será aproveitado deverá ter vencimentos e atribuições compatíveis com o anteriormente ocupado (art. 30 da Lei nº 8.112/90).

Enfim, deve-se apontar que o STF fixou a tese no 740008/RR, no sentido de que "É inconstitucional o aproveitamento de servidor, aprovado em concurso público a exigir formação de nível médio, em cargo que pressuponha escolaridade superior".

3.1.4.6. *Recondução*

A **recondução é o retorno do servidor estável ao cargo anteriormente ocupado** e ocorre quando o servidor for inabilitado no estágio probatório de outro cargo ou quando o anterior ocupante do cargo é reintegrado, nos termos do art. 29 da Lei nº 8.112/90.[12]

No caso do estágio probatório em outro cargo, a lei somente assegura o direito à recondução se o servidor for nele reprovado, mas, no MS 23.577-DF, o Supremo Tribunal Federal decidiu que, também, na hipótese de desistência do servidor do novo cargo, dentro do prazo de estágio probatório, faz jus à recondução[13].

é importante lembrar que só tem direito à recondução ou ao aproveitamento ou à disponibilidade o servidor estável.

12. O STJ, no RMS 46.438 MG, fixou entendimento no sentido de que inexistindo previsão deste instituto na legislação estadual ou municipal, a recondução prevista na Lei 8.112/90 não é aplicável por analogia aos servidores estaduais ou municipais.

13. Portanto, de acordo com a Lei nº 8.112/90, só há a recondução nas hipóteses previstas no art. 29 e neste não há a hipótese de desistência do servidor do novo cargo dentro do prazo de estágio

Questão tormentosa é se a **recondução pode ocorrer no caso de o servidor federal ser empossado em cargo com regime jurídico diferente ou em outra esfera da Federação.** Como bem sintetiza João Trindade de Cavalcante Filho, a **posição majoritária na doutrina** é no sentido de que somente é possível a recondução **se for o mesmo regime jurídico e na mesma esfera federativa.** No entanto, o autor aponta, em relação a regimes jurídicos diferentes, que há, no **Superior Tribunal de Justiça**, o Resp 817.061/RJ (**permitindo**) e o MS 12.107/DF (**vedando**), bem como, quanto à posse em cargo em outra esfera da Federação, existe, considerando possível a recondução, a Nota Técnica nº 565/09 do Ministério do Planejamento e o Acórdão nº 569/2006 do Tribunal de Contas da União e, por outro lado, decidindo pela impossibilidade, há o MS 12107/DF[14].

Ao ser reconduzido, conforme o parágrafo único do art. 29 da Lei nº 8.112/90, caso o cargo de origem esteja ocupado, o servidor será aproveitado em outro cargo.

Dessa forma, para exemplificar: João, Técnico Judiciário do Tribunal Regional do Trabalho, é aprovado em concurso público e é empossado como Analista Judiciário no mesmo Tribunal, na vaga de Pedro, em razão da demissão deste. Posteriormente, Pedro consegue, judicialmente, a anulação de sua demissão. Nessa hipótese, Pedro será reintegrado (reintegração) ao cargo de Analista Judiciário que ocupava e João, se for estável, poderá ser aproveitado em outro cargo, posto em disponibilidade ou reconduzido (recondução) ao cargo de Técnico Judiciário. Se ocorrer a recondução de João e seu antigo cargo estiver provido, será ele aproveitado em outro cargo.

PROVIMENTO DERIVADO – PRINCIPAIS FORMAS	
Readaptação	investidura em outro cargo com atribuições e responsabilidade compatíveis com as limitações do servidor
Aproveitamento	volta à ativa do servidor em disponibilidade
Reversão	volta do aposentado
Reintegração	volta do demitido
Recondução	volta ao cargo anterior

3.2. Vacância

A vacância é a situação de **desprovimento do cargo público**, ou seja, este passa da condição de provido para vago.

De acordo com o art. 33 da Lei nº 8.112/90, a **vacância** ocorre com:

a) exoneração;

b) demissão;

c) promoção;

probatório. Assim, em questões de concurso, somente assinale essa possibilidade se a questão estiver se referindo à jurisprudência, pois, se for omissa, deve-se preferir a literalidade da lei.

14. *Servidor Público: Lei nº 8.112/1990*. 3. ed. Salvador: Juspodivm, 2011. p. 83-84.

d) readaptação;

e) aposentadoria;

f) posse em outro cargo inacumulável;

g) falecimento.

Dessas, a **promoção e a readaptação** são, simultaneamente, **formas de provimento e vacância**, pois, quando ocorrem, há a vacância do cargo anterior e o provimento do novo cargo.

A **exoneração** é o **desligamento do servidor** de seu cargo, de ofício ou a seu pedido, mas **não é uma sanção**, pois a pena própria para desligar o servidor compulsoriamente do cargo é a demissão. A exoneração pode ocorrer tanto no cargo efetivo quanto no cargo em comissão. Neste, a qualquer momento, a autoridade competente pode exonerá-lo por vontade própria ou a requerimento do servidor (art. 35).

No cargo efetivo, a **regra é a exoneração a pedido** do servidor, ou seja, pede exoneração quando por sua vontade não deseja mais exercer as atribuições de determinado cargo. No entanto, também, pode se dar **de ofício** e a Lei nº 8.112/90 prevê duas situações em que isso pode ocorrer: quando o **servidor for reprovado no estágio probatório** (se não for estável; se for estável, tem direito à recondução) e quando toma **posse e não entra em exercício no prazo legal** (art. 34). Além dessas hipóteses, na Constituição Federal há situações em que haverá a exoneração do servidor: reprovação em procedimento de avaliação periódica de desempenho (art. 41, § 1º, III); reintegração do antigo ocupante e atual servidor não é estável (art. 41, § 2º); extinção do cargo ocupado por servidor não estável (art. 41, § 3º); redução de despesa com pessoal para adequação ao limite legal (art. 169, § § 3º e 4º).

Caso o servidor esteja respondendo a processo administrativo disciplinar, não poderá requerer a exoneração, nos moldes do contido no art. 172 da Lei nº 8.112/90.

<table>
<tr><th colspan="2">EXONERAÇÃO</th></tr>
<tr><td rowspan="2">Cargo efetivo</td><td>A pedido do servidor</td></tr>
<tr><td>De ofício:
• Inabilitação no estágio probatório de servidor não estável
• Servidor não entra em exercício no prazo legal, após tomar posse
• Reprovação em procedimento de avaliação periódica de desempenho (CF)
• Reintegração do antigo ocupante e servidor atual não é estável (CF)
• Extinção do cargo ocupado por servidor não estável (CF)
• Redução de despesa com pessoal para adequação legal (CF)</td></tr>
<tr><th colspan="2">EXONERAÇÃO</th></tr>
<tr><td rowspan="2">Cargo em comissão</td><td>A pedido do servidor</td></tr>
<tr><td>De ofício
• A juízo da autoridade competente</td></tr>
</table>

3.3. Remoção e redistribuição

Conforme o art. 36, a **remoção** é "o **deslocamento do servidor**, a pedido ou de ofício, no âmbito do mesmo quadro, **com ou sem mudança de sede**".

Pela remoção, **quem se desloca é o servidor**. Assim, por exemplo, é o caso de Analista Judiciário removido da 1ª Vara Federal de Ribeirão Preto para a 2ª Vara Federal de Ribeirão Preto (sem mudança de sede) ou de Agente de Polícia Federal removido da Delegacia de Polícia Federal de Curitiba para a Superintendência da Polícia Federal no Acre (com mudança de sede).

A remoção pode ocorrer **de ofício ou a pedido** do servidor.

Sempre que houver interesse público, a Administração poderá remover o servidor de ofício, independentemente de sua vontade. Por outro lado, o servidor, também, pode requerer a remoção e o deferimento pela autoridade será ato discricionário ou vinculado, dependendo da situação.

De fato, a **regra** é que há **discricionariedade da Administração na análise de pedido de remoção de servidor**: se for conveniente e oportuno em face do interesse público, será deferido; caso contrário, será indeferido. Todavia, o pedido do servidor **deverá ser deferido** (**atividade vinculada** da Administração):

a) para **acompanhar cônjuge ou companheiro**, que também seja servidor público civil ou militar, removido de ofício (no interesse da Administração)[15];
b) por **motivo de saúde do servidor, cônjuge, companheiro ou dependente** (que viva às expensas do servidor e conste de seu assentamento funcional), comprovado por junta médica;
c) em razão de **processo seletivo de remoção**, quando o número de interessados for maior que o número de vagas.

As hipóteses elencadas nas letras "a" a "c" são taxativas (art. 36, III da Lei nº 8.112/90), de modo que não pratica ato ilegal ou abusivo a autoridade que indefere a remoção quando não estiverem presentes os requisitos da lei (Enunciado nº 16 da I Jornada de Direito Administrativo do CJF).

Por outro lado, a **redistribuição,** nos termos do art. 37, é o **deslocamento do cargo efetivo, provido ou vago, para outro órgão ou entidade do mesmo Poder**. Aqui, **é o cargo que vai e, se estiver ocupado, leva o servidor junto** e, ao contrário da remoção, a redistribuição **só ocorre de ofício** e é feita para ajustar a lotação e a força de trabalho às necessidades do serviço.

---

15. Corroborando o dispositivo supramencionado, o STJ decidiu no EREsp 1.247.360 RJ que o servidor federal somente tem direito à remoção prevista no artigo 36, § único, III, "a", da Lei 8.112/90, caso seu cônjuge/companheiro, também servidor, tenha sido deslocado de ofício, no interesse da administração. Assim, se o cônjuge foi removido a pedido, ao outro não assiste o direito à remoção com base neste dispositivo.

Um exemplo de redistribuição é a criação de novo Tribunal Regional Federal, para o qual poderá haver a redistribuição de cargos dos demais TRFs[16].

3.4. Substituição

Os ocupantes de cargos em comissão, funções de confiança e cargos de Natureza Especial devem ter seus substitutos indicados no regimento interno ou, se este não indicar, o dirigente máximo do órgão deve designá-los previamente, de acordo com o art. 38 da Lei nº 8.112/90.

Assim que o cargo ficar vago ou houver algum impedimento ou afastamento do titular, o **substituto assumirá automática e cumulativamente**, sem prejuízo do cargo que ocupa, o exercício do cargo ou função de direção e deverá optar pela remuneração de um deles. Caso o período de substituição seja **superior a trinta dias**, o substituto fará jus à retribuição pelo exercício do cargo ou função de direção ou chefia, na proporção dos dias de efetiva substituição[17].

4. DIREITOS E VANTAGENS

4.1. Vencimento e remuneração

De acordo com a Lei nº 8.112/90, **vencimento** é "a **retribuição pecuniária pelo exercício do cargo, fixada em lei**" (art. 40) e **remuneração** é "o **vencimento do cargo efetivo, acrescido das vantagens pecuniárias permanentes estabelecidas em lei**" (art. 41).

Assim, por exemplo, no caso do Analista Judiciário, nos termos da Lei nº 11.416/06, é composto do vencimento-base, acrescido da Gratificação Judiciária (GAJ) e, ainda, se for Oficial de Justiça Avaliador Federal, soma-se a Gratificação de Atividade Externa. À soma, chama-se remuneração.

Em relação à **remuneração**, a Lei nº 8.112/90 está em consonância com as disposições constitucionais e estabelece, no art. 41, que a remuneração é **irredutível** e que o servidor **não pode receber menos que um salário mínimo** (o vencimento pode ser inferior ao salário mínimo, mas a remuneração não, conforme a Súmula Vinculante nº 16 do STF).

O art. 41, § 4º, garante a **isonomia dos vencimentos** em relação aos cargos de atribuições iguais ou semelhantes no mesmo Poder, ou entre servidores dos três Poderes, exceto quanto às vantagens individuais e às referentes ao local de exercício.

---

16. PRADO, Leandro Cadenas. *Servidores públicos federais: lei nº 8.112/90*. 8. ed. Niterói: Impetus, 2008. p. 95.
17. Nas provas, a cobrança desse dispositivo costuma ser literal e, assim, deve ser assinalada a alternativa que indique que **o substituto só faz jus à retribuição do cargo em comissão se a substituição for maior que trinta dias**, como, aliás, já decidiu o Superior Tribunal de Justiça, no Resp. 548.340/RN. Repisa-se: essa é a posição a ser adotada nas provas. Entretanto, para ilustrar melhor como é aplicado o dispositivo na prática, o Conselho da Justiça Federal, por meio da Resolução 03/2008, estabeleceu que, no âmbito da Justiça Federal, o substituto, nos primeiros trinta dias, acumulará seu cargo com o cargo em comissão e escolherá a remuneração mais vantajosa e, após, os trinta dias deixará de acumular e só exercerá as atribuições pertinentes à substituição e fará jus à retribuição pelo exercício do cargo em comissão, conforme o art. 55.

Quanto ao **teto remuneratório**, há o art. 42, mas a matéria está disciplinada no art. 37, XI, da **Constituição Federal**[18].

Conforme o art. 44, o servidor **perderá:**

a) a remuneração do dia, se faltar ao serviço, sem motivo justificado;

b) a remuneração do dia, se faltar ao serviço, com justificativa decorrente de força maior ou caso fortuito (ex.: greve no transporte público, enchente), se não forem compensadas (aceitar ou não a compensação, fica a critério da chefia imediata);

c) a parcela da remuneração diária, de forma proporcional, quando se atrasar para iniciar o trabalho, sair antes do horário correto ou ausentar-se, justificadamente, durante o expediente (salvo nos casos do art. 97: doação de sangue, alistamento eleitoral, etc.), salvo na hipótese de compensação de horário, até o mês subsequente ao da ocorrência, a ser estabelecida pela chefia imediata.

A remuneração do servidor possui **natureza alimentar** e, assim, conforme o art. 45, **não pode sofrer nenhum desconto, salvo ordem judicial** (por exemplo, pensão alimentícia) e imposição legal (falta não justificada).

Também, **a remuneração ou o vencimento ou o provento não poderão ser penhorados, arrestados ou sequestrados, salvo prestação alimentícia decorrente de ordem judicial** (art. 48).

Consoante o art. 46, caso o servidor receba algum valor indevidamente ou cause algum prejuízo à Administração, deverá ocorrer a reposição e a indenização, respectivamente, à Fazenda Pública. Para tanto, o servidor será previamente comunicado para que faça o pagamento no prazo de trinta dias e, caso queira, a dívida poderá ser parcelada, tendo a parcela **valor mínimo correspondente à 10% da remuneração** do servidor. Entretanto, se o servidor **recebeu indevidamente no mês anterior ao do processamento da folha, a reposição deverá ocorrer imediatamente e de uma só vez**[19].

Em relação a essa determinação legal, o STJ, ao julgar o Tema 531 (REsp 1.244.182/PB) decidiu que "Quando a Administração Pública interpreta erroneamente uma lei, resultando em pagamento indevido ao servidor, cria-se uma falsa expectativa de que os valores recebidos são legais e definitivos, impedindo, assim, que ocorra desconto dos mesmos, ante a boa-fé do servidor público." Posteriormente, o Tribunal retomou o assunto, porém, não se tratava de interpretação errônea da lei feita pela Administração e, sim, de hipótese em que houve erro material ou operacional e, ao julgar o Tema 1009 (REsp 1.769.306/AL), a 1ª Seção do STJ fixou a seguinte tese: "Os pagamentos indevidos aos servidores públicos decorrentes de erro administrativo (operacional ou de cálculo), não embasado em interpretação errônea ou equivocada da lei pela Administração, estão sujeitos à devolução, ressalvadas as hipóteses em

18. Ver item 2.2.2 do capítulo 3.

19. Não obstante a determinação legal, a jurisprudência do Superior Tribunal de Justiça, conforme AgRg no Resp 1267460 (24/10/2011), "é no sentido de ser incabível a devolução de valores percebidos por servidor público de boa-fé por força de interpretação errônea, má aplicação da lei ou erro da Administração" (no mesmo sentido, RMS 33.034/RS).

que o servidor, diante do caso concreto, comprova sua boa-fé objetiva, sobretudo com demonstração de que não lhe era possível constatar o pagamento indevido." Portanto: a) no caso de interpretação errônea ou equivocada da lei pela Administração: não há devolução dos valores recebidos; b) na hipótese de erro administrativo (operacional ou de cálculo): servidor deve devolver o que recebeu, ressalvada a comprovação de sua boa-fé objetiva, especialmente demonstrando que não era possível constatar o pagamento indevido.

Na hipótese de o servidor parar de receber da Administração (foi demitido, exonerado ou teve sua aposentadoria ou disponibilidade cassada) e estiver devendo, não há mais como fazer a reposição ou indenização. Em tal situação, o art. 47 prevê que haverá o prazo de **sessenta dias** para que seja feito o pagamento da dívida, caso contrário haverá inscrição em **dívida ativa**.

4.2. Vantagens

As **vantagens** que o servidor pode receber são as **indenizações, as gratificações e os adicionais**, sendo muito importante salientar que as indenizações não se incorporam ao vencimento e, por outro lado, os outros dois poderão ser incorporados se houver lei a respeito (art. 49).

4.2.1. *Indenizações*

São indenizações a **ajuda de custo, as diárias, a indenização de transporte e o auxílio-moradia**.

A **ajuda de custo** serve para compensar as **despesas de instalação do servidor que passa a ter exercício, de maneira definitiva, em nova localidade** (art. 53). A Administração arcará com as despesas de transporte do servidor e de sua família, incluindo passagem, bagagem e bens pessoais. A ajuda de custo é paga de uma vez, e seu **valor é estabelecido em regulamento**, mas, no **máximo**, é de **três remunerações** do servidor. A ajuda de custo somente é paga quando o deslocamento do servidor se der **no interesse do serviço** e, nesse sentido, o § 3º do art. 53 veda a sua concessão nos casos de remoção a pedido (previstas no art. 36, II e III). Não será concedida se o cônjuge também é servidor, vier a ter exercício na mesma sede e receber a ajuda (só um dos dois pode receber). Se o servidor, sem motivo justificado não se apresentar na nova sede, tem o prazo de trinta dias para devolver o valor recebido (art. 57). Caso após o deslocamento, o servidor falecer na nova sede, a família receberá ajuda de custo e transporte para retornar ao local de origem, dentro do prazo de um ano contado da morte.

A **diária** é destinada ao **servidor que se desloca da sede de maneira transitória e tem como finalidade indenizar as despesas com pousada, alimentação e locomoção urbana** (art. 58). Assim, por exemplo, se um servidor é removido, de ofício, de Recife para Salvador, fará jus à ajuda de custo; no entanto, se o servidor de Porto Alegre é designado para substituir um servidor doente em Caxias do Sul, por vinte dias, receberá diária. O valor da diária será fixado em regulamento, mas deve ser reduzido à metade quando não houver pernoite fora da sede ou quando a União custear, por meios diversos, as despesas cobertas por diárias. Não será concedida quando o deslocamento do servidor for exigência permanente do cargo e quando o deslocamento for dentro da mesma região metropolitana, aglomeração urbana ou microrregião. Se o servidor receber a diária e não se deslocar, por qualquer motivo, deve **restituir** o valor em **cinco dias** e, também no mesmo prazo, deve devolver o que recebeu em excesso, caso se desloque para a outra localidade e volte antes do período previsto (art. 59).

A **indenização de transporte** é dirigida ao servidor que, **por força das atribuições do cargo que ocupa, realiza despesas com o uso de meio próprio de locomoção para a execução de serviços externos** (art. 60), como é o caso do Oficial de Justiça Avaliador Federal, devendo ser disciplinada em regulamento.

O **auxílio-moradia** está previsto nos artigos 60-A a 60-E da Lei nº 8.112/90 e é o **ressarcimento das despesas que o servidor teve com aluguel ou hospedagem, no prazo de um mês após a comprovação da despesa**. São **requisitos** para recebê-lo:

a) não existir imóvel funcional para o servidor usar;

b) o cônjuge ou companheiro não pode ocupar imóvel funcional;

c) o servidor ou seu cônjuge ou companheiro não podem ser nem ter sido, nos últimos doze meses, proprietário, promitente comprador, cessionário ou promitente cessionário no local onde vai trabalhar;

d) ninguém que more com o servidor pode receber auxílio-moradia;

e) o servidor tenha se mudado para ocupar alto cargo em comissão (DAS 4, 5, 6; ou Natureza Especial; ou de Ministro; ou equivalente; não é concedido para quem vai ocupar cargo efetivo);

f) a cidade não pode fazer parte da mesma região metropolitana, aglomeração urbana ou microrregião;

g) servidor não pode ter morado no local onde exercerá o cargo nos últimos doze meses, por período igual ou superior a sessenta dias (exceto se estava ocupando outro alto cargo em comissão);

h) o servidor não pode ter sido deslocado para ocupar cargo efetivo;

i) o deslocamento tenha ocorrido após 30 de junho de 2006.

Antes, havia a previsão de que o auxílio poderia ser recebido, no máximo, pelo prazo de oito anos, dentro de cada período de doze anos. Entretanto, o art. 60-C da Lei nº 8.112/90, que dispunha a respeito, foi revogado pela Lei nº 12.998/14.

O valor do auxílio-moradia que o servidor receberá dependerá do valor por ele gasto, pois é um reembolso, mas a lei estabelece limites para esse valor. O valor máximo do auxílio é 25% do subsídio de Ministro de Estado ou, se o servidor tiver remuneração menor que a de Ministro, 25% do valor do cargo em comissão ou da função de confiança. Independentemente do valor do cargo em comissão, é garantido ao servidor o auxílio-moradia até o valor de R$ 1.800,00. Enfatiza-se que, se o valor do aluguel ou do hotel for superior ao limite, a diferença é por conta do servidor e, de outra forma, se corresponder a valor inferior ao limite, não receberá o valor máximo e sim o valor do aluguel.

INDENIZAÇÕES	
Ajuda de custo	• Deslocamento definitivo, no interesse da Administração • Valor em regulamento: máximo 3 remunerações • Servidor não se desloca: devolução em 30 dias
Diária	• Deslocamento transitório • Valor em regulamento: é ½ diária quando não houver pernoite fora da sede ou quando a União custear por outros meios • Servidor não se desloca: devolução em 5 dias
Indenização de transporte	• Uso de meio próprio de locomoção para execução de serviço externo, por força das atribuições do cargo • Valor em regulamento
Auxílio-moradia	• Servidor deslocado para ocupar alto cargo em comissão e demais requisitos do Art. 60-B • Valor: o que for menor: ou 25% do subsídio de Ministro ou 25% da remuneração do cargo ocupado. Independentemente do valor do cargo, assegura-se até R$ 1.800,00

4.2.2. *Gratificações e adicionais*

São **gratificações e adicionais**, nos termos do art. 61:

a) retribuição pelo exercício de função de direção, chefia e assessoramento;

b) gratificação natalina;

c) adicional pelo exercício de atividades insalubres, perigosas ou penosas;

d) adicional pela prestação de serviço extraordinário;

e) adicional noturno;

f) adicional de férias;

g) outros, relativos ao local ou à natureza do trabalho;

h) gratificação por encargo de curso ou concurso[20].

A **retribuição pelo exercício de função de direção, chefia e assessoramento** é devida ao **servidor que ocupa cargo em comissão ou exerce função comissionada** (art. 62). Não é incorporável, ou seja, o servidor só recebe enquanto ocupar o cargo ou exercer a função, e os servidores que a incorporaram nos termos da legislação anterior continuam a receber a incorporação, tendo esta sido transformada em VPNI – Vantagem Pessoal Nominalmente Identificada (art. 62-A).

A **gratificação natalina** é o **décimo terceiro** salário e corresponde a 1/12 da remuneração de dezembro, por mês de exercício, contando-se o prazo igual ou

20. Importante registrar que o **adicional por tempo de serviço**, anteriormente previsto no art. 61, III, **foi extinto** pela Medida Provisória nº 2.225-45, de 4.9.2001.

superior a quinze dias como mês integral (art. 63), devendo ser paga até o dia vinte de dezembro de cada ano (art. 64).

Os **adicionais pelo exercício de atividades insalubres, perigosas ou penosas** estão previstos nos artigos 68 a 72. O **adicional de insalubridade** é devido ao **servidor que, habitualmente, trabalhe em local insalubre ou em contato permanente com substâncias tóxicas,** e o **adicional de periculosidade** é destinado ao **servidor que trabalhe em permanente risco de vida.** Se fizer jus aos dois adicionais, deve optar por um deles. O **adicional de penosidade** é pago aos **servidores que trabalhem em zonas de fronteira ou em localidades cujas condições de vida o justifiquem.** Os percentuais dos adicionais devem ser estabelecidos em regulamentos.

O **adicional por serviço extraordinário** é o **acréscimo de 50%, em relação ao valor da hora normal,** à hora em que o servidor trabalhar além de sua jornada normal de trabalho, ou seja, quando fizer **hora extra** (art. 73). Admite-se, somente, a realização de serviço extraordinário em situações excepcionais e temporárias e, no máximo, de duas horas por jornada (art. 74).

O **adicional noturno** corresponde ao **acréscimo de 25% ao valor da hora paga no serviço diurno,** e o serviço noturno é o prestado entre 22 horas de um dia e 5 horas do dia seguinte, computando-se a hora, nesse período, como 52min30s e, ainda, se também for hora extra, o adicional noturno incidirá sobre a remuneração com o adicional por serviço extraordinário (art. 75). Por exemplo, se o servidor trabalhar as 7 horas do período (das 22 às 5), receberá, na verdade, por 8 horas[21] e, se o valor da hora normal (diurno) for R$ 30,00, a hora noturna será de R$ 37,50, mas, se também for hora extra, será de R$ 56,25[22].

O **adicional de férias** é o conhecido **terço constitucional** e, assim, deve ser pago o adicional de 1/3 sobre a remuneração do período de férias e, se o servidor exercer função comissionada ou ocupar cargo em comissão, a retribuição será considerada no cálculo (art. 76).

A **gratificação por encargo de curso ou concurso** está prevista no art. 76-A da Lei nº 8.112/90 e é **destinada ao servidor que, eventualmente:**

a) atuar como instrutor em curso de formação, de desenvolvimento ou de treinamento na Administração Pública federal;

b) participar de banca examinadora ou de comissão para exames orais, para análise curricular, para correção de provas discursivas, para elaboração de questões de provas ou para julgamento de recursos apresentados por candidatos;

c) participar da logística de preparação e de realização de concurso público;

---

21. Em cada hora, há a sobra de 7min30s. Assim, no período de 7h, aquela sobra completará mais uma hora de 52min30s.

22. R$ 30,00 + R$ 15,00 (serviço extraordinário = 50%) = R$ 45,00; R$ 45,00 + R$ 11,25 (serviço noturno = 25%) = R$ 56,25.

d) participar da aplicação, fiscalizar ou avaliar provas de exame vestibular ou de concurso público ou supervisionar essas atividades.

Entretanto, tais atividades devem ser **exercidas fora do horário de trabalho do servidor ou, se exercidas dentro de sua jornada, deve haver a compensação,** para que tenha direito à gratificação, que, aliás, não se incorpora ao vencimento. Quanto ao valor, a gratificação será calculada em horas, não pode ser superior a 120 horas (excepcionalmente, pode-se acrescentar mais 120 horas, totalizando 240 horas) e o limite do valor da hora é de 2,2% - quanto aos itens "a" e "b" - e 1,2% - quanto aos itens "c" e "d" - do maior vencimento básico da Administração Pública federal.

GRATIFICAÇÕES E ADICIONAIS	
Retribuição pelo exercício de função de direção, chefia e assessoramento	• Servidor que ocupa cargo em comissão ou exerce função comissionada
Gratificação natalina	• 13º
Adicionais pelo exercício de atividades insalubres, perigosas ou penosas	• Adicional de insalubridade: local insalubre ou em contato permanente com substâncias tóxicas • Adicional de periculosidade: permanente risco de vida • Se tiver direito aos dois, tem que escolher um • Adicional de penosidade: zona de fronteira ou localidade cujas condições de vida o justifiquem • Percentual: regulamento
Adicional por serviço extraordinário	• Hora extra • 50% sobre o valor da hora normal • Máximo de 2h por jornada
Adicional noturno	• Trabalho das 22h às 5h • Hora, nesse período, é 52min30s • 25% sobre o valor da hora normal • Se for o caso, incide sobre a remuneração com o adicional por serviço extraordinário
Adicional de férias	• 1/3 sobre a remuneração do período de férias
Gratificação por encargo de curso ou concurso	• Fazer as atividades do art. 76-A, fora do horário de trabalho ou com compensação • Máximo: 120h anuais (exceção: + 120h)

4.3. Férias

O servidor público civil federal tem direito a **trinta dias** de férias anuais, podendo haver o **parcelamento em três períodos,** caso o servidor o requeira e seja interesse da Administração (art. 77). É possível o acúmulo de, no máximo, dois períodos, em razão de necessidade de serviço, bem como as férias podem ser interrompidas por motivo de calamidade pública, comoção interna, convocação para júri, serviço militar ou eleitoral, ou por necessidade do serviço declarada pela autoridade máxima do órgão ou entidade (período que restar deve ser gozado de uma só vez; art. 80). No caso de servidor que opera direta e permanentemente com **raios X ou substâncias radioativas**, as férias são de **vinte dias consecutivos por semestre**, proibida, em qualquer hipótese, a acumulação (art. 79).

4.4. Licenças e afastamentos

São várias as licenças e afastamentos assegurados ao servidor, conforme previsto nos artigos 81 a 96-A e 202 a 214 da Lei nº 8.112/90:

a) licença por motivo de **doença em pessoa da família**;

b) licença por motivo de **afastamento do cônjuge ou companheiro**;

c) licença para o **serviço militar**;

d) licença para **atividade política**;

e) licença para **capacitação**;

f) licença para **tratar de interesses particulares**;

g) licença para **desempenho de mandato classista**;

h) licença para **tratamento de saúde**;

i) licença à **gestante**, à **adotante** e **licença-paternidade**;

j) licença por **acidente em serviço**;

k) afastamento para **servir a outro órgão ou entidade**;

l) afastamento para exercício de **mandato eletivo**;

m) afastamento para **estudo ou missão no exterior**;

n) afastamento para participação em programa de **pós-graduação *stricto sensu*** no País.

A **licença concedida no prazo de sessenta dias após o término de outra da mesma espécie será considerada como prorrogação** (art. 82).

A **licença por motivo de doença em pessoa da família** (art. 83) é concedida ao servidor quando houver **doença** do **cônjuge** ou **companheiro**, dos **pais**, dos **filhos**, do **padrasto**, da **madrasta**, do **enteado**, ou do **dependente** (viva a suas expensas e conste do assentamento funcional), desde que comprovado por **perícia médica oficial** e a assistência do servidor à pessoa doente for **indispensável e não puder ser prestada simultaneamente com o exercício do cargo ou mediante compensação de horário**. O prazo de duração, incluindo as prorrogações, dentro do período de doze meses, é de até sessenta dias (consecutivos ou não), com remuneração e de até noventa dias (consecutivos ou não), sem remuneração. É proibido o exercício de atividade remunerada durante o período da licença (art. 81, § 3º).

Conforme o art. 20, § § 4º e 5º da Lei nº 8.112/90, essa licença pode ser concedida ao servidor em estágio probatório, mas este ficará suspenso. Quanto ao tempo, o período da licença remunerada, até trinta dias, conta para todos os efeitos, e superior a trinta dias, apenas para aposentadoria e disponibilidade e, por sua vez, o tempo da licença não remunerada (até 90 dias) não conta para nenhum efeito, consoante o art. 103, II, da lei.

LICENÇA POR MOTIVO DE DOENÇA EM PESSOA DA FAMÍLIA: DURAÇÃO		
Remunerada		**Não remunerada**
Até 60 dias		Até 90 dias
30 dias	30 dias	Período não conta tempo para nenhum fim (salvo art. 183, § 3º)
Tempo conta como de efetivo exercício	Tempo só conta para aposentadoria e disponibilidade	

A **licença por motivo de afastamento do cônjuge ou companheiro** (art. 84) permite ao servidor federal, cujo **cônjuge ou companheiro seja deslocado para outra localidade do país, para o exterior ou para o exercício de mandato eletivo,** requerer o **afastamento por tempo indeterminado e sem remuneração para acompanhá-lo.** Caso o cônjuge ou companheiro do servidor federal seja também servidor público, o servidor federal poderá requerer, em vez do afastamento sem remuneração, que tenha exercício provisório em órgão da administração federal. Assim, há **três possibilidades** no caso de o cônjuge ou companheiro do servidor federal ter se **mudado em razão do trabalho**:

a) se o cônjuge foi removido no interesse da Administração (remoção *ex officio*), o servidor federal tem o direito de ser removido para a mesma cidade;

b) se o cônjuge do servidor federal também for servidor, o servidor federal poderá requerer que tenha exercício provisório em órgão federal;

c) se não se tratar de nenhuma das hipóteses anteriores, pode requerer o afastamento. Na verdade, apenas no exemplo da letra "c" é que o afastamento ocorre, pelo qual o servidor não trabalha e não recebe, pois nas letras "a" e "b" o servidor continua trabalhando e recebendo e a única mudança é a localidade em que exerce suas funções.

O período de licença não é computado para nenhum fim, pode ser concedida ao servidor em estágio probatório, mas suspende seu prazo.

A **licença para o serviço militar** (art. 85) é destinada ao servidor que é **convocado para o serviço militar**, na forma e condições estabelecidas em lei específica. Não há remuneração e seguirá a legislação militar, mas, quando se encerrar, o servidor tem o prazo de trinta dias, ainda sem remuneração, para retornar ao trabalho. Conforme o art. 102, VIII, "f", o tempo da licença é contado como de efetivo exercício. Pode ser concedida ao servidor em estágio probatório e não suspende seu prazo.

O art. 86 prevê a **licença para atividade política**. Essa licença tem a finalidade de possibilitar que o servidor desenvolva as atividades inerentes a sua campanha política. Ela **tem início com a escolha do servidor em convenção partidária, como candidato a cargo eletivo, e segue até o 10º dia seguinte ao encerramento das eleições.** Entretanto, ela não é remunerada em toda a sua duração (§ 1º). A partir da escolha em convenção, o servidor já pode usufruir a licença, mas será sem remuneração. Uma vez obtido o registro perante a Justiça Eleitoral, passa a ser remunerada até o 10º dia após as eleições, desde que não se ultrapasse o período de três meses, isto é, se ocorrer algum problema no calendário eleitoral e esse intervalo se prolongar por mais de três meses, a remuneração cessará. Caso o servidor seja candidato a cargo eletivo na localidade onde exerça cargo de direção, chefia, assessoramento, arrecadação ou fiscalização, dele será afastado, a partir do dia imediato ao do registro de sua candidatura perante a Justiça Eleitoral, até o décimo dia seguinte ao do pleito (§ 2º). O período sem remuneração não é contado para nenhum efeito e, por outro lado, o período remunerado é contado para fins de aposentadoria ou disponibilidade (art. 103, III). Pode ser concedida ao servidor em estágio probatório, mas este ficará suspenso.

LICENÇA PARA ATIVIDADE POLÍTICA:

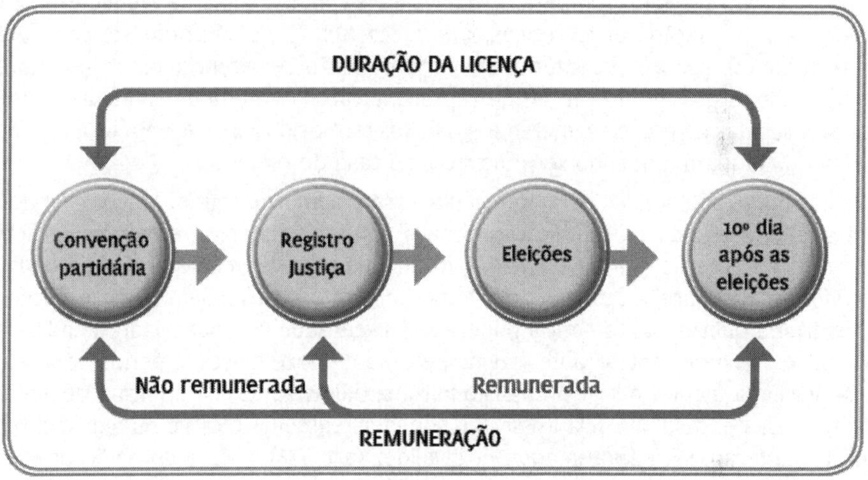

A **licença para capacitação** substituiu a antiga licença-prêmio, em razão da Lei nº 9.527/97, que deu nova redação ao art. 87 da Lei nº 8.112/90. De acordo com esse artigo, na atual redação, **após um quinquênio de efetivo exercício, o servidor poderá, no interesse da Administração, gozar da licença remunerada por até três meses, para participar de curso de capacitação profissional, não sendo acumuláveis os períodos**. Isto é, o deferimento da licença para capacitação é ato discricionário da Administração Pública e, assim, mesmo que o servidor tenha os cinco anos de efetivo exercício, é possível o indeferimento do requerimento. De outro lado, deve se atentar para o fato de que o servidor deverá usar o prazo da licença para participar de curso de formação profissional. Por fim, não é permitido que o servidor acumule períodos, quer dizer, por exemplo, acumular quinze anos e requerer o gozo de licença de nove meses. O período da licença é considerado como de efetivo exercício (art. 102, VIII, "e") e, por óbvio, não pode ser concedida ao servidor em estágio probatório.

A **licença para tratar de interesses particulares**, prevista no art. 91, **pode ser concedida** (é discricionária a concessão) ao **servidor ocupante de cargo efetivo, desde que não esteja em estágio probatório, por até três anos consecutivos, sem remuneração**. Uma vez concedida, a licença pode ser interrompida, a qualquer tempo, a pedido do servidor ou no interesse do serviço. Como não há remuneração, o período da licença não é contado para nenhum efeito e o servidor pode desempenhar outra atividade e, inclusive, pode exercer a gerência ou a administração de empresa (art. 117, parágrafo único, II).

No art. 92, há a previsão da **licença para o desempenho de mandato classista**, pela qual o servidor, sem remuneração (receberá da entidade), deixará de trabalhar e irá **exercer mandato classista em entidade de classe ou exercer a gerência de cooperativa constituída por servidores públicos para prestar serviços a seus membros, desde que o servidor seja eleito para tanto**. A lei estabeleceu um limite de servidores por entidade, dependendo do número de membros: **a)** até 5.000 associados, dois servidores; **b)** de 5.001 a 30.000 associados, quatro servidores; **c)** mais de 30.000 associados, oito servidores. O período da licença é contado como de efetivo exercício, exceto para promoção por merecimento (art. 102, VIII, "c") e não pode ser concedida ao servidor em estágio probatório. Somente poderão ser licenciados os servidores eleitos para cargos de direção ou de representação nas referidas entidades, desde que cadastradas no órgão competente (§ 1º). Nos termos do § 2º, a licença terá duração igual à do mandato, podendo ser renovada, no caso de reeleição.

Nos artigos 202 a 206-A há a **licença para tratamento de saúde**, a que o **servidor tem direito, a pedido ou de ofício, com base em perícia médica, com remuneração**. Em regra, deve ser feita a perícia oficial, mas se não houver médico no órgão onde o servidor trabalhe, aceita-se atestado feito por médico particular, bem como se a licença for inferior a quinze dias, a perícia poderá ser dispensada. Por outro lado, se a licença exceder o prazo de cento e vinte dias no período de doze meses, a perícia será realizada por junta médica oficial. A duração máxima (ininterrupta) da licença é de vinte e quatro meses e, caso não seja possível o servidor reassumir o cargo ou que seja feita sua readaptação, será aposentado por invalidez (art. 188). O período da licença será contado como sendo de efetivo exercício até o limite de vinte e quatro meses, durante todo o tempo de serviço público prestado à União (art. 102, VIII, "b") e o que exceder esse prazo será contado apenas para aposentadoria e disponibilidade (art. 103, VII).

A **licença à gestante, à adotante e a licença-paternidade** estão descritas nos artigos 207 a 210. A licença à gestante tem duração de cento e vinte dias consecutivos e é remunerada, tendo início no primeiro dia do nono mês da gestação (salvo determinação médica)[23]. A licença à adotante é destinada à servidora que adotar ou obtiver a guarda judicial de criança, sendo de noventa dias, se a criança tiver até um ano e de trinta dias, se a criança tiver mais de um ano. A licença-paternidade é de cinco dias consecutivos, quando houver o nascimento ou a adoção de filho.

ATENÇÃO! 1) O STF fixou a seguinte tese de repercussão geral, no RE 778889: "Os prazos da licença-adotante não podem ser inferiores aos prazos da licença-gestante,

23. O art. 2º da Lei nº 11.770/08, autoriza a Administração Pública de todas as esferas da Federação a instituir programas que garantam a prorrogação da licença à gestante por mais sessenta dias. O Decreto nº 8.737 de 3 de maio de 2016, instituiu o "Programa de Prorrogação de Licença Paternidade" e a licença-paternidade, além dos cinco dias, terá duração de mais quinze dias, nos termos do art. 2º do decreto.

o mesmo valendo para as respectivas prorrogações. Em relação à licença-adotante, não é possível fixar prazos diversos em função da idade da criança adotada." **2)** Na ADI 6.327, o STF conferiu interpretação conforme "ao artigo 392, §1º, da CLT, assim como ao artigo 71 da Lei n.º 8.213/91 e, por arrastamento, ao artigo 93 do seu Regulamento (Decreto n.º 3.048/99), de modo a se considerar como termo inicial da licença-maternidade e do respectivo salário-maternidade a alta hospitalar do recém-nascido e/ou de sua mãe, o que ocorrer por último, prorrogando-se em todo o período os benefícios, quando o período de internação exceder as duas semanas previstas no art. 392, §2º, da CLT, e no art. 93, §3º, do Decreto n.º 3.048/99". Apesar do julgado referir-se às empregadas celetistas, em face da extensão prevista no art. 39, §3º, da Constituição Federal, bem como o fundamento da decisão adotada, não há motivo para esse entendimento não ser aplicado às servidoras estatutárias e, assim, caso ocorra a internação do recém-nascido, deve ser contado como termo inicial da licença a alta da mãe ou da criança, o que ocorrer primeiro e não a literalidade da previsão contida no §2º do art. 207 da Lei nº 8.112/1990; **3)** Tese fixada pelo STF no RE 1348854: "À luz do art. 227 da CF, que confere proteção integral da criança com absoluta prioridade e do princípio da paternidade responsável, a licença maternidade, prevista no art. 7º, XVIII, da CF/88 e regulamentada pelo art. 207 da Lei 8.112/1990, estende-se ao pai genitor monoparental"; **4)** Na ADO 20, o STF fixou a seguinte tese: "1. Existe omissão inconstitucional relativamente à edição da lei regulamentadora da licença-paternidade, prevista no art. 7º, XIX, da Constituição. 2. Fica estabelecido o prazo de 18 meses para o Congresso Nacional sanar a omissão apontada, contados da publicação da ata de julgamento. 3. Não sobrevindo a lei regulamentadora no prazo acima estabelecido, caberá a este Tribunal fixar o período da licença paternidade".

O art. 93 estabelece o afastamento para servir a outro órgão ou entidade. Por ele, o servidor federal pode ser cedido, a critério da Administração, para outro órgão ou entidade de qualquer dos Poderes da União, dos Estados, ou do Distrito Federal e dos Municípios.

A cessão[24] do servidor federal somente poderá ocorrer desde que seja:

a) para **exercer cargo em comissão** ou **função de confiança**, no caso de órgão ou entidade da União, dos Estados, do Distrito Federal ou dos Municípios; ou

b) nos **casos previstos em lei específica**.

Quanto à remuneração, no caso de afastamento para exercer cargo em comissão:

a) o **ônus da remuneração será do cessionário** (quem recebeu o servidor), se a cessão for para órgãos ou entidades dos **Estados**, do **Distrito Federal** ou dos **Municípios**;

b) o **ônus da remuneração será do cedente** (quem cedeu) se a cessão for para órgãos ou entidades da própria **União**;

---

24. STJ. Corte Especial. MS 21.991-DF. A instauração de processo administrativo disciplinar contra servidor público cedido deve ocorrer, preferencialmente, no órgão ou entidade em que tenha sido praticada a falta. O julgamento e eventual aplicação de penalidade, no entanto, devem ocorrer no órgão ao qual o servidor público estiver vinculado – órgão cedente.

c) no caso de cessão para sociedade de economia mista ou empresa pública, se o servidor optar, nos termos das normas da estatal, pela remuneração do cargo efetivo ou pela remuneração do cargo efetivo acrescida de percentual da retribuição do cargo em comissão, a entidade cessionária efetuará o reembolso das despesas realizadas pelo órgão ou entidade de origem

Se for a União que estiver requisitando servidor, ou seja, ela sendo a cessionária, aplicam-se, também, as mesmas regras quanto à remuneração. Desse modo, por exemplo, se um Analista Judiciário do Supremo Tribunal Federal for cedido para exercer cargo em comissão no Ministério da Justiça, o ônus da remuneração continuará com o Tribunal. Por outro lado, se o mesmo Analista for cedido para exercer cargo em comissão na Secretaria de Estado da Justiça do Estado do Ceará, este Estado é que arcará com a remuneração.

O **afastamento para exercício de mandato eletivo** (art. 94) não pode ser confundido com a licença para atividade política, pois esta tem a finalidade de possibilitar ao servidor fazer sua campanha e aquela já é **destinada ao servidor eleito.** A Lei nº 8.112/90 segue a disciplina estabelecida na Constituição Federal, no art. 38, ou seja, se eleito para mandato de vereador, poderá acumular a remuneração ou subsídio de seu cargo, emprego ou função com o subsídio de vereador, desde que haja compatibilidade de horários, mas, se os horários forem conflitantes, será afastado de seu cargo público e poderá optar pela remuneração. Caso eleito para mandato de Prefeito ou de Vice-Prefeito[25], será afastado de seu cargo e poderá optar pela remuneração. Todavia, se for eleito para mandato eletivo federal, estadual e distrital, será afastado de seu cargo e não poderá escolher a remuneração, devendo receber o subsídio referente ao mandato eletivo. O servidor, ao ser afastado, continuará contribuindo para a seguridade social como se em exercício estivesse e seu tempo será considerado como de efetivo exercício, exceto para promoção por merecimento (art. 102, V), bem como enquanto estiver investido em mandato eletivo, o servidor não poderá ser removido ou redistribuído de ofício para localidade diversa daquela onde exerce o mandato (art. 94, § 2º).

O **afastamento para estudo ou missão no exterior** (artigos 95 e 96) é concedido, a **critério da Administração, para estudo ou missão oficial,** desde que haja autorização, conforme o caso, do Presidente da República ou Presidente dos Órgãos do Poder Legislativo ou do Presidente do Supremo Tribunal Federal. A duração máxima é de quatro anos e, após o encerramento do estudo ou missão, só poderá ser concedido outro afastamento igual se decorrer o prazo que durou o primeiro. O servidor só poderá requerer exoneração ou usufruir licença para tratar de interesses particulares após ter decorrido período igual ao do afastamento, salvo se fizer o ressarcimento de toda a despesa. Esse afastamento, no que se refere à forma, às condições, às hipóteses e à remuneração, será disciplinado por regulamento. Todavia, se o afastamento for para servir em

25. STF, RE 140.269/RJ.

organismo internacional de que o Brasil participe ou com o qual coopere, haverá perda total da remuneração (receberá do organismo internacional).

Por fim, tem-se o **afastamento para participação em programa de pós-graduação *stricto sensu* no País** (art. 96-A). Esse afastamento é **remunerado** e é **concedido, a critério da Administração,** desde que a participação do servidor em programa de pós-graduação *stricto sensu* em instituição de ensino superior no País não possa ocorrer simultaneamente com o exercício do cargo ou mediante compensação de horário. Exige-se para os programas de mestrado e doutorado que o servidor seja titular de cargo efetivo no órgão ou entidade, respectivamente, há três e quatro anos, que não tenha se afastado por licença para tratar de assuntos particulares ou para gozo de licença para capacitação ou que não tenha já se afastado para frequentar programa de pós-graduação *stricto sensu* nos dois anos anteriores. Após o término do afastamento, o servidor deve permanecer no exercício de suas funções pelo mesmo período em que esteve afastado, caso contrário terá que ressarcir os gastos realizados, o que, também, ocorrerá se não obtiver o título (mestre ou doutor), salvo comprovada força maior ou caso fortuito.

LICENÇAS E AFASTAMENTOS	
• **Licença para tratar de interesses particulares** • **Licença por motivo de afastamento de cônjuge**	- Sem remuneração - Tempo não é aproveitado (salvo art.183, § 3º)
• **Licença para desempenho de mandato classista**	- Sem remuneração - Tempo de efetivo exercício, exceto para promoção por merecimento
• **Licença para capacitação** • **Afastamento para participação em programa de pós-graduação stricto sensu no País**	- Com remuneração - Tempo de efetivo exercício
• **Licença para o serviço militar** • **Afastamento para estudo ou missão no exterior**	- Forma, condições e remuneração previstas em lei específica (serviço militar) ou em regulamento (estudo ou missão) - Tempo de efetivo exercício
• **Licença para atividade política**	- Sem remuneração e tempo não é aproveitado (salvo art. 183, § 3º): período entre a escolha como candidato e o registro na Justiça Eleitoral - Com remuneração e tempo conta somente para aposentadoria e disponibilidade: a partir do registro na Justiça Eleitoral e até o 10º dia seguinte às eleições

LICENÇAS E AFASTAMENTOS	
• **Licença por motivo de doença em pessoa da família**	- Com remuneração: 60 dias: a) 30 dias iniciais: tempo de efetivo exercício; b) 30 dias seguintes: somente para aposentadoria e disponibilidade - Sem remuneração: 90 dias; tempo não é aproveitado (salvo art. 183, § 3º)
• **Afastamento para desempenho de mandato eletivo**	- Remuneração: depende do cargo eletivo - Tempo de efetivo exercício, exceto para promoção para merecimento

4.5. Concessões

Nos artigos 97 a 99, a Lei nº 8.112/90 disciplina situações em que o servidor poderá se ausentar do serviço, ou terá horário especial ou terá direito a matrícula em instituição de ensino congênere.

O servidor poderá **ausentar-se do serviço**:

a) por **um dia**, no caso de doação de sangue;

b) pelo **período** comprovadamente **necessário** para **alistamento ou recadastramento eleitoral, limitado,** em qualquer caso, **a dois dias**;[26]

c) por **oito dias** consecutivos em razão de casamento e falecimento do cônjuge, companheiro, pais, madrasta ou padrasto, filhos, enteados, menor sob guarda ou tutela e irmãos.

Fará jus ao **horário especial**:

a) o **servidor estudante** quando houver incompatibilidade entre o horário escolar e o da repartição, devendo fazer a compensação do horário;

b) o **servidor portador de deficiência**, se comprovada necessidade por junta médica oficial, sem a compensação (há redução da jornada);

c) o **servidor que tiver cônjuge, filho ou dependente portador de deficiência física.** A lei exigia a compensação de horário, mas com a nova redação do § 3º, dada pela Lei nº 13.370/16, tal exigência foi revogada;

d) o **servidor que for instrutor na administração ou que participar de banca examinadora de concurso**, desde que faça a compensação no prazo de um ano (só receberá a gratificação por encargo de curso e concurso se fizer a compensação).

---

26. O inciso II do art. 97, em sua redação anterior, estabelecia que o servidor poderia se ausentar por 2 dois dias para se alistar como eleitor, mas sua redação foi alterada pela Lei nº 12.998/14 e, agora, o período máximo de ausência é de 2 dias e, assim, pode ser menor.

Se o servidor for deslocado no interesse da Administração, caso ele ou o cônjuge ou companheiro, ou seus filhos ou enteados (que vivam na sua companhia), ou os menores sob sua guarda (com autorização judicial) sejam estudantes, será assegurada a **matrícula em instituição de ensino congênere** (privada para privada; pública para pública) na nova localidade, em qualquer época, independente de vaga. Excepcionalmente, o Supremo Tribunal Federal, na ADI 3.324/DF, decidiu que, se a remoção for para lugar em que não haja instituição privada que ofereça o curso em que estava matriculado, terá direito a matrícula em instituição pública que tenha o curso.

4.6. Tempo de serviço

A Lei nº 8.112/90 traz disposições referentes ao tempo de serviço nos artigos 100 a 103.

Na Constituição Federal, art. 40, § § 9º e 10, há a determinação de que o tempo de contribuição federal, estadual ou municipal será contado para efeito de aposentadoria, e o tempo de serviço correspondente para efeito de disponibilidade e, ainda, que a lei não poderá estabelecer qualquer forma de contagem de tempo de contribuição fictício.

Dessa forma, após as alterações realizadas no texto constitucional, **somente o tempo de contribuição interessa para a aposentadoria,** mas o **tempo de serviço** (trabalhou, mas não contribuiu para a previdência) **ainda é útil e sua contagem serve para efeito de disponibilidade,** pois, nesta a remuneração é proporcional ao tempo de serviço (e não de contribuição), para promoção e outras finalidades.

Viu-se que há algumas licenças em que o servidor não tem remuneração como, por exemplo, a licença para tratar de interesses particulares, a licença para tratamento de saúde de pessoa da família (após os sessenta dias), a licença para a atividade política (período entre a escolha como candidato em convenção e o registro na justiça eleitoral). Nesses casos, como regra, como não há remuneração, o período de licença não é contado para nenhum fim.

Entretanto, o art. 183, § 3º, assegura ao servidor licenciado ou afastado sem remuneração "a manutenção da vinculação ao regime do Plano de Seguridade Social do Servidor Público, mediante o recolhimento mensal da respectiva contribuição, no mesmo percentual devido pelos servidores em atividade, incidente sobre a remuneração total do cargo a que faz jus no exercício de suas atribuições, computando-se, para esse efeito, inclusive, as vantagens pessoais" e o § 4º determina que o pagamento "deve ser efetuado até o segundo dia útil após a data do pagamento das remunerações dos servidores públicos, aplicando-se os procedimentos de cobrança e execução dos tributos federais quando não recolhidas na data de vencimento". Assim, a regra é que, não havendo remuneração, não há contribuição e o tempo não é contado, mas a lei permite que o servidor continue recolhendo a contribuição e, assim, manterá o vínculo com o Plano de Seguridade Social e o tempo será aproveitado para aposentadoria[27].

Para a resolução das provas é importante a memorização das hipóteses em que o tempo é contado como de efetivo exercício ou, apenas, para aposentadoria e disponibilidade.

TEMPO DE SERVIÇO	
Efetivo exercício	**Somente para aposentadoria e disponibilidade**
• tempo de serviço público federal (conta para todos os fins) • exercício de cargo em comissão ou equivalente, em órgão ou entidade dos Poderes da União, dos Estados, Municípios e Distrito Federal (cessão de servidor federal) • exercício de cargo ou função de governo ou administração, em qualquer parte do território nacional, por nomeação do Presidente da República	• tempo de serviço público prestado aos Estados, Municípios e Distrito Federal • tempo de serviço em atividade privada, vinculada à Previdência Social
• serviço militar federal (Forças Armadas; conta para todos os fins)	• tempo de serviço relativo a tiro de guerra
• desempenho de mandato eletivo federal, estadual, municipal ou do Distrito Federal, exceto para promoção por merecimento	• desempenho de mandato eletivo federal, estadual, municipal ou distrital, anterior ao ingresso no serviço público federal
• licença para tratamento da própria saúde, até o limite de vinte e quatro meses, cumulativo ao longo do tempo de serviço público prestado à União, em cargo de provimento efetivo	• licença para tratamento da própria saúde, além do limite de vinte e quatro meses, cumulativo ao longo do tempo de serviço público prestado à União, em cargo de provimento efetivo
• licença para tratamento de saúde de pessoal da família do servidor, com remuneração, até trinta dias, em período de doze meses	• licença para tratamento de saúde de pessoal da família do servidor, com remuneração, que exceder a trinta dias, em período de 12 doze meses

27. Nesse sentido, por exemplo, ver art. 15, § 3º da Resolução 159, de 8/11/2011, do Conselho da Justiça Federal.

TEMPO DE SERVIÇO	
Efetivo exercício	**Somente para aposentadoria e disponibilidade**
• ausências do art. 97 (alistamento eleitoral, doação de sangue, casamento, etc.) • férias • participação em programa de treinamento ou em programa de pós-graduação *stricto sensu* no País • júri e outros serviços obrigatórios por lei • missão ou estudo no exterior, quando autorizado o afastamento • licença à gestante, à adotante e à paternidade • licença para o desempenho de mandato classista ou participação de gerência ou administração em sociedade cooperativa constituída por servidores para prestar serviços a seus membros, exceto para efeito de promoção por merecimento • licença por motivo de acidente em serviço ou doença profissional • licença para capacitação • licença por convocação para o serviço militar • deslocamento para a nova sede (período de trânsito para o servidor que deva ter exercício em outro Município por ter sido removido, redistribuído, requisitado, cedido ou posto em exercício provisório) • participação em competição desportiva nacional ou convocação para integrar representação desportiva nacional, no País ou no exterior • afastamento para servir em organismo internacional de que o Brasil participe ou com o qual coopere	• licença para atividade política, com remuneração (do registro da candidatura na Justiça Eleitoral até dez dias após as eleições)

4.7. Direito de petição

A Constituição Federal, no art. 5º, XXXIV, "a", assegura a todos o direito de petição contra ilegalidade ou abuso de poder ou em defesa de direito. Nessa esteira, a Lei nº 8.112/90 garante o direito de petição ao servidor nos artigos 104 a 115.

O **servidor tem direito de requerer em defesa de direito ou interesse legítimo** (art. 104) e, para tanto, está previsto o uso do requerimento, do pedido de reconsideração e do recurso administrativo. Para viabilizar esse direito, fica garantido ao servidor a vista do processo ou documento, na repartição, ao servidor ou a procurador por ele constituído (art. 113).

O **requerimento deve ser dirigido (endereçado) à autoridade que tenha competência para decidi-lo, mas, obrigatoriamente, será encaminhado por meio do chefe imediato** (art. 105). Por exemplo, pode o servidor requerer que lhe seja concedido o horário especial em razão de ser estudante, devendo apresentar o requerimento ao seu chefe direto, mas ele deve estar endereçado a quem pode tomar a decisão.

Feito o requerimento, se a autoridade decidir de forma contrária ao pleiteado pelo servidor, este poderá apresentar **pedido de reconsideração à mesma autoridade que decidiu** (só reconsidera quem considerou), conforme art. 106, no **prazo de trinta dias** (art. 108). O pedido de reconsideração também pode ser apresentado quando a autoridade expedir um ato que o servidor considere lesivo aos seus interesses como, por exemplo, se a autoridade expedir portaria alterando o horário especial anteriormente concedido.

Apresentado **o pedido de reconsideração, deverá ser despachado em cinco dias e decidido em trinta dias**, e a autoridade irá analisá-lo e poderá reconsiderar (mudar a decisão anterior) ou não reconsiderar (mantém a decisão). Caso não reconsidere, o servidor não pode interpor, novamente, o pedido de reconsideração, pois não pode ser renovado. Nessa hipótese, é possível a **interposição de recurso**, também no **prazo de trinta dias**, dirigido à autoridade superior (pedido de reconsideração é para a mesma autoridade; recurso é para a autoridade superior) e encaminhado pelo chefe direto. A autoridade ao julgar o recurso pode lhe dar provimento ou não e, caso seja denegado, o servidor poderá interpor outro recurso dirigido à autoridade superior àquela que decidiu o recurso e, assim, sucessivamente, dependendo do número de instâncias administrativas que houver no órgão.

Para exemplificar, retome-se a situação em que o servidor fez requerimento para a concessão de horário especial de estudante e este foi indeferido pela autoridade José, pelo que apresenta pedido de reconsideração ao próprio José. Se este não reconsiderar sua decisão anterior, o servidor poderá interpor recurso dirigido a João (autoridade imediatamente superior ao José) e encaminhado pelo chefe imediato (que pode ser o José ou não). Caso João não dê provimento ao recurso, o servidor poderá interpor novo recurso endereçado a Antônio (autoridade imediatamente superior ao João) e encaminhado pelo chefe imediato do servidor.

A **regra é que o recurso não tem efeito suspensivo**[28] **(não paralisa a execução da decisão proferida), mas, a juízo da autoridade competente, pode ser assim recebido** (art. 109) e se o recurso for acolhido, produzirá efeitos *ex tunc*, isto é, retroagirão à data do ato combatido.

O direito de petição do servidor tem prazo para ser exercido, senão ocorre a prescrição. Assim, consoante o art. 110, o **direito de requerer prescreve**:

a) em **cinco anos**, quanto aos atos de demissão e de cassação de aposentadoria ou disponibilidade, ou que afetem interesse patrimonial e créditos resultantes das relações de trabalho;

---

28. STJ. 1ª Seção. MS 19.488 DF. É possível o cumprimento imediato da penalidade imposta ao servidor logo após o julgamento do Processo Administrativo disciplinar e antes do recurso administrativo cabível. Assim, por exemplo, mesmo não tendo havido o "transito em julgado administrativo", pode a administração pública afastar o servidor e cessar o pagamento de sua remuneração caso a penalidade imposta tenha sido a demissão.

b) em **cento e vinte dias**, nos demais casos, salvo se houver outro prazo fixado em lei.

Esse prazo começa a ser **contado da data da publicação** (se o ato foi publicado) **ou da data em que o servidor ficou ciente** (se o ato não foi publicado). Com a interposição de pedido de reconsideração ou de recurso há a interrupção do prazo da prescrição (art. 111).

5. REGIME DISCIPLINAR

Nesse tópico serão vistos os deveres, as proibições, as penalidades e as responsabilidades atinentes aos servidores públicos civis federais, estando disciplinados nos artigos 116 a 142 da Lei nº 8.112/90.

5.1. Deveres e proibições

O estudo dos deveres e proibições é relevante porque é indispensável conhecê-los para se saber qual a penalidade a ser aplicada ao servidor infrator[29]. Por isso, devem ser memorizados.

O art. 116 estabelece que são **deveres do servidor**:

a) exercer com **zelo e dedicação** as atribuições do cargo;

b) **ser leal** às instituições a que servir;

c) **observar as normas** legais e regulamentares;

d) **cumprir as ordens superiores**, exceto quando manifestamente ilegais;

e) **atender com presteza** ao público em geral (prestando as informações requeridas, exceto as protegidas por sigilo), bem como à expedição de certidões requeridas para defesa de direito ou esclarecimento de situações de interesse pessoal e, também, às requisições para a defesa da Fazenda Pública;

f) **levar as irregularidades** de que tiver **ciência em razão do cargo** ao **conhecimento** da **autoridade superior** ou, quando houver suspeita de envolvimento desta, ao conhecimento de **outra autoridade competente** para apuração;

g) **zelar pela economia do material e a conservação do patrimônio público**;

h) **guardar sigilo** sobre assunto da repartição;

i) manter **conduta compatível com a moralidade administrativa**;

j) ser **assíduo e pontual** ao serviço;

k) tratar com urbanidade as pessoas;

l) **representar contra ilegalidade, omissão ou abuso de poder**.

Por sua vez, o art. 117 enumera as **proibições**:

---

29. Ver item 1.5.4.

a) **ausentar-se do serviço** durante o expediente, sem prévia autorização do chefe imediato;

b) **retirar,** sem prévia anuência da autoridade competente, qualquer **documento ou objeto da repartição;**

c) **recusar fé a documentos públicos;**

d) **opor resistência injustificada ao andamento** de documento e processo ou execução de serviço;

e) **promover manifestação de apreço ou desapreço** no recinto da repartição;

f) **cometer (atribuir) a pessoa estranha à repartição,** fora dos casos previstos em lei, o **desempenho de atribuição** que seja de sua responsabilidade ou de seu subordinado;

g) **coagir ou aliciar subordinados** para que se filiem a associação profissional ou sindical, ou a partido político;

h) **manter sob sua chefia imediata, em cargo ou função de confiança, cônjuge, companheiro ou parente até o segundo grau civil;**

i) **valer-se do cargo para lograr proveito** pessoal ou de outrem, em detrimento da dignidade da função pública;

j) **participar de gerência ou administração de sociedade** privada, personificada ou não personificada, exercer o comércio, exceto na qualidade de acionista, cotista ou comanditário, exceto se o servidor estiver em gozo de licença para tratar de interesses particulares (observada a legislação sobre conflito de interesses) ou se o servidor participar nos conselhos de administração e fiscal de empresas ou entidades em que a União detenha, direta ou indiretamente, participação no capital social ou em sociedade cooperativa constituída para prestar serviços a seus membros;

k) **atuar, como procurador ou intermediário,** junto a repartições públicas, salvo quando se tratar de benefícios previdenciários ou assistenciais de parentes até o segundo grau, e de cônjuge ou companheiro;

l) **receber propina, comissão, presente ou vantagem** de qualquer espécie, em razão de suas atribuições;

m) **aceitar comissão, emprego ou pensão de Estado estrangeiro;**

n) **praticar usura** (agiotagem) sob qualquer de suas formas;

o) proceder de **forma desidiosa** (negligente);

p) **utilizar pessoal ou recursos materiais da repartição em serviços ou atividades particulares;**

q) **cometer (atribuir) a outro servidor atribuições estranhas ao cargo que ocupa,** exceto em situações de emergência e transitórias;

r) **exercer quaisquer atividades que sejam incompatíveis com o exercício do cargo ou função e com o horário de trabalho** (por exemplo, Analista Judiciário não pode advogar);

s) **recusar-se a atualizar seus dados cadastrais** quando solicitado.

5.2. Acumulação

Em relação à acumulação remunerada de cargos públicos, a Lei nº 8.112/90 cuida do assunto nos artigos 118 a 120. Entretanto, a matéria segue a disciplina constitucional existente no art. 37, XVI, melhor abordada no capítulo anterior[30].

A Lei nº 8.112/90, todavia, estabelece regras para a **acumulação dos cargos em comissão.** O art. 119 determina que, **em regra, não é possível ao servidor exercer mais de um cargo em comissão, salvo se for na condição de interino** (art. 9º) e, também, não pode ser remunerado pela participação em órgão de deliberação coletiva (exceto se for em conselhos de administração e fiscal das empresas públicas e sociedades de economia mista, suas subsidiárias e controladas, bem como quaisquer empresas ou entidades em que a União, direta ou indiretamente, detenha participação no capital social).

Já, o art. 120 estabelece que o servidor que **acumula licitamente dois cargos** públicos efetivos, quando for **investido em cargo em comissão,** deverá ser **afastado de ambos os cargos,** exceto se houver **compatibilidade** de local e horário com um deles e isso for declarado pelas autoridades máximas dos órgãos envolvidos.

5.3. Responsabilidades

O servidor deve exercer suas atribuições de maneira regular, em conformidade com o ordenamento jurídico e será responsabilizado quando atuar de maneira irregular, infringindo algum dispositivo normativo.

Há diferentes esferas de responsabilização, e o servidor, com um ato só, pode ser responsabilizado em todas. Por isso, **responde civil, penal e administrativamente pelo exercício irregular de suas atribuições** (art. 121).

Imagine um Oficial de Justiça Avaliador Federal que, em cumprimento de mandado de busca e apreensão de determinados bens em uma empresa, apropria-se indevidamente de um bem cuja apreensão não fora determinada. Nessa hipótese, com sua atitude indevida, causará dano patrimonial ao proprietário do bem, cometerá infração administrativa e, ainda, estará cometendo crime de peculato e, desse modo, responderá, respectivamente, nas esferas cível, administrativa e penal.

Nos termos do art. 37, § 6º da Constituição Federal **a regra é que o Estado responda pelos atos de seus agentes, agindo nessa qualidade, de maneira objetiva,** ou seja, independentemente se o servidor atuou com dolo ou culpa ou sem nenhum dos dois, se ficar demonstrado que houve o dano e que foi o agente público que causou, o Estado deverá indenizar a vítima. Todavia, **o Estado poderá se voltar contra o agente público se este agiu com dolo ou culpa (ação regressiva), pois a responsabilidade do servidor é subjetiva.**

Assim, no exemplo dado, o proprietário do bem que fora apropriado pelo servidor poderá ajuizar ação de reparação de danos em face da União e esta o indenizará, desde que fique comprovado o fato. Posteriormente, a União ajuizará ação

30. Ver item 2.3 do capítulo 3.

regressiva em face do servidor e este deverá reparar o prejuízo causado (art. 122, § 2º), pois na situação exemplificada o servidor atuou com dolo e, por isso, inclusive, a preferência será pela constrição judicial de seus bens e, somente na inexistência destes, é que o débito poderá ser pago na forma prevista no art. 46 (desconto da remuneração, inclusive parcelado)[31], conforme o art. 122, § 1º. Se, por acaso, o servidor que causou o prejuízo falecer, **a obrigação de reparação se estende aos seus sucessores, até o limite da herança por eles recebida** (se não houver herança, não responderão pelo dano), consoante art. 122, § 3º. É a **responsabilidade civil**. Além da reparação do dano, pode ser proposta ação de improbidade contra o servidor e este pode ser condenado à perda da função pública, à suspensão dos direitos políticos, entre outras penalidades previstas no art. 12 da Lei nº 8.429/92.

Na **esfera penal**, deverá ser instaurado inquérito policial e, caso o representante do Ministério Público fique convencido da prática da infração penal, será oferecida denúncia contra o servidor e poderá ser condenado à pena de reclusão de 2 a 12 anos, nos termos do art. 312 do Código Penal. É a **responsabilidade penal**.

Além disso, ainda resta a **esfera administrativa**, na qual será instaurado processo administrativo disciplinar e, caso haja a comprovação da conduta, a pena a ser aplicada ao servidor é a demissão, consoante o art. 132, I, da Lei nº 8.112/90. É a **responsabilidade administrativa**.

A regra, de acordo com o art. 125, é que **as sanções penais, administrativas e civis podem cumular-se, pois são independentes entre si**. No entanto, **a exceção** se dá quando na esfera penal o **servidor for absolvido em razão da inexistência do fato ou da negativa de autoria** (art. 126). Qualquer outro motivo que tenha sido absolvido não interferirá na esfera administrativa. Dessa forma, no exemplo dado anteriormente, se o Juiz absolver o servidor por entender que não há prova de que ele concorreu para a prática do crime ou de que a infração realmente ocorreu (art. 386, II e V, do Código de Processo Penal), mesmo assim poderá o servidor ser demitido na esfera administrativa.

A Lei nº 12.527/11 (Lei de Acesso à Informação) fez duas alterações na Lei nº 8.112/90. É dever do servidor levar ao conhecimento de seu superior qualquer irregularidade que tiver ciência em razão do cargo e, também, com a alteração legislativa feita no inciso VI do art. 116, passou a ser dever, caso o seu superior esteja envolvido, noticiar o fato à autoridade competente para apuração. Em consequência, para evitar represália, incluiu-se o art. 126-A, pelo qual "nenhum servidor poderá ser responsabilizado civil, penal ou administrativamente por dar ciência à autoridade superior ou, quando houver suspeita de envolvimento desta, a outra autoridade competente para apuração de informação concernente à prática de crimes ou improbidade de que tenha conhecimento, ainda que em decorrência do exercício de cargo, emprego ou função pública".

5.4. Penalidades

As **penas** que podem ser aplicadas ao servidor são (art. 127):

a) advertência;

b) suspensão;

31. Ver item 1.4.1 deste capítulo.

c) multa;

d) demissão;

e) cassação de aposentadoria e disponibilidade;

f) destituição de cargo em comissão;

g) destituição de função de confiança.

Independente de qual seja a pena, sua **aplicação somente poderá ocorrer após a instauração de sindicância ou de processo administrativo** (dependendo da pena), assegurando-se a **ampla defesa e o contraditório** ao servidor.

De acordo com ao art. 128, a autoridade administrativa deve levar em conta **a natureza e a gravidade da infração cometida e os danos por ela causados,** bem como as circunstâncias agravantes ou atenuantes e os antecedentes funcionais. É obrigatório que o ato de imposição da penalidade mencione o **dispositivo legal e a causa da sanção disciplinar.**

Tal previsão legal deve ser compreendida nos casos em que há discricionariedade para que o administrador faça a dosimetria da sanção como, por exemplo, ocorre na pena de suspensão e, nessa esteira, há a Súmula 650 do STJ: **"A autoridade administrativa não dispõe de discricionariedade para aplicar ao servidor pena diversa de demissão quando caraterizadas as hipóteses previstas no art. 132 da Lei nº 8.112/1990".**

A pena de **advertência** é uma **repreensão feita por escrito e anotada no prontuário do servidor.** Tem cabimento, conforme o art. 129, quando se tratar de violação dos deveres funcionais constantes do art. 117, I a VIII e XIX, ou quando houver a inobservância de dever funcional previsto em lei, regulamento ou norma interna, e não haja justificativa para a aplicação de pena mais grave.

ADVERTÊNCIA
• inobservar dever funcional previsto em lei, regulamento ou norma interna e não haver justificativa para a aplicação de pena mais grave • ausentar-se do serviço durante o expediente, sem prévia autorização do chefe imediato • retirar, sem prévia anuência da autoridade competente, qualquer documento ou objeto da repartição • recusar fé a documentos públicos • opor resistência injustificada ao andamento de documento e processo ou execução de serviço • promover manifestação de apreço ou desapreço no recinto da repartição • cometer a pessoa estranha à repartição, fora dos casos previstos em lei, o desempenho de atribuição que seja de sua responsabilidade ou de seu subordinado • coagir ou aliciar subordinados no sentido de filiarem-se a associação profissional ou sindical, ou a partido político • manter sob sua chefia imediata, em cargo ou função de confiança, cônjuge, companheiro ou parente até o segundo grau civil • recusar-se a atualizar seus dados cadastrais quando solicitado

A **suspensão** é a penalidade pela qual o **servidor é proibido de trabalhar e, em consequência, não percebe remuneração no período e este não é aproveitado para nenhum fim**. Dependendo da situação, **a critério da Administração (e não do servidor), a suspensão pode ser substituída por multa no valor equivalente a 50% por dia da remuneração do servidor e este continua a trabalhar** (art. 130, § 2º). Por exemplo, o servidor recebeu uma pena de suspensão de quinze dias e não há, naquele momento, outro servidor para substituí-lo; nesse caso, pode a autoridade administrativa fazer com que ele permaneça em serviço, trabalhando normalmente, mas somente receberá metade da remuneração a que faria jus durante os quinze dias.

A **suspensão é cabível** (art. 130, *caput* e § 1º):

a) quando houver reincidência de falta punida com advertência;

b) nos casos de violação das proibições que não sejam punidas com demissão, isto é, nas situações previstas no art. 117, XVII e XVIII;

c) quando o servidor se recusar, injustificadamente, a se submeter a inspeção médica determinada pela autoridade competente (a partir do momento que se submeter a inspeção, cessam os efeitos da pena).

A lei não estabeleceu a quantidade exata de dias de suspensão para cada tipo de infração cometida e determina que a pena de suspensão terá duração de até noventa dias, salvo a recusa à inspeção médica, quando o prazo máximo será de quinze dias.

SUSPENSÃO (ATÉ 90 DIAS)
• reincidência de falta punida com advertência
• recusa injustificada a se submeter a inspeção médica (até 15 dias)
• cometer a outro servidor atribuições estranhas ao cargo que ocupa, exceto em situações de emergência e transitórias
• exercer quaisquer atividades que sejam incompatíveis com o exercício do cargo ou função e com o horário de trabalho

Tanto a pena de **advertência** quanto a de **suspensão** terão seus **registros cancelados** do assentamento do servidor, desde que (art. 131):

a) tenha transcorrido o prazo de **três** anos, para a advertência, e de **cinco** anos, para a suspensão, de efetivo exercício;

b) o servidor não tenha cometido nova infração disciplinar.

Esse cancelamento, entretanto, não retroage, quer dizer, só não vai mais constar que o servidor foi advertido ou suspenso e, assim, não pode, por exemplo, querer receber a remuneração que não teve enquanto cumpria a suspensão.

Pela pena de **demissão** o **servidor titular de cargo efetivo é desligado compulsoriamente da Administração Pública**. São várias as **hipóteses de cabimento**:

a) art. 117, IX a XVI;

b) art. 132, I a XII.

Para o ocupante exclusivamente de cargo em comissão (não tem cargo efetivo), não se fala em demissão, pois se aplica a pena de **destituição de cargo em comissão, cabível nos casos de demissão e, ainda, nos casos puníveis com suspensão** (art. 135). Desse modo, o ocupante exclusivamente de cargo em comissão não pode ser suspenso e, quando se tratar de infração que tem como pena prevista a suspensão (aplicável para o ocupante de cargo efetivo), deverá ser destituído do cargo em comissão.

Aqui, poderia se pensar qual a diferença em se aplicar penalidade a um ocupante de cargo em comissão, se a autoridade pode, simplesmente, exonerá-lo a qualquer tempo. Ocorre que, dependendo do motivo pelo qual o servidor foi demitido ou destituído do cargo em comissão, ele pode ter que aguardar um prazo para retornar ao serviço público federal ou pode nunca mais retornar.

De fato, o art. 137 da Lei nº 8.112/90 estabelece que, se a demissão ou a destituição se deu em razão da prática:

a) das infrações previstas no art. 117, IX e XI, o servidor **não poderá retornar** no prazo de **cinco anos** ao serviço público federal;

b) das infrações previstas no art. 132, I, IV, VIII, X e XI, **não poderá mais retornar** ao serviço público federal[32];

c) das demais infrações com previsão de pena de demissão, **não há restrição** ao retorno do servidor à esfera federal.

Dentre as infrações cuja pena prevista é a demissão, nos termos do art. 136, há algumas que ensejam a indisponibilidade dos bens do servidor e o ressarcimento ao erário, quais sejam as descritas no art. 132, IV, VIII, X e XI.

DEMISSÃO	
Somente após 5 anos pode retornar ao serviço público federal	• valer-se do cargo para lograr proveito pessoal ou de outrem, em detrimento da dignidade da função pública • atuar, como procurador ou intermediário, junto a repartições públicas, salvo quando se tratar de benefícios previdenciários ou assistenciais de parentes até o segundo grau, e de cônjuge ou companheiro
Não pode mais retornar ao serviço público federal	• crime contra a Administração Pública ATENÇÃO! STF, na ADI nº 2975 pela inconstitucionalidade do art. 137, parágrafo único da Lei nº 8.112/1990, tendo em vista violar o art. 5º, XLVII, "b" da Constituição Federal, que veda o estabelecimento de penas de caráter perpétuo.

32. Esse dispositivo está eivado de inconstitucionalidade porque **não é possível a existência de pena perpétua** afrontando o art. 5º, XLVII, "b". Nesse sentido, inclusive, o Procurador-Geral da República ajuizou a **ADI 2.975** requerendo a declaração de sua inconstitucionalidade. Até o momento, não houve o julgamento, mas é recomendado que seu andamento seja acompanhado.

DEMISSÃO	
Não pode mais retornar ao serviço público federal Indisponibilidade dos bens e ressarcimento ao erário	• improbidade administrativa • aplicação irregular de dinheiros públicos • lesão aos cofres públicos e dilapidação do patrimônio nacional • corrupção ATENÇÃO! STF, na ADI nº 2975 pela inconstitucionalidade do art. 137, parágrafo único da Lei nº 8.112/1990, tendo em vista violar o art. 5º, XLVII, "b" da Constituição Federal, que veda o estabelecimento de penas de caráter perpétuo.
Demais casos: sem restrição de retorno ao serviço público federal	• abandono de cargo • inassiduidade habitual • incontinência pública e conduta escandalosa, na repartição • insubordinação grave em serviço • ofensa física, em serviço, a servidor ou a particular, salvo em legítima defesa própria ou de outrem • revelação de segredo do qual se apropriou em razão do cargo • acumulação ilegal de cargos, empregos ou funções públicas • participar de gerência ou administração de sociedade privada, personificada ou não personificada, exercer o comércio, exceto na qualidade de acionista, cotista ou comanditário • recebimento de propina, comissão, presente ou vantagem de qualquer espécie, em razão de suas atribuições • aceitação de comissão, emprego ou pensão de Estado estrangeiro • prática de usura sob qualquer de suas formas • procedimento desidioso • utilização pessoal ou recursos materiais da repartição em serviços ou atividades particulares

Sobre a impossibilidade de retorno ao serviço público federal por servidor demitido pela prática de crime contra a Administração Pública, improbidade administrativa, aplicação irregular de dinheiro público, lesão aos cofres públicos, dilapidação do patrimônio nacional e corrupção, entendeu o STF, na ADI nº 2975 pela inconstitucionalidade do art. 137, parágrafo único da Lei nº 8.112/1990, tendo em vista violar o art. 5º, XLVII, "b" da Constituição Federal, que veda o estabelecimento de penas de caráter perpétuo.

Ainda, há a pena de **cassação de aposentadoria e disponibilidade** que é aquela **aplicada ao servidor inativo, pela qual há o rompimento do vínculo com a Administração** e o servidor não mais receberá seus proventos. Está prevista no art. 134 da Lei nº 8.112/90 e é **aplicada quando o servidor, em atividade, praticou alguma infração cuja pena prevista é a demissão**. Assim, essa pena não é aplicada em razão de infração praticada após o servidor estar aposentado ou em disponibilidade, mas, ao contrário, o servidor a comete enquanto está em atividade e, no entanto, sua descoberta e sua apuração ocorrem após ter obtido a aposentadoria ou ter sido colocado em disponibilidade.

Quanto ao tema, o STJ já entendeu pela possibilidade de cassação de aposentadoria de servidor em razão da prática, na atividade, de falta disciplinar punível com demissão. Dessa forma, constatada a infração disciplinar praticada pelo servidor quando em atividade, o ato de aposentadoria, inobstante seu caráter contributivo, não se transforma em salvo conduto para impedir o sancionamento do infrator pela Administração Pública (MS nº 23.608-DF. Informativo nº 666).

Mais recentemente, houve julgamento da ADPF nº 418-DF, em que o STF, no mesmo sentido, decidiu pela compatibilidade da aplicação da penalidade de cassação de aposentadoria ou disponibilidade com o caráter contributivo e solidário do RPPS. Assim, a impossibilidade de aplicação de sanção administrativa ao aposentado redundaria em tratamento diverso entre servidor ativo e inativo, para o sancionamento dos mesmos ilícitos, em prejuízo do princípio da isonomia e da moralidade administrativa, representando indevida restrição ao poder disciplinar da Administração e favorecendo a impunidade.

É preciso salientar que há prazo para a Administração aplicar as penalidades ao servidor, ou seja, há a previsão da prescrição. Nesse sentido, o art. 142 estabelece que **ação disciplinar prescreve**:

a) se a infração administrativa também **for crime**, no prazo previsto na **lei penal**;
b) se a infração administrativa **não for crime**:
   - em **5 anos**, para as infrações puníveis com demissão, cassação de aposentadoria ou disponibilidade e destituição de cargo em comissão;
   - em **2 anos**, para os casos de suspensão;
   - em **180 dias** para a advertência.

Assim, no exemplo anteriormente mencionado, a infração disciplinar praticada pelo servidor está prevista no art. 132, I (crime contra a Administração Pública) e, também, constitui crime (peculato; art. 312, CP). Nesse caso, o prazo para a prescrição da infração disciplinar será o mesmo previsto na lei penal para o crime de peculato, isto é, dezesseis anos (art. 109, II, CP). Os prazos previstos na Lei nº 8.112/90 somente são aplicados se a infração não constituir crime.

ATENÇÃO! No Superior Tribunal de Justiça, o entendimento adotado era no sentido de que "quando o servidor público comete infração disciplinar também tipificada como crime, somente se aplicará o prazo prescricional da legislação penal se os fatos também forem apurados em ação penal", conforme MS 15.462/DF (14/03/2011). Ocorre que este entendimento foi alterado, ou seja, para o STJ, não há mais exigência de que o fato esteja sendo apurado na esfera penal para que se aplique o prazo prescricional previsto na lei penal. Nesse sentido: **"O prazo prescricional previsto na lei penal se aplica às infrações disciplinares também capituladas como crime independentemente da apuração criminal da conduta do servidor. Para se aplicar a regra do § 2º do art. 142 da Lei nº 8.112/90 não se exige que o fato esteja sendo apurado na esfera penal (não se exige que tenha havido oferecimento de denúncia ou instauração de inquérito policial). Se a infração disciplinar praticada for, em tese, também crime, deve ser aplicado o prazo prescricional previsto na legislação penal independentemente de qualquer outra exigência"**. STJ. 1ª Seção. MS 20.857-DF, Rel. Min. Napoleão Nunes Maia Filho, Rel. Acd. Min. Og Fernandes, julgado em 22/05/2019 (Info 651 do STJ). Destaca-se que o entendimento também vem sendo adotado pelo STF (MS 35631/DF).

De acordo com o art. 142, o **prazo de prescrição começa a correr a partir da data em que o fato se tornou conhecido** e é **interrompido** caso haja a **abertura de sindicância ou a instauração de processo administrativo**, assim permanecendo até a decisão final da autoridade competente. A partir do dia que cessar a interrupção, o prazo volta a correr na sua integralidade (zera e reinicia a contagem).

ATENÇÃO! A posição adotada no Supremo Tribunal Federal (RMS 23.436/DF, MS 30.478/DF, entre outros) é de que **a interrupção cessa após o decurso do prazo de 140 dias**, isto é, após esse período o prazo prescricional é retomado. Isso ocorre porque, tanto no STF quanto no STJ, o prazo previsto na lei para a conclusão do processo administrativo de 60 dias, prorrogável por igual período, não inclui o prazo para julgamento, que é de 20 dias (60 + 60 + 20 = 140). Nesse sentido, foi editada a Súmula nº 635 do STJ, que dispõe: **"Os prazos prescricionais previstos no art. 142 da Lei n. 8.112/1990 iniciam-se na data em que a autoridade competente para a abertura do procedimento administrativo toma conhecimento do fato, interrompem-se com o primeiro ato de instauração válido – sindicância de caráter punitivo ou processo disciplinar – e voltam a fluir por inteiro, após decorridos 140 dias desde a interrupção".**

AÇÃO DISCIPLINAR: prescrição

Infração disciplinar
- É crime → prazo previsto na **lei penal**
- Não é crime
  - **5** anos
    - demissão
    - cassação de aposentadoria ou disponibilidade
    - destituição de cargo em comissão
  - **2** anos → suspensão
  - **180** dias → advertência

Por fim, o art. 141 da Lei nº 8.112/90 elenca as autoridades competentes para a aplicação das penalidades.

APLICAÇÃO DE PENALIDADE: AUTORIDADE COMPETENTE	
• **Demissão** • **Cassação de aposentadoria ou disponibilidade**	• Presidente da República[33] • Presidente da Câmara dos Deputados • Presidente do Senado Federal • Presidente do Tribunal (STF, STJ, TRF, TRT, etc.) • Procurador-Geral da República
• **Suspensão > 30 dias**	• Autoridades hierárquicas imediatamente inferiores às acima indicadas

33. Segundo o art. 141, I da Lei nº 8.112/90, as penalidades disciplinares serão aplicadas "pelo Presidente da República, pelos Presidentes das Casas do Poder Legislativo e dos Tribunais Federais e pelo Procurador-Geral da República, quando se tratar de demissão e cassação de aposentadoria ou disponibilidade de servidor vinculado ao respectivo Poder, órgão, ou entidade". Com base no art. 84, IV, "a" da CF, foi editado o Decreto nº 3.035/99, pelo qual o Presidente delegou aos Ministros de Estado e ao AGU a atribuição de julgar processos administrativos disciplinares e aplicar penalidades aos servidores públicos a eles vinculados, nas hipóteses de demissão e cassação de aposentadoria ou disponibilidade. Todavia, o recurso administrativo no processo disciplinar será dirigido ao Presidente da República. (MS 17.449-DF, Rel. Min. Mauro Campbell Marques, Primeira Seção, por maioria, julgado em 14/08/2019, DJe 01/10/2019. Informativo nº 657 do STJ)

• **Advertência** • **Suspensão ≤ 30 dias**	• Chefe da repartição e outras autoridades na forma dos respectivos regimentos ou regulamentos
• **Destituição de cargo em comissão**	• Autoridade que fez a nomeação

6. PROCESSO ADMINISTRATIVO DISCIPLINAR

A apuração de uma infração disciplinar pode se dar **de ofício ou a requerimento.**

Quando algum servidor comete alguma infração funcional e a autoridade administrativa tem ciência disso, é seu **dever promover a apuração imediata** (art. 143). De outro lado, essa falta funcional pode ser denunciada por qualquer um que dela tenha ciência, mas **a** denúncia somente será objeto de apuração se contiver a **identificação e** o **endereço do denunciante**, bem como deve ser formulada **por escrito, confirmando-se sua autenticidade**. Haverá o arquivamento da denúncia, se narrar fato que não se caracteriza como infração administrativa ou penal (art. 144).

ATENÇÃO! A exigência de identificação do denunciante, constante do art. 144, não pode ser vista como um obstáculo formal instransponível. Tal previsão legal é compatível com a vedação ao anonimato prevista no art. 5º, IV, da Constituição Federal, mas não pode lhe ser dado caráter absoluto, pois, também, possuem assento constitucional a tutela do interesse público, da moralidade administrativa, da legalidade, do controle da Administração Pública. Dessa forma, quando uma infração for noticiada por meio de **denúncia anônima**, não pode, de plano, ser descartada pelo simples motivo de ser apócrifa. Cabe à Administração, inclusive por força do princípio da autotutela, sindicar acerca da verossimilhança da ilicitude comunicada.

Nesse sentido é a jurisprudência do STJ, que tem a seguinte tese: "É possível a instauração de processo administrativo com base em denúncia anônima". Entretanto, essa tese deve ser vista no sentido de que o "STJ vem decidindo que não há nulidade na instauração de Processo Administrativo Disciplinar instaurado após a realização de investigação preliminar para averiguar o conteúdo de denúncia anônima, na medida em que, na forma do art. 143 da Lei 8.112/1990, a autoridade que tiver ciência de irregularidade no serviço público é obrigada a promover a sua apuração imediata [...]", conforme o MS 21084/DF (1ª Seção, julgado em 26/10/2016).

Aliás, o STJ consolidou seu entendimento no enunciado sumular nº 611, com o seguinte teor: Desde que devidamente motivada e com amparo em investigação ou sindicância, é possível a instauração de processo administrativo disciplinar com base em denúncia anônima, em face do poder-dever de autotutela imposto à Administração. (STJ. 1ª Seção. Aprovada em 09/05/2018, DJe 14/05/2018).

No STF, no sentido da argumentação, pode ser mencionado o RMS 29.198 (2ª Turma, julgado em 20/10/2012), no qual a Min. Carmem Lúcia afirma que "não pode a Administração, como é óbvio, instaurar o processo administrativo disciplinar contra servidor com base única e exclusiva nas imputações feitas em denúncias anônimas, sendo exigível, no entanto, conforme enfatizado, a realização de um procedimento preliminar que apure os fatos narrados e a eventual procedência da denúncia".

A apuração de infração disciplinar pode ser feita por sindicância ou por processo administrativo disciplinar (art. 143). De qualquer forma, independente da nomenclatura usada, qualquer apuração administrativa que dela, por si só, possa decorrer a possível aplicação de penalidade ao servidor, **somente será válida se forem assegurados o contraditório e a ampla defesa**, consoante ao art. 5º, LV, da Constituição Federal.

ATENÇÃO! A Lei Estadual nº 10.261/68 (estatuto dos servidores públicos do estado de São Paulo) previa em seu art. 271, parágrafo único, definia **verdade sabida** como "o conhecimento pessoal e direto de falta por parte da autoridade competente para aplicar a pena" e o *caput* do mesmo artigo previa que, nessa hipótese, seria possível a aplicação da pena de repreensão ou de suspensão sem a necessidade de instauração do processo disciplinar. Tratava-se de dispositivo inconstitucional, como bem afirma Maria Sylvia Zanella Di Pietro[34], e que não consta da Lei nº 8.112/90. Hoje, esse dispositivo foi alterado e esse instituto não existe mais no estatuto paulista. No estatuto federal, e em qualquer outro, qualquer punição somente terá lugar se, previamente, houve a devida apuração em obediência ao princípio da ampla defesa.

Nos termos da Lei nº 8.112/90, essa apuração disciplinar é denominada, em termos gerais, processo administrativo disciplinar ou processo disciplinar que, na verdade, tem duas espécies, a sindicância e o processo administrativo disciplinar em sentido estrito (PAD)[35].

A escolha entre as duas formas administrativas dependerá da infração cometida, porque há casos em que são admitidas as duas formas e há situação em que só é possível o processo administrativo disciplinar.

De qualquer maneira, em linhas gerais, havendo a **ciência da autoridade** competente da prática de uma infração administrativa, esta **deverá ser apurada.** Para tanto, a autoridade competente determinará a **abertura de sindicância ou a instauração de processo administrativo disciplinar e constituirá comissão** e esta irá conduzir a **apuração** e, no fim, fará um **relatório** sobre a inocência ou a responsabilidade do servidor, que será encaminhado à autoridade com competência para a **aplicação da penalidade proposta**.

6.1. Sindicância

A **sindicância** pode ser usada de **duas formas:**

a) **sindicância inquisitória ou investigativa**: pode ser utilizada para qualquer tipo de infração, pois dela **não decorrerá nenhuma punição** ao servidor e, na verdade, servirá de **procedimento administrativo preparatório** (mas não necessário) para a futura instauração de processo administrativo disciplinar. Nessa situação tem-se, apenas, uma **apuração preliminar**, uma **investigação** e, nesse sentido, **não há garantia de ampla defesa e contraditório** ao servidor, porque isso deverá ocorrer no curso do processo administrativo que, necessariamente, deverá ser instaurado. Um exemplo de uso da sindicância inquisitória pode ser a apuração de denúncia anônima.

---

34. *Direito administrativo*. 27. ed. São Paulo: Atlas, 2014. p. 714.
35. Quando se usar a expressão processo administrativo disciplinar daqui em diante, a referência estará sendo feita a essa espécie.

b) **sindicância punitiva ou acusatória**: é o **procedimento administrativo por meio** do qual poderá decorrer a **aplicação de penalidade diretamente ao servidor**, sem necessidade de instauração de processo administrativo e, portanto, **indispensável é a garantia da ampla defesa e do contraditório**, sob pena de nulidade[36].

Aliás, quanto à ampla defesa, há a **Súmula Vinculante nº 5**, pela qual a "falta de defesa técnica por advogado no processo administrativo disciplinar não ofende a Constituição". Nos termos do **art. 156** da Lei nº 8.112/90, **é direito do servidor acompanhar todo o processo, pessoalmente ou por meio de procurador**. Assim, a posição adotada no Supremo Tribunal Federal é que a **assistência de advogado é faculdade do servidor**.

De acordo com a Lei nº 8.112/90, no segundo sentido, ou seja, quanto à **sindicância punitiva ou acusatória**, esta somente poderá ser usada para a aplicação das penalidades de advertência e de suspensão até trinta dias, conforme o art. 145. Ainda em conformidade com esse dispositivo legal, uma vez aberta, a **sindicância poderá resultar**:

a) no **arquivamento** do processo;

b) na aplicação de **penalidade** de **advertência ou suspensão de até trinta dias**;

c) na instauração de **processo disciplinar**.

Assim, se for infração que a punição a ser aplicada seja **advertência ou suspensão de até trinta dias**, é possível fazê-lo por **sindicância** (sindicância acusatória; com ampla defesa e contraditório). Entretanto, se no curso desta for constatado que a pena para a irregularidade cometida é **suspensão maior que trinta dias, demissão, cassação de aposentadoria ou disponibilidade e destituição de cargo em comissão**, a sindicância deverá ser encerrada e, obrigatoriamente, será instaurado **processo administrativo disciplinar** (art. 146), e os autos da sindicância farão parte do processo instaurado, como peça informativa da instrução (art. 154). De outra forma, essa **instauração prévia da sindicância não é obrigatória**, pois, se todos os elementos necessários já estiverem disponíveis, o processo será instaurado diretamente. Também, **não é exclusividade o uso da sindicância para a apuração de infração punida com advertência ou suspensão até trinta dias**, pois o processo administrativo pode ser usado para qualquer infração.

---

36. Nesse sentido, o Supremo Tribunal Federal, no RMS 22.789/RJ, decidiu que, se é decorrência do sistema da Lei nº 8.112/90 a apuração de irregularidade no serviço público por "sindicância ou processo administrativo, assegurada ao acusado ampla defesa (art. 143), um desses dois procedimentos terá de ser adotado para essa apuração, o que implica dizer que o processo administrativo não pressupõe necessariamente a existência de uma sindicância, mas, se o instaurado for a sindicância, é preciso distinguir: se dela resultar a instauração do processo administrativo disciplinar, é ela mero procedimento preparatório deste, e neste é que será imprescindível se dê a ampla defesa do servidor; se, porém, da sindicância decorrer a possibilidade de aplicação de penalidade de advertência ou de suspensão de até 30 dias, essa aplicação só poderá ser feita se for assegurado ao servidor, nesse procedimento, sua ampla defesa".

APURAÇÃO DE INFRAÇÃO DISCIPLINAR	
Infração punida com	**Meio de apuração**
Advertência Suspensão ≤ 30 dias	Sindicância ou Processo administrativo disciplinar
Suspensão > 30 dias Demissão Cassação de aposentadoria ou disponibilidade Destituição de cargo em comissão	Processo administrativo disciplinar

A sindicância deve ser concluída no **prazo de trinta dias**, que pode ser **prorrogado por igual período**, a critério da autoridade superior, nos termos do art. 145, parágrafo único.

Caso haja conclusão, no relatório da sindicância, de que a infração praticada está tipificada como infração penal, a autoridade competente deverá encaminhar cópia dos autos ao Ministério Público, independentemente da imediata instauração do processo disciplinar (art. 154, parágrafo único).

Não há rito específico previsto na lei para a sindicância, o que faz com que, na prática, em regra, seja adotado o procedimento previsto para o processo administrativo. Desse modo, com base no texto da Lei nº 8.112/90, as duas **principais diferenças entre a sindicância e o processo administrativo** são:

a) **prazo**: na sindicância é, no máximo, de 60 dias (30 + 30) e no processo administrativo é de 120 (60 + 60)[37];

b) **penalidades aplicadas**: na sindicância só se admitem a advertência e a suspensão até 30 dias e no processo pode ser qualquer uma[38].

6.2. Processo administrativo disciplinar

O processo administrativo disciplinar desenvolve-se em **três fases** (art. 151):

37. Enfatiza-se que, de acordo com a jurisprudência do **STJ** e do **STF**, esse prazo **não inclui o julgamento** e, por isso, **o prazo para conclusão dos trabalhos pela comissão e o destinado ao julgamento pela autoridade somam 140 dias**. Este é o prazo em que o processo deve terminar.

38. Há quem sustente que **outra diferença seria em relação à comissão disciplinar**, pois esta existiria obrigatoriamente no processo administrativo e seria composta de três servidores estáveis, enquanto na sindicância seria admitida a apuração por apenas um servidor. Entretanto, esse posicionamento não condiz com a lei, pois o **art. 149, § 2º, expressamente, faz menção à comissão de sindicância**, o que, pelo próprio sentido da expressão, pressupõe mais de uma pessoa. Como há, dentro do processo administrativo disciplinar, um rito mais breve (rito sumário) e neste a comissão pode ser composta por dois servidores estáveis (art. 133, I), há posição no sentido de que essa disposição poderia ser aplicada no caso da sindicância e, por outro lado, há quem afirme que o art. 149, em nenhum momento, admitiu que a comissão de sindicância tenha, apenas, dois membros, devendo ter três. Todavia, o que não pode ser admitido de forma alguma é que um **procedimento administrativo** de que possa decorrer **punição a um servidor** (que é o caso da sindicância punitiva) seja **conduzido por uma única pessoa.** Em último caso, apenas se for a **sindicância investigativa** (sem punição decorrente)é que tal situação **seria admissível.**

a) instauração;

b) inquérito administrativo;

c) julgamento

6.2.1. Instauração

O processo administrativo, no **rito ordinário**, terá início com a **publicação do ato de designação**, pela autoridade competente, de **comissão composta por três servidores estáveis**, devendo indicar um deles para ser o presidente, sendo requisito, para tanto, ser ocupante de cargo efetivo superior ou de mesmo nível ou ter nível de escolaridade igual ou superior ao do acusado (art. 149). Quanto à estabilidade dos servidores da comissão condutora do processo administrativo disciplinar, o STF já entendeu que deverá se dar no cargo em que exercem e que os legitimam a participar da comissão (RMS 32.357-DF. Informativo nº 970).

Não pode ser membro da comissão o cônjuge, companheiro ou parente do acusado, consanguíneo ou afim, em linha reta ou colateral, até o terceiro grau.

Segundo a Súmula nº 641 do STJ, "a portaria de instauração do processo administrativo disciplinar prescinde da exposição detalhada dos fatos a serem apurados". Isso porque, o principal objetivo da portaria é informar quais serão os servidores que instruirão o feito. Dessa forma, a exposição pormenorizada dos fatos será imprescindível no momento de indiciamento do servidor, que ocorrerá após a produção das provas[39].

A partir da **publicação do ato** que constitui a comissão começa a correr o **prazo para encerramento do processo administrativo disciplinar,** que é de **sessenta dias, prorrogável por igual período**, quando as circunstâncias o exigirem (art. 152).

Uma vez instaurado o processo, é possível a adoção de uma medida cautelar administrativa, que é o **afastamento temporário** do servidor investigado, para que este não influa na apuração da falta, **pelo prazo de até sessenta dias, com remuneração, podendo esse prazo ser prorrogado por igual período** e, após o escoamento do prazo (incluindo a prorrogação), o servidor retornar ao trabalho, mesmo se o processo eventualmente não tiver sido encerrado (art. 147).

Outra decorrência da instauração do processo é a **impossibilidade de o servidor ser exonerado a pedido, ou aposentado voluntariamente,** o que só poderá ser feito, após a conclusão do processo e o cumprimento da penalidade, acaso aplicada (art. 172).

6.2.2. Inquérito administrativo

Essa é a fase em que a comissão encerrará seu trabalho, pois, depois dela, haverá a fase de julgamento, que não lhe compete.

---

39. CAVALCANTE, Márcio André Lopes. *Súmula nº 641 do STJ comentada*. Disponível em: ‹https://www.dizerodireito.com.br/2020/03/sumula-641-do-stj-comentada.html›. Acesso em 28 jul. 2020

A fase do inquérito subdivide-se em **instrução, defesa e relatório.**

A **instrução** é o momento no inquérito em que a **comissão** fará a tomada de **depoimentos, acareações, investigações e diligências cabíveis,** bem como, se necessário, serão feitas **perícias,** tudo de maneira a que sejam colhidos os elementos necessários à elucidação dos fatos (art. 155).

Toda essa atividade, lembrando, deve ser realizada observando-se os princípios da ampla defesa e do contraditório. Assim, o servidor tem direito a acompanhar o processo, pessoalmente ou por procurador, tendo a faculdade de constituir advogado, conforme a Súmula Vinculante nº 5. Ainda, pode **arrolar e reinquirir testemunhas, produzir provas e contraprovas e formular quesitos** (quando se tratar de prova pericial), e o presidente da comissão poderá denegar pedidos considerados impertinentes, meramente protelatórios, ou de nenhum interesse para o esclarecimento dos fatos, bem como indeferirá o pedido de prova pericial, quando a comprovação do fato independer de conhecimento especial de perito (art. 156).

Em relação à instrução probatória no processo administrativo disciplinar, importante registrar que a jurisprudência admite o uso da chamada prova emprestada, que é o uso de prova realizada em outro processo. No caso da infração disciplinar, a conduta realizada pelo servidor pode configurar, também, infração penal e, dessa forma, será apurada na esfera penal e, por exemplo, é possível que se aproveite em um processo disciplinar as provas que foram produzidas no processo penal. Nesse sentido, há a Súmula 591 do STJ: "É permitida a prova emprestada no processo administrativo disciplinar, desde que devidamente autorizada pelo juízo competente e respeitados o contraditório e a ampla defesa".

Após a oitiva das testemunhas, haverá o **interrogatório do acusado,** conforme o art. 159. Caso haja mais de um acusado, serão ouvidos separadamente e, se derem declarações divergentes, será feita a **acareação** entre eles.

O **procurador do acusado** poderá assistir tanto ao interrogatório do acusado quanto à oitiva das testemunhas, mas **não pode interferir nas perguntas e respostas.** Todavia, lhe **é permitido fazer a reinquirição,** por meio do presidente da comissão.

Encerrado o interrogatório do acusado, a comissão irá analisar as provas colhidas e decidirá se indicia ou não o servidor. **Se a comissão concluir que houve a tipificação da infração disciplinar, fará a indiciação do servidor,** quando haverá a especificação dos fatos a ele imputados e das respectivas provas (art. 161, *caput*). Nesse ponto, o servidor que, desde o início, estava acompanhando o processo, na verdade, é formalmente apontado como o autor de infração disciplinar, cuja materialidade foi demonstrada.

Por isso, na sequência, será **citado** para que possa apresentar **defesa escrita** da imputação que lhe está sendo feita, podendo ter vista do processo no órgão público.

A **citação** será feita por **mandado,** e o **prazo para defesa é de dez dias,** mas, se houver **mais de um indiciado, o prazo será comum** (ao mesmo tempo para todos), de **vinte dias**. O prazo para a defesa **poderá ser prorrogado pelo dobro**, para diligências reputadas indispensáveis. Por outro lado, se o indiciado estiver em lugar incerto e não sabido, a citação será feita por **edital**, e o prazo para defesa será de **quinze dias**, da última publicação do edital.

Caso não haja a apresentação de defesa escrita no prazo, o indiciado será considerado **revel**, mas, como no processo administrativo o ônus da prova cabe à Administração e vigora o **princípio da verdade material**[40], a revelia não terá o efeito de presunção de verdade dos fatos imputados ao servidor, pois, ao ser declarada, **devolverá o prazo para defesa** (o prazo é reaberto) e é feita a **nomeação de defensor dativo** (é um servidor ocupante de cargo efetivo superior ou de mesmo nível, ou que tenha nível de escolaridade igual ou superior ao do indiciado) para fazê-la, de acordo com o art. 164.

Feita a defesa, a comissão irá elaborar o **relatório**, o qual terá como conteúdo o **resumo das peças principais**, a **menção às provas** que serviram para formar a convicção e, ainda, a **conclusão** quanto à inocência ou à responsabilidade do servidor e, se for reconhecida a responsabilidade do servidor, deverá haver a **indicação do dispositivo legal** violado (art. 165).

Aqui se encerra o trabalho da comissão que encaminhará os autos à autoridade que determinou a sua instauração, para que ocorra o julgamento (art. 166).

6.2.3. Julgamento

A competência para julgar está prevista no art. 141 da Lei nº 8.112/90, anteriormente analisado. A autoridade instauradora do processo não, necessariamente, é a autoridade competente para julgar e, se isso ocorrer, aquela, após receber os autos da comissão, os encaminhará à autoridade competente (art. 167, § 1º). Havendo mais de um indiciado e as penalidades forem diferentes, o julgamento será feito pela autoridade com competência para impor a pena mais grave.

O **prazo** para a autoridade julgar o processo administrativo é de **vinte dias** (art. 167, *caput*), mas a inobservância desse prazo **não causa nulidade** (art. 169, § 1º). Aliás, a jurisprudência do STJ é no sentido de que precisa ser demonstrado o efetivo prejuízo à defesa para ensejar a nulidade (Súmula 592: O excesso de prazo para a conclusão do processo administrativo disciplinar só causa nulidade se houver demonstração de prejuízo à defesa). No entanto, **se** a autoridade der causa à **prescrição da infração disciplinar**, será **responsabilizada civil, penal e administrativamente** (artigos 121 a 126), consoante o art. 169, § 2º.

O **relatório da comissão**, em regra, deve ser **acatado pela autoridade julgadora, exceto se contrariar as provas dos autos**, quando a autoridade poderá,

---

40. "Consiste em que a Administração, ao invés de ficar restrita ao que as partes demonstrem no procedimento, deve buscar aquilo que é realmente a verdade [...]" (MELLO, Celso Antônio Bandeira de. *Curso de direito administrativo*. 27. ed. São Paulo: Malheiros, 2010. p. 504).

motivadamente, **agravar** a penalidade proposta, **abrandá-la ou isentar o servidor** de responsabilidade (art. 168).

Quando do julgamento, se a autoridade constatar a ocorrência de vício insanável, declarará sua nulidade, total ou parcial, e ordenará, no mesmo ato, a constituição de outra comissão para instauração de novo processo (art. 169).

Depois do julgamento, se a infração disciplinar constituir crime, a autoridade remeterá os autos originais ao Ministério Público para eventual instauração de ação penal, ficando trasladado (guarda-se a cópia) na repartição (art. 171).

Decidido o processo, o servidor poderá insurgir-se contra a decisão valendo-se do pedido de reconsideração (art. 106) e do recurso administrativo (art. 107).

<table>
<tr><th colspan="4">PROCESSO ADMINISTRATIVO DISCIPLINAR: RITO ORDINÁRIO</th></tr>
<tr><td rowspan="3">Instauração</td><td colspan="3">Publicação do ato de constituição da comissão disciplinar</td></tr>
<tr><td colspan="3">Comissão→ 3 servidores estáveis</td></tr>
<tr><td>Consequências</td><td colspan="2">• possibilidade de afastamento temporário do servidor (60 dias + 60 dias)
• impossibilidade de aposentadoria voluntária ou exoneração a pedido do servidor</td></tr>
<tr><td rowspan="6">Inquérito Administrativo</td><td rowspan="3">Instrução</td><td colspan="2">• Produção de provas: testemunhas, perícias, acareações, interrogatório do servidor e demais diligências</td></tr>
<tr><td colspan="2">• Indiciação: se for o caso, após análise das provas</td></tr>
<tr><td>• Citação</td><td>- por mandado ou
- por edital</td></tr>
<tr><td rowspan="2">Defesa</td><td>• Prazo</td><td>- 10 dias → 1 indiciado
- 20 dias (comum) →+ de 1 indiciado
- 15 dias → citação por edital</td></tr>
<tr><td>• Defesa não apresentada no prazo</td><td>- servidor nomeado defensor dativo
- devolução do prazo</td></tr>
<tr><td>Relatório</td><td>• Conteúdo</td><td>- resumo das principais peças
- menção às provas
- conclusão (inocência ou responsabilidade)
- indicação do dispositivo legal</td></tr>
<tr><td>Julgamento</td><td>Prazo</td><td colspan="2">• 20 dias
• inobservância: não gera nulidade; se ocorrer a prescrição autoridade será responsabilizada</td></tr>
</table>

PROCESSO ADMINISTRATIVO DISCIPLINAR: RITO ORDINÁRIO		
Julgamento	**Competência**	Art. 141; se autoridade instauradora não tiver competência, deve encaminhar os autos à competente
	Relatório da Comissão Disciplinar	• Regra: deve ser acatado • Exceção: pode ser refutado se, motivadamente, for demonstrado que é contrário à prova dos autos
PRAZO PARA CONCLUSÃO: 60 dias + 60 dias = 120 dias. Conforme STF e STJ, não está incluído prazo para julgamento (20 dias), totalizando 140 dias.		

6.2.4. Rito sumário

O procedimento anteriormente mencionado é o rito ordinário do processo administrativo disciplinar. Todavia, além dele, há a previsão do **rito sumário** para a apuração das infrações de **acumulação ilegal de cargos públicos**, de **abandono de cargo** e de **inassiduidade habitual**.

No caso do abandono de cargo e da inassiduidade habitual, o servidor falta ao trabalho e, para ambas, a pena prevista é a demissão. Há o **abandono de cargo**, quando o **servidor faltar** intencionalmente ao serviço **por mais de trinta dias consecutivos**, ou seja, ao menos trinta e um dias (art. 138). Já, a **inassiduidade habitual** estará configurada quando o **servidor faltar, sem motivo justificado, sessenta dias durante o período de doze meses, de maneira interpolada** (art. 139), isto é, por exemplo, o servidor falta cinco dias em janeiro, quinze em fevereiro, cinco em março, dez em maio, cinco em julho, dez em agosto, cinco em outubro e cinco em dezembro, totalizando sessenta dias.

É necessário destacar que, nos termos da jurisprudência do Superior Tribunal de Justiça, tais infrações somente podem ser configuradas quando houver o ânimo específico do servidor em se ausentar do trabalho (MS 6952/DF). Nesse sentido, a Corte decidiu, na hipótese em que o servidor estava em licença para tratamento de saúde, que não houve o *animus abandonandi*, "elemento subjetivo componente da infração 'abandono de cargo" (EDcl no MS 11955/DF).

O rito sumário é uma forma mais célere do que o rito ordinário, pois o **prazo** para sua conclusão é de **trinta dias e pode ser prorrogado por até quinze dias** (art. 133, § 7º). Está previsto nos artigos 133 e 140 da Lei nº 8.112/90, aplicando-se, subsidiariamente, no que for aplicável, o rito ordinário (art. 133, § 8º).

Na verdade, é muito parecido com o rito ordinário, só que com prazos menores e algumas peculiaridades. Está dividido em **três fases:**

a) instauração;

b) instrução sumária;

c) julgamento.

Apenas no caso de **acumulação ilegal de cargos**, há uma **fase preliminar**, anterior ao processo. Havendo a constatação de que o servidor está **acumulando ilegalmente** cargos, empregos ou funções públicas, ele será **notificado**, por intermédio de sua chefia, **para optar, no prazo improrrogável de dez dias, por um dos cargos** (art. 133, *caput*). Se fizer a opção, será exonerado do cargo que não escolheu (art. 133, § 5º). **Somente se a opção não for feita é que será iniciado o processo administrativo com rito sumário.**

Tem início com a **instauração**, que se dá com a **publicação do ato** que constitui comissão disciplinar, composta por **dois servidores estáveis** (são dois e não três como no rito ordinário), e também indica a **autoria** e a **materialidade** da infração disciplinar. No caso de acumulação de cargos, a indicação de autoria será feita pelo apontamento do nome e matrícula do servidor e a materialidade pela descrição dos cargos, empregos ou funções públicas em situação de acumulação ilegal, dos órgãos ou entidades de vinculação, das datas de ingresso, do horário de trabalho e do correspondente regime jurídico (art. 133, § 1º). Se for hipótese de abandono de cargo, a materialidade se fará pela indicação da ausência intencional do servidor ao serviço superior a trinta dias e, por outro lado, se for o caso de inassiduidade habitual, a materialidade se dará pela indicação dos dias de falta ao serviço sem causa justificada, por período igual ou superior a sessenta dias interpoladamente, durante o período de doze meses (art. 140, I).

A fase seguinte é a **instrução sumária**. Até **três dias** após a publicação do ato que constitui a comissão disciplinar, esta lavrará **termo de indiciação**, no qual haverá a transcrição da autoria e da materialidade e, na sequência, será feita a **citação do indiciado**, pessoalmente ou por intermédio do chefe, para apresentar **defesa escrita no prazo de cinco dias**, assegurando-se a vista do processo no órgão (art. 133, § 2º). Se estiver em lugar incerto e não sabido, será citado por edital e o prazo para defesa será de quinze dias (art. 163). Não apresentada a defesa, deverá ser designado servidor como defensor dativo e o prazo será renovado (art. 164, § 1º). **Na hipótese de acumulação ilegal de cargo, a opção por um dos cargos pode ser feita até o último dia do prazo para defesa**, e se o fizer, será exonerado do outro cargo e o processo será arquivado (art. 133, § 4º). Após a apresentação da defesa, a comissão elaborará o **relatório** contendo a conclusão quanto à inocência ou a responsabilidade do servidor (deve opinar, na acumulação, se é lícita ou não e, no abandono de cargo, se houve intenção ou não), o resumo das principais peças e a indicação do dispositivo legal (art. 133, § 3 e art. 140, II).

Com o relatório, o processo será remetido à autoridade instauradora e, caso não seja competente para **julgamento**, encaminhará os autos à autoridade competente, que terá o **prazo de cinco dias** para julgar (art. 133, § 4º). Se esse prazo não for observado, não haverá nulidade, mas se a demora der causa à **prescrição, a autoridade será responsabilizada** (art. 169).

Ao julgar, caso demonstrada a prática da infração disciplinar, será aplicada a **pena de demissão** (ou cassação de aposentadoria ou disponibilidade, ou destituição de cargo em comissão, se for o caso), pois esta é a pena prevista para as três espécies de infração apuradas pelo rito sumário. Ainda, no caso da **acumulação ilegal**, provada a má-fé, a aplicação da pena de demissão se dará em relação aos cargos ilegalmente acumulados, ou seja, o **servidor será demitido dos dois cargos**, tendo que haver a comunicação aos outros órgãos ou entidades (art. 133, § 6º).

<table>
<tr><th colspan="4">PROCESSO ADMINISTRATIVO DISCIPLINAR: RITO SUMÁRIO
(abandono de cargo, inassiduidade habitual e acumulação ilegal de cargos)</th></tr>
<tr><td rowspan="3">Fase Preliminar (apenas para acumulação ilegal de cargos)</td><td colspan="3">Notificação do servidor para optar entre cargos</td></tr>
<tr><td rowspan="2">Prazo 10 dias (improrrogável)</td><td colspan="2">• Faz opção → não inicia o processo</td></tr>
<tr><td colspan="2">• Não faz opção → inicia o processo</td></tr>
<tr><td rowspan="3">Instauração</td><td rowspan="2">Publicação do ato que</td><td colspan="2">• constitui comissão disciplinar</td></tr>
<tr><td colspan="2">• indica autoria e materialidade da infração</td></tr>
<tr><td>Comissão</td><td colspan="2">→ 2 servidores estáveis</td></tr>
<tr><td rowspan="12">Instrução Sumária</td><td rowspan="3">Indiciação</td><td colspan="2">• transcrição da autoria e da materialidade</td></tr>
<tr><td rowspan="2">• Citação</td><td>- pessoalmente ou</td></tr>
<tr><td>- por intermédio do chefe</td></tr>
<tr><td rowspan="5">Defesa</td><td rowspan="2">• Prazo</td><td>- 15 dias citação por edital</td></tr>
<tr><td>- 5 dias</td></tr>
<tr><td rowspan="2">• Defesa não apresentada no prazo</td><td>- servidor nomeado defensor dativo</td></tr>
<tr><td>- devolução do prazo</td></tr>
<tr><td colspan="2">• Acumulação ilegal de cargos: pode optar por um dos cargos até o último dia do prazo para defesa</td></tr>
<tr><td rowspan="3">Relatório</td><td rowspan="3">Conteúdo</td><td>- resumo das principais peças</td></tr>
<tr><td>- indicação do dispositivo legal</td></tr>
<tr><td>- conclusão (inocência ou responsabilidade)</td></tr>
<tr><td rowspan="3">Julgamento</td><td rowspan="2">Prazo</td><td colspan="2">• 5 dias</td></tr>
<tr><td colspan="2">• inobservância: não gera nulidade; se ocorrer a prescrição autoridade será responsabilizada</td></tr>
<tr><td>Competência</td><td colspan="2">→ Art. 141: se autoridade instauradora não tiver competência, deve encaminhar os autos à competente</td></tr>
<tr><td colspan="4">PRAZO PARA CONCLUSÃO: 30 dias + 15 dias = 45 dias</td></tr>
</table>

6.2.5. Revisão do processo administrativo disciplinar

Após o encerramento do processo disciplinar e dos possíveis recursos, o servidor poderá anular a decisão na esfera judicial. Mas, ainda, há uma possibilidade na esfera administrativa, que é a **revisão do processo**, prevista na Lei nº 8.112/90, nos artigos 174 a 182. Entretanto, salienta-se que **não se trata de recurso administrativo, pois o processo já está encerrado.**

A revisão do processo **pode se dar de ofício ou a requerimento** do servidor (em caso de falecimento, ausência ou desaparecimento do servidor, qualquer pessoa da família poderá fazê-lo) e não há prazo, mas devem ser cumpridos os seguintes **requisitos: fato novo ou circunstância suscetível de justificar a inocência do punido ou a inadequação da penalidade aplicada** (art. 174). **Não basta a simples alegação de injustiça**, pois devem ser trazidos elementos ainda não apreciados no processo originário (art. 176). Por exemplo, servidor que somente localizou testemunha, documento ou outra prova que, se tivessem sido analisados no processo, este teria sido arquivado ou a pena teria sido menor.

Cabe ao **Ministro de Estado, ou autoridade equivalente,** fazer o **juízo de admissibilidade da revisão** e, após verificar que se trata de hipótese permissiva do uso da revisão, encaminhará o pedido ao dirigente do órgão ou entidade onde se originou o processo disciplinar. Após, será **constituída comissão revisora** nos mesmos moldes da comissão disciplinar (art. 177), que terá o **prazo de sessenta dias para concluir os trabalhos** (art. 179).

A revisão será **apensada ao processo originário, e o requerente indicará as provas que pretende produzir** (art. 178), **cabendo a ele o ônus da prova** (art. 175). A comissão revisora seguirá as mesmas disposições previstas para a atuação da comissão disciplinar, no que couber (art. 180).

O **julgamento deverá ser feito em vinte dias** e a autoridade competente é a mesma que aplicou a penalidade (art. 181). Caso a autoridade julgue procedente a revisão, será declarada sem efeito a penalidade aplicada, restabelecendo-se todos os direitos do servidor, exceto em relação à destituição do cargo em comissão, que será convertida em exoneração e, por outro lado, se a julgar improcedente, **não poderá resultar agravamento de penalidade** (art. 182), ou seja, **não se admite a *reformatio in pejus*.**

7. SEGURIDADE SOCIAL

É dever da União manter Plano de Seguridade Social para o servidor e sua família (art. 183). Não abrange todos os servidores, porque os **servidores ocupantes exclusivamente de cargo em comissão** (não têm cargo efetivo) **não têm direito aos benefícios do plano, com exceção da assistência à saúde.** Por exemplo, não poderá se aposentar pelo regime próprio e estará filiado ao regime geral de previdência.

Caso o servidor esteja **licenciado** ou **afastado sem direito à remuneração**, mas faça o **recolhimento da contribuição** à seguridade social, nos mesmos moldes dos servidores em atividade, **manterá o vínculo** com o Plano de Seguridade Social do Servidor Público (art. 183, §3º).

O Plano de Seguridade tem como **objetivo** dar **cobertura aos riscos** a que se sujeitam o servidor e sua família e tem as seguintes **finalidades**:

a) garantir meios de subsistência nos eventos de doença, invalidez, velhice, acidente em serviço, inatividade, falecimento e reclusão;

b) proteção à maternidade, à adoção e à paternidade;

c) assistência à saúde.

7.1. Benefícios

Os benefícios do plano de seguridade são para o servidor[41] e para a sua família (art. 185).

Benefícios para o servidor:

a) aposentadoria;
b) auxílio-natalidade;
c) salário-família;
d) licença para tratamento de saúde;
e) licença à gestante, à adotante e licença-paternidade;
f) licença por acidente em serviço;
g) assistência à saúde;
h) garantia de condições individuais e ambientais de trabalho satisfatórias

Benefícios para a família do servidor:

a) pensão vitalícia e temporária;
b) auxílio-funeral;
c) auxílio-reclusão;
d) assistência à saúde.

O **auxílio-natalidade** é pago quando houver o **nascimento de filho do servidor**, mesmo se for natimorto (art. 196). O valor é um salário mínimo (menor remuneração do serviço público) e, se forem vários (gêmeos, trigêmeos, etc.), além desse valor, acrescentam-se 50% (½ salário mínimo) para cada filho. Por exemplo, se nascerem três filhos, o valor será de dois salários mínimos (1 + ½ + ½).

O **auxílio-funeral** é pago à família, **quando o servidor falecer** (art. 226). Sua família receberá o valor equivalente a um mês de remuneração, no prazo de 48

41. Ver item 1.4.4, deste capítulo, quanto às licenças, e ver item 2.6.6, do capítulo 3, quanto à aposentadoria.

horas. Caso acumule legalmente dois cargos públicos, não fará jus a dois auxílios, pois receberá somente o auxílio referente ao cargo de maior remuneração.

O **auxílio-reclusão** é pago à família, **quando o servidor for preso** (art. 229). O **valor** depende da espécie de prisão:

a) **prisão provisória** (aquela em que não há, ainda, uma decisão condenatória definitiva como, por exemplo, flagrante e prisão preventiva): **dois terços** da **remuneração**;

b) **prisão definitiva**: **metade** da **remuneração**, exceto se, também, foi condenado à perda do cargo, pois, nesse caso, a família não receberá nada.

A partir do momento em que o servidor é posto em liberdade, o auxílio cessa. No caso da prisão provisória, se for absolvido, terá direito a receber a diferença referente a todo o período em que esteve preso.

Novidade em relação ao auxílio-reclusão foi instituída pela Lei nº 13.135/15, pois incluiu o §3º ao art. 229 da Lei nº 8.112/90 para determinar que, ressalvado o disposto no art. 229, "o auxílio-reclusão será devido, nas mesmas condições da pensão por morte, aos dependentes do segurado recolhido à prisão".

Dessa forma, o art. 229 disciplina os valores do auxílio-reclusão, a depender da espécie de prisão a que está submetido o servidor, bem como determina a duração do benefício, que é, em regra, enquanto estiver preso. Entretanto, a definição de quem tem direito a receber o benefício e em que condições, bem como as hipóteses de perda da qualidade de beneficiário, a partir da alteração legislativa mencionada, seguirá a disciplina prevista para a pensão por morte, tema que se verá adiante.

Por fim, destaque-se que o rol de benefícios dos regimes próprios de previdência social, com o advento da Reforma da Previdência (EC nº 103/2019), fica limitado às aposentadorias e à pensão por morte (art. 9º, §2º da EC nº 103/2019), sendo que, no caso de afastamentos por incapacidade temporária para o trabalho e salário-maternidade, o pagamento será feito diretamente pelo ente federativo e não correrá à conta do RPPS ao qual o servidor se vincula (art. 9º, §3º da EC nº 103/2019).

7.1.1. *Pensão por morte*

Em relação aos servidores públicos federais, a pensão por morte está regulada na Lei nº 8.112/90, nos artigos 215 a 225. Entretanto, o tema foi amplamente impactado pelo advento da EC nº 103/2019, conhecida como Nova Reforma da Previdência, cujas disposições passam a ser aplicadas aos servidores da União.

Na redação anteriormente à mudança implementada, para se saber o valor da pensão, era necessário tomar emprestado do regime geral (art. 201) o valor do limite máximo dos benefícios previdenciários. Assim, até o valor do limite do regime geral, a pensão seria integral, isto é, corresponderia à totalidade do valor da remuneração ou dos proventos do servidor falecido. Por outro lado, se a remuneração ou os proventos do servidor eram superiores ao limite mencionado, a pensão não teria valor integral, pois corresponderia, na verdade, ao valor total até o limite, mais 70% do valor que excedesse o limite.

Com a atual redação do §7º do art. 40, dada pela mencionada emenda, **assegura-se, desde que seja a única renda formal auferida pelo dependente, o valor mínimo ao benefício equivalente ao salário mínimo** (art. 201, §2º) e estabelece que a **concessão da pensão por morte se dará em conformidade com a lei do respectivo ente federativo**. Determina, ainda, o dispositivo constitucional que seja dado tratamento diferente no caso de morte dos servidores ocupantes dos cargos de agente penitenciário ou socioeducativo ou de policial decorrente de agressão sofrida no exercício ou em razão da função.

Portanto, atualmente, o valor da pensão, e os requisitos para a sua concessão devem ser previstos por cada ente federado por meio de lei. No caso da **União**, o valor da pensão por morte será:

- **regra geral (art. 23 da EC 103/2019):** equivalente a uma cota familiar de 50% do valor da aposentadoria recebida pelo segurado ou servidor ou daquela a que teria direito se fosse aposentado por incapacidade permanente na data do óbito, acrescida de cotas de 10% por dependente, até o máximo de 100%. Para ilustrar, imagine um servidor casado e com um filho de 10 anos que estava aposentado e recebia proventos de aposentadoria no valor de R$ 10.000,00. Nessa situação, o valor da pensão por morte será de R$ 6.000,00[42]. Ainda, importante salientar que as cotas por dependente cessarão com a perda dessa qualidade e não serão reversíveis aos demais dependentes, mas quando o número de dependentes for igual ou superior a 5 será preservado o valor de 100% da pensão por morte (art. 23, §1º).
- **dependente inválido ou com deficiência intelectual, mental ou grave (art. 23, §2º, da EC 103/2019):** se houver dependente nessa condição, o valor da pensão por morte será de 100% da aposentadoria recebida pelo segurado ou servidor ou daquela a que teria direito se fosse aposentado por incapacidade permanente na data do óbito, até o limite máximo do RGPS, e de uma cota familiar de 50% acrescida de cotas de 10% por dependente, até o máximo de 100%, para o valor que supere o limite máximo de benefícios do RGPS. Assim, exemplificando com uma servidora casada, já aposentada, e com um filho deficiente que recebia provento de aposentadoria no valor de R$ 12.786,02: nessa situação, o valor da pensão por morte será a soma de R$ 7.786,02 (valor equivalente ao teto do RGPS) com R$ 3.500,00 (1 cota familiar de 50% do que excede o teto do RGPS, acrescida de 2 cotas de 10% do valor que extrapola o limite do RGPS, em razão dos dependentes)[43], totalizando o valor de R$ 11.286,02. Deve ser salientado que, no caso de

42. R$ 5.000,00 (50% do valor da aposentadoria que estava recebendo) + R$ 500,00 (cota de 10% para o cônjuge) + R$ 500,00 (cota de 10% para o filho) = R$ 6.000,00.
43. R$ 2.500,00 (cota familiar de 50% de R$ 5.000,00, que é o valor que excede o limite do RGPS) + R$ 500,00 (cota de 10%, referente ao cônjuge, de R$ 5.000,00, que é o valor que excede o limite do RGPS)

deficiente inválido ou com deficiência intelectual, mental ou grave, essa condição pode ser reconhecida previamente ao óbito do segurado, por meio de avaliação biopsicossocial realizada por equipe multiprofissional e interdisciplinar, observada revisão periódica na forma da legislação.(art. 23, §5º), bem como que, não havendo mais dependente nessa condição, o valor da pensão será recalculado na forma do item anterior (regra geral), conforme o contido no § 3º do art. 23. Ainda, deve haver atenção para a **Súmula 663 do STJ**: "A pensão por morte de servidor público federal pode ser concedida ao filho inválido de qualquer idade, desde que a invalidez seja anterior ao óbito".

- **dependente de policial civil do Distrito Federal, policial da Câmara dos Deputados, policial do Senado Federal, policial federal, policial rodoviário federal, policial ferroviário federal e agente federal penitenciário ou socioeducativo, cuja morte seja decorrente de agressão sofrida no exercício ou em razão da função (art. 10, §6º, da EC 103/2019)**: a pensão será vitalícia para o cônjuge ou companheiro e seu valor será equivalente à remuneração do cargo.

Em relação à **acumulação de benefícios**, nos termos do art. 24 da EC 103/2019:

a) **Acumulação de pensões por morte do mesmo regime de previdência** (art. 24, caput): **não pode acumular mais de uma pensão por morte no mesmo regime de previdência social, salvo** as do mesmo instituidor que sejam decorrentes do exercício de **cargos acumuláveis** na forma do art. 37, XV, da Constituição Federal. Assim, por exemplo, a viúva de um servidor que ocupava dois cargos públicos de professor em universidades federais poderá acumular o recebimento de duas pensões por morte porque os cargos são acumuláveis na atividade;

b) **Acumulação de pensões por morte de diferentes regimes de previdência** (art. 24, §1º, I): **admite-se a acumulação de pensão por morte** deixada por cônjuge ou companheiro **de um regime de previdência social com pensão por morte concedida por outro regime** de previdência social **ou com pensões decorrentes das atividades militares** de que tratam os arts. 42 e 142 da Constituição Federal. Aqui, por exemplo, seria o caso de viúvo acumular o recebimento de pensão do regime próprio federal, em razão de cargo público federal que era ocupado por sua esposa, com pensão do regime geral de previdência social, decorrente de atividade privada que ela também exercia. Outra situação exemplificativa, seria a hipótese de dentista militar que, além dessa atividade, também atuava em consultório particular porque, nessa situação, o cônjuge, por exemplo, poderia acumular o recebimento da pensão decorrente da atividade militar com pensão derivada do regime geral;

+ 500,00 (cota de 10%, referente à filha, de R$ 5.000,00, que é o valor que excede o limite do RGPS) = R$ 3.500,00.

c) **Acumulação de pensão por morte de um regime de previdência com aposentadoria** (art. 24, §1º, II): permite-se a acumulação de pensão por morte deixada por cônjuge ou companheiro de um regime de previdência social com aposentadoria derivada do regime geral ou com proventos de aposentadoria decorrentes de regime próprio ou com proventos de inatividade de atividades militares. Uma das situações previstas seria o caso de viúvo acumular a pensão por morte decorrente do regime geral, em razão da atividade privada que sua esposa exercia, com os proventos de aposentadoria decorrente de regime próprio por conta de cargo público que ele exerceu.

d) **Acumulação de pensão decorrente de atividade militar com aposentadoria pelo regime geral ou regime próprio** (art. 24, §1º, III): de acordo com esse permissivo, admite-se o acúmulo de pensões decorrentes das atividades militares de que tratam os arts. 42 e 142 da Constituição Federal com aposentadoria concedida no âmbito do Regime Geral de Previdência Social ou de regime próprio de previdência social. Por exemplo, seria o caso de viúva de militar das Forças Armadas, que recebe a pensão decorrente dessa atividade que o marido exercia, acumular esse recebimento com a aposentadoria dela, pelo regime geral de previdência, decorrente de atividade privada que ela executava.

No que se refere às hipóteses de acumulação descritas no §1º do art. 24 (itens "b", "c" e "d" anteriores), assegura-se a percepção do valor integral do benefício mais vantajoso e de uma parte de cada um dos demais benefícios, apurada cumulativamente de acordo com as seguintes faixas:

> *"I - 60% (sessenta por cento) do valor que exceder 1 (um) salário-mínimo, até o limite de 2 (dois) salários-mínimos;*
>
> *II - 40% (quarenta por cento) do valor que exceder 2 (dois) salários-mínimos, até o limite de 3 (três) salários-mínimos;*
>
> *III - 20% (vinte por cento) do valor que exceder 3 (três) salários-mínimos, até o limite de 4 (quatro) salários-mínimos; e*
>
> *IV - 10% (dez por cento) do valor que exceder 4 (quatro) salários-mínimos".*

Essas restrições, no entanto, não serão aplicadas se o direito aos benefícios houver sido adquirido antes da data de entrada em vigor da EC 103/2019.

Quanto aos demais aspectos da pensão por morte, como tempo de duração, rol de dependentes, qualificação e condições necessárias para enquadramento, cada ente federado deverá legislar a respeito e, em relação aos servidores públicos federais, o §4º do art. 23 determina que o "tempo de duração da pensão por morte e das cotas individuais por dependente até a perda dessa qualidade, o rol de dependentes e sua qualificação e as condições necessárias para enquadramento serão aqueles estabelecidos na Lei nº 8.213, de 24 de julho de 1991", destacando-se, ainda, que as regras sobre pensão previstas no art. 23 da EC 103/2019 e na legislação vigente na data de entrada em vigor da mencionada emenda poderão ser alteradas na forma da lei para o regime geral e para o regime próprio de previdência social da União (§7º, art. 23).

Assim, como são aplicadas as regras do RGPS, por força do art. 23, §4º, da EC/103/2019, a pensão por morte será devida ao conjunto dos dependentes do segurado a contar **da data** (art. 74 da Lei nº 8.213/1991):

a) do óbito, quando requerida em até 180 dias após o óbito, para os filhos menores de 16 (dezesseis) anos, ou em até 90 dias após o óbito, para os demais dependentes;

b) do requerimento, quando requerida após o prazo previsto no inciso anterior;

c) da decisão judicial, no caso de morte presumida.

E quem tem direito a receber este benefício?

O rol de dependentes é elencado no art. 16 da Lei nº 8.213/1991:

I – o cônjuge, a companheira, o companheiro e o filho não emancipado, de qualquer condição, menor de 21 (vinte e um) anos ou inválido ou que tenha deficiência intelectual ou mental ou deficiência grave;

II – os pais;

III – o irmão não emancipado, de qualquer condição, menor de 21 (vinte e um) anos ou inválido ou que tenha deficiência intelectual ou mental ou deficiência grave;

ATENÇÃO! Segundo o art. 23, §6º da EC nº 103/2019, "equiparam-se a filho, para fins de recebimento da pensão por morte, exclusivamente o enteado e o menor tutelado, desde que comprovada a dependência econômica".

A dependência econômica do cônjuge, companheiro(a) e do filho não emancipado menor de 21 anos é presumida, devendo as demais serem comprovadas, conforme estabelece o art. 16, §4º da Lei nº 8.213/1991.

Some-se a isso o fato de que as provas de união estável e de dependência econômica exigem início de prova material contemporânea dos fatos, produzido em período não superior a 24 meses anteriores à data do óbito ou do recolhimento à prisão do segurado, não admitida a prova exclusivamente testemunhal, exceto na ocorrência de motivo de força maior ou caso fortuito, conforme disposto no regulamento (art. 16, §5º da Lei nº 8.213/1991).

Também deverá haver, no caso do art. 77, §2º, V, "c"[44] da Lei nº 8.213/1991, comprovação da união estável por pelo menos 2 anos antes da morte do segurado.

Quanto ao cônjuge ou companheiro, é importante registrar que, desde que comprove a união estável, **terão direito a receber o benefício da pensão por morte,**

44. Atenção! O artigo em comento deve ser lido com as atualizações promovidas pela Portaria ME nº 424/2020.

desde que ocorra o óbito do servidor. O que na verdade, **vai variar**, a depender do caso, é o **prazo de duração do benefício**, havendo dois fatores essenciais para a definição desse período. Quando da morte do servidor, deve ser observado se ele já tinha ou não pago dezoito contribuições e se ele já era ou não, há pelo menos dois anos, casado ou vivia em união estável comprovada, ressaltando-se que são aceitas as contribuições que o servidor fez para outro regime próprio ou para o regime geral, nos termos previstos no §4º do art. 222 da Lei nº 8.112/1990.

Portanto, **quando da morte do servidor, se ele:**

a) **não tinha pago dezoito contribuições** mensais (contam as vertidas para outro regime próprio ou para o regime geral); **ou não havia completado dois anos de casamento ou de união estável**: o cônjuge ou companheiro terão **direito à pensão e perderão essa qualidade de beneficiário após o prazo de quatro meses**, ou seja, receberão o benefício apenas por esse período. Isso, **exceto se o óbito do servidor decorrer de acidente de qualquer natureza ou de doença profissional ou do trabalho**, pois nessa hipótese será aplicada a regra seguinte.

b) **tinha pago dezoito contribuições** mensais (contam as vertidas para outro regime próprio ou para o regime geral) **e havia completado dois anos de casamento ou de união estável**[45]**:**

> *I - três anos, com menos de vinte e dois anos de idade;*
>
> *II - seis anos, entre vinte e dois e vinte e sete anos de idade;*
>
> *III - dez anos, entre vinte e oito e trinta anos de idade;*
>
> *IV - quinze anos, entre trinta e um e quarenta e um anos de idade;*
>
> *V - vinte anos, entre quarenta e dois e quarenta e quatro anos de idade;*
>
> *VI - vitalícia, com quarenta e cinco ou mais anos de idade.*

Por fim, será excluído definitivamente da condição de dependente quem tiver sido condenado criminalmente por sentença com trânsito em julgado, como autor, coautor ou partícipe de homicídio doloso, ou de tentativa desse crime, cometido contra a pessoa do segurado, ressalvados os absolutamente incapazes e os inimputáveis (art. 16, §7º da Lei nº 8.213/1991).

Também o tempo de duração e a perda da qualidade de segurado se darão nos termos do estabelecido pela Lei nº 8.213/1991 (art. 23, §4º da EC nº 103/2019).

Em regra, a condição de beneficiário da pensão por morte não permanecerá indefinidamente. Dessa forma, cessará a qualidade de segurado, nas seguintes hipóteses (art. 77, §2º da Lei nº 8.213/1991):

a) pela morte do pensionista;

45. Portaria ME Nº 424, de 29 de dezembro de 2020.

b) para o filho, a pessoa a ele equiparada ou o irmão, de ambos os sexos, ao completar vinte e um anos de idade, salvo se for inválido ou tiver deficiência intelectual ou mental ou deficiência grave;

c) para filho ou irmão inválido, pela cessação da invalidez;

d) para filho ou irmão que tenha deficiência intelectual ou mental ou deficiência grave, pelo afastamento da deficiência, nos termos do regulamento;

e) para cônjuge ou companheiro:

e.1) se inválido ou com deficiência, pela cessação da invalidez ou pelo afastamento da deficiência, respeitados os períodos mínimos;

e.2) em 4 meses, se o óbito ocorrer sem que o segurado tenha vertido 18 contribuições mensais ou se o casamento ou a união estável tiverem sido iniciados em menos de 2 anos antes do óbito do segurado;

e.3) transcorridos os seguintes períodos, estabelecidos de acordo com a idade do beneficiário na data de óbito do segurado, se o óbito ocorrer depois de vertidas 18 contribuições mensais e pelo menos 2 anos após o início do casamento ou da união estável:

I - três anos, com menos de vinte e dois anos de idade;

II - seis anos, entre vinte e dois e vinte e sete anos de idade;

III - dez anos, entre vinte e oito e trinta anos de idade;

IV - quinze anos, entre trinta e um e quarenta e um anos de idade;

V - vinte anos, entre quarenta e dois e quarenta e quatro anos de idade;

VI - vitalícia, com quarenta e cinco ou mais anos de idade.

No caso de acidente de qualquer natureza ou de doença profissional ou do trabalho, a concessão se dará independentemente do recolhimento de 18 contribuições mensais ou da comprovação de 2 anos de casamento ou de união estável, cessando nos termos da regra acima citada ou, caso o dependente se trate de cônjuge ou companheiro inválido ou com deficiência, pela cessação da invalidez ou deficiência, respeitado o limite temporal mínimo acima (art. 77, §2º-A da Lei nº 8.213/1991).

Também perderá o direito à pensão por morte o cônjuge, o companheiro ou a companheira se comprovada, a qualquer tempo, simulação ou fraude no casamento ou na união estável, ou a formalização desses com o fim exclusivo de constituir benefício previdenciário, apuradas em processo judicial no qual será assegurado o direito ao contraditório e à ampla defesa (art. 74, §2º da Lei nº 8.213/1991).

Assim, por exemplo, imagine que João, servidor público federal, faleceu e, quando do óbito não tinha pago dezoito contribuições mensais (e não tinha contribuído para nenhum outro regime antes). Era casado com Maria, que tinha trinta e um anos e era deficiente à época do óbito. Nesse caso, Maria receberá a pensão por morte até o dia em que cessar a deficiência (caso, isso ocorra), garantindo-se a ela o recebimento pelo período mínimo de quatro meses; ou seja, caso, eventualmente, a deficiência cesse dois meses após a morte, ela ainda receberá o benefício por mais dois meses. Entretanto, se João morreu em um acidente, será ignorado o fato dele não ter completado as dezoito contribuições, e será levada em conta a idade que Maria tinha na data do óbito e, dessa forma, ela receberá o benefício pelo período mínimo de quinze anos, mesmo se a deficiência cessar antes (caso não cesse, continuará recebendo o benefício por tempo indeterminado).

<table>
<tr><th colspan="3">PENSÃO POR MORTE</th></tr>
<tr><td colspan="3">Cônjuge
Ex-cônjuge que receba pensão alimentícia por decisão judicial
Companheiro ou companheira (união estável comprovada)</td></tr>
<tr><th>Duração da pensão</th><th>Idade do cônjuge,[46] ex-cônjuge e companheiro na data do óbito</th><th>Situação do servidor na data do óbito</th></tr>
<tr><td>4 meses</td><td>Qualquer uma</td><td>Não tinha:
a) 18 contribuições mensais; ou
b) 2 anos de casado ou de união estável</td></tr>
<tr><td>3 anos</td><td>< 22 anos</td><td>Tinha:
a) 18 contribuições mensais;
E
b) 2 anos de casado ou de união estável</td></tr>
<tr><td>6 anos</td><td>22 até 27 anos</td><td rowspan="4">OU
Não tinha:
a) 18 contribuições mensais; ou
b) 2 anos de casado ou de união estável;
+
Óbito do servidor foi decorrente de acidente de qualquer natureza ou de doença profissional ou do trabalho</td></tr>
<tr><td>10 anos</td><td>28 a 30 anos</td></tr>
<tr><td>15 anos</td><td>31 até 41 anos</td></tr>
<tr><td>20 anos</td><td>42 até 44 anos</td></tr>
<tr><td>vitalícia</td><td>> 45 anos</td><td></td></tr>
</table>

46. Conforme Portaria ME Nº 424, de 29 de dezembro de 2020.

<table>
<tr><th colspan="3">PENSÃO POR MORTE</th></tr>
<tr><td colspan="3">Cônjuge
Ex-cônjuge que receba pensão alimentícia por decisão judicial
Companheiro ou companheira (união estável comprovada)</td></tr>
<tr><th>Duração da pensão</th><th>Idade do cônjuge,[46] ex-cônjuge e companheiro na data do óbito</th><th>Situação do servidor na data do óbito</th></tr>
<tr><th colspan="3">CÔNJUGE, EX-CÔNJUGE E COMPANHEIRO(A) INVÁLIDO OU DEFICIENTE</th></tr>
<tr><th>Duração da pensão</th><th>Idade do cônjuge, ex-cônjuge e companheiro na data do óbito</th><th>Situação do cônjuge, ex-cônjuge e companheiro na data do óbito</th></tr>
<tr><td>Enquanto durar invalidez ou deficiência (tempo indeterminado)</td><td>Qualquer idade</td><td>Deficiente ou inválido
Obs.: garantia de duração mínima
Caso desapareça a invalidez ou a deficiência, perde-se a qualidade de beneficiário. Mas, tem direito a receber, no mínimo, pelos períodos conforme hipóteses acima.</td></tr>
</table>

Além das hipóteses analisadas de perda da qualidade de beneficiário, é relevante o conhecimento, também, dos casos em que há a **perda do direito à pensão por morte,** o que ocorre (art. 220):

a) **após o trânsito em julgado**, quando o beneficiário for **condenado** pela prática de **crime** de que tenha **dolosamente** resultado a **morte** do servidor;

b) para o **cônjuge**, o **companheiro** ou a **companheira** se comprovada, a qualquer tempo, **simulação** ou **fraude** no casamento ou na união estável, ou a **formalização** desses com o **fim** exclusivo de **constituir benefício previdenciário**, apuradas em **processo judicial** no qual será assegurado o direito ao contraditório e à ampla defesa.

Por fim, cabe destacar que é imperiosa a ocorrência da morte do servidor para que seus beneficiários possam ter direito à pensão por morte. Entretanto, existem situações em que não é possível a comprovação do óbito e, para tal situação, o art. 221 da Lei nº 8.112/90 prevê a denominada **pensão provisória**, estabelecendo que se considera **presumida a morte** do servidor em razão:

a) da **declaração de ausência**, feita pela autoridade judiciária competente[47];

b) do **desaparecimento** em desabamento, inundação, incêndio ou acidente não caracterizado como em serviço;

---

47. Conforme o art. 22 do Código Civil, desaparecendo "uma pessoa do seu domicílio sem dela haver notícia, se não houver deixado representante ou procurador a quem caiba administrar-lhe os bens, o Juiz, a requerimento de qualquer interessado ou do Ministério Público, declarará a ausência, e nomear-lhe-á curador".

c) do **desaparecimento no desempenho das atribuições** do cargo ou em missão de segurança.

Caso o servidor **não reapareça** (se voltar, a pensão é extinta), **após cinco anos, a "pensão provisória será transformada em pensão vitalícia ou temporária,** conforme o caso", nos termos do parágrafo único do art. 221.

7.2. Assistência à saúde

O art. 230 da Lei nº 8.112/90 estabelece que a **assistência à saúde do servidor** (ativo ou inativo) inclui **assistência médica, hospitalar, odontológica, psicológica e farmacêutica.** Dispõe, também, que a assistência à saúde **pode ser prestada:**

a) pelo Sistema Único de Saúde **(SUS)**;

b) **diretamente pelo órgão ou entidade** ao qual estiver vinculado o servidor;

c) mediante **convênio ou contrato**;

d) na forma de **auxílio**, mediante ressarcimento parcial do valor gasto pelo servidor, ativo ou inativo, e seus dependentes ou pensionistas com planos ou seguros privados de assistência à saúde, na forma estabelecida em regulamento.

8. QUESTÕES

8.1. Questões objetivas comentadas

01. **(VUNESP- TRF 3ª Região - Analista Judiciário - Área Administrativa - 2023)** Acerca do Processo Administrativo Disciplinar, segundo o regramento que lhe é conferido pela Lei nº 8.112/1990, é correto afirmar que

(A) o processo disciplinar poderá ser revisto, dentro do prazo de cinco anos contados da publicação da decisão, a pedido ou de ofício quando se aduzirem fatos novos ou circunstâncias suscetíveis de justificar a inocência do punido, constituindo, a simples alegação de injustiça da penalidade, fundamento para a revisão.

(B) o processo administrativo disciplinar será conduzido por uma comissão composta por três servidores ocupantes de cargo efetivo ou em comissão designados pela autoridade competente que escolherá, dentre eles, o presidente que poderá ser servidor de cargo efetivo ou em comissão, desde que seja do mesmo nível do indiciado.

(C) os autos da sindicância integrarão o processo disciplinar, como peça informativa da instrução e, na hipótese de o relatório da sindicância concluir que a infração está capitulada como ilícito penal, a autoridade competente encaminhará cópia dos autos ao Ministério Público, caso em que será imprescindível a imediata instauração do processo disciplinar.

(D) o prazo para a conclusão do processo disciplinar não excederá 45 (quarenta e cinco) dias, contados da data da publicação do ato que constituir a comissão, admitida a sua prorrogação, por igual prazo, quando as circunstâncias exigirem.

(E) julgada procedente a revisão do processo administrativo disciplinar, será declarada sem efeito a penalidade aplicada, restabelecendo-se todos os direitos do servidor, exceto em relação à destituição do cargo em comissão, que será convertida em exoneração.

COMENTÁRIO

Alternativa correta: letra "e". Trata-se da expressão literal do art. 182, *caput*, da Lei, valendo menção, ainda, que da revisão do processo não poderá resultar agravamento de penalidade, nos termos do parágrafo único.

Alternativa "a". O art. 174, da Lei, estabelece que o processo disciplinar poderá ser revisto, **a qualquer tempo**, a pedido ou de ofício, quando se aduzirem fatos novos ou circunstâncias suscetíveis de justificar a inocência do punido ou a inadequação da penalidade aplicada. É importante destacar que, na forma do art. 176, a simples alegação de injustiça da penalidade não constitui fundamento para a revisão, que requer elementos novos, ainda não apreciados no processo originário.

Alternativa "b". Nos termos do art. 149, *caput*, da Lei, o processo disciplinar será conduzido por comissão composta de três servidores **estáveis** designados pela autoridade competente, que indicará, dentre eles, o seu presidente, que deverá ser ocupante de cargo efetivo superior ou de mesmo nível, ou ter nível de escolaridade igual ou superior ao do indiciado.

Alternativa "c". O parágrafo único do art. 154, da Lei, estabelece que na hipótese de o relatório da sindicância concluir que a infração está capitulada como ilícito penal, a autoridade competente encaminhará cópia dos autos ao Ministério Público, **independentemente da imediata instauração do processo disciplinar**.

Alternativa "d". Nos termos do art. 152, o "prazo para a conclusão do processo disciplinar não excederá 60 (sessenta) dias, contados da data de publicação do ato que constituir a comissão, admitida a sua prorrogação por igual prazo, quando as circunstâncias o exigirem."

02. (FCC - Analista Judiciário - Área Judiciária - TRF 3/2019) A Lei nº 8.112/1990, que estabelece o regime jurídico aplicável aos servidores públicos federais, estatui uma série de normas relacionadas à parcela denominada Auxílio-Moradia, que "consiste no ressarcimento das despesas comprovadamente realizadas pelo servidor com aluguel de moradia ou com meio de hospedagem administrado por empresa hoteleira" (art. 60-A).

Tal vantagem

(A) não mais vigora, pois foi declarada inconstitucional pelo Supremo Tribunal Federal.

(B) será paga, ainda que o deslocamento tenha sido realizado por força de alteração de lotação ou nomeação para cargo efetivo.

(C) será paga, mesmo que o servidor ou seu cônjuge ou companheiro tenha sido proprietário, promitente comprador, cessionário ou promitente cessionário de imóvel no Município aonde for exercer o cargo.

(D) não será paga, caso o deslocamento ocorra dentro da mesma região metropolitana, aglomeração urbana ou microrregião, constituídas por municípios limítrofes e regularmente instituídas, da qual faça parte o local de residência ou domicílio do servidor.

(E) é limitada ao valor correspondente a 50% do valor do cargo em comissão, função comissionada ou cargo de Ministro de Estado ocupado.

COMENTÁRIO

Alternativa correta: letra "d". O **auxílio-moradia** está previsto nos artigos 60-A a 60-E da Lei, e é o **ressarcimento das despesas que o servidor teve com aluguel ou hospedagem, no prazo de um mês após a comprovação da despesa.** O art. 60-B, VI, estabelece como requisito para o recebimento do auxílio que o "Município no qual assuma o cargo em comissão ou função de confiança não se enquadre nas hipóteses do art. 58, § 3º, em relação ao local de residência ou domicílio do servidor". O dispositivo em questão estabelece que "(...) não fará jus a diárias o servidor que se deslocar dentro da mesma região metropolitana, aglomeração urbana ou microrregião, constituídas por municípios limítrofes e regularmente instituídas (...)", sendo que, por analogia, não será pago auxílio-moradia, caso o deslocamento ocorra dentro da mesma região metropolitana, aglomeração urbana ou microrregião, constituídas por municípios limítrofes e regularmente instituídas, da qual faça parte o local de residência ou domicílio do servidor.

Alternativa "a". O dispositivo não foi declarado inconstitucional pelo Supremo Tribunal Federal.

Alternativa "b". O auxílio não será pago caso o deslocamento tenha sido por força de alteração de lotação ou nomeação para cargo efetivo (art. 60-B, VIII, da Lei).

Alternativa "c". Dentre os requisitos para fazer jus ao auxílio moradia está o fato de que **o servidor ou seu cônjuge não podem ter sido, nos últimos doze meses, proprietários, promitentes compradores, cessionários ou promitentes cessionários no local onde vai trabalhar** (art. 60-B, III, da Lei).

Alternativa "e". O auxílio-moradia é limitado ao valor correspondente a 25% do valor do cargo em comissão, função comissionada ou cargo de Ministro de Estado ocupado (art. 60-D, da Lei).

03. (Consulplan – Técnico Judiciário – Área Administrativa – TRE – RJ/2017) "Um servidor efetivo do Tribunal Regional Eleitoral retirou um processo da repartição sem autorização da chefia imediata." Nos termos da Lei nº 8.112/90, é correto afirmar que

a) a conduta impõe a suspensão dos direitos políticos do servidor.
b) se o servidor estiver em estágio probatório, será exonerado do cargo.
c) o servidor praticou infração punível com a penalidade de advertência.
d) em caso de reincidência, aplica-se, em regra, a penalidade de demissão.

COMENTÁRIO

Alternativa correta: letra "c". A pena de advertência é uma repreensão feita por escrito e anotada no prontuário do servidor. Tem cabimento, conforme artigo 129 da Lei nº 8.112/90, quando se tratar de violação dos deveres funcionais constantes do artigo 117, I a VIII e XIX, ou quando houver inobservância de dever funcional previsto em lei, regulamento ou norma interna e não se justifique pena mais grave. Assim, o referido dispositivo (art. 117) dispõe que são puníveis com advertência as seguintes condutas: ausentar-se do serviço durante o expediente, sem prévia autorização do chefe imediato; retirar, sem prévia anuência da autoridade competente, qualquer documento ou objeto da repartição; recusar fé a documentos públicos; opor resistência injustificada ao andamento de documento e processo ou execução de serviço; promover manifestação de apreço ou desapreço no recinto da repartição; cometer a pessoa estranha à repartição, fora dos casos previstos em lei, o desempenho de atribuição que seja de sua responsabilidade ou de seu subordinado; coagir ou aliciar subordinados no sentido de filiarem-se a associação profissional ou sindical, ou a partido político; manter sob sua chefia imediata, em cargo ou função de confiança, cônjuge, companheiro ou parente até o segundo grau civil; valer-se do cargo para lograr proveito pessoal ou de outrem, em detrimento da dignidade da função pública; recusar-se a atualizar seus dados cadastrais quando solicitado.

Alternativa "a". A penalidade de suspensão dos direitos políticos não está prevista na Lei nº 8.112/90.

Alternativa "b". O art. 20 da mesma lei prevê que "ao entrar em exercício, o servidor nomeado para cargo de provimento efetivo ficará sujeito a estágio probatório por período de 24 (vinte e quatro) meses, durante o qual a sua aptidão e capacidade serão objeto de avaliação para o desempenho do cargo, observados os seguintes fatores: I – assiduidade; II – disciplina; III – capacidade de iniciativa; IV – produtividade; e V – responsabilidade". Assim, não necessariamente por ser penalizado com advertência durante estágio probatório, será o servidor exonerado, sendo necessária a análise de outros fatores para a imposição da penalidade. Vale ressaltar que a previsão de 24 meses prevista na Lei 8.112/90 para aquisição de estabilidade não mais encontra amparo constitucional. A EC 19/98 estabeleceu que são estáveis no serviço público os servidores efetivos nomeados para o cargo em virtude de concurso público após 3 anos de efetivo exercício.

Alternativa "d". A suspensão será aplicada, de fato, em caso de reincidência das faltas punidas com advertência, não podendo exceder, contudo, 90 dias. Também poderá ser aplicada tal penalidade no que diz respeito a infrações não sujeitas à demissão (art. 130).

04. (FCC – Analista Judiciário – Área Judiciária – TRE – PR/2017) No que se refere à prescrição no âmbito da ação disciplinar, a Lei no 8.112/1990 estabelece que

a) o prazo prescricional começa a correr da data da ocorrência do fato.
b) a abertura de sindicância não interrompe a prescrição.

c) a instauração de processo disciplinar interrompe a prescrição, até a decisão final proferida por autoridade competente.
d) infrações puníveis com demissão são imprescritíveis.
e) prescreve em 2 anos a ação disciplinar quanto às infrações puníveis com suspensão e advertência.

COMENTÁRIO

Alternativa correta: letra "c" (responde a alternativa "b"). O art. 142, § 3º, da Lei nº 8.112/90, dispõe que "a abertura de sindicância ou a instauração de processo disciplinar interrompe a prescrição, até a decisão final proferida por autoridade competente". Todavia, a posição adotada no Supremo Tribunal Federal (RMS 23.436/DF, MS 30.478/DF, entre outros) é de que a interrupção cessa após o decurso do prazo de 140 dias, isto é, após esse período o prazo prescricional é retomado. Isso ocorre porque, tanto no STF quanto no STJ, o prazo previsto na lei para a conclusão do processo administrativo de 60 dias, prorrogável por igual período, não inclui o prazo para julgamento, que é de 20 dias (60 + 60 + 20 = 140). Nesse sentido, foi editada a Súmula nº 635 do STJ, que dispõe: "Os prazos prescricionais previstos no art. 142 da Lei n. 8.112/1990 iniciam-se na data em que a autoridade competente para a abertura do procedimento administrativo toma conhecimento do fato, interrompem-se com o primeiro ato de instauração válido – sindicância de caráter punitivo ou processo disciplinar – e voltam a fluir por inteiro, após decorridos 140 dias desde a interrupção".

Alternativa "a". Pelo § 1º, do mesmo art. 142, infere-se, ainda, que o prazo de prescrição começa a correr da data em que o fato se tornou conhecido.

Alternativa "d" (responde a alternativa "e"). Os prazos de prescrição das ações disciplinares estão previstos no art. 142 da Lei nº 8.112/90. Quanto à suspensão, tal prazo é de 2 anos; já quanto à advertência, o prazo é de 180 dias. Além disso, quanto às infrações puníveis com demissão, cassação de aposentadoria ou disponibilidade e destituição de cargo em comissão, o prazo é de 5 anos. Tais prazos são sempre contados da data em que o fato se tornou conhecido. Destaca-se, ainda, que se a infração disciplinar também for tipificada como crime, será aplicado o prazo de prescrição previsto na lei penal.

05. **(FGV – Analista Judiciário – Área Administrativa – TRT 12/2017)** Alfa, Analista Judiciário do Tribunal Regional do Trabalho de determinada região, utilizou, pelo período de seis meses, materiais de informática da Vara do Trabalho onde estava lotado, em serviços e atividades particulares, para ajudar sua irmã, que estava montando uma empresa de propaganda e marketing. De acordo com o regime disciplinar estabelecido na Lei nº 8.112/90, após regular processo administrativo disciplinar, Alfa está sujeito à pena de:

a) demissão, aplicada pelo Presidente do TRT;
b) suspensão até 180 dias, aplicada pelo Presidente do TRT;
c) suspensão até 90 dias, aplicada pelo Corregedor do TRT;
d) suspensão até 90 dias, aplicada pelo Presidente do TRT;
e) advertência, aplicada pelo Corregedor do TRT.

COMENTÁRIO

Alternativa correta: letra "a" (responde as demais alternativas). As penalidades que podem ser aplicadas ao servidor público estão previstas no art. 127 da Lei nº 8.112/1990 e são: a) advertência; b) suspensão; c) multa; d) demissão; e) cassação de aposentadoria e disponibilidade; f) destituição de cargo em comissão; g) destituição de função de confiança. Com a pena de demissão, o servidor titular de cargo efetivo é desligado compulsoriamente da Administração Pública. As hipóteses de cabimento estão arroladas no art. 117, IX a XVI e no art. 132, I a XII, da Lei nº 8.112/90. Quanto à competência para aplicação de penalidade, deve ser observado o disposto no art. 141 e, nos termos desse dispositivo legal, quando se tratar de demissão e cassação de aposentadoria ou disponibilidade, caberá ao Presidente da República, aos Presidentes das Casas do Poder Legislativo e dos Tribunais Federais e ao Procurador-Geral da República. Já, quando a pena for de suspensão superior a 30 dias, a competência será das autoridades administrativas de hierarquia imediatamente inferior às anteriormente mencionadas. Se a suspensão for inferior a 30 dias, a competência para aplicação da sanção é do chefe da repartição e outras autoridades, na forma dos respectivos regimentos ou regulamentos. Como a situação narrada no enunciado configura proibição prevista, justamente, no art. 117, XVI, da Lei, será, no caso, aplicada pena de demissão, pelo Presidente do TRT.

06. (Cespe - Analista Judiciário - Área Judiciária - TRE - BA/2017) Renata, servidora pública do Tribunal de Justiça da Bahia (TJ/BA), pediu vacância para tomar posse no cargo de técnico judiciário do TRE/BA. Ao final do período de avaliação, Renata foi inabilitada no estágio probatório referente ao novo cargo. O cargo por ela ocupado anteriormente no TJ/BA não havia sido provido.

Nessa situação hipotética, seu retorno ao cargo anterior se dará por meio de

A) redistribuição.
B) reintegração.
C) recondução.
D) aproveitamento.
E) reversão.

COMENTÁRIO

Alternativa correta: letra "c". Nos termos do art. 29, da Lei nº 8.112/90, a recondução é "o retorno do servidor estável ao cargo anteriormente ocupado e decorrerá de: I – inabilitação em estágio probatório relativo a outro cargo; II – reintegração do anterior ocupante".

Alternativa "a". A **redistribuição,** nos termos do art. 37 da Lei nº 8.112/90, é o **deslocamento do cargo efetivo,** provido ou vago, para outro órgão ou entidade do mesmo Poder. De acordo o dispositivo legal mencionado, devem ser observados os seguintes preceitos: interesse da administração; equivalência de vencimentos; manutenção da essência das atribuições do cargo; vinculação entre os graus de responsabilidade e complexidade das atividades; mesmo nível de escolaridade, especialidade ou habilitação profissional; compatibilidade entre as atribuições do cargo e as finalidades institucionais do órgão ou entidade. A redistribuição só ocorre de ofício e é feita para ajustar a lotação e a força de trabalho às necessidades do serviço, inclusive nos casos de reorganização, extinção ou criação de órgão ou entidade.

Alternativa "b". A **reintegração** é a reinvestidura do servidor no cargo antes ocupado quando sua demissão foi anulada por decisão administrativa ou judicial, tendo direito ao ressarcimento de remuneração e vantagens não percebidas.

Alternativa "d". O **aproveitamento** é o **retorno do servidor que está em disponibilidade** e o cargo em que será aproveitado deverá ter vencimentos e atribuições compatíveis com o anteriormente ocupado, conforme o art. 30 da Lei nº 8.112/90.

Alternativa "e". A **reversão** é o **retorno do aposentado à ativa** e pode ocorrer quando o servidor tenha se aposentado por invalidez ou voluntariamente, como prevê o art. 25, da Lei nº 8.112/90. O aposentado **voltará para o mesmo cargo ou para cargo resultante de sua transformação.**

07. (FCC - Analista Judiciário - Área administrativa - TRT 11/2017) Apolo, Analista do Tribunal, exerceu seu direito de petição em defesa de interesse legítimo, observando os comandos da Lei nº 8.112/1990. Seu requerimento foi indeferido, razão pela qual ingressou com pedido de reconsideração. Sendo provido o pedido de reconsideração, os efeitos dessa decisão

(A) não retroagem, isto é, os efeitos serão *ex tunc*; no entanto, será garantida indenização pelos prejuízos eventualmente sofridos.
(B) não retroagem, produzindo efeitos ex nunc.
(C) retroagirão à data da decisão que foi objeto do pedido de reconsideração.
(D) retroagirão à data em que exercido o direito de petição.
(E) retroagirão à data do ato impugnado.

COMENTÁRIO

Nota do Autor: O **direito de petição** está assegurado ao servidor pelo art. 104 e seguintes, da Lei nº 8.112/90, sendo certo que caberá **recurso** do indeferimento do **pedido de reconsideração**, como também das decisões sobre os recursos sucessivamente interpostos.

Alternativa correta: letra "e" (responde as demais alternativas). Para exercer o direito de petição, o servidor deverá se valer de requerimento dirigido à autoridade competente para decidir (é endereçado a quem decidirá), mas que deve ser encaminhado por meio do superior imediato do requerente (art. 105). A autoridade tem o prazo de trinta dias para decidir sobre o requerimento (art. 106, parágrafo único). É possível, também, o servidor interpor, no prazo de trinta dias (art. 108), pedido de reconsideração em face da autoridade que expediu o ato ou proferiu a primeira decisão (art. 106, caput), não podendo ser renovado e, ainda, tem a disposição o recurso, que pode ser interposto nos casos de indeferimento do pedido de reconsideração e contra as decisões sobre os recursos sucessivamente interpostos (art. 107). Nos termos do art. 109, parágrafo único, no caso de provimento do pedido de reconsideração ou do recurso, os efeitos da decisão **retroagem à data do ato impugnado** (***ex tunc***), como se tivesse sido deferido desde o início.

08. **(FCC – Analista Judiciário – Área Administrativa – TRF 3ª Região/2016)** Arnaldo é servidor público estatutário há cerca de dez anos, classificado no setor de transportes da secretaria da educação e responsável pela logística das peruas que fazem o deslocamento dos alunos no trajeto casa-escola, escola-casa.

No último mês, a diretoria da escola e a delegacia de ensino local começaram a receber diversas críticas sobre falhas no serviço de transporte das crianças, a ponto de terem sido narrados episódios de alunos que não foram incluídos no rol de atendimento, não obstante regularmente inscritos para tanto.

Diante da recorrência, foi instaurada sindicância para apuração do ocorrido e identificado que Arnaldo não vinha realizando as programações de itinerário corretamente, comparecendo em repartições diversas para trabalhar, não no local correto.

Instaurado processo administrativo disciplinar, a comissão disciplinar, no curso do inquérito administrativo, de acordo com o que dispõe a Lei nº 8.112/1990,

a) deverá providenciar a realização de perícia judicial, para atestar as condições de sanidade mental do acusado antes do prosseguimento do processo.
b) poderá denegar pedidos de vista dos autos na fase de instrução, inclusive do acusado, tendo em vista que a oportunidade de defesa e contraditório se exerce na fase de defesa.
c) poderá, com base nos elementos constantes da sindicância, propor que o acusado seja submetido a exame por junta médica oficial, caso exista dúvida sobre a sanidade mental do acusado.
d) deverá requerer que a sindicância, excepcionalmente, integre os autos do processo administrativo quando houver indícios de insanidade mental, para evitar a repetição de provas e possibilitar que o perito judicial designado administrativamente possa opinar sobre os fatos lá apurados.
e) poderá processar nos mesmos autos o incidente de sanidade mental, aproveitando a instrução do inquérito, para decidir pela conversão de sanção administrativa por medida de segurança.

COMENTÁRIO

Alternativa correta: letra "c". Na forma do art. 160, *caput*, da Lei nº 8.112/90, "quando houver dúvida sobre a sanidade mental do acusado, a comissão proporá à autoridade competente que ele seja submetido a exame por junta médica oficial, da qual participe pelo menos um médico psiquiatra".

Alternativa "a" (responde a alternativa "e"). Inexiste tal previsão na Lei nº 8.112/90. Nos termos do art. 160, parágrafo único, da Lei, "o incidente de sanidade mental será processado em auto apartado e apenso ao processo principal, após a expedição do laudo pericial".

Alternativa "b". A autoridade administrativa **não** poderá denegar pedidos de vista dos autos na fase de instrução. Neste sentido, determina o art. 113, da Lei, que "para o exercício do direito de petição, é assegurada vista do processo ou documento, na repartição, ao servidor ou a procurador por ele constituído", **não havendo qualquer ressalva à fase em que a defesa pode ser exercida.** Nesse mesmo diapasão, como no processo administrativo o ônus da prova cabe à Administração Pública e vigora o princípio da verdade material, a revelia não terá o efeito de presunção de verdade dos fatos imputados ao servidor, pois, ao ser declarada, há, necessariamente, **devolução do prazo** para apresentação de defesa por defensor dativo nomeado, nos termos do art. 164, § 2º.

Alternativa "d". Caso a sindicância seja convertida em processo administrativo disciplinar, nos termos do art. 154, *caput*, da Lei, "os autos da sindicância integrarão o processo disciplinar, como peça informativa da instrução". Assim, não há que se falar em **excepcionalidade**, como destacado na alternativa.

09. (FCC – Analista Judiciário – Área Judiciária – Oficial de Justiça Avaliador – TRT 23/2016) A Administração pública está sujeita a deveres e prerrogativas no seu mais amplo espectro de atuação, que se dá por intermédio de agentes públicos. Os servidores públicos, no exercício de suas funções, também estão sujeitos a deveres e responsabilidades. Considerando o que dispõe a Lei no 8.112/1990,

a) o servidor está sujeito a responsabilização somente quando agir com dolo, conduta que deverá ser objeto de processo disciplinar, sem prejuízo da apuração dos danos civis causados.
b) o servidor responde diretamente, perante terceiros, pelos danos que a eles causar, não cabendo ação direta contra a Fazenda Pública.
c) a responsabilidade dos servidores, na esfera civil ou administrativa, decorre de condutas comissivas ou omissivas praticadas no exercício do cargo ou da função, dolosa ou culposamente.
d) a responsabilidade por infrações penais deve ser apurada antes da responsabilidade civil ou administrativa, porque as absorve, devido a menor gravidade.
e) as infrações no campo civil, administrativo e penal podem ser processadas em paralelo, mas as sanções não podem se cumular, devendo ser aplicada a sanção mais gravosa.

COMENTÁRIO

Alternativa correta: letra "c". Na forma do art. 121, da Lei nº 8.112/90, "o servidor responde civil, penal e administrativamente pelo exercício irregular de suas atribuições" e, conforme previsão do art. 124, "a responsabilidade civil-administrativa resulta de ato omissivo ou comissivo praticado no desempenho do cargo ou função".

Alternativa "a". Consoante art. 122, *caput*, da Lei, "a responsabilidade civil decorre de ato omissivo ou comissivo, doloso ou **culposo**, que resulte em prejuízo ao erário ou a terceiros".

Alternativa "b". Na forma do art. 37, §6º, da Constituição Federal, em regra, o servidor público não responde diretamente perante terceiros por danos que eventualmente vier a causar. Neste caso, a Administração Pública deve responder, sendo cabível **ação de regresso** em face do servidor causador do prejuízo se verificada culpa ou dolo em sua conduta/omissão.

Alternativa "d". Na verdade, a apuração da responsabilidade do servidor público nas diferentes esferas pode ser simultânea.

Alternativa "e". O servidor que cometer alguma infração no exercício de sua atividade pode responder nas esferas cível, penal e administrativa e, de acordo com o art. 125 da Lei nº 8.112/90, as **sanções penais, administrativas e civis podem cumular-se**, pois, na verdade, são independentes entre si. Entretanto, a exceção se dá quando na esfera penal o servidor for **absolvido em razão da inexistência do fato ou da negativa de autoria** (art. 126).

10. (FCC – Analista Judiciário – Área Administrativa – TRF 3ª Região/2016) O descumprimento de deveres e obrigações pode dar ensejo à aplicação de penalidades, devendo ser respeitada a relação entre a natureza e especificidade da sanção e a competência para sua imposição, tal como prevista na Lei nº 8.112/1990, do que é exemplo a penalidade de

a) suspensão superior a 30 dias, cuja competência para aplicação é privativa da autoridade máxima do ente ao qual esteja vinculado o servidor, qual seja, por exemplo, o Presidente do Tribunal Federal em questão.
b) suspensão, seja qual for o prazo, em razão da gravidade, privativa da autoridade de hierarquia imediatamente inferior à autoridade máxima do ente ao qual esteja vinculado o servidor, ou seja, por exemplo, Ministro de Estado.
c) demissão, privativa da autoridade máxima do órgão do ente ao qual esteja vinculado o servidor, ou seja, por exemplo, Ministro de Estado ou Presidente de Tribunal Federal.

d) cassação de aposentadoria, a ser aplicada pela autoridade máxima do ente ao qual esteja vinculado o servidor, como, por exemplo, o Presidente da República.

e) cassação de aposentadoria ou suspensão por prazo superior a 30 dias, cuja aplicação é competência privativa da autoridade máxima do ente ao qual esteja vinculado o servidor, ou seja, por exemplo, Ministro de Estado ou Presidente de Tribunal Federal.

COMENTÁRIO

Alternativa correta: letra "d" (responde a alternativa "c"). Na forma do art. 141, I, da Lei, as penalidades serão aplicadas "pelo Presidente da República, pelos Presidentes das Casas do Poder Legislativo e dos Tribunais Federais e pelo Procurador-Geral da República, quando se tratar de demissão e cassação de aposentadoria ou disponibilidade de servidor vinculado ao respectivo Poder, órgão ou entidade". O Ministro de Estado, portanto, não tem competência para aplicar pena de demissão, mas de **suspensão por mais de 30 dias**, na forma do art. 141, II, da Lei.

Alternativa "a" (responde a alternativa "b"). Consoante art. 141, II, da Lei, as penalidades serão aplicadas "pelas autoridades administrativas de hierarquia imediatamente inferior àquelas mencionadas no inciso anterior quando se tratar de suspensão superior a 30 (trinta) dias". O Presidente do Tribunal Federal está mencionado, justamente, no inciso I, de tal modo que, pela previsão do mencionado inciso, cabe à autoridade hierarquicamente inferior a ele aplicar a penalidade de suspensão por mais de 30 (trinta) dias. Ademais, nos termos do art. 141, III, da Lei, as penalidades serão aplicadas "pelo chefe da repartição e outras autoridades na forma dos respectivos regimentos ou regulamentos, nos casos de advertência ou de suspensão de até 30 (trinta) dias". Assim, a imposição de suspensão **por mais de 30 (trinta) dias,** em razão da gravidade, é privativa da autoridade de hierarquia imediatamente inferior à autoridade máxima do ente ao qual esteja vinculado o servidor, ou seja, por exemplo, Ministro de Estado.

Alternativa "e". O **Ministro de Estado** não é autoridade máxima do ente ao qual esteja vinculado o servidor, mas autoridade administrativa de hierarquia imediatamente inferior àquela, não tendo competência, portanto, para a aplicação da pena de cassação de aposentadoria.

11. (FCC – Analista Judiciário – Área Judiciária – TRT 14/2016) No que concerne à licença por motivo de doença em pessoa da família, prevista na Lei nº 8.112/1990, considere:

I. Referida licença é sempre concedida sem prejuízo da remuneração.

II. O prazo máximo de sua concessão, a cada período de doze meses, é de sessenta dias, não podendo, em qualquer hipótese, ultrapassar tal período.

III. Somente será deferida se a assistência direta do servidor for indispensável e não puder ser prestada simultaneamente com o exercício do cargo ou mediante compensação de horário.

IV. Será concedida a cada período de doze meses, sendo o início do interstício dos doze meses contado a partir da data do deferimento da última licença concedida.

Está correto o que se afirma APENAS em

a) I e II.
b) IV.
c) I e III.
d) III.
e) II e IV.

COMENTÁRIO

Alternativa correta: letra "d". Está correto o item III.

Itens I e II. Errados. Conforme o art. 83, *caput*, da Lei nº 8.112/90, "poderá ser concedida licença ao servidor por motivo de doença do cônjuge ou companheiro, dos pais, dos filhos, do padrasto ou madrasta e enteado, ou dependente que viva a suas expensas e conste do seu assentamento funcional, mediante comprovação por perícia médica oficial". Poderá ser concedida a cada período de doze meses, "por até 90 (noventa) dias, consecutivos ou não, sem remuneração". Por outro lado, poderá ser concedida por até 60 dias, consecutivos ou não, com remuneração.

Item III. Correto. Consoante art. 83, §1º, da Lei, "a licença somente será deferida se a assistência direta do servidor for indispensável e não puder ser prestada simultaneamente com o exercício do cargo ou mediante compensação de horário (...)".

Item IV. Errado. Nos termos do art. 83, §3º, da Lei, "o início do interstício de 12 (doze) meses será contado a partir da data do deferimento da primeira licença concedida".

8.2. Questões objetivas com gabarito fundamentado

01. **(VUNESP – TRF 3ª Região – Analista Judiciário – Área Administrativa – 2023)** De acordo com Lei nº 8.112/1990, no que se refere às vantagens que se estabelecem em relação ao servidor, é correto afirmar que

(A) aquele que, não sendo servidor da União, for nomeado para cargo em comissão, com mudança de domicílio, será concedida ajuda de custo.

(B) havendo percepção de auxílio-moradia pelo servidor, no caso de falecimento, exoneração, colocação de imóvel funcional à disposição, o auxílio continuará a ser pago por 90 dias.

(C) o servidor que se deslocar dentro da mesma região metropolitana, aglomeração urbana ou microrregião, constituídas de municípios limítrofes, independentemente de haver pernoite fora da sede, fará jus a diárias.

(D) quando, por força das atribuições que sejam próprias do cargo, o servidor realizar despesas com a utilização de meio próprio de locomoção para execução de serviços externos, será indevida a indenização de transporte.

(E) o servidor que trabalhe com habitualidade em local, concomitantemente, insalubre e perigoso, fará jus, cumulativamente, aos adicionais de insalubridade e periculosidade.

02. **(FCC – Técnico Judiciário – Área Administrativa – TRF 3/2019)** No tocante às licenças e afastamentos dos servidores públicos, a Lei nº 8.112/1990, que estabelece o regime jurídico aplicável aos servidores públicos federais, dispõe que

(A) a licença ao servidor para acompanhar cônjuge ou companheiro, que foi deslocado para outro ponto do território nacional, para o exterior ou para o exercício de mandato eletivo dos Poderes Executivo e Legislativo, será por prazo indeterminado e com proventos proporcionais.

(B) o servidor investido em mandato eletivo ou classista poderá ser removido ou redistribuído de ofício para localidade diversa daquela onde exerce o mandato, desde que justificadamente.

(C) a licença por motivo de doença em pessoa da família somente será deferida se a assistência direta do servidor for indispensável e não puder ser prestada simultaneamente com o exercício do cargo ou mediante compensação de horário.

(D) o servidor candidato a cargo eletivo na localidade onde desempenha suas funções e que exerça cargo de direção, chefia, assessoramento, arrecadação ou fiscalização, dele será afastado, a partir do dia imediato ao do registro de sua candidatura perante a Justiça Eleitoral, somente a ele retornando no ano seguinte ao pleito.

(E) após cada qüinqüênio de efetivo exercício, o servidor poderá, a seu exclusivo critério, afastar-se do exercício do cargo efetivo, com a respectiva remuneração, por até três meses, para tratar de interesses particulares.

03. **(FCC – Analista Judiciário – Área Judiciária – TRF 4/2019)** Paulo da Silva é servidor federal e foi designado para compor Comissão Processante destinada a apurar a responsabilidade de outro servidor público. Ao tomar ciência da designação, Paulo verifica que o servidor investigado é seu parente de quarto grau, por intermédio de uma irmã adotiva de sua mãe. Diante da situação relatada e à luz do que dispõem a Lei nº 8.112/90 e a Lei nº 9.784/99, Paulo

(a) é obrigado a comunicar o impedimento à autoridade que o designou, abstendo-se de atuar, sob pena de responsabilidade funcional.

(b) é obrigado a comunicar a suspeição à autoridade que o designou, abstendo-se de atuar, sob pena de responsabilidade funcional.

▸ QUESTÕES DE CONCURSOS

(c) deve prosseguir na Comissão, pois as leis em questão determinam expressamente que parentescos baseados em adoção são incapazes de gerar incompatibilidade para atuação em processo administrativo.
(d) não está obrigado a comunicar impedimento, mas pode declarar-se em situação de suspeição, solicitando o afastamento à autoridade que o designou.
(e) não está obrigado a comunicar suspeição, mas pode declarar-se em situação de impedimento, solicitando o afastamento à autoridade que o designou.

04. (Cespe - Analista Judiciário - Área Administrativa - TRE - TO/2017) João delegou a Maria, sua esposa e pessoa estranha à repartição pública onde ele exerce suas funções, o desempenho das atribuições de sua responsabilidade. Descoberto, João sofreu um processo administrativo disciplinar, que resultou em sua condenação à penalidade de advertência. Três meses após o trânsito em julgado do procedimento administrativo, João recusou fé a documento público.

Nessa situação hipotética, de acordo com a Lei n.º 8.112/1990, João está sujeito à pena de

A) suspensão de até noventa dias.
B) suspensão de até cento e vinte dias.
C) suspensão de até cento e oitenta dias.
D) repreensão verbal.
E) demissão.

05. (FCC - Analista Judiciário - Área Judiciária - TRT 11/2017) Joana, servidora pública federal, detentora de cargo efetivo em determinado órgão do Poder Judiciário, será redistribuída para outro órgão, de acordo com as disposições previstas na Lei nº 8.112/1990. Nesse caso, a redistribuição

(A) seria admissível ainda que Joana não fosse detentora de cargo efetivo, mas sim de cargo em comissão, dada a paridade aplicável às modalidades de cargos.
(B) não exige a manutenção da essência das atribuições do cargo.
(C) exige apreciação do órgão central do SIPEC, que será prévia à redistribuição ou posterior, dependendo da urgência.
(D) deverá ocorrer obrigatoriamente para outro órgão do Poder Judiciário.
(E) dar-se-á no interesse da Administração ou do servidor, conforme os demais requisitos aplicáveis ao caso concreto.

06. (FCC - Analista Judiciário - Área Administrativa - TRF 3ª Região/2016) Dentre as vantagens expressamente previstas na Lei nº 8.112/1990 para os servidores, além dos vencimentos já previstos para remuneração,

a) a gratificação natalina é a única vantagem que integra os vencimentos para fins de cálculo de outras vantagens e adicionais.
b) o fato gerador do adicional de insalubridade, em razão de sua distinção, não elide que o servidor perceba também o adicional de periculosidade, mas somente este último pode integrar a remuneração dos servidores.
c) tanto o adicional de insalubridade, quanto o adicional de periculosidade integram a remuneração dos servidores quando configurada habitualidade por tempo superior ao previsto para o estágio probatório definido para o cargo ocupado.
d) o adicional por serviço extraordinário é obrigatoriamente remunerado com acréscimo em relação à hora normal de trabalho, não admitindo integração à remuneração, em razão de sua natureza indenizatória.
e) a gratificação natalina não é considerada para fins de cálculo de outras vantagens pecuniárias, mas não afasta o pagamento do adicional de insalubridade ou de periculosidade, cabendo ao servidor, entretanto, optar por um dentre esses últimos.

07. (FCC - Analista Judiciário - Área Judiciária - Oficial de Justiça Avaliador - TRT 14/2016) Julia, servidora pública federal e chefe de determinado setor do Tribunal Regional do Trabalho da 14ª Região, cometeu ao servidor Ricardo, atribuições estranhas ao cargo que ocupa, não se tratando de situação emergencial ou mesmo transitória que justificasse tal conduta. Nos termos da Lei nº 8.112/1990, a ação disciplinar quanto à infração praticada por Julia prescreverá em

a) 2 anos.
b) 5 anos.
c) 3 anos.
d) 180 dias.
e) 1 ano.

08. (FCC – Analista Judiciário – Área Judiciária – Oficial de Justiça Avaliador – TRT 14/2016) Marlene é servidora pública do Tribunal Regional do Trabalho da 14ª Região e pretende doar sangue. Gilberto, também servidor público do Tribunal Regional do Trabalho da 14ª Região, irá se casar nos próximos dias. Nos termos da Lei no 8.112/1990, poderão os citados servidores ausentar-se do serviço, sem qualquer prejuízo, respectivamente, por

a) 1 dia e 10 dias consecutivos.
b) 2 dias e 10 dias consecutivos.
c) 1 dia e 9 dias consecutivos.
d) 2 dias e 7 dias consecutivos.
e) 1 dia e 8 dias consecutivos.

Questão	Resposta	Fundamentação
1	A	Art. 56, da Lei nº 8.112/1990.
2	C	Art. 83, §1º, da Lei nº 8.112/1990.
3	D	Art. 149, §2º, da Lei nº 8.112/1990.
4	A	Art. 130 da Lei nº 8.112/90.
5	E	Art. 66 da Lei nº 8.112/90.
6	E	Art. 66 da Lei nº 8.112/90.
7	A	Art. 142 da Lei nº 8.112/90.
8	E	Art. 97, I e III, da Lei nº 8.112/90.

8.3. Questões dissertativas/estudos de caso

(FCC – Analista Judiciário – Área administrativa – TRT/2018) Afrodite é Analista do Tribunal Regional do Trabalho da 15a Região há seis anos. No corrente ano, Afrodite ausentou-se intencionalmente, sem qualquer justificativa, do serviço público, ausência esta que já perdura por trinta e dois dias consecutivos. Já Vitória, também Analista do Tribunal Regional do Trabalho da 15ª Região, valeu-se de seu cargo para lograr proveito pessoal, em detrimento da dignidade da função pública, razão pela qual sofreu a penalidade de demissão, nos termos da Lei no 8.112/1990. A propósito dos fatos narrados, responda fundamentadamente os quesitos abaixo.

a. Nos termos da Lei no 8.112/1990, Afrodite está sujeita a alguma penalidade disciplinar? Justifique.
b. A demissão de Vitória incompatibiliza a ex-servidora para nova investidura em cargo público federal? Explique.
c. Se Afrodite não fosse servidora pública, mas empregada da iniciativa privada, aplicando-se a Consolidação das Leis do Trabalho, qual conduta sua empregadora deveria proceder em razão das faltas injustificadas? Justifique sua resposta indicando as verbas trabalhistas as quais Afrodite teria direito em razão de sua conduta.

RESPOSTA SUGERIDA PELO AUTOR

O servidor deve exercer todas as atribuições próprias do cargo que ocupa e deve fazê-lo de maneira a obter o melhor resultado possível. Todavia, no caso narrado, as servidoras não agiram de forma adequada, de modo que estarão sujeitas às penalidades previstas na Lei nº 8.112/90.

a) **Nos termos do caso apresentado, dessa forma, Afrodite** *estará sujeita à pena de demissão por abandono de cargo (art. 132 da Lei nº 8.112/90), já que se ausentou intencionalmente do serviço público por mais de 30 dias consecutivos (art. 138 da Lei nº 8.112/90).*

b) **Por sua vez, Vitória foi demitida por "valer-se do cargo para lograr proveito pessoal ou de outrem, em detrimento da dignidade da função pública"** *(art. 117, IX da Lei nº 8.112/90), de forma que haverá incompatibilidade para que seja investida em cargo público federal, pelo prazo de 5 anos (art. 137 da Lei nº 8.112/90).*

c) **Por fim, caso Afrodite se tratasse de empregada da iniciativa privada, a empregadora poderia dispensá-la por justa causa,** *tendo em vista o cometimento de falta grave decorrente do abandono de emprego, nos termos do art. 482, "i" da CLT e da Súmula nº 32 do TST. Nesse caso, seriam devidas as verbas da dispensa por justa causa, quais sejam, apenas as já adquiridas pelo empregado: saldo de salário e férias vencidas com adicional de 1/3.*

Importa destacar que, nos termos do art. 125 da Lei nº 8.112/90, as sanções civis, penais e administrativas poderão ser aplicadas de forma cumuladas, sendo independentes entre si. Ou seja, caso as condutas narradas impliquem prejuízo à Administração ou configurem crime, as servidoras também se sujeitarão às penalidades civis e penais correspondentes.

(Cespe – Analista Judiciário – Área Judiciária – TRT 8ª Região/2016) Após regular aprovação em concurso público, Maria, casada com João, que não é servidor público, tomou posse em cargo efetivo no Tribunal Regional do Trabalho do Estado X. No entanto, Maria é domiciliada no estado Y, motivo pelo qual gostaria de ser removida para o Tribunal Regional do Trabalho do Estado Y. Para tanto, logo após tomar posse, com base no princípio da preservação da unidade familiar, previsto na CF, Maria requereu a sua remoção a pedido para ficar com a sua família.

Com base nas disposições legais e no entendimento jurisprudencial do STJ, faça uma análise jurídica da situação hipotética apresentada.

Ao elaborar seu texto,

– discorra sobre o instituto da remoção, apresentando seu conceito e suas modalidades;

– discuta a possiblidade de o pleito de Maria ser atendido.

RESPOSTA SUGERIDA PELO AUTOR

A remoção, nos termos do art. 36 da Lei nº 8.112/90, é "o **deslocamento do servidor**, a pedido ou de ofício, no âmbito do mesmo quadro, **com ou sem mudança de sede**".

A remoção pode ocorrer **de ofício ou a pedido** do servidor.

Sempre que houver interesse público, a Administração poderá remover o servidor de ofício, independentemente de sua vontade. Por outro lado, o servidor, também, pode requerer a remoção e o deferimento pela autoridade será ato discricionário ou vinculado, dependendo da situação.

De fato, a **regra** é que há **discricionariedade da Administração na análise de pedido de remoção de servidor**: se for conveniente e oportuno em face do interesse público, será deferido; caso contrário, será indeferido. Todavia, o pedido do servidor **deverá ser deferido** (**atividade vinculada** da Administração):

a) para **acompanhar cônjuge ou companheiro**, que também seja servidor público civil ou militar, removido de ofício (no interesse da Administração)[48];

b) por **motivo de saúde do servidor, cônjuge, companheiro ou dependente** (que viva às expensas do servidor e conste de seu assentamento funcional), comprovado por junta médica;

c) em razão de **processo seletivo de remoção**, quando o número de interessados for maior que o número de vagas.

Em relação ao caso apresentado, Maria pretende ser removida a pedido, mas, não possui direito subjetivo à remoção porque sua situação não se amolda a nenhuma das exceções contidas no art. 36, III. Na verdade, houve provimento originário de cargo público por Maria, que, voluntariamente, se mudou para localidade diversa para tomar posse. Quer dizer, ela residia na mesma cidade com seu marido e, por livre escolha, tomou posse em cargo cujo exercício deva ser realizado em outra localidade.

Nesse sentido, inclusive, é a jurisprudência do STJ.

Por exemplo, no AgInt no AgInt no AREsp 884617 / RJ, restou decidido que é "pacífico o entendimento no Superior Tribunal de Justiça segundo o qual a tutela à família não pode ser vista de forma absoluta, cabendo aos interessados a observância ao enquadramento legal, de modo que não há direito adquirido à remoção para acompanhamento de cônjuge nas hipóteses de apro-

48. Corroborando o dispositivo supramencionado, o STJ decidiu no EREsp 1.247.360 RJ que o servidor federal somente tem direito à remoção prevista no artigo 36, § único, III, "a", da Lei 8.112/90, caso seu cônjuge/companheiro, também servidor, tenha sido deslocado de ofício, no interesse da administração. Assim, se o cônjuge foi removido a pedido, ao outro não assiste o direito à remoção com base neste dispositivo.

vação em concurso público para cargo de provimento originário, em virtude da transferência do domicílio ser do interesse do próprio cônjuge".

Pode ser apontado, também, o AgRg no REsp 676.430/PB, no qual se decidiu que a "primeira investidura em concurso público elide a invocação do instituto da remoção para reintegração da unidade familiar, em razão do prévio conhecimento das normas expressas no edital do certame, as quais vinculam candidatos e administração, cuja atuação reflete a observância da preservação do interesse público, mediante critérios de conveniência e oportunidade (Enunciado 83 da Súmula do STJ)".

Por todo o exposto, o pleito de Maria não deve ser atendido.

(TRT 8 2013 ANALISTA CESPE) Determinado servidor público federal, com a pretensão de tomar posse em outro cargo, solicitou ao ente federado a exoneração do cargo que ocupava. Entretanto, antes da publicação do ato de desligamento, o referido servidor formulou pedido de retratação, mas a administração pública considerou a situação irreversível, sob o fundamento de que o pedido de exoneração já estaria produzindo efeitos, independentemente da publicação do ato. Em face dessa situação hipotética, responda, com fundamento na legislação e no posicionamento do STJ, aos questionamentos que se seguem.

1 - O ato de exoneração produz efeitos a partir de sua formalização ou de sua publicação? [valor: 1,20 ponto]

2 - É admitida a retratação para fins de permanência no cargo? [valor: 1,20 ponto]

RESPOSTA SUGERIDA PELO AUTOR

1) A Administração Pública rege-se por um conjunto de princípios e, dentre eles, está o princípio da publicidade. Por esse princípio, a Administração Pública deve ser transparente, não pode ser sigilosa e, por isso, como regra, publica os atos administrativos.

No caso narrado, apesar de formalizado, o ato exoneratório não foi publicado. A publicação do ato é condição de eficácia[49] e, assim, o ato de exoneração somente produz efeitos a partir de sua publicação e não de sua formalização.

2) Concluindo que o ato administrativo de exoneração produz efeitos a partir de sua publicação, a jurisprudência tem admitido o pedido de retratação do servidor quando feito antes de o ato ser publicado. Para o Superior Tribunal de Justiça, "regida a Administração pelo princípio da publicidade de seus atos, estes somente têm eficácia depois de verificada aquela ocorrência, razão pela qual, retratando-se o servidor, antes de vir a lume o ato de vacância (posse em outro cargo), sua situação funcional deve retornar ao status quo ante, vale dizer, subsiste a ocupação do cargo primitivo"[50].

49. CARVALHO FILHO, José dos Santos. 31ª ed. São Paulo: Atlas, 2017.p 53.

50. STJ – EDcl no AgRg no AREsp: 245516 MG 2012/0221639-1, julgado em 18/04/2013.

9. JURISPRUDÊNCIA APLICÁVEL AO CAPÍTULO

SÚMULAS

STJ 611: Desde que devidamente motivada e com amparo em investigação ou sindicância, é permitida a instauração de processo administrativo disciplinar com base em denúncia anônima, em face do poder-dever de autotutela imposto à Administração.

STJ 635: Os prazos prescricionais previstos no art. 142 da Lei n. 8.112/1990 iniciam-se na data em que a autoridade competente para a abertura do procedimento administrativo toma conhecimento do fato, interrompem-se com o primeiro ato de instauração válido - sindicância de caráter punitivo ou processo disciplinar - e voltam a fluir por inteiro, após decorridos 140 dias desde a interrupção.

STJ 641: A portaria de instauração do processo administrativo disciplinar prescinde da exposição detalhada dos fatos a serem apurados.

STJ 650: A autoridade administrativa não dispõe de discricionariedade para aplicar ao servidor pena diversa de demissão quando caraterizadas as hipóteses previstas no artigo 132 da Lei 8.112/1990.

INFORMATIVOS

STJ. Pagamento indevido e erro administrativo

Os pagamentos indevidos aos servidores públicos decorrentes de erro administrativo (operacional ou de cálculo), não embasado em interpretação errônea ou equivocada da lei pela Administração, estão sujeitos à devolução, ressalvadas as hipóteses em que o servidor, diante do caso concreto, comprova sua boa-fé objetiva, sobretudo com demonstração de que não lhe era possível constatar o pagamento indevido. REsp 1.769.306/AL, Rel. Min. Benedito Gonçalves, Primeira Seção, por unanimidade, julgado em 10/03/2021. (Tema 1009). (Info 688)

STF - Servidor ocupante de cargo de nível médio e aproveitamento em cargo de nível superior - RE 740008/RR (Tema 697 RG).

"É inconstitucional o aproveitamento de servidor, aprovado em concurso público a exigir formação de nível médio, em cargo que pressuponha escolaridade superior". (Info 1003)

STF

ARGUIÇÃO DE DESCUMPRIMENTO DE PRECEITO FUNDAMENTAL. CONSTITUCIONAL E ADMINISTRATIVO. ARTS. 127, IV, E 134 DA LEI 8.112/1990. PENALIDADE DISCIPLINAR DE CASSAÇÃO DE APOSENTADORIA OU DISPONIBILIDADE. EMENDAS CONSTITUCIONAIS 3/1993, 20/1998 E 41/2003. PENALIDADE QUE SE COMPATIBILIZA COM O CARÁTER CONTRIBUTIVO E SOLIDÁRIO DO REGIME PRÓPRIO DE PREVIDÊNCIA DOS SERVIDORES. PODER DISCIPLINAR DA ADMINISTRAÇÃO PÚBLICA. AÇÃO JULGADA IMPROCEDENTE. 1. As Emendas Constitucionais 3/1993, 20/1998 e 41/2003 estabeleceram o caráter contributivo e o princípio da solidariedade para o financiamento do regime próprio de previdência dos servidores públicos. Sistemática que demanda atuação colaborativa entre o respectivo ente público, os servidores ativos, os servidores inativos e os pensionistas. 2. A contribuição previdenciária paga pelo servidor público não é um direito representativo de uma relação sinalagmática entre a contribuição e eventual benefício previdenciário futuro. 3. A aplicação da penalidade de cassação de aposentadoria ou disponibilidade é compatível com o caráter contributivo e solidário do regime próprio de previdência dos servidores públicos. Precedentes. 4. A perda do cargo público foi prevista no texto constitucional como uma sanção que integra o poder disciplinar da Administração. É medida extrema aplicável ao servidor que apresentar conduta contrária aos princípios básicos e deveres funcionais que fundamentam a atuação da Administração Pública. 5. A impossibilidade de aplicação de sanção administrativa a servidor aposentado, a quem a penalidade de cassação de aposentadoria se mostra como única sanção à disposição da Administração, resultaria em tratamento diverso entre servidores ativos e inativos, para o sancionamento dos mesmos ilícitos, em prejuízo do princípio isonômico e da moralidade administrativa, e representaria indevida restrição ao poder disciplinar da Administração em relação a servidores aposentados que cometeram faltas graves enquanto em atividade, favorecendo a impunidade. 6. Arguição conhecida e julgada improcedente. (ADPF 418/DF. Julgada em 15/04/2020)

STJ. Servidor público. Processo administrativo disciplinar. Improbidade administrativa. Cassação de aposentadoria. Possibilidade.

É possível a cassação de aposentadoria de servidor público pela prática, na atividade, de falta disciplinar punível com demissão.

Prevalece no STJ e no STF a tese de que a cassação de aposentadoria é compatível com a Constituição Federal, a despeito do caráter contributivo conferido àquela, mormente porque nada impede que, na seara própria, haja o acertamento de contas entre a Administração e o servidor aposentado punido.

Assim, constatada a existência de infração disciplinar praticada enquanto o servidor estiver na ativa, o ato de aposentadoria não se transforma num salvo conduto para impedir o sancionamento do infrator pela Administração Pública.

Faz-se necessário observar o regramento contido na Lei n. 8.112/1990, aplicando-se a penalidade compatível com as infrações apuradas. MS 23.608-DF, Rel. Min. Napoleão Nunes Maia Filho, Rel. Acd. Min. Og Fernandes, Primeira Seção, por maioria, julgado em 27/11/2019, DJe 05/03/2020 (Informativo nº 666).

CAPÍTULO V

Carreiras do Poder Judiciário da União (Lei nº 11.416/06)[1-2]

Sumário • 1. Disposições gerais – 2. Quadros de pessoal, carreiras, ingresso e desenvolvimento na carreira – 3. Remuneração – 4. Questões: 4.1. Questões comentadas; 4.2. Questões de concurso; 4.3. Questão dissertativa/estudo de caso.

1. DISPOSIÇÕES GERAIS

A Lei nº 8.112/90 é o estatuto geral dos servidores públicos civis federais, mas outras leis dispõem, de maneira complementar e específica, sobre determinadas carreiras. Nesse sentido, a Lei nº 11.416/06 é a norma que regula as carreiras do Poder Judiciário da União.

De início, é necessário lembrar que há órgãos do Poder Judiciário nos Estados, no Distrito Federal e na União. **A lei em análise só é aplicável aos servidores dos órgãos do Poder Judiciário da União**, ou seja, para os servidores do Conselho Nacional de Justiça, do Supremo Tribunal Federal, do Superior Tribunal de Justiça, do Tribunal Superior do Trabalho, do Superior Tribunal Militar, do Tribunal Superior Eleitoral, bem como dos demais tribunais e órgãos de cada justiça especializada (TRT, TRF, TRE, Varas Federais, Varas do Trabalho, Auditorias Militares, etc.). Também, conforme o art. 22, XIII, da Constituição Federal, os servidores do Tribunal de Justiça do Distrito Federal e Territórios, pois este é mantido pela União.

Ainda, como requisito, é importante registrar que **classe** é "o **agrupamento de cargos** da mesma profissão, e com idênticas atribuições, responsabilidade e vencimentos. As classes constituem os degraus de acesso na carreira", **carreira** é "o **agrupamento de classes** da mesma profissão ou atividade, escalonadas segundo a hierarquia do serviço, para acesso privativo dos titulares dos cargos que a integram, mediante provimento originário", **quadro** é "o **conjunto de carreiras, cargos isolados e funções gratificadas** de um mesmo serviço, órgão ou Poder"[3].

---

1. Em alguns concursos, como os realizados pelos Tribunais Regionais Eleitorais, o conteúdo desse capítulo é cobrado sob a rubrica "Normas aplicáveis aos servidores públicos federais".
2. Deve ser feita a leitura integral do texto legal para o bom aproveitamento das questões de concurso. **Atenção:** a Lei nº 11.416/06 foi alterada pela Lei nº 12.774/12, publicada no Diário Oficial da União no dia 31/12/12, e pela Lei nº 13.317/16, publicada no Diário Oficial da União no dia 21/07/16.
3. MEIRELLES, Hely Lopes. *Direito administrativo brasileiro*. 36. ed.São Paulo: Malheiros, 2010. p. 445-446.

2. QUADROS DE PESSOAL, CARREIRAS, INGRESSO E DESENVOLVIMENTO NA CARREIRA

De acordo com a Lei nº 11.416/06, **não há apenas um quadro de pessoal** para todo o Poder Judiciário da União, mas, na verdade, **há quadros de pessoal (art. 1º).** O critério adotado foi a divisão em razão da especialidade de cada ramo do Judiciário da União e, desse modo, o art. 2º determina que, para fins de aplicação do art. 36 da Lei nº 8.112/90[4], considera-se como Quadro a estrutura de cada Justiça Especializada e, assim, tem-se:

a) o Quadro de Pessoal da Justiça Federal;

b) o Quadro de Pessoal da Justiça do Trabalho;

c) o Quadro de Pessoal da Justiça Eleitoral;

d) o Quadro de Pessoal da Justiça Militar.

Dessa forma, pelo critério legal adotado, **um servidor do Quadro de Pessoal de um dos ramos não pode ser removido para outro, mas é possível a remoção dentro de cada um.** Assim, um Analista Judiciário do Tribunal Regional Federal da 1ª Região (sede em Brasília) não pode ser removido para o Tribunal Regional do Trabalho da 10ª Região (sede em Brasília), mas é possível o seu deslocamento para o Tribunal Regional Federal da 3ª Região (sede em São Paulo). Isso não significa que em nenhum caso poderia trabalhar em um órgão de outro ramo, pois, em tese, no interesse da Administração, poderia haver a redistribuição (art. 37, Lei nº 8.112/90) entre um órgão da Justiça Federal e outro da Justiça do Trabalho, ou mesmo haver o afastamento para servir a outro órgão ou entidade (art. 93, Lei nº 8.112/90), no entanto, não serão analisados, pois a Lei nº 11.416/06 não aborda esses institutos.

O instituto da remoção e todos os demais constantes da lei que necessitem de regulamentação para a correta aplicação dessa lei, serão regulamentados pelo Supremo Tribunal Federal, pelo Conselho Nacional de Justiça, pelos Tribunais Superiores, pelo Conselho da Justiça Federal[5], pelo Conselho Superior da Justiça do Trabalho[6] e pelo Tribunal de Justiça do Distrito Federal e Territórios, no âmbito de suas competências, e tal atividade pode contar com a participação das entidades sindicais, conforme enunciam os artigos 26 e 27. Em cumprimento a essa determinação, por exemplo, foi expedida a Portaria Conjunta nº 3/2007 (assinada por todos os Presidentes dos órgãos anteriormente indicados), regulamentando vários dispositivos da lei. Um deles é a

4. Conforme esse artigo, a remoção é "o deslocamento do servidor, a pedido ou de ofício, no âmbito do **mesmo quadro**, com ou sem mudança de sede" (destaque meu). Para maiores detalhes sobre a remoção, ver item 1.3.3, deste capítulo.

5. O **Conselho da Justiça Federal (CJF)** é um órgão que funciona junto ao Superior Tribunal de Justiça e lhe cabe, na forma da lei, "a supervisão administrativa e orçamentária da Justiça Federal de primeiro e segundo graus, como órgão central do sistema e com poderes correicionais, cujas decisões terão caráter vinculante", nos termos do art. parágrafo único, II, da Constituição Federal.

6. O **Conselho Superior da Justiça do Trabalho (CSJT)** é um órgão que funciona junto ao Tribunal Superior do Trabalho e lhe cabe, na forma da lei, "a supervisão administrativa, orçamentária, financeira e patrimonial da Justiça do Trabalho de primeiro e segundo graus, como órgão central do sistema, cujas decisões terão efeito vinculante", conforme o art. 111-A, § 2º, II, da Constituição Federal.

remoção, disciplinada no Anexo IV daquele ato, e no art. 2º estabeleceu que esse instituto não se aplica ao STF, STJ, CNJ e TJDFT e que, na Justiça Federal, abrange o Conselho da Justiça Federal, Tribunais Regionais Federais e Seções Judiciárias, na Justiça do Trabalho inclui o Tribunal Superior do Trabalho, o Conselho Superior da Justiça do Trabalho, os Tribunais Regionais do Trabalho e Varas do Trabalho e, na Justiça Militar, abrange o Superior Tribunal Militar e as Auditorias da Justiça Militar.

De qualquer forma, enfatiza-se que, para a resolução das provas de concurso, deve ser memorizada a disposição legal a respeito que não detalha o instituto em relação aos órgãos de cada ramo e, assim, nos termos do art. 20 da Lei nº 11.416/06, considera-se **Quadro** a **estrutura de cada Justiça Especializada e pode haver a remoção no âmbito da Justiça Federal, da Justiça do Trabalho, da Justiça Eleitoral e da Justiça Militar, isto, é dentro de cada uma delas.**

Dentro de cada Quadro de Pessoal anteriormente indicado há as carreiras de **Analista Judiciário, Técnico Judiciário e de Auxiliar Judiciário** (art. 2º), sendo todos os cargos de **provimento efetivo**, ou seja, o ingresso se dá, apenas, por meio de concurso público.

Nos termos do parágrafo único do art. 2º, os **cargos do quadro permanente de servidores do Poder Judiciário da União são essenciais à atividade jurisdicional.**

Os cargos de cada uma das carreiras são estruturados **em classes e padrões**, bem como são divididos em **áreas de atividade** (art. 3º). **São três classes (A, B e C), estando a A e a B divididas em cinco níveis e a C em três.** Assim, as carreiras de Analista Judiciário, de Técnico Judiciário e de Auxiliar Judiciário têm como cargo inicial o que se situa na Classe A, Padrão 1, depois seguem os Padrões 2, 3, 4 e 5 e, após, muda-se para a Classe para B, continuando a sequência numérica dos Padrões, ou seja, Classe B, Padrões 6, 7, 8, 9 e 10 e, por fim, Classe C, Padrões 11, 12 e 13 (último nível da carreira).

Portanto, após a aprovação em concurso para cargo em qualquer das carreiras, a posição inicial dentro da carreira será o A1 (Classe A, Padrão 1) e o desenvolvimento na carreira mediante progressão funcional e promoção, até se alcançar o posto máximo (art. 9º):

a) **progressão funcional: "movimentação do servidor de um padrão para o seguinte dentro de uma mesma classe**, observado o interstício de um ano, sob os critérios fixados em regulamento e de acordo com o resultado de avaliação formal de desempenho";

b) **promoção: "movimentação do servidor do último padrão de uma classe para o primeiro padrão da classe seguinte**, observado o interstício de um ano em relação à progressão funcional imediatamente anterior, dependendo, cumulativamente, do resultado de avaliação formal de desempenho e da participação em curso de aperfeiçoamento oferecido, preferencialmente, pelo órgão, na forma prevista em regulamento**"**.

Em síntese, **quando se muda de um padrão para outro, chama-se progressão funcional, salvo quando a mudança implicar, também, mudança de classe, pois, nesse**

caso, há a promoção (só há possibilidade de duas promoções na carreira: do A5 para B6 e do B10 para o C11), e só é possível a mudança de padrão a cada um ano; para a progressão exige-se avaliação formal de desempenho, que também é exigida para a promoção e nesta acrescenta-se a participação em curso de aperfeiçoamento.

Quanto às **áreas de atividade (art. 3º)**:

a) **área judiciária:** compreende os serviços realizados privativamente por **bacharéis em Direito**, incluindo processamento de feitos, execução de mandados, análise e pesquisa de legislação, doutrina e jurisprudência nos vários ramos do Direito, bem como elaboração de pareceres jurídicos. É nesta área que estão os cargos de **Analista Judiciário e Analista Judiciário Especialidade Oficial de Justiça Avaliador Federal**;

b) **área de apoio especializado**: compreende os serviços para a execução dos quais se exige dos titulares o devido **registro no órgão fiscalizador do exercício da profissão ou o domínio de habilidades específicas**, a critério da administração como, por exemplo, Analista Judiciário, Especialidade Medicina;

c) **área administrativa**: compreende os serviços relacionados com **recursos humanos, material e patrimônio, licitações e contratos, orçamento e finanças, controle interno e auditoria, segurança e transporte e outras atividades complementares de apoio administrativo**. Nessa área há, por exemplo, os cargos de **Analista Judiciário – Área Administrativa e Técnico Judiciário – Área Administrativa.**

Em relação às **atribuições,** o art. 4º da Lei nº 11.416/06 determina que devam ser **descritas em regulamento,** observando-se que:

a) **Carreira de Analista Judiciário**: as atribuições são "atividades de planejamento; organização; coordenação; supervisão técnica; assessoramento; estudo; pesquisa; elaboração de laudos, pareceres ou informações e execução de tarefas de elevado grau de complexidade". Dentro da Carreira de Analista Judiciário, há o cargo de **Analista Judiciário, Área Judiciária, Especialidade Oficial de Justiça Avaliador Federal**[7] e suas **atribuições** são a "execução de mandados e atos processuais de natureza externa, na forma estabelecida pela legislação processual civil, penal, trabalhista e demais leis especiais". O cargo da Carreira de Analista Judiciário, **Área Administrativa que tenha como atribuições as funções de segurança**, para fins de identificação funcional, é denominado **Inspetor de Segurança Judiciária.**[8]

7. Cuidado com a leitura de texto legal desatualizado, pois, antes da alteração promovida pela Lei nº 12.774/12, Oficial de Justiça Avaliador Federal era, apenas, a forma de identificação funcional e a especialidade era Execução de Mandados. Entretanto, atualmente, existe a especialidade Oficial de Justiça Avaliador Federal dentro do cargo Analista Judiciário, Área Judiciária.
8. Ressalta-se que, de acordo com o art. 4º da Lei nº 12.774/12, as "carteiras de identidade funcional emitidas pelos órgãos do Poder Judiciário da União têm fé pública em todo o território nacional".

b) **Carreira de Técnico Judiciário**: são atribuições a execução de tarefas de suporte técnico e administrativo, e o cargo de **Técnico Judiciário, Área Administrativa, que desempenhe funções de segurança,** é denominado **Agente de Segurança Judiciária**, para fins de identificação funcional.

c) **Carreira de Auxiliar Judiciário**: são atribuições as atividades básicas de apoio operacional.

Os **requisitos para ingresso** são (art. 8º):

a) **nível superior** para o cargo de **Analista Judiciário**, correlacionado com a especialidade se for o caso; por exemplo, exige-se **formação em direito para Analista Judiciário, Área Judiciária e para o Analista Judiciário, Área Judiciária, Especialidade Oficial de Justiça Avaliador Federal** e é exigido o diploma em Ciências Contábeis para o cargo de Analista Judiciário, Área de Apoio Especializado, Especialidade Contadoria;

b) **nível superior** para o **Técnico Judiciário.** A exigência era de nível médio e passou a ser superior por força da Lei nº 14.456/2022;

c) **ensino fundamental** para o cargo de **Auxiliar Judiciário.**

Podem ser exigidos, ainda, formação especializada, experiência e registro profissional a serem definidos em regulamento e especificados em edital de concurso. Também, em relação ao concurso, é possível que, como uma de suas etapas, seja incluído programa de formação, de caráter eliminatório, classificatório ou eliminatório e classificatório (art. 7º, parágrafo único).

CARREIRAS DOS QUADROS DE PESSOAL EFETIVO DO PODER JUDICIÁRIO DA UNIÃO				
Classes	**Padrão**	**Analista judiciário**	**Técnico judiciário**	**AUXILIAR JUDICIÁRIO**
C	13 12 11	**Atribuições do cargo**: atividades de planejamento; organização; coordenação; supervisão técnica; assessoramento; estudo; pesquisa; elaboração de laudos, pareceres ou informações e execução de tarefas de elevado grau de complexidade **Escolaridade**: nível superior (dependendo do caso, exige-se formação específica; ex.: Área Judiciária: direito)	**Atribuições do cargo**: execução de tarefas de suporte técnico e administrativo **Escolaridade**: nível médio ou curso técnico equivalente	**Atribuições do cargo**: atividades básicas de apoio operacional **Escolaridade**: ensino fundamental
B	10 9 8 7 6			
A	5 4 3 2 1			

CARREIRAS DOS QUADROS DE PESSOAL EFETIVO DO PODER JUDICIÁRIO DA UNIÃO			
	Área judiciária	**Área de apoio especializado**	**Área administrativa**
Áreas de atividade dos cargos	serviços realizados privativamente por bacharéis em direito, abrangendo processamento de feitos, execução de mandados, análise e pesquisa de legislação, doutrina e jurisprudência nos vários ramos do Direito, bem como elaboração de pareceres jurídicos	serviços para a execução dos quais se exige dos titulares o devido registro no órgão fiscalizador do exercício da profissão ou o domínio de habilidades específicas, a critério da administração	serviços relacionados com recursos humanos, material e patrimônio, licitações e contratos, orçamento e finanças, controle interno e auditoria, segurança e transporte e outras atividades complementares de apoio administrativo.

Além dos cargos efetivos, a Lei nº 11.416/06 fez a previsão dos **cargos em comissão** (CJ-1 a CJ-4) e **funções comissionadas** (FC-1 a FC-6) como integrantes dos **Quadros de Pessoal dos órgãos do Poder Judiciário da União**, para o exercício de atribuições de direção, chefia e assessoramento (art. 5º).

Do total de **cargos em comissão**, em cada órgão do Poder Judiciário da União, **50%** devem ser ocupados, necessariamente, por **servidores titulares de cargo efetivo integrante de seu quadro de pessoal**, conforme regulamento, exigindo-se como requisito para investidura a **formação em nível superior**, exceto as situações já consolidadas (art. 5º, § § 7º e 8º). O § 1º do art. 5º estabelece que, de todas as funções comissionadas de cada órgão, **80%** devem ser exercidas por **servidores integrantes das Carreiras dos Quadros de Pessoal do Poder Judiciário da União** e as demais podem ser destinadas a titulares de cargo efetivo de outras carreiras ou que sejam titulares de emprego público, observados os requisitos de qualificação e de experiência previstos em regulamento. Em relação ao exercício de **funções comissionadas**, a lei estabelece que as de **natureza gerencial** serão **exercidas, preferencialmente**, por servidores com **formação superior**, e que os requisitos para o exercício das funções comissionadas de natureza não gerencial serão estabelecidos em regulamento (art. 5º, § § 2º e 6º).

Os cargos em comissão e as funções comissionadas são considerados como de **natureza gerencial** quando houver **vínculo de subordinação e poder de decisão**, especificados em regulamento. Por exemplo, o cargo em comissão de Diretor de Secretaria e a função comissionada de Supervisor do Setor de Distribuição são de natureza gerencial. A **participação em curso de desenvolvimento gerencial** oferecido pelo órgão é obrigatória para o titular de cargo ou função de natureza gerencial, tendo a lei estabelecido que aqueles que não tivessem feito quando publicado o ato regulamentar a respeito teriam o prazo de um ano para fazê-lo, bem como nova participação é obrigatória a cada dois anos, sob pena de responsabilidade dos órgãos do Poder Judiciário (§ § 3º, 4º, 5º e 8º).

O art. 6º traz **vedação ao nepotismo**, na esteira da posterior aprovação no STF da Súmula Vinculante nº 13[9].

A Lei, no art. 24, **delegou** aos órgãos do Poder Judiciário da União a **fixação da lotação** dos cargos efetivos, das funções comissionadas e dos cargos em comissão nas unidades componentes de sua estrutura, bem como **autorizou a transformação** das funções comissionadas e dos cargos em comissão de seu quadro de pessoal, desde que **não ocorra aumento de despesa e nem transformação de função em cargo, ou vice-versa**. Assim, por exemplo, pode um Tribunal transformar uma FC-5 em duas FC-2.

3. REMUNERAÇÃO

A Lei nº 11.416/06 disciplinou a remuneração nos artigos 11 a 18.

A regra geral é que a **remuneração** dos cargos de provimento efetivo "das Carreiras dos Quadros de Pessoal do Poder Judiciário é composta pelo **Vencimento Básico** do cargo e pela **Gratificação Judiciária – GAJ, acrescido das vantagens pecuniárias permanentes estabelecidas em lei"**. Essa gratificação corresponde a 140% do vencimento básico do servidor. Caso o servidor seja cedido para outro órgão, não poderá receber a GAJ durante o afastamento, salvo se a cessão for para órgãos da União ou para a Fundação de Previdência Complementar do Servidor Público Federal do Poder Judiciário – FUNPRESP-JUD, na condição de optante pela remuneração do cargo efetivo.

Há, também, o **AQ** (**Adicional de Qualificação**), que é pago aos servidores em razão de conhecimento obtido em **ações de treinamento, títulos, diplomas ou certificados de cursos de pós-graduação**, em sentido amplo ou estrito, em áreas de interesse dos órgãos do Poder Judiciário a serem estabelecidas em regulamento. Quando o curso constituir requisito para ingresso no cargo, o adicional não é pago. Somente são admitidos cursos reconhecidos pelo Ministério da Educação e os cursos de pós-graduação *lato sensu* devem ter, no mínimo, duração de 360 horas. Conforme o art. 15, § 4º, o AQ, se o título ou diploma forem obtidos antes de o servidor se aposentar, será considerado no cálculo da aposentadoria ou pensão, exceto quanto às ações de treinamento.

O percentual do AQ é de 12,5% para doutorado, 10% para mestrado e 7,5% para especialização. Também, há o adicional no percentual de 5% destinado aos Técnicos Judiciários que tenham diploma de curso superior, destacando-se que, atualmente,

9. A respeito, ver item 2.1.5 do capítulo 1.

exige-se nível superior para esse cargo. Conforme o §5º do art. 15, os Técnicos Judiciários que fizerem jus ao Adicional de Qualificação (AQ) em razão de possuírem nível superior, terão a parcela automaticamente transformada em vantagem pessoal nominalmente identificada, no valor de 5% sobre o vencimento básico do cargo efetivo do servidor e essa vantagem será absorvida quando o servidor que a detiver for especialista, mestre ou doutor (§6º). Ainda, há o adicional de 1% para ações de treinamento que totalizem, pelo menos, 120 horas (até o limite de 3% e cada conjunto de 120h vale pelo período de quatro anos). O AQ incorpora-se à remuneração e será considerado quando do cálculo dos proventos e das pensões, desde que o título ou o diploma sejam anteriores à data em que ocorreu a inativação, com exceção da ação de treinamento, pois esta tem prazo de duração determinado. Nenhum dos adicionais pode ser acumulado com outro, com exceção da ação de treinamento. Desse modo, não pode acumular o adicional de especialização e de mestrado, se tiver os dois, mas pode receber o de doutorado com o das ações de treinamento. Quanto ao servidor cedido, a regra é a mesma da GAJ.

Existe, também, a **GAE (Gratificação de Atividade Externa)**, que é destinada aos ocupantes do cargo de **Analista Judiciário, Área Judiciária, Especialidade Oficial de Justiça Avaliador Federal** e equivale a **35%** do vencimento básico do servidor, sendo proibido o recebimento dessa gratificação por quem esteja designado para função comissionada ou nomeado para cargo em comissão.

Para os ocupantes dos cargos de **Analista Judiciário e Técnico Judiciário que desempenhem funções de segurança - respectivamente, Inspetor de Segurança Judiciária e Agente de Segurança Judiciária** - há a **GAS** (**Gratificação e Atividade de Segurança**), que corresponde a **35%** do vencimento básico do servidor, sendo proibida sua percepção para quem esteja ocupando cargo em comissão ou esteja exercendo função comissionada e, ainda, é obrigatória a participação em curso de reciclagem anual para o recebimento da gratificação (art. 17).

No que se refere à **remuneração do cargo em comissão**, há duas maneiras de o servidor receber, quais sejam, ou o servidor recebe a **remuneração de seu cargo efetivo acrescida de 65%** do valor da remuneração do cargo em comissão ou ele **recebe, integralmente, a remuneração** referente ao cargo em comissão (art. 18). Por outro lado, quanto à remuneração da função comissionada, não existe mais essa possibilidade de escolha e, assim, o servidor **receberá a remuneração de seu cargo efetivo acrescida do valor** constante do Anexo VIII da Lei nº 11.416/06.

Por fim, o art. 28 determina que as disposições da lei aplicam-se aos aposentados e aos pensionistas.

<table>
<tr><th colspan="2">REMUNERAÇÃO</th></tr>
<tr><th>Cargo efetivo</th><th>Cargo em comissão</th></tr>
<tr><td>Vencimento Básico (VB)
+
Gratificação de Atividade Judiciária (GAJ)
(140%)
+
Adicional de Qualificação (AQ)
(12,5% Doutorado; 10% Mestrado; 7,5% Especialização; 5% Curso superior, só para Técnicos Judiciários) (1 a 3% Ações de Treinamento); todos sobre o VB)</td><td rowspan="3">Remuneração do cargo efetivo
+
65% do valor do cargo em comissão
OU
Valor integral do cargo em comissão</td></tr>
<tr><td>Analista Judiciário, Área Judiciária, Especialidade Oficial de Justiça Avaliador Federal
+
Gratificação de Atividade Externa (GAE)
(35% sobre o VB)</td></tr>
<tr><td>Analista Judiciário, Área Administrativa, Especialidade Segurança
(Inspetor de Segurança Judiciária)
Técnico Judiciário, Área Administrativa, Especialidade Segurança (Agente de Segurança Judiciária)
+
Gratificação de Atividade de Segurança (GAS)
(35% sobre o VB)</td></tr>
</table>

4. QUESTÕES

4.1. Questões comentadas

01. **(FGV – Analista Judiciário – Área Judiciária – TRT 16/2022)** A Lei nº 11.416/2006, que dispõe sobre as Carreiras dos Servidores do Poder Judiciário da União, estabelece que integram os Quadros de Pessoal dos órgãos do Poder Judiciário da União as Funções Comissionadas, escalonadas de FC-1 a FC-6, e os Cargos em Comissão, escalonados de CJ-1 a CJ-4, para o exercício de atribuições de direção, chefia e assessoramento. Nesse contexto, o referido diploma legal dispõe que cada órgão destinará

(A) a integralidade das funções comissionadas para serem exercidas por servidores integrantes das Carreiras dos Quadros de Pessoal do Poder Judiciário da União.

(B) a integralidade das funções comissionadas para serem exercidas por servidores integrantes da Administração Pública Direta da União.

(C) no mínimo, 80% (oitenta por cento) do total das funções comissionadas para serem exercidas por servidores integrantes das Carreiras dos Quadros de Pessoal do Poder Judiciário da União, podendo designar-se para as restantes pessoas não concursadas.

(D) no mínimo, 80% (oitenta por cento) do total das funções comissionadas para serem exercidas por servidores integrantes das Carreiras dos Quadros de Pessoal do Poder Judiciário da União, podendo designar-se para as restantes apenas servidores ocupantes de cargos de provimento efetivo de outros órgãos do Poder Judiciário.

(E) no mínimo, 80% (oitenta por cento) do total das funções comissionadas para serem exercidas por servidores integrantes das Carreiras dos Quadros de Pessoal do Poder Judiciário da União, podendo designar-se para as restantes servidores ocupantes de cargos de provimento efetivo que não integrem essas carreiras ou que sejam titulares de empregos públicos, observados os requisitos de qualificação e de experiência previstos em regulamento.

COMENTÁRIO

Alternativa correta: letra "e". A alternativa tem conteúdo idêntico à previsão normativa contida no art. 5º, §1º, que é: "Cada órgão destinará, no mínimo, 80% (oitenta por cento) do total das funções comissionadas para serem exercidas por servidores integrantes das Carreiras dos Quadros de Pessoal do Poder Judiciário da União, podendo designar-se para as restantes servidores ocupantes de cargos de provimento efetivo que não integrem essas carreiras ou que sejam titulares de empregos públicos, observados os requisitos de qualificação e de experiência previstos em regulamento".

02. **(Cespe - Analista Judiciário - Área Judiciária - STJ/2018)** As funções comissionadas de natureza gerencial dos órgãos do Poder Judiciário da União são destinadas exclusivamente a servidores efetivos com formação superior.

COMENTÁRIO

Errado. Nos termos do art. 5º, § 2º, da Lei nº 11.416/06: "As funções comissionadas de natureza gerencial serão exercidas **preferencialmente** por servidores com formação superior".

03. **(Cespe - Analista Judiciário - Área Judiciária - TRE - RS/2015)** Conforme as Leis n.º 8.112/1990 e n.º 11.416/2006, a movimentação do servidor de um padrão para o seguinte, dentro de uma mesma classe e a movimentação do servidor do último padrão de uma classe para o primeiro padrão da classe seguinte são denominadas, respectivamente,

(A) promoção e progressão funcional.
(B) remoção e redistribuição.
(C) progressão funcional e promoção.
(D) relotação e remoção.
(E) redistribuição e promoção.

COMENTÁRIO

Alternativa correta: letra "c" (responde a alternativa "a"). Conforme o art. 9º, §1º, da Lei nº 11.416/06, a **progressão funcional** é "a movimentação do servidor de um padrão para o seguinte dentro de uma mesma classe, observado o interstício de um ano, sob os critérios fixados em regulamento e de acordo com o resultado de avaliação formal de desempenho". A **promoção** nada mais é do que forma de provimento pela qual o servidor passa de um cargo de menor grau para outro com maior grau de responsabilidade e complexidade de atribuições, dentro da carreira à qual pertence. Nos termos do art. 9º, §2º da Lei nº 11.416/06: "A promoção é a movimentação do servidor do último padrão de uma classe para o primeiro padrão da classe seguinte".

Alternativa "b" (responde as alternativas "d" e "e"). A remoção é o deslocamento do servidor, a pedido ou de ofício, no âmbito do mesmo quadro, com ou sem mudança de sede. Caso ocorra de ofício, a remoção se dará no interesse da Administração. A **redistribuição**, por seu turno, nos termos do art. 37 da Lei nº 8.112/90, é o deslocamento do cargo efetivo, provido ou vago, para outro órgão ou entidade do mesmo Poder. No caso específico dos servidores do Poder Judiciário da União, conforme previsão do art. 20 da Lei nº 11.416/06, para fins de aplicação do art. 36 da Lei nº 8.112/90, "conceitua-se como Quadro a estrutura de cada Justiça Especializada, podendo haver remoção, nos termos da lei, no âmbito da Justiça Federal, da Justiça do Trabalho, da Justiça Eleitoral e da Justiça Militar".

04. **(Cespe - Analista Judiciário - Área Judiciária- TRE-GO/2015)** Pablo, técnico judiciário do TRE/GO, recebe mensalmente adicional de qualificação por ter concluído curso de mestrado na sua área de atuação. Nessa situação, os valores recebidos por Pablo pela referida qualificação incorporam-se ao seu vencimento.

GAB:☐ Certo ☐ Errado

COMENTÁRIO

Certo. Na forma do art. 14, da Lei nº 11.416/2006, "é instituído o Adicional de Qualificação – AQ destinado aos servidores das Carreiras dos Quadros de Pessoal do Poder Judiciário, em razão dos conhecimentos adicionais adquiridos em ações de treinamento, títulos, diplomas ou certificados de cursos de pós-graduação, em sentido amplo ou estrito, em áreas de interesse dos órgãos do Poder Judiciário a serem estabelecidas em regulamento". No caso de mestrado, o adicional é de 10%. O art. 11, *caput*, da Lei, estabelece que "a remuneração dos cargos de provimento efetivo das Carreiras dos Quadros de Pessoal do Poder Judiciário é composta pelo Vencimento Básico do cargo e pela Gratificação Judiciária (GAJ), acrescida das vantagens pecuniárias permanentes estabelecidas em lei"; sendo o Adicional de Qualificação uma vantagem pecuniária permanente estabelecida em lei, **incorpora-se ela ao vencimento do servidor público**, inclusive havendo previsão expressa nesse sentido no art. 14, §5º.

4.2. Questões de concurso

01. **(IBFC - Analista Judiciário - Área Administrativa - TRE PA/2020)** Acerca das carreiras dos servidores do Poder Judiciário da União (Lei nº 11.416/2006), analise as afirmativas abaixo e de valores Verdadeiro (V) ou Falso (F)

( ) Consideram-se funções comissionadas de natureza gerencial aquelas em que haja vínculo de subordinação e poder de decisão, especificados em regulamento, exigindo-se do titular participação em curso de desenvolvimento gerencial oferecido pelo órgão.

( ) O ingresso em qualquer dos cargos de provimento efetivo das Carreiras dos Quadros de Pessoal do Poder Judiciário dar-se-á no primeiro padrão da classe "A" respectiva, após aprovação em concurso público, de provas ou de provas e títulos.

( ) Os órgãos do Poder Judiciário da União poderão incluir, como etapa do concurso público, programa de formação, de caráter eliminatório, classificatório ou eliminatório e classificatório.

( ) O desenvolvimento dos servidores nos cargos de provimento efetivo das carreiras dos quadros de pessoal do poder judiciário dar-se-á mediante progressão funcional e promoção.

Assinale a alternativa que apresenta a sequência correta de cima para baixo

a) F, V, V, V
b) V, F, V, F
c) V, V, V, V
d) V, F, F, F

02. **(IBFC - Técnico Judiciário Área Administrativa - TRE PA/2020)** Acerca das carreiras dos Servidores do Poder Judiciário da União (Lei nº 11.416/2006), assinale a alternativa correta.

a) A área judiciária compreende os serviços realizados privativamente por bacharéis em Direito, abrangendo processamento de feitos, execução de mandados, análise e pesquisa de legislação, doutrina e jurisprudência nos vários ramos do direito, bem como elaboração de pareceres jurídicos
b) A área administrativa compreende os serviços para a execução dos quais se exige dos titulares o devido registro no órgão fiscalizador do exercício da profissão ou o domínio de habilidades específicas, a critério da administração
c) Os quadros de pessoal efetivo do poder judiciário são compostos pelas seguintes carreiras, constituídas pelos respectivos cargos de provimento efetivo: analista administrativo; técnico judiciário; auxiliar administrativo
d) As atribuições dos cargos serão descritas em regulamento, observado que a

carreira de auxiliar administrativo é responsável pela execução de tarefas de suporte técnico e administrativo.

03. (Cespe - Técnico Judiciário - TRE-PE/2016) Com relação às carreiras dos servidores do Poder Judiciário da União, conforme disposto na Lei n.º 11.416/2006, assinale a opção correta.

(A) Considera-se promoção funcional a movimentação do servidor de um padrão de uma classe para o padrão seguinte dentro da mesma classe.
(B) Competem ao ocupante do cargo de analista judiciário, entre outras atribuições, as atividades de pesquisa, elaboração de laudos, pareceres ou informações e a execução de tarefas de elevado grau de complexidade.
(C) Todos os cargos em comissão do Poder Judiciário da União devem ser ocupados por servidores efetivos que integrem o seu quadro de pessoal.
(D) As funções comissionadas de natureza gerencial devem ser preenchidas exclusivamente por servidores que tenham formação de nível superior.
(E) A regra que veda a nomeação, para cargos comissionados, de cônjuge, companheiro ou parente, até o terceiro grau, dos respectivos membros e juízes a eles vinculados, não proíbe que o ocupante de cargo efetivo seja designado para servir a magistrado com o qual tenha relação de parentesco.

04. (FCC - Técnico Judiciário - Área administrativa - TRE-AP/2015) Considere as seguintes atividades:

I. Planejamento.
II. Organização.
III. Elaboração de laudos.

Nos termos da Lei nº 11.416/06, essas são atribuições do cargo de

(A) analista judiciário.
(B) técnico judiciário.
(C) auxiliar judiciário.
(D) auditor.
(E) inspetor de segurança judiciária.

05. (FCC - Analista Judiciário - Área Judiciária - TRE-AP/2015) Considere os seguintes itens:

I. Acesso.
II. Progressão funcional.
III. Promoção.

Nos termos da Lei nº 11.416/06, o desenvolvimento dos servidores nos cargos de provimento efetivo das Carreiras dos Quadros de Pessoal do Poder Judiciário dar-se-á mediante o constante em

(A) III, apenas.
(B) II, apenas.
(C) I, II e III.
(D) I e III, apenas.
(E) II e III, apenas.

06. (FCC - Técnico Judiciário - Área Administrativa - TRE-PB/2015) De acordo com o que disciplina a Lei nº 11.416/2006, a nomeação, pelos membros e juízes, para cargos em comissão ou a designação para exercício de função comissionada:

(A) não se sujeita à vedação de indicação de parentes ou cônjuge, visto que esta regra é aplicável apenas aos cargos efetivos e empregos públicos.
(B) impede a escolha de cônjuges e companheiros para assessoramento direto, ainda que aqueles ocupem cargo de provimento efetivo do quadro de pessoal do Poder Judiciário.
(C) está sujeita à vedação legal que impede a indicação de parentes até o terceiro grau para exercer atribuições no mesmo Tribunal, permitido, no entanto, para funções de confiança e de assessoramento.
(D) é vedada para parentes em qualquer grau, sendo que, para os parentes diretos ou cônjuge, é vedado o acesso a cargos de qualquer natureza do quadro de pessoal do Poder Judiciário, ainda que o provimento se dê por meio de concurso público, diante da inafastável incompatibilidade.
(E) pode recair sobre parentes a partir do segundo grau e sobre cônjuges, exigido, neste último caso, prévia sabatina pelo órgão especial e autorização da Presidência da Corte.

Questão	Resposta	Fundamentação
1	C	Item I: Art. 5º, §3º; Item II: Art. 7º, caput; Item III: Art. 7º, parágrafo único; Item IV: Art. 9º, *caput*, todos da Lei nº 11.416/06.
2	A	Art. 3º, I, da Lei nº 11.416/06.
3	B	Art. 4º, I, da Lei nº 11.416/06.
4	A	Art. 4º, I, da Lei nº 11.416/06.
5	E	Art. 9º da Lei nº 11.416/06.
6	B	Art. 6º da Lei nº 11.416/06.

4.3. Questão dissertativa/estudo de caso

Marcelo foi aprovado em primeiro lugar em concurso para o cargo de Analista Judiciário – Área Judiciária – Oficial de Justiça Avaliador Federal, na Justiça Federal, e obteve informação junto ao setor responsável do tribunal que sua nomeação será publicada ainda este mês. Entretanto, ele não sabe nada a respeito da remuneração a que terá direito. Ele tem o título de especialista em direito processual civil. Considerando a situação narrada e o disposto na Lei nº 11.416/06 e na Lei nº 8.112/90, faça um texto esclarecendo como será a remuneração de Marcelo.

RESPOSTA SUGERIDA PELO AUTOR

A remuneração dos cargos de provimento efetivo das carreiras do Poder Judiciário da União é composta pelo vencimento básico do cargo e pela Gratificação Judiciária (GAJ), acrescida das vantagens pecuniárias permanentes previstas em lei, conforme prevê o art. 11 da Lei nº 11.416/06.

O ingresso de Marcelo se dará no padrão 1 da Classe A do cargo de Analista Judiciário, área judiciária, especialidade Oficial de Justiça Avaliador Federal, fazendo jus, portanto, ao vencimento básico correspondente a essa posição. Além disso, terá direito à GAJ que corresponde a 140%.

Em razão de Marcelo ter o título de especialista em direito processual civil, fará jus ao Adicional de Qualificação (AQ) no percentual de 7,5% sobre o vencimento básico, nos termos do art. 15, III, da mencionada lei.

Além disso, terá direito a vantagens específicas do cargo que irá ocupar e, assim, receberá a Gratificação de Atividade Externa (GAE), que corresponde ao percentual de 35% do vencimento básico dele, nos moldes do previsto no art. 16. No mesmo sentido, terá, ainda, direito a receber a Indenização de Transporte, pois, conforme o art. 60 da Lei nº 8.112/90, tem direito a ela o servidor que realizar despesas com a utilização de meio próprio de locomoção para a execução de serviços externos, por força das atribuições do próprio cargo e, de acordo com o art. 4º, §1º, da Lei nº 11.416/06, as atribuições do Oficial de Justiça Avaliador Federal são aquelas relacionadas com a execução de mandados e atos processuais de natureza externa, na forma estabelecida pela legislação processual civil, penal, trabalhista e demais leis especiais.

CAPÍTULO VI
PODERES ADMINISTRATIVOS

1. PODERES E DEVERES DO ADMINISTRADOR

A **atividade administrativa é desempenhada para a consecução do interesse público** e é pautada pela observância aos princípios da Administração Pública. O administrador público, no exercício dessa atividade, deve se pautar pela estrita obediência e perseguição do interesse público, ganhando bastante relevo, especialmente, os princípios da supremacia do interesse público e o da indisponibilidade do interesse público.

Entretanto, para que seja possível a materialização das medidas administrativas necessárias a esse intento, a Administração dispõe dos chamados **poderes administrativos**, ou seja, de instrumentos, ferramentas, mecanismos indispensáveis para esse agir. Desse modo, os **poderes administrativos são as prerrogativas à disposição da Administração destinadas à viabilização do interesse público**.

De fato, muitas vezes, para que a Administração possa satisfazer as necessidades coletivas, terá que contrariar interesses individuais e, assim, se não tiver instrumentos aptos à concretização daquelas, será impossível o desempenho da atividade administrativa. Por exemplo, quando a Administração interdita um restaurante por não atender às exigências sanitárias para a proteção da saúde pública, contraria-se o interesse do proprietário em continuar a exercer aquela atividade e, desse modo, se a Administração não pudesse adotar tal providência, o interesse público seria lesado.

Por outro lado, além de fazer o interesse público se sobrepor ao interesse particular, respeitando-se os direitos fundamentais, o administrador não pode dispor do interesse público e, por isso, a atuação administrativa deve sempre buscar o interesse público e dele não se afastar. Nesse sentido, se os poderes administrativos são capazes de materializar o interesse público, eles não podem ser renunciados.

Conforme já enunciado, o regime jurídico administrativo é o conjunto de princípios que atribuem à Administração Pública, em um extremo, prerrogativas e, no outro, sujeições[1]. Assim, ao lado dos **poderes administrativos (prerrogativas)**, há deveres específicos – os **deveres administrativos (sujeições)** – que devem ser observados pelos administradores.

1.1. Deveres administrativos

1.1.1. *Poder-dever de agir*

A atuação administrativa em prol do interesse público não é facultativa e, desse modo, havendo oportunidade de manifestação dos **poderes administrativos,** estes devem ser exercidos, isto é, **são irrenunciáveis e devem ser exercidos, obrigatoriamente, pelo seu titular**[2].

O administrador que se mantém inerte frente à possibilidade de alcançar o interesse público, por meio de instrumento jurídico de que dispõe, deve ser responsabilizado e, ainda, estará caracterizada a omissão de poder.

1.1.2. *Dever de eficiência*

Como corolário do princípio da eficiência, há a exigência de que a **atuação administrativa** se dê de maneira **célere e apta à concretização do interesse público**[3]. Deve ser feita a otimização dos recursos, o devido planejamento e estabelecimento de metas e a fiscalização do efetivo cumprimento do que fora planejado.

1.1.3. *Dever de probidade*

O administrador deve atuar de acordo com a **ética, a honestidade,** especialmente em razão do **princípio da moralidade**, constitucionalmente assegurado[4].

O dever de probidade, inclusive, ganhou tutela constitucional direta porque o **art. 37, § 4º**, estabelece que os "atos de improbidade administrativa importarão a suspensão dos direitos políticos, a perda da função pública, a indisponibilidade dos bens e o ressarcimento ao erário, na forma e gradação previstas em lei, sem prejuízo da ação penal cabível". Esse dispositivo foi regulamentado pela Lei nº 8.429/92.

1.1.4. *Dever de prestar contas*

Esse dever é **consequência da própria atividade administrativa**, pois se trata de gestão pública, ou seja, é a coisa pública que é administrada e, assim, essa atividade deve ser **transparente** e exige a demonstração de como está sendo feita.

A Constituição determina, no art. 74, que os Poderes Legislativo, Executivo e Judiciário manterão sistema de **controle interno**, bem como atribuiu aos **Tribunais de**

---

1 Ver item 2.1 do capítulo 1.

2. CARVALHO FILHO, José dos Santos. *Manual de direito administrativo*. 19. ed. Rio de Janeiro: Lumen Juris, 2008. p. 38.

3. Sobre o princípio da eficiência, ver item 2.1.7 do capítulo 1.

4. Sobre o princípio da moralidade, ver item 2.1.5 do capítulo 1.

Contas a função de auxiliar o Poder Legislativo na tarefa de fiscalização dos demais poderes (art. 71). E, mais, elegeu a ausência de prestação de contas como uma das causas de intervenção da União nos Estados (art. 34, VII, "d") e destes nos Municípios (art. 35, II).

1.2. Poderes administrativos

1.2.1. *Poder vinculado*

A lei pode deixar o administrador escolher ou não qual a conduta a ser adotada em determinada atividade. **Quando a lei permite que o administrador o faça, tem-se a discricionariedade** e, por outro lado, **quando não o permite, há a vinculação.** Dessa forma, fala-se em poder vinculado e em poder discricionário.

Nesse sentido, o **poder vinculado ou regrado** é aquele que a **lei "confere à Administração Pública para a prática de ato de sua competência, determinando os elementos e requisitos necessários a sua formalização"**[5].

Todo e qualquer ato administrativo deve estar em conformidade com o direito e, em muitos casos, a conveniência e a oportunidade de se praticar determinado ato já foram valoradas pelo legislador, não havendo margem de escolha ao administrador. Seu **comportamento já foi previamente delimitado, regrado pela lei**. Assim, por exemplo, o agente de trânsito ao constatar que alguém praticou uma infração de trânsito, não pode questionar se é conveniente ou não fazer a autuação ou qual é a melhor infração para imputar ao infrator, porque a lei já fez isso por ele. Deve, obrigatoriamente, fazer a autuação pertinente ao comportamento do infrator, ou seja, se não fazia uso do cinto de segurança, não pode escolher outra infração para autuar.

Maria Sylvia Zanella Di Pietro[6] e José dos Santos Carvalho Filho[7] não reconhecem a existência do poder vinculado, porque, na verdade, não se trata de prerrogativa à disposição da Administração e, sim, uma restrição, uma obrigação de atuação em conformidade com a lei. De fato, é mais uma exigência de comportamento do que um poder.

Entretanto, em razão da cobrança contínua nas provas nos moldes tradicionais, manteve-se a abordagem do tema nesses termos.

1.2.2. *Poder discricionário*

O poder discricionário é o que "o Direito concede à Administração, de modo explícito ou implícito, para a prática de atos administrativos com **liberdade na escolha de sua conveniência, oportunidade e conteúdo"**[8].

---

5. MEIRELLES, Hely Lopes. *Direito administrativo brasileiro*. 36. ed.São Paulo: Malheiros, 2010. p. 120. Essa definição é cobrada de maneira literal, com frequência, nas provas.
6. *Direito administrativo*. 23. ed. São Paulo: Atlas, 2010. p. 89.
7. *Manual de direito administrativo*. 19. ed. Rio de Janeiro: Lumen Juris, 2008. p. 44.
8. MEIRELLES, Hely Lopes. *Direito administrativo brasileiro*. 36. ed.São Paulo: Malheiros, 2010. p. 121.

Trata-se de **prerrogativa conferida à Administração Pública de fazer opções, de escolher, de analisar se é oportuno, se é conveniente, segundo o interesse público, a prática de determinado ato.** O legislador não estabeleceu a valoração e a deixou para que seja feita em cada caso, delineando, apenas, os limites legais para tanto.

Essa prerrogativa permite ao administrador escolher diante do caso concreto, mas, ao mesmo tempo, não possui aval para atuar da maneira que bem entender. Deve escolher entre as opções legais, ou seja, tem liberdade para atuar e essa atuação tem que se dar nos **limites da lei. Caso escolha comportamento não albergado pelo direito, estará agindo com arbitrariedade**. Considere-se, por exemplo, um servidor público federal que praticou uma infração disciplinar cuja sanção prevista na Lei nº 8.112/90 seja a suspensão. Nessa hipótese – que fique bem claro – o administrador não tem escolha se deve ou não aplicar a penalidade, pois a lei já escolheu por ele (se no processo disciplinar foi demonstrada a responsabilidade, deve ser punido), mas, por outro lado, deixou certa margem de escolha ao administrador no caso concreto, porque o art. 130 daquela lei estabelece que a suspensão pode durar até noventa dias. Assim, se aplicar suspensão de cento e vinte dias, haverá arbitrariedade.

O poder discricionário é uma importante ferramenta para a atuação administrativa ante a impossibilidade de o legislador prever todas as situações que possam ocorrer, já que permite a adoção da melhor solução para o caso concreto, frente ao interesse público.

Cumpre, ainda, lembrar que **o princípio da razoabilidade é um forte limitador do exercício do poder discricionário**, pois a escolha do administrador deve ser razoável e está sendo muito usado no controle judicial dos atos administrativos[9].

1.2.3. *Poder hierárquico*

O **poder hierárquico** é "o de que dispõe o Executivo p**ara distribuir e escalonar as funções de seus órgãos, ordenar e rever a atuação de seus agentes, estabelecendo a relação de subordinação entre os servidores do seu quadro de pessoal**"[10]. Todavia, deve haver a compreensão de que o poder hierárquico é **típico da função administrativa**, pois não está presente nas funções legislativa e judicial, mas não é exclusivo do Executivo e faz parte dos Poderes Legislativo e Judiciário, na função atípica de administrar.

A criação de órgãos e cargos só é feita mediante lei, na qual são definidas as atribuições de cada um. Mas a lei também estabelece entre os vários órgãos da Administração Pública uma **relação de coordenação e subordinação**, isto é, **estabelece a hierarquia**[11]. Sem se esquecer, também, do art. 84, VI, que permite ao Presidente da República dispor sobre a organização da Administração Pública federal mediante decreto.

9. Sobre o princípio da razoabilidade, ver item 2.1.16 do capítulo 1.
10. MEIRELLES, Hely Lopes. *Direito administrativo brasileiro*. 36. ed. São Paulo: Malheiros, 2010. p. 124.
11. DI PIETRO, Maria Sylvia Zanella. *Direito administrativo*. 23. ed. São Paulo: Atlas, 2010. p. 95.

Entendida a existência da hierarquia apenas quando se tratar da função administrativa, é importante registrar que é própria de cada pessoa da Administração Pública. Assim, dentro da União há relação de hierarquia entre seus diversos órgãos como, por exemplo, o Departamento de Polícia Federal é hierarquicamente superior às Superintendências da Polícia Federal nos Estados e assim por diante. A hierarquia não existe entre pessoas jurídicas diferentes e, desse modo, entre uma autarquia e o respectivo ministério há uma relação de vinculação e não subordinação.

Esse poder é uma ferramenta de grande valia para a Administração porque possibilita a concatenação de suas ações em busca da satisfação do interesse público. Por ele tem-se a organização, a estruturação, criando-se uma **relação de coordenação e subordinação entre os diversos órgãos criados.** É com base na hierarquia que se pode **avocar, delegar, ordenar, controlar, corrigir e aplicar sanções.**

Em **decorrência do poder hierárquico,** o superior pode **dar ordens** para o subordinado e este, por sua vez, tem o dever de obediência (salvo se for ordem manifestamente ilegal). Além das ordens diretas para determinado servidor, é possível o uso dos atos ordinatórios (ordem de serviço, portaria, etc.) pelos quais as determinações têm como alvo os servidores subordinados em geral[12]. Também, **controla e corrige os atos dos subordinados,** verificando se são legais ou se são convenientes e oportunos, podendo, se for necessário, fazer sua anulação ou sua revogação.

Quanto à **delegação e à avocação,** ambas são situações temporárias e excepcionais, pois permitem a prática de ato administrativo por quem não era originariamente competente. A diferença é que, na delegação, quem é competente delega, transfere parte de sua competência para outro servidor e, na avocação, o superior, que não era competente, chama para si parcela de competência legalmente atribuída a subordinado seu. A delegação, em regra, de acordo com a doutrina, é feita do superior para o subordinado, mas a legislação prevê a possibilidade de delegação mesmo quando não houver subordinação, conforme o art. 12 da Lei nº 9.784/99 (reguladora do processo administrativo na esfera federal), estabelecendo, também, que a delegação poderá ocorrer por motivos de índole técnica, social, econômica, jurídica e territorial. Quanto à avocação, aquela lei determina, no art. 15, que poderá ocorrer quando houver motivos relevantes devidamente justificados. De qualquer forma, tanto uma quanto a outra não podem ser realizadas em qualquer circunstância e sem justificação.

---

12. É necessário mencionar que ao falar dessa possibilidade de ordenar a atuação dos órgãos subordinados, Maria Sylvia Zanella Di Pietro (*Direito administrativo*. 23. ed. São Paulo: Atlas, 2010) menciona **editar atos normativos** (p. 95), porque ela faz a distinção dos atos normativos em **regulamentos jurídicos ou normativos e regulamentos administrativos ou de organização** (p. 91). Os primeiros estabelecem normas sobre relações de supremacia geral, dotadas, portanto, de efeitos externos, enquanto os segundos contêm normas sobre organização administrativa ou sobre as relações entre os particulares sujeitos de forma especial ao Estado, e, portanto, dotados de efeitos internos. Assim, quando menciona que é decorrência do poder hierárquico editar atos normativos, está se referindo à última espécie e, apenas, quanto aos órgãos subordinados (quanto aos particulares, não).

1.2.4. *Poder disciplinar*

O poder disciplinar está **relacionado com o poder hierárquico**, mas aquele é instrumento diferente deste. Desconcentra competências, isto é, distribui internamente competência entre seus diversos órgãos, escalonando-os, hierarquizando-os. Pelo poder disciplinar, há a fiscalização no desempenho dessas atribuições e a eventual responsabilização do agente.

O poder disciplinar é a prerrogativa pela qual a Administração apura as infrações e aplica as penalidades ao infrator, que pode ser um servidor público ou particular sujeito à disciplina administrativa, como um estudante de escola pública[13].

Apesar de se referir à apuração de infração e aplicação da respectiva penalidade, é necessário apontar que **não se trata do direito de punir** (***ius puniendi***) que o Estado possui em relação às infrações penais.

A penalidade administrativa tem como objeto as infrações relacionadas ao serviço, aplicando-se, portanto, apenas a um agente público ou a um particular juridicamente relacionado com a administração. Ao contrário, na esfera penal, a aplicação de penalidade é dirigida a qualquer infrator da lei penal e não pode ser aplicada por órgão administrativo, sendo privativa da atuação judicial. **As punições penal e administrativa não têm os mesmos fundamentos, bem como as respectivas penas são de natureza diversa.** A diferença das sanções não é de natureza de grau, mas, na verdade, é substancial, é da essência de cada uma e, por isso, é possível que, pelo mesmo fato, o servidor responda administrativa e penalmente.

Outrossim, **na esfera administrativa não vigora**, como no direito penal, **a rígida tipicidade** e, dessa forma, há certa discricionariedade da autoridade administrativa para a tipificação da infração, especialmente em razão de conceitos jurídicos indeterminados. Isso ocorre porque, na seara administrativa, a **tipicidade é afrouxada**, de maneira que **nem todas as infrações são previstas de forma detalhada** na lei, que, por vezes, se vale de **conceitos jurídicos indeterminados**, cabendo à autoridade administrativa a análise, com certa margem de discricionariedade, da situação fática com a previsão legal. Pode ser apontado como exemplo o art. 132, V, da Lei nº 8.112/90 que prevê a aplicação da pena de demissão no caso de incontinência pública e conduta escandalosa, na repartição, mas não traz a definição do comportamento proibido.

Saliente-se que **o uso da discricionariedade é limitado** porque o administrador não pode avaliar a conveniência e a oportunidade de se apurar infração praticada pelo servidor e, acaso constatada a sua responsabilidade, analisar se irá puni-lo ou não. Apenas, dependendo se a lei usou **conceitos jurídicos indeterminados,** ele terá uma pequena margem de liberdade para fazer a devida tipificação da conduta (a exemplo da conduta pública escandalosa) e, posteriormente, quando da **aplicação da pena,** pode ser que a lei deixe margem de escolha (por exemplo, prazo da suspensão).

---

13. DI PIETRO, Maria Sylvia Zanella. *Direito administrativo*. 23. ed. São Paulo: Atlas, 2010. p. 94.

Todavia, apesar da inexistência da rígida tipicidade na esfera administrativa e do uso limitado da discricionariedade, o princípio da razoabilidade deve ser usado como seu limitador, bem como devem ser garantidos ao acusado a ampla defesa e contraditório, ou seja, o processo administrativo deve respeitar o princípio do devido processo legal.

1.2.5. *Poder regulamentar*

De maneira geral, a definição sobre poder regulamentar mais encontrada nas provas de concurso é a que consiste na **"faculdade de que dispõem os Chefes de Executivo (Presidente da República, Governadores e Prefeitos) de explicar a lei para sua correta execução, ou de expedir decretos autônomos sobre matéria de sua competência ainda não disciplinada em lei"**[14].

A lei tem as características de generalidade, abstração e impessoalidade e não tem como objetivo detalhar os assuntos nela tratados e, desse modo, em grande parte, é necessário, para que a disposição legal migre do plano hipotético para o plano concreto, que haja sua explicação detalhada.

Essa função de explicar, detalhar a lei é, sem dúvida, uma função normativa porque os atos administrativos por meio dos quais se regulamenta são atos normativos e, assim, dotados de generalidade, abstração e impessoalidade. Entretanto, não podem ser confundidos com a lei, pois esta é um ato normativo primário ou originário, que tem seu fundamento de validade extraído diretamente do texto constitucional e, assim, pode inovar na ordem jurídica, impondo deveres e obrigações. Por outro lado, o **regulamento é um ato normativo secundário ou derivado**, pois que sua existência é dependente da existência de outro ato normativo, qual seja, a lei, e sua missão é, de maneira subalterna à lei, **complementar seu conteúdo** e, de forma alguma, pode inovar na esfera jurídica. O **regulamento não pode criar direitos e obrigações**, sob pena de violar o princípio da legalidade constante da Constituição Federal (art. 5º, II)[15]. O que, por vezes, gera confusão é que o **regulamento pode fixar obrigações acessórias ou derivadas**, que são decorrentes das obrigações primárias ou originais, desde que sejam adequadas a estas como, por exemplo, lei que cria determinado benefício mediante a comprovação de determinado fato jurídico, mas não especifica quais documentos deverão ser apresentados para a comprovação do benefício, os quais poderão ser fixados e detalhados em regulamento, pois se trata de obrigação derivada (apresentação de documentos) da obrigação primária (comprovação do fato jurídico)[16].

Essa manifestação do poder regulamentar é conhecida como **regulamento executivo ou de execução.**

---

14. MEIRELLES, Hely Lopes. *Direito administrativo brasileiro*. 36. ed.São Paulo: Malheiros, 2010. p. 130. Original sem destaque.
15. "Ninguém será obrigado a fazer ou deixar de fazer alguma coisa senão em virtude de lei."
16. CARVALHO FILHO, José dos Santos. *Manual de direito administrativo*. 19. ed. Rio de Janeiro: Lumen Juris, 2008. p. 50.

A impossibilidade de extrapolar os limites legais fundamenta-se no art. 84, IV da Constituição Federal, pois estabelece que é competência do Presidente da República "expedir decretos e regulamentos para sua fiel execução", bem como, também no texto constitucional, no art. 49, V, que atribui competência ao **Congresso Nacional** para **sustar os atos normativos que exorbitem do poder regulamentar.**

Para Maria Sylvia Zanella Di Pietro, o **poder regulamentar é espécie do poder normativo da Administração Pública**, ou seja, é um tipo, uma das formas pela qual se expressa a função normativa da Administração Pública, e o poder regulamentar, assim entendido, **é privativo do Chefe do Executivo** e se materializa por meio de **decreto**, mas há **outras formas** de expressão do poder normativo como as **resoluções, as portarias, as instruções, os regimentos,** mas esses atos possuem alcance restrito aos limites de atuação do órgão e não têm a mesma natureza dos regulamentos expedidos pelo Chefes do Executivo[17].

Outra espécie de regulamento é o denominado **regulamento autônomo**, que é o ato normativo, infralegal, que **pode inovar na ordem jurídica,** que tem seu **fundamento diretamente estabelecido no texto constitucional** e, dessa forma, não depende da existência de lei, porque não existe para disciplinar matéria prevista em lei, mas, ao contrário, **trata de matéria não constante em lei.** Há grande **divergência** sobre a existência ou não dessa espécie de regulamento no direito brasileiro, mas a posição que parece predominar nas provas é a de que, no ordenamento jurídico brasileiro, só há **um caso de regulamento autônomo,** qual seja, a descrita no art. 84, VI, da Constituição Federal.

Esse dispositivo atribui ao Presidente da República a competência para dispor, mediante decreto, sobre a administração federal, desde que não implique aumento de despesa, não faça a criação ou extinção de órgão público e nem a extinção de cargo público provido (por decreto, pode extinguir cargo vago). Os Governadores e Prefeitos também dispõem dessa competência, desde que haja previsão, respectivamente, nas Constituições estaduais e leis orgânicas.

Na verdade, a extinção de cargo público é uma espécie de ato de efeitos concretos, e a função normativa restringe-se à organização da Administração Pública federal, o que, aliás, é feito de maneira bem limitada, pois possui um caráter interno, não repercute e nem é capaz de criar direitos e obrigações para fora da estrutura administrativa[18].

Outro ponto de **celeuma doutrinária** é a questão da **regulamentação técnica ou dos regulamentos autorizados**, cuja manifestação se vê, especialmente, na **função normativa exercida pelas agências reguladoras**, as quais recebem a função de

---

17. *Direito administrativo*. 23. ed. São Paulo: Atlas, 2010. p. 90 e 93.
18. Celso Antônio Bandeira de Mello (*Curso de direito administrativo*. 27. ed. São Paulo: Malheiros, 2010. p. 342-343) não considera aquele dispositivo uma espécie de regulamento autônomo e afirma que no Brasil **só há o regulamento de execução** e, ainda, ilustra a limitação dos poderes conferidos ao Presidente da seguinte forma: "Com efeito, se o Chefe do Executivo não pode criar nem extinguir órgão, nem determinar qualquer coisa que implique aumento de despesa, que pode ele, então fazer a título de dispor sobre 'organização e funcionamento da Administração Federal'? Unicamente transpor uma unidade orgânica menor que esteja encartada em uma unidade orgânica maior para outra destas unidades maiores – como. por exemplo. passar um departamento de um dado Ministério para outro Ministério ou para uma autarquia, e vice versa [...]".

regular por meio da deslegalização de parte da matéria. **Deslegalização** ou **delegificação** é o modo pelo qual as "casas legislativas abrem um espaço normativo, quase sempre de natureza técnica, em que elas se demitem da função de criar certas normas legais para que outros entes, públicos ou privados, o façam, sob os limites e controles por ela estabelecidos, no exercício da competência implícita no *caput* do art. 48 da Constituição"[19]. Quer dizer, **a lei delega a função de criar norma a respeito de assuntos técnicos a órgãos administrativos.**

Por exemplo, é o que ocorre com a Agência Nacional de Telecomunicações **(Anatel)**, criada pela Lei nº 9.472/97, com a função de "órgão" (na verdade, é uma autarquia; a palavra órgão está em um sentido bem amplo) regulador das telecomunicações, com fundamento no art. 21, XI, da Constituição Federal. Naquela lei, o art. 19 elenca diversas competências à autarquia e, entre elas, há a de **expedir normas sobre a prestação do serviço.** O fundamento é que os profissionais técnicos podem adequar as exigências para a correta prestação dos serviços de telecomunicações, em razão de critérios técnicos e científicos, não capazes de ser previstos pelo legislador ordinário. É a chamada **discricionariedade técnica**, porque a **lei estabelece parâmetros, diretrizes** para que, em **nível administrativo**, seja feita a **complementação** da lei, com **conteúdo técnico.**

Vários outros órgãos podem expedir, em razão de autorização legal, esse tipo de regulamento como, por exemplo, a Agência Nacional de Vigilância Sanitária, a Comissão de Valores Mobiliários, o Conselho Nacional de Trânsito, a Agência Nacional de Energia Elétrica (Aneel), o Conselho Nacional do Meio Ambiente (Conama), o Conselho Nacional de Trânsito (Contran).

De toda maneira, a Lei de Introdução às Normas do Direito Brasileiro, alterada pela Lei 13.655/2018, que incluiu disposições sobre segurança jurídica e eficiência na aplicação do direito público, passou a prever expressamente que em qualquer órgão ou Poder, a edição de atos normativos por autoridade, salvo os de organização interna, poderá ser precedida de **consulta pública** para manifestação de interessados, preferencialmente por meio eletrônico, a qual será considerada na decisão (art. 29).

No caso específico das agências reguladoras federais, a Lei 13.848/19 traz norma semelhante, pois seu art. 6º prevê que "a adoção e as propostas de alteração de atos normativos de interesse geral dos agentes econômicos, consumidores ou usuários dos serviços prestados serão, nos termos de regulamento, precedidas da realização de Análise de Impacto Regulatório (AIR), que conterá informações e dados sobre os possíveis efeitos do ato normativo". Comparando esse dispositivo, aplicável apenas à tomada de decisões nas agências reguladoras federais quanto aos atos normativos de interesse geral dos agentes econômicos, consumidores ou usuários dos serviços prestados, com a disposição geral contida na LINDB, a principal diferença é que nesta a consulta pública se trata de faculdade, sendo, por outro lado, obrigatória no caso específico apontado para as agências reguladoras federais.

---

19. MOREIRA NETO, Diogo de Figueiredo. *Curso de direito administrativo: parte introdutória, parte geral e parte especial*. 15. ed. Rio de Janeiro: Forense, 2009. p. 34.

1.2.6. *Poder de polícia*

1.2.6.1. *Conceito*

Na doutrina, as definições encontradas são variadas. Por exemplo, para Marcello Caetano, o poder de polícia é o "modo de actuar da autoridade administrativa que consiste em intervir no exercício das actividades individuais susceptíveis de fazer perigar interesses gerais, tendo por objecto evitar que se produzam, ampliem ou generalizem os danos sociais que as leis procuram prevenir"[20].

Todavia, sem dúvida, a definição que, com frequência, se faz presente nas provas é a de Hely Lopes Meirelles, para quem **poder de polícia** é a **"faculdade de que dispõe a Administração Pública para condicionar e restringir o uso e gozo de bens, atividades e direitos individuais, em benefício da coletividade ou do próprio Estado"**[21].

Também, existe uma definição legal para o poder de polícia e está no art. 78 do Código Tributário Nacional, que tem a seguinte redação:

> *Considera-se poder de polícia a atividade da Administração Pública que, limitando ou disciplinando direito, interesse ou liberdade, regula a prática de ato ou abstenção de fato, em razão de interesse público concernente à segurança, à higiene, à ordem, aos costumes, à disciplina da produção e do mercado, ao exercício de atividades econômicas dependentes de concessão ou autorização do Poder Público, à tranquilidade pública ou ao respeito à propriedade e aos direitos individuais e coletivos.*

O interesse pelo poder de polícia, na área tributária, se dá porque, em decorrência dele, a União, os Estados, o Distrito Federal e os Municípios podem instituir taxa, conforme o art. 145, II, da Constituição Federal.

De maneira geral, é possível afirmar que o poder de polícia é uma atividade administrativa consistente em **intervir no exercício de direitos e liberdades individuais, impondo restrições e condições para que o interesse particular não cause prejuízo ao interesse público.**

Corresponde a uma importante medida à disposição da Administração e que, dessa forma, quando houver a oportunidade, deve ser usada e não pode ser considerada como simples faculdade, pois é, realmente, **um dever do administrador.**

1.2.6.2. *Setores, manifestação, finalidade e fundamento*

O poder de polícia é facilmente identificado na rotina das pessoas, pois há diversos **setores** da sociedade em que se manifesta como, por exemplo, a polícia de **segurança do trânsito**, a polícia de **vigilância sanitária**, a polícia de **edificações.**

O proprietário tem direito de ir e vir com seu veículo, desde que este esteja em adequadas condições e não coloque em risco a segurança no trânsito, pois, senão, ele

---

20. *Manual de direito administrativo*. 10. ed. Coimbra: Almedina, 2008. v. 2, p. 1150.
21. *Direito administrativo brasileiro*. 36. ed.São Paulo: Malheiros, 2010. p. 134. Original sem destaque.

pode ser apreendido pelo agente de trânsito. Ainda no trânsito, é direito do motorista dirigir um veículo pelas vias públicas, desde que ele tenha habilitação específica para aquele veículo (quem é habilitado somente para carro e moto não pode dirigir ônibus, por exemplo); caso não tenha, a Administração pode impor as devidas sanções administrativas.

O proprietário do imóvel tem o direito de nele construir sua casa, mas não pode fazê-lo da maneira que quiser e, assim, deve se submeter às normas urbanísticas do Município para que lhe seja autorizado o início da construção. Ou apresenta o projeto e a documentação nos termos exigidos pela lei municipal ou não poderá exercer o direito de construir.

Como se vê, os exemplos são inúmeros e o mais importante é compreender que pelo poder de polícia, a Administração impõe limites, condições para que o particular possa exercer seu direito ou liberdade. **O particular, de forma alguma, é extirpado de seu direito; apenas, se quiser exercê-lo, deve se adequar às exigências legais destinadas à tutela do interesse público.**

Assim, a **finalidade** da atividade de polícia administrativa é **tutelar o interesse público**, seja prevenindo, seja reprimindo as ofensas a ele dirigidas. Nos exemplos anteriores, o caso da construção traz uma atuação preventiva e, por sua vez, a apreensão do veículo em condições inadequadas para trafegar já é repressiva. Ainda, a **manifestação** do poder de polícia pode ser **geral** ou **individual.** É geral quando feita por atos administrativos normativos ou gerais (decretos, resoluções, regulamentos, etc.), com destinatários indeterminados, impondo restrições ao exercício de determinado direito, e é individual quando a medida tem um destinatário certo (ordem de apreensão, por exemplo).

Essa atividade tem como **fundamento** o princípio da **supremacia do interesse público**.

1.2.6.3. *Polícia de segurança pública e polícia administrativa*

A polícia administrativa e a polícia de segurança pública não podem ser objeto de confusão, pois, de fato, são distintas. A **polícia de segurança pública** pode ser dividida em **ostensiva,** desempenhada pela polícia militar, e em **judiciária**, realizada pela polícia federal e pela polícia civil. Ocorre que, normalmente, os órgãos de polícia judiciária exercem as duas formas de polícia como se vê, por exemplo, na polícia civil em relação ao trânsito e na polícia federal no que se refere à atividade de segurança privada ou, ainda, a atuação da polícia militar no trânsito.

Nesse sentido, inclusive, o STF, no RE 658570, fixou a tese de repercussão geral que "é constitucional a atribuição às guardas municipais do exercício de poder de polícia de trânsito, inclusive para imposição de sanções administrativas legalmente previstas". Na ementa desse julgado consta, expressamente, que "poder de polícia não se confunde com segurança pública. O exercício do primeiro não é prerrogativa exclusiva das entidades policiais, a quem a Constituição outorgou, com exclusividade, no art. 144, apenas as funções de promoção da segurança pública." Prossegue, com a afirmação de que a "fiscalização do trânsito, com aplicação das sanções administrativas legalmente previstas, embora possa se dar ostensivamente, constitui mero exercício de poder de polícia, não havendo, portanto, óbice ao seu exercício por entidades não policiais", bem como que "até mesmo instituições policiais podem cumular funções típicas de segurança pública com exercício de poder de polícia". Aliás, posteriormente a esse julgado, na ADPF 995, o STF decidiu que as guardas municipais integram o Sistema de Segurança Pública, o que, todavia, não invalida as distinções anteriormente mencionadas porque aplicam-se, por exemplo, às entidades não policiais que atuam na fiscalização de trânsito.

Enfim, não pode haver confusão. São atividades diferentes. **A polícia administrativa** tem como foco a **limitação a uma liberdade, ao exercício de um direito para que não seja exercido de forma nociva ao interesse público,** e a **polícia judiciária** tem como objetivo a **responsabilização do infrator**. Outra diferença é que **a polícia administrativa** é regulada pelas **normas de direito administrativo,** e a **polícia judiciária, pelas normas do direito processual penal.**

1.2.6.4. *Poder de polícia: sentido amplo e estrito; originário e delegado*

É necessário se atentar para a maior ou menor amplitude que se dá à expressão poder de polícia, porque, na doutrina, costuma ser feita a divisão de **poder de polícia em sentido amplo e poder de polícia em sentido estrito**. Naquela acepção, essa **atividade engloba tanto os atos legislativos quanto os atos administrativos,** ou seja, tanto uma lei impondo restrições ao exercício de um direito quanto um ato administrativo seriam manifestações do poder de polícia. De outra forma, **na concepção restrita, o poder de polícia é uma atividade administrativa** e, assim, só pode ser exercida na função administrativa e não na função legislativa. É nesse último sentido que, no âmbito do direito administrativo, deve ser compreendida a expressão[22].

Ainda, dentro da acepção estrita de poder de polícia, é importante registrar que se faz a divisão em **poder de polícia originário e poder de polícia delegado,** em que **aquele é exercido pela administração direta** (conjunto dos órgãos integrantes das pessoas políticas) **e este é desempenhado pelas pessoas administrativas integrantes da administração indireta,** e, no último caso, o correto deveria ser poder de polícia outorgado e não delegado, pois a descentralização é feita por meio de lei, mas a expressão consagrada é "delegado"[23]. Questão que se discute, nesse ponto, é se a delegação pode extrapolar as fronteiras da Administração, ou seja, **o poder de polícia pode ser delegado aos particulares?**

De maneira geral, a doutrina considera que **não é possível a delegação do poder de polícia a particulares** e aponta como **exceção os capitães de navio.** Em contraposição, mencionam-se os radares em rodovia instalados pelas empresas concessionárias de serviço público. Não se trata de delegação do poder de polícia? De fato, não. **A instalação de radares em rodovias e ruas não é ato de polícia,** pois se

22. CUNHA JÚNIOR, Dirley da. *Curso de direito administrativo*. 8. ed. Salvador: Juspodivm, 2009. p. 87.
23. ALEXANDRINO, Marcelo; PAULO, Vicente. *Direito administrativo descomplicado*. 18. ed. São Paulo: Método, 2010. p. 243.

limita a constatar, declarar a situação fática em que está o veículo, ou seja, apenas apontam a velocidade e fazem o devido registro de maneira impessoal, e a manifestação do poder de polícia é feita posteriormente pela Administração Pública com a imposição da multa. São, na verdade, **atos materiais preparatórios do ato jurídico do poder de polícia** como, no mesmo sentido, ocorre com os **atos materiais posteriores ou sucessivos ao ato de polícia**, pois, por exemplo, é manifestação do poder de polícia a ordem de demolição de determinado prédio que ameaça ruir, mas o ato de implosão em si pode ser delegado a particulares, o que não representa, de forma alguma, delegação do poder de polícia a particulares[24].

Para aclarar melhor a questão da delegação do poder de polícia é importante discorrer sobre o ciclo de polícia.

Há quatro modos de atuação da polícia administrativa, os quais correspondem ao ciclo de polícia, conforme Diogo de Figueiredo Moreira Neto[25]. Há **quatro fases** nesse ciclo:

a) **ordem de polícia**: é o preceito legal básico que dá validade à limitação prevista, para que não se pratique ato que lesionará o interesse público ou para que não deixe de fazer algo que evitará a lesão ao interesse público; portanto, há duas modalidades, uma que veda de forma absoluta formas de exercício de atividades individuais ou de uso da propriedade privada ("preceito negativo absoluto") como, por exemplo, a vedação de autorização de porte de arma de fogo de uso restrito às Forças Armadas, e outra em que a vedação existe de início, mas é possível, após a devida avaliação, que a Administração dê o consentimento para o exercício de determinada atividade ou o uso de certa propriedade privada ("preceito negativo com reserva de consentimento") como é o caso da licença para construir (só se admite a construção se ficar demonstrado que o projeto atende à legislação específica);

b) **consentimento de polícia**: é o ato administrativo que confere anuência ao exercício de atividade ou ao uso de propriedade e somente existe se for a segunda espécie de ordem de polícia ("preceito negativo com reserva de consentimento");

c) **fiscalização de polícia**: é a verificação se as ordens de polícia estão sendo cumpridas (se não está sendo exercida uma atividade vedada ou se uma atividade consentida está sendo executada dentro dos limites estabelecidos);

d) **sanção de polícia**: é a fase em que, verificada afronta à ordem de polícia, é aplicada a pena de polícia[26].

---

24. MELLO, Celso Antônio Bandeira de. *Curso de direito administrativo*. 27. ed. São Paulo: Malheiros, 2010. p. 839-841.
25. *Curso de direito administrativo: parte introdutória, parte geral e parte especial*. 15. ed. Rio de Janeiro: Forense, 2009. p. 444.
26. MOREIRA NETO, Diogo de Figueiredo. *Curso de direito administrativo: parte introdutória, parte geral e parte especial*. 15. ed. Rio de Janeiro: Forense, 2009. p. 444-447.

A possibilidade ou não de sociedade de economia mista aplicar multas de trânsito trata-se de questão bem conhecida envolvendo o tema da delegação do poder de polícia e o STJ fez uso dessa segmentação das etapas do poder de polícia para enfrentar a questão no REsp 817.534. Nesse julgado, após ser feita menção aos quatro grupos que envolvem a realização do poder de polícia (legislação, consentimento, fiscalização, sanção), houve a contextualização quanto à limitação ao exercício da propriedade e da liberdade no trânsito, sendo afirmado que o Código de Trânsito Brasileiro estabelece normas gerais e abstratas para que seja obtida a Carteira Nacional de Habilitação (legislação); "a emissão da carteira corporifica a vontade o Poder Público (consentimento); a Administração instala equipamentos eletrônicos para verificar se há respeito à velocidade estabelecida em lei (fiscalização); e também a Administração sanciona aquele que não guarda observância ao CTB (sanção)". À época, o Tribunal decidiu que somente os atos referentes ao consentimento e à fiscalização seriam passíveis de delegação, sendo vedado delegar os atos atinentes à legislação e à sanção, o que foi alterado, em embargos declaratórios, para constar que são permitidos os atos de fiscalização (policiamento), mas não a imposição de sanções.

Entretanto, o STF também enfrentou a questão e, no **RE 633.782** (**Tema 532**), com repercussão geral reconhecida, fixou a seguinte tese: "**É constitucional a delegação do poder de polícia, por meio de lei, a pessoas jurídicas de direito privado integrantes da Administração Pública indireta de capital social majoritariamente público que prestem exclusivamente serviço público de atuação própria do Estado e em regime não concorrencial.**"

Segundo o decidido, o regime jurídico híbrido das estatais prestadoras de serviço público em regime de monopólio é compatível com a delegação, pois a incidência de normas de direito público em relação às entidades da Administração indireta tem condão de as aproximar do regime de direito público. Em resumo, os atos de consentimento, fiscalização e aplicação de sanções podem ser delegados a estatais com regime jurídico próximo ao aplicável à Fazenda Pública.

Apenas, deve haver atenção em relação à decisão da Suprema Corte porque não autoriza a delegação para pessoas jurídicas do setor privado e, mesmo na administração indireta, somente as pessoas jurídicas cujo capital seja majoritário público e que prestem exclusivamente serviço público típico em regime não concorrencial.

1.2.6.5. *Atributos ou características*

Os *atributos ou características* do poder de polícia são a **discricionariedade, a autoexecutoriedade e a coercibilidade.**

Em regra, a atividade de polícia administrativa é **discricionária**, havendo **liberdade de escolha do administrador** em relação ao momento de atuação, à forma de atuação e, às vezes, até no que se refere a qual sanção aplicar. Desse modo, por exemplo, a atividade de fiscalização, normalmente, não possui um momento exato para ser desempenhada e, por vezes, a lei deixa para o fiscal a análise de qual medida adotar no caso concreto. Todavia, nem sempre há discricionariedade e o **poder de polícia pode ser manifestação administrativa vinculada**, como são exemplos a licença para dirigir e a licença para construir. Aliás, costuma-se indicar que, **se o ato é praticado por licença, é vinculado e, se é feito por autorização, tem-se a discricionariedade**[27].

A **autoexecutoriedade** aponta para o fato de que a Administração Pública, para satisfazer o interesse público e, assim, prevenir ou reprimir atividade particular nociva àquele, **pode praticar diretamente os atos afetos à polícia administrativa, não necessitando recorrer ao Poder Judiciário.** Assim, não precisa a Administração de ordem judicial para multar, interditar, apreender e demais medidas de polícia, devendo tal prerrogativa, obviamente, ser compatibilizada com a inviolabilidade do domicílio consagrada no texto constitucional.

Todavia, a autoexecutoriedade só existe quando **prevista em lei** ou quando se tratar de **situação de urgência** e, assim, **não se faz presente em todas as medidas de polícia.** Inclusive, em relação à multa, existe autoexecutoriedade na sua imposição, mas não há, quando de sua cobrança, se houver resistência do administrado. Então, por exemplo, o fiscal municipal não necessita de ordem judicial para autuar o proprietário de imóvel por violação às normas de postura, mas, se não houver o pagamento, não pode o Município, por seus próprios meios, fazer a apreensão de bens do devedor para a quitação e, portanto, deverá se valer da ação de execução fiscal para a cobrança. Portanto, na imposição da multa há autoexecutoriedade, mas, na sua cobrança, não.

Ainda, quanto à autoexecutoriedade, é necessário salientar que, **em regra, deve haver processo administrativo**, com garantia da ampla defesa e do contraditório, para que seja possível à Administração aplicar sanção ao particular, **salvo** no caso das sanções decorrentes da polícia administrativa impostas em razão de situações que coloquem em **risco a segurança ou a saúde pública** ou quando for **infração instantânea**

27. Ver capítulo 7, em espécies de atos administrativos (atos negociais), sobre a licença e a autorização.

em situação de flagrância[28]. São exemplos a destruição de alimento impróprio para o consumo, a demolição de imóvel que ameaça desabar, o isolamento de área em razão de forte epidemia. Em qualquer caso, **não se afasta a possibilidade de controle judicial sobre as medidas adotadas** e, caso fique comprovada atuação indevida da Administração, o particular poderá requerer a respectiva reparação dos danos.

A **coercibilidade** é a prerrogativa que a Administração tem de **impor ao administrado o cumprimento da medida de polícia administrativa**, isto é, o ato de polícia é impositivo, coercitivo para o destinatário. Assim, a interdição de um estabelecimento pela fiscalização não produzirá efeitos apenas se o proprietário concordar com a medida.

1.2.6.6. *Limites*

A atividade de polícia administrativa, como qualquer outra atividade administrativa, deve estar em consonância com os princípios da Administração Pública e, portanto, possui **limites**. A razão de existir o poder de polícia é a preservação do interesse público em face de atividade particular nociva e, desse modo, sua atuação deve ser na medida necessária para tanto e, obviamente, deve haver o respeito aos direitos fundamentais.

Em especial, tem-se, no **princípio da razoabilidade,** importantíssima forma de controle da atividade realizada, pois, para que a **medida de polícia administrativa** escolhida seja considerada **razoável**, dever ser **adequada, necessária e proporcional**. Para ilustrar, imagine-se que um fiscal da vigilância sanitária se depare com um pacote de macarrão instantâneo fora do prazo de validade em um hipermercado e, diante de tal situação, promova a interdição total do estabelecimento. Nesse caso, a medida adotada pode ter sido adequada, porque a saúde pública foi protegida (já que ninguém poderá comprar o produto com o estabelecimento interditado), mas, com certeza, não foi necessária e proporcional, pois, se a necessidade para se tutelar a saúde pública, no caso, era impedir a comercialização daquele produto específico, bastaria sua apreensão e aplicação de eventual multa ao estabelecimento.

1.2.6.7. *Prescrição*

Na esfera federal, há a **Lei nº 9.873/99** regulando o prazo prescricional da ação punitiva.

O art. 1º, *caput*, estabelece que **prescreve** "em **cinco anos a ação punitiva da Administração Pública Federal, direta e indireta, no exercício do poder de polícia,** objetivando apurar infração à legislação em vigor, **contados da data da prática do ato** ou, no caso de **infração permanente ou continuada, do dia em que tiver cessado**". Entretanto, se o fato objeto da ação punitiva **também for crime**, o prazo de prescrição será o previsto na **lei penal**, conforme o § 1º.

Caso o processo administrativo para a apuração da infração à legislação tenha sido **instaurado e esteja paralisado há mais de três anos**, pendente de despacho

---

28. MEIRELLES, Hely Lopes. *Direito administrativo brasileiro*. 36. ed.São Paulo: Malheiros, 2010. p. 141.

ou julgamento, ocorrerá a prescrição (**prescrição intercorrente**) e o processo será arquivado, apurando-se a responsabilidade funcional em razão da paralisação.

No caso dos Estados e Municípios, quando não existir legislação local específica, o prazo prescricional para as ações administrativas punitivas "é quinquenal, conforme previsto no art. 1º do Decreto n. 20.910/32, sendo inaplicáveis as disposições contidas na Lei n. 9.873/99, cuja incidência limita-se à Administração Pública Federal Direta e Indireta" (Tese STJ AgInt no REsp 1409267/PR, 2ª Turma, AgRg no REsp 1513771/PR, 1ª Turma).

<table>
<tr><th colspan="3">PODER DE POLÍCIA</th></tr>
<tr><td colspan="3">Prerrogativa de impor restrições, condições ao exercício de direitos e liberdades individuais

Sentido amplo → restrições feitas na função legislativa e função administrativa
Sentido estrito → somente função administrativa

Poder de polícia originário → exercido pelas pessoas políticas (administração direta)
Poder de polícia delegado → exercido pelas pessoas administrativas (administração indireta)</td></tr>
<tr><td rowspan="3">Atributos</td><td colspan="2">• Discricionariedade → regra; autorização
• Vinculação → exceção; licença</td></tr>
<tr><td>• Autoexecutoriedade</td><td>• prática de atos de polícia administrativa diretamente, sem intervenção do Judiciário
• não existe em todos os atos de polícia</td></tr>
<tr><td colspan="2">• Coercibilidade → ato de polícia é impositivo</td></tr>
</table>

2. ABUSO DE PODER

Os poderes administrativos são instrumentos de concretização do interesse público e devem ser usados em consonância com os princípios da Administração Pública. Quando o administrador **usa os poderes conferidos à Administração** (e não a ele) **de forma indevida,** contrariando o regime jurídico administrativo, **há abuso de poder**.

O abuso de poder pode ocorrer tanto na forma **comissiva** quanto na forma **omissiva,** porque a inércia da autoridade administrativa lesa o patrimônio jurídico individual quando deixa de executar determinada prestação a que estava legalmente obrigada[29].

De fato, o princípio da indisponibilidade do interesse público obriga o administrador a atuar quando houver a oportunidade de se tutelar o interesse público por meio do uso dos poderes administrativos. Assim por exemplo, quando o fiscal da vigilância sanitária se depara com um restaurante em péssimas condições de higiene é seu dever atuar e não pode se omitir no uso do poder de polícia, pois sua omissão, no caso, colocará em risco o interesse público, em especial, a saúde pública.

29. TÁCITO, Caio. O abuso do poder administrativo no Brasil. RDA 56/1 apud MEIRELLES, Hely Lopes. *Direito administrativo brasileiro*. 36. ed.São Paulo: Malheiros, 2010. p. 114.

O abuso de poder tem duas espécies:

a) **excesso de poder:** é verificado quando **o agente atua além dos limites de sua competência**, ou seja, "ou o agente invade atribuições cometidas a outro agente, ou se arroga o exercício de atividades que a lei não lhe conferiu"[30]. Por exemplo, há excesso de poder quando autoridade administrativa aplica pena de demissão e, por lei, só poderia aplicar até a de suspensão.

b) **desvio de poder ou desvio de finalidade:** ocorre quando o **administrador age dentro de sua competência** (não extrapola), **mas o faz para alcançar fim diferente do previsto**, explícita ou implicitamente, na lei, ou seja, **dissocia-se do interesse público.** É o caso do agente que remover servidor, no interesse da administração (de ofício) para outra localidade para puni-lo e não em razão da adequação da força de trabalho ou, ainda, quando se decreta a desapropriação de imóvel em razão de utilidade pública, mas, na verdade, isso é feito para prejudicar o proprietário.

Em qualquer uma das modalidades, **o abuso de poder é uma ilegalidade** e, desse modo, pode ser afrontado tanto na esfera administrativa quanto em juízo. Ademais, o abuso de poder pode, também, configurar crime de abuso de autoridade, previsto na **Lei nº 13.869/2019**.

Apesar de ser uma lei referente à área penal, é importante conhecer que nela, além da respectiva pena privativa de liberdade prevista para cada um dos crimes de abuso de autoridade, há previsões que repercutem na esfera administrativa.

Nesse sentido, o art. 4º estabelece que são **efeitos da condenação**:

a) **tornar certa a obrigação de indenizar** o dano causado pelo crime, devendo o juiz, a requerimento do ofendido, fixar na sentença o valor mínimo para reparação dos danos causados pela infração, considerando os prejuízos por ele sofridos;

b) a **inabilitação para o exercício de cargo, mandato ou função pública**, pelo período de 1 (um) a 5 (cinco) anos;

c) a **perda do cargo, do mandato ou da função pública**.

Desses, merecem destaque os dois últimos efeitos (inabilitação e perda) pelos reflexos na seara administrativa, destacando-se que não são automáticos, são condicionados à reincidência em crime de abuso de autoridade e devem ser declarados motivadamente na sentença pelo juiz.

Além disso, o art. 5º da Lei de Abuso de Autoridade prevê as **penas restritivas de direito substitutivas** das penas privativas de liberdade e uma delas é a **suspensão do exercício do cargo, da função ou do mandato** e pode ter duração de 1 a 6 meses, com a perda dos vencimentos e das vantagens.

---

30. CARVALHO FILHO, José dos Santos. *Manual de direito administrativo*. 19. ed. Rio de Janeiro: Lumen Juris, 2008. p. 40.

<table>
<tr><th colspan="2">ABUSO DE PODER</th></tr>
<tr><td colspan="2">• Uso dos poderes administrativos contrariando o regime jurídico administrativo
• Forma comissiva ou omissiva</td></tr>
<tr><th colspan="2">Espécies</th></tr>
<tr><th>Excesso de poder</th><th>Desvio de poder</th></tr>
<tr><td>Atua fora dos limites da competência</td><td>Atua dentro dos limites da competência, mas com finalidade diversa daquela com que deveria atuar</td></tr>
</table>

3. QUESTÕES

3.1. Questões comentadas

01. **(FGV – Analista Judiciário – Analista Judiciário – Oficial de Justiça – TJ – RO/2021)** O Presidente do Tribunal de Justiça do Estado de Rondônia editou a Resolução nº 184/2021-TJRO, que estabelece o horário de expediente e a jornada de trabalho nos órgãos do Poder Judiciário do Estado de Rondônia e dá outras providências. De acordo com a doutrina de Direito Administrativo, o citado ato praticado pelo chefe do Judiciário estadual está calcado no chamado poder:

a) de polícia administrativa, que disciplina a atividade dos servidores públicos;
b) de discricionariedade, que permite ao Presidente do Tribunal inovar no ordenamento jurídico;
c) normativo, que visa regulamentar situação de caráter geral e abstrato;
d) disciplinar, que autoriza o Presidente do Tribunal a estabelecer rotinas administrativas internas;
e) hierárquico, que confere ao Presidente do Tribunal a prerrogativa de editar normas concretas.

COMENTÁRIO

Alternativa correta: letra "c". O poder normativo permite à Administração editar normas gerais e abstratas, observando os princípios da legalidade e as regras de competência. Conforme Maria Sylvia Zanella Di Pietro, o poder regulamentar é espécie do poder normativo, conferindo ao Chefe do Executivo a prerrogativa de editar atos gerais e abstratos, complementares à lei, sem inovar, de forma original, a ordem jurídica. Normalmente, se manifesta pela expedição de decretos executivos destinados a explicitar, aclarar, explicar a lei para que possa ser posta em prática, e essa possibilidade de regulamentação não é privativa do Chefe do Poder Executivo, pois o Judiciário (provimentos, resoluções) e o Legislativo (regimento) também podem regulamentar as leis, mas a regulamentação não é tão extensa quanto à feita pelo Poder Executivo.

Alternativa "a". O poder de polícia é a imposição de limites, condições, restrições ao exercício de direitos e liberdades individuais em prol do interesse público.

Alternativa "b". O poder discricionário é o concedido à Administração Pública para a prática de determinados atos administrativos com liberdade na valoração do juízo de conveniência e oportunidade. Em outras palavras, trata-se de prerrogativa conferida à Administração Pública de fazer opções, de escolher, de analisar se é oportuno, se é conveniente, segundo o interesse público, a prática de determinado ato.

Alternativa "d". O poder disciplinar é a prerrogativa pela qual a Administração apura as infrações e aplica as penalidades ao infrator, que pode ser um servidor público ou particular sujeito à disciplina administrativa.

Alternativa "e". O poder hierárquico é a prerrogativa que a Administração Pública tem de se organizar para buscar o interesse público e, para isso, desconcentra competências, isto é, distribui internamente competência entre seus diversos órgãos, escalonando-os, hierarquizando-os. Com isso, cria-se uma relação de hierarquia entre os órgãos, pelo que os subordinados têm o dever de obediência aos superiores.

02. (FGV – Técnico Judiciário – TJ – RO/2021) O Tribunal de Justiça do Estado de Rondônia, após regular processo licitatório, contratou a sociedade empresária Alfa para prestar serviços de jardinagem e paisagismo no canteiro existente ao redor do prédio do fórum central. Ocorre que a contratada deu causa à inexecução parcial do contrato. Após regular processo administrativo, o contratante aplicou-lhe a sanção administrativa da advertência, pois não se justificou a imposição de penalidade mais grave.

Com base na doutrina de Direito Administrativo, o poder administrativo que embasou diretamente a aplicação da mencionada sanção é o poder:

a) hierárquico, que consiste na superioridade contratual da Administração Pública contratante em relação à sociedade contratada, em razão das cláusulas limitantes;
b) regulamentar, que consiste na possibilidade de a Administração Pública contratante impor unilateralmente penalidades, com base na supremacia do interesse público;
c) disciplinar, que consiste em um sistema punitivo interno a que se sujeita a contratada que tem um vínculo com a Administração Pública contratante;
d) de polícia, que consiste na necessidade vinculante de a Administração Pública contratante condicionar e limitar a propriedade da sociedade contratada em prol do interesse público;
e) de justiça, que consiste na superioridade e na imperatividade das decisões jurisdicionais proferidas pela Administração Pública contratante em face da sociedade contratada, que deve se sujeitar às sanções impostas.

COMENTÁRIO

Alternativa correta: letra "c" (responde as demais alternativas). O poder disciplinar é a prerrogativa pela qual a Administração apura as infrações e aplica as penalidades ao infrator, que pode ser um servidor público ou particular sujeito à disciplina administrativa como se verificar no caso da questão. A penalidade administrativa tem como objeto as infrações relacionadas aos serviços, aplicando-se, portanto, apenas a um agente público ou a um particular juridicamente relacionado com a Administração.

03. (IBFC – Técnico Judiciário – Área Administrativa – TRE – PA/2020) Para o exercício da função administrativa, em busca do interesse coletivo, o Estado se submete ao regime jurídico administrativo, o qual confere peculiaridades à atuação da Administração Pública. Nesse contexto, analise as afirmativas abaixo:

( ) O Poder Hierárquico configura um poder de estruturação interna da atividade pública de uma pessoa jurídica, determinando uma relação de hierarquia e subordinação entre os seus órgãos e agentes. Tratam-se de prerrogativas oriundas desse poder a delegação e a avocação de competência.

( ) São atributos do Poder de Polícia: a discricionariedade, compreendida pela privação de liberdade estabelecida em lei ao administrador para decidir perante o caso concreto; a autoexecutoriedade, uma vez que o ato é considerado obrigatório e admite o uso, pela Administração, de atos indiretos para forçar o cumprimento da determinação; e a coercibilidade, entendida como o direito do ente estatal de dar cumprimento às suas próprias decisões, sem interferência do Poder Judiciário.

( ) São elementos ou requisitos dos atos administrativos, segundo a doutrina majoritária, a forma, a competência, a finalidade, o objeto e o motivo. Como regra geral, consideram-se vinculados os dois primeiros e discricionários os três últimos.

( ) Atipicidade consiste em atributo pelo qual o ato administrativo deve corresponder a figuras definidas previamente pela lei como aptas a produzir determinados resultados, de modo que, para cada finalidade que a Administração pretende alcançar, existe um ato definido em lei.

Assinale a alternativa correta.

a) Apenas as afirmativas I, II e IV estão corretas
b) Apenas as afirmativas II, III e IV estão corretas
c) Apenas as afirmativas I e II estão corretas
d) Apenas as afirmativas I e IV estão corretas

COMENTÁRIO

Alternativa correta: letra "d".

Item I. Correto. O Poder Hierárquico é aquele conferido ao administrador para distribuir e escalonar as funções de seus órgãos, ordenar e rever a atuação de seus agentes estabelecendo para tanto uma relação de hierarquia e subordinação. A hierarquia é uma característica peculiar da função administrativa e não possui nenhuma correlação com o regime autoritário. A organização administrativa se baseia nos pressupostos da distribuição de competência e hierarquia. O Poder hierárquivo é típico da função administrativa, pois não está presente nas funções legislativa e judicial (no exercício de suas funções típicas), contudo, importante frisar que poderá estar nas funções atípicas de administrar dos Poderes Legislativos e Judiciário. Faz parte do poder hierárquico estabelecer uma relação de coordenação e subordinação entre os vários órgãos, incluindo o poder de delegar e avocar atribuições.

Item II. Errado. O poder de polícia administrativo possui atributos específicos e peculiares, como a discricionariedade, que significa a possibilidade da Administração, através da conveniência e oportunidade, exercer o poder de polícia, bem como aplicar as sanções e empregar os meios necessários para atingir o objetivo; a coercibilidade, que significa a imposição coativa das medidas adotadas pela Administração. Não pode a coercibilidade modificar a ordem jurídica. Já a autoexecutoriedade significa a faculdade da Administração executar as suas decisões pelos seus próprios meios, sem a intervenção do poder do Judiciário. A autoexecutoriedade é possível nas seguintes hipóteses: a) quando expressamente prevista em lei; b) quando for verificada a urgência na atuação administrativa e; c) quando não existir outra via idônea que possa salvaguardar o interesse público ameaçado ou ofendido. Existem atos que não permitem a imediata execução pela Administração Pública, como é o caso das multas, que só podem ser cobradas judicialmente. O item está errado na medida em que a discricionariedade não está relacionada à eventual privação de liberdade mas, apenas, quanto à possibilidade de o administrador decidir o momento, as circunstancias para o exercício da atividade administrativa.

Item III. Errado. São elementos do ato a competência (chamada por alguns doutrinadores de sujeito), a finalidade, a forma, o motivo e o objeto. De forma geral, motivo e objeto são considerados discricionários e os demais elementos são vinculados.

Item IV. Correto. Para além dos 3 (três) clássicos atributos dos atos administrativos – presunção de legitimidade, imperatividade e autoexecutoriedade –, há quem aponte a tipicidade como uma característica inerente, que significa que o ato administrativo deve corresponder a figuras previamente definidas pela lei como aptas à produção de resultados determinados, isto é, para "cada finalidade que a Administração pretende alcançar existe um ato definido em lei"[31], não sendo possível a prática de atos atípicos.

04. (FCC – Analista Judiciário – Área Judiciária – TRT 15/2018) A Polícia Militar de um estado da federação organizou uma operação de fiscalização para controle de embriaguez na condução de veículos automotores. Para além das questões criminais possivelmente envolvidas, diante dos motoristas que se mostraram em desacordo com os níveis de álcool permitidos para a condução de veículos, aferidos mediante uso de instrumento específico (bafômetro), os agentes apreenderam os veículos, bem como autuaram e lavraram autos de infração e imposição de multas. Essa atuação

(A) dependeria de prévio processo administrativo, com respeito ao contraditório e ampla defesa, sendo vedada a apreen-

31. DI PIETRO, Maria Sylvia Zanella. *Direito administrativo*. 23 ed. São Paulo: atlas, 2010. p. 201.

▶ QUESTÕES DE CONCURSOS

são e a imposição de multa previamente à nomeação de defensor público para o motorista.

(B) configura exercício do poder de polícia pela Administração pública, que está autorizada a adotar medidas acautelatórias da ordem e da segurança, diferindo o exercício do direito de defesa pelo motorista.

(C) é uma das formas de exercício do poder hierárquico exercido pela corporação militar, que o possui em caráter originário, não sendo limitado pelo Poder Executivo.

(D) pode ter se dado com base no poder disciplinar, considerando que essa é uma característica intrínseca da atuação da Polícia Militar, independentemente de fundamento normativo.

(E) caracteriza um procedimento de polícia para a Corporação da Polícia Militar, que inclui polícia administrativa e polícia judiciária.

COMENTÁRIO

Alternativa correta: letra "b". Conforme Hely Lopes Meirelles, o poder de polícia é definido como a "**faculdade de que dispõe a Administração Pública para condicionar e restringir o uso e gozo de bens, atividades e direitos individuais, em benefício da coletividade ou do próprio Estado**"32. Pode-se, assim, afirmar que o poder de polícia é uma atividade administrativa consistente em **intervir no exercício de direitos e liberdades individuais, impondo restrições e condições para que o interesse particular não cause prejuízo ao interesse público**. Nesse sentido, um dos atributos do poder de polícia é a **autoexecutoriedade,** assim entendida como a "**faculdade de que dispões a Administração Pública para condicionar e restringir o uso e gozo de bens, atividades e direitos individuais, em benefício da coletividade ou do próprio Estado**"33. Pela autoexecutoriedade, para a satisfação do interesse público, a Administração **pode praticar diretamente os atos afetos à polícia administrativa, não necessitando recorrer para o Poder Judiciário para tanto.** Assim, não precisa a Administração de ordem judicial para multar, interditar, apreender e realizar as demais medidas de polícia. Todavia, a **autoexecutoriedade só existe quando prevista em lei ou quando se tratar de situação de urgência,** não se fazendo, pois, presente em todas as medidas de polícia. Não se tolhe o administrado do seu direito de defesa, mas ocorre o seu diferimento.

Alternativa "a". O **poder de polícia**, por exemplo, tem como uma de suas características a **autoexecutoriedade** – que aponta que a Administração Pública pode praticar diretamente os atos afetos à polícia administrativa, não necessitando recorrer ao Poder Judiciário. Assim, no caso concreto, perfeitamente possível a apreensão dos veículos e imposição de multa, mesmo que sem qualquer intervenção do Poder Judiciário.

Alternativa "c". O **poder hierárquico** é uma ferramenta de grande valia para a Administração porque possibilita a concatenação de suas ações em busca da satisfação do interesse público. Por ele, tem-se a organização, a estruturação, criando-se uma **relação de coordenação e subordinação** entre os diversos órgãos criados.

Alternativa "d". O **poder disciplinar é a prerrogativa pela qual a Administração apura as infrações e aplica as penalidades ao infrator**, que pode ser um servidor público ou particular sujeito à disciplina administrativa, como um estudante de escola pública, por exemplo. A penalidade administrativa, desse modo, tem como objeto as infrações relacionadas ao serviço, aplicando-se, portanto, apenas a um agente público ou a um particular juridicamente relacionado com a Administração.

Alternativa "e". O poder de polícia administrativa incide sobre bens, direitos e atividades, *ao passo que* **a polícia judiciária e da polícia de manutenção da ordem pública atua sobre pessoas, individual ou indiscriminadamente.** Ainda, nota-se que a polícia judiciária atua a partir de um ilícito penal, enquanto a polícia administrativa atua, preventivamente ou repressivamente, a partir de um ilícito administrativo.

05. (Cespe - Analista Judiciário - Área Administrativa - TRE - PE/2017) Determinada agência reguladora, atuando em sua

32. MEIRELLES, Hely Lopes. Direito administrativo brasileiro. 36 ed. São Paulo: Malheiros, 2010. p. 134.
33. MEIRELLES, Hely Lopes. Direito administrativo brasileiro. 36 ed. São Paulo: Malheiros, 2010. p. 134.

esfera de atribuições, editou ato normativo de apurada complexidade técnica com vistas a elucidar conceitos legais e regular determinado segmento de atividades consideradas estratégicas e de interesse público.

Nessa situação hipotética, a atuação da agência configurou exercício do poder

a) de polícia.
b) regulamentar.
c) discricionário.
d) disciplinar.
e) hierárquico.

COMENTÁRIOS

Alternativa correta: letra "b" (responde às demais alternativas). Para Maria Sylvia Zanella Di Pietro, o **poder regulamentar é espécie do poder normativo da Administração Pública**, ou seja, é um tipo, uma das formas pela qual se expressa a função normativa da Administração Pública, e o poder regulamentar, assim entendido, **é privativo do Chefe do Executivo** e se materializa por meio de **decreto**, mas há **outras formas** de expressão do poder normativo como as **resoluções, as portarias, as instruções, os regimentos,** mas esses atos possuem alcance restrito aos limites de atuação do órgão e não têm a mesma natureza dos regulamentos expedidos pelo Chefes do Executivo34. O caso narrado se trata da **regulamentação técnica ou dos regulamentos autorizados**, cuja manifestação se vê, especialmente, na **função normativa exercida pelas agências reguladoras**, as quais recebem a função de regular por meio da deslegalização de parte da matéria. **Deslegalização** ou **delegificação** é o modo pelo qual as "casas legislativas abrem um espaço normativo, quase sempre de natureza técnica, em que elas se demitem da função de criar certas normas legais para que outros entes, públicos ou privados, o façam, sob os limites e controles por ela estabelecidos, no exercício da competência implícita no *caput* do art. 48 da Constituição"35. Quer dizer, **a lei delega a função de criar norma a respeito de assuntos técnicos a órgãos administrativos.**

06. (FCC – Analista Judiciário – Oficial de Just. Avaliador – TRF 5/2017) O Poder Público, após obter autorização legislativa específica, pretende implementar política pública de segurança alimentar destinada à primeira infância. Para tanto, e nos termos da lei, distribuirá leite às famílias de baixa renda que tiverem filhos menores de sete anos de idade, abaixo do peso recomendável pela literatura médica para a faixa etária. Visando instituir o programa, atribuir competência a um de seus órgãos (Ministérios) e estabelecer os critérios técnicos de seleção dos beneficiários, o Chefe do Executivo

a) poderá editar, com fundamento no Poder de Polícia, decreto, em razão de produzir efeitos externos.
b) deverá editar regimento, ato administrativo unilateral, com efeitos externos e sujeito à aprovação do Poder Legislativo.
c) poderá expedir decreto, que tem fundamento no Poder Regulamentar, efeito externo e está sujeito à controle externo.
d) poderá expedir regimento, que se fundamenta no Poder Regulamentar, produz efeitos internos apenas, uma vez que não se admite regulamento autônomo ou independente no Brasil.
e) poderá editar deliberação, ato administrativo bilateral, com efeitos internos, fundamentado no Poder Normativo.

COMENTÁRIOS

Alternativa correta: letra "c" (responde as demais alternativas). De maneira geral, a definição sobre poder regulamentar mais encontrada nas provas de concurso é a que consiste na "**faculdade de que dispõem os Chefes de Executivo (Presidente da República, Governadores e Prefeitos) de explicar a lei para sua correta execução, ou de expedir decretos autônomos sobre matéria de sua competência ainda não disciplinada em lei**"36. Essa função

34. *Direito administrativo*. 23. ed. São Paulo: Atlas, 2010. p. 90 e 93.
35. MOREIRA NETO, Diogo de Figueiredo. *Curso de direito administrativo: parte introdutória, parte geral e parte especial*. 15. ed. Rio de Janeiro: Forense, 2009. p. 34.
36. MEIRELLES, Hely Lopes. *Direito administrativo brasileiro*. 36. ed. São Paulo: Malheiros, 2010. p. 130. Original sem destaque.

de explicar, detalhar a lei é, sem dúvida, uma função normativa porque os atos administrativos por meio dos quais se regulamenta são atos normativos e, assim, dotados de generalidade, abstração e impessoalidade. Entretanto, não podem ser confundidos com a lei, pois esta é um ato normativo primário ou originário, que tem seu fundamento de validade extraído diretamente do texto constitucional e, assim, pode inovar na ordem jurídica, impondo deveres e obrigações. Por outro lado, o **regulamento é um ato normativo secundário ou derivado**, pois que sua existência é dependente da existência de outro ato normativo, qual seja, a lei, e sua missão é, de maneira subalterna à lei, **complementar seu conteúdo** e, de forma alguma, pode inovar na esfera jurídica. O **regulamento não pode criar direitos e obrigações**, sob pena de violar o princípio da legalidade constante da Constituição Federal (art. 5º, II)37.

Desse modo, no caso concreto, o Chefe do Executivo poderá expedir decreto, com efeitos externos e, obviamente, sujeito a controle dos demais poderes da Administração Pública.

07. **(FCC - Analista Judiciário - Área Judiciária - TRE - SP/2017)** Suponha que o Secretário de Transportes de determinado Estado tomou conhecimento, por intermédio de matéria jornalística, da existência de longas filas para carregamento dos cartões de utilização dos trens administrados por uma sociedade de economia mista vinculada àquela Pasta. Diante dos fatos apurados, decidiu avocar, para área técnica da Secretaria, algumas atividades de gerenciamento e logística desempenhadas por uma das Diretorias da referida empresa. Fundamentou sua decisão no exercício dos poderes hierárquico e disciplinar. Considerando a situação narrada,

(a) a atuação do Secretário justifica-se do ponto de vista da hierarquia, porém não sob aspecto disciplinar, eis que não identificada infração administrativa.
(b) a decisão baseia-se, legitimamente, apenas no poder disciplinar, que compreende o controle e a supervisão.
(c) descabe a invocação dos poderes citados, sendo certo que a atuação da Secretaria deve se dar nos limites do poder de tutela.
(d) a decisão somente será justificável, sob o fundamento de poder hierárquico, se constada a existência de desvio de conduta pelos administradores da empresa.
(e) a decisão extrapolou a competência disciplinar, que somente pode ser exercida para corrigir desvios na organização administrativa da entidade.

COMENTÁRIO

Alternativa correta: letra "c" (responde as demais alternativas). O **poder hierárquico** é uma ferramenta de grande valia para a Administração porque possibilita a concatenação de suas ações em busca da satisfação do interesse público. Por ele, tem-se a organização, a estruturação, criando-se uma **relação de coordenação e subordinação** entre os diversos órgãos criados. É com base na hierarquia que se pode **avocar, delegar, ordenar, controlar, corrigir e aplicar sanções.** Na situação narrada na questão, contudo, **não é possível gozar do poder hierárquico**, uma vez que a atividade administrativa estava sendo desempenhada por entidade da administração indireta. A **sociedade de economia mista** é fruto da descentralização, pela qual há a distribuição externa de competência, criando-se outra pessoa jurídica, com personalidade jurídica distinta da pessoa política. Dessa forma, não é possível se falar em hierarquia, já que não há relação hierárquica entre um órgão da administração direta e uma entidade da administração indireta. De outro lado, a entidade criadora tem por dever fiscalizar a entidade criada para verificar se o objetivo da criação está sendo atendido, mas não se trata de controle hierárquico, pois o que existe é um controle de finalidade, um controle finalístico. Existe vinculação e não subordinação.

3.2. Questões objetivas com gabarito fundamentado

01. **(FCC - Analista Judiciário - Área Administrativa - TRT 14/2022)** Ao interditar deter-

37. "Ninguém será obrigado a fazer ou deixar de fazer alguma coisa senão em virtude de lei."

QUESTÕES DE CONCURSOS

minada atividade empresarial porque desprovida de licença de funcionamento e de documentos comprobatórios da realização de vistoria pelo órgão competente, destinados a atestar que a edificação está em conformidade com os requisitos contra incêndio, o Poder Público

(A) não age no exercício do poder de polícia, vez que esta corresponde sempre a uma atividade negativa.

(B) age no exercício do poder de polícia, utilizando-se de medida repressiva.

(C) age no exercício do poder de polícia, utilizando-se de medida preventiva, que, diversamente da medida repressiva, dispensa autorização judicial.

(D) age no exercício do poder de polícia, utilizando-se de ato normativo.

(E) não age no exercício do poder de polícia, vez que a ação narrada depende de prévia autorização judicial.

02. (FGV – Técnico Judiciário – TJ – RO/2021) O Tribunal de Justiça do Estado de Rondônia, após regular processo licitatório, contratou a sociedade empresária Alfa para prestar serviços de jardinagem e paisagismo no canteiro existente ao redor do prédio do fórum central. Ocorre que a contratada deu causa à inexecução parcial do contrato. Após regular processo administrativo, o contratante aplicou-lhe a sanção administrativa da advertência, pois não se justificou a imposição de penalidade mais grave.

Com base na doutrina de Direito Administrativo, o poder administrativo que embasou diretamente a aplicação da mencionada sanção é o poder:

(A) hierárquico, que consiste na superioridade contratual da Administração Pública contratante em relação à sociedade contratada, em razão das cláusulas limitantes;

(B) regulamentar, que consiste na possibilidade de a Administração Pública contratante impor unilateralmente penalidades, com base na supremacia do interesse público;

(C) disciplinar, que consiste em um sistema punitivo interno a que se sujeita a contratada que tem um vínculo com a Administração Pública contratante;

(D) de polícia, que consiste na necessidade vinculante de a Administração Pública contratante condicionar e limitar a propriedade da sociedade contratada em prol do interesse público;

(E) de justiça, que consiste na superioridade e na imperatividade das decisões jurisdicionais proferidas pela Administração Pública contratante em face da sociedade contratada, que deve se sujeitar às sanções impostas.

03. (FCC – Técnico Judiciário – Área Judiciária – TRF 4/2019) Quando o Executivo desempenha suas funções por meio do exercício do poder regulamentar,

a) edita atos de caráter concreto e específico, passíveis de serem impugnados individualmente.

b) pode inovar o ordenamento jurídico, desde que se esteja diante de lacunas legais em matéria de interesse público.

c) deve observar os limites postos pela lei para explicitar os dispositivos desta, detalhando, por exemplo, o procedimento de aplicação da norma regulamentada.

d) avoca competências típicas de poder de polícia, podendo instituir limitações aos direitos dos particulares, em caráter isonômico.

e) edita atos administrativos de natureza vinculada, porque estes não podem desbordar da lei à qual estão submetidos.

04. (FCC – Analista Judiciário – Área Judiciária – TRT 2/2018) A edição de um decreto pelo Chefe do Executivo instituindo proibição de circulação de veículos por determinado perímetro da cidade

(A) encontra fundamento no poder regulamentar, porque este se presta a suprir lacunas legais.

(B) insere-se dentre as atribuições inerentes ao poder hierárquico, considerando a supremacia do interesse público sobre o particular, que permite a limitação da liberdade dos administrados, em prol da coletividade.

(C) configura expressão do poder disciplinar, posto que se presta a pacificar as relações entre a Administração pública e os administrados.

(D) excede os limites do poder regulamentar, na medida em que inova o ordenamento jurídico ao estabelecer nova restrição a direitos sem que conste haver o devido fundamento em lei.

(E) excede os limites do poder de polícia, tendo em vista que esta atuação se presta apenas a imposição de obrigações, não sendo admitido o estabelecimento de limitação ou restrição a direitos dos administrados.

05. **(FGV – Analista Judiciário – Área Judiciária – TRT 12/2017)** A Resolução Administrativa nº 12/2016 do Tribunal Regional do Trabalho da 12ª Região regulamenta, no âmbito daquele Tribunal, a aplicação da resolução conjunta nº 04/2014, dos presidentes do CNJ e CNMP, que autoriza o porte de arma de fogo para os servidores que efetivamente estejam no exercício de funções de segurança, conforme permissivo legal do Estatuto do Desarmamento (Lei nº 10.826/03).

Em tema de poderes administrativos, é correto afirmar que a citada resolução foi editada com base no poder:

(A) de polícia do Judiciário, que tem competência legal para estabelecer os parâmetros internos para reger o porte de arma e demais questões afetas à segurança pública dos cidadãos e de seus servidores e magistrados;

(B) discricionário, uma vez que cabe ao Presidente do respectivo Tribunal, no regular exercício da autonomia organizacional e administrativa de cada Tribunal, estabelecer regras internas sobre segurança pública;

(C) normativo, que é aquele conferido à Administração Pública para expedição de normas gerais, abstratas e com efeitos *erga omnes*, para, no caso concreto, complementar a Lei nº 10.826/03, observados seus limites e visando à sua efetiva aplicação;

(D) hierárquico, que é aquele exercido verticalmente, no topo da pirâmide administrativa do Tribunal por seu Presidente, que possui a competência legal para regulamentar atividades de segurança previstas na Lei nº 10.826/03;

(E) disciplinar, que é a prerrogativa de direito público, para regulamentar e condicionar direitos e liberdades individuais, tendo por fundamento a supremacia do interesse público e, no caso concreto, ampliar as normas da Lei nº 10.826/03.

06. **(Cespe – Analista Judiciário – Área Judiciária – TRE – TO/2017)** O secretário de segurança pública de determinado município brasileiro editou portaria proibindo a venda de bebidas alcoólicas no dia do pleito eleitoral.

Nessa situação hipotética, o ato do secretário tem como fundamento o

a) poder disciplinar, sendo a justiça eleitoral o juízo competente para processar e julgar mandado de segurança que questione a sua legitimidade.

b) poder de polícia, sendo a justiça estadual o juízo competente para processar e julgar mandado de segurança que questione a sua legitimidade.

c) poder de polícia, sendo a justiça eleitoral o juízo competente para processar e julgar mandado de segurança que questione a sua legitimidade.

d) poder regulamentar, sendo a justiça estadual o juízo competente para processar e julgar mandado de segurança que questione a sua legitimidade.

e) poder regulamentar, sendo a justiça eleitoral o juízo competente para processar e julgar mandado de segurança que questione a sua legitimidade.

07. **(FCC – Analista Judiciário – Área Administrativa – TRT 9/2015)** Nos autos do Recurso Extraordinário 632.265 RJ, o Ministro Rela-

tor do Supremo Tribunal Federal entendeu que o Estado do Rio de Janeiro teria editado decreto indevidamente para criar nova forma de recolhimento de tributo, matéria reservada à lei. A conduta do Poder Executivo em questão

a) excede o poder de polícia do Chefe do Executivo, que se submete ao estrito princípio da legalidade.
b) somente seria válida para criação de direitos ou deveres para os servidores públicos, para o que o poder normativo do Executivo tem natureza originária.
c) exacerba o poder normativo originário que lhe compete, mas pode ser convalidado em observância ao princípio da eficiência.
d) é expressão do poder regulamentar, não assistindo razão ao STF, na medida em que se está diante de decreto autônomo.
e) excede o poder regulamentar e viola o princípio da legalidade, pois adentra matéria reservada à lei.

LEGISLAÇÃO

Questão	Resposta	Fundamentação
1	B	Doutrina: item 1.2.6.
2	C	Doutrina: item 1.2.4.
3	C	Doutrina: item 1.2.5
4	D	Doutrina: item 1.2.5
5	C	Doutrina: item 1.2.5.
6	B	Doutrina: item 1.2.6
7	E	Doutrina: item 1.2.5.

4. JURISPRUDÊNCIA APLICÁVEL AO CAPÍTULO

Poderes Administrativos

Súmulas

- **Súmula Vinculante 49** - Ofende o princípio da livre concorrência lei municipal que impede a instalação de estabelecimentos comerciais do mesmo ramo em determinada área.
- **STF 645** - É competente o município para fixar o horário de funcionamento de estabelecimento comercial.
- **STF 419** - Os municípios têm competência para regular o horário do comércio local, desde que não infrinjam leis estaduais ou federais válidas.
- **STF 397** - O poder de polícia da Câmara dos Deputados e do Senado Federal, em caso de crime cometido nas suas dependências, compreende, consoante o regimento, a prisão em flagrante do acusado e a realização do inquérito.

Teses com Repercussão Geral

STF - RE 658570

É constitucional a atribuição às guardas municipais do exercício de poder de polícia de trânsito, inclusive para imposição de sanções administrativas legalmente previstas.

STF -633782

É constitucional a delegação do poder de polícia, por meio de lei, a pessoas jurídicas de direito privado integrantes da Administração Pública indireta de capital social majoritariamente público que prestem exclusivamente serviço público de atuação própria do Estado e em regime não concorrencial.

Teses STJ

1) A administração pública possui interesse de agir para tutelar em juízo atos em que

ela poderia atuar com base em seu poder de polícia, em razão da inafastabilidade do controle jurisdicional.

(Acórdãos REsp 1651622/SP, REsp 1366338/SP, AgRg no REsp 1396306/PE)

2) O prazo prescricional para as ações administrativas punitivas desenvolvidas por Estados e Municípios, quando não existir legislação local específica, é quinquenal, conforme previsto no art. 1º do Decreto n. 20.910/32, sendo inaplicáveis as disposições contidas na Lei n. 9.873/99, cuja incidência limita-se à Administração Pública Federal Direta e Indireta.

(Acórdãos AgInt no REsp 1409267/PR AgInt no REsp 1609487/PR, AgRg no REsp 1566304/PR, AgRg no REsp 1513771/PR, AgRg no AREsp 750574/PR, AgRg no AREsp 509704/PR)

[...]

6) O Programa de Proteção e Defesa do Consumidor - PROCON detém poder de polícia para impor sanções administrativas relacionadas à transgressão dos preceitos ditados pelo Código de Defesa do Consumidor art. 57 da Lei n. 8.078/90.

(Acórdãos AgInt no REsp 1594667/MG, AgRg no REsp 1541742/GO, REsp 1279622/MG, REsp 1523117/SC, AgRg no REsp 1112893/RJ, AgRg no AREsp 476062/SP)

7) O PROCON tem competência para aplicar multa à Caixa Econômica Federal CEF por infração às normas do Código de Defesa do Consumidor, independentemente da atuação do Banco Central do Brasil.

(Acórdãos REsp 1366410/AL, AgRg no REsp 1148225/AL, REsp 1120310/RN)

(Decisões Monocráticas REsp 1403433/PR)

8) A atividade fiscalizatória exercida pelos conselhos profissionais, decorrente da delegação do poder de polícia, está inserida no âmbito do direito administrativo, não podendo ser considerada relação de trabalho e, por consequência, não está incluída na esfera de competência da Justiça Trabalhista.

(Acórdãos AgRg no AgRg no AREsp 639899/RS, CC 127761/DF, AgRg no CC 080665/MG, CC 086108/SP)

(Decisões Monocráticas CC 145782/MG, CC 143117/MG)

CAPÍTULO VII

ATO ADMINISTRATIVO

1. INTRODUÇÃO E CONCEITO

Para que a Administração Pública atinja a finalidade almejada, qual seja, a consecução do interesse público, é indispensável que haja meios pelos quais a função administrativa possa ser desempenhada. Sem dúvida, uma importante via para tanto é o ato administrativo. Por isso, é fundamental a compreensão do seu significado, mas, em razão dos variados posicionamentos doutrinários acerca do ato administrativo, faz-se necessária, previamente, a dedicação de algumas linhas em torno de expressões passíveis de confusão: fato da administração, fato administrativo, ato da administração e ato administrativo.

1.1. Fato administrativo

Na concepção tradicional, fatos administrativos são os atos materiais praticados no exercício da Administração, que têm no ato administrativo o fundamento para sua prática como, por exemplo, um órgão de saúde pública que declara a interdição de determinado prédio por meio de ato administrativo (notificação) e por meio de um ato material (fato administrativo) efetivamente fecha as portas[1]. No mesmo sentido,

1. FAGUNDES, Miguel Seabra. *O controle dos atos administrativos pelo poder judiciário*. 8. ed. atualizada por Gustavo Binenbojm. Rio de Janeiro: Forense, 2010. p. 49-50.

para Hely Lopes Meirelles o fato administrativo é sempre resultado do ato que o determinou, como é o caso da construção de uma ponte[2].

De modo semelhante, José dos Santos Carvalho Filho[3] afirma que **fato administrativo** é uma **atividade material no exercício da função administrativa**, visando a efeitos de ordem prática para a Administração Pública e exemplifica com a apreensão de mercadorias, a desapropriação de bens privados, a dispersão de manifestantes, a requisição de serviços ou bens privados. No entanto, para ele, o fato administrativo não é sempre decorrente de um ato administrativo, pois pode ocorrer em razão de uma ação da Administração não formalizada como ato administrativo ou, até, em decorrência de fenômenos naturais como se dá, para ilustrar, respectivamente, com a simples mudança de local de uma repartição pública ou um raio que destrói um bem público.

Ainda, de forma diferente, Maria Sylvia Zanella Di Pietro sustenta que, **se o fato produzir efeito jurídico no direito administrativo, há fato administrativo e, se não produzir, é fato da administração** e considera como exemplo de fato administrativo a morte do servidor (provoca a vacância do cargo), bem como o decurso do tempo (produz a prescrição administrativa). Para ela, essas atividades materiais (demolição de uma casa, realização de um serviço) são chamadas de atos materiais[4].

Percebe-se que, no geral, fato administrativo é uma ocorrência, um evento, ou seja, algo acontece alterando a realidade fática da Administração. Dependendo da posição sustentada, essa modificação só ocorre se, anteriormente, foi praticado um ato administrativo do qual decorre ou pode se dar mesmo sem que tenha havido ato prévio. Assim, a reiteração dos exemplos dos variados autores colabora para a identificação do fato administrativo:

a) a efetiva interdição (fechamento de porta e lacração) de estabelecimento;

b) a construção de ponte, rodovia;

c) apreensão (física) de mercadoria;

d) dispersão de manifestantes;

e) raio que destrói bem público;

f) o mero trabalho ou operação técnica dos agentes (varrição de rua; aula em escola pública)[5].

De qualquer forma, a identificação do fato administrativo é importante porque se distingue do ato administrativo. Nesse sentido, Celso Antônio Bandeira de Mello afirma que **o fato não diz nada, apenas ocorre** e, assim, **fato não possui presunção de legitimidade e não é nem anulável nem revogável, ao contrário do ato administrativo que está sujeito à anulação e à revogação**[6].

---

2. *Direito administrativo brasileiro*. 36. ed. São Paulo: Malheiros, 2010. p. 120.
3. *Manual de direito administrativo*. 19. ed. Rio de Janeiro: Lumen Juris, 2008. p. 89-90.
4. *Direito administrativo*. 23. ed. São Paulo: Atlas, 2010. p. 190-191.
5. Este, conforme Diógenes Gasparini (*Direito administrativo*. 13. ed. São Paulo: Saraiva, 2008. p. 58).
6. *Curso de direito administrativo*. 27. ed. São Paulo: Malheiros, 2010. p. 374-375.

FATO ADMINISTRATIVO
Atividade material realizada no exercício da função administrativa
Não é ato e assim: • não é anulável • não é revogável • não possui presunção de legitimidade

1.2. Ato da Administração

Ato administrativo, também, não pode ser confundido com ato da Administração.

A expressão **ato da Administração** é abrangente e representa todos os atos praticados no exercício da função administrativa[7]. Nessa categoria estão:

a) os atos de direito privado;

b) os atos materiais;

c) os atos políticos;

d) os atos administrativos.

Os **atos de direito privado** são aqueles em que se considera que a Administração Pública **não agiu em posição de superioridade** em relação ao administrado, sendo comum a ilustração com a emissão de um cheque, a doação, a compra e venda, a locação de um imóvel.

Os **atos materiais** são as **atividades materiais**, operacionais que a Administração desempenha como, por exemplo, realização de obra pública, construção de uma ponte. São os chamados **fatos administrativos.**

Os **atos políticos** são atos praticados, na verdade, no **exercício de função política**, como o veto, o indulto, a sanção. Como bem adverte José dos Santos Carvalho Filho não deveriam ser considerados como ato da Administração, pois nada tem a ver com a função administrativa[8]. No entanto, sua abordagem foi mantida aqui, em razão da cobrança, em geral, ser feita dessa maneira nas provas.

Os **atos administrativos propriamente ditos**, terão sua abordagem feita adiante. Entretanto, já é necessário advertir que é possível a prática de ato administrativo por quem não seja da Administração Pública, como é o caso das concessionárias de serviço público, o que leva à conclusão de que **"nem todo ato da Administração é**

7. DI PIETRO, Maria Sylvia Zanella. *Direito administrativo*. 23. ed. São Paulo: Atlas, 2010. p. 190. Para ela, atos normativos (decretos, resoluções, etc.) e atos de conhecimento, opinião, juízo e valor (atestado, certidão, parecer, etc.) não são atos administrativos. Entretanto, normalmente, nas provas de concurso, são considerados como ato administrativo.

8. *Manual de direito administrativo*. 19. ed. Rio de Janeiro: Lumen Juris, 2008. p. 90, nota 5.

ato administrativo e, de outro lado, **nem todo ato administrativo provém da Administração Pública**"[9].

1.3. Conceito de ato administrativo

Não há no ordenamento jurídico brasileiro a definição legal de ato administrativo, e a **divergência** entre os juristas, na busca pelo conceito, é significativa.

Para Celso Antônio Bandeira de Mello, ato administrativo é "a declaração do Estado (ou de quem lhe faça as vezes - como, por exemplo, um concessionário de serviço público), no exercício de prerrogativas públicas, manifestada mediante providências jurídicas complementares da lei a título de lhe dar cumprimento, e sujeitas a controle de legitimidade por órgão jurisdicional"[10].

De outro lado, Maria Sylvia Zanella Di Pietro o define como a "declaração do Estado ou de quem o represente, que produz efeitos jurídicos imediatos, com observância da lei, sob regime jurídico de direito público e sujeita a controle pelo Poder Judiciário"[11].

A primeira definição é mais ampla e, por ela, são atos administrativos os atos normativos (decretos, regulamentos, etc.), os contratos administrativos e os atos de conhecimento, opinião, juízo ou valor (atestado, certidão, etc). Já, a segunda é mais restrita e, de acordo com ela, somente são atos administrativos os atos de efeito jurídico imediato, direto e, assim, são excluídos os atos normativos e os atos de conhecimento, opinião, juízo ou valor.

O conceito dado por Hely Lopes Meirelles, todavia, ainda é o que merece ser memorizado para a resolução das provas, em razão da frequente cobrança. Por ele, ato administrativo é **"toda manifestação unilateral de vontade da Administração Pública que, agindo nessa qualidade, tenha por fim imediato adquirir, resguardar, transferir, modificar, extinguir e declarar direitos, ou impor obrigações aos administrados ou a si própria"**[12].

De qualquer forma, apesar das diferentes definições, é possível ser apontadas as seguintes conclusões sobre o ato administrativo:

a) **o regime jurídico do ato administrativo é sempre o de direito público** (os atos eventualmente praticados pela Administração sob regime de direito privado não são atos administrativos; são atos da Administração);

b) **o ato é uma manifestação, uma declaração jurídica unilateral** (contrato não é ato) com a finalidade de produção de efeitos jurídicos;

c) **é ato infralegal** (excepcionalmente é infraconstitucional, como é o caso do art. 84, VI da Constituição);

---

9. MELLO, Celso Antônio Bandeira de. *Curso de direito administrativo*. 27. ed. São Paulo: Malheiros, 2010. p. 385. Original sem destaque.
10. *Curso de direito administrativo*. 27. ed. São Paulo: Malheiros, 2010. p. 385.
11. *Direito administrativo*. 23. ed. São Paulo: Atlas, 2010. p. 196.
12. *Direito administrativo brasileiro*. 36. ed.São Paulo: Malheiros, 2010. p. 153. Original sem destaque.

d) **submete-se ao controle administrativo e judicial.**

O importante é compreender que **não há exercício da função administrativa sem a prática de ato administrativo.** Por meio dele é que a Administração, de maneira unilateral, declara o que é de interesse público, fazendo com que este se sobreponha ao interesse particular.

O ato administrativo é um **instrumento de repercussão, positiva ou negativa, da atividade administrativa na esfera jurídica do administrado.** São exemplos de ato: a licença para dirigir veículo; a licença para construir um imóvel; o edital de concurso público ou de uma licitação; a portaria que nomeia candidato aprovado em concurso público; a ordem para demolir um imóvel; a portaria que concede à servidora pública licença para tratar de interesse particular; o decreto que estabelece o rol de documentos, o prazo e o local para apresentação a fim de se obter benefício garantido por lei.

Apenas para enfatizar, ato administrativo é praticado pelo **Poder Executivo,** pelo **Poder Legislativo** (função atípica), pelo **Poder Judiciário** (função atípica) e, ainda, por **particulares no exercício da função administrativa delegada** (concessionários de serviço público, notários, etc.). E, qualquer que seja o ato administrativo, pode ser afrontado judicialmente.

ATO DA ADMINISTRAÇÃO X ATO ADMINISTRATIVO	
Atos da administração	**Ato administrativo**
(Todos os atos praticados no exercício da função administrativa) • Atos de direito privado → sem supremacia • Atos materiais → fatos administrativos • Atos políticos → exercício da função política • Atos administrativos	**Quem pratica?** • Poder Executivo • Poder Legislativo (função atípica) • Poder Judiciário (função atípica) • Particulares (atividade administrativa delegada)
	Conceito (Hely) "toda manifestação unilateral de vontade da Administração Pública que, agindo nessa qualidade, tenha por fim imediato adquirir, resguardar, transferir, modificar, extinguir e declarar direitos, ou impor obrigações aos administrados ou a si própria"
	• Regime jurídico de direito público • Declaração jurídica • Unilateral • Infralegal • Sujeito ao controle administrativo e judicial
Importante:	
Nem todo ato da Administração é ato administrativo e nem todo ato administrativo é praticado pela Administração	

2. ELEMENTOS OU REQUISITOS

Ao ser analisado individualmente, constata-se que o ato administrativo pode ser dividido em partes, em componentes essenciais para que possa existir validamente. São os **requisitos ou elementos do ato administrativo**.

De início, registra-se que não há consenso doutrinário sobre quais são os elementos nem em relação à nomenclatura[13]. Todavia, a posição tradicional é a mais cobrada nas provas de concursos públicos e está em consonância com o art. 2º da Lei nº 4.717/65 (Lei de Ação Popular).

De acordo com esse dispositivo, os atos lesivos ao patrimônio público são nulos nos casos de incompetência, vício de forma, ilegalidade do objeto, inexistência dos motivos e desvio de finalidade.

Nesse sentido, a abordagem mais comum dos elementos ou requisitos se dá pela sua divisão em:

a) **competência;**

b) **finalidade;**

c) **forma;**

d) **motivo;**

e) **objeto.**

Cada um deles será brevemente analisado adiante, mas a intenção da delimitação desses elementos é apontar quais são necessários para a existência e validade do ato administrativo e, de maneira simplista, pode-se dizer que essa tarefa se dá respondendo às seguintes perguntas diante da prática de um ato:

a) **quem fez?**

b) **para que foi feito?**

c) **como foi praticado?**

d) **por que foi realizado?**

e) **o que foi feito?**

2.1. Competência

O elemento competência também é conhecido como sujeito competente. A competência é **a delimitação das atribuições do agente** e por ela há a indicação

---

13. Por exemplo, Maria Sylvia Zanella Di Pietro (*Direito administrativo*. 23. ed. São Paulo: Atlas, 2010. p. 202) e Diogo de Figueiredo Moreira Neto (*Curso de direito administrativo: parte introdutória. parte geral e parte especial*. 15. ed. Rio de Janeiro: Forense, 2009. p. 154) usam a expressão elementos. Já, requisitos é a expressão preferida por Hely Lopes Meirelles (*Direito administrativo brasileiro*. 36. ed.São Paulo: Malheiros, 2010. p. 155) e Diógenes Gasparini (*Direito administrativo*. 13. ed. São Paulo: Saraiva, 2008. p. 62) e, por outro lado, Celso Antônio Bandeira de Mello (*Curso de direito administrativo*. 27. ed. São Paulo: Malheiros, 2010. p. 392) os subdivide em elementos e pressupostos.

de **"quem"** é competente para a prática do ato, ou seja, aponta quem tem o poder atribuído pela lei para fazer o ato.

Conforme aventado anteriormente[14], o órgão é o elemento de conexão entre o agente público e a pessoa jurídica e, assim, a atuação do agente é imputada, é atribuída, à pessoa jurídica. Entretanto, não fica a critério de cada agente escolher o que faz, pois cada cargo possui um conjunto de atribuições que lhe são inerentes, e o agente nele investido deve desempenhá-las.

Desse modo, ser competente é ter atribuições para a prática de determinado ato, nos termos legais, ou seja, **a competência é estabelecida em lei**. Excepcionalmente, em razão do art. 84, VI, da Constituição Federal, é possível a delimitação das atribuições do agente público, na esfera federal, por meio de decreto[15], o que também pode ocorrer nas outras esferas, desde que as Constituições e Leis Orgânicas disponham da mesma forma.

Assim, a competência é uma exigência de ordem pública e decorre da lei (salvo o caso anteriormente apontado), pelo que não fica ao alvedrio dos agentes públicos exercê-la ou não, ou, por exemplo, querer permutá-la com outro agente. Em resumo, podem ser apontadas as seguintes **características** da competência:

a) **é de exercício obrigatório** para órgãos e agentes públicos;

b) **é irrenunciável**, porque seu titular não pode dela dispor, renunciar;

c) **é intransferível**, isto é, o agente não pode transferi-la para outro agente, salvo o caso de delegação legalmente admitida (pode retomar a qualquer tempo);

d) **é imodificável**, não pode ser ampliada ou restringida pela vontade do agente, com exceção da possibilidade legal de avocação (o chefe chama para si atribuição do subordinado);

e) **é imprescritível** e, assim, não é extinta pelo eventual desuso[16];

Também:

f) **pode ser objeto de avocação e delegação**;

g) **é improrrogável** e, portanto, o agente incompetente que pratica determinado ato não se tornará competente em razão disso (só passará a ser competente se a lei lhe atribuir competência)[17].

Quanto à **delegação** e à **avocação**, ambas são situações temporárias e excepcionais, pois permitem a prática de ato administrativo por quem não era originariamente competente. A diferença é que, na delegação, quem é competente delega,

---

14. Item 1.3.1 do capítulo 2.
15. DI PIETRO, Maria Sylvia Zanella. *Direito administrativo*. 23. ed. São Paulo: Atlas, 2010. p. 203.
16. MELLO, Celso Antônio Bandeira de. *Curso de direito administrativo*. 27. ed. São Paulo: Malheiros, 2010. p. 145-146.
17. CARVALHO FILHO, José dos Santos. *Manual de direito administrativo*. 19. ed. Rio de Janeiro: Lumen Juris, 2008. p. 89-90.

transfere parte de sua competência para outro servidor e, na avocação, o superior, que não era competente, chama para si parcela de competência legalmente atribuída a subordinado seu.

A Lei nº 9.784/99 é reguladora do processo administrativo federal, mas é um instrumento normativo cuja análise é importante porque incorporou grande parte do que a doutrina e a jurisprudência sedimentaram sobre a atividade administrativa, principalmente a respeito de ato administrativo e um dos temas que disciplina é a competência. No art. 11, estabelece que a competência é irrenunciável, salvo os casos de delegação e avocação.

A delegação, em regra, de acordo com a doutrina, é feita do superior para o subordinado, mas aquela lei prevê a possibilidade de delegação mesmo quando não houver subordinação, conforme o art. 12 da Lei nº 9.784/99 (reguladora do processo administrativo na esfera federal), estabelecendo, também, que a delegação poderá ocorrer por motivos de índole técnica, social, econômica, jurídica e territorial. Quanto à avocação, aquela lei determina, no art. 15, que poderá ocorrer quando houver motivos relevantes devidamente justificados. De qualquer forma, tanto uma quanto a outra não podem ser realizadas em qualquer circunstância e sem justificação e nunca poderão ser realizadas quando se tratar de competência exclusiva[18].

Ainda quanto à competência, trata-se elemento de **natureza vinculada** do ato administrativo, porque **tem natureza de ordem pública, deve ser exercida de forma obrigatória pelo destinatário**. Essa classificação em vinculado e discricionário, quanto a todos os elementos do ato administrativo, será vista a seguir na abordagem dos demais, mas registra-se, desde já, para memorização, que a competência, a finalidade e a forma são elementos vinculados, e o motivo e o objeto são discricionários.

2.2. Finalidade

A finalidade é o **resultado mediato almejado na prática**, ou seja, é o **"para que"** o ato foi realizado, que deve ser sempre a **finalidade pública, sob pena de desvio de finalidade,** havendo, ainda, a finalidade específica prevista na lei para cada situação.

De forma geral, a Administração não pode se direcionar para qualquer sentido se não tiver como meta o alcance do interesse público e, de maneira específica, deverá se pautar na determinação legal para a situação específica. Por exemplo, a finalidade específica do ato de interdição em estabelecimento comercial que está em condições sanitárias inadequadas é a saúde pública.

O ato terá **vício se for praticado com finalidade diversa da prevista em lei** ou na busca de interesse particular como se dá no caso de a autoridade remover servidor não porque é necessário ao interesse público, mas para lhe aplicar punição (a remoção não é penalidade administrativa, mas ferramenta que permite o ajuste da força de trabalho), ou, também, quando o fiscal da vigilância sanitária interdita

18. Ver capítulo 8, item 5, sobre a avocação e a delegação na Lei nº 9.784/99.

um supermercado para favorecer seu amigo que está inaugurando estabelecimento similar naquela região. Haverá desvio de poder ou desvio de finalidade. Por isso, **é elemento vinculado.**

Desse modo, ocorre o desvio de poder quando houver divergência entre a finalidade legal e a finalidade do ato, destacando, ainda, que o desvio de poder também pode ocorrer em ato legislativo ou em ato jurisdicional; quanto ao ato legislativo, há desvio de poder no caso de produção legislativa em traição ao dispositivo constitucional que outorgou a competência legislativa, quer dizer, a lei não pode buscar finalidade diversa da que seja inerente ao dispositivo da Constituição que lhe dá fundamento como, por exemplo, ocorre com lei que "autoriza providência administrativa restritiva de direitos com o fito de forçar o contribuinte a satisfazer pretensões tributárias"[19].

2.3. Forma

A forma é o **elemento exteriorizador do ato administrativo.** Por ela, o ato ganha forma, ou seja, é modo pelo qual se apresenta. É o elemento que demonstra **"como"** o ato se mostra.

Em regra, o ato se corporifica na **forma escrita** (por exemplo, um decreto ou uma portaria), mas, excepcionalmente, existem **atos administrativos não escritos,** como é o caso de ordens verbais para o subordinado (palavras), a sinalização do agente de trânsito (gestos), as placas de sinalização, os semáforos (sinais).

Nem sempre há uma **forma específica prevista em lei** para a prática de determinado ato, mas, **quando isso ocorrer, a forma é um elemento vinculado.** Por outro lado, se não houver forma legal específica, é possível ser praticado com discricionariedade pelo administrador, desde que dentro das possibilidades legais[20]. Nesse sentido, por exemplo, a Lei nº 9.784/99, no art. 22, determina que o ato não dependerá de forma específica, exceto se a lei expressamente exigir.

2.4. Motivo

É o pressuposto, a razão, a situação de fato ou de direito cuja ocorrência autoriza ou determina a prática do ato. É o que leva o administrador a praticar o ato. É o **"porquê"** do ato realizado.

A razão ou pressuposto de direito é o dispositivo legal que serve de fundamento para o ato, e a situação de fato é o acontecimento. Assim, por exemplo, na demolição de prédio que ameaça desabar, o motivo é a situação de perigo por

19. MELLO, Celso Antônio Bandeira de. *Curso de direito administrativo.* 27. ed. São Paulo: Malheiros, 2010. p. 982. Nesse sentido, no Supremo Tribunal Federal: Súmula 70: "É inadmissível a interdição de estabelecimento como meio coercitivo para cobrança de tributo". Súmula 323: "É inadmissível a apreensão de mercadorias como meio coercitivo para pagamento de tributos".
20. A caracterização do elemento "forma" como vinculado ou discricionário não é ponto pacífico na doutrina, mas deve ser destacado que, **na maioria dos concursos, a posição adotada é de que é vinculado.**

conta da situação do imóvel ou, na aplicação de penalidade ao servidor, o motivo é a infração por ele cometida.

O motivo **pode ou não estar expresso em lei**, isto é, nem sempre o legislador prevê, expressamente, o motivo e deixa para que o administrador analise a ocorrência do motivo no caso concreto. Por isso, **o motivo pode ser vinculado ou discricionário**. Para exemplificar, a Lei nº 8.112/90 disciplina a remoção do servidor público civil federal no art. 36 e pode ocorrer de ofício ou a pedido. Se o servidor fizer um requerimento de remoção - desde que não se trate de uma das situações em que o pedido deva ser obrigatoriamente deferido como, por exemplo, por motivo de saúde -, ficará a critério da autoridade administrativa analisar se é conveniente e oportuno o deslocamento do servidor, em razão do interesse público verificado no caso concreto (por exemplo, o número de servidores e a quantidade de trabalho nos locais de origem e destino). Por outro lado, se esse requerimento for pelo mencionado motivo de saúde, comprovado por junta médica oficial, o administrador deverá promover a remoção do servidor, pois nesse caso a lei, expressamente, fez a previsão de situação de fato que determina a prática do ato. No primeiro caso, a lei autorizou a prática do ato em face de determinada situação e, no segundo, a lei determinou. Na primeira situação, o ato é discricionário e, na segunda, é vinculado.

2.4.1. *Motivo e motivação*

Motivo e motivação são diferentes. Motivo é o elemento do ato administrativo, é o pressuposto de fato ou de direito e, por sua vez, motivação é a exposição, por escrito, do motivo. **O motivo é o que levou a pratica do ato, e motivação é a demonstração disto por escrito**. A motivação faz parte do elemento forma.

Não há ato sem motivo. E quanto à motivação, **todo ato deve ser motivado?**

Em razão da ampla defesa, do contraditório, da isonomia, da publicidade, da moralidade e do amplo acesso ao judiciário, a doutrina e a jurisprudência atuais vêm defendendo a **necessidade de motivação em todos os atos administrativos (vinculados e discricionários)**. Entretanto, quanto aos discricionários, **excepcionalmente,** há hipóteses em que a motivação escrita pode ser dispensada, como no caso da **exoneração *ad nutum*,** conforme previsto no art. 37, II, da Constituição Federal.

Inclusive, no sentido da obrigatoriedade da motivação, na esfera federal, a Lei nº 9.784/99, no art. 2º, determina que a Administração Pública deve obediência ao princípio da motivação e, no art. 50, prevê que, obrigatoriamente, devem ser motivados quando:

a) neguem, limitem ou afetem direitos ou interesses;

b) imponham ou agravem deveres, encargos ou sanções;

c) decidam processos administrativos de concurso ou seleção pública;

d) dispensem ou declarem a inexigibilidade de processo licitatório;

e) decidam recursos administrativos;

f) decorram de reexame de ofício;

g) deixem de aplicar jurisprudência firmada sobre a questão ou discrepem de pareceres, laudos, propostas e relatórios oficiais;

h) importem anulação, revogação, suspensão ou convalidação de ato administrativo.

Ainda em relação à motivação, é possível a **motivação *aliunde* ou *per relationem***, isto é, a motivação realizada externamente ao ato, consistindo em declaração de concordância com os fundamentos de um parecer anterior, de uma decisão já proferida e que passam a fazer parte integrante do ato, conforme estabelece o art. 50, § 1º, da Lei nº 9.784/99.

2.4.2. *Teoria dos motivos determinantes*

Por essa teoria, não importa se deve haver ou não a motivação do ato administrativo, pois **o administrador fica vinculado aos motivos declarados para a prática do ato.** Quer dizer, mesmo que se trate de situação em que não havia obrigação de motivar, **uma vez feita a motivação ou o motivo declarado, existiu e é verdadeiro ou o ato é nulo.** Por exemplo, o ocupante de cargo em comissão pode ser exonerado a qualquer tempo (chamada exoneração *ad nutum*), e a autoridade não precisa expor o motivo, mas se em determinado caso justifica-se a exoneração pela ausência de verba e, em seguida, outro servidor é nomeado, o ato é inválido porque o motivo alegado (falta de verba) é falso.

Existe exceção para a teoria dos motivos determinantes?

Sim, na desapropriação. O **motivo declinado** pela Administração Pública, ao declarar um imóvel como de utilidade pública ou necessidade pública para fins de desapropriação, **pode, posteriormente, ser alterado,** desde que seu uso continue sendo de interesse público. Quer dizer, não há desvio de finalidade se o bem público é utilizado para outra finalidade pública, diferente daquela declarada no ato expropriatório e, desse modo, por exemplo, um terreno desapropriado para a construção de escola pode ser usado para a construção de pronto socorro, mas não pode ser alienado para organização privada para a construção de escola particular ou de hospital particular[21].

2.5. Objeto

O objeto é **o "efeito jurídico imediato que o ato produz"**[22], isto é, corresponde ao **conteúdo do ato.** Representa **"o que"** foi feito.

Deve estar de acordo com a **lei** e a **moral.** Não é possível, para ilustrar, a desapropriação pelo Município de imóvel da União.

21. MEIRELLES, Hely Lopes. *Direito administrativo brasileiro.* 36. ed.São Paulo: Malheiros, 2010. p. 654.
22. DI PIETRO, Maria Sylvia Zanella. *Direito administrativo.* 23. ed. São Paulo: Atlas, 2010. p. 206.

Qual a diferença entre a finalidade e o objeto?

A **finalidade** é o **resultado mediato,** e o **objeto** é o **resultado imediato**. Aquela é aonde se quer chegar com a prática do ato, e este é o que foi realizado em si. A finalidade é o "**para que**", e o objeto é "**o que**".

Para fixar, imagine um fiscal da vigilância sanitária que interdite um açougue por comercializar carne bovina imprópria para consumo. Nesse caso, a competência se verifica pela atribuição legal para o fiscal interditar estabelecimentos nessa hipótese; a finalidade geral é o interesse público, e a finalidade específica é a proteção da saúde pública; a forma é a prevista na legislação sanitária para a interdição; o motivo é a existência de mercadoria imprópria e lei prevendo a interdição no caso; o objeto é a interdição em si.

Ainda quanto ao objeto, Maria Sylvia Zanella Di Pietro[23] explica que pode ser natural ou acidental, tal como ocorre com os negócios jurídicos celebrados no âmbito do direito privado. Natural é o efeito produzido pelo ato, decorrente de sua própria natureza, na forma definida pela lei. Acidental, contudo, é o efeito produzido em razão da implementação de cláusulas acessórias, como termos, condições e encargos.

ELEMENTOS OU REQUISITOS DO ATO ADMINISTRATIVO			
Competência	Delimitação das atribuições do agente	Quem?	Vinculado
Finalidade	Resultado jurídico mediato	Para quê?	Vinculado
Forma	Elemento exteriorizador do ato	Como?	Vinculado
Motivo	Pressuposto de fato ou de direito que autoriza ou determina a prática do ato	Por quê?	Vinculado ou Discricionário
Objeto	Resultado jurídico imediato	O quê?	Vinculado ou Discricionário

2.6. Sistematização de Celso Antônio Bandeira de Mello

Como foi dito, a sistematização tradicional é aqui adotada, entretanto, de qualquer forma, a sistematização realizada por Celso Antônio Bandeira de Mello não marca presença nos concursos de Analista, mas é cobrada em diversos outros concursos. Nesse sentido, em razão de uma eventual futura cobrança, mesmo que de forma breve, é dever apontar sua peculiar posição sobre os requisitos do ato administrativo, os quais ele subdivide em elementos e pressupostos. Para tanto, segue o quadro abaixo:

23. DI PIETRO, Maria Sylvia Zanella. *Direito Administrativo*. 23. ed. São Paulo: Atlas, 2010. p. 207

POSIÇÃO DE CELSO ANTÔNIO BANDEIRA DE MELLO* **(Requisitos do Ato Administrativo)**			
Motivo do ato x Motivo legal	**Motivo x móvel**	**Objeto x Conteúdo**	**Causa**
motivo legal é a previsão abstrata de uma situação fática, e motivo do ato é a própria situação material. Ambos têm que coincidir.	motivo é a situação objetiva, real, empírica; é a realidade objetiva, externa ao agente; móvel é a representação subjetiva, psicológica, interna do agente; móvel é a vontade do agente.	não são sinônimos. Objeto é sobre o que o ato incide. Conteúdo é o próprio ato em essência; é interno ao ato, já o objeto é externo ao ato.	não é sinônimo de motivo. É a correlação lógica entre o motivo do ato administrativo e seu conteúdo, em vista da finalidade pública. É a relação lógica entre motivo e o conteúdo do ato, em função da finalidade pública.

SISTEMATIZAÇÃO DOS REQUISITOS

- **ELEMENTOS**
  - Conteúdo
  - Forma
- **PRESSUPOSTOS**
  - De existência
    - Objeto
    - Pertinência da função administrativa
  - De validade
    - Sujeito competente (pressuposto subjetivo)
    - Motivo (pressuposto objetivo)
    - Requisitos procedimentais
    - Finalidade pública (pressuposto teleológico)
    - Causa (pressuposto lógico)
    - Formalização (pressuposto formalístico)

*. *Curso de direito administrativo*. 27. ed. São Paulo: Malheiros, 2010. p. 393-412.

3. O SILÊNCIO ADMINISTRATIVO

É a **omissão da Administração Pública em se manifestar quando deveria fazê-lo.**

Essa inércia administrativa não pode ser considerada manifestação de vontade da Administração Pública e, por isso, o silêncio administrativo **não é ato administrativo, mas sim um fato administrativo.**

Entretanto, não é possível se desconsiderar os efeitos dele decorrentes. Quer dizer, o que ocorre com a pretensão do administrado que não teve seu requerimento analisado?

Se a lei previu a omissão, deve ser observada a disciplina legal, ou seja, a lei define se o silêncio importa deferimento ou indeferimento. O mais comum, todavia, é a omissão legal sobre a omissão administrativa, ou seja, hipótese em que a lei nada dispõe sobre a consequência de nada ter sido feito.

Nesse caso, depende se a manifestação da Administração era de natureza vinculada ou discricionária. De fato, o administrado tem direito a que o pedido seja deferido, se for competência vinculada, ou a obter uma decisão motivada, se for competência discricionária.

O que não pode é prevalecer a situação omissiva da Administração por afronta, especialmente, ao direito de petição e ao direito à duração razoável do processo, ambos assegurados no art. 5º, XXXIV e LXXVIII, respectivamente.

Em resumo a **consequência do silêncio** será:

a) **se houver lei a respeito:** previsão legal

b) **se não houver lei a respeito:**

- competência discricionária: exigência de decisão motivada;
- competência vinculada: exigência da prática do ato.

4. VINCULAÇÃO E DISCRICIONARIEDADE

Todo e qualquer ato administrativo deve estar em conformidade com o direito e, em muitos casos, a conveniência e a oportunidade de se praticar determinado ato já foram valoradas pelo legislador, não havendo margem de escolha ao administrador. Nesse caso, a atividade administrativa será vinculada. De outro modo, o legislador opta em atribuir ao administrador a prerrogativa de fazer opções, de escolher, de analisar se é oportuno, se é conveniente, segundo o interesse público, a prática de determinado ato. Nessa hipótese, a atividade administrativa será discricionária.

Quando o administrador estiver diante da ocorrência de um fato e **puder escolher qual comportamento adotar**, analisando a conveniência e a oportunidade, há **discricionariedade** e se **não puder escolher**, porque só há uma conduta possível, há **vinculação.**

Deve ficar claro que a análise valorativa da conveniência ou oportunidade para a prática de determinado ato somente é possível quando houver discricionariedade, não sendo admitido ao administrador fazer escolha em situação em que a lei já o fez por ele e lhe determinou a conduta a ser realizada. Esse juízo de valor quanto aos motivos e ao objeto do ato administrativo é o que se chama de **mérito do ato administrativo.**

Os **elementos** que identificam se o **ato é vinculado ou discricionário são o motivo e o objeto.** O motivo é o pressuposto de fato e de direito que autoriza ou determina a prática do ato. É o "porque" do ato administrativo. Nesse sentido, ao se indagar o que levou a autoridade administrativa a praticar o ato, haverá a descoberta se ela tinha escolha ou não. Por exemplo, em portaria concedendo licença gestante para servidora pública federal, observa-se que a autoridade administrativa deve se limitar a verificar se, realmente, houve o nascimento da criança e não lhe é permitido analisar se é conveniente ou oportuno conceder a licença, pois, presente o requisito, deve concedê-la; nesse exemplo, o motivo determina a prática do ato.

Situação diversa é o caso da servidora federal que requer licença para tratar de interesse particular, pois o art. 91 da Lei nº 8.112/90 estabelece que a concessão se dá a critério da Administração e, assim, nesse caso, a autoridade analisará se é conveniente e oportuno conceder tal licença, pois o motivo é autorizador e não determinante. Em relação ao objeto, isso também ocorre, porque ele é decorrente do motivo. Os demais elementos do ato administrativo possuem natureza vinculada, pois ou a autoridade é competente ou não é, ou a finalidade é pública ou não é, ou a forma adotada é a correta ou não é.

Mesmo no exercício da competência discricionária, o administrador não é livre para atuar, pois **só pode escolher dentre as opções legais. Não há liberdade de conduta** porque a lei, ao prever mais de uma solução, pretende que exista uma medida para um grupo de casos e outra para outro grupo e, desse modo, "*não significa que **todas** estas soluções sejam igual e indiferentemente adequadas para todos os casos de sua aplicação.* Significa, pelo contrário, que a lei considera que algumas delas são adequadas para certos casos e outras para outros casos"[24].

A **discricionariedade existe:**

a) **quando houver expressa previsão legal**: normalmente são usadas expressões como "a critério da Administração" ou "é facultado à Administração";

b) **quando a lei for omissa**: não foi possível prever todas as situações que poderiam ocorrer;

c) **quando a lei utilizar conceitos jurídicos indeterminados**: desde que se trate de situação duvidosa e que, em tese, possa ser aplicado mais de um conceito. A discricionariedade, nesse caso, é mais limitada do que nas outras hipóteses, mas pode existir. Por exemplo, o art. 132, V, da Lei nº 8.112/90 arrola como causa de demissão a incontinência pública e escandalosa.

5. ATRIBUTOS OU CARACTERÍSTICAS DO ATO ADMINISTRATIVO

Em razão do regime peculiar a que estão sujeitos os atos administrativos, são apontadas como sendo suas **características** (**PIA**):

a) presunção de legitimidade;

b) imperatividade;

c) autoexecutoriedade.

A **presunção de legitimidade** está intimamente relacionada com o princípio da legalidade, pois se a atuação administrativa deve se dar de acordo com a lei e com o direito, **presume-se que todo ato administrativo praticado seja legal**. Entretanto, trata-se de presunção relativa (*iuris tantum*), pois admite prova em contrário.

24. MELLO, Celso Antônio Bandeira de. *Curso de direito administrativo*. 27. ed. São Paulo: Malheiros, 2010. p. 963.

São efeitos da **presunção de legitimidade**:

a) **o ato pode ser praticado imediatamente**: não há necessidade de consulta prévia sobre sua legalidade, pois esta é presumida;

b) **produz efeito até que seja retirado da esfera jurídica**: mesmo que o ato tenha algum vicio, como se presume que está de acordo com o ordenamento jurídico, continuará valendo até que a própria Administração ou o Judiciário faça sua anulação;

c) **inversão do ônus da prova**: cabe ao interessado provar que o ato está viciado;

d) **o Judiciário não pode apreciar de ofício o vício do ato**: a nulidade só pode ser decretada a pedido.

Maria Sylvia Zanella Di Pietro fala em **presunção de legitimidade e veracidade,** em que a presunção de legitimidade refere-se à conformidade com a lei e a presunção de veracidade diz respeito aos fatos, ou seja, presumem-se verdadeiros os fatos alegados pela Administração para a prática do ato. Por isso, para ela, os efeitos anteriormente indicados são decorrentes da presunção de veracidade e não da legitimidade[25].

A presunção de legitimidade **está presente em todos os atos administrativos.**

A **imperatividade** significa que o **ato administrativo é impositivo, obrigatório ao administrado,** quer dizer, a Administração não necessita da concordância do destinatário para que o ato seja praticado. Decorre da prerrogativa que a Administração tem de praticar atos que interferem na esfera jurídica de terceiros, constituindo-os em obrigação, em razão do que Renato Alessi chama de **poder extroverso**[26]. Inclusive, se for necessário, com o emprego de força como, por exemplo, se dá na apreensão de mercadoria de comerciantes ambulantes em situação irregular pela fiscalização municipal. **Não está presente em todos os atos,** mas apenas naqueles que impõem obrigações aos administrados e, desse modo, não existe nos atos negociais (licença, autorização, etc.), nem nos enunciativos (parecer, certidão, etc.).

Pela **autoexecutoriedade**, a Administração Pública pode **executar o ato administrativo por seus próprios meios** sem necessidade de atuação do Poder Judiciário. Não precisa a Administração de ordem judicial para multar, interditar e apreender, por exemplo. A autoexecutoriedade só existe quando **prevista em lei** ou quando **se tratar de situação de urgência** e, assim, **não existe em todos os atos administrativos.**

ATENÇÃO! Celso Antônio Bandeira de Mello desdobra esse atributo em dois: exigibilidade e executoriedade. Pela **exigibilidade,** a Administração pode exigir do administrado o cumprimento da obrigação que lhe foi imposta, e pela executoriedade,

25. *Direito administrativo*. 23. ed. São Paulo: Atlas, 2010. p. 198-199.
26. MELLO, Celso Antônio Bandeira de. *Curso de direito administrativo*. 27. ed. São Paulo: Malheiros, 2010. p. 419.

pode compeli-lo materialmente a fazê-lo, ou seja, "pela **exigibilidade** pode-se **induzir à obediência,** pela **executoriedade** pode-se **compelir, constranger fisicamente**"[27].

Além dessas características, há quem aponte **a tipicidade** significando que o ato administrativo deve corresponder a figuras previamente definidas pela lei como aptas à produção de resultados determinados, isto é, para "cada finalidade que a Administração pretende alcançar existe um ato definido em lei"[28], não sendo possível a prática de atos administrativos atípicos.

ATRIBUTOS OU CARACTERÍSTICAS DO ATO ADMINISTRATIVO		
Presunção de legitimidade	**Imperatividade**	**Autoexecutoriedade**
• presunção de que todo ato administrativo praticado está de acordo com a lei • pode ser praticado imediatamente • produz efeitos até que seja anulado • ônus da prova do interessado • nulidade só é apreciada a pedido pelo Judiciário • existe em todos os atos administrativos	• ato administrativo é imposto ao destinatário • não está presente em todos os atos administrativos	• Administração executa o ato por seus próprios meios • não existe em todos os atos administrativos: só em urgência ou se previsto em lei

6. CLASSIFICAÇÃO

Há diversas classificações para os atos administrativos, mas aqui, a exposição será feita com base na sistematização elaborada por Hely Lopes Meirelles[29].

6.1. Quanto aos destinatários: atos gerais e individuais

Os **atos gerais** são aqueles que possuem **caráter geral e abstrato, sem destinatário determinado.** Alcançam todas as pessoas que estejam na mesma situação de fato por ele regulada. **Têm finalidade normativa** e prevalecem sobre os atos individuais. São exemplos: o regulamento e a instrução normativa.

Por sua vez, os **atos individuais** possuem **destinatários certos e determinados** e dizem respeito a uma situação jurídica particular. São exemplos: a nomeação e a licença.

6.2. Quanto ao alcance: atos internos e externos

Atos internos são aqueles cujos **efeitos restringem-se à própria Administração.** Não produzem efeitos sobre os administrados e, por isso, não necessitam de publicação, bastando a divulgação no respectivo órgão. São exemplos: a portaria e a instrução.

Os **atos externos** são aqueles cujos **efeitos extrapolam as fronteiras da Administração** e atingem os administrados. Só produzem efeito após a publicação na imprensa oficial. São exemplos: o decreto e a nomeação de candidato aprovado em concurso.

---

27. Curso de direito administrativo. 27. ed. São Paulo: Malheiros, 2010. p. 420. Original sem destaque.
28. *Direito administrativo*. 23. ed. São Paulo: Atlas, 2010. p. 201.
29. *Direito administrativo brasileiro*. 36. ed.São Paulo: Malheiros, 2010. p. 167-179.

6.3. Quanto ao objeto: atos de império, atos de gestão e atos de expediente

Os **atos de império** são aqueles praticados pela Administração Pública com o **uso de sua supremacia**. Exemplos: a desapropriação e a interdição de atividades.

Os **atos de gestão** são os atos que a Administração pratica **em condições de igualdade com o administrado**, não se valendo de suas prerrogativas. Exemplo: contrato de locação[30].

Os **atos de expediente** são os atos de **rotina interna, sem cunho decisório**, destinados a dar andamento aos processos e documentos nas repartições públicas. Exemplo: protocolo de documentos.

6.4. Quanto ao regramento: atos discricionários e atos vinculados

Os **atos discricionários** são aqueles praticados no exercício de competência discricionária, ou seja, quando **existe possibilidade de opção para o administrador diante de uma situação concreta**. Exemplos: a exoneração de servidor nomeado para cargo em comissão e a licença para capacitação.

Os **atos vinculados** são os atos realizados no exercício de competência vinculada, isto é, quando o **administrador não tem escolha diante da situação de fato**, devendo agir na única forma prevista na lei. Exemplos: a concessão de licença-gestante à servidora e a concessão de licença para construir.

6.5. Quanto à formação da vontade: atos simples, complexos e compostos

O **ato simples** é aquele em que a **formação da vontade decorre de um órgão só**.

O **ato complexo** decorre da **manifestação de vontade de dois ou mais órgãos**, ou seja, há a soma das vontades de mais de um órgão para que seja possível a formação de um ato único, como é exemplo o decreto emitido pelo Presidente da República, pois, nos termos do art. 87, parágrafo único, I, ele deve ser referendado pelo Ministro de Estado (há um ato só - o decreto - e dois órgãos - a Presidência da República e o Ministério). De acordo com a jurisprudência do Supremo Tribunal Federal (MS 25.552, por exemplo), a aposentadoria é ato complexo, pois só se aperfeiçoa com o registro no Tribunal de Contas da União (no caso de servidor federal). Quanto ao tema, importante destacar entendimento adotado pelo STF no RE nº 636.553: "Em atenção aos princípios da segurança jurídica e da confiança legítima, os Tribunais de Contas estão sujeitos ao prazo de cinco anos para o julgamento da legalidade do ato de concessão inicial de aposentadoria, reforma ou pensão a contar da chegada do processo à respectiva Corte de contas."

---

30. Conforme item 1.2, os atos de direito privado são atos da Administração e não são atos administrativos. Por isso, essa classificação não é mais tão aceita na doutrina, porque, em verdade, a supremacia que caracteriza o ato de império é inerente ao regime jurídico do ato administrativo. Todavia, ainda é cobrada em algumas provas e por isso foi mantida.

Já, os **atos compostos** são dois atos e não um só, pois aqui não há dois órgãos se unindo e formando um só ato, mas **existem dois atos, sendo um principal e outro acessório**, constituindo-se este em pressuposto ou complemento daquele como, por exemplo, se dá na nomeação do Procurador-Geral da República, em que é necessário o ato acessório, que é a aprovação do nome no Senado, para que seja praticado o ato principal, que é a nomeação pelo Presidente da República[31].

6.6. Quanto ao conteúdo (ou quanto aos efeitos): ato constitutivo, extintivo, declaratório, alienativo, modificativo e abdicativo

Ato constitutivo é aquele que **cria uma situação jurídica** individual para o destinatário. Exemplos: a nomeação de servidor e a concessão de licença.

Ato extintivo ou desconstitutivo é o que **encerra uma situação jurídica** individual, como, por exemplo, a cassação de autorização e a demissão de servidor.

Ato declaratório é o que **reconhece situações já existentes**. Por exemplo, a expedição de certidão.

Ato alienativo é o que **promove a transferência de bens ou direitos** de um titular a outro, como é o caso da venda de imóvel público a particular (em regra, necessita de autorização legislativa).

Ato modificativo é o que **altera situações jurídicas existentes**, sem **acabar com elas**. Exemplo: portaria alterando local de reunião.

Ato abdicativo é o ato pelo qual ocorre a **renúncia a um direito**. Em razão do princípio da indisponibilidade do interesse público, deve haver autorização legal.

6.7. Quanto à eficácia: ato válido, nulo, anulável e inexistente

Ato válido é aquele que **possui todos os elementos de validade**, ou seja, é praticado por autoridade competente e em obediência aos demais requisitos (finalidade, forma, motivo e objeto).

Ato nulo é o ato que **tem vício insanável**, isto é, há ausência ou defeito em um dos seus elementos, especialmente nos elementos motivo, finalidade e objeto, porque o vício de um desses requisitos não é passível de convalidação.

Ato anulável é aquele que **tem vício sanável** quanto ao elemento competência ou quanto à forma.

---

31. Essa é a forma mais cobrada nas provas. Mas, é importante saber que, para José dos Santos Carvalho Filho (*Manual de direito administrativo*. 19. ed. Rio de Janeiro: Lumen Juris, 2008. p. 120-121, nota 94), o exemplo da nomeação do Procurador-Geral é melhor classificado como ato complexo. Também, para Celso Antônio Bandeira de Mello (*Curso de direito administrativo*. 27. ed. São Paulo: Malheiros, 2010. p. 427-428) e Diógenes Gasparini (*Direito administrativo*. 13. ed. São Paulo: Saraiva, 2008. p. 83) não há ato composto e fazem a divisão, apenas, em atos simples e complexos e, assim, para eles, o exemplo dado é considerado ato complexo e não ato composto.

Ato inexistente é aquele que **aparenta ser ato, mas não é**. A situação mais comum é a usurpação de função.

6.8. Quanto à exequibilidade: ato perfeito, imperfeito, pendente e consumado[32]

Ato perfeito é aquele que já **completou seu ciclo de formação**. Não está pendente nenhuma etapa da sua fase de produção. Ato perfeito não se confunde com ato válido, porque a perfeição se refere às etapas de produção do ato, e a validade está relacionada à conformidade do ato com a lei. Por exemplo, mesmo tendo sido encerrado o ciclo de produção do ato, ele pode ser inválido se a autoridade não era competente para praticá-lo. Assim, **nem todo ato perfeito é válido, mas todo ato válido é perfeito.**

O **ato imperfeito** é o que **não completou seu ciclo de formação.** Por exemplo, no caso em que a lei exija a homologação ou a publicação do ato para que termine sua formação.

O **ato pendente** é aquele que **não está apto para a produção dos seus efeitos,** porque está **sujeito a termo ou condição.** A diferença do ato imperfeito com o ato pendente é que este já completou seu ciclo de formação (é perfeito), enquanto o imperfeito ainda não está acabado. **O ato pendente é sempre perfeito.**

Ato consumado é o que já **produziu todos os seus efeitos.** Após a produção dos efeitos, o ato se torna definitivo e não é mais possível sua impugnação. Por exemplo, a autorização para realização de passeata é ato consumado após sua realização[33].

6.9. Perfeição, validade e eficácia

É importante correlacionar as expressões para que não haja confusão, pois a perfeição diz respeito ao processo de formação do ato (ou ocorreram todas as fases e é perfeito, ou não e é imperfeito), validade refere-se à verificação da conformidade do ato com a lei (ou está de acordo e é válido ou não e é inválido) e **eficácia é a possibilidade, atual e imediata, de produção dos efeitos típicos do ato,** que são aqueles inerentes ao ato praticado como, por exemplo, o ato de demissão tem como efeito cessar o vínculo do servidor com a Administração Pública. Ao lado dos efeitos típicos, há os **efeitos atípicos** do ato, que são os **efeitos prodrômicos** ou **preliminares** (existem enquanto o ato está pendente até a produção dos efeitos próprios como, para ilustrar, um ato sujeito a controle possui o efeito preliminar de exigir a manifestação do órgão controlador) e os efeitos reflexos, os quais atingem outra relação jurídica não visada pelo ato (ex: numa desapropriação, se o imóvel estiver

---

32. DI PIETRO, Maria Sylvia Zanella. *Direito administrativo*. 23. ed. São Paulo: Atlas, 2010. p. 224.
33. ALEXANDRINO, Marcelo; PAULO, Vicente. *Direito administrativo descomplicado*. 18. ed. São Paulo: Método, 2010. p. 433.

alugado, haverá a rescisão do contrato de locação), como destaca Celso Antônio Bandeira de Mello[34].

Ao serem combinados esses três conceitos, verifica-se que o ato pode ser:

a) **perfeito, válido e eficaz**: concluiu o ciclo de formação, está em conformidade com a lei e está disponível para a produção de seus efeitos típicos;

b) **perfeito, inválido e eficaz**: concluiu o ciclo de formação, não está em conformidade com a lei e está disponível para a produção de seus efeitos típicos;

c) **perfeito, válido e ineficaz**: concluiu o ciclo de formação, está em conformidade com a lei e não está disponível para a produção de seus efeitos típicos;

d) **perfeito, inválido e ineficaz**: concluiu o ciclo de formação, não está em conformidade com a lei e não está disponível para a produção de seus efeitos típicos[35].

CLASSIFICAÇÃO DOS ATOS ADMINISTRATIVOS		
Quanto ao destinatário	**Geral**	sem destinatário definido; fim normativo
	Individual	com destinatário definido
Quanto ao alcance	**Interno**	efeitos somente dentro da Administração
	Externo	efeitos para fora da Administração
Quanto ao objeto	**Império**	posição de superioridade
	Gestão	posição de igualdade
	Expediente	rotina interna; sem poder decisório
Quanto ao regramento	**Vinculado**	não pode escolher no caso concreto
	Discricionário	pode escolher no caso concreto
Quanto à formação da vontade	**Simples**	vontade de um órgão só
	Complexo	vontade de dois órgãos e um ato só
	Composto	dois órgãos e dois atos (principal e acessório)
Quanto ao conteúdo	**Constitutivo**	cria situação jurídica individual
	Extintivo	encerra situação jurídica individual
	Declaratório	declara situação já existente
	Alienativo	transfere bens ou direitos
	Modificativo	altera situação jurídica, sem encerrá-la
	Abdicativo	renúncia a um direito

34. *Curso de direito administrativo*. 27. ed. São Paulo: Malheiros, 2010. p. 389.
35. MELLO, Celso Antônio Bandeira de. *Curso de direito administrativo*. 27. ed. São Paulo: Malheiros, 2010. p. 390.

Quanto à eficácia	**Válido**	em conformidade com o direito
	Nulo	vício insanável
	Anulável	vício sanável
	Inexistente	parece ato, mas não é
Quanto à exequibilidade	**Perfeito**	completou ciclo de formação
	Imperfeito	não completou ciclo de formação
	Pendente	não está apto para produzir efeitos
	Consumado	já produziu seus efeitos; definitivo

7. ESPÉCIES DE ATOS ADMINISTRATIVOS

Novamente, trata-se de tema com grande divergência doutrinária, havendo inúmeras formas de sistematização das espécies dos atos administrativos, tendo aqui sido adotada a tradicional repartição de Hely Lopes Meirelles[36]. Assim, são **espécies**:

a) **atos normativos;**

b) **atos ordinatórios;**

c) **atos negociais;**

d) **atos enunciativos;**

e) **atos punitivos.**

7.1. Atos normativos

Os atos administrativos normativos são os atos que **possuem conteúdo geral, abstrato, destinado a todas as pessoas que estejam na situação por eles regulada.** Possuem finalidade normativa, mas são submissos à lei e esta é o seu limite. Há várias **espécies de atos normativos,** mas os mais conhecidos são:

a) **decreto**: é ato de **competência exclusiva do Chefe do Poder Executivo** e serve para disciplinar situações gerais e individuais, em cumprimento ao determinado em lei, como manifestação do **poder regulamentar**. Excepcionalmente, na hipótese do art. 84, VI, tem natureza infraconstitucional.

b) **instrução normativa:** expedida pelos Ministros de Estado para a execução das leis, decretos e regulamentos.

c) **regimento**: ato administrativo de cunho normativo **com alcance interno,** destinado a reger o funcionamento de órgãos colegiados, como manifestação do **poder hierárquico.**

36. *Direito administrativo brasileiro*. 36. ed. São Paulo: Malheiros, 2010. p. 181-201.

d) **resolução**: expedido por **altas autoridades do Executivo** (menos o Chefe do Executivo, porque usa o decreto), pelos **presidentes dos Tribunais** e das **Casas Legislativas** e **órgãos colegiados**, com a finalidade de disciplinar matéria de **competência interna** do órgão.

e) **deliberação**: ato administrativo **normativo** ou **decisório** de **órgão colegiado**.

Segundo o art. 29 da LINDB, a edição de atos normativos por autoridade administrativa, salvo nos casos de organização interna, poderá ser precedida de consulta pública para a manifestação de interessados, preferencialmente, por meio eletrônico, a qual será considerada na decisão.

7.2. Atos ordinatórios

Os atos administrativos ordinatórios são aqueles que **disciplinam o funcionamento da administração e a conduta de seus agentes**. São praticados no exercício do **poder hierárquico** e não atingem os particulares e nem os servidores subordinados a chefia diferente da que o expediu e são inferiores à lei e aos atos normativos. São **espécies de atos ordinatórios**:

a) **instrução**: é a **ordem escrita e geral** com determinações sobre o modo e forma de execução de **determinado serviço público, expedida pelo superior** para orientar os servidores subordinados.

b) **circular**: é uma **ordem escrita**, uniforme, **expedida a determinados funcionários ou agentes** administrativos incumbidos de certo serviço. Menos abrangente que as instruções.

c) **aviso**: expedido pelos **Ministros de Estado** sobre **assunto interno** do ministério.

d) **portaria**: expedida pelos **chefes de órgãos públicos** para **fazer determinações** gerais ou especiais para seus subordinados, para **designar servidores** para cargos secundários e para **iniciar sindicância** e processo administrativo.

e) **ordem de serviço**: **determinação** específica para os **responsáveis por obras ou serviços públicos** autorizando seu início, ou estabelecendo especificação técnica sobre o modo e forma de sua realização.

f) **ofício**: **comunicação escrita** entre diferentes autoridades, ou entre a Administração e particulares e pode conter matéria administrativa ou social.

g) **despacho**: é a **decisão** da autoridade administrativa proferida **em documentos ou em processos administrativos**.

7.3. Atos negociais

Os atos negociais são aqueles em que há a **concordância de vontades entre a Administração Pública e o particular**. Não se trata de contrato administrativo, porque a manifestação de vontade da Administração é unilateral. Destinam-se a concretizar determinado negócio jurídico ou a conceder determinada faculdade ao particular e **produzem efeitos concretos e individuais** para o administrado.

Desse modo, **não há imperatividade** nos atos negociais, pois, por meio deles, a Administração não está impondo nada ao particular e, na verdade, está concedendo o que foi requerido. Por exemplo, a licença para dirigir veículos só é concedida para quem a requereu e preencheu os requisitos.

Os atos negociais podem ser **precários** (quando sujeitos a revogação a qualquer tempo), **definitivos** (não podem ser extintos a qualquer tempo), **discricionários** e **vinculados**.

São espécies de atos negociais:

a) **licença**: é o ato administrativo **vinculado e definitivo** pelo qual a Administração **manifesta a anuência ao exercício** pelo particular de **determinada atividade**. Dessa forma, se preenchidos os requisitos, a licença deverá ser concedida (vinculada) e não poderá ser revogada a qualquer tempo, como é o caso da licença para construir e da licença para dirigir, exceto se o destinatário descumprir as condições impostas, quando poderá ser cassada. Segundo o disposto no art. 26 da LINDB, a autoridade administrativa poderá se valer da consulta pública para celebrar compromisso com os interessados, quando presentes razões de relevante interesse geral, no caso de expedição de licença, a fim de eliminar irregularidade, incerteza jurídica ou situação contenciosa na aplicação do direito público.

b) **autorização**: é o ato administrativo **discricionário e precário** pelo qual a Administração **autoriza** a realização de determinada **atividade** ou o uso de determinado **bem público,** no **interesse predominante do particular**. Por exemplo, a autorização para utilização de bens dominiais para a instalação de um circo e autorização para a realização de eventos em parques públicos[37]. **Exceção: autorização** é **vinculada**, no caso de serviço de telecomunicações (art. 131, § 1º, Lei nº 9.472/97).

c) **permissão**: é ato administrativo **discricionário e precário**, pelo qual a Administração **permite** que o particular execute serviços de interesse coletivo ou use bens públicos.

ATENÇÃO! A permissão e a autorização não se confundem, porque pela autorização há o consentimento em que seja realizada atividade de interesse predominante do particular e no caso da permissão, o interesse é predominantemente público.

d) **admissão**: ato administrativo **vinculado** pelo qual a Administração Pública defere determinada situação jurídica ao particular, desde que preenchidos os requisitos legais, como a admissão de aluno em universidade pública.

e) **aprovação**: ato administrativo pelo qual a Administração, **prévia** ou **posteriormente, verifica a legalidade e o mérito** de **outro ato** ou de **fatos materiais** (uma obra, por exemplo).

---

37. TOURINHO, Rita. **O alcance do ato administrativo de autorização no ordenamento jurídico brasileiro.** Disponível em: ‹http://www.mprj.mp.br/documents/20184/1240456/Rita_Tourinho.pdf›. Acesso em 23 jul. 2020.

f) **homologação**: ato administrativo pelo qual a Administração **examina a legalidade e o mérito de ato anterior**, como **condição de eficácia.**

g) **visto**: ato administrativo pelo qual a Administração **controla a legitimidade formal de outro ato anterior.**

h) **dispensa**: ato administrativo que **dispensa** o particular do **cumprimento de obrigação legal.** Exemplo: ato de dispensa da prestação do serviço militar.

7.4. Atos enunciativos

São os atos pelos quais a Administração Pública **certifica** ou **atesta** um fato ou **emite uma opinião** sobre determinado assunto. **Não há manifestação de vontade** e são atos administrativos apenas em sentido formal. São exemplos, a **certidão**, o **atestado** e o **parecer.**

7.5. Atos punitivos

São os atos administrativos pelos quais a Administração impõe **sanção** aos agentes públicos e aos particulares sujeitos à disciplina administrativa. São exemplos, a **multa**, a **interdição de atividade** e a **destruição de coisas.**

ESPÉCIES DE ATO ADMINISTRATIVO		
Ato normativo	• possui conteúdo geral e abstrato • submisso à lei • destina-se a todas as pessoas que estejam na situação por ele regulada • manifestação do poder regulamentar	- decreto - instrução normativa - regimento - resolução - deliberação
Ato ordinatório	• disciplina o funcionamento da administração e a conduta de seus agentes • manifestação do poder hierárquico	- instrução - circular - aviso - portaria - ordem de serviço - ofício - despacho
Ato negocial	• há concordância de vontades entre a Administração Pública e o particular • produz efeitos concretos e individuais para o administrado • não há imperatividade	- licença (vinculado e definitivo) - autorização (discricionário e precário) - permissão (discricionário e precário) - admissão - aprovação - homologação - visto - dispensa

ESPÉCIES DE ATO ADMINISTRATIVO		
Ato enunciativo	• certifica ou atesta um fato ou emite uma opinião • não há manifestação de vontade	- certidão - atestado - parecer
Ato punitivo	• impõe sanção	- multa - interdição de atividade - destruição de coisa

8. EXTINÇÃO DO ATO ADMINISTRATIVO

O ato administrativo extingue-se[38]:

a) **pelo cumprimento dos seus efeitos**: é a extinção natural do ato e ocorre quando este encerrou a produção dos seus efeitos. Pode ocorrer nas seguintes hipóteses:

- **esgotamento do conteúdo jurídico**: seus efeitos fluem ao longo do prazo previsto. Exemplo: o ato que concede férias ou licença para o servidor é extinto quando há o término das férias ou da licença.
- **execução material**: quando realizado o ato material determinado pelo ato administrativo. Exemplo: o ato que ordena a demolição de prédio que ameaça ruir é extinto com a execução da ordem.
- **implemento de condição resolutiva ou termo final**: quando acontece o evento previsto no próprio ato (se estiver previsto na lei, como próprio do ato, é esgotamento do conteúdo jurídico) para sua extinção. Exemplo: permissão para derivar água de um rio, se este não baixar aquém de certo limite.

b) **pelo desaparecimento do sujeito ou do objeto**: quando o sujeito ou o objeto da relação jurídica, que o ato constitui, deixa de existir. Exemplo: incêndio destrói imóvel objeto de permissão ou morte do motorista extingue licença para dirigir.

c) **pela retirada do ato**: é praticado outro ato retirando, extinguindo o anterior. São espécies:

- **cassação**: o destinatário do ato **descumpre condição a que estava obrigado** pelo ato para se beneficiar de seus efeitos. Exemplo: cassação de licença ambiental de posto de combustível por passar a desrespeitar as exigências quanto ao armazenamento de combustível.
- **caducidade**: **nova norma** jurídica **proíbe situação antes permitida** e que é objeto do ato. É o caso de ato permitindo a exploração de atividade comercial em área pública e, posteriormente, a lei de zoneamento urbano é alterada e a região onde a área se localiza passa a ser de ocupação estritamente residencial.

---

38. MELLO, Celso Antônio Bandeira de. *Curso de direito administrativo*. 27. ed. São Paulo: Malheiros, 2010. p. 446-447.

- **contraposição ou derrubada: novo ato** é praticado, com fundamento em competência diversa, cujos **efeitos são contrapostos** ao anterior. Exemplo: o ato de demissão de servidor produz efeitos opostos aos causados pelo ato de nomeação.
- **revogação**
- **anulação**

d) pela **renúncia**: o **beneficiário** do ato **renuncia à situação jurídica** por ele implementada. Exemplo: exoneração de servidor, a pedido.

8.1. Revogação

A revogação é a **extinção de ato administrativo válido ou de seus efeitos por razões de conveniência e oportunidade**, em face do interesse público, ou seja, em dado momento, um ato administrativo, de natureza discricionária, foi praticado porque a autoridade administrativa entendeu que isso era conveniente e oportuno, mas em momento posterior, esse juízo de valoração é alterado e o que era conveniente e oportuno passa a ser inconveniente e inoportuno, cabendo sua extinção pela revogação.

A **competência para revogar é privativa da Administração** e não depende de provocação, não sendo permitido ao Poder Judiciário, no exercício da função jurisdicional, fazê-lo.

ATENÇÃO! O Poder Judiciário também exerce a função administrativa e, assim, pode revogar seus próprios atos.

O **objeto** da revogação é um **ato administrativo válido** ou os **efeitos válidos** decorrentes. Dessa forma, não há nenhum vício no ato a ser revogado e, por isso, sua extinção ocorre por motivo de interesse público. Em decorrência disso, os **efeitos da revogação não retroagem** (*ex nunc*) e, assim, o ato revogador somente produz efeitos futuros.

Qual o efeito decorrente da revogação do ato revogador?

A revogação da revogação ocorre quando o ato revogador de um primeiro é revogado por um terceiro ato, isto é, o ato A é revogado pelo ato B e, posteriormente, o ato C revoga o ato B. O efeito decorrente disso é objeto de **divergência doutrinária**. Para Celso Antônio Bandeira de Mello, ocorre a repristinação[39] do primeiro ato, a partir da última revogação[40]. Entretanto, a **posição majoritária** na doutrina é no sentido de que o ato revogador da revogação **não restaura automaticamente** o primeiro ato revogado, ou seja, **não ocorre o fenômeno da repristinação** e, caso o administrador queira restaurar o primeiro ato, deve fazê-lo expressamente e, inclusive, pode fazer isso no próprio ato revogador da revogação[41].

39. Cuidado: não confundir repristinação, que é um fenômeno legislativo, com efeito repristinatório, fenômeno decorrente do controle de constitucionalidade.
40. *Curso de direito administrativo*. 27. ed. São Paulo: Malheiros, 2010. p. 455.
41. CARVALHO FILHO, José dos Santos. *Manual de direito administrativo*. 19. ed. Rio de Janeiro: Lumen Juris, 2008. p. 155-156.

A prerrogativa da Administração Pública de revogar os atos administrativos não é ilimitada, existindo atos que não podem ser revogados. **São irrevogáveis**:

a) **atos vinculados**: não há juízo de conveniência e oportunidade;

b) **atos que integram um procedimento administrativo**: a cada novo ato praticado no procedimento ocorre a preclusão quanto ao anterior;

c) **atos que já exauriram seus efeitos**: são os atos consumados. Por exemplo, não é possível revogar licença para tratar de interesse particular, após o seu término;

d) **meros atos administrativos** (**atos enunciativos**): certidão, atestado, parecer. São atos administrativos apenas formalmente e seus efeitos são decorrentes da lei;

e) **atos que geraram direitos adquiridos**: nos termos da Súmula 473, do Supremo Tribunal Federal[42].

8.2. Anulação

A anulação é a **extinção do ato administrativo por razões de ilegalidade**. Nesse caso, o ato possui algum vício que o contamina e, não sendo possível a convalidação, deve haver a sua invalidação.

Não se trata de vício superveniente à feitura do ato, mas, na verdade, o vício existe desde quando o ato foi realizado e, por isso, os efeitos da anulação são ***ex tunc***, ou seja, retroagem, voltam no tempo de modo a atingir o ato no nascedouro. Entretanto, a **doutrina** vem reconhecendo que os **efeitos da anulação podem ser *ex tunc*** (retroagem) **ou** *ex nunc* (não retroagem). Quando se trata de **ato restritivo** da esfera jurídica do administrado, o efeito é ***ex tunc***, mas se for **ato ampliativo** e o administrado agiu de **boa-fé**, o efeito é *ex nunc*. Por exemplo, o ato de nomeação de servidor amplia sua esfera jurídica e se, posteriormente, a identificação da invalidade do concurso e o ato de nomeação é anulado, os efeitos da anulação devem ser *ex nunc*, quer dizer, não podem retroagir em face da presunção de legitimidade dos atos administrativos e da boa-fé do nomeado e este não terá que restituir os valores recebidos por seu trabalho (não teria que fazê-lo, também, em razão da proibição do enriquecimento sem causa)[43].

A **competência** para anular é da **própria Administração**, de ofício ou a pedido, e do **Poder Judiciário**, mediante provocação. É exigência, por força do princípio da autotutela, que a Administração Pública deve analisar os atos por ela praticados e, caso sejam ilegais ou tornaram-se inconvenientes ou inoportunos, deve, respectivamente, anulá-los ou revogá-los. Entretanto, quando o ato ilegal produziu "efeitos na esfera de interesses individuais, mostra-se necessária a prévia instauração de processo administrativo, garantindo-se a ampla defesa e o contraditório", conforme

---

42. SÚMULA nº 473: "A administração pode anular seus próprios atos, quando eivados de vícios que os tornam ilegais. porque deles não se originam direitos; ou revogá-los, por motivo de conveniência ou oportunidade, respeitados os direitos adquiridos, e ressalvada, em todos os casos, a apreciação judicial".

43. MELLO, Celso Antônio Bandeira de. *Curso de direito administrativo*. 27. ed. São Paulo: Malheiros, 2010. p. 479-480.

vem decidindo o STJ (por exemplo, AgRg no RMS n. 29.222/RO; RMS n. 24.091/AM) e, também, o STF, como é o caso do RE 594.296 no qual foi fixada a tese de repercussão geral: "Ao Estado é facultada a revogação de atos que repute ilegalmente praticados; porém, se de tais atos já tiverem decorrido efeitos concretos, seu desfazimento deve ser precedido de regular processo administrativo"[44].

Nesse sentido, o Enunciado nº 20 da I Jornada de Direito Administrativo do CJF prevê que "o exercício da autotutela administrativa, para o desfazimento do ato administrativo que produza efeitos concretos favoráveis aos seus destinatários, está condicionado à prévia intimação e oportunidade de contraditório aos beneficiários do ato".

Qualquer ato administrativo pode ser anulado, vinculado ou discricionário, porque mesmo neste os elementos de validade devem estar presentes. Pode haver decisão judicial anulando ato discricionário porque, por exemplo, o motivo alegado para a prática do ato é falso.

A **Administração Pública federal**[45], nos termos do art. 54 da Lei nº 9.784/99, tem o **prazo decadencial de cinco anos** para anular os **atos administrativos com efeitos favoráveis ao destinatário, desde que não haja má-fé**[46]. Quanto a esse dispositivo, importante registrar que, nos termos da jurisprudência do Superior Tribunal de Justiça, esse prazo só começa a contar a partir da data em que a lei entrou em vigor[47].

Desse modo, para os **atos anteriores sua entrada em vigor**, o termo inicial é a **entrada em vigor da lei** e, para os atos **praticados após o início da vigência da lei**, é **data da realização do ato.**

Mas atenção, porque a Lei nº 9.784/99 estabelece normas para a Administração Federal, entendendo o STJ, nos termos da Súmula 633, que pode ser aplicada, de forma subsidiária, aos estados e municípios, se inexistente norma local e específica que regule a matéria Portanto, todos os entes federados possuem competência para legislar sobre e, inclusive, há Estados que estabelecem prazos diferentes como, por exemplo, o Estado de São Paulo que estabelece o prazo de dez anos (art. 10, I, da Lei Estadual nº 10.177/98). Todavia, esse dispositivo foi declarado inconstitucional pelo STF, na ADI 6019/SP, julgada em 12.04.2021. O principal motivo foi a violação ao

---

44. Nessa decisão do STF, claramente houve erro de redação e, assim, onde se lê revogação, leia-se anulação.
45. Segundo a Súmula nº 633 do STJ: "A Lei 9.784/1999, especialmente no que diz respeito ao prazo decadencial para a revisão de atos administrativos no âmbito da Administração Pública federal, pode ser aplicada, de forma subsidiária, aos estados e municípios, se inexistente norma local e específica que regule a matéria." Assim, o prazo decadencial previsto na lei federal é aplicável aos estados e municípios de forma subsidiária, no caso de inexistência de lei específica que regule o tema.
46. Muita atenção: O STF se posicionou no MS 26.860 no sentido de que o prazo decadencial não se aplica quando o ato administrativo ilegal violar diretamente a Constituição Federal. Assim, mesmo estando de boa-fé o destinatário, entende o Supremo Tribunal Federal que se a violação for direta à CF a administração pode anular o ato mesmo após o decurso do prazo quinquenal..
47. Resp. nº 1.256.033: o "[...] prazo decadencial estabelecido no art. 54 da Lei nº 9.784/99 é contado a partir de sua entrada em vigor (1º/2/99)".

princípio da igualdade, já que aqueles subordinados à Lei nº 9.784/99, que consolidou um "marco temporal geral", ficam sujeitos ao prazo de 5 anos e aqueles submetidos à Lei estadual ficam sujeitos ao prazo de 10 anos.

Aliás, a Lei de Introdução às Normas do Direito Brasileiro, alterada pela Lei 13.655/2018, que incluiu disposições sobre segurança jurídica e eficiência na aplicação do direito público, passou a prever expressamente que a decisão, seja administrativa, controladora ou judicial, que decretar a invalidação de ato, deverá indicar de modo expresso as consequências jurídicas e administrativas (art. 21).

EXTINÇÃO DO ATO ADMINISTRATIVO	
Pelo cumprimento dos seus efeitos	esgotamento do conteúdo jurídico → efeitos fluem ao longo do tempo
	execução material → execução da atividade determinada
	implemento de condição resolutiva ou termo final → ocorrência do evento previsto no ato
Pelo desaparecimento do sujeito ou do objeto	Relação jurídica fica sem sujeito ou objeto
Pela retirada do ato	cassação → destinatário descumpre condição imposta
	caducidade → nova norma proíbe situação antes permitida
	contraposição → novo ato com efeitos contrapostos ao anterior
	revogação → conveniência e oportunidade
	anulação → ilegalidade
Pela renúncia	beneficiário → renuncia aos efeitos

ANULAÇÃO	REVOGAÇÃO
ilegalidade	**interesse público (conveniência e oportunidade)**
ex tunc (ato restritivo) *ex nunc* (ato ampliativo e boa-fé)	*ex nunc*
Poder Judiciário e Administração	somente a Administração
qualquer ato (vinculado e discricionário)	atos irrevogáveis: • vinculados • integrantes de procedimento • enunciativos • geraram direito adquirido

9. CONVALIDAÇÃO

A "convalidação é o **suprimento da invalidade de um ato** com efeitos retroativos"[48]. Convalidar é **tornar válido um ato inválido**, por meio de outro ato que supre **vício sanável**, com efeitos ***ex tunc*** (retroagem).

48. MELLO, Celso Antônio Bandeira de. *Curso de direito administrativo*. 27. ed. São Paulo: Malheiros, 2010. p. 473.

Em face do princípio da segurança jurídica, deve se preferir a convalidação à anulação, mas, para tanto, o primeiro passo é verificar se o vício é sanável, isto é, se é superável, e isso dependerá de qual elemento do ato está viciado.

Assim, o **defeito** é:

a) **insanável,** quando estiver nos elementos **motivo, finalidade** ou **objeto;**

b) **sanável,** quando estiver nos elementos **competência** ou **forma**, desde que não seja **competência exclusiva ou forma essencial** ao ato.

Na esfera federal, a Lei nº 9.784/99 disciplina a convalidação e, no art. 55, estabelece que, quando não houver "lesão ao interesse público nem prejuízo a terceiros, os atos que apresentarem defeitos sanáveis poderão ser convalidados pela própria Administração".

No dispositivo legal consta a expressão "poderão", considerando a convalidação como uma faculdade. Essa redação contraria a doutrina majoritária, porque a convalidação é um dever e não um poder, em razão do princípio da segurança jurídica, desde que seja possível convalidar. Celso Antônio Bandeira de Mello[49] aponta como exceção a hipótese de o ato viciado ser de competência discricionária. De fato, nessa hipótese, alguém - que não era competente - analisou a conveniência e a oportunidade e emitiu certo ato administrativo e esse juízo de valoração feito pode não corresponder ao juízo que faria a autoridade competente, pelo que esta não pode ser obrigada a concordar, senão estaria sendo tolhida de sua competência discricionária fixada na lei.

Portanto, **a convalidação é**:

a) nos termos da **Lei nº 9.784/99: discricionária**;

b) para a **doutrina: vinculada**, exceto quanto ao **ato de conteúdo discricionário**, quando é **discricionária**.

Quando a convalidação não é possível?[50]

a) quando o **vício** estiver nos elementos **finalidade, motivo ou objeto**;

b) quando o **vício** estiver nos elementos **competência** e **forma** e se tratar de **competência exclusiva ou forma essencial**;

c) quando o **vício foi impugnado** administrativa ou judicialmente;

d) quando **houve a estabilização** do vício pela prescrição ou decadência;

e) quando a convalidação **causar lesão ao interesse público;**

f) quando a convalidação **causar prejuízo a terceiros.**

Quais as formas de convalidação?

a) **ratificação**: realizada pela **mesma autoridade** que fez o ato;

b) **confirmação**: feita por **outra autoridade;**

c) **saneamento**: realizada por ato do **particular**.

---

49. *Curso de direito administrativo*. 27. ed. São Paulo: Malheiros, 2010. p. 477.
50. MAZZA, Alexandre. *Manual de direito administrativo*. São Paulo: Saraiva, 2011. p. 137.

Importante destacar que, como adverte José dos Santos Carvalho Filho[51], com fundamento em Weida Zancaner, mesmo se os vícios forem sanáveis há casos em que a convalidação não pode ocorrer; são as chamadas **limitações ao poder de convalidar**. Nesse sentido, impedem a convalidação:

a) a impugnação do interessado quanto ao cumprimento dos efeitos, de forma expressa ou por resistência;

b) o decurso do tempo, com a ocorrência da prescrição.

10. QUESTÕES

10.1. Questões objetivas comentadas

01. (VUNESP– TRF 3ª Região – Analista Judiciário – Área Administrativa – 2023) A extinção de ato administrativo válido por motivo de interesse público superveniente que o torna inconveniente ou inoportuno denomina-se

(A) invalidação, gera efeitos *ex nunc* e está sujeita ao controle tanto da Administração Pública quanto do Poder Judiciário, por envolver matéria de mérito.

(B) revogação, gera efeitos *ex tunc* e atinge atos administrativos vinculados, em razão do princípio da autotutela.

(C) revogação, gera efeitos *ex nunc* e é declarada de ofício pela Administração Pública e atinge atos administrativos discricionários.

(D) invalidação, gera efeitos *ex nunc* e está sujeita ao controle exclusivo da Administração Pública, em razão do princípio da autotutela.

(E) invalidação, gera efeitos ex *tunc* e está sujeita ao controle exclusivo do Poder Judiciário, por envolver matéria de mérito.

COMENTÁRIO

Alternativa correta: letra "c". A **revogação** é a extinção de ato administrativo válido ou de seus efeitos por **razões de conveniência e oportunidade**, em face do interesse público. Assim, tendo em vista que a **revogação** tem por objeto um **ato administrativo válido**, extinto apenas por motivo de interesse público, seus efeitos da revogação não retroagem, ou seja, são *ex nunc*. Havendo análise da conveniência e oportunidade do ato administrativo, a revogação investe-se em seu mérito. Apenas a própria Administração tem competência para revogar os seus atos.

Alternativa "a" (responde a alternativa "d" e "e"). A invalidação ou **anulação** é a extinção do ato administrativo por razões de ilegalidade. Neste caso, o ato possui algum vício que o contamina e, não sendo passível a convalidação, deve haver a sua invalidação. Como, no caso, tem-se ato administrativo eivado de vício, quando é feito o ato anulatório, apenas se está reconhecendo um vício que já maculava o ato desde sua feitura e, por isso, os efeitos da anulação voltam no tempo de modo a atingir o ato no nascedouro, isto é, os efeitos são *ex tunc*. A **anulação** pode ser feita tanto pela Administração Pública quanto pelo Poder Judiciário, por envolver matéria de direito.

Alternativa "b". Os **atos gerais** são passíveis de revogação. São, contudo, irrevogáveis, os **atos vinculados**, os **atos que integram um procedimento administrativo**, os **atos que já exauriram seus efeitos** e os atos **enunciativos**.

02. (FCC – Analista Judiciário – Área Judiciária – TRF 3/2019) Abílio Silva foi empossado em cargo público efetivo e praticou diversos atos administrativos no exercício de tal cargo. Todavia, o concurso que gerou o provimento do cargo foi anulado, sem que ele tenha contribuído para a nulidade. Nessa situação, os atos praticados por ele são

(A) válidos, visto que atuou como funcionário de fato.

51. *Manual de direito administrativo*. 27. ed. São Paulo: Atlas, 2014. p. 167.

(B) nulos, pois praticados com usurpação de poder.
(C) anuláveis, pois praticados com vício de motivo.
(D) irregulares, por desvio de finalidade.
(E) inexistentes, pois praticados com objeto juridicamente impossível.

COMENTÁRIO

Alternativa correta: letra "a" (responde as demais alternativas). Um dos sentidos do **princípio da impessoalidade – em relação à própria Administração** – significa que não é o agente público, enquanto pessoa física, que pratica o ato administrativo, pois, na verdade, quem o faz é a pessoa jurídica à qual pertence o órgão em que o servidor está lotado. **O ato administrativo é atribuído, imputado, à pessoa jurídica.** Nesse sentido, ocorre com os atos realizados pelo funcionário de fato, permitindo a manutenção de seus efeitos quanto aos terceiros de boa-fé, pois o funcionário de fato é aquele que está irregularmente investido no cargo, isto é, possui vício na sua investidura, mas por outro lado, aparenta ser servidor (princípio da aparência) e pratica atos administrativos normalmente. Tais atos, todavia, são imputados, atribuídos, à pessoa jurídica, à qual pertence o órgão público em que o servidor está lotado e, assim, **os terceiros de boa-fé não serão prejudicados.**

03. **(FCC - Analista Judiciário - Oficial de Just. Avaliador Federal - TRT 15/2018)** Praticam atos administrativos que geram efeitos externos, como manifestações de vontade da Administração pública, dentre outros,

(A) as sociedades que integram a Administração indireta, sejam empresas públicas ou sociedades de economia mista, na realização de todas as suas atividades, fins ou meios.
(B) os órgãos e agentes integrantes da Administração direta, não alcançando os entes integrantes da Administração indireta, dada a independência e autonomia de que foram dotados.
(C) os órgãos da Administração direta e as pessoas jurídicas de direito privado para as quais tenham sido delegados poderes e atribuições para tanto, de forma expressa.
(D) os dirigentes de organizações sociais e consórcios públicos, dada a natureza jurídica de direito público das referidas pessoas jurídicas.
(E) as organizações sociais, no que se refere às atividades dirigidas a saúde e educação, na qualidade de serviços públicos exclusivos e típicos.

COMENTÁRIO

Alternativa correta: letra "c" (responde as demais alternativas). Os **atos administrativos externos** ou de **efeitos externos**, (classificação referente ao alcance dos atos administrativos) são aqueles possuem um alcance mais abrangente, de forma a atingir os seus efeitos sobre os administrados, contratantes em determinados casos especiais para os próprios servidores. Ainda assim, são considerados **atos administrativos**, que podem ser definidos como aqueles em que há manifestação ou declaração da Administração Pública, que age nessa qualidade, ou mesmo de particulares no exercício de prerrogativas públicas, que tenha por fim imediato a produção de efeitos jurídicos determinados, em conformidade com o interesse público e sob o predomínio do regime público. Neste sentido, podem ser praticados por órgãos da Administração direta, por pessoas jurídicas de direito público e até por pessoas jurídicas de direito privado, desde que tenham sido delegados poderes e atribuições para tanto, sejam elas integrantes da Administração indireta ou não.

04. **(AOCP - Analista Judiciário - Área Administrativa - TRT 1/2018)** "Ato administrativo unilateral e vinculado pelo qual a Administração faculta àquele que preencha os requisitos legais o exercício de uma atividade" (Di Pietro, Maria Sylvia Zanella. Direito administrativo. 30.ed. Rev., atual. e ampl. - Rio de Janeiro: Forense, 2017.)

O trecho acima faz referência a que espécie de ato administrativo?

(A) Admissão.
(B) Licença.
(C) Autorização.
(D) Permissão.
(E) Aprovação.

COMENTÁRIO

Alternativa correta: letra "b". A **licença** é o ato administrativo **vinculado e definitivo** pelo qual a Administração **manifesta a anuência ao exercício** pelo particular de **determinada atividade**. Dessa forma, se preenchidos os requisitos, a licença deverá ser concedida (vinculada) e não poderá ser revogada a qualquer tempo, como é o caso da licença para construir e da licença para dirigir, exceto se o destinatário descumprir as condições impostas, quando poderá ser cassada.

Alternativa "a". A **admissão** é ato **unilateral e vinculado** pelo qual a Administração Pública defere determinada situação jurídica ao particular, desde que preenchidos os requisitos legais, como a admissão de aluno em universidade pública.

Alternativa "c". A **autorização** é o ato administrativo **discricionário e precário** pelo qual a Administração **autoriza** a realização de determinada **atividade** ou o uso de determinado **bem público,** no **interesse predominante do particular**.

Alternativa "d". A **permissão** é ato administrativo **discricionário e precário,** pelo qual a Administração **permite** que o particular execute serviços de interesse coletivo ou use bens públicos.

Alternativa "e". A **aprovação** é ato **unilateral e discricionário** pelo qual a Administração, **prévia** ou **posteriormente**, **verifica a legalidade e o mérito** de **outro ato** ou de **fatos materiais** (uma obra, por exemplo).

05. (Cespe - Analista Judiciário - Área Judiciária - TRE - PE/2017) Um servidor público praticou um ato administrativo para cuja prática ele é incompetente. Tal ato não era de competência exclusiva.

Nessa situação, o ato praticado será

a) inexistente.
b) irregular.
c) válido.
d) nulo.
e) anulável.

COMENTÁRIO

Alternativa correta: letra "e" (responde a alternativa "d"). Se o ato administrativo admite a convalidação, é anulável e, por outro lado, se o vício é insanável, é nulo. Como visto, dos cinco elementos do ato (competência, finalidade, forma, motivo e objeto), a convalidação só é admitida em relação a dois, quais sejam, a competência e a forma e, mesmo assim, somente quando não se tratar de competência exclusiva ou de formalidade essencial. Como o ato não era de competência exclusiva, será possível a convalidação, tratando-se de caso de anulação do ato.

Alternativa "a". Ato **inexistente** é aquele que **aparenta ser ato, mas não é**. A situação mais comum é a usurpação de função. No caso do ato inexistente, não se admite convalidação e não gerando efeitos válidos.

Alternativa "b". Não existe, formalmente, referida classificação de ato administrativo, a despeito de muitos utilizarem a expressão "irregular" para designar ato administrativo viciado.

Alternativa "c". Ato válido é aquele que **possui todos os elementos de validade**, ou seja, é praticado por autoridade competente e em obediência aos demais requisitos (finalidade, forma, motivo e objeto).

06. (FGV - Analista Judiciário - Oficial de Just. Avaliador - TRT 12/2017) João foi nomeado e empossado no cargo de Oficial de Justiça do Tribunal Regional do Trabalho de Santa Catarina. Após um ano em exercício das funções públicas inerentes ao cargo e mediante regular processo administrativo, foi declarada a nulidade de seu ato de nomeação, por vícios insanáveis consistentes em burla pelo servidor às regras do concurso público. Os atos praticados por João na Vara do Trabalho onde estava lotado, como certidões por ele expedidas, serão:

a) igualmente declarados nulos, pois a anulação de seu ato de investidura por burla às regras do concurso público opera efeitos ex tunc, isto é, retroage à data de origem do ato, aniquilando todos os efeitos produzidos;
b) igualmente declarados nulos, pois a nulidade absoluta no caso decorre de norma cogente e opera efeitos *ex nunc*, ou seja, retroage à data da prática do ato ilícito, a partir da qual nenhum efeito poderá ser convalidado;
c) válidos, eis que a anulação de seu ato de investidura opera efeitos ex tunc,

isto é, produz efeitos a partir da data da decisão administrativa que declarou a nulidade, não retroagindo à data de origem do ato;

d) válidos, pois, pela teoria da aparência, a nomeação de servidor com burla às regras do concurso público é nula, mas os atos por ele praticados são válidos, em atenção ao princípio da segurança jurídica e para resguardar os terceiros interessados de boa fé;

e) válidos, desde que haja decisão jurisdicional determinando e especificando quais atos devem ser convalidados, com escopo de aproveitar os atos por ele praticados para atender aos princípios da eficiência e celeridade.

Alternativa correta: letra "d" (responde as demais alternativas). Pelo princípio da impessoalidade – em relação à própria Administração – não é o agente público, enquanto pessoa física, que pratica o ato administrativo, pois, na verdade, quem o faz é a pessoa jurídica à qual pertence o órgão em que o servidor está lotado. **O ato administrativo é imputado à pessoa jurídica.** Nesse sentido, ocorre com os atos realizados pelo funcionário de fato, permitindo a manutenção de seus efeitos quanto aos terceiros de boa-fé, pois o funcionário de fato é aquele que está irregularmente investido no cargo, isto é, possui vício na sua investidura, mas por outro lado, aparenta ser servidor (princípio da aparência), de modo que os atos por ele praticados serão válidos.

07. (Cespe - Analista Judiciário - Área Administrativa - TRE - BA/2017) A determinado servidor público foi concedida licença em razão de ele preencher todos os requisitos exigidos. Contudo, no curso da licença, ele deixou de atender às condições exigidas para a manutenção do benefício, o que implicou a extinção do ato administrativo de concessão da licença.

Nessa situação hipotética, a modalidade de extinção de atos administrativos aplicada foi a

a) convalidação.

b) anulação, em decorrência da imperatividade.

c) cassação.

d) revogação.

e) anulação, em decorrência da legalidade.

COMENTÁRIO

Alternativa correta: letra "c". A cassação é a modalidade de **extinção do ato administrativo** pela qual o destinatário do ato **deixa de cumprir as condições a que estava obrigado** pelo ato para se beneficiar de seus efeitos.

Alternativa "a". A convalidação é o suprimento da invalidade de determinado ato administrativo, que opera efeitos *ex tunc*. Para que haja a convalidação, contudo, é necessário que o vício do ato seja **sanável**, o que ocorre quando estiver nos elementos **competência ou forma, desde que não se trate de competência exclusiva ou forma essencial ao ato.** Não se trata, portanto, de modalidade de extinção do ato administrativo.

Alternativa "b" (responde a alternativa "e"). A anulação é a **extinção do ato administrativo por razões de ilegalidade.** Nesse caso, o ato possui algum vício que o contamina e, não sendo possível a convalidação, deve haver a sua invalidação. A imperatividade, por outro lado, é um atributo dos atos administrativos, e significa que o ato administrativo é impositivo, obrigatório ao administrado, quer dizer, a Administração não necessita da concordância do destinatário para que o ato seja praticado.

Alternativa "d". A revogação é a **extinção de ato administrativo válido ou de seus efeitos por razões de conveniência e oportunidade,** em face do interesse público, ou seja, em dado momento, um ato administrativo, de natureza discricionária, foi praticado porque a autoridade administrativa entendeu que isso era conveniente e oportuno, mas em momento posterior, esse juízo de valoração é alterado e o que era conveniente e oportuno passa a ser inconveniente e inoportuno, cabendo sua extinção pela revogação.

08. (FCC - Analista Judiciário - Oficial de Just. Avaliador - TRT 24/2017) A convalidação dos atos administrativos

a) destina-se, entre outros, a atos administrativos com vício de motivo.

b) não pode ser feita por quem não pertença aos quadros da Administração pública.

c) destina-se a atos válidos.

d) tem efeitos retroativos.
e) não pode ser inviabilizada pela ocorrência do fenômeno da prescrição.

COMENTÁRIO

Alternativa correta: letra "d". A "convalidação é o **suprimento da invalidade de um ato** com efeitos retroativos"[52]. Convalidar é **tornar válido um ato inválido**, por meio de outro ato que supre **vício sanável**, com efeitos ***ex tunc*** (retroagem). Para que haja a convalidação, contudo, é necessário que o vício do ato seja **sanável**, o que ocorre quando estiver nos elementos **competência ou forma, desde que não se trate de competência exclusiva ou forma essencial ao ato.**

Alternativa "a". Quando o vício do ato estiver nos elementos finalidade, motivo e objeto, é considerado insanável e, assim, não se admite a convalidação.

Alternativa "b". A convalidação, em regra, deve ser feita pela Administração Pública. Todavia, há hipóteses de particulares investidos em funções públicas que podem editar atos administrativos e convalidá-los.

Alternativa "c". A **convalidação** destina-se a atos inválidos, passíveis de anulação. Assim, os atos válidos não podem ser convalidados.

Alternativa "e". A convalidação não é possível quando houve a estabilização do vício pela prescrição ou decadência.

09. **(Cespe - Analista Judiciário - Oficial de Just. Avaliador - TRF 1/2017)** Enquanto no ato complexo as manifestações de dois ou mais órgãos se fundem para formar um único ato, no ato composto se pratica um ato administrativo principal que depende de outro ato para a produção plena dos seus efeitos.

"Certo". O ato **complexo** decorre da manifestação de vontade de dois ou mais órgãos, ou seja, há a **soma das vontades de mais de um órgão** para que seja possível a formação de um **ato único**, como é exemplo o decreto emitido pelo Presidente da República, pois, nos termos do art. 87, parágrafo único, I, da Constituição Federal, ele deve ser referendado pelo Ministro de Estado (há um ato só – o decreto – e dois órgãos – a Presidência da República e o Ministério), Já os atos **compostos** são **dois atos** e não um só, pois aqui não há dois órgãos se unindo e formando um só ato, mas existem dois atos, sendo **um principal e outro acessório**, constituindo-se este em pressuposto ou complemento daquele como, por exemplo, se dá na nomeação do Procurador-Geral da República em que é necessário o ato acessório, que é a aprovação do nome no Senado, para que seja praticado o ato principal, que é a nomeação pelo Presidente da República.

10. **(FCC - Analista Judiciário - Área Judiciária - TRT 11/2017)** Melinda, servidora pública, praticou ato administrativo com vício de competência. Cumpre salientar que a hipótese não trata de competência outorgada com exclusividade pela lei, mas o ato administrativo competia a servidor público diverso. Em razão do ocorrido, determinado particular impugnou expressamente o ato em razão do vício de competência. Nesse caso, o ato

(A) não comporta convalidação, pois o vício narrado não admite tal instituto.
(B) comporta convalidação que, na hipótese, dar-se-á com efeitos ex tunc.
(C) não comporta convalidação, em razão da impugnação feita pelo particular.
(D) comporta convalidação que, na hipótese, dar-se-á com efeitos ex *nunc*.
(E) comporta exclusivamente a aplicação do instituto da revogação, com efeitos ex tunc.

COMENTÁRIO

Alternativa correta: letra "c" (responde as demais alternativas). A convalidação é o suprimento da invalidade de determinado ato administrativo, que opera efeitos *ex tunc*. Para que haja a convalidação, contudo, é necessário que o vício do ato seja **sanável**, o que ocorre quando estiver nos elementos **competência ou forma, desde que não se trate de competência exclusiva ou forma essencial ao ato.** Assim, são insanáveis os vícios quando estiverem nos

52. MELLO, Celso Antônio Bandeira de. *Curso de direito administrativo*. 27. ed. São Paulo: Malheiros, 2010. p. 473.

elementos finalidade, motivo e objeto e, dessa maneira, não é admitida a convalidação. Além disso, outra situação em que impossível a convalidação de ato administrativo é, justamente, a presente na alternativa correta: **quando o vício é impugnado, seja administrativa ou judicialmente.**

10.2. Questões objetivas com gabarito fundamentado

01. (FCC - Analista Judiciário Área Administrativa TRT 19/2022) "[...] são aqueles nos quais a Administração atua com prerrogativa de Poder Público, valendo-se da supremacia do interesse público sobre o interesse privado."

No que diz respeito à classificação dos atos administrativos, é correto afirmar que o excerto apresentado descreve os

(A) atos de gestão.
(B) atos complexos.
(C) atos de expediente.
(D) atos normativos.
(E) atos de império.

02. (FCC - Analista Judiciário Área Administrativa TRT 14/2022) Após ultrapassados dois meses da prática de um ato administrativo, a Administração pública retirou-o do mundo jurídico, por constatar grave vício relativo ao motivo do ato. No caso narrado, o desfazimento do ato deu-se através do instituto da

(A) discricionariedade.
(B) revogação.
(C) convalidação.
(D) vinculação.
(E) anulação.

03. (Cespe - Técnico Judiciário - TJ - RJ/2021) O entendimento de que atos administrativos gozam de presunção de legitimidade significa que estes

A) atestam fatos verdadeiros, não admitindo prova em contrário.
B) são executados pela própria administração, sem intervenção do Poder Judiciário.
C) são emitidos em conformidade com a lei, até prova em contrário.
D) se impõem aos administrados, independentemente de sua concordância.
E) se sujeitam ao controle discricionário do Poder Judiciário.

04. (FCC - Analista Judiciário - Área Administrativa - TRT 15/2018) Uma autarquia responsável pela execução de serviços rodoviários concedeu uma gratificação para determinado segmento de servidores. Um pequeno grupo de servidores de outro setor da autarquia requereu administrativamente a concessão da mesma gratificação. O servidor que apreciou o pleito estava substituindo a autoridade competente e entendeu por dar provimento ao requerimento. Findas as férias da autoridade competente, esta retornou às suas funções e identificou a decisão de seu substituto. Constatado que contrariava a legislação vigente,

(A) a autoridade competente deverá anular a decisão proferida, tendo em vista o vício de legalidade verificado, como expressão do poder de revisão dos atos administrativos.
(B) a autoridade competente deverá identificar se será melhor para os usuários do serviço que a decisão seja anulada, podendo, em caso negativo, convalidar o ato administrativo.
(C) o ato administrativo proferido será necessariamente submetido à análise revisional da autoridade competente, porque provisório, assim como todos os demais de conteúdo decisório proferidos pelo substituto, para anulação ou convalidação.
(D) caberá a revogação da decisão proferida, tendo em vista que os atos administrativos de cunho constitutivo somente podem ser proferidos pela autoridade titular do cargo competente.
(E) a revisão do ato administrativo deverá ser requerida por meio judicial, tendo em vista que a autoridade que o proferiu era competente na ocasião.

05. (FCC – Analista Judiciário – Oficial de Just. Avaliador Federal – TRT 6/2018) Um servidor apresentou requerimento para que lhe fossem concedidas, em pecúnia, as licenças-prêmio a que fazia jus, com base em legislação recém-aprovada pelo ente público cujo quadro integrava. Durante o prazo para apresentação de recurso administrativo contra a decisão que indeferiu o requerimento, a Administração pública

(A) não poderá rever a decisão administrativa, tendo em vista que o processo administrativo depende de provocação do interessado.
(B) pode revogar a decisão de ofício, nos casos de ilegalidade expressa.
(C) pode anular a decisão proferida, de ofício, no caso de constatar que estava eivada de ilegalidade.
(D) deve intimar o interessado para que informe se irá apresentar recurso e, diante da negativa, poderá exercer seu poder de revisão dos atos administrativos.
(E) pode rever a decisão de ofício, desde que tenha sido apresentado recurso pelo interessado, ainda que não tenha invocado a ilegalidade.

06. (FCC – Analista Judiciário – Área Administrativa – TRT 24/2017) Considere:

I. O atributo da presunção de legitimidade dos atos administrativos depende de lei expressa.
II. A imperatividade significa que os atos administrativos são cogentes, obrigando a todos quantos se encontrem em seu circulo de incidência, ainda que o objetivo por ele alcançado contrarie interesses privados.
III. Em alguns atos administrativos, como as permissões e autorizações, está ausente o cunho coercitivo.
IV. A presunção de legitimidade dos atos administrativos é *juris et de jure*, ou seja, presunção relativa.

No que concerne aos atributos dos atos administrativos, está correto o que se afirma APENAS em

a) I, II e IV.
b) III e IV.
c) II e III.
d) I e III.
e) II.

07. (FCC – Analista Judiciário – Área Administrativa – TRT 24/2017) Manoel, servidor público e chefe de determinada repartição, emitiu certidão de dados funcionais a seu subordinado, o servidor Pedro. Passados alguns dias da prática do ato administrativo, Manoel decide revogá-lo por razões de conveniência e oportunidade. Cumpre salientar que o mencionado ato não continha vício de ilegalidade. A propósito dos fatos narrados, a revogação está

(A) incorreta, pois somente caberia tal instituto se feito pela autoridade máxima do órgão ou entidade a que pertence Manoel.
(B) incorreta, pois somente caberia tal instituto se houvesse a concordância do servidor Pedro.
(C) correta.
(D) incorreta, porque o instituto adequado ao caso é a anulação.
(E) incorreta, porque certidão é ato administrativo que não comporta tal instituto.

08. (FCC – Analista Judiciário – Área Judiciária – TRT 24/2017) Fabio, servidor público federal e chefe de determinada repartição, concedeu licença a seu subordinado Gilmar, pelo período de um mês, para tratar de interesses particulares. No último dia da licença em curso, Fabio decide revogá-la por razões de conveniência e oportunidade. A propósito dos fatos, é correto afirmar que a revogação

(A) não é possível, pois o ato já exauriu seus efeitos.
(B) não é possível, pois apenas o superior de Fabio poderia assim o fazer.

(C) é possível, em razão da discricionariedade administrativa e da possibilidade de ocorrer com efeitos ex tunc.

(D) não é possível, pois somente caberia o instituto da revogação se houvesse algum vício no ato administrativo.

(E) é possível, desde que haja a concordância expressa de Gilmar.

09. **(Cespe – Analista Judiciário – Área Judiciária – TRF 1/2017)** Autoridade competente para a realização de ato administrativo pode escolher renunciar a tal competência, ainda que a tenha adquirido por delegação.

GAB:☐ Certo ☐ Errado

Questão	Resposta	Fundamentação
01	E	Doutrina: item 6.3.
02	E	Doutrina: item 8.2.
03	C	Doutrina: item 5.
04	A	Doutrina: item 8.2.
05	C	Doutrina: item 8.2.
06	C	Doutrina: item 5.
07	E	Doutrina: item 8.1.
08	A	Doutrina item 8.1
09	E	Doutrina: item 2.1.

10.3. Questões dissertativas/estudos de caso

▶ ESTUDO DE CASO

Marcos, Juiz do Trabalho, exonerou João, ocupante do cargo em comissão de oficial de gabinete. Marcos tomou a decisão por considerar que João não é mais de sua confiança, que sua produção está muito reduzida, bem como tem a impressão de que ele não está dando a devida importância ao cargo. Marcos, por estar com raiva, consignou na portaria de exoneração que o fazia em razão da inassiduidade do servidor. Diante disso, João impugnou o ato administrativo judicialmente e demonstrou que não faltou nenhum dia ao trabalho e requereu a anulação da portaria. Procede a alegação de João?

RESPOSTA SUGERIDA PELO AUTOR

Por força dos princípios da impessoalidade e da moralidade, a regra é que o acesso aos cargos públicos seja feito por meio de regular disputa entre os interessados e, assim, nos termos do art. 37, II, da Constituição Federal, a investidura em cargo ou emprego público depende de aprovação prévia em concurso público, ressalvadas as nomeações para cargo em comissão.

Cargo em comissão, conforme os incisos II e V do art. 37 da Constituição Federal, é aquele declarado em lei de livre nomeação e exoneração e destina-se às atribuições de direção, chefia e assessoramento, cabendo à lei definir os casos, condições e percentuais em que os cargos em comissão deverão ser, necessariamente, ocupados por servidor de carreira.

Portanto, a norma constitucional é no sentido de que existe discricionariedade do administrador na escolha e no desligamento do servidor ocupante de cargo em comissão. Todavia, o administrador deve obediência ao regime jurídico administrativo e, por isso, é entendimento firme nos tribunais de que o nepotismo afronta o princípio da impessoalidade e, principalmente, o princípio da moralidade, havendo, inclusive, a Súmula Vinculante nº 13 vedando essa prática.

Quanto ao desligamento do servidor, para que isso seja concretizado é necessária a prática do ato exoneratório – nesse caso, tem-se a chamada exoneração ad nutum – e é imprescindível que esse ato tenha, de forma íntegra, todos os elementos de validade necessários para que o ato administrativo seja válido, que são a competência, a finalidade, a forma, o motivo e o objeto.

Ganha relevo, em face da situação fática ora abordada, o elemento motivo, que é o pressuposto, a razão, a situação de fato ou de direito cuja ocorrência autoriza ou determina a prática do ato. É o que leva o administrador a praticar o ato. A razão ou pressuposto de direito é o dispositivo legal que serve de fundamento para o ato, e a situação de fato é o acontecimento. O motivo pode ou não estar expresso em lei, isto é, nem sempre o legislador prevê, expressamente, o motivo e deixa para que o administrador analise a ocorrência do motivo no caso concreto. Por isso, o motivo pode ser vinculado ou discricionário.

Mas, não se pode confundir motivo com motivação. Motivação é a exposição, por escrito, do motivo e faz parte do elemento forma. Nesse ponto, aliás, questão discutida na doutrina é se todo ato deve ser motivado. Em razão da ampla defesa, do contraditório, da isonomia, da publicidade, da moralidade e do amplo acesso ao judiciário, a doutrina e a jurisprudência atuais vêm defendendo a necessidade de motivação em todos os atos administrativos (vinculados e discricionários). Entretanto, quanto aos discricionários, excepcionalmente, há hipóteses em que a motivação escrita pode ser dispensada, como no caso da exoneração ad nutum, conforme previsto no art. 37, II, da Constituição Federal.

Todavia, mesmo que se trate de situação em que não havia obrigação de motivar, uma vez feita a motivação ou o motivo declarado, existiu e é verdadeiro ou o ato é nulo. É a denominada teoria dos motivos determinantes, pela qual o administrador fica vinculado aos motivos declarados para a prática do ato. Exemplo clássico de aplicação dessa teoria é a motivação falsa de ato de exoneração ad nutum, o que ocorre no caso em análise.

De fato, Marcos poderia exonerar João a qualquer tempo por se tratar de cargo em comissão, nos termos do art. 37, II, da Constituição Federal. Nesse caso, há o elemento motivo do ato administrativo, mas Marcos não precisa tê-lo demonstrado, ou seja, não estava obrigado a motivar o ato exoneratório. Entretanto, a partir do momento que o fez, a validade do ato praticado fica vinculada à veracidade do motivo alegado para a sua prática.

João, demonstrou que não faltou e, assim, o motivo alegado é falso, o que contamina a validade do ato praticado por Marcos, com base na teoria dos motivos determinantes, sendo, pois, procedente a alegação de João.

(CNJ 2013 – ANALISTA CESPE) A lei não é capaz de traçar rigidamente todas as condutas de um agente administrativo. Ainda que procure definir alguns elementos que possam restringir a atuação dos agentes, o certo é que, em várias situações, a própria lei oferece a eles a possibilidade de valoração da conduta. Nesses casos, o agente pode avaliar a conveniência e a oportunidade dos atos que vai praticar, na qualidade de administrador dos interesses coletivos. José dos Santos Carvalho Filho. Manual de Direito Administrativo. 24.ª ed. Rio de Janeiro: Lumen Juris, 2011 (com adaptações).

Considerando que o fragmento de texto acima tem caráter unicamente motivador, redija um texto dissertativo a respeito de ato administrativo. Ao elaborar seu texto, aborde, necessariamente os seguintes aspectos:

1 - requisitos do ato administrativo;

2 - atributos do ato administrativo.

RESPOSTA SUGERIDA PELO AUTOR

Para que a Administração Pública atinja a finalidade almejada, qual seja, a consecução do interesse público, é indispensável que haja meios pelos quais a função administrativa possa ser desempenhada. Sem dúvida, uma importante via para tanto é o ato administrativo. Por isso, é fundamental a compreensão de seu significado.

Não há, no ordenamento jurídico brasileiro, a definição legal de ato administrativo, e a divergência entre os juristas, na busca pelo conceito, é significativa.

Segundo Celso Antonio Bandeira de Mello, ato administrativo "é a declaração do Estado (ou de quem lhe faça as vezes – como, por exemplo, um concessionário de serviço público), no exercício de prerrogativas públicas, manifestada mediante providências jurídicas complementares da lei a título de lhe dar cumprimento, e sujeitas a controle de legitimidade por órgão jurisdicional".[53]

Por outro lado, José dos Santos Carvalho Filho conceitua ato administrativo como sendo "a exteriorização da vontade de agentes da Administração Pública e de seus delegatários, nessa condição, que, sob o regime de direito público, vise à produção de efeitos jurídicos com o fim de atender ao interesse público"[54].

Portanto, a conclusão que se extrai é que pelos atos administrativos a Administração Pública, ou seus delegatários, manifesta a sua vontade, e que esses atos são regidos pelo regime jurídico de direito público, objetivam produzir efeitos jurídicos, e o fim mediato é sempre o interesse público.

Ao ser analisado individualmente, constata-se que o ato pode ser dividido em partes, em componentes essenciais para que possa existir validamente. São os elementos ou requisitos do ato administrativo.

53. Curso de direito administrativo. 27 ed. São Paulo: Malheiros, 2010. p. 385.
54 Manual de direito administrativo. 26 ed. São Paulo: Atlas, 2013. p. 101.

Mas, da mesma maneira que ocorre quanto à conceituação, os requisitos também não encontram consenso em doutrina. A divergência já começa pela nomenclatura. Para alguns, tratam-se de elementos. Para outros, tratam-se de requisitos de validade. Não obstante a terminologia adotada, fato é que a divergência se estende, também, quantos aos próprios elementos ou requisitos do ato administrativo. Todavia, neste caso, a posição tradicional é que os elementos ou requisitos dos atos administrativos são aqueles encontrados no artigo 2º da Lei 4.717/1965 (Lei de Ação Popular) e, de acordo com esse dispositivo, os atos lesivos ao patrimônio público são nulos nos casos de incompetência, vício de forma, ilegalidade do objeto, inexistência dos motivos e desvio de finalidade.

Nesse sentido, tradicionalmente, podem ser apontados os seguintes elementos ou requisitos dos atos administrativos: competência, finalidade, forma, motivo e objeto.

O elemento competência, também conhecido como sujeito competente, é a delimitação das atribuições do agente e por ele há indicação de "quem" é competente para a prática do ato, ou seja, aponta quem tem o poder atribuído pela lei para produzir o ato. Apontam-se como características da competência o fato de ser exercida obrigatoriamente, ser imprescritível, improrrogável, irrenunciável e intransferível, excepcionando-se os casos de avocação e delegação previstas e não proibidas em lei, relacionadas ao sistema hierárquico – relação vertical -, existente na administração pública. Tem origem na lei, mas podem, também, ter origem direta da Constituição.

Quanto à finalidade, é o resultado mediato almejado na prática, ou seja, "para que" o ato foi realizado. De forma geral, a Administração não pode se direcionar para qualquer sentido se não tiver como meta o alcance do interesse público e, de maneira específica, deverá se pautar na determinação legal para cada situação.

Por seu turno, a forma é o elemento exteriorizador do ato. Por ela, o ato se apresenta no mundo jurídico. Em regra, é escrita, mas não necessariamente. Pode a lei prever forma diversa, como, por exemplo, as placas de sinalização e os semáforos, que são atos administrativos simbolicamente manifestados.

Já o motivo, é o pressuposto, a razão, a situação de fato ou de direito cuja ocorrência autoriza ou determina a prática do ato. É o "porquê" do ato realizado. O pressuposto de direito é o dispositivo legal que serve de fundamento para o ato, e, por sua vez, a situação de fato é o acontecimento.

Enfim, o objeto é "o efeito jurídico imediato que o ato produz"[55], isto é, corresponde ao conteúdo do ato. Representa "o que" foi feito. Deve estar de acordo com a lei e a moral.

Outro ponto de grande relevância na abordagem dos atos administrativos é que, em razão do peculiar regime a que estão submetidos, qual seja, de direito

55. DI PIETRO, Maria Sylvia Zanella. Direito administrativo. 23 ed. São Paulo: Atlas, 2010. p. 206.

público, gozam de certos atributos ou características, que são: a presunção de legitimidade, a imperatividade e a autoexecutoriedade.

A presunção de legitimidade está intimamente relacionada com o princípio da legalidade, pois se a atuação administrativa deve estar de acordo com a lei e com o direito, presume-se que todo ato praticado seja legal. Trata-se de atributo presente em todos os atos, mas é uma presunção relativa, e admite prova em contrário.

Pela imperatividade o ato administrativo é impositivo, obrigatório ao administrado, quer dizer, a Administração não necessita da concordância do destinatário para que o ato seja praticado. Este atributo não está presente em todos os atos, mas apenas naqueles que impõem obrigações aos administrados. Deste modo, não existe imperatividade nos atos de consentimento, como, por exemplo, nas autorizações.

Por fim, a autoexecutoriedade permite que a Administração execute o ato por seus próprios meios e sem necessidade de atuação do poder judiciário. Não é um atributo existente em todos os atos, pois somente serão autoexecutórios se houver previsão em lei, excepcionando-se, entretanto, as situações de urgência.

11. JURISPRUDÊNCIA APLICÁVEL AO CAPÍTULO

Ato Administrativo

Súmulas

- **STF 473** - A administração pode anular seus próprios atos, quando eivados de vícios que os tornam ilegais, porque deles não se originam direitos; ou revogá-los, por motivo de conveniência ou oportunidade, respeitados os direitos adquiridos, e ressalvada, em todos os casos, a apreciação judicial.
- **STF 346** - A Administração Pública pode declarar a nulidade dos seus próprios atos.

STJ. Aposentadoria. Ato complexo. Confirmação pelo Tribunal de Contas. Decadência. Readequação de entendimento. RE 636.553/RS, Tema n. 445/STF. Prazo de cinco anos. Marco inicial. Chegada do processo na corte de contas. Juízo de retratação.

Os Tribunais de Contas estão sujeitos ao prazo de 5 anos para o julgamento da legalidade do ato de concessão inicial de aposentadoria, reforma ou pensão, a contar da chegada do processo à respectiva Corte de Contas. REsp 1.506.932/PR, Rel. Min. Mauro Campbell Marques, Segunda Turma, por unanimidade, julgado em 02/03/2021. (Info 687)

STF. Lei estadual e prazo decadencial para anulação de ato administrativo

É inconstitucional lei estadual que estabeleça prazo decadencial de 10 (dez) anos para anulação de atos administrativos reputados inválidos pela Administração Pública estadual. ADI 6019/SP, relator Min. Marco Aurélio, redator do acórdão Min. Roberto Barroso, julgamento virtual finalizado em 12.4.2021 (segunda-feira), às 23:59 (Info 1001)

CAPÍTULO VIII

PROCESSO ADMINISTRATIVO NO ÂMBITO DA ADMINISTRAÇÃO PÚBLICA FEDERAL – LEI Nº 9.784/99[1]

1. INTRODUÇÃO

O processo administrativo é muito importante na realização da atividade administrativa, porque, por exemplo, sempre que a Administração tem que decidir algo, realizar uma obra, editar um regulamento, celebrar um contrato, antes do ato final há diversas providências preliminares como estudos, pareceres, informações, audiências, laudos, isto é, tudo o que for necessário para "instruir, preparar e fundamentar o ato final objetivado pela Administração"[2].

Processo e procedimento têm o mesmo significado?

Não. O **processo** é "a relação jurídica integrada por algumas pessoas, que nela exercem várias atividades direcionadas para determinado fim"[3] e, por sua vez, o **procedimento** é a "sucessão de atos preparatórios que devem obrigatoriamente preceder a prática de ato final"[4]. Procedimento relaciona-se com movimento, dinâmica; é o rito, a sequência em que os atos devem ser praticados, com um objetivo final. Ambos são intrinsecamente relacionados, pois "todo processo demanda um procedimento – que é a tramitação dos atos – da mesma forma que todo

1. A cobrança desse tópico é feita de forma literal nas provas e, por isso, **é indispensável a leitura do texto legal**.
2. DI PIETRO, Maria Sylvia Zanella. *Direito administrativo*. 23. ed. São Paulo: Atlas, 2010. p. 623.
3. CARVALHO FILHO, José dos Santos. *Manual de direito administrativo*. 19. ed. Rio de Janeiro: Lumen Juris, 2008. p. 862.
4. DI PIETRO, Maria Sylvia Zanella. *Direito administrativo*. 23. ed. São Paulo: Atlas, 2010. p. 623.

procedimento só tem existência se houver o respectivo processo – este indicando a relação jurídica firmada entre aqueles que dele participam"[5].

Há diversas espécies de processo administrativo e estes se desenvolvem em todas as esferas da Federação e, por isso, devem ser legalmente disciplinados em cada uma delas. Entretanto, nem todos os entes federativos regulamentaram seus processos administrativos, sendo exceção, normalmente, o processo administrativo disciplinar.

Na esfera federal, não há apenas uma norma legal regulamentando o processo administrativo, pois como se viu, o processo administrativo disciplinar para apurar as infrações praticadas por servidores públicos civis federais está regulado na Lei nº 8.112/90[6]. No entanto, trata-se de norma específica, usada apenas no processo disciplinar.

De outra forma, a Lei nº 9.784/99, conforme sua ementa, "regula o processo administrativo no âmbito da Administração Pública Federal". Isso, de forma alguma, significa que as leis federais que regulam processos administrativos específicos foram revogadas, porque, conforme o art. 69, a aplicação da Lei nº 9.784/99 é **geral** e **subsidiária,** quer dizer:

a) **se houver lei específica** regulando determinado processo administrativo, na esfera federal, a Lei nº 9.784/99 **será aplicada subsidiariamente**, isto é, disciplinará eventualmente aquilo que não foi disciplinado pela lei específica;

b) **se não houver lei específica** para determinado processo administrativo na esfera federal, a Lei nº 9.784/99 **será aplicada integralmente**.

Destaca-se, nesse ponto, a edição de Súmula nº 633 do STJ, que dispõe: "A Lei n. 9.784/1999, especialmente no que diz respeito ao prazo decadencial para a revisão de atos administrativos no âmbito da Administração Pública federal, pode ser aplicada, de forma subsidiária, aos estados e municípios, se inexistente norma local e específica que regule a matéria".

Ainda quanto ao **âmbito de aplicação** dessa lei, o art. 1º determina sua aplicação à Administração Federal, direta e indireta, inclusive quanto aos órgãos do Poder Legislativo e do Poder Judiciário, no exercício da função administrativa.

No § 2º do art. 1º traz as seguintes definições:

a) **órgão**: unidade de atuação integrante da estrutura da administração direta e da estrutura da Administração indireta;

b) **entidade**: unidade de atuação dotada de personalidade jurídica;

c) **autoridade**: servidor ou agente público dotado de poder de decisão.

---

5. CARVALHO FILHO, José dos Santos. *Manual de direito administrativo*. 19. ed. Rio de Janeiro: Lumen Juris, 2008. p. 863.
6. Ver item 1.6, do capítulo 4.

2. PRINCÍPIOS DO PROCESSO ADMINISTRATIVO

O art. 2º estabelece a obrigatoriedade de observância de vários princípios. São os **princípios expressos do processo administrativo**[7]:

a) legalidade;

b) finalidade;

c) motivação;

d) razoabilidade;

e) proporcionalidade;

f) moralidade;

g) ampla defesa;

h) contraditório;

i) segurança jurídica;

j) interesse público;

k) eficiência.

Além desses, a doutrina costuma apontar a existência de **princípios implícitos**, dos quais são mais conhecidos os seguintes:

a) **oficialidade**: não tem significado igual ao que lhe é dado no processo judicial, em que cabe ao Juiz movimentar o processo, mas apenas após ter sido iniciado. No processo administrativo, representa que a Administração pode **de ofício** iniciar o processo, impulsioná-lo, instruí-lo e revisá-lo.

b) **informalidade** ou **obediência à forma**: não significa ausência de forma, mas que o processo **não deve se submeter a formas rígidas**, exceto se houver exigência legal expressa.

c) **verdade material**: a Administração pode se valer de qualquer prova lícita para descobrir a verdade real e **não se restringe às provas obtidas no processo**. A autoridade julgadora pode, ela própria, buscar as provas, mesmo que existentes em outro processo ou decorrentes de fato superveniente[8]. Esse princípio serve de suporte para a aplicação da ***reformatio in pejus*** no processo administrativo.

d) **gratuidade**: é **proibida a cobrança dos atos processuais, exceto se houver lei específica.** Em relação aos recursos administrativos, há a **Súmula Vinculante nº 21** determinando que é "inconstitucional a exigência de depósito ou

7. Ver item 2, do capítulo 1, em que é feita a abordagem dos princípios da Administração Pública.
8. MEIRELLES, Hely Lopes. *Direito Administrativo*. 36 ed. São Paulo: Malheiros, 2010. p. 723.

arrolamento prévios de dinheiro ou bens para admissibilidade de recurso administrativo".

e) **pluralidade de instâncias: não pode haver instância única** na esfera administrativa, exceto se quem decidiu foi a autoridade máxima; ainda, em razão desse princípio, ao contrário do processo civil, é possível alegar em instância superior **o que ainda não tinha sido alegado**, reexaminar a matéria de fato e a produção de novas provas[9].

Ainda no art. 2º, no parágrafo único, grande parte dos princípios expressos e implícitos tiveram seus conteúdos descritos pela lei, tendo sido denominados de **critérios**, que são os seguintes:

a) atuação conforme a lei e o direito;

b) atendimento a fins de interesse geral, vedada a renúncia total ou parcial de poderes ou competências, salvo autorização em lei;

c) objetividade no atendimento do interesse público, vedada a promoção pessoal de agentes ou autoridades;

d) atuação segundo padrões éticos de probidade, decoro e boa-fé;

e) divulgação oficial dos atos administrativos, ressalvadas as hipóteses de sigilo previstas na Constituição;

f) adequação entre meios e fins, vedada a imposição de obrigações, restrições e sanções em medida superior àquelas estritamente necessárias ao atendimento do interesse público;

g) indicação dos pressupostos de fato e de direito que determinarem a decisão;

h) observância das formalidades essenciais à garantia dos direitos dos administrados;

i) adoção de formas simples, suficientes para propiciar adequado grau de certeza, segurança e respeito aos direitos dos administrados;

j) garantia dos direitos à comunicação, à apresentação de alegações finais, à produção de provas e à interposição de recursos, nos processos de que possam resultar sanções e nas situações de litígio;

k) proibição de cobrança de despesas processuais, ressalvadas as previstas em lei;

l) impulsão, de ofício, do processo administrativo, sem prejuízo da atuação dos interessados;

---

9. DI PIETRO, Maria Sylvia Zanella. *Direito administrativo*. 23. ed. São Paulo: Atlas, 2010. p. 634-635.

m) interpretação da norma administrativa da forma que melhor garanta o atendimento do fim público a que se dirige, vedada aplicação retroativa de nova interpretação.

3. DIREITOS E DEVERES DOS ADMINISTRADOS

A lei enumera, no art. 3º, alguns direitos, os quais são, apenas, **exemplificativos,** e o próprio dispositivo legal ressalva a previsão de outros direitos. Assim, **sem prejuízo de outros** que lhe sejam assegurados, são **direitos** do administrado:

a) **ser tratado com respeito** pelas autoridades e servidores, que deverão facilitar o exercício de seus direitos e o cumprimento de suas obrigações;

b) **ter ciência da tramitação** dos processos administrativos em que tenha a condição de interessado, **ter vista dos autos, obter cópias** de documentos neles contidos e **conhecer as decisões** proferidas;

c) **formular alegações e apresentar documentos** antes da decisão, os quais serão objeto de consideração pelo órgão competente;

d) **ser assistido**, facultativamente, **por advogado, salvo quando obrigatória** a representação, por força de lei.

Em relação ao direito de ser assistido por advogado é imperioso destacar que a lei, em regra, não exige a presença de advogado, pois é faculdade do administrado, isto é, caso queira, deve ser assistido por advogado. Nesse sentido é a **Súmula vinculante nº 5**, pois estabelece que a "falta de defesa técnica por advogado no processo administrativo disciplinar não ofende a Constituição".

Além desses direitos, nos termos do art. 69-A, algumas pessoas têm **direito à prioridade na tramitação**:

a) pessoa com **idade igual ou superior a 60** anos;

b) pessoa **portadora de deficiência**, física ou mental;

c) pessoa **portadora de doença grave**, como tuberculose ativa, esclerose múltipla, neoplasia maligna, hanseníase, paralisia irreversível e incapacitante, cardiopatia grave, doença de Parkinson, espondiloartrose anquilosante, nefropatia grave, hepatopatia grave, estados avançados da doença de Paget (osteíte deformante), contaminação por radiação, síndrome de imunodeficiência adquirida, ou qualquer outra, com base em conclusão da medicina especializada, mesmo que a doença tenha sido contraída após o início do processo.

Para se requerer o benefício da tramitação prioritária, deve ser feito requerimento à autoridade competente, juntando-se prova de enquadramento em uma das situações legais, pelo que a autoridade determinará as providências a serem cumpridas. Uma vez deferido requerimento, os autos receberão identificação própria que identifique o regime de tramitação prioritária.

No art. 4º, há os **deveres** do administrado:

a) expor os fatos conforme a verdade;

b) proceder com lealdade, urbanidade e boa-fé;

c) não agir de modo temerário;

d) prestar as informações que lhe forem solicitadas e colaborar para o esclarecimento dos fatos.

4. LEGITIMADOS PARA O PROCESSO

No processo administrativo não há partes no sentido atribuído no processo judicial. No processo judicial, há uma relação trilateral, em que há o Estado-Juiz, a parte autora e a parte ré e, no processo administrativo, a relação é bilateral, porque, na hipótese de existência de conflito, há de um lado o particular e do outro o Estado, a quem cabe tomar a decisão e, por isso, **não existem, propriamente, partes, e sim interessados**[10].

A lei estabelece, no art. 10, que têm **capacidade** os maiores de 18 anos, ressalvada previsão especial em ato normativo próprio.

De acordo com o art. 9º, os **interessados legitimados** para o processo são:

a) **as pessoas físicas ou jurídicas que iniciem o processo** na condição de titulares dos direitos ou interesses ou de representantes;

b) **as pessoas físicas ou jurídicas** que **não iniciaram o processo**, mas **têm direitos ou interesses** que possam ser afetados pela decisão a ser adotada (terceiros interessados);

c) as **organizações** e **associações representativas**, quanto a direitos e interesses **coletivos**;

d) as **pessoas** ou as **associações legalmente constituídas**, quanto a direitos ou interesses **difusos**.

5. COMPETÊNCIA

Os artigos 11 a 17 da Lei nº 9.784/99 são dedicados à competência.

Conforme estabelece o art. 11, a **competência é irrenunciável** e deve ser exercida por quem a recebeu, salvo os casos de delegação e avocação. Caso não exista competência legal específica para determinada situação, o processo deve ser iniciado perante a **autoridade de menor grau** hierárquico para decidir (art. 17).

---

10. CARVALHO FILHO, José dos Santos. *Manual de direito administrativo*. 19. ed. Rio de Janeiro: Lumen Juris, 2008. p. 863 e 871.

É dever dos órgãos e entidades administrativas, a divulgação dos locais das respectivas sedes e, quando conveniente, a unidade fundacional competente em matéria de interesse especial (art. 16).

A **delegação** está regulada nos artigos 12 a 14.

<table>
<tr><th colspan="4">DELEGAÇÃO</th></tr>
<tr><td>Conceito</td><td colspan="3">É a transferência de parte das atribuições feita por quem era originariamente competente</td></tr>
<tr><td rowspan="5">A delegação pode ser feita</td><td colspan="3">• se houver ou não subordinação hierárquica</td></tr>
<tr><td colspan="3">• só parcialmente (não pode delegar integralmente a competência)</td></tr>
<tr><td colspan="3">• com ressalva quanto à atribuição delegada</td></tr>
<tr><td rowspan="2">• quando</td><td colspan="2">• não houver impedimento legal</td></tr>
<tr><td>• for conveniente em razão de circunstâncias de índole</td><td>• social
• técnica
• econômica
• jurídica
• territorial</td></tr>
<tr><td>A delegação não pode ser feita em relação</td><td colspan="3">• à edição de atos de caráter normativo
• à decisão de recursos administrativos
• às matérias de competência exclusiva do órgão ou autoridade</td></tr>
<tr><td rowspan="3">O ato de delegação</td><td colspan="3">• deve ser publicado no meio oficial</td></tr>
<tr><td>• deve especificar</td><td colspan="2">• as matérias transferidas
• os poderes transferidos
• os limites da atuação do delegado
• a duração da delegação
• os objetivos da delegação
• o recurso cabível</td></tr>
<tr><td colspan="3">• é revogável a qualquer tempo (ato de revogação deve ser publicado no meio oficial)</td></tr>
<tr><td>As decisões adotadas por delegação</td><td colspan="3">• devem mencionar explicitamente esta qualidade
• consideram-se editadas pelo delegado (este responderá em caso de irregularidade)</td></tr>
</table>

A **avocação** está prevista no art. 15. Pela avocação, **o superior**, que não era competente, **chama para si parcela de competência** legalmente atribuída a subordinado **seu**. Segundo a **doutrina**[11], não pode ser feita quando houver **competência exclusiva do subordinado** e, nos termos daquele dispositivo legal:

11. DI PIETRO, Maria Sylvia Zanella. *Direito administrativo*. 23. ed. São Paulo: Atlas, 2010. p. 205.

a) deve ser **temporária**;

b) deve ser feita em **caráter excepcional**, por **motivos relevantes** devidamente justificados.

6. IMPEDIMENTO E SUSPEIÇÃO

Os artigos 18 a 20 podem ser apontados como exemplos de dispositivos legais destinados à tutela do princípio da impessoalidade, pois regulam os casos de impedimento e suspeição no processo administrativo federal.

Há **impedimento** quando o servidor ou autoridade:

a) tenha **interesse** direto ou indireto **na matéria**;

b) tenha participado ou venha a participar como **perito, testemunha ou representante, ou** se tais situações ocorrem quanto ao cônjuge, companheiro ou parente e afins até o terceiro grau;

c) esteja em **litígio judicial ou administrativo** com o interessado ou respectivo cônjuge ou companheiro.

É **dever da autoridade ou servidor**, quando estiver **impedido, comunicar o fato** à autoridade competente e deixar de atuar, e sua **omissão constitui falta grave**, para efeitos disciplinares (art. 19).

O impedimento refere-se a situações que objetivamente foram consideradas, pelo legislador, como perniciosas para uma atuação impessoal, e a autoridade não pode escolher se atua ou não. De outro modo, quanto à **suspeição**, na lei não há obrigação de se declarar suspeito, e estabelece o art. 20 que a suspeição **pode ser arguida** quando a autoridade ou servidor tenha **amizade íntima ou inimizade notória** com algum dos interessados ou com os respectivos cônjuges, companheiros, parentes e afins até o terceiro grau.

Feita a alegação de suspeição, caso seja indeferida, poderá haver a interposição de **recurso, sem efeito suspensivo** (art. 21).

7. FORMA, TEMPO E LUGAR DOS ATOS DO PROCESSO

7.1. Forma

O **art. 22** é um exemplo de aplicação do **princípio do informalismo**, pois estabelece que os **atos** do processo administrativo **não dependem deforma específica, exceto** quando houver **exigência expressa da lei.** Ainda, determina que, salvo imposição legal, o reconhecimento de firma somente será exigido quando houver dúvida de autenticidade e a *autenticação de documentos* exigidos em cópia poderá ser feita pelo órgão administrativo. Por outro lado, isso não significa ausência de forma, e aquele dispositivo legal prevê **requisitos formais mínimos** e estabelece que o processo administrativo deve ter suas **páginas numeradas sequencialmente** e **rubricadas,** bem como os **atos devem ser produzidos**:

a) por **escrito**;

b) em **vernáculo**;

c) com a **data** e o **local** de sua realização;

d) com a **assinatura** da autoridade responsável.

7.2. Tempo

Não há horário predeterminado para a prática dos atos como ocorre no processo civil, em que os atos processuais, em regra, devem ser praticados das 6 às 20 horas (art. 212, Novo Código de Processo Civil). No processo administrativo, o art. 23 prevê que os atos devem ser praticados em **dias úteis**, no **horário normal de funcionamento da repartição** na qual tramitar o processo e **poderão ser concluídos após o horário** normal, desde que já tenham sido iniciados e o adiamento prejudique o curso regular do procedimento ou cause dano ao interessado ou à Administração.

Quanto aos **prazos, quando não houver disposição específica**, os atos do órgão ou autoridade responsável pelo processo e dos administrados que dele participem devem ser praticados no **prazo de cinco dias, salvo motivo de força maior**, podendo ser **dilatado até o dobro**, mediante **justificativa** comprovada (art. 24). Os prazos deverão ser contados em dias corridos, salvo se existirem normas específicas que estabeleçam que a contagem deverá se dar em dias úteis (Enunciado nº 33 da I Jornada de Direito Administrativo do CJF).

Quanto à **contagem dos prazos**, os artigos 66 e 67 estabelecem que:

a) os prazos começam a correr a partir da data da cientificação oficial, excluindo-se da contagem o dia do começo e incluindo-se o do vencimento;

b) prorroga-se o prazo até o primeiro dia útil seguinte, caso o vencimento caia em dia em que não há expediente ou este for encerrado antes da hora normal;

c) a contagem de prazo fixado em dia é feita de modo contínuo;

d) a contagem de prazo fixado em meses ou anos é feita de data a data e, se no mês do vencimento não houver o dia equivalente àquele do início do prazo, tem-se como termo o último dia do mês;

e) salvo motivo de força maior devidamente comprovado, os prazos processuais não se suspendem.

7.3. Local

Nos termos do art. 25, os atos do processo devem ser realizados, **preferencialmente**, na **sede do órgão**, cientificando-se o interessado se outro for o local de realização.

7.4. Lei nº 14.129/2021 (Lei do Governo Digital): processo administrativo eletrônico

A Lei nº 14.129/2021, conhecida como Lei do Governo Digital, nos artigos 5º a 13, dispõe sobre a **digitalização**, prevendo que a Administração utilizará soluções digitais para a gestão de suas políticas finalísticas e administrativas e para o trâmite de processos administrativos eletrônicos.

Estabelece o art. 6º dessa lei que nos processos administrativos eletrônicos a **regra** é que os **atos processuais** sejam praticados em **meio eletrônico**. São **exceções** a essa determinação: **a)** se o usuário solicitar de forma diversa; **b)** nas situações em que esse procedimento for inviável; **c)** nos casos de indisponibilidade do meio eletrônico; **d)** ou diante de risco de dano relevante à celeridade do processo. Nesses casos excepcionais, poderão os atos processuais serem praticados nos termos das regras aplicáveis aos processos em papel, desde que posteriormente ocorra a digitalização do documento-base correspondente.

Quanto ao tempo, os "atos processuais em meio eletrônico consideram-se realizados no dia e na hora do recebimento pelo sistema informatizado de gestão de processo administrativo eletrônico do órgão ou da entidade, o qual deverá fornecer recibo eletrônico de protocolo que os identifique" (art. 8º, caput). Nos casos em que haja **prazo para a prática do ato,** consideram-se "tempestivos os efetivados, salvo disposição em contrário, até as 23h59 (vinte e três horas e cinquenta e nove minutos) do último dia do prazo, no horário de Brasília" (art. 8º, §1º). Em relação à eventual indisponibilidade dos sistemas informatizados, a Lei não disciplinou o tema e determina que haja regulamentação dos casos e condições da prorrogação de prazos.

Estabelece, também, a Lei nº 14.129/2021, no art. 9º, que o acesso á íntegra do processo para vista pessoal do interessado pode se dar: a) pela disponibilização de sistema informatizado de gestão; ou b) pelo acesso à cópia do documento, preferencialmente em meio eletrônico.

8. COMUNICAÇÃO DOS ATOS DO PROCESSO

O art. 28 elenca as **hipóteses** em que a Administração deverá fazer a **intimação** do administrado. Ocorrerá em relação aos:

a) atos que **resultem** para o interessado na **imposição** de deveres, ônus, sanções ou restrição ao exercício de direitos e atividades;

b) atos de **outra natureza,** de seu interesse.

A **finalidade da intimação,** de acordo com o art. 26, é:

a) para dar **ciência de decisão** ao administrado;

b) para que o administrado **efetive diligências**.

São **requisitos da intimação** (art. 26, § § 1º e 2º):

a) **identificação** do intimado e nome do órgão ou entidade administrativa;

b) **finalidade** da intimação;

c) **data, hora e local** em que deve comparecer;

d) **se** o intimado **deve comparecer pessoalmente**, ou fazer-se representar;

e) informação da **continuidade do processo** independentemente do seu comparecimento;

f) indicação dos **fatos e fundamentos** legais pertinentes;

g) **antecedência mínima de três dias úteis** quanto à data de comparecimento.

A intimação **pode ser feita** por (art. 26, § § 4º e 5º):

a) **ciência** no processo;

b) **via postal** com aviso de recebimento;

c) **telegrama**;

d) **outro meio** que assegure a certeza da ciência do interessado;

e) **publicação oficial:** apenas para o caso de **interessados indeterminados, desconhecidos** ou com **domicílio indefinido.**

No caso de **inobservância das prescrições legais**, haverá a **nulidade da intimação**, mas o **comparecimento do administrado supre** sua falta ou irregularidade (art. 26, § 5º).

O que ocorre se o interessado desatender a intimação?

Não acarreta o **reconhecimento da verdade** dos fatos, nem a **renúncia** a direito pelo administrado e, quando retornar ao processo, ser-lhe-á **garantido direito de ampla defesa** (art. 27). Dessa forma, não há os efeitos típicos da revelia no processo administrativo, pois vigora o princípio da verdade material.

9. FASES DO PROCESSO

9.1. Início

O processo administrativo pode ser iniciado de **ofício** ou a **requerimento** do interessado (art. 5º).

No caso de requerimento, salvo os casos em que seja admitida a **solicitação oral**, deve ser feito por **escrito** e apresentar os seguintes **dados** (art. 6º):

a) **órgão ou autoridade** administrativa a que se dirige;

b) **identificação do interessado** ou de quem o represente;

c) **domicílio do requerente** ou local para recebimento de comunicações;

d) **formulação do pedido**, com exposição dos fatos e de seus fundamentos;

e) **data e assinatura** do requerente ou de seu representante.

Nos termos do art. 8º, quando houver **vários interessados com pedidos** com **conteúdo e fundamentos idênticos**, poderá ser feito um **único requerimento**, salvo preceito legal em contrário.

Ainda, os órgãos e entidades administrativas deverão elaborar **modelos** ou **formulários padronizados** para assuntos que importem **pretensões equivalentes** (art. 7º).

Por fim, cabe registrar que a **Administração não pode recusar**, sem motivo, o **recebimento de documentos**, devendo o servidor **orientar o interessado** quanto ao **suprimento de eventuais falhas** (art. 6º, parágrafo único).

9.2. Instrução

A instrução do processo destina-se a **averiguar e comprovar os dados necessários à tomada de decisão** (art. 29). Pelo princípio da oficialidade, cabe à Administração o impulso ao processo e, assim, **de ofício** realizará oitivas, determinará diligências e produzirá provas em geral para que a decisão seja viabilizada. Todavia, não são admitidas as provas obtidas por **meios ilícitos** (art. 30).

Entretanto, a lei assegura ao **interessado** o direito de **propor a produção das provas** que entender necessárias e, inclusive, pode, durante toda a instrução probatória e antes da tomada da decisão, **juntar** documentos e pareceres, **requerer** diligências e perícias e **fazer alegações** referentes à matéria, objeto do processo. As provas requeridas pelo interessado somente podem ser **recusadas** mediante **decisão fundamentada** (art. 38), quando sejam:

a) ilícitas;

b) impertinentes;

c) desnecessárias; ou

d) protelatórias.

Em relação ao **ônus da prova**, cabe ao **interessado** provar os fatos que tenha alegado (art. 36), **exceto** quando declarar que fatos e dados estão registrados em **documentos existentes na própria Administração**, cujo órgão competente para a instrução proverá, de ofício, a obtenção dos documentos ou das respectivas cópias (art. 37).

Qualquer ato de instrução que exija a atuação do interessado deve ser realizado do modo **menos oneroso** para este (art. 29).

Durante a instrução probatória, os **interessados têm direito à vista** do processo e a **obter certidões** ou **cópias** reprográficas dos dados e documentos que o integram, **ressalvados** os que sejam de **terceiros** e estejam **protegidos por sigilo** ou pelo **direito à privacidade**, à **honra** e à **imagem** (art. 46).

Sempre que for necessária a **prestação de informações ou a apresentação de provas** pelos interessados ou terceiros, **serão expedidas intimações para esse fim**, mencionando-se data, prazo, forma e condições de atendimento.

Os **interessados serão intimados** de prova ou diligência ordenada, com antecedência mínima de **três dias úteis**, mencionando-se data, hora e local de realização (art. 41).

Se a **intimação não for atendida**:

a) o órgão competente **poderá suprir de, ofício, a omissão**, se entender relevante a matéria, não se eximindo de proferir a decisão (art. 39);

b) o órgão competente **arquivará o processo**, quando dados, atuações ou documentos solicitados ao interessado forem necessários à apreciação de pedido formulado (art. 40).

Dependendo da matéria envolvida no processo, é possível a **participação popular** na instrução probatória. Para tanto, os dois principais meios são a **consulta pública** e a **audiência pública**.

A **consulta pública** poderá ser realizada quando a matéria do processo se referir a **assunto de interesse geral e não haja prejuízo** para a parte interessada (art. 31). Nessa hipótese, mediante **despacho motivado** da autoridade competente, será determinada a realização da consulta e deverá haver a **divulgação pelos meios oficiais** e deverá ser fixado **prazo, antes da decisão do pedido, para manifestação de terceiros**. O **participante da consulta pública** não passa, apenas por isso, a ostentar a condição de interessado do processo, mas tem o **direito de obter resposta fundamentada da Administração, que poderá ser comum** a todas as alegações substancialmente iguais.

Em se tratando de **questão relevante**, a juízo da autoridade, poderá ser realizada **audiência pública** para debates sobre a matéria do processo, antes da tomada da decisão (art. 32).

Além da audiência pública e da consulta pública, poderão ser estabelecidos **outros meios** de participação de administrados, diretamente ou por meio de organizações e associações legalmente reconhecidas, **quando se tratar de matéria relevante** (art. 33).

O resultado da participação popular (audiência pública, consulta pública ou outros meios) deverá ser **apresentado** com a indicação do procedimento adotado (art. 34).

Também, prevê a lei, no art. 35, que, se for **necessário à instrução do processo**, poderá ser feita a **audiência, em reunião conjunta, de outros órgãos ou entidades administrativas**, com a participação de titulares ou representantes dos órgãos competentes, lavrando-se a respectiva ata, a ser juntada aos autos.

Ainda, pode haver a **obrigatoriedade** de ser ouvido **órgão consultivo**, por meio de **parecer**. Nesse caso, o **prazo** é de **quinze dias, no máximo**, salvo **norma especial** ou comprovada **necessidade de maior prazo**. No caso da **não apresentação do parecer no prazo fixado** (art. 42):

a) se o parecer era **obrigatório e vinculante**, o processo **não terá seguimento** até a respectiva apresentação, responsabilizando-se o causador do atraso.

b) se o parecer era **obrigatório e não vinculante**, o processo **poderá prosseguir e ser decidido** com sua dispensa, responsabilizando-se o servidor omisso.

Pode ser que, por determinação de ato normativo, devam ser previamente obtidos **laudos técnicos de órgãos administrativos** e, se estes **não cumprirem o encargo** no prazo assinalado, o órgão responsável pela instrução **deverá solicitar laudo técnico de outro órgão** dotado de qualificação e capacidade técnica equivalentes (art. 43).

Encerrada a instrução, o interessado tem o direito de se **manifestar** no prazo máximo de **dez dias, salvo** se **outro prazo** for **legalmente fixado** (art. 44), mas, se houver risco iminente, a Administração Pública poderá motivadamente adotar providências acauteladoras sem a manifestação prévia do interessado (art. 45).

9.3. Decisão

Caso o **órgão de instrução não seja competente** para emitir a decisão final, **elaborará relatório** indicando o pedido inicial, o conteúdo das fases do procedimento e formulará proposta de decisão, objetivamente justificada, **encaminhando** o processo à autoridade competente (art. 47).

A Administração tem o **dever de decidir**, não podendo permanecer omissa (art. 48) e o prazo para a decisão é de **até trinta dias** da conclusão da instrução do processo, salvo **prorrogação por igual período** expressamente motivada (art. 49).

9.3.1 Decisão coordenada

No dia 30 de setembro de 2021, foi publicada Lei nº 14.210, que inseriu o capítulo XI-A, denominado "da decisão coordenada" à Lei nº 9.784/99.

Segundo a lei, decisão coordenada corresponde à instância de natureza interinstitucional ou intersetorial que atua de forma compartilhada, tendo como finalidade a de simplificar o processo administrativo pela participação concomitante das autoridades e agentes decisórios e dos responsáveis pela instrução técnico-jurídica, observada a natureza do objeto e a compatibilidade do procedimento e sua formalização com a legislação pertinente, não excluindo a responsabilidade originária de cada órgão ou autoridade envolvida (art. 49-A, §1º). Será regida pelos princípios da legalidade, eficiência e transparência, utilizando-se, sempre que necessário, da simplificação do procedimento e da concentração das instâncias decisórias (art. 49-A, §5º).

Assim, as decisões administrativas que exijam participação de 3 ou mais setores, órgãos ou entidades poderão ser tomadas mediante decisão coordenada quando: a) for justificável pela relevância da matéria; b) houver discordância que prejudique a celeridade do processo administrativo decisório. Por outro lado, a decisão coordenada não se aplica a processos administrativos: i) de licitação; ii) relacionados ao poder sancionador; iii) em que estejam envolvidas autoridades de Poderes distintos (art. 49-A, caput e §6º).

Poderão se habilitar para participar da decisão coordenada, na qualidade de ouvintes, as pessoas elencadas no art. 9º da Lei, quais sejam:

I – pessoas físicas ou jurídicas que o iniciem como titulares de direitos ou interesses individuais ou no exercício do direito de representação;

II - aqueles que, sem terem iniciado o processo, têm direitos ou interesses que possam ser afetados pela decisão a ser adotada;

III - as organizações e associações representativas, no tocante a direitos e interesses coletivos;

IV - as pessoas ou as associações legalmente constituídas quanto a direitos ou interesses difusos.

A participação em comento poderá incluir o direito a voz e será deferida por decisão irrecorrível da autoridade responsável pela convocação da decisão coordenada (art. 49-B, parágrafo único).

Em caso de dissenso na solução da questão, deverá ser manifestado durante as reuniões, de forma fundamentada, acompanhado das propostas de solução e alteração necessárias para a resolução da questão, não podendo ser arguida matéria estranha ao objeto da convocação (art. 49-F).

Enfim, a conclusão dos trabalhos da decisão coordenada será consolidada em ata com as seguintes informações (art. 49-G):

> *I - relato sobre os itens da pauta;*
>
> *II - síntese dos fundamentos aduzidos;*
>
> *III - síntese das teses pertinentes ao objeto da convocação;*
>
> *IV - registro das orientações, das diretrizes, das soluções ou das propostas de atos governamentais relativos ao objeto da convocação;*
>
> *V - posicionamento dos participantes para subsidiar futura atuação governamental em matéria idêntica ou similar; e*
>
> *VI - decisão de cada órgão ou entidade relativa à matéria sujeita à sua competência.*

Até a assinatura da ata, poderá ser complementada a fundamentação da decisão da autoridade ou do agente a respeito de matéria de competência do órgão ou entidade representada, devendo seu extrato ser publicado no Diário Oficial da União, nela devendo constar registro das orientações, das diretrizes, das soluções ou das propostas de atos governamentais relativos ao objeto da convocação e os dados identificadores da decisão coordenada e o órgão ou local em que se encontra a ata em seu inteiro teor, para conhecimento dos interessados.

9.4. Desistência

O **interessado** pode **desistir do pedido** feito no processo, total ou parcialmente. Também, **pode renunciar a direitos disponíveis.** No caso de haver **vários interessados**, a **desistência ou renúncia só atinge quem a fez.** Mesmo tendo havido a desistência ou a renúncia, a **Administração pode prosseguir com o processo** (art. 51).

A extinção do processo pode ocorrer quando **exaurida sua finalidade** ou o **objeto** da decisão se tornou **impossível, inútil ou prejudicado** por fato superveniente (art. 52).

ATENÇÃO! Quanto à motivação (art. 50), à anulação, revogação e convalidação (artigos 53 a 55), estes temas já foram devidamente abordados no capítulo anterior, remetendo-se o leitor para lá. Destaca-se, nesse ponto, a edição de Súmula nº 633 do STJ, que dispõe: "A Lei n. 9.784/1999, especialmente no que diz respeito ao prazo decadencial para a revisão de atos administrativos no âmbito da Administração Pública federal, pode ser aplicada, de forma subsidiária, aos estados e municípios, se inexistente norma local e específica que regule a matéria".

9.5. Recurso

É possível a **interposição de recurso** administrativo em face da decisão tomada no processo administrativo, **em razão de legalidade e mérito** (art. 56).

Têm **legitimidade** para interpor recurso administrativo (art. 58):

a) titulares de direitos e interesses que forem **parte no processo**;

b) aqueles cujos direitos ou interesses forem **indiretamente afetados pela decisão recorrida**;

c) as **organizações** e **associações representativas**, no tocante a direitos e interesses **coletivos**;

d) os **cidadãos** ou **associações**, quanto a direitos ou interesses **difusos**.

O **prazo para interposição** é de **dez dias**, contado a partir da ciência ou divulgação oficial da decisão recorrida, **salvo disposição legal** específica (art. 59).

Quanto aos **efeitos**, em regra, o recurso não tem efeito suspensivo, exceto se houver previsão legal em contrário. Entretanto, de ofício ou a pedido, a autoridade recorrida ou imediatamente superior pode conceder **efeito suspensivo,** se houver **justo receio** de **prejuízo de difícil ou incerta reparação** decorrente da execução (art. 61). É a aplicação da tutela preventiva no processo administrativo[12].

A **interposição** é feita por **requerimento**, no qual o recorrente deverá **expor** os **fundamentos do pedido** de reexame, podendo juntar os documentos que julgar convenientes (art. 60). A interposição **independe de caução,** mas o art. 56, § 2º, ressalva a possibilidade de lei exigir a caução, mas é necessário lembrar a **Súmula Vinculante nº 21** determinando que é "inconstitucional a exigência de depósito ou arrolamento prévios de dinheiro ou bens para admissibilidade de recurso administrativo".

O recurso administrativo tramitará, no **máximo, por três instâncias** administrativas, salvo disposição legal diversa (art. 57).

Uma vez interposto o recurso, será encaminhado para a **autoridade que proferiu a decisão** e esta pode reconsiderar ou não. Caso **não reconsidere**, no prazo de **cinco dias, encaminhará** o recurso à **autoridade superior** (art. 56, § 1º).

12. CARVALHO FILHO, José dos Santos. *Manual de direito administrativo*. 19. ed. Rio de Janeiro: Lumen Juris, 2008. p. 875.

Todavia, não tendo havido a reconsideração, se o recorrente alegar que a decisão administrativa contraria enunciado da súmula vinculante, caberá à autoridade que proferiu a decisão, antes de encaminhar o recurso à autoridade superior, explicar as razões da aplicabilidade ou inaplicabilidade da súmula, conforme o caso (art. 56, § 3º).

A autoridade competente para conhecer do recurso, deverá **intimar os demais interessados** para que, no prazo de **cinco dias úteis**, apresentem **alegações** (art. 62).

O recurso **não será conhecido** quando interposto (art. 63):

a) **fora do prazo**;

b) perante **órgão incompetente** (nesse caso, será indicada a autoridade competente e será devolvido ao recorrente o prazo para recurso);

c) por quem **não seja legitimado**;

d) após **exaurida a esfera administrativa**.

Mesmo não conhecendo o recurso, a **Administração pode rever, de ofício, o ato ilegal**, exceto se já **tiver ocorrido** a **preclusão administrativa** (art. 63, § 2º).

A autoridade competente terá o **prazo de trinta dias para decidir** o recurso, **salvo** se a **lei fixar** prazo **diferente**. O prazo pode ser **prorrogado por igual período**, se houver justificativa (art. 59). Portanto, o prazo máximo para a decisão, com a prorrogação, é de sessenta dias.

Ao decidir, a autoridade **poderá** (art. 64):

a) **confirmar**;

b) **modificar**;

c) **anular**; ou

d) **revogar**, total ou parcialmente, a decisão recorrida, se a matéria for de sua competência.

O parágrafo único do art. 64 determina que, se da **decisão puder decorrer gravame** à situação do recorrente, este **deverá ser cientificado** para que formule suas alegações antes da decisão. Verifica-se nesse dispositivo a possibilidade de a decisão piorar, agravar a situação do interessado, ou seja, **admite-se a *reformatio in pejus***.

Se o recorrente **alegar violação** de enunciado da **súmula vinculante**, a **autoridade competente** para decidir **explicitará as razões** da aplicabilidade ou inaplicabilidade da súmula, conforme o caso (art. 64-A).

Caso o interessado ajuizar **reclamação** no **STF** em razão da **violação** de enunciado da **súmula vinculante** e esta seja **julgada procedente**, será dada **ciência** à autoridade prolatora da decisão e ao órgão competente para o julgamento do recurso, para que façam a **adequação das futuras decisões** administrativas em casos semelhantes, sob pena de responsabilização pessoal nas esferas cível, administrativa e penal (art. 64-B).

9.6. Revisão

A **revisão** não é recurso e pode ser feita, a **qualquer tempo, a pedido ou de ofício**, quando surgirem **fatos novos ou circunstâncias relevantes** suscetíveis de justificar a **inadequação da sanção** aplicada. De forma diferente do que ocorre no processo administrativo, na revisão **não é possível agravar** a situação do administrado, isto é, **não se admite a *reformatio in pejus*** (art. 65).

10. QUESTÕES

10.1. Questões objetivas comentadas

01. **(FCC – Analista Judiciário Oficial de Justiça Avaliador Federal – TRT 14/2022)** Determinado processo administrativo foi iniciado mediante requerimento escrito de interessado que, no entanto, não se identificou. A narrativa dos fatos imputa a servidor da saúde a prática de atos que, em tese, constituem infrações disciplinares. Este servidor, contudo, compareceu ao processo, mas não está representado por advogado. Nos termos da Lei nº 9.784/1999, que regula o processo administrativo no âmbito da Administração Pública Federal,

(A) existe apenas um vício no processo administrativo: a ausência de identificação do interessado, sendo as demais situações fáticas expostas admitidas pela Lei nº 9.784/1999, ressaltando-se que a representação por advogado é facultativa, salvo quando obrigatória por força de lei.

(B) existem dois vícios no processo administrativo: a ausência de identificação do interessado e a falta de representação por advogado, obrigatória em todos os processos administrativos.

(C) inexiste vício no processo administrativo, pois as situações fáticas expostas são admitidas pela Lei no 9.784/1999.

(D) existem três vícios no processo administrativo: a instauração do processo se deu a requerimento de interessado, no entanto, somente pode ocorrer de ofício pela Administração pública; além disso, ausente a identificação do interessado; e, por fim, a falta de representação por advogado, obrigatória em todos os processos administrativos.

(E) existem dois vícios no processo administrativo: a instauração do processo se deu a requerimento de interessado, no entanto, somente pode ocorrer de ofício pela Administração pública; além disso, ausente a identificação do interessado.

COMENTÁRIO

Alternativa correta: letra "a" (responde as demais alternativas). De acordo com o previsto na Lei nº 9.784/1999, em seu art. 5º o processo administrativo pode iniciar-se de ofício ou a pedido de interessado e, nos termos do art. 6º, inciso II, é requisito do requerimento a identificação do interessado ou de quem o represente. Por fim, o art. Art. 3º, IV, prevê como direito do administrado fazer-se assistir, facultativamente, por advogado, salvo quando obrigatória a representação, por força de lei.

02. **(FGV – Técnico Judiciário – TJ – RO/2021)** João, ocupante do cargo efetivo de Técnico Judiciário de determinado Tribunal, exerce cargo em comissão de Diretor do Departamento de Tecnologia da Informação. Na qualidade de agente competente para decidir determinada matéria no bojo de processo administrativo, João praticou ato administrativo com motivação explícita, clara e congruente, porém

consistente em declaração de concordância com fundamentos de anteriores pareceres e decisões constantes dos autos, que, neste caso, são parte integrante do ato.

De acordo com a Lei nº 9.784/1999, que regula o processo administrativo, aplicável ao caso narrado, em tese, a motivação apresentada por João é:

a) ilícita e opera efeitos *ex tunc*;
b) ilícita e opera efeitos *ex nunc*;
c) ilícita e não comporta convalidação;
d) lícita e opera efeitos *ex tunc*;
e) lícita e é conhecida como motivação aliunde.

COMENTÁRIO

Alternativa "e" (responde as demais alternativas). Na forma do art. 50, §1º, da Lei nº 9.784/99, "a motivação deve ser explícita, clara e congruente, **podendo consistir em declaração de concordância com fundamentos de anteriores pareceres, informações, decisões ou propostas**, que, neste caso, serão parte integrante do ato". Trata-se do que a doutrina chama de motivação aliunde.

03. (Cespe – Analista Judiciário – Direito – TJ – PA/2020) O processo administrativo pode ser iniciado e impulsionado sem qualquer provocação de particular. Além disso, adota formas simples, suficientes para propiciar adequado grau de certeza, segurança e respeito aos direitos dos administrados. Esses critérios, previstos na Lei nº 9.784/1999, refletem observância, respectivamente, aos princípios

A) da eficiência e da finalidade.
B) da verdade material e da segurança jurídica.
C) do interesse público e da verdade formal.
D) da finalidade e da instrumentalidade das formas.
E) da oficialidade e do informalismo procedimental.

COMENTÁRIO

Alternativa correta: letra "e". O princípio da oficialidade, em âmbito administrativo, não tem significado igual ao que lhe é dado no processo judicial, em que cabe ao juiz movimentar o processo tão somente após provocação das partes. No processo administrativo, o princípio da oficialidade representa a possibilidade da Administração Pública, ***de ofício***, dar início ao processo administrativo, impulsioná-lo, instruí-lo e revisá-lo. Está instrumentalizado logo no art. 5º, da Lei nº 9.784/1999. Por seu turno, o art. 22, da Lei, representa uma manifestação do princípio do **informalismo** ou princípio do formalismo moderado, que não significa ausência de forma, mas que o processo administrativo **não deve se submeter a formas rígidas,** exceto se houver exigência legal expressa.

Alternativa "a". Apesar de os princípios da **eficiência** e **finalidade** estarem contemplados na Lei nº 9.784/1999, a descrição constante do enunciado não corresponde a estes postulados.

Alternativa "b". O princípio da **verdade material**, apesar de ser considerado como implícito ao processo administrativo no âmbito federal, não está expressamente previsto na Lei nº 9.784/1999.

Alternativa "c". O princípio da **verdade formal** sequer está previsto no rol do art. 2º, da Lei nº 9.784/1999.

Alternativa "d". Inexiste previsão do princípio da **instrumentalidade das formas** na Lei nº 9.784/1999, mas, de forma implícita, da **informalidade**.

04. (AOCP – Analista Judiciário – Área Administrativa – TRT 1/2018) No tocante à instrução do processo administrativo federal (Lei nº 9.784/1999), assinale a alternativa correta.

(A) Quando deva ser obrigatoriamente ouvido um órgão consultivo, o parecer deverá ser emitido no prazo máximo de 15 (quinze) dias, salvo norma especial ou comprovada necessidade de maior prazo.
(B) O comparecimento à consulta pública confere, por si, a condição de interessado do processo, outorgando o direito de obter da Administração resposta fundamentada sobre o caso.
(C) Somente podem ser recusadas sem a devida fundamentação as provas propostas pelos interessados quando forem ilícitas, impertinentes, desnecessárias ou protelatórias.

(D) Encerrada a instrução, o interessado terá o direito de manifestar-se no prazo máximo de 20 (vinte) dias, salvo se outro prazo for legalmente fixado.

(E) Se um parecer obrigatório e não vinculante deixar de ser emitido no prazo fixado, o processo não terá seguimento até a respectiva apresentação, responsabilizando-se quem der causa ao atraso.

COMENTÁRIO

Alternativa correta: letra "a" (responde a alternativa "e"). A instrução do processo destina-se a ***averiguar e comprovar os dados necessários*** à tomada de decisão (art. 29, da Lei nº 9.784/99). Quando houver a obrigatoriedade de ouvir um órgão consultivo, o parecer deve ser emitido no prazo máximo de 15 dias, salvo normal especial ou comprovada necessidade de prazo maior. Caso se trate de **parecer obrigatório e vinculante** não emitido no prazo fixado, o processo não terá seguimento até a respectiva apresentação, responsabilizando-se quem deu causa ao atraso (art. 42 da Lei nº 9.784/99)

Alternativa "b". Na forma do art. 31, §2º, da Lei, "o comparecimento à consulta pública **não confere**, por si, a condição de interessado do processo, mas confere o direito de obter da Administração resposta fundamentada, que poderá ser comum a todas as alegações substancialmente iguais".

Alternativa "c". Somente podem ser recusadas, **mediante decisão fundamentada,** as provas propostas pelos interessados quando forem ilícitas, impertinentes, desnecessárias ou protelatórias, nos termos do art. 38, §2º, da Lei.

Alternativa "d". De acordo com o art. 44, da Lei, encerrada a instrução, o interessado terá o direito de manifestar-se no **prazo máximo de 10 dias**, salvo se outro prazo for legalmente fixado.

05. **(FCC - Analista Judiciário - Área Administrativa - TRT 2/2018)** No que concerne à competência das autoridades administrativas e sua delegação, nos termos disciplinados pela Lei Federal nº 9.784, de 1999, que disciplina o processo administrativo no âmbito da Administração Pública Federal, tem-se que

(A) a delegação somente é admitida para órgão hierarquicamente subordinado àquele detentor da competência legal.

(B) não é admissível a delegação de competência para decisão de recursos administrativos.

(C) admite-se a delegação para a edição de atos normativos, desde que não gerem efeitos perante terceiros.

(D) a avocação de competência de órgão hierarquicamente inferior é sempre cabível, independentemente de ato específico.

(E) não é passível de delegação a competência exclusiva, salvo para a prática de atos declaratórios.

COMENTÁRIO

Alternativa correta: letra "b" (responde as alternativas "a", "c" e "e"). A delegação, em regra, de acordo com a doutrina, é feita do superior para o subordinado, mas a lei prevê a possibilidade de delegação mesmo quando não houver subordinação, conforme o art. 12 da Lei nº 9.784/99 (reguladora do processo administrativo na esfera federal), estabelecendo, também, que a delegação poderá ocorrer por motivos de índole técnica, social, econômica, jurídica e territorial. Nos termos do art. 13 da Lei nº 9.784/99, a delegação é proibida quando o objeto for a edição de atos de caráter normativo, **a decisão de recursos administrativos e as matérias de competência exclusiva do órgão ou autoridade,** não havendo qualquer flexibilização quanto aos atos declaratórios.

Alternativa "d". Na forma do art. 15, da Lei, será permitida, **em caráter excepcional e por motivos relevantes devidamente justificados,** a avocação temporária de competência atribuída a órgão hierarquicamente inferior.

06. **(Cespe - Analista Judiciário - Área Judiciária - TRE - TO/2017)** A Lei n.º 9.784/1999, ao prever que, sem prejuízo da atuação dos interessados, o processo administrativo no âmbito federal pode ser impulsionado pela própria administração, declara o princípio da(o)

a) finalidade.
b) concordância prática.
c) informalismo.
d) gratuidade.
e) oficialidade.

COMENTÁRIO

Alternativa correta: letra "e". O princípio da oficialidade, em âmbito administrativo, não tem significado igual ao que lhe é dado no processo judicial, em que cabe ao juiz movimentar o processo tão somente após provocação das partes. No processo administrativo, existe a possibilidade da Administração Pública, **de ofício**, dar início ao processo administrativo, impulsioná-lo, instruí-lo e revisá-lo.

Alternativa "a". Pelo princípio da finalidade deve-se buscar a finalidade pública, traduzindo a regra prevista no art. 5º da LINDB, que afirma que o juiz deve atender aos fins sociais e a exigência do bem comum na aplicação da lei. Dessa forma, o processo administrativo, do mesmo modo que o processo judicial, está vinculado à realização do interesse público[13].

Alternativa "b". Inexiste qualquer previsão do princípio da concordância prática na Lei nº 9.784/99.

Alternativa "c". No **processo administrativo**, aplica-se o princípio da **informalidade** ou **obediência à forma**, segundo o qual o processo **não deve se submeter a formas rígidas**, exceto se houver exigência legal expressa nesse sentido.

Alternativa "d". O princípio da gratuidade consiste na "proibição de cobrança de despesas processuais, ressalvadas as previstas em lei", destacando-se, ainda, a existência da Súmula Vinculante nº 21 do Supremo Tribunal Federal determinando que é "inconstitucional a exigência de depósito ou arrolamento prévios de dinheiro ou bens para admissibilidade de recurso administrativo".

07. (FCC - Analista Judiciário - Área Judiciária - TRE - PR/2017) A Lei nº 9.784/1999, que regula o processo administrativo, estabelece que

a) deve ser observada a interpretação da norma administrativa da forma que melhor garanta o atendimento do fim público a que se dirige, vedada aplicação retroativa de nova interpretação.
b) não é admitida renúncia de competência, delegação nem avocação.
c) o indeferimento da alegação de suspeição de autoridade no âmbito do processo administrativo poderá ser objeto de recurso, com efeito suspensivo.
d) órgão ou entidade é a unidade de atuação integrante da estrutura da Administração direta e indireta.
e) é vedada a utilização de meio mecânico que reproduza os fundamentos das decisões no caso de solução de vários assuntos da mesma natureza para evitar que sejam prejudicados direito ou garantia dos interessados.

COMENTÁRIO

Alternativa correta: letra "a". Trata-se do exposto no o art. 2º, parágrafo único, XIII, da Lei nº 9.784/99 que estabelece que no processo administrativo deve ser observada a "interpretação da norma administrativa da forma que melhor garanta o atendimento do fim público a que se dirige, vedada aplicação retroativa de nova interpretação", consistindo em exemplo de manifestação do **princípio da segurança jurídica.**

Alternativa "b". A primeira parte da assertiva se mostra correta, ou seja, de fato, a competência é irrenunciável e deve ser exercida por quem a recebeu, salvo os casos de delegação e revogação (art. 11 da Lei nº 9.784/99). A delegação e a avocação são situações temporárias e excepcionais, pois permitem a prática de ato administrativo por quem não era originariamente competente. A diferença é que **na delegação quem é competente delega, transfere parte de sua competência para outro servidor e na avocação o superior, que não era competente, chama para si parcela de competência legalmente atribuída a subordinado seu.**

Alternativa "c". Poderá ser arguida a **suspeição** de autoridade ou servidor que tenha amizade íntima ou inimizade notória com alguns dos interessados ou com os respectivos cônjuges, companheiros, parentes e afins até o terceiro grau (art. 21). Em caso de indeferimento, será possível a interposição de **recurso**, o qual não terá efeito suspensivo (art. 22).

Alternativa "d". O art. 1º, § 2º, da Lei, define que o **órgão** é a unidade de atuação integrante da estrutura da Administração direta e da estrutura da Administração indireta e, portanto, sem personalidade jurídica, bem como que **entidade** é a unidade de atuação dotada de personalidade jurídica.

13. DALLARI, Adilson; FERRAZ, Sergio. Processo Administrativo. São Paulo: Malheiros. 2002. P. 57-58.

Alternativa "e". Estabelece o art. 50, §2º, da Lei, que "na solução de vários assuntos da mesma natureza, pode ser utilizado meio mecânico que reproduza os fundamentos das decisões, desde que não prejudique direito ou garantia dos interessados".

08. (Cespe – Técnico Judiciário – Área Administrativa – TRE – BA/2017) De acordo com a Lei n.º 9.784/1999, que regula o processo administrativo no âmbito federal e trata, entre outros assuntos, dos direitos e deveres dos administrados e da administração pública, assinale a opção correta.

a) Do processo administrativo em que seja interessado, o administrado tem direito a: ciência da tramitação; vista dos autos e obtenção de cópias de documentos, ainda que se trate de processo classificado como sigiloso.

b) A administração pública tem o dever de motivar suas decisões de forma explícita, clara e congruente, não podendo fazê-lo mediante simples declaração de concordância com fundamentos de pareceres anteriores.

c) Em qualquer caso, o administrado tem o dever de fazer-se assistir por advogado para que sejam observados os princípios constitucionais do contraditório e da ampla defesa.

d) O administrado tem o direito de formular alegações e apresentar documentos antes e depois da decisão administrativa, os quais devem ser considerados pelo órgão competente.

e) A administração pública tem o dever de emitir decisão nos processos administrativos, mas não está obrigada a se manifestar sobre as reclamações dos administrados.

COMENTÁRIO

Alternativa correta: letra "a". Os direitos descritos no item estão previstos no art. 3º, II, da Lei nº 9.784/99 e por este o administrado tem o direito de ter ciência da tramitação (quando for interessado), de ter vista dos autos, de conhecer as decisões e, ainda, o de obter cópias de documentos contidos no processo administrativo.

Alternativa "b". O princípio da motivação corresponde à demonstração, por escrito, dos motivos, dos pressupostos de fato e de direito, que levaram o administrador a praticar o ato administrativo. Está previsto expressamente no art. 2º, parágrafo único, VII, da Lei nº 9.784/99, ao estabelecer como critério, no processo administrativo federal, a "indicação dos pressupostos de fato e de direito que determinarem a decisão". Ainda nessa lei, no art. 50, há a determinação de que os atos administrativos deverão ser motivados, quando: a) neguem, limitem ou afetem direitos ou interesses; b) imponham ou agravem deveres, encargos ou sanções; c) decidam processos administrativos de concurso ou seleção pública; d) dispensem ou declarem a inexigibilidade de processo licitatório; e) decidam recursos administrativos; f) decorram de reexame de ofício; g) deixem de aplicar jurisprudência firmada sobre a questão ou discrepem de pareceres, laudos, propostas e relatórios oficiais; h) importem anulação, revogação, suspensão ou convalidação de ato administrativo. Neste sentido, o art. 50, VII da Lei nº 9.784/99 exige a motivação do ato administrativo quando ele deixar de aplicar jurisprudência firmada sobre a questão ou discrepar de pareceres, laudos, propostas e relatórios oficiais. Assim, quando o ato estiver fundamentado em pareceres anteriores, **não** há necessidade de motivação.

Alternativa "c". A assistência de advogado não é obrigatória para o administrado, pois o art. 3º, IV, determina que é direito do administrado "fazer-se assistir, **facultativamente**, por advogado, salvo quando obrigatória a representação, por força de lei". Ainda, há a Súmula vinculante nº 5, a qual estabelece que a "falta de defesa técnica por advogado no processo administrativo disciplinar não ofende a Constituição".

Alternativa "d". Em consonância com o direito constitucional à ampla defesa, o art. 3º, III, assegura ao administrado o direito de "formular alegações e apresentar documentos antes da decisão, os quais serão objeto de consideração pelo órgão competente".

Alternativa "e". A administração pública tem o dever de emitir decisão nos processos administrativos e a se manifestar sobre reclamações dos administrados.

09. (FCC – Analista Judiciário – Oficial de Just. Avaliador – TRT 11/2017) Rúbia e Nefertite são partes interessadas em um mesmo

QUESTÕES DE CONCURSOS

processo administrativo de âmbito federal. Em determinado momento, Rúbia formulou, por meio de manifestação escrita, pedido de desistência total do pedido formulado. A propósito do tema e, nos termos do que preceitua a Lei n° 9.784/1999, é correto afirmar que

(A) o processo administrativo será obrigatoriamente extinto.

(B) a desistência atingirá somente Rúbia.

(C) a desistência de Rúbia também poderia ser feita verbalmente, haja vista a informalidade que vigora no processo administrativo.

(D) a desistência não pode ser total, devendo ser parcial, vez que apenas a Administração pública tem o poder de extinguir integralmente o feito.

(E) a desistência de Rúbia somente será admissível se decorrer de fatos supervenientes, isto é, que surgiram após a instauração do processo administrativo.

COMENTÁRIO

Alternativa correta: letra "b" (responde as demais alternativas). O processo administrativo, nos termos do art. 5º da Lei, pode ser iniciado de **ofício** ou **a requerimento** de interessado que deve apresentar, no mínimo, os dados exigidos no art. 6º da Lei e, ainda, ser feita por **escrito** – salvo os casos em que seja admitida a **solicitação oral**. O interessado que tenha provocado a instauração de processo administrativo pode **desistir do pedido** feito, **total ou parcialmente**, além de poder **renunciar a direitos disponíveis.** No caso de haver **vários interessados**, a **desistência ou renúncia só atinge quem a fez**. Mesmo tendo havido a desistência ou a renúncia, nos termos do art. 51 da Lei, a **Administração pode prosseguir com o processo.**

10. (Cespe – Analista Judiciário – Área Judiciária – Oficial de Justiça Avaliador – TRT8/2016) Acerca dos atos administrativos e do processo administrativo, assinale a opção correta conforme a Lei nº 9.784/1999.

A) A competência para a edição de atos normativos poderá ser delegada.

B) A revogação do ato administrativo ocorre nas hipóteses de ilegalidade, devendo retroagir com efeitos ex tunc para desconstituir as relações jurídicas criadas com base no ato revogado.

C) O direito da administração de anular os seus próprios atos decai em cinco anos, ainda que constatada a má-fé do destinatário do ato.

D) A convalidação dos atos administrativos que apresentem defeitos sanáveis pode ser feita pela administração, desde que esses atos não acarretem lesão ao interesse público ou prejuízo a terceiros.

E) O ato de exoneração do servidor público ocupante de cargo em comissão e os atos administrativos que decidam recursos administrativos dispensam motivação.

COMENTÁRIO

Alternativa correta: letra "d". A Lei nº 9.784/99 destaca a possibilidade de convalidação dos atos administrativos, desde que estes apresentem defeitos sanáveis e, em especial, não acarretem lesão ao interesse público ou prejuízo a terceiros, conforme art. 55.

Alternativa "a". Nos termos do art. 13 da Lei nº 9.784/99, a delegação é proibida quando o objeto for a edição de atos de caráter normativo, a decisão de recursos administrativos e as matérias de competência exclusiva do órgão ou autoridade.

Alternativa "b". A **anulação** do ato administrativo ocorre nas hipóteses de ilegalidade, devendo retroagir com efeitos *ex tunc* para desconstituir as relações jurídicas criadas com base no ato revogado.

Alternativa "c". A Administração Pública federal, nos termos do art. 54, da Lei, tem o **prazo decadencial de cinco anos** para anular os atos administrativos com **efeitos favoráveis ao destinatário, desde que não haja má-fé.**

Alternativa "e". O ato de exoneração do servidor público ocupante de cargo em comissão e os atos administrativos que decidam recursos administrativos **devem ser motivados**, à luz do princípio da motivação e conforme previsão expressa no art. 50 da Lei nº 9.784/99..

11. (FCC – Analista Judiciário – Área Judiciária – TRT 14/2016) Manoel e Manoela, além de irmãos, são partes interessadas no mesmo processo administrativo em curso perante a Administração Pública Federal. No curso do feito, Manoel desistiu do pedido. Em razão disso, a Administração estendeu a desistência a ambas as partes e extinguiu o processo. Em outro processo administrativo, a parte interessada, Ricardo, também desistiu do seu pedido, o que foi negado pela Administração por considerar que o interesse público justificava a continuidade do feito. Nos termos da Lei nº 9.784/1999, a conduta da Administração Pública Federal está

(A) incorreta apenas no segundo caso, pois a desistência do pedido diz respeito a direito disponível da parte e deve ser prontamente acolhida pela Administração.
(B) correta em ambos os casos.
(C) incorreta em ambos os casos, pois não é cabível desistência em processo administrativo no âmbito da Administração Pública Federal.
(D) incorreta apenas no primeiro caso, pois a desistência atinge somente quem a formulou.
(E) incorreta no primeiro caso, vez que a lei veda duas partes no mesmo processo administrativo e também incorreta no segundo processo, pois não é possível contrariar o interesse da parte, haja vista tratar-se de direito disponível.

COMENTÁRIO

Alternativa correta: letra "d" (responde as demais alternativas). O processo administrativo, nos termos do art. 5º da Lei, pode ser iniciado de **ofício** ou **a requerimento** de interessado que deve apresentar, no mínimo, os dados exigidos no art. 6º da Lei e, ainda, ser feita por **escrito** – salvo os casos em que seja admitida a **solicitação oral**. O interessado que tenha provocado a instauração de processo administrativo pode **desistir do pedido** feito, **total ou parcialmente**, além de poder **renunciar a direitos disponíveis**. No caso de haver **vários interessados**, a **desistência ou renúncia só atinge quem a fez**. Mesmo tendo havido a desistência ou a renúncia, nos termos do art. 51 da Lei, a **Administração pode prosseguir com o processo**.

12. **(Cespe – Analista Judiciário – Área Judiciária – TRE – PI/2016)** Com base na legislação que rege o processo administrativo disciplinar (PAD), assinale a opção correta.

A) No PAD, não se admitem provas contra os agentes públicos investigados obtidas por meios ilícitos.
B) O comparecimento e ciência do agente público investigado em PAD não supre a falta de sua intimação, haja vista o seu direito de ser citado pelo menos três dias antes da data para cumprimento do objeto da intimação.
C) É obrigatória a cobrança de custas processuais dos agentes públicos apontados como responsáveis pela infração investigada, além da exigência de depósito em garantia aos cofres públicos, em montante a ser estipulado pela autoridade superior, compatível com o valor do objeto investigado.
D) Não representa prejuízo para o PAD o fato de servidor nomeado para apurar o ocorrido litigar em juízo contra o agente público investigado, se não houver sentença transitada em julgado.
E) Em razão do princípio da solenidade, o PAD deverá obedecer à forma, aos requisitos e aos demais ritos processuais, inclusive quanto à correta invocação das peças utilizadas em suas manifestações, sob pena de não serem conhecidas em juízo de admissibilidade.

COMENTÁRIO

Alternativa correta: letra "a". Na esteira do estatuído no art. 5º, LV, da Constituição Federal e no art. 38, §2º, da Lei nº 9.784/99, **não se admite o uso de provas ilícitas** no processo administrativo – do qual é espécie o processo administrativo disciplinar.

Alternativa "b". Na forma do art. 26, §5º, da Lei nº 9.784/99, "as intimações serão nulas quando feitas sem observância das prescrições legais, mas o comparecimento do administrado supre sua falta ou irregularidade".

Alternativa "c". Consoante art. 2º, parágrafo único, V, da Lei nº 9.784/99, nos processos administrativos será observada a "proibição de cobrança de despesas processuais, ressalvadas as previstas em lei". Nessa esteira, importa destacar a Súmula Vinculante nº 21 que preceitua ser "inconstitucional a exigência de depósito ou arrolamento prévios de dinheiro ou bens para admissibilidade de recurso administrativo".

Alternativa "d". Nos termos do art. 18, III, da Lei nº 9.784/99, é impedido de atuar em processo administrativo o servidor ou autoridade que "esteja litigando judicial ou administrativamente com o interessado ou respectivo cônjuge ou companheiro".

Alternativa "e". O art. 22, da Lei nº 9.784/99, representa uma manifestação do princípio do **informalismo** e estabelece que os atos do processo administrativo não dependem de forma específica, exceto quando houver exigência expressa da lei. Nessa mesma esteira é o **princípio do formalismo moderado**, que não significa ausência de forma, mas que o processo administrativo **não deve se submeter a formas rígidas**, exceto se houver exigência legal expressa.

10.2. Questões objetivas com gabarito fundamentado

01. **(FCC – Analista Judiciário Área Judiciária – TRT 5/2022)** O instituto da decisão coordenada, na forma disciplinada pela Lei no 9.784/1999, que regula o processo administrativo no âmbito federal, aplica-se a decisões administrativas

(A) que exijam a participação de 3 (três) ou mais setores, órgãos ou entidades do mesmo Poder, em matéria relevante e cuja discordância prejudique a celeridade do processo, vedada em procedimentos licitatórios e sancionatórios.

(B) produzidas de forma conjunta pelo Poder Executivo e Legislativo, em matéria de competência comum, podendo também incluir o Poder Judiciário desde que não se trate de atividade jurisdicional.

(C) quando for recomendável uma tomada de decisão única, de forma a excluir a responsabilidade original de cada órgão ou autoridade, especialmente em matéria de alta complexidade.

(D) quando se tratar de ato jurídico complexo, cujos efeitos apenas se performam com a confirmação ou ratificação do ato originário por autoridade superior.

(E) em se tratando de conselhos ou outros órgãos colegiados em que a decisão é resultado de processo de deliberação coletiva dos integrantes.

02. **(FCC – Analista Judiciário Área Judiciária – TRT 17/2022)** Conforme estabelece a Lei no 9.784/1999, que dispõe sobre o processo administrativo no âmbito da Administração Pública Federal,

(A) devem ser objeto de intimação os atos do processo que resultem para o interessado em imposição de deveres, ônus, sanções ou restrição ao exercício de direitos e atividades e os atos de outra natureza, de seu interesse.

(B) os atos do processo administrativo não dependem de forma determinada; contudo, será sempre exigido o reconhecimento de firma de seus documentos.

(C) inexistindo disposição específica, os atos do órgão ou autoridade responsável pelo processo e dos administrados que dele participem devem ser praticados no prazo máximo de 48 horas, salvo motivo de força maior.

(D) no caso de interessados indeterminados, desconhecidos ou com domicílio indefinido, a intimação deve ser efetuada por meio de oficial de justiça.

(E) o desatendimento da intimação importa o reconhecimento da verdade dos fatos e, ainda, a renúncia a direito pelo administrado.

03. **(FCC – Analista Judiciário – Área Judiciária – TRF 3/2019)** No tocante à delegação e avocação de competências administrativas, a Lei Federal de Processo Administrativo – Lei nº 9.784/1999, quanto ao uso de tais mecanismos na modalidade vertical (observando a linha hierárquica) ou na modalidade horizontal (sem observar a linha hierárquica), admite a

(A) avocação e a delegação em ambas as modalidades.

(B) avocação em ambas as modalidades, mas a delegação apenas na modalidade vertical.

(C) delegação em ambas as modalidades, mas a avocação apenas na modalidade vertical.
(D) delegação apenas na modalidade vertical e a avocação apenas na modalidade horizontal.
(E) delegação em ambas as modalidades, mas a avocação apenas na modalidade horizontal.

04. (FCC – Analista Judiciário – Área Administrativa – TRT 15/2018) Diferentemente do processo judicial, cujo procedimento é exaustivamente descrito em lei, o processo administrativo regido pela Lei nº 9.784/1999

(A) admite a utilização de provas obtidas por meios ilícitos, tendo em vista que importa a apuração da verdade real.
(B) admite a utilização de provas obtidas por meios ilícitos, desde que se observe, no trâmite do processo, o direito de defesa e o contraditório do servidor ao qual se imputa a conduta antijurídica.
(C) pode ser impulsionado de ofício, salvo no que se refere à fase de instrução, que depende de especificação de provas pela Administração pública e pelo acusado.
(D) pode se movimentar de ofício, inexistindo a mesma formalidade do processo judicial, não sendo imprescindível a presença de advogado para defesa técnica do servidor ao qual se imputa conduta antijurídica.
(E) prevê a realização de apenas uma audiência, dita una, que concentra as fases de conciliação, instrução e decisão.

05. (Cespe – Analista Judiciário – Área Judiciária – TRE – BA/2017) Em caso de recurso administrativo interposto perante autoridade incompetente, a legislação prevê que

a) o recurso seja remetido à autoridade competente.
b) a autoridade competente seja indicada ao recorrente, sendo-lhe devolvido o prazo para recurso.
c) o seguimento do recurso seja negado.
d) o recurso seja conhecido, embora deva ser desprovido.
e) o processo administrativo correspondente seja arquivado.

06. (FCC – Analista Judiciário – Área Judiciária – TRT 11/2017) Mauro, servidor público federal, responsável por determinado processo administrativo de âmbito federal, deve, de acordo com a Lei nº 9.784/1999, praticar ato no prazo de cinco dias, quando inexistir disposição legal específica, bem como quando inexistir motivo de força maior que justifiquem prazo diverso. De acordo com a mesma Lei, o referido prazo

(A) pode ser dilatado até o dobro, mediante comprovada justificação.
(B) não comporta dilatação.
(C) pode ser dilatado até o triplo, não sendo necessária justificação para tanto.
(D) pode ser dilatado até o dobro, não sendo necessária justificação para tanto.
(E) pode ser dilatado para o prazo máximo de trinta dias, mediante comprovada justificação.

07. (FCC – Técnico Judiciário – Área Administrativa – TRT 23/2016) Considere três critérios que devem ser observados nos processos administrativos de âmbito federal:

I. Vedação à renúncia total ou parcial de poderes e competências.
II. Proibição de cobrança de despesas processuais.
III. Divulgação oficial dos atos administrativos.

Nos termos da Lei nº 9.784/1999, admite EXCEÇÃO o que consta em

a) II, apenas.
b) I, apenas.
c) I, II e III.
d) I e II, apenas.
e) III, apenas.

08. (FCC – Analista Judiciário – Área Administrativa – TRT 23/2016) Em dois processos administrativos distintos, de âmbito federal, constatou-se a obrigatoriedade de ser ouvido órgão consultivo, devendo os respectivos pareceres serem emitidos no prazo de quinze dias, porém não foram apresentados. No primeiro processo, o parecer era obrigatório e vinculante e deixou de ser emitido no prazo fixado. No segundo processo, o parecer era obrigatório mas não vinculante e também deixou de ser emitido no prazo fixado. Nos termos da Lei nº 9.784/1999 e independentemente da responsabilização cabível,

(A) apenas na segunda hipótese, o processo poderá ter prosseguimento e ser decidido com sua dispensa.
(B) em ambas as hipóteses, os processos não terão seguimento até que os pareceres sejam apresentados.
(C) apenas na segunda hipótese, o processo poderá ter prosseguimento, mas a decisão só será possível após a apresentação do parecer.
(D) em ambas as hipóteses, os processos poderão ter prosseguimento; no entanto, apenas no segundo caso, poderá ser decidido com sua dispensa.
(E) em ambas as hipóteses, os processos terão seguimento normalmente, independentemente do momento da apresentação dos pareceres.

09. **(FCC – Analista Judiciário – Área Judiciária – Oficial de Justiça Avaliador – TRT 23/2016)** O processo administrativo é informado por princípios e, no âmbito federal, regido pela Lei nº 9.784/1999. Caracteriza o processo administrativo

(A) a inércia, tendo em vista que é necessário que uma das partes, ou mesmo um interessado, provoque o andamento do processo, não podendo ser impulsionado de ofício.
(B) a imprescritibilidade e possibilidade de revisão das decisões por meio de reconsideração, independentemente de prazo, como garantia do direito dos administrados.
(C) o diferimento do contraditório e da ampla defesa, que pode ser exercido após o proferimento da decisão final, caso seja desfavorável ao administrado.
(D) a pluralidade de instâncias, com a possibilidade de apresentação de mais de um recurso administrativo, salvo se a primeira decisão já foi proferida pela autoridade máxima da Administração pública.
(E) a impossibilidade de aproveitamento de atos praticados no caso de identificação de vícios, em razão da informalidade que rege o processo, impedindo que dois processos administrativos tramitem da mesma forma.

Questão	Resposta	Fundamentação
01	A	Art. 49-A da Lei nº 9.784/99.
02	A	Art. 28 da Lei nº 9.784/99.
03	C	Art. 13 e art. 15 da Lei nº 9.784/99.
04	D	Art. 2º, parágrafo único, XIII, da Lei nº 9.784/99.
05	B	Art. 63 da Lei nº 9.784/99.
06	A	Art. 24 da Lei nº 9.784/99.
07	C	Item I. Correto. Art. 2º, II da Lei nº 9.784/99. Item II. Correto. Art. 2º, parágrafo único, XI da Lei nº 9.784/99. Item III. Correto. Art. 2º, V, da Lei nº 9.784/99.
08	A	Art. 42 da Lei nº 9.784/99.
09	D	Doutrina: item 2.

11. JURISPRUDÊNCIA APLICÁVEL AO CAPÍTULO

Processo Administrativo no Âmbito da Administração Pública Federal (Lei nº 9.784/99)

Súmulas

- **Súmula vinculante 21** - É inconstitucional a exigência de depósito ou arrolamento prévios de dinheiro ou bens para admissibilidade de recurso administrativo.
- **Súmula Vinculante 5** - A falta de defesa técnica por advogado no processo administrativo disciplinar não ofende a Constituição.
- **Súmula vinculante 3** - Nos processos perante o Tribunal de Contas da União asseguram-se o contraditório e a ampla defesa quando da decisão puder resultar anulação ou revogação de ato administrativo que beneficie o interessado, excetuada a apreciação da legalidade do ato de concessão inicial de aposentadoria, reforma e pensão.

Informativos

STF - RE 636553 (Tema nº 445)

Em atenção aos princípios da segurança jurídica e da confiança legítima, os Tribunais de Contas estão sujeitos ao prazo de 5 anos para o julgamento da legalidade do ato de concessão inicial de aposentadoria, reforma ou pensão, a contar da chegada do processo à respectiva Corte de Contas.

LEGISLAÇÃO

CAPÍTULO IX
LICITAÇÃO

1. INTRODUÇÃO

Para a satisfação do interesse público, é indispensável que a Administração Pública tenha pessoal e material para o desempenho da atividade administrativa. Em razão do **princípio da impessoalidade**, as contratações de pessoal e de serviços e bens não podem ocorrer da mesma forma que as pessoas do setor privado fazem.

Quanto às pessoas, a regra é o uso do concurso público, salvo as exceções constitucionalmente admitidas. Da mesma maneira, em relação aos bens e serviços, a Administração **não pode escolher qualquer um, sem nenhum critério**, pois a regra é a **existência de disputa, de competição** entre aqueles que tenham interesse em fazer negócio com o Poder Público. Essa disputa se dá por meio da **licitação**.

A **Constituição de 1988 consagrou, expressamente, a exigência**, em regra, da realização de concurso e de licitação, mas é possível dizer que o fundamento maior de ambos é o **princípio republicano**, pois na República o Governo não é pessoal e ambos os institutos decorrem da abolição de privilégios, da garantia de acesso igualitário de todos os interessados em ocupar cargos públicos ou em celebrar contratos com o Poder Público. Mesmo que a Constituição não exigisse expressamente a necessidade de licitação prévia às contratações públicas, "para que a Administração possa contratar, ainda assim algum processo seletivo, informado pelo princípio da isonomia, impor-se-ia em razão do princípio republicano"[1].

2. CONCEITO E FINALIDADES

O que é licitação?

É **"o procedimento administrativo mediante o qual a Administração Pública seleciona a proposta mais vantajosa para o contrato de seu interesse"**[2].

Na consagrada afirmação de Hely Lopes Meirelles, a "licitação é o antecedente necessário do contrato administrativo; o contrato é o consequente lógico da licitação"[3]. Todavia, isso não significa que, necessariamente, há que ter havido licitação para que o contrato possa ser celebrado, pois há hipóteses em que este pode existir sem aquela, mas tal situação é exceção, quer dizer, excepcionalmente **pode haver contrato sem ter ocorrido licitação e pode haver licitação sem que o contrato se concretize**.

Em verdade, a licitação é um processo administrativo, no qual há uma relação jurídica instaurada entre a Administração e os licitantes e, em seu interior, há uma sequência encadeada de atos destinada a escolha da melhor proposta, que é o procedimento, o qual, aliás, pode variar conforme a modalidade licitatória.

Dessa forma, **a licitação é o processo administrativo instaurado pela Administração Pública consistente na disputa igualitária entre os interessados em celebrar contrato com ela, para a escolha da proposta que permita a melhor contratação em face do interesse público**.

Todavia, a licitação não deve ser concebida como um fim em si e, na verdade, como um meio apto à consecução do interesse público e, nesse sentido, levando-se

1. GRAU, Eros. *A ordem econômica na constituição de 1988*. 13. ed. São Paulo: Malheiros, 2008. p. 106.
2. MEIRELLES, Hely Lopes. *Direito administrativo brasileiro*. 36. ed.São Paulo: Malheiros, 2010. p. 281. Original sem destaque.
3. *Direito administrativo brasileiro*. 36. ed.São Paulo: Malheiros, 2010. p. 280.

em conta as elevadíssimas cifras envolvidas nas contratações públicas realizadas em todo o país, é indiscutível a força que o processo licitatório tem na indução de adoção de melhores práticas entre os interessados em participar e, com isso, acaba tendo certo papel de regulação da atividade econômica e, sob esse viés, atua como meio para a efetivação dos fundamentos e princípios da atividade econômica previstos no texto constitucional.

Com o passar do tempo, vem o legislador ampliando os objetivos da licitação e, agora, com a Lei nº 14.133/2021 houve novo alargamento das finalidades, que a nova lei chama de objetivos, incluindo-se o ciclo de vida do objeto na concepção de proposta mais vantajosa, o incentivo à inovação, a preocupação com o valor das contratações, no que se refere ao sobrepreço, superfaturamento e preços manifestamente inexequíveis e a menção expressa à justa competição.

Nesse sentido, consta no art. 11 que são **objetivos (finalidades) do processo licitatório: I)** assegurar a **seleção da proposta** apta a gerar o **resultado** de contratação **mais vantajoso** para a Administração Pública, **inclusive** no que se refere ao **ciclo de vida do objeto; II)** assegurar **tratamento isonômico** entre os licitantes, bem como a **justa competição; III) evitar** contratações com **sobrepreço** ou com **preços manifestamente inexequíveis** e **superfaturamento** na execução dos contratos; **IV)** incentivar a **inovação** e o **desenvolvimento nacional sustentável.**

Para auxiliar na compreensão do inciso III do art. 11, seguem as definições constantes do art. 6º: a) **sobrepreço: preço orçado para licitação ou contratado em valor expressivamente superior aos preços referenciais de mercado,** seja de apenas um item, se a licitação ou a contratação for por preços unitários de serviço, seja do valor global do objeto, se a licitação ou a contratação for por tarefa, empreitada por preço global ou empreitada integral, semi-integrada ou integrada (inciso LVI);b) **superfaturamento: dano provocado ao patrimônio** da Administração, que se caracteriza, dentre outros, por: • **medição de quantidades superiores** às efetivamente executadas ou fornecidas;• **deficiência na execução** de obras e de serviços de engenharia que resulte em diminuição da sua qualidade, vida útil ou segurança;• **alterações no orçamento** de obras e de serviços de engenharia que causem desequilíbrio econômico-financeiro do contrato em favor do contratado;• **outras alterações de cláusulas financeiras** que gerem recebimentos contratuais antecipados, distorção do cronograma físico-financeiro, prorrogação injustificada do prazo contratual com custos adicionais para a Administração ou reajuste irregular de preços (inciso LVII).

Ainda no art. 11, o parágrafo único, prevê que a **alta administração do órgão,** como responsável pela governança pública, deve **implementar processos e estruturas,** inclusive gestão de riscos e controles internos, **para avaliar, direcionar e monitorar** os processos licitatórios e os respectivos contratos **com a finalidade de: a) alcançar os objetivos** do processo licitatório; **b)** promover um **ambiente íntegro e confiável**; c) assegurar o **alinhamento das contratações** ao planejamento estratégico e às leis orçamentárias; **d)** promover **eficiência, efetividade e eficácia** em suas contratações.

3. PERFIL CONSTITUCIONAL

3.1. Competência legislativa

Nos termos do art. 22, XXVII, da Constituição Federal, **compete à União legislar, de forma privativa, sobre as normas gerais de licitação e contratação**, "em todas as modalidades, para as administrações públicas diretas, autárquicas e fundacionais da União, Estados, Distrito Federal e Municípios, obedecido o disposto no art. 37, XXI, e para as empresas públicas e sociedades de economia mista, nos termos do art. 173, § 1º, III".

ATENÇÃO! Não é só a União que pode legislar sobre licitação, pois os Estados, o Distrito Federal e os Municípios também têm competência para tanto. A diferença é que cabe à **União** estabelecer as **normas gerais** e, por outro lado, as **normas específicas** são de competência dos **demais entes** da Federação.

Todavia, não há delimitação bastante segura entre o que são normas gerais e o que são normas específicas. De certa forma, pode-se dizer que as **normas gerais** são "normas não exaustivas, leis-quadro, princípios amplos, que traçam um plano, sem descer a pormenores"[4].

Apesar de relativa incerteza quanto ao exato conteúdo que uma norma geral deve ter, é possível afirmar que há determinados temas que devem ser tratados por norma geral sobre licitação e contrato administrativo e, assim, **compete privativamente à União legislar sobre**[5]:

a) os requisitos mínimos exigidos para a validade da contratação administrativa;
b) quando a licitação é obrigatória e quando não é;
c) os requisitos para a participação em licitação;
d) as modalidades de licitação;
e) os tipos de licitação. Atenção! Na Lei 14.133/2021, a terminologia usada é critérios de julgamento;
f) o regime jurídico previsto para a contratação administrativa.

Nesse sentido, o STF, no RE 910.552, fixou a seguinte tese de julgamento: "É constitucional o ato normativo municipal, editado no exercício de competência legislativa suplementar, que proíba a participação em licitação ou a contratação: (a) de agentes eletivos; (b) de ocupantes de cargo em comissão ou função de confiança; (c) de cônjuge companheiro ou parente em linha reta, colateral ou por afinidade, até o terceiro grau, inclusive, de qualquer destes; e (d) dos demais servidores públicos municipais".

---

4. MENDES, Gilmar Ferreira; COELHO, Inocêncio Mártires; BRANCO. Paulo Gustavo Gonet. *Curso de Direito Constitucional*. 4. ed. São Paulo: Saraiva, 2009. p. 871. Sem destaque no original.
5. JUSTEN FILHO, Marçal. *Comentários à lei de licitações e contratos administrativos*. 14. ed. São Paulo: Dialética, 2010. p. 16.

Exercendo a competência legislativa outorgada pela Constituição Federal de 1988, a União legislou sobre normas gerais de licitações e contratos administrativos e, por vários anos, foram as mais relevantes normas gerais sobre licitação a Lei nº 8.666/1993, a Lei nº 10.520/2002, regulando o pregão, e a Lei nº 12.462/2011, disciplinando o Regime Diferenciado de Contratações – RDC em seus artigos 1º a 47-A.

Atualmente, as principais normas gerais em vigor sobre licitação e contrato administrativo são:

a) A Lei nº 14.133/2021;

b) A Lei nº 13.303/2016;

c) A Lei nº 12.232/2010.

3.2. Exigência constitucional da realização de licitação

Dispositivo essencial para o estudo de licitação é o **art. 37, XXI,** do texto constitucional, pois estabelece que,

> *ressalvados os casos especificados na legislação, as obras, serviços, compras e alienações serão contratados mediante processo de licitação pública que assegure igualdade de condições a todos os concorrentes, com cláusulas que estabeleçam obrigações de pagamento, mantidas as condições efetivas da proposta, nos termos da lei, o qual somente permitirá as exigências de qualificação técnica e econômica indispensáveis à garantia do cumprimento das obrigações.*

Da leitura desse dispositivo extrai-se que **a exigência de licitação é regra** e que a sua **não realização é exceção.** Entretanto, não é na Constituição que estão enumeradas as hipóteses em que a licitação pode não ocorrer, pois **houve delegação ao legislador infraconstitucional** para que sejam elencadas as situações em que a licitação não precisa ser realizada.

A legislação regulamentadora desse comando constitucional não pode dispor sobre licitação sem limites, ou seja, a atuação **do legislador ordinário não é livre e desregrada** e deve seguir o **princípio da razoabilidade** ao fazê-lo. Dessa forma, não é permitido que a lei, de forma arbitrária, faça a exclusão de diversas hipóteses em que não exista motivo razoável para que a licitação não se realize, pois fazê-la é a regra e não o oposto. Caso contrário, se o legislador infraconstitucional não possuísse limites ao legislar, os princípios fundamentais da Constituição estariam sendo ignorados.

Constata-se ainda, do inciso em análise, que a disputa deve ocorrer em **igualdade de condições** (princípio da isonomia), que seja **garantido o equilíbrio econômico-financeiro** do contrato e que a Administração Pública somente pode impor, aos interessados em participar da disputa, as **exigências que sejam indispensáveis** para a execução do contrato (princípio da razoabilidade).

Por força do *caput* do art. 37, o contido no seu inciso XXI aplica-se à **Administração Pública direta e indireta de qualquer dos Poderes da União, dos Estados, do Distrito Federal e dos Municípios.**

Em relação à administração indireta, é necessário ressaltar que a exigência de licitação é aplicável, também, às empresas estatais exploradoras de atividade econômica.

O art. 173, § 1º, da Constituição prevê que será estabelecido o **estatuto jurídico da empresa pública e da sociedade de economia mista que explorem atividade econômica** e, dentre outros temas, disporá sobre licitação e contratação de obras, serviços, compras e alienações, observados os princípios da Administração Pública.

Não pode restar dúvida de que esse artigo não estabelece que a empresa estatal exploradora de atividade econômica pode contratar diretamente, sem licitação. Ao contrário, **o texto constitucional, apenas, permite que exista uma forma diferente de se licitar,** permitindo sua flexibilização, mas, nunca, que não será mais obrigatória. Portanto, **mesmo se explorarem atividade econômica, a empresa pública ou a sociedade de economia mista são obrigadas a licitar, salvo os casos de dispensa e inexigibilidade.**

Até que surgisse a lei mencionada no art. 173, §1º, as estatais exploradoras de atividade econômica deveriam se submeter às disposições da legislação comum sobre o tema, ou seja, a Lei nº 8.666/93 e a Lei nº 10.520/02.

Inclusive, houve bastante discussão em relação às contratações feitas pela Petrobras porque suas licitações eram **regradas pelo Regulamento do Procedimento Licitatório Simplificado da Petróleo Brasileiro S/A – Petrobras,** constante do Decreto 2.745/98 e não pela Lei nº 8.666/93. Isso ocorria porque o art. 67 da Lei nº 9.478/97 previa que os "contratos celebrados pela Petrobras, para aquisição de bens e serviços, serão precedidos de procedimento licitatório simplificado, a ser definido em decreto do Presidente da República" e o entendimento do STF era pela inaplicabilidade da Lei nº 8.666/1993 como assentado no RE 441.280. Porém, atualmente a questão foi resolvida porque o art. 96, II, da Lei nº 13.303/16 **revogou o art. 67 mencionado anteriormente e, assim, o decreto que regulava as licitações da Petrobras perdeu seu suporte de validade e essa lei passou a regular as licitações das estatais.**

A **Lei nº 13.303/16 é** conhecida como **Estatuto das Estatais,** entrou em vigor em 01/07/16 e regulamenta o art. 173, §3º, da Constituição Federal. Ressalta-se, no entanto, que o legislador foi na contramão do entendimento prevalente na doutrina e na jurisprudência em relação à existência de regimes jurídicos distintos a depender se a estatal explora atividade econômica ou se presta serviço público, pois, expressamente, tratou das duas espécies sob o mesmo regramento. Isso, inclusive, em relação às licitações.

Nesse sentido possui o Título II nomeado como **"Disposições aplicáveis às empresas públicas, às sociedades de economia mista e às suas subsidiárias que explorem atividade econômica de produção ou comercialização de bens ou de prestação de serviços, ainda que a atividade econômica esteja sujeita ao regime de monopólio da união ou seja de prestação de serviços públicos".** Nesse título, os artigos 24 a 85 tratam das licitações e dos contratos celebrados por essas entidades da administração indireta.

Portanto, as estatais devem realizar licitação, mas deverão seguir as disposições legais previstas na Lei nº 13.303/16.

Importante registrar que existe na doutrina posicionamento, distinguindo a obrigatoriedade ou não das empresas estatais realizarem licitação, levando-se em conta a separação entre **atividade-fim e atividade-meio.** De acordo com esse posicionamento, não há necessidade de se fazer licitação quanto às atividades-fim dessas pessoas (são aquelas relacionadas com o próprio objetivo da empresa estatal, isto é, são as atividades de natureza econômica para as quais a empresa foi criada) e, por outro lado, devem fazer licitação quanto às atividades-meio (são as que não se encaixam como atividade-fim). O Estatuto das Estatais parece ter se filiado a esse posicionamento, pois, nos termos do art. 28, §3º, da Lei nº 13.303/16, por exemplo, as estatais estão dispensadas de observar as disposições referentes às licitações quando se tratar de comercialização, prestação ou execução, de forma direta, de produtos, serviços ou obras especificamente relacionados com seus respectivos objetos sociais.

3.3. Outras disposições constitucionais

Dentre as **diversas disposições constitucionais orçamentárias**, merece realce o art. 167, I e II, porque impõe que é vedado que se inicie **programa ou projeto não incluído na lei orçamentária anual** e que ocorra a realização de **despesas em valores superiores aos créditos previstos no orçamento.**

No mesmo artigo, o § 1º estabelece que a realização de investimento cuja execução ultrapasse um exercício financeiro não poderá ser feita sem a prévia inclusão no plano plurianual, ou sem lei que autorize essa inclusão, sob pena de crime de responsabilidade.

Quanto ao **meio ambiente**, o art. 225, § 1º, prevê medidas que devem ser adotadas pelo Poder Público para assegurar a efetividade do direito ao meio ambiente ecologicamente equilibrado e, entre elas, destaca-se a inserida no inciso IV: "exigir, na forma da lei, para **instalação de obra** ou atividade potencialmente causadora de significativa degradação do meio ambiente, **estudo prévio de impacto ambiental**, a que se dará publicidade".

O **Estudo de Impacto Ambiental – EIA** é um estudo, regulamentado por lei, que analisa os possíveis impactos ambientais de determinada obra ou atividade. Representa a tutela preventiva do meio ambiente (princípio da precaução ou prevenção ambiental) e **deve ser exigido em qualquer tipo de obra, inclusive nas obras públicas e nos programas governamentais**[6].

Na Lei nº 14.133/21, o impacto ambiental consta como um dos elementos do anteprojeto (art. 6º, XXIV, e), que é a peça técnica com os subsídios técnicos para a elaboração do projeto básico e, em relação a este, o inciso XXV do mesmo artigo estabelece que, entre outros, deve assegurar o adequado tratamento do impacto ambiental do empreendimento.

6. TAVARES, André Ramos. *Direito constitucional econômico*. 2. ed. São Paulo: Método, 2006. p. 199.

CONCEITO E FINALIDADES DA LICITAÇÃO	
Conceito	Licitação é o processo administrativo instaurado pela Administração Pública consistente na disputa igualitária entre os interessados em celebrar contrato com ela, para a escolha da proposta que permita a melhor contratação em face do interesse público
Finalidades	- Selecionar a proposta apta a gerar contratação mais vantajosa (inclusive quanto ao ciclo de vida do objeto) - Garantir tratamento isonômico entre os licitantes - Garantir justa competição entre os licitantes - Evitar contratações com sobrepreço - Evitar contratações com preços manifestamente inexequíveis - Evitar contratações com superfaturamento - Incentivar a inovação - Incentivar o desenvolvimento nacional sustentável
PERFIL CONSTITUCIONAL	
Competência legislativa	• União: normas gerais • Estados, Distrito Federal e Municípios: normas especiais ou específicas
Dever de licitar e outras disposições constitucionais	• Regra: realizar Licitação • Exceção: não realizar • Quem deve fazer: Administração direta e indireta dos três poderes em todas as esferas, inclusive as empresas estatais exploradoras de atividade econômica • Lei definirá os casos em que não é necessária a licitação (dispensa e inexigibilidade) • Disputa deve ocorrer em igualdade de condições • Deve haver a garantia do equilíbrio econômico-financeiro do contrato • Somente é possível a imposição de exigências indispensáveis para a execução do contrato • Serviços públicos: prestados diretamente ou mediante concessão e permissão, sempre por meio de licitação
Dever de licitar e outras disposições constitucionais	• É vedado: - que se inicie programa ou projeto não incluído na lei orçamentária anual - que ocorra a realização de despesas em valores superiores aos créditos previstos no orçamento • Estudo de Impacto Ambiental – EIA: também é realizado nas obras públicas e nos programas governamentais

4. LEI 14.133/21 (NOVA LEI DE LICITAÇÃO): VIGÊNCIA E ABRANGÊNCIA

4.1. Vigência

Após quase vinte e oito anos do início da vigência da Lei nº 8.666/1993, surgiu a nova norma geral sobre licitações e contratos, que é a **Lei nº 14.133/2021, publicada em 1/4/2021**, cuja vigência se iniciou na data de sua publicação, por força do art.

194. A nova lei trouxe importantes inovações e, ainda, promove a unificação das principais normas gerais sobre licitação em face da revogação da Lei nº 8.666/1993, da Lei nº 10.520/2002 (Lei do Pregão) e dos artigos 1º a 47-A da Lei nº 12.462/2011 (Lei do Regime Diferenciado de Contratações).

A nova lei, de início, revogou os dispositivos que previam infrações penais na Lei nº 8.666/93 e inseriu no Código Penal os crimes praticados em licitação e essa mudança teve vigência imediata. Entretanto, isso não ocorreu em relação às normas licitatórias porque o art. 193, II, previa que seriam revogadas "a Lei nº 8.666, de 21 de junho de 1993, a Lei nº 10.520, de 17 de julho de 2002, e os arts. 1º a 47-A da Lei nº 12.462, de 4 de agosto de 2011, após decorridos 2 (dois) anos da publicação oficial desta Lei". Entretanto, houve alteração da redação desse dispositivo, provisoriamente pela Medida Provisória nº 1.167/23 e, posteriormente, por força da Lei Complementar nº 198/23, alterando-se a data de revogação para 30/12/2023.

Dessa maneira, desde publicação da Lei nº 14.133/2021 e até a data da revogação das normas anteriores, restou estabelecido um período de convivência dos dois marcos legais, no qual **o mesmo assunto, normas gerais de licitações e contratos administrativos, foi regido por dois blocos normativos.**

Até 30/12/2023, a **Administração Pública poderia utilizar a Nova Lei de Licitações ou as anteriores** em suas contratações, devendo a **opção realizada constar expressamente** do instrumento convocatório, vedando-se, expressamente, **a combinação da lei nova com as anteriores** (art. 191).

Importante registrar que, mesmo após a revogação das leis 8.666/1993, 10.520/2002 e 12.462/2011 (arts. 1º a 47-A), há previsão de ultratividade dessas normas. Nesse sentido, se houve a opção pela licitação ser regida por aquelas leis, o contrato administrativo decorrente será por elas regido durante toda a sua vigência (art. 191, parágrafo único), da mesma forma que os contratos assinados antes do início da vigência da Lei nº 14.133/2021 seguem sendo regidos pelas leis revogadas até a sua extinção (art. 190).

4.2. Abrangência

Com o início de vigência da Lei nº 14.133/2021 há a nova norma geral sobre licitações e contratos administrativos. É a principal, porém não é a única norma sobre contratações públicas. Assim, deve ficar claro que a Nova Lei de Licitações **passa a assumir a preponderância, mas não a exclusividade normativa sobre as licitações e os contratos administrativos.**

Nesse sentido, se o objeto a ser contratado for **serviço de publicidade** prestado, necessariamente, por **intermédio de agência de propaganda** a licitação será regulada pela **Lei nº 12.232/2010**, aplicando-se subsidiariamente a Lei 14.133/2021, nos termos do art. 186 da nova lei.

Por outro lado, caso a finalidade do contrato a ser celebrado seja a **concessão ou permissão de serviço público**, a norma de regência será a **Lei nº 8.987/1995,** na hipótese de **concessão comum ou permissão,** e a **Lei nº 11.079/2004,** no caso **de parceria público privada (concessão patrocinada ou concessão administrativa),** em ambos os casos aplicando-se, subsidiariamente, a Lei nº 14.133/2021 (art. 186). Sem se esquecer das diversas leis setoriais regulando a delegação de determinados serviços públicos como, por exemplo, em âmbito federal, as leis que criaram as agências reguladoras federais trazem regramento próprio para o tema.

No caso de licitação promovida por **empresa estatal,** a licitação e o respectivo contrato serão regidos pela **Lei nº 13.303/2016 (Estatuto das Estatais).**

4.2.1. Aplicação da Lei nº 14.133/2021 quanto às pessoas sujeitas ao dever de licitar

Conforme disposto no art. 1º, *caput,* e em seu inciso I, a Lei nº 14.133/2021 **aplica-se à administração direta da União, dos Estados, do Distrito Federal e dos Municípios** e, quando estiverem no desempenho de **função administrativa,** aos órgãos dos **Poderes Legislativo e Judiciário dos Estados e do Distrito Federal e aos órgãos do Poder Legislativo dos Municípios.**

Aplica-se, também, a Nova Lei de Licitações e Contratos aos órgãos com autonomia constitucional, quais sejam, **Tribunais de Contas, Ministério Público e Defensoria Pública,** quando no exercício de atividade administrativa.

Em relação à **administração indireta** a lei:

a) **aplica-se** às autarquias, às fundações públicas, aos consórcios públicos e,

b) **não se aplica** às empresas públicas, às sociedades de economia mista e às suas subsidiárias porque devem seguir a Lei nº 13.303/2016

O inciso II do art. 1º também prevê a **aplicação da Lei nº 14.133/2021 aos fundos especiais e as demais entidades controladas direta ou indiretamente pela Administração Pública.**

Quanto à expressão **demais entidades controladas direta ou indiretamente pela Administração Pública,** é necessário lembrar o §6 do art. 1º da Lei das Estatais porque determina que se submete ao regime previsto naquela lei a sociedade que seja controlada por empresa pública ou sociedade de economia mista. Portanto, quando a entidade controladora for estatal, aplica-se a Lei nº 13.303/2021, aplicando-se a Lei nº 14.133/2021 nos demais casos.

Ainda em relação ao inciso II do art. 1º, segundo adverte Marçal Justen Filho (2010), a expressão "fundos especiais" deve ser vista com cuidado, porque, em regra, significa um **conjunto de bens e recursos,** pertencentes a alguém e, dessa forma, **é um objeto de direito e não um sujeito de direito. Assim,** caso venha a ser personificado, terá que adotar uma das formas jurídicas previstas, que, em regra, é a autarquia e, desse modo, é incorreto atribuir ao fundo a condição de parte no contrato, e o sujeito que tem a tarefa de gerir o fundo é que deve ser considerada a verdadeira parte. Exemplo: Fundo Nacional de Desenvolvimento do Ensino, que, na verdade, é uma autarquia.

Por fim, cabe registrar que, na hipótese de órgãos públicos e entidades administrativas que mantenham **repartições ou unidades situadas no exterior**, nas suas licitações serão obedecidas as peculiaridades locais, cabendo, entretanto, a observância dos princípios insculpidos na Lei 14.133/2021, na forma de regulamento específico a ser editado por Ministro de Estado (art. 1º, §2º).

Assim, para as contratações de embaixada do Brasil em determinado país a norma a ser seguida será **ato administrativo normativo expedido pelo Ministro de Estado, no qual deve ser feita a compatibilização dos princípios contidos na Nova Lei de Licitações com as especificidades da legislação local.**

4.2.2. Aplicação da Lei nº 14.133/2021 quanto ao objeto licitado

O art. 37, XXI, da **Constituição Federal** determina que a licitação será realizada para a contratação de **obras, serviços, compras e alienações.** Entretanto, o art. 2º da **Lei nº 14.133/21** amplia e detalha melhor o objeto da licitação e, de acordo com ele a Nova Lei **será aplicada às licitações que tenham como objeto**:

a) **alienação e concessão de direito real de uso de bens;**

b) **compra, inclusive por encomenda;**

c) **locação;**

d) **concessão e permissão de uso de bens públicos;**

e) **prestação de serviços, inclusive os técnico-profissionais especializados;**

f) **obras e serviços de arquitetura e engenharia;**

g) **contratações de tecnologia da informação e de comunicação.**

Por outro lado, **não se sujeitam ao regime da lei às licitações e contratos cujo objeto**:

a) seja **operação de crédito**, interno ou externo, e **gestão de dívida pública**, incluídas as contratações de agente financeiro e a concessão de garantia relacionadas a esses contratos (art. 3º, I);

b) esteja sujeito a normas previstas em **legislação própria** (art. 3º, II). Importante ressaltar que, dependendo de qual seja a norma específica, a Lei nº 14.133/2021 não terá nenhuma aplicação ou poderá ser aplicada de forma subsidiária. Assim, por exemplo, se for o caso de concessão de serviço de telecomunicação a Nova Lei não será aplicada de nenhuma forma, isso porque a norma aplicável é a Lei nº 9.472/1997 (Anatel) e seu art. 210 prevê, expressamente, que a Lei nº 8.666/1993 não tem aplicação, o que, por força do art. 189 da Lei 14.133/2021 também se aplica a ela. Já, em outras situações como, por exemplo, a concessão de serviços públicos, cuja regência se dá pela Lei nº 8.987/1995 , a parceria público-privada (concessão administrativa e concessão patrocinada), regida pela Lei nº 11.079/2004, a contratação de serviços de publicidade, cujo regramento está estabelecido na Lei nº 12.232/2010, a Lei nº 14.133/2021, será aplicada somente de forma subsidiária, conforme seu art. 186. Aliás, em relação aos serviços de publicidade deve ser registrado que, na hipótese de empresa pública e sociedade de economia mista, a norma a ser seguida é a Lei nº 13.303/2016, por conta de previsão expressa em seu art. 28;

c) seja relativo à **gestão**, direta e indireta, **das reservas internacionais** do País, inclusive as de serviços conexos ou acessórios a essa atividade porque, nesse caso, as contratações serão disciplinadas em ato normativo próprio do Banco Central do Brasil, assegurada a observância dos princípios estabelecidos no caput do art.37 da Constituição Federal (art. 1º § 5º);

Ainda, há a situação peculiar das **licitações e contratos cujo objeto envolva recursos oriundos de empréstimo ou doação de agência oficial de cooperação estrangeira ou de organismo financeiro de que o Brasil seja parte** porque nesse caso **podem ser admitidas condições:**

a) **decorrentes de acordos internacionais** aprovados pelo Congresso Nacional e ratificados pelo Presidente da República. Aqui, a licitação deverá ser realizada nos termos estabelecidos no acordo internacional incorporado ao ordenamento jurídico brasileiro.

b) **peculiares à seleção e à contratação constantes de normas e procedimentos das agências ou dos organismos.** Nessa hipótese, não se trata de realizar o procedimento usando a norma legal incorporada por meio de acordo internacional e, na verdade, de se aplicar norma própria da agência internacional ou do organismo internacional. Para tanto, a **lei impõe** o seguinte: **a)** que a agência ou organismo assim exijam, como condição para a obtenção do empréstimo ou doação; **b)** que as disposições previstas no procedimento da agência ou organismo não conflitem com os princípios constitucionais; **c)** que essas particularidades sejam indicadas no respectivo contrato de empréstimo ou doação e tenham sido objeto de parecer favorável do órgão jurídico do contratante do financiamento, previamente à celebração do contrato. **ATENÇÃO**! Importante ressaltar que a Lei nº 8.666/1993 tem dispositivo no mesmo sentido (art. 42, §5º) e o TCU, em relação a ele, firmou posicionamento que "a observância de tais normas específicas não afasta a aplicação subsidiária das disposições da Lei Geral de Licitações naquilo em que não conflitarem" (BRASIL, 2020, p. 15)

5. PRINCÍPIOS DA LICITAÇÃO

O art. 5º da Lei nº 14.133/2021 determina que na sua aplicação devem ser observados os seguintes **princípios**: da legalidade, da impessoalidade, da moralidade, da publicidade, da eficiência, do interesse público, da probidade administrativa, da igualdade, do planejamento, da transparência, da eficácia, da segregação de funções, da motivação, da vinculação ao edital, do julgamento objetivo, da segurança jurídica, da razoabilidade, da competitividade, da proporcionalidade, da celeridade, da economicidade e do desenvolvimento nacional sustentável, assim como as disposições do Decreto-Lei nº 4.657, de 4 de setembro de 1942 (Lei de Introdução às Normas do Direito Brasileiro).

A Lei nº 14133/2021 traz extenso rol de princípios expressos aplicáveis às licitações e contratos celebrados com a Administração Pública, conforme se vê a seguir:

PRINCÍPIOS DA LICITAÇÃO
LEI Nº 14.133/2021
a) legalidade
b) impessoalidade
c) moralidade
d) publicidade
e) igualdade
f) probidade administrativa
g) vinculação ao edital
h) julgamento objetivo
i) eficiência
j) interesse público
k) planejamento
l) transparência
m) eficácia
n) segregação de funções
o) motivação
p) segurança jurídica
q) razoabilidade
r) competitividade
s) proporcionalidade
t) celeridade
u) economicidade
v) desenvolvimento nacional sustentável
x) disposições do Decreto-Lei nº 4.657, de 4 de setembro de 1942 (LINDB)

Na relação de princípios, há os princípios gerais da Administração Pública, aplicáveis a qualquer atividade administrativa. Entretanto, há princípios específicos, setoriais, aplicados à licitação e que são importantes para delimitar o quadrante dentro do qual devem transcorrer as contratações públicas. Na sequência, será feita a análise dos mais relevantes.

5.1. Princípio da competitividade

O processo licitatório tem como objetivo selecionar a proposta mais vantajosa para a Administração Pública, tendo em vista o bem comum. Dessa forma, não poderá apresentar restrições desarrazoadas e que minem a competição entre os licitantes.

A Administração deve incentivar a disputa e não a restringir, pois com a competição entre os interessados haverá a possibilidade de se obter uma proposta melhor Nesse sentido, determina o art. 9º, I, b, da nova lei que é **vedado admitir, prever, incluir ou tolerar, nos atos que praticar, situações que "comprometam, restrinjam ou frustrem o caráter competitivo do processo licitatório, inclusive nos casos de participação de sociedades cooperativas".**

5.2. Princípio da vinculação ao edital

O edital é o instrumento por meio do qual se chamam os interessados para participarem da licitação.

Por esse princípio, o edital é "**a lei interna da licitação, e, como tal, vincula aos seus termos tanto os licitantes como a Administração que o expediu**"[7]. Tanto a Administração quanto os administrados, além de cumprirem as disposições legais, devem obedecer ao estabelecido no edital.

5.3. Princípio da publicidade dos atos da licitação

Por esse princípio, a atuação administrativa não pode ser secreta. Ao contrário, deve ser transparente para que, assim, o titular do poder - que é o povo - possa verificar se, realmente, a conduta do administrador estava pautada no interesse público. De forma específica às licitações e contratações públicas, os atos praticados na licitação, em regra, **devem ser acessíveis ao público.**

Ainda, em consonância com o princípio da publicidade é a exigência de divulgação e manutenção do inteiro teor do ato convocatório e de seus anexos no Portal Nacional de Contratações Públicas (PNCP) e da publicação do extrato do edital na imprensa oficial (art. 54).

Todavia, não pode haver confusão em relação ao conteúdo das propostas porque deve ficar em sigilo até a data de abertura. Haverá a publicidade, porém ela é diferida para momento futuro, qual seja, a abertura das propostas. É o tradicional **princípio do sigilo das propostas**. Inclusive, o art. 337-J tipifica como crime a conduta de devassar "o sigilo de proposta apresentada em processo licitatório ou proporcionar a terceiro o ensejo de devassá-lo", punido com pena de detenção de dois a três anos, e multa.

Outra hipótese de **publicidade diferida** diz respeito ao orçamento da Administração porque, desde que justificado, poderá ter caráter sigiloso, sem prejuízo da divulgação do detalhamento dos quantitativos e demais informações necessárias para elaboração das propostas. Deve-se destacar que o sigilo não prevalecerá para os órgãos de controle interno e externo (art. 24).

---

7. MEIRELLES, Hely Lopes. *Direito administrativo brasileiro*. 36. ed.São Paulo: Malheiros, 2010. p. 285. Original sem destaque.

5.4. Princípio da igualdade entre os licitantes

A Administração na condução da licitação deve **atuar de forma impessoal, sem privilegiar ou prejudicar nenhum dos licitantes.** Todos que queiram e preencham os requisitos exigidos têm que ter as mesmas oportunidades para ingressar na disputa e, uma vez nela, devem ser tratados com **isonomia no processo licitatório.**

Assim, a nova lei geral de licitações, prevê que, com exceção dos casos previstos em lei, é **vedado** estabelecer:

a) **preferências** ou **distinções** em razão da **naturalidade**, da **sede** ou do **domicílio** dos licitantes (art. 9º, I, b). **ATENÇÃO**! Dentre os benefícios possíveis de serem atribuídos às microempresas e empresas de pequeno porte quando da participação em licitações, o art. 48, § 3º, da Lei Complementar nº 123/06 (com redação dada pela Lei Complementar nº 147/14) prevê que, **justificadamente, pode ser estabelecida a prioridade de contratação para as microempresas e empresas de pequeno porte sediadas local ou regionalmente, até o limite de 10% do melhor preço válido.**

b) **tratamento diferenciado** de natureza comercial, legal, trabalhista, previdenciária ou qualquer outra **entre empresas brasileiras e estrangeiras**, inclusive no que se refere a moeda, modalidade e local de pagamento, mesmo quando envolvido financiamento de agência internacional (art. 9º, II).

A regra é que não seja estabelecida nenhuma condição vantajosa a um licitante e se houver empate entre duas ou mais propostas, prevê o art. 60 os seguintes **critérios de desempate**, a serem usados nesta ordem:

a) disputa final, hipótese em que os licitantes empatados poderão apresentar nova proposta em ato contínuo à classificação;

b) avaliação do desempenho contratual prévio dos licitantes, para a qual deverão preferencialmente ser utilizados registros cadastrais para efeito de atesto de cumprimento de obrigações previstos nesta Lei;

c) desenvolvimento pelo licitante de ações de equidade entre homens e mulheres no ambiente de trabalho, conforme regulamento;

d) desenvolvimento pelo licitante de programa de integridade, conforme orientações dos órgãos de controle.

Entretanto, se adotadas essas medidas o **empate persistir aí será assegurada preferência, sucessivamente, aos bens e serviços produzidos ou prestados por**:

a) empresas estabelecidas no território do Estado ou do Distrito Federal do órgão ou entidade da Administração Pública estadual ou distrital licitante ou, no caso de licitação realizada por órgão ou entidade de Município, no território do Estado em que este se localize;

b) empresas brasileiras;

c) empresas que invistam em pesquisa e no desenvolvimento de tecnologia no País;

d) empresas que comprovem a prática de mitigação, nos termos da Lei nº 12.187/09 (Lei da Política Nacional sobre Mudança do Clima - PNMC). De acordo, com o art. 2º, VII, entende-se por mitigação as mudanças e substituições tecnológicas que reduzam o uso de recursos e as emissões por unidade de produção, bem como a implementação de medidas que reduzam as emissões de gases de efeito estufa e aumentem os sumidouros.

Desse modo, a regra é que os interessados, em razão do princípio da igualdade entre os licitantes, participam da disputa sem nenhum tipo de preferência a favor de nenhum deles, mas, ao final, havendo empate, procede-se ao desempate com base nos critérios do *caput* do art. 60, naquela ordem e, se, mesmo assim, o **empate** continuar, aí terão lugar as preferências legais.

5.4.1. *Margem de preferência e licitação restrita*

Quando há situações justificadoras, admite-se a discriminação positiva e, nesse sentido, especialmente com fundamento no princípio do desenvolvimento sustentável, a lei de licitações prevê situações que dão contornos mais flexíveis ao princípio da igualdade na licitação e estabelecem preferência para a aquisição de alguns tipos de bens e serviços brasileiros e podem ser divididas em dois grupos: margem de preferência e licitação restrita.

Nos termos do art. 26 da Lei, no processo de licitação poderá ser estabelecida **margem de preferência** para:

a) **bens manufaturados** e **serviços nacionais** que atendam às **normas técnicas brasileiras** (inciso I). Será definida em decisão fundamentada pelo Poder Executivo federal (§1º).

b) **bens reciclados, recicláveis ou biodegradáveis**, conforme regulamento.

ATENÇÃO! A **margem de preferência**, nesses casos: • poderá ser de **até 10%** sobre o preço dos bens e serviços que não se enquadrem nessas hipóteses; • poderá ser estendida a bens manufaturados e serviços originários de **Estados Partes do MERCOSUL**, desde que haja reciprocidade prevista em tratado internacional aprovado pelo Congresso Nacional e ratificado pelo Presidente da República (§1º, III).

c) **bens manufaturados nacionais e serviços nacionais** resultantes de **desenvolvimento e inovação tecnológica no país**, definidos conforme regulamento do Poder Executivo Federal. A margem de preferência poderá ser de **até 20%** (§2º).

A **margem apontada não se aplicará** no caso de bens manufaturados nacionais e aos serviços nacionais se a **capacidade de produção desses bens ou de prestação desses serviços no país for inferior** (§5º):

a) **à quantidade a ser adquirida ou contratada;**

b) **aos quantitativos fixados** em razão do parcelamento do objeto, quando for o caso.

Mediante prévia justificativa da autoridade competente, os **editais de licitação** para contratação de bens, serviços e obras **poderão exigir** que o contratado promova **medidas de compensação** comercial, industrial ou tecnológica ou acesso a condições vantajosas de financiamento, cumulativamente ou não, na forma estabelecida pelo Poder Executivo federal, em favor de órgão ou entidade integrante da Administração Pública ou daqueles por ela indicados a partir de processo isonômico (§6º).

Além da margem de preferência, o art. 26 prevê também hipótese de **licitação restrita**, em seu §7º. De acordo com esse dispositivo, no caso de **contratação** destinada à implantação, manutenção e aperfeiçoamento dos **sistemas de tecnologia da informação e comunicação** considerados **estratégicos** pelo Poder executivo federal, a licitação **poderá ser restrita a bens e serviços com tecnologia desenvolvida no País produzidos de acordo com o processo produtivo básico** a que se refere a Lei nº 10.176/2001.

Como forma de controle e, também, em obediência ao princípio da publicidade, será **divulgada**, no site oficial, a cada exercício financeiro, a **relação de empresas favorecidas** em decorrência das hipóteses do art. 26, com indicação do volume de recursos a cada uma elas destinados (art. 27).

5.4.2. Microempresa e Empresa de Pequeno Porte

O art. 170, IX da Constituição Federal considera que um dos princípios da atividade econômica é o "**tratamento favorecido para as empresas de pequeno porte** constituídas sob as leis brasileiras e que tenham sua sede e administração no País".

Nesse sentido, a Lei Complementar nº 123/06 instituiu o Estatuto Nacional da Microempresa e Empresa de Pequeno Porte e trouxe algumas inovações em relação à participação das **microempresas (ME) e das empresas de pequeno porte (EPP)** nas licitações[8]. Por força do art. 34 da Lei nº 11.488/07, essas regras aplicam-se às **sociedades cooperativas** que tenham auferido receita bruta anual inferior a R$ 4.800.000,00.

São benefícios da ME e da EPP:

a) **preferência em caso de empate** (art. 44 da LC 123/06): a ME e a EPP terão preferência para serem contratadas em caso de empate. Considera-se como **empate** quando as propostas apresentadas pelas ME e EPP sejam **iguais ou até 10% (no caso do pregão, até 5%) superiores à proposta mais bem classificada** (desde que esta não seja de ME ou EPP). Nessa situação, a ME ou

8. "Art. 3º Para os efeitos desta Lei Complementar, consideram-se microempresas ou empresas de pequeno porte a sociedade empresária, a sociedade simples, a empresa individual de responsabilidade limitada e o empresário a que se refere o art. 966 da Lei no 10.406, de 10 de janeiro de 2002 (Código Civil), devidamente registrados no Registro de Empresas Mercantis ou no Registro Civil de Pessoas Jurídicas, conforme o caso, desde que: I – no caso da microempresa, aufira, em cada ano-calendário, receita bruta igual ou inferior a R$ 360.000,00 (trezentos e sessenta mil reais); e II – no caso de empresa de pequeno porte, aufira, em cada ano-calendário, receita bruta superior a R$ 360.000,00 (trezentos e sessenta mil reais) e igual ou inferior a R$ 4.800.000,00 (quatro milhões e oitocentos mil reais). (Redação dada pela Lei Complementar nº 155, de 2016)".

EPP mais bem classificada poderá apresentar proposta de preço inferior àquela considerada vencedora do certame e, caso o faça, será a ganhadora da licitação certame. Se não apresentar proposta mais favorável, será dada a mesma chance para as outras ME e EPP que estejam dentro dos percentuais e, se alguma melhorar a proposta vencedora, vencerá a licitação. Se isso não ocorrer, a proposta originalmente vencedora será declarada a ganhadora. No caso do pregão, a ME deve oferecer proposta no prazo de cinco minutos, após o fim dos lances, sob pena de preclusão. **Para exemplificar**: num convite, do tipo menor preço, para a compra de determinado produto, a melhor proposta é da empresa A (não é ME nem EPP; R$ 50.000,00), depois vem a B (é ME; R$ 52.000,00), a C (é ME; R$ 54.000,00) e a D (é ME; R$ 58.000,00). Considera-se que A, B e C estão empatadas (D está fora). Se a B apresentar proposta com valor menor que o de A, ela é a vencedora. Se não apresentar, a C pode propor valor menor do que o de A e, se o fizer, será a ganhadora. Entretanto, caso não faça a proposta, a empresa A será a vencedora. Se a modalidade fosse o pregão, apenas a B (está na faixa de 5%) poderia fazer proposta.

b) exigência de **regularidade fiscal e trabalhista** apenas na assinatura do **contrato** (art. 42);

c) **tratamento diferenciado e simplificado nas contratações públicas** (art. 48): • deverá proceder à abertura de licitações só para participação de ME e EPP, para contratações de até R$ 80.000,00; • possibilidade de exigência ao licitante para que faça a subcontratação de ME e EPP; • deverá estabelecer cota de até 25% do objeto, no caso de bens divisíveis. c.1) o **tratamento diferenciado não é possível quando (art. 49)**: • não houver no mínimo três fornecedores sendo microempresa ou empresa de pequeno porte; • quando não for vantajoso ou representar prejuízo para a Administração; • quando a licitação for dispensável ou inexigível, excetuando-se as dispensas tratadas pelos incisos I e II do art. 24 da Lei nº 8.666/93 (dispensa em razão do valor), nas quais a compra deverá ser feita preferencialmente de microempresas e empresas de pequeno porte.

A Lei nº 14.133/21, expressamente, prevê os benefícios mencionados continuam sendo aplicados (art. 4º). Entretanto, estabelece que **não haverá tratamento diferenciado às microempresas e empresas de pequeno porte** (art. 4º, §1º):

a) no caso de licitação para aquisição de bens ou contratação de serviços em geral, ao item cujo valor estimado for superior à receita bruta máxima admitida para fins de enquadramento como EPP. Importante ater-se ao termo "item", porque a licitação pode e deve, quando tecnicamente viável e economicamente vantajoso, parcelar o objeto da licitação, sendo que não se aplicará o tratamento diferenciado apenas ao item cujo valor estimado for superior à receita bruta máxima admitida.

b) no caso de contratação de obras e serviços de engenharia, às licitações cujo valor estimado for superior à receita bruta máxima admitida para fins de enquadramento como EPP.

Ademais, a obtenção dos benefícios (tratamento diferenciado) previstos na LC 123/06 fica limitada às ME e EPP que, no ano calendário de realização da licitação, ainda não tenham celebrado contratos com a Administração Pública cujos valores somados ultrapassem a receita bruta máxima admitida para fins de enquadramento como EPP (R$ 4.800.00,00), devendo o órgão exigir da licitante declaração de observância desse limite (art. 4º, §2º). Se a contratação tiver prazo superior a um ano, será considerado o valor anual do contrato na aplicação dos limites acima previstos (§3º).

5.5. Princípio do julgamento objetivo

A escolha do vencedor da licitação deve ser feita com base em **julgamento apoiado em critérios objetivos.** Não se admite arbitrariedade e, assim, deve ser escolhido o licitante que tenha apresentado a melhor proposta, nos termos constantes do edital, e a existência de critérios objetivos permite, inclusive, que possa ser feito o controle sobre a decisão tomada.

5.6. Princípio do desenvolvimento nacional sustentável

No âmbito da Nova Lei, o desenvolvimento nacional sustentável é elencado como princípio e objetivo, nos termos dos artigos 5º e 11, IV, respectivamente.

No passado, a concepção era de que a disputa entre os pretendentes a contratados da Administração Pública era de se buscar a melhor proposta e de se propiciar a disputa igualitária entre os contendores. Entretanto, com as inovações legislativas, passou-se a valorizar os estímulos que o grande volume de contratações públicas poderia gerar.

Nesse sentido, podem ser apontados os benefícios destinados à participação de microempresas e empresas de pequeno porte nas licitações, implementados pela Lei Complementar nº 123/06 com as alterações da Lei Complementar nº 147/14, em razão de serem as pequenas empresas geradoras de expressivo percentual dos empregos formais no país, gerando, pois, renda e emprego.

A ideia de desenvolvimento sustentável foi popularizada com o Relatório *Brundtland*, também chamado de "Nosso futuro comum", pela Comissão Mundial sobre Meio Ambiente e Desenvolvimento das Nações Unidas, divulgado no ano de 1987. Segundo o relatório, "desenvolvimento sustentável um processo de transformação no qual a exploração dos recursos, a direção dos investimentos, a orientação do desenvolvimento tecnológico e a mudança institucional se harmonizam e reforçam o potencial presente e futuro, a fim de atender as necessidades e aspirações humanas"[9]. Nessa concepção embrionária, consiste na ideia de preservar o meio ambiente presente de modo a resguardá-lo para as futuras gerações.

---

9. Nosso futuro comum: Comissão Mundial sobre o Meio Ambiente e Desenvolvimento. Rio de Janeiro: FGV, 1991, p. 49

Com o avanço das discussões sobre o tema, desenvolve-se a noção de que o desenvolvimento sustentável deve ser implementado com base em pilares interdependentes, quais sejam, desenvolvimento econômico, desenvolvimento social e proteção ambiental, conforme consagrado na Declaração de Joanesburgo.

Nesse sentido, afirma Teresa Villac[10] que, em relação ao aspecto ambiental, pode-se citar o uso de madeira de origem regular e da correta destinação dos resíduos sólidos, preferência na contratação de produtos reciclados, dentre outros. No que tange à dimensão social, menciona-se, por exemplo, a proibição do trabalho de menores, a inclusão de cooperativas de catadores nos resíduos recicláveis dos órgãos federais e preferência para microempresas e empresas de pequeno porte. Já o aspecto econômico leva em consideração a noção de planejamento e a elaboração de estudos preliminares. Por sua vez, a dimensão cultural abrange o equilíbrio entre tradição e inovação, assim como a capacidade de elaboração de projetos que abordem as particularidades locais.

Por fim, deve-se mencionar que, em reunião da ONU, no ano de 2015, atribuiu-se concepção mais ampla ao desenvolvimento sustentável, por meio da Agenda 2030, com a eleição de 17 Objetivos do Desenvolvimento Sustentável, dos quais podem ser destacados: trabalho decente e crescimento econômico (promover o crescimento econômico sustentado, inclusivo e sustentável, emprego pleno e produtivo, e trabalho decente para todos), indústria, inovação e infraestrutura (construir infraestruturas resilientes, promover a industrialização inclusiva e sustentável e fomentar a inovação), redução das desigualdades (reduzir a desigualdade dentro dos países e entre eles), cidades e comunidades sustentáveis (tornar as cidades e os assentamentos humanos inclusivos, seguros, resilientes e sustentáveis), consumo e produção responsáveis (assegurar padrões de produção e de consumo sustentáveis).

5.7. Princípio do planejamento

A licitação deve se pautar em procedimentos concretos, mediante a identificação do objeto a ser licitado, sua quantidade, características essenciais, do orçamento disponível, dentre outros critérios elencados pela Administração. A elevação do planejamento a princípio expresso no texto legal mostra a sua relevância e dá mais visibilidade à fase preparatória da licitação, que recebeu grande detalhamento na nova lei, prevendo, inclusive a existência do plano anual de contratações, que é um dos resultados dessa atividade.

5.8. Princípio da segregação de funções

Nos termos do art. 7º, §1º, da Lei nº 14.133/2021, é vedada a "designação do mesmo agente público para atuação simultânea em funções mais suscetíveis a

---

10. As dimensões da sustentabilidade que devem ser consideradas nas contratações públicas. Disponível em: <http://www.novaleilicitacao.com.br/2020/02/27/as-dimensoes-da-sustentabilidade-que-devem-ser-consideradas-nas-contratacoes-publicas/>. Acesso em 05 abr. 2021.

riscos, de forma a reduzir a possibilidade de ocultação de erros e ocorrência de fraudes na contratação". Dessa maneira, não pode haver concentração das atribuições mais relevantes no processo licitatório ou na etapa contratual a uma mesma pessoa e, assim, por exemplo, não pode ser responsável pelo recebimento da obra servidor que atuou na fase de licitação, ou não pode o advogado público responsável pela emissão do parecer jurídico no processo licitatório cumular a função de controlador interno.

5.9. Princípio da motivação

Motivar significa **demonstrar, por escrito, os motivos, os pressupostos de fato e de direito que levaram o administrador a praticar o ato administrativo.** Dessa maneira, a **regra** é que os **atos administrativos sejam motivados.** A motivação é extremamente importante no cenário democrático porque permite que seja aferida a obediência ao interesse público. Na Nova Lei de Licitações e Contratos há inúmeras passagens em que se consta a necessidade de motivação como, por exemplo, o art. 17, §1º, que a exige para que ocorra a inversão das fases da licitação, ou, ainda, § 2º do mesmo artigo prevê que o uso da forma eletrônica como regra para a realização da licitação e que, para a adoção da forma presencial, deve haver motivação idônea a justificar tal escolha.

5.10. Princípio da segurança jurídica

A garantia das situações juridicamente consolidadas tem foro constitucional, assegurando o art. 5º, XXXVI, que "a lei não prejudicará o direito adquirido, o ato jurídico perfeito e a coisa julgada". Se a lei não pode, com maior razão, ao ato administrativo, também, não é permitido fazê-lo. Esse direito do administrado à manutenção das relações jurídicas existentes com a Administração Pública, considerado em seu aspecto objetivo, é o que vem sendo denominado de princípio da segurança jurídica. Representa a garantia da estabilidade das relações jurídicas. Nesse sentido, a Lei nº 14.133/2021 estabeleceu a previsão de matriz de risco, que é a "cláusula contratual definidora de riscos e de responsabilidades entre as partes e caracterizadora do equilíbrio econômico-financeiro inicial do contrato, em termos de ônus financeiro decorrente de eventos supervenientes à contratação". Ainda, prevê o art. 169, §1º, que no regulamento para implementação das práticas de controle, deverá haver a opção por medidas que promovam relações íntegras e confiáveis, com segurança jurídica para todos os envolvidos.

5.11. Princípio da economicidade

Por esse princípio, segundo Marçal Justen Filho, há a vedação ao desperdício de recursos, aos gastos superiores aos que se fazem necessários e à perda de benefícios, afirmando que, de acordo com o princípio da economicidade exige-se a concepção, a implementação e a execução de "soluções que propiciem o menor desembolso de recursos para a Administração, assegurada a obtenção da finalidade pretendida"[11].

5.12. Disposições do Decreto-Lei nº 4.657, de 4 de setembro de 1942 (LINDB)

Deve-se reforçar a aplicação da LINDB, especialmente no que tange às alterações promovidas pela Lei nº 13.655/2018.

Nesse sentido, o art. 20 da LINDB, inserido pela Lei nº 13.655/2018, prevê que nas esferas administrativa, controladora e judicial não se decidirá com base em valores jurídicos abstratos, devendo ser consideradas as consequências da decisão. A motivação, nesse sentido, deverá demonstrar a necessidade e adequação da medida imposta ou da invalidação do ato, contrato, ajuste, processo ou norma administrativa, indicando se a alternativa encontrada é superior às demais alternativas[12].

O art. 21 da LINDB, ademais, trata da aplicação da razoabilidade nos impactos da decisão administrativa ao estabelecer que a decisão que invalidar ato, contrato, ajuste, processo ou norma administrativa, deverá indicar suas consequências jurídicas e administrativas, de modo expresso. Esta decisão deverá indicar as condições para que a regularização ocorra de forma **proporcional e equânime,** não se podendo impor ônus ou perdas anormais ou excessivos[13].

O art. 22, que determina que sejam considerados os obstáculos e dificuldades do gestor e as exigências das políticas públicas na interpretação das normas sobre gestão pública, sem prejuízo dos direitos dos administrados. Tal disposição, segundo Irene Patrícia Nohara, trata do primado da realidade, que não pode servir, todavia, para obstar a realização do direito, mas sim ser aplicado para que se considere a "circunstância contextual de exigência de cumprimento da determinação contida no texto normativo"[14].

Já os arts. 23, 24, 26 e 30 pretenderam conferir maior segurança jurídica aos administrados ao dispor, por exemplo:

(*i*) sobre a previsão de regime de transição quando a decisão administrativa, controladora ou judicial estabelecer nova interpretação ou orientação sobre norma de conteúdo indeterminado (art. 23, LINDB).

---

11. Comentários à Lei de Licitações e contratações administrativas: Lei 14.133/2021. 1 ed. São Paulo: Thomson Reuters, 2021. p. 142.
12. NOHARA, Irene Patrícia. LINDB: Lei de Introdução às Normas do Direito Brasileiro, hermenêutica e novos Parâmetros ao Direito Público. Curitiba: Juruá, 2018.
13. Idem.
14. Idem.

(ii) que a revisão nas esferas administrativa, controladora ou judicial quanto à validade do ato, contrato, ajuste, processo ou norma administrativa cuja produção já houver completado, levará em conta as orientações gerais da época, sendo vedada a declaração de invalidade de situações plenamente constituídas, com base em mudança de orientação geral posterior (art. 24, LINDB).

(iii) sobre a possibilidade de celebrar compromisso com os interessados, observada a legislação aplicável, para eliminar irregularidade, incerteza jurídica ou situação contenciosa na aplicação do direito público (art. 26, LINDB).

(iv) a atuação das autoridades públicas para aumentar a segurança jurídica na aplicação das normas, por regulamentos, súmulas administrativas e respostas a consultas, de caráter vinculante (art. 30, LINDB).

Note, dessa forma, que os artigos acima representam importante baliza na tomada de decisões pela Administração Pública, reforçando a necessidade de cumprimento com o disposto na Lei nº 13.655/2018.

6. CONTRATAÇÃO DIRETA

A obrigação da licitação deve ser vista sob três prismas: quem é obrigado a licitar, que tipo de contratação deve ser feita por licitação e quando a licitação é obrigatória. Os dois primeiros já foram abordados anteriormente, mas e, em relação ao último, quando a licitação é obrigatória?

Nos termos do no art. 37, XXI, da Constituição, **a licitação, em regra, é obrigatória, salvo os casos especificados na legislação**. Entretanto, quanto à **concessão e permissão de serviço público**, conforme o art. 175 da Carta Magna, **sempre deve haver licitação**.

Portanto, a pergunta, na verdade, deve ser **quando a licitação não é obrigatória**?

Nos casos de **dispensa e inexigibilidade. Ambas** as hipóteses devem estar previstas em lei e representam **situações nas quais a lei afastou a obrigatoriedade de licitar**.

Assim, antes de serem estudadas as disposições da lei referentes à realização do processo licitatório, serão analisadas as hipóteses em que a licitação não ocorrerá, isto é, os casos em que a contratação será feita diretamente.

6.1. Processo de contratação direta

Por meio do processo de contratação direta, o contrato é celebrado sem que tenha havido licitação prévia.

Isso ocorre em casos excepcionais, com fundamento na Constituição Federal, disciplinados pelo legislador infraconstitucional. São as hipóteses de dispensa e inexigibilidade de licitação.

Trata-se de tema extremamente importante porque a **licitação não pode ser afastada indevidamente**, quer dizer, se não for hipótese de dispensa ou de inexigibilidade, a licitação deve ser realizada sob pena de prática de **crime** previsto no art. 337-E do Código Penal (contratação direta ilegal) e, também, de configuração de ato de **improbidade administrativa, caso acarrete perda patrimonial** (art. 10, VIII, Lei nº 8.429/92). Além disso, no caso de contratação direta mediante dolo, fraude ou erro grosseiro, o contratado e o agente público responderão de forma solidária pelo dano causado, o que se dará sem prejuízo das demais sanções legais cabíveis (art. 73 da Nova Lei).

De forma bem mais detalhada do que a feita na Lei nº 8.666/1993, o art. 72 da Lei nº 14.133/2021 elenca os **documentos que devem instruir o processo de contratação direta**, que são:

a) documento de **formalização de demanda** e, se for o caso, estudo técnico preliminar, análise de riscos, termo de referência, projeto básico ou projeto executivo;

b) **estimativa de despesa**;

c) **parecer jurídico e pareceres técnicos**, se for o caso, que demonstrem o atendimento dos requisitos exigidos;

d) demonstração da compatibilidade da **previsão de recursos orçamentários** com o compromisso a ser assumido;

e) **comprovação** de que o contratado **preenche os requisitos de habilitação e qualificação** mínima necessária;

f) **razão da escolha** do contratado;

g) **justificativa de preço;**

h) **autorização** da autoridade competente.

Deve-se ressaltar que o **ato que autoriza a contratação direta ou o extrato decorrente do contrato deverá ser divulgado e disponibilizado ao público em sítio eletrônico oficial** (art. 72, parágrafo único).

6.2. Inexigibilidade

As hipóteses em que a licitação é inexigível não estão descritas de maneira exaustiva como os casos de dispensa, quer dizer, enquanto o rol das situações de **dispensa é taxativo, o rol** das hipóteses de **inexigibilidade é exemplificativo.**

Nesse sentido, disciplina o art. 74 da Nova Lei que a **licitação será inexigível quando a competição for inviável, em especial** nos casos de:

a) aquisição de materiais, de equipamentos ou de gêneros ou contratação de serviços que só possam ser fornecidos por **produtor, empresa ou representante comercial exclusivos.** Nesse caso, a Administração deverá demonstrar a **inviabilidade da competição** mediante comprovação por documento idôneo que comprove que o objeto é fornecido ou prestado por produtor, empresa ou representante comercial exclusivos, vedada a preferência por marca específica (art. 74, §1º).

b) contratação de **profissional do setor artístico, diretamente** ou por meio de **empresário exclusivo**, desde que **consagrado pela crítica especializada ou pela opinião pública**. Empresário exclusivo consiste na pessoa física ou jurídica que possua documento que comprove a exclusividade permanente e contínua de representação no país ou Estado, do profissional, afastando-se a possibilidade de contratação por inexigibilidade por empresário com representação restrita a um evento ou local específico (art. 74, §2º).

c) **objetos** que devam ou possam ser **contratados por meio de credenciamento.** O credenciamento se refere ao processo administrativo de chamamento público em que a Administração Pública convoca interessados em prestar serviços ou fornecer bens para que, preenchidos os requisitos necessários, se credenciem no órgão ou na entidade para executar o objeto quando convocados (art. 6º, XLIII). Apesar de não constar na Lei nº 8.666/1993, a doutrina e a jurisprudência do Tribunal de Contas da União e do Superior Tribunal de Justiça já a reconheciam como hipótese de inexigibilidade de licitação.

d) **aquisição ou locação de imóvel** cujas **características de instalações e de localização tornem necessária sua escolha**. Para a configuração dessa hipótese, devem ser observados os seguintes requisitos: (i) avaliação prévia do bem, seu estado de conservação, custos e adaptações, quando imprescindíveis às necessidades de utilização, e do prazo de amortização dos investimentos; (ii) certificação da inexistência de imóveis públicos vagos e disponíveis que atendam ao objeto; (iii) justificativas que demonstrem a singularidade do imóvel a ser comprado ou locado pela Administração e que evidenciem vantagem para ela. Em comparação com o que estabelecia a Lei nº 8.666/1993, essa situação caracterizava dispensa de licitação (art. 24, X), o que sempre foi bastante criticado porque, na verdade, se somente determinado imóvel se mostra como apto a ser usado, existe inviabilidade de competição e, assim, andou bem o legislador com a nova alocação dessa situação de não realização de licitação e, também, com o detalhamento dos requisitos para a sua configuração.

e) contratação de **serviços técnicos especializados** de **natureza predominantemente intelectual** com **profissionais ou empresas de notória especialização,** vedada a inexigibilidade para serviços de publicidade e divulgação. Em relação a essa hipótese de inexigibilidade: **1)** São **serviços técnicos especializados de natureza predominantemente intelectual** (art. 74, III): estudos técnicos, planejamentos, projetos básicos ou projetos executivos;

pareceres, perícias e avaliações em geral; assessorias ou consultorias técnicas e auditorias financeiras ou tributárias; fiscalização, supervisão ou gerenciamento de obras ou serviços; patrocínio ou defesa de causas judiciais ou administrativas (em relação aos serviços profissionais de advogado, importante consignar que o art. 3º-A da Lei 8.906/1994, estabelece que "são, por sua natureza, técnicos e singulares, quando comprovada sua notória especialização, nos termos da lei" definindo, ainda, de maneira específica que se considera "notória especialização o profissional ou a sociedade de advogados cujo conceito no campo de sua especialidade, decorrente de desempenho anterior, estudos, experiências, publicações, organização, aparelhamento, equipe técnica ou de outros requisitos relacionados com suas atividades, permita inferir que o seu trabalho é essencial e indiscutivelmente o mais adequado à plena satisfação do objeto do contrato"; treinamento e aperfeiçoamento de pessoal; restauração de obras de arte e de bens de valor histórico; controles de qualidade e tecnológico, análises, testes e ensaios de campo e laboratoriais, instrumentação e monitoramento de parâmetros específicos de obras e do meio ambiente e demais serviços de engenharia que se enquadrem no disposto neste inciso. **2)** Nos termos do §3º do art. 74 da Lei, será considerado como de **notória especialização** o profissional ou empresa cujo conceito no campo de sua especialidade, decorrente de desempenho anterior, estudos, experiência, publicações, organização, aparelhamento, equipe técnica ou outros requisitos relacionados com suas atividades, permita inferir que o seu **trabalho é essencial e reconhecidamente adequado à plena satisfação do objeto do contrato**. Nesse caso, **veda-se a subcontratação de empresas ou a atuação de profissionais distintos daqueles que tenham ensejado a inexigibilidade** (art. 74, §4º). **3)** Não há mais a exigência de que o serviço tenha natureza singular, como ocorria na Lei nº 8.666/1993.

Note, também, que **não poderá haver inexigibilidade para a contratação de serviços de publicidade e divulgação** (para esses serviços, a contratação é regida pela Lei nº 12.232/10, que dispõe sobre as normas gerais para licitação e contratação pela Administração Pública de serviços de publicidade prestados por intermédio de agências de propaganda, aplicando-se a Lei 14.133/2021 de forma subsidiária).

6.3. Dispensa

A dispensa de licitação corresponde a uma opção legal, pois os interessados poderiam competir. As **hipóteses de dispensa são taxativas e não podem ser ampliadas pelo administrador.**

A dispensa está disciplinada nos artigos 75 e 76 da Nova Lei e divide-se em:

a) ***licitação dispensada***: a **lei determina a não realização** da licitação, não deixando escolha para o administrador (art. 76);

b) ***licitação dispensável***: a **lei faculta ao administrador** realizar ou não a licitação (art. 75).

6.3.1. Licitação dispensável

As hipóteses de licitação dispensável estão arroladas, de maneira **taxativa**, no art. 75. São diversos incisos e podem ser divididos em razão do pequeno valor, de situações excepcionais, do objeto e da pessoa.

6.3.1.1. Em razão do pequeno valor

A não realização de licitação, em razão do pequeno valor foi mantida no novo marco regulatório e consta dos incisos I e II e §§ 1º ao 4º do art. 75. De acordo com esse dispositivo[15], a licitação é dispensável para

a) **obras e serviços de engenharia ou de serviços de manutenção de veículos automotores** com valor inferior a R$ 119.812,02.

b) no caso de **outros serviços e compras**, para contratação que envolva valores inferiores a R$ 59.906,02.

Para aferição dos valores em comento, devem ser observados tanto o somatório do que for despendido no exercício financeiro pela unidade gestora como o somatório da despesa realizada com objetos da mesma natureza, ou seja, de contratações no mesmo ramo de atividade (art. 75, §1º). Tais disposições, entretanto, não serão utilizadas às contratações de serviços de manutenção de veículos automotores de propriedade do órgão ou entidade contratante, inclusive o fornecimento de peças, até o valor de R$ 9.584,97.

Ademais, em se tratando de compras, obras e serviços contratados por **consórcio público, autarquia ou fundação qualificadas como agências executivas,** os valores em questão serão **dobrados**:

(i) obras e serviços de engenharia ou de serviços de manutenção de veículos automotores: até R$ 239.624,04;

(ii) serviços e compras: até R$ 119.812,02.

Note que o critério é o mesmo adotado pela Lei nº 8.666/1993, havendo, entretanto, alteração dos valores, da seguinte forma:

---

15. Conforme atualização promovida pelo Decreto nº 11.871/2023, em obediência ao art. 182 da Lei nº 14.133/2021.

DISPENSA EM RAZÃO DO PEQUENO VALOR	
Administração direta Autarquia Fundação pública	**Valores inferiores a** **R$ 59.906,02** serviços e compras
	Valores inferiores a **R$ 119.812,02** obras e serviços de engenharia ou serviços de manutenção de veículos automotores
Autarquia qualificada como agência executiva Fundação pública qualificada como agência executiva Consórcio público	**Valores inferiores a** **R$ 119.812,02** outros serviços e compras
	Valores inferiores a **R$ 239.624,04** obras e serviços de engenharia

Tais contratações serão **preferencialmente** precedidas de divulgação de aviso em sítio eletrônico oficial, pelo prazo mínimo de 3 dias úteis, contendo a especificação do objeto pretendido e a manifestação de interesse da Administração em obter propostas adicionais de eventuais interessados, com a seleção da proposta mais vantajosa (art. 75, §3º).

Além disso, as contratações em questão serão **preferencialmente** pagas por cartão de pagamento, cujo extrato será divulgado e mantido à disposição do público no Portal Nacional de Contratações Públicas (PNPC).

Deve-se ressaltar que tais valores serão atualizados pelo Poder Executivo federal a cada 1º de janeiro, pelo Índice Nacional de Preços ao Consumidor Amplo Especial (IPCA-E) ou por outro que venha a substituí-lo, devendo os valores ser divulgados no PNCP (art. 182).

6.3.1.2. Em razão do objeto

Quanto à dispensa de licitação em razão do objeto, o art. 75, IV da Nova Lei, elenca as seguintes hipóteses:

a) bens, componentes ou peças de origem nacional ou estrangeira necessários à manutenção de equipamentos, a serem adquiridos do fornecedor original desses equipamentos durante o período de garantia técnica, quando essa condição de exclusividade for indispensável para a vigência da garantia;

b) bens, serviços, alienações ou obras, nos termos de acordo internacional específico aprovado pelo Congresso Nacional, quando as condições ofertadas forem manifestamente vantajosas para a Administração;

c) produtos para pesquisa e desenvolvimento, limitada a contratação, no caso de obras e serviços de engenharia, ao valor de R$ 359.436,08: quando esta hipótese for aplicada a obras e serviços de engenharia, deverá seguir procedimentos especiais instituídos em regulamentação específica;

d) transferência de tecnologia ou licenciamento de direito de uso ou de exploração de criação protegida, nas contratações realizadas por instituição científica, tecnológica e de inovação (ICT) pública ou por agência de fomento, desde que demonstrada vantagem para a Administração;

e) hortifrutigranjeiros, pães e outros gêneros perecíveis, no período necessário para a realização dos processos licitatórios correspondentes, hipótese em que a contratação será realizada diretamente com base no preço do dia;

f) bens ou serviços produzidos ou prestados no País que envolvam, cumulativamente, alta complexidade tecnológica e defesa nacional;

g) materiais de uso das Forças Armadas, com exceção de materiais de uso pessoal e administrativo, quando houver necessidade de manter a padronização requerida pela estrutura de apoio logístico dos meios navais, aéreos e terrestres, mediante autorização por ato do comandante da força militar;

h) bens e serviços para atendimento dos contingentes militares das forças singulares brasileiras empregadas em operações de paz no exterior, hipótese em que a contratação deverá ser justificada quanto ao preço e à escolha do fornecedor ou executante e ratificada pelo comandante da força militar;

i) abastecimento ou suprimento de efetivos militares em estada eventual de curta duração em portos, aeroportos ou localidades diferentes de suas sedes, por motivo de movimentação operacional ou de adestramento;

j) coleta, processamento e comercialização de resíduos sólidos urbanos recicláveis ou reutilizáveis, em áreas com sistema de coleta seletiva de lixo, realizados por associações ou cooperativas formadas exclusivamente de pessoas físicas de baixa renda reconhecidas pelo poder público como catadores de materiais recicláveis, com o uso de equipamentos compatíveis com as normas técnicas, ambientais e de saúde pública;

k) aquisição ou restauração de obras de arte e objetos históricos, de autenticidade certificada, desde que inerente às finalidades do órgão ou com elas compatível;

l) serviços especializados ou aquisição ou locação de equipamentos destinados ao rastreamento e à obtenção de provas previstas nos incisos II (captação ambiental de sinais eletromagnéticos, ópticos ou acústicos) e V (interceptação de comunicações telefônicas e telemáticas, nos termos da legislação específica) do *caput* do art. 3º da Lei nº 12.850, de 2 de agosto de 2013, quando houver necessidade justificada de manutenção de sigilo sobre a investigação;

m) aquisição de medicamentos destinados exclusivamente ao tratamento de doenças raras definidas pelo Ministério da Saúde;

Além desses casos, os incisos V e XII do art. 75 também são situações em que há dispensa em razão do objeto:

a) para contratação com vistas ao cumprimento do disposto nos arts. 3º, 3º-A, 4º, 5º e 20 da Lei nº 10.973, de 2 de dezembro de 2004, observados os princípios gerais de contratação constantes da referida Lei (art. 75, V);

ATENÇÃO! Essa lei dispõe sobre os incentivos à inovação e à pesquisa científica e tecnológica no ambiente produtivo, por exemplo, fomentando a constituição de alianças estratégicas e o desenvolvimento de projetos de cooperação, como é o caso de incubadoras e parques tecnológicos (art. 3º), ou, também, contratando empresa, consórcio de empresa e entidades sem fins lucrativos para a realização de atividades de pesquisa e desenvolvimento, que envolvam risco tecnológico, para solução de problema técnico específico ou obtenção de produto ou processo inovador (art. 20)

b) para contratação em que houver transferência de tecnologia de produtos estratégicos para o Sistema Único de Saúde (SUS), conforme elencados em ato da direção nacional do SUS, inclusive por ocasião da aquisição desses produtos durante as etapas de absorção tecnológica, e em valores compatíveis com aqueles definidos no instrumento firmado para a transferência de tecnologia (art. 75, XII);

6.3.1.3. *Em razão da pessoa*

Ainda, há as situações de dispensa em razão da pessoa. São os casos do art. 75, IX, X, XI, XV e XVI:

a) para a aquisição, por pessoa jurídica de direito público interno, de bens produzidos ou serviços prestados por órgão ou entidade que integrem a Administração Pública e que tenham sido criados para esse fim específico, desde que o preço contratado seja compatível com o praticado no mercado (art. 75, IX);

b) para celebração de contrato de programa com ente federativo ou com entidade de sua Administração Pública indireta que envolva prestação de serviços públicos de forma associada nos termos autorizados em contrato de consórcio público ou em convênio de cooperação (art. 75, XI);

c) para contratação de instituição brasileira que tenha por finalidade estatutária apoiar, captar e executar atividades de ensino, pesquisa, extensão, desenvolvimento institucional, científico e tecnológico e estímulo à inovação, inclusive para gerir administrativa e financeiramente essas atividades, ou para contratação de instituição dedicada à recuperação social da pessoa presa, desde que o contratado tenha inquestionável reputação ética e profissional e não tenha fins lucrativos (art. 75, XV);

d) para aquisição, por pessoa jurídica de direito público interno, de insumos estratégicos para a saúde produzidos por fundação que, regimental ou estatutariamente, tenha por finalidade apoiar órgão da Administração Pública direta, sua autarquia ou fundação em projetos de ensino, pesquisa, extensão, desenvolvimento institucional, científico e tecnológico e de estímulo à inovação, inclusive na gestão administrativa e financeira necessária à execução desses projetos, ou em parcerias que envolvam transferência de tecnologia de produtos estratégicos para o SUS, nos termos do inciso XII deste *caput*, e que tenha sido criada para esse fim específico em data anterior à entrada em vigor desta Lei, desde que o preço contratado seja compatível com o praticado no mercado (art. 75, XVI).

e) para contratação de entidades privadas sem fins lucrativos para a implementação de cisternas ou outras tecnologias sociais de acesso à água para consumo humano e produção de alimentos, a fim de beneficiar as famílias rurais de baixa renda atingidas pela seca ou pela falta regular de água (art. 75, XVII);

f) para contratação de entidades privadas sem fins lucrativos, para a implementação do Programa Cozinha Solidária, que tem como finalidade fornecer alimentação gratuita preferencialmente à população em situação de vulnerabilidade e risco social, incluída a população em situação de rua, com vistas à promoção de políticas de segurança alimentar e nutricional e de assistência social e à efetivação de direitos sociais, dignidade humana, resgate social e melhoria da qualidade de vida (art. 75, XVIII).

6.3.1.4. Em razão de situações excepcionais

Também, a licitação poderá ser dispensável em razão de situações excepcionais, elencadas no art. 75 III, VI, VII, VIII, X, XIII, XIV:

a) para contratação que mantenha todas as condições definidas em edital de licitação realizada há menos de 1 (um) ano, quando se verificar que naquela licitação:

   (i) **não surgiram licitantes interessados** ou não foram apresentadas propostas válidas;

(ii) as **propostas apresentadas consignaram preços manifestamente superiores** aos praticados no mercado ou incompatíveis com os fixados pelos órgãos oficiais competentes; (art. 75, III)

O disposto no art. 75, III trata da **licitação deserta e fracassada.** Na licitação deserta não aparecem interessados e na fracassada, ao contrário, eles comparecem, mas nenhum é selecionado. Ademais, tais hipóteses não se confundem com a desclassificação dos licitantes por inobservância do edital, de modo que, sendo a situação contornável, deverá a Administração realizar licitação[16].

b) para contratação que possa acarretar **comprometimento da segurança nacional**, nos casos estabelecidos pelo Ministro de Estado da Defesa, mediante demanda dos comandos das Forças Armadas ou dos demais ministérios (art. 75, VI);

c) nos casos de **guerra, estado de defesa, estado de sítio, intervenção federal** ou de **grave perturbação da ordem** (art. 75, VII);

d) nos casos de **emergência ou de calamidade pública**, quando caracterizada urgência de atendimento de situação que possa ocasionar prejuízo ou comprometer a continuidade dos serviços públicos ou a segurança de pessoas, obras, serviços, equipamentos e outros bens, públicos ou particulares, e somente para aquisição dos bens necessários ao atendimento da situação emergencial ou calamitosa e para as parcelas de obras e serviços que possam ser concluídas no prazo máximo de 1 (um) ano, contado da data de ocorrência da emergência ou da calamidade, vedadas a prorrogação dos respectivos contratos e a recontratação de empresa já contratada com base no disposto neste inciso (art. 75, VIII): segundo o §6º do art. 75 da Lei, será considerada emergencial a contratação com objetivo de manter a continuidade do serviço, devendo ser observados os valores praticados pelo mercado e adotadas as providências necessárias para a conclusão do processo licitatório, sem prejuízo da apuração da responsabilidade dos agentes públicos que deram causa à situação emergencial. São, por exemplo, os casos de grandes enchentes, epidemias. Não pode ser situação decorrente da desídia do administrador, da falta de planejamento, da má gestão dos recursos disponíveis e só se contrata a parcela da obra que é essencial para afastar a situação de risco[17]. Enquanto o contrato emergencial vai sendo executado, realiza-se licitação para o que for necessário após passado 1 (um) ano.

16. CARVALHO FILHO, José dos Santos. Manual de direito administrativo. 34. ed. São Paulo: Atlas, 2020.
17. FURTADO, Lucas Rocha. *Curso de direito administrativo*. 2. ed. Belo Horizonte: Fórum, 2010. p. 441.

e) quando a União tiver que **intervir no domínio econômico** para regular preços ou normalizar o abastecimento (art. 75, X);

f) para **contratação de profissionais para compor a comissão de avaliação de critérios de técnica**, quando se tratar de profissional técnico de notória especialização (art. 75, XIII);

g) para contratação de **associação de pessoas com deficiência**, sem fins lucrativos e de comprovada idoneidade, por órgão ou entidade da Administração Pública, para a prestação de serviços, desde que o preço contratado seja compatível com o praticado no mercado e os serviços contratados sejam prestados exclusivamente por pessoas com deficiência (art. 75, XIV);

6.3.1.5. *Alienação de bens e licitação dispensada*

O disposto no art. 76 da Lei, cuida das alienações e, assim, há a disciplina de quais são os requisitos necessários para a alienação de bens imóveis e móveis pela Administração Pública e, entre elas, está a exigência de licitação. Entretanto, há situações em que a Administração pode alienar os bens sem fazer licitação e essas são as hipóteses de licitação dispensada.

Por força do princípio da indisponibilidade do interesse público, os bens públicos são relativamente alienáveis, isto é, em regra não podem ser alienados. É necessário que o bem público esteja na categoria dominicais, o que ocorre por meio da desafetação.

Nesse sentido, a alienação de bens da Administração será precedida de avaliação, subordinando-se à existência de **interesse público devidamente justificado,** devendo obedecer às seguintes normas:

a) **mediante autorização legislativa**, no caso de bens imóveis, inclusive os que pertencerem às autarquias e fundações, com a utilização da licitação na modalidade leilão, dispensada sua realização nos casos de:

- **Dação em pagamento**;
- **Doação**, permitida exclusivamente para outro órgão ou entidade da Administração Pública, de qualquer esfera de governo, ressalvado o disposto nas alíneas "f", "g" e "h" do art. 76, I: cessadas as razões que justifiquem a doação, serão revertidos ao patrimônio da pessoa jurídica doadora, sendo vedada sua alienação pelo beneficiário (art. 76, §2º);

ATENÇÃO! No caso de doação com encargo, será licitada e de seu instrumento constarão, obrigatoriamente, os encargos, o prazo do cumprimento e a cláusula de reversão, sob pena de nulidade do ato, dispensada a licitação no caso de interesse público devidamente justificado (art. 76, §6º). Nessa hipótese, caso o donatário necessite oferecer o imóvel em garantia de financiamento, a cláusula de reversão e demais obrigações serão garantidas por hipoteca em segundo grau em favor do doador (art. 76, §7º).

- **Permuta** por outros imóveis que atendam aos requisitos relacionados às finalidades precípuas da Administração, desde que a diferença apurada não ultrapasse a metade do valor do imóvel que será ofertado pela União, segundo avaliação prévia, e ocorra a torna de valores, sempre que for o caso;
- **Investidura**: corresponde (i) à alienação, ao proprietário de imóvel contíguo, de área remanescente ou resultante de obra pública que se tornar inaproveitável isoladamente, por preço não inferior ao da avaliação nem superior a 50% do valor máximo permitido para dispensa de licitação de bens e serviços previstos na lei e (ii) à alienação, ao legítimo possuidor direto ou, em sua falta, ao poder público, de imóvel para fins residenciais construído em núcleo urbano anexo a usina hidrelétrica, desde que considerado dispensável na fase de operação da usina e que não integre a categoria de bens reversíveis ao final da concessão (art. 76, §5º);
- **Venda a outro órgão ou entidade** da Administração Pública de qualquer esfera de governo;
- **Alienação gratuita ou onerosa, aforamento, concessão de direito real de uso, locação e permissão de uso** de bens imóveis residenciais construídos, destinados ou efetivamente usados em programas de habitação ou de regularização fundiária de interesse social desenvolvidos por órgão ou entidade da Administração Pública (alínea "f", mencionada acima);
- **Alienação gratuita ou onerosa, aforamento, concessão de direito real de uso, locação e permissão de uso de bens imóveis comerciais** de âmbito local, com área de até 250 m² (duzentos e cinquenta metros quadrados) e destinados a programas de regularização fundiária de interesse social desenvolvidos por órgão ou entidade da Administração Pública (alínea "g", mencionada acima);
- **Alienação e concessão de direito real de uso, gratuita ou onerosa, de terras públicas rurais da União e do Instituto Nacional de Colonização e Reforma Agrária (Incra)** onde incidam ocupações até o limite de que trata o § 1º do art. 6º da Lei nº 11.952, de 25 de junho de 2009 (2.500 hectares), para fins de regularização fundiária, atendidos os requisitos legais;
- **Legitimação de posse** de que trata o art. 29 da Lei nº 6.383, de 7 de dezembro de 1976, mediante iniciativa e deliberação dos órgãos da

Administração Pública competentes (alínea "h", mencionada acima): a lei em questão dispõe sobre o Processo Discriminatório de Terras Devolutas da União e seu art. 29 da Lei nº 6.383/1976 prevê que o ocupante de terras públicas, que as tenha tornado produtivas com o seu trabalho e o de sua família, fará jus à legitimação da posse de área contínua até 100 hectares, desde que não seja proprietário de imóvel rural e que comprove a morada permanente e cultura efetiva, pelo prazo mínimo de 1 ano.

- **Legitimação fundiária e legitimação de posse** de que trata a Lei nº 13.465, de 11 de julho de 2017.

A Administração poderá conceder título de propriedade ou de direito real de uso do imóvel, admitindo-se a dispensa de licitação quando o uso se destinar a (art. 76, §3º):

- outro órgão ou entidade da Administração Pública, qualquer que seja a localização do imóvel;
- pessoa natural que, nos termos de lei, regulamento ou ato normativo do órgão competente, haja implementado os requisitos mínimos de cultura, de ocupação mansa e pacífica e de exploração direta sobre área rural, observado o limite de 2.500 hectares, que trata o § 1º do art. 6º da Lei nº 11.952, de 25 de junho de 2009. Neste caso, haverá dispensa de autorização legislativa mediante o cumprimento das seguintes condições:

I - aplicação exclusiva às áreas em que a detenção por particular seja comprovadamente anterior a 1º de dezembro de 2004;

II - submissão aos demais requisitos e impedimentos do regime legal e administrativo de destinação e de regularização fundiária de terras públicas;

III - vedação de concessão para exploração não contemplada na lei agrária, nas leis de destinação de terras públicas ou nas normas legais ou administrativas de zoneamento ecológico-econômico;

IV - previsão de extinção automática da concessão, dispensada notificação, em caso de declaração de utilidade pública, de necessidade pública ou de interesse social;

V - aplicação exclusiva a imóvel situado em zona rural e não sujeito a vedação, impedimento ou inconveniente à exploração mediante atividade agropecuária;

VI - limitação a áreas de que trata o § 1º do art. 6º da Lei nº 11.952, de 25 de junho de 2009, vedada a dispensa de licitação para áreas superiores a 2.500 hectares;

VII - acúmulo com o quantitativo de área decorrente do caso previsto na alínea "i" do inciso I do *caput* deste artigo (art. 29, I da Lei nº 6.383, que prevê a área de até 100 hectares) até o limite previsto no inciso VI deste parágrafo (art. 6º, §1º da Lei nº 11.952, de 25 de junho de 2009, que prevê a limitação a 2.500 hectares).

ATENÇÃO! Deve-se destacar que, em se tratando de bens adquiridos pela Administração Pública em decorrência de **procedimentos judiciais ou dação em pagamento** dispensará autorização legislativa, exigindo, apenas avaliação prévia e licitação na modalidade leilão (art. 76, §1º).

Direito de preferência: para venda de bens imóveis, haverá direito de preferência ao licitante que comprove a ocupação do imóvel objeto da licitação, mediante cumprimento das regras do edital (art. 77).

b) no caso de bens móveis, **independentemente de autorização legislativa, a licitação se dará pelo procedimento na modalidade leilão,** dispensada sua realização (art. 76, II):

- doação, permitida exclusivamente para fins e uso de interesse social, após avaliação de oportunidade e conveniência socioeconômica em relação à escolha de outra forma de alienação;
- permuta, permitida exclusivamente entre órgãos ou entidades da Administração Pública;
- venda de ações, que poderão ser negociadas em bolsa, observada a legislação específica;
- venda de títulos, observada a legislação pertinente;
- venda de bens produzidos ou comercializados por entidades da Administração Pública, em virtude de suas finalidades;
- venda de materiais e equipamentos sem utilização previsível por quem deles dispõe para outros órgãos ou entidades da Administração Pública.

7. OBJETO DA LICITAÇÃO

Compreendidas as hipóteses em que pode ocorrer a contratação direta, é necessário direcionar o estudo para a licitação em si, para compreender como é realizada e passo importantíssimo para tanto é dominar as denominadas modalidades de licitação, pois representam as diferentes maneiras de se realizar o certame licitatório. Na Lei nº 8.666/1993, um critério muito importante para a definição da modalidade era o valor da contratação e, no entanto, a Lei nº 14.133/2021 alterou isso e colocou a preponderância no objeto a ser contratado.

Como já visto anteriormente, o objeto da licitação pode ser (art. 2º) a alienação e a concessão de direito real de uso de bens; a compra, inclusive por encomenda; a locação; a concessão e permissão de uso de bens públicos; a prestação de serviços, inclusive os técnico-profissionais especializados; as obras e os serviços de arquitetura e engenharia e as contratações de tecnologia da informação e de comunicação.

Desses, sem dúvida, os que merecem maior atenção são as compras, as obras, os serviços, as locações e as alienações e, com exceção destas, cuja abordagem foi feita no tópico licitação dispensável, adiante ocorrerá a abordagem das demais, com base em seção específica da Lei, denominado "Disposições Setoriais".

7.1. Compras

Compra, nos termos do art. 6º, X, é a "aquisição remunerada de bens para fornecimento de uma só vez ou parceladamente, considerada imediata aquela com prazo de entrega de até 30 (trinta) dias da ordem de fornecimento"

E, de acordo com o art. 40, as compras a serem realizadas pela Administração deverão considerar a expectativa de consumo anual, levando-se em conta:

a) as condições de aquisição e pagamento similares às do setor privado;

b) o processamento pelo sistema de registro de preços, quando couber: referido sistema corresponde ao conjunto de procedimentos para realização, pela contratação direta ou licitação nas modalidades pregão ou concorrência, de registro formal de preços relativos a prestação de serviços, a obras e a aquisição e locação de bens para contratações futuras (art. 6º, XLV);

c) a determinação de unidades e quantidades a serem adquiridas em função do consumo e uso, de modo que a estimativa seja obtida por técnicas quantitativas, admitido o fornecimento contínuo;

d) as condições de guarda e armazenamento que não permitam a deterioração do material;

e) o atendimento aos princípios da padronização, do parcelamento e da responsabilidade fiscal.

e.1) Quanto ao princípio do **parcelamento**, deve-se considerar a viabilidade de divisão do objeto em lotes, o aproveitamento do mercado local visando à economicidade, desde que mantida a qualidade e o dever de buscar a ampliação da competição (art. 40, §2º). Deve-se apontar que o parcelamento não será adotado: quando houver recomendação de compra do mesmo fornecedor, em razão da economia de escala, redução de custos de gestão de contratos ou maior vantagem na contratação; quando o objeto configurar sistema único e integrado e houver possibilidade de risco ao conjunto pretendido e caso o processo de padronização ou escolha de marca levar a fornecedor exclusivo.

e.2) Por sua vez, o processo de **padronização** deverá conter parecer técnico sobre o produto, despacho motivado da autoridade superior e resumo da justificativa e descrição sucinta do padrão definido, divulgadas em sítio eletrônico oficial.

O **termo de referência** é documento necessário para a contratação de bens e serviços, devendo **conter**, nos termos do art. 6º, XXIII:

a) a definição do objeto, incluídos sua natureza, os quantitativos, o prazo do contrato e a possibilidade de sua prorrogação;

b) fundamentação da contratação;

c) descrição da solução como um todo, levando-se em conta o ciclo de vida do objeto;

d) os requisitos de contratação;

e) modelo de execução do objeto, ou seja, como o contrato deverá produzir os resultados desde o início até seu encerramento;

f) modelo de gestão do contrato, com a descrição de como a execução do contrato será acompanhada e fiscalizada pelo órgão ou entidade;

g) critérios de medição e pagamento;

h) forma e critérios de seleção do fornecedor;

i) estimativas do valor da contratação.

Além desses elementos, o termo de referência deverá conter (art. 40, §1º):

i) a especificação do produto, **preferencialmente** conforme catálogo eletrônico de padronização,

ii) indicação dos locais de entrega dos produtos e das regras para recebimentos provisório e definitivo e

iii) especificação da garantia exigida e das condições de manutenção e assistência técnica. Nesse caso, a Administração poderá exigir que tais serviços sejam prestados mediante deslocamento de técnicos ou disponibilizados em unidade de prestação de serviços localizada em distância compatível com suas necessidades, desde que fundamentado em estudo técnico preliminar.

Caso se trate de **fornecimento de bens**, a Administração **poderá, excepcionalmente** (art. 41):

a) **indicar uma ou mais marcas ou modelos**, quando houver necessidade de **padronização** do objeto, de manter a compatibilidade com padrões já adotados pela Administração, quando determinada marca ou modelo comercializados por mais de um fornecedor forem os **únicos capazes de atender às necessidades do contratante** ou quando a **descrição do objeto a ser licitado puder ser melhor compreendida** pela identificação de marca ou modelo de referência;

b) **exigir amostra ou prova de conceito do bem** no procedimento de pré-qualificação permanente, na fase de julgamento das propostas ou de lances, ou no período de vigência do contrato ou da ata de registro de preços, mediante previsão no edital da licitação e justificativa da necessidade de sua apresentação: referida exigência se restringirá ao licitante que for considerado fornecedor de modo provisório, quando realizada na fase de julgamento das propostas ou lances.

c) **vedar a contratação de marca ou produto**, quando, mediante processo administrativo, ficar comprovado que produtos adquiridos e utilizados anteriormente pela Administração **não atendem a requisitos indispensáveis** ao pleno adimplemento da obrigação contratual;

d) **solicitar, motivadamente, carta de solidariedade** emitida pelo fabricante, que assegure a execução do contrato, no caso de licitante revendedor ou distribuidor.

Em caso de produtos similares aos das marcas indicadas no edital, será admitida a prova de qualidade do produto apresentado:

a) mediante a comprovação de que o produto se encontra conforme as normas técnicas emanadas por órgãos competentes, pela ABNT ou outra entidade credenciada pelo Inmetro;

b) declaração de atendimento satisfatório emitida por órgão ou entidade de nível federativo equivalente ou superior que tenha adquirido o produto: assim, caso o produto tenha sido adquirido por autarquia federal, apenas entidade ou órgão de nível federal poderá conferir referida declaração;

c) certificação, certificado, laudo laboratorial ou outro documento que possibilite verificar a qualidade e conformidade do produto ou processo de fabricação, emitido por instituição oficial competente ou por entidade credenciada: O edital, ainda, poderá exigir certificação de qualidade do produto por instituição credenciada pelo Conmetro (Conselho Nacional de Metrologia, Normalização e Qualidade Industrial) como condição para aceite da proposta (art. 42, §1º).

Como condição para firmar contrato, poderá a Administração, nos termos do edital, oferecer protótipo do objeto pretendido e, na fase de julgamento das propostas, exigir amostras do licitante provisoriamente vencedor (art. 42, §2º), as quais poderão ser examinadas por instituição com reputação ético-profissional na especialidade do objeto.

Por fim, havendo possibilidade de compra ou locação de bens, o estudo técnico preliminar deverá considerar os custos e benefícios de cada opção, indicando a alternativa mais vantajosa (art. 44).

7.2. Obras e serviços de engenharia

Obra é "toda atividade estabelecida, por força de lei, como privativa das profissões de arquiteto e engenheiro que implica intervenção no meio ambiente por meio de um conjunto harmônico de ações que, agregadas, formam um todo que inova o espaço físico da natureza ou acarreta alteração substancial das características originais de bem imóvel" (art. 6º, XII).

Serviço de engenharia, por sua vez, é a atividade ou o conjunto de atividades destinadas a obter determinada utilidade, intelectual ou material, de interesse para a Administração, que não se enquadram no conceito de obra e que são estabelecidas, por força de lei, como privativas das profissões de arquiteto e engenheiro ou de técnicos especializados, dividindo-se em serviço comum de engenharia e serviço especial de engenharia (art. 6º, XXI).

Todo "serviço de engenharia que tem por objeto ações, objetivamente padronizáveis em termos de desempenho e qualidade, de manutenção, de adequação e de adaptação de bens móveis e imóveis, com preservação das características originais dos bens" é a definição de **serviço comum de engenharia** (art. 6º, XXI, "a") e, por outro lado, o serviço que não se enquadra nesse conceito, em razão de sua alta heterogeneidade ou complexidade, é definido como **serviço especial de engenharia** (art. 6º, XXI, "b").

O art. 45 determina que, em se tratando de **licitação para obras e serviços de engenharia**, devem ser respeitadas as seguintes normas:

a) disposição final ambientalmente adequada dos resíduos sólidos gerados pelas obras contratadas;

b) mitigação por condicionantes e compensação ambiental, que serão definidas no procedimento de licenciamento ambiental;

c) utilização de produtos, de equipamentos e de serviços que, comprovadamente, favoreçam a redução do consumo de energia e de recursos naturais;

d) avaliação de impacto de vizinhança, na forma da legislação urbanística;

e) proteção do patrimônio histórico, cultural, arqueológico e imaterial, inclusive por meio da avaliação do impacto direto ou indireto causado pelas obras contratadas;

f) acessibilidade para pessoas com deficiência ou com mobilidade reduzida.

Note que as normas em questão vão ao encontro, especialmente, do princípio do desenvolvimento sustentável previsto no art. 5º da Lei.

7.2.1. Modelagem da Informação da Construção ou "*Building Information Modelling – BIM*"

Em relação às obras e serviços de engenharia, a Nova Lei inova ao prever o uso da tecnologia. Nesse sentido, estabelece que os órgãos da Administração com competências regulamentares deverão, entre outras medidas, "promover a adoção gradativa de tecnologias e processos integrados que permitam a criação, a utilização e a atualização de modelos digitais de obras e serviços de engenharia" (art. 19, V).

De forma mais específica, sem dúvida, merece destaque a previsão legal da Modelagem da Informação da Construção ou "*Building Information Modelling – BIM*".

Eastman explica que, por meio da tecnologia BIM, "é construído de forma digital o modelo virtual preciso da edificação. Quando completo, este modelo gerado computacionalmente contém a geometria exata e os dados relevantes, necessários para dar suporte à construção, à fabricação e ao fornecimento de insumos necessários para a realização da construção"[18].

Ainda, com o BIM "um modelo virtual preciso de um edifício é construído digitalmente. Este modelo, conhecido como um modelo de informação da construção, pode ser usado para o planejamento, projeto, construção e operação das instalações"[19].

Portanto, o BIM é ferramenta que contribui, principalmente, para um planejamento eficaz das obras e a incorporação de seu uso pelo novo marco regulatório das licitações representa uma importante inovação legislativa, mesmo seu uso não sendo obrigatório.

Nesse sentido, o §3º do art. 19 determina que, nas licitações de obras e serviços de engenharia e arquitetura, **sempre que se mostrar adequada ao objeto da licitação, a Modelagem da Informação da Construção ou "*Building Information Modelling – BIM*" será, preferencialmente, adotada** ou outra tecnologia e processos integrados similares ou mais avançados que venham a substituí-la.

---

18. BONATTO, Hamilton. A adoção da modelagem da informação da construção (Building Information Modeling – Bim) no projeto de Lei Nº 1292, de 1995. Disponível em <http://www.novaleilicitacao.com.br/2020/02/06/a-adocao-da-modelagem-da-informacao-da-construcao-building-information-modeling-bim-no-projeto-de-lei-no-1292-de-1995/> Acesso em 29 abr. 2021.
19. GUERRETA, Luis Felipe. A modelagem da informação da construção (BIM) em empresas instaladoras de sistemas prediais. Dissertação (Mestrado em Ciências na Inovação em Engenharia Civil). Escola Politécnica, Universidade de São Paulo, São Paulo, 2017. p. 25.

7.2.2. Regimes de execução indireta

Nos termos do art. 46 da Lei, verifica-se que na **execução indireta de obras e serviços de engenharia**, serão admitidos os seguintes regimes:

a) **empreitada por preço unitário:** trata-se da contratação da execução da obra ou serviço por preço certo de unidades determinadas (art. 6º, XXVIII);

b) **empreitada por preço global:** ocorre quando há contratação da execução da obra ou serviço por preço certo e total (art. 6º, XXIX);

c) **empreitada integral:** compreende a contratação de empreendimento em sua integralidade, compreendendo todas as etapas da obra, serviços e instalações necessárias, sob inteira responsabilidade do contratado até sua entrega em condições de operacionalidade, com características adequadas às finalidades para as quais foi contratado e atendidos os requisitos técnicos e legais para sua utilização com segurança estrutural e operacional (art. 6º, XXX);

Assim, além da entrega da obra, o particular compromete-se a entregar o objeto pronto para uso, podendo compreender, inclusive, o treinamento de pessoal (QUINT, 2020). É por isso que a doutrina a denomina de "turn key", pois, após a entrega, bastará que a Administração gire a chave e usufrua do objeto. Ainda segundo o autor, a empreitada integral deve ser utilizada com cautela e em obras de maior complexidade.

d) **contratação por tarefa:** trata-se do regime de contratação de mão de obra para pequenos trabalhos por preço certo, com ou sem fornecimento de materiais (art. 6º, XXXI);

e) **contratação integrada:** corresponde ao regime de contratação de obras e serviços de engenharia em que o contratado é responsável por elaborar e desenvolver os **projetos básico e executivo**, executar obras e serviços de engenharia, fornecer bens ou prestar serviços especiais e realizar montagem, teste, pré-operação e outras operações para a entrega final do objeto (art. 6º, XXXII).

Após a elaboração do projeto básico pelo contratado, deverá haver sua aprovação pela Administração, que avaliará sua adequação ao edital e a conformidade com as normas técnicas, vedadas alterações que reduzam a qualidade ou a vida útil do empreendimento, mantendo-se a responsabilidade integral do contratado pelos riscos a ele associados (art. 46, §3º);

f) **contratação semi-integrada:** trata-se do regime de contratação de obras e serviços de engenharia em que o contratado é responsável por elaborar e desenvolver o **projeto executivo**, executar obras e serviços de engenharia, fornecer bens ou prestar serviços especiais e realizar montagem, teste, pré-operação e as demais operações para a entrega final do objeto (art. 6º, XXXIII).

Nos termos do §5º do art. 46, na contratação semi-integrada, o **projeto básico** poderá ser **alterado**, desde que: a) haja prévia **autorização** da Administração; b) **demonstrada a superioridade** das inovações propostas pelo contratado em termos de redução de custos, de aumento da qualidade, de redução do prazo de execução ou de facilidade de manutenção ou operação. Importante registrar que o contratado assume responsabilidade integral pelos riscos associados à alteração do projeto básico.

Na hipótese de desapropriação autorizada pelo poder público, nos regimes de contratação integrada e semi-integrada, o edital e o contrato, sempre que for o caso, deverão prever as providências necessárias para a sua efetivação (art. 46, §4º):

a) quem será o responsável por cada fase do procedimento expropriatório;

b) de quem será a responsabilidade pelo pagamento das indenizações;

c) a estimativa do valor a ser pago a título de indenização dos bens expropriados e dos custos correlatos;

d) a distribuição objetiva de riscos entre as partes;

e) em qual nome será promovido o registro de imissão provisória na posse e o registro de propriedade dos bens desapropriados.

g) fornecimento e prestação de serviço associado: refere-se ao regime de contratação em que, além do fornecimento do objeto, o contratado responsabiliza-se por sua operação, manutenção ou ambas, por tempo determinado (art. 6º, XXXIV).

Necessariamente, para os regimes de execução por empreitada por preço global, empreitada integral, contratação por tarefa, contratação integrada e contratação semi-integrada a licitação será por preço global e adotarão sistemática de medição e pagamento associada à execução de etapas do cronograma físico-financeiro, sendo vedada a remuneração por preço unitário ou referenciada pela execução de quantidades de itens unitários (essa forma de remuneração, portanto, será possível para os regimes de contratação de empreitada por preço unitário e fornecimento e prestação de serviço associado.

Por fim, é vedada, em regra, a realização de obras e serviços de engenharia sem projeto executivo, salvo quando se tratar de obras e serviços comuns, demonstrada a ausência de prejuízo para constatação de padrões de desempenho e qualidade, quando a especificação do objeto se dará por termo de referência ou projeto básico, dispensando-se a elaboração de projetos (art. 46, §1º c.c art. 18, §3º).

7.3. Serviços em Geral

As **licitações de serviços** levarão em consideração os seguintes **princípios** (art. 47):

a) **padronização**, considerada a compatibilidade de especificações estéticas, técnicas e de desempenho;

b) **parcelamento**, quando tecnicamente viável e economicamente vantajoso: nesse caso, devem ser levados em consideração a responsabilidade técnica, o custo para a Administração dos contratos em face das vantagens da redução de custos com a divisão em itens e o dever de buscar a ampliação da competição (art. 47, §1º).

Na licitação de serviços de manutenção e assistência técnica, o edital deverá definir o local da realização dos serviços, podendo se exigir o deslocamento de técnico ao local da repartição ou que o contratado tenha unidade de prestação de serviços em distância compatível com as necessidades da Administração (art. 47, §2º).

Consoante dispõe o art. 48 da Lei, poderá haver a execução por terceiros (**terceirização**) de atividades acessórias, instrumentais ou complementares, sendo **vedado** à Administração ou seus agentes, **na contratação de serviço terceirizado** (art. 48):

a) **indicar pessoas** expressamente nominadas para executar direta ou indiretamente o objeto contratado;

b) **fixar salário inferior** ao definido em lei ou em ato normativo a ser pago pelo contratado;

c) **estabelecer vínculo de subordinação** com funcionário de empresa prestadora de serviço terceirizado;

d) **definir forma de pagamento mediante exclusivo reembolso** dos salários pagos;

e) **demandar a funcionário** de empresa prestadora de serviço terceirizado a **execução de tarefas fora do escopo do objeto da contratação**;

f) **prever** em edital **exigências** que constituam **intervenção indevida** da Administração na gestão interna do contratado.

Durante o contrato, é **vedado** ao contratado **contratar: cônjuge, companheiro, parente em linha reta ou colateral ou por afinidade até o terceiro grau, de dirigente do órgão ou entidade contratante ou do agente público que desempenhe função na licitação ou atue na fiscalização ou na gestão do contrato**. Tal vedação deverá constar expressamente do edital de licitação (art. 48, parágrafo único).

A Administração poderá, ainda, contratar mais de uma empresa para execução do serviço, mediante justificativa expressa, devendo manter controle individualizado da execução do objeto relativo a cada contratante, nos seguintes casos (art. 49):

a) quando não implicar perda de economia de escala quando o objeto da contratação puder ser executado de forma concorrente e simultânea por mais de um contratado e

b) quando a execução múltipla for conveniente para atender à Administração.

No caso de **contratação de serviços com regime de dedicação exclusiva de mão de obra**, o **contratado deverá apresentar comprovação do cumprimento das obrigações trabalhistas e relativas ao FGTS em relação aos empregados envolvidos no contrato, quando solicitado pela Administração, sob pena de multa**, especialmente **no que tange** a (art. 50):

a) controle de **ponto**;

b) recibo de **pagamento** de **salário** e **adicionais**;

c) comprovante de **depósito** de **FGTS**;

d) recibo de concessão e pagamento de **férias** e **adicional**;

e) recibo de **quitação** de **obrigações trabalhistas e previdenciárias** dos empregados dispensados até a data de extinção do contrato;

f) recibo de **pagamento** de **vale-transporte** e **vale-alimentação**, na forma da norma coletiva.

O art. 50 é uma importante inovação da Lei nº 14.133/2021 porque ao mesmo que impõe o dever da contratada de apresentar os documentos elencados, representa um parâmetro a ser considerado na análise de configuração ou não da responsabilidade subsidiária da Administração Pública quanto aos encargos trabalhistas, prevista no art. 121, §2º.

7.4. Locação de Imóveis

A locação de imóveis, em regra, deverá ser precedida de leilão e avaliação do bem, de seu estado de conservação, dos custos de adaptações e do prazo de amortização dos investimentos necessários (art. 51).

Excepcionalmente, no caso em que as características de instalações e localização tornem necessária a escolha de determinado imóvel, poderá ser feita a contratação direta por se configurar hipótese de licitação inexigível, nos termos do art. 74, V da Lei. **Atenção!** Pela Lei nº 8.666/93, a situação era de dispensa de licitação (art. 24, X) e não de inexigibilidade.

8. MODALIDADES DE LICITAÇÃO

As modalidades são os ritos, as formas pelas quais o procedimento licitatório desenvolve-se e a Lei nº 14.133/2021 estabelece cinco modalidades de licitação. São elas:

1) Pregão
2) Concorrência
3) Concurso
4) Leilão
5) Diálogo competitivo

Perceba que, em comparação com o que estava previsto na Lei nº 8.666/1993, foram extintas as modalidades de convite e tomada de preços e houve a instituição de uma nova, que é o diálogo competitivo.

É vedada a criação de outras modalidades de licitação ou a combinação das previstas em lei (art. 28, § 2º).

Destaque-se que, quanto às modalidades de licitação, o principal aspecto a ser ressaltado diz respeito à ausência de diferenciação em razão do valor, outrora considerado pela Lei nº 8.666/1993.

Além das modalidades admitidas pela lei, a Administração poderá se servir dos procedimentos auxiliares do art. 78 da Lei, quais sejam:

a) credenciamento;
b) pré-qualificação;
c) procedimento de manifestação de interesse;
d) sistema de registro de preços;
e) registro cadastral.

8.1. Concorrência

A **concorrência** corresponde à **modalidade de licitação para contratação de bens e serviços especiais e de obras e serviços comuns e especiais de engenharia,** cujo critério de julgamento poderá ser (art. 6º, XXXVIII):

a) menor preço;
b) melhor técnica ou conteúdo artístico;
c) técnica e preço;
d) maior retorno econômico;
e) maior desconto.

Na concorrência somente não se faz uso do critério de julgamento maior lance, que fica restrito ao leilão (art. 33, V).

Adotará o procedimento previsto no art. 17 da Lei, que prevê as seguintes fases:

I - preparatória;

II - divulgação do edital de licitação;

III - apresentação de propostas e lances, quando for o caso;

IV – julgamento;

V – habilitação;

VI – recursal;

VII – homologação

Lembre-se de que a fase de habilitação poderá anteceder a fase de apresentação de propostas e lances e julgamento, mediante ato motivado demonstrando os benefícios da inversão e desde que exista previsão no edital de licitação (art. 17, §1º).

CONCORRÊNCIA
Definição Modalidade de licitação para contratação de bens e serviços especiais e de obras e serviços comuns e especiais de engenharia, cujo critério de julgamento poderá ser: a) menor preço; b) melhor técnica ou conteúdo artístico; c) técnica e preço; d) maior retorno econômico; e) maior desconto (art. 6º, XXXVIII)
Usada para a contratação de: - Bens especiais - Serviços especiais - Obras - Serviços comuns de engenharia (também cabe pregão) - Serviços especiais de engenharia - Concessão de serviços públicos (Lei nº 8.987/1995; também cabe diálogo competitivo) - Parceria público-privada (Lei nº 11.079/2004: também cabe diálogo competitivo)
Critérios de julgamento: - Menor preço - Melhor técnica ou conteúdo artístico - Técnica e preço - Maior retorno econômico - Maior desconto
Procedimento (rito): comum **1) Condução da licitação** - Regra: agente de contratação (auxiliado por equipe de apoio) - Exceção: poderá (discricionário) ser comissão de contratação, no caso de bens e serviços especiais **2) Fases da licitação** 1) Preparatória 2) Divulgação do edital de licitação 3) Apresentação de propostas e lances, quando for o caso 4) Julgamento 5) Habilitação (mediante ato motivado e previsão em edital, pode vir antes da fase de apresentação de propostas) 6) Recursal 7) Homologação

8.2. Pregão

O **pregão** corresponde à **modalidade de licitação obrigatória para aquisição de bens e serviços comuns, cujo critério de julgamento poderá ser o de menor preço ou o de maior desconto** (art. 6º, XLI).

Será adotado sempre que o objeto possuir padrões de desempenho e qualidade que possam ser objetivamente definidos pelo edital, por meio de especificações usuais de mercado.

Por outro lado, o pregão não se aplicará às contratações de serviços técnicos especializados de natureza predominantemente intelectual e de obras e serviços de engenharia, **salvo se se tratar de serviços comuns de engenharia** (art. 29, parágrafo único). Com este entendimento, a Lei incorpora previsão que já existia no Decreto 10.024/2019, que regulamenta o pregão eletrônico da Lei nº 10.520/2002, bem como positiva o entendimento já adotado pelo TCU na Súmula nº 257:

"O uso do pregão nas contratações de serviços comuns de engenharia encontra amparo na Lei nº 10.520/2002".

ATENÇÃO! Nos termos do art. XXI, "a" da Lei, **serviço comum de engenharia** corresponde àquele que tem por objeto ações, objetivamente padronizáveis em termos de desempenho e qualidade, de manutenção, de adequação e de adaptação de bens móveis e imóveis, com preservação das características originais dos bens.

O pregão também seguirá o rito previsto no art. 17 da Lei, que estabelece as seguintes fases:

I - preparatória;

II - divulgação do edital de licitação;

III - apresentação de propostas e lances, quando for o caso;

IV - julgamento;

V - habilitação;

VI - recursal;

VII - homologação

Lembre-se de que a fase de habilitação poderá anteceder a fase de apresentação de propostas e lances e julgamento, mediante ato motivado demonstrando os benefícios da inversão e desde que exista previsão no edital de licitação (art. 17, §1º).

Portanto perceba que, na nova lei, pregão e concorrência possuem a mesma sequência de fases, isto é, o procedimento é comum.

PREGÃO
Definição
- Modalidade de licitação obrigatória para aquisição de bens e serviços comuns, cujo critério de julgamento poderá ser o de menor preço ou o de maior desconto (art. 6º, XLI)
Usado
1) Obrigatoriamente para a
- Aquisição de bens comuns
- Contratação de serviços comuns
2) Facultativamente para a
- Contratação de serviços comuns de engenharia (também cabe concorrência)
Não pode ser usado para
- Contratações de serviços técnicos especializados de natureza predominantemente intelectual
- Obras
- Serviços especiais de engenharia
Critérios de julgamento
- Menor preço
- Maior desconto
Procedimento (rito): comum
1) Condução da licitação
- Pregoeiro (auxiliado por equipe de apoio)
2) Fases da licitação
1) Preparatória
2) Divulgação do edital de licitação
3) Apresentação de propostas e lances, quando for o caso
4) Julgamento
5) Habilitação (mediante ato motivado e previsão em edital, pode vir antes da fase de apresentação de propostas)
6) Recursal
7) Homologação

8.3. Diálogo competitivo

O **diálogo competitivo** é uma nova modalidade de licitação disposta no art. 32 da Lei nº 14.133/2021, representando uma das principais inovações do novo marco regulatório.

Trata-se de **modalidade para contratação de obras, serviços e compras em que a Administração Pública realiza diálogos com licitantes previamente selecionados mediante critérios objetivos, com o intuito de desenvolver uma ou mais alternativas capazes de atender às suas necessidades, devendo os licitantes apresentar proposta final após o encerramento dos diálogos** (art. 6º, XLII). Tal modalidade poderá ser utilizada tanto na concessão de serviço público, regida pela Lei nº 8.987/1995 como nas parcerias público-privadas, previstas na Lei nº 11.079/2004, conforme dispõem os artigos 179 e 180, respectivamente.

Essa modalidade é inspirada no diálogo concorrencial, regulado pela Diretiva da União Europeia nº 2004/18/CE, com o objetivo de transpor barreiras enfrentadas pela Administração Pública na contratação de objetos complexos e inovadores, definindo critérios de pré-seleção dos licitantes para iniciar diálogos para obter informações e alternativas, de modo que após selecionados, apresentem suas propostas[20].

Não se confunde com os procedimentos de manifestação de interesse (PMI), previsto no art. 81 da Lei, que permitem a realização de um diálogo entre Administração Pública e particular na fase de apresentação de estudos, investigações e projetos de soluções inovadoras.

Segundo Oliveira[21] (2017), o diálogo competitivo foi mantido na Diretiva nº 2014/24/UE, que revogou a Diretiva da União Europeia nº 2004/18/CE, de adoção obrigatória pelos Estados-Membros.

Ademais, segundo Nohara[22], além de inspirado na Diretiva europeia, encontraria respaldo nas práticas de diálogos existentes no *Federal Acquisition Regulation*, do direito norte-americano.

Nesse sentido, nos termos do art. 32 da Lei, o diálogo competitivo é **restrito** aos casos em que a Administração queira **contratar objeto que envolva inovação tecnológica ou técnica, impossibilidade** de o órgão ou entidade **ter sua necessidade satisfeita sem a adaptação** de soluções disponíveis no mercado e **impossibilidade de as especificações técnicas serem definidas com precisão** suficiente pela Administração.

Ainda, será possível quando houver necessidade de **definir e identificar os meios e as alternativas que possam satisfazer suas necessidades**, com destaque para a **solução técnica** mais adequada, **requisitos técnicos** aptos a concretizar a solução identificada e a **estrutura jurídica ou financeira** do contrato.

O diálogo competitivo será **conduzido por comissão de contratação** composta por pelo menos **3 servidores efetivos ou empregados públicos dos quadros permanentes da Administração**, sendo admitida a contratação de profissionais para assessoramento técnico da comissão (art. 32, §1º, IX). Tais profissionais assinarão **termo de confidencialidade**, abstendo-se de atividades que possam caracterizar o conflito de interesses.

20. ZAGO, Marina; RODRIGUES, Fernanda. O que o diálogo competitivo agrega às contratações públicas? Disponível em: ‹https://www.conjur.com.br/2019-nov-11/opiniao-dialogo-competitivo-agrega-contratacoes-publicas›. Acesso em 23 mar. 2021.

21. OLIVEIRA, Rafael Sérgio Lima de. O diálogo competitivo do Projeto de Lei de Licitação e contrato brasileiro. Disponível em: ‹http://licitacaoecontrato.com.br/assets/artigos/artigo_download_2.pdf›. Acesso em 05 abr. 2021.

22. NOHARA, Irene Patrícia. Diálogo competitivo. Acesso em: ‹https://direitoadm.com.br/dialogo-competitivo/#_›. Acesso em 05 abr. 2021.

O rito de desenvolvimento da licitação na modalidade diálogo competitivo, como qualquer licitação tem que ser iniciado com a fase preparatória, adequada às suas particularidades, depois terá sequência um procedimento especial, próprio dessa modalidade, que se encerra com a fase competitiva e, após, não obstante inexista disposição legal específica nesse sentido, sob pena de se corromper a normatização sistêmica do novo marco regulatório, ocorrerá a fase recursal, seguida da fase de homologação.

O **procedimento especial** do **diálogo competitivo** está detalhado no §1º do art. 32 e será desenvolvido da seguinte forma (§1º, incisos):

1) **Fase de diálogo**

a) De início, a Administração divulgará **edital**, destinado à **pré-seleção dos licitantes**, contendo quais são as suas **necessidades e exigências**. Perceba que, nesse momento, a Administração ainda não sabe qual é o objeto a ser contratado para que ela atenda a sua necessidade e, para tanto, ela convoca aqueles que se interessarem para apresentarem soluções, propostas, contribuindo, assim, para a escolha que a construção do objeto a ser contratado. É clara a presença da consensualidade, substituindo a tradicional unilateralidade presente nas modalidades licitatórias;

b) Divulgado o edital, haverá um **prazo de 25 dias úteis para manifestação de quem tiver interesse em participar** e, conforme os critérios constantes do edital, a Administração selecionará aqueles que preencherem os requisitos editalícios. A lei usa a expressão pré-seleção dos licitantes para essa etapa.

c) Feita a pré-seleção, ocorrerão os **diálogos**, que são **reuniões com os licitantes selecionados para que sejam apresentadas à Administração soluções e propostas para que ela consiga atender suas necessidades.** Importante registrar que há determinação legal no sentido de é **vedado** à Administração **divulgar informações** de modo discriminatório, que possa implicar vantagem para algum licitante ou **revelar soluções** propostas ou informações sigilosas comunicadas por um licitante, sem seu consentimento. Estabelece, ainda, o texto legal, que essas **reuniões podem ser realizadas de forma fracionada**, ou seja, pode o edital prever que os diálogos serão feitos em fases sucessivas, caso em que poderá ser feita restrição a quais soluções ou propostas serão discutidas em cada uma delas. Todas as **reuniões devem ser registradas em ata e gravadas em áudio e vídeo**.

d) A etapa de diálogo **poderá ser mantida até que a Administração, em decisão fundamentada, identifique qual ou quais as soluções que atendem às suas necessidades, quando essa fase termina.** Importante registrar que, a partir do momento que a Administração **declara a conclusão** da etapa de diálogo, ela **deverá juntar aos autos do processo licitatório as gravações e os registros** feitos **e iniciar a etapa de competição,** que é a fase seguinte.

2) **Fase competitiva**

a) Essa fase tem **início com a divulgação de novo edital**, porém com finalidade diversa do primeiro. Agora, a divulgação tem como **objetivo especificar qual é a solução que a Administração necessita e quais são os critérios de julgamento** para a escolha da melhor proposta contendo os elementos para a execução dessa solução, ou seja, do objeto, sendo que somente **poderão oferecer propostas os licitantes pré-selecionados** na fase anterior.

b) O **prazo para a apresentação de propostas é de 60 dias úteis** e prevê a lei que, desde que não haja discriminação nem distorção da concorrência entre as propostas, a Administração poderá solicitar esclarecimentos ou ajustes às propostas apresentadas.

c) Apresentadas as propostas, a **Administração definirá qual a proposta mais vantajosa**, conforme os critérios que foram divulgados no edital de início da fase competitiva.

DIÁLOGO COMPETITIVO
Definição - Modalidade para contratação de obras, serviços e compras em que a Administração Pública realiza diálogos com licitantes previamente selecionados mediante critérios objetivos, com o intuito de desenvolver uma ou mais alternativas capazes de atender às suas necessidades, devendo os licitantes apresentar proposta final após o encerramento dos diálogos (art. 6º, XLII)
Uso restrito **Somente quando a Administração** **1) Vise à contratação de objeto que envolva** - Inovação tecnológica ou técnica - Impossibilidade de o órgão ou entidade ter sua necessidade satisfeita sem a adaptação de soluções disponíveis no mercado e - Impossibilidade de as especificações técnicas serem definidas com precisão suficiente pela Administração **2) Verifique a necessidade de definir e identificar os meios e as alternativas que possam satisfazer suas necessidades, com destaque para** - Solução técnica mais adequada - Requisitos técnicos aptos a concretizar a solução identificada e - Estrutura financeira do contrato. **Uso facultativo para a** - Concessão de serviços públicos (Lei nº 8.987/1995; também cabe concorrência) - Parceria público-privada (Lei nº 11.079/2004: também cabe concorrência)
Critérios de julgamento - Previstos no edital

Procedimento (rito): especial (art. 32)

1) **Condução da licitação**

- Comissão de contratação (composta de por 3 servidores efetivos ou empregados públicos pertencentes aos quadros permanentes da Administração)

2) **Fases da licitação**

(Para fixação, serão elencadas somente as fases específicas do diálogo competitivo, mas deve ficar claro que deve haver a fase preparatória antes e, após o término da fase competitiva, virão as fases recursal e de homologação)

Fase de diálogo

1) Divulgação do edital (para pré-seleção dos licitantes, com as necessidades e exigências da Administração)
2) Manifestação de interesse em participar: prazo de 25 dias úteis
3) Diálogos: reuniões com licitantes pré-selecionados. Pode ocorrer em fases sucessivas e, em cada uma, poderá haver restrição das soluções ou das propostas a serem discutidas

(Encerrada a fase de diálogo, devem ser juntados aos autos do processo licitatório os registros e gravações)

Fase competitiva

1) Divulgação do edital (com a especificação da solução que a Administração necessita e os critérios de julgamento)
2) Apresentação de propostas, no prazo mínimo de 60 dias úteis: só os licitantes pré-selecionados
3) Escolha da proposta mais vantajosa

8.4. Concurso

O **concurso** é a **modalidade de licitação para escolha de trabalho técnico, científico ou artístico, cujo critério de julgamento será o de melhor técnica ou conteúdo artístico, mediante concessão de prêmio ou remuneração ao vencedor** (art. 6º, XXXIX). É uma modalidade destinada a trabalho técnico, artístico ou científico e é um pouco diferente porque a Administração oferecerá um prêmio ao vencedor.

Observará as regras e condições previstas em edital, que indicará (art. 30):

a) a qualificação exigida dos participantes;

b) as diretrizes e formas de apresentação do trabalho;

c) as condições de realização e o prêmio ou remuneração a ser concedida ao vencedor.

Determina o parágrafo único desse artigo que, nos concursos destinados à elaboração de projeto, o vencedor cederá, nos termos do art. 93, à Administração Pública os direitos patrimoniais relativos ao projeto e autorizará sua execução conforme juízo de conveniência e oportunidade das autoridades competentes.

Portanto, o vencedor da licitação, na modalidade concurso, ganhará um prêmio e, em razão disso, cederá os direitos patrimoniais e, também, autorizará que seja executado pela Administração de forma discricionária pela autoridade administrativa.

Ainda, o art. 93, *caput*, prevê que, na contratação de projeto ou serviço especializado, inclusive nos casos que contemplem o desenvolvimento de programas e aplicações de internet, em razão da cessão, os direitos patrimoniais poderão ser livremente utilizados e alterados pela Administração Pública, sem necessidade de nova autorização de seu autor. Entretanto, havendo alteração posterior do projeto pela Administração Pública, o autor deverá ser comunicado e os registros promovidos nos órgãos competentes (art. 93, §3º).

O §1º desse artigo estabelece que, em se tratando de obra imaterial de caráter tecnológico, insuscetível de privilégio, a cessão de direitos incluirá o fornecimento de todos os dados, documentos e elementos de informação pertinentes à tecnologia de concepção, desenvolvimento, fixação em suporte físico de qualquer natureza e aplicação da obra.

Há hipótese, todavia, prevista no §2º do art. 93, em que é facultado à Administração deixar de exigir. Trata-se do caso de cessão de direitos, quando o objeto de contratação envolver atividade de pesquisa e desenvolvimento de natureza científica, tecnológica ou de inovação considerados os princípios e mecanismos dispostos na Lei nº 10.973/2004 (dispõe sobre incentivos à inovação e pesquisa científica e tecnológica no ambiente produtivo).

CONCURSO
Definição - Modalidade de licitação para escolha de trabalho técnico, científico ou artístico, cujo critério de julgamento será o de melhor técnica ou conteúdo artístico, mediante concessão de prêmio ou remuneração ao vencedor (art. 6º, XXXIX).
Usado para escolha de - Trabalho técnico - Trabalho científico - Trabalho artístico
Critério de julgamento - Melhor técnica ou conteúdo artístico
Procedimento (rito): especial - Previsto no edital

8.5. Leilão

O **leilão** corresponde à **modalidade de licitação para alienação de bens imóveis ou de bens móveis inservíveis ou legalmente apreendidos a quem oferecer o maior lance** (art. 6º, XL).

A Lei nº 14.133/2021, em comparação à Lei nº 8.666/1993, fez descrição bem mais minudente sobre essa modalidade.

Poderá o leilão ser **conduzido** por **leiloeiro oficial** ou por **servidor** designado pela autoridade competente da Administração e terá seu procedimento disposto em regulamento (art. 31, *caput*).

Caso opte por realizar o leilão por leiloeiro oficial, deverá haver seleção mediante credenciamento ou licitação na modalidade pregão, adotando-se critério de julgamento de maior desconto para as comissões a serem cobradas quando da arrematação, utilizados como parâmetro máximo os percentuais definidos em lei que regula a profissão, observados os valores dos bens a serem leiloados (art. 31, §1º).

O edital do leilão será divulgado em sítio eletrônico oficial e em local de ampla circulação de pessoas na sede da Administração, podendo, ainda, ser divulgado por outros meios necessários para ampliar a publicidade e competitividade da licitação (§3º). Conterá os seguintes elementos (§2º):

a) descrição do bem, com suas características. Em se tratando de imóvel, sua situação e divisas, com remissão à matrícula e aos registros;

b) valor de avaliação do bem, preço mínimo pelo qual poderá ser alienado, condições de pagamento e, se for o caso, a comissão do leiloeiro designado;

c) indicação do lugar onde estiverem os móveis, os veículos e os semoventes;

d) sítio da internet e o período em que ocorrerá o leilão, salvo se excepcionalmente for realizado sob a forma presencial por comprovada inviabilidade técnica ou desvantagem para a Administração, hipótese em que serão indicados o local, o dia e a hora de sua realização;

e) especificação de eventuais ônus, gravames ou pendências existentes sobre os bens a serem leiloados.

O leilão não exigirá registro cadastral prévio e não terá fase de habilitação. Deverá ser homologado assim que concluída a fase de lances, após o recurso e a efetivação do pagamento pelo licitante vencedor (§4º).

LEILÃO
Definição
- Modalidade de licitação para alienação de bens imóveis ou de bens móveis inservíveis ou legalmente apreendidos a quem oferecer o maior lance (art. 6º, XL).
Usado para alienação de bens
- Imóveis - Móveis inservíveis - Móveis legalmente apreendidos
Critério de julgamento
- Maior lance

Procedimento (rito): especial
1) **Condução da licitação** - Leiloeiro 2) **Fases da licitação** - Previsto em regulamento (Parâmetros previstos na lei: a) não terá registro cadastral prévio e nem fase de habilitação; b) deverá ser homologado após fase de lances, recursos e pagamento)

8.6. Modalidade x objeto

Em relação às modalidades, a Lei nº 14.133/2021, além da extinção do convite e da tomada de preço, uma grande mudança foi o critério para a escolha da modalidade.

As principais modalidades, no regime da Lei 8.666/1993, eram escolhidas em razão do valor. Esse o critério para selecionar concorrência, tomada de preços ou convite, com exceção das hipóteses em que a concorrência seria obrigatória.

Agora, no novo regime, o que interessa, apenas, é o objeto. O valor é indiferente para a escolha da modalidade.

Assim, para facilitar segue quadro com a escolha da modalidade, conforme o objeto a ser licitado.

MODALIDADE CONFORME O OBJETO	
Objeto	**Modalidade**
- Bens especiais - Serviços especiais - Obras - Serviços especiais de engenharia	Concorrência
- Serviços comuns de engenharia	Concorrência ou pregão
- Concessão de serviços públicos - Parceria público-privada	Concorrência ou diálogo competitivo
- Aquisição de bens comuns - Contratação de serviços comuns	Pregão
- Inovação tecnológica ou técnica - Impossibilidade de o órgão ou entidade ter sua necessidade satisfeita sem a adaptação de soluções disponíveis no mercado e - Impossibilidade de as especificações técnicas serem definidas com precisão suficiente pela Administração - Necessidade de definir e identificar os meios e as alternativas que possam satisfazer suas necessidades	Diálogo competitivo

- Trabalho técnico - Trabalho científico - Trabalho artístico	Concurso
- Alienação de bens imóveis - Alienação de bens móveis inservíveis - Alienação de bens legalmente apreendidos	Leilão

9. PROCESSO LICITATÓRIO

9.1. Agentes públicos na Lei nº 14.133/2021

A Nova Lei define agente público como (art. 6º, V): "indivíduo que, em virtude de eleição, nomeação, designação, contratação ou qualquer outra forma de investidura ou vínculo, exerce mandato, cargo, emprego ou função em pessoa jurídica integrante da Administração Pública".

9.1.1. Autoridade máxima

A autoridade máxima do órgão ou entidade é quem promove a gestão por competências e **designa os agentes públicos** para o desempenho das funções essenciais previstas na lei de licitações. Devem preencher os seguintes **requisitos** (art. 7º):

a) **Preferencialmente**: seja servidor **efetivo** ou empregado público dos quadros **permanentes** da Administração Pública;

b) **Obrigatoriamente**: • tenha **atribuições relacionadas a licitações e contratos** ou possua **formação compatível** ou **qualificação atestada** por certificação profissional emitida por escola de governo criada e mantida pelo poder público; • **não seja cônjuge** ou **companheiro** de licitantes ou contratados habituais da Administração **nem tenha com ele vínculo de parentesco**, colateral ou por afinidade, até o terceiro grau, **ou de natureza técnica, comercial, econômica, financeira, trabalhista e civil.**

A designação deverá obedecer ao **princípio de segregação de funções** e, desse modo, **não será permitida a indicação do mesmo agente público para atuação simultânea em funções mais suscetíveis a riscos, de forma a reduzir a possibilidade de ocultação de erros e ocorrência de fraudes na contratação. Tal regra se aplicará aos órgãos de assessoramento jurídico e de controle interno da Administração.**

9.1.2. Agente de contratação

A condução da licitação será efetuada por **agente de contratação**, designado pela autoridade competente entre **servidores efetivos ou empregados públicos permanentes** da Administração Pública, que terá como **atribuições** (art. 8º, *caput*): tomar decisões, acompanhar o trâmite da licitação, dar impulso ao procedimento licitatório e executar atividades necessárias ao bom andamento do certame, até sua homologação. **ATENÇÃO**! Se a modalidade de licitação for o **pregão**, o agente de contratação será designado **pregoeiro** (art. 8º, §5º).

O **agente de contratação**, nos termos do §1º do art. 8º, será **auxiliado por equipe de apoio**, respondendo de forma individual pelos atos que praticar, salvo quando induzido a erro pela atuação da equipe.

9.1.3. Comissão de contratação

Como apontado, a regra na nova lei é que a licitação seja conduzida somente por uma pessoa, chamada de agente de contratação, que é auxiliada por uma equipe de apoio. Assim, o agente de contratação é quem, individualmente, toma as decisões no curso do processo licitatório. Entretanto, ainda é possível a existência de licitação conduzida por uma comissão.

Assim, no caso de **licitação que envolva bens ou serviços especiais**, observados os requisitos preferenciais e obrigatórios acima mencionados, **o agente de contratação poderá ser substituído por comissão de contratação** formada por, no mínimo, 3 membros, que responderão solidariamente pelos atos praticados pela comissão, salvo se o membro expressar posição individual divergente fundamentada e registrada em ata lavrada na reunião em que a decisão foi tomada. (art. 8º, §2º)

Deve ser destacado que na hipótese da modalidade de licitação **diálogo competitivo, necessariamente**, a condução da licitação deverá ser feita por **comissão de contratação**, "composta de pelo menos **3 (três) servidores efetivos ou empregados públicos pertencentes aos quadros permanentes da Administração**, admitida a contratação de profissionais para assessoramento técnico da comissão", nos termos do art. 32, §1º, XI da Lei.

Ainda no caso de serviços ou bens especiais, poderá haver a contratação, por prazo determinado, de serviço de empresa ou de profissional especializado para assessorar agentes públicos responsáveis pela condução da licitação. (art. 8º, §4º). Conforme o art. 6º, XVI, bens e serviços especiais são definidos pela lei de forma residual, como aqueles que, por sua alta heterogeneidade ou complexidade, não podem ser descritos como bens e serviços comuns, exigida justificativa prévia do contratante (art. 6º, XIV).

9.1.4. Vedações legais aplicáveis aos agentes públicos (art. 9º)

As vedações expostas no art. 9º da Lei, **destinadas ao agente público designado para atuar na área de licitações e contratos, estendem-se a terceiro que auxilie a condução da contratação**, seja como integrante da equipe de apoio, seja como profissional especializado ou funcionário representante de empresa que preste assessoria técnica. São elas:

I - admitir, prever, incluir ou tolerar, nos atos que praticar, situações que:

a) comprometam, restrinjam ou frustrem o caráter competitivo do processo licitatório, inclusive nos casos de participação de sociedades cooperativas;

b) estabeleçam preferências ou distinções em razão da naturalidade, da sede ou do domicílio dos licitantes;

c) sejam impertinentes ou irrelevantes para o objeto específico do contrato;

II - estabelecer tratamento diferenciado de natureza comercial, legal, trabalhista, previdenciária ou qualquer outra entre empresas brasileiras e estrangeiras, inclusive no que se refere a moeda, modalidade e local de pagamento, mesmo quando envolvido financiamento de agência internacional;

III - opor resistência injustificada ao andamento dos processos e, indevidamente, retardar ou deixar de praticar ato de ofício, ou praticá-lo contra disposição expressa em lei.

Ainda, é vedada a participação direta ou indireta de agente público de órgão ou entidade licitante ou contratante, da licitação ou execução do contrato, devendo ser observadas as situações que possam configurar conflito de interesses no exercício ou após o exercício, nos termos da legislação que rege a matéria, devendo-se apontar, no âmbito do Poder Executivo Federal, a Lei nº 12.813/2013.

9.1.5. *Defesa do agente público por órgão de advocacia pública (art. 10)*

Caso as **autoridades competentes e os servidores públicos** que tiverem participado dos procedimentos relacionados às licitações e contratos **tenham que se defender** nas esferas administrativa, controladora ou judicial, **em razão de ato praticado com a estrita observância aos pareceres jurídicos** elaborados nos moldes do art. 53, §1º da Lei, **poderá a advocacia pública promover sua representação judicial ou extrajudicial, a critério do agente público.**

Tal disposição **não será aplicável quando houver provas da prática de atos ilícitos dolosos** constarem nos autos do processo administrativo ou judicial (art. 10, §1º, II).

A possibilidade de defesa pela advocacia pública existe ainda que o agente público não ocupe mais o cargo, emprego ou função em que foi praticado o ato, nos termos do §2º do art. 10.

9.2. Licitante

O licitante corresponde ao particular que participa do certame com a pretensão de contratar com a Administração Pública, trazendo a lei dispositivos importantes a respeito.

9.2.1. Vedações

Não poderão disputar licitação ou participar da execução do contrato, de forma direta ou indireta (art. 14):

a) autor do anteprojeto, do projeto básico ou do projeto executivo, pessoa física ou jurídica, quando a licitação versar sobre obra, serviços ou fornecimento de bens a ele relacionados: equiparam-se a ele as empresas integrantes do mesmo grupo econômico (§3º);

b) empresa, isoladamente ou em consórcio, responsável pela elaboração do projeto básico ou do projeto executivo, ou empresa da qual o autor do projeto seja dirigente, gerente, controlador, acionista ou detentor de mais de 5% do capital com direito a voto, responsável técnico ou subcontratado, quando a licitação versar sobre obra, serviços ou fornecimento de bens a ela necessários. **ATENÇÃO**! Nos dois casos ("a" e "b"), a critério da Administração e exclusivamente a seu serviço, as pessoas vedadas poderão participar no apoio de atividades de planejamento da contratação, execução da licitação ou gestão do contrato, desde que mediante supervisão exclusiva de agentes públicos do órgão ou entidade (§2º).

c) pessoa física ou jurídica que se encontre, ao tempo da licitação, impossibilitada de participar da licitação em decorrência de sanção que lhe foi imposta. Essa vedação também se aplica ao licitante que atue em substituição a outra pessoa física ou jurídica, com o intuito de burlar a efetividade da sanção a ela aplicada, inclusive a sua controladora, controlada ou coligada, desde que devidamente comprovado o ilícito ou a utilização fraudulenta da personalidade jurídica do licitante.

d) aquele que mantenha vínculo de natureza técnica, comercial, econômica, financeira, trabalhista ou civil com dirigente do órgão ou entidade contratante ou com agente público que desempenhe função na licitação ou atue na fiscalização ou na gestão do contrato, ou que deles seja cônjuge, companheiro ou parente em linha reta, colateral ou por afinidade, até o terceiro grau, devendo essa proibição constar expressamente do edital de licitação;

e) empresas controladoras, controladas ou coligadas, nos termos da Lei nº 6.404, de 15 de dezembro de 1976, concorrendo entre si;

f) pessoa física ou jurídica que, nos 5 anos anteriores à divulgação do edital, tenha sido condenada judicialmente, com trânsito em julgado, por exploração de trabalho infantil, por submissão de trabalhadores a condições análogas às de escravo ou por contratação de adolescentes nos casos vedados pela legislação trabalhista;

g) pessoa física ou jurídica, no caso de licitação e contratação realizada no âmbito de projetos e programas parcialmente financiados por agência oficial de cooperação estrangeira ou por organismo financeiro internacional com recursos do financiamento ou da contrapartida nacional que integre o rol de pessoas punidas por essas entidades ou que seja declarada inidônea nos termos da Nova Lei (§5º).

Segundo o art. 12, §4º da Lei, todas essas vedações não impedem que seja realizada a licitação ou a contratação de obra ou serviço que inclua como encargo do contratado a elaboração do projeto básico e do projeto executivo nas contratações integradas e do projeto executivo nas demais formas de execução.

9.2.2. Consórcio de empresas

Nos termos do art. 15, pessoa jurídica pode participar da licitação em consórcio, salvo se houver vedação no processo licitatório, devidamente justificada, obedecendo-se às condições nele estabelecidas, que são: a) comprovação de compromisso público ou particular de constituição de consórcio, subscrito pelos consorciados. Inclusive, em razão desse compromisso, o licitante vencedor é obrigado a promover, antes da celebração do contrato, a constituição e o registro do consórcio (§3º); b) indicação da empresa líder do consórcio, que será responsável por sua representação perante a Administração; c) admissão, para efeito de habilitação técnica, do somatório dos quantitativos de cada consorciado e, para efeito de habilitação econômico-financeira, do somatório dos valores de cada consorciado; d) impedimento de a empresa consorciada participar, na mesma licitação, de mais de um consórcio ou de forma isolada; e) responsabilidade solidária dos integrantes pelos atos praticados em consórcio, tanto na fase de licitação quanto na de execução do contrato; f) acréscimo para o consórcio de 10 a 30 % (edital deverá prever) sobre o valor exigido de licitante individual para a habilitação econômico-financeira, salvo justificação (§1º). ATENÇÃO! Essa exigência não se aplica no caso de consórcio composto, exclusivamente, por microempresa e pequena empresa (§2º).

Nos termos do §4º do art. 15, se houver justificativa técnica aprovada pela autoridade competente, o edital poderá limitar o número de empresas consorciadas.

Se expressamente autorizada pelo órgão ou entidade contratante, poderá ocorrer a substituição de consorciado, desde que se comprove que a substituta possui, no mínimo, os mesmos quantitativos para habilitação técnica e os mesmos valores para efeito de qualificação econômico-financeira apresentados pela empresa substituída para fins de habilitação do consórcio no processo licitatório que originou o contrato, conforme previsão do §4º do mesmo artigo.

9.2.3. Cooperativas

Também é possível a participação de profissionais organizados sob a forma de cooperativa, desde que: a) sejam observadas as regras estabelecidas na legislação aplicável (Leis nº 5.764/71; 12.690/2012; LC nº 130/2009); b) a cooperativa apresente demonstrativo de atuação em regime cooperado, com repartição de receitas e despesas entre os cooperados; c) qualquer cooperado, com igual qualificação, for capaz de executar o objeto contratado, vedado à Administração indicar nominalmente pessoas; d) o objeto da licitação se refira a serviços especializados constantes do objeto social da cooperativa, quando se tratar de cooperativa de trabalho (Lei nº 12.690/2012).

9.3. Parâmetros a serem observados no processo licitatório

O processo licitatório deverá observar o disposto no art. 12 da Lei, que prevê o seguinte:

a) os **documentos** serão produzidos por **escrito**, com data e local de sua realização e assinatura dos responsáveis;

b) os **valores**, os **preços** e os **custos** utilizados terão como expressão monetária a **moeda corrente nacional**, ressalvada a hipótese de licitação internacional, caso em que o edital deverá se ajustar às diretrizes da política monetária e do comércio exterior, além de atender às exigências dos órgãos competentes (art. 52);

c) o **desatendimento de exigências meramente formais** que não comprometam a aferição da qualificação do licitante ou a compreensão do conteúdo de sua proposta **não importará seu afastamento** da licitação ou a invalidação do processo;

d) a prova de **autenticidade de cópia de documento** público ou particular poderá ser **feita perante agente da Administração**, mediante apresentação de original ou de declaração de autenticidade por advogado, sob sua responsabilidade pessoal;

e) o **reconhecimento de firma** somente será **exigido** quando houver **dúvida de autenticidade**, salvo imposição legal;

e) os atos serão **preferencialmente digitais**, de forma a permitir que sejam produzidos, comunicados, armazenados e validados por **meio eletrônico**;

f) a partir de documentos de formalização de demandas, os órgãos responsáveis pelo planejamento de cada **ente federativo** poderão, na forma de regulamento, **elaborar plano de contratações anual**, com o objetivo de racionalizar as contratações dos órgãos e entidades sob sua competência, garantir o alinhamento com o seu planejamento estratégico e subsidiar a elaboração das respectivas leis orçamentárias.

g) É permitida a **identificação** e **assinatura digital** por pessoa física ou jurídica em **meio eletrônico**, mediante certificado digital emitido em âmbito da Infraestrutura de Chaves Públicas Brasileira (ICP-Brasil)

9.4. *Fases do processo licitatório*

O art. 17 da Lei promove a inversão das fases de habilitação e julgamento da licitação, à semelhança do que já ocorria nas leis do pregão (Lei nº 10.520/2002) e do RDC (Lei nº 12.462/2011), promovendo-se uma maior agilidade do procedimento, pois apenas será analisada a documentação daqueles que apresentem as melhores propostas. Assim, o que antes era abordado como inversão de fases, **passa a ser regra, de modo que primeiro ocorre o julgamento e depois a habilitação.**

São **fases do processo de licitação,** em sequência (art. 17):

a) **preparatória;**

b) **divulgação do edital de licitação;**

c) **apresentação de propostas e lances, quando for o caso;**

d) **julgamento;**

e) **habilitação;**

f) **recursal;**

g) **homologação.**

Apesar de, em regra, a **habilitação** se dar em momento posterior às fases de **apresentação de propostas e julgamento, poderá haver sua inversão,** de modo a antecedê-las, mediante **ato motivado com explicação dos benefícios decorrentes e mediante previsão no edital** (art. 17, §1º).

Além disso, desde que mediante previsão em edital, poderá o órgão ou entidade licitante, na fase de julgamento, realizar a análise e avaliação de conformidade da proposta, mediante homologação de amostras, exame de conformidade e prova de conceito, dentre outros testes, a fim de comprovar sua conformidade com o definido no termo de referência ou projeto básico (art. 17, §3º).

As licitações se darão, **preferencialmente, na forma eletrônica, sendo admitida a forma presencial desde que motivada,** devendo a sessão ser registrada em ata e gravada em áudio e vídeo, com a juntada da gravação aos autos do processo licitatório depois de seu encerramento. Assim, **realizada a licitação no formato eletrônico,** a Administração **poderá determinar que os licitantes pratiquem seus atos no formato eletrônico, como condição de validade e eficácia** (art. 17, §§2º, 4º e 5º).

Esse é um dos grandes destaques da Nova Lei porque, agora, todas as modalidades, em regra, se desenvolverão no ambiente eletrônico e não apenas o pregão, como ocorria até a entrada em vigor do novo marco regulatório.

A Administração Pública poderá, nos termos do §6º do art. 17, ainda, exigir certificação por organização independente acreditada pelo Inmetro como condição para aceitação de: a) estudos, anteprojetos, projetos básicos e projetos executivos; b) conclusão de fases ou de objetos de contratos; c) material e corpo técnico apresentados por empresa para fins de habilitação.

9.5. Fase preparatória

A **fase preparatória do processo licitatório se caracteriza pelo planejamento**, devendo ser compatível com o plano de contratações anual, quando este for elaborado, e com as leis orçamentárias, assim como abordar as considerações técnicas, mercadológicas e de gestão que podem interferir na contratação, a fim de compelir a autoridade a adotar uma postura de transparência e planejamento do processo licitatório.[23]

ATENÇÃO! O planejamento consiste em princípio da licitação, elencado no art. 5º da Lei.

Nesse sentido, verifica-se que a fase preparatória ganha destaque na Nova Lei, sendo o planejamento determinante para o desenrolar da licitação. Aliás, o governo federal, antes mesmo da publicação da Lei nº 14.133/2021 já adotava instrumentos para promover o planejamento da licitação, como é o caso da Instrução Normativa nº 01/2019 da Secretaria de Gestão do Ministério da Economia e da Instrução Normativa nº 40/2020 da Secretaria de Desburocratização e Governo Digital do Ministério da Economia (NIEBUHR, 2020).

A **fase preparatória compreende**:

a) a descrição da **necessidade da contratação fundamentada em estudo técnico preliminar**: o estudo técnico deverá apontar o problema a ser resolvido e sua solução, de modo a permitir a avaliação da viabilidade técnica e econômica da contratação, devendo conter, ao menos, o seguinte (art. 18, §2º): descrição da necessidade da contratação, estimativas das quantidades para a contratação, estimativa do valor da contratação, justificativas para o parcelamento ou não da contratação e posicionamento conclusivo sobre a adequação da contratação para o atendimento da necessidade a que se destina. Além desses principais elementos, o §1º do artigo em análise elenca outros e determina que, quando não contemplados no estudo técnico, deverá ser apresentada justificativa nesse sentido.

ATENÇÃO! Caso se trate de **estudo técnico preliminar para contratação de obras e serviços comuns de engenharia**, se demonstrada a inexistência de prejuízo para a aferição dos padrões de desempenho e qualidade almejados, a especificação do objeto poderá ser realizada apenas em termo de referência ou em projeto básico, dispensada a elaboração de projetos (art. 18, §3º).

Nos termos do art. 6º, XXIII da Lei, **termo de referência** corresponde ao documento necessário para a contratação de bens e serviços e, por sua vez, o **projeto básico** corresponde ao conjunto de elementos necessários e suficientes, com nível de precisão adequado para definir e dimensionar a obra ou o serviço, ou o complexo de obras ou de serviços objeto da licitação.

23. ZIMMER JUNIOR, Aloísio; VICARI, Ana Paula Mella. Nova Lei de Licitações: Lei 14.133/2021. E-book. Porto Alegre: 2ª ed. 2021.

b) a **definição do objeto** para o atendimento da necessidade, por meio de termo de referência, anteprojeto, projeto básico ou projeto executivo, conforme o caso;

c) a definição das **condições de execução e pagamento**, das **garantias** exigidas e ofertadas e das **condições de recebimento**;

d) o **orçamento estimado**;

e) a elaboração do **edital** de licitação;

f) a elaboração de **minuta de contrato**, quando necessária;

g) o **regime de fornecimento** de bens, de **prestação** de serviços ou de **execução** de obras e serviços de engenharia;

h) a **modalidade** de licitação, o **critério de julgamento**, o **modo de disputa** e a adequação e eficiência da **forma de combinação** desses parâmetros;

i) a **motivação circunstanciada das condições do edital**, tais como justificativa de exigências de qualificação técnica e de qualificação econômico-financeira, justificativa dos critérios de pontuação e julgamento das propostas técnicas, nas licitações com julgamento por melhor técnica ou técnica e preço, e justificativa das regras pertinentes à participação de empresas em consórcio;

j) a **análise dos riscos** que possam comprometer o sucesso da licitação e a boa execução contratual;

k) a **motivação sobre o momento da divulgação do orçamento** da licitação, observado o art. 24 desta Lei, que trata da possibilidade de seu caráter sigiloso.

9.5.1. Portal nacional de contratações públicas (PNCP)

O PNCP se trata de grande novidade da Lei, correspondendo a sítio eletrônico oficial instituído pelo Poder Executivo federal, com abrangência em todos os entes da federação. Sua principal finalidade consiste em conferir publicidade e transparência às contratações, em cumprimento aos princípios elencados no art. 5º da Lei[24].

Destina-se à divulgação centralizada e obrigatória dos atos da lei e à realização facultativa das contratações pelos órgãos e entidades dos Poderes Executivo, Legislativo e Judiciário de todos os entes federativos (art. 174). Além disso, deve-se apontar que a divulgação no PNCP se trata de **condição indispensável para a eficácia do contrato** e seus aditamentos, devendo ocorrer no prazo de 20 dias úteis, no caso de licitação e 10 dias úteis da contratação direta, ambos contados da data de assinatura (art. 94).

24. JUSTEN NETO, Marçal. Portal Nacional de Contratações Públicas (arts. 174 a 176). Informativo Justen, Pereira, Oliveira e Talamini. 2020. Disponível em: ‹https://justen.com.br/pdfs/IE166/MarcalPNCP.pdf›. Acesso em 07 abr. 2021.

A gestão do PNCP cabe ao Comitê Gestor da Rede Nacional de contratações públicas, presidido por representante indicado pelo Presidente da República, com a seguinte **composição**:

a) 3 representantes da União, indicados pelo Presidente da República;

b) 2 representantes dos Estados e Distrito Federal, indicados pelo Conselho Nacional de Secretários de Estado da Administração;

c) 2 representantes dos Municípios indicados pela Confederação Nacional de Municípios

Quanto ao **conteúdo**, o PNCP deve conter as seguintes informações:

a) planos de contratações anuais;

b) catálogos eletrônicos de padronização;

c) editais de credenciamento e de pré-qualificação, avisos de contratação direta e editais de licitação e respectivos anexos;

d) atas de registro de preços;

e) contratos e termos aditivos;

f) notas fiscais eletrônicas, quando necessário.

Ainda, deve oferecer, dentre outras **funcionalidades**:

a) sistema de registro cadastral unificado;

b) painel para consulta de preços, banco de preços em saúde e acesso à base nacional de notas fiscais eletrônicas;

c) sistema de planejamento e gerenciamento de contratações;

d) sistema eletrônico para a realização de sessões públicas;

e) acesso ao Cadastro Nacional de Empresas Inidôneas e Suspensas (Ceis) e ao Cadastro Nacional de Empresas Punidas (Cnep);

f) sistema de gestão compartilhada com a sociedade de informações referentes à execução do contrato, que possibilite: (i) o envio, registro, armazenamento e divulgação de mensagens de texto ou imagens pelo interessado previamente identificado; (ii) o acesso ao sistema informatizado de acompanhamento de obras, inclusive com recursos de imagem e vídeo; (iii) a comunicação entre a população e representantes da Administração e do contratado designados para prestar informações e esclarecimentos pertinentes e (iv) divulgação de relatório final com informações sobre consecução de objetivos que tenham justificado a contratação, assim como as condutas a serem adotadas para o aprimoramento das atividades da Administração.

Deve-se ressaltar que, além do PNCP, os entes federativos poderão instituir site oficial, a fim de promover a divulgação complementar das contratações. Ainda, desde que haja integração com o PNCP, as contratações poderão ser realizadas por sistema eletrônico fornecido por pessoa jurídica de direito privado, nos termos do que estabelece o art. 175 da Lei.

9.5.2. Centrais de compras

Os entes federativos instituirão centrais de compras, nos termos do art. 181 da Lei, com objetivo de realizar compras em larga escala, de modo a atender a diversos órgãos e entidades sob sua competência e atingir as finalidades da Lei, sendo que, no caso de Municípios com até 10.000 habitantes, serão constituídos, **preferencialmente**, consórcios públicos para realização das atividades em questão.

9.5.3. Bens de qualidade comum e bens de luxo (art. 20)

Os itens de consumo adquiridos para suprir as demandas de estruturas da Administração Pública deverão ser de **qualidade comum,** não superior à necessária para cumprir as finalidades às quais se destinam, **vedada a aquisição de artigos de luxo.**

Todavia, a lei não define quais bens se enquadram nesse conceito e estabelece que a definição de quais bens serão comuns e quais serão de luxo será dada por regulamento dos Poderes Executivo, Legislativo e Judiciário e, para evitar a inação na atividade regulamentadora, determinou que, após 180 dias da promulgação da lei, novas compras de bens de consumo somente poderão ocorrer com a edição desse regulamento (art. 20 e §§1º e 2º).

O **Decreto nº 10.818/2021** regulamenta o art. 20, em âmbito federal, para estabelecer o enquadramento de bens de consumo nas categorias comuns e de luxo.

Assim, segundo o art. 2º do Decreto, temos:

a) **bens de luxo**: são bens de consumo de alta elasticidade-renda da demanda, identificado por algumas características como ostentação, opulência, forte apelo estético ou requinte.

b) **bem de qualidade comum**: bem de consumo com baixa ou moderada elasticidade-renda da demanda;

Não se enquadram como bem de luxo aquele que for adquirido a preço equivalente ou inferior ao preço do bem de qualidade comum de mesma natureza ou que tenha as características superiores justificadas em face da estrita atividade do órgão ou da entidade.

Por fim, deve-se apontar que o Decreto estabelece a vedação da aquisição de bens de consumo de luxo, nos termos de seu art. 5º.

9.5.4. Audiência pública e consulta pública (art. 21)

A Administração Pública poderá convocar **audiência pública** com **antecedência mínima de 8 dias úteis, de forma presencial ou eletrônica,** mediante disponibilização prévia de informações pertinentes, inclusive de estudo técnico preliminar e elementos do edital de licitação, e com possibilidade de manifestação de todos os interessados.

Também poderá haver submissão da licitação à prévia **consulta pública**, mediante a disponibilização de seus elementos a todos os interessados, que poderão formular sugestões no prazo fixado.

9.5.5. Matriz de alocação de riscos (art. 22)

A matriz de alocação de riscos, segundo Niebuhr[25] não se confunde com a análise de riscos, pois, enquanto a análise serve para identificar e tratar os riscos da licitação, a matriz corresponde a um documento contratual, que distribui riscos entre contratante e contratado.

A **matriz de alocação de riscos consiste em cláusula contratual que define riscos e responsabilidades entre as partes, além de caracterizar o equilíbrio econômico-financeiro inicial do contrato, em termos de ônus financeiro decorrente de eventos supervenientes à contratação**. Trata-se de importante previsão legal para reforçar a aplicação do princípio da segurança jurídica.

Essa cláusula deverá conter, no mínimo (art. 6º, XXVII):

a) listagem de eventos que possam surgir após a assinatura do contrato, que possam causar impacto no equilíbrio econômico-financeiro, e previsão de eventual necessidade de prolação de termo aditivo por ocasião de sua ocorrência;

b) nas obrigações de resultado, previsão de frações do objeto com relação às quais haverá liberdade para os contratados inovarem em soluções metodológicas ou tecnológicas, em termos de modificação das soluções previamente delineadas no anteprojeto ou no projeto básico;

c) nas obrigações de meio, estabelecimento preciso das frações do objeto com relação às quais não haverá liberdade para os contratados inovarem em soluções metodológicas ou tecnológicas, devendo haver obrigação de aderência entre a execução e a solução predefinida no anteprojeto ou no projeto básico, consideradas as características do regime de execução no caso de obras e serviços de engenharia;

Nesse sentido, poderá o edital adotar referida previsão entre contratante e contratado, caso em que o cálculo do valor estimado da contratação poderá considerar taxa de risco compatível com o objeto da licitação e com os riscos atribuídos ao contratado, conforme a metodologia predefinida pelo ente federativo.

---

25. NIEBUHR, Joel de Menezes. Fase Preparatória das Licitações. In Joel de Menezes Niebuhr et al. Nova lei de licitações e contratos administrativos 2. ed. Curitiba: Zênite, 2021.

A **matriz de risco** deverá promover **alocação eficiente dos riscos** de cada contrato, além de **prever a responsabilidade** que caiba a cada parte contratante, bem como os **mecanismos que afastem a ocorrência do sinistro e mitiguem seus efeitos**, no caso de sua ocorrência durante a execução do contrato (§1º).

Além disso, o contrato deverá refletir a alocação realizada pela matriz de riscos, em especial no que tange (§2º):

a) aos casos de alteração para reestabelecimento da equação econômico-financeira do contrato nos casos em que o sinistro seja considerado na matriz de riscos como causa de desequilíbrio não suportada pela parte que pretenda o reestabelecimento;

b) à possibilidade de resolução quando o sinistro majorar excessivamente ou impedir a continuidade da execução contratual;

c) contratação de seguros obrigatórios previamente definidos no contrato, integrado o custo de contratação ao preço ofertado.

No caso de **obras e serviços de grande vulto** – aquelas com **valor superior a R$ 239.624.058,14**[26] – ou quando forem adotados **regimes de contratação integrada ou semi-integrada**, o edital, **obrigatoriamente,** fará constar a **matriz de riscos.**

ATENÇÃO!

A contratação **integrada** corresponde ao regime de contratação de obras e serviços de engenharia em que o contratado é responsável por elaborar e desenvolver os projetos básico e executivo, executar obras e serviços de engenharia, fornecer bens ou prestar serviços especiais e realizar montagem, teste, pré-operação e as demais operações necessárias e suficientes para a entrega final do objeto (art. 6º, XXXII).

Já a contratação **semi-integrada** consiste no regime de contratação de obras e serviços de engenharia em que o contratado é responsável por elaborar e desenvolver o projeto executivo, executar obras e serviços de engenharia, fornecer bens ou prestar serviços especiais e realizar montagem, teste, pré-operação e as demais operações necessárias e suficientes para a entrega final do objeto (art. 6º, XXXIII).

Ademais, no caso de contratação integrada e semi-integrada, os riscos decorrentes de fatos supervenientes à contratação relacionados à escolha de solução de projeto básico pelo contratado, serão alocados como de sua responsabilidade na matriz de riscos.

9.5.6. Orçamento estimado (artigos 23 e 24)

O **orçamento estimado da contratação** deverá ser **compatível** com aquele praticado pelo **mercado**, considerados os preços constantes de bancos de dados

26. Conforme atualização promovida pelo Decreto 11.871/2023.

públicos e as quantidades a serem contratadas, observadas a economia de escala e as peculiaridades do local onde o objeto será executado.

Assim, para aquisição de **bens e serviços**, o **valor estimado será definido com base no melhor preço** aferido pela utilização dos seguintes **parâmetros**, de forma combinada ou não (art. 23, §1º):

a) composição de custos unitários menores ou iguais à mediana do item correspondente no painel para consulta de preços ou no banco de preços em saúde disponíveis no Portal Nacional de Contratações Públicas;

b) contratações similares feitas pela Administração Pública, em execução ou concluídas no período de 1 ano anterior à data de pesquisa de preços, inclusive mediante o sistema de registro de preços, observado o índice de atualização;

c) uso de dados de pesquisa publicada em mídia especializada, tabela de referência formalmente aprovada pelo Executivo federal e sítios eletrônicos especializados ou de domínio amplo, desde que contenham a data e hora de acesso;

d) pesquisa direta com, no mínimo, 3 fornecedores, mediante solicitação formal de cotação, desde que seja apresentada justificativa da escolha desses fornecedores e que não tenham obtido orçamentos com mais de 6 meses de antecedência da data de divulgação do edital;

e) pesquisa na base nacional de notas fiscais eletrônicas, na forma de regulamento.

Na licitação para contratação de obras e serviços de engenharia, o valor estimado, acrescido do percentual de Benefícios e Despesas Indiretas de referência e dos encargos sociais, será definido pela utilização de parâmetros na seguinte ordem (art. 23, §2º):

a) composição de custos unitários menores ou iguais à mediana do item correspondente do Sistema de Custos Referenciais de Obras (Sicro), para serviços e obras de infraestrutura de transportes, ou do Sistema Nacional de Pesquisa de Custos e Índices de Construção Civil (Sinapi), para as demais obras e serviços de engenharia;

b) utilização de dados de pesquisa publicada em mídia especializada, de tabela de referência formalmente aprovada pelo Poder Executivo federal e de sítios eletrônicos especializados ou de domínio amplo, desde que contenham a data e a hora de acesso;

c) contratações similares feitas pela Administração Pública, em execução ou concluídas no período de 1 ano anterior à data da pesquisa de preços, observado o índice de atualização de preços correspondente;

d) pesquisa na base nacional de notas fiscais eletrônicas, na forma de regulamento.

No caso de contratação de obras e serviços de engenharia sob o regime de contratação integrada ou semi-integrada, o valor da contratação será calculado nos termos do §2º do art. 23, mencionado acima, acrescido ou não de parcela referente à remuneração do risco e, quando necessário e permitido pelo anteprojeto, a estimativa de preço será baseada em orçamento sintético, balizado no sistema de composição de custos unitários menores ou iguais à mediana do item correspondente do Sicro ou Sinapi, devendo a utilização de metodologia expedita ou paramétrica e de avaliação aproximada baseada em outras contratações similares ser reservada às frações do empreendimento não suficientemente detalhadas no anteprojeto.

No âmbito dos Estados, Distrito Federal e Municípios, o valor estimado para contratação poderá ser definido pela utilização de outros sistemas de custos adotados pelo ente federativo, desde que a contratação não envolva recursos da União (art. 23, §3º).

Nas contratações por inexigibilidade ou dispensa, quando não for possível estimar os valores nos moldes acima descritos, o contratado deverá comprovar previamente que os preços estão em conformidade com os praticados em contratações semelhantes, pela apresentação de notas fiscais emitidas para outros contratantes no período de até 1 ano anterior à data de contratação ou por outro meio idôneo.

Orçamento sigiloso (art. 24)

O **orçamento estimado de contratação poderá ter caráter sigiloso**, sendo esta escolha devidamente justificada, sem prejuízo da divulgação do detalhamento dos quantitativos e demais informações necessárias para a elaboração das propostas.

Nesse caso, entretanto, **o sigilo não prevalecerá para os órgãos de controle interno e externo.**

Na **licitação** em que for adotado o critério de **maior desconto**, o **preço estimável ou o máximo aceitável** constará do **edital** de licitação.

9.5.7. Edital (art. 25)

Na Nova Lei, com a inexistência da modalidade convite, não há mais a previsão genérica "instrumento de convocação".

O **edital irá reger a licitação**, devendo **conter**:

- o objeto da licitação;
- as regras relativas:
  - à convocação;
  - ao julgamento
  - à habilitação
  - aos recursos
  - às penalidades
  - à fiscalização do contrato

- à gestão do contrato
- à entrega do objeto
- às condições de pagamento.

A Administração adotará minutas padronizadas de edital e contrato com cláusulas uniformes, sempre que o objeto permitir (§1º). Conforme demonstrado em estudo técnico preliminar, desde que não sejam causados prejuízos à competitividade da licitação e à eficiência do contrato, o edital poderá prever a utilização de mão de obra, materiais, tecnologias e matérias-primas existentes no local de execução, conservação e operação do bem, serviço ou obra (§2º).

Os elementos do edital, incluindo minuta de contrato, termos de referência, anteprojeto, projetos e outros anexos, deverão ser divulgados em sítio eletrônico oficial na mesma data de divulgação do edital, sem necessidade de registro ou identificação para acesso (§3º).

Nas contratações de grande vulto - aquelas cujo valor estimado supera **R$ 239.624.058,14**[27] - o **edital deverá prever a obrigatoriedade de implantação de programa de integridade pelo vencedor, no prazo de seis meses da celebração do contrato**, conforme regulamento que disporá sobre medidas a serem adotadas, forma de comprovação e penalidades pelo descumprimento (§4º).

Ademais, o **edital** de licitação poderá **prever** a **responsabilidade do contratado** pela **obtenção de licença ambiental** e **realização da desapropriação** autorizada pelo poder público (§5º).

Os licenciamentos ambientais de obras e serviços de engenharia licitados e contratados nos termos da lei terão prioridade de tramitação nos órgãos e entidades integrantes do Sistema Nacional do Meio Ambiente (Sisnama) e serão orientados pelos princípios da celeridade, cooperação, economicidade e eficiência (§6º).

O índice de reajustamento de preço deverá estar previsto no edital, independentemente do prazo de duração do contrato, com data-base vinculada à data do orçamento estimado e com a possibilidade de ser estabelecido mais de um índice específico ou setorial (§7º). Nas licitações de serviços contínuos, observado o intervalo mínimo de 1 ano, o critério de reajustamento será por (§8º):

a) **reajustamento em sentido estrito**: quando não houver regime de dedicação exclusiva de mão de obra ou predominância de mão de obra, mediante previsão de índices específicos ou setoriais;

b) **repactuação**: no caso de regime de dedicação exclusiva de mão de obra ou predominância de mão de obra, mediante demonstração analítica de variação de custos.

---

27. Conforme atualização promovida pelo Decreto 11.871./2023

Na forma do regulamento, o **edital** poderá **exigir** que **percentual mínimo de mão de obra responsável pela execução do objeto de contratação seja constituído por (§9º):**

a) **mulheres vítimas de violência doméstica;**

b) **oriundos ou egressos do sistema prisional.**

Na esfera federal, há o **Decreto nº 11.430/23**, aplicável à administração pública direta, autárquica e fundacional, estabelecendo, no seu art. 3º, que os editais de licitação e os avisos de contratação direta para a **contratação de serviços contínuos com regime de dedicação exclusiva de mão de obra preverão, nos contratos com quantitativo mínimo de 25 colaboradores, o emprego de mão de obra constituída por mulheres vítimas de violência doméstica, em percentual mínimo de 8% das vagas**, que deve ser mantido durante toda a execução contratual.

Em relação às vagas: a) incluem mulheres trans, travestis e outras possibilidades do gênero feminino; b) serão destinadas prioritariamente a mulheres pretas e pardas, observada a proporção de pessoas pretas e pardas na unidade da federação onde ocorrer a prestação do serviço, de acordo com o último censo demográfico do IBGE.

Ainda, o art. 6º assegura que a administração e a empresa contratada assegurarão o sigilo da condição de vítima de violência doméstica da mão de obra alocada na prestação de serviços contínuos com regime de dedicação exclusiva de mão de obra, bem como o art. 7º veda o tratamento discriminatório.

9.6. Fase externa

Ao final da fase preparatória (interna), será realizado **controle prévio de legalidade** mediante análise jurídica, por órgão de assessoramento jurídico da Administração. Na ocasião, o órgão elaborará **parecer jurídico,** devendo (art. 53):

a) apreciar a licitação conforme critérios objetivos prévios de atribuição de prioridade;

b) redigi-lo em linguagem simples e compreensível, de forma clara e objetiva, apreciando todos os elementos indispensáveis à contratação, com exposição de pressupostos de fato e de direito levados em consideração na análise.

O órgão de assessoramento jurídico da Administração será, também, responsável pelo controle prévio de legalidade de contratações diretas, acordos, termos de cooperação, convênios, ajustes, adesões a atas de registros de preços e outros instrumentos congêneres e seus aditivos (art. 53, §4º).

A análise jurídica será dispensável, todavia, nos casos previamente definidos em ato da autoridade máxima competente, que levará em consideração o baixo valor, a baixa complexidade da contratação, a entrega imediata do bem ou a utilização de minutas de editais, contrato, convênio ou outros ajustes padronizados pelo órgão (art. 54, §5º).

9.6.1. Divulgação do edital de licitação

O edital é o ato administrativo pelo qual a Administração **divulga a licitação e convoca os interessados para participarem da disputa, na forma por ele estabelecida**.

Após a instrução do processo, sob os aspectos técnicos e jurídicos, o edital será divulgado mediante ato da autoridade, com a manutenção do inteiro teor e seus anexos no Portal Nacional de Contratações Públicas (PNCP) (art. 54).

Além da divulgação no PNCP, o §1º do art. 54 estabelece que é obrigatória a publicação do extrato do edital no Diário Oficial do respectivo ente, ou, em se tratando de consórcio público, do ente de maior nível, bem como em jornal diário de grande circulação.

O art. 54, §2º prevê a faculdade da divulgação adicional e manutenção do inteiro teor do edital e seus anexos em sítio eletrônico oficial do ente federativo ou órgão ou entidade responsável pela licitação ou, do ente de maior nível no consórcio público, admitida a divulgação direta a interessados cadastrado para tal fim.

Após homologado o processo licitatório, os documentos elaborados na fase preparatória que não tenham integrado o edital e seus anexos serão disponibilizados no PNCP e, a critério do órgão ou entidade responsável pela licitação, no *site* oficial (art. 54, §3º).

No mesmo sentido, deve-se apontar que o art. 175 da Lei prevê que os entes federativos poderão instituir sítio eletrônico oficial para divulgação complementar e realização das contratações, podendo, ainda, ser realizadas por sistema eletrônico fornecido por pessoa jurídica de direito privado, desde que mantida a integração com o PNCP.

No caso dos Municípios, nos termos do §2º do art. 175, até 31 de dezembro de 2023, devem realizar divulgação complementar de suas contratações em jornal diário de grande circulação

Por fim, é preciso destacar a regra adotada para Municípios com até 20.000 habitantes, que terão o prazo de 6 anos para instituição das regras de divulgação do edital em site oficial (art. 176).

9.6.2. Apresentação de propostas e lances

As propostas serão apresentadas a partir da data de divulgação do edital nos seguintes prazos, que poderão ser reduzidos até a metade nas licitações realizadas pelo Ministério da Saúde, no âmbito do SUS (art. 55, *caput* e §2º):

AQUISIÇÃO DE BENS	SERVIÇOS E OBRAS	MAIOR LANCE	TÉCNICA E PREÇO OU MELHOR TÉCNICA OU CONTEÚDO ARTÍSTICO
8 dias úteis - Menor preço; ou - Maior desconto	**10 dias úteis** - Menor preço; ou - Maior desconto No caso de - Serviços comuns - Obras e Serviços comuns de engenharia	**15 dias úteis**	**35 dias úteis**
15 dias úteis - Demais hipóteses	**25 dias úteis** - Menor preço; ou - Maior desconto No caso de - Serviços especiais - Obras e serviços especiais de engenharia		
	60 dias úteis contratação integrada		
	35 dias úteis - Contratação semi-integrada e demais hipóteses		

Em caso de modificações no edital, deverá haver nova divulgação na mesma forma de sua divulgação inicial, com cumprimento dos mesmos prazos dos atos e procedimentos originais, salvo quando a alteração não comprometer a formulação das propostas (art. 55, §1º).

9.6.2.1. *Modo de disputa*

O **modo de disputa** poderá ser, de forma **isolada** ou **conjunta**:

a) **aberto,** momento em que os licitantes apresentarão suas propostas por lances públicos e sucessivos, de forma crescente (do menor para o maior) ou decrescente (do maior para o menor): sua utilização será **vedada** quando adotado o critério de julgamento de **técnica e preço.**

b) **fechado,** quando as propostas permanecerão em sigilo até a data e hora designada para sua divulgação: sua utilização de forma isolada será **vedada** quando adotados os critérios de julgamento de **menor preço ou maior desconto.**

Serão considerados como lances intermediários (art. 56, §3º):

a) no caso de julgamento de maior lance: os lances iguais ou inferiores ao maior já ofertado;

b) nos demais critérios de julgamento: os lances iguais ou superiores ao menor já ofertado.

Após definida a melhor proposta, se a diferença em relação à classificada em segundo lugar for de pelo menos 5%, a Administração poderá admitir o reinício da disputa aberta para definição das demais colocações, nos termos do edital (art. 56, §4º). Assim, suponhamos que a Empresa "A" ofertou preço de R$ 500.000,00, a empresa "B" ofertou o valor de R$ 535.000,00, a empresa "C", o preço de R$ 550.000,00 e a empresa "D", o valor de R$ 555.000,00. Nesse caso, tendo em vista que a diferença entre a melhor proposta e a classificada em segundo lugar é de 7%, poderá haver reinício da disputa para a definição da colocação das empresas "B", "C" e "D".

Ademais, o edital de licitação poderá estabelecer intervalo mínimo de diferença de valores entre licitantes, que incidirá em relação a lances intermediários e em relação à proposta que cobrir a melhor oferta (art. 57). Assim, por exemplo, na aquisição de um veículo, poderá o edital prever intervalo mínimo de R$ 100,00 entre um lance e outro, evitando que um lance cubra o outro com apenas R$ 0,01. Com isso, se veículo tiver valor estimado em R$ 75.000,00, sendo a primeira oferta de R$ 73.213,00, a segunda oferta deverá ter a diferença de, no mínimo, R$ 100,00, ou seja, será no valor de R$ 73.113,00 ou menos.

Poderá, ainda, ser exigida garantia como requisito de pré-habilitação, no momento de apresentação da proposta, que não poderá ser superior a 1% do valor estimado da contratação.

ATENÇÃO! Não confundir a garantia para a execução do contrato (art. 98) com a garantia para participação na licitação, pois esta fica limitada a 1% do valor da contratação (art. 58, §1º)

Tal garantia será devolvida aos licitantes no prazo de 10 dias úteis, contado da assinatura do contrato ou da data em que a licitação for declarada fracassada. Implicará, todavia, execução integral da garantia a recusa em assinar o contrato ou a não apresentação dos documentos para contratação (art. 58, §§2º e 3º).

9.6.3. Julgamento

Essa fase é destinada à escolha da melhor proposta em obediência ao critério de julgamento previsto no edital.

Assim, as propostas serão avaliadas e ordenadas. Entretanto, para que as propostas sejam consideradas elas devem estar em conformidade com o edital e com a legislação, sob pena de serem desclassificadas.

Nesse sentido, estabelece o art. 59 da Lei 14.133/2021 que haverá a **desclassificação** das propostas que:

a) contiverem **vícios insanáveis**;

b) **não obedecerem às especificações técnicas** pormenorizadas no edital: no caso de especificações consideradas desnecessárias e restritivas do processo licitatório, poderá haver impugnação por parte dos licitantes[28];

c) apresentarem **preços inexequíveis** ou permanecerem **acima do orçamento** estimado para a contratação;

d) **não tiverem a exequibilidade demonstrada**, quando exigido pela Administração. ATENÇÃO! Sobre a **inexequibilidade**: 1) um dos objetivos do processo licitatório é evitar contratações com sobrepreço ou com preços manifestamente inexequíveis e superfaturamento na execução dos contratos (art. 11, III); 2) Para aferir a exequibilidade a Administração poderá realizar diligências ou exigir que os licitantes a demonstrem (art. 59, §2º) e, caso isso não ocorra configurará hipótese de desclassificação; 3) No caso de obra e serviço de engenharia e arquitetura, para o fim de avaliação da exequibilidade e de sobrepreço, serão considerados o preço global, os quantitativos e os preços unitários tidos como relevantes, observado o critério de aceitabilidade de preços unitário e global a ser fixado no edital, conforme as especificidades do mercado correspondente (§3º); 4) Ainda sobre obra e serviço de engenharia, deve haver atenção em relação aos percentuais constantes do §4º e do §5º, pois, na fase de julgamento, as propostas cujo valor for inferior a 75% do valor orçado serão consideradas inexequíveis e, portanto, serão desclassificadas (§4º) e, por outro lado, também em obra e serviço de engenharia, em relação à proposta que se sagrou vencedora do certame, se a diferença entre o valor orçado e valor dessa proposta for inferior a 85%, será exigida garantia adicional do vencedor, sem prejuízo das demais garantias (§5º).

e) apresentarem **qualquer desconformidade insanável** com relação a outras **exigências do edital**.

A **verificação** da conformidade da proposta **poderá** ocorrer **exclusivamente** em relação à **proposta melhor classificada**.

Nessa fase, caberá **recurso** no prazo de **3 dias úteis contado da data de intimação ou de lavratura da ata**, nos termos do art. 165, I, "c" da Lei ou, no caso de inversão da fase de habilitação, da ata de julgamento. Nesse caso, a **intenção de recorrer deverá ser manifestada imediatamente**, sob pena de preclusão. Ademais, sua **apreciação se dará em fase única**.

No caso do julgamento resultar em empate entre duas ou mais propostas, serão utilizados os seguintes **critérios de desempate**, nesta ordem:

a) **disputa final**, quando os licitantes empatados poderão apresentar nova proposta logo após a classificação;

28. MEDEIROS, Isaac Kofi. Critérios de julgamento das propostas. In In Joel de Menezes Niebuhr et al. Nova lei de licitações e contratos administrativos 2. ed. Curitiba: Zênite, 2021.

b) **avaliação do desempenho contratual prévio** dos licitantes, utilizando-se, preferencialmente, os registros cadastrais para atestar o cumprimento das obrigações previstas na Lei;

c) desenvolvimento de **ações de equidade entre homens e mulheres** no ambiente do trabalho, conforme regulamento

d) desenvolvimento de **programa de integridade**, conforme orientações do órgão de controle.

Trata-se de programa de *compliance*, que não será obrigatório para a participação na licitação, mas sim de um critério de desempate. Segundo Zilioto[29], seria uma hipótese da teoria de "nudge" (empurrão), a fim de que se estimule a adoção de uma determinada conduta pelo oferecimento de certos estímulos, mantendo-se a liberdade de escolha

Em igualdade de condições, caso não tenha sido possível o desempate com base nos critérios legais, será assegurada **preferência** prevista no art. 60 sucessivamente, aos **bens e serviços prestados ou produzidos** (art. 60):

a) **empresas** estabelecidas no **território** do Estado ou do Distrito Federal do órgão ou entidade da Administração Pública estadual ou distrital **licitante** ou, no caso de licitação realizada por órgão ou entidade de Município, no território do Estado em que este se localize;

b) **empresas brasileiras**;

c) **empresas** que invistam em **pesquisa e no desenvolvimento** de **tecnologia** no País;

d) **empresas** que comprovem a prática de **mitigação**, nos termos da Lei nº 12.187/2009, que institui a **Política Nacional sobre Mudança do Clima** (PNMC).

Tal previsão, todavia, não prejudicará a aplicação do disposto no art. 44 da LC nº 123/2006, que trata das microempresas e empresas de pequeno porte.

Segundo o art. 44 da LC nº 123/2006, a ME e a EPP terão preferência para serem contratadas em caso de empate. Considera-se como empate quando as propostas apresentadas pelas ME e EPP sejam iguais ou até 10% (no caso do pregão, até 5%) superiores à proposta mais bem classificada (desde que esta não seja de ME ou EPP). Nessa situação, a ME ou EPP mais bem classificada poderá apresentar proposta de preço inferior àquela considerada vencedora do certame e, caso o faça, será a ganhadora da licitação.

29. ZILIOTO, Mirela Miró. O desenvolvimento pelo licitante de programa de integridade como critério de desempate no projeto de lei Nº 1.292/95. Disponível em: <http://www.novaleilicitacao.com.br/2020/02/12/o-desenvolvimento-pelo-licitante-de-programa-de-integridade-como-criterio-de-desempate-no-projeto-de-lei-no-1-292-95/>. Acesso em 26 mar. 2021.

Com o resultado do julgamento, o **agente de contratação ou comissão de contratação poderá negociar condições mais vantajosas com o primeiro colocado,** na forma do regulamento. A negociação poderá ser feita com os demais licitantes, segundo a ordem de classificação, quando o primeiro colocado, após a negociação, for desclassificado em razão de seu preço permanecer acima do estipulado pela Administração. **Concluída a negociação,** seu **resultado será divulgado** a todos os licitantes e anexado ao processo licitatório (art. 61 e §§).

9.6.3.1. Critérios de Julgamento

A Lei 8.666/1993 usava a expressão **"tipo de licitação"** para se referir ao critério objetivo que será usado para a escolha do vencedor. Porém, na Lei nº 14.133/2021, esse termo não se faz presente e consta, apenas, com o mesmo significado, **"critério de julgamento"**.

O julgamento das propostas será realizado segundo os critérios de:

a) **menor preço**: a proposta com o menor preço é a vencedora;

b) **maior desconto**: considera o menor dispêndio à Administração;

c) **melhor técnica ou conteúdo artístico**: o objetivo é um produto ou serviço de melhor qualidade;

d) **técnica e preço**: almeja-se um produto de qualidade com bom preço;

e) **maior lance,** quando se tratar de leilão: para os casos de **alienação de bens**;

f) **maior retorno econômico.**

9.6.3.1.1. Menor preço

O julgamento por **menor preço considerará o menor dispêndio para a Administração,** devendo atender aos parâmetros mínimos de qualidade definidos no edital de licitação. Poderá ser adotado na **concorrência e no pregão** (art. 6º, XXXVIII, "a" e XLI).

Para a definição do menor dispêndio, poderão ser considerados os custos indiretos, relacionados com as despesas de manutenção, utilização, reposição, depreciação e impacto ambiental do objeto licitado, entre outros fatores vinculados ao seu ciclo de vida, sempre que puderem ser medidos, nos termos do regulamento (art. 34, §1º).

9.6.3.1.2. Maior desconto

O julgamento por **maior desconto,** nos mesmos termos do que ocorre quando se tratar de menor preço, **considerará o menor dispêndio para a Administração,** devendo atender aos parâmetros mínimos de qualidade definidos no edital de licitação. Poderá ser adotado na **concorrência** e no **pregão** (art. 6º, XXXVIII, "e" e XLI).

Terá como referência o preço global fixado no edital de licitações, devendo o desconto ser estendido aos aditivos (art. 34, §2º). Assim, não será possível a indicação de descontos por itens, mas sim sobre o todo da licitação[30].

Esse critério já era utilizado na Lei nº 12.462/2011 (Lei do RDC; art. 18, I), na Lei nº 13.303/2016 (Lei das estatais; art. 54, II) e no Decreto nº 10.024/2019 (que tratava do pregão eletrônico no âmbito federal; art. 7º).

Por esse critério, "se sagra vencedor o licitante que oferecer o maior desconto percentual a um valor previamente fixado pela Administração Pública. A disputa entre os interessados, portanto, se resume a quem ofertar o percentual mais vantajoso à Administração Pública. Essa fórmula é conhecida também por ser uma espécie do gênero *pregão negativo*, assim chamado por trocar a lógica da licitação pública e incentivar maiores lances entre os particulares"[31].

9.6.3.1.3. Melhor técnica ou conteúdo artístico

O julgamento pela **melhor técnica ou conteúdo artístico** corresponde ao critério utilizado no **concurso** (art. 6º, XXXIX) também podendo ser adotado na **concorrência** (art. 6º, XXXVIII, "b"), quando se tratar de contratação de projetos e trabalhos de natureza técnica, científica ou artística.

Nos termos do art. 35, deverá considerar apenas as propostas técnicas ou artísticas apresentadas pelos licitantes, cabendo ao edital a definição de prêmio ou remuneração a ser atribuída aos vencedores.

Deve-se ressaltar que a pontuação em razão da capacitação técnico-profissional exigirá que a execução do contrato tenha participação direta e pessoal do profissional correspondente (art.38).

No julgamento por este critério, deve-se verificar a capacitação e experiência do licitante, comprovadas pela apresentação de atestados de obras, produtos ou serviços já realizados.

Além disso, o julgamento se dará por banca composta por, no mínimo, 3 membros, dentre servidores efetivos ou empregados públicos pertencentes aos quadros permanentes da Administração Pública ou profissionais contratados por conhecimento técnico, experiência ou renome na avaliação dos quesitos especificados em edital, desde que seus trabalhos sejam supervisionados por profissionais designados pela autoridade máxima do órgão ou entidade ou quem as normas administrativas indicarem. A banca em questão atribuirá notas a quesitos de natureza qualitativa, de acordo com as orientações do edital.

---

30. MEDEIROS, Isaac Kofi. Critérios de julgamento das propostas. In In Joel de Menezes Niebuhr et al. Nova lei de licitações e contratos administrativos 2. ed. Curitiba: Zênite, 2021.
31. Idem, p. 89.

Ainda, a atribuição de notas deve levar em conta aquelas obtidas em contratações anteriores.

9.6.3.1.4. Técnica e preço

O critério em análise poderá ser utilizado na licitação na modalidade de **concorrência** (art. 6º, XXXVIII, "c"), quando o estudo técnico preliminar demonstrar que a avaliação e ponderação de qualidade técnica das propostas que superarem os requisitos mínimos estabelecidos no edital forem relevantes aos fins pretendidos pela Administração para contratação de:

a) serviços que dependam, majoritariamente, de tecnologia sofisticada e de domínio restrito, conforme atestado por autoridades técnicas de reconhecida qualificação;

b) bens e serviços especiais de tecnologia da informação e de comunicação;

c) obras e serviços especiais de engenharia;

d) objetos que admitam soluções específicas e alternativas e variações de execução, com repercussões significativas e concretamente mensuráveis sobre sua qualidade, produtividade, rendimento e durabilidade, quando essas soluções e variações puderem ser adotadas à livre escolha dos licitantes, conforme critérios objetivamente definidos no edital de licitação.

Ainda, no caso de **serviços técnicos de natureza predominantemente intelectual**, o critério deverá ser **preferencialmente adotado.**

O julgamento pelo critério de técnica e preço, **quando couber, considerará o menor dispêndio para a Administração,** devendo atender aos parâmetros mínimos de qualidade definidos no edital de licitação.

Como o próprio nome diz, o critério técnica e preço deverá levar em consideração a maior pontuação obtida em razão da ponderação, segundo fatores objetivos previstos no edital, das notas atribuídas aos aspectos de **técnica e preço** da proposta.

Assim, devem ser avaliadas e ponderadas as propostas técnicas e as propostas de preço apresentadas pelo licitante, na proporção máxima de 70% de valoração para a proposta técnica (art. 36, §2º).

Na pontuação técnica, deve ser considerado o desempenho na execução de contratos anteriores, observando-se o disposto no art. 88, §§3º e 4º, que trata do registro cadastral.

Além disso, o julgamento por melhor técnica e técnica e preço deve ser realizado mediante (art. 37):

a) verificação da capacitação e da experiência do licitante, comprovados pela apresentação de atestados de obras, produtos ou serviços previamente utilizados;

b) atribuição de notas e quesitos de natureza qualitativa por banca considerada para este fim, levando-se em conta a demonstração de conhecimento do objeto, a metodologia e o programa de trabalho, a qualificação das equipes técnicas e a relação dos produtos que serão entregues: a banca em questão será composta por, no mínimo, 3 membros e poderá ser composta de servidores efetivos ou empregados públicos pertencentes aos quadros permanentes da Administração ou profissionais contratados por conhecimento técnico, experiência ou renome na avaliação dos quesitos, mediante supervisão da autoridade máxima.

Por fim, deve-se ressaltar que a pontuação em razão da capacitação técnico-profissional exigirá que a execução do contrato tenha participação direta e pessoal do profissional correspondente (art.38).

9.6.3.1.5. Maior lance

Corresponde ao critério de julgamento utilizado no leilão. Por ele, será o vencedor quem oferecer a proposta de maior valor.

9.6.3.1.6. Maior retorno econômico

O julgamento pelo maior retorno econômico já era previsto na Lei nº 12.462/2011 (Lei do RDC; art. 18, V) e na Lei nº 13.303/2016 (Lei das estatais; art. 54, VII).

O critério de maior retorno econômico será utilizado na concorrência (art. 6º, XXXVIII, "d"), **exclusivamente** para a celebração de **contrato de eficiência**, considerando a maior economia para a Administração. Sua remuneração será fixada em percentual que incidirá de forma proporcional à economia obtida na execução do contrato. Dessa forma, o **retorno econômico será o resultado da economia que se estima gerar com a execução do trabalho, após deduzida a proposta de preço** (art. 39, §3º).

Sobre o contrato de eficiência, deve-se mencionar que não se trata de figura nova no direito brasileiro, pois já contava com previsão na Lei nº 12.462/2011 (Lei do RDC), com o intuito, como o próprio nome faz inferir, de aumentar a eficiência nas contratações. É conceituado pela Lei nº 14.133/2021 (art. 6º, LIII) como **contrato que tem como objeto a prestação de serviços, podendo incluir a realização de obras e o fornecimento de bens, com o objetivo de proporcionar economia ao contratante, na forma de redução de despesas correntes, remunerado o contratado com base em percentual da economia gerada.**

Nas licitações com esse critério de julgamento, os licitantes deverão apresentar:

a) **Proposta de trabalho:** abrangerá obras, serviços ou bens, com prazos de realização ou fornecimento, assim como a economia que se estima gerar;

b) **Proposta de preço**: corresponderá ao percentual sobre a economia que se estima gerar durante determinado período, expressa em unidade monetária.

O edital deverá prever parâmetros objetivos de mensuração da economia gerada com a execução do contrato, que servirá de base para o cálculo da remuneração do contratado.

Assim, no julgamento, o retorno econômico será o resultado da economia que se estima gerar com a execução da proposta de trabalho, deduzida a proposta de preço (art. 39, §3º).

Caso não seja gerada a economia prevista poderá a Administração descontar a diferença entre a economia contratada e a efetivamente obtida da remuneração do contratado. Assim, se era estimada a economia de R$ 350.000,00 e se obteve a economia de R$ 250.000,00, será descontado o total de R$ 100.000,00 da remuneração do contratado (art. 39, §4º, I). Tal medida corresponde a um sistema de incentivos econômicos bem articulado, em que o contratado recebe um empurrão da Administração para buscar a economia de recursos. Isso porque, quanto menor a economia para a Administração, menor a remuneração do contratado, que se verá estimulado a otimizar seus lucros e, concomitante a isso, atenderá aos anseios da Administração[32].

Ainda, caso a diferença obtida seja superior à prevista no contrato, o contratado se sujeitará a outras sanções cabíveis (art. 39, §4º, II).

Deve-se ressaltar que, firmado o **contrato de eficiência**, seu prazo será de (art. 110):

a) **até 10 anos**, no contrato sem investimento;

b) **até 35 anos**, nos contratos com investimento, assim considerados aqueles que impliquem a elaboração de benfeitorias permanentes, realizadas exclusivamente a expensas do contratado, que serão revertidas ao patrimônio da Administração Pública ao término do contrato.

9.6.4. Habilitação

A **fase de habilitação** é destinada para a Administração **comprovar** que o **interessado** preenche todas as **condições exigidas no edital**. Se preenchidas, estará habilitado e, por outro lado, não preenchendo as exigências será inabilitado e, nesse caso, será excluído do processo licitatório.

Detalhe importante é que a nova lei de licitações passou a prever, como **regra**, que a fase de **habilitação ocorra após a de julgamento**. Com isso, avaliam-se somente os requisitos de habilitação do licitante vencedor.

Também, importante registrar que, no caso de **habilitação e inabilitação do licitante**, caberá **recurso** no prazo de **3 dias úteis, contados da data de intimação ou lavratura da ata**, nos termos do art. 165, I, "c" da Lei ou, **no caso de inversão da fase de habilitação, da ata de julgamento**. Nesse caso, a **intenção de recorrer deverá ser**

32. MEDEIROS, Isaac Kofi. Critérios de julgamento das propostas. In In Joel de Menezes Niebuhr et al. Nova lei de licitações e contratos administrativos 2. ed. Curitiba: Zênite, 2021.

manifestada imediatamente, sob pena de preclusão e a **apreciação do recurso se dará em fase única.**

De acordo com o art. 62, na fase de **habilitação** será verificado o conjunto de informações e documentos necessários e suficientes para demonstrar a capacidade do licitante em realizar o objeto e **divide**-se em: a) **jurídica**; b) **técnica; c) fiscal, social e trabalhista**; d) **econômico-financeira.**

Antes, porém, de adentrar nas especificidades de cada um dos aspectos mencionados da habilitação, deve ser destacado que o art. 63 determina que na **fase de habilitação existem algumas disposições** a serem observadas, que são as seguintes:

a) **poderá ser exigida** a **declaração de que atendem aos requisitos** de habilitação, respondendo o declarante pela veracidade das informações prestadas, na forma da lei;

b) **será exigida** a **apresentação dos documentos de habilitação apenas pelo licitante vencedor**, salvo quando a fase de habilitação anteceder a de julgamento;

c) os **documentos de regularidade fiscal serão** exigidos apenas em **momento posterior ao julgamento** das propostas e apenas do licitante mais bem classificado;

d) **será exigida declaração do licitante de que cumpre as exigências de reserva de cargos para pessoa com deficiência e reabilitado da Previdência Social,** nos termos da lei e de normas específicas. Tal exigência é efetuada, apenas, para empresas com mais de 100 empregados, obrigadas ao preenchimento de 2 a 5% dos cargos com beneficiários reabilitados ou pessoas com deficiência na seguinte proporção: • até 200 empregados: 2%; • de 201 a 500 empregados: 3%; • de 501 a 1000 empregados: 4%; de 1001 em diante: 5%. **Atenção**! O descumprimento das obrigações relativas à reserva de cargos, prevista em lei configura, ainda, caso de extinção do contrato, que deve ser motivada nos autos do processo, assegurados o contraditório e a ampla defesa (art. 137, IX).

e) no **edital, deverá constar cláusula que exija** que os **licitantes declarem que suas propostas econômicas, sob pena de inabilitação, abrangem a integralidade dos custos com direitos trabalhistas** assegurados pela Constituição Federal, leis trabalhistas, normas infralegais, convenções coletivas de trabalho, assim como em termos de ajustamento de conduta vigentes na entrega das propostas (art. 63, §1º).

f) quando a **avaliação do local de execução for imprescindível** para o conhecimento das condições e peculiaridades do objeto, o **edital poderá prever a necessidade de o licitante atestar que conhece o local e as condições de realização do serviço ou obra, assegurado o direito de realizar vistoria prévia**, em data e horário diferentes para eventuais interessados. A vistoria poderá ser substituída por declaração formal assinada por responsável técnico do licitante sobre o conhecimento das condições e peculiaridades da contratação (art. 63, §2º).

Além dessas disposições gerais, o **edital definirá quais são as condições de habilitação** (art. 63). Ainda, esse dispositivo prevê que, no caso de empresa criada no exercício financeiro (ano) da licitação deve atender a todas as exigências, mas poderá substituir os demonstrativos contábeis pelo balanço de abertura, bem como determina que a **habilitação pode ser feita "por processo eletrônico de comunicação a distância, nos termos dispostos em regulamento"** (art. 65, §2º).

Em relação à **documentação exigida** na fase de habilitação, poderá ser (art. 70):

a) apresentada em **original**, por **cópia** ou qualquer **outro meio** admitido pela Administração;

b) **substituída por registro cadastral** emitido por órgão ou entidade pública, desde que haja previsão em edital e que o registro se dê na forma da Nova Lei;

c) **dispensada, total ou parcialmente, nas contratações:** para **entrega imediata**; em **valores inferiores a ¼ do limite para dispensa** de licitação para **compras** em geral (o limite para dispensa[33] é de R$ 59.906,02 e, assim, o valor para dispensa da documentação corresponde a R$ 14.976,63); para **pesquisa e desenvolvimento até**[34] **R$ 359.436,08.**

No caso de **empresas estrangeiras** que não funcionem no país, deverão apresentar **documentos equivalentes**, na forma do regulamento emitido pelo Poder Executivo Federal.

Entregues os documentos de habilitação, não se permitirá a substituição ou apresentação de novos documentos, salvo diligências para complementar informações sobre documentos apresentados pelos licitantes e desde que necessária para apurar fatos da época da abertura do certame e para atualizar documentos cuja validade tenha expirado após recebimento de propostas (art. 64). Quando a fase de habilitação anteceder a fase de julgamento e já tiver se encerrado, não será possível a exclusão de licitante por motivo relacionado à habilitação, salvo motivos supervenientes ou conhecidos após o julgamento (art. 64, §2º).

Feitas essas considerações gerais, devem ser analisadas as particularidades de cada uma das divisões da habilitação.

9.6.4.1. Habilitação jurídica

A habilitação jurídica tem por objetivo demonstrar a **capacidade** de o **licitante exercer direitos e assumir deveres** e, quanto à documentação a ser exigida, limita-se à **comprobação de existência jurídica** da pessoa e, quando cabível, de autorização para exercício da atividade contratada (art. 66).

---

33. Conforme atualização promovida pelo Decreto 11.871/2023.

34. Idem.

9.6.4.2. Habilitação técnica

Quanto à documentação relativa à qualificação técnico-profissional e operacional, será restrita a:

a) **apresentação de profissional**, devidamente registrado no conselho profissional competente, quando for o caso, detentor de atestado de responsabilidade técnica por execução de obra ou serviço de características semelhantes, para fins de contratação. **ATENÇÃO! 1)** Os profissionais indicados deverão participar de obra ou serviço objeto da licitação, sendo admitida sua substituição por profissionais de experiência equivalente ou superior, desde que aprovada pela Administração (art. 67, §6º); **2)** Não serão admitidos atestados de responsabilidade técnica de profissionais que, na forma de regulamento, tenham dado causa à aplicação de impedimento de licitar e contratar e de declaração de inidoneidade para licitar ou contratar, em decorrência de orientação proposta, de prescrição técnica ou de qualquer ato profissional de sua responsabilidade (art. 67, §12).

b) **certidões ou atestados**, regularmente emitidos pelo conselho profissional competente, quando for o caso, que demonstrem capacidade operacional na execução de serviços similares de complexidade tecnológica e operacional equivalente ou superior (art. 67, II), bem como documentos comprobatórios, com menção ao desempenho na execução do contrato, baseado em indicadores objetivamente definidos e aferidos e a eventuais penalidades aplicadas (art. 88, §3º). **ATENÇÃO! 1)** A exigência de atestados restringe-se às parcelas de maior relevância ou valor significativo do objeto da licitação, que contenham valor individual igual ou superior a 4% do valor estimado da contratação; assim, por exemplo, no caso de licitação com valor estimado de R$ 400.000,00, apenas as parcelas com valor igual ou superior a R$ 16.000,00 deverão cumprir as exigências citadas (art. 67, §1º); **2)** Será admitia a exigência de atestados com quantidades mínimas de até 50% das parcelas de maior relevância, vedadas limitações de tempo e locais específicos relativos a atestados, salvo quando se tratar de serviços contínuos, quando o tempo será limitado a 2 anos (art. 67, §2º).

ATENÇÃO! Exceto no caso de contratação de obras e serviços de engenharia, as exigências de apresentação de profissional e certidões e atestados (itens "a" e "b" anteriores), poderão ser substituídas por outra prova de que o profissional ou a empresa possui conhecimento técnico e experiência prática na execução de serviço de características semelhantes, hipótese em que as provas alternativas aceitáveis deverão ser previstas em regulamento (art. 67, §3º).

c) **indicação** do pessoal técnico, das instalações e do aparelhamento adequados e disponíveis para a realização do objeto da licitação, bem como da qualificação de cada membro da equipe técnica que se responsabilizará pelos trabalhos (Art. 67, III). **ATENÇÃO!** Os profissionais indicados (incisos I e III do art. 67) deverão participar de obra ou serviço objeto da licitação, sendo admitida sua substituição por profissionais de experiência equivalente ou superior, desde que aprovada pela Administração (art. 67, §6º).

d) **prova do atendimento de requisitos** previstos em lei especial, quando for o caso;

e) **registro ou inscrição na entidade profissional** competente, quando for o caso. **ATENÇÃO**! No caso de sociedades estrangeiras, estas atenderão a esta exigência pela apresentação da solicitação de registro perante entidade profissional competente no Brasil, no momento da assinatura do contrato (art. 67, §7º).

f) **declaração** de que o **licitante tomou conhecimento** de todas as informações e das condições locais para o cumprimento das obrigações objeto da licitação.

Serão aceitos atestados ou outros documentos hábeis emitidos por entidades estrangeiras quando acompanhados de tradução para o português (art. 67, §4º).

O edital poderá prever que a qualificação técnica seja demonstrada por atestados relativos a potencial subcontratado, limitando-se a 25% do objeto licitado, podendo mais de um licitante apresentar atestado relativo a um mesmo potencial subcontratado (art. 67, §9º).

Em se tratando de atestado anterior emitido em favor de consórcio do qual tenha feito parte, caso o atestado ou contrato de constituição do consórcio não identifique a atividade desempenhada por cada consorciado, serão adotados os seguintes critérios na avaliação da qualificação técnica: a) em se tratando de consórcio homogêneo, as experiências atestadas deverão ser reconhecidas para cada empresa consorciada na proporção quantitativa de sua participação no consórcio, salvo no caso de contratações de serviços técnicos especializados de natureza intelectual, em que o atestado será para cada consorciada; b) no caso de consórcio heterogêneo, as experiências atestadas devem ser reconhecidas para cada consorciado de acordo com os campos de atuação, inclusive em licitações para contratação de serviços técnicos especializados de natureza predominantemente intelectual (art. 67, §10).

9.6.4.3. Habilitação fiscal, social e trabalhista

Já a habilitação fiscal, social e trabalhista será aferida pela verificação dos seguintes requisitos (art. 68):

a) inscrição no Cadastro de Pessoas Físicas (CPF) ou no Cadastro Nacional da Pessoa Jurídica (CNPJ);

b) inscrição no cadastro de contribuintes estadual e/ou municipal, se houver, relativo ao domicílio ou sede do licitante, pertinente ao seu ramo de atividade e compatível com o objeto contratual;

c) regularidade perante a Fazenda federal, estadual e/ou municipal do domicílio ou sede do licitante, ou outra equivalente, na forma da lei;

d) a regularidade relativa à Seguridade Social e ao FGTS, que demonstre cumprimento dos encargos sociais instituídos por lei;

e) regularidade perante a Justiça do Trabalho;

f) cumprimento do disposto no inciso XXXIII do art. 7º da Constituição Federal, que prevê a proibição de trabalho noturno, perigoso ou insalubre a menores de 16 anos, salvo na condição de aprendiz a maiores de 14 anos.

Esses documentos poderão ser substituídos ou supridos por outros que sejam aptos a comprovar a regularidade do licitante, inclusive por meio eletrônico e, em relação à comprovação de regularidade perante a Fazenda, Seguridade Social, FGTS e perante a Justiça do Trabalho, se dará dos termos da lei específica.

9.6.4.4. Habilitação econômico-financeira

Esse aspecto da habilitação tem por objetivo demonstrar a aptidão econômica do licitante para cumprir obrigações decorrentes do futuro contrato, devendo ser comprovada de forma objetiva, por coeficientes e índices econômicos previstos no edital, devidamente justificados na licitação, restrita à apresentação dos seguintes documentos:

a) balanço patrimonial, demonstração de resultado de exercício e demais demonstrações contábeis dos últimos 2 exercícios sociais, sendo que cada exercício social tem a duração de 1 ano. Tais documentos se limitam ao último exercício no caso de a pessoa jurídica ter sido constituída há menos de 2 anos (art. 69, §6º).

b) certidão negativa de feitos sobre falência, expedida pelo distribuidor da sede do licitante.

O art. 69, §2º, veda, expressamente, a exigência de valores mínimos de faturamento anterior e de índices de rentabilidade ou lucratividade.

Poderá a Administração, ademais, exigir declaração que ateste o atendimento pelo licitante dos índices econômicos previstos no edital e, ainda, relação de compromissos assumidos pelo licitante que importe diminuição de sua capacidade econômico-financeira, excluídas parcelas já executadas de contratados firmados (art. 69, §§1º e 3º).

Quando se tratar de compras para entrega futura e na execução de obras e serviços, a Administração poderá estabelecer no edital a exigência de capital mínimo ou patrimônio líquido mínimo equivalente a até 10% do valor da contratação (art. 69, §4º).

9.7. Impugnações, pedido de esclarecimentos e recursos

A Lei nº 14.133/2021 concentra nos artigos 164 a 168 a disciplina "Das impugnações, dos pedidos de esclarecimento e dos recursos".

A impugnação e o pedido de esclarecimentos referem-se ao edital e não fazem parte da denominada fase recursal porque ocorre antes do início da abertura do certame, como será analisado adiante.

9.7.1. Impugnações e pedido de esclarecimentos ao edital

Conforme previsto no art. 164 da lei de licitações, **qualquer pessoa**, ainda que não seja participante do certame, é parte legítima para **impugnar o edital** de licitações por **irregularidade na aplicação** da Lei nº 14.133/2021 **ou para solicitar esclarecimento** sobre os seus termos e, para tanto, deve protocolar o pedido no **prazo de até 3 dias úteis antes da abertura do certame** e a **resposta** a eles deve ser divulgada em site oficial, no **prazo de 3 dias úteis, limitado ao último dia anterior à data da abertura** do certame (art. 164, parágrafo único).

9.7.2. Fase recursal

Os recursos são os instrumentos adequados destinados a impugnar decisões ou atos administrativos. Com efeito, em face dos atos praticados durante o processo licitatório e durante a execução do contrato administrativo, permite a Lei nº 14.133/21 a interposição de **recurso** e de **pedido de reconsideração** (art. 165).

Ao contrário da sistemática que era adotada na Lei nº 8.666/93 e aproximando-se, parcialmente, ao modelo usado na Lei nº 13.303/2016 (Estatuto das Estatais), a Nova Lei de Licitações adota a fase recursal única e, como será visto adiante, isso significa que há um único momento tanto para a interposição do recurso quanto para a sua apreciação.

9.7.2.1. Recurso

Nos termos do art. 165, I, cabe **recurso** no prazo de **3 dias úteis** nos casos de:

a) ato que defira ou indefira pedido de pré-qualificação de interessado ou de inscrição em registro cadastral, sua alteração ou cancelamento;
b) julgamento das propostas;
c) ato de habilitação ou inabilitação de licitante;
d) anulação ou revogação da licitação;
e) extinção do contrato, quando determinada por ato unilateral e escrito da Administração;

Importante registrar que essas não são as únicas hipóteses de cabimento de recurso, pois também é admitido em face de penalidades impostas, tendo a lei dado regramento diferente para esses casos, conforme se verá adiante. Todavia, referindo-se apenas às cinco hipóteses do art. 165, há três que não se inserem propriamente na tramitação do processo licitatório porque a pré-qualificação é um procedimento auxiliar a ele, a anulação ou a revogação da licitação significam, por óbvio, que o certame já terminou, o que também ocorre em relação à extinção do contrato.

Com isso, são somente duas hipóteses que admitem o recurso durante o trâmite da licitação, quais sejam, em face do **julgamento das propostas e do ato de habilitação ou inabilitação de licitante**. Nesses casos, nos termos do art. 165, §1º, I, a **intenção de recorrer deverá ser manifestada imediatamente**, sob pena de preclusão, e o **prazo** para apresentação das razões recursais é de **3 dias úteis** e **terá início, em regra, na data de intimação ou de lavratura da ata de habilitação ou inabilitação**. Importante lembrar que a fase de habilitação é posterior à fase de julgamento e, assim, o licitante que tenha alguma irresignação quanto a fato ocorrido quando do julgamento das propostas deverá aguardar o fim da fase de habilitação para interpor o recurso, ou seja, há um **único momento para a interposição do recurso**. Entretanto, **excepcionalmente**, nos termos do § 1º do art. 17 da Lei nº 14.133/21, pode ocorrer a **inversão de fases**, caso em que a habilitação precederá a fase de apresentação de propostas e lances e, nesse caso, o **termo inicial para que o recurso seja interposto será a data da intimação ou de lavratura da ata de julgamento** e, desse modo, nessa hipótese, eventual ilegalidade praticada na fase de habilitação somente poderá ser objeto de recurso administrativo no final da fase de julgamento.

Portanto, **seja no fluxo ordinário da licitação, com a fase de habilitação após a de julgamento, seja no caso de inversão dessas fases, a lei determina fase recursal única** e nisso divergiu da sistemática adotada na Lei das Estatais (Lei nº 13.303/2016), pois, no caso de inversão, aquela lei prevê fase recursal dupla. A diferença é que no modelo adotado pela nova lei, por exemplo, licitante que tenha sido inabilitado e considere que a decisão foi ilegal terá que aguardar o andamento da licitação, a escolha do vencedor para, somente ao final da fase de julgamento, interpor seu recurso que, em caso de provimento, fará retroceder todo o certame.

O inciso II do §1º do art. 165 estabelece que, da mesma forma, a **apreciação do recurso será em fase única.**

O recurso será **dirigido à autoridade que tiver editado o ato ou proferido a decisão recorrida**, que **pode ou não reconsiderar no prazo de 3 dias úteis**. Não havendo a reconsideração em 3 dias úteis, a autoridade encaminhará o recurso com sua motivação à autoridade superior, que deverá proferir sua **decisão no prazo máximo de 10 dias úteis**, contado do recebimento (art. 165, §2º). Aliás, na **elaboração de suas decisões** a **autoridade competente terá auxílio do órgão de assessoramento jurídico**, que deverá dirimir dúvidas e subsidiá-la com as informações necessárias

O prazo para apresentar **contrarrazões** será o mesmo do recurso, ou seja, 3 dias úteis, iniciando-se da intimação pessoal ou divulgação do recurso interposto.

Como mencionado anteriormente, confere a lei disciplina diferente para as hipóteses de interposição de recurso em face de penalidades impostas ao licitante ou contratado. Nesse sentido, cabe **recurso,** no **prazo de 15 dias úteis,** da **aplicação das sanções** de (art. 166):

a) **advertência;**

b) **multa;**

c) **impedimento de licitar ou contratar.**

O prazo para apresentar **contrarrazões** será o mesmo do recurso, ou seja, no caso de imposição de penalidade, 15 dias úteis, iniciando-se da intimação pessoal ou divulgação do recurso interposto.

Não se insere entre as hipóteses de cabimento de recurso a imposição da pena de inidoneidade para licitar ou contratar porque, como se verá adiante, no caso terá lugar o pedido de reconsideração.

O recurso em face da decisão que impôs a penalidade, será **dirigido à autoridade que tiver proferido a decisão recorrida,** que **pode ou não reconsiderar no prazo de 5 dias úteis.** Não havendo a reconsideração em 5 dias úteis, a autoridade encaminhará o recurso com sua motivação à autoridade superior, que deverá proferir sua **decisão no prazo máximo de 20 dias úteis,** contado do recebimento (art. 165, §2º).

Em relação aos **efeitos,** determina o art. 168 que o **recurso terá efeito suspensivo** do ato ou da decisão recorrida até que sobrevenha decisão final da autoridade competente. Porém, o **acolhimento do recurso** implicará **invalidação apenas de ato insuscetível de aproveitamento** (art. 165, §3º).

Em observância ao princípio da ampla defesa, assegura ao licitante vista dos elementos indispensáveis à defesa de seus interesses (art. 165, §5º).

9.7.2.2. *Pedido de reconsideração*

Em relação ao pedido de reconsideração, a lei tem uma previsão para a regra geral de seu cabimento e outra quando referente à decisão que aplica a pena de inidoneidade.

Nessa esteira, **cabe pedido de reconsideração nos casos em que não couber recurso hierárquico** e o **prazo** para interposição é de **3 dias úteis,** contado da data da intimação do ato que não caiba recurso (art. 165, II).

Por sua vez, no caso de imposição da pena de **inidoneidade para licitar ou contratar** também cabe **pedido de reconsideração,** porém o **prazo para interposição é de 15 dias úteis,** contado da intimação, e **decidido no prazo de 20 dias úteis,** contado do recebimento (art. 167).

<table>
<tr><th>RECURSO E PEDIDO DE RECONSIDERAÇÃO</th></tr>
<tr><td>• Possuem efeito suspensivo
• Acolhimento implicará invalidação apenas de ato insuscetível de aproveitamento
• Na elaboração de suas decisões a autoridade competente terá auxílio do órgão de assessoramento jurídico, que deverá dirimir dúvidas e subsidiá-la com as informações necessárias
• Licitante tem direito à vista dos elementos indispensáveis à defesa de seus interesses</td></tr>
<tr><th>RECURSO</th></tr>
<tr><td>Prazo
• 3 dias úteis
• Contado da data de intimação ou de lavratura da ata de habilitação ou inabilitação ou, se houve inversão de fases, data de intimação ou de lavratura da ata julgamento
• Contrarrazões: prazo de 3 dias úteis e tem início na data de intimação pessoal ou de divulgação da interposição do recurso</td></tr>
<tr><td>Cabimento
• Ato que defira ou indefira pedido de pré-qualificação de interessado ou de inscrição em registro cadastral, sua alteração ou cancelamento
• Julgamento das propostas
• Ato de habilitação ou inabilitação de licitante
• Anulação ou revogação da licitação
• Extinção do contrato, quando determinada por ato unilateral e escrito da Administração
Tramitação
• Interposto o recurso, a autoridade poderá:
a) Reconsiderar, em 3 dias úteis; ou
b) Não reconsiderando, encaminhará para autoridade superior, que deverá decidir em 10 dias úteis (contado do recebimento dos autos)</td></tr>
<tr><td>Prazo
• 15 dias úteis
• Contado da data de intimação
• Contrarrazões: 15 dias úteis e tem início na data de intimação pessoal ou de divulgação da interposição do recurso
Cabimento
• Decisão que aplica penalidade de:
a) Advertência
b) Multa
c) Impedimento de licitar ou contratar
Tramitação
• Interposto o recurso, a autoridade poderá:
a) Reconsiderar, em 5 dias úteis; ou
b) Não reconsiderando, encaminhará para autoridade superior, que deverá decidir em 20 dias úteis (contado do recebimento dos autos)</td></tr>
</table>

PEDIDO DE RECONSIDERAÇÃO
Prazo • 3 dias úteis • Contado da data de intimação **Cabimento** • Quando não couber recurso hierárquico
Prazo • 15 dias úteis • Contado da data de intimação **Cabimento** • Aplicação da pena de inidoneidade para licitar ou contratar **Decisão** • Prazo: 20 dias úteis (contado do recebimento dos autos)

9.8. Encerramento da licitação

Encerradas as fases de julgamento e habilitação e não havendo mais recursos administrativos pendentes, o processo será encaminhado à **autoridade superior**, que poderá adotar as seguintes **providências**:

a) determinar o **retorno dos autos** para saneamento de irregularidades;

b) **revogar** a licitação por motivo de **conveniência e oportunidade**: o motivo determinante para revogação da licitação deverá resultar de fato superveniente devidamente comprovado (art. 71, §2º).

c) proceder à **anulação da licitação**, de ofício ou mediante provocação de terceiros, sempre que presente ilegalidade insanável: nesse caso, a autoridade indicará os atos com vícios insanáveis, tornando sem efeito os subsequentes que deles dependam, devendo, ainda, apurar a responsabilidade de quem tenha lhes dado causa (art. 71, §1º).

ATENÇÃO! Antes de se proceder à revogação e anulação, deve-se assegurar manifestação prévia dos interessados (art. 71, §3º).

d) adjudicar o objeto e homologar a licitação: na adjudicação, a Administração deve **atribuir o objeto da licitação ao vencedor**.

Tais disposições se aplicam, no que couber, à contratação direta e aos procedimentos auxiliares da licitação (art. 71, §4º).

Para facilitar, seguem as situações possíveis e as providências a serem adotadas pela autoridade superior.

ENCERRAMENTO DA LICITAÇÃO	
SITUAÇÃO	**ATO DA AUTORIDADE SUPERIOR**
Há **irregularidades sanáveis**	**Retorno** dos autos para **saneamento**
Há **motivo de conveniência e oportunidade,** decorrente de fato superveniente, devidamente comprovado, para revogação	**Revogação** da licitação. Antes, porém, deve haver manifestação prévia dos interessados
Há **ilegalidade insanável**	1) **Anulação** da licitação (autoridade indicará os atos com vícios insanáveis, tornando sem efeito os subsequentes que deles dependam). Pode ser de ofício ou por provocação. Antes, porém, deve haver manifestação prévia dos interessados. 2) **Apuração** da responsabilidade de quem deu causa.
Não há nenhuma das situações anteriores	1) **Adjudicação** 2) **Homologação**

10. PROCEDIMENTOS AUXILIARES

Nos termos do art. 78 da Lei, são procedimentos auxiliares das licitações e contratações:

- credenciamento;
- pré-qualificação;
- procedimento de manifestação de interesse;

O julgamento decorrente de pré-qualificação e do procedimento de manifestação de interesse seguirá o mesmo procedimento das licitações (art. 78, §2º).

- sistema de registro de preços;

O registro de preços serve para a Administração, primeiro, para selecionar, por meio de concorrência, os preços dos bens que tem interesse em comprar e, depois, para fazer suas compras habituais, mas a existência do registro de preços não obriga a Administração a contratar quem teve seu preço registrado, pois pode usar outros meios para a contratação[35].

- registro cadastral.

Ainda, o art. 78, §1º da Nova Lei remete a regulamentação do disposto no artigo para normas próprias.

10.1. Credenciamento

O credenciamento, nos termos do art. 6º, XLIII corresponde ao processo administrativo de chamamento público em que a Administração Pública convoca interessados

35. CUNHA JÚNIOR, Dirley da. Curso de direito administrativo. 8. ed. Salvador: Juspodivm, 2009.

em prestar serviços ou fornecer bens para que, preenchidos os requisitos necessários, se **credenciem no órgão ou na entidade para executar o objeto** quando convocados.

Poderá ser utilizado nos seguintes **casos de contratação** (art. 79):

a) **paralela e não excludente**: caso em que é viável e vantajosa para a Administração a realização de contratações simultâneas em condições padronizadas;

b) **com seleção a critério de terceiros**: caso em que a seleção do contratado está a cargo do beneficiário direto da prestação;

c) **em mercados fluidos**: caso em que a flutuação constante do valor da prestação e das condições de contratação inviabiliza a seleção de agente por meio de processo de licitação.

Os procedimentos de credenciamento serão definidos em regulamento, devendo ser observadas as seguintes regras:

a) A Administração deverá divulgar e manter à disposição do público, em sítio eletrônico oficial, edital de chamamento de interessados, permitindo-se o cadastramento permanente de novos interessados.

b) No caso de contratação paralela e não excludente, quando o objeto não permitir a contratação imediata e simultânea de todos os credenciados, devem ser adotados critérios objetivos de distribuição da demanda.

c) O edital deverá prever as condições padronizadas de contratação e, nas hipóteses de contratação "paralela e não excludente" e "com seleção a critério de terceiro", deverá definir o valor da contratação.

d) No caso de contratação em mercados fluidos, a Administração deverá promover o registro das cotações de mercado vigentes no momento da contratação.

e) Não se permite a subcontratação sem autorização expressa da Administração;

f) Admite-se a denúncia por qualquer das partes no prazo fixado no edital.

Na esfera federal, regulamentando o credenciamento para a contratação de bens e serviços, no âmbito da administração pública federal direta, autárquica e fundacional há o Decreto nº 11.878/2024 e, de acordo com o seu art. 5º o credenciamento "ficará permanentemente aberto durante a vigência do edital e será realizado por meio do Compras.gov.br, observadas as seguintes fases: I – preparatória; II – de divulgação do edital de credenciamento; III – de registro do requerimento de participação; IV – de habilitação; V – recursal; e VI – de divulgação da lista de credenciados".

Ainda conforme o regulamento federal, ao final o resultado será publicado e ficará permanentemente disponível no PNCP (art. 18) e, feito isso, durante todo o prazo de validade do credenciamento (previsto no edital) o órgão ou a entidade poderá convocar o credenciado para assinatura do instrumento contratual, emissão de nota de empenho de despesa, autorização de compra ou outro instrumento hábil, sob pena de decair o direito à contratação (art. 19).

O mencionado decreto estabelece, também, que o edital de credenciamento pode ser anulado ou revogado (art. 22) e estabelece as hipóteses em que o órgão ou a entidade podem realizar o descrendeciamento, que são (art. 23): I – pedido formalizado pelo credenciado; II – perda das condições de habilitação do credenciado; III – descumprimento injustificado do contrato pelo contratado; e IV – sanção de impedimento de licitar e contratar ou de declaração de inidoneidade superveniente ao credenciamento.

10.2. Pré-qualificação

A pré-qualificação, por sua vez, refere-se ao procedimento seletivo prévio à licitação, convocado por meio de edital, destinado à análise das condições de habilitação, total ou parcial, dos interessados ou do objeto (art. 6º, XLIV).

É utilizado para a seleção prévia de (art. 80 e §1º):

a) licitantes que reúnam condições de habilitação para participar de futura licitação ou de licitação vinculada a programas de obras ou serviços objetivamente definidos: nesse caso, podem ser dispensados os documentos que constem do registro cadastral;

b) bens que atendam às exigências técnicas ou de qualidade definidas pela Administração: poderá ser exigida a comprovação de qualidade.

Esse procedimento ficará aberto de forma permanente para a inscrição de interessados, devendo constar em seu edital tanto as informações mínimas necessárias para definição do objeto como a modalidade, a forma da futura licitação e os critérios de julgamento (art. 80, §§2º e 3º).

A apresentação de documentos será feita perante órgão ou comissão indicada pela Administração, que deverá examiná-los no prazo mínimo de 10 dias úteis, determinando-se a correção ou reapresentação de documentos, quando for o caso, para ampliação da competição (art. 80, §4º).

Os bens e serviços pré-qualificados deverão integrar o catálogo de bens e serviços da Administração (art. 80, §5º).

A pré-qualificação poderá ser realizada em grupos ou segmentos, segundo as especialidades dos fornecedores (art. 80, §6º), podendo, ainda, ser parcial ou total, com alguns ou todos os requisitos necessários para a contratação, assegurando-se a igualdade de condições entre os concorrentes (art. 80, §7º).

Sua validade é estipulada no art. 80, §8º e será de:

a) 1 ano, no máximo, podendo ser atualizada a qualquer tempo;

b) não superior ao prazo de validade dos documentos apresentados pelos interessados

Os licitantes e os bens pré-qualificados serão obrigatoriamente divulgados e mantidos à disposição do público (art. 80, §9º).

Ademais, a licitação que se seguir ao procedimento **poderá** ser restrita a licitantes ou bens pré-qualificados (art. 80, §10).

No caso de ato que defira ou indefira o pedido de pré-qualificação de interessado, caberá recurso no prazo de 3 dias úteis contado da data de intimação ou de lavratura da ata (art. 165, I, "a").

10.3. Procedimento de manifestação de interesse

Segundo Moreno (2019), o procedimento de manifestação de interesse ou PMI é o procedimento administrativo que visa a obtenção de contribuições dos administrados para elaborar contratos públicos.

Para sua aceitação, a Administração deverá elaborar parecer fundamentado, demonstrando-se que o produto ou serviço entregue é adequado e suficiente para a compreensão do objeto, que as premissas adotadas são compatíveis com as necessidades do órgão e que a metodologia proposta propicia maior economia e vantagem entre as demais possíveis (art. 81, §3º).

Tais documentos ficarão à disposição dos interessados, devendo o vencedor da licitação promover o ressarcimento pelos dispêndios correspondentes, nos termos do edital (art. 81, §1º).

A realização de estudos, investigações, levantamentos e projetos em decorrência do PMI pela iniciativa privada (art. 81, §2º):

a) **não confere direito de preferência** no processo licitatório ao realizador;

b) não obriga o poder público a realizar licitação;

c) não implica, por si só, o direito ao ressarcimento de valores envolvidos em sua elaboração;

d) será remunerada pelo vencedor da licitação, vedada, em qualquer caso, a cobrança de valores do poder público.

Por fim, o art. 81, §4º prevê que o PMI poderá ser restrito a *startups*, assim considerados os microempreendedores individuais, as microempresas e as empresas de pequeno porte, de natureza emergente e com grande potencial, que se dediquem à pesquisa, desenvolvimento e implementação de novos produtos ou serviços baseados em soluções tecnológicas inovadoras que causem ato impacto, exigindo-se, na seleção definitiva da inovação, validação prévia fundamentada em métricas objetivas, de forma a demonstrar o atendimento às necessidades da Administração.

10.4. Sistema de registro de preços

O sistema de registro de preços corresponde ao conjunto de procedimentos para realização de registro formal de preços relativos à prestação de serviços, obras e aquisição e locação de bens para contratações futuras, por meio de contratação direta ou licitação nas modalidades pregão ou concorrência (art. 6º, XLV).

Serve para a Administração, primeiro, **selecionar os preços dos bens** que tem interesse em comprar e, depois, para **fazer suas compras habituais**, mas a existência do registro de preços **não obriga a Administração** a contratar quem teve seu preço registrado, pois pode usar outros meios para a contratação **(CUNHA JÚNIOR, 2010)**.

Segundo o art. 82 da Nova Lei, o edital para registro de preços observará as regras gerais da lei, devendo dispor sobre:

I – as **especificidades da licitação e de seu objeto**, inclusive a quantidade máxima de cada item que poderá ser adquirida;

II – a **quantidade mínima** a ser cotada de unidades de bens ou, no caso de serviços, de **unidades de medida**;

III – a possibilidade de prever **preços diferentes**:

a) quando o objeto for realizado ou entregue em locais diferentes;

b) em razão da forma e do local de acondicionamento;

c) quando admitida cotação variável em razão do tamanho do lote;

d) por outros motivos justificados no processo;

IV – a **possibilidade de o licitante oferecer ou não proposta em quantitativo inferior ao máximo** previsto no edital, obrigando-se nos limites dela;

V – o **critério de julgamento da licitação**, que será o de menor preço ou o de maior desconto sobre tabela de preços praticada no mercado;

VI – as **condições para alteração de preços** registrados;

VII – o **registro de mais de um fornecedor ou prestador de serviço**, desde que aceitem cotar o objeto em preço igual ao do licitante vencedor, assegurada a preferência de contratação de acordo com a ordem de classificação;

VIII – a **vedação à participação do órgão ou entidade em mais de uma ata de registro de preços com o mesmo objeto no prazo de validade** daquela de que já tiver participado, salvo na ocorrência de ata que tenha registrado quantitativo inferior ao máximo previsto no edital;

IX – as **hipóteses de cancelamento da ata de registro de preços** e suas consequências.

O critério de julgamento de menor preço por **grupo de itens** poderá ser adotado, apenas, quando demonstrada a inviabilidade de se promover a adjudicação por item, evidenciada sua vantagem técnica e econômica, devendo o critério de aceitabilidade de preços unitários máximos ser indicado no edital (art. 82, §1º).

Além disso, no caso de contratação posterior de item específico constante de grupo de itens, será exigida prévia pesquisa de mercado e demonstração de sua vantagem para o órgão ou entidade (art. 82, §2º).

Permite-se o registro de preços com indicação limitada a unidades de contratação, sem indicação do total a ser adquirido, **apenas,** no caso (art. 82, §3º):

a) de primeira licitação para o objeto e o órgão ou entidade não tiver registro de demandas anteriores;

b) de alimentos perecíveis;

c) em que o serviço estiver integrado ao fornecimento de bens.

Nas hipóteses acima, é obrigatória a indicação do valor máximo de despesa, **sendo vedada a participação de outro órgão ou entidade na ata** (art. 82, §4º).

O sistema de registro de preços poderá ser usado para a contratação de bens e serviços, **inclusive quando se tratar de obras e serviços de engenharia**, tratando-se esta hipótese de inovação legal, observadas as condições (art. 82, §5º):

a) realização prévia de **ampla pesquisa de mercado**;

b) seleção de acordo com os **procedimentos previstos em regulamento**;

c) desenvolvimento obrigatório de **rotina de controle**;

d) **atualização periódica dos preços** registrados;

e) definição do **período de validade** do registro de preços;

f) **inclusão**, em ata de registro de preços, **do licitante que aceitar cotar os bens ou serviços em preços iguais aos do licitante vencedor** na sequência de classificação da licitação e inclusão do licitante que mantiver sua proposta original.

O sistema poderá, ainda, ser utilizado nos casos de inexigibilidade e dispensa de licitação para aquisição de bens ou contratação de serviços por mais de um órgão ou entidade, na forma do que dispuser o regulamento (art. 82, §6º).

Além disso, a existência do sistema de registro implica o compromisso de fornecimento nas condições estabelecidas, **não obrigando a Administração a contratar**, facultando-se a realização de licitação para a aquisição pretendida, desde que devidamente motivada (art. 83).

Terá o prazo de duração de **1 ano, podendo ser prorrogado por igual período**, desde que haja comprovação de que o preço é vantajoso. Nesse sentido, o contrato que decorrer da ata de registro de preços indicará o seu prazo de vigência, em conformidade com as disposições nela contidas (art. 84).

A Administração poderá contratar a execução de obras e serviços de engenharia pelo SRP, quando existir projeto padronizado, sem complexidade técnica e operacional e houver necessidade permanente ou frequente de obra ou serviço (art. 85).

O art. 86 da Nova Lei prevê o procedimento a ser adotado – dispensável quando o órgão ou entidade gerenciadora for a única contratante – nos seguintes termos:

a) caberá ao órgão ou entidade gerenciadora realizar procedimento público de intenção de registro de preços, na fase preparatória

b) possibilitando, pelo prazo mínimo de 8 dias úteis, a participação de outros órgãos ou entidades na ata e

c) determinar a estimativa total de quantidades de contratação.

Prevê a Nova Lei a figura do **carona** e, de acordo com o previsto no § 3º do art. 86, caso não participem do procedimento, a **faculdade de aderir à ata de registro de registro de preços na condição de não participante poderá ser exercida:**

a) por órgãos e entidades da Administração Pública federal, estadual, distrital e municipal, relativamente a ata de registro de preços de órgão ou entidade gerenciadora federal, estadual ou distrital; ou ;

b) por órgãos e entidades da Administração Pública municipal, relativamente a ata de registro de preços de órgão ou entidade gerenciadora municipal, desde que o sistema de registro de preços tenha sido formalizado mediante licitação.

Entretanto, para tanto, devem ser observados os seguintes requisitos (§2º):

a) apresentação de justificativa de vantagem de adesão, **inclusive** em situações de provável desabastecimento ou descontinuidade de serviço público;

b) demonstração de que os valores registrados estão compatíveis com os valores praticados pelo mercado;

c) prévias consulta e aceitação do órgão ou entidade gerenciadora e do fornecedor.

Tais aquisições não poderão exceder, em sua totalidade, ao dobro do quantitativo de cada item da ata de registro de preços para o gerenciador e órgãos participantes, independentemente do número de órgãos não participantes que aderirem, limite que será dispensado no caso de aquisição emergencial de medicamentos e material de consumo médico-hospitalar (art. 86, §§5º e 7º).

É vedada a adesão à ata de registro de preços gerenciada por órgão ou entidade estadual, distrital ou municipal por órgãos ou entidades da Administração pública federal (art. 86, §8º).

No âmbito da Administração Pública direta, autárquica e fundacional, há o **Decreto 11.462/2023** regulamentando o sistema de registro de preços (SRP) e, em seu art. 3º, estabelece que **o SRP poderá ser usado quando a Administração julgar pertinente, em especial:**

a) quando, pelas características do objeto, houver necessidade de **contratações permanentes ou frequentes**;

b) quando for conveniente a aquisição de bens com previsão de **entregas parceladas ou contratação de serviços remunerados por unidade de medida**, como quantidade de horas de serviço, postos de trabalho ou em regime de tarefa;

c) quando for conveniente para **atendimento a mais de um órgão ou a mais de uma entidade**, inclusive nas compras centralizadas;

d) quando for atender a **execução descentralizada de programa ou projeto federal**, por meio de compra nacional ou da adesão à ata de registro de preços por órgãos e entidades da Administração Pública estadual, distrital e municipal para fins de transferências voluntárias (§ 2º do art. 32); ou

e) quando, pela natureza do objeto, **não for possível definir previamente o quantitativo** a ser demandado pela Administração.

Esse decreto determina, no seu art. 9º, que na fase preparatória do processo licitatório ou da contratação direta, deve ser realizado o procedimento público de **IRP (Intenção de Registro de Preços)**, para possibilitar, pelo prazo mínimo de oito dias úteis, a participação de outros órgãos ou outras entidades da Administração Pública na ata de registro de preços e determinar a estimativa total de quantidades da contratação. Com isso, os órgãos da administração direta federal, as autarquias e as fundações públicas federais, antes de iniciarem processo licitatório ou contratação direta, deverão consultar as IRPs em andamento e deliberarão a respeito da conveniência de sua participação. Excepcionalmente, a IRP será dispensada quando o órgão ou a entidade gerenciadora for o único contratante.

Quanto ao procedimento licitatório do registro de preços, será adotada a modalidade concorrência ou convite e os critérios de julgamento será o menor preço ou o maior desconto sobre o preço estimado ou a tabela de preços praticada no mercado (artigos 11 e 14).

10.5. Registro cadastral

Os órgãos e entidades da Administração Pública **deverão**, ainda, utilizar o registro cadastral unificado disponível no Portal Nacional de Contratações Públicas (PNCP), para cadastro unificado de licitantes, na forma do disposto em regulamento (art. 87), não podendo o órgão ou entidade licitante exigir registro cadastral complementar para acesso a edital e anexos (art. 87, §2º).

Tal sistema será público, devendo ser divulgado de forma ampla e estar permanentemente aberto aos interessados, sendo obrigatória a realização de chamamento público pela internet para atualização dos registros existentes e ingresso de novos interessados, devendo ocorrer, no mínimo, anualmente (art. 87, §1º).

Poderá a Administração restringir a licitação aos fornecedores cadastrados, desde que atendidos os critérios estabelecidos em regulamento e atendida a ampla publicidade dos procedimentos para o cadastramento (art. 87, §3º), admitindo-se o fornecedor que realize seu cadastro dentro do prazo previsto no edital para apresentação de propostas (art. 87, §4º).

Ao requerer a inscrição no cadastro ou sua atualização, a qualquer tempo, o interessado fornecerá os elementos necessários exigidos para habilitação, previstos nos artigos 62 e seguintes da lei, já vistos em capítulo próprio (art. 88).

O inscrito será classificado por categorias, subdivididas em grupos, segundo sua qualificação técnica e econômico-financeira avaliada, de acordo com as regras divulgadas em sítio eletrônico oficial, sendo-lhe fornecido certificado, renovável sempre que houver atualização do registro (art. 88, §§1º e 2º), ficando a celebração do contrato condicionada à sua emissão (art. 88, §6º).

A atuação do contratado será avaliada pelo contratante, mediante a emissão de documento comprobatório, mencionando-se seu desempenho na execução contratual, baseado em indicadores objetivamente definidos e eventuais penalidades aplicadas, que deverão constar do registro cadastral em que a inscrição for realizada (art. 88, §3º).

A anotação do cumprimento das obrigações será condicionada à implantação e regulamentação do cadastro de atestado de cumprimento da obrigação, apto à realização do registro de forma objetiva, em atendimento aos princípios da impessoalidade, igualdade, isonomia, publicidade e transparência, de forma a possibilitar a implementação de medidas de incentivo aos licitantes que possuírem ótimo desempenho anotado em seu registro cadastral (art. 88, §4º).

O registro do inscrito que deixar de satisfazer exigências determinadas pela lei ou regulamento poderá ser alterado, suspenso ou cancelado a qualquer tempo (art. 88, §5º).

Por fim, do ato que defira ou indefira pedido de inscrição em registro cadastral, sua alteração ou cancelamento, caberá recurso no prazo de 3 dias úteis contado da data de intimação ou de lavratura da ata (art. 165, I, "a").

11. LICITAÇÕES INTERNACIONAIS

Licitação internacional, nos termos do art. 6º, XXXV da Nova Lei, corresponde àquela processada em território nacional, na qual se admite a participação de licitantes estrangeiros, com a possibilidade de cotação de preços em moeda estrangeira, ou licitação na qual o objeto contratual pode ou deve ser executado no todo ou em parte em território estrangeiro. Veja, dessa forma, que a licitação é **processada** em território nacional, podendo ou devendo ser **executada** no território estrangeiro.

Em tais licitações, o edital deve se ajustar às diretrizes da política monetária nacional e do comércio exterior, além de atender às exigências dos órgãos competentes, estando as propostas dos licitantes sujeitas às mesmas regras e condições, na forma do edital (§5º).

O edital não poderá prever condições de habilitação, classificação e julgamento que impliquem barreiras de acesso ao licitante estrangeiro, admitindo-se, contudo, previsão de margem de preferência para bens produzidos no país e serviços nacionais que atendam às normas técnicas brasileiras (§6º), nos termos do art. 26.

Quando permitida a cotação de preço em moeda estrangeira pelo licitante estrangeiro, o licitante brasileiro poderá, igualmente, fazê-lo, devendo o pagamento feito ao licitante brasileiro ser efetuado em moeda nacional (§§1º e 2º). Além disso, as garantias de pagamento ao licitante brasileiro serão equivalentes às oferecidas ao estrangeiro (§3º).

12. LICITAÇÕES DAS EMPRESAS ESTATAIS NA LEI Nº 13.303/16

12.1. Introdução

ATENÇÃO! **a Nova Lei de Licitações não se aplica às estatais.**

A Lei nº 13.303/16 trouxe **novo regime licitatório para as empresas estatais,** lembrando que, ao arrepio da Constituição Federal, o art. 1º da lei determina a aplicação de suas disposições a toda e qualquer empresa pública e sociedade de economia mista da União, dos Estados, do Distrito Federal e dos Municípios que explore atividade econômica de produção ou comercialização de bens ou de prestação de serviços, ainda que a atividade econômica esteja sujeita ao regime de monopólio da União ou seja de prestação de serviços públicos.

A nova lei repetiu diversas passagens da Lei nº 8.666/93 como, por exemplo, foi visto quando da indicação dos casos de dispensa de licitação, bem como trouxe do Regime Diferenciado de Contratação (RDC) a previsão de sigilo quanto ao valor estimado do contrato e à forma de desenvolvimento do certame. Apesar disso, deve-se destacar que o regime disposto na Lei nº 8.666/1993 não se aplica às sociedades de economia mista que prestem atividade econômica própria das empresas privadas, tendo em vista atuarem em regime de concorrência, o que exige maior agilidade (RE 441.280/RS).

De início é importante reiterar que, nos termos de seu art. 91, havia o **prazo de 24 meses para as estatais criadas antes da vigência do Estatuto das Estatais se adaptarem** às novas disposições legais, bem como o §3º determina que a legislação anterior continuará sendo aplicada aos procedimentos licitatórios e contratos iniciados ou celebrados até o esgotamento desse prazo. A lei foi **publicada** no Diário Oficial da União em **01/07/2016**.

Houve um período de 24 meses do início de vigência da Lei nº 13.303/16, que se encerrou em 30/06/2018, quando existiu a **coexistência de dois regramentos** diferentes para as licitações e contratações das empresas estatais, aplicando-se a Lei nº 8.666/93 e a Lei das Estatais. Todavia, tal prazo se encerrou e, atualmente, aplica-se, exclusivamente, a Lei nº 13.303/16, inclusive não se aplicando às empresas estatais a Lei nº 14.133/21.

12.2. Disposições gerais

Constitui **finalidade** das licitações realizadas e dos contratos celebrados pelas empresas estatais assegurar a seleção da **proposta mais vantajosa, inclusive quanto ao ciclo de vida do objeto, e a evitar operações em que se caracterize sobrepreço ou superfaturamento,** conforme art. 31.

Nos termos do art. 31, §1º, I, caracteriza **sobrepreço** "quando os preços orçados para a licitação ou os preços contratados são expressivamente superiores aos preços referenciais de mercado, podendo referir-se ao valor unitário de um item, se a licitação ou a contratação for por preços unitários de serviço, ou ao valor global do objeto, se a licitação ou a contratação for por preço global ou por empreitada".

De outra forma, configura-se o **superfaturamento** (art. 31, §1º, II) quando houver dano ao patrimônio da empresa pública ou da sociedade de economia mista caracterizado, por exemplo:

"a) pela medição de quantidades superiores às efetivamente executadas ou fornecidas;

b) pela deficiência na execução de obras e serviços de engenharia que resulte em diminuição da qualidade, da vida útil ou da segurança;

c) por alterações no orçamento de obras e de serviços de engenharia que causem o desequilíbrio econômico-financeiro do contrato em favor do contratado;

d) por outras alterações de cláusulas financeiras que gerem recebimentos contratuais antecipados, distorção do cronograma físico-financeiro, prorrogação injustificada do prazo contratual com custos adicionais para a empresa pública ou a sociedade de economia mista ou reajuste irregular de preços".

De maneira expressa, prevê o art. 31 que são princípios que devem ser obedecidos nas licitações e nos contratos administrativos regidos pela Lei nº 13.303/16:

a) impessoalidade;

b) moralidade;

c) igualdade;

d) publicidade;

e) eficiência;

f) probidade administrativa;

g) economicidade;

h) desenvolvimento nacional sustentável;

i) vinculação ao instrumento convocatório;

j) competitividade;

k) julgamento objetivo.

De maneira elogiável, a Lei nº 13.303/16 estabelece que **nos procedimentos licitatórios e nos contratos devem ser observadas as normas relativas** à:

I – **disposição final ambientalmente adequada** dos resíduos sólidos gerados pelas obras contratadas;

II – **mitigação dos danos ambientais** por meio de medidas condicionantes e de compensação ambiental, que serão definidas no procedimento de licenciamento ambiental;

III – **utilização de produtos, equipamentos e serviços que, comprovadamente, reduzam o consumo de energia e de recursos naturais;**

IV - **avaliação de impactos de vizinhança**, na forma da legislação urbanística;

V - **proteção do patrimônio cultural, histórico, arqueológico e imaterial**, inclusive por meio da avaliação do impacto direto ou indireto causado por investimentos realizados por empresas públicas e sociedades de economia mista;

VI - **acessibilidade para pessoas com deficiência ou com mobilidade reduzida.**

Ainda, o §2º prescreve que a "contratação a ser celebrada por empresa pública ou sociedade de economia mista da qual decorra impacto negativo sobre bens do patrimônio cultural, histórico, arqueológico e imaterial tombados dependerá de autorização da esfera de governo encarregada da proteção do respectivo patrimônio, devendo o impacto ser compensado por meio de medidas determinadas pelo dirigente máximo da empresa pública ou sociedade de economia mista, na forma da legislação aplicável".

Por sua vez, o art. 38, elenca as hipóteses em que há **impedimento à participação de licitações e de contratação por empresa pública ou sociedade de economia mista**, de empresa:

I - cujo administrador ou sócio detentor de mais de 5% (cinco por cento) do capital social seja diretor ou empregado da empresa pública ou sociedade de economia mista contratante;

II - suspensa pela empresa pública ou sociedade de economia mista;

III - declarada inidônea pela União, por Estado, pelo Distrito Federal ou pela unidade federativa a que está vinculada a empresa pública ou sociedade de economia mista, enquanto perdurarem os efeitos da sanção;

IV - constituída por sócio de empresa que estiver suspensa, impedida ou declarada inidônea;

V - cujo administrador seja sócio de empresa suspensa, impedida ou declarada inidônea;

VI - constituída por sócio que tenha sido sócio ou administrador de empresa suspensa, impedida ou declarada inidônea, no período dos fatos que deram ensejo à sanção;

VII - cujo administrador tenha sido sócio ou administrador de empresa suspensa, impedida ou declarada inidônea, no período dos fatos que deram ensejo à sanção;

VIII - que tiver, nos seus quadros de diretoria, pessoa que participou, em razão de vínculo de mesma natureza, de empresa declarada inidônea.

Essa vedação aplica-se também:

I - à contratação do próprio empregado ou dirigente, como pessoa física, bem como à participação dele em procedimentos licitatórios, na condição de licitante;

II - a quem tenha relação de parentesco, até o terceiro grau civil, com:

a) dirigente de empresa pública ou sociedade de economia mista;

b) empregado de empresa pública ou sociedade de economia mista cujas atribuições envolvam a atuação na área responsável pela licitação ou contratação;

c) autoridade do ente público a que a empresa pública ou sociedade de economia mista esteja vinculada.

III - cujo proprietário, mesmo na condição de sócio, tenha terminado seu prazo de gestão ou rompido seu vínculo com a respectiva empresa pública ou sociedade de economia mista promotora da licitação ou contratante há menos de 6 (seis) meses.

Em relação às obras e serviços de engenharia são admitidos os tradicionais **regimes de execução**, quais sejam, empreitada por preço unitário, empreitada por preço global, contratação por tarefa e empreitada integral. Além delas, há a previsão da contratação integrada, prevista também no RDC, e a contratação semi-integrada.

A **contratação integrada**, nos termos do art. 43, VI, pode ser usada "quando a obra ou o serviço de engenharia for de natureza predominantemente intelectual e de inovação tecnológica do objeto licitado ou puder ser executado com diferentes metodologias ou tecnologias de domínio restrito no mercado" e consiste na contratação que envolve a elaboração e o desenvolvimento dos projetos básico e executivo, a execução de obras e serviços de engenharia, a montagem, a realização de testes, a pré-operação e as demais operações necessárias e suficientes para a entrega final do objeto, conforme prescreve o art. 42, VI.

Por sua vez, a **contratação semi-integrada** tem lugar "quando for possível definir previamente no projeto básico as quantidades dos serviços a serem posteriormente executados na fase contratual, em obra ou serviço de engenharia que possa ser executado com diferentes metodologias ou tecnologias" (art. 43, V) e consiste na contratação "que envolve a elaboração e o desenvolvimento do projeto executivo, a execução de obras e serviços de engenharia, a montagem, a realização de testes, a pré-operação e as demais operações necessárias e suficientes para a entrega final do objeto" (art. 42, V).

Da mesma maneira que no RDC, o **orçamento estimado do contrato, em regra, será sigiloso** e, nos termos do art. 34, a empresa estatal, desde que o faça justificadamente e na fase de preparação, pode tornar público o valor estimado do objeto da licitação, "sem prejuízo da divulgação do detalhamento dos quantitativos e das demais informações necessárias para a elaboração das propostas". Haverá publicidade, também, e o valor estimado do contrato constará do edital quando for adotado o critério de julgamento por maior desconto. Ainda, se for julgamento por melhor técnica, no edital constará o valor do prêmio ou da remuneração. Todavia, mesmo que o valor estimado do contrato seja sigiloso, deverá ser divulgado aos órgãos de controle interno e externo.

12.3. Da dispensa e da inexigibilidade no Estatuto das Estatais (Lei nº 13.303/16)

Nos termos do art. 28 da Lei nº 13.303/16, a regra é que seja realizada licitação para os "contratos com terceiros destinados à prestação de serviços às empresas públicas e às sociedades de economia mista, inclusive de engenharia e de publicidade, à aquisição e à locação de bens, à alienação de bens e ativos integrantes do respectivo patrimônio ou à execução de obras a serem integradas a esse patrimônio, bem como à implementação de ônus real sobre tais bens". Não se fará, todavia, o procedimento licitatório nas hipóteses de dispensa e inexigibilidade.

De início, convém registrar que, aparentemente, o §3º do art. 28 consagrou o posicionamento sobre não obrigatoriedade de licitação para as atividades-fim da empresa estatal, pois determina que as empresas estatais estão dispensadas de licitar em duas situações: a) comercialização, prestação ou execução, de forma direta, de produtos, serviços ou obras especificamente relacionados com seus respectivos objetos sociais; b) nos casos em que a escolha do parceiro esteja associada a suas características particulares, vinculada a oportunidades de negócio definidas e específicas, justificada a inviabilidade de procedimento competitivo.

Referida inviabilidade de procedimento competitivo, conforme o Enunciado nº 30 da I Jornada de Direito Administrativo do CJF, não significa que, para a configuração de oportunidade de negócio, haja apenas um interessado em estabelecer parceria com a estatal, sendo possível sua caracterização mesmo havendo mais de um interessado.

Destaca-se que a regra é que a alienação de bens pelas empresas estatais seja precedida de licitação, exceto nas hipóteses contidas no §3º do art. 28, conforme determina o art. 49.

Por sua vez, o art. 29 estabelece que a licitação é dispensável para as empresas públicas e as sociedades de economia mista:

a) para obras e serviços de engenharia de valor até R$ 100.000,00 (cem mil reais), desde que não se refiram a parcelas de uma mesma obra ou serviço ou ainda a obras e serviços de mesma natureza e no mesmo local que possam ser realizadas conjunta e concomitantemente;

b) para outros serviços e compras de valor até R$ 50.000,00 (cinquenta mil reais) e para alienações, nos casos previstos na Lei nº 13.303/16, desde que não se refiram a parcelas de um mesmo serviço, compra ou alienação de maior vulto que possa ser realizado de uma só vez;

ATENÇÃO! Os valores estabelecidos nas hipóteses descritas nos itens "a" e "b" podem ser alterados, para refletir a variação de custos, por deliberação do Conselho de Administração da empresa pública ou sociedade de economia mista, admitindo-se valores diferenciados para cada sociedade.

c) quando não acudirem interessados à licitação anterior e essa, justificadamente, não puder ser repetida sem prejuízo para a empresa pública ou a sociedade de economia mista, bem como para suas respectivas subsidiárias, desde que mantidas as condições preestabelecidas;

d) quando as propostas apresentadas consignarem preços manifestamente superiores aos praticados no mercado nacional ou incompatíveis com os fixados pelos órgãos oficiais competentes;

e) para a compra ou locação de imóvel destinado ao atendimento de suas finalidades precípuas, quando as necessidades de instalação e localização condicionarem a escolha do imóvel, desde que o preço seja compatível com o valor de mercado, segundo avaliação prévia;

f) na contratação de remanescente de obra, de serviço ou de fornecimento, em consequência de rescisão contratual, desde que atendida a ordem de classificação da licitação anterior e aceitas as mesmas condições do contrato encerrado por rescisão ou distrato, inclusive quanto ao preço, devidamente corrigido. Conforme o §1º do art. 29, nessa hipótese, caso nenhum dos licitantes aceitar a contratação, a empresa pública e a sociedade de economia mista poderão convocar os licitantes remanescentes, na ordem de classificação, para a celebração do contrato nas condições ofertadas por estes, desde que o respectivo valor seja igual ou inferior ao orçamento estimado para a contratação, inclusive quanto aos preços atualizados nos termos do instrumento convocatório;

g) na contratação de instituição brasileira incumbida regimental ou estatutariamente da pesquisa, do ensino ou do desenvolvimento institucional ou de instituição dedicada à recuperação social do preso, desde que a contratada detenha inquestionável reputação ético-profissional e não tenha fins lucrativos;

h) para a aquisição de componentes ou peças de origem nacional ou estrangeira necessários à manutenção de equipamentos durante o período de garantia técnica, junto ao fornecedor original desses equipamentos, quando tal condição de exclusividade for indispensável para a vigência da garantia;

i) na contratação de associação de pessoas com deficiência física, sem fins lucrativos e de comprovada idoneidade, para a prestação de serviços ou fornecimento de mão de obra, desde que o preço contratado seja compatível com o praticado no mercado;

j) na contratação de concessionário, permissionário ou autorizado para fornecimento ou suprimento de energia elétrica ou gás natural e de outras prestadoras de serviço público, segundo as normas da legislação específica, desde que o objeto do contrato tenha pertinência com o serviço público.

k) nas contratações entre empresas públicas ou sociedades de economia mista e suas respectivas subsidiárias, para aquisição ou alienação de bens e prestação ou obtenção de serviços, desde que os preços sejam compatíveis com os praticados no mercado e que o objeto do contrato tenha relação com a atividade da contratada prevista em seu estatuto social;

l) na contratação de coleta, processamento e comercialização de resíduos sólidos urbanos recicláveis ou reutilizáveis, em áreas com sistema de coleta seletiva de lixo, efetuados por associações ou cooperativas formadas exclusivamente por pessoas físicas de baixa renda que tenham como ocupação econômica a coleta de materiais recicláveis, com o uso de equipamentos compatíveis com as normas técnicas, ambientais e de saúde pública;

m) para o fornecimento de bens e serviços, produzidos ou prestados no País, que envolvam, cumulativamente, alta complexidade tecnológica e defesa nacional, mediante parecer de comissão especialmente designada pelo dirigente máximo da empresa pública ou da sociedade de economia mista;

n) nas contratações visando ao cumprimento do disposto nos arts. 3º, 4º, 5º e 20 da Lei nº 10.973, de 2 de dezembro de 2004, observados os princípios gerais de contratação dela constantes;

o) em situações de emergência, quando caracterizada urgência de atendimento de situação que possa ocasionar prejuízo ou comprometer a segurança de pessoas, obras, serviços, equipamentos e outros bens, públicos ou particulares, e somente para os bens necessários ao atendimento da situação emergencial e para as parcelas de obras e serviços que possam ser concluídas no prazo máximo de 180 (cento e oitenta) dias consecutivos e ininterruptos, contado da ocorrência da emergência, vedada a prorrogação dos respectivos contratos. Nos termos do § 2º do art. 29, a contratação direta com base nessa hipótese de dispensa não isentará a responsabilização de quem, por ação ou omissão, tenha dado causa ao motivo ali descrito, inclusive quanto à prática de ato de improbidade administrativa;

p) na transferência de bens a órgãos e entidades da administração pública, inclusive quando efetivada mediante permuta;

q) na doação de bens móveis para fins e usos de interesse social, após avaliação de sua oportunidade e conveniência socioeconômica relativamente à escolha de outra forma de alienação;

r) na compra e venda de ações, de títulos de crédito e de dívida e de bens que produzam ou comercializem. ATENÇÃO! Houve a propositura de ADIs contra o disposto no art. 29, XVIII da Lei nº 13.303/2016, com base no qual foi editado o Decreto nº 9.188/2017, que instituiu o regime especial de desinvestimento das estatais. Assim, na ADI nº 5424/DF, o STF, dispôs que: **"I. A alienação do controle acionário de empresas públicas e sociedades de economia mista exige autorização legislativa e licitação pública. II. A transferência do controle de subsidiárias e controladas não exige a anuência do Poder Legislativo e poderá ser operacionalizada sem processo de licitação pública, desde que garantida a competitividade entre os potenciais interessados e observados os princípios da administração pública constantes do art. 37 da Constituição da República".** Também, o STF, na ADI 6241, decidiu que "2. **Para a desestatização de empresa estatal é suficiente a autorização prevista em lei que veicule programa de desestatização**. Precedentes. 4. Autorização legislativa genérica é pautada em princípios e objetivos que devem ser observados nas diversas fases deliberativas do processo de desestatização. A atuação do Chefe do Poder Executivo vincula-se aos limites e condicionantes legais previstos."

A inexigibilidade ocorrerá quando houver inviabilidade de competição, especialmente (rol exemplificativo) nos casos de:

a) aquisição de materiais, equipamentos ou gêneros que só possam ser fornecidos por produtor, empresa ou representante comercial exclusivo;

b) contratação dos seguintes serviços técnicos especializados, com profissionais ou empresas de notória especialização, vedada a inexigibilidade para serviços de publicidade e divulgação:

- estudos técnicos, planejamentos e projetos básicos ou executivos;
- pareceres, perícias e avaliações em geral;
- assessorias ou consultorias técnicas e auditorias financeiras ou tributárias;
- fiscalização, supervisão ou gerenciamento de obras ou serviços;
- patrocínio ou defesa de causas judiciais ou administrativas;
- treinamento e aperfeiçoamento de pessoal;
- restauração de obras de arte e bens de valor histórico.

ATENÇÃO! No §1º do art. 30 há a previsão de que se considera de notória especialização "o profissional ou a empresa cujo conceito no campo de sua especialidade, decorrente de desempenho anterior, estudos, experiência, publicações, organização, aparelhamento, equipe técnica ou outros requisitos relacionados com suas atividades, permita inferir que o seu trabalho é essencial e indiscutivelmente o mais adequado à plena satisfação do objeto do contrato".

Ambas as hipóteses, dispensa e inexigibilidade, são situações que justificam a contratação direta e, nesse caso, a lei exige, no §3º do art. 30, que o respectivo processo administrativo deve ser instruído, no que couber, com os seguintes elementos: a) caracterização da situação emergencial ou calamitosa que justifique a dispensa, quando for o caso; b) razão da escolha do fornecedor ou do executante; c) justificativa do preço.

Deve ser destacado que, tanto na dispensa quanto na inexigibilidade, se houver sobrepreço ou superfaturamento, comprovados pelo órgão de controle externo, responderão solidariamente pelo dano causado quem houver decidido pela contratação direta e o fornecedor ou o prestador de serviços (art. 30, § 3º).

12.4. Procedimento

Nos termos do art. 32, IV, deve haver a **adoção, preferencialmente, da modalidade pregão** para a aquisição de bens e serviços comuns, assim considerados aqueles cujos padrões de desempenho e qualidade possam ser objetivamente definidos pelo edital, por meio de especificações usuais no mercado. E, conforme o §3º do mesmo artigo, o pregão, na forma eletrônica, deverá ser realizado exclusivamente em portais de compras de acesso público na internet.

A par disso, há a previsão de **procedimento específico** na Lei nº 13.303/16 e, nos termos do art. 51, a licitação será desenvolvida nas **seguintes fases:**

a) preparação

b) divulgação.

c) apresentação de lances ou propostas

d) julgamento

e) verificação de efetividade dos lances ou propostas;

f) negociação;

g) habilitação;

h) interposição de recursos;

i) adjudicação do objeto;

j) homologação do resultado ou revogação ou anulação do procedimento.

A fase externa tem início com a **divulgação do instrumento convocatório**, o que deve ser feito em portal específico mantido pela empresa pública ou sociedade de economia mista, nos termos do art. 39, e no Diário Oficial da União, do Estado ou do Município, conforme o art. 51, §2º.

Os **prazos mínimos para a apresentação de propostas ou lances** são (art. 39):

a) no caso de aquisição de bens:

- 5 dias úteis, quando adotado como critério de julgamento o menor preço ou o maior desconto;
- 10 dias úteis nas demais hipóteses;

b) no caso de contratação de obras e serviços:

- 15 dias úteis, quando adotado como critério de julgamento o menor preço ou o maior desconto;
- 30 dias úteis nas demais hipóteses;

c) no mínimo 45 dias úteis para licitação:

- que adote como critério de julgamento a melhor técnica ou a melhor combinação de técnica e preço
- em que haja contratação semi-integrada ou integrada.

Na sequência, virá a **apresentação de lances ou propostas** e, para tanto, podem ser adotados o **modo de disputa fechado ou o modo de disputa aberto ou ambos** (modo de disputa misto; isso no caso da licitação puder ser parcelada), conforme art. 52.

No **modo de disputa aberto**, os licitantes apresentarão lances públicos e sucessivos, crescentes ou decrescentes, conforme o critério de julgamento adotado. No **modo de disputa fechado**, as propostas apresentadas pelos licitantes serão sigilosas até a data e a hora designadas para que sejam divulgadas.

Depois, haverá o **julgamento**, sendo admitidos os seguintes critérios de julgamento (art. 54):

a) menor preço;

b) maior desconto;

c) melhor combinação de técnica e preço;

d) melhor técnica;

e) melhor conteúdo artístico;

f) maior oferta de preço;

g) maior retorno econômico;

h) melhor destinação de bens alienados.

No caso de **empate**, conforme o art. 55, serão usados os seguintes **critérios de desempate** (na ordem):

1º - disputa final, em que os licitantes empatados poderão apresentar nova proposta fechada, em ato contínuo ao encerramento da etapa de julgamento;

2º - avaliação do desempenho contratual prévio dos licitantes, desde que exista sistema objetivo de avaliação instituído;

3º - os critérios estabelecidos no art. 3º da Lei no 8.248, de 23 de outubro de 1991, e no § 2º do art. 3º da Lei nº 8.666, de 21 de junho de 1993;

4º - sorteio.

Após o julgamento deve ser feita a **verificação da efetividade dos lances ou das propostas**, ocorrendo a respectiva classificação ou a desclassificação. Nos termos do art. 56, serão desclassificadas as propostas ou os lances que:

a) contenham vícios insanáveis;

b) descumpram especificações técnicas constantes do instrumento convocatório;

c) apresentem preços manifestamente inexequíveis;

d) se encontrem acima do orçamento estimado para a contratação de que trata o § 1º do art. 57, ressalvada a hipótese prevista no caput do art. 34 desta Lei;

e) não tenham sua exequibilidade demonstrada, quando exigido pela empresa pública ou pela sociedade de economia mista;

f) apresentem desconformidade com outras exigências do instrumento convocatório, salvo se for possível a acomodação a seus termos antes da adjudicação do objeto e sem que se prejudique a atribuição de tratamento isonômico entre os licitantes.

Após a classificação dos lances ou propostas, seguirá a fase de **negociação**. Essa fase se destina a garantir que o valor da melhor proposta seja igual ou inferior ao orçamento estimado para o contrato. Para tanto, nos termos do art. 57 da Lei nº 13.303/06, haverá a seguinte dinâmica:

a) a empresa estatal negociará com o licitante que tenha apresentado a melhor proposta (já considerada eventual desclassificação) para a obtenção de condições mais vantajosas. Se o preço do primeiro colocado, com isso, for igual ou inferior ao orçamento estimado, o procedimento seguirá para a fase de habilitação;

b) se, mesmo após a negociação com quem ofereceu a melhor proposta, o seu preço ficar acima do valor estimado para o contrato, a empresa estatal deverá negociar com os demais licitantes, na ordem de julgamento, e assim que for obtida proposta com valor igual ou inferior ao orçamento estimado, segue-se para a fase de habilitação;

c) caso, mesmo após a tentativa de negociação com os demais licitantes, não tenha sido obtido preço igual ou inferior ao valor estimado do contrato, a licitação será revogada.

Na sequência, há a fase de **habilitação**. Nela, serão adotados, exclusivamente, os seguintes parâmetros (art. 58):

a) exigência da apresentação de documentos aptos a comprovar a possibilidade da aquisição de direitos e da contração de obrigações por parte do licitante;

b) qualificação técnica, restrita a parcelas do objeto técnica ou economicamente relevantes, de acordo com parâmetros estabelecidos de forma expressa no instrumento convocatório;

c) capacidade econômica e financeira;

d) recolhimento de quantia a título de adiantamento, tratando-se de licitações em que se utilize como critério de julgamento a maior oferta de preço.

Realizada a habilitação, seguirá a **fase recursal**. Nesse ponto deve haver atenção. **A regra é que a fase de interposição de recursos seja única, mas há exceção se houver a inversão de fases no procedimento licitatório**.

Assim, em relação ao recurso:

a) regra: o recurso tem cabimento no prazo de 5 dias úteis após a habilitação, em relação aos atos dessa fase e das fases de julgamento e de verificação de lances ou propostas.

b) exceção: se houve inversão de fases, isto é, se a fase de habilitação ocorreu logo após a divulgação do instrumento convocatório e antes da apresentação das propostas e lances, conforme autorizado pelo art. 51, §1º, o recurso tem cabimento em duas oportunidades:

- 5 dias úteis após a fase de habilitação, em relação aos atos praticados nessa fase; e
- 5 dias úteis após a fase de verificação dos lances e propostas, em relação aos atos realizados nessa etapa e, também, àqueles praticados na fase de julgamento.

Adiante, há a **adjudicação** do objeto ao vencedor e a **homologação** do resultado ou a revogação ou a anulação do procedimento licitatório.

Nesse ponto merece destaque o princípio da adjudicação compulsória porque o art. 61 determina que a "empresa pública e a sociedade de economia mista não poderão celebrar contrato com preterição da ordem de classificação das propostas ou com terceiros estranhos à licitação". Entretanto, de forma diversa à posição dominante de que o vencedor tem expectativa de direito à celebração do contrato, o **art. 60 da Lei nº 13.303/16, expressamente, prevê que a "homologação do resultado implica a constituição de direito relativo à celebração do contrato em favor do licitante vencedor"**.

No que se refere à **anulação e à revogação** da licitação, tem-se que, nos termos do art. 62:

a) a revogação ocorrerá por razões de interesse público decorrentes de fato superveniente que constitua óbice manifesto e incontornável. Importante salientar que, conforme o art. 75, §2º, quando o convocado não assinar o termo de contrato no prazo e nas condições estabelecidas, a Administração tem a faculdade de convocar os remanescentes, na ordem de classificação para assinarem "em igual prazo e nas mesmas condições propostas pelo primeiro classificado, inclusive quanto aos preços atualizados em conformidade com o instrumento convocatório" ou de revogar a licitação;

b) a anulação se dará em razão de ilegalidade, salvo quando for viável a convalidação do ato ou do procedimento viciado e pode ocorrer de ofício ou por provocação de terceiros. A anulação da licitação por ilegalidade não gera a obrigação de indenizar e a nulidade da licitação induz à nulidade do contrato;

c) a **anulação e a revogação**, caso já tenha ocorrido a fase de apresentação de lances ou propostas, somente poderá ocorrer se houver a garantia de ampla defesa e contraditório aos licitantes interessados em contestar o ato, mediante a concessão de prazo para tanto.

13. QUESTÕES

13.1. Questões objetivas comentadas

01. (TRT 13/2022 – Analista Judiciário – FGV) De acordo com a nova Lei de Licitações (Lei nº 14.133/2021), a modalidade de licitação para contratação de bens e serviços especiais e de obras e serviços comuns e especiais de engenharia, cujo critério de julgamento poderá ser menor preço, melhor técnica ou conteúdo artístico, técnica e preço, maior retorno econômico, e maior desconto é denominada

(A) concorrência
(B) leilão
(C) diálogo competitivo
(D) pregão
(E) concurso

COMENTÁRIO

Alternativa correta: letra "a". Nos termos do art. 6º, XXXVIII, da Lei nº 14.133/2021, concorrência é a modalidade de licitação para contratação de bens e serviços especiais e de obras e serviços comuns e especiais de engenharia, cujo critério de julgamento poderá ser: a) menor preço; b) melhor técnica ou conteúdo artístico; c) técnica e preço; d) maior retorno econômico; e) maior desconto.

Alternativa "b". Leilão é a modalidade de licitação para alienação de bens imóveis ou de bens móveis inservíveis ou legalmente apreendidos a quem oferecer o maior lance (art. 6º, XL).

Alternativa "c". O diálogo competitivo é a modalidade de licitação para contratação de obras, serviços e compras em que a Administração Pública realiza diálogos com licitantes previamente selecionados mediante critérios objetivos, com o intuito de desenvolver uma ou mais alternativas capazes de atender às suas necessidades, devendo os licitantes apresentar proposta final após o encerramento dos diálogos (art. 6º, XLII).

Alternativa "d". Pregão é a modalidade de licitação obrigatória para aquisição de bens e serviços comuns, cujo critério de julgamento poderá ser o de menor preço ou o de maior desconto (art. 6º, XLI).

Alternativa "e". Concurso é a modalidade de licitação para escolha de trabalho técnico, científico ou artístico, cujo critério de julgamento será o de melhor técnica ou conteúdo artístico, e para concessão de prêmio ou remuneração ao vencedor (art. 6º, XXXIX).

02. (TRT 14/2022 – Analista Judiciário Área Administrativa – FCC) Nos termos da Lei no 14.133/2021, constituem, dentre outras, modalidades licitatórias aquelas a seguir descritas, EXCETO:

(A) tomada de preços.
(B) leilão.
(C) concorrência.
(D) concurso.
(E) diálogo competitivo.

COMENTÁRIO

Alternativa correta: letra "a" (responde às demais alternativas). A Nova Lei de Licitações não prevê as modalidades tomada de preços e convite, existentes na Lei nº 8.666/93 e, por outro lado, acrescentou uma nova, que é o diálogo competitivo. Nesse sentido, conforme o art. 28 da Lei nº 14.133/21, são modalidades de licitação: pregão, concorrência, concurso, leilão e diálogo competitivo.

03. (TRT 5/2022– Analista – FCC) Uelder é agente público designado para atuar na área de licitações e contratos, e Dorival é terceiro que auxilia a condução da contratação na qualidade de integrante de equipe de apoio. Considerando apenas as informações fornecidas e em conformidade com a Lei nº 14.133/2021 (Lei de Licitações e Contratos Administrativos), ressalvados os casos previstos em lei, é vedado

(A) apenas a Uelder admitir, prever, incluir ou tolerar, nos atos que praticar, situações que, dentre outras, comprometam, restrinjam ou frustrem o caráter competitivo do processo licitatório, inclusive nos casos de participação de sociedades cooperativas.
(B) a Uelder e a Dorival admitirem, preverem, incluírem ou tolerarem, nos atos que praticarem, situações que, dentre outras, comprometam, restrinjam ou frustrem o caráter competitivo do processo licitatório, exceto nos casos de participação de sociedades cooperativas.
(C) a Uelder e a Dorival admitirem, preverem, incluírem ou tolerarem, nos atos que praticarem, situações que, dentre outras, comprometam, restrinjam ou frustrem o caráter competitivo do processo licitatório, inclusive nos casos de participação de sociedades cooperativas.
(D) apenas a Uelder estabelecer tratamento diferenciado de natureza comercial, legal, trabalhista, previdenciária ou qualquer outra entre empresas brasileiras e estrangeiras, inclusive no que se refere a moeda, modalidade e local de pagamento, exceto quando envolvido financiamento de agência internacional.
(E) a Uelder e a Dorival estabelecerem tratamento diferenciado de natureza comercial, legal, trabalhista, previdenciária ou qualquer outra entre empresas brasileiras e estrangeiras, inclusive no que se refere a moeda, modalidade e local de pagamento, exceto quando envolvido financiamento de agência internacional.

COMENTÁRIO

Alternativa correta: letra "c" (responde às demais alternativas). Nos termos do art. 9º, é vedado ao agente público designado para atuar na área de licitações e contratos, ressalvados os casos previstos em lei: I - admitir, prever, incluir ou tolerar, nos atos que praticar, situações que: a) comprometam, restrinjam ou frustrem o caráter competitivo do processo licitatório, inclusive nos casos de participação de sociedades cooperativas; b) estabeleçam preferências ou distinções em razão da naturalidade, da sede ou do domicílio dos licitantes; c) sejam impertinentes ou irrelevantes para o objeto específico do contrato; II - estabelecer tratamento diferenciado de natureza comercial, legal, trabalhista, previdenciária ou qualquer outra entre empresas brasileiras e estrangeiras, inclusive no que se refere a moeda, modalidade e local de pagamento, mesmo quando envolvido financiamento de agência internacional; III - opor resistência injustificada ao andamento dos processos e, indevidamente, retardar ou deixar de praticar ato de ofício, ou praticá-lo contra disposição expressa em lei. Essas vedações aplicam-se a terceiro que auxilie a condução da contratação na qualidade de integrante de equipe de apoio, profissional especializado ou funcionário ou representante de empresa que preste assessoria técnica (art. 9º, §2º).

04. (FGV – Técnico Judiciário – TJ – RO/2021) O Tribunal de Justiça do Estado de Rondônia, em outubro de 2021, com vistas a fomentar a capacitação e a qualificação de seus servidores, pretende contratar determinada sociedade empresária de notória especialização para prestação de serviços técnicos especializados de natureza predominantemente intelectual de treinamento e aperfeiçoamento de pessoal. O valor estimado da contratação é de quinhentos mil reais e atende ao princípio da economicidade.

De acordo com a Lei n° 14.133/2021, a contratação almejada deve ocorrer mediante:

a) dispensa de licitação, por expressa previsão legal;
b) inexigibilidade de licitação, por expressa previsão legal;
c) processo licitatório obrigatório, na modalidade pregão, pela natureza do serviço a ser contratado;
d) processo licitatório obrigatório, na modalidade leilão, pelo valor do contrato a ser firmado;
e) processo licitatório obrigatório, na modalidade concorrência, pelo valor do contrato a ser firmado.

COMENTÁRIO

Alternativa correta: letra "b". Na forma do art. 74, III, f, da Lei nº 14.133/2021, **é inexigível a licitação quando inviável a competição, em especial nos casos de contratação de serviços técnicos de treinamento e aperfeiçoamento de pessoal**.

Alternativa "a". As hipóteses de licitação dispensável estão previstas no art. 75, da Lei nº 14.133/2021, que se referem a situação em que, em tese, poderia haver concorrência entre interessados. A situação narrada no enunciado, contudo, não diz respeito a qualquer hipótese de licitação dispensável.

Alternativa "c" (responde as demais alternativas). A pergunta pode induzir o candidato a assinalar o item de processo licitatório obrigatório do conteúdo constante do art. 37, §2º, da Lei, que estabelece que **ressalvados os casos de inexigibilidade de licitação**, na licitação para contratação dos serviços técnicos especializados de natureza predominantemente intelectual cujo valor estimado da contratação seja superior a R$ 343.249,96, o julgamento será por melhor técnica ou técnica e preço, na proporção de 70% (setenta por cento) de valoração da proposta técnica. O dispositivo em questão, contudo, **é válido para situação em que a licitação não é inexigível**, tão somente.

05. Sobre procedimentos auxiliares, assinale a alternativa incorreta:

a) São procedimentos auxiliares das licitações e das contratações: credenciamento, pré-qualificação, procedimento de manifestação de interesse, sistema de registro de preços e registro cadastral;
b) A Administração poderá solicitar à iniciativa privada, mediante procedimento aberto de manifestação de interesse a ser iniciado com a publicação de edital de chamamento público, a propositura e a realização de estudos, investigações, levantamentos e projetos de soluções inovadoras que contribuam com ques-

QUESTÕES DE CONCURSOS

tões de relevância pública, na forma de regulamento.

c) O prazo de vigência da ata de registro de preços será de 2 anos e poderá ser prorrogado, por igual período, desde que comprovado o preço vantajoso.

d) O sistema de registro cadastral unificado será público e deverá ser amplamente divulgado e estar permanentemente aberto aos interessados, e será obrigatória a realização de chamamento público pela internet, no mínimo anualmente, para atualização dos registros existentes e para ingresso de novos interessados.

COMENTÁRIO

Alternativa correta: letra "c". A alternativa está errada porque, conforme o art. 84 da Lei nº 14.133/2021, o prazo de vigência da ata de registro de preços será de 1 ano e poderá ser prorrogado, por igual período, desde que comprovado o preço vantajoso.

Alternativa "a". Nos termos do art. 78, da Nova Lei de Licitações, são procedimentos auxiliares o credenciamento, a pré-qualificação, o procedimento de manifestação de interesse, o sistema de registro de preços e o registro cadastral.

Alternativa "b". O procedimento de manifestação de interesse está previsto no art. 81 da Lei nº 14.133/2021, deve ter início com a publicação de edital de chamamento público e, por meio dele, a Administração poderá solicitar à iniciativa privada a propositura e a realização de estudos, investigações, levantamentos e projetos de soluções inovadoras que contribuam com questões de relevância pública, na forma de regulamento.

Alternativa "d". De acordo com o art. 87 da Nova Lei de Licitações, os órgãos e entidades da Administração Pública deverão utilizar o sistema de registro cadastral unificado disponível no Portal Nacional de Contratações Públicas (PNCP), para efeito de cadastro unificado de licitantes, na forma disposta em regulamento. E esse sistema, nos termos do §1º desse dispositivo, será público e deverá ser amplamente divulgado e estar permanentemente aberto aos interessados, e será obrigatória a realização de chamamento público pela internet, no mínimo anualmente, para atualização dos registros existentes e para ingresso de novos interessados.

06. Analise as assertivas abaixo sobre os objetivos do processo licitatório, segundo a Lei nº 14.133/2021:

I - assegurar tratamento isonômico entre os licitantes, bem como a justa competição;

II - assegurar a seleção da proposta apta a gerar o resultado de contratação mais vantajoso para a Administração Pública, salvo no que se refere ao ciclo de vida do objeto;

III - evitar contratações com sobrepreço ou com preços manifestamente inexequíveis e superfaturamento na execução dos contratos;

IV - incentivar a inovação e o desenvolvimento nacional sustentável.

Assinale a alternativa correta:

a) Os itens I, III e IV estão corretos;
b) Os itens I, II e III estão corretos;
c) Apenas o item IV está correto;
d) Todos os itens estão corretos.

COMENTÁRIO

Item I. Nos termos do art. 11, II, é objetivo do processo licitatório: assegurar tratamento isonômico entre os licitantes, bem como a justa competição.

Item II. Ao contrário do afirmado, objetiva-se assegurar a seleção da proposta apta a gerar o resultado de contratação mais vantajoso para a Administração Pública, inclusive no que se refere ao ciclo de vida do objeto (art. 11, I).

Item III. Constitui objetivo do processo licitatório, conforme o inciso III do art. 11, evitar contratações com sobrepreço ou com preços manifestamente inexequíveis e superfaturamento na execução dos contratos.

Item IV. Estabelece o art. 11, IV, que é objetivo: incentivar a inovação e o desenvolvimento nacional sustentável.

Alternativa correta: letra "a". Estão corretos os itens I, III e IV.

07. O regime recursal previsto na Lei nº 14.133/21 estabelece que:

a) os recursos têm efeitos suspensivos, exceto quando anular a licitação;
b) excepcionalmente os recursos terão efeitos suspensivos, devendo a decisão ser expressa nesse sentido;
c) o recurso será dirigido à autoridade competente para proferir a decisão recursal;
d) o recurso e o pedido de reconsideração terão efeito suspensivo.

COMENTÁRIO

Alternativa correta: letra "d". Responde às demais alternativas. Conforme estabelece o art. 168 da Lei nº 14.133/2021, o recurso e o pedido de reconsideração terão efeito suspensivo do ato ou da decisão recorrida até que sobrevenha decisão final da autoridade competente.

08. Sobre os critérios de julgamento, assinale a alternativa incorreta:

a) O julgamento das propostas será realizado, apenas, pelos critérios menor preço, de melhor técnica, de técnica e preço e de maior lance ou oferta;

b) O julgamento por menor preço ou maior desconto e, quando couber, por técnica e preço considerará o menor dispêndio para a Administração, atendidos os parâmetros mínimos de qualidade definidos no edital de licitação.

c) O julgamento por técnica e preço considerará a maior pontuação obtida a partir da ponderação, segundo fatores objetivos previstos no edital, das notas atribuídas aos aspectos de técnica e de preço da proposta.

d) O julgamento por maior retorno econômico, utilizado exclusivamente para a celebração de contrato de eficiência, considerará a maior economia para a Administração, e a remuneração deverá ser fixada em percentual que incidirá de forma proporcional à economia efetivamente obtida na execução do contrato.

COMENTÁRIO

Alternativa correta: letra "a". O conteúdo da alternativa está incorreto porque, nos termos do art. 33, "caput", da Lei nº 14.133/2021, o julgamento das propostas será realizado de acordo com os seguintes critérios: "I – menor preço; II – maior desconto; III – melhor técnica ou conteúdo artístico; IV – técnica e preço; V – maior lance, no caso de leilão; VI – maior retorno econômico.".

Alternativa "b". O conteúdo repete integralmente o contido no "caput" do art. 34, da Nova Lei de Licitações: Art. 34. O julgamento por menor preço ou maior desconto e, quando couber, por técnica e preço considerará o menor dispêndio para a Administração, atendidos os parâmetros mínimos de qualidade definidos no edital de licitação.

Alternativa "c". É o que determina o art. 36 da lei: "O julgamento por técnica e preço considerará a maior pontuação obtida a partir da ponderação, segundo fatores objetivos previstos no edital, das notas atribuídas aos aspectos de técnica e de preço da proposta".

Alternativa "d". Não há erro no conteúdo da assertiva, pois reproduz na íntegra o "caput" do art. 39: "Art. 39. O julgamento por maior retorno econômico, utilizado exclusivamente para a celebração de contrato de eficiência, considerará a maior economia para a Administração, e a remuneração deverá ser fixada em percentual que incidirá de forma proporcional à economia efetivamente obtida na execução do contrato.

09. Sobre os casos de inexigibilidade e dispensa de licitação, assinale a alternativa correta:

a) É inexigível a licitação quando inviável a competição para aquisição de objetos que devam ou possam ser contratados por meio de credenciamento;

b) É dispensável a licitação para contratação que envolva valores inferiores a R$ 176.000,00, no caso de obras e serviços de engenharia ou de serviços de manutenção de veículos automotores;

c) É dispensável a licitação para contratação que envolva valores inferiores a R$ 33.000,00, no caso de outros serviços e compras;

d) É dispensável a licitação que tenha por objeto produtos para pesquisa e desenvolvimento, limitada a contratação, no caso de obras e serviços de engenharia, ao valor de R$ 150.000,00.

COMENTÁRIO

Alternativa correta: letra "a". A licitação é inexigível quando a competição for inviável e o art. 74 arrola as situações exemplificativas em que isso ocorre e uma delas é no caso de "objetos que devam ou possam ser contratados por meio de credenciamento", conforme o inciso IV daquele artigo.

Alternativa "b" (responde, também, a alternativa "c"). Com a Nova Lei, os valores para dispensa de licitação passaram a ser: a) valor inferior a R$ 100.000,00: obras e serviços de engenharia ou serviços de manutenção de veículos automotores; b) valor inferior a R$ 50.000,00, no caso de serviços e compras. ATENÇÃO! Entretanto, nos termos do art. 182, os valores serão atualizados anualmente e, em cumprimento a isso, o Decreto 11.317/2022 realizou a atualização e, atualmente, os valores para dispensa que estão em vigor são: a) valor inferior a R$ 114.416,65: obras e serviços de engenharia ou serviços de manutenção de veículos automotores; b) valor inferior a R$ 57.208,33, no caso de serviços e compras.

Alternativa "d". Nos termos do art. 75, IV, "c", a licitação é dispensável quando tiver por objeto produtos para pesquisa e desenvolvimento, limitada a contratação, no caso de obras e serviços de engenharia, ao valor de R$ 343.249,96, conforme a atualização promovida pelo Decreto 11.317/2022.

Alternativa correta: letra "a".

13.2. Questões objetivas para responder

01. (MP/PB – Técnico – FCC – 2023) A Nova Lei de Licitações previu a contratação integrada como

(A) aquele contrato cujo objeto é a prestação de serviços, que pode incluir a realização de obras e o fornecimento de bens, com o objetivo de proporcionar economia ao contratante, na forma de redução de despesas correntes, remunerando o contratado com base em percentual da economia gerada.

(B) aquele contrato utilizado para serviços contínuos com regime de dedicação exclusiva de mão de obra ou predominância de mão de obra, por meio da análise da variação dos custos contratuais, com previsão em edital das diferentes datas previstas como referência para os custos decorrentes do mercado e para os custos decorrentes da mão de obra.

(C) aquela modalidade de contratação de obras, serviços e compras em que a Administração Pública realiza diálogos com licitantes previamente selecionados mediante critérios objetivos, com o intuito de desenvolver uma ou mais alternativas capazes de atender às suas necessidades, devendo os licitantes apresentar proposta final após o encerramento dos diálogos.

(D) aquela contratação de empreendimento em sua integralidade, com a totalidade das etapas de obras, serviços e instalações necessárias, sob responsabilidade do contratado até sua entrega ao contratante em condições de entrada em operação, com características adequadas às finalidades para as quais foi contratado e atendidos os requisitos técnicos e legais para sua utilização com segurança estrutural e operacional.

(E) aquele regime de contratação de obras e serviços de engenharia em que o contratado é responsável por elaborar e desenvolver os projetos básico e executivo, executar obras e serviços de engenharia, fornecer bens ou prestar serviços especiais e realizar montagem, teste, pré-operação e as demais operações necessárias e suficientes para a entrega final do objeto.

02. (TRT 16/2022 – Analista Judiciário – FGV) Em matéria de princípios da licitação, na aplicação da Lei nº 14.133/2021, serão observados os princípios da legalidade, da impessoalidade, da moralidade, da publicidade, da eficiência, do interesse público, da probidade administrativa, da igualdade e também alguns outros, como

(A) da competitividade, da economicidade, do desenvolvimento nacional sustentável e do julgamento subjetivo.

(B) da não vinculação, ao edital, do julgamento objetivo, da segurança jurídica e da competitividade.

(C) do planejamento, da eficácia, da segregação de funções e da motivação.

(D) da vedação de segregação de funções, do julgamento objetivo, da economicidade e da competitividade.

(E) da segurança jurídica, da competitividade, da celeridade, do julgamento subjetivo, da economicidade e do desenvolvimento nacional sustentável.

03. (TRT 14/2022 – Analista Judiciário Área Administrativa – FCC) Um Estado da Federação pretende contratar serviços de manutenção de seus veículos automotores, estimados no valor de cinco mil reais, nesse montante já incluído o fornecimento de peças. Nos termos da Lei no 14.133/2021, desde que observados os demais requisitos legais, a licitação

(A) será inexigível.
(B) será dispensável.
(C) deverá ser realizada na modalidade concorrência.
(D) deverá ser realizada na modalidade pregão.
(E) deverá ser realizada na modalidade convite.

04. **(TJ MS/2022 – Analista Judiciário – FGV)** O Estado Alfa, por meio de determinada secretaria, realizará contratação para escolha de melhor monografia em determinada área do conhecimento de interesse do órgão público, para subsidiar futuras escolhas de políticas públicas a serem desenvolvidas pela pasta.

Sabe-se que a contratação observará as regras e condições previstas em edital, que indicará a qualificação exigida dos participantes, as diretrizes e formas de apresentação do trabalho e as condições de realização e o prêmio ou remuneração a ser concedida ao vencedor. Diante das informações fornecidas e do teor da nova Lei de Licitações (Lei nº 14.133/2021), a contratação em tela deverá ser feita mediante:

(A) dispensa de licitação, por expressa previsão legal;
(B) inexigibilidade de licitação, por expressa previsão legal;
(C) prévia licitação, na modalidade concurso;
(D) prévia licitação, na modalidade concorrência;
(E) prévia licitação, na modalidade diálogo competitivo.

05. **Sobre a autoridade máxima, agente de contratação e comissão de contratação, assinale a alternativa incorreta:**

a) Caberá a autoridade máxima designar agentes públicos para o desempenho das funções essenciais à execução da Lei, observando, entre os requisitos, que sejam , preferencialmente servidor efetivo ou empregado público dos quadros permanentes da Administração Pública;
b) Em licitação que envolva bens ou serviços especiais, o agente de contratação poderá ser substituído por comissão de contratação formada por, no mínimo, 3 membros, que não responderão pelos atos praticados pela comissão;
c) A licitação será conduzida por agente de contratação, pessoa designada pela autoridade competente, entre servidores efetivos ou empregados públicos dos quadros permanentes da Administração Pública;
d) O agente de contratação será auxiliado por equipe de apoio e responderá individualmente pelos atos que praticar, salvo quando induzido a erro pela atuação da equipe.

06. **Sobre as fases do processo licitatório, analise as assertivas abaixo:**

I - O processo licitatório observará as fases, em sequência: preparatória; divulgação do edital de licitação; apresentação de propostas e lances, quando for o caso; julgamento; habilitação; recursal; homologação.
II - A fase de habilitação poderá, mediante ato motivado com explicitação dos benefícios decorrentes, anteceder as fases de apresentação de propostas e lances e julgamento.
III - As licitações serão realizadas preferencialmente sob a forma eletrônica, admitida a utilização da forma presencial, desde que motivada, devendo a sessão pública ser registrada em ata e gravada em áudio e vídeo.
IV - Nos procedimentos realizados por meio eletrônico, a Administração poderá determinar, como condição de validade e eficácia, que os licitantes pratiquem seus atos em formato eletrônico.

Assinale a alternativa correta:

a) Os itens I, II e III estão corretos;
b) Os itens II e IV estão corretos;
c) Apenas o item III está correto;
d) Todos os itens estão corretos.

07. A fase preparatória é caracterizada pelo planejamento e deve compatibilizar-se com o plano de contratações anual sempre que elaborado, e com as leis orçamentárias, bem como abordar todas as considerações técnicas, mercadológicas e de gestão que podem interferir na contratação. Sobre referida fase, assinale a alternativa incorreta:

a) A fase preparatória deverá conter a descrição da necessidade da contratação fundamentada em estudo técnico preliminar que caracterize o interesse público envolvido. O estudo técnico preliminar deverá evidenciar o problema a ser resolvido e a sua melhor solução, de modo a permitir a avaliação da viabilidade técnica e econômica da contratação;
b) Em se tratando de estudo técnico preliminar para contratação de obras e serviços comuns de engenharia, se demonstrada a inexistência de prejuízo para a aferição dos padrões de desempenho e qualidade almejados, a especificação do objeto poderá ser realizada apenas em termo de referência ou em projeto básico, dispensada a elaboração de projetos.
c) A Administração poderá convocar, com antecedência mínima de 15 dias úteis, audiência pública, presencial ou a distância, na forma eletrônica, sobre licitação que pretenda realizar, com disponibilização prévia de informações pertinentes, inclusive de estudo técnico preliminar e elementos do edital de licitação, e com possibilidade de manifestação de todos os interessados.
d) O valor previamente estimado da contratação deverá ser compatível com os valores praticados pelo mercado, considerados os preços constantes de bancos de dados públicos e as quantidades a serem contratadas, observadas a potencial economia de escala e as peculiaridades do local de execução do objeto.

08. Sobre o edital, assinale a alternativa incorreta:

a) O edital deverá conter o objeto da licitação e as regras relativas à convocação, ao julgamento, à habilitação, aos recursos e às penalidades da licitação, à fiscalização e à gestão do contrato, à entrega do objeto e às condições de pagamento.
b) O edital não poderá, por implicar ofensa ao princípio da isonomia, exigir que percentual mínimo da mão de obra responsável pela execução do objeto da contratação seja constituído por mulheres vítimas de violência doméstica.
c) Desde que, conforme demonstrado em estudo técnico preliminar, não sejam causados prejuízos à competitividade do processo licitatório e à eficiência do respectivo contrato, o edital poderá prever a utilização de mão de obra, materiais, tecnologias e matérias-primas existentes no local da execução, conservação e operação do bem, serviço ou obra.
d) O edital poderá prever a responsabilidade do contratado pela obtenção do licenciamento ambiental.

09. Sobre o sistema de registro de preços, assinale a alternativa correta:

a) É vedado o uso do sistema de registro de preços para a contratação de serviços de engenharia.
b) A ata de registro de preços tem vigência de 2 anos, não podendo ser prorrogada.
c) A existência de preços registrados implica compromisso de fornecimento nas condições estabelecidas e obriga a Administração, mas não obriga a Administração a contratar.
d) Faculta-se aos órgãos e entidades da Administração Pública Federal a adesão à ata de registro de preços gerenciada por órgão ou entidade estadual, distrital ou municipal.

10. Sobre o diálogo competitivo, analise as assertivas abaixo:

I - É restrita a contratações em que a Administração vise a contratar objeto em que haja impossibilidade de as especificações técnicas serem definidas com precisão suficiente pela Administração;

II - A Administração apresentará, por ocasião da divulgação do edital em sítio eletrônico oficial, suas necessidades e as exigências já definidas e estabelecerá prazo mínimo de 25 dias para manifestação de interesse na participação da licitação

III - o diálogo competitivo será conduzido por comissão de contratação composta de pelo menos 3 servidores efetivos ou empregados públicos pertencentes aos quadros permanentes da Administração, admitida a contratação de profissionais para assessoramento técnico da comissão;

IV - a fase de diálogo poderá ser mantida até que a Administração, em decisão fundamentada, identifique a solução ou as soluções que atendam às suas necessidades.

Assinale a alternativa correta:

a) Estão corretos os itens I e IV;
b) Estão corretos os itens II e III;
c) Estão corretos os itens I, III e IV;
d) Todos os itens estão corretos.

11. Sobre a contratação direta, assinale a alternativa incorreta:

a) O ato que autoriza a contratação direta ou o extrato decorrente do contrato deverá ser divulgado e mantido à disposição do público em sítio eletrônico oficial.
b) Na hipótese de contratação direta indevida ocorrida com culpa, dolo, fraude ou erro grosseiro, o contratado e o agente público responsável responderão subsidiariamente pelo dano causado ao erário, sem prejuízo de outras sanções legais cabíveis.
c) O processo de contratação direta compreende os casos de inexigibilidade e de dispensa de licitação e deverá ser instruído com os seguintes documentos, dentre outros, estimativa de despesa e demonstração da compatibilidade da previsão de recursos orçamentários com o compromisso a ser assumido.
d) É inexigível a licitação quando inviável a competição, na aquisição ou locação de imóvel cujas características de instalações e de localização tornem necessária sua escolha.

12. Sobre a licitação dispensada, assinale a alternativa incorreta:

a) tratando-se de bens imóveis, inclusive os pertencentes às autarquias e às fundações, exigirá autorização legislativa e dependerá de licitação na modalidade leilão, dispensada a realização de licitação nos casos dentre outros, dação em pagamento e venda a outro órgão ou entidade da Administração Pública de qualquer esfera de governo;
b) tratando-se de bens móveis, dependerá de licitação na modalidade leilão, dispensada a realização de licitação nos casos dentre outros doação, permitida exclusivamente para fins e uso de interesse social, após avaliação de oportunidade e conveniência socioeconômica em relação à escolha de outra forma de alienação;
c) A alienação de bens imóveis da Administração Pública cuja aquisição tenha sido derivada de procedimentos judiciais ou de dação em pagamento será precedida de autorização legislativa e exigirá avaliação prévia e licitação na modalidade concorrência.
d) Para a venda de bens imóveis, será concedido direito de preferência ao licitante que, submetendo-se a todas as regras do edital, comprove a ocupação do imóvel objeto da licitação.

09. No capítulo destinado às impugnações, pedidos de esclarecimentos e recursos, a Lei nº 14.133/21 enuncia que:

a) a representação deverá ser realizada no prazo de 5 dias úteis;

b) não cabe recurso hierárquico contra a sanção de declaração de inidoneidade para licitar ou contratar;

c) o pedido de reconsideração é condição para utilização do recurso hierárquico contra a sanção de declaração de inidoneidade;

d) somente os licitantes têm legitimidade para impugnar o edital de licitações por irregularidade na aplicação da Lei nº 14.133/21.

10. Sobre o PNCP, analise as afirmativas abaixo:

I - O PNCP destina-se à divulgação centralizada e obrigatória dos atos exigidos por esta Lei.

II - O PNCP conterá, dentre outros, os planos de contratação bienais, catálogos eletrônicos de padronização e atas de registro de preços.

III - Além de outras funcionalidades, o PNCP deverá oferecer sistema de registro cadastral unificado, painel para consulta de preços, banco de preços em saúde e acesso à base nacional de notas fiscais eletrônicas e acesso ao Cadastro Nacional de Empresas Inidôneas e Suspensas e ao Cadastro Nacional de Empresas Punidas.

IV - As contratações poderão ser realizadas por meio de sistema eletrônico fornecido por pessoa jurídica de direito privado, na forma de regulamento, ainda que não mantida a integração com o PCNP.

Assinale a alternativa correta:

a) Os itens I e II estão corretos.

b) Os itens I e III estão corretos.

c) Apenas o item IV está correto.

d) Todos os itens estão corretos.

Questão	Resposta	Fundamentação
1	E	Art. 6º, XXXII, da Lei nº 14.133/2021
2	C	Art. 5º da Lei nº 14.133/2021
3	B	Art. 75, I e §7º, da Lei nº 14.133/2021
4	C	Art. 6º, XXXIX, e art. 30
5	B	Art. 8º, §2º, da Lei nº 14.133/2021
6	D	I - V (art. 17, incisos I a VII da Lei nº 14.133/2021); II - V (art. 17, §1º da Lei nº 14.133/2021); III - V (art. 17, §2º da Lei nº 14.133/2021); IV - V (art. 17, §4º da Lei nº 14.133/2021)
7	C	Art. 21 da Lei nº 14.133/2021
8	B	Art. 25, §9º, I da Lei nº 14.133/2021
9	D	Art. 86, §8º, da Lei nº 14.133/2021
10	C	I - V (art. 32, I, "c" da Lei nº 14.133/2021); II - F (art. 32, §1º, I da Lei nº 14.133/2021); III - V (art. 32, §1º, XI da Lei nº 14.133/2021); IV - V (art. 32, §1º, V da Lei nº 14.133/2021)
11	B	Art. 73 da Lei nº 14.133/2021
12	C	Art. 76, §1º da Lei nº 14.133/2021
13	B	Art. 167 da Lei nº 14.133/2021
14	B	I - V (art. 174, I da Lei nº 14.133/2021). II - F (art. 174, §2º, I, II e IV da Lei nº 14.133/2021). III - V (art. 174, §3º, I, II e V da Lei nº 14.133/2021). IV - F (art. 175, §1º).

CAPÍTULO X

CONTRATO ADMINISTRATIVO

1. INTRODUÇÃO

A celebração de contratos é uma exigência da vida em sociedade. A simples compra de uma passagem de ônibus encerra a realização de um contrato verbal de compra e venda, como também a doação de uma caneta a um amigo ou o empréstimo de módica quantia em dinheiro (mútuo). A pequena repercussão econômica na esfera de interesse das partes não infirma a existência contratual. Do mesmo modo, a Administração Pública também celebra contrato. Entretanto, as características deste não são as mesmas que o instituto apresenta na esfera privada, até mesmo porque essa informalidade não existe nos contratos administrativos, com exceção pontual, além, é claro, de outras previsões carreadas no regime jurídico de direito público que serão oportunamente abordadas.

Inclusive, há sérias divergências quanto à existência ou não de contrato, em razão da tentativa de análise comparativa com o contrato celebrado no setor privado, especialmente focada nos elementos autonomia da vontade, igualdade absoluta entre as partes e imutabilidade do contrato.

A celeuma doutrinária escapa aos objetivos aqui pretendidos, mas, de forma breve, pode-se dizer que a **análise do contrato administrativo** deve ser feita com auxílio das lições da Grécia clássica e do direito romano antigo, pois o contrato era visto como um **intercâmbio de bens e prestações** regulado pelo direito e, assim, é possível a cogitação de um módulo contratual abrangendo diversos tipos de contrato, com regimes jurídicos diferentes, incluindo-se os contratos celebrados pela Administração Pública[1].

Neste capítulo será feita a análise da parte de contratos da Lei nº 14.133, de 01 de abril de 2021, nova Lei de Licitações e Contratos Administrativos.

A nova lei, em seu art. 193, II, previa que seriam revogadas "a Lei nº 8.666, de 21 de junho de 1993, a Lei nº 10.520, de 17 de julho de 2002, e os arts. 1º a 47-A da Lei nº 12.462, de 4 de agosto de 2011, após decorridos 2 (dois) anos da publicação oficial desta Lei". Entretanto, houve alteração da redação desse dispositivo, provisoriamente pela Medida Provisória nº 1.167/23 e, posteriormente, por força da Lei Complementar nº 198/23, alterando-se a data de revogação para 30/12/2023.

Dessa maneira, desde publicação da Lei nº 14.133/2021 e até a data da revogação das normas anteriores, restou estabelecido um período de convivência dos dois marcos legais, no qual o mesmo assunto, normas gerais de licitações e contratos administrativos, foi regido por dois blocos normativos.

Até 30/12/2023, Administração Pública poderia utilizar a Nova Lei de Licitações ou as anteriores em suas contratações, devendo a opção realizada constar expressamente do instrumento convocatório, **vedando-se, expressamente**, a combinação da lei nova com as anteriores (art. 191).

Importante registrar que, mesmo após a revogação das leis 8.666/1993, 10.520/2002 e 12.462/2011 (arts. 1º a 47-A), há previsão de ultratividade dessas normas. Nesse sentido, se houve a opção pela licitação regida por aquelas leis, o contrato administrativo decorrente será por elas regido durante toda a sua vigência (art. 191, parágrafo único), da mesma forma que os contratos assinados antes do início da vigência da Lei nº 14.133/21 seguem sendo regidos pelas leis revogadas até a sua extinção(art. 190).

1.1. Contratos da Administração

Nem todos os contratos celebrados pela Administração Pública são contratos administrativos. Estes são espécies daqueles.

Os **contratos da Administração**, quanto ao regime jurídico, subdividem-se em[2]:

a) **contratos de direito privado**: regidos pelo **direito civil**, derrogado por normas de direito público como, por exemplo, o contrato de compra e venda ou o comodato;

---

1. MEDAUAR, Odete. *Direito administrativo moderno*. 14. ed. São Paulo, Revista dos Tribunais, 2010. p. 216-217.
2. DI PIETRO, Maria Sylvia Zanella. *Direito administrativo*. 23. ed. São Paulo: Atlas, 2010. p. 256.

b) **contratos administrativos**: regulados pelo **direito público** e podem ser divididos em:

- **contratos administrativos típicos: não têm paralelo** no direito privado como é o caso da concessão de serviço público, de obra pública e de uso de bem público;
- **contratos administrativos atípicos**: também **existem no direito privado**: mandato, empréstimo, empreitada, depósito.

1.2. Conceito

O contrato administrativo pode ser definido como o **"ajuste que a Administração Pública, agindo nessa qualidade, firma com particular ou outra entidade administrativa para a consecução de objetivos de interesse público, nas condições estabelecidas pela própria Administração"** [3].

Na clássica lição de Hely Lopes Meirelles[4], o contrato administrativo é **sempre bilateral** (é um acordo de vontades) e, **em regra, formal** (em regra, é escrito e a lei prevê requisitos formais), **oneroso** (previsão de remuneração), **comutativo** (prevê compensações recíprocas e equivalentes para as partes) e realizado ***intuitu personae*** (deve ser executado pelo contratado).

É possível, também, dividir o contrato administrativo em:

a) **contrato de colaboração**: o **particular se obriga a prestar ou realizar** alguma coisa para a Administração Pública. É celebrado no **interesse da Administração**. São exemplos os contratos de obras, de serviços ou de fornecimento;

b) **contrato de atribuição**: por ele, a **Administração confere certas vantagens ou direitos** ao particular. É realizado no **interesse do particular**, que não pode contrariar o interesse público. É exemplo o uso especial de bem público[5].

2. CARACTERÍSTICAS

São **características** do contrato administrativo[6]:

a) presença da **Administração Pública como Poder Público**: a Administração Pública deve se fazer presente com sua **superioridade**, por meio das **cláusulas exorbitantes**. A Lei nº 14.331/2021, no art. 2º, III, estendeu as **prerrogativas** inerentes ao contrato administrativo aos contratos regidos predominantemente pelo direito privado, ou seja, determinou sua aplicação aos

3. MEIRELLES, Hely Lopes. *Licitação e contrato administrativo*. 15. ed. São Paulo: Malheiros, 2010. p. 247.
4. *Licitação e contrato administrativo*. 15. ed. São Paulo: Malheiros, 2010. p. 248.
5. MEIRELLES, Hely Lopes. *Licitação e contrato administrativo*. 15. ed. São Paulo: Malheiros, 2010. p. 250.
6. DI PIETRO, Maria Sylvia Zanella. *Direito administrativo*. 23. ed. São Paulo: Atlas, 2010. p. 261.

contratos administrativos atípicos como, por exemplo, o de locação. Mas, mesmo com a aplicação da lei, esses contratos não são contratos administrativos típicos.

b) **finalidade pública**: qualquer avença do Poder Público deve ter como meta a busca do **interesse público**;

c) natureza de **contrato de adesão**: as **cláusulas** do contrato administrativo são **impostas pela Administração Pública**, de maneira unilateral. Como a minuta do contrato deve integrar o edital de licitação (art. 18, VI e art. 25, §3º), o interessado já tem ciência das cláusulas do contrato desde o momento em que resolve ingressar na disputa. Manifesta sua vontade, mas, apenas, na **adesão ou não** ao que já fora determinado.

d) **natureza *intuitu personae*** (**pessoalidade**): o contrato deve ser executado pelo **próprio contratado**, pois é firmado em razão das **condições pessoais** deste. Em consequência, são hipóteses de rescisão do contrato:

- falência ou insolvência civil, dissolução da sociedade ou falecimento do contratado (art. 137, IV);
- a **subcontratação** total ou parcial poderá ocorrer até o limite autorizado pela Administração Pública, sendo que regulamento ou o próprio edital poderá vedar, restringir ou restabelecer condições para a subcontratação (art. 122, §2º). Nos casos de inexigibilidade de licitação declarada em virtude de serviços técnicos especializados de natureza predominantemente intelectual com profissionais ou empresas de notória especialização (art. 74, III), é vedada a subcontratação de empresas ou a atuação de profissionais distintos daqueles que tenham justificado a inexigibilidade (§4º).

e) **obediência à forma prescrita em lei**: o contrato deve ser celebrado de acordo com as formalidades previstas na lei. A regra é o **formalismo** do contrato;

f) **procedimento legal**: os procedimentos necessários à celebração dos contratos estão estabelecidos na lei e, por exemplo, são medidas como: **"autorização legislativa, avaliação, motivação, autorização pela autoridade competente, indicação de recursos orçamentários e licitação"**[7];

g) **mutabilidade**: as cláusulas contratuais podem ser **alteradas** pela Administração **unilateralmente**.

h) presença de **cláusulas exorbitantes:** são cláusulas inexistentes no direito privado e, por isso, extrapolam, exorbitam o direito privado, concedendo **prerrogativas** para a Administração, colocando-a em **posição de superioridade** em relação ao contratado.

---

7. DI PIETRO, Maria Sylvia Zanella. *Direito administrativo*. 23. ed. São Paulo: Atlas, 2010. p. 266.

CONTRATO ADMINISTRATIVO	
Contratos da Administração	• **contratos de direito privado:** regidos pelo direito civil, derrogado por normas de direito público; • **contratos administrativos:** regulados pelo direito público: - **contratos administrativos típicos:** não têm paralelo no direito privado; - **contratos administrativos atípicos:** também existem no direito privado.
Conceito (Hely Lopes Meirelles)	"ajuste que a Administração Pública, agindo nessa qualidade, firma com particular ou outra entidade administrativa para a consecução de objetivos de interesse público, nas condições estabelecidas pela própria Administração"
Características	• bilateral (ou sinalagmático, aquele em que no momento de sua celebração as partes se comprometem mediante obrigações recíprocas) • formal (em regra) • oneroso (ambas as partes se beneficiam) • comutativo (há equivalência e não há variação na prestação de cada uma das partes) • presença da Administração Pública como Poder Público • finalidade pública • natureza de contrato de adesão • natureza *intuitu personae* (porque, em regra, a prestação deve ser cumprida pessoalmente devedor, sendo que a subcontratação depende de expressa autorização administrativa). • obediência à forma prescrita em lei • procedimento legal • mutabilidade (pode ser modificado unilateralmente pela Administração pública) • presença de cláusulas exorbitantes

3. FORMALIZAÇÃO DO CONTRATO

Finalizada a licitação é necessário formalizar a avença para que o objeto da contratação possa ser executado e a lei disciplina de forma detalhada como deve ser feita a formalização do contrato. Porém, antes de serem analisadas essas disposições, é necessário enfrentar as situações que podem ocorrer entre o final da licitação e a efetiva assinatura do contrato.

Nesse sentido, uma vez **declarado o vencedor da licitação**, a **Administração**, no prazo e nas condições estabelecidas no edital, o **convocará para assinar ou para aceitar ou retirar o instrumento equivalente**, sob pena de decair o direito à contratação, sem prejuízo das sanções previstas na lei (art. 90).

O convocado, durante o transcurso do prazo, pode solicitar a sua prorrogação, desde que o faça de forma fundamentada e, nessa hipótese, a **Administração pode**

prorrogá-lo uma vez, por igual período, caso aceite o motivo apresentado (art. 90, §1º).

Havendo **recusa injustificada** do adjudicatário (licitante vencedor) em assinar ou retirar ou aceitar o instrumento contratual no prazo (art. 90, §5º): a) caracterizará o **descumprimento total da obrigação** assumida; b) **o sujeitará às penas** previstas na lei (art. 156); c) **o sujeitará à imediata perda da garantia** de proposta em favor do órgão ou entidade licitante. Por outro lado, importante consignar que as propostas dos licitantes terão um prazo de validade previsto no edital e se esse prazo decorrer sem convocação para a contratação, os licitantes ficam liberados dos compromissos assumidos.

Nessa situação em que o **vencedor não formalizar o contrato**, seja porque não compareceu seja porque recusou, a **Administração pode convocar os remanescentes, na ordem de classificação, para celebrar o contrato nas condições propostas pelo vencedor** (art. 90, §2). Assim, havendo a recusa do primeiro colocado, a Administração convocará o segundo e este pode ou não aceitar firmar o contrato, especialmente pelo fato de que, caso queira, o aceite será nos termos da proposta vencedora e não nos que constam da dele. Se não aceitar, será convocado o terceiro lugar, seguindo-se dessa maneira com os demais.

Conforme o art. 90, §4º, I, na hipótese de **nenhum licitante convocado aceitar** a contratação nos termos da proposta vencedora, desde que seja **observado o valor estimado na fase preparatória, atualizado** conforme o edital, a **Administração poderá convocar os remanescentes para negociação**, na ordem de classificação, com vistas à obtenção do melhor preço. Nesse caso, a Administração negociará com o segundo colocado e tentará que ele aceite contratar por um preço melhor do que ele ofereceu na sua proposta, mas respeitando o valor estimado atualizado e, se não aceitar, fará tentativa com o terceiro e, assim, sucessivamente. Importante registrar que a recusa dos convocados nessa situação não configura descumprimento de obrigação prevista no §5º do art. 90, conforme o §4º do mesmo artigo.

Caso as negociações sejam frustradas, nos termos do inciso II do §4º do art. 94, a Administração ainda pode **adjudicar e celebrar o contrato nas condições ofertadas pelos licitantes remanescentes**, atendida a ordem de classificação. Nessa situação, a Administração convocará o licitante que esteja na segunda colocação e, caso ele aceite, celebrará o contrato nos termos da proposta por ele oferecida e, se não aceitar, convocará o seguinte, seguindo dessa forma, sempre respeitando o valor estimado atualizado.

Prevê a lei, no §7º do art. 90, a **faculdade da Administração se valer dessas soluções (§§2º e §4º) para a hipótese de contratação de remanescente de obra, de serviço ou de fornecimento em consequência de rescisão contratual.**

Dessa maneira, em resumo, no **caso de o contrato não ser assinado** (porque vencedor não compareceu ou recusou) ou na **hipótese de rescisão de contrato de obra, de serviço ou de fornecimento e houver remanescente** para ser concluído:

> 1º *A Administração pode* **convocar** *os remanescentes, na ordem de classificação para* **celebrar o contrato nos termos da proposta do vencedor***;*
>
> 2º *Se nenhum convocado aceitar, a Administração pode, na ordem de classificação,* **convocar** *os remanescentes* **para negociar melhor preço***, desde que respeite o valor estimado atualizado;*
>
> 3º *Se a negociação for frustrada, a Administração pode, respeitada a ordem de classificação,* **convocar** *os remanescentes* **para celebrar o contrato nas condições** *por eles* **ofertadas***, respeitado o valor estimado atualizado.*

Pois bem, superadas essas possíveis intercorrências, é necessário conhecer as disposições legais sobre o contrato em si.

A **regra**, conforme o art. 91, *caput*, é que os **contratos** administrativos e seus **aditamentos** sejam **escritos**, havendo exceção em que se admite contrato verbal, que será vista adiante, e devem juntados ao processo que tiver dado origem à contratação. Há exigência específica em relação aos contratos relativos a **direitos reais sobre imóveis** porque devem ser formalizados por **escritura pública** lavrada em notas de tabelião, cujo teor deverá ser divulgado e mantido à disposição do público em sítio eletrônico oficial (art. 91 e §2º).

Como anotado anteriormente, a licitação, preferencialmente, será feita na forma eletrônica (art. 17). Por sua vez, quanto à **celebração de contratos e de termos aditivos, admite-se a forma eletrônica**, desde que atendidas as exigências previstas em regulamento.

Todo **contrato**, necessariamente, deve **conter** (art. 89, §1º):

a) os **nomes** das partes e os de seus representantes;

b) a **finalidade**;

c) o **ato** que autorizou a sua lavratura;

d) o **número do processo** da licitação ou da contratação direta (dispensa ou inexigibilidade);

e) a **sujeição dos contratantes** às normas da Lei nº 14.133/2021 e das cláusulas contratuais

Exige o §4º do art. 91 que, **antes de formalizar ou prorrogar o prazo de vigência de contrato**, deverá a Administração **verificar** a **regularidade fiscal** do contratado, **consultar** o Cadastro Nacional de Empresas Inidôneas e Suspensas (**Ceis**), o Cadastro Nacional de Empresas Punidas (**Cnep**) e **emitir** as **certidões negativas** de inidoneidade, de impedimento e de débitos trabalhistas, que serão juntadas ao processo (art. 91, §4º).

A **publicidade é a regra** quanto aos contratos administrativos, porém, nos termos da Lei de Acesso à Informação, **admite-se a manutenção em sigilo de contratos e de termos aditivos quando imprescindível à segurança da sociedade e do Estado** (art. 91, §1º).

Em relação ao regramento dos contratos, nos termos do art. 89, **regem-se por suas cláusulas e pelos preceitos de direito público**, aplicando-se lhes, **supletivamente**, os **princípios da teoria geral dos contratos e as disposições de direito privado** (art. 89).

Quanto às cláusulas, prevê o art. 25, §1º que, sempre que o objeto permitir, a Administração adotará minutas padronizadas de edital e de contrato, contendo **cláusulas uniformes**. Por sua vez, o §2º do art. 89 determina que as condições para a execução do contrato devem ser previstas com clareza e precisão, por meio de **cláusulas que definam os direitos, as obrigações e as responsabilidades das partes**, estabelecendo esse dispositivo, ainda, que as **cláusulas devem estar em conformidade**, no caso de ter havido **licitação**, com o respectivo **edital** e com a **proposta vencedora** e, na hipótese de **contratação direta**, com o **ato que a autorizou** e a respectiva **proposta**. Inclusive, a lei prevê algumas cláusulas obrigatórias para os contratos, que são as chamadas cláusulas necessárias a serem vistas na sequência.

3.1. Cláusulas necessárias

Ao elaborar os contratos, a Administração deve levar em conta as cláusulas que são essenciais, isto é, as **cláusulas necessárias** aos contratos administrativos (art. 92):

a) o objeto e seus elementos característicos;

b) a vinculação ao edital de licitação e à proposta do licitante vencedor ou ao ato que tiver autorizado a contratação direta e à respectiva proposta;

c) a legislação aplicável à execução do contrato, inclusive quanto aos casos omissos;

d) o regime de execução ou a forma de fornecimento;

e) o preço e as condições de pagamento, os critérios, a data-base e a periodicidade do reajustamento de preços e os critérios de atualização monetária entre a data do adimplemento das obrigações e a do efetivo pagamento;

f) os critérios e a periodicidade da medição, quando for o caso, e o prazo para liquidação e para pagamento;

g) os prazos de início das etapas de execução, conclusão, entrega, observação e recebimento definitivo, quando for o caso;

h) o crédito pelo qual correrá a despesa, com a indicação da classificação funcional programática e da categoria econômica;

i) a matriz de risco, quando for o caso;

j) o prazo para resposta ao pedido de repactuação de preços, quando for o caso;

k) o prazo para resposta ao pedido de restabelecimento do equilíbrio econômico-financeiro, quando for o caso;

l) as garantias oferecidas para assegurar sua plena execução, quando exigidas, inclusive as que forem oferecidas pelo contratado no caso de antecipação de valores a título de pagamento;

m) o prazo de garantia mínima do objeto, observados os prazos mínimos estabelecidos nesta Lei e nas normas técnicas aplicáveis, e as condições de manutenção e assistência técnica, quando for o caso;

n) os direitos e as responsabilidades das partes, as penalidades cabíveis e os valores das multas e suas bases de cálculo;

o) as condições de importação e a data e a taxa de câmbio para conversão, quando for o caso;

p) a obrigação do contratado de manter, durante toda a execução do contrato, em compatibilidade com as obrigações por ele assumidas, todas as condições exigidas para a habilitação na licitação, ou para qualificação, na contratação direta;

q) a obrigação de o contratado cumprir as exigências de reserva de cargos prevista em lei, bem como em outras normas específicas, para pessoa com deficiência, para reabilitado da Previdência Social e para aprendiz;

r) o modelo de gestão do contrato, observados os requisitos definidos em regulamento;

s) os casos de extinção.

Além desse rol, há outra hipótese em que a lei exige que conste determinada cláusula. Trata-se da previsão constante do §3º do art. 92 e, por ela, independentemente do prazo de duração, o contrato **deverá conter cláusula** que estabeleça o **índice de reajustamento de preço**, com data-base vinculada à data do orçamento estimado, e poderá ser estabelecido mais de um índice específico ou setorial, em conformidade com a realidade de mercado dos respectivos insumos.

A propósito, insta salientar que, em se tratando de **contratos de serviços contínuos**, o **reajustamento de preços** deve observar o intervalo mínimo de um ano e terá como critério (art. 92, §4º):

a) o **reajustamento em sentido estrito**, quando **não houver regime de dedicação exclusiva** de mão de obra **ou predominância** de mão de obra, mediante previsão de índices específicos ou setoriais;

b) a **repactuação, quando houver regime de dedicação exclusiva** de mão de obra ou **predominância** de mão de obra, mediante demonstração analítica da variação dos custos. Inclusive, nos contratos de serviços contínuos com regime de dedicação exclusiva de mão de obra ou com predominância de mão de obra, o contratado deve solicitar previamente a repactuação, contendo a demonstração analítica da variação dos custos, por meio de planilha de custos e formação de preços, ou do novo acordo, convenção ou sentença normativa que fundamenta o pedido (art. 135, §6º), e a Administração responderá, preferencialmente, em 1 mês, contado da data do fornecimento dos documentos necessários (art. 92, §6º).

Ainda, em regra, nos contratos celebrados pela Administração Pública com pessoas físicas ou jurídicas, inclusive as domiciliadas no exterior, **deverá constar cláusula que declare competente o foro da sede da Administração** para dirimir qualquer questão contratual, **exceto** (art. 92, §1º): • licitação internacional para a aquisição de bens e serviços cujo pagamento seja feito com o produto de financiamento concedido por organismo financeiro internacional de que o Brasil faça parte ou por agência estrangeira de cooperação; • contratação com empresa estrangeira para a compra de equipamentos fabricados e entregues no exterior precedida de autorização do Chefe do Poder Executivo; • aquisição de bens e serviços realizada por unidades administrativas com sede no exterior.

Por fim, nos termos do §2º do art. 92, **conforme as peculiaridades** do objeto e do regime de execução, o contrato **conterá cláusula que preveja** um **período antecedente** à expedição da ordem de serviço para verificação de pendências, liberação de áreas ou adoção de outras providências cabíveis para a regularidade do início da sua execução (art. 92, §2º).

3.2. Contrato verbal

Embora, em regra, os contratos administrativos sejam escritos, pode existir **contrato verbal** no caso de **pequenas compras ou de prestação de serviços de pronto pagamento**, que são aquelas com valor igual ou inferior a **R$ 11.981,20** (art. 95, §2º)[8].

ATENÇÃO! A Lei nº 8.666/93 previa expressamente que estas compras deveriam ser feitas em regime de adiantamento. **Regime de adiantamento** não significa adiantamento de pagamento, mas "equivale ao suprimento de fundos e se caracteriza como um **adiantamento de numerário a servidor, para que ele efetue o pagamento de despesas de pequeno vulto,** para as quais se exija **pagamento em espécie e imediato,** relacionadas a prestações que dispensem continuidade de relacionamento contratual e nem sejam passíveis de se subordinar à tramitação normal de contratação"[9].

Na disciplina da Lei nº 8.666/93, as compras deveriam ser feitas em regime de adiantamento. Regime de adiantamento não significa adiantamento de pagamento, mas "equivale ao suprimento de fundos e se caracteriza como um adiantamento de numerário a servidor, para que ele efetue o pagamento de despesas de pequeno vulto, para as quais se exija pagamento em espécie e imediato, relacionadas a prestações que dispensem continuidade de relacionamento contratual e nem sejam passíveis de se subordinar à tramitação normal de contratação"[10]. Também, no regramento daquela lei há a restrição às compras.

---

8. Conforme atualização promovida pelo Decreto nº 10.922/2021, em cumprimento ao art. 182 da Lei nº 14.133/2021.
9. TORRES, Ronny Charles Lopes de. Leis de licitações públicas comentadas. 4. ed. Salvador: Juspodivm, 2011. p. 371.
10. Idem.

Dessa forma, a Nova Lei de Licitações não exige o regime de adiantamento para o contrato verbal e o admite tanto para compras quanto para prestação de serviços.

3.3. Meios de formalização do contrato administrativo

A **regra** é que o contrato administrativo seja **formalizado,** obrigatoriamente, por meio de **instrumento de contrato** (art. 95), **exceto**: a) na **dispensa** de licitação em **razão do valor**; b) nas **compras** com **entrega imediata e integral** dos bens adquiridos, dos quais não resultem obrigações futuras, inclusive a assistência técnica, independentemente de seu valor. Nesses casos, poderá ser substituído por **carta-contrato, nota de empenho de despesa, autorização de compra, ordem de execução de serviço**, ou **outros instrumentos hábeis** e conterá, no que couber as cláusulas necessárias elencadas no art. 92.

LEI Nº 14.133/2021
INSTRUMENTO DE CONTRATO
Regra É **obrigatório**, em qualquer contratação. Diversamente do que ocorria na Lei 8.666/93, a modalidade licitatória não é considerada para fins de verificação do instrumento utilizado na formalização dos contratos.
Exceções (não é obrigatório) • Dispensa de licitação em razão do valor • Compras com entrega imediata e integral dos bens adquiridos, dos quais não resultem obrigações futuras, inclusive a assistência técnica, independentemente de seu valor
Nas exceções, o **instrumento de contrato poderá ser substituído** por • Carta-contrato; • Nota de empenho de despesa; • Autorização de compra; • Ordem de execução de serviço; • Outros instrumentos hábeis.

3.4. Divulgação no Portal Nacional de Contratações Públicas: condição de eficácia

Como condição de eficácia, nos termos do art. 94, os contratos e seus aditamentos devem ser divulgados no Portal Nacional de Contratações Públicas (PNCP) nos seguintes prazos (contados da data da assinatura):

a) **20 dias úteis,** nos casos de **licitação;**

b) **10 dias úteis,** nos casos de **contratação direta**.

Inclusive os contratos celebrados com **urgência deverão ser divulgados nos prazos** indicados, sob pena de nulidade, mas a diferença é que **terão eficácia desde a assinatura**.

Em se tratando de profissionais do setor artístico contratados por inexigibilidade, a divulgação deverá identificar os custos do cachê do artista, dos músicos ou da banda, quando houver, do transporte, da hospedagem, da infraestrutura, da logística do evento e das demais despesas específicas (art. 94, §2º).

Por outro lado, em se tratando de obras, a Administração divulgará em site oficial, em até 25 dias úteis após a assinatura do contrato, os quantitativos e preços unitários e totais que contratar e, em até 45 dias úteis após a conclusão do contrato, os quantitativos executados e os preços praticados (art. 94, §3º).

4. GARANTIAS

Visando ao cumprimento contratual, a Administração Pública poderá exigir garantia a ser prestada pela contratada.

Nos termos do art. 96, é **faculdade da Administração** exigir ou não a garantia, mas caso a decisão seja pela exigência, deverá **constar do edital** e **caberá ao contratado a escolha** entre as seguintes formas de garantia: a) **caução** em dinheiro ou em títulos da dívida pública; b) **seguro-garantia; c) fiança bancária,** emitida por banco ou instituição financeira devidamente autorizada a operar no País pelo Banco Central do Brasil; d) **título de capitalização** custeado por pagamento único, com resgate pelo valor total.

A **garantia para a execução do contrato não deve ser confundida com a garantia para participação na licitação**, que fica limitada a 1% do valor da contratação (art. 58, §1º).

O **valor** da garantia contratual é de:

a) **até 5%** do valor inicial do contrato, nas contratações de obras, serviços e fornecimentos (art. 98), autorizada a majoração desse percentual para **até 10%,** desde que justificada mediante análise da complexidade técnica e dos riscos envolvidos.

b) **até 30%** do valor inicial do contrato, nas contratações de obras e serviços de engenharia de grande vulto, na modalidade seguro-garantia (art. 99) com a cláusula de retomada prevista no art. 101.

Nos casos de **contratos que impliquem a entrega de bens pela Administração,** dos quais o contratado ficará depositário, **o valor desses bens deverá ser acrescido ao valor da garantia** (art. 101) e nas contratações de **serviços e fornecimentos contínuos** com vigência **superior a 1 ano,** e nas suas prorrogações, será utilizado o **valor anual do contrato como base de** cálculo da garantia (art. 98, parágrafo único).

O contratado fica **desobrigado de renovar a garantia ou de endossar a apólice** de seguro até a ordem de reinício da execução ou o adimplemento pela

Administração, se ocorrer a **suspensão do contrato por ordem ou inadimplemento do Poder Público**, conforme art. 96, §2º.

Conforme o art. 100, a **garantia** prestada pelo contratado **será liberada ou restituída após** a **fiel execução** do contrato **ou** após a sua **extinção por culpa exclusiva da Administração** e, quando em dinheiro, deverá ser atualizada monetariamente.

4.1. Seguro-garantia

O seguro-garantia, também conhecido como ***performance bond***, na verdade, trata-se de uma espécie de seguro em que um terceiro, estranho à relação jurídica existente entre o contratante e o contratado, assume o risco da inadimplência deste, garantindo que indenizará o valor segurado.

Nesse sentido, o art. 97 estabelece que o seguro-garantia tem como **objetivo garantir o fiel cumprimento das obrigações assumidas pelo contratado** perante à Administração, inclusive as multas, os prejuízos e as indenizações decorrentes de inadimplemento, prevendo, também, que o **prazo de vigência da apólice** deverá ser **igual ou superior ao prazo do contrato** principal e acompanhar suas modificações, tais como de vigência, mediante o endosso da seguradora e continuará em vigor mesmo que o contratado não tenha pago o prêmio nas datas convencionadas (art. 97).

Em regra, como já visto, cabe ao contratado escolher qual garantia deseja prestar, porém, no caso do seguro-garantia, há hipótese em que a Administração pode exigir que seja a garantia a ser aceita, como será visto adiante. Todavia, em qualquer hipótese em que seja feito uso do **seguro-garantia**, o **edital** fixará **prazo mínimo de 1 mês**, contado da homologação da licitação e anterior à assinatura do contrato, para a **prestação da garantia** pelo contratado (art. 96, §3º).

Além da tradicional assunção da seguradora de indenizar o valor segurado, a Lei nº 14.133/2021 prevê, também, a possibilidade de a Administração exigir que a seguradora execute e conclua o objeto do contrato, que é denominada cláusula ***step in*** ou **cláusula de retomada** (art. 99), prevista no art. 102 da lei.

Nesse sentido, o art. 99 estabelece que nas **contratações de obras e serviços de engenharia de grande vulto**, que são aquelas de valor superior a R$ 228.833.309,04, poderá ser exigida a prestação de garantia, na modalidade seguro-garantia, com cláusula de retomada prevista no art. 102, em percentual equivalente a até 30% do valor inicial do contrato. Nesse caso, a Administração pode incluir no edital a exigência de que a garantia seja prestada na modalidade seguro-garantia e "prever a **obrigação de a seguradora, em caso de inadimplemento pelo contratado, assumir a execução e concluir o objeto do contrato**".

Constando essa cláusula, a **seguradora deverá firmar o contrato**, inclusive os aditivos, como **interveniente anuente**, e poderá (art. 102, I): • ter livre acesso às instalações em que for executado o contrato principal; • acompanhar a execução do contrato principal; • ter acesso a auditoria técnica e contábil; • requerer esclarecimentos ao responsável técnico pela obra ou pelo fornecimento. Será feita a **emissão de empenho em nome da seguradora ou em nome de quem ela indicar** para concluir a obra, desde que comprovada a regularidade fiscal e, também, a **seguradora pode subcontratar** a conclusão do contrato, total ou parcialmente, conforme os incisos II e III do art. 102.

Na hipótese de inadimplemento do contratado, se a seguradora executar e concluir o objeto do contrato, estará isenta da obrigação de pagar a importância segurada indicada na apólice (cláusula *step in*) e, por outro lado, terá que pagar o valor integral segurado, se não assumir a execução (art. 102, parágrafo único).

Em consonância com essa previsão, há o art. 139 estabelecendo que a extinção determinada por ato unilateral da Administração poderá acarretar, entre outras medidas, a execução da garantia contratual para o ressarcimento da Administração pelos prejuízos decorrentes da não execução, o pagamento de verbas trabalhistas, fundiárias e previdenciárias, quando cabível, o pagamento das multas devidas à administração, a exigência de assunção da execução e da conclusão do objeto do contrato pela seguradora, quando cabível.

5. ALOCAÇÃO DE RISCOS

A cláusula de alocação de riscos surgiu pela primeira vez, de forma expressa, na Lei nº 11.079/2004, que tratou sobre a repartição objetiva de riscos entre as partes a ser observado nas parcerias público-privadas[11].

Para melhor entendimento, oportuno distinguir gestão de riscos da cláusula de alocação de riscos, pois as expressões não são sinônimas[12]. A gestão de riscos, que também é uma preocupação introduzida na Lei de Licitações, está relacionada aos mecanismos internos de integridade, que deverão ser definidos em programa específico. O Decreto nº 8.420/2015, ao regulamentar a "Lei Anticorrupção", conceituou o programa de integridade como aquele consistente no conjunto de mecanismos e procedimentos internos de integridade, auditoria, incentivo à denúncia de irregularidades e na aplicação efetiva de códigos de ética e de conduta, com o objetivo de detectar e sanar desvios, fraudes, irregularidades e ilícitos praticados contra a administração pública (art. 41).

Por outro lado, **alocação de riscos** é conceito menos amplo, que **objetiva identificar os riscos contratuais que são previstos e previsíveis e alocá-los entre os**

---

11. MIRANDA; Iulian; ROCHA, David de Oliveira Lima. A possibilidade de alocação de riscos nos contratos administrativos regidos pela Lei nº 8.666/93 à luz do direito à manutenção do equilíbrio econômico-financeiro. Revista científica Fagoc. Vol. I - 2019. Disponível em: https://revista.fagoc.br/index.php/juridico/article/view/74/138 Acesso em 03.abril.2021.
12. MENEGAT, Fernando; MIRANDA, Gustavo. Gestão de riscos x matriz de riscos em contratos administrativos de empreitada. 2019. Disponível em: https://www.conjur.com.br/2019-jun-03/opiniao-gestao-riscos-matriz-riscos-contratos-empreitada Acesso em 04.abril.2021.

contratantes, indicando quais serão assumidos pelo Poder Público e quais serão assumidos pelo contratado, podendo prever, outrossim, aqueles que serão compartilhados entre ambos os contratantes.

Nesse sentido, dispõe **art. 103** da Lei 14.133/2021 que o contrato poderá identificar os riscos contratuais previstos e presumíveis e prever **matriz de alocação de riscos**, alocando-os entre contratante e contratado, mediante indicação daqueles a serem assumidos pelo setor público ou pelo setor privado ou daqueles a serem compartilhados.

A alocação de riscos é materializada através da cláusula de **matriz de riscos**, que **definirá os riscos e responsabilidades**, e conterá, no mínimo (art. 6º, XXVII): **a)** listagem de possíveis eventos supervenientes à assinatura do contrato que possam causar impacto em seu equilíbrio econômico-financeiro e previsão de eventual necessidade de prolação de termo aditivo por ocasião de sua ocorrência; **b)** no caso de obrigações de resultado, estabelecimento das frações do objeto com relação às quais haverá liberdade para os contratados inovarem em soluções metodológicas ou tecnológicas, em termos de modificação das soluções previamente delineadas no anteprojeto ou no projeto básico; **c)** no caso de obrigações de meio, estabelecimento preciso das frações do objeto com relação às quais não haverá liberdade para os contratados inovarem em soluções metodológicas ou tecnológicas, devendo haver obrigação de aderência entre a execução e a solução predefinida no anteprojeto ou no projeto básico, consideradas as características do regime de execução no caso de obras e serviços de engenharia".

Disso decorre que a **alocação de riscos considerará**, em compatibilidade com as obrigações e os encargos atribuídos às partes no contrato, a **natureza do risco**, o **beneficiário** das prestações a que se vincula e a **capacidade** de cada setor para melhor gerenciá-lo (art. 103, §1º) e, **preferencialmente, serão transferidos ao contratado os riscos que tenham cobertura oferecida por seguradoras** (§2º).

A **matriz de alocação de riscos** é de extrema importância porque **define o equilíbrio econômico-financeiro inicial do contrato** em relação a eventos supervenientes e deverá ser observada na solução de eventuais pleitos das partes (§ 4º). Assim sendo, sempre que **atendidas as condições do contrato e da matriz de alocação de riscos**, será considerado **mantido o equilíbrio econômico-financeiro**, renunciando as partes aos pedidos de restabelecimento do equilíbrio relacionados aos riscos assumidos, exceto no que se refere (§5º): a) às alterações unilaterais determinadas pela Administração; b) ao aumento ou à redução, por legislação superveniente, dos tributos diretamente pagos pelo contratado em decorrência do contrato.

6. PRERROGATIVAS DA ADMINISTRAÇÃO

As prerrogativas da Administração Pública são abordadas pela doutrina como cláusulas exorbitantes. Estas cláusulas extrapolam, exorbitam o direito privado, concedendo **prerrogativas** para a Administração ao colocá-la em **posição de**

superioridade em relação ao contratado, isto é, desnivelam as partes no contrato e, por isso, são vedadas no contrato privado. As principais cláusulas exorbitantes são (art. 104):

a) alteração unilateral do contrato;

b) extinção unilateral do contrato, nos casos especificados na Lei

c) fiscalização da execução do contrato;

d) aplicação das sanções motivadas pela inexecução total ou parcial do ajuste;

e) ocupação provisória de bens móveis e imóveis e utilização de pessoal e serviços vinculados ao objeto do contrato nas hipóteses de: • risco à prestação de serviços essenciais; • necessidade de acautelar apuração administrativa de faltas contratuais pelo contratado, inclusive após extinção do contrato.

6.1. Alteração unilateral do contrato administrativo

A regra é que qualquer alteração no contrato seja feita por acordo entre as partes, mas, no contrato administrativo há a prerrogativa da Administração Pública de alterá-lo unilateralmente, ou seja, mesmo sem a concordância do contratado. Esse poder está previsto no art. 104, I, e o art. 124, I, elenca as **hipóteses** em que o contrato poderá ser **alterado de forma unilateral**:

a) quando houver **modificação do projeto** ou das **especificações**, para melhor **adequação técnica** aos seus objetivos (**modificação qualitativa**): nesse caso, as alterações unilaterais não poderão transfigurar o objeto da contratação;

b) quando necessária a **modificação do valor** contratual em decorrência de **acréscimo ou diminuição quantitativa** de seu objeto, nos seguintes limites (**modificação quantitativa**) (art. 125):

- até **25%** do valor inicial atualizado do contrato para **acréscimos e supressões** feitas nas obras, serviços ou compras;
- até **50%** do valor inicial atualizado do contrato para **acréscimos** no caso de **reforma de edifício ou equipamento** (se for **supressão**, o limite é de **25%**);
- **ATENÇÃO!** Por **acordo** entre as partes, é possível a **redução** do valor contratual **além do limite** de 25%, mas não é possível o acréscimo.

O contratado não pode se opor à alteração, desde que feita dentro dos limites anteriormente indicados. Desse modo, o contratado, para fazer o asfaltamento e o recapeamento de ruas em determinado Município, não poderá recusar a alteração feita pela Administração aumentando a quantidade de ruas a serem trabalhadas, desde que o novo valor do contrato não supere 25% do valor inicial atualizado. Entretanto, deve-se levar em conta que as alterações não poderão transfigurar o objeto do contrato (art. 126).

Por outro lado, **não é possível a alteração de nenhuma cláusula econômico-financeira e monetária do contrato sem a concordância do contratado** (art. 104, § 1º), e, toda vez, que a Administração alterar unilateralmente o contrato deverá haver a revisão das cláusulas econômico-financeiras para que seja mantido o **equilíbrio econômico-financeiro do contrato** (art. 104, § 2º).

Com efeito, a condição para a execução, pelo contratado, das prestações determinadas pela Administração no curso da execução do contrato é a formalização por termo aditivo, com exceção de justificada necessidade de antecipação de seus efeitos, hipótese em que a formalização deverá ocorrer no prazo máximo de 1 mês (art. 132) e, no caso de alteração unilateral do contrato, aumentando ou reduzindo os encargos do contratado, no mesmo termo aditivo em que foi formalizada deverá a administração restabelecer o equilíbrio econômico-financeiro inicial (art. 130).

Assim, tratando-se de supressão de obras, bens ou serviços, se o contratado já houver adquirido os materiais e colocado no local dos trabalhos, estes deverão ser pagos pela Administração pelos custos de aquisição regularmente comprovados e monetariamente reajustados, podendo o contratado ainda ser indenizado por outros danos eventualmente decorrentes da supressão, desde que, evidentemente, sejam comprovados (art. 129).

6.2. Rescisão unilateral do contrato administrativo

Entre as prerrogativas conferidas à Administração Pública, destaca-se a possibilidade de unilateralmente rescindir os contratos administrativos. Trata-se de cláusula exorbitante, que extrapola as disposições previstas nos contratos privados. Evidentemente não há espaço para arbítrio, porque o regime jurídico administrativo contempla uma série de princípios e regras que regem a atuação do administrador público. Desse modo, a Administração Pública pode **rescindir unilateralmente** os contratos, conforme previsão nos artigos 104, II e 138, I, da Lei de Licitações nº 14.133/2021. Esta hipótese de rescisão também é chamada de **rescisão administrativa.**

De acordo com a lei, a Administração pode rescindir unilateralmente o contrato quando o descumprimento não for imputável a ela.

6.3. Manutenção do equilíbrio econômico-financeiro

Em verdade, a manutenção do equilíbrio econômico-financeiro é mais um dever para a Administração e um direito para o contratado do que uma cláusula exorbitante. Todavia, a abordagem do assunto direcionada para concursos públicos, em geral, ainda é feita dessa forma, pelo que aqui, também, é adotada.

O equilíbrio econômico-financeiro do contrato administrativo, também chamado de equação financeira ou equação econômica, é a **relação entre os encargos do contratado e a retribuição da Administração para que haja a justa remuneração do contrato**. Essa equação, estabelecida inicialmente pelas partes, deve existir durante toda a execução do contrato, a fim de que o contratado não sofra indevida redução nos lucros normais do empreendimento e, dessa forma, toda vez que a Administração altere unilateralmente alguma cláusula contratual deve proceder aos reajustes econômicos necessários para se restabelecer o equilíbrio econômico-financeiro.

A Lei de Licitações prevê uma série de mecanismos para preservar ou restabelecer o equilíbrio econômico-financeiro do contrato, podendo citar como exemplos:

a) **reajustamento em sentido estrito:** forma de manutenção do valor real do contrato consistente na aplicação do índice de correção monetária previsto no contrato, que deve retratar a variação efetiva do custo de produção, admitida a adoção de índices específicos ou setoriais (art. 6º, LVIII);

b) **repactuação:** forma de manutenção do valor real do contrato utilizada para serviços contínuos com regime de dedicação exclusiva de mão de obra ou predominância de mão de obra, por meio da análise da variação dos custos contratuais, devendo estar prevista no edital com data vinculada à apresentação das propostas, para os custos decorrentes do mercado, e com data vinculada ao acordo, à convenção coletiva ou ao dissídio coletivo ao qual o orçamento esteja vinculado, para os custos decorrentes da mão de obra (art. 6º, LIX).

c) matriz de riscos: cláusula contratual definidora de riscos e de responsabilidades entre as partes e caracterizadora do equilíbrio econômico-financeiro inicial do contrato, em termos de ônus financeiro decorrente de eventos supervenientes à contratação (art. 6º, XXVII):

d) Pedido de restabelecimento do equilíbrio econômico-financeiro: formulado durante a vigência do contrato e antes de sua prorrogação (art. 131, parágrafo único). Assim, por acordo entre as partes poderá restabelecer o equilíbrio econômico-financeiro em caso de força maior, caso fortuito ou fato do príncipe ou em decorrência de fatos imprevisíveis ou previsíveis de consequências incalculáveis, que inviabilizem a execução do contrato tal como pactuada (art. 124, II, "d"). Não havendo acordo, o restabelecimento poderá ser pedido judicialmente, caso em que se admitirá os meios alternativos de resolução de controvérsias (art. 151, parágrafo único).

Nessa esteira, a Lei de Licitações estabelece que quando atendidas as condições do contrato e da matriz de alocação de riscos, será considerado mantido o equilíbrio econômico-financeiro, renunciando as partes aos pedidos de restabelecimento do equilíbrio relacionados aos riscos assumidos (art. 103, §5º), ressalvando a possibilidade do pedido, apenas, quando ocorrer as alterações unilaterais determinadas pela administração, bem como o aumento ou redução de tributos.

Ademais, deve-se lembrar que entre as cláusulas necessárias do contrato encontram-se o reajustamento, uma vez que o contrato deverá definir a data-base e a periodicidade do reajustamento de preços e os critérios de atualização monetária (art. 92, V); a fixação de prazo para resposta do pedido de repactuação de preços (art. 92, X); a matriz de risco, quando for o caso (92, IX); bem como a fixação de prazo para resposta ao pedido de restabelecimento do equilíbrio econômico-financeiro (art. 92, XI).

Inclusive, a Lei também prevê que "os preços contratados serão alterados, para mais ou para menos, conforme o caso, se houver, após a data da apresentação da proposta, criação, alteração ou extinção de quaisquer tributos ou encargos legais ou a superveniência de disposições legais, com comprovada repercussão sobre os preços contratados" (art. 134). Este dispositivo visa justamente a manutenção do equilíbrio econômico-financeiro, evitando que própria Administração ou o contratado inicie o objeto contratado em vantagem ou desvantagem, rompendo com o caráter comutativo dos contratos administrativos.

Por sua vez, as causas que fundamentam a aplicação da teoria da imprevisão, como o fato do príncipe, caso fortuito ou força maior, por exemplo, se não impossibilitarem a execução contratual, deverão ser sucedidas de medidas que recomponham o equilíbrio econômico-financeiro do contrato.

Enfim, a extinção contratual não é impedimento para reconhecimento do desequilíbrio econômico-financeiro, hipótese em que será concedida indenização por meio de termo indenizatório (art. 131).

6.4. Restrições ao uso da cláusula de exceção do contrato não cumprido (*exceptio non adimpleti contractus*)

Na esfera privada, se um dos contratantes não cumpre o pactuado o outro pode se recusar a cumprir o que lhe cabe, conforme o art. 477 do Código Civil. Por exemplo, caso determinado serviço não seja prestado, não haverá o pagamento. É a chamada **exceção do contrato não cumprido** (***exceptio non adimpleti contractus***).

Todavia, nos contratos administrativos, essa regra não é aplicada integralmente, em razão dos princípios da continuidade dos serviços públicos e da supremacia do interesse público. É possível a exceção do contrato não cumprido, mas de forma mitigada.

Por exemplo, caso a Administração Pública não faça o pagamento dos serviços executados pelo contratado, este não poderá se recusar a continuar realizando o serviço em razão da exceção do contrato não cumprido, exceto se o atraso no pagamento for superior a dois meses e, ainda, não se tratar de caso de calamidade pública, grave perturbação da ordem interna ou guerra, bem como ato ou fato que o contratado tenha praticado, do qual tenha participado ou contribuído, conforme estabelece o art. 137, §2º, IV e §3, Iº. Nestes casos, contudo, embora tenha o contratado direito à extinção contratual, a lei lhe faculta optar pela suspensão do cumprimento de suas obrigações até a normalização da situação.

ATENÇÃO!

1) o art. 137, §2º, IV prevê que é causa de extinção do contrato o **atraso superior a dois meses** do pagamento ou de parcelas de pagamentos devidos pela Administração por despesas de obras, serviços ou fornecimento, podendo o contratado optar pela suspensão do cumprimento de suas obrigações até que a situação seja normalizada (exceção do contrato não cumprido);

2) tradicionalmente, se diz que ocorre a inoponibilidade da exceção do contrato não cumprido e, às vezes, assim é cobrado nas provas, mas, atualmente, a doutrina considera que a exceção mencionada é aplicável aos contratos administrativos, apenas de forma diferenciada (por exemplo, só pode ocorrer após os dois meses de atraso) e, dessa forma, não é cláusula exorbitante, pois também está prevista nos contratos privados. Portanto, **cuidado** nas provas: às vezes será cobrado como inoponibilidade (que não pode ser oposta) da exceção ou como restrição à exceção do contrato não cumprido (essa forma seria a correta) e, em qualquer caso, para as bancas, a exceção é exemplo de cláusula exorbitante.

6.5. Controle e fiscalização do contrato administrativo

Entre as prerrogativas da Administração Púbica que compõem o regime jurídico administrativo instituído pela Lei de Licitações, cabe à própria Administração Pública **fiscalizar** a execução do contrato administrativo (art. 104, III).

Com efeito, além das diversas regras pertinentes ao edital de licitação, deverá conter aquelas relacionadas à fiscalização do contrato (art. 25). Nesse sentido, a execução do contrato deverá ser acompanhada e fiscalizada por 1 ou mais fiscais do contrato, representantes da Administração Pública.

Ao fiscal do contrato cabe anotar em registro próprio todas as ocorrências relacionadas à execução do contrato, determinando o que for necessário para sua regularização (art. 117, §1º).

Permite-se, inclusive, a contratação de terceiros para assisti-los ou subsidiá-los com informações pertinentes a essa atribuição (art. 117). Contudo, a contratação de terceiros não eximirá a responsabilidade do fiscal do contrato, nos limites das informações recebidas do terceiro contratado (art. 117, §4º, II). Além da contratação de terceiros, caberá, também, a assessoria jurídica e ao controle interno auxiliar o fiscal de contratos, dirimindo suas dúvidas e subsidiando-o com informações relevantes para prevenir riscos na execução contratual (art. 117, §3º).

Com efeito, o fiscal de contrato tem o dever de informar seus superiores as situações ou providências que ultrapassem sua esfera de competência (art. 117, §2º). Desse modo, verificando alguma irregularidade, a Administração fará as devidas determinações para que sejam sanadas, e o **desatendimento das determinações** dadas é caso de **rescisão unilateral** do contrato (art. 137, II).

Também, em decorrência da fiscalização da execução, nos casos de serviços essenciais, a Administração pode **ocupar provisoriamente** bens móveis, imóveis, pessoal e serviços vinculados ao objeto do contrato (art. 104, V, "a"). A mesma prerrogativa haverá na hipótese da necessidade de acautelar apuração administrativa de faltas contratuais pelo contratado (art. 104, V, "b").

6.6. Retomada do objeto

Com o objetivo de garantir a continuidade da execução do contrato, nos casos em que sua paralisação puder causar prejuízo ao interesse público e ao andamento do serviço público, o art. 139 da Lei de Licitações prevê medidas que podem ser adotadas quando houver **a rescisão unilateral do contrato**. São as seguintes:

a) **assunção imediata do objeto** do contrato, no Estado e local em que se encontrar, por ato próprio da Administração;

b) ocupação e utilização do local, instalações, equipamentos, material e pessoal empregados na execução do contrato, necessários à sua continuidade, na forma do art. 104, V. A **ocupação provisória** também pode ocorrer na hipótese de rescisão do contrato administrativo.

c) **execução da garantia contratual,** para ressarcimento da Administração por prejuízos da não execução, das verbas trabalhistas, fundiárias e previdenciárias, dos valores das multas e exigência de assunção da execução e conclusão do objeto pela seguradora, quando cabível;

d) **retenção dos créditos** decorrentes do contrato até o limite dos prejuízos causados à Administração.

6.7. Aplicação de sanções

A Administração Pública pode aplicar sanções diretamente ao licitante ou ao contratado quando praticarem **infrações administrativas**, as quais, nos termos do art. 155 da Lei nº 14.133/2021, são as seguintes:

a) dar causa à inexecução parcial do contrato;

b) dar causa à inexecução parcial do contrato que cause grave dano à Administração, ao funcionamento dos serviços públicos ou ao interesse coletivo;

c) dar causa à inexecução total do contrato;

d) deixar de entregar a documentação exigida para o certame;

e) não manter a proposta, salvo em decorrência de fato superveniente devidamente justificado;

f) não celebrar o contrato ou não entregar a documentação exigida para a contratação, quando convocado dentro do prazo de validade de sua proposta;

g) ensejar o retardamento da execução ou da entrega do objeto da licitação sem motivo justificado;

h) apresentar declaração ou documentação falsa exigida para o certame ou prestar declaração falsa durante a licitação ou a execução do contrato;

i) fraudar a licitação ou praticar ato fraudulento na execução do contrato;

j) comportar-se de modo inidôneo ou cometer fraude de qualquer natureza;

h) praticar atos ilícitos com vistas a frustrar os objetivos da licitação;

l) praticar ato lesivo previsto no art. 5º da Lei Anticorrupção (Lei nº 12.846/2013).

Nesses casos, observados os princípios constitucionais do contraditório e da ampla defesa, são **sanções** passíveis de **aplicação direta pela Administração Pública** (art. 156):

a) **advertência**;

b) **multa**;

c) **impedimento de licitar e contratar**;

d) **declaração de inidoneidade para licitar ou contratar**.

Quando da **aplicação das penalidades**, há algumas disposições gerais que são:

a) A autoridade deverá considerar (art. 156, §1º): • a natureza e a gravidade da infração cometida; • as peculiaridades do caso concreto; • as circunstâncias agravantes ou atenuantes; • os danos que dela provierem para a Administração Pública; • a implantação ou o aperfeiçoamento de programa de integridade, conforme as normas e orientações dos órgãos de controle.

b) A **única modalidade passível de aplicação cumulativa com as demais é a multa** (art. 156, §7º).

c) A aplicação de qualquer das penalidades não exime o contratado da obrigação de reparar integralmente o dano causado à Administração Pública (art. 156, §9º).

d) Os atos previstos como infrações administrativas na Lei nº 14.133/2021 e em outras leis de licitações e contratos, que também sejam tipificados como atos lesivos na Lei nº 12.846/2013 (Lei Anticorrupção), serão apurados e julgados conjuntamente, nos mesmos autos, observados o rito procedimental e a autoridade competente definidos nessa lei.

Por fim, a lei prevê o instituto da **desconsideração de personalidade jurídica** no art. 160, que prevê "a personalidade jurídica poderá ser desconsiderada sempre que utilizada com abuso do direito para facilitar, encobrir ou dissimular a prática dos atos ilícitos previstos nesta Lei ou para provocar confusão patrimonial, e, nesse caso, todos os efeitos das sanções aplicadas à pessoa jurídica serão estendidos aos seus administradores e sócios com poderes de administração, a pessoa jurídica sucessora ou a empresa do mesmo ramo com relação de coligação ou controle, de fato ou de direito, com o sancionado, observados, em todos os casos, o contraditório, a ampla defesa e a obrigatoriedade de análise jurídica prévia."

6.7.1. Advertência

Das penalidades previstas na Lei nº 14.133/21, certamente a advertência é a penalidade mais branda, aplicável, exclusivamente, para as infrações mais leves.

Nos termos do inciso I do art. 156, a aplicação da advertência se dará, exclusivamente, ao **contratado que der causa à inexecução parcial do objeto do contrato**, exceto se a conduta justificar punição mais severa.

Diversamente do que ocorreu com as demais hipóteses punitivas, a Lei não prevê prazo de defesa para a advertência. Não obstante, o direito punitivo administrativo está condicionado à observância de alguns princípios constitucionais, em especial o princípio do contraditório, da ampla defesa, da proporcionalidade e da adequação punitiva e, dessa forma, deve ser oportunizado prazo para defesa.

6.7.2. Multa

A multa é pena pecuniária imposta ao contratado por qualquer das condutas descritas no art. 155 da Lei de Licitações (art. 156, §3º), podendo ser aplicada de forma cumulativa às outras sanções (art. 156, §7º).

Será calculada na forma do edital ou contrato, mas não pode o valor da multa ser inferior a 0,5% nem superior a 30% do valor do contrato licitado ou celebrado com contratação direta.

A Administração pode converter a multa aplicada em multa compensatória e promover a extinção unilateral do contrato, aplicando-se as outras sanções previstas na Lei de Licitações (art. 162, parágrafo único).

Para a sua aplicação, prevê a lei expressamente o prazo de 15 úteis para defesa, contado da data da intimação.

Enfim, se a multa aplicada e as indenizações cabíveis superarem o valor devido pela Administração ao contratado, além da perda desse valor, a diferença será descontada da garantia ou cobrada judicialmente (art. 156, §8º).

6.7.3. Impedimento de licitar ou contratar

A penalidade de impedimento de licitar ou contratar é aplicável, quando não se justificar a aplicação de pena mais grave, na hipótese de o licitante ou o contratante cometer uma das seguintes infrações (art. 156, §4º):

a) dar causa à inexecução parcial do contrato que cause grave dano à Administração, ao funcionamento dos serviços públicos ou ao interesse coletivo;

b) dar causa à inexecução total do contrato;

c) deixar de entregar a documentação exigida para o certame;

d) não manter a proposta, salvo em decorrência de fato superveniente devidamente justificado;

e) não celebrar o contrato ou não entregar a documentação exigida para a contratação, quando convocado dentro do prazo de validade de sua proposta;

f) ensejar o retardamento da execução ou da entrega do objeto da licitação sem motivo justificado;

Com a aplicação da penalidade, o sancionado ficará impedido de licitar ou contratar na Administração direta e indireta do ente federativo que tiver aplicado a punição, pelo prazo máximo de 3 anos (art. 156, §4º).

6.7.4. Declaração de inidoneidade para licitar ou contratar

De todas as punições administrativas previstas na Lei nº 14.133/21, a declaração de inidoneidade para licitar ou contratar é a mais severa.

Será aplicada quando couber a pena de impedimento de licitar ou contratar e houver justificativa para aplicar pena mais grave que ela e nas seguintes situações (art. 156, §5º):

a) apresentar declaração ou documentação falsa exigida para o certame ou prestar declaração falsa durante a licitação ou a execução do contrato;

b) fraudar a licitação ou praticar ato fraudulento na execução do contrato;

c) comportar-se de modo inidôneo ou cometer fraude de qualquer natureza;

d) praticar atos ilícitos com vistas a frustrar os objetivos da licitação;

e) praticar ato lesivo previsto no art. 5º da Lei nº 12.846/2013. De acordo com esse dispositivo, são as seguintes condutas: • prometer, oferecer ou dar, direta ou indiretamente, vantagem indevida a agente público, ou a terceira pessoa a ele relacionada; • comprovadamente, financiar, custear, patrocinar ou de qualquer modo subvencionar a prática dos atos ilícitos previstos nesta Lei; • comprovadamente, utilizar-se de interposta pessoa física ou jurídica para ocultar ou dissimular seus reais interesses ou a identidade dos beneficiários dos atos praticados; • no tocante a licitações e contratos: 1) frustrar ou fraudar, mediante ajuste, combinação ou qualquer outro expediente, o caráter competitivo de procedimento licitatório público; 2) impedir, perturbar ou fraudar a realização de qualquer ato de procedimento licitatório público; 3) afastar ou procurar afastar licitante, por meio de fraude ou oferecimento de vantagem de qualquer tipo; 4) fraudar licitação pública ou contrato dela decorrente; 5) criar, de modo fraudulento ou irregular, pessoa jurídica para participar de licitação pública ou celebrar contrato administrativo; 6) obter vantagem ou benefício indevido, de modo fraudulento, de modificações ou prorrogações de contratos celebrados com a administração pública, sem autorização em lei, no ato convocatório da licitação pública ou nos respectivos instrumentos contratuais; ou 7) manipular ou fraudar o equilíbrio econômico-financeiro dos contratos celebrados com a administração pública; dificultar atividade de investigação ou fiscalização de órgãos, entidades ou agentes públicos, ou intervir em sua atuação, inclusive no âmbito das agências reguladoras e dos órgãos de fiscalização do sistema financeiro nacional.

Ainda nos termos desse dispositivo, a declaração de inidoneidade para licitar ou contratar produzirá efeitos na Administração direta e indireta de todos os entes federativos, pelo prazo mínimo de 3 anos e máximo de 6 anos.

Veja, abaixo, quadro-resumo relacionando as condutas e punições previstas na Lei nº 14.133/21:

PENALIDADE	CABIMENTO
Advertência	Der causa à inexecução parcial do objeto (quando não se justificar a imposição de pena mais grave)
Multa Mínimo de 0,5% e máximo de 30% do valor da contratação	Prática de qualquer das infrações previstas no art. 155 (aplicável cumulativamente com qualquer das outras sanções)
Impedimento de licitar ou contratar	(Quando a conduta não justificar penalidade mais grave) • dar causa à inexecução parcial do contrato que cause grave dano à Administração, ao funcionamento dos serviços públicos ou ao interesse coletivo; • dar causa à inexecução total do contrato; • deixar de entregar a documentação exigida para o certame; • não manter a proposta, salvo em decorrência de fato superveniente devidamente justificado; • não celebrar o contrato ou não entregar a documentação exigida para a contratação, quando convocado dentro do prazo de validade de sua proposta; • ensejar o retardamento da execução ou da entrega do objeto da licitação sem motivo justificado.
Declaração de inidoneidade para licitar ou contratar	• quando couber a pena de impedimento de licitar ou contratar e houver justificativa para aplicar pena mais grave • apresentar declaração ou documentação falsa exigida para o certame ou prestar declaração falsa durante a licitação ou a execução do contrato; • fraudar a licitação ou praticar ato fraudulento na execução do contrato; • comportar-se de modo inidôneo ou cometer fraude de qualquer natureza; • praticar atos ilícitos com vistas a frustrar os objetivos da licitação;

PENALIDADE	CABIMENTO
Declaração de inidoneidade para licitar ou contratar	• praticar ato lesivo previsto no art. 5º da Lei Anticorrupção: a) prometer, oferecer ou dar, direta ou indiretamente, vantagem indevida a agente público, ou a terceira pessoa a ele relacionada; b) comprovadamente, financiar, custear, patrocinar ou de qualquer modo subvencionar a prática dos atos ilícitos previstos nesta Lei; c) comprovadamente, utilizar-se de interposta pessoa física ou jurídica para ocultar ou dissimular seus reais interesses ou a identidade dos beneficiários dos atos praticados; d) no tocante a licitações e contratos: 1) frustrar ou fraudar, mediante ajuste, combinação ou qualquer outro expediente, o caráter competitivo de procedimento licitatório público; 2) impedir, perturbar ou fraudar a realização de qualquer ato de procedimento licitatório público; 3) afastar ou procurar afastar licitante, por meio de fraude ou oferecimento de vantagem de qualquer tipo; 4) fraudar licitação pública ou contrato dela decorrente; 5) criar, de modo fraudulento ou irregular, pessoa jurídica para participar de licitação pública ou celebrar contrato administrativo; 6) obter vantagem ou benefício indevido, de modo fraudulento, de modificações ou prorrogações de contratos celebrados com a administração pública, sem autorização em lei, no ato convocatório da licitação pública ou nos respectivos instrumentos contratuais; ou 7) manipular ou fraudar o equilíbrio econômico-financeiro dos contratos celebrados com a administração pública; dificultar atividade de investigação ou fiscalização de órgãos, entidades ou agentes públicos, ou intervir em sua atuação, inclusive no âmbito das agências reguladoras e dos órgãos de fiscalização do sistema financeiro nacional.

6.7.5. Processo de Responsabilização

Para a aplicação de qualquer das sanções é indispensável a regular apuração em processo administrativo sancionatório, no qual sejam asseguradas as garantias da ampla defesa e do contraditório. Todavia, em razão da maior severidade das penas de impedimento de licitar ou contratar e de declaração de inidoneidade, a lei, no art. 158, expressamente exige a **instauração de processo de responsabilização** e sobre ele determina que:

a) Seja **conduzido por comissão** composta por 2 ou mais servidores estáveis, que avaliará fatos e circunstâncias. No caso de órgãos ou entidades cujo regime funcional seja o celetista, a comissão deverá ser composta por 2 ou mais empregados públicos do quadro permanente, de preferência com, no mínimo, 3 anos de tempo de serviço;

b) A comissão intime o licitante ou contratante para, no prazo de 15 dias úteis, apresentar defesa escrita e especificar as provas que pretenda produzir. Serão indeferidas pela comissão, mediante decisão fundamentada, provas ilícitas, impertinentes, desnecessárias, protelatórias ou intempestivas.

c) Se a comissão deferir pedido de produção de novas provas ou de juntada de provas que considere indispensáveis, o licitante ou o contratado poderá apresentar alegações finais no prazo de 15 úteis, contados da intimação.

De maneira específica quanto à aplicação da pena de declaração de inidoneidade, determina a lei que será precedida de análise jurídica e:

a) Quando aplicada por órgão do Poder Executivo, será de competência exclusiva de ministro de Estado, de secretário estadual ou de secretário municipal e, quando aplicada por autarquia ou fundação, será de competência exclusiva da autoridade máxima da entidade;

b) Quando aplicada por órgãos dos Poderes Legislativo e Judiciário, pelo Ministério Público e pela Defensoria Pública no desempenho da função administrativa, será de competência exclusiva de autoridade de nível hierárquico equivalente às autoridades mencionadas no item anterior, na forma de regulamento.

6.7.6. Prescrição

A prescrição é a extinção do direito de punir em virtude da inércia no prazo fixado em lei. Com isso, a Lei nº 14.133/21 fixou determinados prazos para que a Administração Pública aplique as punições aos licitantes ou contratados.

Conforme previsão expressa no art. 158, §4º, a prescrição ocorrerá em 5 anos, **contados da ciência da infração pela Administração**, e será:

a) **interrompida** pela instauração do processo de responsabilização;

b) **suspensa**: • pela celebração de acordo de leniência previsto na Lei nº 12.846/2013; • por decisão judicial que inviabilize a conclusão da apuração administrativa.

6.7.7. Reabilitação

A reabilitação do licitante ou contratado, instituto anteriormente previsto na Lei nº 8.666/93 e agora na Lei nº 14.133/2021, tem por finalidade reintegrar os agentes econômicos punidos administrativamente para as contratações públicas. Com isso, ao contrário de isolar o licitante ou contratado punido, o que traz diversos efeitos deletérios, com potencial redução de competidores nas contratações públicas, além possível geração de desempregos, a lei estabelece condições para que promova sua reabilitação e volte a participar dos certames (TONIN, 2021).

O art. 163 enuncia que é admitida a reabilitação do licitante ou contratado perante a própria autoridade que aplicou a penalidade, exigidos, cumulativamente:

- reparação integral do dano causado à Administração Pública;
- pagamento da multa;
- transcurso do prazo mínimo de 1 ano da aplicação da penalidade, no caso de impedimento de licitar e contratar, ou de 3 anos da aplicação da penalidade, no caso de declaração de inidoneidade;

- cumprimento das condições de reabilitação definidas no ato punitivo;
- análise jurídica prévia, com posicionamento conclusivo quanto ao cumprimento dos requisitos definidos neste artigo.

Além desses requisitos, deverá o licitante ou contratado implantar ou aperfeiçoar programa de integridade como condição para reabilitação quando houver sido punido pelas seguintes infrações: a) quando apresentar declaração ou documentação falsa exigida para o certame ou prestar declaração falsa durante a licitação ou execução do contrato (inciso VIII, art. 155); b) quando praticar ato lesivo previsto no art. 5º da Lei Anticorrupção (inciso XII, art. 155).

7. DURAÇÃO DO CONTRATO ADMINISTRATIVO

De acordo com o art. 105 da Lei nº 14.133/2021, a **duração do contrato administrativo será a prevista no edital**, determinando, ainda, esse dispositivo que, no momento da contratação e a cada exercício financeiro (a cada ano), deve ser observada a disponibilidade de crédito orçamentário. Destaca-se que se a duração for **superior a um exercício financeiro**, deve haver a previsão lei do **plano plurianual.**

Existe discricionariedade da Administração em determinar a duração do contrato, a depender do objeto a ser contratado e, portanto, pode ser, por exemplo, de um ano, de dois anos, de três anos. No edital constará sua duração. Porém, o que lei determina, em decorrência do contido nos artigos da Constituição Federal, é a necessidade de existência de crédito orçamentário e de previsão no plano plurianual, caso superior a um ano.

Além dessa previsão geral, a nova lei tem vários outros dispositivos estabelecendo prazos maiores de duração e até da sua prorrogação.

Nesse sentido, a Administração poderá celebrar contratos com **prazo de até 5 anos** nas hipóteses de **serviços e fornecimentos contínuos**, observadas as seguintes **diretrizes** (art. 106):

a) a autoridade deverá atestar a maior vantagem vislumbrada na contratação plurianual;

b) a administração deverá atestar, logo no início da contratação e no início de cada exercício, a existência de créditos orçamentários vinculados à contratação, bem como a vantagem em manter o contrato vigente;

c) a administração terá a opção de extinguir o contrato, sem ônus, se verificar que não dispõe de créditos orçamentários para sua continuidade ou se entender que o contrato não mais lhe oferece vantagem, sendo que a extinção, neste caso, ocorrerá apenas na próxima data de aniversário do contrato e não poderá ocorrer em prazo inferior a dois meses, contado da referida data.

Os contratos de **serviços e fornecimentos contínuos**, portanto, poderão ser celebrados com prazo inicial de até 5 anos e, nos termos do art. 107, poderão ser **prorrogados sucessivamente**, respeitada a **vigência máxima de 10 anos**, desde que haja previsão editalícia e a autoridade competente ateste que as condições e os preços permanecem vantajosos, sendo permitida a negociação com o contratado ou a extinção do contrato sem ônus para as partes.

Por sua vez, o art. 108 elenca situações em que a Administração poderá celebrar contratos com **prazo de até 10 anos**. São as seguintes hipóteses de dispensa de licitação, previstas nas alíneas "f" e "g" do inciso IV e nos incisos V, VI, XII e XVI do caput do art. 75:

a) para contratação que tenha por objeto:
   - bens ou serviços produzidos ou prestados no País que envolvam, cumulativamente, alta complexidade tecnológica e defesa nacional;
   - materiais de uso das Forças Armadas, com exceção de materiais de uso pessoal e administrativo, quando houver necessidade de manter a padronização requerida pela estrutura de apoio logístico dos meios navais, aéreos e terrestres, mediante autorização por ato do comandante da força militar;

b) para contratação com vistas ao cumprimento do disposto nos artigos 3º, 3º-A, 4º, 5º e 20 da Lei nº 10.973, de 2 de dezembro de 2004, observados os princípios gerais de contratação constantes da referida Lei;

c) para contratação que possa acarretar comprometimento da segurança nacional, nos casos estabelecidos pelo Ministro de Estado da Defesa, mediante demanda dos comandos das Forças Armadas ou dos demais ministérios;

d) para contratação em que houver transferência de tecnologia de produtos estratégicos para o Sistema Único de Saúde (SUS), conforme elencados em ato da direção nacional do SUS, inclusive por ocasião da aquisição desses produtos durante as etapas de absorção tecnológica, e em valores compatíveis com aqueles definidos no instrumento firmado para a transferência de tecnologia;

e) para aquisição, por pessoa jurídica de direito público interno, de insumos estratégicos para a saúde produzidos por fundação que, regimental ou estatutariamente, tenha por finalidade apoiar órgão da Administração Pública direta, sua autarquia ou fundação em projetos de ensino, pesquisa, extensão, desenvolvimento institucional, científico e tecnológico e de estímulo à inovação, inclusive na gestão administrativa e financeira necessária à execução desses projetos, ou em parcerias que envolvam transferência de tecnologia de produtos estratégicos para o SUS, nos termos do inciso XII do caput deste artigo, e que tenha sido criada para esse fim específico em data anterior à entrada em vigor desta Lei, desde que o preço contratado seja compatível com o praticado no mercado.

Há, também, previsão de duração diferenciada no **contrato que gere receita** e no **contrato de eficiência** que gere economia para a Administração, porque nesses casos poderão ser celebrados com prazos de (art. 110):

a) **até 10 anos**, nos contratos **sem investimento**;

b) **até 35 anos**, nos contratos **com investimento** - aqueles que impliquem a elaboração de benfeitorias permanentes, realizadas às expensas do contratado, que serão revertidas ao patrimônio da Administração Pública ao término contratual.

Uma particularidade existe quanto aos chamados **contratos por escopo**.

De acordo com o art. 6º, XII, são "aqueles que impõem ao contratado o dever de realizar a prestação de um serviço específico em período predeterminado, podendo ser prorrogado, desde que justificadamente, pelo prazo necessário à conclusão do objeto".

Assim, nos contratos por escopo a sua **prorrogação vincula-se ao seu objeto**, isto é, ao tempo suficiente para que esteja concluído. Mas, deve haver atenção, quando celebrado estabeleceu-se um prazo para a sua duração, nos termos da regra geral do art. 105 e, posteriormente, não tendo sido possível a conclusão de seu objeto é que terá lugar essa **prorrogação automática até que seja concluído** (art. 111, *caput*).

Todavia, caso a conclusão do objeto não ocorreu por culpa do contratado, a Administração poderá constitui-lo em mora e aplicar-lhe as sanções ou optar pela extinção do contrato, adotando as medidas necessárias para a continuidade de sua execução (art. 111, parágrafo único).

Há, também, na lei regramento diferenciado em relação aos contratos **de fornecimento ou prestação de serviço associado** que, nos termos do art. 6º, XXXIV, é o "regime de contratação em que, além do fornecimento do objeto, o contratado responsabiliza-se por sua operação, manutenção ou ambas, por tempo determinado". Nesse regime de contratação há dois momentos: o primeiro em que ocorre o fornecimento do objeto e o segundo, no qual se dá a operação ou manutenção do objeto entregue.

E, conforme o art. 113, o prazo de **duração** do contrato, na hipótese de **contrato firmado sob o regime de fornecimento e prestação de serviço associado**, será a soma dos prazos de cada uma das etapas dessa contratação e, assim, sua **vigência** máxima será definida pela **soma do prazo relativo ao fornecimento inicial ou à entrega da obra com o prazo relativo ao serviço de operação e manutenção, este limitado a 5 anos contados da data de recebimento do objeto, autorizada a prorrogação por até 10 anos** (art. 113).

De outro modo, os **contratos de operação continuada de sistemas estruturantes de tecnologia da informação** poderão ter **vigência máxima de 15 anos** (art. 114).

Ao contrário da vedação contida no art. 57, §3º, da Lei nº 8.666/93 quanto à existência de contratos por prazo indeterminado, a Nova Lei de Licitações inova e, no art. 109, expressamente, estabelece que a "Administração poderá estabelecer a **vigência por prazo indeterminado nos contratos em que seja usuária de serviço público oferecido em regime de monopólio**, desde que comprovada, a cada exercício financeiro, a existência de créditos orçamentários vinculados à contratação".

Por fim, cumpre destacar a previsão contida no art. 112 da Lei nº 14.133/2021 de que **os prazos nela estabelecidos não revogam e nem excluem os prazos previstos em lei especial** como é o caso, para exemplificar, da previsão de duração do contrato de parceria público-privada de, no mínimo, 5 anos e, no máximo, 35 anos, nos termos do art. 5º, I, da Lei nº 11.079/2004.

Para fixação:

<table>
<tr><th colspan="2">DURAÇÃO DOS CONTRATOS</th></tr>
<tr><td colspan="2">REGRA GERAL (art. 105)
Prazo previsto no edital
- Observância da disponibilidade orçamentária:
a) no momento da contratação; e b) a cada exercício financeiro
- Se prazo for superior a um ano, deve haver previsão no plano plurianual</td></tr>
<tr><td colspan="2">SITUAÇÕES ESPECÍFICAS</td></tr>
<tr><td>Contratos de serviços e fornecimentos contínuos (art. 106)</td><td>Até 5 anos
(pode ser prorrogado, sucessivamente, até o máximo de 10 anos)</td></tr>
<tr><td>Contratação de (art. 108):
a) bens ou serviços produzidos ou prestados no País que envolvam, cumulativamente, alta complexidade tecnológica e defesa nacional;
b) materiais de uso das Forças Armadas, com exceção de materiais de uso pessoal e administrativo, quando houver necessidade de manter a padronização requerida pela estrutura de apoio logístico dos meios navais, aéreos e terrestres, mediante autorização por ato do comandante da força militar;
c) para contratação com vistas ao cumprimento do disposto nos arts. 3º, 3º-A, 4º, 5º e 20 da Lei nº 10.973, de 2 de dezembro de 2004, observados os princípios gerais de contratação constantes da referida Lei;
c) para contratação que possa acarretar comprometimento da segurança nacional, nos casos estabelecidos pelo Ministro de Estado da Defesa, mediante demanda dos comandos das Forças Armadas ou dos demais ministérios;
d) para contratação em que houver transferência de tecnologia de produtos estratégicos para SUS, conforme elencados em ato da direção nacional do SUS, inclusive por ocasião da aquisição desses produtos durante as etapas de absorção tecnológica, e em valores compatíveis com aqueles definidos no instrumento firmado para a transferência de tecnologia;</td><td>Até 10 anos</td></tr>
</table>

DURAÇÃO DOS CONTRATOS	
e) **para aquisição, por pessoa jurídica de direito público interno, de insumos estratégicos para a saúde** produzidos por fundação que, regimental ou estatutariamente, tenha por finalidade apoiar órgão da Administração Pública direta, sua autarquia ou fundação em projetos de ensino, pesquisa, extensão, desenvolvimento institucional, científico e tecnológico e de estímulo à inovação, inclusive na gestão administrativa e financeira necessária à execução desses projetos, ou em parcerias que envolvam transferência de tecnologia de produtos estratégicos para o SUS, nos termos do inciso XII do caput do art. 75, e que tenha sido criada para esse fim específico em data anterior à entrada em vigor desta Lei, desde que o preço contratado seja compatível com o praticado no mercado.	**Até 10 anos**
Contrato (art. 110) a) Que **gere receita**; e b) De **eficiência**, que gere economia para a Administração	- **Até 10 anos**, nos contratos **sem investimento** - **Até 35 anos**, nos contratos **com investimento**
Contrato sob o regime de **fornecimento e prestação de serviço associado** (art. 113)	Soma do a) **Prazo** do **fornecimento inicial ou entrega da obra** + b) **Prazo** do **serviço de operação e manutenção** (limitado a **5 anos**) - **Prorrogação**: por **até 10 anos**
Contratos de **operação continuada de sistemas estruturantes de tecnologia da informação** (art. 114)	**Até 15 anos**
Contratos em que Administração seja **usuária de serviço público oferecido em regime de monopólio** (art. 109)	**Prazo indeterminado**
Contratos por **escopo** (art. 111)	Prazo definido no **edital** **Prorrogação automática** até a conclusão do objeto

8. EXECUÇÃO DO CONTRATO

A nova Lei de Licitações cuida da execução do contrato nos artigos 115 ao 123. Embora despiciendo, o capítulo VI cristaliza o princípio *pacta sunt servanda*, isto é, a força obrigatória dos contratos, ao iniciar o art. 115 dispondo sobre o dever de execução do contrato pelas partes.

Na forma da Lei, em caso de impedimento, paralisação ou suspensão do contrato, o cronograma de execução será prorrogado automaticamente pelo tempo correspondente. Tratando-se de obras, se isso ocorrer por mais de um mês, a Administração deverá divulgar aviso público de obra paralisada, dispondo sobre o motivo e o responsável pela inexecução temporária, bem como a data prevista para o reinício. Esse aviso constará de página oficial e em placa no local da obra em que os cidadãos possam facilmente visualizar (art. 115, §§ 5º e 6º). A legislação inovou e trouxe excelente ferramenta de controle social.

Estabelece o § 4º do art. 115 que, nas contratações de obras e serviços de engenharia, sempre que a responsabilidade pelo licenciamento ambiental for da Administração, a manifestação prévia ou licença prévia, quando cabíveis, deverão ser obtidas antes da divulgação do edital.

Ademais, ao longo de toda a execução do contrato, o contratado deverá cumprir a reserva de cargos prevista em lei para pessoa com deficiência, para reabilitado da Previdência Social ou para aprendiz, bem como as reservas de cargos previstas em outras normas específicas (Art. 116). A reserva de vagas é um dos requisitos da fase de habilitação nas licitações (art. 62, IV), constituindo, inclusive, uma das cláusulas necessárias do contrato (art. 92, XVII). Pretende o artigo 116 evitar que se cumpram tais requisitos em um primeiro momento, descumprindo-os posteriormente. Atenta a isso, dentre as hipóteses de extinção unilateral do contrato encontra-se o descumprimento da reserva de vagas (art. 137, IX).

Para verificar o fiel cumprimento do contrato, o fiscal de contrato representante da Administração Pública acompanhará sua execução (art. 117), permitida a contratação de terceiros para assisti-los ou subsidiá-los. Inclusive, com a inclusão do § 7º ao art. 92, pela Lei nº 14.770/2023, há na lei a definição do que se considera como **adimplemento da obrigação contratual**: "a prestação do serviço, a realização da obra ou a entrega do bem, ou parcela destes, bem como qualquer outro evento contratual a cuja ocorrência esteja vinculada a emissão de documento de cobrança."

Por sua vez, atenta ao princípio da eficiência e considerando que as trocas de governo podem implicar desinteresse na continuidade das obras iniciadas pela gestão anterior, a lei estabeleceu expressa proibição de a Administração retardar imotivadamente a execução de obra ou serviço, ou de suas parcelas, inclusive na hipótese de posse do respectivo chefe do Executivo ou do novo titular do órgão ou entidade (art. 115, §1º).

Enfim, é dever da administração emitir decisões sobre todas as solicitações e reclamações relacionadas à execução dos contratos, com exceção dos requerimentos manifestamente impertinentes, meramente protelatórios ou de nenhum interesse à boa execução do contrato (art. 123). Inclusive, não havendo prazo em contrário em lei ou disposição contratual, a Administração terá o prazo de 1 mês para decidir, admitindo-se a prorrogação, motivadamente, por igual período (art. 123, parágrafo único).

8.1. Responsabilidade

Ambas as partes devem cumprir as cláusulas contratuais e cada uma responderá pelas consequências da inexecução total ou parcial do contrato (art. 115).

O contratado é **obrigado** a **reparar**, **corrigir**, **remover**, **reconstruir** ou **substituir**, às suas expensas, no total ou em parte, o **objeto** do contrato em que se verificarem **vícios**, **defeitos** ou **incorreções** resultantes da execução ou de materiais empregados (art. 119).

O **contratado é responsável**:

a) pelos **danos causados diretamente à Administração ou a terceiros**, decorrentes de sua **culpa** ou **dolo** na execução do contrato, não excluindo ou reduzindo essa responsabilidade a fiscalização ou o acompanhamento pelo órgão interessado (art. 120). A fiscalização da Administração não isenta o contratado pelos danos que causar, isto é, não é possível a alegação de *culpa in vigilando* da Administração;

b) pelos **encargos trabalhistas, previdenciários, fiscais e comerciais** resultantes da execução do contrato (art. 121);

c) mesmo após o recebimento (provisório ou definitivo) do objeto pela Administração (art. 140, § 2º):

   - **civilmente** pela solidez e segurança da obra ou do serviço;
   - ético-profissional pela perfeita execução do contrato.

Na hipótese do contratado se tornar inadimplente quanto aos encargos **trabalhistas, fiscais** e **comerciais**, sua responsabilidade pelo pagamento **não se transfere** à **Administração Pública, nem poderá onerar** o objeto do contrato ou **restringir a regularização** e o **uso** das obras e edificações, inclusive perante o Registro de Imóveis (art. 121, § 1º).

Por sua vez, em relação às contratações de serviços contínuos com regime de dedicação exclusiva de mão de obra, a Administração responderá solidariamente em relação aos encargos previdenciários e subsidiariamente pelos encargos trabalhistas se comprovada falha na fiscalização do cumprimento das obrigações do contratado (art. 121, §2º).

E como fiscalizar o cumprimento contratual?

Na forma do art. 50, nos contratos de serviços com regime de dedicação exclusiva de mão de obra, é obrigação do contratado apresentar, quando solicitado pela Administração, comprovação do cumprimento das obrigações trabalhistas e com o Fundo de garantia do Tempo de Serviço (FGTS) em relação aos empregados envolvidos na execução do contrato, em especial quanto ao:

a) recibo de pagamento de salários, adicionais, horas extras, repouso semanal e 13º;

b) comprovante de depósito do FGTS;

c) recibo de quitação de obrigações trabalhistas e previdenciárias dos empregados dispensados até a data da extinção do contrato;

d) recibo de pagamento de vale-transporte e vale-alimentação.

Ademais, nos casos em que há responsabilidade trabalhista **subsidiária** da Administração Pública (contratos contínuos com regime de dedicação exclusiva de mão de obra), além das medidas previstas no art. 50, o edital de licitação ou o contrato poderá prever, entre outras medidas (art. 121, §3º):

a) exigência de caução, fiança bancária ou contratação de seguro-garantia com cobertura de verbas rescisórias inadimplidas;

b) condicionar o pagamento à comprovação de quitação das obrigações trabalhistas vencidas relativas ao contrato;

c) efetuar o depósito de valores em conta vinculada;

d) em caso de inadimplemento, efetuar diretamente o pagamento das verbas trabalhistas, que serão deduzidas do pagamento devido ao contratado;

e) estabelecer que os valores destinados a férias, a 13º salário, a ausências legais e a verbas rescisórias dos empregados do contrato que participarem da execução do serviço serão pagos pelo contratante ao contratado somente na ocorrência do fato gerador.

Os valores depositados em conta vinculada são absolutamente impenhoráveis, conforme prevê o §4º do art. 121. Essa passagem merece um comentário. Os parágrafos §2º e §3º do art. 115 foram vetados, porque, entre os motivos, ao prever que a expedição de ordem de serviços seria obrigatoriamente precedida de depósito em conta vinculada, infringiria o princípio de unidade de tesouraria (Mensagem 118/2021 – Razões dos Vetos). Entretanto, a previsão contida no art. 121 não foi vetada, e, por isso, com a publicação da lei, está valendo e pode ser utilizada.

ATENÇÃO! Havia bastante discussão na esfera trabalhista quanto ao § 1º do art. 71 da Lei nº 8.666/93(que prevê responsabilidade trabalhista subsidiária).

Em razão disso, houve a propositura da **Ação Declaratória de Constitucionalidade (ADC) nº 16** e, nela, o Supremo Tribunal Federal decidiu que o § 1º do art. 71 é constitucional e, assim, é vedada a aplicação de responsabilidade subsidiária à Administração Pública de forma automática, apenas pela constatação de inadimplemento dos direitos trabalhistas pela empresa contratada. Por outro lado, foi decidido que, como a Administração Pública tem o dever de licitar e fiscalizar de forma eficaz a execução do contrato, inclusive quanto ao adimplemento de direitos trabalhistas, se verificada, no caso concreto, a omissão da Administração no seu dever de fiscalizar, é possível **"a imputação de responsabilidade subsidiária à Administração Pública por *culpa in eligendo* ou *in vigilando*".**

Sobre o mesmo tema, o STF, no RE 760931, fixou a seguinte tese de repercussão geral: "O inadimplemento dos encargos trabalhistas dos empregados do contratado não transfere automaticamente ao Poder Público contratante a responsabilidade pelo seu pagamento, seja em caráter solidário ou subsidiário, nos termos do art. 71, § 1º, da Lei nº 8.666/93".

Em razão da decisão do STF na ADC 16, o TST alterou o teor do item IV da Súmula 331 e incluiu o item V, pondo fim à discussão:

> *IV – O inadimplemento das obrigações trabalhistas, por parte do empregador, implica a responsabilidade subsidiária do tomador dos serviços quanto àquelas obrigações, desde que haja participado da relação processual e conste também do título executivo judicial.*
>
> *V – Os entes integrantes da Administração Pública direta e indireta respondem subsidiariamente, nas mesmas condições do item IV, caso evidenciada a sua conduta culposa no cumprimento das obrigações da Lei n.º 8.666, de 21.06.1993, especialmente na fiscalização do cumprimento das obrigações contratuais e legais da prestadora de serviço como empregadora. A aludida responsabilidade não decorre de mero inadimplemento das obrigações trabalhistas assumidas pela empresa regularmente contratada.*

Esses julgados, embora proferidos sob a égide da Lei nº 8.666/93, são perfeitamente aplicáveis à Lei 14.133/2021, acrescendo-se que a Nova Lei detalhou bastante a forma de fiscalização do cumprimento do contrato e a sua inobservância poderá caracterizar a falta ou falha na fiscalização pelo Poder Público e, em consequência, a sua responsabilização.

8.2. Subcontratação

Os contratos administrativos, como tivemos a oportunidade de abordar, são personalíssimos, devendo ser cumpridos pelo vencedor da licitação. Nesse sentido, entre as causas de extinção do contrato está a dissolução da sociedade ou o falecimento do contratado (art. 137, IV).

Contudo, na execução do contrato e sem prejuízo das responsabilidades contratuais e legais, a Lei 14.133/2021 permite ao contratado subcontratar partes da obra, serviço ou fornecimento até o limite autorizado, em cada caso, pela Administração (art. 122).

Junto à Administração, deverá o contratado, mediante documentação, comprovar a capacidade técnica do subcontratado, que será avaliada e juntada aos autos do processo.

Todavia, consoante dispõe o §2º do art. 122, regulamento ou o edital poderão vedar, restringir ou estabelecer condições para a subcontratação.

Em todo caso, fica vedada a subcontratação para pessoa física ou jurídica, se aquela ou os dirigentes desta mantiverem vínculo de natureza técnica, econômica, financeira, trabalhista ou civil com dirigente do órgão ou entidade contratante ou com o agente público que desempenhe função na licitação ou atue na fiscalização ou gestão do contrato, ou se eles forem cônjuge, companheiro ou parente em linha reta, colateral, ou por afinidade, até o terceiro grau, devendo essa proibição constar expressamente do edital de licitação (ar. 122, §3º).

Também é vedada a subcontratação de empresas ou profissionais distintos daqueles que fundamentaram a inexigibilidade de licitação na contratação dos serviços técnicos especializados de natureza predominantemente intelectual com profissionais ou empresas de notória especialização especificados no art. 74, III, da Lei nº 11.133/2021 (art. 74, §4º).

9. ALTERAÇÃO DO CONTRATO

De início, cumpre destacar que nos casos em for adotada a contratação integrada ou semi-integrada, é vedada a alteração dos valores contratuais, exceto nos seguintes casos:

a) para restabelecimento do equilíbrio econômico-financeiro decorrente de caso fortuito ou força maior;

b) por necessidade de alteração do projeto ou das especificações para melhor adequação técnica aos objetivos da contratação, a pedido da Administração, desde que não decorrente de erros ou omissões por parte do contratado. Devem ser observados os limites estabelecidos para a alteração unilateral (art. 125);

c) - por necessidade de alteração do projeto nas contratações semi-integradas, nos termos do § 5º do art. 46 (§5º: "Na contratação semi-integrada, mediante prévia autorização da Administração, o projeto básico poderá ser alterado, desde que demonstrada a superioridade das inovações propostas pelo contratado em termos de redução de custos, de aumento da qualidade, de redução do prazo de execução ou de facilidade de manutenção ou operação, assumindo o contratado a responsabilidade integral pelos riscos associados à alteração do projeto básico".

d) por ocorrência de evento superveniente alocado na matriz de riscos como de responsabilidade da Administração.

No caso de alterações decorrentes de falhas de projeto em contratos de obras e serviços de engenharia, será apurada a responsabilidade do responsável técnico e deverão ser adotadas as medidas necessárias para o ressarcimento da Administração (art. 124, §1º).

Os preços contratados serão alterados, para mais ou para menos, se houver, após apresentação da proposta, criação, alteração ou extinção de tributos ou encargos legais com comprovada repercussão sobre os preços contratados (art. 134).

Também, os preços dos contratos de serviços contínuos com regime de dedicação exclusiva de mão de obra ou predominância de mão de obra serão repactuados, observado o interregno mínimo de um ano da proposta ou da última repactuação, para manutenção do equilíbrio econômico-financeiro, mediante demonstração analítica da variação dos custos contratuais, com data vinculada (art. 135):

a) à apresentação da proposta, para custos decorrentes do mercado;

b) ao acordo, à convenção coletiva ou ao dissídio coletivo ao qual a proposta esteja vinculada, para os custos de mão de obra.

De todo modo, a Administração não se vincula às disposições contidas em acordos, convenções ou dissídios coletivos que tratem sobre matéria não trabalhista, de pagamento de participação dos trabalhadores nos lucros ou resultados do contratado, ou que estabeleçam direitos não previstos em lei (art. 135, §1º). Veda-se, outrossim, que o órgão ou entidade contratante vincule-se às disposições previstas em acordos, convenções ou dissídios coletivos de trabalho que tratem de obrigações e direitos que somente se aplicam aos contratos com a Administração (art. 135, §2º).

Enfim, os registros que não se caracterizam como alteração do contrato não necessitam de termo aditivo, podendo ser realizados por simples apostila, como nas seguintes situações (art. 136):

a) variação do valor contratual para fazer face ao reajuste ou à repactuação de preços previstos no próprio contrato;

b) atualizações, compensações ou penalizações financeiras decorrentes das condições de pagamento previstas no contrato;

c) alterações na razão ou na denominação social do contratado;

d) empenho de dotações orçamentárias.

Quando da análise das cláusulas exorbitantes nos contratos administrativos, foi feita a abordagem da alteração unilateral dos contratos, para onde se remete o leitor. Aqui, serão analisadas as disposições gerais sobre a modificação dos contratos, bem como as hipóteses de sua alteração consensual.

9.1. Alteração consensual do contrato

Por **acordo entre as partes,** isto é, por acordo entre a Administração e o contratado (art. 124, II) os contratos podem ser alterados:

- quando conveniente a substituição da garantia de execução;
- quando necessária a modificação do regime de execução da obra ou do serviço, bem como do modo de fornecimento, em face de verificação técnica da inaplicabilidade dos termos contratuais originários;
- quando necessária a modificação da forma de pagamento por imposição de circunstâncias supervenientes, mantido o valor inicial atualizado e vedada a antecipação do pagamento em relação ao cronograma financeiro fixado sem a correspondente contraprestação de fornecimento de bens ou execução de obra ou serviço;
- para restabelecer o equilíbrio econômico-financeiro inicial do contrato em caso de força maior, caso fortuito ou fato do príncipe ou em decorrência de fatos imprevisíveis ou previsíveis de consequências incalculáveis, que

inviabilizem a execução do contrato tal como pactuado, respeitada, em qualquer caso, a repartição objetiva de risco estabelecida no contrato: também se aplica esta orientação quando a execução do contrato for obstada pelo atraso na conclusão de procedimentos de desapropriação, desocupação, servidão administrativa ou licenciamento ambiental, por circunstâncias alheias ao contrato (art. 124, §2º).

10. EXTINÇÃO DO CONTRATO

Nos termos do art. 138 da Lei 14.133/2021, a extinção do contrato administrativo poderá ser:

a) por **ato unilateral e escrito** da Administração, salvo no caso de descumprimento decorrente de sua própria conduta;

b) **consensual,** por acordo ou conciliação, mediação ou comitê de disputas, desde que haja interesse da Administração;

c) por **decisão arbitral**, decorrente de cláusula compromissória ou compromisso arbitral ou **decisão judicial**.

A **rescisão amigável** ocorre quando houver **acordo** entre as partes e deve ser **reduzida a termo** no processo da licitação, desde que haja **conveniência** para a Administração. O acordo poderá ser obtido diretamente entre as partes, sem qualquer intervenção. Poderá ser, também, realizado em câmaras de mediação ou conciliação, ou mesmo por comitê de resolução de disputas. Estas situações não subtraem o caráter consensual da extinção contratual.

A **rescisão judicial** é a que se faz em razão de **decisão judicial** a pedido de uma das partes, isto é, pode ser **requerida** tanto pelo **contratado** quanto pela **Administração**. A Lei prevê expressamente a possibilidade de ser resolvida por decisão arbitral, em decorrência de cláusula compromissória ou compromisso arbitral.

A **rescisão administrativa** se faz por **ato unilateral** da Administração Pública, em razão da **inadimplência** do administrado ou por **razões de interesse público**. Trata-se de uma dentre as várias cláusulas exorbitantes existentes no regime jurídico administrativo.

No entanto, além das três hipóteses de rescisão, para Hely Lopes Meirelles[13] há, também, a **rescisão de pleno direito.** Nesta modalidade rescisória, a rescisão ocorre **independentemente da vontade de ambas as partes,** pois decorre da presença do fato extintivo previsto na lei, como é o caso do falecimento do contratado, da dissolução da sociedade, da falência da empresa e da insolvência civil, ou seja, ocorrido um desses fatos, o contrato extingue-se automaticamente, não havendo faculdade da Administração nem a necessidade de ato formal de rescisão, ao contrário da extinção administrativa, porque nesta, a Administração tem a faculdade de efetivá-la ou não, em face da ocorrência do fato previsto na lei.

13. MEIRELLES, Hely Lopes. Direito administrativo brasileiro. 36. ed. São Paulo: Malheiros, 2010. p. 219

Ainda sobre a **rescisão unilateral**, nos termos do art. 138, I, terá cabimento, em tese, nas hipóteses descritas no art. 137, salvo quando o descumprimento for decorrente de sua própria conduta. A extinção do contrato deverá ser formalmente motivada nos autos do processo, assegurados o contraditório e a ampla defesa (art. 137) e regulamento poderá especificar procedimentos e critérios para verificação da ocorrência dos motivos que fundamentam a extinção unilateral do contrato (art. 137, §1º).

São causas de extinção dos contratos administrativos (art. 137):

a) não cumprimento ou cumprimento irregular de normas editalícias ou de cláusulas contratuais, de especificações, de projetos ou de prazos;

b) desatendimento das determinações regulares emitidas pela autoridade designada para acompanhar e fiscalizar sua execução ou por autoridade superior;

c) alteração social ou modificação da finalidade ou da estrutura da empresa que restrinja sua capacidade de concluir o contrato;

d) decretação de falência ou de insolvência civil, dissolução da sociedade ou falecimento do contratado;

e) caso fortuito ou força maior, regularmente comprovados, impeditivos da execução do contrato;

f) atraso na obtenção da licença ambiental, ou impossibilidade de obtê-la, ou alteração substancial do anteprojeto que dela resultar, ainda que obtida no prazo previsto;

g) atraso na liberação das áreas sujeitas a desapropriação, a desocupação ou a servidão administrativa, ou impossibilidade de liberação dessas áreas;

h) razões de interesse público, justificadas pela autoridade máxima do órgão ou da entidade contratante;

i) não cumprimento das obrigações relativas à reserva de cargos prevista em lei, bem como em outras normas específicas, para pessoa com deficiência, para reabilitado da Previdência Social ou para aprendiz

Ocorrendo a extinção unilateral do contrato pela Administração, dela poderão decorrer, sem prejuízo das sanções previstas na Lei de Licitações, as seguintes consequências (art. 139):

a) assunção imediata do objeto do contrato, no estado e local em que se encontrar, por ato próprio da Administração;

b) ocupação e utilização do local, das instalações, dos equipamentos, do material e do pessoal empregados na execução do contrato e necessários à sua continuidade;

c) execução da garantia contratual para: c.1) ressarcimento da Administração Pública por prejuízos decorrentes da não execução; c.2) pagamento de verbas trabalhistas, fundiárias e previdenciárias, quando cabível; c.3) pagamento das multas devidas à Administração Pública; c.4) exigência da assunção da execução e da conclusão do objeto do contrato pela seguradora, quando cabível;

d) retenção dos créditos decorrentes do contrato até o limite dos prejuízos causados à Administração Pública e das multas aplicadas.

No mais, dando causa à inexecução total ou parcial do contrato, ficará sujeito às penalidades previstas no Título IV. Nesse sentido, inclusive, a lei estabelece que o contratado será responsável pelos danos que causar diretamente à Administração ou a terceiros, não excluindo sua responsabilidade a fiscalização ou o acompanhamento pelo contratante (art. 120).

Convém esclarecer que a lei também disciplinou os casos em que o próprio contratado terá direito à extinção contratual, que são (art. 137, §2º):

a) supressão, por parte da Administração, de obras, serviços ou compras que acarrete modificação do valor inicial do contrato além do limite permitido no art. 124 desta Lei;
b) suspensão de execução do contrato, por ordem escrita da Administração, por prazo superior a 3 meses;
c) repetidas suspensões que totalizem 90 dias úteis, independentemente do pagamento obrigatório de indenização pelas sucessivas e contratualmente imprevistas desmobilizações e mobilizações e outras previstas;
d) atraso superior a 2 meses, contado da emissão da nota fiscal, dos pagamentos ou de parcelas de pagamentos devidos pela Administração por despesas de obras, serviços ou fornecimentos;
e) não liberação pela Administração, nos prazos contratuais, de área, local ou objeto, para execução de obra, serviço ou fornecimento, e de fontes de materiais naturais especificadas no projeto, inclusive devido a atraso ou descumprimento das obrigações atribuídas pelo contrato à Administração relacionadas a desapropriação, a desocupação de áreas públicas ou a licenciamento ambiental.

As situações descritas nos itens "b", "c" e "d" não serão admitidas em casos de calamidade pública, grave perturbação da ordem interna ou guerra, bem como quando decorrerem de ato ou fato que o próprio contratado tenha praticado, participado ou contribuído (art. 137, §3º, I). Além disso, fica assegurado ao contratado o direito de optar pela suspensão do cumprimento contratual até a normalização da situação, admitido o restabelecimento do equilíbrio econômico-financeiro (art. 137, §3º, II). Portanto, em tais situações, ao invés de pedir a extinção do contrato, o contratado poderá optar por sua suspensão.

Enfim, nos casos em que a extinção decorrer de **culpa exclusiva** da Administração, o contratado deverá ser ressarcido pelos prejuízos regularmente comprovados, tendo direito, ainda, a (138, §2º):

a) devolução da garantia;

b) pagamentos devidos pela execução do contrato até a data de extinção;

c) pagamento do custo da desmobilização.

10.1. Teoria da imprevisão

A inexecução é o **descumprimento do contrato** e pode ocorrer de forma dolosa ou culposa (**inexecução injustificada**) e, também, sem culpa (**inexecução justificada**).

No primeiro caso, haverá a responsabilização civil, criminal e administrativa e, no caso de **inexecução justificada**, o **contratado não será responsabilizado**, pois não foi ele quem deu causa à inadimplência contratual. É a aplicação da teoria da imprevisão.

A teoria da imprevisão é o reconhecimento de que "eventos novos, imprevistos e imprevisíveis pelas partes e a elas não imputáveis, refletindo sobre a economia ou a execução do contrato, autorizam sua revisão, para ajustá-lo às circunstâncias supervenientes. É a aplicação da velha cláusula *rebus sic stantibus* aos contratos administrativos"[14].

Todavia, não é qualquer alteração que autoriza a rescisão ou revisão do contrato, pois o risco econômico é inerente a qualquer contrato (álea contratual ordinária) e, assim, só justificam a rescisão ou revisão do contrato os fatos absolutamente imprevisíveis, extraordinários e extracontratuais (álea extracontratual ou extraordinária) e desde que desequilibrem a equação financeira original do contrato ou impossibilitem a sua execução.

Assim, para a aplicação dessa teoria deve ter ocorrido um fato imprevisível e que as partes não o tenham dado causa. Essas situações podem ser divididas em força maior, caso fortuito, fato do príncipe, fato da administração e interferências imprevistas.

10.1.1. Força maior e caso fortuito

Ambos estão previstos no art. 137, V, da Lei nº 14.133/2021 e se referem a **situações imprevisíveis e inevitáveis** que, ao ocorrerem, tornam extremamente **onerosa a execução do contrato** – autorizando sua alteração, por acordo entre as partes, para a recomposição do equilíbrio econômico-financeiro – ou tornam **impossível a sua execução**, permitindo a rescisão contratual sem culpa do contratado.

Na doutrina, há grande divergência sobre o que se define por força maior e o que se define por caso fortuito, mas o importante é compreender que, para a lei, não há diferença entre eles quanto às consequências e, assim, **ocorrendo um dos dois ou haverá a alteração do contrato ou sua rescisão, sem culpa do contratado.**

10.1.2. Fato do príncipe

Fato do príncipe é **toda determinação estatal, positiva ou negativa, geral, imprevista e imprevisível, que onera substancialmente a execução do contrato administrativo**, isto é, a Administração adota medida geral e esta, de maneira indireta,

14. MEIRELLES, Hely Lopes. Direito administrativo brasileiro. 36. ed. São Paulo: Malheiros, 2010.

atinge o contrato de tal forma que ou sua execução se torna muito onerosa ou impossível, justificando sua alteração ou rescisão, sem culpa do contratado como, por exemplo, ocorre com a proibição de importação de determinado produto.

De fato, se uma empresa é contratada para prestar determinado serviço e, para tanto, é indispensável a manipulação e o uso de certo produto, quando a Administração edita ato geral proibindo a importação desse produto, o contrato será, por reflexo, afetado pela medida geral, pois ou a empresa utilizará um produto substituto (se existir; e, ainda, dependendo, pode ter preço muito elevado, o que justificará a alteração do contrato para a recomposição do equilíbrio econômico-financeiro), ou, se isso não for possível, não terá como prestar mais o serviço, gerando a rescisão do contrato, sem que seja responsável por isso.

10.1.3. Fato da Administração

O fato da Administração é **"toda ação ou omissão do Poder Público que, incidindo direta e especificamente sobre o contrato, retarda ou impede sua execução"**[15].

O **fato do príncipe** é uma **medida geral,** destinada a todos que se enquadram na situação tratada, e que, **indiretamente, afeta o contrato**, não podendo caracterizar inadimplência da Administração Pública e, por outro lado, o **fato da Administração** é uma **medida específica,** destinada ao contratado e que, por isso, **afeta diretamente o contrato**, caracterizando a inadimplência da Administração Pública.

São exemplos de fato da Administração a hipótese prevista no inciso no art. 137, §2º, V, da Lei 14.133/2021, pois, por ela, o contratado pode requerer a rescisão do contrato quando a Administração não libera a área, o local ou o objeto para a execução de obra, serviço ou fornecimento nos prazos contratuais. Por exemplo, não é possível que contratada comece a construção de um hospital público em um terreno, se neste ainda há pessoas residindo.

10.1.4. Interferências imprevistas

As interferências imprevistas, conforme Hely Lopes Meirelles[16], são ocorrências materiais não imaginadas pelas partes quando da celebração do contrato, mas que são descobertas após o início de sua execução como, por exemplo, é o encontro de terreno rochoso não esperado para o local, ou a existência de um lençol anormal de água subterrânea, ou a existência de canalização de água ou esgoto não apontados no projeto.

A interferência imprevista **diferencia-se** do caso fortuito ou força maior, do fato do príncipe e do fato da Administração porque:

15. Idem, p. 275
16. MEIRELLES, Hely Lopes. Direito administrativo brasileiro. 36. ed. São Paulo: Malheiros, 2010.

a) a **interferência** é descoberta **após o início** do contrato, mas o obstáculo material **já existia** antes da celebração do pacto e, nas **demais**, a **situação surge após o início** do contrato;

b) na **interferência** somente é possível a **alteração** do contrato e nas **demais** pode haver a **alteração ou a rescisão** do contrato.

11. RECEBIMENTO DO OBJETO

Com a execução do contrato, o contratado deve fazer a entrega do objeto, e a Administração deve providenciar o seu recebimento.

Em regra, o **recebimento é subdivido** em provisório e definitivo (art. 140):

a) **recebimento provisório**:

- **quanto a obras e serviços**: realizado pelo responsável por seu acompanhamento e fiscalização, mediante termo detalhado, quando verificado o cumprimento das exigências de caráter técnico (art. 140, I, "a");
- **quanto às compras**: de forma sumária, pelo responsável por seu acompanhamento e fiscalização, com verificação posterior da conformidade do material com as exigências contratuais (art. 140, II, "a");

b) **recebimento definitivo**:

- **quanto a obras e serviços**: realizado por servidor ou comissão designada pela autoridade competente, mediante termo detalhado que comprove o atendimento das exigências contratuais (art. 140, I, "b");
- **quanto às compras**: realizado por servidor ou comissão designada pela autoridade competente, mediante termo detalhado que comprove o atendimento das exigências contratuais (art. 140, II, "b").

Conforme leitura do art. 92, VII, entre as cláusulas necessárias encontra-se aquela que prevê o início das etapas da execução, conclusão, entrega, observação e recebimento definitivo, quando for o caso.

Por seu turno, estando em desacordo com o contrato, objeto contratual poderá ser rejeitado, no todo ou em parte (art. 140, §1º).

Ademais, o recebimento provisório ou definitivo não eximirá de responsabilidade civil pela solidez e segurança da obra ou serviço, nem da responsabilidade ético-profissional pela perfeita execução do contrato (§2º). Ainda, tratando-se de obras, o recebimento definitivo não eximirá o contratado, pelo prazo mínimo de cinco anos, admitida previsão de prazo de garantia superior no edital e no contrato (§6º). A responsabilidade, neste caso, é objetiva pela solidez e segurança dos materiais e dos serviços executados e pela funcionalidade da construção.

No mais, em se tratando de projeto de obra, o recebimento pela Administração não eximirá o projetista ou consultor da responsabilidade objetiva por todos os danos causados por falha de projeto (§5º).

12. PAGAMENTOS

A Lei 14.133/2021 dispôs em capítulo próprio sobre os pagamentos a serem realizados pela Administração Pública. Consoante determina a Lei, será observada a ordem cronológica para cada fonte diferenciada de recursos, subdividida nas seguintes categorias de contratos (art. 141):

a) fornecimento de bens;

b) locações;

c) prestação de serviços;

d) realização de obras.

A ordem cronológica poderá ser alterada justificadamente pela autoridade competente, com posterior comunicação ao controle interno e ao Tribunal de Contas, exclusivamente nas hipóteses especificadas no art. 141, §1º, da Lei 14.133/2021, a exemplo de situações como grave perturbação da ordem, situação de emergência ou calamidade; pagamento a ME, EPP, MEI, produtor rural pessoa física, cooperativa, desde que demonstrado o risco de descontinuidade do contrato; pagamento de direitos oriundos de contratos em caso de falência, recuperação judicial ou dissolução da empresa contratada; pagamento de contrato cujo objeto seja imprescindível para assegurar a integridade do patrimônio público e para manter as atividades finalísticas do órgão, desde que demonstrado o risco de descontinuidade.

A ordem é tão importante que sua inobservância imotivada ensejará a responsabilidade do agente responsável. Ademais, para efetivação de controle, deverá disponibilizar, mensalmente, em seu sítio eletrônico, a ordem cronológica de seus pagamentos, bem como as justificativas que fundamentaram eventual alteração dessa ordem (art. 141, §§ 2º e 3º)

Por sua vez, havendo controvérsia sobre a execução do objeto, a parcela incontroversa deverá ser liberada no prazo previsto para pagamento.

Em todo caso, a Lei traz como regra geral expressa a vedação quanto ao pagamento antecipado, parcial ou total, relativo a parcelas contratuais vinculadas ao fornecimento de bens, execução de obras ou prestação de serviços (art. 145).

Contudo, excepcionalmente a antecipação será permitida, quando:

a) se propiciar sensível economia de recursos; ou

b) representar condição indispensável para a obtenção do bem ou para a prestação do serviço.

As exceções deverão ser previamente justificadas no processo licitatório e prevista no edital de licitação ou no instrumento de contratação direta (art. 145, §1º). Inclusive, a Administração poderá exigir garantia adicional como condição de pagamento. Ademais, não sendo o objeto executado no prazo contratual, o valor deverá ser devolvido.

Enfim, nas contratações de obras, fornecimentos e serviços poderá ser estabelecida remuneração variável vinculada ao desempenho do contratado, tendo-se por base metas, padrões de qualidade, critérios de sustentabilidade ambiental e prazo de entrega definidos no edital (art. 144).

13. NULIDADE DOS CONTRATOS

O **contrato administrativo** também pode ser **anulado** quando se verificar **ilegalidade** na sua **celebração** ou quando ocorrer a **anulação da licitação**. A anulação pode ser feita tanto pela Administração Pública quanto pelo Poder Judiciário.

Dessa forma, constatada irregularidade no procedimento ou na própria execução contratual e não sendo possível o saneamento, a Administração Pública somente decidirá sobre a suspensão da execução ou sobre a nulidade do contrato na hipótese em que se revelar o interesse público, avaliando-se, entre outros aspectos (art. 147):

a) impactos econômicos e financeiros decorrentes do atraso na fruição dos benefícios decorrentes do contrato;

b) riscos sociais, ambientais e à segurança da população local em virtude do atraso na fruição dos benefícios objeto do contrato;

c) motivação social e ambiental do contrato;

d) custo da deterioração ou da perda das parcelas executadas;

e) despesa necessária à preservação das instalações e dos serviços já executados;

f) despesa inerente à desmobilização e ao posterior retorno às atividades;

g) medidas efetivamente adotadas pelo titular do órgão ou entidade para o saneamento dos indícios de irregularidades apontados;

h) custo total e estágio de execução física e financeira dos contratos, dos convênios, das obras ou das parcelas envolvidas;

i) fechamento de postos de trabalho diretos e indiretos em razão da paralisação;

j) custo para realização de nova licitação ou celebração de novo contrato;

k) custo de oportunidade do capital durante o período de paralisação.

Após avaliação de todos os aspectos relacionados à suspensão ou anulação do contrato, constatando-se não revelar medida de interesse público, o Poder Público deverá optar pela continuidade do contrato e pela solução da irregularidade por meio de indenização de perdas e danos, apurando-se a responsabilidade e aplicando as penalidades cabíveis (art. 147, parágrafo único).

Por outro lado, constatando que a declaração de nulidade se inclina ao interesse público, seus efeitos serão *ex tunc* como regra, ou seja, retroativos, uma vez que as causas de nulidade maculam o contrato desde seu nascedouro (art. 148).

Ocorre que, não sendo possível retroagir à situação anterior, a decretação de nulidade se resolverá em perdas em danos. Por sua vez, com vistas à continuidade da atividade administrativa, a decretação de nulidade poderá ter eficácia em momento futuro, suficiente para uma nova contratação, sendo o prazo máximo de 6 meses, prorrogável uma vez (art. 148, §§ 1º e 2º).

Enfim, no mesmo sentido do que previa a Lei nº 8.666/93, a Lei 14.133/2021 dispôs que a **nulidade do contrato não exonera a Administração do dever de indenizar o contratado pelo que este houver executado** até a data em que ela for declarada ou tornada eficaz, bem como por outros prejuízos regularmente comprovados, contanto que não lhe seja imputável, promovendo-se a responsabilidade de quem lhe deu causa (art. 149).

14. MEIOS ALTERNATIVOS DE RESOLUÇÃO DE CONTROVÉRSIAS

Os métodos alternativos de soluções de conflitos são ferramentas de contracultura ao litígio com notável mudança de paradigma e progressiva redução das demandas judiciais. Tais mecanismos são reconhecidos pelo ordenamento jurídico em diversos instrumentos normativos, e, além de consagrados pela melhor doutrina, foram encampados pela I Jornada de Direito Administrativo, que, sobre o assunto, preceituou nos enunciados 10 e 19 a conciliação, mediação, arbitragem e o comitê de resoluções de disputas (*dispute board*).

Atenta aos meios alternativos de resolução de controvérsias, a Lei 14.133/2021 enuncia expressamente que nas contratações por ela regidas poderão ser utilizados meios alternativos de prevenção e resolução de controvérsias relacionadas a direitos patrimoniais disponíveis, como equilíbrio econômico-financeiro do contrato, inadimplemento das obrigações contratuais e cálculo de indenizações, que são, notadamente a (art. 151):

a) conciliação;

b) mediação;

c) comitê de resolução de disputas; e

d) arbitragem.

Ademais, caso o contrato não disponha originariamente da aplicação dos meios alternativos, permite-se aditamento para estabelecer sua utilização (art. 153).

Por sua vez, visando a celeridade aos casos em que houve judicialização, alterou expressamente o Código de Processo Civil para dispor sobre a prioridade de tramitação nos processos judiciais em que se discuta a aplicação das normas gerais de licitação e contratação (art. 1.048, IV).

14.1. Conciliação

Conforme previsão expressa, a Lei 14.133/2021 admite expressamente a técnica da conciliação como meio alternativo de resolução de controvérsias.

A disposição é compatível com a orientação disposta no Código de Processo Civil, que passou a prever a conciliação como método de solução consensual de conflitos que deverá ser estimulado pelos juízes, advogados, defensores públicos e membros do Ministério Público (art. 3º, §3º do CPC).

Com efeito, os entes políticos (União, Estados, Distrito Federal e Municípios) criarão câmaras de mediação e conciliação, com atribuições relacionadas à solução consensual de conflitos no âmbito administrativo, tais como (art. 174 CPC): a) dirimir conflitos envolvendo órgãos e entidades da administração pública; b) avaliar a admissibilidade dos pedidos de resolução de conflitos, por meio de conciliação, no âmbito da administração pública; e c) promover, quando couber, a celebração de termo de ajustamento de conduta.

As disposições previstas acima são similares às dispostas no art. 32 da Lei 13.140/2015 – Lei da Mediação. No entanto, enquanto o mediador atua nos casos em que houver vínculo anterior entre as partes, o conciliador atuará preferencialmente nos casos em que não houver vínculo anterior entre as partes, podendo sugerir soluções para o litígio (art. 165, §2º).

Ademais, o mediador tem a função de auxiliar os interessados a compreender as questões e interesses em conflito, de modo que as próprias partes possam, pelo restabelecimento da comunicação, identificar, por si próprios, soluções consensuais que geram mútuos benefícios (art. 165, §3º, CPC).

Por sua vez, o conciliador, que também não tem poderes decisórios, atuará de maneira mais ativa, sugerindo soluções para o desfecho do litígio.

14.2. Mediação

Ao lado da conciliação, a Lei 14.133/2021 permitiu expressamente a adoção de mediação. Com efeito, em 2015 foi editada a Lei 13.140, conhecida como "Lei da Mediação", que passou a dispor expressamente sobre sua aplicação à Administração Pública (art. 1º, da Lei 13.140/2015).

Mediação é método de autocomposição judicial ou extrajudicial no qual as partes são auxiliadas por um terceiro imparcial, sem poder decisório, escolhido ou aceito pelos interessados, que são auxiliados e estimulados a identificar ou desenvolver soluções consensuais para a controvérsia (art. 1º, § único, da Lei 13.140/2015).

Neste método, a solução é levada a cabo pelas próprias partes, sendo o mediador (imparcial) apenas um auxiliar na superação das barreiras, facilitando o diálogo. Ao mediador não é atribuível uma posição de superioridade em relação às partes, como também não lhe cabe proferir decisões, competindo-lhe promover o diálogo, atenuar as diferenças e estimular a resolução consensual da controvérsia[17].

17. CUÉLLAR, Leila; MOREIRA, Egon Bockmann. Administração Pública e mediação: notas fundamentais. 2017. Disponível em: https://edisciplinas.usp.br/pluginfile.php/4241820/mod_resource/content/1/cu%C3%A9llar%2C%20leila%3B%20moreira%2C%20egon%20bockmann%20-%20administra%C3%A7%C3%A3o%20p%C3%BAblica%20e%20media%C3%A7%C3%A3o%20....pdf Acesso em: 02.abril.2021, p. 3-4

A Lei definiu como princípios a serem observados (art. 2º): a) independência do mediador; b) imparcialidade do mediador; c) isonomia entre as partes; d) oralidade; e) informalidade; f) autonomia da vontade das partes; g) busca do consenso; h) confidencialidade; e i) boa-fé.

O princípio da confidencialidade atinge os três participantes da mediação, quais sejam: a Administração Pública, a outra parte e o mediador, cada qual de acordo com o regime jurídico a que se submete cada um dos três[18], devendo tal princípio ser ponderado com o princípio da publicidade ao qual está sujeita a Administração Pública.

A Lei disciplinou, também, regras específicas para a Administração Pública, seja para os conflitos envolvendo apenas órgãos públicos, seja para os conflitos que envolvam a Administração e particulares.

Os entes federativos podem criar câmaras de prevenção e resolução administrativa de conflitos, no âmbito dos respectivos órgãos da advocacia pública, com competência para (art. 32, da Lei 13.140/2015): a) dirimir conflitos entre órgãos e entidades da administração pública; b) avaliar a admissibilidade dos pedidos de resolução de conflitos, por meio de composição, no caso de controvérsia entre particular e a pessoa jurídica de direito público; e c) promover, quando couber, a celebração de termo de ajustamento de conduta. Enquanto não criadas as câmaras de prevenção e resolução administrativa de conflitos, a Administração Pública poderá observar as disposições comuns do procedimento de mediação previstas nos artigos 14 e seguintes da Lei. Essas câmaras não terão competência para resolver as controvérsias que necessitam de autorização legislativa, uma vez que o sucesso dependeria da aquiescência de outro Poder, que, embora harmônico, é independente (art. 34, §4º, da Lei 13.140/2015)

Enfim, havendo consenso, o acordo será reduzido a termo, constituindo título executivo extrajudicial (art. 32, §3º, da Lei 13.140/2015).

14.3. *Dispute board* (Comitê de resolução de disputas)

A Lei 14.133/2021 (Nova Lei de Licitações) enuncia de forma geral e expressa o emprego do *dispute board* como meio alternativo de resolução de controvérsia nas contratações por ela regidas.

Com efeito, o *Dispute Board* é um método alternativo de prevenção e solução de litígios que surgiu da necessidade do setor de construção civil de respostas rápidas, econômicas e imparciais diante de litígios que surgiam ao longo das obras.

Para Chapman[19], "[...] *Dispute Board* é um processo de prevenção e adjudicação de disputa que atua no 'local de trabalho', normalmente composto por três pessoas independentes e imparciais selecionadas pelas partes. A diferença significativa entre

---

18. Idem, p. 20-21.
19. *Apud* FERNANDES, Michelle Cristina Santiago. Dinâmica dos Dispute Boards e perspectivas de utilização em contratos de construção civil. 2019. Disponível em: https://www.teses.usp.br/teses/

os DBs e a maioria das técnicas alternativas de resolução de disputas (ADR) (e possivelmente a razão pela qual os DBs tiveram tanto sucesso nos últimos anos) é o fato de que muitos DBs são estabelecidos no início do empreendimento e, por realizarem visitas regulares à obra, estão envolvidos ativamente no processo de construção".

Quanto ao objetivo do *dispute boards*, consiste em evitar, "em tempo real, a partir de uma visão privilegiada e sempre atual do andamento do contrato, que a disseminação de disputas prejudique o desempenho das partes ou drene os recursos necessários à sua execução"[20].

A modalidade vai depender dos poderes conferidos pelas partes. Com isso, encontramos:

a) *Dispute Review Board*, que é a modalidade na qual o Comitê exerce apenas a função consultiva, manifestando-se por meio de respostas através de consultas, o que, a princípio, não lhe defere força vinculante;

b) *Dispute Adjudication Board*, que possibilita ao comitê tomar decisões com força vinculante para as partes;

c) *Combined Dispute Board*, conferindo ao comitê a prerrogativa de realizar consultas e exercer poder decisório – (MACHADO, 2018, p. 13-17).

Nesse sentido, inclusive, no Município de São Paulo, a Lei 16.873/2018 já reconhecia e regulamentava a instalação de Comitês de Prevenção e Solução de Disputas em contratos administrativos continuados celebrados pela Prefeitura de São Paulo. Conforme dispõe expressamente, o comitê poderá ter função revisora, adjudicativa ou híbrida (art. 2º). Ao Comitê por Revisão é conferido o poder de emitir recomendações não vinculantes às partes em litígio; ao Comitê por Adjudicação é conferido o poder de emitir decisões contratualmente vinculantes às partes em litígio; e o Comitê Híbrido poderá tanto recomendar quanto decidir sobre os conflitos, cabendo à parte requerente estabelecer a sua competência revisora ou adjudicativa.

14.4. Arbitragem

Arbitragem consiste em técnica de solução de conflitos na qual os conflitantes aceitam que o litígio seja solucionado por um terceiro (por isso heterocomposição), de sua confiança.

A matéria está disciplinada detalhadamente na Lei 9.307/1996, sendo agora expressamente prevista como método alternativo de solução de conflitos pela Lei de Licitações nº 14.133/2021.

---

disponiveis/3/3153/tde-27082019-135223/publico/MichelleCristinaSantiagoFernandesCorr19.pdf Acesso em: 02.abril.2021.

20. BUENO, Julio César. Os dispute boards na nova lei de licitações e contratos administrativos. 2021. Disponível em: https://www.migalhas.com.br/depeso/342966/dispute-boards-na-nova-lei-de-licitacoes-e-contratos-administrativos Acesso em: 05.abril.2021

A Lei de arbitragem estabelece que o árbitro é juiz de fato e de direito, e sua sentença não fica sujeita a homologação ou recurso junto ao Poder Judiciário (art. 18). O Código de Processo Civil, por sua vez, dispõe que são títulos executivos judiciais, entre outros, a sentença arbitral (art. 515, VII).

Dispõe a Lei de Arbitragem que "A administração pública direta e indireta poderá utilizar-se da arbitragem para dirimir conflitos relativos a direitos patrimoniais disponíveis" (art. 1º, §1º).

Para sujeição do litígio ao juízo arbitral, as partes devem celebrar uma convenção de arbitragem - gênero -, dentro do qual encontram-se duas espécies: a cláusula compromissória e o compromisso arbitral.

A cláusula compromissória, também denominada de cláusula arbitral, é um pacto acessório previsto no contrato, de forma prévia e abstrata (sem determinar o litígio que deverá solucionar), por meio da qual as partes estipulam que qualquer conflito futuro relacionado ao contrato será solucionado mediante arbitragem[21].

Com efeito, a regra é que uma vez disciplinada a cláusula ela é válida e de observância obrigatória, derrogando a jurisdição estatal, devendo, caso uma das partes procure o juízo estatal, ser arguida como preliminar de contestação (art. 337, X, CPC), sob pena de se ter por renunciado o juízo arbitral (art. 337, §6º, CPC).

O compromisso arbitral, por sua vez, é o acordo realizado entre as partes após o surgimento do conflito, por meio do qual se concerta que o litígio será solucionado não pelo Poder Judiciário, mas pelo juízo arbitral[22].

Note-se que, diferentemente da cláusula compromissória (prevista em contrato de forma prévia e abstrata), o compromisso arbitral é realizado após o surgimento do conflito.

Conforme expresso na Lei de Arbitragem, a competência para celebrar a convenção de arbitragem (gênero) é da autoridade ou órgão da administração direta competente para realização de acordos ou transações (art. 1º, §2º) e essa autoridade deverá observar o contido no art. 152, da Lei 14.133/2021, qual seja, a arbitragem envolvendo a Administração Pública será sempre de direito;

Enfim, o processo de escolha dos árbitros observará critérios isonômicos, técnicos e transparentes.

---

21. CAVALCANTE, Márcio André Lopes. Comentários à Lei 13.129/2015 (Reforma da Lei de Arbitragem. Disponível em: https://www.dizerodireito.com.br/2015/05/comentarios-lei-131292015-reforma-da.html#:~:text=a)%20Arbitragem%20de%20DIREITO%3A%20%C3%A9,as%20regras%20do%20C%C3%B3digo%20Civil. Aceso em 04.abril.2021.
22. Idem

15. ESPÉCIES CONTRATUAIS

15.1. Contrato de obra pública

A Lei 14.133/2021 estabelece que obra é "toda atividade estabelecida, por força de lei, como privativa das profissões de arquiteto e engenheiro que implica intervenção no meio ambiente por meio de um conjunto harmônico de ações que, agregadas, formam um todo que inova o espaço físico da natureza ou acarreta alteração substancial das características originais de bem imóvel" (art. 6º, XII).

A execução de uma obra pública pode ser feita de maneira direta ou indireta. A **execução direta** é feita pelos **próprios órgãos** da Administração e a **execução indireta** é aquela em que o órgão ou entidade **contrata terceiro** para a realização da obra (contrato de obra pública), sob um dos regimes indicados no art. 46. São **regimes de execução indireta**:

a) Empreitada por preço unitário – contratação da execução da obra ou do serviço por preço certo de unidades determinadas (art. 6º, XXVIII);

b) Empreitada por preço global – contratação da execução da obra ou do serviço por preço certo e total (art. 6º, XXIX);

c) Empreitada integral – contratação de empreendimento em sua integralidade, compreendida a totalidade das etapas de obras, serviços e instalações necessárias, sob inteira responsabilidade do contratado até sua entrega ao contratante em condições de entrada em operação, com características adequadas às finalidades para as quais foi contratado e atendidos os requisitos técnicos e legais para sua utilização com segurança estrutural e operacional (art. 6º, XXX);

d) Empreitada por tarefa – regime de contratação de mão de obra para pequenos trabalhos por preço certo, com ou sem fornecimento de materiais (art. 6º, XXXI);

e) Contratação integrada – regime de contratação de obras e serviços de engenharia em que o contratado é responsável por elaborar e desenvolver os projetos básico e executivo, executar obras e serviços de engenharia, fornecer bens ou prestar serviços especiais e realizar montagem, teste, pré-operação e as demais operações necessárias e suficientes para a entrega final do objeto (art. 6º, XXXII);

f) Contratação semi-integrada – regime de contratação de obras e serviços de engenharia em que o contratado é responsável por elaborar e desenvolver o projeto executivo, executar obras e serviços de engenharia, fornecer bens ou prestar serviços especiais e realizar montagem, teste, pré-operação e as demais operações necessárias e suficientes para a entrega final do objeto (art. 6º, XXXIII);

g) Fornecimento e prestação de serviço associado – regime de contratação em que, além do fornecimento do objeto, o contratado responsabiliza-se por sua operação, manutenção ou ambas, por tempo determinado (art. 6º, XXXIV).

15.2. Contrato de serviço

Nos termos do art. 6º, XI, serviço é a "atividade ou conjunto de atividades destinadas a obter determinada utilidade, intelectual ou material, de interesse da Administração". São atividades, serviços, cujo destinatário é a própria Administração como, por exemplo, demolição, conserto, instalação, montagem, operação, conservação, reparação, adaptação, manutenção, transporte, locação de bens, publicidade, seguro ou trabalhos técnico-profissionais.

Em relação à **contratação de serviços no âmbito da Administração Pública Federal**, deve ser destacado o Decreto 9.507/2018, que dispõe sobre "a execução indireta, mediante contratação, de serviços da administração pública federal direta, autárquica e fundacional e das empresas públicas e das sociedades de economia mista controladas pela União". É a conhecida **terceirização**.

Aliás, a respeito convém esclarecer que a terceirização se dá quando uma empresa não executa os serviços diretamente por meio de seus empregados e, para tanto, contrata outra empresa, "para que esta os realize com o seu pessoal sob sua responsabilidade. O empregado é contratado pela empresa intermediadora (empregadora), mas presta serviços em outro local (empresa tomadora)"[23]. No caso da Administração Pública, ela pode agir diretamente ou por meio de outras pessoas.

A Nova Lei de Licitações passou a dispor que poderão ser objeto de execução por terceiros as atividades materiais acessórias, instrumentais ou complementares aos assuntos que constituam área de competência legal do órgão ou da entidade (art. 48).

Optando a Administração Pública pela transferência de uma de suas atribuições a terceira pessoa, haverá terceirização. Assim, é frequente a contratação pela Administração Pública dos serviços de limpeza, de vigilância, de telefonista, de motoristas, de recepção, de ascensoristas, entre outros.

Na esfera federal, nos termos do art. 3º do Decreto 9.507/2018, não serão objeto de execução indireta na administração pública federal direta, autárquica e fundacional os serviços: I - que envolvam a tomada de decisão ou posicionamento institucional nas áreas de planejamento, coordenação, supervisão e controle; II - que sejam considerados estratégicos para o órgão ou a entidade, cuja terceirização possa colocar em risco o controle de processos e de conhecimentos e tecnologias; III - que estejam relacionados ao poder de polícia, de regulação, de outorga de serviços públicos e de aplicação de sanção; e IV - que sejam inerentes às categorias funcionais abrangidas pelo plano de cargos do órgão ou da entidade, exceto disposição

---

23. CORREIA, Henrique. Direito do Trabalho: para os concursos de analista do TRT e do MPU. 1. ed. Salvador: Juspodivm, 2010. p. 89

legal em contrário ou quando se tratar de cargo extinto, total ou parcialmente, no âmbito do quadro geral de pessoal. Na forma do §1º, os serviços auxiliares poderão ser executados de forma indireta, vedada a transferência de responsabilidade para a realização de atos administrativos ou a tomada de decisão para o contratado.

Conforme o art. 2º, ato do "Ministro de Estado da Economia estabelecerá os serviços que serão preferencialmente objeto de execução indireta mediante contratação".

15.3. Contrato de fornecimento

Contrato de fornecimento é o ajuste celebrado pela Administração Pública com o objetivo de adquirir bens móveis ou semoventes, necessários para o desempenho da atividade administrativa[24].

O art. 6º, X, da Lei 14.133/2021 refere-se a ele como **compra** e permite que seja feito de **uma só vez ou de forma parcelada**.

15.4. Contrato de concessão

O contrato de concessão corresponde a um **ajuste pelo qual a Administração Pública delega a execução remunerada do serviço ou obra pública ao particular ou lhe cede o uso de um bem público, a fim de que o explore por sua conta e risco, pelo prazo e nas condições regulamentares e contratuais**[25].

São **modalidades** de contratos de concessão[26]:

a) **concessão de serviço público**: a Administração Pública transfere a execução de serviço público para um particular;

b) **concessão patrocinada**: modalidade de concessão de serviço público, instituída sob a forma de parceria público-privada e está regulada na Lei nº 11.079/04;

c) **concessão administrativa**: espécie de parceria público-privada, na qual há prestação de serviço do qual a Administração Pública é a usuária direta ou indireta e pode envolver a execução de obra ou fornecimento e instalação de bens e, também, está prevista na Lei nº 11.079/04;

d) **concessão de obra pública**: a Administração transfere a terceiro a execução de obra pública, por sua conta e risco, mediante remuneração a ser paga pelos beneficiários da obra ou em razão da exploração dos serviços ou utilidades decorrentes da obra;

24. MARINELA, Fernanda. *Direito administrativo*. 5. ed. Niterói: Impetus, 2011. p. 470.
25. MEIRELLES, Hely Lopes. *Direito administrativo brasileiro*. 36. ed. São Paulo: Malheiros, 2010. p. 267. Original sem destaque.
26. DI PIETRO, Maria Sylvia Zanella. *Direito administrativo*. 23. ed. São Paulo: Atlas, 2010. p. 289 e 327.

e) **concessão de uso de bem público**: por meio dele, a Administração faculta ao particular o uso de um bem público segundo sua destinação específica como, por exemplo, um hotel ou um restaurante.

16. CONTROLE DAS CONTRATAÇÕES

O controle administrativo é indispensável para que se confira se a atividade administrativa está em consonância com o interesse público.

Nesse sentido, por exemplo, a Nova Lei prevê em algumas passagens o controle interno sobre o processo licitatório. Assim, dispõe que o órgão de controle interno poderá auxiliar o agente de contratação e a equipe de apoio no desempenho de suas funções (art. 8º, §3º). Também estabelece que haverá auxílio do órgão de controle interno para instituição de minutas de editais, termos de referência, contratos padronizados e outros documentos (art. 19, IV) e que a execução do contrato será fiscalizada por representante da Administração, mediante auxílio dos órgãos de assessoramento e controle interno da Administração (art. 117, §3º). Veja que, nesses casos, o órgão atua como **auxiliar de controle** da Administração direta ou indireta, de forma a se prevenirem atos desviantes.

Além disso, a Lei traz um capítulo próprio para o controle das contratações, no qual há os artigos 169 a 173.

O art. 169 prevê que as contratações públicas devem se submeter a práticas contínuas e permanentes de gestão de riscos e controle preventivo, inclusive pela adoção de recursos de tecnologia da informação, sujeitos às seguintes linhas de defesa:

1ª linha de defesa	Integrada por servidores públicos, agentes de licitação e autoridades que atuam na estrutura de governança do órgão ou entidade. Há verdadeira autotutela exercida pelos agentes do órgão público[27] (HEINEN, 2020)
2ª linha de defesa	Integrada pelas unidades de assessoramento jurídico e controle interno do órgão ou entidade. É o caso de controle por órgãos como as Procuradorias do Estado e Município, assim como pela Advocacia da União[28]

27.
28. HEINEN, Juliano. Controle das licitações e contratos públicos – linhas de defesa e atores ‹http://www.novaleilicitacao.com.br/2020/01/14/controle-das-licitacoes-e-contratos-publicos-linhas-de-defesa-e-atores/›. Acesso em 10 abr. 2021

3ª linha de defesa	Aqui, o controle ocorre de forma semelhante ao da segunda linha, mas por órgão de central de controle e, ainda, há o controle externo exercido pelos Tribunais de Contas dos Estados e da União[29]
Tais integrantes, ao constatarem: a) **impropriedade formal**, devem adotar medidas para saná-la e para mitigar os riscos para que não ocorra novamente, **preferencialmente**, mediante o aperfeiçoamento dos controles preventivos e capacitação dos agentes públicos responsáveis. b) **irregularidade que gere dano à Administração**, devem adotar as providências necessárias para a apuração das infrações administrativas, observando-se a segregação de funções e a necessidade de individualização de condutas, com a remessa das cópias dos documentos cabíveis ao Ministério Público para apuração dos ilícitos. Isso será realizado sem prejuízo das medidas para mitigação de riscos de aperfeiçoamento de controles preventivos e capacitação dos agentes públicos responsáveis. Trata-se de conduta vinculada, não havendo que se falar em discricionariedade para a Administração[30] (HEINEN, 2020).	

A Lei nº 14.133/2021 faz prevalecer o controle preventivo sobre o repressivo, de modo a se adotarem maneiras para a mitigação dos riscos, devendo-se estabelecer, para tanto, um plano de controle da atuação da Administração no processo licitatório, mediante a utilização de recursos da tecnologia da informação para o combate a ilicitudes[31].

A implementação das práticas de gestão de riscos e controle preventivo ficará a cargo da alta administração do órgão ou entidade e levará em consideração os custos e benefícios decorrentes de sua implementação, mediante a adoção de medidas que promovam relações íntegras e confiáveis, com segurança jurídica aos envolvidos, a fim de que produzam resultados mais vantajosos para a Administração, de forma eficaz, eficiente e efetiva nas contratações (art. 169, §1).

Para a realização de suas atividades, os órgãos de controle terão acesso irrestrito aos documentos necessários à realização do trabalho, inclusive àqueles

29. Idem
30. Idem
31. HEINEN, Juliano. Controle das licitações e contratos públicos – linhas de defesa e atores ‹http://www.novaleilicitacao.com.br/2020/01/14/controle-das-licitacoes-e-contratos-publicos-linhas-de-defesa-e-atores/›. Acesso em 10 abr. 2021

classificados na forma da Lei nº 12.527/2011 (reservado, secreto e ultrassecreto), que regula o acesso à informação, devendo-se apontar que o órgão de controle com o qual se compartilhou a informação torna-se corresponsável pela manutenção do sigilo (art. 169, §2º).

Na fiscalização, os órgãos de controle adotarão critérios de oportunidade, materialidade, relevância e risco, devendo, ainda, considerar as razões apresentadas pelos órgãos e entidades responsáveis – as quais devem ser encaminhadas aos órgãos de controle até a conclusão da fase de instrução do processo, não podendo ser desentranhadas dos autos. Caso, entretanto, as informações não sejam prestadas, não haverá impedimento para que haja deliberação dos órgãos de controle, nem atraso para aplicação dos prazos de tramitação e deliberação.

Nos termos do art. 171 da Lei, na fiscalização de controle, deve-se observar:

> *I* – **viabilização de oportunidade de manifestação aos gestores** *sobre possíveis propostas de encaminhamento que terão impacto significativo nas rotinas de trabalho dos órgãos e entidades fiscalizados, a fim de que eles disponibilizem subsídios para avaliação prévia da relação entre custo e benefício dessas possíveis proposições;*
>
> *II* – **adoção de procedimentos objetivos e imparciais e elaboração de relatórios tecnicamente fundamentados**, *baseados exclusivamente nas evidências obtidas e organizados de acordo com as normas de auditoria do respectivo órgão de controle, de modo a evitar que interesses pessoais e interpretações tendenciosas interfiram na apresentação e no tratamento dos fatos levantados;*
>
> *III* – **definição de objetivos, nos regimes de empreitada por preço global, empreitada integral, contratação semi-integrada e contratação integrada**, *atendidos os requisitos técnicos, legais, orçamentários e financeiros, de acordo com as finalidades da contratação, devendo, ainda, ser perquirida a conformidade do preço global com os parâmetros de mercado para o objeto contratado, considerada inclusive a dimensão geográfica.*

O §1º do art. 171 consubstancia o **poder geral de cautela do Tribunal de Contas** e, de acordo com esse dispositivo, a Corte de Contas **pode suspender cautelarmente o processo licitatório**, devendo na decisão explicitar as causas da ordem de suspensão e, no caso de objetos essenciais ou de contratação por emergência, deverá apontar a forma pela qual será garantido o atendimento do interesse público obstado pela suspensão da licitação.

Adotada a decisão cautelar de suspensão do processo licitatório, o **órgão ou entidade será intimado** e, no **prazo de 10 dias úteis**, admitida a prorrogação, deverá (§2º): a) **informar as medidas** adotadas para cumprimento da decisão; b) **prestar** todas as **informações** cabíveis; c) **proceder à apuração** de responsabilidade, se for o caso. O descumprimento dessa previsão legal, ensejará a apuração de responsabilidade e a obrigação de reparação do prejuízo causado ao erário (§4º).

Prestadas as informações, o **Tribunal de Contas, a partir do momento que recebê-las, terá o prazo de 25 dias úteis,** prorrogável por igual período uma única vez, para **decidir definitivamente sobre o mérito** da irregularidade que tenha dado causa à suspensão (art. 171, §1º) e nessa decisão deverá definir as medidas necessárias e adequadas, em face das alternativas possíveis, para o saneamento do processo licitatório, ou determinar a sua anulação, conforme o §3º do art. 171.

Por fim, deve-se mencionar que os tribunais de contas deverão promover cursos de capacitação para os servidores efetivos e empregados públicos que desempenhem funções relacionadas ao cumprimento da lei, incluindo cursos presenciais e à distância, assim como a realização de congressos sobre contratações públicas (art. 173).

Controle social

Outra importante forma de controle diz respeito ao exercido pelo povo, denominado de controle social.

No âmbito da Nova Lei de Licitações, o controle social é mencionado no art. 169, de forma específica, além de contar com dispositivos que permitam sua ocorrência, como o catálogo eletrônico de padronização de compras.

Como manifestação desse controle, há o §4º do art. 170, que prevê que qualquer licitante, contratado ou pessoa física ou jurídica, poderá representar aos órgãos de controle interno ou ao tribunal de contas correspondente contra irregularidades na aplicação da lei.

17. QUESTÕES

17.1. Questões objetivas comentadas

01. **(TRT 14/2022 - Analista Judiciário Área Administrativa - FCC)** A União Federal realizou contratação direta, por dispensa de licitação, para atender uma situação emergencial, seguindo todos os requisitos estabelecidos na Lei no 14.133/2021. Considerando tratar-se, portanto, de contrato administrativo celebrado em caso de urgência, ele terá sua eficácia a partir de

(A) sua assinatura, seguida de publicação no Portal Nacional de Contratações Públicas (PNCP) no prazo de dez dias úteis, sob pena de nulidade.

(B) publicação no Portal Nacional de Contratações Públicas (PNCP), que deverá ocorrer no prazo de cinco dias úteis contados da assinatura, sob pena de nulidade.

(C) sua assinatura, seguida de publicação no Portal Nacional de Contratações Públicas (PNCP), no prazo de vinte dias úteis, sob pena de nulidade.

(D) publicação no Portal Nacional de Contratações Públicas (PNCP), que deverá ocorrer no prazo de quinze dias úteis contados da assinatura, sob pena de nulidade.

(E) sua assinatura, seguida de publicação no Portal Nacional de Contratações Públicas (PNCP), no prazo de cinco dias úteis, sob pena de nulidade.

COMENTÁRIO

Alternativa correta: letra "a" (responde às demais alternativas). Como condição de eficácia, nos termos do art. 94, os contratos e seus aditamentos devem ser divulgados no Portal Nacional de Contratações Públicas (PNCP) nos seguintes prazos (contados da data da assinatura): a) 20 dias úteis, nos casos de licitação; b) 10 dias úteis, nos casos de contratação direta.

Inclusive os contratos celebrados com urgência deverão ser divulgados nos prazos indicados, sob pena de nulidade, mas a diferença é que terão eficácia desde a assinatura.

02. O instrumento de contrato é obrigatório, salvo nas seguintes hipóteses:

a) dispensa de licitação, em qualquer caso, quando então poderá ser substituído por outra forma, inclusive verbal;
b) dispensa de licitação em razão do valor, quando então poderá ser substituído por contrato verbal;
c) dispensa de licitação em razão do valor, quando poderá ser substituído por outro instrumento hábil, a exemplo da carta-contrato ou nota de empenho de despesa;
d) a lei não permite a substituição do instrumento de contrato, não havendo exceções.

COMENTÁRIO

Alternativa "c" (responde às demais alternativas). O instrumento de contrato, em regra, é obrigatório. Entretanto, pode ser substituído, consoante previsão contida no art. 95, por outro instrumento hábil, como carta-contrato, nota de empenho de despesa, autorização de compra ou ordem de execução de serviço, nas seguintes hipóteses: I – dispensa de licitação em razão de valor; II – compras com entrega imediata e integral dos bens adquiridos e dos quais não resultem obrigações futuras, inclusive quanto a assistência técnica, independentemente de seu valor.

Alternativa correta: letra "c".

03. A declaração de inidoneidade para licitar ou contratar:

a) será aplicada pelo prazo máximo de 6 anos, não havendo definição de prazo mínimo;
b) seus efeitos serão limitados ao ente federativo em que tiver sido aplicada a sanção;
c) será aplicada exclusivamente pelos Ministros de Estado, secretários estaduais e municipais, no âmbito do Poder Executivo, cabendo recurso hierárquico ao Presidente da República, Governadores ou Prefeitos, respectivamente;
d) quando aplicada, não poderá ser objeto de recurso administrativo hierárquico, cabendo apenas pedido de reconsideração.

COMENTÁRIO

Alternativa correta: letra "d". Nos termos do art. 167 da Lei nº 14.133/2021, da aplicação da pena de declaração de inidoneidade caberá apenas pedido de reconsideração, que deverá ser apresentado no prazo de 15 (quinze) dias úteis, contado da data da intimação, e decidido no prazo máximo de 20 (vinte) dias úteis, contado do seu recebimento.

Alternativa "a" (responde, também, a alternativa "b"). Essa pena impedirá o responsável de licitar ou contratar no âmbito da Administração Pública direta e indireta de todos os entes federativos, pelo prazo mínimo de 3 anos e máximo de 6 seis anos (art. 156, §5º).

Alternativa "c". Conforme o art. 156, §6º, I, quando "aplicada por órgão do Poder Executivo, será de competência exclusiva de ministro de Estado, de secretário estadual ou de secretário municipal e, quando aplicada por autarquia ou fundação, será de competência exclusiva da autoridade máxima da entidade" e da aplicação da sanção cabe somente pedido de reconsideração (art. 167).

04. Sobre a suspensão cautelar do processo licitatório pelo Tribunal de Contas, assinale a alternativa incorreta:

a) Ao suspender cautelarmente o processo licitatório, o tribunal de contas deverá pronunciar-se definitivamente sobre o mérito da irregularidade que tenha dado causa à suspensão no prazo de 15 dias, prorrogável uma vez por igual período;
b) Ao ser intimado da ordem de suspensão do processo licitatório, o órgão ou entidade deverá, no prazo de 10 dias úteis, admitida a prorrogação, dentre outros, informar as medidas adotadas para cumprimento da decisão, sob pena de apuração de responsabilidade e a obrigação de reparação do prejuízo causado ao erário;

c) A decisão que examinar o mérito da medida cautelar deverá definir as medidas necessárias e adequadas, em face das alternativas possíveis, para o saneamento do processo licitatório, ou determinar a sua anulação.

d) Na decisão cautelar, o Tribunal definirá objetivamente as causas da ordem de suspensão e o modo como será garantido o atendimento do interesse público obstado pela suspensão da licitação, no caso de objetos essenciais ou de contratação por emergência.

COMENTÁRIO

Alternativa correta: letra "a". O conteúdo da assertiva está incorreto porque adotada a decisão cautelar de suspensão do processo licitatório, será o órgão ou entidade intimado para, dentre outras providências, prestar as informações a respeito e, a partir do momento que recebê-las, o Tribunal de Contas terá o prazo de 25 dias úteis, prorrogável por igual período uma única vez, para decidir definitivamente sobre o mérito da irregularidade que tenha dado causa à suspensão (art. 171, §1º).

Alternativa "b". O órgão ou entidade será intimado da decisão cautelar que suspende o processo licitatório e, no prazo de 10 dias úteis, admitida a prorrogação, deverá (art. 171, §2º): a) informar as medidas adotadas para cumprimento da decisão; b) prestar todas as informações cabíveis; c) proceder à apuração de responsabilidade, se for o caso. O descumprimento dessa previsão legal, ensejará a apuração de responsabilidade e a obrigação de reparação do prejuízo causado ao erário (art. 171, §4º).

Alternativa "c". Conforme o §3º do art. 171, na decisão de mérito o Tribunal deverá definir as medidas necessárias e adequadas, em face das alternativas possíveis, para o saneamento do processo licitatório, ou determinar a sua anulação.

Alternativa "d". Quando da decisão cautelar, o Tribunal de Contas, em cumprimento ao contido nos incisos I e II do §1º do art. 171, deverá explicitar as causas da ordem de suspensão e, no caso de objetos essenciais ou de contratação por emergência, deverá apontar a forma pela qual será garantido o atendimento do interesse público obstado pela suspensão da licitação.

05. Com a execução do contrato, o contratado deve fazer a entrega do objeto, e a Administração deve providenciar o seu recebimento. Consoante dispõe a Lei 14.133/2021, assinale verdadeiro ou falso:

I - os prazos de início das etapas de execução, conclusão, entrega, observação e recebimento definitivo, quando for o caso são cláusulas necessárias do contrato;

II - o recebimento definitivo do objeto pela Administração exime a responsabilidade civil do contratado;

III - o objeto poderá ser rejeitado, apenas se for na íntegra, quando em desacordo com o contrato;

a) Apenas o item I está correto;
b) Apenas o item II está correto;
c) Apenas o item III está correto;
d) Todos os itens estão corretos.
e) Todos os itens estão incorretos.

COMENTÁRIO

Item I. Correto. É cláusula obrigatória nos contratos a que a preveja os prazos de início das etapas de execução, conclusão, entrega, observação e recebimento definitivo, quando for o caso (art. 92, VII)

Item II. Errado. Nos termos do art. 140, §2º, o recebimento provisório ou definitivo não excluirá a responsabilidade civil pela solidez e pela segurança da obra ou serviço nem a responsabilidade ético-profissional pela perfeita execução do contrato, nos limites estabelecidos pela lei ou pelo contrato.

Item III. Errado. O objeto do contrato poderá ser rejeitado, no todo ou em parte, quando estiver em desacordo com o contrato (art. 140, §1º).

Alternativa correta: letra "a". Apenas o item I está correto.

17.2. Questões objetivas para resolver

01. (FCC - Analista Judiciário Área Administrativa - TRT 14/2022) A União Federal realizou contratação direta, por dispensa de licitação, para atender uma situação emergencial, seguindo todos os requisitos estabelecidos na Lei no 14.133/2021. Considerando tratar-se, portanto, de contrato administrativo celebrado em caso de urgência, ele terá sua eficácia a partir de

(A) sua assinatura, seguida de publicação no Portal Nacional de Contratações Públicas (PNCP) no prazo de dez dias úteis, sob pena de nulidade.
(B) publicação no Portal Nacional de Contratações Públicas (PNCP), que deverá ocorrer no prazo de cinco dias úteis contados da assinatura, sob pena de nulidade.
(C) sua assinatura, seguida de publicação no Portal Nacional de Contratações Públicas (PNCP), no prazo de vinte dias úteis, sob pena de nulidade.
(D) publicação no Portal Nacional de Contratações Públicas (PNCP), que deverá ocorrer no prazo de quinze dias úteis contados da assinatura, sob pena de nulidade.
(E) sua assinatura, seguida de publicação no Portal Nacional de Contratações Públicas (PNCP), no prazo de cinco dias úteis, sob pena de nulidade.

02. **(FGV – Analista Judiciário Oficial de Justiça Avaliador Federal – TRT 16/2022)** Em meados de 2022, o Tribunal Regional do Trabalho da Yª Região, após regular procedimento licitatório, contratou a sociedade empresária Gama para realizar determinadas obras. De acordo com a regra geral do texto da Lei nº 14.133/2021, o recebimento provisório do objeto do contrato será feito

(A) por servidor designado pela autoridade competente, mediante termo técnico que comprove o atendimento das exigências do edital de licitação e do contrato.
(B) pelo responsável por seu acompanhamento e fiscalização, mediante termo detalhado, quando verificado o cumprimento das exigências de caráter técnico.
(C) pelo responsável por seu acompanhamento e fiscalização, de forma sumária, com verificação posterior da conformidade do material com as exigências contratuais.
(D) por comissão, composta por três servidores, designada pela autoridade competente mediante termo detalhado que comprove o atendimento das exigências contratuais.
(E) por comissão, composta por cinco servidores, designada pela autoridade competente mediante termo técnico que comprove o atendimento das exigências do edital do certame e do contrato.

03. **A Administração Pública convocará regularmente o licitante vencedor para assinar o termo de contrato ou aceitar ou retirar o instrumento equivalente dentro do prazo e nas condições previstas no edital. Se o convocado não assinar ou retirar o instrumento equivalente, a Administração poderá convocar os licitantes remanescentes, na ordem de classificação, para celebração do contrato nas condições propostas pelo licitante vencedor. Na hipótese de nenhum dos interessados aceitar as condições propostas pelo vencedor, a Administração Pública:**

a) deverá revogar o certame e realizar nova licitação;
b) poderá convocar os licitantes remanescentes para negociação, na ordem de classificação, buscando o melhor preço, mesmo que acima do preço do adjudicatário;
c) deverá convocar os licitantes remanescentes para negociação, na ordem de classificação, buscando o melhor preço, mesmo que acima do preço estimado para a licitação;
d) deverá adjudicar e celebrar o contrato nas condições ofertadas pelos licitantes remanescentes, atendida a ordem de classificação, quando frustrada a negociação de melhor condição, mesmo que o preço esteja acima do valor estimado para a licitação.

04. **A Lei nº 14.133/2021 trouxe a regra da vigência anual dos contratos administrativos, que seguem a vigência dos crédi-**

tos orçamentários. As contratações que ultrapassarem o prazo de um exercício somente poderão ser celebradas se constarem do plano plurianual. Sobre a duração dos contratos:

a) a lei veda expressamente contratos com prazo indeterminado, sem qualquer exceção;
b) a lei prevê que os contratos que gerem receita e nos contratos de eficiência que gerem economia para a Administração, não havendo investimento, o prazo poderá ser de até 10 anos, sendo que quando houver investimento realizado às expensas do contratado o prazo será de até 35 anos;
c) os prazos contratuais previstos na Lei 14.133/2021 unificam e revogam os prazos previstos em leis especiais;
d) os contratos de serviços e fornecimentos contínuos, observadas as diretrizes legais, poderão ser celebrados pelo prazo de até 5 anos, admitidas prorrogações sucessivas até o limite máximo de 15 anos.

05. Conforme enuncia a Lei 14.133/2021, sobre por débitos trabalhistas e previdenciários:

a) a Administração Pública é solidariamente responsável pelos débitos previdenciários e subsidiariamente responsável pelos débitos trabalhistas nos contratos administrativos de compras para pronta entrega;
b) a Administração Pública não pode condicionar o pagamento à comprovação de quitação das obrigações trabalhistas vencidas relativas ao contrato;
c) a Administração Pública é solidariamente responsável pelos débitos previdenciários e subsidiariamente responsável pelos débitos trabalhistas, se comprovada falha na fiscalização do cumprimento das obrigações do contratado, exclusivamente em relação aos contratos contínuos com regime de dedicação exclusiva de mão de obra;
d) todas as alternativas acima estão incorretas.

06. A Lei 14.133/2021 dispôs em capítulo próprio sobre os pagamentos que devem ser realizados pela Administração Pública. Consoante determina a Lei, será observada a ordem cronológica para cada fonte diferenciada de recursos, subdividida nas seguintes categorias de contratos: I – fornecimento de bens; II – locações; III – prestação de serviços; IV – realização de obras. Conforme previsão legal expressa:

a) a Lei 14.133/2021 veda a antecipação do pagamento, que deverá seguir as fases da despesas contidas na Lei 4.320/1964, ou seja, a Lei 14.133/2021 autoriza que o pagamento seja realizado apenas após liquidação;
b) a Lei 14.133/2021 trouxe a regra geral contida na Lei 4.320/1964, vedando o pagamento antecipado, total ou parcial, excepcionando apenas se propiciar sensível economia de recursos ou representar condição indispensável para a obtenção do bem ou para a prestação do serviço;
c) a Lei 14.133/2021 não trouxe exceções à ordem cronológica para pagamento;
d) a Lei 14.133/2021 proíbe a remuneração variável atrelada ao desempenho do contratado, em qualquer caso.

07. A pena de impedimento para licitar ou contratar, segundo a Lei nº 14.133/21:

a) será aplicável quando a conduta não justificar penalidade mais severa, podendo ser aplicada cumulativamente com a pena de multa, considerada esta como a única medida para obter reparação integral do prejuízo causado à Administração;
b) produzirá efeitos na Administração direta e indireta de todos os entes federativos;
c) será aplicada pelo prazo máximo de 3 anos;

d) será aplicada máxima autoridade do órgão ou entidade, cuja competência é exclusiva para aplicação da penalidade.

08. A instauração de processo de responsabilização, conduzido por comissão composta por 2 servidores estáveis ou, inexistindo estes, por 2 empregados públicos do quadro permanente do órgão, será necessária para:

a) aplicar as penalidades de impedimento de licitar ou contratar e declaração de inidoneidade para licitar ou contratar ao responsável, que deverá ser intimado para, no prazo de 15 dias úteis, apresentar defesa e especificar as provas que pretenda produzir;

b) aplicar qualquer das penalidades ao responsável, que deverá ser intimado para, no prazo de 15 dias úteis, apresentar defesa e especificar as provas que pretenda produzi, sob pena de nulidade absoluta;

c) extinguir unilateralmente os contratos administrativos;

d) substituir o inquérito civil nas ações de improbidade administrativa.

Questão	Resposta	Fundamentação
1	A	Art. 94 da Lei nº 14.133/2021
2	B	Art. 140, I, "a", da Lei nº 14.133/2021
1	B	Art. 90, §2º e §4º, da Lei nº 14.133/2021
2	B	Art. 110 da Lei nº 14.133/2021
3	C	Art. 121, §2º, da Lei nº 14.133/2021
4	B	Art. 145 da Lei nº 14.133/2021
5	C	Art. 156, §4º, da Lei nº 14.133/2021
6	A	Art. 158 da Lei nº 14.133/2021

CAPÍTULO XI

SERVIÇOS PÚBLICOS

1. INTRODUÇÃO E CONCEITO

A prestação de serviço público integra a atividade administrativa, mas esta não se restringe àquela, pois tem como conteúdo a polícia administrativa, o fomento, o serviço público e, para alguns, a intervenção[1].

Entretanto, sem dúvida, o serviço público é atividade de grande relevo na atuação administrativa, tanto é que, inclusive, pretendeu-se definir o direito administrativo por meio do critério do serviço público[2]. Por meio do serviço público a Administração Pública provê a satisfação das necessidades coletivas como, por exemplo, no caso do transporte público, da telefonia, da energia elétrica, da saúde, da educação, cabendo a regulação ao direito público.

Em razão disso, aliás, **não há uma definição estanque de serviço público**, pois varia no tempo e no espaço, ou seja, determinada atividade pode ser considerada serviço público em determinado país e não o ser em outro, dependendo do perfil adotado para a atuação estatal, bem como certa atividade pode ser considerada relevante para a sociedade e ser elevada à condição de serviço público e, posteriormente, deixar de ser arrolada como serviço público.

Nesse sentido, há bastante divergência na doutrina quanto ao conceito de serviço público, dependendo do **critério** (ou da combinação entre eles) adotado. Pelo:

a) **critério subjetivo**: é serviço público a atividade **desempenhada pelo Poder Público**;

b) **critério objetivo**: é serviço público a atividade destinada a **satisfazer as necessidades coletivas**;

1. DI PIETRO, Maria Sylvia Zanella. *Direito administrativo*. 23. ed. São Paulo: Atlas, 2010. p. 56.
2. Ver capítulo 1, item 1.4.2.

c) **critério formal**: é serviço público a atividade desenvolvida pela Administração Pública sob o **regime de direito público.**

A divergência, também, se instala conforme o serviço público seja considerado em sentido amplo e em sentido estrito, pois em **sentido amplo** inclui, além da atividade **administrativa,** a atividade **legislativa** e a atividade **jurisdicional** e, por sua vez, em **sentido estrito** é atinente, apenas, à atividade **administrativa.**

Dessa forma, por exemplo, para Maria Sylvia Zanella Di Pietro, o serviço público é "toda atividade material que a lei atribui ao Estado para que a exerça diretamente ou por meio de seus delegados, com o objetivo de satisfazer concretamente às necessidades coletivas, sob regime jurídico total ou parcialmente público"[3]. Para Hely Lopes Meirelles, o serviço público é **"todo aquele prestado pela Administração ou por seus delegados, sob normas e controles estatais, para satisfazer necessidades essenciais ou secundárias da coletividade ou simples conveniências do Estado"**[4].

De maneira sintética, pode ser apontado o seguinte em relação ao conceito de serviço público[5]:

a) a **noção de serviço público foi ampliada** com o passar do tempo e passou a incluir atividades de natureza industrial, comercial e social;

b) o **Estado é quem escolhe**, por meio da lei (em sentido amplo), quais atividades devem ser consideradas serviço público em determinado momento;

c) a noção de serviço público **varia no tempo e no espaço**;

d) há **conceitos mais amplos**, conforme se incluam as atividades legislativa e jurisdicional, e outros **mais restritos** quando limitam a definição à atividade administrativa, distinguindo-o, ou não, das demais atividades administrativas (polícia administrativa, fomento e intervenção).

Conforme aponta Alexandre Mazza, após colacionar vários conceitos, o serviço público tem as seguintes **características fundamentais**[6]:

a) é **atividade material**: é atividade desenvolvida concretamente;

b) tem natureza **ampliativa**: o serviço público é uma prestação em favor do particular;

c) é atividade realizada **diretamente pelo Estado ou por seus delegados**: o serviço público pode ser prestado pela própria Administração Pública ou pelas concessionárias e permissionárias de serviço público;

d) regime de **direito público**: o serviço público é regulado pelas normas de direito público. Todavia, podem ser aplicadas algumas normas privadas

---

3. *Direito administrativo*. 23. ed. São Paulo: Atlas, 2010. p. 102.
4. *Direito administrativo brasileiro*. 36. ed.São Paulo: Malheiros, 2010. p. 350. Original sem destaque.
5. DI PIETRO, Maria Sylvia Zanella. *Direito administrativo*. 23. ed. São Paulo: Atlas, 2010. p. 101-102.
6. *Manual de direito administrativo*. São Paulo: Saraiva, 2011. p. 580-581.

como, por exemplo, o Código de Defesa do Consumidor (art. 7º, Lei nº 8.987/95);

e) visa à satisfação de **necessidades essenciais ou secundárias** da coletividade: não só as atividades socialmente relevantes são consideradas como serviço público, pois, obedecendo-se à conformação constitucional, a lei pode incluir ou excluir certa atividade do rol de serviço público.

Com o advento da Lei nº 13.460/17, tem-se, também, um conceito legal de serviço público, que é a **"atividade administrativa ou de prestação direta ou indireta de bens ou serviços à população, exercida por órgão ou entidade da administração pública"**, nos termos do seu art. 2º, II.

Como adverte Thiago Marrara, a **definição legal engloba tanto os serviços administrativos quanto os destinados à população por meio da oferta de bens e serviços,** porém contém dois problemas, pois o serviço público é atividade de titularidade do Poder Público e não "exercida" e o conceito legal não oferece características que diferenciem o serviço público de outras atividades desempenhadas pelo Estado[7].

2. CLASSIFICAÇÃO

No que se refere à classificação dos serviços públicos, não há unanimidade na doutrina, mas a tradicional classificação de Hely Lopes Meirelles, ainda, é bastante cobrada nas provas, pela qual os serviços públicos, considerando-se a essencialidade, a adequação, a finalidade e os destinatários dos serviços, classificam-se em:

a) **quanto à essencialidade:**

- **serviços públicos propriamente ditos**: são os serviços essenciais que a Administração presta diretamente à comunidade e não podem ser delegados; são pró-comunidade. Exemplos: polícia, defesa nacional;
- **serviços de utilidade pública**: não são essenciais, mas visam facilitar a vida do indivíduo na coletividade e podem ser delegados a terceiros; são pró-cidadão. Exemplos: transporte coletivo, telefonia;

b) **quanto à adequação:**

- **serviços públicos próprios**: são aqueles intimamente relacionados com as atribuições do Poder Público e nos quais a Administração Pública se vale da sua supremacia. Só podem ser prestados pela própria Administração e, normalmente, são gratuitos ou de baixa remuneração. Exemplos: segurança, polícia, higiene e saúde públicas;
- **serviços impróprios do Estado**: são aqueles que satisfazem interesses comuns dos membros, mas não são atividades tipicamente inerentes ao Poder Público, ou seja, não são serviços essenciais e sim são serviços de

---

7. *Manual de Direito Administrativo, volume II, funções administrativas e bens estatais*. São Paulo: Kindle Direct Publishing, 2018.

utilidade pública. Podem ser prestados pela própria Administração ou ser delegados a terceiros. Exemplo: conservação de estradas;

c) **quanto à finalidade:**

- **serviços administrativos**: são os que a Administração realiza para satisfazer as suas necessidades internas ou para servir de preparação para outros serviços prestados ao público. Exemplos: imprensa oficial, estações experimentais, processamento de dados;
- **serviços industriais**: são aqueles que produzem renda para os seus executores. A remuneração se dá por meio de tarifa ou de preço público. Podem ser realizados pela Administração ou por terceiros, mas, como são serviços impróprios do Estado, somente devem ser por ele executados quando for necessário à segurança nacional ou a relevante interesse coletivo, nos termos do art. 173 da Constituição Federal. Exemplo: telefonia, conservação de estradas;

d) **quanto aos destinatários:**

- **serviços *uti universi* ou gerais**: são aqueles em não há um destinatário determinado, isto é, são prestados à coletividade como um todo como, por exemplo, o serviço de iluminação pública e o de calçamento. São serviços que não podem ser divididos e, assim, não são mensuráveis no seu uso e, por isso, são remunerados por imposto;
- **serviços *uti singuli* ou individuais**: são aqueles que têm usuários determinados e cuja utilização pode ser mensurada, individualizada para cada usuário e, assim, são remunerados por taxa ou tarifa. Exemplos: telefone e energia elétrica.

SERVIÇO PÚBLICO	
CLASSIFICAÇÃO	
Quanto à essencialidade	Serviço público propriamente dito
	Serviço de utilidade pública
Quanto à adequação	Serviço próprio
	Serviço impróprio
Quanto à finalidade	Serviço administrativo
	Serviço industrial
Quanto aos destinatários	Serviço *uti universi*
	Serviço *uti singuli*

3. REGIME JURÍDICO

O serviço público é de **incumbência do Poder Público**, conforme expressa determinação do art. 175 da Constituição Federal.

Esse artigo admite a possibilidade de delegação da execução do serviço público a terceiros, todavia transfere-se apenas a execução, pois a titularidade do serviço continua sendo do Estado e a este cabe a sua regulamentação e o seu controle. Quer dizer, mesmo que seja feita a opção para que determinado serviço público passe a ser executado por um particular, é **dever** do Estado estabelecer as diretrizes, a forma de execução e, também, fiscalizar, controlar o desenvolvimento da atividade, de maneira que a população tenha acesso a um serviço público eficiente.

Não importa quem executa o serviço público, a atividade deve ser desempenhada sob o regime jurídico de direito público, aplicando-se, portanto, o regime jurídico administrativo, incluindo-se as disposições normativas específicas dessa atividade administrativa.

Desse modo, no arcabouço normativo aplicável aos serviços públicos incluem-se os princípios da Administração Pública e, ainda, podem ser destacados o art. 175 da Constituição Federal, anteriormente mencionado, e, também no texto constitucional, o art. 37, §3º, I, prevendo a participação dos usuários na Administração Pública e a reclamação referente à prestação do serviço público, e os artigos 21, 23, 25, 30 e 32, no que se refere à repartição de competência entre os entes federados para a prestação dos serviços públicos.

Em decorrência da variedade de serviços públicos existentes, há diversas normas legais sobre o tema para atender as particularidades de cada segmento, acrescentando-se a pluralidade normativa nos diversos entes federados. Por isso, a abordagem aqui será restrita as principais normas gerais sobre o tema e, assim, merecem destaque a Lei nº 13.460/17, conhecida como Código de Defesa dos Usuários do Serviço Público, a Lei nº 8.987/95, Lei Geral das Concessões e Permissões de Serviço Público, a Lei nº 11.079/04, Lei Geral das Parcerias Público-Privadas, e a Lei nº 14.129/21, conhecida como Lei do Governo Digital. As leis 8.987/95 e 11.079/04 serão abordadas em tópico próprio.

3.1. Princípios

Além dos princípios da Administração Pública que formam o regime jurídico administrativo, aplicáveis a qualquer atividade administrativa, há princípios setoriais aplicados a determinado segmento de atuação da Administração Pública e assim ocorre em relação à atividade de serviço público, existindo princípios específicos que contribuem para a demarcação do regime jurídico que lhe é aplicável.

De forma geral na doutrina, são apontados como **princípios específicos do serviço público: a) continuidade do serviço público; b) modicidade das tarifas; c) generalidade ou igualdade dos usuários; d) mutabilidade do regime jurídico.**

Pelo princípio da continuidade do serviço público, a **atividade** administrativa referente à prestação dos serviços públicos deve ser **ininterrupta,** isto é, o **serviço público não pode parar.** Todavia, há situações em que existe previsão legal para que o serviço seja interrompido como é o caso do art. 6º, §3º, da Lei nº 8.987/95, ao estabelecer que pode ocorrer a interrupção do serviço público em caso de emergência ou, após prévio aviso, por motivo de ordem técnica ou de segurança das instalações e por motivo de inadimplência do usuário, situações que, por força legal, não se caracterizam como interrupções. Deve-se ressaltar, todavia, nos termos da alteração implementada pela Lei nº 14.015/2020, que a interrupção por inadimplemento do usuário não poderá iniciar-se na sexta-feira, sábado ou domingo, nem em feriado ou em dia anterior ao feriado (art. 6º, §4º da Lei nº 8.987/95).

De outro modo, o **princípio da modicidade das tarifas** significa que, **em regra, os serviços públicos são gratuitos, mas, na hipótese de serem cobrados, as tarifas devem ter valor módico,** isto é, seu valor deve ser baixo, razoável. Nesse sentido, o art. 6º, § 1º, da Lei nº 8.987/95 impõe a modicidade como uma das condições para que o serviço seja considerado como serviço adequado a que o usuário tem direito. Também, o art. 11, da mesma lei, estabelece que o poder concedente pode prever, no edital de licitação, em favor da concessionária, a possibilidade de outras fontes provenientes de receitas alternativas, complementares, acessórias ou de projetos associados, com ou sem exclusividade, com a finalidade de favorecer a modicidade das tarifas.

Decorrente do princípio da isonomia e, também, do princípio da impessoalidade, há o **princípio da generalidade ou igualdade dos usuários** e, por ele, o **serviço público deve ser realizado de forma a atender aos usuários de maneira indistinta, de forma impessoal,** isto é, todas as pessoas que estejam na mesma situação devem ser beneficiados pelo serviço público, sem prejudicar ou privilegiar ninguém. Deve-se ressaltar que é possível a existência de **tarifas reduzidas para usuários de menor poder aquisitivo,** com fundamento na aplicação do princípio da razoabilidade[8] na interpretação do princípio da igualdade dos usuários. Nesse sentido, inclusive, há previsão legal no art. 13 da Lei nº 8.987/95, pois estabelece que as "tarifas poderão ser diferenciadas em função das características técnicas e dos custos específicos provenientes do atendimento aos distintos segmentos de usuários".

Por sua vez, o **princípio da mutabilidade do regime jurídico** é de grande relevância para que se mantenha a eficiência, a qualidade, a atualidade e a adequação do serviço público para que seja atividade de concretização do interesse público porque, com fundamento nele, a **Administração tem a prerrogativa de modificar o regime de execução do serviço público** e, assim, conforme adverte Maria Sylvia Zanella Di Pietro, os servidores públicos, os usuários dos serviços públicos e os contratados pela Administração **não têm "direito adquirido à manutenção de determinado regime jurídico**; o estatuto dos funcionários pode ser alterado, os contratos

8. DI PIETRO, Maria Sylvia Zanella. *Direito administrativo.* 27 ed. São Paulo: Atlas, 2014. p. 114.

podem ser alterados ou mesmo rescindidos unilateralmente para atender ao interesse público"9.

Cabe destacar que são **princípios expressamente previstos na Lei nº 13.460/17** (art. 4º);

a) **Regularidade;**

b) **Continuidade;**

c) **Efetividade;**

d) **Segurança;**

e) **Atualidade;**

f) **Generalidade;**

g) **Transparência;**

h) **Cortesia.**

PRINCÍPIOS DO SERVIÇO PÚBLICO	
Continuidade do serviço público	Serviço público não pode parar
Modicidade das tarifas	Tarifas módicas, razoáveis
Generalidade	Usuários devem receber o mesmo tratamento
Mutabilidade	Administração pode alterar, unilateralmente, regime de execução do serviço público

3.2. Lei nº 13.460/2017: Código de Defesa dos Usuários do Serviço Público

O art. 37, § 3º, da Constituição Federal estabelece que a lei disciplinará as formas de **participação do usuário na Administração Pública**, prevendo, especialmente:

a) as **reclamações** relativas à prestação dos serviços públicos em geral, asseguradas a manutenção de serviços de atendimento ao usuário e a avaliação periódica, externa e interna, da qualidade dos serviços (inciso I);

b) o **acesso** dos usuários a registros administrativos e a informações sobre atos de governo, observado o disposto no art. 5º, X e XXXIII (inciso II);

c) a disciplina da **representação** contra o exercício negligente ou abusivo de cargo, emprego ou função na Administração Pública (inciso III).

Até pouco tempo, a principal norma sobre serviço público era a **Lei nº 8.987/95 e que tratava parcialmente do tema, porém como** estabelece as normas gerais sobre concessão e permissão de serviços públicos, na verdade, não tem a envergadura necessária porque se restringe aos serviços objeto de delegação.

9. *Direito administrativo*. 23. ed. São Paulo: Atlas, 2010. p. 108. Original sem destaque.

A efetiva regulamentação do inciso I do art. 37 da Constituição Federal deu-se com a **Lei nº 13.460/2017**, conhecida como o **Código de Defesa dos Usuários de Serviço Público**. Ressalta-se que, para que possa haver a necessária adequação da Administração Pública aos dispositivos legais, houve a previsão de *vacatio legis* e, dessa maneira, essa lei entrou em vigor, conforme seu art. 25, em: a) 360 dias para a União, os Estados, o Distrito Federal e os Municípios com mais de quinhentos mil habitantes; b) 540 dias para os Municípios entre cem mil e quinhentos mil habitantes; e c) 720 dias para os Municípios com menos de cem mil habitantes. Portanto, já se encontra em vigor em todos os âmbitos federativos.

Nos termos do art. 1º, *caput*, da lei de defesa do usuário de serviço público, o diploma normativo estabelece "**normas básicas para participação, proteção e defesa dos direitos do usuário dos serviços públicos prestados direta ou indiretamente pela administração pública**". Na verdade, como um diploma normativo:

> (...) que concretiza o art. 37, §3º, I e o art. 175, parágrafo único, II e IV, da Constituição Federal, o Código se compõe de um corpo de garantias, direitos e deveres básicos que direcionam e pautam a prestação de serviços públicos do Estado brasileiro. Suas normas atingem os prestadores de serviço público em sentido amplo, incluindo atividades administrativas (serviços internos, de suporte ou complementares) ou de fornecimento de bens e serviços à população (art. 2º, II), no intuito de proteger o 'usuário', definido legalmente como 'pessoa física ou jurídica que se beneficia ou utiliza, efetiva ou potencialmente, de serviço público'(art. 2º, I)[10].

No que se refere à **abrangência** da aplicação da **Lei nº 13.460/17**, seu art. 1º, §1º, determina que se **aplica à Administração Pública, direta e indireta, da União, dos Estados, do Distrito Federal e dos Municípios** e, por sua vez, o §2º prevê que sua aplicação **não excluirá a necessidade de cumprimento**: a) das **normas regulamentadoras específicas**, quando se tratar de **serviço ou atividade sujeitos a regulação ou supervisão**; **b)** do **Código de Defesa do Consumidor** (Lei nº 8.078/90), quando se tratar de serviço público em que fique **caracterizada a relação de consumo**. Ainda quanto à aplicação da nova lei, o §3º do art. 1º prevê que o Código de Defesa dos Usuários de Serviços Públicos será **aplicado subsidiariamente em relação aos serviços públicos prestados por particular**.

Dessa forma, no que se refere aos **direitos dos usuários do serviço público**, quando o serviço for executado pela própria Administração Pública a norma geral regente será a Lei nº 13.460/17, aplicando-se, também, o Código de Defesa do Consumidor, mas de forma subsidiária e quando ficar caracterizada a relação de consumo (art.1º, §2º, II) e, por outro lado, quando o prestador for particular (concessionário e permissionário de serviço público, por exemplo), a regência legal será a legislação

10. MARRARA, Thiago. *Manual de Direito Administrativo, volume II, funções administrativas e bens estatais*. São Paulo: Kindle Direct Publishing, 2018.

específica (Lei nº 8.987/95, por exemplo) e o Código de Defesa do Consumidor, aplicando-se a Lei nº 13.460/17, apenas, subsidiariamente.

O **principal direito** assegurado ao usuário do serviço público é a **adequada prestação do serviço** e, para tanto, o art. 5º elenca as **diretrizes** a serem observadas pelos agentes públicos e prestadores do serviço público, que são as seguintes:

a) Urbanidade, respeito, acessibilidade e cortesia no atendimento aos usuários;

b) Presunção de boa-fé do usuário;

c) Atendimento por ordem de chegada, ressalvados casos de urgência e aqueles em que houver possibilidade de agendamento, asseguradas as prioridades legais às pessoas com deficiência, às pessoas idosas, às gestantes, às lactantes e às pessoas acompanhadas por crianças de colo;

d) Adequação entre meios e fins, vedada a imposição de exigências, obrigações, restrições e sanções não previstas na legislação;

e) Igualdade no tratamento aos usuários, vedado qualquer tipo de discriminação;

f) Cumprimento de prazos e normas procedimentais;

g) Definição, publicidade e observância de horários e normas compatíveis com o bom atendimento ao usuário;

h) Adoção de medidas visando a proteção à saúde e a segurança dos usuários;

i) Autenticação de documentos pelo próprio agente público, à vista dos originais apresentados pelo usuário, vedada a exigência de reconhecimento de firma, salvo em caso de dúvida de autenticidade;

j) Manutenção de instalações salubres, seguras, sinalizadas, acessíveis e adequadas ao serviço e ao atendimento;

k) Eliminação de formalidades e de exigências cujo custo econômico ou social seja superior ao risco envolvido;

l) Observância dos códigos de ética ou de conduta aplicáveis às várias categorias de agentes públicos;

m) Aplicação de soluções tecnológicas que visem a simplificar processos e procedimentos de atendimento ao usuário e a propiciar melhores condições para o compartilhamento das informações;

n) Utilização de linguagem simples e compreensível, evitando o uso de siglas, jargões e estrangeirismos;

o) Vedação da exigência de nova prova sobre fato já comprovado em documentação válida apresentada;

p) Comunicação prévia ao consumidor de que o serviço será desligado em virtude de inadimplemento, bem como do dia a partir do qual será realizado o desligamento, necessariamente durante horário comercial.

Ainda acerca da tutela dos usuários dos serviços públicos, estabelece o art. 6º da Lei nº 13.460/17, os **direitos básicos do usuário**, que são:

a) Participação no acompanhamento da prestação e na avaliação dos serviços;

b) Obtenção e utilização dos serviços com liberdade de escolha entre os meios oferecidos e sem discriminação;

c) Acesso e obtenção de informações relativas à sua pessoa constantes de registros ou bancos de dados (observados o art. 5º, X, da CF, e a Lei nº 12.527/11);

d) Proteção de suas informações pessoais, nos termos da Lei nº 12.527/11. Além da menção à Lei de Acesso à Informação, também deve haver observância das disposições previstas na Lei nº 13.709/18;

e) Atuação integrada e sistêmica na expedição de atestados, certidões e documentos comprobatórios de regularidade;

f) Obtenção de informações precisas e de fácil acesso nos locais de prestação do serviço, assim como sua disponibilização na internet, especialmente sobre: • horário de funcionamento das unidades administrativas; • serviços prestados pelo órgão ou entidade, sua localização exata e a indicação do setor responsável pelo atendimento ao público; • acesso ao agente público ou ao órgão encarregado de receber manifestações; situação da tramitação dos processos administrativos em que figure como interessado; • valor das taxas e tarifas cobradas pela prestação dos serviços, contendo informações para a compreensão exata da extensão do serviço prestado;

g) Comunicação prévia da suspensão da prestação de serviço e, quando for em razão do inadimplemento por parte do usuário, é vedado o início da suspensão na sexta-feira, no sábado ou no domingo, bem como em feriado ou no dia anterior a feriado.

Por outro lado, são **deveres dos usuários do serviço público** (art. 6º):

a) Utilizar adequadamente os serviços, procedendo com urbanidade e boa-fé;

b) Prestar as informações pertinentes ao serviço prestado quando solicitadas;

c) Colaborar para a adequada prestação do serviço; e

d) Preservar as condições dos bens públicos por meio dos quais lhe são prestados os serviços.

Importante instrumento de transparência e informação quanto à prestação de serviços públicos pelo Poder Público é a **Carta de Serviços ao Usuário** (CSU), que a Lei nº 13.460/17 prevê. Em seu art. 7º

Todos os entes da federação devem elaborar a sua Carta de Serviços ao Usuário, divulgando-a, de forma permanente no site do órgão ou entidade, e disponibilizando as informações dos serviços prestados, conforme disposto nela e na Base Nacional de Serviços Públicos (é mantida pelo Poder Executivo federal, em formato aberto e interoperável). Não basta elabora e fazer a sua divulgação inicial e a Carta deve ser atualizada periodicamente.

Nos termos da lei, a **Carta de Serviços ao Usuário**:

a) Tem por **objetivo** informar o usuário sobre os serviços prestados pelo órgão ou entidade, as formas de acesso a esses serviços e seus compromissos e padrões de qualidade de atendimento ao público;

b) **Deve ter**, no mínimo, as seguintes **informações** (apresentadas de forma clara e precisa): • serviços oferecidos; • requisitos, documentos, formas e informações necessárias para acessar o serviço; • principais etapas para processamento do serviço; • previsão do prazo máximo para a prestação do serviço; • forma de prestação do serviço; • locais e formas para o usuário apresentar eventual manifestação sobre a prestação do serviço.

c) Deve **detalhar os compromissos e padrões de qualidade do atendimento** relativos, no mínimo, aos seguintes **aspectos:** • prioridades de atendimento; • previsão de tempo de espera para atendimento; • mecanismos de comunicação com os usuários; • procedimentos para receber e responder as manifestações dos usuários; • mecanismos de consulta, por parte dos usuários, acerca do andamento do serviço solicitado e de eventual manifestação.

3.3. Lei nº 14.129/2021 (Lei do Governo Digital): serviços públicos digitais

A conhecida Lei do Governo Digital é importantíssimo diploma normativo para dar maior concretude ao princípio da eficiência e tem princípios, regras e instrumentos para tanto, conforme abordado anteriormente no Capítulo 1.

Sem dúvida a transformação digital da Administração Pública merece destaque e, nesse sentido, a lei prevê o chamado Governo Digital, disciplinando, por exemplo, a prestação digital dos serviços públicos.

Nos termos do art. 18, são **componentes essenciais da prestação digital dos serviços públicos na Administração Pública:**

a) **Base Nacional de Serviços Públicos;**

b) **Cartas de Serviços ao Usuário**, previstas na Lei nº 13.460/17;

c) **Plataformas de Governo Digital.**

A **Base Nacional de Serviços Públicos** tem por objetivo centralizar as informações sobre os serviços públicos prestados pela Administração Pública brasileira nas diferentes esferas da Federação e nela, nos termos do art. 19, o Poder Executivo Federal reunirá as informações necessárias sobre a oferta de serviços públicos em cada ente federado.

As **Plataformas de Governo Digital** são os instrumentos necessários para a oferta e a prestação digital dos serviços públicos de cada ente federativo e devem ser acessadas por meio de portal, de aplicativo ou de outro canal digital único e oficial, para a disponibilização de informações institucionais, notícias e prestação de serviços públicos e, nos termos do art. 20, devem ter, pelo menos, as seguintes funcionalidades: • ferramenta digital de solicitação de atendimento e de acompanhamento da entrega dos serviços públicos; e • painel de monitoramento do desempenho dos serviços públicos.

São **deveres dos órgãos e as entidades responsáveis pela prestação digital de serviços públicos**, no âmbito de suas competências (art. 24):

a) Manter atualizadas: • as Cartas de Serviços ao Usuário, a Base Nacional de Serviços Públicos e as Plataformas de Governo Digital; • as informações institucionais e as comunicações de interesse público;

b) Monitorar e implementar ações de melhoria dos serviços públicos prestados, com base nos resultados da avaliação de satisfação dos usuários dos serviços;

c) Integrar os serviços públicos às ferramentas de notificação aos usuários, de assinatura eletrônica e de meios de pagamento digitais, quando aplicáveis;

d) Eliminar: • as exigências desnecessárias ao usuário quanto à apresentação de informações e de documentos comprobatórios prescindíveis, inclusive por meio da interoperabilidade de dados; • a replicação de registros de dados, exceto por razões de desempenho ou de segurança;

e) Tornar os dados da prestação dos serviços públicos sob sua responsabilidade interoperáveis para composição dos indicadores do painel de monitoramento do desempenho dos serviços públicos;

f) Realizar a gestão das suas políticas públicas com base em dados e em evidências por meio da aplicação de inteligência de dados em plataforma digital;

g) Realizar testes e pesquisas com os usuários para subsidiar a oferta de serviços simples, intuitivos, acessíveis e personalizados.

Além daqueles previstos na Lei nº 13.460/17 (Código de Defesa dos Usuários do Serviço Público) e na Lei nº 13.709/18 (LGPD), a Lei do Governo Digital prevê que são **direitos dos usuários da prestação digital de serviços públicos** (art. 27):

a) gratuidade no acesso às Plataformas de Governo Digital;

b) atendimento nos termos da respectiva Carta de Serviços ao Usuário;

c) padronização de procedimentos referentes à utilização de formulários, de guias e de outros documentos congêneres, incluídos os de formato digital;

d) recebimento de protocolo, físico ou digital, das solicitações apresentadas; e

e) indicação de canal preferencial de comunicação com o prestador público para o recebimento de notificações, de mensagens, de avisos e de outras comunicações relativas à prestação de serviços públicos e a assuntos de interesse público.

4. COMPETÊNCIA PARA PRESTAÇÃO DO SERVIÇO PÚBLICO

Conforme anteriormente assentado, o titular do serviço público é o Poder Público, mas esse encargo é repartido entre os entes federativos. A competência para a prestação do serviço público é dividida pela Constituição, nos artigos 21, 23, 25, 30 e 32, entre União, Estados, Distrito Federal e Municípios.

É possível se afirmar que a regra adotada no texto constitucional foi a seguinte: são estabelecidas de maneira expressa quais são as atividades exclusivas da União e que as atividades de interesse predominantemente local são as privativas do Município, atribuindo aos Estados o dever de realizar todas as atividades que não forem da União ou dos Municípios. De forma paralela, prevê, também, competências comuns às três esferas de Governo.

O art. 21 da Constituição estabelece as hipóteses de competência exclusiva da União, e alguns serviços ela deve realizar por seus próprios meios e outros podem ser executados indiretamente, por meio de delegação a terceiros.

Quanto à competência dos Municípios, está prevista no art. 30. Em relação ao serviço público, o art. 30, V, determina que compete ao Município "organizar e prestar, diretamente ou sob regime de concessão ou permissão, os serviços públicos de interesse local, incluído o de transporte coletivo, que tem caráter essencial". Conforme expõe Paulo Gustavo Gonet Branco, o interesse local deve ser entendido como interesse predominantemente local, e explica que não há um fato local que não tenha repercussão, de alguma maneira, sobre as demais esferas da Federação e aponta como exemplos de serviços de interesse local a coleta de lixo, o transporte coletivo municipal, a ordenação do solo urbano, a fiscalização de bares e restaurantes[11], aos quais podem ser acrescentados o serviço funerário e a iluminação pública.

A competência dos Estados é remanescente (art. 25, § 1º), ou seja, o serviço público que não for de competência da União ou dos Municípios deve ser prestado pelos Estados. Exceção a essa regra é a exploração e distribuição dos serviços de gás canalizado, pois é de competência do Estado, afastando, inclusive, a competência do Município para sua distribuição local (art. 25, § 2º).

No caso do Distrito Federal, nos termos do art. 32, § 1º, são de sua competência, cumulativamente, os serviços públicos previstos para os Estados e para os Municípios.

Já o art. 23 enumera as hipóteses de competência comum e, em razão disso, União, Estados, Distrito Federal e Municípios possuem competência cumulativa, paralela, comum, sobre determinadas matérias, devendo a cooperação entre os entes estatais ser fixada em leis complementares.

11. MENDES, Gilmar Ferreira; COELHO, Inocêncio Mártires; BRANCO, Paulo Gustavo Gonet. *Curso de direito constitucional*. 4. ed. São Paulo: Saraiva, 2009, p. 872

SERVIÇO PÚBLICO: COMPETÊNCIA	
UNIÃO (exemplos de competência exclusiva; art. 21)	a) garantia da defesa nacional; b) autorização e fiscalização da produção e do comércio de material bélico; c) emissão de moeda; d) serviço postal e correio aéreo nacional; e) telecomunicações; f) radiodifusão; g) energia elétrica e aproveitamento energético dos cursos de água; h) navegação aérea e aeroespacial; i) infraestrutura aeroportuária; j) transporte ferroviário e aquaviário entre portos brasileiros e fronteiras nacionais, ou que transponham os limites de Estado ou Território; k) transporte rodoviário interestadual e internacional de passageiros; l) portos marítimos, fluviais e lacustres; m) organizar e manter o Poder Judiciário, o Ministério Público do Distrito Federal e dos Territórios e a Defensoria Pública dos Territórios; n) organizar e manter a polícia civil, a polícia penal, a polícia militar e o corpo de bombeiros militar do Distrito Federal, bem como prestar assistência financeira ao Distrito Federal para a execução de serviços públicos, por meio de fundo próprio; o) serviços oficiais de estatística, geografia, geologia e cartografia de âmbito nacional; p) classificação, para efeito indicativo, de diversões públicas e de programas de rádio e televisão; q) defesa permanente contra as calamidades públicas, especialmente as secas e as inundações; r) instituição de diretrizes para o desenvolvimento urbano, inclusive habitação, saneamento básico, transportes urbanos e sistema nacional de viação; s) polícia marítima, aeroportuária e de fronteiras; t) serviços nucleares; u) inspeção do trabalho. v) organizar e fiscalizar a proteção e o tratamento de dados pessoais, nos termos da lei.
ESTADOS (art. 25)	a) competência remanescente; b) exploração e distribuição dos serviços de gás canalizado; c) instituição de regiões metropolitanas, aglomerações urbanas e microrregiões.
DISTRITO FEDERAL (art. 32)	competência dos Estados + competência dos Municípios

SERVIÇO PÚBLICO: COMPETÊNCIA	
MUNICÍPIOS (art. 30)	a) serviços de interesse local (ex.; transporte coletivo municipal, serviço funerário); b) criação, organização e supressão de distritos; c) promoção do adequado ordenamento territorial; d) manutenção, com a cooperação técnica e financeira da União e do Estado, de programas de educação infantil e ensino fundamental e de serviços de atendimento à saúde da população; e) proteção do patrimônio histórico-cultural local.
COMUM (art. 23)	a) conservação do patrimônio público; b) saúde, assistência pública, proteção e garantia das pessoas portadoras de deficiência; c) proteção dos documentos, das obras e de outros bens de valor histórico, artístico e cultural, dos monumentos, das paisagens naturais notáveis e dos sítios arqueológicos; d) impedimento da evasão, da destruição e da descaracterização de obras de arte e de outros bens de valor histórico, artístico ou cultural; e) acesso à cultura, à educação e à ciência, à tecnologia, à pesquisa e à inovação; f) proteção do meio ambiente e combate à poluição em qualquer de suas formas; g) preservação das florestas, da fauna e da flora; h) fomento à produção agropecuária e organização do abastecimento alimentar; i) programas de construção de moradias e melhoria das condições habitacionais e de saneamento básico; j) combate às causas da pobreza e aos fatores de marginalização; k) registro, acompanhamento e fiscalização das concessões de direitos de pesquisa e exploração de recursos hídricos e minerais em seus territórios; l) política de educação para a segurança do trânsito.

5. FORMAS DE PRESTAÇÃO DO SERVIÇO PÚBLICO

A distribuição da competência para a prestação de serviço público, como visto anteriormente, está presente na Constituição Federal e, dessa forma, é dever do ente federado que recebeu, por meio do texto constitucional, a titularidade de determinado serviço prover sua execução.

Entretanto, isso não quer dizer que deverá fazê-lo por seus próprios meios, isto é, valendo-se de seus órgãos e agentes. É possível, dependendo do serviço, que a sua execução seja transferida para outra pessoa, quando houver autorização constitucional ou legal. Na primeira hipótese - execução por seus próprios meios - há a **forma centralizada** e, na segunda, tem-se a **forma descentralizada**.

Nessa última, ocorre a denominada **descentralização administrativa**, a qual pode ser feita, em relação aos serviços públicos, de duas formas, quais sejam, a **descentralização por serviços** e a **descentralização por colaboração**. Na primeira, a pessoa política cria (ou autoriza a criação) outra pessoa jurídica para a execução de determinada atividade administrativa (pessoa da administração indireta) e, na segunda, a execução do serviço público é transferida para uma pessoa do setor privado[12]. No primeiro caso, tem-se a **outorga** e, no segundo, a **delegação**.

A **outorga** se opera mediante **lei**, pois esta é necessária para a criação ou a autorização de criação de entidade da administração indireta para a prestação de serviços públicos. Desse modo, por ela, por exemplo, a União, por meio de lei, pode criar uma autarquia para realizar determinado serviço público ou, também, pode autorizar a criação de empresa pública para prestar serviço público.

Por sua vez, na **delegação**, a transferência da execução do serviço é feita mediante **contrato** ou **ato** administrativo. É por meio dela, exemplificando, que o Estado, após regular processo licitatório, celebra contrato de concessão de serviço público para que empresa privada execute o serviço de manutenção de rodovias estaduais. A delegação pode ser feita por meio da **concessão**, da **permissão** e da **autorização**.

Em relação à exigência de licitação para delegação de serviço público, deve haver atenção quanto a decisões proferidas pelo Supremo Tribunal Federal sobre o tema, em específico sobre o transporte público.

É indiscutível a exigência de prévia licitação em razão do art. 175 da Constituição Federal, que estabelece em seu *caput* que "incumbe ao Poder Público, na forma da lei, diretamente ou sob regime de concessão ou permissão, **sempre através de licitação**, a prestação de serviços públicos". Nesse sentido, no **RE 1.001.104**, o Tribunal fixou a seguinte tese: **"Salvo situações excepcionais, devidamente comprovadas, serviço público de transporte coletivo pressupõe prévia licitação"**.

De outro modo, em relação ao serviço de transporte rodoviário interestadual e internacional de passageiros, estabelece o art. 21, XII, "e", da Constituição Federal que cabe à União explorar esse serviço diretamente ou mediante **autorização**, concessão ou permissão e, no plano infraconstitucional, há a Lei nº 10.233/2011, que dispõe sobre o transporte aquaviário e terrestre, e nela há a previsão (art. 13) que a outorga de delegação do serviço público pode ser feita por concessão, permissão e autorização, elencando as hipóteses para cada forma e, dentre os casos em que admite a autorização está a "prestação regular de serviços de transporte terrestre coletivo interestadual e internacional de passageiros desvinculados da exploração da infraestrutura" (incluído pela Lei nº 12.996/2014) e determina, ao contrário do previsto para a concessão e a permissão, que na hipótese de autorização não haverá licitação (art. 43, I).

---

12. Para maiores detalhes sobre a descentralização e suas espécies, ver capítulo 2, item 1.2.

Enfrentando a questão, decidiu o STF, na ADI 5.549, que "4. A previsão constitucional de prestação do TRIIP por meio de autorização (Art. 21, XI, "e") afasta a incidência do artigo 175 da Constituição Federal, que impõe prévio procedimento licitatório especificamente às modalidades de outorga que pressupõem a excludência em razão da contratação pela Administração com determinado particular. (...) *Ex positis*, o artigo 3º da Lei n. 12.996/2014, ao outorgar o serviço público de transporte rodoviário coletivo internacional e interestadual de passageiros por meio de autorização, insere-se no espaço de deliberação política delineado no artigo 21, XII, e , da Constituição, de modo que, observados os valores constitucionalmente tutelados, em especial os princípios que orientam a Administração Pública e a ordem econômica, não se reveste de inconstitucionalidade."

5.1. Concessão de serviço público

Dentre as espécies de delegação, sem dúvida, as que têm maior repercussão são a concessão e a permissão, estando ambas regulamentadas pela Lei nº 8.987/95[13].

5.1.1. *Conceito de concessão*

A concessão de serviço público é o **contrato administrativo por meio do qual a Administração Pública delega a terceiro a "execução de um serviço público, para que o execute em seu próprio nome, por sua conta e risco, assegurando-lhe a remuneração mediante tarifa paga pelo usuário ou outra forma de remuneração decorrente da exploração do serviço"**[14].

A Lei nº 8.987/95, em seu art. 2º, II, define a concessão de serviço público como "a delegação de sua prestação, feita pelo poder concedente, mediante licitação, na modalidade de concorrência ou diálogo competitivo, a pessoa jurídica ou consórcio de empresas que demonstre capacidade para seu desempenho, por sua conta e risco e por prazo determinado".

Para que ocorra a concessão, primeiro é necessário que o serviço público seja delegável, que a escolha da concessionária se dê por meio de **licitação** (na modalidade **concorrência ou diálogo competitivo**) e que ocorra a publicação (antes do edital de licitação) de ato justificando a conveniência da outorga de concessão ou permissão, caracterizando seu objeto, área e prazo (art. 4º).

O ente público que delega a execução do serviço é denominado **poder concedente** e a empresa que recebe a delegação é chamada de **concessionária** de serviço público. A empresa vencedora da licitação passa a executar o serviço público por sua conta e risco, mas não passa a ser titular do serviço, pois apenas o executa e, por isso, é dever do poder concedente realizar a fiscalização da concessão.

---

13. Deve ser feita a leitura do texto legal.
14. DI PIETRO, Maria Sylvia Zanella. *Direito administrativo*. 23. ed. São Paulo: Atlas, 2010. p. 294. Original sem destaque.

Podem ser apontados como exemplos de concessionárias as emissoras de rádio e televisão, as operadoras de telefonia, as distribuidoras de energia elétrica, as empresas de conservação e manutenção de rodovias.

5.1.2. *Direitos e obrigações dos usuários*

Os usuários têm os seguintes **deveres** (art. 7º, IV, V e VI):

a) **levar ao conhecimento** do poder público e da concessionária as **irregularidades** de que tenham conhecimento, referentes ao serviço prestado;

b) **comunicar** às autoridades competentes os **atos ilícitos** praticados pela concessionária na prestação do serviço;

c) **contribuir** para a permanência das **boas condições** dos bens públicos por meio dos quais lhes são prestados os serviços.

Por outro lado, são **direitos** dos usuários, sem prejuízo do disposto no Código de Defesa do Consumidor (art. 7º, I, II e III e art. 7º- A):

a) receber **serviço adequado** (é o serviço que satisfaz as condições de regularidade, continuidade, eficiência, segurança, atualidade, generalidade, cortesia na sua prestação e modicidade das tarifas, conforme art. 6º, § 1º);

b) receber do poder concedente e da concessionária **informações** para a **defesa** de interesses individuais ou coletivos;

c) obter e utilizar o serviço, com liberdade de **escolha** entre vários **prestadores** de serviços, quando for o caso, observadas as normas do poder concedente.

d) **escolher** entre, no mínimo, **seis datas**, dentro do mês de vencimento, para o dia de vencimento de seus débitos.

Ainda, cumpre destacar que, nos termos da Lei nº 13.673/2018, que alterou a Lei nº 8.987/1995, a concessionária deverá disponibilizar, em seu *site*, de forma clara e de fácil compreensão, tabela com valor das tarifas praticadas e evolução das revisões e reajustes dos últimos 5 anos (art. 9º, §5º, Lei nº 8.987/1995).

Importante lembrar que, nos termos do art. 1º, §3º, da Lei nº 13.460/17[15], esse diploma normativo, conhecido como Código de Defesa dos Usuários de Serviço Público possui aplicação subsidiária em relação aos serviços prestador por particular e, dessa maneira, além da aplicação do Código de Defesa do Consumidor (Lei nº 8.078/90), dos direitos expressamente consagrados na Lei nº 8.987/95, os usuários de serviços públicos executados por concessionários e permissionários de serviços públicos podem invocar, de forma subsidiária, os direitos elencados no art. 6º da Lei nº 13.460/17.

5.1.3. *Licitação*

Em cumprimento ao determinado no art. 175 da Constituição Federal, a Lei nº 8.987/95 estabelece que a concessão e a permissão são realizadas desde que tenha

15. A Lei 13.460/2017 foi regulamentada pelo Decreto 9.492/2018.

ocorrido licitação (art. 14). E mais, quanto à concessão, há, no art. 2º, II, a exigência do uso da modalidade concorrência ou diálogo competitivo, o que não ocorre com a permissão, para a qual pode haver a utilização de outras modalidades.

Os artigos 14 a 22 disciplinam a licitação quanto à concessão e à permissão. Todavia, não disciplinam a matéria na sua integralidade, pelo que se aplica, subsidiariamente, a Lei nº 14.133/2021.

Nos artigos mencionados podem ser apontadas algumas peculiaridades em relação à licitação como, por exemplo:

a) a possibilidade de o edital prever a **inversão das fases** de habilitação e julgamento (art. 18-A);

b) os **critérios** usados para julgar a licitação (art. 15):

- menor valor da tarifa do serviço público a ser prestado;
- maior oferta, nos casos de pagamento ao poder concedente pela outorga da concessão;
- melhor proposta técnica, com preço fixado no edital;
- melhor oferta de pagamento pela outorga após qualificação de propostas técnicas.

ATENÇÃO! Os critérios podem ser assim combinados:

- menor valor da tarifa e maior oferta pela outorga;
- menor valor da tarifa e melhor oferta pela outorga, após qualificação das propostas técnicas;
- menor valor da tarifa e melhor técnica;
- maior oferta pela outorga e melhor técnica.

Não serão aceitas as propostas manifestamente inexequíveis (art. 15, § 3º) e, em caso de empate, será dada preferência à proposta oferecida por empresa brasileira (art. 15, § 4º).

5.1.4. *Contrato de concessão*

O contrato de concessão de serviço público é uma espécie de contrato administrativo e, assim, possui as mesmas características e submete-se aos mesmos princípios. Todavia, em razão do objeto, há algumas peculiaridades como, por exemplo, as **cláusulas essenciais** do contrato de concessão, que são (art. 23):

a) objeto, área e prazo da concessão;

b) modo, forma e condições de prestação do serviço;

c) critérios, indicadores, fórmulas e parâmetros definidores da qualidade do serviço;

d) preço do serviço, critérios e procedimentos para o reajuste e a revisão das tarifas;

e) direitos, garantias e obrigações do poder concedente e da concessionária;

f) direitos e deveres dos usuários para obtenção e utilização do serviço;

g) forma de fiscalização das instalações, dos equipamentos, dos métodos e práticas de execução do serviço, bem como a indicação dos órgãos fiscalizadores;

h) penalidades contratuais e administrativas a que se sujeita a concessionária e sua forma de aplicação;

i) casos de extinção da concessão;

j) bens reversíveis;

k) critérios para o cálculo e a forma de pagamento das indenizações devidas à concessionária, quando for o caso;

l) condições para prorrogação do contrato;

m) obrigatoriedade, forma e periodicidade da prestação de contas da concessionária ao poder concedente;

n) exigência da publicação de demonstrações financeiras periódicas da concessionária;

o) foro e modo amigável de solução das divergências contratuais (nos termos do art. 23-A, poderá haver a previsão do emprego de mecanismos privados para resolução de disputas decorrentes ou relacionadas ao contrato, inclusive a arbitragem, a ser realizada no Brasil e em língua portuguesa).

5.1.4.1. *Terceirização, subconcessão, transferência da concessão, transferência do controle societário e administração temporária da concessionária*

Os contratos de concessão, como espécie de contrato administrativo, têm natureza *intuitu personae*, porque os contratantes são escolhidos em decorrência de condições pessoais apuradas em procedimento licitatório. Todavia, a Lei nº 8.987/95 prevê a possibilidade da terceirização, da subconcessão e da transferência da concessão ou do controle societário.

Na **terceirização,** a concessionária **contrata terceiros** para o desenvolvimento de atividades inerentes, **acessórias e complementares** ao serviço concedido, bem como a implementação de projetos associados, nos termos do art. 25, § 1º, sem prejuízo da responsabilidade pelos prejuízos causados ao poder concedente, aos usuários ou a terceiros, destacando-se que esses contratos serão regidos pelo **direito privado,** e não pelo direito público, de modo que não será possível a estipulação de cláusulas exorbitantes. Assim, há uma relação entre o poder concedente e a concessionária e outra relação estabelecida entre esta e a contratada, destacando-se que não pode contratar terceiro para executar a atividade objeto da concessão, mas, apenas, atividade acessória ou complementar.

Pela **subconcessão**, ocorre a **delegação** de **parcela** do próprio **objeto** da concessão para outra pessoa jurídica, chamada de subconcessionária como, por exemplo, é o caso da concessionária de dez linhas de ônibus que faz a subconcessão de duas delas para a subconcessionária[16]. Para que haja a subconcessão, é indispensável que haja previsão no contrato de concessão, que o poder concedente a autorize expressamente e que sempre seja precedida de concorrência, destacando-se que o subconcessionário se sub-rogará em todos os direitos e obrigações assumidos pela subconcedente, dentro dos limites da subconcessão, nos termos do art. 26.

A **transferência da concessão**, prevista no art. 27, permite a **substituição do concessionário** por outro e, para tanto, não se exige licitação, quer dizer, é possível que uma empresa não vencedora de licitação passe a exercer determinado serviço público na condição de concessionária, exigindo-se, apenas, a anuência do poder concedente, sob pena de caducidade da concessão, e da satisfação, pelo pretendente, dos requisitos de capacidade técnica, idoneidade financeira e regularidade fiscal e jurídica necessárias à assunção do serviço, e que se comprometa a cumprir todas as cláusulas do contrato em vigor.

Em relação ao art. 27, sua constitucionalidade foi contestada na ADI 2946 e o STF, por maioria, julgou improcedente o pedido e decidiu que **"é constitucional a transferência da concessão e do controle societário das concessionárias de serviços públicos, mediante anuência do poder concedente (Lei 8.987/1995, art. 27)"**. No caso, a maioria dos Ministros entendeu que a base objetiva do contrato segue intacta, permanecendo o mesmo objeto contratual, as mesmas obrigações contratuais e, inclusive, a mesma equação econômico-financeira, ocorrendo, apenas, a alteração subjetiva que se dá ou pela substituição do contratado ou pela sua reorganização empresarial.

Por sua vez, o art. 27-A, incluído pela Lei nº 13.097/15, prevê a **transferência do controle societário da concessionária** e a **administração temporária da concessionária** por seus financiadores e garantidores, para promover a reestruturação financeira e assegurar a continuidade da prestação dos serviços. Nesses casos, não há a substituição do concessionário, ocorrendo ou a alteração dos sócios ou acionistas (transferência de controle) ou alteração temporária da administração da empresa (administração temporária).

Nesse sentido, nos termos da lei, configura o **controle da concessionária** "a **propriedade resolúvel de ações ou quotas** por seus financiadores e garantidores" e, por outro lado, caracteriza a **administração temporária** "quando, **sem a transferência da propriedade** de ações ou quotas, forem **outorgados os seguintes poderes**" (art. 27-A, § 4º): a) indicar os membros do Conselho de Administração, a serem eleitos em Assembleia Geral pelos acionistas, nas sociedades regidas pela Lei 6.404, de 15 de dezembro de 1976; ou administradores, a serem eleitos pelos quotistas, nas demais sociedades; b) indicar os membros do Conselho Fiscal, a serem eleitos pelos acionistas ou quotistas controladores em Assembleia Geral; c) exercer poder de veto sobre qualquer proposta submetida à votação dos acionistas ou quotistas da concessionária, que representem, ou possam

16. DI PIETRO, Maria Sylvia Zanella. *Direito administrativo*. 23. ed. São Paulo: Atlas, 2010. p. 299.

representar, prejuízos aos fins previstos no caput deste artigo; d) outros poderes necessários ao alcance dos fins previstos no caput deste artigo.

Para haver a transferência do controle societário ou a administração temporária da concessionária, o poder concedente exigirá dos financiadores e dos garantidores que atendam às exigências de regularidade jurídica e fiscal, podendo alterar ou dispensar os demais requisitos previstos no art. 27, I (capacidade técnica e idoneidade financeira).

5.1.5. Responsabilidade e encargos da concessionária e do poder concedente

É ínsita à atividade de prestação de serviço público a possibilidade de causar dano a terceiro, independentemente de quem esteja executando o serviço e a Constituição Federal, no art. 37, § 6º, deu o mesmo tratamento para quando o prestador é o próprio Estado e quando é empresa privada, pois, nos termos do art. 37, § 6º, as pessoas de direito público e as pessoas de direito privado prestadoras de serviço público respondem objetivamente pelos danos causados pelos seus agentes. A responsabilidade é **objetiva** e, assim, não é necessário se perquirir sobre dolo ou culpa do agente para que a vítima seja indenizada, bastando a comprovação do dano e o nexo de causalidade com a conduta estatal.

Dois pontos em relação ao tema devem ser destacados. O primeiro é que a **concessionária** de serviço público responderá **objetivamente** pelos danos causados na execução da atividade, seja em relação ao **usuário** do serviço público, seja em relação ao **não usuário**. Nesse sentido, o STF fixou tese de repercussão geral no RE 591.874: "A responsabilidade civil das pessoas jurídicas de direito privado prestadoras de serviço público é objetiva relativamente a terceiros usuários e não usuários do serviço, segundo decorre do art. 37, § 6º, da Constituição Federal". Desse modo, uma empresa de transporte coletivo, concessionária de serviço público, responderá de forma objetiva se um de seus ônibus invadir uma residência ou atropelar um pedestre, tanto em relação aos passageiros quanto em relação ao proprietário e ao pedestre. Um segundo ponto relevante é a **responsabilidade subsidiária do Estado**, ou seja, a concessionária de serviço público responde por seus próprios atos de maneira objetiva, mas, caso não tenha capacidade financeira para fazê-lo, o Estado, subsidiariamente, deverá ressarcir os danos causados.

Nessa relação contratual entre a concessionária e o poder concedente, ambos têm encargos, que merecem ser apontados.

Assim, são **encargos do poder concedente** (art. 29):

a) **regulamentar** o serviço concedido e **fiscalizar** permanentemente a sua prestação;

b) **aplicar** as **penalidades** regulamentares e contratuais;

c) **intervir** na prestação do serviço, nos casos e condições previstos em lei;

d) **extinguir** a concessão, nos casos previstos nesta lei e na forma prevista no contrato;

e) **homologar** reajustes e proceder à **revisão** das tarifas na forma desta Lei, das normas pertinentes e do contrato;

f) **cumprir** e **fazer cumprir** as disposições regulamentares do serviço e as **cláusulas contratuais** da concessão;

g) **zelar** pela boa **qualidade** do serviço, receber, apurar e solucionar queixas e reclamações dos usuários, que serão cientificados, em até trinta dias, das providências tomadas;

h) **declarar de utilidade pública** os bens necessários à execução do serviço ou obra pública, **promovendo as desapropriações, diretamente** ou mediante **outorga** de poderes à concessionária, caso em que será desta a responsabilidade pelas indenizações cabíveis;

i) **declarar de necessidade ou utilidade pública**, para fins de instituição de **servidão** administrativa, os bens necessários à execução de serviço ou obra pública, **promovendo-a diretamente** ou mediante **outorga** de poderes à concessionária, caso em que será desta a responsabilidade pelas indenizações cabíveis;

j) **estimular** o aumento da qualidade, produtividade, preservação do meio ambiente e conservação;

k) **incentivar** a **competitividade**;

l) **estimular** a formação de **associações** de usuários para defesa de interesses relativos ao serviço.

Por sua vez, os **encargos da concessionária** são (art. 31):

a) prestar **serviço adequado**, na forma prevista nesta lei, nas normas técnicas aplicáveis e no contrato;

b) **manter em dia** o inventário e o registro dos bens vinculados à concessão;

c) **prestar contas** da gestão do serviço ao poder concedente e aos usuários, nos termos definidos no contrato;

d) **cumprir e fazer cumprir** as normas do serviço e as **cláusulas** contratuais da concessão;

e) **permitir** aos encarregados da **fiscalização** livre acesso, em qualquer época, às obras, aos equipamentos e às instalações integrantes do serviço, bem como a seus registros contábeis;

f) **promover as desapropriações e constituir servidões** autorizadas pelo poder concedente, conforme previsto no **edital** e no **contrato**;

g) **zelar** pela **integridade** dos bens vinculados à prestação do serviço, bem como segurá-los adequadamente; e

h) captar, aplicar e gerir os **recursos financeiros** necessários à prestação do serviço.

ATENÇÃO! A **declaração** de utilidade pública de imóvel para desapropriação e a declaração de necessidade ou utilidade pública para fins de servidão são **sempre** encargos do **poder concedente**. Já, a **promoção** da desapropriação e a **instituição** da servidão podem ser feitas tanto pelo **poder concedente** quanto pela **concessionária**. No entanto, esta somente poderá fazê-los quando **autorizada** pelo poder concedente e desde que exista previsão no **edital** e no **contrato**, cabendo à concessionária, nesses casos, a responsabilidade pelas **indenizações** cabíveis.

5.1.6. Intervenção

Para assegurar a adequação na prestação do serviço e o fiel cumprimento das normas contratuais, regulamentares e legais pertinentes, o poder concedente pode intervir na concessão.

A **intervenção** é feita por meio de **decreto**, que conterá a designação do **interventor**, o **prazo** da intervenção, os **objetivos** e os **limites** da medida (art. 32, parágrafo único). Após a declaração da intervenção, no prazo de **trinta dias**, deverá haver a instauração de **procedimento administrativo** para comprovar as causas determinantes da medida e apurar responsabilidades, assegurado o direito de ampla defesa.

O procedimento instaurado tem o prazo de **cento e oitenta dias** para ser encerrado, sob pena de ser declarada **inválida** a sua intervenção. Caso fique constatado que a intervenção não observou as exigências legais, o serviço deve ser devolvido à concessionária, sem prejuízo de seu direito à indenização, nos termos do art. 33.

Durante a intervenção, o interventor será o responsável pela administração do serviço e responderá pelos atos praticados durante a sua gestão. Encerrada a intervenção, dependendo do que foi apurado, pode haver ou não a extinção da concessão e, se esta não for extinta, o interventor fará a prestação de contas e a administração do serviço será devolvida à concessionária (art. 34).

5.1.7. Extinção da concessão

Conforme previsão constante do art. 35, a **extinção da concessão** pode ocorrer por:

a) **advento do termo contratual**: encerrado o prazo da concessão, há sua extinção. É a extinção natural da concessão. Produz efeito *ex nunc* (não retroage).

b) **encampação** ou **resgate**: o poder concedente **retoma o serviço** da concessionária, **durante o prazo** da concessão, por motivo de **interesse público**, mediante **lei** autorizativa específica e após prévio pagamento de **indenização**, consoante o art. 37. Produz efeito *ex nunc* (não retroage). Nessa forma de extinção o ente político considerou que era conveniente e oportuno transferir a execução de determinado serviço público a uma concessionária, mas, posteriormente, antes do término do prazo da concessão, passa a considerar que a cessão não é mais de interesse público, ou seja, de conveniente e oportuna passou a ser inconveniente e inoportuna e, por isso, resolve extinguir o contrato. Entretanto, para que ocorra, a lei impõe os seguintes **requisitos**:

- **lei autorizativa específica**: é indispensável a elaboração da lei e somente após sua entrada em vigor a autoridade administrativa pode realizar a encampação;
- **prévia indenização**: como o contrato se encerra antes do prazo previsto, a concessionária deve ser indenizada quanto aos investimentos ainda não amortizados realizados com o objetivo de garantir a continuidade e atualidade do serviço concedido;

c) **caducidade** ou **decadência**: o poder concedente **retoma o serviço** da concessionária, **durante o prazo** da concessão, em razão da **inadimplência** da concessionária, conforme o art. 38. Nessa hipótese de extinção, a concessionária deu causa à inexecução total ou parcial do contrato. Entretanto, como tem caráter sancionador, essa forma de se extinguir a concessão não pode ser declarada imediatamente após a constatação da inadimplência. De acordo com o art. 38, a Administração deve, primeiro, conceder prazo para que a concessionária corrija as falhas apontadas e, caso não o faça, será instaurado processo administrativo (assegurada a ampla defesa) e, no fim deste, caso comprovada a inadimplência, a caducidade será declarada por meio de decreto. O concessionário tem direito à **indenização** dos investimentos ainda não amortizados realizados com o objetivo de garantir a continuidade e atualidade do serviço concedido. O valor da indenização é calculado durante o processo administrativo e dele deve haver o **desconto** do valor das **multas** contratuais e dos **danos** causados pela concessionária. A Lei nº 8.987/95 elenca as hipóteses em que se admite a caducidade no art. 38, § 1º, salientando-se que a decretação da caducidade é facultativa, pois no art. 38, *caput*, consta "a critério do poder concedente", com exceção da hipótese de transferência da concessão ou do controle societário da concessionária. A caducidade pode ser declarada quando:

- o serviço estiver sendo prestado de **forma inadequada** ou **deficiente**;
- a concessionária **descumprir cláusulas** contratuais ou disposições legais ou regulamentares concernentes à concessão;
- a concessionária **paralisar o serviço** ou concorrer para tanto, ressalvadas as hipóteses decorrentes de caso fortuito ou força maior;
- a concessionária **perder as condições** econômicas, técnicas ou operacionais para manter a adequada prestação do serviço concedido;

- a concessionária **não cumprir as penalidades** impostas por infrações, nos devidos prazos;
- a concessionária **não atender à intimação** do poder concedente no sentido de regularizar a prestação do serviço; e
- a concessionária **não atender a intimação** do poder concedente **para, em cento e oitenta dias, apresentar** a documentação relativa a **regularidade fiscal**, no curso da concessão, na forma do art. 29 da Lei nº 8.666/93 (agora, do art. 68 da Lei nº 14.133/2021).

d) **rescisão**: restringe-se, apenas, à possibilidade de a **concessionária requerer judicialmente** a rescisão do contrato de concessão por inadimplência do poder concedente, conforme prevê o art. 39, merecendo realce o fato de que a concessionária **não poderá interromper ou paralisar** os serviços por ela prestados até que sobrevenha **decisão judicial transitada em julgado**;

e) **anulação**: é a extinção do contrato de concessão em razão de ilegalidade existente na licitação ou no próprio contrato. Em regra, produz efeito *ex tunc* (retroage);

f) **falência ou extinção da concessionária de serviço público**: nessa hipótese ocorre o desaparecimento de uma das partes do contrato e, por isso, este é extinto.

A extinção da concessão, nos moldes delineados no art. 35, §§ 1º, 2º e 3º, tem as seguintes **consequências**:

a) **retornam** ao poder concedente todos os **bens** reversíveis, **direitos** e **privilégios** transferidos ao concessionário, conforme previsto no edital e estabelecido no contrato;

b) haverá a imediata **assunção do serviço** pelo poder concedente, procedendo-se aos levantamentos, avaliações e liquidações necessários;

c) fica autorizada a **ocupação** das instalações e a **utilização**, pelo poder concedente, de todos os bens reversíveis.

5.1.7.1. Reversão

No aspecto patrimonial do contrato de concessão a previsão é de que, no fim do contrato, a concessionária tenha obtido os lucros previstos e feito a amortização do capital investido, pelo que é natural que os bens afetados à prestação do serviço público assim permaneçam, independentemente de o serviço público ser retomado pelo poder concedente, especialmente em face do princípio da continuidade do serviço público. A isso se dá o nome de reversão.

Desse modo, a **reversão** é a **"passagem ao poder concedente dos bens do concessionário aplicados ao serviço, uma vez extinta a concessão"**[17] e, assim, como adverte Celso Antônio Bandeira de Mello, não se trata de forma de extinção, mas de consequência dela, isto é, **só há reversão se houver extinção**[18].

<table>
<tr><th></th><th colspan="2">EXTINÇÃO DA CONCESSÃO</th></tr>
<tr><td rowspan="6">Hipóteses</td><td>Advento do termo contratual</td><td>encerramento do prazo</td></tr>
<tr><td>Rescisão</td><td>requerida judicialmente pelo concessionário</td></tr>
<tr><td>Anulação</td><td>ilegalidade na licitação ou no contrato de concessão</td></tr>
<tr><td>Falência ou extinção da concessionária</td><td>parte contratual desaparece</td></tr>
<tr><td>Encampação ou resgate</td><td>interesse público + lei autorizativa + prévia indenização</td></tr>
<tr><td>Caducidade ou decadência</td><td>inadimplência do concessionário + notificação para regularização + processo administrativo + decreto</td></tr>
<tr><td>Consequências</td><td colspan="2">• Reversão (não é forma de extinção; passagem ao poder concedente dos bens afetados à prestação do serviço público)
• Assunção do serviço
• Ocupação das instalações
• Utilização dos bens reversíveis</td></tr>
</table>

5.1.8. Parceria Público-Privada (PPP)

Tudo o que foi dito anteriormente quanto à concessão de serviço público refere-se à denominada concessão comum, regulada pela Lei nº 8.987/95, mas é necessário apontar, mesmo que em breves linhas, as modalidades especiais de concessão de serviço público, reguladas pela Lei nº 11.079/04, usadas para a instituição de **parceria público-privada**.

Nos termos do art. 1º, parágrafo único, essa lei aplica-se aos "órgãos da administração pública direta dos Poderes Executivo e Legislativo, aos fundos especiais, às autarquias, às fundações públicas, às empresas públicas, às sociedades de

17. MELLO, Celso Antônio Bandeira de. *Curso de direito administrativo*. 27. ed. São Paulo: Malheiros, 2010. p. 752. Original sem destaque.
18. *Curso de direito administrativo*. 27. ed. São Paulo: Malheiros, 2010. p. 753.

economia mista e às demais entidades controladas direta ou indiretamente pela União, Estados, Distrito Federal e Municípios".

A parceria público-privada é um **contrato de concessão** e tem duas modalidades (art. 2º):

a) **concessão patrocinada**: é a concessão de serviços públicos ou de obras públicas de que trata a Lei no 8.987, de 13 de fevereiro de 1995, quando envolver, adicionalmente à tarifa cobrada dos usuários contraprestação pecuniária do parceiro público ao parceiro privado;

b) **concessão administrativa**: é o contrato de prestação de serviços de que a Administração Pública seja a usuária direta ou indireta, ainda que envolva execução de obra ou fornecimento e instalação de bens.

É necessário, como em qualquer concessão de serviço público, que a escolha do concessionário (aqui conhecido como parceiro privado) seja feita mediante licitação, nos moldes de algumas regras específicas constantes da Lei nº 11.079/04.

A **parceria público-privada é diferente da concessão comum** porque, na modalidade **concessão patrocinada**, envolve a **contraprestação do parceiro público**, ou seja, além da remuneração proveniente do usuário do serviço público, o poder público garantirá parte da remuneração. Essa é a **principal diferença**. Entretanto, na concessão comum, por expressa previsão no art. 17 da Lei nº 8.987/95 é possível a existência de subsídio pelo Poder Público, o que se adotado poderia fazer a diferença entre elas desaparecer. Em complemento, Maria Sylvia Zanella Di Pietro[19] aponta que existem **outras diferenças** entre as duas modalidades de concessão: a) quanto ao **risco**: nas **PPP**, há **repartição** entre o parceiro público e o parceiro privado; b) quanto às **garantias**: há previsão de **garantias que o Poder Público presta** ao parceiro privado e ao financiador do objeto; c) quanto ao **compartilhamento dos ganhos econômicos**, entre os parceiros, resultantes da redução de risco de crédito dos financiamentos usados pelo parceiro privado.

Em relação à **concessão administrativa**, não há a cobrança de tarifa do usuário e seu objeto, como afirma Maria Sylvia Zanella Di Pietro, somente pode ser "serviço administrativo (atividade-meio) ou serviço social não exclusivo do Estado"[20].

É **vedada a celebração** de contrato de parceria público-privada (art. 2º, § 4º):

a) cujo valor do contrato seja **inferior a R$ 10.000.000,00**;

b) cujo período de prestação do serviço seja **inferior a cinco anos**; ou

c) que tenha como **objeto único** o fornecimento de **mão de obra**, o fornecimento e instalação de equipamentos ou a **execução de obra pública**.

---

19. *Direito administrativo*. 27. ed.São Paulo: Atlas, 2014. p. 319-320.
20. *Direito administrativo*. 27. ed.São Paulo: Atlas, 2014. p. 326.

A Lei nº 11.079/04 estabelece as **diretrizes** que devem ser observadas na contratação de parceria público-privada:

a) **eficiência** no cumprimento das missões de Estado e no emprego dos recursos da sociedade;

b) **respeito aos interesses e direitos** dos destinatários dos serviços e dos entes privados incumbidos da sua execução;

c) **indelegabilidade** das funções de regulação, jurisdicional, do exercício do poder de polícia e de outras atividades exclusivas do Estado;

d) **responsabilidade fiscal** na celebração e execução das parcerias;

e) **transparência** dos procedimentos e das decisões;

f) **repartição objetiva de riscos entre as partes. Inclusive**, os referentes a **caso fortuito, força maior, fato do príncipe** e **álea econômica extraordinária**, conforme prevê o art. 5º, III.

g) sustentabilidade financeira e vantagens socioeconômicas dos projetos de parceria.

6. PERMISSÃO DE SERVIÇO PÚBLICO

Outra maneira de se transferir a execução de serviço público para que terceiro a execute é a permissão.

Tradicionalmente, a permissão é apontada como um ato administrativo discricionário e precário[21], mas, atualmente, a doutrina contemporânea não a considera como ato administrativo unilateral, mas como um contrato nos moldes da concessão e, nesse sentido, a argumentação é de que o art. 175, parágrafo único, I, da Constituição Federal assim dispôs, pois, ao tratar do regime das concessionárias e permissionárias de serviço público, estabelece, indistintamente, que a lei disporá sobre o caráter especial do contrato. Assim, a permissão, na verdade, para essa corrente teria a natureza de contrato de adesão[22].

Nesse último sentido há o art. 40 da Lei nº 8.987/95, já que este estabelece que a permissão é formalizada por meio de **contrato de adesão**. Entretanto, aquele mesmo dispositivo legal determina que esse contrato tem como características a **precariedade** e a **revogabilidade unilateral.**

Em relação às provas, ainda pode ser encontrada questão que considere a permissão como ato administrativo, mas, de forma geral, principalmente em razão do mencionado art. 40, a permissão é cobrada como contrato de adesão.

O art. 2º, IV, define a permissão como "a delegação, a título precário, mediante licitação, da prestação de serviços públicos, feita pelo poder concedente à pessoa

21. MEIRELLES, Hely Lopes. *Direito administrativo*. 23. ed. São Paulo: Atlas, 2010. p. 428.
22. NOHARA, Irene Patrícia. *Direito administrativo*. 2. ed. São Paulo: Atlas, 2012. p. 505.

física ou jurídica que demonstre capacidade para seu desempenho, por sua conta e risco".

Portanto, a formalização por contrato não é mais considerada como fator de distinção entre a permissão e a concessão, mas, nem por isso, os institutos deixaram de ter diferenças. De fato, pela definição constante do art. 2º constata-se que:

a) a concessão deve adotar a modalidade concorrência ou diálogo competitivo, e a permissão pode adotar outra modalidade licitatória;

b) a concessão somente pode ser feita com pessoa jurídica ou com consórcio de empresas, e a permissão pode ser realizada com pessoa jurídica e com pessoa física

A responsabilidade da permissionária de serviço público é objetiva, nos termos do art. 37, § 6º, da Constituição Federal.

7. AUTORIZAÇÃO DE SERVIÇO PÚBLICO

A autorização de serviço público é **ato unilateral, discricionário e precário** de que o Poder Público se vale para tornar possível o **desempenho de certa atividade de interesse público pelo particular**.

Há significativa divergência quanto à natureza da autorização, mas, de forma geral, considera-se que a autorização é **ato administrativo,** que **não** depende de licitação e que pode ser revogado a qualquer tempo.

8. QUESTÕES

8.1. Questões objetivas comentadas

01. **(FCC – Analista Judiciário Área Administrativa – TRT 19/2022)** Segundo a doutrina, as parcerias público-privadas são acordos firmados entre o particular e o poder público com o objetivo de prestação de serviços públicos de forma menos dispendiosa que o normal, podendo, ainda, admitir-se o fornecimento de bens ou execução de obras.

Nesse contexto, de acordo com a Lei nº 11.079/2004, parceria público-privada é o contrato administrativo de

(A) concessão, na modalidade comum ou delegada.

(B) concessão, na modalidade patrocinada ou administrativa.

(C) permissão, na modalidade descentralizada ou por outorga.

(D) permissão, na modalidade comum ou patrocinada.

(E) autorização, na modalidade administrativa ou por delegação.

COMENTÁRIO

Alternativa correta: letra "b" (responde as demais alternativas). A parceria público-privada é um contrato de concessão e tem duas modalidades (art. 2º): a) concessão patrocinada: é a concessão de serviços públicos ou de obras públicas de que trata a Lei no 8.987, de 13 de fevereiro de 1995, quando envolver, adicionalmente à tarifa cobrada dos usuários contraprestação pecuniária do parceiro público ao parceiro privado; b) concessão administrativa: é o contrato de prestação de serviços de que a Administração Pública seja a usuária direta ou indireta, ainda que envolva execução de obra ou fornecimento e instalação de bens.

02. (AOCP – Analista Judiciário – Oficial de Just. Avaliador Federal – TRT 1/2018) Analise as assertivas e assinale a alternativa que aponta a(s) correta(s). Conforme a Lei nº 11.079/2004, é vedada a celebração de contrato de parceria público-privada:

I. em que as obrigações pecuniárias contraídas pela Administração Pública sejam garantidas por intermédio da contratação de seguro-garantia com companhia seguradora não controlada pelo Poder Público.

II. cujo período de prestação do serviço seja inferior a 5 (cinco) anos, bem como que não preveja a repartição de riscos entre as partes, dispensado, nesse último caso, os referentes a caso fortuito e força maior.

III. que tenha como objeto único o fornecimento de mão-de-obra, o fornecimento e instalação de equipamentos ou a execução de obra pública.

IV. cujo valor do contrato seja inferior a R$ 10.000.000,00 (dez milhões de reais), bem como nos casos em que o prazo de vigência do contrato seja superior a 30 (trinta) anos, incluindo eventual prorrogação.

(A) Apenas III.
(B) Apenas I e III.
(C) Apenas I e IV.
(D) Apenas II e III.
(E) Apenas II e IV.

COMENTÁRIO

Alternativa correta: letra "a". Apenas o item III está correto.

Item I. Errado. Ao contrário do descrito na alternativa, o art. 8º, III, da Lei nº 11.079/2004, prevê que as obrigações pecuniárias contraídas pela Administração Pública em contrato de parceria público-privada poderão ser garantidas mediante "contratação de seguro-garantia com as companhias seguradoras que não sejam controladas pelo Poder Público".

Item II. Errado. De fato, é vedada a celebração de parceria público-privada cujo período de prestação do serviço seja inferior a 5 anos (art. 2º, §4º, II). Todavia, o art. 5º, III, da Lei, estabelece que as cláusulas do contrato devem prever "a repartição de riscos entre as partes, inclusive os referentes a caso fortuito, força maior, fato do príncipe e álea econômica extraordinária".

Item III. Correto. Estabelece o art. 2º, §4º, III da Lei nº 11.079/2004, que é vedada a celebração de parceria público-privada "que tenha como objeto único o fornecimento de mão-de-obra, o fornecimento e instalação de equipamentos ou a execução de obra pública".

Item IV. Errado. A primeira parte da assertiva está correta, já que é vedada a celebração de PPP cujo contrato seja em valor inferior a R$ 10.000.000,00 (dez milhões de reais). No entanto, o prazo de vigência da parceria público-privada **não pode ser superior aos 35 (trinta e cinco) anos**, incluindo eventual prorrogação, na forma do art. 5º, I, da Lei.

03. (FCC – Analista Judiciário – Área Judiciária – TRT 6/2018) A configuração de serviços públicos para fins de celebração de contrato de concessão regido pela Lei nº 8.987/1995 dá-se

(A) pela análise da inconveniência de interrupção da prestação dos serviços, em razão de sua relevância, prestados sob regime jurídico público-privado.
(B) mediante discricionariedade do administrador, ao qual caberá analisar a necessidade de remuneração por meio da cobrança de tarifa diretamente do usuário.
(C) por meio de autorização legislativa específica para qualificação do serviço como público, além de autorização legislativa para celebrar a concessão, ainda que a prestação do serviço público seja prestada em regime jurídico de direito público.
(D) de acordo com a repartição de competências estabelecidas pelos entes políticos, desde que guarde pertinência com o setor de transporte.
(E) para as atividades previstas como tal no ordenamento jurídico, dotadas de relevância e inseridas dentre as competências do ente que figurar como poder concedente.

COMENTÁRIO

Alternativa correta: letra "e" (responde as demais alternativas). Os serviços públicos são, nos termos do art. 175 da Constituição Federal, incumbência do **Poder Público**, podendo ser prestados por meio da Administração Pública Direta e Indireta. Entretanto, por expressa previsão legal, é permitida a transferência da execução dos serviços públicos a terceiros, por meio de delegação, situação em que a execução de determinado serviço público é transferida a uma pessoa do setor privado, sempre por meio de licitação. Nem todos os serviços públicos podem ser delegados, **mas apenas aquelas atividades previstas desse modo no ordenamento jurídico**, na exata forma do art. 175, da Constituição Federal e de outros diplomas legislativos, notadamente a Lei nº 8.987/95. É importante destacar que são delegáveis, tão somente, **as atividades inseridas dentre as competências do ente federativo que figurar como poder concedente** que, como visto, continua sendo titular do serviço público em questão, sendo transferida, tão somente, a sua execução.

04. **(FCC – Analista Judiciário – Área Judiciária – TRT 15/2018)** A reversibilidade dos bens utilizados para a prestação dos serviços públicos pela iniciativa privada, mediante concessão regida pela Lei nº 8.987/1995, caracteriza-se

(A) pelo retorno dos bens afetados ao serviço público ao patrimônio do poder concedente, em razão do custo de aquisição dos mesmos ter sido suportado por recursos públicos mediante aporte.

(B) pela necessidade ou não da continuidade da utilização dos referidos bens para a prestação dos serviços públicos, não havendo que se falar em indenização pela aquisição ou não amortização, tendo em vista que a concessão regida pela Lei nº 8.987/1995 se presta por conta e risco da concessionária.

(C) pela exigência de que os bens adquiridos pela concessionária sejam de titularidade do poder concedente desde o início da vigência do contrato, sendo vedado ao privado que o registro ou a contabilização do ativo sejam feitos em sua titularidade, sob pena de irreversibilidade material.

(D) pela afetação dos bens ao serviço público prestado, ensejando o retorno dos mesmos à propriedade do poder concedente ao término da concessão, para permitir a continuidade da prestação, direta ou mediante nova delegação a iniciativa privada.

(E) pelo conjunto de bens adquiridos pelo concessionário de serviço público ao longo da concessão contratada, sendo obrigatória a indenização pelo valor dos mesmos ao término da concessão, corrigidos monetariamente desde a data em que ingressaram no patrimônio do privado.

COMENTÁRIO

Alternativa correta: letra "d" (responde as demais alternativas). No aspecto patrimonial do contrato de concessão a previsão é de que, no fim do contrato, a concessionária tenha obtido os lucros previstos e feito a amortização do capital investido, pelo que é natural que os bens afetados à prestação do serviço público assim permaneçam, independentemente de o serviço público ser retomado pelo poder concedente, especialmente em face do princípio da continuidade do serviço público. A isso se dá o nome de reversão. Desse modo, a **reversão** é a "**passagem ao poder concedente dos bens do concessionário aplicados ao serviço, uma vez extinta a concessão**"[23]. Assim, não se trata de forma de extinção, mas de consequência dela: só há reversão se houver extinção da concessão. Neste exato sentido, o art. 35, §1º, da Lei nº 8.987/95 estabelece que "extinta a concessão, retornam ao poder concedente todos os bens reversíveis, direitos e privilégios transferidos ao concessionário conforme previsto no edital e estabelecido no contrato". Ademais, deve-se apontar que a reversão se dará com indenização das parcelas dos investimentos vinculados a bens reversíveis, ainda não amortizados ou depreciados, que tenham sido realizados com o objetivo de garantir a continuidade e atualidade do serviço concedido (art. 36 da Lei nº 8.987/95).

05. **(AOCP – Analista Judiciário – Área Judiciária – TRT 1/2018)** Acerca da Lei nº 8.987/1995, que dispõe a respeito do regime de concessão e permissão da prestação de serviços públicos, bem como em relação à

23. MELLO, Celso Antônio Bandeira de. *Curso de direito administrativo*. 27. ed. São Paulo: Malheiros, 2010. p. 752. Original sem destaque.

jurisprudência dos Tribunais Superiores sobre a temática dos serviços públicos, assinale a alternativa correta.

(A) As concessões comuns são caracterizadas pela circunstância de que o concessionário recebe, do poder concedente, determinada contraprestação pecuniária.
(B) As tarifas não poderão ser diferenciadas em função das características técnicas e dos custos específicos provenientes do atendimento aos distintos segmentos de usuários.
(C) O corte no fornecimento de energia elétrica somente pode recair sobre o imóvel que originou o débito, e não sobre outra unidade de consumo do usuário inadimplente.
(D) A transferência de concessão ou do controle societário da concessionária, sem prévia anuência do poder concedente, implicará a rescisão da concessão.
(E) É ilegítimo o corte no fornecimento de serviços públicos essenciais quando inadimplente pessoa jurídica de direito público.

COMENTÁRIO

Alternativa correta: letra "c". O corte no fornecimento de energia elétrica somente pode recair sobre o imóvel que originou o débito, e não sobre outra unidade de consumo do usuário inadimplente (REsp nº 777.180/PR).

Alternativa "a". As concessões comuns são caracterizadas pela circunstância de que o concessionário **não** recebe, do poder concedente, determinada contraprestação pecuniária. A **parceria público-privada é diferente da concessão comum** porque, na modalidade **concessão patrocinada**, envolve a **contraprestação do parceiro público**, ou seja, além da remuneração proveniente do usuário do serviço público, o poder público garantirá parte da remuneração.

Alternativa "b". O art. 13, da Lei nº 8.987/95, prevê que as tarifas "poderão ser diferenciadas em função das características técnicas e dos custos específicos provenientes do atendimento aos distintos segmentos de usuários".

Alternativa "d". Estabelece o art. 27, da Lei nº 8.987/95 que "a transferência de concessão ou do controle societário da concessionária sem prévia anuência do poder concedente implicará a caducidade da concessão".

Alternativa "e". É perfeitamente **legítimo** o corte no fornecimento de serviços públicos essenciais quando inadimplente pessoa jurídica de direito público, desde que precedido de notificação e a interrupção não atinja as unidades prestadoras de serviços indispensáveis à população (EDcl no REsp 1244385/BA, STJ).

06. (FCC – Analista Judiciário – Área Administrativa – TRF 5/2017) Dentre as principais características dos serviços públicos e da prestação dos mesmos, considerando aqueles como atividades de disponibilização à população de utilidades públicas, assim reconhecidas pela legislação, está sempre presente a

a) continuidade da prestação dos serviços, não sendo permitido ao concessionário, na hipótese de delegação à iniciativa privada, a interrupção da execução contratual em favor dos usuários.
b) responsabilização sob a modalidade objetiva dos entes responsáveis por sua prestação, independentemente desta se dar de forma direta ou indireta, desta sendo exemplo a concessão ou permissão.
c) igualdade dos usuários, somente se admitindo o estabelecimento de tarifas diferenciadas no caso de prestação mediante regime de concessão ou permissão de serviços públicos.
d) adequação do serviço público, podendo o poder concedente impor ao concessionário a obrigação de internalização de novas tecnologias, independentemente de previsão contratual, com base no princípio da boa qualidade.
e) gratuidade quando se trata da exploração direta dos serviços públicos, não sendo admissível a cobrança dos usuários, permitida apenas quando da necessidade de remuneração da iniciativa privada, na qualidade de delegatária.

COMENTÁRIO

Alternativa correta: letra "b". O regime jurídico aplicável ao serviço público é o regime jurídico de direito público, independentemente de quem o esteja executando. A titularidade do serviço público é do Estado, mas ele pode transferir a sua execução a outras pessoas jurídicas, inclusive do setor privado e, mesmo neste caso, o serviço público obedecerá às normas de direito público como, por exemplo, a responsabilidade da pessoa jurídica de direito privado prestadora de serviço público, nos termos do art. 37, § 6º, da Constituição Federal, é objetiva.

Alternativa "a". De fato, a continuidade do serviço público é de extrema relevância e consiste no fato de que sua prestação deva ser ininterrupta. Todavia, há situações em que existe previsão legal para que o serviço seja interrompido como é o caso do art. 6º, §3º, da Lei nº 8.987/95, ao estabelecer que pode ocorrer a interrupção do serviço público em caso de emergência ou, após prévio aviso, por motivo de ordem técnica ou de segurança das instalações e por motivo de inadimplência do usuário, situações em que não se caracterizam como interrupções. Deve-se ressaltar que com o advento da Lei nº 14.015/2020, a interrupção por inadimplemento do usuário não poderá iniciar-se na sexta-feira, sábado ou domingo, nem em feriado ou em dia anterior ao feriado (art. 6º, §4º da Lei nº 8.987/95).

Alternativa "c". A **universalidade** ou **generalidade** impõe que o serviço público seja realizado de forma a atender os usuários de maneira indistinta, de forma impessoal, isto é, todas as pessoas que estejam na mesma situação devem ser beneficiadas pelo serviço público, sem prejudicar ou privilegiar ninguém. Assim, é possível a imposição de tarifas diferenciadas, desde que observado o princípio da igualdade. Nesse sentido, inclusive, há previsão legal no art. 13 da Lei nº 8.987/95, pois estabelece que as "tarifas poderão ser diferenciadas em função das características técnicas e dos custos específicos provenientes do atendimento aos distintos segmentos de usuários".

Alternativa "d". Dentre as cláusulas essenciais previstas na Lei 8.987/95 para os contratos de concessão, estão previstas aquelas relativas aos direitos, garantias e obrigações do poder concedente e da concessionária, inclusive os relacionados às previsíveis necessidades de futura alteração e expansão do serviço e **consequente modernização, aperfeiçoamento e ampliação dos equipamentos e das instalações** (art. 23, V).

Alternativa "e". O serviço público prestado pelo concessionário é remunerado por tarifas pagas pelos usuários. Pela **modicidade das tarifas**, não é possível haver tarifa de serviço público com preço exorbitante, pois as tarifas devem ser módicas, razoáveis. Nesse sentido, o art. 6º, § 1º, da Lei nº 8.987/95 impõe a modicidade como uma das condições para que o serviço seja considerado como serviço adequado a que o usuário tem direito. Também, o art. 11, da mesma lei, estabelece que o poder concedente pode prever, no edital de licitação, em favor da concessionária, a possibilidade de outras fontes provenientes de receitas alternativas, complementares, acessórias ou de projetos associados, com ou sem exclusividade, com a finalidade de favorecer a modicidade das tarifas.

07. (Cespe – Analista Judiciário – Área Judiciária – TRF 1/2017) A autorização de serviço público classifica-se como um ato unilateral, discricionário e precário.

COMENTÁRIOS

"Certo". Nos termos do art. 175 da Constituição Federal, o serviço público é de **incumbência do Poder Público**, sendo admitida a delegação da execução do mesmo para terceiros, muito embora a titularidade do serviço continue sendo do Estado. A autorização de serviço público – espécie de delegação – é **ato unilateral, discricionário e precário** de que o Poder Público se vale para tornar possível o **desempenho de certa atividade de interesse público pelo particular**. Tal qual ocorre na concessão de serviço público, a execução dos serviços é pessoal e intransferível e a remuneração ao particular é feito por meio de tarifas fixadas pelo Poder Público.

08. (FCC – Analista Judiciário – Área Judiciária – TRE – PR/2017) Os serviços públicos, quando prestados sob regime de delegação à iniciativa privada, sob a modalidade de concessão comum, guardam algumas características próprias desses contratos,

a) tais como a rescisão contratual depender de decisão judicial, ainda que se esteja num cenário de inadimplência do poder concedente, vedada, inclusive, nesse caso, a suspensão administrativa da prestação dos serviços.

b) como a responsabilidade pelos investimentos de infraestrutura ficarem integralmente a cargo do poder concedente, enquanto que o custeio das despesas de manutenção e operação ficam sob responsabilidade da concessionária.

c) à exemplo da incidência de controle externo, tendo em vista que os órgãos e entes que o exercem, analisam a adequação da prestação do serviço e a gestão da concessionária, para garantir a lisura da Administração da mesma, sob aspectos econômicos, trabalhistas e fiscais.

d) como a essencialidade do objeto, o que implica alto custo de sua gestão, razão pela qual a concessionária é dotada de prerrogativas diferenciadas, tais como a suspensão administrativa da prestação dos serviços diante de reiterada inadimplência dos usuários ou do poder concedente.

e) como se depreende do regime jurídico de direito privado que rege os negócios jurídicos dessa natureza, ainda que o objeto do mesmo seja a prestação de serviços públicos, na medida em que o risco do negócio é integralmente da concessionária, cabendo à mesma a proteção dos seus investimentos e a possibilidade de acionamento das garantias do poder público em caso de inadimplência.

COMENTÁRIO

Alternativa correta: letra "a". O contrato de concessão pode ser rescindido por iniciativa da concessionária em caso de inadimplência do poder concedente, nos termos do art. 39 da Lei, mediante ação judicial proposta para esse fim. Nesse caso, os serviços prestados pela concessionária não poderão ser interrompidos ou paralisados até que sobrevenha **decisão judicial transitada em julgado.**

Alternativa "b". Na forma da Lei 8.987/95, a concessão de serviço público comum poderá ser simples, ou precedida de execução de obra pública. Na primeira, a concessão simples consiste na "delegação de sua prestação, feita pelo poder concedente, mediante licitação, na modalidade de concorrência, à pessoa jurídica ou consórcio de empresas que demonstre capacidade para seu desempenho, **por sua conta e risco** e por prazo determinado"; já na segunda, a concessão de serviço público precedida de execução de obra pública, consiste na "construção, total ou parcial, conservação, reforma, ampliação ou melhoramento de quaisquer obras de interesse público, delegada pelo poder concedente, mediante licitação, na modalidade de concorrência, à pessoa jurídica ou consórcio de empresas que demonstre capacidade para a sua realização, **por sua conta e risco**, de forma que o investimento da concessionária seja remunerado e amortizado mediante a exploração do serviço ou da obra por prazo determinado".

Alternativa "c". Segundo a Lei 8.987/95, cabe ao concessionário "prestar contas da gestão do serviço ao poder concedente e aos usuários, nos termos definidos no contrato". Observe que a prestação de contas está relacionada à prestação do serviço.

Alternativa "d". Segundo o §3º do artigo 6º da Lei 8.987/95, "não se caracteriza como descontinuidade do serviço a sua interrupção em situação de emergência ou após prévio aviso, quando: I – motivada por razões de ordem técnica ou de segurança das instalações; e, II – por inadimplemento do usuário, considerado o interesse da coletividade." Deve-se ressaltar que com o advento da Lei nº 14.015/2020, a interrupção por inadimplemento do usuário não poderá iniciar-se na sexta-feira, sábado ou domingo, nem em feriado ou em dia anterior ao feriado (art. 6º, §4º).

Alternativa "e". Pelo contrato de concessão, delega-se a execução do serviço ao concessionário, que o fará por sua conta e risco, nos termos do artigo 2º, II da Lei nº 8.987/1995. Se o risco é do concessionário, não há se falar em acionar o poder público em caso de inadimplência dos usuários.

09. **(Cespe - Analista Judiciário - Oficial de Just. Avaliador - TRF 1/2017)** A concessão de serviço público pode ser feita a pessoa física ou jurídica, desde que mediante licitação.

COMENTÁRIO

"Errado". Em cumprimento ao determinado no art. 175, da Constituição Federal, a Lei nº 8.987/95 estabelece que a concessão e a permissão são realizadas desde que tenha ocorrido **licitação prévia** (art. 14). Ademais, **a concessão somente pode ser feita com pessoa jurídica ou com consórcio de empresas**, e a permissão pode ser realizada com pessoa jurídica e com pessoa física.

10. (Cespe - Analista Judiciário - Área Judiciária - Oficial de Justiça Avaliador - TRT8/2016) A modalidade de extinção da concessão fundada na perda, pela concessionária de serviços públicos, das condições econômicas, técnicas ou operacionais para manter a adequada prestação do serviço concedido denomina-se

A) encampação.
B) caducidade.
C) anulação.
D) revogação.
E) rescisão.

COMENTÁRIO

Alternativa correta: letra "b". No caso, a forma de extinção é a caducidade ou decadência, pela qual o poder concedente retoma o serviço da concessionária, durante o prazo da concessão, em razão da inadimplência da concessionária, conforme o art. 38 da Lei nº 8.987/95. A concessionária dá causa à inexecução total ou parcial do contrato. Nos termos do dispositivo mencionado, a Administração deve, primeiro, conceder prazo para que a concessionária corrija as falhas apontadas e, caso não o faça, será instaurado processo administrativo (assegurada a ampla defesa) e, no fim deste, caso comprovada a inadimplência, a caducidade será declarada por meio de decreto. Neste caso, dispõe o art. 38, §1º, da Lei que a caducidade da concessão poderá ser declarada pelo poder concedente quando "a concessionária perder as condições econômicas, técnicas ou operacionais para manter a adequada prestação do serviço concedido".

Alternativa "a" (responde a alternativa "d"). A **encampação** é forma de **extinção da concessão** em que o poder concedente **retoma** o serviço da concessionária, durante o prazo de concessão, por motivo de **interesse público**. Não se fala em **revogação** do contrato de concessão, sendo a encampação a modalidade prevista para se extinguir o contrato por interesse público (mas, não é igual à revogação do ato administrativo; precisa de lei).

Alternativa "c". A **anulação** é uma das formas de extinção do contrato administrativo de concessão, que deixa de produzir efeitos em razão de ilegalidade na licitação que antecedera à assinatura do contrato, ou, ainda, no próprio contrato.

Alternativa "e". Refere-se à possibilidade de a **concessionária requerer judicialmente** a rescisão do contrato de concessão por inadimplência do poder concedente, conforme prevê o art. 39, da Lei nº 8.987/95.

11. (FCC - Analista Judiciário - Área Judiciária - TRT 23/2016) Transporte público de passageiros quase sempre é mencionado como exemplo de serviço público. A depender do modal de transporte ou mesmo das localidades envolvidas no deslocamento, pode se alterar a titularidade desse gênero de serviço público. A titularidade do serviço público

(A) também se altera quando ocorre a delegação da execução material para a iniciativa privada, pois o delegatário do serviço público assume integralmente a responsabilidade pelos ônus e bônus envolvidos com a prestação dessa atividade material.
(B) não pode se alterar, nem se transferir em nenhuma hipótese de delegação de serviço, seja para ente com personalidade jurídica de direito público integrante da Administração pública indireta, seja para a iniciativa privada, tendo em vista que o regime de execução é sempre privado, independentemente da natureza jurídica do delegatário.
(C) depende do que constar da autorização legislativa que deve ser editada especificamente para cada concessão ou permissão de serviço público, podendo ser transferida ao concessionário ou permissionário, mesmo que se trate de pessoa jurídica de direito privado, desde que a execução do serviço se dê em regime de direito público.
(D) remanesce com o ente público ao qual foi atribuída pela legislação, passível de delegação para a iniciativa privada a execução material, salvo em se tratando de pessoa jurídica de direito público integrante da Administração indireta, como as autarquias, para as quais é admissível a delegação legal da titularidade.
(E) está atrelada ao regime de execução imposto para o serviço público, tendo em vista que quando prestado sob

regime de direito privado, a titularidade desloca-se para o delegatário, para que seja deste a integral responsabilidade pelos ônus e bônus, e quando prestado sob regime de direito público, a titularidade remanesce com o ente público.

COMENTÁRIO

Alternativa correta: letra "d" (responde as demais alternativas). Nos termos do art. 175 da Constituição Federal, o serviço público é de **incumbência do Poder Público**. A descentralização do serviço público pode se dar pela outorga (também conhecida como delegação legal) e pela delegação. A outorga se opera mediante lei, pois esta é necessária para a criação ou a autorização de criação de entidade da administração indireta para a prestação de serviços públicos e, para parte da doutrina, é possível a transferência da titularidade. Por sua vez, a delegação restringe-se à execução da atividade, remanescendo a titularidade com o ente público. Assim, afirmações no sentido de que a "concessão e a permissão transferem a titularidade de um serviço público a quem aceitar prestá-lo, mediante licitação" estão incorretas, porque, na verdade, a **titularidade continua sendo do Poder Público e o que é transferido, apenas, é a execução da atividade**. Por exemplo, uma empresa privada que vence licitação e assina o contrato de concessão de serviço público, tornando-se uma concessionária de serviço público não passa a ser a titular do serviço público, pois este pertence ao Estado, que, por isso, deve fiscalizar e acompanhar a prestação do serviço pela concessionária.

8.2. Questões objetivas com gabarito fundamentado

01. (FCC – Analista Judiciário Oficial de Justiça Avaliador Federal – TRT 18/2023) A remuneração do parceiro privado, nos contratos de parceria público-privada, regidos pela Lei federal nº 11.079/2004 e de concessão de serviço público (concessão comum), regidos pela Lei federal nº 8.987/1995, apresenta relevantes distinções, em especial porque

(A) a remuneração do parceiro privado deve, nos contratos de concessão administrativa, obrigatoriamente, envolver a cobrança de tarifa diretamente do usuário do serviço público, adicionalmente à contraprestação devida nos contratos de concessão patrocinada e de concessão comum.

(B) os contratos de concessão comum permitem a previsão de aporte de recursos públicos em favor do concessionário como forma de remuneração pela prestação dos serviços, diferentemente do que acontece nos contratos de parceria público-privada, em que essa verba fica restrita à parcela de obras e aquisição de bens reversíveis.

(C) os contratos de parceria público-privada contemplam o pagamento de contraprestação pelo parceiro público ao parceiro privado, enquanto nas concessões comuns o concessionário deve se remunerar por meio da exploração do serviço público, mediante cobrança de tarifa.

(D) somente os contratos de concessão comum admitem a cobrança de tarifa diretamente do usuário do serviço público, não havendo previsão para tanto nos contratos de parceria público-privada, em que a repartição de riscos é premissa para a celebração do vínculo entre as partes.

(E) tanto os contratos de parceria público-privada, quanto os de concessão comum, exigem a prestação de garantia pelo poder público, de forma que o delegatário do serviço público, responsável integralmente pelos investimentos, não fique destituído da devida remuneração contratual.

02. (FCC – Analista Judiciário Oficial de Justiça Avaliador Federal – TRT 14/2022) A União Federal pretende realizar licitação para contratação de parceria público-privada, na modalidade patrocinada. De acordo com a Lei no 11.079/2004, que instituiu normas gerais para licitação e contratação de parceria público-privada no âmbito da Administração pública, na hipótese narrada,

(A) haverá repartição subjetiva de riscos entre as partes envolvidas.
(B) não haverá compartilhamento com a Administração pública de ganhos econômicos efetivos do parceiro privado decorrentes da redução do risco de crédito dos financiamentos utilizados pelo parceiro privado.
(C) o período de prestação dos serviços poderá ser fixado em quatro anos.
(D) além da tarifa cobrada dos usuários, haverá contraprestação pecuniária do parceiro público ao parceiro privado.
(E) não será aplicada nenhuma outra legislação, ainda que em caráter subsidiário.

03. **(FCC – Analista Judiciário – Oficial de Just. Avaliador Federal – TRT 6/2018)** A Administração pública está elaborando um projeto de parceria público-privada para o setor de transportes, para levá-lo a licitação. A modelagem econômica, entretanto, vem encontrando dificuldades de equacionamento, porque os investimentos na fase de obras por parte do privado seriam de tal monta que poderiam inviabilizar o projeto. Uma das possíveis soluções para reduzir o custo da fase inicial do projeto, equilibrando a equação econômica, seria

(A) o aditamento do contrato após sua celebração, desde que observado o limite quantitativo previsto na Lei nº 8.666/1993.
(B) prever no contrato a possibilidade de prorrogação, por sucessivos períodos ou por prazo indeterminado, até que fique apurada pelo poder público a amortização dos investimentos.
(C) o poder público reduzir o objeto do contrato, após sua celebração, executando diretamente, ou mediante contratação de terceiro, as obras que excederem os investimentos suportáveis pelo parceiro privado.
(D) a previsão de aporte por parte do poder público, considerando que as obras da fase inicial do contrato sejam para a construção do modal de transporte, que reverterá ao poder público ao fim da parceria público-privada.
(E) a previsão de reequilíbrio econômico-financeiro do contrato tão logo concluídas as obras, cuja indenização poderá se dar por meio de prorrogação de prazo contratual ou aporte por parte do poder público.

04. **(Cespe – Analista do MPU – Direito/2018)** A encampação é a denominação dada a uma forma de se extinguir a concessão para a prestação de serviço público e ocorre quando a concessão é extinta em decorrência de atuação culposa do concessionário.

GAB:☐ Certo ☐ Errado

05. **(FCC – Analista Judiciário – Área Administrativa – TRT 6/2018)** Considere:

I. Delegação, pelo ente titular, da titularidade e da prestação de serviço público à pessoa jurídica ou consórcio de empresas.
II. Delegação, pelo ente titular, da prestação de serviço público à pessoa jurídica ou consórcio de empresas.
III. Formalização mediante contrato, precedida de licitação, na modalidade concorrência.
IV. Fiscalização pelo poder concedente responsável pela delegação, com a cooperação dos usuários.

No que concerne às concessões de serviços públicos regidas pela Lei nº 8.987/1995, está correto o que se afirma APENAS em

(A) I, II e III.
(B) I, II, e IV.
(C) II, III e IV.
(D) III e IV.
(E) I e III.

06. **(Cespe – Analista Judiciário – Área Administrativa – TRE – BA/2017)** Determinada empresa autorizada pela União, mediante concessão, a explorar serviço público,

parou de prestar os devidos serviços sem apresentar qualquer justificativa.

Nos termos da Lei n.º 8.987/1995 — Lei de Concessões —, a referida concessão deve ser extinta por

a) caducidade.
b) rescisão.
c) anulação.
d) advento do termo contratual.
e) encampação.

07. (FCC – Analista Judiciário – Área Administrativa – TRF 5/2017) Para que a construção e operação de um novo ramal ferroviário para transporte de passageiros possam ser contratados por meio de parceria público privada é necessário observar, dentre outros requisitos, que

a) os custos da obra sejam exclusivamente suportados pelo concessionário, que deve se remunerar integralmente pela exploração do serviço no âmbito de uma concessão patrocinada.
b) o valor originalmente cobrado dos usuários como tarifa nas concessões comuns seja custeado pelo poder concedente sob a forma de contraprestação.
c) a repartição de riscos entre as partes estabeleça a qual delas será atribuído o custo pelas obras de implantação, sendo necessariamente dever do concessionário a realização material das mesmas.
d) haja contraprestação paga pelo poder concedente, devida somente após o início da prestação dos serviços, cuja utilização também deverá ser objeto de remuneração por meio de tarifa cobrada dos usuários no âmbito de uma concessão patrocinada.
e) haja previsão de receitas acessórias ou complementares em favor do concessionário para que seja viável manter o equilíbrio econômico-financeiro do contrato sem onerar demasiadamente o valor da tarifa.

08. (FCC – Analista Judiciário – Área administrativa – TRT 11/2017) A educação básica obrigatória, inclusive para os que não tiveram essa oportunidade na idade própria, e o transporte coletivo urbano aos maiores de 65 anos de idade são medidas destinadas a amparar grupos de pessoas em situação de hipossuficiência e constituem exemplos de aplicação de importante princípio dos serviços públicos. Trata-se do princípio denominado

(A) continuidade
(B) publicidade.
(C) modicidade.
(D) cortesia.
(E) controle.

09. (Consulplan – Analista Judiciário – Área Judiciária – TRF 2/2017) Lei Federal define que determinado serviço público será prestado por particulares, através de concessão, após licitação na modalidade de concorrência. Sobre o tema, assinale a alternativa correta.

A) O contrato de concessão poderá prever o emprego de arbitragem para resolução de disputas relacionadas ao contrato.
B) Lei Federal não pode definir que o serviço será prestado por delegação a particulares, por implicar em afronta ao princípio da separação de Poderes.
C) Com relação à política tarifária do serviço público concedido, qualquer elevação na tarifa cobrada dos usuários deve respeitar a anterioridade tributária.
D) O concessionário poderá contratar com terceiros para o desenvolvimento de atividades acessórias, sendo esses contratos regidos pelo direito público.

10. (FGV – Analista Judiciário – Área Judiciária – TRT 12/2017) Concessão de serviço público é a transferência da prestação de serviços públicos para particulares, feita pelo poder concedente, mediante licitação, na modalidade de concorrência, à pessoa jurídica ou consórcio de empresas que demonstre capacidade para seu desempenho, por sua conta e risco e por prazo determinado.

De acordo com a Lei nº 8.987/95, ocorre extinção do contrato de concessão por encampação quando:

(A) a concessionária perder as condições econômicas, técnicas ou operacionais para manter a adequada prestação do serviço concedido, conforme apurado em processo administrativo, assegurado o direito de ampla defesa;

(B) o contrato de concessão for rescindido por iniciativa da concessionária, no caso de descumprimento das normas contratuais pelo poder concedente, mediante ação judicial especialmente intentada para esse fim;

(C) o serviço estiver sendo prestado de forma inadequada ou deficiente e a concessionária não atender à intimação do poder concedente no sentido de regularizar a prestação do serviço;

(D) a concessionária paralisar o serviço ou concorrer para tanto, por violação ao princípio da continuidade do serviço público, ressalvadas as hipóteses decorrentes de caso fortuito ou força maior;

(E) o poder concedente retomar o serviço, durante o prazo da concessão, por motivo de interesse público, mediante lei autorizativa específica e após prévio pagamento da indenização à concessionária.

Questão	Resposta	Fundamentação
01	C	Art. 2º da Lei nº 11.079/04.
02	D	Art. 2º, §1º, da Lei nº 11.079/04.
03	D	Art. 6º, §2º, da Lei nº 11.079/04.
04	E	Art. 38 da Lei nº 8.987/95.
05	C	I - Errado. Art. 2º, II da Lei nº 8.987/95. II - Correto. Art. 2º, II da Lei nº 8.987/95. III - Correto. Art. 2º c.c art. 18-A da Lei nº 8.987/95. IV - Correto. Art. 3º da Lei nº 8.987/95.
06	A	Art. 38, III da Lei nº 8.987/95.
07	D	Art. 2º, § 1º, da Lei nº 11.079/04.
08	C	Doutrina: item 3.
09	A	Art. 23-A da Lei nº 8.987/95.
10	E	Art. 37 da Lei nº 8.987/95.

9. JURISPRUDÊNCIA APLICÁVEL AO CAPÍTULO

Informativos e Decisões

Transferência da concessão e do controle societário das concessionárias de serviços públicos – ADI 2946/DF

É constitucional a transferência da concessão e do controle societário das concessionárias de serviços públicos, mediante anuência do poder concedente (Lei 8.987/1995, art. 27).

Nessas hipóteses, a base objetiva do contrato continua intacta. Permanecem o mesmo objeto contratual, as mesmas obrigações contratuais e a mesma equação econômico--financeira. O que ocorre é apenas a sua modificação subjetiva, seja pela substituição do contratado, seja em razão da sua reorganização empresarial.

Em nosso sistema jurídico, o que interessa à Administração é, sobretudo, a seleção da proposta mais vantajosa, independentemente da identidade do particular contratado, ou dos atributos psicológicos ou subjetivos de que disponha. No tocante ao particular contratado, basta que seja pessoa idônea, ou seja, que tenha comprovada capacidade para cumprir as obrigações assumidas no contrato, o que também é aferido por critérios objetivos e preestabelecidos (...).

▸ QUESTÕES DE CONCURSOS

CAPÍTULO XII
BENS PÚBLICOS

1. CONCEITO

O art. 98 do Código Civil estabelece que são "públicos os bens do domínio nacional pertencentes às pessoas jurídicas de direito público interno; todos os outros são particulares, seja qual for a pessoa a que pertencerem".

Dessa forma, pelo **conceito legalmente adotado**, somente são bens públicos aqueles pertencentes às pessoas jurídicas de **direito público**. Nesse sentido, é a posição de José dos Santos **Carvalho Filho**, para quem são bens públicos apenas aqueles da União, dos Estados, do Distrito Federal, dos Municípios, das autarquias, das fundações públicas com personalidade de direito público e dos consórcios com personalidade de direito público (associação pública)[1].

Por outro lado, Celso Antônio **Bandeira de Mello** afirma que são bens públicos os que pertencem às pessoas jurídicas de **direito público** e aqueles que, mesmo não pertencendo a essas pessoas, estejam **afetados à prestação de serviço público**[2].

A divergência doutrinária é importante, mas é possível contorná-la para se afirmar que, **sem controvérsia**, os bens das **pessoas de direito público** são considerados **bens públicos** e, todavia, a **controvérsia** instala-se, apenas, quanto aos bens da pessoas administrativas que tenham **personalidade jurídica de direito privado**, quais sejam, as sociedades de economia mista, as empresas públicas, as fundações públicas com personalidade de direito privado, os consórcios públicos com personalidade jurídica de direito privado. **Para parte da doutrina os bens desses entes administrativos são bens públicos e para outros não são.**

Apesar da celeuma sobre o tema, é importante consignar que, independentemente da posição sustentada, os autores, em geral, admitem que os **bens** das **pessoas administrativas** com personalidade de **direito privado** (empresa pública, sociedade de economia mista, fundações públicas com personalidade de direito

1. *Manual de direito administrativo*. 19. ed. Rio de Janeiro: Lumen Juris, 2008. p. 998-1000.
2. *Curso de direito administrativo*. 27. ed. São Paulo: Malheiros, 2010. p. 913. Em geral, essa é a posição adotada pelas bancas de concurso.

privado, os consórcios públicos com personalidade jurídica de direito privado) **vinculados à prestação de serviço público não podem ser penhorados**, em face do princípio da continuidade do serviço público.

Inclusive, em relação à Empresa Brasileira de Correios e Telégrafos (ECT), o Supremo Tribunal Federal decidiu que as disposições do art. 173, §§ 1º e 2º da CF (equiparação às empresas privadas e proibição de extensão de benefícios fiscais não aplicáveis ao setor privado) somente se aplicam às empresas públicas e sociedades de economia mista exploradoras de atividade econômica e, assim, em diversas ações (execuções trabalhistas e tributárias) considerou-se a ECT como prestadora de serviços públicos e, dessa forma, seus bens são impenhoráveis e possui imunidade tributária recíproca quanto aos bens usados para a prestação do serviço, tendo havido a recepção pela Constituição Federal do art. 12 do Decreto-Lei nº 509/69[3].

2. CLASSIFICAÇÃO

Os bens públicos podem ser classificados quanto à titularidade, quanto à destinação e quanto à disponibilidade.

Quanto à titularidade, os bens públicos são **federais, estaduais, distritais** e **municipais**, conforme pertençam, respectivamente, à União, aos Estados, ao Distrito Federal e aos Municípios.

Assim:

a) são bens da **União** (art. 20, CF):

- os que atualmente lhe **pertencem** e os que lhe vierem a ser **atribuídos**;
- as **terras devolutas indispensáveis à defesa** das fronteiras, das fortificações e construções militares, das vias federais de comunicação e à preservação ambiental, definidas em lei. As terras devolutas são terras públicas que **não possuem utilização específica** e que, ao mesmo tempo, **não estão integradas** ao patrimônio privado. Segundo o STF (ACO nº 158/SP[4]), as terras devolutas pertencem, em regra, aos Estados, com exceção daquelas indispensáveis à defesa de fronteiras, fortificações, construções militares, vias federais de comunicação e preservação do meio ambiente, que pertencem à União (art. 20, II da CF/88)[5];
- os **lagos**, **rios** e quaisquer **correntes de água** em terrenos de seu **domínio**, ou que banhem **mais de um Estado**, sirvam de **limites** com outros países, ou se estendam a **território estrangeiro** ou dele provenham, bem como os **terrenos marginais** e as **praias fluviais**;
- as **ilhas** fluviais e lacustres nas zonas **limítrofes** com outros países; as **praias** marítimas; as **ilhas oceânicas** e as **costeiras**, excluídas, destas, as

3. Por exemplo, o RE 393032/MG e a ACO 958/DF.
4. Rel. Min. Rosa Weber, julgado em 12/3/2020.
5. CAVALCANTE, Márcio André Lopes. *Informativo nº 969*. Disponível em: <https://dizerodireitodotnet.files.wordpress.com/2020/04/info-969-stf.pdf>. Acesso em 30 jun. 2020.

que contenham a sede de Municípios, exceto aquelas áreas afetadas ao serviço público e à unidade ambiental federal, e as referidas no art. 26, II;

- os **recursos** naturais da **plataforma** continental e da **zona econômica** exclusiva;
- o **mar territorial**;
- os **terrenos de marinha** e seus acrescidos. São "as faixas de terras fronteiras ao mar numa largura de 33 m contados da linha do preamar médio de 1831 para o interior do continente, bem como as que se encontram à margem dos rios e lagoas que sofram a influência das marés, até onde esta se faça sentir, e mais as que contornam ilhas situadas em zonas sujeitas a esta mesma influência. Considera-se influência das marés a oscilação periódica do nível médio das águas igual ou superior a 5 cm (art. 2º e parágrafo único do Decreto-Lei 9.760, de 5.9.46)"[6]. O STF decidiu que terreno de marinha em ilha com sede de município é da União, conforme RE 636199, no qual foi fixada a seguinte tese de repercussão geral: "A Emenda Constitucional nº 46/2005 não interferiu na propriedade da União, nos moldes do art. 20, VII, da Constituição da República, sobre os terrenos de marinha e seus acrescidos situados em ilhas costeiras sede de Municípios;
- os **potenciais** de energia hidráulica;
- os **recursos minerais**, inclusive os do subsolo;
- as cavidades naturais **subterrâneas** e os sítios **arqueológicos** e pré-históricos;
- as **terras** tradicionalmente ocupadas pelos **índios**.

b) são bens dos **Estados** (art. 26, CF):

- as **águas** superficiais ou subterrâneas, fluentes, emergentes e em depósito, ressalvadas, neste caso, na forma da lei, as decorrentes de obras da União;
- as áreas, nas ilhas oceânicas e costeiras, que estiverem no seu domínio, excluídas aquelas sob domínio da União, Municípios ou terceiros;
- as ilhas fluviais e lacustres não pertencentes à União;
- as terras devolutas não compreendidas entre as da União.

c) bens dos **Municípios**:

- a Constituição não enumerou expressamente, mas podem ser dados como exemplos: prédios públicos municipais, ruas, praças, parques.

Quanto à destinação, os bens públicos classificam-se em:

6. MELLO, Celso Antônio Bandeira de. *Curso de direito administrativo*. 27. ed. São Paulo: Malheiros, 2010. p. 921-922.

a) **bens de uso comum do povo**: aqueles **destinados ao uso de todos**, de maneira geral. Exemplos: ruas, rios, mares e praças.

b) **bens de uso especial**: são aqueles usados para a **execução das atividades administrativas**. Exemplos: os prédios onde há a sede de um órgão público, hospitais públicos, escolas públicas, aeroportos, viaturas.

c) **bens dominiais** ou **dominicais**: os bens dominiais ou dominicais são os bens que **não possuem destinação específica** e que integram o patrimônio das pessoas jurídicas de direito público. Esses bens fazem parte do **patrimônio disponível** do Estado e são aqueles que não são nem de uso comum do povo nem de uso especial. Exemplos: terras devolutas, prédios não utilizados, móveis inservíveis.

ATENÇÃO! Os **bens dominicais**, na visão tradicional, apresentam as características de comportarem **função patrimonial ou financeira** porque são destinados a assegurar rendas ao Estado, bem como de se submeterem ao regime jurídico de direito privado, mas atualmente, há a visão de que tais bens **não são exclusivamente patrimoniais**, pois podem possuir, de maneira paralela, **objetivos de interesse geral** como é o caso da concessão de direito real de uso para fins de urbanização. Desse modo, na verdade, a finalidade financeira é objetivo imediato e são regidos pelo direito privado com as derrogações do direito público.

As duas primeiras categorias (uso comum e uso especial) formam o denominado **domínio público** do Estado, regido por normas de direito público, e a última (dominicais) representa o domínio privado do Estado, regulado pelas normas de direito privado, derrogadas pelas normas de direito público. Nesse sentido, Maria Sylvia Zanella Di Pietro divide os bens públicos, sob o aspecto jurídico, em **bens do domínio público do Estado** (bens de uso comum do povo e bens de uso especial) e **bens do domínio privado do Estado** (bens dominicais)[7].

Importante ressaltar que **não há perpetuidade**, em regra, dos bens em cada uma das **categorias** existentes. Desse modo, os bens de uso comum assim são enquadrados ou por definição legal ou por sua própria natureza e, no primeiro caso, é possível, por exemplo, a alteração legal do uso de uma rua para que lhe seja dada destinação específica e não mais seja de uso comum do povo, caso em que ainda continuará a ser um bem **afetado** ao interesse público. Entretanto, a mesma rua, em tese, pode ser **desafetada** e, dessa forma, passar a ser bem de uso dominical, com o que poderá ser alienada.

Ainda, é necessário destacar que domínio público não é sinônimo de domínio eminente, pois este é expressão da soberania nacional, ou seja, é o **poder superior**, eminente, que o **Estado** tem **sobre todas as coisas que existem em seu território**, ou, conforme Hely Lopes Meirelles, é "o poder político pelo qual o Estado submete à sua vontade todas as coisas de seu território"[8]. O poder eminente é exercido pelo Estado sobre bens que lhe pertencem e sobre coisas que não são suas, como se verifica no caso da instituição de servidão administrativa, de imposição de limitação ao uso da

---

7. *Direito administrativo*. 23. ed. São Paulo: Atlas, 2010. p. 671-672.
8. *Direito administrativo*. 36. ed. São Paulo: Malheiros, 2010. p. 546.

propriedade privada. Ao contrário, como visto, o domínio público tem significado de domínio patrimonial e é exercido sobre os bens públicos.

Quanto à disponibilidade, os bens públicos classificam-se em:

a) **bens indisponíveis por natureza**: são os bens **insuscetíveis de alienação**, isto é, são bens que, em razão de sua própria natureza, são inalienáveis. **Não possuem natureza patrimonial**. São bens de uso comum do povo. Exemplos: rios, mares, ar.

b) **bens patrimoniais indisponíveis**: são bens que têm **natureza patrimonial** e, em princípio, são alienáveis, mas, como estão **afetados** a uma finalidade pública, enquanto mantiverem tal condição, são **inalienáveis**. São bens de uso comum do povo ou bens de uso especial. Exemplos: praças, ruas, imóvel em que funciona órgão público.

c) **bens patrimoniais disponíveis**: são os bens que fazem parte do patrimônio disponível do Estado. Possuem **natureza patrimonial** e estão **desafetados**, isto é, não estão sendo usados para nenhuma finalidade pública e, respeitadas as exigências legais, podem ser alienados. Exemplos: terras devolutas, móveis inservíveis.

CLASSIFICAÇÃO DOS BENS PÚBLICOS		
Quanto à titularidade	**Quanto à destinação**	**Quanto à disponibilidade**
• federais • estaduais • distritais • municipais	• uso comum do povo com finalidade pública geral (uso de todos; afetado) • uso especial com finalidade pública específica (afetado) • dominicais sem finalidade pública específica (desafetado)	• indisponíveis por natureza não têm natureza patrimonial • patrimoniais indisponíveis têm natureza patrimonial e estão afetados • patrimoniais disponíveis têm natureza patrimonial e não estão afetados

3. REGIME JURÍDICO

Os bens públicos submetem-se a regime jurídico peculiar, diferente do aplicado aos bens particulares e, da análise desse regime, é possível extrair como características a inalienabilidade, a impenhorabilidade, a imprescritibilidade e a não onerabilidade.

3.1. Inalienabilidade

Em regra, os bens públicos **não podem ser alienados**, isto é, não podem ser vendidos, doados, permutados, etc.

Nos termos do art. 100 do Código Civil, os bens públicos de uso comum do povo e de uso especial são inalienáveis enquanto conservarem essa condição e, por sua vez, o art. 101 estabelece que os bens dominicais podem ser alienados, obedecidos os requisitos legais. Portanto, enquanto afetado a uma finalidade pública, o bem público é inalienável, mas, após perder essa destinação pública, ou seja, após ser desafetado, pode ser alienado. Nota-se, todavia, que essa característica não é absoluta e sim **relativa**, pois, em regra, os bens públicos não podem ser alienados, mas, com a desafetação, passam a ser alienáveis, devendo a alienação, no entanto, obedecer à prescrição legal.

Todavia, registra-se que não basta a desafetação para a alienação de imóvel, pois, além disso, conforme o art. 76 da Lei nº 14.133/2021, são necessárias as seguintes condições: a) interesse público justificado; b) avaliação prévia; c) no caso de imóveis da Administração direta, fundações e autarquias, autorização legislativa; d) licitação na modalidade leilão. Ainda, no caso de imóvel da União, há a necessidade de autorização do Presidente da República, permitida a delegação ao Ministro de Estado da Fazenda, o qual pode fazer a subdelegação, conforme o art. 23 da Lei nº 9.636/98[9].

3.1.1. *Afetação e desafetação*

A **afetação** ou **consagração** é a **atribuição** de destinação pública específica a determinado bem e, de outra forma, a **desafetação** ou **desconsagração** é a **retirada** da destinação de finalidade pública que fora dada a um bem público. **Com a afetação, o bem desafetado torna-se afetado e, com a desafetação, o bem afetado passa a ser desafetado.**

Percebe-se, ainda, que o bem público muda de categoria conforme ocorra a afetação ou a desafetação. De fato, um bem dominical, ao ser afetado, sai da categoria de bem dominical e passa para a categoria de bem de uso especial e, nessa condição, é inalienável. Ao revés, um bem de uso comum do povo ou um bem de uso especial, com a desafetação, passa a ser um bem dominical e, assim, pode ser alienado, observando-se as disposições legais.

Por exemplo, um terreno público que não está sendo utilizado para nenhuma finalidade é um bem desafetado, mas o imóvel no qual funciona uma escola municipal é um bem afetado. Este é um bem de uso especial e aquele é um bem dominical.

A afetação e a desafetação podem ser expressas ou tácitas. São expressas quando decorrentes de lei ou de ato administrativo, e são tácitas quando ocorrem em consequência de atuação direta da Administração - sem manifestação formal de vontade - ou de fato da natureza. Por exemplo, há a afetação expressa quando a Administração edita decreto determinando a instalação de escola em imóvel público sem utilização, ou, na mesma situação, a Administração pode, simplesmente, instalar a escola no prédio sem ato formal, quando haverá a afetação tácita por atuação direta da Administração[10]. Quanto à ocorrência de fato da natureza como causa de

---

9. Sobre a alienação de bens públicos, ver capítulo 9, item 5.2.1.
10. DI PIETRO, Maria Sylvia Zanella. *Direito administrativo*. 23. ed. São Paulo: Atlas, 2010. p. 677.

desafetação, tal situação pode ser visualizada na hipótese de um incêndio destruir todo um prédio escolar, com o que o bem passa da condição de bem de uso especial para bem dominical[11].

ATENÇÃO! A **falta de uso** do bem não pode ser considerada desafetação tácita.

AFETAÇÃO E DESAFETAÇÃO:

Afetação ou Desafetação
- expressa
  - lei
  - ato administrativo
- tácita
  - atuação direta da Administração
  - fato da natureza

3.2. Impenhorabilidade

Na esfera privada, a regra é que o devedor responda por suas dívidas com todos os seus bens, consoante estabelece o art. 591 do Código de Processo Civil e, dessa forma, salvo as exceções legalmente admitidas, eles podem ser objeto de constrição judicial. Entretanto, os **bens públicos** não podem receber o mesmo tratamento, pois são utilizados para o desempenho da atividade administrativa e, sem dúvida, entre elas, está a execução do serviço público, pelo que, com arrimo no princípio da **continuidade do serviço público, não podem ser penhorados.**

Deve ficar claro que a impenhorabilidade não depende de o bem-estar afetado ou desafetado, ou seja, são impenhoráveis os bens de uso comum do povo, os bens de uso especial e, inclusive, os bens dominicais. Também, essa característica não é afastada dependendo da natureza do crédito reclamado e, assim, a impenhorabilidade existe mesmo em face de créditos trabalhistas. Portanto, a **impenhorabilidade** é uma característica dos bens públicos de **natureza absoluta.**

De outro lado, isso não significa que o Poder Público não arcará com suas dívidas judicialmente reconhecidas, pois, apenas, adota-se forma de cobrança diferente,

11. CARVALHO FILHO, José dos Santos. *Manual de direito administrativo*. 19. ed. Rio de Janeiro: Lumen Juris, 2008. p. 1008.

conhecida como regime de precatórios, obedecendo-se à disciplina estabelecida no art. 100 da Constituição Federal. Na legislação processual, o tema é tratado CPC (Lei nº 13.105/15), no art. 910, que trata da execução por título extrajudicial e, também, nos artigos 534 e 535, que disciplinam o "cumprimento de sentença que reconheça a exigibilidade de obrigação de pagar quantia certa pela fazenda pública".

O precatório é um ofício requisitório encaminhado pelo Presidente do Tribunal ao órgão ou entidade devedora. A regra é que o precatório apresentado até o dia 1º de julho seja pago até o fim do exercício seguinte, em ordem cronológica de apresentação, com exceção dos débitos de natureza alimentar, pois estes têm preferência. Excepcionalmente, o precatório é dispensado quando se tratar de obrigação definida em lei como de pequeno valor, quando haverá a expedição de Requisição de Pequeno Valor (RPV), cujo pagamento deve ser efetuado no prazo de sessenta dias (art. 17 da Lei nº 10.259/01, art. 13 da Lei nº 12.153/09 e art. 535, §3º, II, do Novo CPC; no caso do novo código o prazo foi marcado em dois meses).

Não obstante a impenhorabilidade dos bens públicos, o texto constitucional prevê, no art. 100, § 6º, a possibilidade de o credor requerer a determinação de sequestro da quantia necessária para a satisfação da dívida, quando for preterido em seu direito de preferência (precatório mais recente, sem ser de natureza alimentar, é pago antes do dele) e quando o Poder Público não faz a alocação orçamentária do valor necessário à satisfação do seu débito.

Ainda, como adverte Dirley da Cunha Júnior, vem sendo admitido pelo Supremo Tribunal Federal o bloqueio de valores em contas públicas para cumprimento de liminar com o objetivo de garantir o fornecimento gratuito de medicamento a pessoa hipossuficiente, como decidido no AI 553.712[12].

3.3. Imprescritibilidade

Os bens públicos são **imprescritíveis**, isto é, **não se sujeitam à usucapião**. Assim, não é possível a aquisição de propriedade de bem público em razão da posse ininterrupta e prolongada nos prazos legalmente estabelecidos. Ademais, não é devida indenização por acessões e benfeitorias, não interessando a discussão no sentido da boa-fé do ocupante do bem público:

> **Súmula 619 do STJ**- A ocupação indevida de bem público configura mera detenção, de natureza precária, insuscetível de retenção ou indenização por acessões e benfeitorias.

Essa característica tem natureza **absoluta** e, desse modo, não há início de contagem de tempo para usucapião enquanto o bem for público, não importando se está vinculado a uso de interesse público ou não. Isso se aplica, inclusive, quanto aos bens dominicais e, nesse sentido, há a **Súmula nº 340** do Supremo Tribunal Federal,

12. *Curso de direito administrativo*. 8. ed. Salvador: Juspodivm, 2009, p. 404. Referido tema encontra-se pendente de análise pelo STF no RE nº 607.582/RS, com repercussão geral já reconhecida: "FORNECIMENTO DE MEDICAMENTOS. POSSIBILIDADE DE BLOQUEIO DE VERBAS PÚBLICAS PARA GARANTIA. RATIFICAÇÃO DA JURISPRUDÊNCIA FIRMADA POR ESTA SUPREMA CORTE. EXISTÊNCIA DE REPERCUSSÃO GERAL."

cujo enunciado prevê que desde "a vigência do Código Civil, os bens dominicais, como os demais bens públicos, não podem ser adquiridos por usucapião".

Deve-se apontar, ademais, que, segundo entendimento adotado pelo STJ, "os bens integrantes do acervo patrimonial de sociedades de economia mista sujeitos a uma destinação pública equiparam-se a bens públicos, sendo, portanto, **insuscetíveis de serem adquiridos por meio de usucapião**[13]".

3.4. Não onerabilidade

Essa característica é decorrente da impenhorabilidade e da imprescritibilidade e, por ela, um bem público **não pode ser dado em garantia** para o credor no caso de inadimplemento da obrigação, como se dá, por exemplo, com a hipoteca, o penhor e a anticrese (art. 1.419, Código Civil). Inclusive, nesse sentido, é o art. 1.420 do estatuto civil, pois estabelece que "só os bens que se podem alienar poderão ser dados em penhor, anticrese ou hipoteca".

4. USO DE BEM PÚBLICO POR PARTICULAR

Os bens públicos podem ser usados de duas maneiras: o uso comum e o uso especial. Aqui, não se está fazendo referência aos bens de uso comum e aos bens de uso especial, mas, na verdade, às formas de uso, inclusive desses bens.

O **uso comum** de um bem público ocorre quando ele é utilizado pelas pessoas em geral, sem distinção entre os usuários e sem necessidade de autorização específica para tanto, e o **uso especial** de bem público se verifica quando o administrado se sujeita a regras específicas, ao consentimento do Poder Público ou ao pagamento pelo uso. O uso do bem público não é necessariamente gratuito, pois, conforme o art. 103 do Código Civil, o uso comum dos bens públicos pode ser gratuito ou retribuído, conforme for estabelecido legalmente pela entidade a cuja administração pertencerem. Nesse sentido, como destaca José dos Santos Carvalho Filho, o uso especial remunerado de bem público pode se dar em relação a bem de uso comum do povo e a bem de uso especial, e esclarece, de maneira didática, que:

> *(...) os bens de uso comum do povo e os de uso especial podem estar sujeitos a uso comum ou a uso especial. No caso da rodovia, por exemplo, que é um bem de uso comum do povo, se não há pedágio, o uso é comum; se há, o uso é especial. O mesmo em relação ao museu: se o ingresso é gratuito e aberto ao público, trata-se de uso comum de bem de uso especial; se há pagamento, tratar-se-á de uso especial de bem de uso especial*[14].

O uso especial, quando é destinado a **pessoas determinadas**, mediante **instrumento jurídico** formal, é chamado de **uso privativo** ou **uso especial privativo** e tem as seguintes características[15]:

---

13. (AgInt no REsp 1719589/SP, Rel. Ministro LUIS FELIPE SALOMÃO, QUARTA TURMA, julgado em 06/11/2018, DJe 12/11/2018)
14. *Manual de direito administrativo*. 19. ed. Rio de Janeiro: Lumen Juris, 2008, p.1022, nota 75.
15. CARVALHO FILHO, José dos Santos. *Manual de direito administrativo*. 19. ed. Rio de Janeiro: Lumen Juris, 2008, p.1026.

a) **privatividade do uso**: o particular tem o direito de usar o bem sozinho;
b) **instrumentalidade formal**: é indispensável a existência de título jurídico formal;
c) **precariedade do uso**: a Administração pode revogar o instrumento que autoriza o uso;
d) **regime de direito público**: há princípios administrativos que levam em conta o interesse público e favorecem a Administração.

Dessas características apontadas pelo autor, sem dúvida, as que podem ser consideradas **essenciais** são a **privatividade** e a **instrumentalidade formal.**

4.1. Instrumentos de formalização de uso privativo de bem público

Como apontado anteriormente, é necessário que a Administração exteriorize seu consentimento com o uso privativo de bem público por meio de instrumento jurídico formal. Dentre aqueles disponíveis, destacam-se a:

a) **autorização de uso**: é **ato** unilateral, discricionário e precário, pelo qual a Administração consente a utilização de bem público por particular, com exclusividade, para atender ao **interesse predominante do particular**. Em regra, sua revogação não gera direito à indenização, mas se, excepcionalmente, for concedida com prazo determinado, a revogação antes do término do prazo dá ensejo à indenização. Exemplos: autorização para usar terreno baldio; autorização para colocar mesas e cadeiras de estabelecimento na rua.

b) **permissão de uso**: é **ato** unilateral, discricionário e precário, pelo qual a Administração consente a utilização de bem público por particular, com exclusividade, para a satisfação do **interesse predominantemente público**. Uma vez concedida a permissão, o permissionário tem **obrigação** de usar o bem para a finalidade permitida. Em regra, sua revogação **não gera direito à indenização**, mas se, excepcionalmente, for concedida com prazo determinado, a revogação antes do término do prazo dá ensejo à indenização. Exemplos: permissão para instalação de banca de jornal em praça pública.

c) **concessão de uso**: "é o **contrato** administrativo pelo qual a Administração Pública faculta ao particular a utilização privativa de bem público, para que a exerça conforme a sua destinação"[16]. Necessita de **licitação** prévia. O **interesse é preponderantemente público** e por ser um contrato, a rescisão antecipada gera, em regra, **direito à indenização**. Exemplos: concessão de sepultura; concessão para instalação de restaurante em prédio público.

d) **concessão de direito real de uso**: nos termos do art. 7º, do Decreto-Lei nº 271/67, pode ser instituída a concessão "de uso de terrenos públicos ou particulares remunerada ou gratuita, por tempo certo ou indeterminado, como **direito real resolúvel**, para fins específicos de regularização

16. DI PIETRO, Maria Sylvia Zanella. *Direito administrativo*. 23. ed. São Paulo: Atlas, 2010. p. 698.

fundiária de interesse social, urbanização, industrialização, edificação, cultivo da terra, aproveitamento sustentável das várzeas, preservação das comunidades tradicionais e seus meios de subsistência ou outras modalidades de interesse social em áreas urbanas". Como se trata de direito real – e não pessoal como há na concessão de uso comum –, pode ser transmitido por sucessão legítima ou testamentária ou por atos *inter vivos* (art. 7º, § 4º);

e) **cessão de uso**: é a transferência da posse de um bem público de uma entidade ou órgão para outro, de forma gratuita, para que o cessionário o utilize, por tempo certo e determinado, nas condições estabelecidas no termo[17].

5. QUESTÕES

5.1. Questões objetivas comentadas

01. **(CONSULPLAN – Analista Jurídico – MPE PA/2022)** Bruno e Júlia, recém-casados, passando por dificuldades financeiras, procurando um lugar para morar, encontraram um terreno aberto e com sinais de anos de abandono. Com muito custo, construíram ali um imóvel simples onde residem há 40 anos, sem qualquer objeção. O Município, na gestão atual, realizou inventário patrimonial, tendo identificado o referido terreno como bem público municipal. Notificados a sair do imóvel, o casal procurou advogado que pudesse promover uma ação de usucapião que lhes convalidasse a posse e o direito à propriedade definitiva. Considerando as informações, a legislação pertinente aos bens públicos e a jurisprudência do STJ e STF, assinale a afirmativa correta.

A) Durante os quarenta anos que ali residiram, configurou-se a Bruno e Júlia a mera detenção do bem imóvel, de natureza precária.

B) Em sendo obrigados a deixar o imóvel, é conferido a Bruno e Júlia o direito a serem indenizados pelas acessões e benfeitorias feitas no bem.

C) No tempo em que Bruno e Júlia estiveram residindo no imóvel, não lhes era juridicamente possível buscar em juízo a proteção ou defesa da posse, ainda que o bem pertencesse a um particular.

D) Bruno e Júlia, de fato, podem requerer em juízo a usucapião do imóvel municipal, vez que a legislação pátria lhes garante tal direito material de aquisição originária da propriedade, mesmo em face do citado ente federativo.

COMENTÁRIO

Alternativa correta: letra "a" (responde as demais alternativas). Os bens públicos são imprescritíveis e, assim, não se sujeitam à usucapião. Inclusive, não é devida indenização por acessões e benfeitorias, não interessando a discussão no sentido da boa-fé do ocupante do bem público, conforme a Súmula 619 do STJ: "A ocupação indevida de bem público configura mera detenção, de natureza precária, insuscetível de retenção ou indenização por acessões e benfeitorias". A impresctibilidade, aliás, tem natureza absoluta e aplica-se, inclusive, quanto aos bens dominicais e, nesse sentido, há a Súmula nº 340 do Supremo Tribunal Federal, cujo enunciado prevê que desde "a vigência do Código Civil, os bens dominicais, como os demais bens públicos, não podem ser adquiridos por usucapião".

02. **(FCC – Analista Judiciário – Área Judiciária – TRT 2/2018)** O regime jurídico aplicável

17. MEIRELLES, Hely Lopes. *Direito administrativo brasileiro*. 36. ed. São Paulo: Malheiros, 2010. p. 558.

aos imóveis públicos se presta à proteção dos mesmos, especialmente porque estes devem se destinar ao atingimento do interesse público e à prestação de utilidades em favor dos administrados. Nesse sentido, dentre as prerrogativas e proteções impostas aos bens públicos,

(A) a inalienabilidade não permite venda ou doação de bens de uso comum do povo, de bens especiais ou de bens dominicais, independentemente de o titular integrar a Administração pública direta ou indireta.
(B) a impenhorabilidade impede que os bens públicos sejam compulsoriamente penhorados, admitindo essa garantia apenas quando em caráter voluntário por parte da Administração pública.
(C) a inalienabilidade protege os bens públicos afetados a uma finalidade pública, inclusive aqueles pertencentes a autarquias.
(D) não se incluem os bens pertencentes às autarquias, salvo quando expressamente previstos em lei.
(E) não se inclui a inalienabilidade dos bens de uso especial, tendo em vista que somente os bens de uso comum do povo são indisponíveis.

COMENTÁRIO

Alternativa correta: letra "c" (responde as alternativas "a" e "e"). Quanto à inalienabilidade, os bens públicos, em regra, não podem ser alienados, pois são bens fora do comércio, salvo se houver a desafetação. Pela afetação, o bem público dominical passa a ser bem público de uso especial e, nessa condição, é inalienável por determinação expressa do art. 100 do Código Civil e, de outro lado, com a desafetação passa para a categoria dominial e, portanto, pode ser alienado. Desse modo, **podem ser alienados os bens dominicais – que estejam desafetados, portanto**, desde que observadas as formalidades legais. Neste sentido, a **desafetação é a retirada da destinação da finalidade pública que fora dada anteriormente a um bem público**. Com a incidência do instituto da desafetação, o bem público muda de categoria. Assim, um bem de uso especial, por exemplo, após a desafetação, passa a ser um **bem dominical e, dessa fora, pode ser alienado,** observando-se as disposições legais.

Alternativa "b". Os bens públicos não podem ser penhorados, não importando se são de uso comum do povo, de uso especial ou dominicais, pois a impenhorabilidade decorre do art. 100 da Constituição.

Alternativa "d". A autarquia é pessoa jurídica de direito público, integrante da Administração Pública, submetendo-se ao regime de direito público e, portanto, **não há dúvidas de que os bens das autarquias são, para todos os fins, considerados bens públicos.**

03. **(FCC – Analista Judiciário – Área Judiciária – TRT 6/2018)** Um Município pretende se desfazer de um prédio onde funciona uma unidade escolar, mediante alienação por meio de licitação, pois ela se insere em região que se tornou bastante valorizada para empreendimentos imobiliários. Editou decreto autorizando a licitação. Esse ato

(A) é ilegal, considerando que a alienação depende de lei autorizando a alienação e desafetando o bem de uso especial.
(B) é válido e regular, ficando condicionado à prévia desocupação do imóvel.
(C) é inválido, não podendo ser considerado o resultado da licitação, independentemente de anulação.
(D) é aderente ao princípio da eficiência, tendo em vista que o interesse público será mais e melhor atendido com a receita oriunda da alienação e destinada a outras políticas públicas.
(E) deve ser revogado, pois viola a norma legal que exige avaliação prévia e desafetação para somente então o bem poder ser alienado.

COMENTÁRIO

Alternativa correta: letra "a" (responde as demais alternativas). De acordo com o art. 76 da Lei nº 14.133/2021, são requisitos para a alienação de imóvel público a) interesse público justificado; b) avaliação prévia; c) **autorização legislativa**, inclusive se o bem for de **autarquia ou fundação pública;** d) **licitação**, na modalidade leilão.

04. **(FCC – Analista Judiciário – Área Judiciária – TRF 5/2017)** A Administração pública federal, buscando angariar receita para investir em políticas públicas prioritárias,

decidiu alienar alguns de seus bens. Para tanto, objetivando dar transparência ao processo e legitimar a política pública, publicou relação dos bens que seriam, respeitadas as formalidades legais, alienados. É juridicamente viável que dessa relação constem:

a) os rios navegáveis, em razão da pujança econômica do país, que produz grãos e precisa escoá-los.
b) os imóveis, independentemente da destinação legal, porquanto podem perder o caráter da inalienabilidade por meio da afetação.
c) os bens do domínio público, porquanto, na hipótese, o princípio da eficiência se sobrepõe ao da legalidade, autorizando, assim, a alienação.
d) os bens dominicais também denominados de bens do domínio privado do estado.
e) todos os imóveis, desde que suscetíveis de valoração patrimonial, mesmo que afetados à prestação de serviços públicos, em especial nas hipóteses de bens administrados por concessionárias de serviço público, que têm a obrigação de realizar investimentos como forma de compensação pelo direito de explorar, por prazos longos, serviços públicos.

COMENTÁRIOS

Alternativa correta: letra "d" (responde as demais alternativas). Nos termos do art. 100 do Código Civil, os bens públicos de uso comum do povo e de uso especial são inalienáveis enquanto conservarem essa condição e, por sua vez, o art. 101 estabelece que os bens dominicais podem ser alienados, obedecidos os requisitos legais. Portanto, enquanto afetado a uma finalidade pública, o bem público é inalienável, mas, após perder essa destinação pública, ou seja, após ser desafetado, pode ser alienado. Nota-se, todavia, que essa característica não é absoluta e sim **relativa**, pois, em regra, os bens públicos não podem ser alienados, mas, com a desafetação, passam a ser alienáveis, devendo a alienação, no entanto, obedecer à prescrição legal. Todavia, registra-se que não basta a desafetação para a alienação de imóvel, pois, além disso, deve haver a obediência ao disposto na Lei nº 14.133/21, conforme o caso, e, ainda, no caso de imóvel da União, há a necessidade de autorização do Presidente da República, permitida a delegação ao Ministro de Estado da Fazenda, o qual pode fazer a subdelegação, conforme o art. 23 da Lei nº 9.636/98[18].

5.2. Questões objetivas com gabarito fundamentado

01. (FGV – Analista Judiciário Área Administrativa – TRT 16/2022) A associação de moradores do Bairro Alfa obteve consentimento do Município Beta para utilização especial de bem público consistente no fechamento da Rua Gama, no primeiro sábado de junho, das 18h às 23h, para realização de um evento festivo. Sabe-se que o mencionado consentimento ocorreu de forma precária, sem prévia licitação, e atendendo ao interesse daquela coletividade, sem prejuízo ao interesse público. De acordo com a doutrina de Direito Administrativo, o ato praticado pelo poder público municipal consiste em

(A) concessão de uso.
(B) permissão de uso.
(C) autorização de uso.
(D) concessão de direito real de uso.
(E) concessão de uso especial transitória.

02. (FUMARC – Analista Judiciário Área Judiciária – TRT 3/2022) Considerando os bens de uma pessoa jurídica de direito público, é CORRETO afirmar que

(A) admitem gravação por ônus reais, se estiverem desafetados.
(B) podem ser penhorados, se forem dominicais.
(C) são imprescritíveis, independentemente de afetação.
(D) são inalienáveis, ainda que desafetados.
(E) suas prerrogativas não se estendem em nenhuma hipótese a bem pertencente a pessoa jurídica de direito privado.

03. (FCC – Analista Judiciário – Área Judiciária – TRT 2/2018) O regime jurídico aplicável aos imóveis públicos se presta à

18. Sobre a alienação de bens públicos, ver capítulo 9, item 5.2.1.

proteção dos mesmos, especialmente porque estes devem se destinar ao atingimento do interesse público e à prestação de utilidades em favor dos administrados. Nesse sentido, dentre as prerrogativas e proteções impostas aos bens públicos,

(A) a inalienabilidade não permite venda ou doação de bens de uso comum do povo, de bens especiais ou de bens dominicais, independentemente de o titular integrar a Administração pública direta ou indireta.
(B) a impenhorabilidade impede que os bens públicos sejam compulsoriamente penhorados, admitindo essa garantia apenas quando em caráter voluntário por parte da Administração pública.
(C) a inalienabilidade protege os bens públicos afetados a uma finalidade pública, inclusive aqueles pertencentes a autarquias.
(D) não se incluem os bens pertencentes às autarquias, salvo quando expressamente previstos em lei.
(E) não se inclui a inalienabilidade dos bens de uso especial, tendo em vista que somente os bens de uso comum do povo são indisponíveis.

04. (Cespe – Analista Judiciário – Área Administrativa – TRE – TO/2017) O ato administrativo pelo qual a administração pública consente que o particular, com atendimento exclusivo ao seu próprio interesse, utilize bem público de modo privativo denomina-se

A) permissão de uso.
B) concessão de uso.
C) autorização de uso.
D) permissão de uso especial.
E) concessão de direito real.

05. (Consulplan – Técnico Judiciário – Área Administrativa – TRE – RJ/2017) Para grande parte da doutrina, os bens públicos podem ser considerados como aqueles pertencentes às pessoas jurídicas de direito público e são classificados tendo-se em vista a sua destinação. Acerca de bens públicos, assinale a afirmativa INCORRETA.

a) Os bens públicos de uso comum do povo, os de uso especial e os dominicais são inalienáveis, enquanto conservarem a sua qualificação.
b) São bens públicos de uso especial os afetados a uma prestação de serviço público. Como exemplos temos os edifícios ou terrenos destinados a serviço ou estabelecimento da administração federal, estadual, territorial ou municipal, inclusive os de suas autarquias.
c) São bens públicos de uso comum do povo os destinados à utilização pela população, em igualdade de condições. Sua utilização é gratuita ou retribuída, conforme for estabelecido legalmente pela entidade cuja administração pertencerem. Rios, mares, estradas, ruas e praças são indicados como parte desta classificação.
d) São bens públicos dominicais os que constituem o patrimônio das pessoas jurídicas de direito público, como objeto de direito pessoal, ou real, de cada uma dessas entidades, que não estejam sendo utilizados para a prestação de serviços públicos. De maneira supletiva, os que não são de uso comum e os que não são bens de uso especial.

Questão	Resposta	Fundamentação
01	C	Doutrina: item 4.1.
02	C	Doutrina: item 3.3.
03	C	Art. 100 do Código Civil.
04	C	Doutrina: item 4.1.
05	A	Doutrina: item 3.1

6. JURISPRUDÊNCIA APLICÁVEL AO CAPÍTULO

Súmulas

- **STF 650** – Os incisos I e XI do art. 20 da Constituição Federal não alcançam terras de aldeamentos extintos, ainda que ocupadas por indígenas em passado remoto.
- **STF 480** – Pertencem ao domínio e administração da União, nos termos dos artigos 4º, IV, e 186, da Constituição Federal de 1967, as terras ocupadas por silvícolas.
- **STF 479** – As margens dos rios navegáveis são domínio público, insuscetíveis de expropriação e, por isso mesmo, excluídas de indenização.
- **STF 477** – As concessões de terras devolutas situadas na faixa de fronteira, feitas pelos Estados, autorizam, apenas, o uso, permanecendo o domínio com a União, ainda que se mantenha inerte ou tolerante, em relação aos possuidores.
- **STF 340** – Desde a vigência do Código Civil, os bens dominicais, como os demais bens públicos, não podem ser adquiridos por usucapião.

STJ 619 – A ocupação indevida de bem público configura mera detenção, de natureza precária, insuscetível de retenção ou indenização por acessões e benfeitorias.

- **STJ 496** – Os registros de propriedade particular de imóveis situados em terrenos de marinha não são oponíveis à União.
- **STJ 238** – A avaliação da indenização devida ao proprietário do solo, em razão de alvará de pesquisa mineral, é processada no juízo estadual da situação do imóvel.
- **STJ 103** – Incluem-se entre os imóveis funcionais que podem ser vendidos os administrados pelas Forças Armadas e ocupados pelos servidores civis.

CAPÍTULO XIII
INTERVENÇÃO DO ESTADO NA PROPRIEDADE

1. INTRODUÇÃO

Com a evolução do perfil do Estado, este passou a atuar de forma mais incisiva nas relações sociais e assumiu o encargo de desempenhar a prestação de serviços fundamentais, de maneira a se tutelar a sociedade como um todo e não mais o indivíduo isoladamente considerado e, com isso, tornou-se inevitável a ingerência estatal no seio social. De maneira específica em relação à propriedade, há dois fundamentos para essa conformação intervencionista do Estado, quais sejam, a **supremacia do interesse público sobre o privado** e a **função social da propriedade**[1].

2. PROPRIEDADE E FUNÇÃO SOCIAL DA PROPRIEDADE

Existe a especulação de que, nas **sociedades primitivas,** a propriedade se referia somente aos bens móveis, pois a terra era da coletividade (tribo, família, etc.). Isso se dava porque os homens sobreviviam da caça, da pesca e da agricultura, havendo a ocupação em comum das terras pelas tribos e, quando desapareciam as condições favoráveis, mudavam de lugar. Com o passar do tempo, a utilização da mesma área pelo mesmo grupo, pela mesma família, liga o homem à terra que habita e explora, surgindo a propriedade coletiva que, com o decorrer dos anos, transformou-se em propriedade privada[2].

A compreensão da propriedade no decurso dos tempos é bastante variável até que se chegue ao sentido que lhe é atribuído na contemporaneidade.

---

1. CARVALHO FILHO, José dos Santos. *Manual de direito administrativo.* 19. ed. Rio de Janeiro: Lumen Juris, 2008. p. 685, 689.
2. SCIORILLI, Marcelo. *Direito de propriedade e política agrária.* São Paulo: Juarez de Oliveira, 2007. p. 14.

Por exemplo, no **Egito** antigo, a propriedade era do faraó, na condição de representante dos deuses. Por sua vez, na **Grécia** antiga, a propriedade privada era um sólido instituto, pois, de acordo com Fustel de Colanges, a propriedade **grega tem início com a própria religião**, pois cada família construía um templo dedicado ao seu próprio deus, de uso privativo da família, não se admitindo interferência externa, sob pena de sacrilégio. Ocorrendo a morte de qualquer membro da família, "este era enterrado no território habitado pela mesma, e este território devia pertencer à família, era sua propriedade. Como se vê a propriedade não nasce com caráter individual, mas com caráter familiar"[3].

Migrando-se, na Antiguidade, para **Roma**, a análise da propriedade ganha ainda mais importância em razão de que houve grande influência das leis romanas, especialmente a Lei das XII Tábuas (*Lex XII Tabularum*), na elaboração da legislação ocidental.

Ao longo do período de vigência do direito romano, a propriedade assumiu contornos variados e é comum afirmar que a propriedade, no início de Roma, apresentava-se como um direito absoluto e exclusivo, já que, no direito romano primitivo, não era relevante o que podia acontecer com a coisa, nem os danos que sua destruição pudesse causar ao vizinho ou à coletividade, tendo a propriedade um caráter personalíssimo e individualista. Ocorre, todavia, que esse caráter absoluto, mesmo naqueles primitivos tempos, não significava a inexistência de restrição, porque o proprietário **não podia usar livremente seu terreno** e devia, por exemplo, deixar um espaço (*confinum*) em volta para circulação[4]. Em fase posterior do direito romano – conhecido como direito pós-clássico –, pode ser apontada a restrição pela qual "[...] o proprietário do imóvel que não cultiva seu terreno **perde a propriedade** sobre ele em favor de quem o cultivou por mais de dois anos"[5] e, ainda, como adverte José Carlos Moreira Alves, nesse período regulou-se a **desapropriação por utilidade pública**, com o estabelecimento do direito à indenização e a atribuição de competência para sua realização aos magistrados[6].

Assim, percebe-se clara evolução do direito de propriedade ao longo das fases do direito romano, tendo migrado a propriedade em um só sentido: "[...] **do individual para o social**"[7]. Não obstante, com forte restrição, é possível dizer que essas limitações representaram um prenúncio do que se entende hoje por função social, o cunho privatista da propriedade iria ganhar força com o passar do tempo para depois evoluir para a compreensão atual.

Nesse sentido, na **Idade Média**, a propriedade se torna cada vez mais sinônimo de poder, visto que, com as invasões bárbaras, surgiu uma situação de insegurança em que as porções de terras eram transferidas para quem tinha condições de dar

---

3. VARELLA, Marcelo Dias. *Introdução ao direito à reforma agrária*. Leme: Led, 1998. p. 31.
4. CRETELLA JÚNIOR, José. *Curso de direito romano*. 21. ed. Rio de Janeiro: Forense, 1998. p. 170-171.
5. ALVES, José Carlos Moreira. *Direito romano*. 11. ed. Rio de Janeiro: Forense, 1999. v. 1. p. 288. Original sem destaque.
6. *Direito romano*. 11. ed. Rio de Janeiro: Forense, 1999. v. 1. p. 288. Original sem destaque.
7. CRETELLA JÚNIOR, José. *Curso de direito romano*. 21. ed. Rio de Janeiro: Forense, 1998. p. 173. Original sem destaque.

assistência e proteção, tornando-se, cada vez mais, a propriedade um sinônimo de poder; os nobres eram senhores em suas terras – nas quais trabalhavam os servos – inclusive com poderes políticos e de justiça[8], havendo a sustentação, por parte da Igreja, de que a propriedade foi dada por Deus à humanidade como um todo e a missão de reparti-la caberia aos homens, o que lhe atribuía a origem divina[9].

Nesse período histórico, surgiram dois importantes documentos que repercutiram em relação à propriedade: a *Magna Charta* e a *SummaTheologica*.

A ***Magna Charta*** tem relevância por ter imposto limitações ao poder estatal, especialmente em relação à propriedade imóvel. Por sua vez, a ***Summa Theologica***, de Santo Tomás de Aquino, trouxe a preocupação quanto à destinação dos bens e, aperfeiçoando a ideia de Aristóteles, introduziu a noção de **bem comum**, representando este um limitador ao direito de propriedade[10].

Com a chegada da **Idade Moderna**, houve a centralização do poder nas mãos do monarca, que não se submetia à lei, exceção feita à divina, e era senhor de tudo o que estivesse na área territorial de seu reino, permitindo que, na prática, não houvesse barreira ao poder de expropriar[11] e, em reação às arbitrariedades do absolutismo, passou-se a garantir o **direito de propriedade de forma absoluta**.

Com a Revolução Francesa, houve a tentativa de democratização da propriedade, por meio da abolição de privilégios, do cancelamento de direitos perpétuos, sendo um grande fruto o Código de Napoleão, que chegou a ser apelidado de "código da propriedade" e fazia ressaltar, acima de tudo, o prestígio do imóvel[12]. Instaurou-se a visão **liberal** de propriedade, em que ela existia como um **direito absoluto**, intocável, sendo exemplo ao art. 544 desse Código.

De outro lado, a propriedade passou a sofrer fortes críticas pela **doutrina socialista**. Nessa esteira, por exemplo, podem ser destacados Pierre-Joseph Proudhon, para quem a "propriedade é um roubo", afirmando que o produto da obra é social, mas o proprietário dos meios de produção fica com ele por inteiro e, também, Karl Marx, sustentando que a situação de alienação do produtor em relação ao bem produzido dá origem a todos os males sociais[13].

Entre os extremos apontados nas concepções do liberalismo e do socialismo, a **Igreja**, com sua **doutrina social**, retoma a doutrina tomista, até então adormecida, destacando-se a carta encíclica *Rerum Novarum*, do Papa Leão XIII, em que é sustentado que "[...] o direito de propriedade 'é fruto do trabalho humano'"[14], que é um

---

8. SCIORILLI, Marcelo. *Direito de propriedade e política agrária*. São Paulo: Juarez de Oliveira, 2007. p. 17.
9. ARRUDA, José Jobson de. *História antiga e medieval*. 15. ed. São Paulo: Ática, 1991. p. 359-360.
10. PEREIRA, Rosalina Pinto da Costa Rodrigues. *Reforma agrária: um estudo jurídico*. Belém: Cejup, 1993. p. 53.
11. NOBRE JUNIOR, Edilson Pereira. *Desapropriação para fins de reforma agrária*. 3. ed. Curitiba: Juruá, 2008. p. 27-29.
12. PEREIRA, Caio Mário da Silva. *Instituições de direito civil*. 12. ed. Rio de Janeiro: Forense, 1995. v. 4. p. 66.
13. FERREIRA FILHO, Manoel Gonçalves. A propriedade e sua função social. *Revista de Direito Agrário*, Brasília, DF, ano 9, n. 8, p. 32, jul./dez. 1982.
14. ALVARENGA, Octávio Mello. *Política e direito agroambiental: comentários à nova lei de reforma agrária-Lei nº 8.629, de 25 de fevereiro de 1993*. Rio de Janeiro: Forense, 1995. p. 46.

direito natural do homem, uma garantia da liberdade e da dignidade humana, um importante instrumento de proteção da família e que, por outro lado, a propriedade não é destinada somente a satisfazer os interesses do proprietário, mas também é uma maneira de se alcançar as necessidades coletivas, isto é, deve possuir uma função social[15].

Tal posicionamento ganhou corpo, no direito, com Augusto Comte e Leòn Duguit. A ideologia do uso social da propriedade adquiriu força no meio jurídico com a ocorrência da 1ª Guerra. Naquela época mostrou-se a necessidade de reforma agrária na Europa como uma forma de minimizar a miséria e a fome ante a insuficiência da produção de alimentos, fazendo com que essa concepção de propriedade fosse incutida e aceita pela sociedade europeia e passasse a ser incluída nos textos constitucionais da época, salientando-se a Constituição de Weimar (1919). Posteriormente, a chegada de outro conflito no mundo, a 2ª Guerra, colaborou para a extensão dessa acepção de propriedade para o resto do mundo, especialmente em razão da criação da ONU e do surgimento da Declaração Universal dos Direitos Humanos, sendo a concepção atualmente consagrada no mundo.

O desenvolvimento do princípio da função social da propriedade não pode ser visto como antítese do direito de propriedade, pois, na verdade, são **complementares**.

De fato, o conceito de propriedade não é fixo, imutável, porque, para se buscar a definição de propriedade, é necessária a delimitação de seu conteúdo, que se refere às prerrogativas do proprietário, as quais variam conforme a conjuntura econômica, o regime jurídico adotado ou o modelo estatal assumido. Dessa forma, o **conceito de propriedade** acaba sendo "extraído em razão de como tal conteúdo se apresenta em determinado contexto jurídico, social, econômico e político"[16] e, assim, são legítimas tanto as novas definições de conteúdo quanto a fixação de limites destinados a garantir a sua função social, pois o conceito constitucional de propriedade deve ser necessariamente dinâmico[17].

Na Constituição de 1988, no art. 5º, XXII, o **direito à propriedade** privada está previsto como **direito fundamental** e, da mesma forma, assegura-se, no inciso XXIII do mesmo artigo, que a propriedade tenha uma **função social**, podendo, inclusive, haver a expropriação do proprietário que não cumprir tal exigência, nos termos do inciso XXIV.

Deve ser ressaltado, ademais, que além de estar incluída no rol de direitos fundamentais, a propriedade, juntamente com a função social, figura entre os **princípios da ordem econômica** (art. 170, CF), significando que a propriedade não pode

15. FERREIRA FILHO, Manoel Gonçalves. A propriedade e sua função social. *Revista de Direito Agrário*, Brasília, DF, ano 9, n. 8, p. 32, jul./dez. 1982.
16. BORTOLETO, Leandro. *O dever da Administração Pública de efetivar a reforma agrária*. 2009.190f. Dissertação (Mestrado em Direito) - Faculdade de História, Direito e Serviço Social, Universidade Estadual Paulista "Júlio de Mesquita Filho", Franca, 2009. p. 95.
17. MENDES, Gilmar Ferreira.*Direitos fundamentais e controle de constitucionalidade: estudos de direito constitucional*. 3. ed. São Paulo: Saraiva, 2009. p. 19.

ser vista exclusivamente como um direito individual, devendo haver a relativização de "seu conceito e significado, especialmente porque os princípios da ordem econômica são preordenados à vista da realização de seu fim: *assegurar a todos existência digna, conforme os ditames da justiça social*"[18].

Quanto à **função social da propriedade**, a Constituição a garante tanto em relação à propriedade urbana quanto em relação à propriedade rural, tratando de maneira específica de cada uma.

No que se refere à **propriedade urbana**, o art. 182, § 2º, determina que a "propriedade urbana cumpre sua função social quando atende às exigências fundamentais de ordenação da cidade expressas no plano diretor", podendo, ainda, exigir do proprietário o adequado aproveitamento de solo urbano não edificado, subutilizado ou não utilizado.

Já, quanto à **propriedade rural**, o art. 186 estabelece que a função social é cumprida quando a propriedade rural atende, simultaneamente, conforme critérios e graus de exigência estabelecidos em lei, aos seguintes requisitos:

a) aproveitamento racional e adequado;

b) utilização adequada dos recursos naturais disponíveis e preservação do meio ambiente;

c) observância das disposições que regulam as relações de trabalho;

d) exploração que favoreça o bem-estar dos proprietários e dos trabalhadores.

3. MODALIDADES

Há várias formas de intervenção do Estado na propriedade privada, mas, levando-se em conta a natureza e os efeitos, a intervenção pode ser classificada em[19]:

a) **intervenção restritiva**: o Estado apenas **restringe o uso da propriedade**, sem retirá-la do proprietário, podendo fazê-lo por meio das seguintes espécies:
   - limitações administrativas
   - servidão administrativa
   - requisição administrativa
   - ocupação temporária
   - tombamento

b) **intervenção supressiva**: ocorre a **supressão da propriedade**, isto é, o Estado retira a propriedade de seu titular. Ocorre por meio da:
   - desapropriação

18. SILVA, José Afonso da. *Curso de direito constitucional positivo*. 32. ed. São Paulo: Malheiros, 2009. p. 271.
19. CARVALHO FILHO, José dos Santos. *Manual de direito administrativo*. 19. ed. Rio de Janeiro: Lumen Juris, 2008. p. 691.

3.1. Limitações administrativas

A limitação administrativa é "toda **imposição geral, gratuita, unilateral** e de **ordem pública condicionadora do exercício de direitos ou de atividades particulares às exigências do bem-estar social**"[20].

As limitações administrativas são determinações gerais, que condicionam o exercício do direito de propriedade em face do bem comum, pelas quais proprietários indeterminados são constituídos em **obrigações positivas, negativas** ou **permissivas**, isto é, o Poder Público pode impor que os proprietários em geral adotem determinado comportamento (**fazer**), ou que se abstenham de fazer algo (**deixar de fazer**), ou que permitam que algo seja realizado (**permitir**).

Por exemplo, a edificação compulsória, prevista no art. 182, § 4º, da Constituição Federal, é uma hipótese de obrigação positiva. Por outro lado, a proibição de construir acima de determinado número de pavimentos é hipótese de obrigação negativa e, por fim, a obrigatoriedade de permitir a vistoria em elevadores ou a fiscalização pela vigilância sanitária é caso de obrigação permissiva[21].

Não gera direito à indenização, por se tratar de limitação geral e abstrata, destinada a todos os proprietários. Por isso, diz-se que é **gratuita**.

3.2. Servidão administrativa

A servidão administrativa é o "direito real público que autoriza o Poder Público a usar a propriedade imóvel para permitir a execução de obras e serviços de interesse coletivo"[22].

Por meio da servidão administrativa, a Administração Pública pode impor um **ônus real de uso** sobre a propriedade particular. São exemplos de servidão a passagem de oleodutos, de gasodutos, de torres de transmissão de energia elétrica, passagem de cabos de fibras óticas, colocação de placa com nome de rua em prédio.

Não se retira a propriedade de seu titular, mas este é obrigado a consentir que seu imóvel (**coisa serviente**) seja usado em prol de um serviço público ou de um bem afetado a fim de utilidade pública (**coisa dominante**).

Na verdade, ocorre um uso compartilhado, conjunto, da propriedade, quer dizer, o proprietário continua sendo titular e usando sua propriedade, mas, também, é obrigado a suportar que o Poder Público a use para atender a finalidade pública específica. Assim, por exemplo, o proprietário de imóvel rural não perde sua propriedade quando são colocadas torres de distribuição de energia elétrica em seu interior, mas, também, não pode se opor a instituição da servidão.

---

20. MEIRELLES, Hely Lopes. *Direito administrativo brasileiro*. 36. ed.São Paulo: Malheiros, 2010. p. 664. Original sem destaque.
21. GASPARINI, Diógenes. *Direito administrativo*. 13. ed. São Paulo: Saraiva, 2008. p. 796.
22. CARVALHO FILHO, José dos Santos. *Manual de direito administrativo*. 19. ed. Rio de Janeiro: Lumen Juris, 2008. p. 691.

Interessante registrar que esse instituto do Direito Administrativo tem origem no direito privado, podendo ser apontada como **principal diferença** entre as servidões privadas e as previstas na área pública é que na servidão do direito privado (ex: servidão de passagem para se ter acesso ao único córrego da região) a instituição é feita por particular para fins particulares e ao contrário, a servidão administrativa é instituída buscando a satisfação do interesse público, ou seja, grava-se uma propriedade com um direito real de natureza pública para a realização de um serviço público.

Outras diferenças entre a servidão privada e a servidão administrativa ou de direito público são apontadas por José Cretela Junior, conforme compilação de Irene Nohara[23]: "enquanto as servidões civis só podem impor obrigações de deixar de fazer, as administrativas traduzem-se por **obrigações positivas**, como roçar o mato, podar árvores, fazer o alinhamento particular; as servidões administrativas **estão fora do comércio**; por isso não se extinguem pela prescrição; **podem gravar também bens do domínio público**; e, **em regra, não obrigam à indenização**" (grifos nossos).

Aliás, vale a pena destacar que o instituto da servidão administrativa não está disciplinado de forma geral na legislação, destacando-se o art. 40 do Decreto-Lei 3.365/41, que regula a desapropriação, determinando a aplicação do decreto-lei à servidão administrativa no que couber. Como já apontado anteriormente, bens do domínio público podem ser gravados por servidão administrativa e, em razão dessa aplicação da mencionada norma "no que couber". Alexandre Santos de Aragão adverte que a maioria da jurisprudência entende que "como a servidão não é desapropriação, pode ser instituída pelo Município sobre bem do Estado ou da União ou do Estado sobre bem da União, o que seria ilegal em se tratando de desapropriação"[24]. Entretanto, ressalva-se entendimento em sentido contrário de José dos Santos Carvalho Filho, para quem à semelhança do que ocorre com a desapropriação deve ser aplicado o princípio da hierarquia federativa às servidões administrativas não podendo o Município instituir servidão sobre bens da União ou do Estado e este não pode instituí-la sobre imóveis da União[25].

Maria Sylvia Zanella Di Pietro afirma que a servidão administrativa é regida, da mesma forma que as servidões de direito privado, pelos **princípios** da **perpetuidade**, do **uso moderado**, da **indivisibilidade** e o de que a **servidão não se presume**[26].

A instituição da servidão pode se dar[27]:

a) **por lei**: é instituída sobre imóveis indeterminados como, por exemplo, a servidão em torno dos aeroportos e a servidão sobre as margens dos rios navegáveis. **ATENÇÃO!** Não se trata de tema pacífico a possibilidade de instituição de servidão por meio de lei, merecendo destaque a posição de José

23. Direito administrativo. 3. ed. São Paulo: Atlas, 2013. p. 719.
24. *Curso de direito administrativo*. Rio de Janeiro: Forense, 2012. p. 271.
25. *Manual de direito administrativo*. 27. ed. São Paulo: Atlas, 2014. p. 798/799.
26. *Direito administrativo*. 27. ed. São Paulo: Atlas, 2014. p. 156.
27. DI PIETRO, Maria Sylvia Zanella. *Direito administrativo*. 27. ed. São Paulo: Atlas, 2014. p. 158-159.

dos Santos Carvalho Filho que, ao analisar exemplos similares apontados como servidão administrativa, aponta que há, na verdade, limitação administrativa genérica, pois "as servidões são instituídas sobre propriedades determinadas, o que não ocorre com a lei que estabelece o direito de uso sobre propriedades indeterminadas"[28]

b) **por acordo**: deve haver a edição prévia de ato declaratório de utilidade pública e, depois, a celebração do acordo;

c) **por sentença judicial**: não havendo acordo, a Administração ou seu delegado ingressa com ação judicial. O procedimento é semelhante ao da desapropriação, aplicando-se no que couber o Decreto-Lei nº 3.365/41, por força de seu art. 40.

Instituída a servidão administrativa, deve ser **registrada no Registro de Imóveis** para que possa produzir efeitos *erga omnes*, nos termos do art. 167, I, nº 6, da Lei nº 6.015/73, ressalvando-se a hipótese de instituição por lei, para quem admite essa hipótese de instituição de servidão administrativa.

Se a servidão administrativa for instituída de forma irregular como, por exemplo, sem a anuência do particular ou sem a instauração da ação judicial, por analogia do que ocorre na desapropriação, poderá ficar caracterizada a **servidão administrativa de fato** ou **servidão administrativa indireta** e, nessa hipótese, se a situação se tornar fato consumado e não puder ser revertida, restará ao proprietário o direito de propor ação judicial requerendo reparação de danos pelo ocorrido[29].

A servidão administrativa tem como princípio a **perpetuidade**, ou seja, durará enquanto houver necessidade ao interesse público. No entanto, pode ocorrer sua **extinção** nos seguintes casos[30]: a) **perda da coisa gravada**; b) **transformação da coisa** por fato que a torne incompatível com seu destino; c) **desafetação da coisa dominante**; d) **incorporação do imóvel** serviente ao patrimônio público.

Quanto à indenização, adverte Maria Sylvia Zanella Di Pietro que na hipótese de ter sido instituída por **lei, não há direito à indenização**, pois atinge todos os proprietários que estejam na mesma situação, salvo se um prédio sofrer prejuízo maior e, ao revés, quando decorre de **acordo** ou de **sentença** judicial, sobre imóveis determinados, a regra é a **indenização**, desde que comprovado o prejuízo no **caso concreto**[31].

3.3. Requisição administrativa

A requisição administrativa é a "**utilização coativa** de **bens** ou **serviços** particulares pelo Poder Público por ato de execução imediata e direta da autoridade

---

28. *Manual de direito administrativo*. 27. ed. São Paulo: Atlas, 2014. p. 800.
29. FURTADO, Lucas Rocha. *Curso de direito administrativo*. 2. ed. Belo Horizonte: Fórum. 2010. p. 821.
30. DI PIETRO, Maria Sylvia Zanella. *Direito administrativo*. 27. ed. São Paulo: Atlas, 2014. p.160.
31. *Direito administrativo*. 27. ed. São Paulo: Atlas, 2014. p. 161.

requisitante e **indenização ulterior**, para atendimento de **necessidades coletivas** urgentes e transitórias"[32].

Por meio dela, a Administração Pública pode, por exemplo, em caso de forte inundação, requisitar um prédio comercial, uma escola particular, um ginásio de esportes para abrigar as vítimas; ou, requisitar ambulância de serviço médico particular para fazer o socorro.

Trata-se de medida **autoexecutória** e, assim, não é necessária a intervenção, mas poderá o ato ser apreciado pelo Judiciário quanto à sua legalidade[33]. Consiste em ato de império, discricionário quanto ao objeto e à oportunidade, mas condicionado à existência de perigo público iminente. Por outro lado, será vinculado à lei quanto à finalidade do ato e ao procedimento, quando for o caso, e à competência da autoridade requisitante[34].

É devida **indenização** ao proprietário, **se houver dano** (art. 5º, XXV, CF). Sua extinção ocorrerá com o desaparecimento da situação de perigo, sendo, portanto, de natureza transitória[35].

3.4. Ocupação temporária ou provisória

A ocupação temporária é a "**utilização transitória**, remunerada ou gratuita, de **bens** particulares pelo Poder Público para a **execução** de obras, serviços ou atividades públicas ou de interesse público"[36].

Não há apenas uma forma de ocupação temporária. É hipótese, por exemplo, a ocupação de imóveis na época das eleições para votação e apuração ou, ainda, no caso de imóveis necessários à lavra e pesquisa de petróleo (Decreto-Lei nº 1.864/81).

Entretanto, normalmente, a modalidade cobrada nas provas é a prevista no art. 36 do Decreto-Lei nº 3.365/41, pelo qual é permitida a ocupação temporária de terrenos não edificados, vizinhos às obras e necessários à sua realização, podendo o proprietário exigir caução e havendo indenização no fim. Dessa forma, esses imóveis são usados, por exemplo, para a colocação de máquinas, equipamentos, instalação de local provisório para alimentação dos trabalhadores.

Essa forma de ocupação temporária, portanto, tem os seguintes **requisitos**:

a) obra pública;

b) necessidade de ocupação de terreno vizinho, não edificado;

c) obrigatoriedade de indenização;

d) caução, se exigida.

---

32. MEIRELLES, Hely Lopes. *Direito administrativo brasileiro*. 36. ed.São Paulo: Malheiros, 2010. p. 660. Original sem destaque.
33. CARVALHO FILHO, José dos Santos. *Manual de Direito Administrativo*. 31. ed. São Paulo: Atlas, 2017.
34. MEIRELLES, Hely Lopes. *Direito Administrativo Brasileiro*. 43. ed. São Paulo: Malheiros, 2018.
35. CARVALHO FILHO, José dos Santos. *Manual de Direito Administrativo*. 31. ed. São Paulo: Atlas, 2017.
36. MEIRELLES, Hely Lopes. *Direito administrativo brasileiro*. 36. ed.São Paulo: Malheiros, 2010. p. 662. Original sem destaque.

3.5. Tombamento

O tombamento é um **procedimento administrativo** adotado pelo Poder Público para sujeitar "a **restrições parciais** os bens de qualquer natureza cuja **conservação** seja de **interesse público**, por sua vinculação a fatos memoráveis da história ou por seu excepcional valor arqueológico ou etnológico, bibliográfico ou artístico"[37].

Tombar significa inventariar, cadastrar, arrolar, registrar, inscrever e tem origem no direito português e designava o ato de inscrever, registrar nos arquivos guardados na Torre do Tombo[38].

Trata-se de importante instrumento para a proteção do patrimônio cultural brasileiro e, por ele, a Administração promove a preservação de bens em razão de seu valor histórico, artístico ou cultural.

Na Constituição Federal, tem previsão no art. 216, § 1º e, em nível infraconstitucional, há o Decreto-Lei nº 25/37, conhecido por Lei do Tombamento. Trata-se, em verdade, de norma geral sobre o assunto, pois a **competência legislativa** é concorrente, nos termos do art. 24, VII, da Constituição Federal[39].

No caso da **competência material** para a instituição do tombamento, o art. 23, III, da Constituição Federal prevê que se trata de competência comum aos entes federados. Na esfera federal, a atribuição é do Iphan (Instituto de Patrimônio Histórico e Artístico Nacional). Na esfera estadual, por exemplo, cabe, em São Paulo, ao Condephaat (Conselho de Defesa do Patrimônio Histórico, Arqueológico, Artístico e Turístico), no Rio de Janeiro, ao Inepac (Instituto Estadual do Patrimônio Cultural) e, em Minas Gerais, ao Iepha (Instituto Estadual do Patrimônio Histórico e Artístico de Minas Gerais). Na esfera municipal, para exemplificar, há, em São Paulo, o Conpresp (Conselho Municipal de Preservação do Patrimônio Histórico, Cultural e Ambiental da Cidade de São Paulo), em Ribeirão Preto, o Conppac (Conselho Municipal de Preservação do Patrimônio Artístico e Cultural de Ribeirão Preto), em Ouro Preto, o Compatri (Conselho Municipal de Preservação do Patrimônio Cultural e Natural).

Em regra, o tombamento pode ter como **objeto** qualquer bem, móvel ou imóvel, privado ou público. Segundo Rodrigo Bordalo, um bem estadual pode ser tombado pelo Município, não havendo a proibição, decorrente do princípio da hierarquia federativa, existente quanto à desapropriação[40].

Nesse sentido, inclusive, já se manifestou o STJ, no RMS 18.952/RJ, tendo sido decidido que "cabe ao Município efetuar o tombamento, sem se limitar a sua competência à hierarquia havida entre os entes federativos, como ocorre em relação à desapropriação"[41].

---

37. DI PIETRO, Maria Sylvia Zanella. *Direito administrativo*. 23. ed. São Paulo: Atlas, 2010. p. 139. Original sem destaque.
38. NOHARA, Irene Patrícia. *Direito administrativo*. 2. ed. São Paulo: Atlas, 2012. p. 704.
39. BORDALO, Rodrigo. *Direito administrativo*. São Paulo: Saraiva, 2011. p. 179.
40. *Direito administrativo*. São Paulo: Saraiva, 2011. p. 180.
41. "ADMINISTRATIVO – TOMBAMENTO – COMPETÊNCIA MUNICIPAL. 1. A Constituição Federal de 88 outorga a todas as pessoas jurídicas de Direito Público a competência para o tombamento de bens de valor histórico e artístico nacional. 2. Tombar significa preservar, acautelar, preservar, sem que importe

Existem as seguintes **modalidades** de tombamento:

a) quanto aos **destinatários**:
- **geral**: vários bens (ex.: a cidade de Ouro Preto);
- **individual**: um bem;

b) quanto ao **procedimento**:
- de **ofício**: quando se tratar de **bens públicos**;
- **voluntário**: o proprietário requer o tombamento ou, se não iniciar, com ele concorda;
- **compulsório**: na hipótese de recusa do proprietário em concordar com o tombamento;

c) quanto à **eficácia**:
- **definitivo**: procedimento administrativo de tombamento já encerrado;
- **provisório**: procedimento administrativo ainda em curso.

Em se tratando de tombamento compulsório, adota-se o seguinte **procedimento** (art. 9º, Decreto-Lei nº 25/37):

a) **notificação** do proprietário para, no prazo de **quinze dias**, **anuir** ao tombamento ou apresentar **impugnação**;
- **sem impugnação**: **inscrição** do bem no Livro do Tombo;
- **com impugnação**: prazo de **quinze dias** para o órgão que iniciou o procedimento faça a **sustentação** do tombamento;

b) remessa do processo ao Conselho Consultivo do Iphan: **decisão**, no prazo de **sessenta dias**.

ATENÇÃO! De acordo com o art. 9º, não cabe recurso da decisão, mas, por força do Decreto-Lei nº 3.866/41, pode ser interposto **recurso** para ao Presidente da República, que pode **manter** ou **cancelar** o tombamento.

- **decisão favorável** ao proprietário (não é caso de tombamento): procedimento é **arquivado**
- **decisão desfavorável** ao proprietário (é caso de tombamento): **inscrição** no Livro do Tombo.

ATENÇÃO! Na **esfera federal**, o art. 1º da Lei nº 6.292/75 determina que, após a decisão do Conselho Consultivo, a eficácia da inscrição depende da **homologação** do Ministro da Cultura.

---

o ato em transferência da propriedade, como ocorre na desapropriação. 3. O Município, por competência constitucional comum – art. 23, III –, deve proteger os documentos, as obras e outros bens de valor histórico, artístico e cultural, os monumentos, as paisagens naturais notáveis e os sítios arqueológicos. 4. Como o tombamento não implica em transferência da propriedade, inexiste a limitação constante no art. 1º, § 2º, do DL 3.365/1941, que proíbe o Município de desapropriar bem do Estado. 5. Recurso improvido".RMS 18.952/RJ.

Tombado o bem, o art. 13 do Decreto-Lei nº 25/37 exige que se faça a **transcrição** no **Registro de Imóveis**, averbando-se o tombamento ao lado da transcrição do domínio. Essa é uma obrigação decorrente do tombamento e não parte do procedimento em si.

Nos termos do previsto no capitulo III do Decreto-Lei nº 25/37, são **efeitos do tombamento**:

a) **alienação**:

- bem tombado é **público**: **inalienável**; exceção: alienação para outro ente público;
- bem tombado é **privado**: é **alienável**, mas deve ser observado o seguinte:

- **direito de preferência (art. 22)**: no caso de alienação **onerosa**, há preferência da União, do Estado e do Município (nessa ordem) para adquirir o bem. Antes de fazer a alienação, o proprietário deve oferecer o bem, pelo mesmo preço, à União, ao Estado e ao Município, por meio de **notificação** a esses entes para, no prazo de 30 dias, exercerem o direito de preferência, sob pena de perdê-lo. **1) inobservância**: **a) nulidade** da alienação; **b)** qualquer dos entes pode requerer o **sequestro** do bem e, também, impor **multa** de 20% ao proprietário e ao adquirente; a nulidade será pronunciada pelo juiz que decretou o sequestro, o qual só será levantado após o pagamento da multa e se nenhum dos entes tiver adquirido o bem no prazo de 30 dias. **2) Direito de preferência não impede** o proprietário de **gravar** o bem tombado, por penhor, hipoteca ou anticrese. **3) Alienação judicial**: deve haver a **notificação** judicial dos titulares do direito de preferência antes da expedição dos editais de praça, sob pena de nulidade. **ATENÇÃO!** O **art. 22 do Decreto-Lei nº 25/67** foi **revogado** com o início de vigência do **Código de Processo Civil**, por força de seu art. 1092, I. O **CPC** trata do direito de preferência nas alienações judiciais e estabelece no **art. 889, VIII**, que a **União**, o **Estado** e o **Município** deverão ser **cientificados da alienação judicial com pelo menos cinco dias de antecedência, no caso de bem tombado**, determinando, ainda, no art. 892, §3º, que, **no caso de leilão de bem tombado, a União, os Estados e os Municípios terão, nessa ordem, o direito de preferência na arrematação, em igualdade de oferta**. Portanto, com a alteração legislativa **o direito de preferência existe, apenas, quando se tratar de alienação judicial** e, por outro lado, o proprietário de bem tombado quando fizer a sua alienação extrajudicialmente não terá mais a obrigação de notificar os entes federados.

- o **adquirente**, no prazo de 30 dias, deve **comunicar a transferência** de propriedade ao registro, ainda que se trate de transmissão judicial ou *causa mortis*, sob pena de multa de 10% sobre o valor;
- Se houver o **deslocamento do bem**, o **proprietário**, no prazo de 30 dias, deve **comunicar** o órgão e o deslocamento do bem, **inscrevê-los** no registro do lugar para que tiverem sido deslocados, sob pena de multa de 10% do valor;

b) **conservação**: o bem tombado **não pode** ser, sob pena de multa de 50% do dano causado (se for bem público, autoridade responsável pela infração incorrerá pessoalmente na multa):

- destruído, demolido ou mutilado,
- reparado, pintado ou restaurado, sem prévia autorização do Iphan.

Obras de conservação e reparação:

- se o proprietário **não dispuser de recursos, comunicará** o Iphan sobre a necessidade das obras, sob pena de multa ao dobro do dano sofrido. Se o Iphan considerar que as obras são necessárias, mandará **executá-las** (custo é do Poder Público e devem ser iniciadas no prazo de 6 meses), ou providenciará para que seja feita a **desapropriação** da coisa. Se houver omissão do Poder Público, poderá o proprietário requerer o cancelamento do tombamento.
- se houver urgência, na realização de obras e conservação ou reparação em qualquer coisa tombada, poderá o Iphan, por sua iniciativa, projetá-las e executá-las (custo do Poder Público), independentemente da comunicação do proprietário.

c) **vigilância**: os bens tombados ficam sujeitos à **vigilância permanente** do Iphan, pelo que:

- poderá **inspecioná-lo** quando julgar conveniente
- o proprietário ou responsável **não pode criar obstáculos** à inspeção, sob pena de multa, elevada ao dobro em caso de reincidência.

d) **saída do país**: o bem tombado **não pode** sair do país, exceto se for por curto prazo, sem transferência de domínio e para fim de intercâmbio cultural, a juízo do Conselho Consultivo do Iphan.

- **Inobservância**:
- sequestro do bem;
- multa de 50% ao proprietário; na reincidência, será o dobro;
- crime de contrabando.

e) **extravio ou furto**: proprietário deve comunicar ao Iphan, no prazo de 5 dias, sob pena de multa de 10% sobre o valor da coisa.

f) **vizinhança**: não pode, sem autorização do Iphan, na vizinhança, fazer construção que impeça ou reduza a visibilidade do bem tombado, nem nela colocar anúncios ou cartazes, sob pena de ser determinada a destruição da obra ou retirada do objeto, impondo-se multa de 50% do valor do objeto. Segundo Maria Sylvia Zanella Di Pietro, trata-se "de **servidão administrativa** em que dominante é a coisa tombada, e serviente, os prédios vizinhos"[42].

---

42. *Direito administrativo*. 23. ed. São Paulo: Atlas, 2010. p. 144.

Quanto à **indenização**, em regra, **não é devida**, mas o proprietário terá direito ao ressarcimento se ficar demonstrado o dano como, por exemplo, o esvaziamento do valor econômico da propriedade.

O desfazimento poderá ser realizado pelo Poder Público, de ofício ou mediante requerimento, quando desaparecido o fundamento que deu causa ao tombamento[43].

3.6. Desapropriação

Dentre as diversas formas de intervenção do Estado na propriedade particular, sem dúvida, a mais drástica delas é a desapropriação, pois se trata de intervenção supressiva da propriedade.

3.6.1. *Conceito e natureza jurídica*

A desapropriação é:

> *o procedimento administrativo pelo qual o Estado, compulsoriamente, retira de alguém certo bem, por necessidade ou utilidade pública ou por interesse social e o adquire, originariamente, para si ou para outrem, mediante prévia e justa indenização, paga em dinheiro, salvo os casos que a própria Constituição enumera, em que o pagamento é feito com títulos da dívida pública (art.182, § 4º, III) ou da dívida agrária (art.184)*[44].

Tem **natureza jurídica** de **forma originária de aquisição da propriedade**, ou seja, é como se não houvesse proprietário anterior. Disso decorre que:

a) os direitos reais de garantia (penhor, hipoteca, anticrese, etc.) sobre o bem desapropriado são extintos e ficam sub-rogados no preço da indenização, ou seja, são substituídos pelo valor da indenização (art. 31 do Decreto-Lei nº 3.365/41);

b) uma vez incorporado ao patrimônio público, o bem desapropriado não pode ser reivindicado, mesmo que haja vício na desapropriação, resolvendo-se em perdas e danos (art. 35 do Decreto-Lei nº 3.365/41);

c) ação pode ser promovida mesmo sem se saber quem é o real proprietário;

d) a transcrição no Registro de Imóveis não seguirá o princípio da continuidade registral, isto é, independe da verificação de continuidade das transcrições anteriores;

e) o Poder Público não pode se valer de ação redibitória no caso de vício ou defeito oculto do bem desapropriado.

---

43. CARVALHO FILHO, José dos Santos. *Manual de Direito Administrativo*. 31. ed. São Paulo: Atlas, 2017.

44. GASPARINI, Diógenes. *Direito administrativo*. 13. ed. São Paulo: Saraiva, 2008. p. 816.

3.6.2. Competência

O estudo da desapropriação faz com que seja necessário analisar três competências: a legislativa, a declaratória e a executória.

a) **competência legislativa**: a competência para legislar sobre desapropriação é da União, nos termos do art. 22, II da CF.

b) **competência declaratória**: a declaração é apenas uma fase do procedimento de desapropriação, de forma que se trata de competência concorrente da União, Estados, Distrito Federal, Municípios e Territórios, nos termos do que prevê o art. 2º do Decreto-lei nº 3.365/1941, salvo nos casos específicos de reforma agrária, em que a competência é exclusiva da União e da declaração de desapropriação para fins urbanísticos, que é de competência do Município. Essa é a regra: ente federado é quem tem competência declaratória. Porém, excepcionalmente, deve ser destacado que há hipóteses em que a lei, expressamente atribuiu essa competência a entes da administração indireta como é o caso, por exemplo, das agências reguladoras ANTT (Lei nº 10.233/01, art. 24, IX), ANP (art. 8º, VIII, Lei 9.478/97) e ANATEL (Lei nº 9.074/95, art. 10).

c) **competência executória**: consiste na possibilidade de promover a desapropriação, com a adoção de medidas e exercício de atividades que conduzam à transferência da propriedade, conforme aponta José dos Santos Carvalho Filho. Quanto a essa competência, estabelece o art. 3º do Decreto-Lei nº 3.365/41, com as alterações promovidas pela Lei nº 14.273/21 e pela Lei nº 14.620/23, que **podem promover a desapropriação**, desde que expressamente autorizado em lei ou contrato: • os concessionários, inclusive aqueles contratados no regime de parceria público-privada; • as entidades públicas; • as entidades que exerçam funções delegadas do poder público; • o contratado pelo poder público para fins de execução de obras e serviços de engenharia sob os regimes de empreitada por preço global, empreitada integral e contratação integrada. Nessa hipótese em específico, o edital deverá prever expressamente o responsável por cada fase do procedimento expropriatório, o orçamento estimado para sua realização e a distribuição objetiva de riscos entre as partes, incluído o risco pela variação do custo das desapropriações em relação ao orçamento estimado.

3.6.3. Pressupostos

Da análise do art. 5º, XXIV, percebe-se que o legislador constituinte estabeleceu **pressupostos** necessários para a ocorrência da desapropriação, que são os seguintes[45]:

a) **necessidade pública**: diz respeito a situações de emergência, as quais necessitam, para serem resolvidas, da transferência urgente do bem particular para o Poder Público;

45. Conforme as definições de Hely Lopes Meirelles (*Direito administrativo brasileiro*. 36. ed.São Paulo: Malheiros, 2010. p. 640-641).

b) **utilidade pública**: são situações em que é conveniente a transferência dos bens, mas não é imprescindível. O Decreto-Lei nº 3.365/41, no art. 5º, apenas menciona os casos de utilidade pública e não faz menção à necessidade pública e, assim, nos termos desse dispositivo legal, são casos de utilidade pública para fins de desapropriação:

- segurança nacional;
- defesa do Estado;
- socorro público em caso de calamidade;
- salubridade pública;
- criação e melhoramento de centros de população, seu abastecimento regular de meios de subsistência;
- aproveitamento industrial das minas e das jazidas minerais, das águas e da energia hidráulica;
- assistência pública, as obras de higiene e decoração, casas de saúde, clínicas, estações de clima e fontes medicinais;
- exploração ou conservação dos serviços públicos;
- abertura, conservação e melhoramento de vias ou logradouros públicos;
- execução de planos de urbanização;
- parcelamento do solo, com ou sem edificação, para sua melhor utilização econômica, higiênica ou estética;
- construção ou ampliação de distritos industriais;
- funcionamento dos meios de transporte coletivo;
- preservação e conservação dos monumentos históricos e artísticos;
- preservação e conservação adequada de arquivos, documentos e outros bens móveis de valor histórico ou artístico;
- construção de edifícios públicos, monumentos comemorativos e cemitérios;
- criação de estádios, aeródromos ou campos de pouso para aeronaves;
- reedição ou divulgação de obra ou invento de natureza científica, artística ou literária;
- demais casos previstos por leis especiais.

ATENÇÃO! O art. 4º do Decreto-Lei nº 3.665/41 prevê que a declaração de utilidade pública pode abranger "a área contígua necessária ao desenvolvimento da obra a que se destina, e as zonas que se valorizarem extraordinariamente, em consequência da realização do serviço". É a chamada **desapropriação por zona** ou **extensiva**, pela qual o Poder Público desapropria **área maior do que a necessária** para a realização de determinada obra ou serviço, "com o fito de reservá-la para posterior utilização no desenvolvimento da obra ou serviço ou com o objetivo de revendê-la"[46].

46. GASPARINI, Diógenes. *Direito administrativo*. 13. ed. São Paulo: Saraiva, 2008. p. 843.

Ainda em relação à desapropriação por utilidade pública cumpre destacar que, nos termos do parágrafo único do art. 4º do Decreto-Lei nº 3.365/41, na redação dada pela Lei nº 14.273/21, quando a desapropriação tiver como finalidade a execução de planos de urbanização, de renovação urbana ou de parcelamento ou reparcelamento do solo, a receita decorrente da revenda ou da exploração imobiliária dos imóveis produzidos poderá compor a remuneração do agente executor. E, se o imóvel for desapropriado para implantação de parcelamento popular, destinado às classes de menor renda, não poderá ser dada a ele outra utilização e nem haverá retrocessão (art. 5º, §3º).

Por outro lado, por força de inovação legislativa promovida pela Lei nº 14.273/21, conhecida como Lei das Ferrovias, o §4º do art. 5º autoriza que os bens desapropriados ou os direitos decorrentes no caso de imissão de posse possam ser "**alienados a terceiros, locados, cedidos, arrendados, outorgados** em regimes de concessão de direito real de uso, de concessão comum ou de parceria público-privada e ainda **transferidos** como integralização de fundos de investimento ou sociedades de propósito específico", sendo que essa previsão, por força do §5º, tem aplicação "nos casos de desapropriação para fins de execução de planos de urbanização, de renovação urbana ou de parcelamento ou reparcelamento do solo, desde que seja assegurada a destinação prevista no referido plano".

c) **interesse social**: quando houver necessidade de distribuição da propriedade em benefício da coletividade ou de categorias sociais merecedoras de amparo estatal. Nesse tipo de desapropriação, os bens destinam-se à coletividade ou a beneficiários determinados e não ao Poder Público. Está prevista na Lei nº 4.132/62, na qual o art. 2º considera de interesse social:

- o aproveitamento de todo bem improdutivo ou explorado sem correspondência com as necessidades de habitação, trabalho e consumo dos centros de população a que deve ou possa suprir por seu destino econômico;
- o estabelecimento e a manutenção de colônias ou cooperativas de povoamento e trabalho agrícola;
- a manutenção de posseiros em terrenos urbanos onde, com a tolerância expressa ou tácita do proprietário, tenham construído sua habilitação, formando núcleos residenciais de mais de dez famílias;
- a construção de casas populares;
- as terras e águas suscetíveis de valorização extraordinária, pela conclusão de obras e serviços públicos, notadamente de saneamento, portos, transporte, eletrificação, armazenamento de água e irrigação, no caso em que não sejam ditas áreas socialmente aproveitadas;
- a proteção do solo e a preservação de cursos e mananciais de água e de reservas florestais;
- a utilização de áreas, locais ou bens que, por suas características, sejam apropriados ao desenvolvimento de atividades turísticas.

ATENÇÃO! A desapropriação para fins de reforma agrária é hipótese de desapropriação por interesse social e está regulada na Lei Complementar nº 76/93 e, também, na Lei nº 8.629/93.

Segundo o Enunciado nº 4 da I Jornada de Direito Administrativo do Conselho da Justiça Federal, o ato declaratório de desapropriação com base na necessidade pública, utilidade pública ou interesse social deve ser motivado de forma explícita, clara e congruente, não sendo suficiente a mera referência à hipótese legal.

3.6.3.1. *Indenização*

Nos termos do art. 5º, XXIV, cabe à lei estabelecer o procedimento para desapropriação por necessidade ou utilidade pública, ou por interesse social, mediante justa e prévia indenização em dinheiro, ressalvados os casos previstos na Constituição.

Em relação ao pagamento em dinheiro, entende o STF que a submissão da desapropriação ao regime de precatórios não viola a determinação constitucional de indenização prévia e justa. Porém, como se verá adiante, é possível que haja um pagamento inicial, que é a oferta feito pelo expropriante e que constitui requisito para a imissão na posse e, posteriormente, seja fixado valor maior na sentença na ação de desapropriação e, em relação a essa diferença, o seu pagamento pode ser feito mediante precatório, desde que o expropriante não esteja em atraso no pagamento dos precatórios, conforme decidiu o STF, no **RE 922.144**, no qual foi fixada a seguinte tese de repercussão geral: **"No caso de necessidade de complementação da indenização ao final do processo expropriatório, deverá o pagamento ser feito mediante depósito judicial direto se o Poder Público não estiver em dia com os precatórios"**.

A regra, portanto, é que a retirada forçada da propriedade seja indenizada ao proprietário, de maneira **prévia** e em **dinheiro**, mas o próprio texto constitucional admitiu as seguintes **exceções**:

a) **desapropriação urbanística sancionatória** (art. 182, § 4º): caso o proprietário de terreno não edificado, subutilizado ou não utilizado não promova o seu adequado aproveitamento, mesmo após lhe ter sido imposto o parcelamento ou edificação compulsórios e o imposto sobre a propriedade predial e territorial urbana (IPTU) progressivo no tempo, é admitida a desapropriação do imóvel (competência do Município). Entretanto, como a medida tem caráter sancionatório, não haverá **indenização** em dinheiro e será feita mediante **títulos da dívida pública** de emissão previamente aprovada pelo Senado Federal, com prazo de resgate de até dez anos, em parcelas anuais, iguais e sucessivas, assegurados o valor real da indenização e os juros legais;

b) **desapropriação por interesse social para fins de reforma agrária** (art. 184): a função social da propriedade rural é cumprida quando atende, simultaneamente, conforme critérios e graus de exigência estabelecidos em lei, aos requisitos (art. 186):

   - aproveitamento racional e adequado;
   - utilização adequada dos recursos naturais disponíveis e preservação do meio ambiente;

- observância das disposições que regulam as relações de trabalho;
- exploração que favoreça o bem-estar dos proprietários e dos trabalhadores. Havendo o descumprimento, cabe a desapropriação para fins de reforma agrária (**competência da União**), sendo devida a **indenização**, mas esta será paga em **títulos da dívida agrária**, com cláusula de preservação do valor real, resgatáveis no prazo de até vinte anos, a partir do segundo ano de sua emissão, e cuja utilização será definida em lei, exceto quanto às **benfeitorias úteis e necessárias, que serão indenizadas em dinheiro**.

Deve ser destacado que o art. 185 da Constituição Federal estabelece que são insuscetíveis de desapropriação para fins de reforma agrária a pequena e média propriedade rural, assim definida em lei, desde que seu proprietário não possua outra e a propriedade produtiva. Entretanto, na ADI 3865, houve a alegação de inconstitucionalidade da exigência simultânea dos requisitos da produtividade e da função social nos termos dos requisitos fixados nos artigos 6º e 9º da Lei 8.629/93 e, todavia, o STF decidiu que não há vício em relação a esses dispositivos e, portanto, que são constitucionais porque o "art. 185 da Constituição da República exige, para a aplicação da cláusula de insucetibilidade de desapropriação para fins de reforma agrária, a função social e o caráter produtivo da propriedade como requisitos simultâneos" e que o "parágrafo único do art. 185 da Constituição da República, ao definir que a lei fixará normas para o cumprimento da função social, alberga cláusula semanticamente plural e, portanto, compatível com a manifestação concretizadora do legislador no sentido de conjugar funcionalização social e propriedade produtiva".

c) **expropriação de terras** em que haja **cultura ilegal de planta psicotrópica ou trabalho escravo (art. 243)**: na verdade, trata-se de um confisco e, dessa forma, **não há indenização**. Na desapropriação confisco, a terra deve ser destinada à reforma agrária e a programas de habitação popular. Ainda sobre essa modalidade, o STF, no RE 635.336 (Tema 399), fixou a seguinte tese: "A expropriação prevista no art. 243 da CF pode ser afastada, desde que o proprietário comprove que não incorreu em culpa, ainda que *in vigilando* ou *in eligendo*".

Ainda em relação à indenização, esta deve ser **justa**, o que significa que deve propiciar a recomposição total do patrimônio do proprietário, de forma a não sofrer nenhuma redução em razão da desapropriação. Nesse sentido, o **valor da indenização** deve conter[47]:

a) **o valor do bem desapropriado**: este deve ser o **valor real** e atual do bem, acrescido das **benfeitorias** existentes antes da expedição do decreto expropriatório[48]. **ATENÇÃO!** Quanto às benfeitorias feitas posteriormente, as **necessárias** (ex.: substituição de fiação elétrica danificada), as **úteis** (ex.: a cobertura

47. DI PIETRO, Maria Sylvia Zanella. *Direito administrativo*. 23. ed. São Paulo: Atlas, 2010. p. 173-174.
48. MEIRELLES, Hely Lopes. *Direito administrativo brasileiro*. 36. ed.São Paulo: Malheiros, 2010. p. 648-649.

da garagem) somente serão pagas se foram feitas com autorização do Poder Público e as **voluptuárias** (ex.: colocação de fonte no jardim) não serão pagas;

b) os **lucros cessantes** e **danos emergentes**;

c) os **juros compensatórios**: destinam-se a compensar o proprietário pela perda antecipada da posse no caso de ter havido **imissão provisória na posse**[49].

Nos termos do art. 15, pode o expropriante ser imitido na posse, quando houver alegação de urgência, o Poder Público fizer o depósito da quantia fixada em lei e for requerida em até cento e vinte dias da alegação de urgência, devendo a imissão ser registrada no Registro de Imóveis. Cumpre destacar que a declaração de urgência pode ser feita no próprio ato declaratório ou em momento posterior e não pode ser renovada. Com a imissão na posse, o proprietário ainda não perdeu formalmente a propriedade, porém lhe foi retirada a posse direta e, assim, conforme entendimento do STJ, ele somente é responsável pelos impostos, inclusive o IPTU, até a data da imissão.

Como apontado anteriormente, é condição para a imissão o depósito do valor pelo Poder Público e, nos termos do art. 33, §2º, ainda que discorde do valor, o proprietário pode levantar até 80% do valor depositado. Nesse momento, se o expropriado concordar, conforme previsto no art. 34-A, a decisão que concede a imissão provisória na posse implicará a aquisição da propriedade pelo expropriante com o consequente registro da propriedade na matrícula do imóvel e, com isso, pode levantar 100% do valor depositado (deve haver a dedução das dívidas fiscais inscritas e ajuizadas, bem como as multas decorrentes do descumprimento de obrigações fiscais). Entretanto, deve ser destacado que, a concordância escrita do expropriado não implica renúncia ao seu direito de questionar o preço ofertado em juízo.

Ainda quanto à imissão na posse, salienta-se que deve haver atenção ao diploma normativo aplicável porque a lei geral de desapropriação não é a única a ser aplicada. Nesse sentido, aplica-se: 1) o **Decreto-Lei nº 1.075/1970** regula a imissão de posse na desapropriação por utilidade pública de prédio residencial urbano, habitado pelo proprietário ou compromissário comprador, cuja promessa de compra esteja devidamente inscrita no Registro de Imóveis (art. 6º) e, de acordo com essa norma, também exige-se a urgência para o deferimento, porém apresenta forma específica de cálculo do valor a ser depositado; 2) o **Decreto-Lei nº 3.365/1941** que se aplica à imissão de posse na desapropriação de prédio urbano não residencial, prédio urbano residencial não habitado pelo proprietário ou compromissário comprador e imóvel residencial em zona rural, e 3) a **Lei Complementar nº 76/1993**, cuja aplicação destina-se à desapropriação de propriedade rural para a reforma agrária, que tem como característica que a imissão de posse é parte integrante do procedimento e, assim, não há declaração de urgência e o juiz a determina ao despachar a inicial.

---

49. Deve-se destacar que, no ano de 2017, houve a inserção do art. 34-A ao Decreto-Lei nº 3.365/2017 que trata da concordância do expropriado sobre a decisão concessiva da imissão provisória na posse.

É necessário, nesse momento, esclarecer que a Lei nº 14.620/2023 promoveu várias alterações no Decreto-Lei nº 3.365/41 e, como se verá adiante, algumas delas representam o fenômeno que vem sendo chamado de reação legislativa ou superação legislativa ou reversão legislativa ou, ainda, efeito *backlash*. De maneira bastante sintética e sem rigor técnico, pode se compreender esse fenômeno como uma reação do Poder Legislativo, por meio de emenda constitucional ou de lei, ao entendimento firmado pelo STF em decisões proferidas em controle concentrado de constitucionalidade. Nesse sentido, na ADI 2332, houve decisão do STF ou declarando a inconstitucionalidade ou promovendo a interpretação conforme de dispositivos do Decreto-Lei 3.365/41 como, por exemplo, sobre o percentual dos juros compensatórios, sua base de cálculo ou seu termo inicial e, posteriormente, houve a publicação da Lei nº 14.620/2023 e com ela, dentre outras alterações, alguns dispositivos da Lei Geral de Desapropriações passaram a ter o mesmo conteúdo que havia sido declarado inconstitucional pelo STF. Conforme decidido pela Suprema Corte, na ADI 5105, quando a reação legislativa se dá por meio de emenda à Constituição, somente será considerada inconstitucional caso inobserve os limites formais, circunstanciais, temporais e materiais previstos no art. 60 da Constituição e, por outro lado, que é a hipótese em análise, quando ocorre por meio de lei, há presunção relativa (*iuris tantum*) de inconstitucionalidade e cabe ao "legislador ordinário o ônus de demonstrar, argumentativamente, que a correção do precedente faz-se necessária, ou, ainda, comprovar, lançando mão de novos argumentos, que as premissas fáticas e axiológicas sobre as quais se fundou o posicionamento jurisprudencial não mais subsistem, em exemplo acadêmico de mutação constitucional pela via legislativa". Entretanto, não pode haver dúvida, essa análise do STF só ocorrerá se houver a propositura de ação provocando a sua atuação em relação à constitucionalidade ou inconstitucionalidade da nova lei e, enquanto isso, seguem em plena validade as mudanças legais.

Ocorrendo a imissão na posse, é possível a incidência dos **juros compensatórios** e, nos termos do previsto no art. 15-A, com a redação dada pela Lei nº 14.620/2023: 1) destinam-se apenas a **compensar danos correspondentes a lucros cessantes** comprovadamente sofridos pelo proprietário; 2) aplicam-se somente à desapropriação por necessidade ou utilidade pública ou por interesse social prevista na Lei nº 4.132/62 porque o §1º, expressamente, **exclui a aplicação no caso de desapropriação por descumprimento da função social** (desapropriação urbanística sancionatória - art. 182, CF - e desapropriação para reforma agrária - art. 184, CF); 3) o **termo inicial** é a **imissão na posse**. Todavia, no caso de desapropriação indireta, conforme a redação atual do §3º, o poder público não será onerado por juros compensatórios relativos a período anterior à aquisição da propriedade ou da posse titulada pelo autor da ação. **Atenção!** A atual redação do §3º é idêntica à antiga redação do §4º que, na ADI 2332, foi declarado inconstitucional pelo STF; 4) a **base de cálculo**, nos termos da redação dada pela Lei 14.620/2023, é a **diferença entre valor ofertado e valor fixado na sentença** (*caput*), aplicando-se, inclusive, à desapropriação indireta. **Atenção!** na redação anterior, havia a previsão de que o cálculo seria sobre o valor fixado na sentença, porém, na ADI 2332, o STF deu interpretação conforme ao art. 15-A e fixou a seguinte tese: "A base de cálculo dos juros compensatórios em desapropriações corresponde à diferença entre 80% do preço ofertado pelo ente público e o valor fixado na sentença"; 5) o **percentual** dos juros, na redação atual do *caput* do art. 15-A, é de até **6% ao ano. Atenção!** A redação anterior também tinha a expressão "até" e o STF, na ADI 2332 declarou a inconstitucionalidade desse termo e fixou a seguinte tese no julgado: "É constitucional o percentual de juros compensatórios de 6% (seis por cento) ao ano para a remuneração pela imissão provisória na posse de bem objeto de desapropriação".

Há as seguintes súmulas sobre os juros compensatórios:

- **Súmula 164, STF**: "No processo de desapropriação, são devidos juros compensatórios desde a antecipada imissão de posse, ordenada pelo juiz, por motivo de urgência".
- **Súmula 69, STJ**: "Na desapropriação direta, os juros compensatórios são devidos desde a antecipada imissão na posse e, na desapropriação indireta, a partir da efetiva ocupação do imóvel".
- **Súmula 113, STJ**: "Os juros compensatórios, na desapropriação direta, incidem a partir da imissão na posse, calculados sobre o valor da indenização, corrigido monetariamente".

d) **os juros moratórios**: são os juros decorrentes da demora no pagamento da indenização e incidem no percentual de 6% ao ano, "a partir de 1º de janeiro do exercício seguinte àquele em que o pagamento deveria ser feito" (art. 15-B, Decreto-Lei nº 3.365/41), não se aplicando mais a Súmula 70 do STJ (por ela, os juros correriam a partir do trânsito em julgado da decisão).

- **Súmula 12, STJ**: "Em desapropriação, são cumuláveis juros compensatórios e moratórios".

e) **honorários advocatícios**: de acordo com o art. 27, § 1º, do Decreto-Lei nº 3.365/41, que o desapropriante deverá pagar honorários advocatícios sobre a diferença entre a oferta inicial e o valor da indenização fixado na sentença, que serão fixados entre 0,5% e 5%. Estabelecia esse dispositivo que haveria o limite de R$ 151.000,00, porém o STF, na **ADI 2.332**, decidiu que **"É constitucional a estipulação de parâmetros mínimo e máximo para a concessão de honorários advocatícios em desapropriações, sendo, contudo, vedada a fixação de um valor nominal máximo de honorários"**.

- **Súmula 141, STJ**: "Os honorários de advogado em desapropriação direta são calculados sobre a diferença entre a indenização e a oferta, corrigidas monetariamente".
- **Súmula 131, STJ**: "Nas ações de desapropriação incluem-se no cálculo da verba advocatícia as parcelas relativas aos juros compensatórios e moratórios, devidamente corrigidas".
- **Súmula 617, STF**: "A base de cálculo dos honorários de advogado em desapropriação é a diferença entre a oferta e a indenização, corrigidas ambas monetariamente".

f) **custas e despesas judiciais;**

g) **correção monetária:** devida a partir do laudo de avaliação;

- **Súmula 561, STF:** "Em desapropriação, é devida a correção monetária até a data do efetivo pagamento da indenização, devendo proceder-se à atualização do cálculo, ainda que por mais de uma vez".

h) despesa com **"desmonte e transporte** de maquinismos instalados e em funcionamento" (art. 25, parágrafo único, Decreto-Lei nº 3.365/41).

3.6.4. Objeto

Quanto ao **objeto**, em regra, **todos os bens** podem ser expropriados (art. 2º, *caput*, Decreto-Lei nº 3.365/41), sejam corpóreos ou incorpóreos, privados ou públicos, móveis ou imóveis, inclusive o espaço aéreo e o subsolo, salvo as vedações legais. Nesse sentido, esse dispositivo legal determina que:

a) no caso de **bens públicos**, a União poderá desapropriar os bens dos Estados e dos Municípios, o Estado poderá desapropriar os bens dos Municípios (art. 2º, § 2º) e, entretanto, os Municípios não podem desapropriar bens dos Estados e da União e os Estados não podem desapropriar bens federais. Em **regra, é necessária autorização legislativa** para se desapropriar bem público, o que é **dispensado quando a desapropriação for realizada mediante acordo** entre os entes federativos, no qual serão fixadas as respectivas responsabilidades financeiras quanto ao pagamento das indenizações correspondentes. Adota-se uma espécie de hierarquia entre os entes federativos para a desapropriação, o que não parece ser condizente com a autonomia dos entes federados assegurada na Constituição, mas, de toda forma, a defesa dessa posição é feita com base no domínio eminente do Estado e, para fins de concurso, a cobrança é feita com base no texto legal;

b) quanto às **ações**, cotas e direitos representativos do capital de instituições e empresas cujo funcionamento dependa de autorização do governo federal e se subordine a sua fiscalização, é vedada a desapropriação pelos Estados, Distrito Federal e Municípios, salvo mediante prévia autorização, por decreto, do Presidente da República (art. 2º, § 3º).

3.6.5. Procedimento

O **procedimento** da desapropriação divide-se em duas fases: a declaratória e a executória.

3.6.5.1. Fase declaratória

De início, é necessário lembrar que a desapropriação, em regra, pode ser feita pela União, pelos Estados, pelo Distrito Federal e pelos Municípios, salvo a desapropriação urbanística sancionatória (art. 182, § 4º), que é exclusiva do Município, para reforma agrária e a de terra em que há cultivo ilegal de planta psicotrópica, ambas de competência da União (Municípios e Estados podem desapropriar imóveis rurais, exceto para reforma agrária ou se for a hipótese de confisco por cultura ilegal ou trabalho escravo).

Na **fase declaratória** ocorre a manifestação de vontade do Poder Público no sentido de realizar, no futuro, a desapropriação de determinado bem e, nesse sentido, já o individualiza, ou seja, nessa etapa há a prática do **ato declaratório** de que o bem é de utilidade pública ou de necessidade pública ou de interesse social para fins de desapropriação.

Em regra, esse ato é de competência do Chefe do Poder Executivo (art. 6º), por meio de decreto. Porém, de forma excepcional, como já anotado, a legislação atribuiu essa competência a algumas agências reguladoras (ex.: ANATEL, ANEEL e ANP). Ainda, nos termos do art. 8º, pode o Poder Legislativo tomar a iniciativa e praticar o ato declaratório e, se o fizer por meio de lei, esta será considerada como lei de efeito concreto, equiparando-se a ato administrativo para fins de controle, mas ressalta-se a possibilidade de fazê-lo por meio de decreto legislativo.

O ato declaratório tem por finalidade individualizar efetivamente o bem, indicando o propósito da desapropriação que pretende fazer e, como deve pagar indenização, é necessário que seja apontada a previsão orçamentária a respeito.

Podem ser apontados como **efeitos do ato declaratório**:

a) o proprietário deve se submeter às restrições decorrentes da declaração expropriatória;

b) serve como um marco para a definição do estado do bem para o cálculo da indenização no futuro porque, após esse momento, nos termos do art. 26, §1º, do Decreto-Lei nº 3.365/41, somente serão indenizadas as benfeitorias necessárias e, no caso das úteis, apenas as que foram autorizadas pelo expropriante e, assim, não sendo indenizadas as benfeitorias voluptuárias;

c) o direito do Poder Público de penetrar no bem a fim de realizar inspeções e levantamentos de campo, podendo recorrer, em caso de resistência, ao auxílio de força policial e, em caso de dano por excesso ou abuso de poder ou originário das inspeções e levantamentos de campo realizados, cabe indenização por perdas e danos, sem prejuízo da ação penal (art. 7º);

d) dá início ao prazo de caducidade da declaração.

Expedido o ato declaratório, o Poder Público deve iniciar os atos para a promoção da desapropriação no prazo legal, sob pena do ato perder efeito. Assim, contado do ato declaratório, o **prazo é de: a) 5 anos**, no caso de desapropriação por necessidade ou utilidade pública (art. 10, Decreto-Lei nº 3.365/41); **b) 2 anos**, no caso de desapropriação por interesse social (art. 3º, Lei nº 4.132/62 e art. 3º, LC nº 76/93). **Atenção!** Após os prazos previstos, ocorre a **caducidade** do ato declaratório, mas, nos termos do art. 10 do Decreto-Lei nº 3.365/41, **após um ano**, o mesmo bem pode ser objeto de **nova declaração**.

CADUCIDADE DO ATO DECLARATÓRIO	
5 anos	**2 anos**
no caso de desapropriação por necessidade ou utilidade pública (art. 10, Decreto-Lei nº 3.365/41);	no caso de desapropriação por interesse social (art. 3º, Lei nº 4.132/62 e art. 3º, Lei Complementar nº 75/93). Nessa hipótese, o prazo é, também, para se iniciar as providências de aproveitamento do bem expropriado.

3.6.5.2. *Fase executória*

A **fase executória**, por sua vez, representa a promoção dos atos necessários para a efetivação da desapropriação, isto é, para a consumação da transferência da propriedade.

Tem competência para essa etapa, além daqueles que tem competência declaratória, desde que haja autorização expressa em lei ou no contrato os concessionários, inclusive aqueles contratados nos termos da Lei nº 11.079/04 (PPP), os permissionários, os autorizatários e os arrendatários; as entidades públicas; as entidades que exerçam funções delegadas do poder público; e o contratado pelo poder público para fins de execução de obras e serviços de engenharia sob os regimes de empreitada por preço global, empreitada integral e contratação integrada.

Essa etapa **pode ocorrer de forma administrativa (mediante acordo) ou pela via judicial.**

Ocorrerá na **via administrativa** quando há acordo extrajudicial entre o proprietário e o expropriante quanto à indenização.

Nessa fase, a lei privilegia a tentativa de solução negociada e, nesse sentido, a Administração tem o dever de notificar o proprietário e apresentar-lhe oferta de indenização, devendo a notificação conter:

I - cópia do ato de declaração de utilidade pública;

II - planta ou descrição dos bens e suas confrontações;

III - valor da oferta;

IV - informação de que o prazo para aceitar ou rejeitar a oferta é de 15 (quinze) dias e de que o silêncio será considerado rejeição.

Dessa forma, o **prazo aceitar ou rejeitar a oferta é de 15 dias e o silêncio será considerado rejeição** (art. 10-A, §1º, IV) e podem ocorrer as seguintes hipóteses:

a) a oferta é aceita: realizado o pagamento, será lavrado acordo, que é título hábil para transcrição no registro de imóveis (art. 10-A, §2º);

b) a oferta é rejeitada ou decorre o prazo sem manifestação: será necessária a propositura de ação judicial.

Também, pode o proprietário optar pela mediação ou via arbitral, indicando um dos órgãos ou instituições especializados em mediação ou arbitragem previamente cadastrados pelo órgão responsável pela desapropriação (art. 10-B).

A **via judicial** terá lugar quando não houver acordo entre o proprietário e o expropriante, que deverá ajuizar a ação de desapropriação, que seguirá o rito previsto no Decreto-Lei nº 3.365/41, nas hipóteses de necessidade pública, utilidade pública e interesse social (Lei nº 4.132/62) ou na LC 76/93, no caso de desapropriação para reforma agrária.

Em relação à ação judicial, ponto importante é que a **contestação** só poderá versar sobre vício do processo judicial ou impugnação do preço e qualquer outra questão deverá ser decidida por ação direta (art. 20, Decreto-Lei nº 3.365/41) e ao Poder Judiciário é vedado, no processo de desapropriação, decidir se se verificam ou não os casos de utilidade pública (art. 9º, Decreto-Lei nº 3.365/41).

Na hipótese de desapropriação para reforma agrária, estabelece o art. 9º da LC 76/93 que a "contestação deve ser oferecida no prazo de quinze dias e versar matéria de interesse da defesa, excluída a apreciação quanto ao interesse social declarado".

3.6.6. Desapropriação indireta

Quando a desapropriação é realizada regularmente, isto é, com obediência ao procedimento expropriatório há a **desapropriação direta**. Por outro lado, caso o Poder Público se aposse do bem sem a observância do devido procedimento expropriatório, integrando-o ao patrimônio público haverá a **desapropriação indireta** (também chamada de **apossamento administrativo**).

O proprietário deve reagir no momento adequado, valendo-se de ação possessória, pois se trata de verdadeiro esbulho possessório, mas, se permanecer inerte e a Administração tiver dado destinação pública ao bem, somente restará ao proprietário a indenização por perdas e danos, em face do contido no art. 35 do Decreto-Lei nº 3.365/41.

Também ocorre a desapropriação indireta quando o Poder Público institui servidão ou impõe limitações que inviabilizam o exercício dos poderes sobre o domínio do bem.

Importante destacar que o STJ firmou a seguinte tese (Tema 1019): "O prazo prescricional aplicável à desapropriação indireta, na hipótese em que o Poder Público tenha realizado obras no local ou atribuído natureza de utilidade pública ou de interesse social ao imóvel, é de 10 anos, conforme parágrafo único do art. 1.238 do CC". Dessa forma, o prazo prescricional das ações indenizatórias por desapropriação indireta é, em regra, de 10 anos. Todavia, o prazo será de 15 anos quando a parte interessada comprovar, de forma concreta, que não foram feitas obras ou serviços no local. Com esse entendimento, ocorre a superação do exposto na Súmula nº 119 do STJ.

Ainda quanto à desapropriação indireta, devemos destacar que o STJ (REsp 1.770.001-AM) afastou sua ocorrência no caso em que o Estado se limitar à realização de serviços públicos de infraestrutura em gleba cuja invasão por particulares apresentar situação consolidada e irreversível[50].

3.6.7. Tredestinação e retrocessão

Quando ocorre o desvio de finalidade no uso do bem desapropriado, há a **tredestinação**, que pode ser lícita ou ilícita.

Esse desvio de finalidade no uso do bem desapropriado é chamado de **tredestinação** (ou tresdestinação) e se subdivide em lícita e ilícita.

A **tredestinação lícita** se dá quando o desvio é de uma finalidade pública para outra finalidade pública como, por exemplo, construir uma escola ao invés do hospital previsto e, de outra forma, há a **tredestinação ilícita** quando se desvia da finalidade pública para a finalidade particular, por exemplo, alienando-se imóvel que fora desapropriado para a construção de posto de saúde.

Por sua vez, a **retrocessão** é o direito do proprietário cujo imóvel fora expropriado de exigir o retorno do bem ao seu patrimônio em razão de não lhe ter sido dada finalidade pública e se fará presente na hipótese de tredestinação ilícita.

Entretanto, nos termos do art. 5º, § 3º, do Decreto-Lei 3.365/41, no caso de imóvel desapropriado para implantação de parcelamento popular, destinado às classes de menor renda, não se dará outra utilização nem haverá retrocessão.

Por fim, cabe destacar o §6º do art. 5º, incluído pela Lei nº 14.620/23, pois estabelece que se for comprovada a inviabilidade ou a perda objetiva de interesse público em manter a destinação do bem prevista no decreto expropriatório, o expropriante deverá adotar uma das seguintes medidas, nesta ordem de preferência: destinar a área não utilizada para outra finalidade pública; ou b) alienar o bem a qualquer interessado, na forma prevista em lei, assegurado o direito de preferência à pessoa física ou jurídica desapropriada.

3.6.8. Direito de extensão e desapropriação por zona

O **direito de extensão** será possível quando o remanescente do bem desapropriado se tornar destituído de valor econômico, facultando-se ao proprietário exigir que a desapropriação e a indenização correspondente recaia sobre todo o bem[51]. É necessário lembrar que a desapropriação de um bem pode ser total ou parcial e, no último caso, é que pode se fazer presente o direito de extensão.

Este instituto não se confunde com a **desapropriação por zona**, que está prevista no art. 4º do Decreto-Lei nº 3.365/41 e que prevê que a "desapropriação poderá abranger a área contígua necessária ao desenvolvimento da obra a que se destina,

50. REsp 1.770.001-AM, Rel. Min. Mauro Campbell Marques, Segunda Turma, por unanimidade, julgado em 05/11/2019, DJe 07/11/2019 (Info 660).
51. CARVALHO FILHO, José dos Santos. *Manual de Direito Administrativo*. 31. ed. São Paulo: Atlas, 2017.

e as zonas que se valorizarem extraordinariamente, em consequência da realização do serviço (...)".

Dessa maneira, a desapropriação por zona pode ocorrer em duas situações: a) necessidade da área contígua para o desenvolvimento da obra: nesse caso, em razão de obra pública em uma área, identifica-se a necessidade para a sua execução de desapropriação de imóvel vizinho; portanto, a depender da situação, imóvel vizinho de obra pública pode ser objeto de ocupação temporária ou de desapropriação, a depender da necessidade; b) áreas que serão valorizados extraordinariamente em razão da realização de obra pública ou da prestação de serviço público: identifica-se que, em razão de determinada obra pública ou da prestação de determinado serviço público, ocorrerá a supervalorização dos imóveis vizinhos e, nessa hipótese, há a possibilidade de que seja feita a desapropriação dessas áreas. Em qualquer caso, a declaração de utilidade pública deverá compreendê-las, mencionando-se quais são as áreas indispensáveis à continuação da obra e quais são as áreas que se destinam à revenda.

Inclusive, na redação dada pela Lei nº 14.620/23, o parágrafo único do art. 4º estabelece que se a desapropriação for executada por um dos autorizados elencados no art. 3º (por exemplo, concessionários, permissionários, autorizatários de serviço público) e for destinada "a planos de urbanização, de renovação urbana ou de parcelamento ou reparcelamento do solo previstos no plano diretor, o edital de licitação poderá prever que a receita decorrente da revenda ou da utilização imobiliária integre projeto associado por conta e risco do contratado, garantido ao poder público responsável pela contratação, no mínimo, o ressarcimento dos desembolsos com indenizações, quando essas ficarem sob sua responsabilidade."

4. QUESTÕES

4.1. Questões objetivas comentadas

01. **(FUMARC – Analista Judiciário Oficial de Justiça Avaliador Federal – TRT 3/2022)** A requisição administrativa exige o seguinte pressuposto de validade:

(A) Competência expressamente prevista em Lei.
(B) Indenização prévia,
(C) Ofício requisitório.
(D) Perigo público iminente.
(E) Processo administrativo.

COMENTÁRIO

Alternativa correta: letra "d". A requisição administrativa é a "utilização coativa de bens ou serviços particulares pelo Poder Público por ato de execução imediata e direta da autoridade requisitante e indenização ulterior, para atendimento de necessidades coletivas urgentes e transitórias"[52]. Trata-se de medida autoexecutória, consistindo em ato de império, discricionário quanto ao objeto e à oportunidade, mas condicionado à existência de perigo público iminente. Quanto à indenização ao proprietário, somente será devida se houver dano (art. 5º, XXV, CF).

02. **(IBFC – Técnico Judiciário – Área Administrativa – TRE – PA/2020)** O instituto da requisição tem previsão constitucional e pode ser definido como uma das modalidades de intervenção do Estado na

52. MEIRELLES, Hely Lopes. *Direito administrativo brasileiro*. 36. ed. São Paulo: Malheiros, 2010. p. 660. Original sem destaque.

propriedade privada. Nesse sentido, leia abaixo o excerto do artigo 5°, inciso XXV, da CF/88:

"Art. 5°. Inciso XXV – no caso de ________, a autoridade competente poderá ________ de propriedade particular, assegurada ao proprietário ________, ________."

Assinale a alternativa que preencha correta e respectivamente as lacunas.

a) descumprimento da função social / utilizar bens / indenização proporcional / se houver abuso
b) iminente perigo público / usar / indenização ulterior / se houver dano
c) descumprimento da função social / usar / indenização prévia / se houver abuso
d) iminente perigo público / utilizar bens / indenização prévia / calculados possíveis danos

COMENTÁRIO

Alternativa correta: letra "b" (responde as demais alternativas). O art. 5º, XXV, da Constituição Federal, estabelece que, no caso de iminente perigo público, a autoridade competente poderá usar de propriedade particular, assegurada ao proprietário indenização ulterior, se houver dano".

03. (FCC – Analista Judiciário – Área Judiciária – TRT 6/2018) A instalação de um laboratório de análises clínicas por um Estado da Federação vem encontrando dificuldades na escolha da alternativa de localização disponível. Havendo a definição da melhor região para tanto,

(A) deverá o Estado licitar a aquisição de um imóvel, indicando as características necessárias para instalar as atividades, não sendo possível, no entanto, especificar a região.
(B) poderá o Estado desapropriar o imóvel que melhor atenda as necessidades da atividade a ser desenvolvida no local, mediante justa e prévia indenização.
(C) deverá o Estado adquirir o imóvel onerosamente diretamente de seu proprietário, negócio jurídico que deverá se formalizar contratualmente, mediante vontade das duas partes, vedada expropriação pelo Estado.
(D) deverá o Estado desapropriar o terreno que melhor atender as características essenciais ao atingimento da finalidade, inexistindo previsão legal para aquisição direta de bens imóveis por entes públicos.
(E) poderá o Estado comprar o terreno mediante dispensa de licitação, não sendo permitido ao proprietário discutir o preço ou o momento da desocupação.

COMENTÁRIO

Alternativa correta: letra "b" (responde as demais alternativas). O **art. 5º, XXIV**, da Constituição Federal determina que o procedimento da desapropriação será previsto em lei e que poderá ocorrer "por necessidade ou utilidade pública, ou por interesse social, mediante justa e prévia indenização em dinheiro, ressalvados os casos previstos" no próprio texto constitucional. Neste sentido, a ***desapropriação*** *é a mais drástica forma de intervenção do Estado na propriedade particular e consiste na* ***retirada compulsória, pelo Estado, de certo bem, por necessidade ou utilidade pública ou por interesse social.*** Com isso, o adquire, originariamente, para si ou para outrem, mediante prévia e justa indenização em dinheiro, salvo nos casos em que a própria Constituição enumera, em que o pagamento é feito com títulos da dívida pública (art. 182, § 4º, III) ou dívida agrária (art. 184).[53] Veja-se, portanto, que seus pressupostos são necessidade ou utilidade pública ou interesse social e não é uma medida transitória, pois retira a propriedade dos seus donos.

04. (Cespe – Analista Judiciário – Área Administrativa – TRF 1/2017) A União tem permissão para desapropriar bens de domínio dos estados e dos municípios mediante declaração de utilidade pública e autorização legislativa.

COMENTÁRIOS

"Certo". Quanto ao **objeto**, em regra, **todos os bens** podem ser expropriados (art. 2º, *caput,*

53. GASPARINI, Diógenes. Direito administrativo. 13 ed. São Paulo: Saraiva, 2008. p. 816.

Decreto-Lei nº 3.365/41), sejam corpóreos ou incorpóreos, privados ou públicos, móveis ou imóveis, inclusive o espaço aéreo e o subsolo, salvo as vedações legais. No caso de **bens públicos**, a União poderá desapropriar os bens dos Estados e dos Municípios, o Estado poderá desapropriar os bens dos Municípios (art. 2º, § 2º), sendo necessária, em qualquer caso, a autorização legislativa para se desapropriar bem público. Adota-se uma espécie de hierarquia entre os entes federativos para a desapropriação, o que não parece ser condizente com a autonomia dos entes federados assegurada na Constituição, mas, de toda forma, a defesa dessa posição é feita com base no domínio eminente do Estado e, para fins de concurso, a cobrança é feita com base no texto legal.

05. (Consulplan – Analista Judiciário – Área Administrativa – TRE – RJ/2017) Suponha que se pretenda desapropriar um imóvel pertencente ao Município do Rio de Janeiro para instalação da nova sede do Tribunal Regional Eleitoral. Nessa situação, quanto à referida intervenção na propriedade, pode-se afirmar que

a) a desapropriação depende de prévia autorização legislativa federal.
b) a autoridade competente para declarar a utilidade pública é o presidente do TRE.
c) a União deverá promover a permuta do bem municipal por um bem federal de igual valor.
d) é vedado à União desapropriar o bem municipal sem autorização do correspondente Estado.

COMENTÁRIOS

Alternativa correta: letra "a" (responde as demais alternativas). Quanto ao **objeto**, em regra, **todos os bens** podem ser expropriados (art. 2º, *caput,* Decreto-Lei nº 3.365/41), sejam corpóreos ou incorpóreos, privados ou públicos, móveis ou imóveis, inclusive o espaço aéreo e o subsolo, salvo as vedações legais. No caso de **bens públicos**, a União poderá desapropriar os bens dos Estados e dos Municípios, o Estado poderá desapropriar os bens dos Municípios (art. 2º, § 2º), sendo necessária, em qualquer caso, a **autorização legislativa** para se desapropriar bem público. Adota-se uma espécie de hierarquia entre os entes federativos para a desapropriação, o que não parece ser condizente com a autonomia dos entes federados assegurada na Constituição, mas, de toda forma, a defesa dessa posição é feita com base no domínio eminente do Estado e, para fins de concurso, a cobrança é feita com base no texto legal. **ATENÇÃO!** A Lei nº 14.620/2023 acrescentou o art. 2º-A ao Decreto-Lei nº 3.365/1941 e por ele ocorrerá a dispensa da autorização legislativa quando a desapropriação for realizada mediante acordo entre os entes federativos, no qual serão fixadas as respectivas responsabilidades financeiras quanto ao pagamento das indenizações correspondentes.

06. (Cespe – Analista Judiciário – Área Judiciária – Oficial de Justiça Avaliador – TRT8/2016) Assinale a opção que indica a modalidade interventiva do Estado na propriedade que tenha como características natureza jurídica de direito real, incidência sobre bem imóvel, caráter de definitividade, indenização prévia e condicionada à existência de prejuízo e constituição mediante acordo ou decisão judicial.

A) servidão administrativa
B) ocupação temporária
C) desapropriação
D) requisição
E) tombamento

COMENTÁRIO

Alternativa correta: letra "a". A ***servidão administrativa*** é o "***direito real público*** que autoriza o Poder Público a usar a propriedade imóvel para permitir a execução de obras e serviços de interesse coletivo[54]. ***Não se retira a propriedade de seu titular***, mas este é obrigado a consentir que seu imóvel seja usado em prol de um serviço público ou bem afetado a fim de utilidade pública. Tem como característica a ***perpetuidade***, ou seja, durará enquanto for necessário ao interesse público e, ainda, o fato do proprietário do bem **receber indenização** pela instituição da servidão administrativa.

Alternativa "b". A **ocupação temporária** é a "**utilização transitória**, remunerada ou gratuita,

54. CARVALHO FILHO, José dos Santos. *Manual de direito administrativo*. 19. ed. Rio de Janeiro: Lumen Juris, 2008. p. 691.

de **bens** particulares pelo Poder Público para a **execução** de obras, serviços ou atividades públicas de interesse público"[55].

Alternativa "c". A desapropriação é a mais drástica forma de intervenção do Estado na propriedade particular, pois retira o bem do proprietário. É uma forma originária de aquisição de propriedade.

Alternativa "d". A requisição administrativa é a "**utilização coativa de bens ou serviços particulares** pelo Poder Público por ato de execução imediata e direta da autoridade requisitante e **indenização ulterior**, para atendimento de **necessidades coletivas** urgentes e transitórias"[56].

Alternativa "e". O **tombamento** é o procedimento administrativo adotado pelo Poder Público para impor restrições parciais sobre os bens que, por interesse público, devam ser conservados, por estarem vinculados a fatos memoráveis da história ou por seu excepcional valor arqueológico ou etnológico, bibliográfico ou artístico.

4.2. Questões objetivas com gabarito fundamentado

01. (FGV – Analista Judiciário Área Judiciária – TRT 16/2022) O Município Alfa, para fins de instalação de poste para viabilizar o serviço de iluminação pública, utilizou, com base no poder de polícia, uma parcela do terreno privado de propriedade de Marcelo. No caso em tela, o poder público municipal fez uso da intervenção do Estado na propriedade denominada

(A) requisição administrativa.
(B) servidão administrativa.
(C) limitação administrativa.
(D) desapropriação indireta.
(E) tombamento.

02. (Cespe – Analista Judiciário – Área Administrativa – TRF 1/2017) Obras históricas ou artísticas tombadas são inalienáveis, independentemente da titularidade de sua propriedade.

GAB:☐ Certo ☐ Errado

03. (Cespe – Analista Judiciário – Oficial de Just. Avaliador – TRF 1/2017) Para se construir na vizinhança de bem público tombado pelo patrimônio histórico, se a obra for reduzir a visibilidade do bem tombado, será necessária a prévia autorização do órgão público competente.

GAB:☐ Certo ☐ Errado

04. (FCC – Analista Judiciário – Área Judiciária – TRT 3/2015) Uma autarquia estadual que atua na área previdenciária é proprietária de vasto patrimônio imobiliário, especialmente porque fazia parte da política de gestões anteriores o financiamento de imóveis residenciais e comerciais para servidores públicos, especialmente em regiões com necessidade de revitalização. Assim, referida autarquia era proprietária de um casarão na região central de determinado município, construído no início do século XX. O Município, ouvindo rumores de que a autarquia pretendia alienar seu patrimônio que não estivesse formalmente destinado às finalidades institucionais do ente, providenciou regular procedimento e, por meio de seu órgão competente, editou Resolução tombando o imóvel. O imóvel, apurou-se posteriormente, já era tombado pelo órgão estadual competente. Diante desse cenário,

a) a autarquia pode impugnar o tombamento, tendo em vista que o Município não poderia decretar o tombamento de bens pertencentes a pessoas jurídicas de direito público, tendo em vista que o tombamento constituiu uma limitação à propriedade privada.
b) o Município somente poderia tombar o bem da autarquia caso não houvesse tombamento anterior, tendo em vista que sobre o mesmo imóvel não podem se sobrepor duas intervenções à propriedade.

55. MEIRELLES, Hely Lopes. *Direito administrativo brasileiro*. 36 ed. São Paulo: Malheiros, 2010. p. 662.
56. MEIRELLES, Hely Lopes. *Direito administrativo brasileiro*. 36 ed. São Paulo: Malheiros, 2010. p. 660.

c) não obstante a autarquia tenha personalidade jurídica híbrida e seus bens estejam sujeitos ao regime jurídico de direito privado, o tombamento estadual prefere ao tombamento municipal, que fica por aquele ato absorvido.

d) a alienação onerosa do bem tombado ficou inviabilizada, tendo em vista que limitação à propriedade dessa natureza impõe gravame ao proprietário e exige que a propriedade do bem remanesça sendo de pessoa jurídica de direito público.

e) o tombamento municipal, cuja imposição seguiu trâmite regular, permanece válido, tendo em vista que sobre o mesmo bem, ainda que pertencente a pessoa jurídica de direito público, pode existir mais de uma limitação daquela natureza, desde que compatíveis, cabendo ao proprietário observar as posturas e restrições impostas pelos dois entes federados.

Questão	Resposta	Fundamentação
01	B	Doutrina: item 3.2.
02	E	Art. 11 e art. 13 do Decreto-Lei 25/37.
03	C	Art. 18, do Decreto-Lei nº 25/1937
04	E	Doutrina: item 3.3.

4.3. Questão dissertativa/estudo de caso

(CNJ - 2013 - ANALISTA CESPE) Acerca da ocupação temporária de propriedades pelo poder público, redija um texto dissertativo que aborde, necessariamente, os seguintes aspectos:

1. conceito de ocupação temporária de propriedades pelo poder público;
2. fundamento ou justificativa para ocupação temporária de propriedades pelo poder público;
3. possibilidade de transferência da propriedade ocupada a terceiros e limites de alteração dessa propriedade.

RESPOSTA SUGERIDA PELO AUTOR

Com a evolução do perfil do Estado, este passou a atuar de forma mais incisiva nas relações e assumiu o encargo de desempenhar a prestação de serviços fundamentais, de maneira a tutelar a sociedade como um todo e não mais o indivíduo isoladamente considerado. Com isso, tornou-se inevitável a ingerência estatal no seio social, e, em relação à propriedade, há dois fundamentos para essa conformação intervencionista do Estado, quais sejam, a supremacia do interesse público sobre o privado e a função social da propriedade.[57]

Há várias formas de intervenção do Estado na propriedade privada, mas, levando-se em conta a natureza e os efeitos, a intervenção pode ser classificada em: supressiva e restritiva.[58]

57. CARVALHO FILHO, José dos Santos. Manual de direito administrativo. 19ª ed. Rio de Janeiro: Lumen Juris, 2008, p. 685-689.
58. CARVALHO FILHO, José dos Santos. Manual de direito administrativo. 19ª ed. Rio de Janeiro: Lumen Juris, 2008, p. 691.

A única espécie de intervenção supressiva no ordenamento jurídico é a desapropriação. Por outro lado, há diversas maneiras de o Estado intervir restritivamente na propriedade privada; são elas: as limitações administrativas, servidão administrativa, requisição, tombamento e ocupação temporária.

A ocupação temporária é a "utilização transitória, remunerada ou gratuita, de bens particulares pelo Poder Público para a execução de obras, serviços ou atividades públicas ou de interesse público"[59].

Não há apenas uma justificativa para se ocupar temporariamente um bem privado, podendo ser utilizado sempre imperar o interesse público. Por exemplo, é possível a ocupação de imóveis em época de eleições, é possível a ocupação temporária de terrenos não edificados, vizinhos de obras e necessários à sua realização, podendo o proprietário exigir caução e havendo indenização no fim.

A ocupação temporária restringe o direito de propriedade, mas não o suprime, de modo que não há impedimento a sua transferência a terceiros, devendo estes, entretanto, respeitar a ocupação do imóvel pelo Poder Público enquanto imperar o interesse público que exige essa restrição.

59. MEIRELLES, Hely Lopes. Direito administrativo brasileiro. 36ª ed. São Paulo: Malheiros, 2010, p. 660.

5. JURISPRUDÊNCIA APLICÁVEL AO CAPÍTULO

Súmulas

- **STF 652** – Não contraria a Constituição o art. 15, § 1º, do DL. 3.365/41 (Lei da Desapropriação por Utilidade Pública).
- **STF 618** – Na desapropriação, direta ou indireta, a taxa dos juros compensatórios é de 12% (doze por cento) ao ano[60].
- **STF 617** – A base de cálculo dos honorários de advogado em desapropriação é a diferença entre a oferta e a indenização, corrigidas ambas monetariamente.
- **STF 561** – Em desapropriação, é devida a correção monetária até a data do efetivo pagamento da indenização, devendo proceder-se à atualização do cálculo, ainda que por mais de uma vez.
- **STF 476** – Desapropriadas as ações de uma sociedade, o poder desapropriante, imitido na posse, pode exercer, desde logo, todos os direitos inerentes aos respectivos títulos.

60. A Súmula nº 618 do STF foi superada pelo entendimento adotado na ADI nº 2332/DF, julgada em 17 de maio de 2018.

- **STF 475** – A Lei 4.686, de 21.06.1965, tem aplicação imediata aos processos em curso, inclusive em grau de recurso extraordinário.
- **STF 416** – Pela demora no pagamento do preço da desapropriação não cabe indenização complementar além dos juros.
- **STF 378** – Na indenização por desapropriação incluem-se honorários do advogado do expropriado.
- **STF 164** – No processo de desapropriação, são devidos juros compensatórios desde a antecipada imissão de posse, ordenada pelo juiz, por motivo de urgência.
- **STF 157** – É necessária prévia autorização do Presidente da República para desapropriação, pelos Estados, de empresa de energia elétrica.
- **STF 23** – Verificados os pressupostos legais para o licenciamento da obra, não o impede a declaração de utilidade pública para desapropriação do imóvel, mas o valor da obra não se incluirá na indenização, quando a desapropriação for efetivada.
- **STJ 354** – A invasão do imóvel é causa de suspensão do processo expropriatório para fins de reforma agrária.
- **STJ 141** – Os honorários de advogado em desapropriação direta são calculados

sobre a diferença entre a indenização e a oferta, corrigidas monetariamente.

- **STJ 131** - Nas ações de desapropriação incluem-se no cálculo da verba advocatícia as parcelas relativas aos juros compensatórios e moratórios, devidamente corrigidas.
- **STJ 114** - Os juros compensatórios, na desapropriação indireta, incidem a partir da ocupação, calculados sobre o valor da indenização, corrigido monetariamente.
- **STJ 113** - Os juros compensatórios, na desapropriação direta, incidem a partir da imissão na posse, calculados sobre o valor da indenização, corrigido monetariamente.
- **STJ 69** - Na desapropriação direta, os juros compensatórios são devidos desde a antecipada imissão na posse e, na desapropriação indireta, a partir da efetiva ocupação do imóvel.
- **STJ 67** - Na desapropriação, cabe a atualização monetária, ainda que por mais de uma vez, independente do decurso de prazo superior a um ano entre o cálculo e o efetivo pagamento da indenização.
- **STJ 56** - Na desapropriação para instituir servidão administrativa são devidos os juros compensatórios pela limitação de uso da propriedade.
- **STJ 12** - Em desapropriação, são cumuláveis juros compensatórios e moratórios
- **STJ 70** - Os juros moratórios, na desapropriação direta ou indireta, contam-se desde o trânsito em julgado da sentença.
- **STJ 102** - A incidência dos juros moratórios sobre os compensatórios, nas ações expropriatórias, não constitui anatocismo vedado em lei..Pet 1234: 14. Edição de nova tese: "As Súmulas 12/STJ (Em desapropriação, são cumuláveis juros compensatórios e moratórios), 70/STJ (Os juros moratórios, na desapropriação direta ou indireta, contam-se desde o trânsito em julgado da sentença) e 102/STJ (A incidência dos juros moratórios sobre compensatórios, nas ações expropriatórias, não constitui anatocismo vedado em lei) somente se aplicam às situações havidas até 12.01.2000, data anterior à vigência da MP 1.997-34.".

Informativos e Decisões

Desapropriação

STJ - Desapropriação indireta. Declaração de utilidade pública. Realização de obras e serviços de caráter produtivo. Prescrição. Aplicação do prazo de 10 anos previsto no parágrafo único do art. 1.238 do CC/2002. Tema 1019.

O prazo prescricional aplicável à desapropriação indireta, na hipótese em que o Poder Público tenha realizado obras no local ou atribuído natureza de utilidade pública ou de interesse social ao imóvel, é de 10 anos, conforme parágrafo único do art. 1.238 do CC.

(REsp 1.757.352-SC, Rel. Min. Herman Benjamin, Primeira Seção, por maioria, julgado em 12/02/2020, DJe 07/05/2020 (Tema 1019) (Informativo nº 671).

STF - ADI 2332

ADMINISTRATIVO. AÇÃO DIRETA DE INCONSTITUCIONALIDADE. REGIME JURÍDICO DOS JUROS COMPENSATÓRIOS E DOS HONORÁRIOS ADVOCATÍCIOS NA DESAPROPRIAÇÃO. PROCEDÊNCIA PARCIAL. 1. A jurisprudência desta Corte é firme no sentido de que o controle judicial dos pressupostos constitucionais para a edição das medidas provisórias tem caráter excepcional, justificando-se apenas quando restar evidente a inexistência de relevância e urgência ou a caracterização de abuso de poder do Presidente da República, o que não ocorre no presente caso. 2. É constitucional o percentual de juros compensatórios de 6% (seis por cento) ao ano para a remuneração do proprietário pela imissão provisória do ente público na posse do seu bem, na medida em que consiste em ponderação legislativa proporcional entre o direito constitucional do proprietário à justa indenização (art. 5º, XXIV, CF/88) e os princípios constitucionais da eficiência e da economicidade (art. 37, caput, CF/88). 3. Declaração da inconstitucionalidade do termo "até" e interpretação conforme a Constituição do caput do art. 15-A, de maneira a incidir juros compensatórios sobre a diferença entre 80% do preço ofertado pelo ente público e o valor fixado na sentença. 4. Constitucionalidade dos §§ 1º, 2º e 4º, do art. 15-A, do Decreto-lei nº 3.365/1941,

LEGISLAÇÃO

ao determinarem a não incidência dos juros compensatórios nas hipóteses em que (i) não haja comprovação de efetiva perda de renda pelo proprietário com a imissão provisória na posse (§ 1º), (ii) o imóvel tenha "graus de utilização da terra e de eficiência na exploração iguais a zero" (§ 2º), e (iii) sobre o período anterior "à aquisição da propriedade ou posse titulada pelo autor da ação". Voto reajustado para expressar o entendimento da maioria. 5. É constitucional a estipulação de parâmetros mínimo e máximo para a concessão de honorários advocatícios, previstos no § 1º, do art. 27, do Decreto-lei nº 3.365/1941. 6. Declaração da inconstitucionalidade da expressão "não podendo os honorários ultrapassar R$ 151.000,00 (cento e cinquenta e um mil reais)" por inobservância ao princípio da proporcionalidade e por possibilitar violação reflexa ao justo preço na indenização do expropriado (art. 5º, XXIV, CF/88). 7. Ação direta julgada parcialmente procedente. Fixação das seguintes teses: "(i) É constitucional o percentual de juros compensatórios de 6% (seis por cento) ao ano para a remuneração pela imissão provisória na posse de bem objeto de desapropriação; (ii) A base de cálculo dos juros compensatórios em desapropriações corresponde à diferença entre 80% do preço ofertado pelo ente público e o valor fixado na sentença; (iii) São constitucionais as normas que condicionam a incidência de juros compensatórios à produtividade da propriedade; (iv) É constitucional a estipulação de parâmetros mínimo e máximo para a concessão de honorários advocatícios em desapropriações, sendo, contudo, vedada a fixação de um valor nominal máximo de honorários."

STJ - PET 12344/DF

REVISÃO DE TESES REPETITIVAS STJ SOBRE JUROS EM DESAPROPRIAÇÃO

(...)

6. **Adequação da Tese 126/STJ** ("Nas ações de desapropriação, os juros compensatórios incidentes após a Medida Provisória n. 1.577, de 11/06/1997, devem ser fixados em 6% ao ano até 13/09/2001 e, a partir de então, em 12% ao ano, na forma da Súmula n. 618 do Supremo Tribunal Federal.") para a seguinte redação: "O índice de juros compensatórios na desapropriação direta ou indireta é de 12% até 11.6.97, data anterior à publicação da MP 1577/97.". Falece competência a esta Corte para discutir acerca dos efeitos da cautelar na ADI 2.332, sem prejuízo da consolidação da jurisprudência preexistente sobre a matéria infraconstitucional.

7. **Manutenção da Tese 184/STJ** ("O valor dos honorários advocatícios em sede de desapropriação deve respeitar os limites impostos pelo artigo 27, § 1º, do Decreto-lei 3.365/41 - qual seja: entre 0,5% e 5% da diferença entre o valor proposto inicialmente pelo imóvel e a indenização imposta judicialmente."). O debate fixado por esta Corte versa unicamente sobre interpretação infraconstitucional acerca da especialidade da norma expropriatória ante o Código de Processo Civil.

8. **Adequação da Tese 280/STJ** ("A eventual improdutividade do imóvel não afasta o direito aos juros compensatórios, pois esses restituem não só o que o expropriado deixou de ganhar com a perda antecipada, mas também a expectativa de renda, considerando a possibilidade do imóvel ser aproveitado a qualquer momento de forma racional e adequada, ou até ser vendido com o recebimento do seu valor à vista.") à seguinte redação: "Até 26.9.99, data anterior à publicação da MP 1901-30/99, são devidos juros compensatórios nas desapropriações de imóveis improdutivos.". Também aqui afasta-se a discussão dos efeitos da cautelar da ADI 2332, mantendo-se a jurisprudência consagrada desta Corte ante a norma anteriormente existente.

9. **Adequação da Tese 281/STJ** ("São indevidos juros compensatórios quando a propriedade se mostrar impassível de qualquer espécie de exploração econômica seja atual ou futura, em decorrência de limitações legais ou da situação geográfica ou topográfica do local onde se situa a propriedade.") ao seguinte teor: "Mesmo antes da MP 1901-30/99, são indevidos juros compensatórios quando a propriedade se mostrar impassível de qualquer espécie de exploração econômica atual ou futura, em decorrência de limitações legais ou fáticas.".

LEGISLAÇÃO

De igual modo, mantém-se a jurisprudência anterior sem avançar sobre os efeitos da cautelar ou do mérito da ADI 2.332.

10. **Adequação da Tese 282/STJ** ("Para aferir a incidência dos juros compensatórios em imóvel improdutivo, deve ser observado o princípio do tempus regit actum, assim como acontece na fixação do percentual desses juros. As restrições contidas nos §§ 1º e 2º do art. 15-A, inseridas pelas MP's n. 1.901-30/99 e 2.027-38/00 e reedições, as quais vedam a incidência de juros compensatórios em propriedade improdutiva, serão aplicáveis, tão somente, às situações ocorridas após a sua vigência.") à seguinte redação: "i) A partir de 27.9.99, data de publicação da MP 1901-30/99, exige-se a prova pelo expropriado da efetiva perda de renda para incidência de juros compensatórios (art. 15-A, § 1º, do Decreto-Lei 3365/41); e ii) Desde 5.5.2000, data de publicação da MP 2027-38/00, veda-se a incidência dos juros em imóveis com índice de produtividade zero (art. 15-A, § 2º, do Decreto-Lei 3365/41).". Dispõe-se sobre a validade das normas supervenientes a partir de sua edição.

Ressalva-se que a discussão dos efeitos da ADI 2332 compete, unicamente, à Corte Suprema, nos termos da nova tese proposta adiante.

11. **Cancelamento da Tese 283/STJ** ("Para aferir a incidência dos juros compensatórios em imóvel improdutivo, deve ser observado o princípio do tempus regit actum, assim como acontece na fixação do percentual desses juros. Publicada a medida liminar concedida na ADI 2.332/DF (DJU de 13.09.2001), deve ser suspensa a aplicabilidade dos §§ 1º e 2º do artigo 15-A do Decreto-lei n. 3.365/41 até que haja o julgamento de mérito da demanda."), ante o caráter condicional do julgado e sua superação pelo juízo de mérito na ADI 2332, em sentido contrário ao da medida cautelar anteriormente deferida.

12. Edição de nova tese: "A discussão acerca da eficácia e efeitos da medida cautelar ou do julgamento de mérito da ADI 2332 não comporta revisão em recurso especial.". A providência esclarece o descabimento de provocação desta Corte para discutir efeitos de julgados de controle de constitucionalidade do Supremo Tribunal Federal.

13. Edição de nova tese: "Os juros compensatórios observam o percentual vigente no momento de sua incidência.". Evidencia-se a interpretação deste Tribunal sobre a matéria, já constante nos julgados repetitivos, mas não enunciada como tese vinculante própria.

14. Edição de nova tese: "As Súmulas 12/STJ (Em desapropriação, são cumuláveis juros compensatórios e moratórios), 70/STJ (Os juros moratórios, na desapropriação direta ou indireta, contam-se desde o trânsito em julgado da sentença) e 102/STJ (A incidência dos juros moratórios sobre compensatórios, nas ações expropriatórias, não constitui anatocismo vedado em lei) somente se aplicam às situações havidas até 12.01.2000, data anterior à vigência da MP 1.997-34.".

Explicita-se simultaneamente a validade dos enunciados à luz das normas então vigentes e sua derrogação pelas supervenientes.

Providência de simplificação normativa que, ademais, consolida em tese indexada teor de julgamento repetitivo já proferido por esta Corte.

15. Manutenção da Súmula 141/STJ ("Os honorários de advogado em desapropriação direta são calculados sobre a diferença entre a indenização e a oferta, corrigidas monetariamente.").

16. Cabe enfrentar, de imediato, a questão da modulação dos efeitos da presente decisão, na medida em que a controvérsia é bastante antiga, prolongando-se há mais de 17 (dezessete) anos pelos tribunais do país. Afasta-se a modulação de efeitos do presente julgado, tanto porque as revisões limitam-se a explicitar o teor dos julgamentos anteriores, quanto por ser descabido a esta Corte modular, a pretexto de controle de efeitos de seus julgados, disposições que, a rigor, são de competência exclusiva do Supremo Tribunal Federal, por versarem sobre consequências do julgamento de mérito de ADI em disparidade com cautelar anteriormente concedida.

17. Proposta de revisão de teses repetitivas acolhida em parte.

CAPÍTULO XIV
RESPONSABILIDADE EXTRACONTRATUAL DO ESTADO

Sumário • 1. Introdução e conceito – 2. Teorias – 3. Responsabilidade extracontratual do estado brasileiro: 3.1. Responsabilidade por ação: 3.1.1. Excludentes da responsabilidade objetiva; 3.2. Responsabilidade por omissão; 3.3. Responsabilidade por atos legislativos; 3.4. Responsabilidade por atos judiciais; 3.5. Responsabilidade por danos decorrentes de obra pública; 3.6. Reparação do dano e direito de regresso – 4. Questões: 4.1. Questões objetivas comentadas; 4.2. Questões objetivas com gabarito fundamentado – 5. Jurisprudência aplicável ao capítulo.

1. INTRODUÇÃO E CONCEITO

Todas as pessoas, públicas ou privadas, que causem algum tipo de lesão a bem jurídico de terceiro devem ser obrigadas a repará-lo e, assim, o Estado também deve ser responsabilizado pelos danos que seus agentes causarem e, inclusive, principalmente após o surgimento do Estado de Direito – no qual todos estão submetidos ao império da ordem jurídica – a **responsabilização** do Estado deve existir mesmo quando **não houver norma expressa** a respeito, conforme sustenta Celso Antônio Bandeira de Mello, compartilhando o entendimento de Eduardo Sotto Kloss, pois isso deriva da ideia de República, pela qual existe um regime "onde todas as autoridades são responsáveis, 'onde não há sujeitos fora do Direito'. [...] se não há sujeitos fora do Direito, não há sujeitos irresponsáveis; se o Estado é um sujeito de direitos, o Estado é responsável [...]"[1].

De início, é necessário esclarecer que a responsabilidade aqui tratada não é a responsabilidade contratual do Estado, ou seja, aquela decorrente das obrigações assumidas nos contratos em que é parte. O objeto de análise é a **responsabilidade extracontratual do Estado**, também chamada de **aquiliana**, que não decorre da inadimplência de cláusulas contratuais e, na verdade, é consequência da ação ou omissão estatal, lícita ou ilícita, que provoca dano a alguém[2]. Também, é conhecida como **responsabilidade civil** do Estado, mas é preferível o uso daquela nomenclatura a esta, conforme destaca Irene Patrícia Nohara, porque a responsabilidade civil tem seu alicerce, principalmente, na culpa e a responsabilidade do Estado independe de culpa[3].

---

1. *Curso de direito administrativo*. 27. ed. São Paulo: Malheiros, 2010. p. 999-1000.
2. NOHARA, Irene Patrícia. *Direito administrativo*. 2. ed. São Paulo: Atlas, 2012. p. 750-751.
3. *Direito administrativo*. 2. ed. São Paulo: Atlas, 2012. p. 750.

Dessa maneira, pode-se conceituar a responsabilidade extracontratual do Estado como a "**obrigação de reparar danos causados a terceiros em decorrência de comportamentos comissivos ou omissivos, materiais ou jurídicos, lícitos ou ilícitos, imputáveis aos agentes públicos**"[4].

2. TEORIAS

Para se compreender o atual estágio da responsabilidade extracontratual do Estado é indispensável a análise das diversas teorias existentes a respeito, apontando a evolução no estudo do tema.

À época dos Estados absolutistas, não se falava em responsabilização do Estado porque o súdito não podia confrontar a autoridade do soberano e, por isso, a existência dos princípios de que o rei não pode errar (*the king can do no wrong*) e aquilo que agrada ao príncipe tem força de lei (*quod principi placuit habet legis vigorem*), que compunham a chamada **teoria da irresponsabilidade,** e caso houvesse a responsabilização do Estado, este estaria sendo colocado no mesmo nível do súdito, o que seria desrespeitoso à sua soberania[5]. Essa teoria também é chamada de teoria **regaliana** ou **regalista**.

No século XIX, superou-se a teoria da irresponsabilidade e passou-se a admitir a responsabilidade do Estado, com base nas chamadas **teorias civilistas**, as quais podem ser divididas em duas:

a) **teoria dos atos de império e atos de gestão**: representou uma forma de se abrandar a irresponsabilidade estatal, pois era feita a divisão entre os atos que a Administração praticava valendo-se de seu poder de império (atos de império) e os atos nos quais havia a equiparação entre o particular e a Administração (atos de gestão) e, assim, o Estado:
    - no caso de **atos de gestão, responde** pelos danos;
    - na hipótese de **atos de império, não responde** pelos danos.
b) **teoria da culpa civil**: com o fim da divisão dos atos em império e gestão, o cerne da responsabilidade do Estado migrou para o conceito de culpa e, de acordo com essa teoria, somente haveria a responsabilização do Estado se o funcionário agiu com **dolo** ou **culpa**[6]. Trata-se de responsabilidade **subjetiva.**

Ponto muito importante na evolução das teorias da responsabilidade foi o caso **Blanco** (1873), julgado pelo Conselho de Estado na França. Nesse caso, a menina Agnès Blanco, ao atravessar uma rua na cidade de Bordeaux, foi atropelada por uma

4. DI PIETRO, Maria Sylvia Zanella. *Direito administrativo*. 23. ed. São Paulo: Atlas, 2010. p. 643. Original sem destaque.
5. DI PIETRO, Maria Sylvia Zanella. *Direito administrativo*. 23. ed. São Paulo: Atlas, 2010. p. 644.
6. GASPARINI, Diógenes. *Direito administrativo*. 13. ed. São Paulo: Saraiva, 2008. p. 1029.

vagonete da Cia. Nacional de Manufatura do Fumo, tendo seu pai ingressado com ação civil de indenização sustentando que o Estado é responsável pelos danos causados a terceiros, em razão da conduta de seus agentes. Houve conflito de competência entre a jurisdição administrativa e a comum, e o Tribunal de Conflitos decidiu que cabia ao tribunal administrativo, porque se cuidava de apreciar a responsabilidade decorrente do funcionamento do serviço público e que essa responsabilidade não poderia ser regida pelo direito civil e sim por regras especiais. Com isso, começaram a surgir as **teorias publicistas** como a teoria da culpa do serviço e a teoria do risco (administrativo e integral)[7].

Pela **teoria da culpa administrativa** ou **culpa do serviço** ou **culpa anônima**, não importa indagar sobre dolo ou culpa do agente público, pois o que interessa é a culpa do serviço (*faute du service*) e não a culpa individual do agente. Ocorre a **culpa do serviço** quando o serviço é **inexistente** (e deveria existir) ou **funciona inadequadamente** ou **funciona atrasado** como, por exemplo, quando deve existir serviço de prevenção e combate a incêndio em prédios altos e este não existe, ou, se existe, funciona mal (por exemplo, emperramento de certos equipamentos) ou funciona atrasado (ex.: chegou ao local do incêndio após o fogo ter consumido tudo)[8]. José dos Santos Carvalho Filho lembra que, pela teoria da culpa administrativa, cabia ao lesado provar o elemento culpa[9]. Cuida-se de responsabilidade **subjetiva**[10].

ATENÇÃO! Apesar de a teoria da culpa administrativa também ser considerada subjetiva não se confunde com a teoria da culpa civil, pois, nesta, o importante é a demonstração da culpa do agente público e naquela o foco é a culpa do serviço.

Posteriormente, abandonou-se a ideia de culpa, e a responsabilidade do Estado passou a ter natureza **objetiva**, sendo desnecessária a demonstração de dolo ou culpa para que ocorra a responsabilização estatal. Nesse sentido, é a **teoria do risco**.

Essa teoria se baseia no **risco** e na **solidariedade social** porque o Estado no exercício de suas atividades, tem grande probabilidade de causar dano ao administrado, isto é, o risco de dano é grande e, ademais, como essa atividade tem como finalidade beneficiar a coletividade como um todo, o prejuízo causado, também, deve ser dividido com todos[11]. Nessa esteira, Edmir Neto de Araújo ilustra afirmando que, da mesma forma que a indenização em uma desapropriação é paga com o dinheiro dos contribuintes (inclusive, proporcionalmente, do próprio expropriado), a indenização a ser paga ao administrado, em razão de dano que lhe fora causado, deve ser suportada por todos os administrados igualmente[12].

---

7. DI PIETRO, Maria Sylvia Zanella. *Direito administrativo*. 23. ed. São Paulo: Atlas, 2010. p. 645.
8. GASPARINI, Diógenes. *Direito administrativo*. 13. ed. São Paulo: Saraiva, 2008. p. 1030.
9. *Manual de direito administrativo*. 19. ed. Rio de Janeiro: Lumen Juris, 2008. p. 495.
10. MELLO, Celso Antônio Bandeira de. *Curso de direito administrativo*. 27. ed. São Paulo: Malheiros, 2010. p. 1003.
11. ARAÚJO, Edmir Neto de. Curso de direito administrativo. 5. ed. São Paulo: Saraiva, 2010. p. 776-777.
12. Curso de direito administrativo. 5. ed. São Paulo: Saraiva, 2010. p. 777.

Pela **teoria do risco**, a responsabilização do Estado se dá de maneira objetiva, sendo necessária, apenas, a demonstração do dano e que este fora causado por agente público, ou seja, basta a ação estatal, o dano e o nexo de causalidade. Há duas espécies:

a) **teoria do risco administrativo**: são admitidas excludentes de responsabilidade, em razão de caso fortuito ou força maior, culpa exclusiva da vítima e culpa exclusiva de terceiro.

b) **teoria do risco integral**: não são admitidas excludentes de responsabilidade, e o Estado deve indenizar todo e qualquer dano sofrido pelo administrado, ainda que causado por culpa ou dolo da vítima[13].

<table>
<tr><th colspan="3">TEORIAS SOBRE A RESPONSABILIDADE EXTRACONTRATUAL DO ESTADO</th></tr>
<tr><td>Teoria da irresponsabilidade</td><td colspan="2">• Estado não responde
• teoria regaliana ou regalista</td></tr>
<tr><td rowspan="3">Teorias civilistas</td><td rowspan="2">Teoria dos atos de império e atos de gestão</td><td>atos de gestão → responde</td></tr>
<tr><td>atos de império → não responde</td></tr>
<tr><td>Teoria da culpa civil</td><td>• responsabilidade subjetiva
• dolo ou culpa do agente</td></tr>
<tr><td rowspan="3">Teorias publicistas</td><td>Teoria da culpa administrativa
(culpa do serviço; culpa anônima)</td><td>• responsabilidade subjetiva
• culpa do serviço: • não funciona • funciona mal • funcional atrasado</td></tr>
<tr><td rowspan="2">Teoria do risco
ação estatal
+
dano
+
nexo de causalidade</td><td>risco administrativo: admite excludentes</td></tr>
<tr><td>risco integral: não admite excludentes</td></tr>
</table>

3. RESPONSABILIDADE EXTRACONTRATUAL DO ESTADO BRASILEIRO

O art. 37, § 6º, da Constituição Federal estabelece que as "pessoas jurídicas de direito público e as de direito privado prestadoras de serviços públicos responderão pelos danos que seus agentes, nessa qualidade, causarem a terceiros, assegurado o direito de regresso contra o responsável nos casos de dolo ou culpa".

Verifica-se no dispositivo que existe a exigência de dolo ou culpa para os agentes públicos, o que não ocorre em relação às pessoas jurídicas mencionadas, donde se conclui que a responsabilidade extracontratual do Estado brasileiro é objetiva.

13. MEIRELLES, Hely Lopes. *Direito Administrativo*. 36. ed. São Paulo: Malheiros, 2010. p. 682-683.

Entretanto, como se verá, isso não exclui a possibilidade de, em alguns casos, ser adotada a responsabilidade subjetiva, porque o Estado responde por ação ou omissão. Em regra, quando se tratar de ação, tem-se a responsabilidade objetiva e, quando for por omissão, há a responsabilidade subjetiva.

3.1. Responsabilidade por ação

Para haver a responsabilização do Estado, na modalidade objetiva, não é necessária a perquirição do elemento subjetivo da conduta do agente público, isto é, não é preciso indagar se este agiu com dolo ou culpa, cuidando-se de indagação irrelevante para que o Estado seja obrigado a indenizar a vítima do dano, porque, para tanto, basta o **nexo causal** entre a **conduta do agente** e o **dano** dela decorrente. Entretanto, situação diferente se revela em relação ao agente público, pois a pessoa estatal tem o direito de regresso apenas quando houve a conduta dolosa ou culposa, quer dizer, o agente público só responderá, perante a Administração Pública, se agiu com dolo ou culpa. Desde já, portanto, deve ficar claro: **a responsabilidade do Estado é objetiva, e a do agente público é subjetiva.**

A responsabilidade objetiva prevista no art. 37, § 6º, da Constituição Federal aplica-se a todas as **pessoas jurídicas de direito público** e às **pessoas jurídicas de direito privado prestadoras de serviço público.**

Portanto, deve-se ficar atento, pois não é privilégio das pessoas da Administração Pública a responsabilidade objetiva e, por outro lado, não são todas as pessoas administrativas que a ela se submetem. De fato, a União, os Estados, o Distrito Federal, os Municípios, as autarquias, as fundações públicas com personalidade de direito público e os consórcios públicos com personalidade de direito público submetem-se à responsabilidade objetiva. Já em relação às pessoas jurídicas de direito privado, sejam da Administração Pública (fundação pública com regime de direito privado, empresa pública, sociedade de economia mista e consórcio público com personalidade de direito privado) ou não, somente haverá responsabilidade objetiva se forem prestadoras de serviço público e em relação aos danos decorrentes da prestação do serviço público. Assim, as concessionárias e permissionárias de serviço público respondem objetivamente pelos danos que seus agentes causarem relacionados à prestação do serviço público.

ATENÇÃO! Nesse ponto, Maria Sylvia Zanella Di Pietro[14] sustenta que as entidades do **terceiro setor** que recebam delegação do Poder Público a qualquer título respondem, também, de maneira objetiva, o que abrange as entidades do terceiro setor, ou seja, os serviços sociais autônomos, as organizações sociais (OS) e as organizações da sociedade civil de interesse público (Oscip), mas não se trata de ponto pacífico na doutrina, pois José dos Santos Carvalho Filho defende a ideia de que a responsabilidade objetiva não se aplica a todas as entidades do terceiro setor, mas apenas para os serviços sociais autônomos[15].

---

14. *Direito administrativo*. 23. ed. São Paulo: Atlas, 2010. p. 649.
15. *Manual de direito administrativo*. 19. ed. Rio de Janeiro: Lumen Juris, 2008. p. 500.

Quanto às **pessoas jurídicas prestadoras de serviço público**, havia divergência se responderiam apenas quanto aos danos causados a **terceiros** usuários do serviço ou se podem ser incluídos os não usuários, mas o **Supremo Tribunal Federal**, no RE 591874/MS, decidiu e fixou tese de repercussão geral: **"A responsabilidade civil das pessoas jurídicas de direito privado prestadoras de serviço público é objetiva relativamente a terceiros usuários e não usuários do serviço, segundo decorre do art. 37, § 6º, da Constituição Federal"**. No caso, reconheceu-se a responsabilidade de empresa de transporte coletivo em indenizar ciclista morto em acidente com um de seus ônibus, já que não houve a exclusão do nexo de causalidade em razão de culpa exclusiva da vítima ou força maior.

Ainda em relação às pessoas privadas prestadoras de serviço público, deve ser ressaltado que a titularidade do serviço público é da pessoa política, que transferiu apenas a execução do serviço e deve zelar, fiscalizar para que seja prestado de maneira adequada, sendo imperioso que, em caso de **inadimplência** da concessionária ou permissionária, o Estado responda **subsidiariamente**[16].

Sobre a responsabilização objetiva de quem executa serviço público, cabe destacar a questão dos **notários e registradores** porque são pessoas físicas que, após aprovação em concurso público, recebem do Estado a delegação para que passem a executar a atividade pública, cuja fiscalização cabe ao Poder Judiciário. Os titulares das serventias extrajudiciais são agentes públicos, na categoria de particulares em colaboração com o Estado e não se enquadram na previsão "pessoas jurídicas prestadoras de serviço público" e, conforme decidido pelo STF, no RE 842846, "os serviços notariais e de registro, mercê de exercidos em caráter privado, por delegação do Poder Público (art. 236, CF/88), não se submetem à disciplina que rege as pessoas jurídicas de direito privado prestadoras de serviços públicos" porque a própria Constituição Federal estabelece no art. 236 que cabe à lei regular as atividades e disciplinar a responsabilidade civil e criminal dos notários e registradores e, assim, não compete "a esta Corte realizar uma interpretação analógica e extensiva, a fim de equiparar o regime jurídico da responsabilidade civil de notários e registradores oficiais ao das pessoas jurídicas de direito privado prestadoras de serviços públicos (art. 37, § 6º, CRFB/88)" porque a "responsabilização objetiva depende de expressa previsão normativa e não admite interpretação extensiva ou ampliativa, posto regra excepcional, impassível de presunção". No plano infraconstitucional, a Lei nº 13.286/16 alterou o art. 22 da Lei nº 8.935/94 e, de acordo, com o caput desse dispositivo, os "notários e oficiais de registro são civilmente responsáveis por todos os prejuízos que causarem a terceiros, por culpa ou dolo, pessoalmente, pelos substitutos que designarem ou escreventes que autorizarem, assegurado o direito de regresso" e seu parágrafo único estabelece o prazo de prescrição de 3 anos para a ação reparatória. Portanto, vê-se que a responsabilidade dos notários

16. Nesse sentido, por exemplo, REsp n. 738.026 – RJ.

e registradores é subjetiva, porém o Estado não pode se furtar a responder, de forma objetiva, porque se trata de uma atividade pública delegada. Nesse sentido, o STF fixou a seguinte tese de repercussão geral (RE 842846): **"O Estado responde, objetivamente, pelos atos dos tabeliães e registradores oficiais que, no exercício de suas funções, causem dano a terceiros, assentado o dever de regresso contra o responsável, nos casos de dolo ou culpa, sob pena de improbidade administrativa".**

O Estado não tem o **dever de indenizar** apenas quando se tratar de **ato ilícito**, mas quando for **lícito**, também. O que realmente importa é a comprovação do dano e o nexo de causalidade entre este e a conduta do agente público. Desse modo, o Estado será responsabilizado por[17]:

a) **comportamentos lícitos**:
   - **atos jurídicos**: por exemplo, a determinação de fechamento legítimo e permanente do fluxo de veículos no perímetro central da cidade, causando dano patrimonial anormal aos proprietários de edifícios-garagem, devidamente licenciados;
   - **atos materiais**: por exemplo, nivelamento de rua, por motivos técnicos, fazendo com que algumas casas fiquem em nível mais elevado ou rebaixado em relação à rua, causando desvalorização do imóvel;

b) **por comportamentos ilícitos**:
   - **atos jurídicos**: por exemplo, a apreensão ilegal;
   - **atos materiais**: espancamento de preso por agente público.

Quanto à **ação** do agente público, é indispensável que o faça, conforme determina o art. 37, § 6º, **"nessa qualidade"**, isto é, que atue na condição de agente público e **não como particular**. No entanto, saliente-se que, mesmo se o agente não estiver no estrito desempenho da função, mas se usar equipamento próprio dela como, por exemplo, viatura ou arma, poderá ser caracterizada a responsabilidade do Estado, conforme destaca Irene Patrícia Nohara, colacionando, dentre outros, julgado do STF (RE 213.525), no qual se reconheceu a responsabilidade estatal por ato ilícito praticado por policial militar de folga, com o uso de revólver da corporação[18].

3.1.1. Excludentes da responsabilidade objetiva

Nos termos do art. 37, § 6º, a responsabilidade do Estado brasileiro é objetiva, tendo sido adotada a teoria do risco administrativo, pois, como visto anteriormente, a vítima está dispensada de demonstrar o dolo ou a culpa do agente público, mas a Administração Pública poderá demonstrar que a vítima foi a única causadora do

17. MELLO, Celso Antônio Bandeira de. *Curso de direito administrativo*. 27. ed. São Paulo: Malheiros, 2010. p. 1012.
18. *Direito administrativo*. 2. ed. São Paulo: Atlas, 2012. p. 750-751.

dano e ficar imune à indenização. Quer dizer, a responsabilidade é objetiva, mas existem **situações capazes de excluir a responsabilidade estatal**, porque **excluem o nexo de causalidade.** Ao contrário, pela teoria do risco integral, a Administração deve indenizar todo e qualquer dano sofrido pelo administrado, ainda que causado por culpa ou dolo da vítima.

ATENÇÃO! Há divergência na doutrina se há, ou não, **aplicação no Brasil da teoria do risco integral**, mas no sentido de que a responsabilidade do Estado incide independentemente da ocorrência das circunstâncias que normalmente seriam consideradas excludentes de responsabilidade, que é a concepção dada por Hely Lopes Meirelles, Maria Sylvia Zanella Di Pietro afirma que, atualmente, admite-se a aplicação da teoria do risco integral nas hipóteses de dano causado por **acidente nuclear** (art. 21, XXIII, "d", CF), na forma da Lei nº 6.453/77 e dos danos decorrentes de **atos terroristas, atos de guerra** ou de **eventos correlatos, contra aeronaves de empresas brasileiras**, nos termos da Lei nº 10.309/01 e da Lei nº 10.744/03.

São **excludentes da responsabilidade objetiva**:

a) **o caso fortuito ou a força maior**: a divergência é muito grande entre os autores quanto à definição de cada um deles, havendo alguns que entendem que o caso fortuito é evento decorrente da natureza (ex.: terremoto, tempestade, raio) e a força maior é originária da conduta humana (ex.: greve) e, por outro lado, há outros sustentando posição exatamente oposta, ou seja, consideram como força maior os eventos da natureza e como caso fortuito os provenientes do homem. Maria Sylvia Zanella Di Pietro e Celso Antônio Bandeira de Mello não consideram o caso fortuito como excludente da responsabilidade estatal, conforme síntese realizada por José dos Santos Carvalho Filho, concluindo o autor que, na verdade, não há necessidade de se fazer distinção entre eles, pois ambos são **fatos imprevisíveis**, cujos **efeitos são idênticos**[19].

ATENÇÃO! **1)** a **jurisprudência** do Supremo Tribunal Federal os coloca indistintamente como excludentes da responsabilidade do Estado. Assim, no RE 109.615-2, afirmou-se que o princípio da responsabilidade objetiva não é absoluto e que pode haver a exclusão da responsabilidade civil do Estado quando houver situações excepcionais "configuradoras de situações liberatórias – como o caso fortuito e a força maior [...]". No mesmo sentido podem ser apontados o RE 201.595-4 e o RE 238.453-6; **2)** na legislação administrativa, também, ambos são tratados sem distinção conforme os exemplos apontados por Vicente Paulo e Marcelo Alexandrino: art. 44, parágrafo único, da Lei nº 8.112/90; art. 65, II, "d" e art. 78, XVII, da Lei nº 8.666/93; art. 38, § 1º, III, da Lei nº 8.987/95 e art. 5º, III, da Lei nº 11.079/04[20].

b) **culpa exclusiva da vítima**: a responsabilidade é afastada, apenas, quando se tratar de culpa exclusiva como, por exemplo, no caso de pessoa que se

19. CARVALHO FILHO, José dos Santos. *Manual de direito administrativo*. 19. ed. Rio de Janeiro: Lumen Juris, 2008. p. 505-506.
20. *Direito administrativo descomplicado*. São Paulo: Método, 2010. p. 735-736.

atira na frente de ônibus ou de veículo oficial. Nesse sentido, foi fixada tese de repercussão geral no RE nº 1.209.429/SP, no sentido de que: "É objetiva a Responsabilidade Civil do Estado em relação a profissional da imprensa ferido por agentes policiais durante cobertura jornalística, em manifestações em que haja tumulto ou conflitos entre policiais e manifestantes. Cabe a excludente da responsabilidade da culpa exclusiva da vítima, nas hipóteses em que o profissional de imprensa descumprir ostensiva e clara advertência sobre acesso a áreas delimitadas, em que haja grave risco à sua integridade física." Caso exista culpa concorrente entre a vítima e o Estado, haverá a redução do valor da indenização.

c) **culpa exclusiva de terceiro**: o terceiro é o responsável pelo dano causado e não o Estado. Ressalta-se que para haver a exclusão da responsabilidade nessa hipótese não pode ter havido omissão estatal em situação em que tinha o dever de agir. Pode ser um exemplo o dano multitudinário, que é o dano causado por multidão, porque rompe o nexo de causalidade, exceto se ficar demonstrado que os agentes estatais presenciaram o evento danoso, tinham condições de atuar e não o fizeram.

ATENÇÃO! A exclusão da responsabilidade objetiva nos casos apontados não significa que, necessariamente, o Estado não responderá pelo dano, pois como se verá, dependendo da situação, pode haver a responsabilização por omissão estatal porque se não houve conduta comissiva de agente público, eventual dano decorreu ou de fato da natureza ou de fato de terceiro.

3.2. Responsabilidade por omissão

A responsabilidade do Estado em razão de condutas comissivas é mais fácil de constatação porque existe uma conduta do agente público e que, em sua decorrência, gerou um dano. Por outro lado, na responsabilidade por omissão não há como, objetivamente, fazer a conexão direta entre a conduta do Estado e o dano causado, pois **não há conduta estatal**. O dano decorre ou de fato da natureza ou de fato de terceiro e, dessa forma, a atribuição de responsabilidade ao Estado é feita por se imputar a ele o resultado danoso em razão dele não ter agido quando e como deveria.

Quanto ao fundamento teórico da responsabilidade do Estado por atos omissivos, não há unanimidade na doutrina em colocar como suporte a teoria da culpa do serviço, sendo, assim, responsabilidade subjetiva, ou em se valer da teoria do risco administrativo, catalogando-a como responsabilidade objetiva.

O Estado será responsabilizado quando tinha o **dever de agir** para impedir o resultado e não atuou e, assim, é muito importante que se compreenda que o Estado não responde somente por suas ações, casos em que a responsabilidade é objetiva e aplica-se a teoria do risco administrativo, mas também pode ser responsabilizado por suas omissões, independentemente se será considerada objetiva ou subjetiva. Na verdade, como se verá adiante, a depender da espécie de omissão, se genérica ou específica, o fundamento da responsabilidade por ato omissivo será a teoria da culpa do serviço ou a teoria do risco administrativo, nos termos do que vem decidindo o STF.

Em regra, haverá o reconhecimento da **responsabilidade subjetiva** do Estado por culpa anônima, em razão da ***faute du service***, isto é, da **culpa do serviço**. É considerada de cunho subjetivo, pois deve ser demonstrada a culpa da Administração (não do agente) e se verifica a culpa no serviço quando o serviço não existe (e deveria), funciona inadequadamente ou funciona atrasado. São casos em que há a omissão genérica do Estado.

O caso das **enchentes** é um exemplo dessa situação, pois não há como afirmar que as perdas que o proprietário do imóvel teve em razão da inundação de seu estabelecimento tenham sido causadas diretamente pelo Estado, pois não houve conduta estatal, mas, se ficar demonstrado que aliado às fortes chuvas houve omissão do Estado no cumprimento do seu dever de manter, limpar e conservar os bueiros e as galerias pluviais, a vítima deverá ser indenizada. Além da enchente, são exemplos da responsabilidade por omissão o **assalto**, a **bala perdida**, a **queda de árvore** e **buraco** na via pública[21].

Como se trata de responsabilidade subjetiva, é necessário haver a prova da omissão estatal, ou seja, deve ficar demonstrada **culpa administrativa** ou do serviço e **não a culpa ou dolo do servidor**, como destaca Dirley da Cunha Júnior[22], ressaltando o autor, no entanto, que há entendimento jurisprudencial no sentido de que se aplica o art. 6º do Código de Defesa do Consumidor e, assim, o juiz poderá inverter o ônus da prova em razão da impossibilidade de se provar que o serviço fora feito de maneira adequada.

Nesse sentido, ainda, Di Pietro (2018) aponta que na responsabilidade por omissão, haveria uma **presunção de culpa** do Poder Público, de modo que o prejudicado não teria que provar sua ocorrência. Assim, caberia ao Estado demonstrar que atuou de forma diligente, de forma a evitar o dano ou que não agiu em razão da ausência de razoabilidade da ação[23].

Por outro lado, de forma reiterada, vem o STF decidindo que nos casos em que há omissão específica estatal, reconhece-se a responsabilidade do Estado com fundamento na teoria do risco administrativo e, portanto, de cunho objetivo.

Nesse sentido, a Suprema Corte, no RE 841526 (Tema 592), decidiu que, em face do dever específico de proteção ao respeito e à integridade física e moral do preso (CF, art. 5º, XLIX), o Estado deve ser responsabilizado quando descumpre esse dever e preso morre. Foi fixada a seguinte tese de repercussão geral: **"Em caso de**

---

21. MAZZA, Alexandre. *Manual de direito administrativo*. São Paulo: Saraiva, 2011. p. 288.
22. *Curso de direito administrativo*. 8. ed. Salvador: Juspodivm, 2009. p. 367.
23. PIETRO, Maria Sylvia Zanella di. *Direito Administrativo*. **31 ed.** Rio de Janeiro: Forense, 2018. p. 825..

inobservância do seu dever específico de proteção previsto no art. 5º, inciso XLIX, da Constituição Federal, o Estado é responsável pela morte de detento".

Aliás, apesar da divergência doutrinária a respeito, essa decisão do STF expõe claramente o entendimento da Corte quanto à categorização da responsabilidade por omissão como objetiva, pois consta que a "responsabilidade civil estatal, segundo a Constituição Federal de 1988, em seu artigo 37, § 6º, subsume-se à teoria do risco administrativo, tanto para as condutas estatais comissivas quanto paras as omissivas, posto rejeitada a teoria do risco integral."

Ainda sobre essa decisão, cabe destacar que o Estado não responde por toda e qualquer morte de detento, pois o "dever constitucional de proteção ao detento somente se considera violado quando possível a atuação estatal no sentido de garantir os seus direitos fundamentais, pressuposto inafastável para a configuração da responsabilidade civil objetiva estatal, na forma do artigo 37, § 6º, da Constituição Federal (...), por isso que nos casos em que não é possível ao Estado agir para evitar a morte do detento (que ocorreria mesmo que o preso estivesse em liberdade), rompe-se o nexo de causalidade, afastando-se a responsabilidade do Poder Público, sob pena de adotar-se *contra legem* e a *opinio doctorum* a teoria do risco integral, ao arrepio do texto constitucional. 6. A morte do detento pode ocorrer por várias causas, como, v. g., homicídio, suicídio, acidente ou morte natural, sendo que nem sempre será possível ao Estado evitá-la, por mais que adote as precauções exigíveis. 7. A responsabilidade civil estatal resta conjurada nas hipóteses em que o Poder Público comprova causa impeditiva da sua atuação protetiva do detento, rompendo o nexo de causalidade da sua omissão com o resultado danoso."

Portanto, deve ser destacado que, mesmo na omissão, deve ser demonstrado o nexo entre o dano e a omissão, independentemente de se trata de omissão genérica ou omissão específica.

Nessa esteira, por exemplo, quanto à **fuga de presos** e posterior cometimento de crimes, a Corte entendeu que o Estado não é responsável por crime cometido meses após a fuga da prisão (RE 172.025) e, por outro lado, atribuiu responsabilidade ao Estado na fuga de preso, enquanto era levado a consultório odontológico, preordenada ao assassinato das pessoas que considerava as responsáveis por sua prisão (RE 136.247)[24]. Posteriormente, em setembro de 2020, foi fixada a seguinte tese de repercussão geral (RE nº 608.880; Tema 362): **"Nos termos do artigo 37, § 6º, da Constituição Federal, não se caracteriza a responsabilidade civil objetiva do Estado por danos decorrentes de crime praticado por pessoa foragida do sistema prisional, quando não demonstrado o nexo causal direto entre o momento da fuga e a conduta praticada".**

Deve ser registrado que a análise da existência ou não de nexo de causalidade nas hipóteses omissivas não é fácil e depende muito de análise das circunstâncias

24. CUNHA JÚNIOR, Dirley da. *Curso de direito administrativo*. 8. ed. Salvador: Juspodivm, 2009. p. 369-370.

em que ocorreu a situação fática. Nesse sentido, por exemplo, o STJ, no REsp 1.749.941-PR, entendeu que a concessionária de rodovia não responde por roubo e sequestro ocorridos nas dependências de estabelecimento por ela mantido para a utilização de usuários e, dessa forma, que houve o rompimento do nexo causal porque, no caso, "é impossível afirmar que a ocorrência do dano sofrido pelos usuários guarda conexidade com as atividades desenvolvidas pela recorrente. A segurança que ele deve fornecer aos usuários da rodovia diz respeito ao bom estado de conservação e sinalização da rodovia, não com a presença efetiva de segurança privada ao longo da estrada, mesmo que seja em postos de pedágio ou de atendimento ao usuário". Por outro lado, numa situação em que numa parada de pesagem obrigatória de veículos, o motorista estacionou o caminhão no pátio da concessionária, por ordem de seus agentes, e enquanto estava no escritório sendo autuado por trafegar com veículo acima do limite de peso, seu caminhão foi furtado, entendeu o STF (RE 598.356) que "há responsabilidade civil de pessoa jurídica prestadora de serviço público em razão de dano decorrente de crime de furto praticado em posto de pesagem, considerada a omissão no dever de vigilância e falha na prestação e organização do serviço".

Ainda sobre a demonstração de existência do nexo causal entre a inação estatal e o dano, porém envolvendo a fiscalização do exercício de atividade empresarial é o RE 138861 porque nele se discutiu a possibilidade do Município de São Paulo ser responsabilizado pelos danos decorrentes da explosão de loja de fogos de artifício, em razão de eventual omissão na fiscalização, sendo que no plano dos fatos, em segunda instância, o TJ SP concluiu que que "não poderia ser atribuída ao Município de São Paulo a responsabilidade civil pela explosão ocorrida em loja de fogos de artifício. Entendeu-se que não houve omissão estatal na fiscalização da atividade, uma vez que os proprietários do comércio desenvolviam a atividade de forma clandestina, pois ausente a autorização estatal para comercialização de fogos de artifício" e, nesse processo, foi fixada a seguinte tese de repercussão geral: **"Para que fique caracterizada a responsabilidade civil do Estado por danos decorrentes do comércio de fogos de artifício, é necessário que exista a violação de um dever jurídico específico de agir, que ocorrerá quando for concedida a licença para funcionamento sem as cautelas legais ou quando for de conhecimento do poder público eventuais irregularidades praticadas pelo particular"**.

Sobre a omissão na atividade fiscalizatória do Estado, o STJ aprovou a Súmula nº 652: "**A responsabilidade da administração por dano ao meio ambiente decorrente de sua omissão no dever de fiscalização é de caráter solidário, mas de execução subsidiária**".

Por fim, dada a sua importância, cabe colacionar outra decisão do STF paradigmática do STF, envolvendo o sistema penitenciário, na qual foi fixada a seguinte tese de repercussão geral (RE 580.252): **"Considerando que é dever do Estado, imposto pelo sistema normativo, manter em seus presídios os padrões mínimos de humanidade previstos no ordenamento jurídico, é de sua responsabilidade, nos termos do art. 37, § 6º da Constituição, a obrigação de ressarcir os danos, inclusive morais,**

comprovadamente causados aos detentos em decorrência da falta ou insuficiência das condições legais de encarceramento."

<table>
<tr><th colspan="2">RESPONSABILIDADE EXTRACONTRATUAL DO ESTADO BRASILEIRO</th></tr>
<tr><td colspan="2">• Pessoas de direito público
• Pessoas de direito privado prestadoras de serviço público (terceiro usuário e não usuário do serviço)</td></tr>
<tr><th colspan="2">RESPONSABILIDADE POR AÇÃO</th></tr>
<tr><td>RESPONSABILIDADE OBJETIVA</td><td>• teoria do risco administrativo
• teoria do risco integral (para alguns), dano nuclear e ato terrorista contra aeronave</td></tr>
<tr><td colspan="2">Comportamento lícito ou ilícito de agente público nessa qualidade
+
Dano
+
Nexo de causalidade</td></tr>
<tr><td>EXCLUDENTES DA RESPONSABILIDADE OBJETIVA</td><td>• caso fortuito ou força maior
• culpa exclusiva da vítima
• culpa exclusiva de terceiro</td></tr>
<tr><th colspan="2">RESPONSABILIDADE POR OMISSÃO</th></tr>
<tr><td>RESPONSABILIDADE SUBJETIVA</td><td>• teoria da culpa administrativa ou da culpa do serviço: omissão genérica
• teoria do risco administrativo (STF): omissão específica</td></tr>
<tr><td colspan="2">Omissão
+
Dever de agir
+
Fato da natureza ou comportamento material de terceiro
+
Dano
+
Nexo entre dano e omissão</td></tr>
</table>

3.3. Responsabilidade por atos legislativos

Em **regra**, o Estado **não responde** pelos danos causados pelo exercício da função legislativa, porque a lei é por natureza abstrata e geral e, em tese, corporifica o interesse público. Por vezes, a atuação legislativa pode trazer benefícios para algumas pessoas e prejuízos para outras como, por exemplo, lei que exige certo comportamento de empresário que acarretará aumento nos seus custos de produção ou, ainda, lei que majore a alíquota de determinado tributo.

Entretanto, **excepcionalmente**, o Estado será **responsabilizado** por ato decorrente da atividade legislativa quando se tratar de:

a) **lei declarada inconstitucional**: exige-se declaração de inconstitucionalidade pelo STF. Um dos efeitos da decisão, portanto, será o de reparar o indivíduo pelo dano causado, como ocorre com a restituição de imposto indevidamente cobrado[25];

b) **lei de efeito concreto**: materialmente se trata de ato administrativo. Como fogem às características de generalidade e abstração, podem acarretar ônus que não seriam suportados pelos demais membros da sociedade a exemplo do caso em que o Estado estabelece monopólio industrial de uma atividade que era antes exercida por entes privados[26];

c) **omissão do legislador:** para esse caso, a Constituição Federal prevê a ação direta de constitucionalidade por omissão e o mandado de injunção. A omissão legislativa, desse modo, poderá ocasionar a responsabilidade por perdas e danos. Tal tema, entretanto, não é pacífico na jurisprudência[27].

3.4. Responsabilidade por atos judiciais

Em **regra**, da mesma forma que ocorre com os atos legislativos, o Estado **não responde** pelos atos judiciais, **exceto** nos casos de (art. 5º, LXXV, CF):

a) **erro judiciário**;

b) **prisão além do tempo da condenação.**

No Novo Código de Processo Civil, o art. 143, dispõe que o juiz responderá, civil e regressivamente, por perdas e danos quando, no exercício de suas funções, proceder com dolo ou fraude, ou quando recusar, omitir ou retardar, sem justo motivo, providência que deva ordenar de ofício ou a requerimento da parte (nesse caso, serão verificadas depois que a parte requerer ao juiz que determine a providência e o requerimento não for apreciado no prazo de 10 dias).

3.5. Responsabilidade por danos decorrentes de obra pública

A execução de obra pública, por natureza, é passível de causar danos, gerando a discussão acerca da responsabilidade pelos prejuízos.

Quando se tratar de **dano decorrente pelo só fato da obra** – quando a obra pública causa dano ao particular em razão de causa natural ou imprevisível, sem que tenha havido culpa de alguém –, a responsabilidade é objetiva, não fazendo diferença quem está executando a obra; é decorrência da teoria do risco administrativo[28].

---

25. PIETRO, Maria Sylvia Zanella di. *Direito Administrativo*. 31 ed. Rio de Janeiro: Forense, 2018. p. 828.
26. PIETRO, Maria Sylvia Zanella di. *Direito Administrativo*. 31 ed. Rio de Janeiro: Forense, 2018. 829.
27 PIETRO, Maria Sylvia Zanella di. ***Direito Administrativo*. 31 ed.** Rio de Janeiro: Forense, 2018. p. 830.
28. CARVALHO FILHO, José dos Santos. *Manual de direito administrativo*. 27 ed. São Paulo: Atlas, 2014. p. 570.

Por outro lado, se o Estado celebrou contrato administrativo com empreiteira para a execução da obra e o dano decorre, exclusivamente, por culpa do executor, dele será a responsabilidade, de natureza subjetiva e própria do direito privado (art. 70, Lei nº 8.666/1993), pois executa o contrato por sua conta e risco, respondendo o Estado de forma subsidiária, conforme aponta José dos Santos Carvalho Filho[29]. O autor faz a ressalva, todavia, se houver culpa de ambos, do executor e do Poder Pública (ainda que por omissão), a responsabilidade será solidária[30].

3.6. Reparação do dano e direito de regresso

Primeiro, é necessário que se delimite que tipo de dano deve ser indenizado.

Dessa forma, o **dano** pode ser **material** ou **moral**, mas, de qualquer maneira, há de ser um dano **indenizável**, que, para tanto, deve ter as seguintes **características**, dependendo se o ato é lícito ou ilícito[31]:

a) quanto ao **ato ilícito**, o **dano** deve ser:
   - **jurídico**: não basta a lesão econômica, deve haver lesão a um direito (ex.: mudança de teatro ou de escola pública de lugar pode representar prejuízo econômico para os comerciantes da região, mas não há dano jurídico) e, por outro lado, o dano jurídico não pressupõe necessariamente um dano econômico, pois pode ser dano moral;
   - **certo**: o dano deve ser real e não eventual ou possível;

b) quanto ao **ato lícito**, o **dano** deve ser:
   - **jurídico**;
   - **certo**;
   - **especial**: não pode ser prejuízo genérico e deve onerar a situação particular de uma ou algumas pessoas (ex.: não se indeniza perda de poder aquisitivo de moeda em razão de medidas econômicas);
   - **anormal**: supera os ônus inerentes às condições de vida em sociedade (ex.: não se indenizam a breve interrupção de via pública para reparos ou a revista pessoal por policial, realizada sem excessos vexatórios).

Quanto à **reparação do dano**, esta pode ser feita no âmbito **administrativo**, desde que a Administração reconheça a sua responsabilidade pelo dano causado, bem como haja consenso sobre o valor da indenização. Caso contrário, a vítima deverá ingressar com **ação judicial** em face da pessoa jurídica causadora do dano para a reparação. Reparado o dano, surge para o Estado o **direito de regresso**, desde que o servidor tenha atuado com dolo ou culpa. Nesse caso, fará uso da **ação**

29. *Manual de direito administrativo*. 27 ed. São Paulo: Atlas, 2014. p. 570. No mesmo sentido, o art. 120 da Lei nº 14.133/21.
30. CARVALHO FILHO, José dos Santos. *Manual de direito administrativo*. 27 ed. São Paulo: Atlas, 2014. p. 571.
31. MELLO, Celso Antônio Bandeira de. *Curso de direito administrativo*. 27. ed. São Paulo: Malheiros, 2010. p. 1020-1023.

regressiva, que é uma ação de natureza civil de que o Estado se vale para reparar o dano sofrido, causado por dolo ou culpa do servidor.

Como já apontado anteriormente, nos moldes do art. 37, § 6º, da Constituição Federal, a responsabilidade do Estado é objetiva e, por sua vez, a do agente público é subjetiva. Assim, não há a necessidade de demonstração de dolo ou culpa para que a vítima seja indenizada, bastando a comprovação do dano e do nexo de causalidade entre este e a conduta estatal. Por sua vez, em relação ao servidor, este somente será responsabilizado se agiu com dolo ou culpa. Desse modo, o Estado responde perante a vítima e, caso haja dolo ou culpa, volta-se contra o servidor, por meio de **ação regressiva**, constituindo-se, portanto, **duas relações**[32]:

a) entre o **Estado e a vítima**: de natureza **objetiva** e fundada no **nexo causal**;

b) entre o **agente causador do dano e o Estado**: de natureza **subjetiva**, baseada no **dolo** ou **culpa**.

No que se refere à **ação de reparação de danos**, há os seguintes questionamentos:

a) **O agente público causador do dano pode ser acionado diretamente pela vítima?**

A **doutrina** é **divergente**, mas a posição do **Supremo Tribunal Federal** (RE 327.904 e RE 470.996) é no sentido da **impossibilidade** de se acionar diretamente o agente público, pois o art. 37, § 6º, da Constituição estabelece **dupla garantia: uma, em favor do particular** assegurando-lhe o direito de promover ação indenizatória em face de pessoa jurídica de direito público ou de pessoa jurídica de direito privado prestadora de serviço público e, **outra, em benefício do servidor**, que apenas responde civil e administrativamente perante a pessoa jurídica a que estiver vinculado. Nesse sentido, o RE nº 1027633 (tema nº 940 de repercussão geral): **"A teor do disposto no art. 37, § 6º, da Constituição Federal, a ação por danos causados por agente público deve ser ajuizada contra o Estado ou a pessoa jurídica de direito privado prestadora de serviço público, sendo parte ilegítima para a ação o autor do ato, assegurado o direito de regresso contra o responsável nos casos de dolo ou culpa"**.

b) **É possível a denunciação à lide do agente causador do dano?**

No CPC, conforme art. 125, II, admite-se a denunciação da lide "àquele que estiver obrigado, por lei ou pelo contrato, a indenizar, em ação regressiva, o prejuízo de quem for vencido no processo". Entretanto, a doutrina é **divergente**, havendo corrente que entende não ser possível porque haveria prejuízo à vítima, no sentido de que seria colocado em discussão fundamento jurídico novo, qual seja, o dolo ou culpa do agente público e, por outro lado, há os que defendem a possibilidade de denunciação, argumentando em favor da economia processual[33]. A jurisprudência do

---

32. MEDAUAR, Odete. *Direito administrativo moderno*. 14. ed. São Paulo: Revista dos Tribunais, 2010. p. 382.
33. Conforme síntese feita por Irene Patrícia Nohara (*Direito administrativo*. 2. ed. São Paulo: Atlas, 2012. p. 782-783).

Superior Tribunal de Justiça é no sentido de que, em se tratando de responsabilidade civil do Estado, a denunciação da lide é **facultativa** e não obrigatória (REsp 1.163.652/PE, AgRg no REsp 1.149.194/AM, EREsp 313.886/RN, entre outros), porque a relação jurídica entre a vítima e o Estado funda-se na culpa objetiva, e entre o Estado e o agente público tem fundamento na culpa subjetiva, bem como o Estado não perde o direito de regresso por não ocorrer a denunciação da lide. Todavia, o "cabimento da denunciação **depende da ausência de violação dos princípios da celeridade e da economia processual**, o que implica a valoração a ser realizada pelo magistrado em cada caso concreto" (Resp 975.799/DF). Por fim, deve-se destacar o posicionamento adotado pelo STF no RE nº 1027633, em que se apontou que a ideia de dupla garantia não inviabilizaria a possibilidade de denunciação à lide nas ações nas quais a Administração Pública é demandada por dano causado por agente público.

Quanto à **ação regressiva**, esta somente pode ser proposta se houver a presença de **dolo** ou **culpa** do agente público e se houve a **condenação**, com trânsito em julgado, do Estado a indenizar a vítima e pode se **estender aos herdeiros** e **sucessores** do servidor causador do dano, mas estes responderão somente até o limite do valor da herança recebida, conforme o art. 5º, XLV, da Constituição Federal e o art. 122, § 3º da Lei nº 8.112/90, no caso de servidor federal.

Quanto à **prescrição da ação indenizatória em face do Estado**, o prazo é de **5 anos**, nos termos do art. 1º do Decreto nº 20.910/32 e do art. 1º-C da Lei nº 9.494/97. Há divergência na doutrina quanto ao prazo e, por exemplo, José dos Santos Carvalho Filho[34] sustenta que o prazo é de 3 anos, aplicando-se o art. 206, § 3º, V, do Código Civil. Entretanto, o **Superior Tribunal de Justiça** firmou entendimento, conforme EResp 1.081.885/RR, de que o prazo é de **5 anos** e o fundamento é o Decreto nº 20.910/32.

Quanto ao tema, o Enunciado nº 40 da I Jornada de Direito Administrativo do CJF prevê que se aplica o prazo prescricional quinquenal previsto no art. 1º do Decreto nº 20.910/1932 nas ações indenizatórias ajuizadas contra a Fazenda Pública e não o prazo trienal estabelecido no Código Civil de 2002 (art. 206, §3º, V), tendo em vista se tratar de norma especial.

Por outro lado, em relação à ação regressiva estabelece o art. 37, §5º da Constituição Federal que "a lei estabelecerá os prazos de prescrição para ilícitos praticados por qualquer agente, servidor ou não, que causem prejuízos ao erário, ressalvadas as respectivas ações de ressarcimento". Disso, surgiu o posicionamento que prevalecia na jurisprudência de que as ações para ressarcimento ao erário de danos causados por ilícitos, nos termos do texto constitucional, são imprescritíveis.

Entretanto, houve mudança no tratamento do tema no STF, pois, no julgamento do RE 669.069, foi fixada a tese de repercussão geral no sentido de que **é "prescritível a ação de reparação de danos à Fazenda Pública decorrente de ilícito civil"**. O caso tratava de um acidente de trânsito e a União pleiteava a reparação de danos contra a empresa privada, mas o Plenário do STF entendeu que a regra da imprescritibilidade não se aplica

34. *Manual de direito administrativo*. 19. ed. Rio de Janeiro: Lumen Juris, 2008. p. 524.

a ilícitos de natureza civil, como é o caso daquele decorrente de acidente de trânsito. Inclusive, houve a interposição de embargos de declaração e, no julgamento deste, o Min. Teori Zavascki afirma que em razão dos debates travados no julgamento restou claro que o conceito de ilícito civil surge por exclusão e, assim, **"não se consideram ilícitos civis, de um modo geral, os que decorrem de infrações ao direito público, como os de natureza penal, os decorrentes de atos de improbidade e assim por diante"**.

Da mesma maneira, decidiu o STF, no RE 636.886 (Tema 899), que **"É prescritível a pretensão de ressarcimento ao erário fundada em decisão de Tribunal de Contas"**.

Dessa maneira, a imprescritibilidade é exceção e, por exemplo, no tema 897 (RE 852.475) o STF fixou a seguinte tese com repercussão geral: **"São imprescritíveis as ações de ressarcimento ao erário fundadas na prática de ato doloso tipificado na Lei de Improbidade Administrativa"**.

Deve ser destacado, todavia, que, por força das alterações promovidas pela Lei nº 14.230/2021 na Lei nº 8.429/1992, não há mais ato de improbidade culposo e, assim, somente se configura se houver dolo.

Por fim, importante registrar que, nos termos da Súmula 647 do STJ: **"São imprescritíveis as ações indenizatórias por danos morais e materiais decorrentes de atos de perseguição política com violação de direitos fundamentais ocorridos durante o regime militar"**.

4. QUESTÕES

4.1. Questões objetivas comentadas

01. **(CEBRASPE – Analista Judiciário Área Administrativa – TJ ES/2023)** O estado do Espírito Santo responderá pelos danos que um servidor público ocupante do cargo efetivo de analista judiciário do TJ/ES causar, nessa qualidade, a terceiros, assegurado o direito de regresso contra o referido agente público nos casos de dolo ou culpa.

Certo ( ) Errado ( )

COMENTÁRIO

Certo. De acordo com o art. 37, § 6º, da Constituição Federal, as "pessoas jurídicas de direito público e as de direito privado prestadoras de serviços públicos responderão pelos danos que seus agentes, nessa qualidade, causarem a terceiros, assegurado o direito de regresso contra o responsável nos casos de dolo ou culpa". Dessa maneira, a responsabilidade estatal é objetiva e a do servidor é subjetiva.

02. **(IBFC – Técnico Judiciário – Área Administrativa – TRE – PA/2020)** A responsabilidade civil do Estado brasileiro pelos danos causados a terceiros encontra-se disciplinada no artigo 37, parágrafo 6°, da Constituição Federal de 1988 (CF/88). Sobre o tema, assinale a alternativa correta.

a) Segundo a teoria do risco integral, o ente público deve ser responsabilizado objetivamente pelos danos que seus agentes causarem a terceiros, sendo, contudo, admitida a exclusão da responsabilidade em determinadas situações, tais como culpa exclusiva da vítima, caso fortuito ou força maior, haja vista ser o Estado garantidor universal de seus subordinados

b) A responsabilidade civil das pessoas jurídicas de direito público e das pessoas jurídicas de direito privado prestadoras de serviços públicos não depende da comprovação de elementos subjetivos ou da ilicitude do ato

QUESTÕES DE CONCURSOS

c) A Constituição Federal de 1988 admite ação de regresso do Estado em face do agente público que, nessa qualidade, causar danos a terceiros, cujo direito ao ressarcimento será aferido por meio da responsabilidade objetiva do agressor

d) As empresas públicas e sociedades de economia mista, enquanto exploradoras de atividade econômica, estão submetidas aos ditames da responsabilidade objetiva prevista no artigo 37, parágrafo 6°, da CF/88, uma vez que gozam das prerrogativas e sujeições inerentes ao regime jurídico administrativo.

COMENTÁRIO

Alternativa correta: letra "b". O art. 37, § 6º, da Constituição Federal estabelece que as "pessoas jurídicas de direito público e as de direito privado prestadoras de serviços públicos responderão pelos danos que seus agentes, nessa qualidade, causarem a terceiros, assegurado o direito de regresso contra o responsável nos casos de dolo ou culpa". Assim, para haver a responsabilização do Estado não é necessária a perquirição do elemento subjetivo da conduta do agente público, isto é, não é preciso indagar se este agiu com dolo ou culpa, cuidando-se de indagação irrelevante para que o Estado seja obrigado a indenizar a vítima do dano, porque, para tanto, basta o nexo causal entre a conduta do agente e o prejuízo dela decorrente.

Alternativa "a". A CF de 1988, em seu art. 37, §6º, previu a **responsabilidade objetiva** às pessoas jurídicas de direito público e as de direto privado prestadoras de serviço público, assegurado o direito de regresso contra o responsável nos casos de dolo ou culpa. Dentro da Teoria Objetiva de responsabilidade civil do Estado, existem duas teorias são utilizadas para explicá-las: **1 – teoria do risco integral:** não há hipóteses de excludentes de responsabilidade que possa ser invocada pelo Estado; **2 – teoria do risco administrativo:** admite a exclusão da responsabilidade do Estado quando ausentes os elementos definidores da responsabilidade, como por exemplo, a culpa exclusiva da vítima, caso fortuito e força maior. A Teoria do Risco integral é admitida no ordenamento jurídico brasileiro em situações excepcionais: a) nos acidentes de trabalho; b) indenização coberta pelo seguro obrigatório para automóvel; c) atentados terroristas em aeronave; d) dano ambiental; e) danos nucleares.

Alternativa "c". Situação diferente se revela em relação ao agente público, pois a pessoa estatal tem o direito de regresso apenas quando houve a conduta dolosa ou culposa, quer dizer, **o agente público só responderá, perante a Administração Pública, se agiu com dolo ou culpa**.

Alternativa "d". As empresas públicas e sociedades de economia mista, enquanto exploradoras de atividade econômica, não estão submetidas aos ditames da responsabilidade objetiva prevista no artigo 37, parágrafo 6°, da CF/88, eis que referido dispositivo aplica-se às pessoas jurídicas de direito privado **prestadoras de serviços públicos**, tão somente. Deve-se ficar atento, pois, não são todas as pessoas administrativas às quais se aplica a responsabilidade objetiva. Em relação às **pessoas jurídicas de direito privado**, sejam da Administração Pública ou não, somente haverá responsabilidade objetiva se forem prestadoras de serviço público.

03. **(Cespe – Analista do MPU – Direito/2018)** A vítima que busca reparação por dano causado por agente público poderá escolher se a ação indenizatória será proposta diretamente contra o Estado ou em litisconsórcio passivo entre o Estado e o agente público causador do dano.

COMENTÁRIO

"Errado". A **doutrina** é **divergente sobre o tema**, mas a posição do **Supremo Tribunal Federal** (RE 327.904 e RE 470.996) é no sentido da **impossibilidade** de se acionar diretamente o agente público, pois o art. 37, § 6º, da Constituição estabelece **dupla garantia**: **uma, em favor do particular** assegurando-lhe o direito de promover ação indenizatória em face de pessoa jurídica de direito público ou de pessoa jurídica de direito privado prestadora de serviço público e, **outra, em benefício do servidor**, que apenas responde civil e administrativamente perante a pessoa jurídica a que estiver vinculado. Nesse sentido, o RE nº 1027633 (tema nº 940 de repercussão geral): "A teor do disposto no art. 37, § 6º, da Constituição Federal, a ação por danos causados por agente público deve ser ajuizada contra o Estado ou a pessoa jurídica de direito privado prestadora de serviço público, sendo parte ilegítima para a ação o autor do ato, assegurado o direito de regresso contra o responsável nos casos de dolo ou culpa".

04. **(FCC – Analista Judiciário – Área Administrativa – TRT 2/2018)** Suponha que determinado cidadão tenha sofrido ferimentos

enquanto aguardava uma audiência em um prédio do Poder Judiciário, ocasionados por um servidor que buscava conter um tumulto que se formou no local em razão de protestos de determinada categoria de funcionários públicos. Referido cidadão buscou a responsabilização civil do Estado pelos danos sofridos. De acordo com o que predica a teoria do risco administrativo, o Estado

(A) possui responsabilidade objetiva pelos danos sofridos pelo cidadão, descabendo qualquer excludente de responsabilidade, como força maior, culpa da vítima ou de terceiros.

(B) apenas responde pelos danos causados em caráter comprovadamente doloso ou culposo pelos seus agentes, assegurado o direito de regresso contra o agressor.

(C) não responde pelos danos causados, salvo se comprovada omissão no dever de fiscalizar a prestação do serviço público envolvido e suas condições de segurança.

(D) possui responsabilidade subjetiva pelos danos sofridos pelo cidadão, a quem compete comprovar o nexo de causalidade e a culpa anônima do serviço.

(E) pode ser responsabilizado, independentemente de culpa ou dolo de seus agentes, excluindo-se tal responsabilidade se comprovada culpa de terceiros.

COMENTÁRIO

Alternativa correta: letra "e" (responde as demais alternativas). O art. 37, §6º, da Constituição Federal estabelece que as "pessoas jurídicas de direito público e as de **direito privado prestadoras de serviços públicos** responderão pelos danos que seus agentes, nessa qualidade, causarem a terceiros, assegurado o direito de regresso contra o responsável nos casos de dolo ou culpa". Neste sentido, conforme destaca Maria Sylvia Zanella Di Pietro[35], para que haja a responsabilidade objetiva do Estado é necessário que: a) o ato danoso seja praticado por agente de pessoa jurídica de direito público ou de pessoa jurídica de direito privado prestadora de serviço público (entidade da administração indireta que explore atividade econômica está excluída da responsabilidade objetiva e se submete à responsabilidade subjetiva); b) seja causado dano a terceiro; c) que o agente público aja nessa qualidade (inclui os agentes políticos, administrativos ou particulares em colaboração com a Administração). Assim, em matéria de responsabilidade objetiva, para haver a responsabilização estatal não é necessária a perquirição do elemento subjetivo, isto é, não é preciso indagar se o agente agiu com dolo ou culpa, cuidando-se de indagação irrelevante para que o Estado seja obrigado a indenizar a vítima do dano. Isto é, o Estado responde de forma objetiva, independentemente se houve dolo ou culpa do servidor, bastando para sua responsabilização o nexo causal entre a conduta do agente e o prejuízo dela decorrente. Entretanto, situação diferente se revela em relação ao agente público, pois a pessoa estatal tem o direito de regresso apenas quando houve a conduta dolosa ou culposa, quer dizer, o agente público só responderá, perante a Administração Pública, se agiu com dolo ou culpa. No entanto, admitem-se as seguintes causas ***excludentes*** da responsabilidade objetiva: ***força maior ou caso fortuito, culpa exclusiva da vítima e culpa exclusiva de terceiros.***

05. (FCC – Analista Judiciário – Área Judiciária – TRT 6/2018) Uma autarquia estava edificando o prédio de sua nova sede. Durante as obras de fundação, as instalações de gasodutos existentes no subsolo foram perfuradas e houve abalos em algumas construções vizinhas. Nesse caso

(A) o ente público que criou a autarquia responde obrigatoriamente e de forma solidária, em litisconsórcio necessário, pelos danos a que esta tenha dado causa.

(B) a autarquia responde objetivamente pelos danos efetivamente causados, demonstrado o nexo de causalidade entre eles e a atuação daquele ente.

(C) o ente público responde objetivamente e a autarquia, em regresso, subjetivamente, no caso de haver dolo ou culpa de seus funcionários.

(D) o ente público responde objetiva e exclusivamente pelos danos comprovados, demonstrado o nexo de causalidade, tendo em vista que a autarquia integra a Administração direta.

35. *Direito administrativo*. 23. ed. São Paulo: Atlas, 2010. p. 649-650.

(E) a autarquia responde subjetivamente pelos danos causados a terceiros, desde que haja a necessária demonstração de culpa, considerando a natureza jurídica do ente.

COMENTÁRIO

Alternativa correta: letra "b" (responde as demais alternativas). Como se depreende da leitura do dispositivo legal, a responsabilidade objetiva aplica-se a todas **as pessoas jurídicas de direito público** – das quais a **autarquia é espécie.** Assim, no caso em tela, a própria autarquia é objetivamente responsável pelos danos que seus agentes, nessa qualidade, causarem a terceiros. A administração indireta, fruto da descentralização, ocorre quando há criação de **outra pessoa jurídica, com personalidade distinta da pessoa política criadora, para que aquela passe a desempenhar determinada atividade administrativa.** Dessa forma, a **entidade criadora (Estado) tem por dever fiscalizar a entidade criada (autarquia)** e, em decorrência disto, **em caso de inadimplência da autarquia, o Estado responde subsidiariamente,** ou seja, primeiramente se responsabiliza a autarquia, e apenas em caso de impossibilidade desta arcar com os prejuízos causados é que a responsabilidade recairá sobre o Estado.

06. (FCC - Analista Judiciário - Oficial de Just. Avaliador Federal - TRT 15/2018) Quando uma decisão judicial entender por impor a um ente público responsabilidade objetiva integral, ou responsabilidade objetiva pura, significa que

(A) o ente público responsabilizado não pode alegar as chamadas excludentes de responsabilidade para se eximir do dever de indenização.

(B) o agente público já teve sua culpa demonstrada, de forma que a responsabilização do Estado se dará em litisconsórcio necessário com o servidor.

(C) não houve comprovação de culpa ou dolo, mas em razão da gravidade dos fatos, o empregador deve responder pelos atos de seus empregados.

(D) é admissível apenas a alegação das chamadas excludentes de responsabilidade, não sendo possível questionar nenhuma das alegações feitas.

(E) não se poderá discutir preço ou legalidade formal no referido processo, tendo em vista que o poder público remanescerá responsável pela integralidade dos prejuízos causados.

COMENTÁRIO

Alternativa correta: letra "a" (responde as demais alternativas). Na **teoria do risco integral**, não são admitidas excludentes de responsabilidade, e o Estado deve indenizar todo e qualquer dano sofrido pelo administrado, ainda que causado por culpa ou dolo da vítima[36].Há divergência na doutrina se há, ou não, **aplicação no Brasil da teoria do risco integral**, mas há quem sustente que, excepcionalmente, admite-se a aplicação da teoria do risco integral e, normalmente, apontam como exemplos o dano causado por **acidente nuclear** (art. 21, XXIII, "d", CF) e os danos decorrentes de **atos terroristas, atos de guerra ou de eventos correlatos, contra aeronaves de empresas brasileiras**, nos termos da Lei nº 10.309/01 e da Lei nº 10.744/03.

07. (Cespe - Analista Judiciário - Área Judiciária - Oficial de Justiça Avaliador-TRT8/2016) Marcos, motorista de um ônibus de transporte público de passageiros de determinado município, ao conduzir o veículo, por sua culpa, atropelou e matou João. A família da vítima ingressou com uma ação de indenização contra o município e a concessionária de transporte público municipal, que administra o serviço. Citada, a concessionária municipal denunciou à lide Marcos, por entender que ele deveria ser responsabilizado, já que fora o causador do dano. O município alegou ilegitimidade passiva e ausência de responsabilidade no caso.

A respeito dessa situação hipotética, assinale a opção correta conforme o entendimento doutrinário e jurisprudencial relativamente à responsabilidade civil do Estado.

A) A responsabilidade civil do município, no caso, será objetiva, primária e solidária.

36. MEIRELLES, Hely Lopes. *Direito administrativo*. 36 ed. São Paulo: Malheiros, 2010. p. 682-683.

B) A denunciação à lide, no caso, não será obrigatória para se garantir o direito de regresso da concessionária contra Marcos.

C) A culpa exclusiva ou concorrente da vítima afasta a responsabilidade civil objetiva da concessionária.

D) A reparação civil do dano pelo município sujeita-se ao prazo prescricional de vinte anos.

E) A responsabilidade civil da concessionária, na hipótese, será subjetiva, pois João não era usuário do serviço público de transporte coletivo.

COMENTÁRIO

Alternativa correta: letra "b". O agente causador do dano responde pelos danos causados caso tenha agido com dolo ou culpa. Nesse sentido, inclusive, caminha a jurisprudência do Supremo Tribunal Federal, conforme o RE 327.904 e o RE 470.996, nos quais foi decidido pela impossibilidade de se acionar diretamente o agente público, pois o art. 37, § 6º, da Constituição estabelece dupla garantia: uma, em favor do particular (promover ação indenizatória em face de pessoa jurídica) e, outra, em benefício do servidor (somente responde civil e administrativamente perante a pessoa jurídica a que estiver vinculado). Assim, a denunciação à lide, no caso, não será obrigatória para se garantir o direito de regresso da concessionária contra Marcos, podendo ser movida ação de regresso após o trânsito em julgado da sentença condenatória, pela concessionária.

Alternativa "a". Há ***responsabilidade subsidiária do Poder Público*** quando o particular prestador de serviços públicos, nesta condição, causa prejuízos a administrados, devendo responder objetivamente por eles, nos termos do art. 37, §6º da Constituição Federal. Assim, caso a responsabilidade do particular recaia sobre a Administração Pública – dada a subsidiariedade desta –, a ela incumbe o ajuizamento de ***ação de regresso*** contra aquela, sem prejuízo das sanções administrativas e penais cabíveis.

Alternativa "c". Quando verificada a **culpa exclusiva da vítima**, a responsabilidade do Estado é afastada. Caso exista culpa concorrente entre a vítima e o Estado, haverá redução do valor da indenização a ser fixada.

Alternativa "d". O STJ modificou sua posição com relação ao prazo prescricional a ser aplicado nas ações de reparação de dano em face do Estado. A posição anterior era no sentido de que o prazo a ser aplicado deveria ser o do art. 206, §3º, V do Código Civil, ou seja, o prazo de 3 anos. **A posição atual da referida Corte, porém, fixou o entendimento de que em qualquer caso de reparação em face do Estado, o prazo a ser aplicado será de 5 anos,** conforme prescreve o art. 1º do Decreto nº 20.910/32, entendendo que esse último possui regra especial com relação ao Código Civil (EResp 1.081.885).

Alternativa "e". O art. 37, §6º, da Constituição Federal estabelece que as "pessoas jurídicas de direito público e as de **direito privado prestadoras de serviços públicos** responderão pelos danos que seus agentes, nessa qualidade, causarem a terceiros, assegurado o direito de regresso contra o responsável nos casos de dolo ou culpa". Quanto às **prestadoras de serviço público**, o **Supremo Tribunal Federal**, no RE 591874/MS, decidiu que **a responsabilidade extracontratual das pessoas jurídicas de direito privado prestadoras de serviço público é objetiva em relação aos usuários e aos não usuários do serviço.**

4.2. Questões objetivas com gabarito fundamentado

01. (CEBRASPE – Analista Judiciário Oficial de Justiça Avaliador Federal – TJ ES/2023) Caso indenize terceiro, em decorrência de danos causados por atos praticados por tabeliães e registradores oficiais no exercício de suas funções, o Estado terá direito de regresso contra o causador do dano nos casos de dolo ou culpa.

Certo ( ) Errado ( )

02. (FGV – Analista Judiciário Área Administrativa – TRT 16/2022) Joaquim, servidor público federal do Tribunal Regional do Trabalho da Wª Região, no exercício da função, com objetivo de prejudicar seu vizinho Antônio, seu antigo desafeto, arquivou indevidamente um processo de reclamação trabalhista em que Antônio figurava como reclamante. Em razão da conduta ilícita de Joaquim, Antônio sofreu danos materiais e morais. Inconformado com o ocorrido, Antônio ajuizou ação indenizatória em face

(A) do TRT da Wª Região, por sua responsabilidade civil objetiva.
(B) do TRT da Wª Região, por sua responsabilidade civil subjetiva.
(C) de Joaquim, diretamente, por sua responsabilidade civil objetiva.
(D) da União, por sua responsabilidade civil subjetiva.
(E) da União, por sua responsabilidade civil objetiva.

03. (FCC – Analista Judiciário – Área Administrativa – TRT 6/2018) Dano comprovadamente causado a terceiro por concessionária de serviço público em razão do funcionamento inadequado do serviço prestado, implica responsabilidade

(A) do poder concedente, titular do serviço, não do concessionário, por ser pessoa jurídica de direito privado.
(B) da concessionária de serviço público, que está autorizada a acionar, em ação de regresso, o Poder Público, em razão da titularidade do serviço.
(C) do preposto da concessionária que tenha atuado com culpa ou dolo, não da pessoa jurídica, em razão do princípio da separação patrimonial entre a pessoa jurídica e seus integrantes.
(D) da concessionária de serviço público, que está autorizada, em caso de dolo ou culpa, a mover ação de regresso contra o causador do evento danoso.
(E) do poder concedente, por culpa in eligendo, hipótese em que a concessionária não poderá ser diretamente responsabilizada pelo prejudicado, pois responde contratualmente.

04. (Cespe – Analista do MPU – Direito/2018) Na hipótese de prejuízo gerado por ato omissivo de servidor público, a responsabilidade deste será subjetiva.

GAB:☐ Certo ☐ Errado

05. (Cespe – Analista Judiciário – Área Judiciária – TRF 1/2017) De acordo com a teoria da culpa do serviço, a responsabilidade do Estado depende da demonstração de culpa do agente público, aspecto esse que a distingue da teoria do risco administrativo.

06. (Cespe – Técnico Judiciário – Área Administrativa – TRE – BA/2017) João, servidor público federal, no exercício do cargo de motorista, colidiu com veículo de Pedro, particular, causando a este grave abalo pessoal e danos materiais. Após a investigação do ocorrido, foi verificada a culpa de João, que dirigia em alta velocidade no momento do evento.

Nessa situação hipotética,

a) o Estado deverá indenizar o particular pelos danos materiais, e o servidor deverá arcar com os danos morais.
b) o servidor responderá objetivamente pela reparação dos danos materiais e morais.
c) o Estado, caso seja condenado judicialmente ao pagamento de indenização, poderá, mediante ação de regresso, reaver do servidor o quanto tiver de pagar ao particular.
d) o direito do particular à reparação dos prejuízos sofridos será imprescritível.
e) a reparação dos danos sofridos pelo particular só poderá ser realizada por via judicial.

07. (FCC – Analista Judiciário – Área Administrativa – TRT 23/2016) Considere a seguinte situação hipotética: em determinado Município do Estado do Mato Grosso houve grandes deslizamentos de terras provocados por fortes chuvas na região, causando o soterramento de casas e pessoas. O ente público foi condenado a indenizar as vítimas, em razão da ausência de sistema de captação de águas pluviais que, caso existisse, teria evitado o ocorrido. Nesse caso, a condenação está

(A) correta, tratando-se de típico exemplo da responsabilidade disjuntiva do Estado.
(B) incorreta, por ser hipótese de exclusão da responsabilidade em decorrência de fator da natureza.

(C) correta, haja vista a omissão estatal, aplicando-se a teoria da culpa do serviço público.
(D) correta, no entanto, a responsabilidade estatal, no caso, deve ser repartida com a da vítima.
(E) incorreta, haja vista que o Estado somente responde objetivamente, e, no caso narrado, não se aplica tal modalidade de responsabilidade.

Questão	Resposta	Fundamentação
01	C	Doutrina: item 3.1 e RE 842.846
02	E	Art. 37, §6º da CF.
03	D	Art. 37, §6º da CF.
04	C	Art. 37, §6º da CF.
05	E	E Doutrina: item 2.
06	C	Art. 37, §6º da Constituição Federal.
07	C	Doutrina: item 3.2.

LEGISLAÇÃO

5. JURISPRUDÊNCIA APLICÁVEL AO CAPÍTULO

Súmula

Súmula 652 do STJ: "A responsabilidade da administração por dano ao meio ambiente decorrente de sua omissão no dever de fiscalização é de caráter solidário, mas de execução subsidiária."

Informativos e Decisões

STF - Responsabilidade objetiva do Estado e profissional da imprensa ferido durante manifestação tumultuosa

"É objetiva a Responsabilidade Civil do Estado em relação a profissional da imprensa ferido por agentes policiais durante cobertura jornalística, em manifestações em que haja tumulto ou conflitos entre policiais e manifestantes. Cabe a excludente da responsabilidade da culpa exclusiva da vítima, nas hipóteses em que o profissional de imprensa descumprir ostensiva e clara advertência sobre acesso a áreas delimitadas, em que haja grave risco à sua integridade física." RE 1209429/SP, relator Min. Marco Aurélio, redator do acórdão Min. Alexandre de Moraes, julgamento em 10.6.2021 (Info 1021)

STF - AJUIZAMENTO DE AÇÃO CONTRA AGENTE PÚBLICO

"A teor do disposto no art. 37, § 6º, da Constituição Federal, a ação por danos causados por agente público deve ser ajuizada contra o Estado ou a pessoa jurídica de direito privado prestadora de serviço público, sendo parte ilegítima para a ação o autor do ato, assegurado o direito de regresso contra o responsável nos casos de dolo ou culpa". RE 1027633 (Tema nº 940 com repercussão geral)

STF - RESPONSABILIDADE CIVIL DO ESTADO EM DECORRÊNCIA DE DANOS CAUSADOS A TERCEIROS POR TABELIÃES E OFICIAIS DE REGISTRO NO EXERCÍCIO DE SUAS FUNÇÕES (tese com repercussão geral)

"O Estado responde, objetivamente, pelos atos dos tabeliães e registradores oficiais que, no exercício de suas funções, causem dano a terceiros, assentado o dever de regresso contra o responsável, nos casos de dolo ou culpa, sob pena de improbidade administrativa." RE 842846 (Tema 777 da repercussão geral).

Responsabilidade civil objetiva do Estado por morte de detento.

RECURSO EXTRAORDINÁRIO. REPERCUSSÃO GERAL. RESPONSABILIDADE CIVIL DO ESTADO POR MORTE DE DETENTO. ARTIGOS 5º, XLIX, E 37, § 6º, DA CONSTITUIÇÃO FEDERAL. 1. A responsabilidade civil estatal, segundo a Constituição Federal de 1988, em seu artigo 37, § 6º, subsume-se à teoria do risco administrativo, tanto para as condutas estatais comissivas quanto paras as omissivas, posto rejeitada a teoria do risco integral. 2. A omissão do Estado reclama nexo de causalidade em relação ao dano sofrido pela vítima nos casos em que o Poder Público ostenta o dever legal e a efetiva possibilidade de agir para impedir o resultado danoso. 3. É dever do Estado e direito subjetivo do preso que a execução da pena se dê de forma humanizada, garantindo-se os direitos fundamentais do detento, e o de ter preservada a sua incolumidade física e moral (artigo 5º, inciso XLIX, da Constituição Federal). 4. O dever constitucional de proteção ao detento somente se considera violado quando possível a atuação estatal no sentido de garantir os seus direitos fundamentais, pressuposto inafastável para a configuração da responsabilidade civil objetiva estatal, na forma do artigo 37, § 6º, da Constituição Federal. 5. Ad impossibilia nemo tenetur, por isso que nos casos em que não é possível ao Estado agir para evitar a morte do detento (que ocorreria mesmo que o preso estivesse em liberdade), rompe-se o nexo de causalidade, afastando-se a responsabilidade do Poder Público, sob pena de adotar-se contra legem e a opinio doctorum a teoria do risco integral, ao arrepio do texto constitucional. 6. A morte do detento pode ocorrer por várias causas, como, v. g., homicídio, suicídio, acidente ou morte natural, sendo que nem sempre será possível ao Estado evitá-la, por mais que adote as precauções exigíveis. 7. A responsabilidade civil estatal resta conjurada nas hipóteses em que o Poder Público comprova causa impeditiva da sua atuação protetiva do detento, rompendo o nexo de causalidade da sua omissão com o resultado danoso. 8. Repercussão geral constitucional que assenta a tese de que: em caso de inobservância do seu dever específico de proteção previsto no artigo 5º, inciso XLIX, da Constituição Federal, o Estado é responsável pela morte do detento. 9. In casu, o tribunal a quo assentou que inocorreu a comprovação do suicídio do detento, nem outra causa capaz de romper o nexo de causalidade da sua omissão com o óbito ocorrido, restando escorreita a decisão impositiva de responsabilidade civil estatal. 10. Recurso extraordinário DESPROVIDO.

Responsabilidade civil do Estado em decorrência de danos causados a terceiros por tabeliães e oficiais de registro no exercício de suas funções.

Responsabilidade civil do Estado por danos decorrentes de omissão do dever de fiscalizar comércio de fogos de artifício em residência.

Para que fique caracterizada a responsabilidade civil do Estado por danos decorrentes do comércio de fogos de artifício, é necessário que exista a violação de um dever jurídico específico de agir, que ocorrerá quando for concedida a licença para funcionamento sem as cautelas legais ou quando for de conhecimento do poder público eventuais irregularidades praticadas pelo particular.(RE 136861; Tema 366)

STF – RE 852475 – Tema 897

O Tribunal, por maioria, apreciando o tema 897 da repercussão geral, deu parcial provimento ao recurso para afastar a prescrição da sanção de ressarcimento e determinar o retorno dos autos ao tribunal recorrido para que, superada a preliminar de mérito pela imprescritibilidade das ações de ressarcimento por improbidade administrativa, aprecie o mérito apenas quanto à pretensão de ressarcimento. Vencidos os Ministros Alexandre do Moraes (Relator), Dias Toffoli, Ricardo Lewandowski, Gilmar Mendes e Marco Aurélio. Em seguida, o Tribunal fixou a seguinte tese: "São imprescritíveis as ações de ressarcimento ao erário fundadas na prática de ato doloso tipificado na Lei

LEGISLAÇÃO

de Improbidade Administrativa", vencido o Ministro Marco Aurélio. Redigirá o acórdão o Ministro Edson Fachin. Nesta assentada, reajustaram seus votos, para acompanhar a divergência aberta pelo Ministro Edson Fachin, os Ministros Luiz Fux e Roberto Barroso. Presidiu o julgamento a Ministra Cármen Lúcia. Plenário, 8.8.2018.

STJ – Concessionária de rodovia não responde por roubo e sequestro ocorridos nas dependências de estabelecimento por ela mantido para a utilização de usuários.

Responsabilidade civil. Concessionária de rodovia. Roubo e sequestro ocorridos em dependência de suporte ao usuário, mantido pela concessionária. Nexo de causalidade e conexidade. Inocorrência. Fato de terceiro. Fortuito externo. Excludente de responsabilidade.

O Supremo Tribunal Federal, em reconhecimento de repercussão geral (RE 591.874), decidiu que "a responsabilidade civil das pessoas jurídicas de direito privado prestadoras de serviço público é objetiva relativamente a terceiros usuários e não-usuários do serviço, segundo decorre do art. 37, § 6º, da Constituição Federal". Contudo, no mesmo julgamento, a Corte constitucional afirma que, como requisito da responsabilidade objetiva da pessoa jurídica de direito privado, é necessária a presença inequívoca do nexo de causalidade entre ato e dano. Na hipótese, para a determinação da responsabilidade da concessionária de serviço público, é necessário perquirir sobre a existência de fato de terceiro que seja capaz de excluir tal nexo de causalidade. Especificamente no que concerne à culpa de terceiro excludente que se discute no presente processo a doutrina e a jurisprudência são unânimes no sentido de reconhecer o rompimento do nexo causal quando a conduta praticada pelo terceiro, desde que a causa única do evento danoso, não apresente qualquer relação com a organização do negócio e os riscos da atividade desenvolvida pelo transportador. Diz-se, nessa hipótese, que o fato de terceiro se equipara ao fortuito externo, apto a elidir a responsabilidade do transportador. De outro turno, constatado que, apesar de ter sido causado por terceiro, o dano enquadra-se dentro dos lindes dos riscos inerentes ao transporte, a jurisprudência do STJ é firme no sentido de não afastar a responsabilidade do transportador, garantido o direito de regresso, na esteira do art. 735 do CC/2002 e da Súmula n. 187/STF. No caso, é impossível afirmar que a ocorrência do dano sofrido pelos usuários guarda conexidade com as atividades desenvolvidas pela recorrente. A segurança que ele deve fornecer aos usuários da rodovia diz respeito ao bom estado de conservação e sinalização da rodovia, não com a presença efetiva de segurança privada ao longo da estrada, mesmo que seja em postos de pedágio ou de atendimento ao usuário. REsp 1.749.941-PR, Rel. Min. Nancy Andrighi, por unanimidade, julgado em 04/12/2018, DJe 07/12/2018. Informativo nº 640 do STJ.

Teses STJ[37]

1) Os danos morais decorrentes da responsabilidade civil do Estado somente podem ser revistos em sede de recurso especial quando o valor arbitrado é exorbitante ou irrisório, afrontando os princípios da proporcionalidade e da razoabilidade.

(Acórdãos: AgRg no AREsp 359962/SP, AgRg no AREsp 810277/SC, AgRg no AREsp 566605/RJ, AgRg no REsp 1434850/PB, AgRg no AREsp 729378/CE, AgRg no AREsp 729378/CE)

2) O termo inicial da prescrição para o ajuizamento de ações de responsabilidade civil em face do Estado por ilícitos praticados por seus agentes é a data do trânsito em julgado da sentença penal condenatória.

(Acórdãos: AgRg no REsp 1536911/PE, AgRg no REsp 1519722/PE, AgRg no REsp 1197746/CE, AgRg no REsp 1325252/SC, AgRg no AREsp 242540/SP, REsp 1164110/SC)

37. Disponível no portal do STJ, na publicação Jurisprudência em Teses, edição nº 61.

3) As ações indenizatórias decorrentes de violação a direitos fundamentais ocorridas durante o regime militar são imprescritíveis, não se aplicando o prazo quinquenal previsto no art. 1º do Decreto nº 20.910/1932.

(Acórdãos: AgRg no REsp 1479984/RS, REsp 1485260/PR, AgRg no AREsp 243683/PR, AgRg no AREsp 816972/SP, AgRg no REsp 1480428/RS, AgRg no REsp 1424534/SP)

4) O prazo prescricional das ações indenizatórias ajuizadas contra a Fazenda Pública é quinquenal (Decreto nº 20.910/1932), tendo como termo a quo a data do ato ou fato do qual originou a lesão ao patrimônio material ou imaterial. (Tese julgada sob o rito do art. 543-C do CPC/73 - Tema 553)

(Acórdãos: EDcl nos EDcl no AgRg no AREsp 731826/DF, AgRg no AREsp 850760/RS, AgRg no REsp 1386190/SE, AgRg nos EAg 1416435/RS, REsp 1251993/PR)

5) A responsabilidade civil do Estado por condutas omissivas é subjetiva, devendo ser comprovados a negligência na atuação estatal, o dano e o nexo de causalidade.

(Acórdãos: AgRg no AREsp 501507/RJ, REsp 1230155/PR, AgRg no AREsp 118756/RS, REsp 888420/MG, AgRg no Ag 1014339/MS)

6) Há responsabilidade civil do Estado nas hipóteses em que a omissão de seu dever de fiscalizar for determinante para a concretização ou o agravamento de danos ambientais.

(Acórdãos: AgRg no REsp 1497096/RJ, AgRg no REsp 1001780/PR, REsp 1071741/SP, REsp 1113789/SP)

7) A Administração Pública pode responder civilmente pelos danos causados por seus agentes, ainda que estes estejam amparados por causa excludente de ilicitude penal.

(Acórdãos: REsp 1266517/PR, REsp 884198/RO, REsp 111843/PR)

8) É objetiva a responsabilidade civil do Estado pelas lesões sofridas por vítima baleada em razão de tiroteio ocorrido entre policiais e assaltantes.

(Acórdãos: REsp 1266517/PR, REsp 1236412/ES, REsp 1140025/MG)

9) O Estado possui responsabilidade objetiva nos casos de morte de custodiado em unidade prisional.

(Acórdãos: AgRg no AREsp 850954/CE, AgRg no AREsp 729565/PE, AgRg no AREsp 528911/MA, AgRg no AREsp 622716/PE, AgRg no AREsp 467394/PE, AgRg no AREsp 492804/PE)

10) O Estado responde objetivamente pelo suicídio de preso ocorrido no interior de estabelecimento prisional.

(Acórdãos: REsp 1549522/RJ, REsp 1435687/MG, AgRg no Ag 1307100/PR, EDcl no AgRg no REsp 1305259/SC, REsp 1014520/DF, REsp 780500/PR)

11) O Estado não responde civilmente por atos ilícitos praticados por foragidos do sistema penitenciário, salvo quando os danos decorrem direta ou imediatamente do ato de fuga.

(Acórdãos: AgRg no AREsp 173291/PR, REsp 980844/RS, REsp 719738/RS)

12) A despeito de situações fáticas variadas no tocante ao descumprimento do dever de segurança e vigilância contínua das vias férreas, a responsabilização da concessionária é uma constante, passível de ser elidida tão somente quando cabalmente comprovada a culpa exclusiva da vítima. (Tese julgada sob o rito do art. 543-C do CPC/73 - Tema 517)

(Acórdãos: AgRg no AREsp 676392/RJ, AgRg no AREsp 631698/SP, AgRg no AREsp 669136/RJ, AgRg no AREsp 082669/RJ, AgRg nos EDcl no AREsp 560685/RJ, AgRg no AREsp 332638/RJ, REsp 1210064/SP)

13) No caso de atropelamento de pedestre em via férrea, configura-se a concorrência de causas, impondo a redução da indenização por dano moral pela metade, quando: (i) a concessionária do transporte ferroviário descumpre o dever de cercar e fiscalizar os limites da linha férrea, mormente em locais urbanos e populosos, adotando conduta negligente no tocante às necessárias práticas de cuidado e vigilância tendentes a evitar a

LEGISLAÇÃO

ocorrência de sinistros; e (ii) a vítima adota conduta imprudente, atravessando a via férrea em local inapropriado. (Tese julgada sob o rito do art. 543-C do CPC/73 - Tema 518)

(Acórdãos: AgRg no AREsp 724028/RJ, AgRg no AREsp 676392/RJ, AgRg no REsp 1516095/PR, AgRg no AREsp 631698/SP, AgRg no REsp 1394923/SE, REsp 1172421/SP)

14) Não há nexo de causalidade entre o prejuízo sofrido por investidores em decorrência de quebra de instituição financeira e a suposta ausência ou falha na fiscalização realizada pelo Banco Central no mercado de capitais.

(Acórdãos: AgRg no REsp 1405998/SP, REsp 1225229/PR, REsp 1023937/RS, AgRg no Ag 1217398/PA, REsp 1102897/DF, REsp 647552/RS)

15) A existência de lei específica que rege a atividade militar (Lei nº 6.880/1980) não isenta a responsabilidade do Estado pelos danos morais causados em decorrência de acidente sofrido durante as atividades militares.

(Acórdãos: REsp 1164436/RS, AgRg no REsp 1213705/RS, AgRg no REsp 1160922/PR, AgRg no REsp 1284456/RS, AgRg no REsp 1266484/RS)

16) Em se tratando de responsabilidade civil do Estado por rompimento de barragem, é possível a comprovação de prejuízos de ordem material por prova exclusivamente testemunhal, diante da impossibilidade de produção ou utilização de outro meio probatório.

(Acórdãos: AgRg no REsp 1443990/PB, AgRg no REsp 1423581/PB, AgRg no REsp 1424071/PB, AgRg no REsp 1407857/PB, AgRg no AREsp 521850/PB, AgRg no AgRg no AREsp 502898/PB)

17) É possível a cumulação de benefício previdenciário com indenização decorrente de responsabilização civil do Estado por danos oriundos do mesmo ato ilícito.

(Acórdãos: AgRg no REsp 1388266/SC, AgRg no AREsp 681975/PR, AgRg no AREsp 782544/RJ, AgRg no AREsp 569117/PA, AgRg no REsp 1453874/SC, REsp 1356978/SC)

18) Nas ações de responsabilidade civil do Estado, é desnecessária a denunciação da lide ao suposto agente público causador do ato lesivo.

(Acórdãos: REsp 1501216/SC, AgRg no REsp 1444491/PI, AgRg no AREsp 574301/PE, AgRg no REsp 1230008/RS, AgRg no AREsp 729071/PE, AgRg no AREsp 534613/SC)

LEGISLAÇÃO

CAPÍTULO XV

CONTROLE DA ADMINISTRAÇÃO PÚBLICA

1. CONCEITO

A atividade administrativa deve se pautar pela estrita obediência ao regime jurídico administrativo, com todos os princípios que lhe integram, conforme visto anteriormente[1], e é indispensável que existam maneiras de se controlar os atos praticados.

O controle da Administração Pública é **"o conjunto de mecanismos jurídicos e administrativos por meio dos quais se exerce o poder de fiscalização e de revisão da atividade administrativa em qualquer das esferas de Poder"**[2].

Para que essa atividade de controle torne efetiva a submissão da Administração Pública à ordem jurídica, há um sistema tríplice de controle: **controle administrativo, controle legislativo** e **controle jurisdicional**[3].

2. TIPOS DE CONTROLE

Há diversos tipos de controle, dependendo da maneira pela qual são considerados. Em geral, costuma-se arrolar as seguintes espécies de controle:

a) quanto à **origem** ou **localização**:

- **interno**: é o controle "feito pela mesma unidade administrativa ou pelo mesmo poder que praticou o ato"[4];

---

1. Sobre os princípios da Administração, ver item 2 do capítulo 1.
2. CARVALHO FILHO, José dos Santos. *Manual de direito administrativo*. 19. ed. Rio de Janeiro: Lumen Juris, 2008. p. 836.
3. FAGUNDES, Miguel Seabra. *O controle dos atos administrativos pelo poder judiciário*. 8. ed. atualizada por Gustavo Binenbojm. Rio de Janeiro: Forense, 2010. p. 125-126.
4. FURTADO, Lucas Rocha. *Curso de direito administrativo*. 2. ed. Belo Horizonte: Fórum, 2010. p. 1088.

- **externo**: é o controle realizado por órgão ou entidade administrativa ou por poder distinto daquele no qual o ato foi praticado. Assim, é externo, por exemplo, tanto o controle que o Poder Legislativo exerce sobre os demais poderes quanto o feito pela administração direta sobre entidade da administração indireta[5].

ATENÇÃO! Nesse ponto não há unanimidade na doutrina, pois, por exemplo, Celso Antônio Bandeira de Mello sustenta que o controle feito sobre a administração indireta é interno (para diferenciar do controle interno feito dentro da própria entidade da administração indireta, propõe que se denomine de "controle interno exterior" o realizado pela administração direta sobre a indireta)[6]. Para Hely Lopes Meirelles, o controle é externo quando realizado por um "Poder ou órgão constitucionalmente independente sobre a atividade administrativa de outro Poder estranho à Administração responsável pelo ato controlado"[7]. Entretanto, para fins de concurso público, parece predominar o entendimento de que o controle da administração direta sobre a indireta é externo;

b) quanto ao **momento**:

- **prévio** ou **preventivo** (***a priori***): é o realizado **antes** do ato. Ex.: autorização do Congresso Nacional para o Presidente da República ausentar-se do país por mais de quinze dias (art. 49, II, CF); aprovação pelo Senado da escolha de ministros do STF, dos tribunais superiores e do Tribunal de Contas da União (art. 52, II, CF);
- **concomitante**: é feito **durante** a atividade administrativa, acompanhando a realização do ato. Ex.: fiscalização de execução de contrato[8] ou o acompanhamento, pelo sistema de auditoria, da execução orçamentária e a fiscalização sobre os prestadores de serviço público[9]; ou a execução do contrato administrativo. Ex.: fiscalização da execução de um contrato administrativo; avaliação das políticas públicas (art. 37, §16 CF);
- **posterior ou subsequente**: realizado **após** o ato visando à extinção, à confirmação ou à correção do ato. Ex.: anulação, revogação, convalidação, homologação;

c) quanto ao **aspecto controlado**:

- **legalidade**: analisa a **conformidade** do ato com o direito; verifica-se a legalidade do ato praticado. Pode ser feito pela própria Administração, pelo Poder Judiciário ou pelo Poder Legislativo (ex.: art. 49, X, CF[10]);

5. DI PIETRO, Maria Sylvia Zanella. *Direito administrativo*. 23. ed. São Paulo: Atlas, 2010. p. 730.
6. *Curso de direito administrativo*. 27. ed. São Paulo: Malheiros, 2010. p. 937.
7. *Direito administrativo brasileiro*. 36. ed.São Paulo: Malheiros, 2010. p. 699-700.
8. MEIRELLES, Hely Lopes. *Direito administrativo brasileiro*. 36. ed.São Paulo: Malheiros, 2010. p. 700.
9. DI PIETRO, Maria Sylvia Zanella. *Direito administrativo*. 23. ed. São Paulo: Atlas, 2010. p. 730.
10. CUNHA JÚNIOR, Dirley da. *Curso de direito administrativo*. 8. ed. Salvador: Juspodivm, 2009. p. 639.

- **mérito**: controla a **oportunidade, a conveniência** de ato discricionário praticado. Somente a própria Administração pode fazê-lo;

d) quanto à **amplitude** ou **fundamento**:

- **hierárquico** ou **por subordinação**: é decorrência da relação de subordinação instituída em razão do poder hierárquico da Administração. Esse controle pressupõe as faculdades dos superiores de fiscalização, coordenação, supervisão, orientação, aprovação, revisão e correção dos atos dos subordinados[11]. Decorre do poder hierárquico e é um controle interno;
- **finalístico** ou **por vinculação**: é controle realizado pela administração direta sobre as entidades da administração indireta, em que se verifica se a entidade criada está cumprindo as finalidades previstas na lei que a criou ou autorizou a sua criação. Nessa relação não há hierarquia, mas, na verdade, vinculação. Também é chamado de tutela administrativa, pois é aplicação do princípio da tutela. É um controle externo;

e) quanto à **iniciativa**[12]:

- **de ofício**: realizado pela Administração, sem necessidade de provocação. É aplicação do princípio da autotutela;
- **provocado**: deflagrado pelo administrado. Ex.: recurso administrativo.

Destaca-se que essas diversas maneiras de se realizar o controle da atividade administrativa não são estanques e podem ser **combinadas** de variadas maneiras e, assim, um "ato do Executivo, sujeito a controle externo e prévio do Legislativo, pode ser submetido posteriormente ao controle interno e concomitante da própria Administração e, afinal, sujeitar-se ao controle de legalidade do Judiciário"[13].

TIPOS DE CONTROLE	
Quanto à origem	• interno • externo
Quanto ao momento	• prévio • concomitante • posterior
Quanto ao aspecto controlado	• legalidade • mérito
Quanto à amplitude	• hierárquico • finalístico
Quanto à iniciativa	• de ofício • provocado

11. MEIRELLES, Hely Lopes. *Direito administrativo brasileiro*. 36. ed.São Paulo: Malheiros, 2010. p. 698-699.
12. CARVALHO FILHO, José dos Santos. *Manual de direito administrativo*. 19. ed. Rio de Janeiro: Lumen Juris, 2008. p. 841.
13. MEIRELLES, Hely Lopes. *Direito administrativo brasileiro*. 36. ed.São Paulo: Malheiros, 2010. p. 701.

3. CONTROLE ADMINISTRATIVO

O "controle administrativo é um **autocontrole** dentro da Administração Pública"[14]. É "o poder de fiscalização e correção que a Administração Pública (em sentido amplo) exerce sobre sua própria atuação, sob os aspectos de legalidade e mérito, por iniciativa própria ou mediante provocação"[15].

Esse controle é realizado pelos três poderes em relação aos seus próprios atos e, dessa forma, é exemplo de controle administrativo a hipótese de um Tribunal Regional Federal anular edital de concurso que esteja realizando. Também serve de ilustração a anulação de edital de licitação realizada pela Câmara dos Deputados, por ela própria.

Essa atividade controladora feita pela própria Administração pode ser iniciada de ofício ou mediante provocação do interessado. Ainda, pode ser feita quanto à legalidade (ex.: anulação, convalidação) e quanto ao mérito (revogação).

Importante inserção ao texto constitucional, diz respeito à EC nº 109/2021. Segundo dispositivo inserido ao art. 37, §16, os **órgãos e entidades da administração pública, individual ou conjuntamente, devem realizar avaliação das políticas públicas**, divulgando o objeto a ser avaliado e os resultados alcançados. Nesse mesmo sentido, aliás, deve ser mencionado o parágrafo único do art. 193, segundo o qual o Estado exercerá a função de planejamento das políticas sociais, assegurando-se a participação da sociedade nos processos de **formulação, monitoramento, controle e avaliação dessas políticas,** nos termos da lei.

O controle administrativo pode ocorrer no âmbito do controle **hierárquico** ou do controle **finalístico** e, assim, deriva, respectivamente, do princípio da **autotutela** e do princípio da **tutela**, conforme destaca Maria Sylvia Zanella Di Pietro (chama-os de poder de autotutela e poder de tutela)[16].

ATENÇÃO! Normalmente, nas provas de concurso a remissão é feita, apenas, quanto ao poder de autotutela, havendo afirmação do tipo "o controle administrativo decorre da autotutela". Não está errado, mas é preciso lembrar que decorre, também, da tutela quando se tratar das entidades da administração indireta. Todavia, sem dúvida, sua maior expressão é a decorrente do poder de autotutela, havendo, inclusive, as Súmulas nº 346 e 473 do STF a respeito[17].

---

14. FAGUNDES, Miguel Seabra. *O controle dos atos administrativos pelo poder judiciário*. 8. ed. atualizada por Gustavo Binenbojm. Rio de Janeiro: Forense, 2010. p. 126. Original sem destaque.
15. DI PIETRO, Maria Sylvia Zanella. *Direito administrativo*. 23. ed. São Paulo: Atlas, 2010. p. 730.
16. *Direito administrativo*. 23. ed. São Paulo: Atlas, 2010. p. 731.
17. **Súmula 346**: "A Administração Pública pode declarar a nulidade dos seus próprios atos". **Súmula 473**: "A Administração pode anular seus próprios atos quando eivados de vícios que os tornem ilegais, porque deles não se originam direitos; ou revogá-los, por motivo de conveniência ou oportunidade, respeitados os direitos adquiridos, e ressalvada, em todos os casos, a apreciação judicial".

3.1. Recursos administrativos

Usa-se a expressão **recurso administrativo** para se referir a **todo meio disponível ao administrado para provocar o reexame de ato ou decisão administrativa**, fundamentando-se tanto no direito de petição (art. 5º, XXXIV, CF) quanto na garantia da ampla defesa (art. 5º, LV, CF)[18]. Em geral, os recursos administrativos somente terão efeito suspensivo quando expressamente previsto em lei.

São **modalidades** de recurso administrativo[19]:

a) **representação administrativa**: é o meio pelo qual o administrado denuncia, formalmente, irregularidades ou abuso de poder no seio da Administração;

b) **reclamação administrativa**: é a forma usada pelo administrado para se opor aos atos da Administração que afetem seus direitos ou interesses;

c) **pedido de reconsideração**: é o requerimento de reexame de ato ou decisão administrativa, dirigido à mesma autoridade que expediu o ato ou decidiu;

d) **recurso hierárquico**: é o requerimento de reexame de ato ou decisão administrativa, dirigido a autoridade superior à que expediu o ato ou decidiu. Pode ser:
   - **recurso hierárquico próprio**: dirigido a autoridade hierarquicamente superior dentro do mesmo órgão em que o ato foi praticado. Por ser consequência da hierarquia, não depende da previsão legal;
   - **recurso hierárquico impróprio**: é o que se "dirige a autoridade ou órgão estranho à repartição que expediu o ato recorrido, mas com competência julgadora expressa, como ocorre com os *tribunais administrativos* e com os *chefes* do Executivo federal, estadual e municipal"[20]. É um recurso que não se dirige a autoridade hierarquicamente superior, mas sim a autoridade de outro órgão, sem relação hierárquica com o que proferiu o ato como, por exemplo, recurso, na esfera federal, contra ato de dirigente de autarquia para o Ministério a que estiver vinculada ou para o Presidente da República. Em razão da inexistência de hierarquia, somente é admissível quando houver previsão expressa em lei.

e) **revisão**: é o meio usado pelo servidor para requerer o reexame de punição que lhe foi imposta quando houver fato novo capaz de inocentá-lo ou de demonstrar a inadequação da penalidade aplicada.

4. CONTROLE LEGISLATIVO

O controle legislativo é o exercido pelo **Poder Legislativo**, pois é pertinente a esse Poder, na sua **função típica**, as tarefas de legislar e fiscalizar.

---

18. CUNHA JÚNIOR, Dirley da. *Curso de direito administrativo*. 8. ed. Salvador: Juspodivm, 2009. p. 640.
19. MEIRELLES, Hely Lopes. *Direito administrativo brasileiro*. 36. ed. São Paulo: Malheiros, 2010. p. 710-714.
20. MEIRELLES, Hely Lopes. *Direito administrativo brasileiro*. 36. ed. São Paulo: Malheiros, 2010. p. 713.

Esse controle é exercido sobre os atos do Poder Executivo, das entidades da administração indireta e, inclusive, sobre os atos administrativos do Poder Judiciário e, assim, trata-se de controle externo.

ATENÇÃO! O controle que o Poder Legislativo exerce sobre seus próprios atos é o controle administrativo, de natureza interna e, por outro lado, o que esse poder exerce sobre os atos dos demais poderes é o controle legislativo, de natureza externa.

O controle legislativo somente pode ser realizado nas hipóteses previstas na Constituição Federal, as quais não podem ser ampliadas pelas Constituições estaduais, pelas Leis Orgânicas do Distrito Federal e dos Municípios e, muito menos, pela legislação infraconstitucional, pois se trata de exceção ao princípio da separação de poderes, o que somente pode ser previsto em âmbito constitucional, sob pena de ofensa ao próprio princípio[21].

O controle legislativo abrange o **controle político** e o **controle financeiro**.

4.1. Controle político

Por meio do controle político, o Poder Legislativo pode fiscalizar e decidir sobre "atos ligados à função administrativa e de organização do Executivo e do Judiciário"[22] e, segundo Maria Sylvia Zanella Di Pietro, abrange aspectos de legalidade e de mérito e pode apreciar os atos administrativos inclusive sob o aspecto da "discricionariedade, ou seja, da oportunidade e conveniência diante do interesse público"[23].

Há várias hipóteses de controle político no texto constitucional, das quais podem ser destacadas as seguintes:

a) a competência exclusiva do **Congresso Nacional** para (art. 49):

- "fiscalizar e controlar, diretamente, ou por qualquer de suas Casas, os atos do Poder Executivo, incluídos os da administração indireta" (inciso X);
- "apreciar os atos de concessão e renovação de concessão de emissoras de rádio e televisão" (inciso XII);
- "aprovar iniciativas do Poder Executivo referentes a atividades nucleares" (inciso XIV);
- "autorizar, em terras indígenas, a exploração e o aproveitamento de recursos hídricos e a pesquisa e lavra de riquezas minerais" (inciso XVI);
- "aprovar, previamente, a alienação ou concessão de terras públicas com área superior a dois mil e quinhentos hectares" (inciso XVII);

---

21. DI PIETRO, Maria Sylvia Zanella. *Direito administrativo*. 23. ed. São Paulo: Atlas, 2010. p. 743.
22. CARVALHO FILHO, José dos Santos. *Manual de direito administrativo*. 19. ed. Rio de Janeiro: Lumen Juris, 2008. p. 887.
23. *Direito administrativo*. 23. ed. São Paulo: Atlas, 2010. p. 743.

b) a competência privativa do **Senado Federal** para (art. 52):

- processar e julgar:

- "o Presidente e o Vice-Presidente da República nos crimes de responsabilidade, bem como os Ministros de Estado e os Comandantes da Marinha, do Exército e da Aeronáutica nos crimes da mesma natureza conexos com aqueles" (inciso I);
- "os Ministros do Supremo Tribunal Federal, os membros do Conselho Nacional de Justiça e do Conselho Nacional do Ministério Público, o Procurador-Geral da República e o Advogado-Geral da União nos crimes de responsabilidade" (inciso II);

- aprovar previamente, por voto secreto, após arguição pública, a escolha de (inciso III):
- Magistrados, nos casos estabelecidos nesta Constituição;
- Ministros do Tribunal de Contas da União indicados pelo Presidente da República;
- Governador de Território;
- Presidente e diretores do Banco Central;
- Procurador-Geral da República;
- titulares de outros cargos que a lei determinar;
- após arguição em sessão secreta, a escolha dos chefes de missão diplomática de caráter permanente (inciso IV);
- "aprovar, por maioria absoluta e por voto secreto, a exoneração, de ofício, do Procurador-Geral da República antes do término de seu mandato" (inciso XI);
- "autorizar operações externas de natureza financeira, de interesse da União, dos Estados, do Distrito Federal, dos Territórios e dos Municípios" (inciso V);
- "fixar, por proposta do Presidente da República, limites globais para o montante da dívida consolidada da União, dos Estados, do Distrito Federal e dos Municípios" (inciso VI);
- "dispor sobre limites globais e condições para as operações de crédito externo e interno da União, dos Estados, do Distrito Federal e dos Municípios, de suas autarquias e demais entidades controladas pelo Poder Público federal" (inciso VII);

c) a competência privativa da **Câmara dos Deputados** para "autorizar, por dois terços de seus membros, a instauração de processo contra o Presidente e o Vice-Presidente da República e os Ministros de Estado" (art. 51, I);

d) o **"poder de sustação"**[24] do Congresso Nacional quanto aos "atos praticados pelo poder Executivo que exorbitem poder regulamentar ou dos limites de delegação legislativa" (art. 49, V).

---

24. CARVALHO FILHO, José dos Santos. *Manual de direito administrativo*. 19. ed. Rio de Janeiro: Lumen Juris, 2008. p. 888.

e) a **convocação**, pela Câmara dos Deputados, pelo Senado Federal, ou por qualquer de suas comissões, de Ministro de Estado ou de quaisquer titulares de órgãos diretamente subordinados à Presidência da República para prestarem, pessoalmente, informações sobre assunto previamente determinado, caracterizando crime de responsabilidade a ausência sem justificativa adequada (art. 50, *caput*);

f) o **pedido escrito de informações** encaminhado pelas Mesas da Câmara dos Deputados e do Senado Federal a Ministro de Estado ou quaisquer titulares de órgãos diretamente subordinados à Presidência da República, configurando crime de responsabilidade a recusa ou o não atendimento no prazo de trinta dias, bem como a prestação de informações falsas (art. 50, § 2º);

g) a instalação de **Comissão Parlamentar de Inquérito** (CPI) na Câmara, no Senado, ou em conjunto (comissão mista: CPMI), mediante requerimento de um terço de seus membros, para a apuração de fato determinado e por prazo certo, tendo a comissão poderes de investigação próprios das autoridades judiciais, além de outros previstos nos regimentos das respectivas Casas, encaminhando-se as suas conclusões, se for o caso, ao Ministério Público, para que promova a responsabilidade civil ou criminal dos infratores (art. 58, § 3º).

CPI	
Pode	**Não pode**
• determinar a quebra de sigilo bancário, fiscal e de dados[25] (inclusive, telefônicos; MS 23.452, STF)[26]; • realizar oitivas de testemunhas e investigados, sob pena de condução coercitiva; • Requisitar informações e documentos da administração pública direta e indireta; • Realizar prisão em flagrante, no caso de crimes praticados na presença dos membros da comissão; • Tomar o depoimento das autoridades federais, estaduais e municipais; • Realizar inspeção[27].	• decretar prisão preventiva ou temporária, salvo prisão em flagrante; • determinar arresto, sequestro, bloqueio de bens (MS 23.445, STF); • quebrar sigilo decretado em processo (MS 27.483, STF); • obstaculizar o trabalho do advogado (HC 88.015, STF); • determinar interceptação telefônica; • determinar busca e apreensão domiciliar.

25. CPI federal, distrital e estadual podem determinar a quebra de sigilos fiscal, bancário e de dados telefônicos (STF ACO 730), enquanto no caso de CPI municipal, prevalece que não é possível. Isso porque, os Municípios não possuem Poder Judiciário, não se podendo afirmar, portanto, que CPI municipal teria poderes de investigação próprios das autoridades judiciais. CAVALCANTE, Márcio André Lopes. *Informativo nº 942 STF*. Disponível em: ‹https://dizerodireitodotnet.files.wordpress.com/2019/07/info-942-stf-1.pdf›. Acesso em 25 jun. 2020.

26. Quebra de sigilo telefônico não se confunde com interceptação telefônica. A interceptação telefônica, que consiste na gravação de conversas telefônicas, só pode ser decretada pelo Poder Judiciário (art. 5º, XII, da CF/88).

27. CAVALCANTE, Márcio André Lopes. *Informativo nº 942 STF*. Disponível em: ‹https://dizerodireitodotnet.files.wordpress.com/2019/07/info-942-stf-1.pdf›. Acesso em 25 jun. 2020.

4.2. Controle financeiro

O controle financeiro é o "exercido pelo Poder Legislativo sobre o Executivo, o Judiciário e sobre sua própria administração no que se refere à receita, à despesa e à gestão dos recursos públicos"[28].

Nos termos do art. 70 da Constituição Federal, a "fiscalização contábil, financeira, orçamentária, operacional e patrimonial da União e das entidades da administração direta e indireta, quanto à legalidade, legitimidade, economicidade, aplicação das subvenções e renúncia de receitas, será exercida pelo Congresso Nacional, mediante controle externo, e pelo sistema de controle interno de cada Poder".

Disso, extrai-se que o controle financeiro subdivide-se em controle interno e externo.

Quanto ao **controle interno**, o art. 74 da Constituição Federal determina que os Poderes **Executivo, Legislativo** e **Judiciário** deverão manter, de forma integrada, sistema de controle interno, com a **finalidade** de:

a) "avaliar o cumprimento das metas previstas no plano plurianual, a execução dos programas de governo e dos orçamentos da União" (inciso I);

b) "comprovar a legalidade e avaliar os resultados, quanto à eficácia e eficiência, da gestão orçamentária, financeira e patrimonial nos órgãos e entidades da administração federal, bem como da aplicação de recursos públicos por entidades de direito privado" (inciso II);

c) "exercer o controle das operações de crédito, avais e garantias, bem como dos direitos e haveres da União" (inciso III);

d) "apoiar o controle externo no exercício de sua missão institucional" (inciso IV).

Em relação ao **controle externo**, não há dúvida de que o "titular do controle externo da atividade financeira do Estado é o Congresso Nacional"[29]. Entretanto, o art. 71 do texto constitucional determina que esse controle externo, na esfera federal, será exercido com auxílio do Tribunal de Contas da União, que é

> *órgão auxiliar e de orientação do Poder Legislativo, embora a ele não subordinado, praticando atos de natureza administrativa, concernentes, basicamente, à fiscalização.*
>
> *O Tribunal terá sua sede no Distrito Federal, sendo integrado por nove ministros que exercerão suas atribuições em todo o território nacional, e terão as mesmas garantias, prerrogativas, impedimentos, vencimentos e vantagens dos Ministros do STJ, sendo, portanto, vitalícios, inamovíveis e tendo em seus subsídios a garantia da irredutibilidade, aplicando-se-lhes quanto à aposentadoria e pensão, nos*

---

28. CARVALHO FILHO, José dos Santos. *Manual de direito administrativo*. 19. ed. Rio de Janeiro: Lumen Juris, 2008. p. 889.
29. FURTADO, Lucas Rocha. *Curso de direito administrativo*. 2. ed. Belo Horizonte: Fórum, 2010. p. 1119.

> *termos das ECsnºs 20/98 e 41/03, as normas constantes no art. 40 da Constituição Federal*[30].

Além do Tribunal de Contas da União, há os Tribunais de Contas dos Estados como, por exemplo, o Tribunal de Contas do Estado de São Paulo, o Tribunal de Contas do Estado de Minas Gerais e o Tribunal de Contas do Estado do Rio de Janeiro. Na esfera municipal, é proibida a criação de novos Tribunais de Contas enquanto órgãos municipais, entretanto há o Tribunal de Contas do Município de São Paulo e o Tribunal de Contas do Município do Rio de Janeiro, porque foram autorizados por disposições constitucionais anteriores a 1988 e há o entendimento de que a proibição de serem criados novos tribunais, inserida na atual Constituição, não causou a extinção deles. Quer dizer, conforme Ives Gandra da Silva Martins, "recepcionou a Constituição Federal as Cortes já existentes, mas não permitiu a criação de novas [...]"[31].

Quanto ao exercício do controle externo, Lucas Rocha Furtado adverte que embora o Congresso Nacional seja o titular do controle financeiro externo, os "instrumentos necessários ao seu exercício são conferidos ao TCU"[32] e prossegue o autor ressaltando a inexistência de subordinação entre a corte de contas e o Congresso Nacional para, posteriormente, enfatizar que "somente por intermédio do TCU pode o Congresso Nacional exercer as atribuições indicadas na Constituição Federal (art. 71) relacionadas ao exercício do controle financeiro da atividade administrativa do Estado"[33].

Nos termos do art. 71 da Constituição Federal, **compete ao Tribunal de Contas da União**:

a) "apreciar as contas prestadas anualmente pelo Presidente da República, mediante parecer prévio que deverá ser elaborado em sessenta dias a contar de seu recebimento" (inciso I).

ATENÇÃO! O TCU não julga as contas do Presidente da República, pois essa competência é do Congresso Nacional (art. 49, IX). Todavia, se o Presidente não apresentar as contas no prazo de sessenta dias após a abertura da sessão legislativa, cabe à Câmara dos Deputados proceder a tomada de contas (art. 51, II)[34];

b) "julgar as contas dos administradores e demais responsáveis por dinheiros, bens e valores públicos da administração direta e indireta, incluídas as fundações e sociedades instituídas e mantidas pelo Poder Público federal, e as contas daqueles que derem causa a perda, extravio ou outra irregularidade de que resulte prejuízo ao erário público" (inciso II);

---

30. MORAES, Alexandre de. *Constituição do Brasil interpretada e legislação constitucional*. 6. ed. São Paulo: Atlas, 2006. p.1249-1250.
31. BASTOS, Celso Ribeiro; MARTINS, Ives Gandra da Silva. *Comentários à Constituição do Brasil*. São Paulo: Saraiva, 1997, v.4, tomo III. p.182-183.
32. *Curso de direito administrativo*. 2. ed. Belo Horizonte: Fórum, 2010. p. 1119.
33. FURTADO, Lucas Rocha. *Curso de direito administrativo*. 2. ed. Belo Horizonte: Fórum, 2010. p. 1120.
34. STF. RE 848826. Tese com repercussão geral: para os fins do art. 1º, inciso I, alínea "g", da Lei Complementar 64/90, a apreciação das contas dos prefeitos, tanto as de governo quanto as de gestão, será feita pelas Câmaras municipais com o auxílio dos Tribunais de Contas competentes, cujo parecer prévio somente deixará de prevalecer por decisão de 2/3 dos vereadores

c) "apreciar, para fins de registro, a legalidade dos atos de admissão de pessoal, a qualquer título, na administração direta e indireta, incluídas as fundações instituídas e mantidas pelo Poder Público, excetuadas as nomeações para cargo de provimento em comissão, bem como a das concessões de aposentadorias, reformas e pensões, ressalvadas as melhorias posteriores que não alterem o fundamento legal do ato concessório" (inciso III);

d) "realizar, por iniciativa própria, da Câmara dos Deputados, do Senado Federal, de Comissão técnica ou de inquérito, inspeções e auditorias de natureza contábil, financeira, orçamentária, operacional e patrimonial, nas unidades administrativas dos Poderes Legislativo, Executivo e Judiciário, e demais entidades referidas no inciso II" (inciso IV);

e) "fiscalizar as contas nacionais das empresas supranacionais de cujo capital social a União participe, de forma direta ou indireta, nos termos do tratado constitutivo" (inciso V);

f) "fiscalizar a aplicação de quaisquer recursos repassados pela União mediante convênio, acordo, ajuste ou outros instrumentos congêneres, a Estado, ao Distrito Federal ou a Município" (inciso VI);

g) "prestar as informações solicitadas pelo Congresso Nacional, por qualquer de suas Casas, ou por qualquer das respectivas Comissões, sobre a fiscalização contábil, financeira, orçamentária, operacional e patrimonial e sobre resultados de auditorias e inspeções realizadas" (inciso VII);

h) "aplicar aos responsáveis, em caso de ilegalidade de despesa ou irregularidade de contas, as sanções previstas em lei, que estabelecerá, entre outras cominações, multa proporcional ao dano causado ao erário" (inciso VIII);

i) "assinar prazo para que o órgão ou entidade adote as providências necessárias ao exato cumprimento da lei, se verificada ilegalidade" (inciso IX);

j) "sustar, se não atendido, a execução do ato impugnado, comunicando a decisão à Câmara dos Deputados e ao Senado Federal" (inciso X).

ATENÇÃO! No que se refere ao **ato administrativo**, assim que constatada a irregularidade, o TCU fixa um prazo para que o órgão ou entidade adote as providências no sentido de regularizá-lo e, caso isto não seja feito, possui competência para sustar diretamente a execução do ato irregular, comunicando, posteriormente, a decisão à Câmara dos Deputados e ao Senado Federal. Quanto ao **contrato administrativo**, entretanto, verificada a irregularidade, o TCU deve comunicar o fato ao Congresso Nacional, pois cabe a este fazer a sustação diretamente, bem como solicitar ao Poder Executivo que adote as providências necessárias para o caso. Todavia, caso o Congresso Nacional ou o Poder Executivo não adote as providências, no prazo de noventa dias, o TCU adquire a competência para fazê-lo diretamente.

k) "representar ao Poder competente sobre irregularidades ou abusos apurados" (inciso XI).

O art. 71, § 3º, determina que as "decisões do Tribunal de que resulte imputação de débito ou multa terão eficácia de **título executivo**". Entretanto, conforme jurisprudência do Supremo Tribunal Federal, a cobrança da dívida em juízo deve ser feita pelo ente público beneficiário da condenação, por intermédio de seus procuradores (RE 510.034-AgR; AI 826.676-AgR).

Outro ponto relevante da posição da Suprema Corte é em relação à aposentadoria. Como visto anteriormente, é competência do Tribunal de Contas apreciar, para fins de registro, a legalidade dos atos de concessão de aposentadoria, reforma ou pensão (art. 71, III). Desse modo, na esfera federal, o órgão ou entidade administrativa concede a aposentadoria ao servidor (pelo regime próprio) e, posteriormente, esse ato deve ser analisado pelo TCU e a este cabe decidir se a concessão é legal ou não. Por isso, o STF decidiu que o **"ato de aposentadoria** configura **ato administrativo complexo**, aperfeiçoando-se somente com o **registro** perante o Tribunal de Contas. Submetido à condição resolutiva, não se operam os efeitos da decadência antes da vontade final da Administração"[35].

Também, de acordo com o STF, nos termos da **Súmula Vinculante nº 3**:

> *Nos processos perante o Tribunal de Contas da União asseguram-se o contraditório e a ampla defesa quando da decisão puder resultar anulação ou revogação de ato administrativo que beneficie o interessado, excetuada a apreciação da legalidade do ato de concessão inicial de aposentadoria, reforma e pensão.*

Portanto, em se tratando de concessão de aposentadoria, o **ato de concessão inicial** será analisado pelo TCU e, nessa tarefa, não há necessidade de serem assegurados o contraditório e a ampla defesa ao interessado.

Todavia, a inexistência de um prazo e a consequente possibilidade da Corte de Contas apontar irregularidade ou ilegalidade e negar o recurso a qualquer tempo, levou o STF a adotar o entendimento de que, após cinco anos da chegada do processo de concessão de aposentadoria ao Tribunal de Contas, deveria obrigatoriamente haver a instauração de procedimento com ampla defesa e contraditório do interessado (MS 25.116).

Mas, posteriormente, o Supremo Tribunal Federal revisitou o tema e, com fundamento na segurança jurídica e na confiança legítima, passou a entender que após o transcurso do prazo de cinco anos, na verdade, o Tribunal de Contas não poderá mais negar o registro e considera-se aperfeiçoado o ato de aposentadoria. Nesse sentido, foi a tese de repercussão geral fixada no **RE nº 636.553 (tema nº 445): "Em atenção aos princípios da segurança jurídica e da confiança legítima, os Tribunais de Contas estão sujeitos ao prazo de 5 anos para o julgamento da legalidade do ato de concessão inicial de aposentadoria, reforma ou pensão, a contar da chegada do processo à respectiva Corte de Contas".**

---

35. MS 24.997 (original sem destaque). No mesmo sentido: MS 25.015, MS 25.036, MS 25.037, MS 25.090, MS 25.095, AI 844.718-AgR, e MS 24.781.

Aliás, em relação a esse julgamento, cumpre informar que a posição do STF sobre o ato de concessão de aposentadoria ser complexo existe de 1957, conforme noticiado pelo Min. Edson Fachin que, inclusive, diverge da tese e propõe classificá-lo como ato simples, que está sujeito a controle posterior. Entretanto, os demais Ministros manifestaram-se de forma superficial no sentido de manter a posição tradicional da Corte, porém cogitaram a possibilidade de no futuro revisitaram o tema. Essa discussão possui repercussão no fundamento legal do prazo de 5 anos porque, por outro lado, quando se considera esse ato como complexo e, assim, que somente se perfectibiliza com a atuação do Tribunal de Contas, não teria lugar a aplicação do art. 54 da Lei nº 9.784/1999 e, segundo o Min. Gilmar Mendes, a solução para a concretização do princípio da segurança jurídica e da confiança legítima seria, valendo-se do art. 4º da LINDB, a aplicação por analogia do contido no Decreto nº 20.910/1932, que prevê o prazo prescricional de 5 anos nas ações contra a Fazenda Pública, e na Lei nº 9.783/1999, que estabelece o prazo de prescrição de 5 anos para a aplicação das sanções decorrentes do exercício de poder de polícia. **No entanto, não pode restar dúvida sobre o alcance do julgado porque não foram objeto de votação a discussão sobre eventual alteração no entendimento do STF em ser o ato de aposentadoria classificado como complexo, o que segue como posição da Côrte, e nem qual seria o fundamento legal do prazo para análise do ato concessivo da aposentadoria. Assim, a essência da decisão, por maioria (vencido o Min. Marco Aurélio), foi que deve haver um prazo para a análise pelo Tribunal de Contas do ato de concessão da aposentadoria, que é razoável que seja de 5 anos e que o termo inicial é a chegada do processo na Corte de Contas.**

5. CONTROLE JUDICIAL

O controle judicial é o "exercido privativamente pelos órgãos do Poder Judiciário sobre os atos administrativos do Executivo, do Legislativo e do próprio Judiciário quando realiza atividade administrativa"[36].

É necessário destacar, como já anteriormente exposto, que no Brasil vigora o **sistema de jurisdição única** ou sistema inglês, conforme o art. 5º, XXXV da Constituição Federal de 1988, pelo qual há somente uma jurisdição e, assim, o controle dos atos administrativos, de maneira definitiva, é feito pelo Poder Judiciário.

O controle judicial é controle de natureza **externa** e, quanto à sua extensão, é um controle de **legalidade** ou **legitimidade**, não sendo permitido ao Poder Judiciário a ingerência no mérito do ato administrativo, ou seja, sobre a conveniência e a oportunidade. Entretanto, há decisões judiciais reconhecendo a possibilidade de o controle judicial investir no **mérito**, desde que tenha como parâmetro **a legalidade** do ato, ou seja, "o Judiciário não examina o mérito dos atos da Administração a partir de considerações sobre a sua oportunidade ou conveniência, mas sim relativamente à

36. MEIRELLES, Hely Lopes. *Direito administrativo brasileiro*. 36. ed.São Paulo: Malheiros, 2010. p. 744.

sua conformação com os princípios constitucionais [...]"[37]. Nessa tarefa, destaca-se o uso dos princípios da **razoabilidade**, da moralidade e da eficiência.

Deve ser salientado que, na análise do Judiciário sobre os motivos, isto é, os pressupostos de fato que antecederam a prática do ato, não há invasão do mérito, pois a ausência ou falsidade do motivo tornam o ato viciado, justificando sua anulação[38].

Ainda quanto à extensão do controle judicial, é necessário fazer a abordagem dos atos políticos e dos atos *interna corporis*.

Os **atos políticos** são os atos que, praticados por "agentes do Governo, no uso da competência constitucional, se fundam na ampla liberdade de apreciação da conveniência ou oportunidade de sua realização, sem se aterem a critérios jurídicos preestabelecidos"[39]. São exemplos desses atos o indulto e a permissão para que forças estrangeiras transitem pelo território nacional, ambos de competência do Presidente da República (art. 84, XII e XXII), bem como a autorização dada pelo Congresso Nacional para o Presidente da República se ausentar do país por mais de quinze dias (art. 49, III)[40].

Tais atos comportam maior discricionariedade do que há normalmente e, em consequência, há mais restrições para que o Poder Judiciário exerça o controle sobre eles, mas não estão imunes ao controle judicial quando importarem em lesão a direitos individuais ou coletivos, especialmente em face do art. 5º, XXXV, da Constituição Federal.

Da mesma forma ocorre com os **atos *interna corporis***, os quais, de acordo com José dos Santos Carvalho Filho, são atos "praticados dentro da competência interna e exclusiva dos órgãos dos Poderes Executivo, Legislativo e Judiciário"[41]. São exemplos os regimentos internos dos tribunais e das casas legislativas e, como se limitam a estabelecer normas sobre o funcionamento desses órgãos, em regra, não se sujeitam ao controle judicial, mas, se esses atos forem exorbitantes, importando em lesão a direitos individuais ou coletivos, será possível o exercício do controle pelo Poder Judiciário[42].

Quanto ao momento, normalmente, o controle judicial dos atos administrativos é feito *a posteriori*, mas é possível também o controle prévio, até porque a Constituição Federal, no art. 5º, XXXV garante a inafastabilidade da jurisdição quando houver lesão ao direito ou quando houver ameaça de lesão. Por exemplo, o mandado de segurança pode ser impetrado de forma preventiva ou repressiva, havendo previsão expressa na Lei nº 12.016/09, no art. 1º, *caput*, ao estabelecer seu cabimento quando

---

37. CUNHA JÚNIOR, Dirley da. *Curso de direito administrativo*. 8. ed. Salvador: Juspodivm, 2009. p. 642
38. DI PIETRO, Maria Sylvia Zanella. *Direito administrativo*. 23. ed. São Paulo: Atlas, 2010. p. 748.
39. MEIRELLES, Hely Lopes. *Direito administrativo brasileiro*. 36. ed.São Paulo: Malheiros, 2010. p. 746.
40. CARVALHO FILHO, José dos Santos. *Manual de direito administrativo*. 19. ed. Rio de Janeiro: Lumen Juris, 2008. p. 902.
41. *Manual de direito administrativo*. 19. ed. Rio de Janeiro: Lumen Juris, 2008. p. 903.
42. DI PIETRO, Maria Sylvia Zanella. *Direito administrativo*. 23. ed. São Paulo: Atlas, 2010. p. 749.

a pessoa sofrer violação ou houver justo receio de sofrê-la por parte de autoridade, bem como o art. 7º, III, prevendo a concessão de liminar.

5.1. Meios de controle

Há diversas ações disponíveis para se provocar a atuação do Poder Judiciário no controle dos atos administrativos, mas os principais meios são o *habeas corpus*, o *habeas data*, o mandado de segurança, o mandado de injunção, a ação popular, a ação civil pública.

5.1.1. *Habeas corpus*

A Constituição Federal, no art. 5º, LXVII estabelece que se concederá *habeas corpus* "sempre que alguém sofrer ou se achar ameaçado de sofrer violência ou coação em sua liberdade de locomoção, por ilegalidade ou abuso de poder".

É uma ação constitucional de natureza penal e tem como objetivo a tutela da liberdade de locomoção contra violência ou coação, inclusive sob a forma de ameaça. Pode ser preventivo (quando há ameaça de violência ou coação) ou repressivo (quando a violência ou a coação já se materializaram).

Não é recurso e, sim, um remédio constitucional, uma ação, podendo a impetração ser feita por qualquer pessoa, em seu favor ou em benefício de terceiro e não há necessidade de advogado, devendo haver prova pré-constituída.

Dá-se o nome de impetrante a quem ajuíza a ação, de paciente ao titular do direito de locomoção lesado ou ameaçado de lesão e de autoridade coatora ao agente responsável pela violência ou coação.

O *habeas corpus* pode ser impetrado contra ato de autoridade, como no caso de prisão ilegal, em que se objetiva desconstituir a prisão realizada ou a ordem de prisão a ser cumprida, e, também, contra ato de particular como, por exemplo, no último caso, em relação às clínicas psiquiátricas, às internações hospitalares, aos asilos e às clínicas de tratamento de pessoas viciadas em substância entorpecente[43]. Nesse sentido, para ilustrar, no HC 35.301, o STJ decidiu que é "incabível a internação forçada de pessoa maior e capaz sem que haja justificativa proporcional e razoável para a constrição da paciente"[44] e que há configuração de constrangimento ilegal.

---

43. FERNANDES, Bernardo Gonçalves. *Curso de direito constitucional*. 3. ed. Rio de Janeiro: Lumen Juris, 2011. p. 450.

44. Nesse caso, paciente maior de idade fora internada em clínica psiquiátrica pelos pais e, também, ajuizaram ação de interdição, tendo havido a constatação da plena capacidade civil da filha. Impetrado o HC, a ordem foi deferida em caráter liminar na 1ª instância e, no reexame de ofício, o Tribunal de Justiça cassou a liminar e determinou a reinternação. No STJ, decidiu-se que mesmo havendo o "dever de cuidado e proteção dos pais em relação aos filhos, a internação compulsória de filha maior e capaz, em clínica para tratamento psiquiátrico, sem que haja efetivamente diagnóstico nesse sentido, configura constrangimento ilegal", pelo que foi concedida a ordem para se restabelecer o direito de locomoção da paciente.

Quanto ao impetrante, pode ser pessoa física ou jurídica (desde que, em favor de pessoa física) e, inclusive, pode ser impetrado pelo Ministério Público.

No que se refere às punições disciplinares militares, o art. 142, § 2º da Constituição Federal veda a concessão de *habeas corpus*, mas o entendimento consagrado é que a proibição diz respeito ao mérito da infração, pois é cabível o remédio constitucional quanto aos pressupostos de legalidade (a hierarquia, o poder disciplinar, o ato ligado à função e a pena suscetível de ser aplicada disciplinarmente), conforme decidido pelo STF, no HC 70.648.

5.1.2. *Habeas data*

Nos termos do art. 5º, LXXII, da Constituição Federal, o *habeas data* será concedido:

a) *para assegurar o conhecimento de informações relativas à pessoa do impetrante, constantes de registros ou bancos de dados de entidades governamentais ou de caráter público;*

b) *para a retificação de dados, quando não se prefira fazê-lo por processo sigiloso, judicial ou administrativo.*

As **finalidades** constitucionais do *habeas data* são duas: **conhecimento** ou **retificação** das informações relativas ao impetrante.

Esse dispositivo foi regulamentado pela Lei nº 9.507/97, que acrescentou mais uma finalidade ao *habeas data*, qual seja, "para a **anotação** nos assentamentos do interessado, de contestação ou explicação sobre dado verdadeiro mas justificável e que esteja sob pendência judicial ou amigável". Em relação a essa ampliação há discussão na doutrina sobre a sua constitucionalidade, mas a corrente majoritária da doutrina considera que a ampliação é constitucional porque tem natureza ampliativa "do direito e da garantia *minimamente* estabelecidos no Texto Maior"[45].

Quanto ao banco de dados de entidade de caráter público, o art. 1º, parágrafo único, da Lei nº 9.507/97 assim considera "todo registro ou banco de dados contendo informações que sejam ou que possam ser transmitidas a terceiros ou que não sejam de uso privativo do órgão ou entidade produtora ou depositária das informações". Por exemplo, considera-se como de caráter público o Serasa, o SPC (Serviço de Proteção ao Crédito).

O *habeas data* somente pode ser impetrado quando se tratar de informação a respeito de dados pessoais referentes à pessoa do impetrante, não se confundindo com o direito de obtenção de certidão (art. 5º, XXXIV, "b", CF) ou o direito de informação de interesse particular, coletivo ou geral (art. 5º, XXXIII, CF), pois, havendo recusa nessas hipóteses, deve ser impetrado mandado de segurança e não *habeas data*[46].

---

45. BUENO, Cassio Scarpinella. Habeas data. In: DIDIER JUNIOR, Fredie. *Ações constitucionais*. 5. ed. Salvador: Juspodivm, 2011. p. 71.
46. LENZA, Pedro. *Direito constitucional esquematizado*. 14. ed. São Paulo: Saraiva, 2010. p. 821.

5.1.3. Mandado de segurança

O **mandado de segurança** está previsto no art. 5º, LXIX, em cuja redação assegura-se a concessão desse remédio constitucional "para proteger direito líquido e certo, não amparado por 'habeas-corpus' ou 'habeas-data', quando o responsável pela ilegalidade ou abuso de poder for autoridade pública ou agente de pessoa jurídica no exercício de atribuições do Poder Público", bem como no inciso LXX do mesmo artigo, assegurando a impetração de mandado de segurança coletivo por partido político com representação no Congresso Nacional e por organização sindical, entidade de classe ou associação legalmente constituída e em funcionamento há pelo menos um ano, em defesa dos interesses de seus membros ou associados.

Na clássica definição de Hely Lopes Meirelles, **mandado de segurança** é:

> *o meio constitucional posto à disposição de toda pessoa física ou jurídica, órgão com capacidade processual ou universalidade reconhecida por lei para proteger direito individual ou coletivo, líquido e certo, não amparado por habeas corpus ou habeas data, lesado ou ameaçado de lesão por ato de qualquer autoridade, seja de que categoria for e sejam quais forem as funções que exerça*[47].

Ambos os dispositivos constitucionais mencionados foram regulamentados pela Lei nº 12.016/09.

O mandado de segurança somente pode ser utilizado quando se tratar de **direito líquido e certo**, que é o direito que pode ser comprovado de plano, sendo possível reconhecê-lo no momento da impetração pelas provas existentes e, caso a prova do direito dependa de momento futuro, não cabe o mandado de segurança[48].

ATENÇÃO! **Súmula 625**, STF: "Controvérsia sobre matéria de direito não impede concessão de mandado de segurança".

A autoridade coatora é o sujeito passivo, mas o art. 1º, § 1º, da Lei nº 12.016/09 **equipara** à autoridade para a impetração de mandado de segurança:

a) os representantes ou órgãos de partidos políticos;

b) os administradores de entidades autárquicas;

c) os dirigentes de pessoas jurídicas ou as pessoas naturais no exercício de atribuições do poder público, somente no que disser respeito a essas atribuições.

Dessa maneira, o *mandamus* pode ser impetrado contra ato de dirigente de estabelecimento de ensino privado ou ato de administrador de concessionária de serviço público, ressalvando-se, no último caso e também quanto aos atos de administradores de empresas públicas e de sociedade de economia mista, os **atos de gestão comercial**, nos termos do § 2º do mesmo artigo. Nesse sentido, a Súmula nº 333 do STJ:

---

47. MEIRELLES, Hely Lopes. *Mandado de segurança, ação popular, ação civil pública, mandado de injunção, habeas data*. 18. ed. São Paulo: Malheiros, 1997. p. 21.

48. MEDAUAR. Odete. *Direito administrativo moderno*. 14. ed. São Paulo: Revista dos Tribunais, 2010. p. 423.

> ***Súmula 333 do STJ*** - *Cabe mandado de segurança contra ato praticado em licitação promovida por sociedade de economia mista ou empresa pública.*

O art. 5º da Lei nº 12.016/09 **veda a concessão de mandado de segurança** nos seguintes casos:

a) ato do qual caiba recurso administrativo com efeito suspensivo, independentemente de caução;

b) decisão judicial da qual caiba recurso com efeito suspensivo;

c) decisão judicial transitada em julgado.

Além dessas hipóteses, nos termos da **Súmula 266** do STF, não "cabe o mandado de segurança contra lei em tese".

O **prazo** para interposição é de 120 dias (art. 23). A respeito, há a **Súmula 632**, do STF, estabelecendo que é "constitucional lei que fixa prazo de decadência para impetração de mandado de segurança", bem como a **Súmula 430**, também do STF, prevendo que o pedido "de reconsideração na via administrativa não interrompe o prazo para o mandado de segurança".

O art. 7º, §2º, estabelece que não será concedida liminar nas hipóteses em que elenca. Entretanto, na ADI 4296, decidiu o STF que esse dispositivo é inconstitucional e, dessa forma, não mais persistem essas limitações.

Com relação ao **mandado de segurança coletivo**, pode ser impetrado por:

a) **partido político** com representação no Congresso Nacional: "na defesa de seus interesses legítimos relativos a seus integrantes ou à finalidade partidária" (art. 21, Lei nº 12.016/09)

b) por **organização sindical, entidade de classe** ou **associação** legalmente constituída e em funcionamento há pelo menos um ano, em defesa dos interesses de seus membros ou associados: "em defesa de direitos líquidos e certos da totalidade, ou de parte, dos seus membros ou associados, na forma dos seus estatutos e desde que pertinentes às suas finalidades, dispensada, para tanto, autorização especial" (art. 21, Lei nº 12.016/09). Sobre esse dispositivo: • **Súmula nº 629** do STF: "A impetração de mandado de segurança coletivo por entidade de classe em favor dos associados independe da autorização destes"; • **Súmula 630**, do STF: "A entidade de classe tem legitimação para o mandado de segurança ainda quando a pretensão veiculada interesse apenas a uma parte da respectiva categoria".

ATENÇÃO! O funcionamento e a pré-constituição há pelo menos um ano aplica-se apenas às associações, com o que se visa impedir a formação de um novo legitimado que não existia quando da ocorrência do fato, bem como evitar a "possibilidade de eventual conluio com o Poder Público por parte de uma associação recém-constituída e ainda de bases pouco sólidas", conforme adverte André Ramos Tavares[49], colacionando o autor, inclusive, decisão do STF nesse sentido (RE 198.919-0/DF).

49. *Manual do novo mandado de segurança: Lei 12.016/2009*. Rio de Janeiro: Forense, 2009. p. 175.

Esses legitimados podem se valer do mandado de segurança coletivo para proteger os seguintes **direitos** (art. 21, parágrafo único):

a) **coletivos**: "os transindividuais, de natureza indivisível, de que seja titular grupo ou categoria de pessoas ligadas entre si ou com a parte contrária por uma relação jurídica básica";

b) **individuais homogêneos**: "os decorrentes de origem comum e da atividade ou situação específica da totalidade ou de parte dos associados ou membros do impetrante".

5.1.4. *Mandado de injunção*

A Constituição Federal, no art. 5º, LXXI, assegura a concessão do mandado de injunção "sempre que a falta de norma regulamentadora torne inviável o exercício dos direitos e liberdades constitucionais e das prerrogativas inerentes à nacionalidade, à soberania e à cidadania".

Trata-se de medida cabível quando determinado direito ou liberdade assegurados constitucionalmente não puderem ser exercitados porque não houve a devida regulamentação. Assim, não basta a inércia legislativa para a admissão do mandado de injunção, sendo necessária, também, a inviabilidade, por conta disso, do exercício de direito, liberdade ou prerrogativa constitucionalmente assegurada.

Para combater a omissão, existe também a ação direta de inconstitucionalidade por omissão, mas não se confunde com o mandado de injunção porque este pode ser impetrado por qualquer pessoa e objetiva solucionar a inércia em determinado caso concreto e, por outro lado, aquela possui rol de legitimados autorizados a ajuizá-la e se destina ao combate da omissão em tese.

Ponto de bastante discussão quanto ao mandado de injunção diz respeito aos **efeitos da decisão**, os quais, consoante Alexandre de Moraes[50], podem ser sistematizados da seguinte forma:

a) **concretista**: decisão em regra, constitutiva. Viabiliza o exercício do direito, até que venha norma regulamentadora.

- **concretista geral**: implementa o exercício de forma geral, com efeitos *erga omnes*.
- **concretista individual**: implementa o exercício do direito com efeitos apenas para o autor.
- **concretista individual direta**: implementa imediatamente a eficácia da norma constitucional;
- **concretista individual intermediária**: não implementa imediatamente; a eficácia da norma constitucional, pois há a concessão de prazo e, se não for cumprido, promove-se a implementação;

50. *Direito constitucional*. 24. ed. São Paulo: Atlas, 2009. p. 175-181.

b) **não concretista**: reconhece formalmente a inércia legislativa, mas não viabiliza o exercício do direito; apenas, dá-se ciência ao poder competente sobre a necessidade de edição da norma. Por essa posição, os efeitos são idênticos aos da ação direta de inconstitucionalidade por omissão.

De maneira breve, é possível se dizer que houve uma evolução na jurisprudência do STF quanto aos efeitos da decisão do mandado de injunção, pois, de início, a Corte adotava, em regra, a posição não concretista e apenas dava ciência da inércia e, com isso, o autor não via a implementação do direito reclamado. Entretanto, em 2007, houve significativa alteração de posicionamento, conforme decidido nos Mandados de Injunção n°s 670, 708 e 712, nos quais houve o reconhecimento da mora do Poder Legislativo quanto à regulamentação do direito de greve dos servidores públicos (art. 37, VII), bem como o STF autorizou a realização de greve com base na Lei 7783/89, no que couber, até que sobrevenha a lei específica.

O mandado de injunção foi regulamentado pela **Lei nº 13.300/16**.

O art. 2º, *caput*, estabelece que o mandado de injunção pode ser manejado quando "a falta total ou parcial de norma regulamentadora torne inviável o exercício dos direitos e liberdades constitucionais e das prerrogativas inerentes à nacionalidade, à soberania e à cidadania" e seu parágrafo único prevê que a regulamentação será considerada parcial "quando forem insuficientes as normas editadas pelo órgão legislador competente".

Nos termos do art. 8º, reconhecido estado de mora legislativa, a injunção será deferida para:

a) determinar prazo razoável para que o impetrado promova a edição da norma regulamentadora. Essa determinação será dispensada se ficar demonstrado que o impetrado deixou de atender, em mandado de injunção anterior, ao prazo estabelecido para a edição da norma;

b) estabelecer as condições em que se dará o exercício dos direitos, das liberdades ou das prerrogativas reclamados ou, se for o caso, as condições em que poderá o interessado promover ação própria visando a exercê-los, caso não seja suprida a mora legislativa no prazo determinado.

A norma regulamentadora, quando for feita, produzirá efeitos *ex nunc* em relação aos beneficiados por decisão transitada em julgado, exceto se aplicação da norma editada for mais favorável, conforme prevê o art. 11. E, caso a norma regulamentadora seja editada antes da decisão, o processo será extinto sem julgamento de mérito.

Em relação ao mandado de injunção coletivo, podem ser tutelados por meio dele os direitos, as liberdades e as prerrogativas pertencentes, indistintamente, a uma coletividade indeterminada de pessoas ou determinada por grupo, classe ou categoria.

Consoante a previsão do art. 12, pode ser interposto:

a) pelo Ministério Público, quando a tutela requerida for especialmente relevante para a defesa da ordem jurídica, do regime democrático ou dos interesses sociais ou individuais indisponíveis;

b) por partido político com representação no Congresso Nacional, para assegurar o exercício de direitos, liberdades e prerrogativas de seus integrantes ou relacionados com a finalidade partidária;

c) por organização sindical, entidade de classe ou associação legalmente constituída e em funcionamento há pelo menos 1 (um) ano, para assegurar o exercício de direitos, liberdades e prerrogativas em favor da totalidade ou de parte de seus membros ou associados, na forma de seus estatutos e desde que pertinentes a suas finalidades, dispensada, para tanto, autorização especial;

d) pela Defensoria Pública, quando a tutela requerida for especialmente relevante para a promoção dos direitos humanos e a defesa dos direitos individuais e coletivos dos necessitados, na forma do inciso LXXIV do art. 5º da Constituição Federal.

5.1.5. Ação popular

A ação popular está prevista no art. 5º, LXXIII, que tem a seguinte redação:

> *Qualquer cidadão é parte legítima para propor ação popular que vise a anular ato lesivo ao patrimônio público ou de entidade de que o Estado participe, à moralidade administrativa, ao meio ambiente e ao patrimônio histórico e cultural, ficando o autor, salvo comprovada má-fé, isento de custas judiciais e do ônus da sucumbência.*

Em âmbito infraconstitucional, há a Lei nº 4.717/65 disciplinando a ação popular.

É ação destinada à tutela da **moralidade administrativa**, do **meio ambiente**, do **patrimônio histórico** e **cultural** e do **patrimônio público**, este na sua mais ampla acepção, incluindo bens móveis, imóveis, ações e créditos públicos[51].

São pressupostos específicos da ação popular[52]:

a) o autor da ação deve ser cidadão ativo, isto é, deve ser eleitor, comprovando-se por título eleitoral ou documento equivalente. Dessa forma, a ação popular **não** poderá ser proposta por pessoa jurídica;

b) o ato impugnado deve ser lesivo ao patrimônio público, à **moralidade, ao meio ambiente e ao patrimônio histórico** e **cultural**;

c) a ocorrência de ilegalidade ou ilegitimidade, o que inclui os princípios administrativos como, por exemplo, o da moralidade.

---

51. RODRIGUES, Geisa de Assis. Ação popular. In: DIDIER JÚNIOR, Fredie. *Ações constitucionais*. 5. ed. Salvador: Juspodivm, 2011. p. 284.
52. NOHARA, Irene Patrícia. *Direito administrativo*. 2. ed. São Paulo: Atlas, 2012. p. 846.

ATENÇÃO! Nesse ponto, há na doutrina quem sustente que somente é possível a ação popular se a lesão for decorrente de ilegalidade, isto é, se houver a ocorrência do binômio lesividade/ilegalidade. Entretanto, a lesão pode ser dos princípios da Administração e, nesse sentido, já decidiu o STF e o STJ como, por exemplo, o REsp 1.130.754, no qual foi assentado que "é possível afirmar a prescindibilidade do dano para a propositura da ação popular", porque "o termo 'patrimônio público' deve ser entendido de maneira ampla, a abarcar não apenas o patrimônio econômico, mas também outros valores, entre eles, a moralidade administrativa".

Quanto ao **sujeito ativo**, excluem-se a pessoa jurídica (Súmula 365, do STF), os estrangeiros, os apátridas e as pessoas que estiverem com os direitos políticos suspensos ou perdidos, nas situações elencadas no art. 15 da Constituição Federal[53].

Nos termos do art. 6º, podem ser **sujeitos passivos** da ação popular:

a) as pessoas cujo patrimônio é protegido: União, Estados, Distrito Federal, Municípios, autarquias, fundações públicas (com personalidade de direito público ou de direito privado), empresas públicas, sociedades de economia mista, pessoas jurídicas subvencionadas pelo Estado;

b) aqueles que causaram, ou ameaçaram causar, por ato ou omissão, lesão aos bens tutelados: autoridades, funcionários ou administradores;

c) os beneficiários diretos do ato ou da omissão: não pode ser beneficiário indireto.

A ação deve ser proposta por meio de advogado e há isenção de custas e do ônus da sucumbência para o autor, salvo se comprovada má-fé. Se ficar demonstrado que o requerente agiu de má-fé, conforme o art. 13 da Lei nº 4.717/65, o juiz pode condená-lo ao décuplo das custas.

A ação popular tem **natureza dupla**, sendo constitutiva e condenatória, pois tem como **objeto**[54]:

a) a anulação do ato;

b) a condenação ao pagamento de perdas e danos ou à restituição de bens e valores (art. 14, § 4º).

5.1.6. *Ação civil pública*

A **ação civil pública** está prevista na Constituição Federal, no art. 129, III, está disciplinada pela Lei nº 7.347/85 e pode ser definida como "o meio processual de que se podem valer o Ministério Público e as pessoas jurídicas indicadas em lei para proteção de interesses difusos e gerais"[55].

53. LENZA, Pedro. *Direito constitucional esquematizado*. 14. ed. São Paulo: Saraiva, 2010. p. 825.
54. DI PIETRO, Maria Sylvia Zanella. *Direito administrativo*. 23. ed. São Paulo: Atlas, 2010. p. 806.
55. DI PIETRO, Maria Sylvia Zanella. *Direito administrativo*. 23. ed. São Paulo: Atlas, 2010. p. 812.

A ação civil pública é usada para tutelar os interesses difusos, coletivos e individuais homogêneos[56], e o art. 1º da Lei nº 7.347/85 estabelece que, sem prejuízo da ação popular, a tutela por meio da ação civil pública se dá em relação:

a) ao meio ambiente;

b) ao consumidor;

c) a bens e direitos de valor artístico, estético, histórico, turístico e paisagístico;

d) à infração da ordem econômica;

e) à ordem urbanística;

f) à honra e à dignidade de grupos raciais, étnicos ou religiosos.

g) ao patrimônio público e social.

h) a qualquer outro interesse difuso ou coletivo.

No parágrafo único do mesmo dispositivo, porém, a lei veda a propositura de ação civil pública para "veicular pretensões que envolvam tributos, contribuições previdenciárias, o Fundo de Garantia do Tempo de Serviço - FGTS ou outros fundos de natureza institucional cujos beneficiários podem ser individualmente determinados".

Possuem **legitimidade ativa** para propor a ação (art. 5º):

a) Ministério Público;

b) Defensoria Pública;

c) União, Estados, Distrito Federal e Municípios;

d) autarquia, empresa pública, fundação ou sociedade de economia mista;

e) associação que, concomitantemente:

- esteja constituída há pelo menos 1 ano nos termos da lei civil. O prazo de 1 ano poderá ser dispensado quando houver interesse social, mediante comprovação da dimensão do dano (REsp nº 1.443.263); e
- inclua, entre suas finalidades institucionais, a proteção ao patrimônio público e social, ao meio ambiente, ao consumidor, à ordem econômica, à livre concorrência, aos direitos de grupos raciais, étnicos ou religiosos ou ao patrimônio artístico, estético, histórico, turístico e paisagístico.

---

56. O Código de Defesa do Consumidor, no art. 81, parágrafo único, traz as seguintes definições:
"I - interesses ou direitos difusos, assim entendidos, para efeitos deste código, os transindividuais, de natureza indivisível, de que sejam titulares pessoas indeterminadas e ligadas por circunstâncias de fato;
II - interesses ou direitos coletivos, assim entendidos, para efeitos deste código, os transindividuais, de natureza indivisível de que seja titular grupo, categoria ou classe de pessoas ligadas entre si ou com a parte contrária por uma relação jurídica base;
III - interesses ou direitos individuais homogêneos, assim entendidos os decorrentes de origem comum".

Determina o art. 139, X, do Novo Código de Processo Civil, que o juiz deverá, "quando se deparar com diversas demandas individuais repetitivas, oficiar o Ministério Público, a Defensoria Pública e, na medida do possível, outros legitimados a que se referem o art. 5º da Lei no 7.347, de 24 de julho de 1985, e o art. 82 da Lei no 8.078, de 11 de setembro de 1990, para, se for o caso, promover a propositura da ação coletiva respectiva".

Qualquer pessoa pode ser **sujeito passivo**, desde que tenha causado, ou ameaçado causar, dano aos interesses tutelados.

A ação civil pública tem como objetivo a condenação em dinheiro e/ou o cumprimento de obrigação de fazer ou não fazer, nos termos do art. 3º. Quanto à sentença, conforme o art. 16, possui efeitos *erga omnes*.

Quanto à **sentença**, o art. 16, em sua redação previa que a "sentença civil fará coisa julgada *erga omnes*, exceto se a ação for julgada improcedente por deficiência de provas, hipótese em que qualquer legitimado poderá intentar outra ação com idêntico fundamento, valendo-se de nova prova" Posteriormente, a Lei nº 9.494/97 alterou a redação desse dispositivo para incluir a expressão "nos limites da competência territorial do órgão prolator". Entretanto, o STF, no RE 1.101.937 (Tema 1075): "**I- É inconstitucional a redação do art. 16 da Lei 7.347/1985, alterada pela Lei 9.494/1997, sendo repristinada sua redação original; II – Em se tratando de ação civil pública de efeitos nacionais ou regionais, a competência deve observar o art. 93, II, da Lei 8.078/1990 (Código de Defesa do Consumidor); III – Ajuizadas múltiplas ações civis públicas de âmbito nacional ou regional e fixada a competência nos termos do item II, firma-se a prevenção do juízo que primeiro conheceu de uma delas, para o julgamento de todas as demandas conexas.**"

5.1.6.1. *Inquérito civil*

O inquérito civil é um **procedimento administrativo**, não sujeito ao contraditório porque tem natureza inquisitiva. Conforme o art. 129, III, da Constituição Federal, é função institucional do Ministério Público instaurar o inquérito civil para a proteção do patrimônio público e social, do meio ambiente e de outros interesses difusos e coletivos. No mesmo sentido, há o art. 8º, § 1º, da Lei nº 7.347/85, prevendo a instauração do inquérito civil pelo Ministério Público.

Assim, o inquérito civil é de competência exclusiva do Ministério Público, mas não é obrigatório para a propositura da ação, isto é, é **dispensável**, desde que haja outros meios de convicção pelos quais se obteve os elementos necessários para o ingresso em juízo. Entretanto, a legitimidade para a propositura de ação civil pública não é privativa do *Parquet*, pois há outros legitimados, conforme visto anteriormente.

A instauração pode ser de ofício ou a requerimento de qualquer pessoa (art. 6º) e o inquérito civil tramitará sob a presidência do órgão do Ministério Público, destacando-se que durante as investigações o próprio Ministério Público, diretamente, pode requisitar, de qualquer organismo público ou particular, certidões, informações, exames ou perícias, no prazo que assinalar, o qual não poderá ser inferior a

10 dias úteis (art. 8º, § 1º). No entanto, nos casos em que a lei impuser sigilo, poderá ser negada certidão ou informação, hipótese em que a ação poderá ser proposta desacompanhada desses documentos, cabendo ao juiz requisitá-los (§ 2º).

Encerrada a investigação, havendo fundamento, será proposta a ação civil pública, mas, nos termos do art. 9º, *caput*, se "o órgão do Ministério Público, esgotadas todas as diligências, se convencer da inexistência de fundamento para a propositura da ação civil, promoverá o arquivamento dos autos do inquérito civil ou das peças informativas, fazendo-o fundamentadamente".

Desse modo, o membro do Ministério Público determina o arquivamento do inquérito civil e, sob pena de incorrer em falta grave, no prazo de três dias, encaminha os autos para o Conselho Superior do Ministério Público. Cabe a este órgão a homologação do arquivamento ou sua rejeição, e até que haja a decisão poderão as associações legitimadas apresentar razões escritas ou documentos, que serão juntados aos autos do inquérito ou anexados às peças de informação. Se o Conselho rejeitar a promoção do arquivamento, designará desde logo outro membro do Ministério Público para o ajuizamento da ação.

5.1.6.2. Termo de Ajustamento de Conduta (TAC)

O Termo de Ajustamento de Conduta (TAC) está previsto no art. 5º, § 6º, da Lei nº 7.347/85, ao estabelecer que os "órgãos públicos legitimados poderão tomar dos interessados compromisso de ajustamento de sua conduta às exigências legais, mediante cominações, que terá eficácia de título executivo extrajudicial".

Trata-se de importante ferramenta de controle da Administração Pública, realizada extrajudicialmente, pois, por meio dele, é possível a obtenção de comportamento do agente que está causando ou na iminência de causar dano, adequando-se ao exigido pelo direito, sem a necessidade de propositura de ação judicial. Todavia, se houver o descumprimento do que fora pactuado, o título executivo já está disponível para a execução.

6. QUESTÕES

6.1. Questões objetivas comentadas

01. **(Cespe - Analista Judiciário - Direito - TJ - PA/2020)** Acerca do controle da administração pública, julgue os itens a seguir.

I Em nenhuma hipótese é possível a revogação, pelo Poder Judiciário, de atos praticados pelo Poder Executivo.

II A reclamação para anulação de ato administrativo em desconformidade com súmula vinculante é uma modalidade de controle externo da atividade administrativa.

III Nenhuma lei pode criar uma modalidade inovadora de controle externo não prevista constitucionalmente.

Assinale a opção correta.

A) Apenas o item I está certo.
B) Apenas o item II está certo.
C) Apenas os itens I e III estão certos.
D) Apenas os itens II e III estão certos.
E) Todos os itens estão certos.

COMENTÁRIO

Item I. Correto. A **revogação** é a extinção de um ato administrativo por razões de **conveniência** e **oportunidade**. Assim, no âmbito das correspondentes competências administrativas, cada um dos Poderes pode revogar os seus próprios atos, **não podendo o Poder Judiciário revogar atos do Poder Executivo.**

Item II. Correto. O art. 103-A, §3º, da CF, prevê que caberá reclamação ao STF do ato administrativo ou decisão judicial que contrariar a súmula aplicável ou que indevidamente a aplicar. Trata-se, na hipótese narrada no enunciado, de **controle externo**, assim entendido como aquele que um Poder (Judiciário) exerce sobre o outro (Executivo).

Item III. Correto. De fato, à luz da independência dos Poderes, todas as modalidades de **controle externo** devem estar disciplinadas na Constituição Federal, de tal modo que não é possível que lei infraconstitucional crie modalidades distintas de controle externo.

Alternativa correta: letra "e".

02. **(FGV – Técnico Judiciário – Área Judiciária – TJ – CE/2019)** Controle da administração pública é o conjunto de mecanismos jurídicos e administrativos por meio dos quais o poder público e o próprio povo exercem o poder de fiscalização e de revisão da atividade administrativa.

De acordo com a doutrina de Direito Administrativo, quanto à natureza do órgão controlador, o controle pode ser classificado como:

a) legislativo, que é aquele executado pelo Poder Legislativo, com o auxílio da Procuradoria-Geral de Justiça;
b) judicial, que é aquele executado pelo Poder Judiciário, que, em regra, faz a revisão do mérito administrativo;
c) administrativo, que é aquele executado pela própria Administração Pública, calcado em seu poder de autotutela;
d) externo, que é aquele executado pelo Poder Executivo, com o auxílio do Tribunal de Contas;
e) externo, que é aquele executado pelo Ministério Público, com o auxílio da Controladoria-Geral.

COMENTÁRIO

Alternativa correta: letra "c". O "***controle administrativo*** é um ***autocontrole*** dentro da Administração Pública"[57]. É "o poder de fiscalização e correção que a Administração (em sentido amplo) exerce sobre sua própria atuação, sob os aspectos de legalidade e mérito, por iniciativa própria ou mediante provocação"[58]. Decorre principalmente do poder de ***autotutela***.

Alternativa "a". O **controle legislativo** é o exercido pelo **Poder Legislativo**, pois são pertinentes a esse Poder, na sua **função típica**, as tarefas de legislar e fiscalizar. Esse controle é exercido sobre os atos do Poder Executivo, das entidades da administração indireta e, inclusive, sobre os atos administrativos do Poder Judiciário e, assim, trata-se de controle externo. É muito comum que o **controle legislativo** seja realizado com o auxílio dos **Tribunais de Contas**.

Alternativa "b". O controle judicial é o "exercido privativamente pelos órgãos do Poder Judiciário sobre os atos administrativos do Executivo, do Legislativo e do próprio Judiciário quando realiza atividade administrativa". Trata-se de controle de natureza **externa** e, quanto a sua extensão, é um controle de **legalidade** ou **legitimidade**, não sendo permitida ao Judiciário a ingerência no mérito do ato administrativo, ou seja, sobre a conveniência e a oportunidade.

Alternativa "d" (responde a alternativa "e"). O **controle externo** é aquele realizado por órgão ou entidade administrativa ou por poder distinto daquele no qual o ato foi praticado. Assim, é externo, por exemplo, tanto o controle que o Poder Legislativo exerce sobre os demais poderes quanto o feito pela administração direta sobre entidade da administração indireta[59].

03. **(FCC – Analista Judiciário – Oficial de Just. Avaliador Federal – TRT 2/2018)** Um administrado apresentou requerimento de

57. FAGUNDES, Miguel Seabra. *O controle dos atos administrativos pelo poder judiciário*. 8. ed. atualizada por Gustavo Binenbojm. Rio de Janeiro: Forense, 2010. p. 126. Original sem destaque.
58. DI PIETRO, Maria Sylvia Zanella. *Direito administrativo*. 23. ed. São Paulo: Atlas, 2010. p. 730.
59. DI PIETRO, Maria Sylvia Zanella. *Direito administrativo*. 21 ed. São Paulo: Atlas, 2008. p. 730.

expedição de licença à Administração pública, instruído nos termos das exigências legais pertinentes. A autoridade competente pela expedição da licença, em que pese reconhecer a completude da instrução do pedido, indeferiu o pleito, fundamentando sua decisão no excessivo número de licenças outorgadas no último trimestre, o que, segundo entendeu, não seria aderente às políticas públicas da Administração pública. O requerente, inconformado com a decisão,

(A) deverá recorrer administrativamente da decisão, obrigatoriamente requerendo a reconsideração do indeferimento, considerando que não houve deficiência de instrução documental.

(B) poderá impugnar a decisão judicialmente, desde que o faça dentro do prazo estabelecido para apresentação do competente recurso administrativo.

(C) poderá impetrar mandado de segurança contra a decisão da autoridade que indeferiu a licença, considerando que se trata de ato administrativo vinculado, não havendo fundamento legal para sua negativa diante do preenchimento dos requisitos legais para expedição.

(D) deverá ajuizar ação judicial para pleitear o deferimento da licença, considerando que os atos administrativos fundados em razões de conveniência e oportunidade não comportam recurso, somente pedido de reconsideração.

(E) poderá exigir a revogação da decisão, administrativa ou judicialmente, tendo em vista que não havia previsão legal para negativa da expedição do ato diante do preenchimento dos requisitos legais.

COMENTÁRIO

Alternativa correta: letra "c" (responde as demais alternativas). Licença é o ato administrativo **vinculado e definitivo** pelo qual a Administração **manifesta a anuência ao exercício** pelo particular de **determinada atividade**. Dessa forma, se preenchidos os requisitos, a licença deverá ser concedida (vinculada) e não poderá ser revogada a qualquer tempo, como é o caso da licença para construir e da licença para dirigir, exceto se o destinatário descumprir as condições impostas, quando poderá ser cassada. O **controle judicial** é o "exercido privativamente pelos órgãos do Poder Judiciário sobre os atos administrativos do Executivo, do Legislativo e do próprio Judiciário quando realiza atividade administrativa". Trata-se de controle de natureza **externa** e, quanto a sua extensão, é um controle de **legalidade** ou **legitimidade**, não sendo permitido ao Judiciário a ingerência no mérito do ato administrativo, ou seja, sobre a conveniência e a oportunidade. Assim, já que a licença é atividade **vinculada** da Administração Pública, preenchidos os requisitos, deverá ser concedida. Nesse caso, o controle do Poder Judiciário não extrapola os limites da legalidade, sendo **possível a concessão da medida pleiteada, por meio de mandado de segurança,** previsto no art. 5º, LXIX, da Constituição Federal, em cuja redação assegura-se a concessão desse remédio constitucional "para proteger direito líquido e certo, não amparado por habeas corpus ou habeas data, quando o responsável pela ilegalidade ou abuso de poder for autoridade pública ou agente de pessoa jurídica no exercício de atribuições do Poder Público".

04. (FCC – Analista Judiciário – Área Administrativa – TRT 6/2018) Considere os itens:

I. Ato vinculado;

II. Ato discricionário.

No que concerne aos itens apresentados,

(A) ambos se submetem a controle interno e externo, este exercido tanto pelo Poder Legislativo, por meio do Tribunal de Contas, como pelo Poder Judiciário.

(B) o item I submete-se a controle interno e externo; o item II a controle interno apenas, que é denominado autotutela.

(C) ambos se submetem a controle externo e interno, sendo o controle interno de menor amplitude e extensão que o externo, pois limitado a questões de conveniência e oportunidade.

(D) o item I submete-se a controle externo; o item II não, pois os atos discricionários, por envolverem juízo de conveniência e oportunidade, afastam o controle de legalidade pelo Poder Judiciário.

(E) o item II submete-se a controle externo; o item I não, pois os atos vinculados, por envolverem juízo de conveniência e oportunidade, afastam o controle de legalidade pelo Poder Judiciário.

COMENTÁRIO

Alternativa "a". De fato, tanto os atos **vinculados** como os de natureza **discricionária** estão sujeitos ao controle interno, de cada um dos Poderes, e externo, este exercido tanto pelo Poder Legislativo quanto pelo próprio Poder Judiciário. O controle judicial é controle de natureza **externa** e, quanto a sua extensão, é um controle de **legalidade** ou **legitimidade**, não sendo permitido ao Poder Judiciário a ingerência no mérito do ato administrativo, podendo abranger tanto atos vinculados quanto discricionários – **sempre restrito à análise de legalidade**.

Alternativa "b" (responde a alternativa "d"). Como destacado, no que se refere à legalidade, mesmo os atos discricionários estão sujeitos ao controle judicial, de natureza externo.

Alternativa "c". O "***controle administrativo*** é um ***autocontrole*** dentro da Administração Pública"60. É "o poder de fiscalização e correção que a Administração (em sentido amplo) exerce sobre sua própria atuação, sob os aspectos de legalidade e mérito, por iniciativa própria ou mediante provocação" 61. Decorre principalmente do poder de ***autotutela***.

Alternativa "e". Os atos **vinculados** não estão relacionados à conveniência e oportunidade, mas os **atos discricionários**. De todo modo, no que se refere ao controle de legalidade, tanto atos vinculados quanto discricionários estão sujeitos à confirmação/anulação pelo Poder Judiciário.

05. (Cespe – Analista Judiciário – Oficial de Just. Avaliador – TRF 1/2017) O direito fundamental de petição, estabelecido expressamente na Constituição Federal, é um instrumento de controle administrativo: ele assegura aos indivíduos o direito de expor e requerer junto aos órgãos públicos.

COMENTÁRIOS

"Certo". Segundo o art. 5º, XXXIV, "a", da Constituição Federal: "é assegurado o direito de petição aos Poderes Públicos em defesa de direitos ou contra a ilegalidade ou abuso de poder **independentemente do pagamento de taxas.**"

06. (FGV – Analista Judiciário – Área Judiciária – TRT 12/2017) O Ministro do Trabalho e Emprego, no exercício de competência que lhe foi delegada, fez publicar no Diário Oficial da União portaria nomeando sua filha para exercer o cargo em comissão de chefe de gabinete do Ministério de que é titular. Para combater o ato ilegal praticado, cabe ao legitimado ajuizar:

a) ação civil pública por ato de improbidade administrativa originariamente no Supremo Tribunal Federal, por violação ao princípio da moralidade;
b) mandado de segurança no Tribunal Superior do Trabalho, porque o ato de nepotismo viola princípios da Administração Pública;
c) mandado de injunção na Justiça Federal de primeiro grau, por ofensa à verbete de súmula do Supremo Tribunal Federal que veda o nepotismo;
d) ação popular originariamente no Superior Tribunal de Justiça, por violação ao princípio da impessoalidade;
e) reclamação no Supremo Tribunal Federal, por violação à súmula vinculante que veda o nepotismo.

COMENTÁRIOS

Alternativa correta: letra "e" (responde as demais alternativas). Nos termos da Súmula Vinculante nº 13: "a nomeação de cônjuge, companheiro ou parente em linha reta, colateral ou por afinidade, até o terceiro grau, inclusive, da autoridade nomeante ou de servidor da mesma pessoa jurídica investido em cargo de direção, chefia ou assessoramento, para o

60. FAGUNDES, Miguel Seabra. *O controle dos atos administrativos pelo poder judiciário*. 8. ed. atualizada por Gustavo Binenbojm. Rio de Janeiro: Forense, 2010. p. 126. Original sem destaque.
61. DI PIETRO, Maria Sylvia Zanella. *Direito administrativo*. 23. ed. São Paulo: Atlas, 2010. p. 730.

exercício de cargo em comissão ou de confiança ou, ainda, de função gratificada na administração pública direta e indireta em qualquer dos poderes da União, dos Estados, do Distrito Federal e dos Municípios, compreendido o ajuste mediante designações recíprocas, viola a Constituição Federal". Assim, tendo em vista o ato do Ministro do Trabalho e Emprego afrontar a súmula vinculante nº 13, que veda o nepotismo, caberá reclamação constitucional ao STF, nos termos do art. 103-A, §3º da CF.

07. **(FCC – Analista Judiciário – Área Administrativa – TRT 24/2017)** Considere duas situações hipotéticas:

I. o Congresso Nacional decide apurar a legalidade de ato administrativo praticado pelo presidente de autarquia federal;

II. o Congresso Nacional anulou ato normativo do Poder Executivo que exorbitou do poder regulamentar.

No que concerne ao controle legislativo, especificamente ao controle político exercido pelo Poder Legislativo sobre a Administração pública,

(A) ambas as hipóteses estão corretas.

(B) ambas as hipóteses estão incorretas, pois extrapolam os limites do controle legislativo exercido sobre os atos da Administração pública.

(C) está correta apenas a primeira hipótese; no item II, cabe ao Congresso tão somente sustar atos normativos do Executivo que exorbitem do poder regulamentar.

(D) está correta apenas a segunda hipótese; no item I, compete exclusivamente ao Congresso Nacional fiscalizar e controlar, diretamente, ou por qualquer das Casas, os atos do Poder Executivo, não abrangendo, no entanto, a administração indireta.

(E) ambas as hipóteses estão incorretas, pois foram citadas atribuições exclusivas do Senado Federal no exercício do controle legislativo.

COMENTÁRIO

Alternativa correta: letra "c" (responde as demais alternativas). Na forma do art. 49, V, da Constituição Federal, compete ao Congresso Nacional "sustar os atos normativos do Poder Executivo que exorbitem do poder regulamentar ou dos limites de delegação legislativa". Desse modo, não pode o Congresso Nacional anular ato normativo do Poder Executivo que exorbitou do poder regulamentar, mas, tão somente, promover à sua sustação. Quanto ao primeiro item, como destacado, o controle político é feito sobre os outros Poderes, quanto aos atos administrativos, abrangendo aspectos de mérito (conveniência e oportunidade) e legalidade. Assim, é plenamente possível que o Congresso Nacional apure a legalidade de ato administrativo praticado pelo presidente de autarquia federal.

6.2. Questões objetivas com gabarito fundamentado

01. **(FCC – Analista Judiciário – Área Administrativa – TRT 2/2018)** Os atos administrativos discricionários são passíveis de controle judicial no que concerne

(A) exclusivamente a eventual desvio de finalidade, quando evidenciado que a Administração praticou o ato visando a fim ilícito.

(B) às condições de conveniência e oportunidade para sua prática, com base nos princípios aplicáveis à Administração Pública.

(C) ao seu mérito, avaliando-se a aderência do mesmo ao interesse público que justificou a sua edição e às finalidades colimadas.

(D) a vícios de legalidade, o que inclui também a avaliação da inexistência ou falsidade dos motivos declinados pela Administração para a edição do ato.

(E) apenas a vícios de competência, cuja convalidação poderá ser feita, contudo, mediante ratificação administrativa ou judicial.

02. **(FCC – Analista Judiciário – Área Administrativa – TRT 15/2018)** Os princípios da legalidade, moralidade, eficiência, dentre outros, informam a atuação da Administração pública, servindo também de parâmetro para o controle de seus atos.

O Tribunal de Contas, no exercício desse controle, fiscaliza os atos da Administração pública sob o prisma da

(A) legalidade, exclusivamente, considerando que não lhe é dado analisar as razões de mérito dos atos e contratos celebrados.
(B) supremacia do interesse público, pois a atuação da Administração pública, quando diante dos interesses privados, sempre se sobrepõe, o que lhe permite a adoção de medidas e realização de atos não expressamente previstos em lei ou contrato.
(C) moralidade e legalidade, não lhe sendo permitido, contudo, nenhuma atuação para suspender atos praticados pela Administração pública.
(D) economicidade dos atos e negócios praticados pela Administração pública, o que envolve análise de mérito, ainda que devam ser respeitados os parâmetros do que constitui essencialmente o juízo discricionário legítimo.
(E) discricionariedade, diante da existência de vícios de legalidade, o que possibilita a sustação de atos praticados pela Administração pública, independentemente dos resultados obtidos.

03. (Consulplan – Técnico Judiciário – Área Administrativa – TRF 2/2017) "A Administração Pública Federal deixa de editar ato administrativo, violando, com isso direito de sociedade empresária a ter reconhecida isenção tributária. A sociedade empresária prejudicada consulta seu advogado sobre o cabimento de utilização de reclamação constitucional, tendo em vista que a omissão administrativa viola entendimento do Supremo Tribunal Federal, positivado em súmula vinculante." Sobre a hipótese, assinale a alternativa correta.

a) Não é cabível a utilização de reclamação constitucional, a qual somente pode ser utilizada contra atos comissivos da Administração Pública.
b) É cabível a utilização de reclamação constitucional, após esgotamento das vias administrativas.
c) Não é cabível a utilização de reclamação constitucional, uma vez que as súmulas vinculantes têm como destinatários os órgãos do Poder Judiciário.
d) Somente é cabível a utilização da reclamação constitucional contra omissão administrativa caso dois terços dos membros do Supremo Tribunal Federal admitam sua utilização.

04. (Cespe – Técnico Judiciário – Área Administrativa – TRE – BA/2017) Acerca do controle exercido pelos tribunais de contas sobre o Poder Executivo, assinale a opção correta.

a) A fiscalização exercida pelos tribunais de contas dispensa a existência de controle interno nos órgãos públicos.
b) As decisões dos tribunais de contas que resultarem em imputação de débito ou multa terão eficácia de título executivo.
c) Os tribunais de contas têm competência para apreciar a legalidade dos atos de admissão de pessoal, incluindo nomeações para cargo de provimento em comissão.
d) O controle externo é exercido exclusivamente pelos tribunais de contas.
e) A fiscalização exercida pelos tribunais de contas restringe-se ao aspecto legal dos atos públicos.

05. (FCC – Analista Judiciário – Área Administrativa – TRT 23/2016) No que concerne ao controle externo praticado sobre os atos da Administração pública, especificamente quanto ao controle financeiro, considere:

I. Competência do Tribunal de Contas para processar disciplinarmente os responsáveis pela indevida aplicação e utilização de recursos públicos, aplicando as sanções disciplinares previstas no estatuto dos servidores do ente ao qual aqueles estejam vinculados.
II. O julgamento feito pelo Tribunal de Contas das contas dos administradores e demais responsáveis por dinheiros, bens e valores públicos e as contas daqueles que derem causa à perda,

extravio ou outra irregularidade de que resulte prejuízo ao erário.

III. O deferimento, pelo Tribunal de Contas, das aposentadorias, reformas e pensões, da Administração direta e indireta, a fim de garantir a observância do limite de despesa de pessoal.

IV. A sustação do contrato administrativo, em razão do descumprimento da lei, adotada diretamente pelo Congresso Nacional, que solicitará, de imediato, ao Poder Executivo a adoção das medidas cabíveis.

Está correto o que consta APENAS em

(A) IV.
(B) I e II.
(C) I, III e IV.
(D) II e IV.
(E) II e III.

Questão	Resposta	Fundamentação
01	D	Doutrina: item 5.
02	D	Doutrina: item 4.2.
03	B	Art. 103-A, §3º da CF e art. 7º, § 1º, da Lei 11.417/06.
04	B	Art. 71, §3º da CF.
05	D	Item I: Art. 71, VIII, CF,; Item II: Art. 71, II, CF; Item III: Art. 71, III, CF; Item IV: Art. 71,X, CF.

7. JURISPRUDÊNCIA APLICÁVEL AO CAPÍTULO

Controle da Administração Pública

Súmulas

- **Súmula Vinculante nº 5** – A falta de defesa técnica por advogado no processo administrativo disciplinar não ofende a constituição.
- **Súmula Vinculante nº 3** – Nos processos perante o tribunal de contas da união asseguram-se o contraditório e a ampla defesa quando da decisão puder resultar anulação ou revogação de ato administrativo que beneficie o interessado, excetuada a apreciação da legalidade do ato de concessão inicial de aposentadoria, reforma e pensão.
- **STF 346** – A Administração Pública pode declarar a nulidade dos seus próprios atos.
- **STF 473** – A Administração pode anular seus próprios atos quando eivados de vícios que os tornem ilegais, porque deles não se originam direitos; ou revogá-los, por motivo de conveniência ou oportunidade, respeitados os direitos adquiridos, e ressalvada, em todos os casos, a apreciação judicial.
- **STF 365** – Pessoa jurídica não tem legitimidade para propor ação popular.
- **STF 383** – A prescrição em favor da Fazenda Pública recomeça a correr, por dois anos e meio, a partir do ato interruptivo, mas não fica reduzida aquém de cinco anos, embora o titular do direito a interrompa durante a primeira metade do prazo.
- **STF 643** – O Ministério Público tem legitimidade para promover ação civil pública cujo fundamento seja a ilegalidade de reajuste de mensalidades escolares.
- **STF 649** – É inconstitucional a criação, por Constituição estadual, de órgão de controle administrativo do Poder Judiciário do qual participem representantes de outros Poderes ou entidades.
- **STF 653** – No Tribunal de Contas estadual, composto por sete conselheiros, quatro devem ser escolhidos pela Assembléia

Legislativa e três pelo Chefe do Poder Executivo estadual, cabendo a este indicar um dentre auditores e outro dentre membros do Ministério Público, e um terceiro à sua livre escolha.

- **STF 655** - A exceção prevista no art. 100, *caput*, da Constituição, em favor dos créditos de natureza alimentícia, não dispensa a expedição de precatório, limitando-se a isentá-los da observância da ordem cronológica dos precatórios decorrentes de condenações de outra natureza.
- **STJ 279** - É cabível execução por título extrajudicial contra a Fazenda Pública.
- **STJ 329** - O Ministério Público tem legitimidade para propor ação civil pública em defesa do patrimônio público.
- **STJ 434** - O pagamento da multa por infração de trânsito não inibe a discussão judicial do débito.

Mandado de Segurança

- **STF 101** - O mandado de segurança não substitui a ação popular.
- **STF 267** - Não cabe mandado de segurança contra ato judicial passível de recurso ou correição.
- **STF 271** - Concessão de mandado de segurança não produz efeitos patrimoniais, em relação a período pretérito, os quais devem ser reclamados administrativamente ou pela via judicial própria.
- **STF 330** - O Supremo Tribunal Federal não é competente para conhecer de mandado de segurança contra atos dos tribunais de justiça dos estados.
- **STF 405** - Denegado o mandado de segurança pela sentença, ou no julgamento do agravo, dela interposto, fica sem efeito a liminar concedida, retroagindo os efeitos da decisão contrária.
- **STF 430** - Pedido de reconsideração na via administrativa não interrompe o prazo para o mandado de segurança.
- **STF 474** - Não há direito líquido e certo, amparado pelo mandado de segurança, quando se escuda em lei cujos efeitos foram anulados por outra, declarada constitucional pelo Supremo Tribunal Federal.
- **STF 510** - Praticado o ato por autoridade, no exercício de competência delegada, contra ela cabe o mandado de segurança ou a medida judicial.
- **STF 622** - Não cabe agravo regimental contra decisão do relator que concede ou indefere liminar em mandado de segurança.
- **STF 623** Não gera por si só a competência originária do Supremo Tribunal Federal para conhecer do mandado de segurança com base no art. 102, I, n, da Constituição, dirigir-se o pedido contra deliberação administrativa do Tribunal de origem, da qual haja participado a maioria ou a totalidade de seus membros.
- **STF 624** - Não compete ao Supremo Tribunal Federal conhecer originariamente de mandado de segurança contra atos de outros tribunais.
- **STF 625** - Controvérsia sobre matéria de direito não impede concessão de mandado de segurança.
- **STF 626** - A suspensão da liminar em mandado de segurança, salvo determinação em contrário da decisão que a deferir, vigorará até o trânsito em julgado da decisão definitiva de concessão da segurança ou, havendo recurso, até a sua manutenção pelo Supremo Tribunal Federal, desde que o objeto da liminar deferida coincida, total ou parcialmente, com o da impetração.
- **STF 627** - No mandado de segurança contra a nomeação de magistrado da competência do Presidente da República, este é considerado autoridade coatora, ainda que o fundamento da impetração seja nulidade ocorrida em fase anterior do procedimento.
- **STF 629** - A impetração de mandado de segurança coletivo por entidade de classe em favor dos associados independe da autorização destes.
- **STF 630** - A entidade de classe tem legitimação para o mandado de segurança ainda quando a pretensão veiculada interesse apenas a uma parte da respectiva categoria.

LEGISLAÇÃO

- **STF 631** - Extingue-se o processo de mandado de segurança se o impetrante não promove, no prazo assinado, a citação do litisconsorte passivo necessário.
- **STF 632** - É constitucional lei que fixa o prazo de decadência para a impetração de mandado de segurança
- **STJ 105** - Na ação de mandado de segurança não se admite condenação em honorários advocatícios.
- **STJ 169** - São inadmissíveis embargos infringentes no processo de mandado de segurança.
- **STJ 177** - O superior tribunal de justiça é incompetente para processar e julgar, originariamente, mandado de segurança contra ato de órgão colegiado presidido por ministro de estado.
- **STJ 202** - A impetração de segurança por terceiro, contra ato judicial, não se condiciona a interposição de recurso.
- **STJ 333** - Cabe mandado de segurança contra ato praticado em licitação promovida por sociedade de economia mista ou empresa pública.
- **STJ 376** - Compete a turma recursal processar e julgar o mandado de segurança contra ato de juizado especial.
- **STJ 460** - É incabível o mandado de segurança para convalidar a compensação tributária realizada pelo contribuinte.

Informativos e Decisões

STF - RE 636553 (Tema nº 445).

"Em atenção aos princípios da segurança jurídica e da confiança legítima, os Tribunais de Contas estão sujeitos ao prazo de 5 anos para o julgamento da legalidade do ato de concessão inicial de aposentadoria, reforma ou pensão, a contar da chegada do processo à respectiva Corte de Contas".

STF - RE 1101937 (Tema nº 1101937)

"I- É inconstitucional a redação do art. 16 da Lei 7.347/1985, alterada pela Lei 9.494/1997, sendo repristinada sua redação original; II - Em se tratando de ação civil pública de efeitos nacionais ou regionais, a competência deve observar o art. 93, II, da Lei 8.078/1990 (Código de Defesa do Consumidor); III - Ajuizadas múltiplas ações civis públicas de âmbito nacional ou regional e fixada a competência nos termos do item II, firma-se a prevenção do juízo que primeiro conheceu de uma delas, para o julgamento de todas as demandas conexas."

STF - ADI 4296

"1. O mandado de segurança é cabível apenas contra atos praticados no desempenho de atribuições do Poder Público, consoante expressamente estabelece o art. 5º, inciso LXIX, da Constituição Federal. Atos de gestão puramente comercial desempenhados por entes públicos na exploração de atividade econômica se destinam à satisfação de seus interesses privados, submetendo-os a regime jurídico próprio das empresas privadas. 2. No exercício do poder geral de cautela, tem o juiz a faculdade de exigir contracautela para o deferimento de medida liminar, quando verificada a real necessidade da garantia em juízo, de acordo com as circunstâncias do caso concreto. Razoabilidade da medida que não obsta o juízo de cognição sumária do magistrado. 3. Jurisprudência pacífica da CORTE no sentido da constitucionalidade de lei que fixa prazo decadencial para a impetração de mandado de segurança (Súmula 632/STF) e que estabelece o não cabimento de condenação em honorários de sucumbência (Súmula 512/STF). 4. A cautelaridade do mandado de segurança é ínsita à proteção constitucional ao direito líquido e certo e encontra assento na própria Constituição Federal. Em vista disso, não será possível a edição de lei ou ato normativo que vede a concessão de medida liminar na via mandamental, sob pena de violação à garantia de pleno acesso à jurisdição e à própria defesa do direito líquido e certo protegida pela Constituição. Proibições legais que representam óbices absolutos ao poder geral de cautela. 5. Ação julgada parcialmente procedente, apenas para declarar a inconstitucionalidade dos arts. 7º, §2º, e 22º, §2º, da Lei 12.016/2009, reconhecendo-se a constitucionalidade dos arts. 1º, § 2º; 7º, III; 23 e 25 dessa mesma lei.

LEGISLAÇÃO

CAPÍTULO XVI

IMPROBIDADE ADMINISTRATIVA

1. INTRODUÇÃO E CONCEITO

Na abordagem dos princípios da Administração Pública[1], houve o destaque para a atual concepção que deve ser dada aos princípios, pois não são mais vistos, apenas, como repositório de valores e, em verdade, são normas e, assim, dizem o que deve ser.

De maneira específica à atuação administrativa, a força normativa dos princípios repercute caracterizando a moldura traçada pelo regime jurídico-administrativo como vinculante, isto é, a Administração Pública, direta e indireta, deve obedecer, irrestritamente, aos princípios nele contidos. A isso, pode-se aqui acrescentar, conforme adverte Juarez Freitas, que o dever inerente à Administração Pública de observar a cogência do conjunto de princípios que a regem é correspondente ao direito fundamental à boa Administração Pública[2].

Aliás, cumpre reportar, como destaca Fábio Pallaretti Calcini, que, a partir da metade do século XX, em consequência da decadência do positivismo jurídico puro e da violação dos direitos humanos por Estados totalitários, houve a preocupação com uma maior reaproximação do Direito com a Moral, e o substrato desse pensamento

1. Capítulo 1, item 2.
2. *Discricionariedade administrativa e o direito fundamental à boa administração pública*. 2. ed. São Paulo: Malheiros, 2009. p. 22. O autor, na mesma passagem, define o direito fundamental à boa administração pública como o "direito fundamental à administração pública eficiente e eficaz, proporcional cumpridora de seus deveres com transparência, motivação, imparcialidade e respeito à moralidade, à participação social e à plena responsabilidade por suas condutas omissivas e comissivas".

é decorrência da elevação dos princípios a verdadeiras normas jurídicas, "tornando-se importante instrumento de ligação entre as duas realidades"[3].

Nesse contexto, a exigência de conduta administrativa ética, honesta, transparente, proba, moral e de acordo com a boa-fé não necessita de intervenção do legislador infraconstitucional para ser implementada, pois decorre do princípio da moralidade, previsto expressamente no art. 37, *caput*, da Constituição Federal. Essas devem ser as balizas de conduta do administrador público, de quem se espera, conforme expõe Luiz Flávio Gomes, "que seja sábio, magnânimo, justo e honesto, ou seja, exemplar"[4].

Entretanto, como se percebe na atualidade, infelizmente, o Estado brasileiro ainda não atingiu o adequado grau de amadurecimento de suas instituições e não conhece fronteiras relevantes entre o público e o privado e, assim, não "se logrou consolidar a essencial distinção entre Governo e Administração, nem se conquistou a oportunidade de desvencilhar o Estado brasileiro dos interesses privados e corporativos que o controlam e dão suporte"[5].

Um dos reflexos dessa afirmação é o grande número de casos de corrupção de agentes públicos nos diversos segmentos da Administração Pública, especialmente, nas licitações públicas. Para ilustrar, na 24ª edição do Programa de Fiscalização de Sorteios da Controladoria Geral da União, houve a constatação de que dos 60 Municípios sorteados, 55 apresentaram indícios de irregularidades como, por exemplo, conluio e direcionamento nas licitações[6].

Esse tipo de desvio de comportamento afronta diretamente o princípio da moralidade administrativa, porque se trata de conduta imoral, agravada por ser ímproba. De fato, a **improbidade** administrativa é **espécie do gênero moralidade administrativa**[7] e se constitui em um verdadeiro **subprincípio** da moralidade e um dos mais fortes parâmetros de sua concretização[8].

3. Princípio da moralidade administrativa. In: MARRARA, Thiago (org.). *Princípios de direito administrativo: legalidade, segurança jurídica, impessoalidade, publicidade, motivação, eficiência, moralidade, razoabilidade, interesse público*. São Paulo: Atlas, 2012. p. 183.
4. Prefácio. In: GAJARDONI, Fernando da Fonseca, et al. *Comentários à lei de improbidade administrativa: Lei 8.429, de 02 de junho de 1992*. São Paulo: Revista dos Tribunais, 2010. p. 18.
5. OSÓRIO, Fábio Medina. O "novo" sistema judicial brasileiro: significados e significantes. In: OSÓRIO, Fábio Medina; SOUTO, Marcos Juruena Villela. *Direito administrativo: estudos em homenagem a Diogo de Figueiredo Moreira Neto*. Rio de Janeiro: Lumen Juris, 2006. p. 63.
6. CONTROLADORIA GERAL DA UNIÃO. *Fraudes em licitações aparecem em 55 de 60 municípios fiscalizados pela CGU*. Disponível em: <http://www.cgu.gov.br/Imprensa/Noticias/2008/noticia03508.asp>. Acesso em: 27 nov. 2010.
7. CALCINI, Fábio Pallaretti. Princípio da moralidade administrativa. In: MARRARA, Thiago (org.). *Princípios de direito administrativo: legalidade, segurança jurídica, impessoalidade, publicidade, motivação, eficiência, moralidade, razoabilidade, interesse público*. São Paulo: Atlas, 2012. p. 200.
8. MARRARA, Thiago. O conteúdo do princípio da moralidade: probidade, razoabilidade e cooperação. In: MARRARA, Thiago (org.). *Princípios de direito administrativo: legalidade, segurança jurídica, impessoalidade, publicidade, motivação, eficiência, moralidade, razoabilidade, interesse público*. São Paulo: Atlas, 2012. p. 166-167.

Diante disso, o legislador constituinte se esmerou em proteger a moralidade administrava, no aspecto da **improbidade**, conforme os seguintes dispositivos:

a) **Art. 14, § 9º**: "Lei complementar estabelecerá outros casos de inelegibilidade e os prazos de sua cessação, a fim de proteger a probidade administrativa, a moralidade para exercício de mandato considerada vida pregressa do candidato, e a normalidade e legitimidade das eleições contra a influência do poder econômico ou o abuso do exercício de função, cargo ou emprego na administração direta ou indireta";

b) **Art. 15**: "É vedada a cassação de direitos políticos, cuja perda ou suspensão só se dará nos casos de: [...] V – improbidade administrativa, nos termos do art. 37, § 4º";

c) **Art. 37, § 4º**: "Os atos de improbidade administrativa importarão a suspensão dos direitos políticos, a perda da função pública, a indisponibilidade dos bens e o ressarcimento ao erário, na forma e gradação previstas em lei, sem prejuízo da ação penal cabível".

d) **Art. 85**: "São crimes de responsabilidade os atos do Presidente da República que atentem contra a Constituição Federal e, especialmente, contra: [...] V – a probidade na administração".

Em geral, na doutrina, costuma-se mencionar que a improbidade é um conceito jurídico indeterminado. Porém, Alexandre de Moraes define os **atos de improbidade** como:

> *(...) aqueles que, possuindo natureza civil e devidamente tipificados em lei federal, ferem direta ou indiretamente os princípios constitucionais e legais da administração pública, independentemente de importarem enriquecimento ilícito ou de causarem prejuízo material ao erário público*[9].

2. LEI Nº 8.429/92 (LEI DE IMPROBIDADE ADMINISTRATIVA)

Regulamentando o art. 37, § 4º, da Constituição Federal, há a **Lei nº 8.429/92**, conhecida como Lei de Improbidade Administrativa (LIA) porque é a principal norma sobre o tema trazendo a disciplina do sistema de responsabilização por ato de improbidade e nela há a previsão das condutas ímprobas, cujas principais disposições serão adiante analisadas. Todavia, é importante constar que há outras normas prevendo condutas que configuram ato de improbidade como, por exemplo, a Lei nº 10.257/01 (Estatuto da Cidade).

2.1. Disposições gerais

Nos termos do art. 1º, o **Sistema de Responsabilização por Ato de Improbidade** tem por **finalidade a probidade na organização do Estado e no exercício de suas**

9. *Direito constitucional*. 24. ed. São Paulo: Atlas, 2009. p. 366.

funções, como forma de assegurar a integridade do patrimônio público e social (art. 1º, caput).

E a prática de ato de improbidade viola a "probidade na organização do Estado e no exercício de suas funções e a integridade do patrimônio público e social dos Poderes Executivo, Legislativo e Judiciário, bem como da administração direta e indireta, no âmbito da União, dos Estados, dos Municípios e do Distrito Federal" (art. 1º §5º). Por isso, é essencial a delimitação do que se considera ato de improbidade.

Estabelece, também, o §4º do art. 1º que se aplicam ao sistema de improbidade os princípios constitucionais do Direito Administrativo sancionador. São exemplos de tais princípios: o devido processo legal, o contraditório e a ampla defesa e a legalidade.

2.1.1. *Ato de improbidade*

A Lei nº 14.230/21 implementou significativas mudanças na Lei nº 8.429/92, inclusive trazendo novos contornos para a configuração de uma conduta como ato de improbidade administrativa, especificando os elementos necessários para a sua caracterização.

Conforme o §1º do art. 1º, **"são atos de improbidade as condutas dolosas especificadas nos arts. 9º, 10 e 11, ressalvados tipos previstos em leis especiais"**. Portanto, após a alteração legislativa, somente há ato de improbidade doloso e, inclusive, o legislador, nº §2º, define que se considera **dolo a vontade livre e consciente de alcançar o resultado ilícito tipificado** nos artigos mencionados, **não bastando a mera voluntariedade** do agente.

Além disso, passou a lei a exigir **finalidade específica de obter proveito ou benefício indevido para si ou para outra pessoa ou entidade** (art. 11, §§1º e 2º), havendo remissão à Convenção das Nações Unidas contra a Corrupção, promulgada pelo Decreto nº 5.687/06, e nesse diploma internacional, de fato, consta em seu art. 19 a previsão de que o abuso de funções ou do cargo caracteriza-se quando, intencionalmente, há a "realização ou omissão de um ato, em violação à lei, por parte de um funcionário público no exercício de suas funções, com o fim de obter um benefício indevido para si mesmo ou para outra pessoa ou entidade".

Para delimitar ainda mais os contornos do ato de improbidade, prevê a lei que **não configura ato de improbidade**:

a) O **mero exercício** da função ou desempenho de competências públicas, sem comprovação de ato doloso com fim ilícito, afasta a responsabilidade por ato de improbidade administrativa;

b) A **divergência interpretativa** da lei, se **baseada em jurisprudência**, ainda que não pacificada (art. 1º, §8º). **ATENÇÃO!** Na ADI 7236, o Min. Alexandre de Moraes deferiu medida cautelar e **suspendeu a eficácia desse dispositivo**;

c) A **ilegalidade sem a presença de dolo** que a qualifique (art. 17-C, §1º).

Nesse sentido, o STF decidiu, no ARE 843989, que: "1) **É necessária a comprovação de responsabilidade subjetiva para a tipificação dos atos de improbidade administrativa, exigindo-se – nos artigos 9º, 10 e 11 da LIA – a presença do elemento subjetivo – DOLO** (...)".

<table>
<tr><th colspan="2">ATO DE IMPROBIDADE</th></tr>
<tr><td colspan="2">• São "atos de improbidade as condutas dolosas especificadas nos arts. 9º, 10 e 11, ressalvados tipos previstos em leis especiais"
• Somente doloso
• Dolo: vontade livre e consciente de alcançar o resultado ilícito tipificado.
• Não basta a mera voluntariedade
• Finalidade específica de obter proveito ou benefício indevido para si ou para outra pessoa ou entidade</td></tr>
<tr><td>• Não configura</td><td>• O mero exercício sem dolo com fim ilícito
• A divergência interpretativa baseada em jurisprudência.
Atenção! Esse item está com eficácia suspensa, em razão de medida cautelar concedida na ADI 7236.
• A ilegalidade sem dolo</td></tr>
</table>

2.2. Sujeito passivo

Estabelecem os §§ 5º, 6º e 7º do art. 1º:

> *§ 5º Os atos de improbidade violam a probidade na organização do Estado e no exercício de suas funções e a integridade do patrimônio público e social dos Poderes Executivo, Legislativo e Judiciário, bem como da administração direta e indireta, no âmbito da União, dos Estados, dos Municípios e do Distrito Federal.*
>
> *§ 6º Estão sujeitos às sanções desta Lei os atos de improbidade praticados contra o patrimônio de entidade privada que receba subvenção, benefício ou incentivo, fiscal ou creditício, de entes públicos ou governamentais, previstos no § 5º deste artigo.*
>
> *§ 7º Independentemente de integrar a administração indireta, estão sujeitos às sanções desta Lei os atos de improbidade praticados contra o patrimônio de entidade privada para cuja criação ou custeio o erário haja concorrido ou concorra no seu patrimônio ou receita atual, limitado o ressarcimento de prejuízos, nesse caso, à repercussão do ilícito sobre a contribuição dos cofres públicos.*

Nos termos do art. 1º, podem ser **sujeito passivo** de ato de improbidade:

a) as **pessoas políticas (administração direta):** União, Estados, Distrito Federal e Municípios;

b) as **pessoas administrativas (administração indireta)**: autarquia, fundação pública, sociedade de economia mista, empresa pública;

c) as **entidades privadas que recebam subvenção, benefício ou incentivo, fiscal, creditício, de entes públicos ou governamentais;**[10]

d) as entidades privadas para cuja criação ou custeio o erário haja concorrido ou concorra no seu patrimônio ou receita atual. Nos termos do §7º, fica limitado o ressarcimento de prejuízos, nesse caso, à repercussão do ilícito sobre a contribuição dos cofres públicos;

2.3. Sujeito ativo

O **sujeito ativo** do ato de improbidade pode ser (artigos 2º e 3º):

a) agente público;

b) terceiro.

O **agente público** é o agente político, o servidor público e todo aquele que exerce, ainda que transitoriamente ou sem remuneração, por eleição, nomeação, designação, contratação ou qualquer outra forma de investidura ou vínculo, mandato, cargo, emprego ou função nas entidades referidas no art. 1º da Lei.

Com a nova redação do art. 2º, passou a constar expressamente o "agente político" para espancar qualquer dúvida sobre a aplicação da Lei de Improbidade Administrativa aos Prefeitos, Vereadores, Deputados, Senadores, Governadores, existindo duplo regime sancionatório, ou seja, submetem-se à responsabilização por ato de improbidade e, também, por crime de responsabilidade, sendo a única exceção a isso o Presidente da República.

Com a mudança, houve a propositura da ADI 4.295 e, nela, o STF decidiu que **"Esta Corte consolidou o entendimento de que o duplo regime sancionatório de agentes políticos é possível, à exceção do Presidente da República, de modo que não se vislumbra inconstitucionalidade no art. 2º da Lei 8.429/1992".**

Importante registrar, também, que não há foro por prerrogativa de função nas ações de improbidade. Nesse sentido, decidiu o STF, na Pet 1240 que:

"1. Os agentes políticos, com exceção do Presidente da República, encontram-se sujeitos a um duplo regime sancionatório, de modo que se submetem tanto à responsabilização civil pelos atos de improbidade administrativa, quanto à responsabilização político-administrativa por crimes de responsabilidade. Não há qualquer impedimento à concorrência de esferas de responsabilização distintas, de modo que carece de fundamento constitucional a tentativa de imunizar os agentes políticos das sanções da ação de improbidade administrativa, a pretexto de que estas seriam absorvidas pelo crime de responsabilidade. A única exceção ao duplo regime sancionatório em matéria de improbidade se refere aos atos praticados pelo Presidente da República, conforme previsão do art. 85, V, da Constituição. 2. **O foro especial por prerrogativa de função previsto na Constituição Federal em**

10. DI PIETRO, Maria Sylvia Zanella. *Direito administrativo*. 23. ed. São Paulo: Atlas, 2010. p. 827.

relação às infrações penais comuns não é extensível às ações de improbidade administrativa, de natureza civil. Em primeiro lugar, o foro privilegiado é destinado a abarcar apenas as infrações penais. A suposta gravidade das sanções previstas no art. 37, § 4º, da Constituição, não reveste a ação de improbidade administrativa de natureza penal. Em segundo lugar, o foro privilegiado submete-se a regime de direito estrito, já que representa exceção aos princípios estruturantes da igualdade e da república. Não comporta, portanto, ampliação a hipóteses não expressamente previstas no texto constitucional. E isso especialmente porque, na hipótese, não há lacuna constitucional, mas legítima opção do poder constituinte originário em não instituir foro privilegiado para o processo e julgamento de agentes políticos pela prática de atos de improbidade na esfera civil. Por fim, a fixação de competência para julgar a ação de improbidade no 1º grau de jurisdição, além de constituir fórmula mais republicana, é atenta às capacidades institucionais dos diferentes graus de jurisdição para a realização da instrução processual, de modo a promover maior eficiência no combate à corrupção e na proteção à moralidade administrativa".

Corroborando esse entendimento, **o Plenário do STF, por maioria, entendeu que é incompatível com a Constituição Federal norma de Constituição estadual que estabeleça novos casos de foro por prerrogativa de função, em especial relativo a ações de improbidade administrativa (ADI nº 4870/ES).**

Em relação ao terceiro, somente responderá quando induzir ou concorrer dolosamente para a prática do ato de improbidade (art. 3º). Seria o caso, por exemplo de dono de construtora que, dolosamente, em conluio com agente público, frustra a licitude de procedimento licitatório poderá ser responsabilizado nos moldes previstos na lei de improbidade, no que couber (não pode ser aplicada a pena de perda da função pública, por exemplo).

Quanto ao terceiro, o STJ tem entendimento, baseado na redação anterior à mudança do texto legal e que segue aplicável, que não é possível propor ação de improbidade, de maneira exclusiva, contra o particular sem que o agente público figure como réu concomitantemente. Nesse sentido, "os particulares não podem ser responsabilizados com base na LIA sem que figure no polo passivo um agente público responsável pelo ato questionado, o que não impede, contudo, o eventual ajuizamento de Ação Civil Pública comum para obter o ressarcimento do Erário" (REsp 896.044/PA). Entretanto, por outro lado, o Tribunal tem posicionamento de que não há litisconsórcio necessário entre o agente público e o terceiro beneficiado com o ato de improbidade (AgRg no Resp 1421144).

Estabelece, também, a lei, que o **particular, pessoa física ou jurídica**, que celebra com a administração pública convênio, contrato de repasse, contrato de gestão, termo de parceria, termo de cooperação ou ajuste administrativo equivalente sujeita-se às sanções previstas na Lei 8.429/92, quanto a recursos de origem pública.

Portanto, a pessoa jurídica também responde pode responder por ato de improbidade, salvo se o ato ímprobo for sancionado como lesivo à Administração Pública de que trata a lei anticorrupção (Lei nº 12.846/2013) (art. 3º, §2º). Entretanto, sócios, cotistas, diretores e colaboradores de pessoa jurídica de direito privado não respondem por ato de improbidade imputado a ela, exceto se comprovada sua participação e benefícios, respondendo na medida da participação (art. 3º, §1º).

Deve haver atenção em relação aos **partidos políticos** porque o art. 23-C da Lei nº 8.429/92 estabelece que os atos que ensejem enriquecimento ilícito, perda patrimonial, desvio, apropriação, malbaratamento ou dilapidação de recursos públicos dos partidos políticos, ou de suas fundações, serão responsabilizados nos termos da Lei nº 9.096/95 e, assim, diante da redação literal não teria aplicação a lei de improbidade, porém, na **ADI 7236**, o Min. Alexandre de Moraes deferiu medida cautelar para dar interpretação conforme a esse dispositivo "no sentido de que os atos que ensejem enriquecimento ilícito, perda patrimonial, desvio, apropriação, malbaratamento ou dilapidação de recursos públicos dos partidos políticos, ou de suas fundações, poderão ser responsabilizados nos termos da Lei 9.096/1995, mas sem prejuízo da incidência da Lei de Improbidade Administrativa".

Como regra geral, o art. 5º, XLV, da Constituição Federal assegura que "nenhuma pena passará da pessoa do condenado, podendo a obrigação de reparar o dano e a decretação do perdimento de bens ser, nos termos da lei, estendidas aos sucessores e contra eles executadas, até o limite do valor do patrimônio transferido" e, nesse sentido, o art. 8º da Lei de Improbidade estabelece que o "**sucessor** ou o **herdeiro** daquele que causar dano ao erário ou que se enriquecer ilicitamente estão sujeitos apenas à **obrigação de repará-lo até o limite do valor da herança ou do patrimônio transferido**". De qualquer forma, ao sucessor não poderão ser estendidas as **demais penalidades** previstas na lei, como perda de função pública, proibição de celebrar contrato com o Poder Público ou receber benefícios ou incentivos fiscais ou creditícios ou suspensão de direitos políticos, em cumprimento à previsão constitucional.

Essa responsabilidade sucessória, previsto no art. 8º, por força do *caput* do art. 8º-A, aplica-se à alteração contratual, transformação, incorporação, fusão ou cisão societária. Inclusive, nos termos do parágrafo único do art. 8º-A, no caso de fusão e incorporação, a responsabilidade será restrita à obrigação de reparação integral do dano, até o limite do patrimônio transferido, não se aplicando as demais sanções, salvo simulação ou fraude, devidamente comprovados.

2.4. Modalidades de Atos de improbidade

A Lei nº 8.429/92 prevê três modalidades de atos de improbidade:

a) atos que importam **enriquecimento ilícito** (art. 9º);

b) atos que causam **prejuízo ao erário** (art. 10);

c) atos que atentam **contra os princípios** da Administração Pública (art. 11);

2.4.1. Atos de improbidade que importam enriquecimento ilícito

Os atos de improbidade que importam enriquecimento ilícito, conforme o art. 9º da Lei nº 8.429/92, são aqueles em que o agente **aufere, dolosamente, vantagem**

patrimonial indevida em razão do exercício do cargo, mandato, função, emprego ou atividade nas entidades do art. 1º. A percepção de vantagem patrimonial indevida é pressuposto, mas o dano econômico ao erário não, pois é possível o enriquecimento ilícito sem o efetivo dano econômico ao patrimônio público, até porque há, como modalidade específica, os atos de improbidade que causam prejuízo ao erário, nos termos do art. 10.

No art. 9º há rol exemplificativo ("notadamente") dessa espécie de ato de improbidade[11]. São **exemplos** de atos de improbidade que importam **enriquecimento ilícito**:

a) receber, para si ou para outrem, dinheiro, bem móvel ou imóvel, ou qualquer outra vantagem econômica, direta ou indireta, a título de comissão, percentagem, gratificação ou presente de quem tenha interesse, direto ou indireto, que possa ser atingido ou amparado por ação ou omissão decorrente das atribuições do agente público;

b) perceber vantagem econômica, direta ou indireta, para facilitar a aquisição, permuta ou locação de bem móvel ou imóvel, ou a contratação de serviços pelas entidades referidas no art. 1º da lei por preço superior ao valor de mercado;

c) perceber vantagem econômica, direta ou indireta, para facilitar a alienação, permuta ou locação de bem público ou o fornecimento de serviço por ente estatal por preço inferior ao valor de mercado;

d) utilizar, em obra ou serviço particular, qualquer bem móvel, de propriedade ou à disposição de qualquer das entidades referidas no art. 1º desta Lei, bem como o trabalho de servidores, de empregados ou de terceiros contratados por essas entidades

e) receber vantagem econômica de qualquer natureza, direta ou indireta, para tolerar a exploração ou a prática de jogos de azar, de lenocínio, de narcotráfico, de contrabando, de usura ou de qualquer outra atividade ilícita, ou aceitar promessa de tal vantagem;

f) receber vantagem econômica de qualquer natureza, direta ou indireta, para fazer declaração falsa sobre qualquer dado técnico que envolva obras públicas ou qualquer outro serviço ou sobre quantidade, peso, medida, qualidade ou característica de mercadorias ou bens fornecidos a qualquer das entidades referidas no art. 1º desta Lei;

g) adquirir, para si ou para outrem, no exercício de mandato, de cargo, de emprego ou de função pública, e em razão deles, bens de qualquer natureza, decorrentes dos atos descritos no caput deste artigo, cujo valor seja desproporcional à evolução do patrimônio ou à renda do agente público,

---

11. **ATENÇÃO!** apesar da natureza exemplificativa das hipóteses enumeradas no art. 9º, é indispensável a leitura atenta, pois a cobrança é frequente nas provas, o que também ocorre com as outras duas modalidades de ato de improbidade, exigindo-se a leitura dos artigos 10 e 11.

assegurada a demonstração pelo agente da licitude da origem dessa evolução

h) aceitar emprego, comissão ou exercer atividade de consultoria ou assessoramento para pessoa física ou jurídica que tenha interesse suscetível de ser atingido ou amparado por ação ou omissão decorrente das atribuições do agente público, durante a atividade;

i) perceber vantagem econômica para intermediar a liberação ou aplicação de verba pública de qualquer natureza;

j) receber vantagem econômica de qualquer natureza, direta ou indiretamente, para omitir ato de ofício, providência ou declaração a que esteja obrigado;

k) incorporar, por qualquer forma, ao seu patrimônio, bens, rendas, verbas ou valores integrantes do acervo patrimonial das entidades mencionadas no art. 1º da lei;

l) usar, em proveito próprio, bens, rendas, verbas ou valores integrantes do acervo patrimonial das entidades mencionadas no art. 1º da lei.

2.4.2. Atos de improbidade que causam prejuízo ao erário

Nos termos do art. 10, configura ato de improbidade que causa **prejuízo ao erário "qualquer ação ou omissão dolosa, que enseje, efetiva e comprovadamente, perda patrimonial, desvio, apropriação, malbaratamento ou dilapidação dos bens ou haveres"** das entidades mencionadas no art. 1º da lei.

Antes da mudança implementada pela Lei nº 14.230/2021, essa modalidade admitia a forma culposa, o que não é mais possível. Inclusive, sobre essa alteração, decidiu o **STF 843.989**:

> "(...) ***2) A norma benéfica da Lei 14.230/2021 – revogação da modalidade culposa do ato de improbidade administrativa -, é IRRETROATIVA, em virtude do artigo 5º, inciso XXXVI, da Constituição Federal, não tendo incidência em relação à eficácia da coisa julgada; nem tampouco durante o processo de execução das penas e seus incidentes;***
>
> ***3) A nova Lei 14.230/2021 aplica-se aos atos de improbidade administrativa culposos praticados na vigência do texto anterior da lei, porém sem condenação transitada em julgado, em virtude da revogação expressa do texto anterior; devendo o juízo competente analisar eventual dolo por parte do agente*** (...)";

Caso a inobservância da lei ou regulamento não implicar perda patrimonial efetiva, não haverá imposição de ressarcimento, vedado o enriquecimento sem causa das entidades do art. 1º da LIA (art. 10, §1º) e a mera perda patrimonial decorrente da atividade econômica não acarretará improbidade administrativa, salvo se comprovado ato doloso praticado com essa finalidade (art. 10, §2º).

São **exemplos** de ato de improbidade que **causam prejuízo ao erário**:

a) facilitar ou concorrer, por qualquer forma, para a indevida incorporação ao patrimônio particular, de pessoa física ou jurídica, de bens, de rendas, de verbas ou de valores integrantes do acervo patrimonial das entidades referidas no art. 1º da Lei;

b) permitir ou concorrer para que pessoa física ou jurídica privada utilize bens, rendas, verbas ou valores integrantes do acervo patrimonial das entidades mencionadas no art. 1º da lei, sem a observância das formalidades legais ou regulamentares aplicáveis à espécie;

c) doar à pessoa física ou jurídica bem como ao ente despersonalizado, ainda que de fins educativos ou assistenciais, bens, rendas, verbas ou valores do patrimônio de qualquer das entidades mencionadas no art. 1º da lei, sem observância das formalidades legais e regulamentares aplicáveis à espécie;

d) permitir ou facilitar a alienação, permuta ou locação de bem integrante do patrimônio de qualquer das entidades referidas no art. 1º da lei, ou ainda a prestação de serviço por parte delas, por preço inferior ao de mercado;

e) permitir ou facilitar a aquisição, permuta ou locação de bem ou serviço por preço superior ao de mercado;

f) realizar operação financeira sem observância das normas legais e regulamentares ou aceitar garantia insuficiente ou inidônea;

g) conceder benefício administrativo ou fiscal sem a observância das formalidades legais ou regulamentares aplicáveis à espécie;

h) frustrar a licitude de processo licitatório ou de processo seletivo para celebração de parcerias com entidades sem fins lucrativos, ou dispensá-los indevidamente, acarretando perda patrimonial efetiva;

i) ordenar ou permitir a realização de despesas não autorizadas em lei ou regulamento;

j) agir ilicitamente na arrecadação de tributo ou de renda, bem como no que diz respeito à conservação do patrimônio público;

k) liberar verba pública sem a estrita observância das normas pertinentes ou influir de qualquer forma para a sua aplicação irregular;

l) permitir, facilitar ou concorrer para que terceiro se enriqueça ilicitamente;

m) permitir que se utilize, em obra ou serviço particular, veículos, máquinas, equipamentos ou material de qualquer natureza, de propriedade ou à disposição de qualquer das entidades mencionadas no art. 1º da lei, bem como o trabalho de servidor público, empregados ou terceiros contratados por essas entidades;

n) celebrar contrato ou outro instrumento que tenha por objeto a prestação de serviços públicos por meio da gestão associada sem observar as formalidades previstas na lei;

o) celebrar contrato de rateio de consórcio público sem suficiente e prévia dotação orçamentária, ou sem observar as formalidades previstas na lei.

p) facilitar ou concorrer, por qualquer forma, para a incorporação, ao patrimônio particular de pessoa física ou jurídica, de bens, rendas, verbas ou valores públicos transferidos pela administração pública a entidades privadas mediante celebração de parcerias, sem a observância das formalidades legais ou regulamentares aplicáveis à espécie.

q) permitir ou concorrer para que pessoa física ou jurídica privada utilize bens, rendas, verbas ou valores públicos transferidos pela administração pública a entidade privada mediante celebração de parcerias, sem a observância das formalidades legais ou regulamentares aplicáveis à espécie.

r) celebrar parcerias da administração pública com entidades privadas sem a observância das formalidades legais ou regulamentares aplicáveis à espécie.

s) agir para a configuração de ilícito na celebração, na fiscalização e na análise das prestações de contas de parcerias firmadas pela administração pública com entidades privadas.

t) liberar recursos de parcerias firmadas pela administração pública com entidades privadas sem a estrita observância das normas pertinentes ou influir de qualquer forma para a sua aplicação irregular.

u) conceder, aplicar ou manter benefício financeiro ou tributário contrário ao que dispõem o caput e o § 1º do art. 8º-A da Lei Complementar nº 116/03. Essa lei complementar dispõe sobre o ISSQN (Imposto Sobre Serviços de Qualquer Natureza) e, de acordo com aquele dispositivo, a alíquota mínima do ISSQN é de 2% (dois por cento), nos termos do caput, tendo sido expressamente vedado, no §1º do art. 8º-A, que esse imposto seja "objeto de concessão de isenções, incentivos ou benefícios tributários ou financeiros, inclusive de redução de base de cálculo ou de crédito presumido ou outorgado, ou sob qualquer outra forma que resulte, direta ou indiretamente, em carga tributária menor que a decorrente da aplicação da alíquota mínima estabelecida no caput, exceto para os serviços" a que o dispositivo faz remissão.

2.4.3. Atos de improbidade que atentam contra os princípios da Administração Pública

Configura ato que atenta contra os princípios da Administração Pública, de acordo com o art. 11, **"a ação ou omissão dolosa que viole os deveres de honestidade, de imparcialidade e de legalidade"**, caracterizada por uma das condutas descritas no artigo.

ATENÇÃO Com a nova redação do art. 11, o **rol** das condutas que caracterizam os atos que violam os princípios da Administração Pública passou a ser **taxativo.** Inclusive, determina o §3º do art. 11 que o "enquadramento de conduta funcional na categoria de que trata este artigo pressupõe a demonstração objetiva da prática de ilegalidade no exercício da função pública, com a indicação das normas constitucionais, legais ou infralegais violadas".

São atos que atentam **contra os princípios** da Administração Pública:

a) revelar fato ou circunstância de que tem ciência em razão das atribuições e que deva permanecer em segredo, propiciando beneficiamento por informação privilegiada ou colocando em risco a segurança da sociedade e do Estado;

b) negar publicidade aos atos oficiais, exceto em razão de sua imprescindibilidade para a segurança da sociedade e do Estado ou de outras hipóteses instituídas em lei;

c) frustrar, em ofensa à imparcialidade, o caráter concorrencial de concurso público, de chamamento ou de procedimento licitatório, com vistas à obtenção de benefício próprio, direto ou indireto, ou de terceiros.;

d) deixar de prestar contas quando esteja obrigado a fazê-lo, desde que disponha das condições para isso, com vistas a ocultar irregularidades;

e) revelar ou permitir que chegue ao conhecimento de terceiro, antes da respectiva divulgação oficial, teor de medida política ou econômica capaz de afetar o preço de mercadoria, bem ou serviço.

f) descumprir as normas relativas à celebração, fiscalização e aprovação de contas de parcerias firmadas pela administração pública com entidades privadas.

g) nomear cônjuge, companheiro ou parente em linha reta, colateral ou por afinidade, até o terceiro grau, inclusive, da autoridade nomeante ou de servidor da mesma pessoa jurídica investido em cargo de direção, chefia ou assessoramento, para o exercício de cargo em comissão ou de confiança ou, ainda, de função gratificada na administração pública direta e indireta em qualquer dos Poderes da União, dos Estados, do Distrito Federal e dos Municípios, compreendido o ajuste mediante designações recíprocas. ATENÇÃO "Não se configurará improbidade a mera nomeação ou indicação política por parte dos detentores de mandatos eletivos, sendo necessária a aferição de dolo com finalidade ilícita por parte do agente" (art. 11, §5º);

h) praticar, no âmbito da administração pública e com recursos do erário, ato de publicidade que contrarie o disposto no § 1º do art. 37 da Constituição Federal, de forma a promover inequívoco enaltecimento do agente público e personalização de atos, de programas, de obras, de serviços ou de campanhas dos órgãos públicos.

MODALIDADES DE ATOS DE IMPROBIDADE	
Atos que importam enriquecimento ilícito (art. 9º)	auferir, dolosamente, vantagem patrimonial indevida em razão do exercício do cargo, mandato, função, emprego ou atividade nas entidades do art. 1º
Atos que causam prejuízo ao erário (art. 10);	qualquer ação ou omissão dolosa, que enseje, efetiva e comprovadamente, perda patrimonial, desvio, apropriação, malbaratamento ou dilapidação dos bens ou haveres" das entidade mencionadas no art. 1º da lei
Atos que atentam contra os princípios da Administração Pública (art. 11)	ação ou omissão dolosa que viole os deveres de honestidade, de imparcialidade e de legalidade, caracterizada por uma das condutas descritas no art. 11

2.5. Sanções

O art. 12 da Lei nº 8.429/92 estabelece que as **sanções** previstas nesse diploma normativo são aplicadas **independentemente** das **sanções penais comuns e de responsabilidade, civis e administrativas** previstas na legislação específica e do **ressarcimento integral do dano** patrimonial, se efetivo. Há, portanto, independência das **instâncias** de responsabilização.

Assim, caso o ato praticado seja enquadrado como ato de improbidade e, também, seja considerado crime, o autor se submeterá às penas da Lei de Improbidade Administrativa e, ainda, às existentes na legislação penal, sem se esquecer, ademais, das sanções administrativas e civis eventualmente existentes. Para reforçar, em relação às infrações penais, não há coincidência obrigatória entre o ato de improbidade administrativa e a infração penal, pois há ato de improbidade que também está previsto na lei penal como crime e, por outro lado, há aqueles em que não há a prática de infração penal. Desse modo, por exemplo, o ato de receber vantagem econômica indevida em razão da função configura, simultaneamente, ato de improbidade (art. 9º, I) e crime de corrupção passiva (art. 317, Código Penal) e, por outro lado, há diversos casos em que determinada conduta configuradora da prática de ato de improbidade é desprovida de tipificação penal.

Dessa maneira, as sanções previstas na Lei nº 8.429/92 têm natureza **extrapenal**[12].

As **sanções** passíveis de aplicação em decorrência da prática de ato de improbidade administrativa podem ser aplicadas **isolada** ou **cumulativamente, conforme a gravidade do fato,** e são as **seguintes** (art. 12):

a) perda de bens e valores;

b) perda da função pública. Somente é aplicada **após o trânsito em julgado** da decisão condenatória (art. 20);

c) suspensão dos direitos políticos. Somente é aplicada **após o trânsito em julgado** da decisão condenatória (art. 20);

12. CARVALHO FILHO. José dos Santos. *Manual de direito administrativo*. 19. ed. Rio de Janeiro: Lumen Juris, 2008. p. 948-953.

d) multa civil;

e) proibição de contratar e de receber benefícios (proibição de contratar com o poder público ou de receber benefícios ou incentivos fiscais ou creditícios, direta ou indiretamente, ainda que por intermédio de pessoa jurídica da qual seja sócio majoritário).

Necessário apontar algumas particularidades em relação às penas:

a) **Perda da função**:

- Somente terá cabimento no caso de **enriquecimento ilícito e prejuízo ao erário;**
- Só se efetiva com o **trânsito em julgado** da sentença condenatória (art. 20);
- Conforme previsão do §1º do art. 12, a sanção somente atingiria o vínculo de mesma qualidade e natureza que o agente detinha na época do cometimento da infração, podendo o magistrado, no caso de enriquecimento ilícito, de forma excepcional, estendê-la aos demais vínculos, consideradas as circunstâncias do caso e a gravidade da infração. Entretanto, na **ADI 7236**, o Min. Alexandre de Moraes deferiu medida cautelar e **suspendeu a eficácia desse dispositivo e, com isso, a perda da função pública pode ocorrer "independentemente da função ocupada no momento da condenação com trânsito em julgado".**

b) **Suspensão dos direitos políticos:**

- Somente terá cabimento no caso de **enriquecimento ilícito e prejuízo ao erário;**
- Só se efetiva com o trânsito em julgado da sentença condenatória (art. 20);
- Para efeitos de contagem do prazo da sanção de suspensão dos direitos políticos, computar-se-á retroativamente o intervalo de tempo entre a decisão colegiada e o trânsito em julgado da sentença condenatória (art. 12, §10). Todavia, isso não é, atualmente, possível porque, na ADI 7236, o Min. Alexandre de Moraes **deferiu medida cautelar e suspendeu a eficácia desse dispositivo.**

c) **Proibição de contratação com o Poder Público:**

- Em regra, produz efeito apenas junto ao ente político lesado, porém, em caráter excepcional e por motivos relevantes devidamente justificados, pode extrapolar a esfera do ente lesado, mas devem ser observados os impactos econômicos e sociais das sanções, de forma a preservar a função social da pessoa jurídica (art. 12, §4º), nos termos do §3º, que prevê, no caso da responsabilização da pessoa jurídica, que deverão ser considerados os efeitos econômicos e sociais das sanções, de modo a viabilizar a manutenção de suas atividades;
- Deverá constar do Cadastro Nacional de Empresas Inidôneas e Suspensas (CEIS) previsto na Lei nº 12.846/13 (Lei Anticorrupção), observadas as limitações territoriais contidas em decisão judicial, conforme disposto no § 4º deste artigo.

- Foi questionada a constitucionalidade dessa pena, por meio da ADI 4.295, sob o fundamento de violação da incomunicabilidade das sanções (art. 5º, XLV, CF) em razão da aplicação da sanção ao responsável pelo ato de improbidade, proibindo-o de contratar com o Poder Público, ainda que por intermédio de pessoa jurídica da qual seja sócio majoritário. Porém, o STF decidiu que "**o art. 12 da Lei 8.429/1992 não contraria a garantia da intransmissibilidade da sanção.** A norma mostra-se razoável e necessária, limitando sua abrangência às pessoas jurídicas das quais o particular condenado por ato de improbidade administrativa é sócio majoritário, ou seja, atua ostensivamente no controle e direcionamento da atividade empresarial.

d) **Multa:**

- Pode ser aumentada até o dobro, se o juiz considerar que, em razão da situação econômica do réu, o cálculo é ineficaz para reprovação e prevenção do ato de improbidade (art. 12, §2º);
- É a única a ser aplicada no caso de atos de menor ofensa aos bens jurídicos tutelados na LIA, sem prejuízo do ressarcimento do dano e da perda dos valores obtidos, quando for o caso.

Nos termos do §9º do art. 12, **todas as sanções somente poderão ser executadas após o trânsito em julgado da sentença condenatória.**

A **aplicação** das sanções, nos termos do art. 21, **independe**:

a) da efetiva ocorrência de dano ao patrimônio público, salvo quanto à pena de ressarcimento e às condutas previstas no art. 10 da lei (atos que causam dano ao Erário);

b) da **aprovação** ou **rejeição** das **contas** pelo órgão de controle interno ou pelo Tribunal ou Conselho de Contas.

Esse dispositivo reforça a existência de independência entre as instâncias de responsabilização. Entretanto, com as alterações feitas pela Lei nº 14.230/21, o art. 21 passou a delimitar de forma mais detalhada a interação entre as diferentes esferas de apuração e, dessa forma:

a) O **juiz** não fica vinculado ao resultado alcançado pelo órgão de controle, interno ou Tribunal de Contas, e **pode aplicar as sanções** previstas na LIA, **independentemente da aprovação ou reprovação** das contas naquela esfera. Porém, os **atos do órgão de controle** interno ou externo serão **considerados pelo juiz** quando tiverem servido de fundamento para a conduta do agente público, bem como As **provas produzidas** perante aqueles órgãos e as correspondentes **decisões deverão ser consideradas na formação da convicção do juiz**, sem prejuízo da análise acerca do dolo na conduta do agente (art. 21, II e §§1º e 2º);

b) As **sanções** eventualmente **aplicadas** em **outras esferas deverão ser compensadas** com as sanções aplicadas nos termos da LIA (art. 23, §5º);

c) As **sentenças civis e penais produzirão efeitos** em relação à ação de improbidade quando concluírem pela **inexistência da conduta** ou pela **negativa da autoria** (art. 21, §3º)

d) A **sentença penal absolutória, pelos mesmos fatos, desde que confirmada por decisão colegiada, impede o trâmite da ação de improbidade,** "havendo comunicação com todos os fundamentos de absolvição previstos no art. 366" do CPP (art. 23, §4º). ATENÇÃO! Na ADI 7236, o Min. Alexandre de Moraes deferiu medida cautelar para **suspender a eficácia** desse dispositivo! Com isso, haverá comunicação somente no caso de inexistência da conduta ou de negativa da autoria.

Ainda sobre o art. 21, na ADI 4.296, houve pedido para declarar inconstitucional o inciso I, sob o fundamento de violação ao devido processo legal. Todavia, decidiu o STF que, em relação a esse dispositivo legal, "inexiste relação entre a cláusula constitucional do devido processo legal e a desnecessidade de comprovação do dano ao patrimônio público para configuração de determinados atos de improbidade. **A defesa da probidade administrativa não se restringe à proteção do erário, sob o prisma patrimonial, alcançando condutas que, mesmo sem lesionar o erário, resultam em enriquecimento ilícito de terceiros (art. 9º) ou violam princípios da Administração Pública (art. 11).**"

Há na lei uma espécie de **graduação de gravidade** do ato de improbidade, na qual são considerados mais graves – e, por isso, a previsão das maiores penas – os atos que importam enriquecimento ilícito. Em um grau menor de gravidade, de acordo com a lei, há os atos que causam prejuízo ao erário, para os quais as penas a serem aplicadas são um pouco menos severas e, por fim, existem os atos que atentam contra os princípios da Administração Pública, cujas penas são menores do que as previstas para as outras duas espécies de atos de improbidade e, inclusive, após a alteração promovida pela Lei nº 14.230/21, as penas de suspensão dos direitos políticos e de perda da função não mais aplicáveis em razão da prática dos atos que atentam contra os princípios da Administração Pública.

Conforme a modalidade de ato de improbidade, aplicam-se as seguintes **sanções** (art. 12):

a) **atos que importem enriquecimento ilícito** (art. 12, I):
- perda dos bens ou valores acrescidos ilicitamente ao patrimônio;
- perda da função pública;
- suspensão dos direitos políticos **até quatorze anos**;
- pagamento de multa civil equivalente ao valor do acréscimo patrimonial;
- proibição de contratar com o poder público ou de receber benefícios ou incentivos fiscais ou creditícios, direta ou indiretamente, ainda que por intermédio de pessoa jurídica da qual seja sócio majoritário, pelo prazo **não superior a quatorze anos.**

b) **atos que causam lesão ao erário** (art. 12, II):
- perda dos bens ou valores acrescidos ilicitamente ao patrimônio, se concorrer esta circunstância;
- perda da função pública;

- suspensão dos direitos políticos **até doze anos** ;
- pagamento de multa civil de até valor do dano;
- proibição de contratar com o poder público ou de receber benefícios ou incentivos fiscais ou creditícios, direta ou indiretamente, ainda que por intermédio de pessoa jurídica da qual seja sócio majoritário, pelo prazo **não superior a doze anos**;

c) **atos que atentem contra os princípios da Administração Pública** (art. 12, III):

- pagamento de multa civil de até **até vinte e quatro vezes** o valor da remuneração percebida pelo agente;
- proibição de contratar com o poder público ou de receber benefícios ou incentivos fiscais ou creditícios, direta ou indiretamente, ainda que por intermédio de pessoa jurídica da qual seja sócio majoritário, pelo prazo **não superior a quatro anos**.
- Sistematização das sanções previstas para os atos de improbidade administrativa:

SANÇÕES – LEI DE IMPROBIDADE ADMINISTRATIVA		
• Podem ser aplicadas isolada ou cumulativamente • Independem da efetiva ocorrência de dano ao erário, salvo quanto à pena de ressarcimento e às condutas do art. 10 da Lei e da aprovação ou rejeição de contas pelo órgão de controle interno ou Tribunal de Contas. • Independentemente do ressarcimento integral do dano patrimonial, se efetivo, e das sanções penais comuns e de responsabilidade, civis e administrativas previstas na legislação específica, está o responsável sujeito:		
Atos que importam enriquecimento ilícito	**Atos que causam lesão ao erário**	**Atos que atentam contra os princípios da Administração**
Perda da função pública	Perda da função pública	-
Suspensão dos direitos políticos:até 14 anos	Suspensão dos direitos políticos: até 12 anos	
Multa civil: equivalente ao acréscimo patrimonial	Multa civil: equivalente ao valor do dano	Multa civil: até 24x valor da remuneração
Proibição de celebrar contrato com o Poder Público ou de receber benefícios ou incentivos fiscais ou creditícios: Até 14 anos	Proibição de celebrar contrato com o Poder Público ou de receber benefícios ou incentivos fiscais ou creditícios: Até 12 anos	Proibição de celebrar contrato com o Poder Público ou de receber benefícios ou incentivos fiscais ou creditícios: Até 4 anos
Perda dos bens ou valores acrescidos indevidamente	Perda dos bens ou valores acrescidos indevidamente, se ocorreu	-

2.6. Declaração de bens

De acordo com o art. 13, é **condição para a posse e para o exercício de agente público a "apresentação de declaração de imposto de renda** e proventos de qualquer natureza, que tenha sido apresentada à Secretaria Especial da Receita Federal do Brasil, a fim de ser arquivada no serviço de pessoal competente".

A declaração deverá ser **atualizada anualmente** e na **data em que o agente público deixar o exercício** do mandato, do cargo, do emprego ou da função.

No caso de o agente público se **recusar** a prestar a declaração de bens no prazo determinado ou a prestar de maneira **falsa**, será punido com a pena de **demissão**, sem prejuízo das demais sanções cabíveis.

A exigência contida no art. 13 foi contestada na **ADI 4.296** sob a ofensa ao princípio da proporcionalidade e o STF decidiu que o "art. 13 do diploma legal, que prevê a obrigação de todo agente público apresentar sua declaração de imposto de renda e proventos de qualquer natureza, busca assegurar mecanismos de fiscalização do patrimônio de agentes públicos, de modo a resguardar a moralidade e o erário, razão pela qual normas dessa natureza já foram placitadas pelo Tribunal, **inexistindo ofensa ao postulado da proporcionalidade**".

2.7. Procedimento administrativo

O art. 14 prevê que qualquer pessoa pode **representar** junto à autoridade administrativa competente para que se dê início à investigação para a devida apuração da prática de ato de improbidade. Poderá fazê-lo por **escrito** ou **oralmente**, quando será reduzida a termo e assinada, devendo a representação conter a qualificação do representante, as informações sobre o fato e sua autoria e a indicação das provas de que tenha conhecimento.

Feita a representação, a autoridade administrativa, em despacho fundamentado, vai rejeitá-la se não contiver os requisitos exigidos, e a rejeição não impede que seja feita representação ao Ministério Público.

Caso a representação atenda aos requisitos, a autoridade determinará a imediata apuração dos fatos, observada a legislação que regula o processo administrativo disciplinar aplicável ao agente. Quando a comissão processante verificar, em processo administrativo, a ocorrência de ato de improbidade, deverá dar conhecimento ao Ministério Público e ao Tribunal ou Conselho de Contas sobre a existência do procedimento, nos termos do art. 15. **ATENÇÃO!** Na ADI 4.295, o STF decidiu que o "art. 15 da Lei 8.429/1992, ao preconizar o acompanhamento do procedimento administrativo relativo a possível ato de improbidade pelo Ministério Público **não viola o postulado da separação entre os Poderes**. O mero acompanhamento do processo não representa interferência em sua condução. A norma permite que os órgãos de controle tenham imediato conhecimento de condutas ímprobas, de modo a adotar as providências pertinentes em seu âmbito de atuação, com o integral conhecimento das circunstâncias probatórias e do desfecho do processo administrativo."

Importante destacar que, conforme previsão do art. 19 da Lei nº 8.429/92, constitui "**crime** a **representação** por ato de improbidade contra agente público ou terceiro beneficiário, quando o autor da denúncia **o sabe inocente**", com pena de detenção de seis a dez meses e multa, sujeitando-se, ainda, o denunciante a **indenizar** o denunciado pelos **danos** materiais, morais ou à imagem que houver provocado.

2.8. Ação judicial

A ação judicial de improbidade administrativa, na maioria, era considerada pela doutrina como espécie de ação civil pública. Todavia, sofreu significativas alterações por força da Lei nº 14.230/21 e, nos termos do art. 17-D da Lei nº 8.429/92, **a ação de improbidade é ação repressiva, de caráter sancionatório, destinada à aplicação de sanções de caráter pessoal** nela previstas nesta Lei e **não constitui ação civil.** Nesse sentido, esse dispositivo **veda** o seu **ajuizamento** para o controle de legalidade de políticas públicas e para a proteção do patrimônio público e social, do meio ambiente e de outros interesses difusos, coletivos e individuais homogêneos, prevendo que, nesses casos, o instrumento a ser usado é **ação civil pública**.

Portanto, para fixar:

a) **Ação de improbidade administrativa**: destinada à aplicação das sanções nela previstas;

b) **Ação civil pública**: • controle de políticas públicas; • responsabilidade de agentes públicos, inclusive políticos, entes públicos e governamentais, por danos ao meio ambiente, ao consumidor, a bens e direitos de valor artístico, estético, histórico, turístico e paisagístico, a qualquer outro interesse difuso ou coletivo, à ordem econômica, à ordem urbanística, à honra e à dignidade de grupos raciais, étnicos ou religiosos e ao patrimônio público e social.

2.8.1. *Medidas cautelares*

Na ação de improbidade podem ser decretas as medidas cautelares de afastamento do agente público e de indisponibilidade dos bens.

2.8.1.1 *Afastamento do agente público*

O parágrafo único do art. 20 traz a previsão do afastamento cautelar do agente público.

De acordo com esse dispositivo, o **juiz pode determinar o afastamento** do agente público do exercício do cargo, emprego ou função em **duas situações**: • quando a medida for **necessária à instrução processual**; • ou para **evitar a prática de novos ilícitos**.

A **duração** do afastamento é de **até noventa dias, prorrogáveis** uma vez por **igual período.**

Por fim, é importante destacar que o **afastamento ocorre sem prejuízo da renumeração.**

2.8.1.2. *Indisponibilidade dos bens*

O **pedido de indisponibilidade** dos bens dos réus está disciplinado no art. 16 da LIA e pode ser feito em caráter **antecedente ou incidente** e tem como **finalidade** garantir a **integral recomposição do erário** ou **do acréscimo** patrimonial resultante de enriquecimento ilícito.

É conhecida a posição do STJ, com base na redação antiga da Lei nº 8.429/92, de que, para a decretação da indisponibilidade, bastaria o fumus boni iuris porque o periculum in mora era presumido (Resp 1319515). Entretanto, com a mudança implementada pela Lei nº 14.230/21, o pedido de indisponibilidade **apenas será deferido se houver a demonstração no caso concreto de perigo de dano irreparável ou de risco ao resultado útil do processo, desde que o juiz se convença da probabilidade da ocorrência** dos atos descritos na petição inicial com fundamento nos respectivos elementos de instrução, **após a oitiva do réu no prazo de 5 dias.**

Portanto, além da efetiva demonstração da necessidade de decretação da medida, a regra é prévia oitiva do réu e, **excepcionalmente**, poderá ser **decretada** inaudita altera pars **quando o contraditório prévio puder comprovadamente frustrar a efetividade da medida ou houver outras circunstâncias** que recomendem a proteção liminar, **não podendo a urgência ser presumida** (art. 16, §4º).

Ainda, ao apreciar a medida, é **dever do juiz observar os efeitos práticos da decisão**, vedada a adoção de medida capaz de acarretar prejuízo à prestação de serviços públicos, nos termos do §12 do art. 16).

Se houver necessidade, o pedido de indisponibilidade incluirá a investigação, o exame e o bloqueio de bens, contas bancárias e aplicações financeiras mantidas pelo indiciado no exterior, nos termos da lei e dos tratados internacionais (art. 16, §4º).

Aplica-se à indisponibilidade, no que couber, o regime da tutela provisória de urgência previsto no CPC e da decisão que deferir ou indeferir o pedido, cabe agravo de instrumento (art. 16, §§ 8º e 9º).

Em relação ao **objeto** do pedido de indisponibilidade:

a) O valor da indisponibilidade considerará a estimativa de dano indicada na petição inicial, permitida a sua substituição por caução idônea, por fiança bancária ou por seguro-garantia judicial, a requerimento do réu, bem como a sua readequação durante a instrução do processo (art. 16, §6º);

b) Recairá sobre bens que assegurem o integral ressarcimento do dano ao erário, sem incidir sobre os valores eventualmente aplicados a título de multa civil ou sobre acréscimo patrimonial decorrente de atividade lícita (art. 16, §10).

c) Havendo mais de um réu, a somatória dos valores não poderá superar o montante indicado na inicial como dano ao erário ou como enriquecimento ilícito (art. 16, §5º);

d) Há uma ordem para a decretação da medida com a finalidade de garantir a subsistência do acusado e a manutenção da atividade empresária ao longo do processo. Deve ser dada prioridade aos veículos de via terrestre, bens imóveis, bens móveis em geral, semoventes, navios e aeronaves, ações e quotas de sociedades simples e empresárias, pedras e metais preciosos e, apenas na inexistência desses, ocorrerá o bloqueio de contas bancárias (art. 16, §11);

e) Bens de terceiro: somente poderão ser objeto da medida: • se houver a demonstração da efetiva concorrência do terceiro para os atos ilícitos apurados; • ou quando se tratar de pessoa jurídica, da instauração de incidente de desconsideração da personalidade jurídica, a ser processado na forma da lei processual;

f) Vedada a decretação da medida: • até 40 salários mínimos depositados em caderneta de poupança, outras aplicações financeiras ou conta-corrente (art. 16, §13); • em relação ao bem de família, salvo se comprovado que o imóvel seja fruto de vantagem patrimonial indevida (art. 16, §14).

2.8.2. *Procedimento*

O procedimento previsto para ação judicial de improbidade é o comum, previsto no CPC, salvo o disposto na LIA (art. 17, *caput*)..

A legitimidade ativa para a propositura da ação não era exclusividade do **Ministério Público**, pois nos termos desse artigo, na redação anterior à Lei nº 14.230/17, além dele, a pessoa jurídica interessada também poderia ingressar com a ação, entendendo-se como **pessoa jurídica interessada**, uma das previstas no art. 1º da Lei nº 8.429/92. E, quando fosse proposta por uma dessas pessoas interessadas, o **Ministério Público**, obrigatoriamente, atuaria como **fiscal da lei**, sob pena de nulidade (art. 17, § 4º).

Entretanto, nos termos da redação atual do art. 17, somente o Ministério Público pode propor a ação de improbidade e a pessoa jurídica interessada será intimada para, caso queira, intervir no processo (art. 17, §14), porém não tem mais legitimidade para ajuizar ação de improbidade.

Entretanto, isso não tem mais aplicação porque, nas **ADIs 7042 e 7043**, o STF decidiu, por maioria:

"(a) declarar a inconstitucionalidade parcial, sem redução de texto, do caput e dos §§ 6º-A e 10-C do art. 17, assim como do caput e dos §§ 5º e 7º do art. 17-B, da Lei 8.429/1992, na redação dada pela Lei 14.230/2021, de modo a **restabelecer a existência de legitimidade ativa concorrente e disjuntiva entre o Ministério Público e as pessoas jurídicas interessadas para a propositura da ação por ato de improbidade administrativa e para a celebração de acordos de não persecução civil**".

Na mesma ação, decidiu o STF:

"(b) declarar a inconstitucionalidade parcial, com redução de texto, do § 20 do art. 17 da Lei 8.429/1992, incluído pela Lei 14.230/2021, no sentido de que **não existe "obrigatoriedade de defesa judicial"; havendo, porém, a possibilidade dos órgãos**

da Advocacia Pública autorizarem a realização dessa representação judicial, por parte da assessoria jurídica que emitiu o parecer atestando a legalidade prévia".

O foro competente para a propositura da ação é o local onde ocorrer o dano ou da pessoa jurídica prejudicada, prevenindo-se a competência do juízo para todas as ações posteriormente intentadas que possuam a mesma causa de pedir ou o mesmo objeto, conforme os §§ 4º-A e 5º do art. 17. Aliás, estabelece art. 17, §19, III, que não haverá o ajuizamento de mais de uma ação de improbidade administrativa pelo mesmo fato, competindo ao Conselho Nacional do Ministério Público dirimir conflitos de atribuições entre membros de Ministérios Públicos distintos.

Proposta a ação, o **procedimento** é o seguinte:

a) Estando a inicial em ordem, conforme os requisitos previstos no §6º, o juiz mandará autuá-la e ordenará a citação dos requeridos para que contestem no prazo comum de 30 dias, iniciado na forma do art. 231 do CPC (art. 17, §7º). Se houver a possibilidade de solução consensual, poderão as partes requerer ao juiz a interrupção do prazo para a contestação, por prazo não superior a 90 dias (art. 17, §10-A).

b) Oferecida a contestação e, se for o caso, ouvido o autor, o juiz:

- Procederá ao julgamento conforme o estado do processo, observada a eventual inexistência manifesta do ato de improbidade;
- Poderá desmembrar o litisconsórcio, com vistas a otimizar a instrução processual (art. 17, §10-B). Se na contestação o réu alegar questões preliminares e forem rejeitadas pelo juiz, da decisão cabe agravo de instrumento, nos termos do §9º-A do art. 17.
- ATENÇÃO 1) Conforme previsão do art. 17, §19, I, não se aplica na ação de improbidade administrativa a presunção de veracidade dos fatos alegados pelo autor em caso de revelia;
- 2) Nos termos do §20 do art. 17, a "assessoria jurídica que emitiu o parecer atestando legalidade prévia dos atos administrativos praticados pelo administrador público ficará obrigada a defendê-lo judicialmente, caso este venha a responder ação por improbidade administrativa, até que a decisão transite em julgado". ATENÇÃO Nas ADIs 7042 e 7043, o STF declarou a inconstitucionalidade parcial desse dispositivo, com interpretação conforme sem redução do texto no sentido de que **não existe "obrigatoriedade de defesa judicial"**; havendo, porém, a **possibilidade de os órgãos da Advocacia Pública autorizarem a realização dessa representação judicial**, por parte da assessoria jurídica que emitiu o parecer atestando a legalidade prévia dos atos administrativos praticados pelo administrador público, nos termos autorizados por lei específica".

c) Após a réplica do Ministério Público, o juiz proferirá decisão, indicando com precisão a tipificação do ato de improbidade administrativa imputável ao réu, vedada a modificação do fato principal e a capitulação legal dada pelo autor (art. 17, §10-C). De acordo com o determinado no §10-D, para cada ato de improbidade administrativa, deverá necessariamente ser indicado apenas um tipo dentre as modalidades previstas nos arts. 9º, 10 e 11.

d) Proferida a decisão, as partes serão intimadas a especificar as provas que pretendem produzir (art. 17, §10-E).

e) Na instrução probatória:

- Assegura-se ao réu o direito de ser interrogado sobre os fatos de que trata a ação, e a sua recusa ou o seu silêncio não implicarão confissão (art. 17, §18);
- Não se aplica a imposição de ônus da prova ao réu, na forma dos §§ 1º e 2º do art. 373 do CPC (art. 17, §19, I)

f) Sentença:

1) Será nula a decisão de mérito total ou parcial da ação de improbidade administrativa que:
   - condenar o requerido por tipo diverso daquele definido na petição inicial;
   - condenar o requerido sem a produção das provas por ele tempestivamente especificadas (art. 17, §10-F);
2) a sentença que julgar procedente a ação fundamentada nos arts. 9º e 10 da Lei condenará ao ressarcimento dos danos e à perda ou reversão dos bens e valores ilicitamente adquiridos, conforme o caso, em favor da pessoa jurídica prejudicada pelo ilícito (art. 18, *caput*);
3) Se houver necessidade de liquidação do dano, a pessoa jurídica prejudicada procederá a essa determinação e ao ulterior procedimento para cumprimento da sentença referente ao ressarcimento do patrimônio público ou à perda ou à reversão dos bens (art. 18§1º). Caso essa previsão não seja cumprida no prazo de seis meses, contado do trânsito em julgado da sentença de procedência da ação, caberá ao Ministério Público proceder à respectiva liquidação do dano e ao cumprimento da sentença referente ao ressarcimento do patrimônio público ou à perda ou à reversão dos bens, sem prejuízo de eventual responsabilização pela omissão verificada (§2º).
4) para a apuração do valor: serão descontados os serviços efetivamente prestados;
5) o juiz poderá autorizar o parcelamento em até 48 parcelas mensais se o réu demonstrar incapacidade de saldar o débito decorrente da condenação;
6) No cumprimento da sentença, a requerimento do réu, o juiz unificará as penas com outras aplicadas em outros processos, observado o seguinte:

- no caso de continuidade de ilícito, o juiz promoverá a maior sanção aplicada, aumentada de 1/3, ou a soma das penas, o que for mais benéfico ao réu;
- no caso de prática de novos atos ilícitos pelo mesmo sujeito, o juiz somará as sanções;
- as sanções de suspensão de direitos políticos e de proibição de contratar ou de receber incentivos fiscais ou creditícios do poder público observarão o limite máximo de vinte anos

Das decisões interlocutórias cabe agravo de instrumento (art. 17, §21), da sentença cabe apelação, conforme previsão no CPC, e não há reexame necessário das sentenças proferidas nas ações de improbidade (art. Art. 17-C, §3º e art. 17, §19, IV).

Importante registrar que em qualquer momento do processo, se o juiz:

a) verificar a inexistência do ato de improbidade, julgará a demanda improcedente (art. 17, §11);
b) identificar a existência de ilegalidades ou de irregularidades administrativas a serem sanadas sem que estejam presentes todos os requisitos para a imposição das sanções aos agentes incluídos no polo passivo da demanda, poderá, em decisão motivada, converter a ação de improbidade administrativa em ação civil pública, regulada pela Lei nº 7.347/85 (§16), cabendo agravo de instrumento dessa decisão (§17).

2.8.3. *Acordo de não persecução civil*

No art. 17-B, a Lei nº 8.429/92 prevê a possibilidade de celebração de **Acordo de Não Persecução Civil (ANPC)** pelo Ministério Público, estabelecendo o art. 17-B, §5 que as negociações ocorrerão entre o Ministério Público, de um lado, e, de outro, o investigado ou demandado e o seu defensor.

O ANPC poderá contemplar a adoção de mecanismos e procedimentos internos de integridade, de auditoria e de incentivo à denúncia de irregularidades e a aplicação efetiva de códigos de ética e de conduta no âmbito da pessoa jurídica, se for o caso, bem como de outras medidas em favor do interesse público e de boas práticas administrativas (art. 17-B, §6º). E, em qualquer caso, a celebração do ANPC considerará a personalidade do agente, a natureza, as circunstâncias, a gravidade e a repercussão social do ato de improbidade, bem como as vantagens, para o interesse público, da rápida solução do caso (§2º).

Porém, somente pode ser celebrado, **desde que advenham os seguintes resultados**:

a) **integral ressarcimento do dano;**
b) **reversão** à pessoa jurídica lesada da vantagem indevida obtida, ainda que oriunda de agentes privados

São **requisitos cumulativos** para a celebração do acordo (§1º):

a) **oitiva** do ente federativo lesado, em momento anterior ou posterior à propositura da ação. Em face da decisão do STF nas ADIs 7042 e 7043, essa previsão fica restrita à hipótese de o autor da ação ser o Ministério Público, destacando-se que se o Ministério Público não for o autor participará do processo como fiscal da lei

b) **aprovação**, no prazo de até 60 dias, pelo órgão do MP competente para apreciar as promoções de arquivamento de inquéritos civis, se anterior ao ajuizamento da ação;

c) **homologação** judicial, independentemente de o acordo ocorrer antes ou depois do ajuizamento da ação de improbidade administrativa.

Determina o §3º do art. 17-B que, para fins de apuração do valor do dano, o Tribunal de Contas competente deverá ser ouvido em 90 dias, indicando os parâmetros utilizados em sua manifestação. ATENÇÃO! Na ADI 7236, o Min. Alexandre de Moraes deferiu medida cautelar para **suspender a eficácia desse dispositivo**.

Quanto ao **momento de celebração**, o acordo poderá ser celebrado no curso da investigação de apuração do ilícito, no curso da ação de improbidade ou no momento de execução da sentença condenatória (§4º).

Na hipótese de descumprimento do ANPC, conforme o § 7º do art. 17-B, o investigado ficará impedido de celebrar novo pelo período de 5 anos, contado do conhecimento do MP do efetivo descumprimento.

Além da previsão de realização do acordo de não persecução civil, que se refere diretamente à ação de improbidade, outra possibilidade bastante relevante é o aproveitamento de solução negociada formalizada na esfera penal, ou seja, a **utilização de colaboração premiada na ação de improbidade** e, sobre o tema, o STF decidiu que é constitucional esse uso, que tem por finalidade é favorecer a efetiva tutela do patrimônio público, da legalidade e da moralidade administrativas, e evitar a impunidade de maneira eficiente, com a priorização do combate à corrupção, desde que observadas as diretrizes fixadas no julgamento do **ARE 1.175.650/PR**, no qual foi fixada a seguinte tese de repercussão geral (**Tema 1.043**):

> "É constitucional a utilização da colaboração premiada, nos termos da Lei 12.850/2013, no âmbito civil, em ação civil pública por ato de improbidade administrativa movida pelo Ministério Público, observando-se as seguintes diretrizes:
>
> (1) Realizado o acordo de colaboração premiada, serão remetidos ao juiz, para análise, o respectivo termo, as declarações do colaborador e cópia da investigação, devendo o juiz ouvir sigilosamente o colaborador, acompanhado de seu defensor, oportunidade em que analisará os seguintes aspectos na homologação: regularidade, legalidade e voluntariedade da manifestação de vontade, especialmente nos casos em que o colaborador está ou esteve sob efeito de medidas cautelares, nos termos dos §§ 6º e 7º do artigo 4º da referida Lei 12.850/2013;

(2) As declarações do agente colaborador, desacompanhadas de outros elementos de prova, são insuficientes para o início da ação civil por ato de improbidade;

(3) A obrigação de ressarcimento do dano causado ao erário pelo agente colaborador deve ser integral, não podendo ser objeto de transação ou acordo, sendo válida a negociação em torno do modo e das condições para a indenização;

(4) O acordo de colaboração deve ser celebrado pelo Ministério Público, com a interveniência da pessoa jurídica interessada e devidamente homologado pela autoridade judicial;

(5) Os acordos já firmados somente pelo Ministério Público ficam preservados até a data deste julgamento, desde que haja previsão de total ressarcimento do dano, tenham sido devidamente homologados em Juízo e regularmente cumpridos pelo beneficiado."

2.8.4. *Prescrição*

Nos termos do disposto no art. 23 da Lei nº 8.429/92, a **ação de improbidade prescreve** em **8 anos, contados da ocorrência do fato** ou, no caso de infrações permanentes, no dia em que cessou a permanência.

Determina o §1º que a instauração de inquérito civil ou de processo administrativo para apuração dos ilícitos previstos na LIA **suspende o curso do prazo prescricional** por, no máximo, **180 dias** corridos, recomeçando a correr após a sua conclusão ou, caso não concluído o processo, esgotado o prazo de suspensão.

Por sua vez, o §4º elenca as hipóteses em que se dará a **interrupção do prazo prescricional,** que são:

a) Ajuizamento da ação de improbidade administrativa;

b) Publicação da sentença condenatória;

c) Publicação da decisão ou acórdão de TJ ou TRF que confirma sentença condenatória ou reforma sentença de improcedência;

d) Publicação da decisão ou acórdão do STJ que confirma acórdão condenatório ou reforma acórdão de improcedência;

e) Publicação de decisão ou acórdão do STF que confirma acórdão condenatório ou reforma acórdão de improcedência.

Tanto a suspensão quanto a interrupção produzem efeitos relativamente a todos os que concorreram para a prática do ato de improbidade (§6º).

Uma vez interrompida a prescrição, o prazo recomeça do dia de interrupção, porém pelo prazo de quatro anos (metade do prazo de oito anos, conforme o §5º).

O art. 23 prevê ainda, em seu §8º, que o juiz ou o tribunal, depois de ouvido o Ministério Público, deverá, de ofício ou a requerimento da parte interessada, reconhecer a **prescrição intercorrente da pretensão sancionadora** e decretá-la de imediato, caso, entre os marcos interruptivos da prescrição (§4º), transcorra o prazo de quatro anos.

Portanto, em resumo, **ocorrerá a prescrição**:

a) **Em 8 anos**: se a ação não for ajuizada nesse prazo, contado da data do fato ou do dia em que cessou a permanência, no caso de infrações permanentes. Pode ser acrescentado o prazo de 180 dias de eventual suspensão do prazo prescricional, caso tenha havido a instauração de inquérito civil ou processo administrativo;

b) **Em 4 anos**, se transcorrer esse prazo (**prescrição intercorrente**):

   1) entre o ajuizamento da ação e a publicação da sentença condenatória; ou

   2) entre a publicação da sentença condenatória e a publicação da decisão ou acórdão de TJ ou TRF que confirma sentença condenatória ou reforma sentença de improcedência; ou

   3) entre a publicação da decisão ou acórdão de TJ ou TRF que confirma sentença condenatória ou reforma sentença de improcedência e a publicação da decisão ou acórdão do STJ que confirma acórdão condenatório ou reforma acórdão de improcedência; ou

   4) entre a publicação da decisão ou acórdão do STJ que confirma acórdão condenatório ou reforma acórdão de improcedência e a publicação de decisão ou acórdão do STF que confirma acórdão condenatório ou reforma acórdão de improcedência.

Destaca-se que as alterações promovidas pela Lei nº 14.230/2021 na Lei nº 8.429/1992 quanto à prescrição não retroagem, ou seja, conforme decidiu o STF, no RE 843.989, "(...) **4) O novo regime prescricional previsto na Lei 14.230/2021 é IRRETROATIVO, aplicando-se os novos marcos temporais a partir da publicação da lei**".

Ainda, cabe ressaltar que os prazos previstos na Lei de Improbidade Administrativa são para a ação destinada a apurar o ato de improbidade, visando à responsabilização do ímprobo. No entanto, o art. 37, § 5º, da Constituição Federal determina que "a lei estabelecerá os prazos de prescrição para ilícitos praticados por qualquer agente, servidor ou não, que causem prejuízos ao erário, ressalvadas as respectivas ações de ressarcimento".

Nesse ponto, o entendimento do STF era no sentido amplo da imprescritibilidade das ações de ressarcimento ao erário[13], mas houve mudança no tratamento do tema na Suprema Corte, pois, no julgamento do RE 669.069, foi fixada a tese de repercussão geral no sentido de que **é "prescritível a ação de reparação de danos à Fazenda Pública decorrente de ilícito civil"**. Definiu-se, ainda, que o conceito de ilícito civil surge por exclusão e, assim, **"não se consideram ilícitos civis, de um modo geral, os que decorrem de infrações ao direito público, como os de natureza penal, os decorrentes de atos de improbidade e assim por diante"**.

---

13. RE 578.428-AgR, MS 26.210 e RE 608.831-AgR.

Ressalta-se que o STF já enfrentou o tema sobre ser possível a existência ou não de ações imprescritíveis para ressarcimento de dano causado ao Erário. Nesse sentido:

a) tema 897 (julgado em 08/08/2018): o STF fixou a seguinte tese com repercussão geral: "São imprescritíveis as ações de ressarcimento ao erário fundadas na prática de ato doloso tipificado na Lei de Improbidade Administrativa". Todavia, em razão de não mais existir ato de improbidade culposo a imprescritibilidade será aplicável a todo ato de improbidade e, assim, a decisão do STF deve ser interpretada no sentido de que a pretensão reparatória regressiva do Estado em face do servidor é prescritível se o dano for decorrente de ilícito civil e imprescritível se forem ações de ressarcimento fundadas na prática de ato de improbidade administrativa.

b) Tema 899 (julgado em 20/04/2020): o STF fixou a seguinte tese com repercussão geral: "É prescritível a pretensão de ressarcimento ao erário fundada em decisão de Tribunal de Contas".

3. QUESTÕES

3.1. Questões objetivas comentadas

01. (VUNESP – TRF 3ª Região – Analista Judiciário – Área Administrativa – 2023) Considerando as disposições da Lei no 8.249/1992, no que se refere ao instituto da prescrição, assinale a alternativa correta.

(A) O inquérito civil para apuração do ato de improbidade será concluído no prazo improrrogável de 360 dias úteis, mediante ato fundamentado submetido à revisão da instância competente do órgão ministerial, conforme dispuser o regulamento.

(B) Nas ações e nos acordos por ela regidos não haverá adiantamento de custas de preparo, de emolumentos, de honorários periciais e de quaisquer outras despesas.

(C) A instauração de inquérito civil ou processo administrativo para apuração dos ilícitos aos quais se refere interrompe o curso do prazo prescricional por, no máximo 180 dias úteis, iniciando sua contagem, por inteiro, após sua conclusão ou, caso não concluído o processo, esgotado o prazo de interrupção.

(D) A ação para aplicação das sanções nela previstas prescreve em 5 anos, contados a partir da ocorrência do fato ou, no caso de infrações permanentes, do dia em que cessou a permanência.

(E) O prazo prescricional de 10 anos se suspende pela publicação de decisão ou acórdão do Superior Tribunal de Justiça que confirma acórdão condenatório ou que reforma acórdão de improcedência.

COMENTÁRIO

Alternativa correta: letra "b". Eis a redação literal do art. 23-B, da Lei: "nas ações e nos acordos regidos por esta Lei, não haverá adiantamento de custas, de preparo, de emolumentos, de honorários periciais e de quaisquer outras despesas".

Alternativa "a". Inquérito civil para apuração do ato de improbidade será concluído no prazo de 365 (trezentos e sessenta e cinco) dias corridos, prorrogável uma única vez por igual período, mediante ato fundamentado submetido à revisão da instância competente do órgão ministerial, conforme dispuser a respectiva lei orgânica, na exata forma do §2º, do art. 23, da Lei.

Alternativa "c". A instauração de inquérito civil ou de processo administrativo para apuração dos ilícitos referidos nesta Lei suspende o curso do prazo prescricional por, no máximo, 180 (cento e oitenta) dias corridos, **recomeçando a correr após a sua conclusão** ou, caso não concluído o processo, esgotado o **prazo de suspensão**, na forma do §1º, do art. 23, da Lei.

Alternativa "d". O *caput* do já mencionado art. 23 estabelece que a ação para a aplicação das sanções previstas na Lei prescreve em **8 (oito) anos**, contados a partir da ocorrência do fato ou, no caso de infrações permanentes, do dia em que cessou a permanência.

Alternativa "e". O prazo prescricional de **8 (oito) anos** se **interrompe** pela publicação de decisão ou acórdão do Superior Tribunal de Justiça que confirma acórdão condenatório ou que reforma acórdão de improcedência, nos termos do art. 23, §4º, IV, da Lei.

02. (TRT 16/2022 – Analista Judiciário – FGV) Em agosto de 2022, João, servidor público federal do Tribunal Regional do Trabalho da 2ª Região, de forma dolosa, frustrou, em ofensa à imparcialidade, o caráter concorrencial de concurso público, com vistas à obtenção de benefício de sua namorada Joana. De acordo com a atual redação da Lei nº 8.429/92, em tese, José praticou ato de improbidade administrativa que

(A) importou enriquecimento ilícito e está sujeito, entre outras, à sanção de suspensão dos direitos políticos até 12 (doze) anos.

(B) causou prejuízo ao erário e está sujeito, entre outras, à sanção de suspensão dos direitos políticos até 14 (catorze) anos.

(C) atentou contra os princípios da administração pública e está sujeito, entre outras, à sanção de perda da função de qualquer vínculo ou natureza.

(D) atentou contra os princípios da administração pública e está sujeito, entre outras, à sanção de pagamento de multa civil de até 24 (vinte e quatro) vezes o valor da remuneração percebida pelo agente.

(E) importou enriquecimento ilícito e está sujeito, entre outras, à sanção de proibição de contratar com o poder público ou de receber benefícios ou incentivos fiscais ou creditícios, direta ou indiretamente, ainda que por intermédio de pessoa jurídica da qual seja sócio majoritário, pelo prazo não superior a 8 (oito) anos.

COMENTÁRIO

Alternativa correta: letra "d" (responde às demais alternativas). Nos termos do art. 11, V, da Lei nº 8.429/1992, constitui ato de improbidade que atenta contra os princípios da Administração Pública "frustrar, em ofensa à imparcialidade, o caráter concorrencial de concurso público, de chamamento ou de procedimento licitatório, com vistas à obtenção de benefício próprio, direto ou indireto, ou de terceiros".

03. (TJ MS/2022 – Analista Judiciário – FGV) Em abril de 2022, João, prefeito do Município Alfa, no exercício da função, de forma dolosa, realizou operação financeira sem observância das normas legais e regulamentares.

De acordo com a Lei nº 8.429/1992, com redação dada pela Lei nº 14.230/2021, em tese, João:

(A) praticou ato de improbidade administrativa, entre cujas sanções está a suspensão dos direitos políticos até 12 anos;

(B) não praticou ato de improbidade administrativa, pois houve revogação do tipo que anteriormente enquadrava o ato praticado como ato ímprobo;

(C) praticou ato de improbidade administrativa, entre cujas sanções está o pagamento de multa civil de até 36 vezes o valor da última remuneração de João;

(D) não praticou ato de improbidade administrativa, pois, desde a redação originária da Lei de Improbidade Administrativa, o ato praticado já não era tipificado como ato ímprobo;

(E) praticou ato de improbidade administrativa, entre cujas sanções está a perda da função pública de quaisquer vínculos que João detenha à época do trânsito em julgado da sentença.

COMENTÁRIO

Alternativa correta: letra "a" (responde às demais alternativas). De acordo com o art. 10 da Lei nº 8.429/92, constitui ato de improbidade administrativa que causa lesão ao erário qualquer ação ou omissão dolosa, que enseje, efetiva e comprovadamente, perda patrimonial, desvio, apropriação, malbaratamento ou dilapidação dos bens ou haveres das entidades referidas no art. 1º dessa lei e uma das hipóteses elencadas naquele artigo é a conduta de realizar operação financeira sem observância das normas legais e regulamentares ou aceitar garantia insuficiente ou inidônea, prevista no inciso VI. E, nos termos do art. 12, II, as penas passíveis de aplicação para essa modalidade de ato de improbidade são: perda dos bens ou valores acrescidos ilicitamente ao patrimônio, se concorrer esta circunstância, perda da função pública, suspensão dos direitos políticos até 12 (doze) anos, pagamento de multa civil equivalente ao valor do dano e proibição de contratar com o poder público ou de receber benefícios ou incentivos fiscais ou creditícios, direta ou indiretamente, ainda que por intermédio de pessoa jurídica da qual seja sócio majoritário, pelo prazo não superior a 12 (doze) anos.

04. (TRT/14 – Analista Judiciário Área Judiciária – FCC – 2022) O Ministério Público do Estado de Rondônia pretende ajuizar ação de improbidade administrativa contra dois agentes públicos e, para tanto, deve ater-se ao prazo prescricional pertinente. Nos termos da Lei no 8.429/1992 com redação dada pela Lei no 14.230/2021, a ação para a aplicação das sanções previstas na Lei de Improbidade prescreve em

(A) cinco anos, contados a partir da ocorrência do fato ou, no caso de infrações permanentes, do dia em que cessou a permanência.
(B) cinco anos, contados a partir do término do exercício de mandato, cargo em comissão ou função de confiança.
(C) quatro anos, contados a partir da ciência inequívoca do fato pelo legitimado ativo para a demanda, ou, no caso de infrações permanentes, do dia em que cessou a permanência.
(D) oito anos, contados a partir da ocorrência do fato ou, no caso de infrações permanentes, do dia em que cessou a permanência.
(E) oito anos, contados a partir do término do exercício de mandato, cargo em comissão ou função de confiança.

COMENTÁRIO

Alternativa correta: letra "d" (responde às demais alternativas). O art. 23 da Lei de Improbidade Administrativa estabelece que o prazo de prescrição para a aplicação das sanções nela previstas é de 8 anos, contados a partir da ocorrência do fato ou, no caso de infrações permanentes, do dia em que cessou a permanência. Importante registrar que o STF, no RE 843.989, decidiu que o "novo regime prescricional previsto na Lei 14.230/2021 é IRRETROATIVO, aplicando-se os novos marcos temporais a partir da publicação da lei".

05. (Cespe – Analista Judiciário – Direito – TJ – PA/2020) Em uma ação de improbidade administrativa ajuizada pelo Ministério Público, foi proferida sentença de procedência dos pedidos, com aplicação da sanção de perda da função pública ao réu, que é servidor público.

A respeito dessa situação hipotética, é correto afirmar que a imposição da referida sanção

A) depende da comprovação de dano financeiro ao patrimônio público, sendo imprescindível, para aplicação da pena, aguardar o trânsito em julgado da sentença.
B) depende da comprovação de efetivo dano financeiro ao patrimônio público, podendo a pena, por ter natureza política, ser efetivada antes do trânsito em julgado da sentença.
C) independe de ter sido comprovado dano financeiro ao patrimônio público, sendo imprescindível, para a efetivação da pena, aguardar o trânsito em julgado da sentença.
D) independe de ter sido comprovado dano financeiro ao patrimônio público, podendo a pena, por ter natureza administrativa, ser efetivada antes do trânsito em julgado da sentença.
E) independe de ter sido comprovado dano financeiro ao patrimônio público, mas a pena, por ter natureza penal, só poderá ser efetivada após o trânsito em julgado da sentença.

COMENTÁRIO

Alternativa letra "c" (responde as demais alternativas; atualmente, a questão está desatualizada). A Lei nº 8.429/1992 foi recentemente alterada. Quando da realização do concurso, na forma da redação do então art. 21, I, da Lei, **as sanções pelos atos de improbidade administrativa seriam aplicadas independentemente da efetiva ocorrência de dano ao patrimônio**

público. Entretanto, atualmente, nos termos da redação do art. 21, I, no caso de ato que cause prejuízo ao Erário é necessário demonstrar a efetiva ocorrência de dano ao patrimônio público. Ademais, o art. 20 (cuja redação não foi alterada no *caput)* estabelece que a perda da função pública e a suspensão dos direitos políticos só se efetivam com o trânsito em julgado da sentença condenatória. Após o advento da Lei nº 14.230/2021, ainda, incluiu-se o §9º, ao art. 12, que determina que "as sanções previstas neste artigo somente poderão ser executadas após o trânsito em julgado da sentença condenatória".

06. (Cespe – Analista Judiciário – Área Administrativa – TJ – PA/2020) Julgue os itens a seguir, considerando as disposições da Lei n.º 8.429/1992.

I A lei aplica-se a terceiro que, mesmo não sendo servidor público, induza ou concorra para a prática de ato de improbidade ou dele se beneficie.

II Atos omissivos podem ser considerados para a configuração de lesão ao patrimônio público.

III O Ministério Público deverá ser cientificado pela autoridade administrativa sobre os atos que ensejarem enriquecimento ilícito ou lesão ao patrimônio público.

IV Constitui ato de improbidade administrativa revelar fato ou circunstância de que tem ciência em razão das atribuições e que deva permanecer em segredo.

Assinale a opção correta.

A) Apenas os itens I, II e III estão certos.
B) Apenas os itens I, II e IV estão certos.
C) Apenas os itens I, III e IV estão certos.
D) Apenas os itens II, III e IV estão certos.
E) Todos os itens estão certos.

COMENTÁRIO

Alternativa correta: letra "e" (gabarito oficial da época). Entretanto, hoje, somente estão corretos os itens II e III e não há alternativa para resposta

Item I. Errado. Porém, à época da prova, o item estava certo, pois, de acordo com a anterior redação dos artigos 1º e 3º, da Lei nº 8.429/1992, o **sujeito ativo** do ato de improbidade, além do servidor público, poderia ser terceiro que induzisse ou concorresse para a prática de ato de improbidade ou dele se beneficiasse. Esses dispositivos foram alterados pela Lei nº 14.230/21 e, atualmente, o terceiro continua podendo responder por ato de improbidade, desde que **induza ou concorra dolosamente para a prática do ato de improbidade**, não havendo mais a previsão de responsabilização para o que, apenas, se beneficiar.

Item II. Certo. Estabelece o *caput* do art. 10, da Lei, que constitui "ato de improbidade administrativa que causa lesão ao erário qualquer ação ou omissão dolosa, que enseje, efetiva e comprovadamente, perda patrimonial, desvio, apropriação, malbaratamento ou dilapidação dos bens ou haveres das entidades referidas no art. 1º desta Lei [...]".

Item III. Certo. O art. 7º, *caput*, da Lei, estabelecia que "quando o ato de improbidade causar lesão ao patrimônio público ou ensejar enriquecimento ilícito, caberá a autoridade administrativa responsável pelo inquérito representar ao Ministério Público, para a indisponibilidade dos bens do indiciado". A atual redação foi ligeiramente modificada para fazer constar que "se houver indícios de ato de improbidade, a autoridade que conhecer dos fatos representará ao Ministério Público competente, para as providências necessárias".

Item IV. Errado. Quando da realização da prova, o item estava correto, porém, atualmente, está errado porque a conduta dolosa de revelar fato ou circunstância de que tem ciência em razão das atribuições e que deva permanecer em segredo configurava ato de improbidade que atenta contra os princípios da Administração Pública (art. 11, III). Todavia, por força da Lei nº 14.230/21, não basta a conduta de revelar fato ou circunstância de que tem ciência em razão das atribuições e que deva permanecer em segredo", exigindo-se, para a configuração do ato de improbidade que atenta contra os princípios da Administração, que a prática propicie beneficiamento por informação privilegiada ou coloque em risco a segurança da sociedade e do Estado.

07. (AOCP – Analista Judiciário – Área Administrativa – TRT 1/2018) A respeito da Lei de Improbidade Administrativa (Lei nº 8.429/1992), analise as assertivas e assinale a alternativa que aponta as corretas.

I. O agente público que frustra a licitude de concurso público está sujeito às cominações dos atos de improbidade administrativa que atentam contra os princípios da Administração Pública.
II. Será punido, com pena de suspensão, o agente público que se recusar a prestar declaração dos bens dentro do prazo determinado.
III. A perda da função pública e a suspensão dos direitos políticos só se efetivam com o trânsito em julgado da sentença condenatória.
IV. A aplicação das sanções previstas nesta Lei independe da aprovação ou rejeição das contas pelo Tribunal de Contas.

(A) Apenas I e IV.
(B) Apenas II e III.
(C) Apenas I, II e III.
(D) Apenas I, III e IV.
(E) Apenas II, III e IV.

COMENTÁRIO

Alternativa correta: letra "d' (questão desatualizada).

Item I. A redação do inciso V do art. 11, quando da realização da prova, era mais ampla quanto à responsabilização no caso da conduta de frustrar a licitude de concurso público e, por isso, foi considerada correta à época. Todavia, atualmente, está incompleta porque a nova redação do mencionado dispositivo estabelece que a conduta deve ser praticada "com vistas à obtenção de benefício próprio, direto ou indireto, ou de terceiros".

Item II. Errado. A apresentação da declaração de imposto de renda e proventos de qualquer natureza, que tenha sido apresentada à Secretaria Especial da Receita Federal do Brasil, é condição para que este tome posse e entre em exercício, bem como essa declaração será anualmente atualizada e caso o agente se recuse a prestar a declaração de bens no prazo determinado ou a prestar de maneira falsa, será punido **com a pena de demissão**, sem prejuízo das demais sanções cabíveis.

Item III. Correto. Nos termos do art. 20, *caput*, da Lei nº 8.429/92, as penas de perda da função pública e de suspensão dos direitos políticos dependem do trânsito em julgado da decisão condenatória para serem aplicadas.

Item IV. Correto. Nos termos do art. 21 da Lei, a aplicação das sanções previstas nesta lei independe: I – da efetiva ocorrência de dano ao patrimônio público, salvo quanto à pena de ressarcimento e das hipóteses de ato de improbidade que cause prejuízo ao Erário; II – da aprovação ou rejeição das contas pelo órgão de controle interno ou pelo Tribunal ou Conselho de Contas.

08. (FCC – Técnico Judiciário – Área Judiciária – TRT 15/2018) Marcia estagiava no gabinete do desembargador de determinado Tribunal. Auxiliava o assessor na inclusão dos votos nos processos e no sistema de acompanhamento de processos, razão pela qual recebia aqueles documentos antes de se tornarem públicos. Passado certo tempo desde o início do estágio, passou a adulterar algumas decisões a pedido de interessados, recebendo, para tanto, remuneração significativa. A conduta de Marcia

(A) enseja responsabilidade civil, administrativa e criminal, não podendo, contudo, incidir em ato de improbidade, pois não se trata de ocupante de cargo, emprego ou função públicos.
(B) configura ato de improbidade na modalidade que causa prejuízo ao erário, sendo elemento subjetivo necessário a existência de dolo.
(C) tipifica infração disciplinar, dado o vínculo funcional existente com o Tribunal, de caráter estatutário, ainda que em caráter temporário.
(D) tipifica ato de improbidade, na modalidade que gera enriquecimento ilícito, considerando-se demonstrada a conduta dolosa.
(E) dispensa prova de dolo, considerando que os atos de improbidade são tipificados mediante conduta culposa e prova de prejuízo ao erário.

COMENTÁRIO

Alternativa "d" (responde as demais alternativas). A conduta perpetrada pelo agente público, no caso, enquadra-se na proibição prevista no inciso I, do art. 9º, pelo qual constitui ato de improbidade administrativa "receber, para si ou para outrem, dinheiro, bem móvel ou imóvel, ou qualquer outra vantagem econômica, direta ou indireta, a título de comissão, percentagem, gratificação ou presente de quem tenha interesse, direto ou indireto, que possa ser atingido ou amparado por ação ou omissão decorrente das atribuições do agente público". Com as mudanças promovidas pela Lei nº 14.230/2021, só existe ato de improbidade na modalidade dolosa, considerando-se "dolo a vontade livre e consciente de alcançar o resultado ilícito tipificado nos arts. 9º, 10 e 11 desta Lei, não bastando a voluntariedade do agente".

09. **(FCC – Técnico Judiciário – Área Administrativa – TRT 24/2017)** Onofre, auditor fiscal da Receita Federal, recebeu vantagem econômica para tolerar a prática de contrabando, razão pela qual foi processado por improbidade administrativa. Nos termos da Lei nº 8.429/1992, a conduta de Onofre insere-se expressamente na modalidade de ato de improbidade administrativa

A) causador de prejuízo ao erário, não sendo necessária a efetiva ocorrência de prejuízo ao erário para que reste configurado o ato ímprobo.
B) causador de prejuízo ao erário, sendo necessário, dentre outros elementos, a conduta dolosa para a configuração do ato ímprobo.
C) que atenta contra os princípios da Administração pública, sendo necessário, dentre outros elementos, conduta meramente culposa para a configuração do ato ímprobo.
D) que importa enriquecimento ilícito, sendo necessário, dentre outros elementos, a conduta dolosa para a configuração do ato ímprobo.
E) que importa enriquecimento ilícito, sendo necessário, dentre outros elementos, conduta meramente culposa para a configuração do ato ímprobo.

COMENTÁRIO

Alternativa "d" (responde as demais alternativas). Os atos de improbidade que importam enriquecimento ilícito, conforme o art. 9º da Lei nº 8.429/92, são aqueles em que o agente **aufere, mediante a prática de ato doloso, qualquer tipo de vantagem patrimonial indevida em razão do exercício de cargo, de mandato, de função, de emprego ou de atividade nas entidades referidas no art. 1º desta Lei.** O rol previsto é **meramente exemplificativo** e, em seu inciso V, prevê ser ato de improbidade que importa enriquecimento ilícito "**receber vantagem econômica de qualquer natureza, direta ou indireta, para tolerar a exploração ou a prática de jogos de azar, de lenocínio, de narcotráfico, de contrabando, de usura ou de qualquer outra atividade ilícita, ou aceitar promessa de tal vantagem.** Neste sentido, importa destacar que somente há ato de improbidade administrativa se houver dolo, compreendido como a vontade livre e consciente de alcançar o resultado ilícito, não bastando a mera voluntariedade (art. 1º, §2º). Desse modo, para a configuração do ato praticado por Onofre, é indispensável que este tenha agido dolosamente.

3.2. Questões objetivas com gabarito fundamentado

01. **(TRT 9/2022 – Técnico – FCC)** Para que se aplique a responsabilidade por conduta ímproba, nos termos da Lei nº 8.429/1992, é imprescindível que

(A) haja vontade livre e consciente de alcançar o resultado ilícito tipificado na lei.
(B) não haja transcorrido o prazo prescricional de 5 anos, contados a partir da data do fato.
(C) a conduta esteja tipificada na lei penal.
(D) a conduta seja praticada com dolo ou culpa grave.
(E) o agente seja servidor público no exercício de seu cargo ou função.

02. **(TRT/17 – Analista Judiciário Área Judiciária – FCC – 2022)** A prática de ato de improbidade administrativa que atente contra os princípios da administração pública cuja ação ou omissão dolosa viole os deveres de honestidade, de imparcialidade e de legalidade, independentemente do ressarcimento integral do dano patrimonial, se efetivo, e das sanções penais comuns e de responsabilidade, civis e administrativas previstas na legislação específica, sujeitará o responsável ao pagamento de multa civil de até (I) vezes o valor da remuneração percebida pelo agente e proibição de contratar com o poder

▶ QUESTÕES DE CONCURSOS

público ou de receber benefícios ou incentivos fiscais ou creditícios, direta ou indiretamente, ainda que por intermédio de pessoa jurídica da qual seja sócio majoritário, pelo prazo não superior a (II) I anos.

Conforme estabelece a Lei no 8.429/1992, as lacunas I e II devem ser preenchidas, correta e respectivamente, por:

(A) 12 - 6
(B) 24 - 4
(C) 10 - 8
(D) 5 - 2
(E) 15 - 5

03. (TRT/14 – Oficial de Justiça Avaliador Federal – FCC – 2022) Considere a seguinte situação hipotética: em dezembro de 2021, o Prefeito de determinado Município foi processado pela prática de ato de improbidade administrativa. A conduta foi descrita, na petição inicial da ação, como caracterizadora de ato ímprobo previsto no artigo 10, da Lei no 8.429/1992 (atos de improbidade administrativa que causam prejuízo ao erário). Em sede de defesa, o Prefeito demonstrou que sua conduta não causou qualquer dano aos cofres públicos. Nos termos da Lei no 8.429/1992 com redação dada pela Lei no 14.230/2021, o agente público

(A) poderá ser condenado apenas por outro tipo previsto na lei, qual seja, ato ímprobo atentatório aos princípios da Administração pública, ainda que isso não tenha sido pleiteado na petição inicial.
(B) poderá ser condenado por improbidade, desde que presentes os demais requisitos legais, como o dolo, tendo em vista que o ato ímprobo narrado prescinde da ocorrência de dano efetivo ao erário.
(C) não poderá ser condenado por improbidade, vez que, para a caracterização do ato ímprobo narrado, é imprescindível a ocorrência de prejuízo efetivo ao erário.
(D) poderá ser condenado por improbidade independentemente da ocorrência de dolo ou dano ao erário, pois a mera irregularidade da conduta constitui improbidade administrativa.
(E) não poderá ser condenado por improbidade, em razão da sua ilegitimidade passiva, tendo em vista que Prefeitos não respondem por improbidade.

04. (TJ/CE – Analista – FCC – 2023) De acordo com a atual disciplina legal relativa ao sancionamento de atos de improbidade administrativa, prevista na Lei no 8.429/1992, com as alterações introduzidas pela Lei no 14.230/2021,

(A) em regra, apenas condutas dolosas são passíveis de tipificação como ato de improbidade, prevendo-se a modalidade culposa apenas para atos que causem prejuízo ao erário em razão de imprudência no exercício de atividade econômica.
(B) as sanções decorrentes de atos de improbidade administrativa estão sujeitas à prescrição, salvo em havendo comprovação de enriquecimento ilícito do agente público.
(C) são sujeitos passivos de atos de improbidade as pessoas jurídicas integrantes da Administração direta e indireta, não configurando ato de improbidade condutas que causem prejuízo a entidades privadas subvencionadas pelo Poder Público.
(D) apenas agentes públicos podem ser apenados por atos de improbidade administrativa, ficando os agentes privados que se beneficiaram do ato improbo sujeitos tão somente à devolução dos valores indevidamente auferidos e às penas previstas na legislação específica.
(E) admite-se a celebração de acordo de não persecução civil, desde que dele advenha o integral ressarcimento do dano e a reversão à pessoa jurídica lesada da vantagem indevida obtida, ainda que oriunda de agentes privados.

05. (Cespe – Analista Judiciário – Área Administrativa – TJ – PA/2020) Conforme a Lei n.º 8.429/1992, negar publicidade a ato oficial constitui ato de improbidade administrativa que

A) atenta contra os princípios da administração pública.
B) decorre de concessão indevida de benefício financeiro.
C) importa enriquecimento ilícito.
D) causa prejuízo ao erário.
E) decorre de aplicação indevida de benefício tributário.

06. (FCC – Técnico Judiciário – Área Administrativa – TRF 3/2019) A Lei nº 8.429/1992 estabelece um regime de responsabilidade em razão de condutas qualificadas como "improbidade". Tal regime de responsabilidade

(A) se sobrepõe ao regime disciplinar, de modo que, iniciada a responsabilização por improbidade, deve ser suspenso o processo administrativo disciplinar.
(B) é aplicável, ainda que não haja efetiva ocorrência de dano ao patrimônio público.
(C) é de natureza civil, embora implique na aplicação de sanções privativas de liberdade.
(D) impõe a responsabilização objetiva para os agentes públicos que, por sua conduta, causarem prejuízo ao erário.
(E) não se aplica no tocante à proteção patrimonial das entidades de natureza empresarial mantidas ou controladas pelo Estado.

07. (FCC – Analista Judiciário – Área Administrativa – TRT 15/2018) É característica comum aos servidores ocupantes de cargos públicos efetivos e de empregos públicos:

(A) a necessidade de processo administrativo disciplinar e fundadas razões para exoneração do serviço público.
(B) a submissão a prévio concurso público de provas ou de provas e títulos e a necessidade de estágio probatório para estabilização no cargo e no emprego.
(C) a necessidade de se submeter a estágio probatório, reduzido em um ano no caso de empregos públicos junto à Administração indireta.
(D) enquadramento no conceito de agente público para fins de tipificação de ato de improbidade.
(E) responsabilidade pessoal e objetiva por danos causados a terceiros em razão do exercício de suas funções públicas.

08. (FCC – Técnico Judiciário – Área Administrativa – TRT 6/2018) Superintendente de Autarquia estadual X concedeu à empresa de turismo Y licença para que realizasse transporte fretado de passageiros, dispensando-a, no mesmo ato, em razão de relação de amizade próxima com o seu diretor, do pagamento da taxa exigida para o exercício do poder de polícia em questão. Ao assim proceder, o referido agente público

(A) praticou ato de improbidade administrativa, que, no entanto, não é punível, em razão da sua natureza, com perda da função pública e suspensão dos direitos políticos.
(B) não praticou ato de improbidade, pois a licença é ato administrativo vinculado, razão por que, preenchidos os requisitos para concessão, não poderia negá-la.
(C) praticou ato de improbidade administrativa que causa lesão ao erário, punível, inclusive, com perda da função pública e suspensão dos direitos políticos.
(D) não praticou ato de improbidade, pois a Lei nº 8.429/1992 tem seu campo de incidência restrito aos servidores públicos da Administração pública direta.
(E) praticou ato de improbidade administrativa que causa lesão ao erário, punível, exclusivamente, com a perda da função pública e suspensão dos direitos políticos.

09. (FCC Analista Judiciário Área Administrativa TRT 24/2017) Maria prestou concurso para cargo em empresa pública prestadora de serviços públicos, tendo sido aprovada e regularmente empossada ao cargo no ano de 2015. Maria

A) é considerada agente público para fins de incidência das sanções previstas na Lei de Improbidade Administrativa.
B) submete-se obrigatoriamente ao regime estatutário do servidor público, sendo, no

entanto, o vínculo jurídico entre ela e a empresa pública de natureza contratual.

C) não terá direito de exigir motivação em eventual ato de demissão.

D) poderá acumular seu emprego com cargos ou funções públicas, não lhe sendo aplicável a proibição de acumulação prevista na Constituição Federal.

E) está sujeita a todas as normas aplicáveis aos servidores públicos das autarquias, sem qualquer exceção.

Questão	Resposta	Fundamentação
1	A	Art. 1º da Lei nº 8.429/1992.
2	B	Art. 12, III, da Lei nº 8.429/1992.
3	C	Art. 10 da Lei nº 8.429/1992.
4	E	Art. 17-B, I e II, da Lei nº 8.429/1992.
5	A	Art. 11, V, da Lei nº 8.429/92.
6	B	Art. 21 da Lei nº 8.429/92.
7	D	Art. 2º da Lei nº 8.429/92.
8	C	Art. 12, II, da Lei nº 8.429/92.
9	A	Art. 2º da Lei nº 8.429/92.

4. JURISPRUDÊNCIA APLICÁVEL AO CAPÍTULO

Improbidade Administrativa

Informativos e Decisões

STF ADIs 7042 e 7043

"O Tribunal, por maioria, julgou parcialmente procedentes os pedidos formulados na ação direta para: (a) declarar a inconstitucionalidade parcial, sem redução de texto, do caput e dos §§ 6º-A e 10-C do art. 17, assim como do caput e dos §§ 5º e 7º do art. 17-B, da Lei 8.429/1992, na redação dada pela Lei 14.230/2021, de modo a restabelecer a existência de legitimidade ativa concorrente e disjuntiva entre o Ministério Público e as pessoas jurídicas interessadas para a propositura da ação por ato de improbidade administrativa e para a celebração de acordos de não persecução civil; (b) declarar a inconstitucionalidade parcial, com redução de texto, do § 20 do art. 17 da Lei 8.429/1992, incluído pela Lei 14.230/2021, no sentido de que não existe "obrigatoriedade de defesa judicial"; havendo, porém, a possibilidade dos órgãos da Advocacia Pública autorizarem a realização dessa representação judicial, por parte da assessoria jurídica que emitiu o parecer atestando a legalidade prévia"

STF ARE 843989 (Tema 1199):

"1) É necessária a comprovação de responsabilidade subjetiva para a tipificação dos atos de improbidade administrativa, exigindo-se - nos artigos 9º, 10 e 11 da LIA - a presença do elemento subjetivo - DOLO; 2) A norma benéfica da Lei 14.230/2021 - revogação da modalidade culposa do ato de improbidade administrativa -, é IRRETROATIVA, em virtude do artigo 5º, inciso XXXVI, da Constituição Federal, não tendo incidência em relação à eficácia da coisa julgada; nem tampouco durante o processo de execução das penas e seus incidentes; 3) A nova Lei 14.230/2021 aplica-se aos atos de improbidade administrativa culposos praticados na vigência do texto anterior da lei, porém sem condenação transitada em julgado, em virtude da revogação expressa do texto anterior; devendo o juízo competente analisar eventual dolo por parte do agente; 4) O novo regime prescricional previsto na Lei 14.230/2021 é IRRETROATIVO, aplicando-se os novos marcos temporais a partir da publicação da lei."

STJ. Ação de improbidade administrativa. Responsabilização de particular que figura isoladamente no polo passivo da demanda. Jurisprudência pacífica do STJ pela impossibilidade. Agente público acionado pelos mesmos fatos em demanda conexa. Distinção detectada. Viabilidade.

É viável o prosseguimento de ação de improbidade administrativa exclusivamente contra particular quando há pretensão de responsabilizar agentes públicos pelos mesmos fatos em outra demanda conexa. AREsp 1.402.806-TO, Rel. Min. Manoel Erhardt (Desembargador convocado do TRF da 5ª Região), Primeira Turma, por unanimidade, julgado em 19/10/2021. (Info 714)

STJ. Ação de improbidade administrativa. Recebimento da petição inicial. In dubio pro societate. Fundamento único. Impossibilidade.

A decisão de recebimento da petição inicial da ação de improbidade não pode limitar-se ao fundamento de *in dubio pro societate*. REsp 1.570.000-RN, Rel. Min. Sérgio Kukina, Rel. Acd. Min. Gurgel de Faria, Primeira Turma, por maioria, julgado em 28/09/2021. (Info 711)

STJ – Improbidade administrativa. Fase de cumprimento de sentença. Requerimento de medidas coercitivas. Suspensão de CNH e apreensão de passaporte. Previsão feita no art. 139, IV, do CPC/2015. Medidas executivas atípicas. Aplicação em processos de improbidade. Observância de parâmetros. Análise dos fatos da causa. Possibilidade.

São cabíveis medidas executivas atípicas de cunho não patrimonial no cumprimento de sentença proferida em ação de improbidade administrativa. REsp 1.929.230-MT, Rel. Min. Herman Benjamin, Segunda Turma, por unanimidade, julgado em 04/05/2021. (Info 695)

STF – RE 852475 – TEMA 897

"São imprescritíveis as ações de ressarcimento ao erário fundadas na prática de ato doloso tipificado na Lei de Improbidade Administrativa",. Plenário, 8.8.2018.

STF. Ação de improbidade administrativa. Pet 3240.

No dia 10/05/2018, julgando a Pet 3240/DF, decidiu o Plenário do STF pela inexistência de foro por prerrogativa de função nas ações de improbidade administrativa contra agentes políticos. Segundo a Corte, o foro por prerrogativa é restrito às ações penais comuns, conforme previsão Constitucional, não se estendendo às ações de improbidade administrativa, cuja natureza é civil.

STJ – Rcl 8826

"1. Compete às instâncias originárias julgar ação de improbidade administrativa movida contra agente público que detenha foro privilegiado, o qual é restrito à persecução criminal – entendimento firmado pela Corte Especial do STJ no julgamento da Rcl nº 12.514/MT, alinhando-se ao posicionamento do STF. 2. Reclamação julgada improcedente."

REFERÊNCIAS

ALEXANDRINO, Marcelo; PAULO, Vicente. *Direito administrativo descomplicado*. 18. ed. São Paulo: Método, 2010.

ALVARENGA, Octávio Mello. *Política e direito agroambiental: comentários à nova lei de reforma agrária- Lei nº 8.629, de 25 de fevereiro de 1993*. Rio de Janeiro: Forense, 1995.

ALVES, Felipe Dalenogare. Manual de direito administrativo. 1. ed. São Paulo: Saraiva, 2024.

ALVES, José Carlos Moreira. *Direito romano*. 11. ed. Rio de Janeiro: Forense, 1999. v. 1.

ARAGÃO, Alexandre Santos de. *Curso de direito administrativo*. Rio de Janeiro: Forense, 2012.

ARAÚJO, Edmir Neto de. *Curso de direito administrativo*. 5. ed. São Paulo: Saraiva, 2010.

ARRUDA, José Jobson de. *História antiga e medieval*. 15. ed. São Paulo: Ática, 1991.

BARCELOS, Dawison; TORRES, Ronny Charles. Licitações e Contratos nas empresas estatais. Salvador: Juspodivm, 2018.

BASTOS, Celso Ribeiro; MARTINS, Ives Gandra da Silva. *Comentários à Constituição do Brasil*. São Paulo: Saraiva, 1997. v. 4, tomo III.

BONATTO, Hamilton. A adoção da modelagem da informação da construção (Building Information Modeling - Bim) no projeto de Lei Nº 1292, de 1995. Disponível em ‹ http://www.novaleilicitacao.com.br/2020/02/06/a-adocao-da-modelagem-da-informacao-da-construcao-building-information-modeling-bim-no-projeto-de-lei-no-1292-de-1995/› Acesso em 29 abr. 2021.

BONAVIDES. Paulo. *Curso de direito constitucional*. 24. ed. São Paulo: Malheiros, 2009.

BORDALO, Rodrigo. *Direito administrativo*. São Paulo: Saraiva, 2011.

BORTOLETO, Leandro. *O dever da Administração Pública de efetivar a reforma agrária*. 2009.190f. Dissertação (Mestrado em Direito) - Faculdade de História, Direito e Serviço Social, Universidade Estadual Paulista "Júlio de Mesquita Filho", Franca, 2009.

BUENO, Cassio Scarpinella. Habeas data. In: DIDIER JUNIOR, Fredie. *Ações constitucionais*. 5. ed. Salvador: Juspodivm, 2011.

BUENO, Julio César. Os dispute boards na nova lei de licitações e contratos administrativos. 2021. Disponível em: https://www.migalhas.com.br/depeso/342966/dispute-boards-na-nova-lei-de-licitacoes-e-contratos-administrativos Acesso em: 05.abril.2021

CALCINI, Fabio Pallaretti. Princípio da moralidade administrativa. In: MARRARA, Thiago (org.). *Princípios de direito administrativo: legalidade, segurança jurídica, impessoalidade, publicidade, motivação, eficiência, moralidade, razoabilidade, interesse público*. São Paulo: Atlas, 2012.

CAETANO, Marcello. *Manual de direito administrativo*. 10. ed. Coimbra: Almedina, 2007.

CANOTILHO, José Joaquim Gomes. *Direito constitucional e teoria da constituição*. 3. ed. Coimbra: Almedina. 1999.

CARVALHO FILHO, José dos Santos. *Manual de direito administrativo*. 19. ed. Rio de Janeiro: Lumen Juris, 2008.

CAVALCANTE FILHO, João Trindade de. *Servidor Público: Lei nº 8.112/1990*. 3. ed. Salvador: Juspodivm, 2011.

CAVALCANTE, Márcio André Lopes. Comentários à Lei 13.129/2015 (Reforma da Lei de Arbitragem. Disponível em: https://www.dizerodireito.com.br/2015/05/comentarios-lei-131292015-reforma-da.html#:~:text=a)%20Arbitragem%20de%20DIREITO%3A%20%C3%A9,as%20regras%20do%20C%C3%B3digo%20Civil. Aceso em 04.abril.2021.

CONTROLADORIA GERAL DA UNIÃO. *Fraudes em licitações aparecem em 55 de 60 municípios fiscalizados pela CGU*. Disponível em: ‹http://www.cgu.gov.br/Imprensa/Noticias/2008/noticia03508.asp›. Acesso em: 27 nov. 2010.

CORREIA, Henrique. *Direito do Trabalho: para os concursos de analista do TRT e do MPU*. 1. ed. Salvador: Juspodivm, 2010.

CORREIA, Henrique. *Direito do Trabalho*. 5ª edição. Salvador: Juspodivm, 2019.

CUÉLLAR, Leila; MOREIRA, Egon Bockmann. Administração Pública e mediação: notas fundamentais. 2017. Disponível em: https://edisciplinas.usp.br/pluginfile.php/4241820/mod_resource/content/1/cu%C3%A9llar%2C%20leila%3B%20moreira%2C%20egon%20bockmann%20-%20administra%C3%A7%C3%A3o%20p%C3%BAblica%20e%20media%C3%A7%C3%A3o%20....pdf Acesso em: 02.abril.2021.

CRETELLA JÚNIOR, José. *Curso de direito romano*. 21. ed. Rio de Janeiro: Forense, 1998.

CUNHA JUNIOR, Dirley da. *Curso de direito administrativo*. 8. ed. Salvador: Juspodivm, 2009.

DI PIETRO, Maria Sylvia Zanella. *Direito administrativo*. 23. ed. São Paulo: Atlas, 2010.

FAGUNDES, Miguel Seabra. *O controle dos atos administrativos pelo poder judiciário*. 8. ed. atualizada por Gustavo Binenbojm. Rio de Janeiro: Forense, 2010.

FERNANDES, Bernardo Gonçalves. *Curso de direito constitucional*. 3. ed. Rio de Janeiro: Lumen Juris, 2011.

FERNANDES, Michelle Cristina Santiago. Dinâmica dos Dispute Boards e perspectivas de utilização em contratos de construção civil. 2019. Disponível em: https://www.teses.usp.br/teses/disponiveis/3/3153/tde-27082019-135223/publico/MichelleCristinaSantiagoFernandesCorr19.pdf Acesso em: 02.abril.2021.

FERREIRA FILHO, Manoel Gonçalves. *Curso de direito constitucional*. 22. ed. São Paulo: Saraiva, 1995.

_______. A propriedade e sua função social. *Revista de Direito Agrário*, Brasília, DF, ano 9, n. 8, p. 29-36, jul./dez. 1982.

FERREIRA, Gustavo Assed. A legitimidade do Estado e a supremacia do interesse público sobre o interesse particular. In: MARRARA, Thiago (org.). *Princípios de direito administrativo: legalidade, segurança jurídica, impessoalidade, publicidade, motivação, eficiência, moralidade, razoabilidade, interesse público*. São Paulo: Atlas, 2012.

FIGUEIREDO, Lúcia Valle. *Curso de direito administrativo*. 9. ed. São Paulo: Malheiros, 2008.

FREITAS, Juarez. *Discricionariedade administrativa e o direito fundamental à boa administração pública*. 2. ed. São Paulo: Malheiros, 2009.

FURTADO, Lucas Rocha. *Curso de direito administrativo*. 2. ed. Belo Horizonte: Fórum, 2010.

GAJARDONI, Fernando da Fonseca, et al. *Comentários à lei de improbidade administrativa: Lei 8.429, de 02 de junho de 1992*. São Paulo: Revista dos Tribunais, 2010.

GASPARINI, Diógenes. *Direito administrativo*. 13. ed. São Paulo: Saraiva, 2008.

GOMES, Luiz Flávio. Prefácio. In: GAJARDONI, Fernando da Fonseca, et al. *Comentários à lei de improbidade administrativa: Lei 8.429, de 02 de junho de 1992.*

GRAU, Eros. *A ordem econômica na constituição de 1988.* 13. ed. São Paulo: Malheiros, 2008.

JUSTEN FILHO, Marçal. *Comentários à lei de licitações e contratos administrativos.* 14. ed. São Paulo: Dialética, 2010.

_______. Comentários à Lei de Licitações e contratações administrativas: Lei 14.133/2021. 1 ed. São Paulo: Thomson Reuters, 2021.

JUSTEN NETO, Marçal. Portal Nacional de Contratações Públicas (arts. 174 a 176). Informativo Justen, Pereira, Oliveira e Talamini. 2020. Disponível em: ‹https://justen.com.br/pdfs/IE166/MarcalPNCP.pdf›. Acesso em 07 abr. 2021.

LENZA, Pedro. *Direito constitucional esquematizado.* 14. ed. São Paulo: Saraiva, 2010. p. 821.

MARINELA, Fernanda. *Direito administrativo.* 5. ed. Niterói: Impetus, 2011.

MACHADO, Matheus Oliveira. Aplicabilidade dos dispute boards no regime diferenciado de contratações públicas (RDC). 2018, Disponível em: https://www.tjdft.jus.br/consultas/jurisprudencia/revistas/doutrina-e-jurisprudencia/revista-v-110-n-1.

MARRARA, Thiago. As fontes do direito administrativo e o princípio da legalidade. In: DI PIETRO, Maria Sylvia Zanella; RIBEIRO, Carlos Vinicius Alves (coord.). *Supremacia do interesse público e outros temas relevantes do direito administrativo.* São Paulo: Atlas, 2010.

_______. O conteúdo do princípio da moralidade: probidade, razoabilidade e cooperação. In: MARRARA, Thiago (org.). *Princípios de direito administrativo: legalidade, segurança jurídica, impessoalidade, publicidade, motivação, eficiência, moralidade, razoabilidade, interesse público.* São Paulo: Atlas, 2012.

_______. *Manual de Direito Administrativo, volume II, funções administrativas e bens estatais.* São Paulo: Kindle Direct Publishing, 2018.

MAZZA, Alexandre. *Manual de direito administrativo.* São Paulo: Saraiva, 2011.

MENEGAT, Fernando; MIRANDA, Gustavo. Gestão de riscos x matriz de riscos em contratos administrativos de empreitada. 2019. Disponível em: https://www.conjur.com.br/2019-jun-03/opiniao-gestao-riscos-matriz-riscos-contratos-empreitada Acesso em 04.abril.2021.

MEDAUAR, Odete. *Direito administrativo moderno.* 14. ed. São Paulo: Revista dos Tribunais, 2010.

MEDEIROS, Isaac Kofi. Critérios de julgamento das propostas. In In Joel de Menezes Niebuhr et al. Nova lei de licitações e contratos administrativos 2. ed. Curitiba: Zênite, 2021.

MEIRELLES, Hely Lopes. *Direito administrativo brasileiro.* 36. ed. São Paulo: Malheiros, 2010.

_______. *Licitação e contrato administrativo.* 15. ed. São Paulo: Malheiros, 2010.

MELLO, Celso Antônio Bandeira de. *Curso de direito administrativo.* 27. ed. São Paulo: Malheiros, 2010.

MELLO, Oswaldo Aranha Bandeira de. *Princípios gerais de direito administrativo.* 3. ed. São Paulo: Malheiros, 2007. v.1.

MENDES, Gilmar Ferreira.*Direitos fundamentais e controle de constitucionalidade: estudos de direito constitucional.* 3. ed. São Paulo: Saraiva, 2009.

_______; COELHO, Inocêncio Mártires; BRANCO. Paulo Gustavo Gonet. *Curso de Direito Constitucional.* 4ª ed. São Paulo: Saraiva, 2009.

MIRANDA; Iulian; ROCHA, David de Oliveira Lima. A possibilidade de alocação de riscos nos contratos administrativos regidos pela Lei nº 8.666/93 à luz do direito à manutenção do equilíbrio econômico-financeiro. Revista científica Fagoc. Vol. I – 2019. Disponível em: https://revista.fagoc.br/index.php/juridico/article/view/74/138 Acesso em 03.abril.2021.

MORAES, Alexandre de. *Constituição do Brasil interpretada e legislação constitucional*. 6. ed. São Paulo: Atlas, 2006.

_______. *Direito constitucional*. 24. ed. São Paulo: Atlas, 2009.

MOREIRA NETO, Diogo de Figueiredo. *Curso de direito administrativo: parte introdutória, parte geral e parte especial*. 15. ed. Rio de Janeiro: Forense, 2009.

MORGADO, Almir. *Manual de direito administrativo*. Niterói: Impetus, 2008.

NIEBUHR, Joel de Menezes. A polêmica da singularidade como condição para a inexigibilidade de licitação que visa à contratação de serviço técnico especializado de natureza predominantemente intelectual. Disponível em ‹https://zenite.blog.br/a-polemica-da-singularidade-como-condicao-para-a-inexigibilidade-de-licitacao-que-visa-a-contratacao-de-servico-tecnico-especializado-de-natureza-predominantemente-intelectual/›

_______. Fase Preparatória das Licitações. In Joel de Menezes Niebuhr et al. Nova lei de licitações e contratos administrativos 2. ed. Curitiba: Zênite, 2021

NOBRE JUNIOR, Edilson Pereira. *Desapropriação para fins de reforma agrária*. 3. ed. Curitiba: Juruá, 2008.

NOHARA, Irene Patrícia. *LINDB*: Lei de Introdução às Normas do Direito Brasileiro, hermenêutica e novos Parâmetros ao Direito Público. Curitiba: Juruá, 2018.

NOHARA, Irene Patrícia. *Direito administrativo*. 2. ed. São Paulo: Atlas, 2012.

_______. *Direito administrativo*. 2. ed. São Paulo: Atlas, 2012.

_______. Diálogo competitivo. Acesso em: ‹https://direitoadm.com.br/dialogo-competitivo/#_›. Acesso em 05 abr. 2021.

Nosso futuro comum: Comissão Mundial sobre o Meio Ambiente e Desenvolvimento. Rio de Janeiro: FGV, 1991, p. 49

OLIVEIRA, Rafael Sérgio Lima de. O diálogo competitivo do Projeto de Lei de Licitação e contrato brasileiro. Disponível em: ‹http://licitacaoecontrato.com.br/assets/artigos/artigo_download_2.pdf›. Acesso em 05 abr. 2021.

OSÓRIO, Fábio Medina. O "novo" sistema judicial brasileiro: significados e significantes. In: OSÓRIO, Fábio Medina; SOUTO, Marcos Juruena Villela. *Direito administrativo: estudos em homenagem a Diogo de Figueiredo Moreira Neto*. Rio de Janeiro: Lumen Juris, 2006.

PEREIRA, Caio Mário da Silva. *Instituições de direito civil*. 12. ed. Rio de Janeiro: Forense, 1995. v. 4.

PEREIRA, Rosalina Pinto da Costa Rodrigues. *Reforma agrária: um estudo jurídico*. Belém: Cejup, 1993.

PRADO, Leandro Cadenas. *Servidores públicos federais: Lei nº 8.112/90*. 8. ed. Niterói: Impetus, 2008.

RIGOLIN, Ivan Barbosa. *Comentários ao regime jurídico único dos servidores públicos civis*. 5. ed. São Paulo: Saraiva, 2007.

RODRIGUES, Geisa de Assis. Ação popular. In: DIDIER JÚNIOR, Fredie. *Ações constitucionais*. 5. ed. Salvador: Juspodivm, 2011.

SCIORILLI, Marcelo. *Direito de propriedade e política agrária*. São Paulo: Juarez de Oliveira, 2007.

SILVA, José Afonso da. *Curso de direito constitucional positivo*. 32. ed. São Paulo: Malheiros, 2009.

SOUTO, Marcos Juruena Vilela. Desestatização: privatizações, concessões, terceirizações e regulação , 4. ed. Rio de Janeiro: Lúmen Júris, 2001.

TAVARES, André Ramos. *Direito constitucional econômico*. 2. ed. São Paulo: Método, 2006.

_______. *Manual do novo mandado de segurança: Lei 12.016/2009*. Rio de Janeiro: Forense, 2009.

TORRES, Ronny Charles Lopes de. *Leis de licitações públicas comentadas*. 4. ed. Salvador: Juspodivm, 2011.

VARELLA, Marcelo Dias. Introdução ao direito à reforma agrária. Leme: Led, 1998

VILLAC, Teresa. As dimensões da sustentabilidade que devem ser consideradas nas contratações públicas. Disponível em: ‹http://www.novaleilicitacao.com.br/2020/02/27/as-dimensoes-da-sustentabilidade-que-devem-ser-consideradas-nas-contratacoes-publicas/›. Acesso em 05 abr. 2021.

ZAGO, Marina; RODRIGUES, Fernanda. O que o diálogo competitivo agrega às contratações públicas? Disponível em: ‹https://www.conjur.com.br/2019-nov-11/opiniao-dialogo-competitivo-agrega-contratacoes-publicas›. Acesso em 23 mar. 2021.

ZILIOTO, Mirela Miró. O desenvolvimento pelo licitante de programa de integridade como critério de desempate no projeto de lei Nº 1.292/95. Disponível em: ‹http://www.novaleilicitacao.com.br/2020/02/12/o-desenvolvimento-pelo-licitante-de-programa-de-integridade-como-criterio-de-desempate-no-projeto-de-lei-no-1-292-95/›. Acesso em 26 mar. 2021.

ZIMMER JUNIOR, Aloísio; VICARI, Ana Paula Mella. Nova Lei de Licitações: Lei 14.133/2021. E-book. Porto Alegre: 2ª ed. 2021.

EDITORA
*Jus*PODIVM
www.editorajuspodivm.com.br

Impresso por:

Docuprint
CNPJ 01.036.332/0001-99

JUS3152